广州增江流域考古调查报告

（下）

广州市文物考古研究院
中山大学社会学与人类学学院　编著

文物出版社

Monographs of Guangzhou Archaeology No. 10

Report on the Archaeological Survey of the Zengjiang River Basin in Guangzhou

(II)

Compiled by

Guangzhou Municipal Institute of Cultural Heritage and Archaeology

School of Sociology & Anthropology Sun Yat-sen University

Cultural Relics Press

目　录

（下册）

彩版目录

附表

附表一 增江流域考古调查遗址登记表

序号	遗址编号	遗址名称	行政区划	区域地貌类型	地形地势	纬度(度)	经度(度)	海拔(米)	相对高度(米)	相对河流距离(米)	植被覆盖类型	地表覆盖物	网格面积(平方米)	遗迹	遗物(件)	遗物分布面积(平方米)	新晚至商代	西周至春秋	战国至南越国	汉	晋南朝	唐末	明清	保存状况	复查(F)/新发现(X)
1	ZJLY-2	观音山	荔城街	河谷平原	山岗	23.38	113.82	80.3	55.3	360	乔木	杂草	126000	墓葬	2							√		差	X
2	ZJLY-3	较椅山	荔城街	河谷平原	山岗	23.38	113.82	52	37	290	果木、乔木	枯叶、杂草	57000		17	3800		√				√		一般	X
3	ZJLY-4	太阳山	荔城街	河谷平原	山岗	23.38	113.82	75	55	1000	果木	枯叶、杂草	129000		3	330							√	一般	X
4	ZJLY-5	棠厦村围岭山	荔城街	河谷平原	山岗	23.37	113.82	37.7	27.7	90	果木	杂草、枯叶	99000		26	87000	√					√		较好	X
5	ZJLY-6	棠夏背扶山	荔城街	河谷平原	坡地	23.37	113.80	72.8	47.8	390	果木	杂草、枯叶	452000		87	257000	√							一般	X
6	ZJLY-7	横称岭	荔城街	河谷平原	山岗	23.37	113.80	76	51	77	果木、乔木、灌木	杂草、枯叶	323000		55	193000	√	√	√			√		一般	X
7	ZJLY-9	焦路山	荔城街	河谷平原	山岗	23.37	113.79	62.5	42.5	290	果木	杂草、枯叶	69000	墓葬	7	2060			√			√	√	差	X
8	ZJLY-10	狮岭山	荔城街	河谷平原	山岗	23.37	113.79	34.2	14.2	110	果木	枯叶、杂草	14000		44	4060	√					√		差	X
9	ZJLY-12	夏屋山	荔城街	河谷平原	山岗	23.37	113.79	37.2	12.2	140	无	杂草	6000		15	1200								差	X
10	ZJLY-13	雾岭1号山	荔城街	河谷平原	山岗	23.37	113.79	140.2	115.2	23	果木	枯叶、杂草	509000		14	8600	√		√			√		一般	X
11	ZJLY-14	钟岭	荔城街	河谷平原	山岗	23.36	113.79	79.1	54.1	20	果木	杂草、枯叶	199000		32	8500	√		√			√		一般	X
12	ZJLY-18	钟岭村背扶山	荔城街	河谷平原	山岗	23.36	113.80	49	29	190	果木、灌木	杂草、枯叶	35000		1								√	较好	X
13	ZJLY-19	浸木潭	荔城街	河谷平原	山岗	23.36	113.79	75	50	10	果木	杂草、枯叶	69000		12	6800							√	较好	X
14	ZJLY-21	根竹山	荔城街	河谷平原	山岗	23.37	113.82	37.2	22.2	385	果木、灌木	杂草、枯叶	97000		16	600			√			√		一般	X
15	ZJLY-22	护岭山	荔城街	河谷平原	山岗	23.37	113.82	30.1	20.1	460	果木	杂草、枯叶	29000		193	29000	√	√					√	一般	X
16	ZJLY-26	水边村	荔城街	河谷平原	平地	23.37	113.83	32.6	12.6	100	果木	杂草、枯叶	36000		12	3000	√	√					√	一般	X
17	ZJLY-27	长岗岭	荔城街	河谷平原	台地	23.37	113.82	21.9	6.9	470	果木	杂草、枯叶	18000		10	5300	√						√	较好	X
18	ZJLY-28	刘屋光山	荔城街	河谷平原	山岗	23.37	113.82	37	12	230	果木、灌木	杂草、枯叶	29000		15	5930		√						一般	X

序号	遗址编号	遗址名称	行政区划	区域地貌类型	地形地势	纬度（度）	经度（度）	海拔（米）	相对高度（米）	相对河流距离（米）	植被类型	地表覆盖物	网格面积（平方米）	遗迹	遗物（件）	遗物分布面积（平方米）	新晚至商代	西周至春秋	战国至南越国	汉	晋南朝	唐宋	明清	保存状况	复查（F）/新发现（X）
19	ZJLY-32	黄草岭	小楼镇	河谷平原	山岗	23.40	113.82	35.2	20.2	470	果木	杂草、枯叶	38000		13	1300	√	√						一般	X
20	ZJLY-36	大公已山	小楼镇	河谷平原	山岗	23.40	113.82	69.8	44.8	500	果木	杂草、枯叶	148000		1								√	一般	X
21	ZJLY-38	黎村	荔城街	丘陵	台地	23.36	113.79	37	12	150	果木	杂草、枯叶	18000		15	3200		√	√					一般	X
22	ZJLY-39	下黎村	荔城街	河谷平原	台地	23.36	113.79	26.5	1.5	200	果木	杂草、枯叶	8000		45	3600			√			√		较好	X
23	ZJLY-41	龙角山	荔城街	河谷平原	台地	23.36	113.80	27	7	10	果木	杂草、枯叶	36000		66	14000	√		√				√	较好	X
24	ZJLY-42	庙岭	荔城街	河谷平原	台地	23.36	113.80	32	12	30	果木	杂草、枯叶	20000		10	4700		√	√					一般	X
25	ZJLY-43	狗眠岭	荔城街	河谷平原	台地	23.36	113.80	24.7	4.7	3	果木	杂草、枯叶	20000		20	3000			√			√		一般	X
26	ZJLY-44	元岭	荔城街	河谷平原	台地	23.37	113.80	31.2	11.2	10	果木	杂草、枯叶	21000		38	9000	√	√						一般	X
27	ZJLY-45	庙前八角山	荔城街	河谷平原	山岗	23.36	113.80	52	27	170	果木、乔木、灌木	杂草、枯叶	38000		8	4100		√						一般	X
28	ZJLY-46	莲塘后龙山	荔城街	河谷平原	山岗	23.36	113.80	62.8	37.8	470	果木、灌木	杂草、枯叶	51000		23	6800			√				√	一般	X
29	ZJLY-50	马岭2号山	荔城街	河谷平原	山岗	23.36	113.81	93	78	340	果木、灌木	杂草、枯叶	183000		2		√		√					一般	X
30	ZJLY-51	赤岭	荔城街	河谷平原	山岗	23.36	113.81	63.5	46.9	325	果木、乔木、灌木	杂草、枯叶	224000		130	83300	√	√						较好	X
31	ZJLY-52	心连山	荔城街	河谷平原	山岗	23.36	113.81	47.2	32.2	900	果木、乔木、灌木	杂草、枯叶	91000		3	300			√			√		较好	X
32	ZJLY-56	谢尾庙岭	荔城街	河谷平原	山岗	23.35	113.80	61	46	960	果木、乔木、灌木	杂草、枯叶	270000		16	37000						√		较好	X
33	ZJLY-57	山塘	荔城街	河谷平原	山岗	23.36	113.80	56	31	730	果木、灌木	杂草、枯叶	80000		1			√					√	较好	X
34	ZJLY-58	庶牯岭	荔城街	丘陵	山岗	23.36	113.80	60.2	40.2	350	果木、乔木、灌木	杂草、枯叶	100000		39	10800	√							一般	X
35	ZJLY-60	潭头山	荔城街	丘陵	坡地	23.35	113.80	49	24	10	果木、灌木	杂草、枯叶	28000		63	3800	√						√	一般	X
36	ZJLY-61	马脚兜	荔城街	河谷平原	山岗	23.35	113.80	68.8	43	40	果木、乔木、灌木	杂草、枯叶	95000		6	2350	√						√	一般	X
37	ZJLY-62	偏岭头	荔城街	河谷平原	山岗	23.35	113.79	37.5	12.5	10	果木、灌木	杂草、枯叶	41000		7	3500			√			√		较好	X
38	ZJLY-63	杞子山	荔城街	丘陵	山岗	23.35	113.80	87.4	62.4	5	果木、乔木、灌木	杂草、枯叶	121000		285	13800	√	√				√	√	一般	X
39	ZJLY-64	羊岭	荔城街	丘陵	坡地	23.35	113.80	57	35	250	果木、灌木	杂草、枯叶	36000		9	500							√	一般	X
40	ZJLY-67	腊岭	荔城街	河谷平原	山岗	23.34	113.80	53.5	28.5	100	果木、灌木	杂草、枯叶	70000	墓葬	127	28600	√	√	√			√	√	一般	X
41	ZJLY-68	花公山	荔城街	河谷平原	山岗	23.34	113.80	71	46	0	果木、乔木、灌木	杂草、枯叶	98000		873	48000	√	√	√			√	√	一般	X
42	ZJLY-69	大岭顶	荔城街	丘陵	坡地	23.34	113.80	76	46	430	果木、灌木	杂草、枯叶	55000		24	2800	√					√	√	一般	X

续表

序号	遗址编号	遗址名称	行政区划	区域地貌类型	地形地势	纬度（度）	经度（度）	海拔（米）	相对高度（米）	相对河流距离（米）	植被类型	地表覆盖物	网格面积（平方米）	遗迹	遗物（件）	遗物分布面积（平方米）	新晚至商代	西周至春秋	战国至南越国	汉	晋南朝	唐宋	明清	保存状况	复查(F)/新发现(X)
43	ZJLY-70	陈树岗	荔城街	河谷平原	台地	23.35	113.80	25	5	80	果木	枯叶、杂草	3000		2									较好	X
44	ZJLY-71	韩树岭	荔城街	河谷平原	台地	23.34	113.81	19	4	170	果木	杂草	16000		10	8800						√	√	较好	X
45	ZJLY-72	园村岭	荔城街	河谷平原	平地	23.34	113.81	13.2	1.2	440	果木	杂草	14000		6	3000						√		较好	X
46	ZJLY-74	细山岗	荔城街	丘陵	山岗	23.33	113.81	55	35	20	果木、乔木、灌木	枯叶、杂草	50000		2				√					一般	X
47	ZJLY-75	陈屋山	荔城街	河谷平原	山岗	23.33	113.81	36.8	16.8	0	果木、灌木	枯叶、杂草	98000		6	18000	√						√	一般	X
48	ZJLY-76	江坡岭	荔城街	河谷平原	山岗	23.33	113.81	31.8	16.8	230	果木、灌木	枯叶、杂草	153000		30	7860	√	√						一般	X
49	ZJLY-77	黄泥塘	荔城街	河谷平原	山岗	23.33	113.81	33.8	23.8	20	果木、灌木	杂草	79000	墓葬	0							√		差	X
50	ZJLY-78	冰村	荔城街	河谷平原	山岗	23.33	113.81	40.2	20.2	40	果木	杂草、枯叶	166000		217	69000	√		√	√		√		一般	X
51	ZJLY-81	方水坳	荔城街	河谷平原	山岗	23.36	113.82	71.5	51.5	1400	果木、乔木、灌木	杂草	209000		2		√							一般	X
52	ZJLY-86	鸡脚岭	荔城街	河谷平原	台地	23.35	113.82	25	15	600	果木	杂草	52000		9	13000			√					一般	X
53	ZJLY-87	将军扎站2号山	荔城街	河谷平原	山岗	23.35	113.82	92	72	1130	果木、乔木、灌木	杂草	252000		16	20700			√					较好	X
54	ZJLY-88	桥头村猫岭	荔城街	河谷平原	山岗	23.34	113.82	44.4	35.2	10	果木、灌木	杂草	278000		96	177000		√	√			√		一般	X
55	ZJLY-89	桥头后龙山	荔城街	河谷平原	山岗	23.34	113.82	53.9	28.9	600	果木、灌木	杂草	149000		23	6200	√		√					一般	X
56	ZJLY-91	老虎头	荔城街	河谷平原	山岗	23.34	113.81	44.8	19.8	800	果木	杂草	116000		278	53600		√				√		一般	X
57	ZJLY-92	南丘	荔城街	河谷平原	山岗	23.35	113.82	27.8	17.8	60	果木、灌木	杂草	54000		2				√					一般	X
58	ZJLY-93	西瓜岭	荔城街	河谷平原	山岗	23.35	113.81	30.7	15.7	5	果木、灌木	杂草	41000		1		√							一般	X
59	ZJLY-94	龙角村对面山	荔城街	河谷平原	山岗	23.35	113.81	34	24	80	果木、灌木	杂草	49000		4	1200			√					较好	X
60	ZJLY-99	龟眼羊	荔城街	河谷平原	山岗	23.35	113.83	80	65	580	果木、乔木、灌木	杂草	230000		1			√						一般	X
61	ZJLY-100	圆岭子	荔城街	河谷平原	山岗	23.35	113.83	32.1	17.1	540	果木、乔木	杂草、枯叶	14000	墓葬	0							√		差	X
62	ZJLY-108	新桂村后龙山	小楼镇	河谷平原	山岗	23.40	113.81	56	31	350	果木、乔木	杂草	134000		79	6000		√					√	一般	X
63	ZJLY-114	江坳门后山	小楼镇	河谷平原	台地	23.40	113.80	26.9	1.9	500	果木	杂草	12000		85	12000	√	√						一般	X
64	ZJLY-115	卜庙山	小楼镇	河谷平原	台地	23.40	113.80	28	3	300	果木	杂草	41000		7	14000	√							一般	X
65	ZJLY-130	秋丘	小楼镇	丘陵	坡地	23.39	113.77	50	22	0	农作物、果木	杂草	149000		2							√		一般	X
66	ZJLY-137	紫金山	小楼镇	河谷平原	山岗	23.40	113.79	66.8	41.8	30	果木、乔木、灌木	杂草、枯叶	180000		147	67000			√					一般	X
67	ZJLY-138	姑秋顶	小楼镇	河谷平原	山岗	23.41	113.79	51.1	31.1	0	果木、乔木、灌木	杂草、枯叶	126000		92	37600			√					较好	X

序号	遗址编号	遗址名称	行政区划	区域地貌类型	地形地势	纬度(度)	经度(度)	海拔(米)	相对高度(米)	相对河流距离(米)	植被类型	地表覆盖物	网格面积(平方米)	遗迹	遗物(件)	遗物分布面积(平方米)	新晚至商代	西周至春秋	战国至南越国	汉	晋南朝	唐末	明清	保存状况	复查(F)/新发现(X)
68	ZJLY-140	罗布尾西侧山	小楼镇	河谷平原	山岗	23.41	113.79	42	22	300	果木	杂草、枯叶	30000		5	2500	√							一般	X
69	ZJLY-141	姑婆岭	小楼镇	河谷平原	山岗	23.41	113.79	54	34	10	果木	杂草、枯叶	45000		93	12000		√	√		√			较好	X
70	ZJLY-142	蛇头岭	小楼镇	河谷平原	山岗	23.41	113.78	44.9	19.9	10	果木、灌木	杂草、枯叶	42000		52	960		√				√		一般	X
71	ZJLY-143	白鸡翼	小楼镇	河谷平原	山岗	23.40	113.78	49	24	90	果木	杂草、枯叶	211000		1				√					较好	X
72	ZJLY-144	旱塘圆岭	小楼镇	河谷平原	台地	23.41	113.78	36	11	350	果木	枯叶	19000		21	2600	√					√		较好	X
73	ZJLY-145	蔗排岭	小楼镇	河谷平原	山岗	23.41	113.77	56.9	31.9	20	果木、乔木、灌木	杂草、枯叶	202000		140	26000	√	√	√			√	√	一般	X
74	ZJLY-146	九益村雨岭仔山	小楼镇	河谷平原	山岗	23.41	113.77	81	76	0	果木、乔木、灌木	杂草、枯叶	304000		21	14600	√		√			√		一般	X
75	ZJLY-147	虾公山	小楼镇	河谷平原	台地	23.41	113.79	25.8	5.8	15	果木	杂草、枯叶	18000		58	6600		√	√			√		较好	X
76	ZJLY-153	牛头村台地	小楼镇	河谷平原	台地	23.41	113.76	31.6	6.9	100	果木	杂草、枯叶	16000		11	2000		√						一般	X
77	ZJLY-154	老屋背扶山	小楼镇	河谷平原	山岗	23.40	113.76	102	77	5	果木、乔木、灌木	杂草、枯叶	233000		10	60000	√		√					一般	X
78	ZJLY-160	西边月	小楼镇	河谷平原	山岗	23.40	113.83	65.1	50.1	150	果木	枯叶	330000		2		√							一般	X
79	ZJLY-165	东丘	小楼镇	河谷平原	山岗	23.40	113.81	72.9	52.9	30	果木、乔木、灌木	杂草、枯叶	149000		32	1300			√					一般	X
80	ZJLY-173	腊圃荔枝山	小楼镇	河谷平原	山岗	23.41	113.79	35.6	15.6	10	果木、乔木、灌木	杂草、枯叶	27000		15	8200		√	√					较好	X
81	ZJLY-174	腊圃松仔山	小楼镇	河谷平原	山岗	23.41	113.79	49.1	29.1	10	果木、乔木、灌木	杂草、枯叶	81000		3				√					一般	X
82	ZJLY-175	清河岗	小楼镇	河谷平原	山岗	23.41	113.79	52	32	5	果木、乔木	杂草、枯叶	131000		79	20000			√			√		一般	X
83	ZJLY-176	社公山	小楼镇	河谷平原	山岗	23.41	113.79	55.2	30.2	220	果木、乔木、灌木	杂草、枯叶	113000		18	3500	√	√				√		差	X
84	ZJLY-177	圣堂前	小楼镇	河谷平原	平地	23.41	113.79	15.4	0	120	果木	杂草、枯叶	56000		4	9700								一般	F
85	ZJLY-181	彤河山	小楼镇	河谷平原	山岗	23.42	113.82	50.2	35.2	180	果木、乔木、灌木	杂草、枯叶	165000		24	41000	√	√						一般	X
86	ZJLY-182	鸡腰膜	小楼镇	河谷平原	山岗	23.42	113.81	47	32	25	果木、乔木、灌木	杂草、枯叶	141000		9	2700		√						一般	X
87	ZJLY-186	后岭山	小楼镇	河谷平原	山岗	23.43	113.81	58.5	38.5	140	果木、乔木、灌木	杂草、枯叶	80000		93	9200		√		√		√		一般	F
88	ZJLY-187	小儿坐栏	小楼镇	河谷平原	山岗	23.43	113.81	49.8	31.8	330	果木、乔木、灌木	杂草、枯叶	111000											较好	X
89	ZJLY-192	正潭山	小楼镇	丘陵	山岗	23.43	113.81	63.5	38.5	200	果木、乔木	杂草、枯叶	103000		8	1800	√					√		一般	X
90	ZJLY-197	竹银山	小楼镇	河谷平原	山岗	23.43	113.80	40.2	20.2	180	果木、乔木	杂草、枯叶	89000		90	16600		√				√		一般	X

序号	遗址编号	遗址名称	行政区划	区域地貌类型	地形地势	纬度（度）	经度（度）	海拔（米）	相对高度（米）	相对河流距离（米）	植被类型	地表覆盖物	网格面积（平方米）	遗迹	遗物（件）	遗物分布面积（平方米）	新晚至商代	西周至春秋	战国至南越国	汉	晋南朝	唐宋	明清	保存状况	复查(F)/新发现(X)
91	ZJLY-199	大公山	小楼镇	丘陵	山岗	23.44	113.81	50	35	30	果木、乔木、灌木	杂草、枯叶	294000		9	6100	√	√				√		一般	F
92	ZJLY-201	吓岗山	小楼镇	河谷平原	山岗	23.44	113.82	33.2	18.2	10	果木、乔木	杂草、枯叶	46000		3	700	√							较好	X
93	ZJLY-202	古楼山	小楼镇	丘陵	山岗	23.45	113.81	122	102.7	50	果木、乔木、灌木	杂草、枯叶	604000		0							√		一般	F
94	ZJLY-209	三大窝山	小楼镇	丘陵	坡地	23.45	113.77	75	45	100	果木、乔木、灌木	杂草、枯叶	183000		1			√						一般	X
95	ZJLY-214	锦绣山	小楼镇	丘陵	山岗	23.44	113.78	55	35	230	果木、乔木、灌木	杂草、枯叶	134000		12	300	√	√						一般	X
96	ZJLY-216	鸟歌岭	小楼镇	丘陵	山岗	23.43	113.80	42.5	22.5	20	果木	杂草、枯叶	92000		53	52500	√	√	√					一般	X
97	ZJLY-217	溪具山	小楼镇	丘陵	山岗	23.43	113.80	102	82	30	果木、乔木、灌木	杂草、枯叶	322000	墓葬	53	44000	√				√	√		一般	X
98	ZJLY-220	土地木	小楼镇	丘陵	山岗	23.43	113.78	64	44	0	果木、乔木、灌木	杂草、枯叶	177000		31	7200		√	√					一般	X
99	ZJLY-223	约场村对面山	小楼镇	丘陵	山岗	23.43	113.77	68.9	49	5	果木、乔木、灌木	杂草、枯叶	231000		28	1600	√							较好	X
100	ZJLY-224	老屋山	小楼镇	丘陵	山岗	23.44	113.76	93.7	68.7	130	果木、乔木、灌木	杂草、枯叶	397000		2		√	√	√					较好	X
101	ZJLY-227	岭尾涌	小楼镇	丘陵	山岗	23.44	113.75	62	32	70	果木、乔木、灌木	杂草、枯叶	203000		50	11000	√		√					一般	X
102	ZJLY-238	细岭	小楼镇	丘陵	山岗	23.43	113.75	42.8	17.8	80	果木、乔木	杂草、枯叶	49000		11	700			√					一般	X
103	ZJLY-242	禾场塱	小楼镇	丘陵	坡地	23.44	113.72	75	33.7	60	农作物、果木	杂草、枯叶	176000		2		√							一般	X
104	ZJLY-244	大湖洋	小楼镇	丘陵	坡地	23.43	113.73	70	30	5	果木、乔木、农作物	杂草	89000		17	24000	√	√	√			√		一般	X
105	ZJLY-246	大岭	小楼镇	丘陵	坡地	23.42	113.74	55	25	40	农作物、果木	杂草、枯叶	45000		7	300			√					一般	X
106	ZJLY-251	尖峰岭东南岗	小楼镇	丘陵	山岗	23.42	113.77	55.5	30.5	80	乔木、灌木	杂草	53000	墓葬	11	800						√		较好	X
107	ZJLY-252	横庄正	小楼镇	丘陵	山岗	23.42	113.77	82	65.5	40	果木、乔木、灌木	杂草、枯叶	345000		8	3400	√		√			√		较好	X
108	ZJLY-253	长田山	小楼镇	丘陵	山岗	23.42	113.77	59.5	44.5	220	果木、乔木	杂草、枯叶	110000		106	48000	√	√	√			√		一般	X
109	ZJLY-254	鸡头山北	小楼镇	河谷平原	平地	23.43	113.77	18.5	0	220	果木	杂草、枯叶	17000		74	9800		√	√					一般	X
110	ZJLY-255	腊圃后龙山	小楼镇	河谷平原	山岗	23.42	113.78	74.5	50.5	50	果木、乔木、灌木	杂草	269000		22	4300		√	√					一般	X

序号	遗址编号	遗址名称	行政区划	区域地貌类型	地形地势	纬度（度）	经度（度）	海拔（米）	相对高度（米）	相对河流距离（米）	植被类型	地表覆盖物	网格面积（平方米）	遗迹	遗物（件）	遗物分布面积（平方米）	新晚至商代	西周至春秋	战国至南越国	汉	晋南朝	唐末	明清	保存状况	复查（F）/新发现（X）
111	ZJLY-256	蟹山	小楼镇	河谷平原	山岗	23.42	113.78	63.1	48.1	290	果木、乔木、灌木	杂草、枯叶	206000		35	16000	√							一般	X
112	ZJLY-257	茶园	小楼镇	丘陵	山岗	23.42	113.76	81.8	51.8	40	果木、乔木	杂草、枯叶	208000		40	7000		√	√		√			较好	X
113	ZJLY-258	波仔山	小楼镇	丘陵	山岗	23.41	113.76	47.3	22.3	280	果木、乔木	杂草、枯叶	46000		1				√					较好	X
114	ZJLY-259	高地岭	小楼镇	丘陵	坡地	23.42	113.76	50	20	600	果木、乔木	杂草、枯叶	35000		16	3200			√					较好	X
115	ZJLY-260	吓雨后龙山	小楼镇	丘陵	坡地	23.42	113.74	65.6	25.6	80	果木、乔木、灌木	杂草、枯叶	28000		6	1400		√						较好	X
116	ZJLY-261	三屋兜嘴	小楼镇	丘陵	山岗	23.42	113.75	59.9	34.9	100	果木、乔木	杂草、枯叶	33000		31	2500	√	√					√	一般	X
117	ZJLY-262	松头山	小楼镇	丘陵	山岗	23.42	113.75	60.1	30.1	120	果木、乔木、灌木	杂草、枯叶	30000		5	240			√					一般	X
118	ZJLY-265	圆公头	小楼镇	丘陵	山岗	23.41	113.73	57.6	17.6	5	果木	杂草、枯叶	16000		5	200								差	X
119	ZJLY-266	正隆后龙山	小楼镇	河谷平原	山岗	23.41	113.76	81.5	56	5	果木、乔木	杂草、枯叶	194000		25	28000	√	√	√					一般	X
120	ZJLY-267	山猪嵅	小楼镇	丘陵	坡地	23.40	113.75	50	20	15	农作物	杂草、枯叶	55000		1			√						一般	X
121	ZJLY-268	坑背岭北侧岗	小楼镇	丘陵	山岗	23.39	113.75	74	44	10	果木	杂草、枯叶	56000		10	3300		√						一般	X
122	ZJLY-269	备山	小楼镇	丘陵	山岗	23.39	113.76	95	60	70	果木	杂草	28000		3	1100	√							一般	X
123	ZJLY-270	禾塘山	小楼镇	丘陵	山岗	23.38	113.75	109.3	74.3	50	果木、乔木、灌木	杂草、枯叶	332000		2				√					较好	X
124	ZJLY-271	韩村背扶山	小楼镇	丘陵	山岗	23.38	113.75	76	41	40	果木、乔木	杂草、枯叶	387000		2			√						一般	X
125	ZJLY-272	童年山	小楼镇	丘陵	台地	23.39	113.76	45	10	20	果木、乔木	杂草	13000		2			√						较好	X
126	ZJLY-273	鸡心岭	小楼镇	丘陵	山岗	23.39	113.75	85	55	70	果木、乔木	杂草	68000		9	29000		√						一般	X
127	ZJLY-274	坑背	小楼镇	丘陵	山岗	23.39	113.75	65	40	30	果木、乔木	杂草	23000		43	3400	√		√					一般	X
128	ZJLY-275	长条嵅	小楼镇	丘陵	山岗	23.39	113.75	75	45	200	灌木	杂草	26000		1		√							较好	X
129	ZJLY-276	岗贝黄	小楼镇	丘陵	坡地	23.38	113.75	58	23.8	70	果木	杂草	100000		21	3500			√					一般	X
130	ZJLY-278	大芷背扶山	小楼镇	丘陵	坡地	23.37	113.76	86	36	0	果木、乔木	杂草	101000		3	2000			√					较好	X
131	ZJLY-280	沙岗后龙山	小楼镇	丘陵	山岗	23.38	113.73	56.2	16.2	160	乔木	杂草	54000		45	7300	√	√						较好	X
132	ZJLY-283	山岜口	小楼镇	丘陵	山岗	23.39	113.74	90	55	200	果木、乔木、灌木	杂草、枯叶	101000		5	1300								一般	X
133	ZJLY-284	大山岜	小楼镇	丘陵	山岗	23.39	113.73	66	21	440	果木、乔木	杂草	14000		1			√						一般	X
134	ZJLY-285	东头窝	小楼镇	丘陵	山岗	23.40	113.74	80	50	260	果木、乔木、灌木	杂草、枯叶	54000		48	7100			√					较好	X
135	ZJLY-286	旗山	小楼镇	丘陵	坡地	23.39	113.73	50	15	200	果木、乔木	杂草、枯叶	39000		2				√					一般	X

序号	遗址编号	遗址名称	行政区划	区域地貌类型	地形地势	纬度(度)	经度(度)	海拔(米)	相对高度(米)	相对河流距离(米)	植被类型	地表覆盖物	网格面积(平方米)	遗迹	遗物(件)	遗物分布面积(平方米)	新晚至商代	西周至春秋	战国至南越国	汉	晋南朝	唐宋	明清	保存状况	复查(F)/新发现(X)
136	ZJLY-289	围岭后龙山	小楼镇	丘陵	山岗	23.37	113.72	84	34	270	果木、乔木	杂草	50000		27	1000	√							一般	X
137	ZJLY-292	黄村山背山	小楼镇	丘陵	坡地	23.37	113.70	74.5	24.5	5	农作物、果叶	杂草、枯叶	138000		3	400	√		√					一般	X
138	ZJLY-293	江挡山	小楼镇	丘陵	坡地	23.37	113.70	71.7	41.7	55	果木、乔木、灌木	杂草、枯叶	25000		1		√							较好	X
139	ZJLY-294	长布水库台地	小楼镇	丘陵	山岗	23.38	113.69	95.1	30.1	0	果木、乔木、灌木	杂草	38000		6	350	√							一般	X
140	ZJLY-296	黄泥岗	小楼镇	丘陵	山岗	23.38	113.70	75.1	20.1	580	果木、乔木、灌木	杂草	35000		6	5000	√		√			√		一般	X
141	ZJLY-297	鱼岭山	小楼镇	丘陵	山岗	23.38	113.71	87	37	50	果木、乔木、灌木	杂草、枯叶	114000		16	6500	√		√					一般	X
142	ZJLY-298	棠村背扶山	荔城街	河谷平原	山岗	23.33	113.83	52.9	37.9	250	果木、乔木、灌木	杂草、枯叶	177000		2							√		差	X
143	ZJLY-299	棠村山	荔城街	河谷平原	山岗	23.33	113.83	55.1	40.1	5	果木、乔木、灌木	杂草、枯叶	119000		7	6700		√						较好	X
144	ZJLY-300	围岭	荔城街	河谷平原	台地	23.33	113.81	18	3	510	果木	杂草、枯叶	32000		21	10000	√	√		√		√		一般	X
145	ZJLY-301	学宫背扶岭	荔城街	河谷平原	山岗	23.32	113.81	41.5	30.1	0	果木、乔木	杂草、枯叶	241000		2				√	√	√			一般	X
146	ZJLY-302	古坑背扶山	小楼镇	丘陵	山岗	23.39	113.70	92	33.1	740	果木、乔木	杂草、枯叶	117000		2		√					√		一般	X
147	ZJLY-303	盘龙岗	荔城街	丘陵	山岗	23.32	113.80	50	25	150	果木、乔木、灌木	杂草、枯叶	42000		2				√					一般	X
148	ZJLY-304	学宫荔枝山	荔城街	丘陵	山岗	23.32	113.80	50	25	60	果木、乔木	杂草、枯叶	43000		10	9000	√		√					一般	X
149	ZJLY-305	莲棠岈	荔城街	丘陵	山岗	23.32	113.80	99.8	74	230	果木	枯叶	156000		13	2300		√				√		一般	X
150	ZJLY-306	光头岭	荔城街	河谷平原	山岗	23.31	113.80	37.5	17.5	350	农作物、果木	杂草、枯叶	68000		38	68000	√	√	√				√	一般	X
151	ZJLY-307	蛇头岭	荔城街	河谷平原	坡地	23.31	113.79	55.2	30.2	80	果木、乔木、灌木	杂草	136000		9	3200	√	√	√					一般	X
152	ZJLY-308	大山	荔城街	河谷平原	山岗	23.32	113.82	33	23	5	果木	杂草、枯叶	94000		14	3300			√					较好	X
153	ZJLY-309	摘尾山	荔城街	河谷平原	山岗	23.32	113.82	50.1	40.1	5	果木、乔木	枯叶	103000		2			√				√		一般	X
154	ZJLY-310	蔗古山	荔城街	河谷平原	坡地	23.32	113.81	50	35	5	农作物、果木	杂草、枯叶	93000		11	12000			√					一般	X
155	ZJLY-311	前岭山	荔城街	河谷平原	山岗	23.31	113.81	26.2	1.2	190	果木	杂草、枯叶	15000		19	2800			√					一般	X
156	ZJLY-312	白家岭	荔城街	河谷平原	山岗	23.31	113.82	40.6	25.6	280	农作物、果木	杂草、枯叶	48000		42	16000		√						一般	X
157	ZJLY-313	开凼岭	荔城街	河谷平原	坡地	23.32	113.82	25	15	600	果木	杂草、枯叶	36000		59	5400		√						一般	X
158	ZJLY-314	边山	荔城街	河谷平原	坡地	23.32	113.82	24	14	380	农作物、果木	枯叶	41000		15	4000			√					较好	X

序号	遗址编号	遗址名称	行政区划	区域地貌类型	地形地势	纬度（度）	经度（度）	海拔（米）	相对高度（米）	相对河流距离（米）	植被类型	地表覆盖物	网格面积（平方米）	遗迹	遗物（件）	遗物分布面积（平方米）	新晚至商代	西周至春秋	战国至南越国	汉	晋南朝	唐宋	明清	保存状况	复查（F）/新发现（X）
159	ZJLY-315	韩洞洞池	荔城街	河谷平原	山岗	23.32	113.81	127.7	107.7	10	果木、乔木、灌木	杂草、枯叶	29000		15	15000			√			√		一般	X
160	ZJLY-316	柯岭山	荔城街	河谷平原	山岗	23.31	113.81	92	77	10	果木、乔木、灌木	杂草、枯叶	254000		47	17000		√	√					较好	X
161	ZJLY-317	马屋山	荔城街	河谷平原	山岗	23.31	113.81	71.1	56.1	120	果木、乔木、灌木	杂草、枯叶	146000		13	31000		√	√			√		一般	X
162	ZJLY-318	庆丰山背山	荔城街	河谷平原	山岗	23.31	113.81	62	37	20	果木、乔木	杂草	243000		61	20000		√	√					一般	X
163	ZJLY-319	新联后龙山	荔城街	河谷平原	山岗	23.30	113.80	49	24	20	农作物、果木	杂草、枯叶	29000		21	18000	√							差	X
164	ZJLY-320	洋溪后龙山	荔城街	河谷平原	山岗	23.30	113.80	49	29	55	果木	杂草、枯叶	45000		37	14000	√		√			√		较好	X
165	ZJLY-321	龟前后龙山	荔城街	河谷平原	山岗	23.30	113.79	44.1	19.1	5	果木、乔木	杂草、枯叶	149000		27	27000	√							差	X
166	ZJLY-322	蛇头岭后龙山	荔城街	丘陵	山岗	23.30	113.79	73	43	5	果木、乔木	杂草、枯叶	180000		3			√	√					较好	X
167	ZJLY-323	移民背底山	荔城街	丘陵	山岗	23.30	113.79	72	47	100	果木、乔木	杂草、枯叶	166000		2			√					√	一般	X
168	ZJLY-324	粪箕岭	荔城街	河谷平原	台地	23.30	113.79	29.8	4.8	320	果木	杂草、枯叶	43000		56	19000	√	√	√			√		一般	X
169	ZJLY-325	彭星后背山	荔城街	河谷平原	山岗	23.30	113.81	32.4	17.4	5	果木、乔木	杂草、枯叶	88000		74	53000	√		√					较好	X
170	ZJLY-326	新联新村渠背山	荔城街	丘陵	山岗	23.31	113.79	85.1	60.1	0	果木、乔木	杂草、枯叶	124000		18	6800		√						一般	X
171	ZJLY-327	西部岭	荔城街	丘陵	山岗	23.31	113.78	90	60	0	果木、乔木	杂草、枯叶	111000		1				√					较好	X
172	ZJLY-328	新汤屋后龙山	荔城街	河谷平原	山岗	23.30	113.82	31	16	300	果木、乔木	杂草、枯叶	55000		7	8500		√	√					较好	X
173	ZJLY-329	隔田稻山	荔城街	丘陵	山岗	23.29	113.78	61.5	36.5	480	果木、乔木	杂草、枯叶	187000		4	3200	√	√						一般	X
174	ZJLY-330	罗上山	荔城街	丘陵	平地	23.32	113.77	35.2	0.2	0	农作物、果木	杂草、枯叶	27000		6	6000	√							较好	X
175	ZJLY-331	飞天凤	荔城街	河谷平原	山岗	23.29	113.81	56	31	50	果木、灌木、农作物	杂草、枯叶	348000		5	13000			√	√				一般	X
176	ZJLY-332	市林场山	荔城街	河谷平原	山岗	23.30	113.81	37	12	95	农作物、果木	杂草、枯叶	42000		2				√					一般	X
177	ZJLY-333	大岗尾	荔城街	河谷平原	山岗	23.28	113.78	70.3	50.3	380	果木、乔木、灌木	杂草、枯叶	147000		1							√		较好	F
178	ZJLY-349	下罗岗后龙山	荔城街	丘陵	山岗	23.24	113.83	37.2	37	130	果木、乔木、灌木	杂草、枯叶	179000		2					√				一般	X
179	ZJLY-352	陂仔岭	荔城街	丘陵	山岗	23.24	113.83	70.2	60.2	400	果木、乔木、灌木	杂草	495000		5	1400			√	√				较好	F
180	ZJLY-355	剑岭	荔城街	丘陵	山岗	23.28	113.81	64	44	490	果木、乔木、灌木	杂草、枯叶	357000		0		√					√	√	一般	F
181	ZJLY-358	破塘岭	荔城街	丘陵	山岗	23.24	113.80	59.3	49.3	0	果木、乔木、灌木	杂草、枯叶	304000		1					√				一般	X

序号	遗址编号	遗址名称	行政区划	区域地貌类型	地形地势	纬度（度）	经度（度）	海拔（米）	相对高度（米）	相对河流距离（米）	植被类型	地表覆盖物	网格面积（平方米）	遗迹	遗物（件）	遗物分布面积（平方米）	新晚至商代	西周至春秋	战国至南越国	汉	晋南朝	唐宋	明清	保存状况	复查（F）/新发现（X）
182	ZJLY-367	低山	增江街	河谷平原	山岗	23.37	113.85	88.4	73.4	110	果木、乔木、灌木	杂草、枯叶	409000		25	28000		✓	✓					一般	X
183	ZJLY-368	鲤鱼尾	增江街	丘陵	山岗	23.36	113.85	35	20	15	果木、乔木	杂草、枯叶	24000		0			✓						一般	F
184	ZJLY-370	白湖岭	增江街	丘陵	山岗	23.37	113.85	33	18	410	果木、乔木	杂草、枯叶	22000		57	7100		✓		✓	✓	✓		差	F
185	ZJLY-372	麒麟嘴	增江街	丘陵	山岗	23.35	113.85	78	63	31	果木、乔木	杂草、枯叶	338000		2			✓				✓		较好	X
186	ZJLY-373	东街围岭	增江街	丘陵	山岗	23.34	113.84	50.8	35.8	10	果木、乔木	杂草、枯叶	114000		0		✓	✓						较好	F
187	ZJLY-374	鸡公岭	增江街	丘陵	山岗	23.34	113.84	69.5	59.5	100	果木、乔木	杂草、枯叶	152000		7		✓	✓						一般	F
188	ZJLY-375	刘屋岭	增江街	丘陵	坡地	23.34	113.85	60	45	10	果木、乔木	杂草、枯叶	111000		9	2000		✓						一般	F
189	ZJLY-376	琵琶形	增江街	丘陵	山岗	23.33	113.84	80.1	70.1	40	果木、乔木、灌木	杂草、枯叶	391000		12	19000		✓	✓					一般	X
190	ZJLY-377	金竹岜	增江街	丘陵	山岗	23.33	113.85	90.1	75.1	50	果木、乔木	杂草、枯叶	262000		28	8800		✓						一般	X
191	ZJLY-378	鬼子岭	增江街	丘陵	山岗	23.33	113.84	35	25	50	果木	杂草	38000		15	14000	✓	✓	✓					一般	F
192	ZJLY-379	蝴蝶山	增江街	丘陵	山岗	23.33	113.86	138.3	123.3	5	果木、乔木	杂草、枯叶	761000		26	20000	✓	✓						一般	X
193	ZJLY-380	宇岜	增江街	丘陵	山岗	23.32	113.85	35.1	20.1	40	果木、乔木	杂草、枯叶	340000		0					✓				一般	F
194	ZJLY-381	扶罗岭	增江街	丘陵	山岗	23.31	113.84	49	14	10	果木、乔木	杂草、枯叶	153000		1				✓					一般	X
195	ZJLY-382	元岭	增江街	丘陵	山岗	23.31	113.85	26.8	11.8	110	果木、乔木	杂草、枯叶	14000		5		✓							较好	F
196	ZJLY-383	龙颈	增江街	丘陵	山岗	23.31	113.85	47.2	27.2	300	果木、乔木	杂草、枯叶	56000		17		✓							较好	X
197	ZJLY-384	蔡顶山北	增江街	丘陵	山岗	23.30	113.85	68	53	80	果木、乔木	杂草、枯叶	115000		2			✓						较好	X
198	ZJLY-385	蔡顶山南	增江街	丘陵	山岗	23.30	113.85	108	88	80	果木、乔木	杂草、枯叶	540000		1		✓							一般	X
199	ZJLY-386	人字岭	增江街	丘陵	山岗	23.30	113.85	60.5	40.5	70	果木、乔木	杂草、枯叶	133000		16	23000	✓		✓					一般	X
200	ZJLY-387	田寮	增江街	丘陵	山岗	23.31	113.85	28	22.3	210	果木、乔木	杂草、枯叶	159000		28	27000	✓							一般	X
201	ZJLY-388	台山顶	增江街	丘陵	山岗	23.31	113.86	65	50	130	果木、乔木	杂草、枯叶	117000		31	27000	✓	✓						较好	X
202	ZJLY-389	岭排	增江街	丘陵	山岗	23.31	113.86	75.1	55.1	5	果木	杂草、枯叶	241000		19	9000	✓	✓						一般	X
203	ZJLY-390	凤心岭	增江街	丘陵	山岗	23.31	113.86	125	100	160	果木、乔木、灌木	杂草、枯叶	268000		1									一般	X
204	ZJLY-392	王角份	增江街	丘陵	山岗	23.30	113.86	78	66	30	果木、乔木	杂草、枯叶	138000		20	4000			✓					较好	X
205	ZJLY-393	倒骑龙	增江街	丘陵	山岗	23.30	113.86	104.3	84.3	0	果木、乔木、灌木	杂草、枯叶	281000		10	25000	✓		✓					差	F
206	ZJLY-394	元岭仔	增江街	丘陵	台地	23.30	113.87	31.2	6.2	260	果木、乔木	杂草、枯叶	8000		7	1200	✓	✓						差	F
207	ZJLY-395	秃光岭	增江街	丘陵	山岗	23.30	113.87	41.2	21.2	5	果木	杂草、枯叶	50000		20	12000	✓	✓						一般	F

序号	遗址编号	遗址名称	行政区划	区域地貌类型	地形地势	纬度（度）	经度（度）	海拔（米）	相对高度（米）	相对河流距离（米）	植被类型	地表覆盖物	网格面积（平方米）	遗迹	遗物（件）	遗物分布面积（平方米）	新晚至商代	西周至春秋	战国至南越国	汉	晋南朝	唐宋	明清	保存状况	复查（F）/新发现（X）
208	ZJLY-396	珠山	增江街	丘陵	台地	23.30	113.86	26	6	30	果木、乔木	杂草	17000		4	1100			√					差	X
209	ZJLY-397	上塘	增江街	丘陵	山岗	23.30	113.87	131	106	110	果木、乔木、灌木	杂草、枯叶	354000		13	6000		√						一般	X
210	ZJLY-398	石壁仔	增江街	丘陵	山岗	23.30	113.87	70	45	0	果木、乔木	杂草、枯叶	97000		0			√						差	F
211	ZJLY-400	树吓村青夫山	增江街	丘陵	山岗	23.29	113.87	98	88	120	果木、乔木	杂草、枯叶	150000		12	13000	√	√	√					一般	F
212	ZJLY-401	刘屋背夫山	增江街	丘陵	坡地	23.29	113.88	50	25	90	果木、乔木	杂草、枯叶	61000		2			√	√					一般	F
213	ZJLY-404	太牌山	增江街	丘陵	山岗	23.29	113.87	138	113	25	果木、乔木	杂草、枯叶	185000		1			√						一般	F
214	ZJLY-405	蕉石岭	增江街	丘陵	山岗	23.30	113.86	115.1	95.1	10	果木	杂草、枯叶	104000		0							√		一般	F
215	ZJLY-406	杉山吓	增江街	丘陵	山岗	23.29	113.87	125.2	110.2	15	果木、乔木、农作物	杂草、枯叶	220000		5	800	√	√	√					一般	X
216	ZJLY-407	牛皮岚	增江街	丘陵	山岗	23.30	113.86	98.7	73.7	180	果木、乔木	杂草、枯叶	63000		4			√						较好	X
217	ZJLY-408	布加岭	增江街	丘陵	山岗	23.30	113.86	50	30	60	果木、乔木、农作物	杂草、枯叶	61000		15	7000	√	√		√		√		较好	F
218	ZJLY-409	望田后山	增江街	丘陵	山岗	23.30	113.86	81	56	190	果木、乔木	杂草、枯叶	128000		4	6000		√	√					一般	F
219	ZJLY-410	下屋圆岭	增江街	丘陵	山岗	23.30	113.86	60.1	40.1	460	果木、乔木	杂草、枯叶	45000		3	1000	√							一般	X
220	ZJLY-411	白墓	增江街	丘陵	山岗	23.30	113.85	97.2	87.2	490	果木、乔木	杂草、枯叶	110000		2		√							一般	X
221	ZJLY-416	古坑	增江街	河谷平原	河谷平原	23.29	113.85	40.2	25.2	20	果木、乔木	杂草、枯叶	74000		1		√							一般	X
222	ZJLY-417	狮头岭	增江街	河谷平原	山岗	23.28	113.85	56	46	10	果木、乔木	枯叶	102000		43	17000	√	√	√					一般	X
223	ZJLY-419	鸡公山	增江街	河谷平原	山岗	23.28	113.86	50.8	40.8	30	果木、乔木	杂草、枯叶	134000		23	20000			√					一般	X
224	ZJLY-420	荔枝山	增江街	河谷平原	平地	23.27	113.86	22	12	20	果木、乔木	杂草、枯叶	36000		1		√							一般	X
225	ZJLY-425	九树岗	增江街	丘陵	山岗	23.26	113.85	58.5	48.5	30	果木、乔木、灌木	杂草、枯叶	230000		10	16000	√							一般	X
226	ZJLY-427	石龙头	增江街	丘陵	山岗	23.26	113.85	46.1	22.1	0	农作物	杂草、枯叶	33000		1				√					一般	X
227	ZJLY-429	郭屋后拢山	增江街	河谷平原	山岗	23.26	113.85	30.5	20.5	25	农作物、果木	杂草、枯叶	57000		2				√					一般	X
228	ZJLY-439	小岗寨	增江街	丘陵	山岗	23.28	113.87	203	183	40	果木、乔木、灌木	杂草、枯叶	947000		13	2300	√							一般	X
229	ZJLY-441	骆亚	增江街	丘陵	台地	23.32	113.85	137.7	102.7	10	无	杂草、枯叶	538000		33	3000		√						一般	X
230	ZJLY-442	车岭	增江街	河谷平原	河谷平原	23.37	113.84	18.7	8.7	10	无	杂草	92000		3	10000		√			√			差	F
231	ZJLY-443	安塘岭	增江街	河谷平原	山岗	23.37	113.85	27.2	12.2	20	果木、乔木	杂草、枯叶	40000		12	10000		√				√		一般	F
232	ZJLY-444	上楼	增江街	河谷平原	山岗	23.38	113.84	58	43	160	果木、乔木、灌木	杂草、枯叶	454000		1		√		√		√	√		一般	F

序号	遗址编号	遗址名称	行政区划	区域地貌类型	地形地势	纬度(度)	经度(度)	海拔(米)	相对高度(米)	相对流距离(米)	植被类型	地表覆盖物	网格面积(平方米)	遗迹	遗物(件)	遗物分布面积(平方米)	新晚至商代	西周至春秋	战国至南越国	汉	晋南朝	唐宋	明清	保存状况	复查(F)/新发现(X)
233	ZJLY-447	沙梨园	正果镇	河谷平原	山岗	23.38	113.84	42.5	27.5	150	果木、乔木、灌木	杂草、枯叶	262000		0							√		一般	F
234	ZJLY-448	面岭山	正果镇	河谷平原	山岗	23.37	113.85	27.7	12.7	320	果木、乔木	杂草、枯叶	64000		0					√		√	√	一般	F
235	ZJLY-449	鲤鱼头	正果镇	河谷平原	台地	23.38	113.85	26.7	16.7	0	果木、乔木	杂草、枯叶	44000		22	18000			√					一般	X
236	ZJLY-451	菠萝山	正果镇	河谷平原	山岗	23.38	113.85	73	58	0	果木、乔木、灌木	杂草、枯叶	160000		0				√					一般	F
237	ZJLY-452	缸瓦岭	增江街	河谷平原	台地	23.38	113.85	16	6	30	果木、乔木、灌木	杂草、枯叶	30000		1		√		√					较好	F
238	ZJLY-454	下饭山	正果镇	丘陵	山岗	23.39	113.85	103.1	88.1	80	果木、乔木	杂草、枯叶	540000		1		√							较好	X
239	ZJLY-455	黄份田山	正果镇	河谷平原	山岗	23.38	113.86	40.8	15.8	180	果木、乔木	杂草、枯叶	55000		43	17000	√	√	√					较好	F
240	ZJLY-456	火烧排	正果镇	丘陵	山岗	23.38	113.86	58	43	280	果木、乔木、灌木	杂草、枯叶	215000		2			√						一般	F
241	ZJLY-457	石塘后龙山	正果镇	丘陵	山岗	23.39	113.86	40.6	15.6	30	果木、乔木	杂草、枯叶	20000		9	2500	√	√						较好	X
242	ZJLY-459	背夫山	正果镇	丘陵	山岗	23.39	113.86	39	24	230	果木、乔木、灌木	杂草、枯叶	33000		2		√	√	√			√		一般	F
243	ZJLY-460	新闱	正果镇	丘陵	台地	23.39	113.86	24	9	25	果木、乔木、灌木	杂草	11000		8	1200		√	√					一般	F
244	ZJLY-462	老鼠岙	正果镇	丘陵	山岗	23.37	113.86	39.6	24.6	150	果木、乔木、灌木	杂草	35000		0			√						差	F
245	ZJLY-464	车岭背	正果镇	丘陵	山岗	23.37	113.86	36.3	21	150	果木、乔木	杂草、枯叶	21000		11	5300	√							一般	X
246	ZJLY-465	谢屋亭西北岗	正果镇	丘陵	山岗	23.37	113.86	46	21	0	果木、乔木	杂草、枯叶	24000		29	7300		√						一般	F
247	ZJLY-466	谢屋亭东南岗	正果镇	丘陵	坡地	23.37	113.86	50	25	0	果木	杂草、枯叶	10000		23	6000	√	√						一般	F
248	ZJLY-467	坳子头	正果镇	丘陵	山岗	23.37	113.87	56.3	31.3	0	果木	杂草、枯叶	47000		8	3300	√	√						较好	F
249	ZJLY-468	山洞山	正果镇	丘陵	山岗	23.37	113.87	86.5	61.5	200	果木、乔木	杂草、枯叶	112000		13	2700	√	√						一般	F
250	ZJLY-469	牛郡山岗	正果镇	丘陵	山岗	23.37	113.87	90.2	65.2	760	果木、乔木	杂草、枯叶	158000		3		√		√					一般	X
251	ZJLY-470	石子布	正果镇	丘陵	坡地	23.37	113.87	75	45	1200	农作物、果木	杂草、枯叶	283000		2		√							一般	F
252	ZJLY-471	何屋岙	正果镇	丘陵	山岗	23.37	113.88	82.5	57	940	果木、乔木	杂草、枯叶	85000		1		√							一般	X
253	ZJLY-472	老珠岙	正果镇	丘陵	山岗	23.37	113.87	77	52	480	果木、乔木、灌木	杂草、枯叶	130000		0			√						一般	F
254	ZJLY-473	新珠岙	正果镇	丘陵	山岗	23.38	113.87	38	13	380	果木、乔木、灌木	杂草、枯叶	25000		11	3000	√	√						较好	F
255	ZJLY-474	虾尾	正果镇	丘陵	山岗	23.38	113.87	68.3	43.3	110	果木、乔木、灌木	杂草、枯叶	163000		21	7700		√	√					一般	X
256	ZJLY-475	黄布村西	正果镇	丘陵	台地	23.38	113.87	32.8	2.8	0	果木	杂草、枯叶	14000		9	1000		√						一般	X

序号	遗址编号	遗址名称	行政区划	区域地貌类型	地形地势	纬度(度)	经度(度)	海拔(米)	相对高度(米)	相对河流距离(米)	植被类型	地表覆盖物	网格面积(平方米)	遗迹	遗物(件)	遗物分布面积(平方米)	新晚至商代	西周至春秋	战国至南越国	汉	晋南朝	唐宋	明清	保存状况	复查(F)/新发现(X)
257	ZJLY-477	黄布村东南	正果镇	丘陵	山岗	23.37	113.88	97.5	62.5	70	果木、乔木、灌木	杂草、枯叶	93000		5	700	√							较好	X
258	ZJLY-478	怡祥山	正果镇	丘陵	山岗	23.37	113.88	69.8	39.8	10	果木、乔木	杂草、枯叶	34000		20	1000	√	√	√					一般	X
259	ZJLY-480	屋场岗	正果镇	丘陵	山岗	23.37	113.89	84.5	39.5	90	果木、乔木	杂草、枯叶	77000		14	7000	√		√					一般	F
260	ZJLY-482	沟壁窿山	正果镇	丘陵	山岗	23.37	113.89	134	79	0	果木、乔木、灌木	杂草、枯叶	102000		0				√					一般	F
261	ZJLY-483	汤拔山	正果镇	丘陵	山岗	23.37	113.89	90	40	60	果木、乔木、灌木	杂草、枯叶	86000		0		√		√					一般	F
262	ZJLY-488	担水窝	正果镇	丘陵	山岗	23.38	113.88	113.8	80.3	100	果木、乔木、灌木	杂草、枯叶	338000		1			√						一般	X
263	ZJLY-489	上泾山	正果镇	丘陵	山岗	23.38	113.88	111.1	76.1	80	果木、乔木、灌木	杂草、枯叶	223000		1			√						较好	X
264	ZJLY-490	低洼山	正果镇	丘陵	山岗	23.38	113.88	69.1	34.6	350	果木、乔木	杂草、枯叶	71000		8	8000	√	√						一般	F
265	ZJLY-492	杉排山	正果镇	丘陵	山岗	23.39	113.87	82.5	62.5	440	果木、乔木	杂草、枯叶	338000		2			√	√					较好	X
266	ZJLY-493	霞公塘	正果镇	丘陵	山岗	23.38	113.87	37.6	12.6	340	果木、乔木	杂草、枯叶	107000		4	3000	√	√						较好	X
267	ZJLY-495	叶屋山	正果镇	丘陵	山岗	23.39	113.87	38	13	70	果木	杂草、枯叶	25000		0				√					一般	F
268	ZJLY-497	园山	正果镇	丘陵	山岗	23.39	113.87	116	96	120	果木、乔木	杂草、枯叶	364000		4	3500			√					一般	X
269	ZJLY-498	鹅泥坳	正果镇	丘陵	山岗	23.40	113.87	42.2	22.2	0	果木、乔木	杂草、枯叶	44000		10	10000	√	√	√					较好	X
270	ZJLY-501	社吓山	正果镇	河谷平原	山岗	23.39	113.88	54	35.4	120	果木、乔木、灌木	杂草、枯叶	99000		1			√	√					一般	X
271	ZJLY-502	鸭公山	正果镇	河谷平原	山岗	23.39	113.88	39.8	17.4	140	果木、乔木	杂草、枯叶	52000		11	17000	√	√						一般	F
272	ZJLY-503	老鼠岭	正果镇	河谷平原	山岗	23.39	113.89	64.8	44.2	170	果木、乔木、灌木	杂草、枯叶	88000		5	7800	√	√						一般	X
273	ZJLY-509	斜青	正果镇	丘陵	山岗	23.40	113.89	65.1	40.3	480	果木、乔木	杂草、枯叶	108000		7	14000		√			√			一般	F
274	ZJLY-510	杜山	正果镇	丘陵	山岗	23.40	113.89	53.9	27.4	430	果木、乔木、灌木	杂草、枯叶	87000		2				√					较好	X
275	ZJLY-511	马头岭西	正果镇	丘陵	山岗	23.40	113.89	86.7	57.8	750	果木、乔木	杂草、枯叶	94000		4	14000		√						一般	F
276	ZJLY-512	高岭山	正果镇	丘陵	坡地	23.40	113.89	100	72.5	650	果木、乔木	杂草、枯叶	63000		48	16000						√		一般	X
277	ZJLY-513	迏尾	正果镇	丘陵	山岗	23.40	113.89	51.9	21.9	330	果木、乔木	杂草、枯叶	52000		38	16000		√	√					一般	X
278	ZJLY-514	迏尾左	正果镇	丘陵	山岗	23.40	113.90	43.6	19	490	果木、乔木	杂草、枯叶	26000		1			√						一般	X
279	ZJLY-515	黄涧山	正果镇	河谷平原	山岗	23.40	113.90	37.8	14.1	150	果木、乔木	杂草、枯叶	23000		11	2700	√	√	√					一般	X

序号	遗址编号	遗址名称	行政区划	区域地貌类型	地形地势	纬度（度）	经度（度）	海拔（米）	相对高度（米）	相对河流距离（米）	植被类型	地表覆盖物	网格面积（平方米）	遗迹	遗物（件）	遗物分布面积（平方米）	新晚至商代	西周至春秋	战国至南越国	汉	晋南朝	唐宋	明清	保存状况	复查（F）/新发现（X）
280	ZJLY-516	木易岭	正果镇	丘陵	山岗	23.39	113.89	42.1	20.5	110	果木、乔木、灌木	杂草、枯叶	28000		57	20000	√	√				√		一般	X
281	ZJLY-517	银船浪	正果镇	丘陵	山岗	23.39	113.89	59.2	33.2	250	果木、乔木	枯叶	44000		10	8000			√					一般	X
282	ZJLY-518	耙船浪尾	正果镇	丘陵	山岗	23.39	113.90	85.5	55.5	500	果木、乔木	枯叶	108000		1				√					一般	X
283	ZJLY-519	新塘岃	正果镇	丘陵	山岗	23.39	113.89	69	39.3	960	果木、乔木、灌木	杂草、枯叶	48000		2		√							一般	X
284	ZJLY-520	火烧山	正果镇	丘陵	山岗	23.39	113.89	76.9	48.3	730	果木、乔木、灌木	杂草	124000		1		√							一般	X
285	ZJLY-522	黄排	正果镇	丘陵	山岗	23.39	113.90	98.8	68.8	860	果木、乔木、灌木	杂草、枯叶	86000		1		√							一般	X
286	ZJLY-525	猪岭	正果镇	丘陵	山岗	23.39	113.90	79.7	52.8	230	果木、乔木、灌木	杂草、枯叶	133000		20	14000	√	√						一般	X
287	ZJLY-526	老窑背扶山	正果镇	丘陵	山岗	23.39	113.90	78	54.4	80	果木、乔木、灌木	杂草	89000		39	35000	√	√						一般	X
288	ZJLY-527	岭见	正果镇	丘陵	山岗	23.40	113.91	56.8	26.8	320	果木、乔木	杂草、枯叶	58000		23	24000		√						一般	X
289	ZJLY-528	韩山吓	正果镇	丘陵	山岗	23.40	113.90	76.7	51	330	果木、乔木	杂草、枯叶	179000		10	11000	√	√						一般	X
290	ZJLY-529	金鱼山	正果镇	丘陵	台地	23.40	113.90	32.4	8.6	210	果木、乔木	杂草、枯叶	12000		4				√					差	X
291	ZJLY-530	上坑山	正果镇	丘陵	山岗	23.40	113.91	50	24	40	果木、乔木、灌木	杂草、枯叶	82000		26	19000	√	√	√					一般	X
292	ZJLY-531	观山	正果镇	丘陵	山岗	23.39	113.91	75.3	45.3	80	果木、乔木、灌木	杂草、枯叶	119000		23	15000	√	√	√					一般	X
293	ZJLY-532	窑洞	正果镇	丘陵	山岗	23.40	113.90	153	124.2	710	果木、乔木、灌木	杂草	62000		2		√							一般	X
294	ZJLY-533	窑洞山	正果镇	丘陵	坡地	23.40	113.90	75	49.1	190	果木、乔木	杂草、枯叶	43000		2							√		较好	X
295	ZJLY-534	矮岭背底山	正果镇	丘陵	台地	23.41	113.91	44.7	14.7	180	果木、乔木	杂草、枯叶	52000		41	7500	√	√	√					一般	X
296	ZJLY-535	山仔	正果镇	丘陵	坡地	23.41	113.92	66.1	35.1	620	果木、乔木、灌木	杂草	48000		41	11000	√	√	√					一般	X
297	ZJLY-537	杬岃	正果镇	丘陵	山岗	23.41	113.92	264.7	230.9	520	乔木	杂草	137000		23	12000	√	√						较好	X
298	ZJLY-538	大安山	正果镇	丘陵	山岗	23.41	113.92	93.2	58.1	310	果木、乔木	杂草、枯叶	63000		10	900	√	√	√					较好	X
299	ZJLY-539	独岗	正果镇	丘陵	平地	23.41	113.91	29	2.5	270	果木	杂草、枯叶	19000		33	6500	√	√	√					较好	X
300	ZJLY-540	塘面圆山	正果镇	丘陵	山岗	23.41	113.92	44.6	12.6	350	果木、乔木	杂草、枯叶	14000		5	2900	√	√		√				较好	X
301	ZJLY-541	平顶山	正果镇	丘陵	山岗	23.41	113.92	91	56.6	480	果木、乔木	杂草、枯叶	73000		2		√							一般	X
302	ZJLY-542	江坳后背山	正果镇	丘陵	山岗	23.41	113.93	55.5	23.7	240	果木、乔木	杂草、枯叶	33000		3		√	√						较好	X

序号	遗址编号	遗址名称	行政区划	区域地貌类型	地形地势	纬度（度）	经度（度）	海拔（米）	相对高度（米）	相对河流距离（米）	植被类型	地表覆盖物	网格面积（平方米）	遗迹	遗物（件）	遗物分布面积（平方米）	新晚至商代	西周至春秋	战国至南越国	汉	晋南朝	唐宋	明清	保存状况	复查（F）/新发现（X）
303	ZJLY-543	杨梅岃	正果镇	丘陵	山岗	23.41	113.93	130.8	94.2	570	果木、乔木、灌木	杂草、枯叶	59000		2			√						一般	X
304	ZJLY-544	长岗嘴	正果镇	丘陵	山岗	23.41	113.92	42.4	10.4	430	果木、乔木	杂草、枯叶	18000		13	1500		√						一般	X
305	ZJLY-546	元洞	正果镇	丘陵	山岗	23.41	113.93	70.1	38.1	160	果木、乔木	杂草、枯叶	62000		13	8700		√	√					一般	X
306	ZJLY-548	茅坪墩后背山	正果镇	丘陵	山岗	23.40	113.93	68.1	33.6	120	果木、乔木、灌木	杂草、枯叶	135000		12	9000	√	√						较好	X
307	ZJLY-550	担水井火坪顶	正果镇	丘陵	山岗	23.41	113.94	115	90	190	果木、乔木	杂草、枯叶	113000		2		√							一般	X
308	ZJLY-552	杨子梅	正果镇	丘陵	山岗	23.41	113.95	150	85	260	果木、乔木	杂草、枯叶	151000		1		√							一般	X
309	ZJLY-555	高排背后山	正果镇	丘陵	山岗	23.40	113.96	162	92	0	果木、乔木、灌木	杂草、枯叶	249000		2		√							一般	X
310	ZJLY-557	落叶山	正果镇	丘陵	山岗	23.40	113.91	48.8	22	180	果木	枯叶	35000		77	16000		√	√					较好	X
311	ZJLY-558	苍吓	正果镇	丘陵	山岗	23.40	113.91	73.7	42.7	90	果木、乔木、灌木	杂草、枯叶	76000		15	6500		√	√					一般	X
312	ZJLY-559	围橦山	正果镇	丘陵	山岗	23.40	113.92	91.4	56.4	320	果木、乔木、灌木	杂草、枯叶	198000		4		√							一般	X
313	ZJLY-560	燕岗顶	正果镇	丘陵	山岗	23.40	113.92	49.2	16.4	260	果木、乔木	杂草、枯叶	68000		46	20000	√	√	√					较好	X
314	ZJLY-562	汤屋屲底	正果镇	丘陵	平地	23.40	113.92	37.3	1.5	940	农作物	其他	8000		1		√							一般	X
315	ZJLY-563	榄树林	正果镇	丘陵	坡地	23.40	113.92	85	49.2	840	果木、乔木	杂草、枯叶	50000		16	2600		√						较好	X
316	ZJLY-564	高地山	正果镇	丘陵	山岗	23.40	113.92	67.3	32.6	400	果木、乔木	杂草、枯叶	32000		7	2500		√						较好	X
317	ZJLY-565	廖墼屲	正果镇	丘陵	山岗	23.40	113.93	90.6	52.9	230	果木、乔木、灌木	杂草、枯叶	147000		15	7800	√	√						一般	X
318	ZJLY-570	古洞	正果镇	丘陵	山岗	23.40	113.94	144.8	91.3	450	果木、乔木、灌木	杂草、枯叶	336000		9	10000	√	√	√					一般	X
319	ZJLY-572	老张田	正果镇	丘陵	山岗	23.40	113.93	94.2	54.2	80	果木、乔木	杂草、枯叶	74000		2				√					一般	X
320	ZJLY-573	油江门前田	正果镇	丘陵	平地	23.40	113.94	37.4	0.4	40	农作物	其他	25000		9	300	√							一般	X
321	ZJLY-580	潭源岭	正果镇	丘陵	山岗	23.39	113.91	75	43.1	0	果木、乔木、灌木	杂草、枯叶	76000		21	16000			√					较好	X
322	ZJLY-584	大山	正果镇	丘陵	山岗	23.37	113.94	162.5	52.5	100	果木、乔木、灌木	杂草、枯叶	112000		12	3000	√							一般	X

序号	遗址编号	遗址名称	行政区划	区域地貌类型	地形地势	纬度（度）	经度（度）	海拔（米）	相对高度（米）	相对河流距离（米）	植被类型	地表覆盖物	网格面积（平方米）	遗迹	遗物（件）	遗物分布面积（平方米）	新晚至商代	西周至春秋	战国至南越国	汉	晋南朝	唐末	明清	保存状况	复查（F）/新发现（X）
323	ZJLY-585	天皇嶂山前一号	正果镇	丘陵	山岗	23.37	113.95	225	100	90	果木、乔木	杂草、枯叶	39000		3		√							较好	X
324	ZJLY-586	天皇嶂山前二号	正果镇	丘陵	山岗	23.37	113.95	200	75	360	果木	杂草、枯叶	17000		2		√							较好	X
325	ZJLY-587	天皇嶂	正果镇	丘陵	山岗	23.38	113.95	338	208.4	450	果木、乔木	杂草	118000		31	8000	√							差	X
326	ZJLY-588	天王山	正果镇	丘陵	山岗	23.37	113.95	198.6	73.6	10	果木、乔木、灌木	杂草	320000		4		√							较好	X
327	ZJLY-592	山㘵后背山	正果镇	丘陵	山岗	23.37	113.95	174.3	69.3	0	果木、乔木、灌木	杂草、枯叶	180000		21	1000	√							一般	X
328	ZJLY-593	塘坑	正果镇	丘陵	山岗	23.36	113.94	169.8	89.8	90	果木、乔木	杂草、枯叶	140000		2		√							一般	X
329	ZJLY-596	邓屋塱	正果镇	丘陵	山岗	23.42	113.89	100.5	79.8	270	果木、乔木	杂草	364000		2		√							较好	X
330	ZJLY-601	新高浪后山	正果镇	丘陵	山岗	23.42	113.90	96	80.2	290	果木、乔木、灌木	杂草、枯叶	205000		16	6000		√	√					一般	X
331	ZJLY-602	磨刀山	正果镇	丘陵	山岗	23.43	113.92	210.2	160.2	0	果木、乔木	杂草	498000		4		√							一般	X
332	ZJLY-603	竹林后山	正果镇	丘陵	山岗	23.42	113.90	88.5	63.5	200	果木、乔木	杂草、枯叶	123000	墓葬、石像生	51	16000		√		√			√	一般	X
333	ZJLY-604	庙头后山	正果镇	丘陵	山岗	23.42	113.90	95	75	210	果木、乔木	杂草、枯叶	72000		1				√					一般	X
334	ZJLY-605	白面石山	正果镇	丘陵	山岗	23.42	113.90	42.2	22.2	20	果木、乔木	杂草、枯叶	34000		2			√						一般	X
335	ZJLY-606	莲塘	正果镇	丘陵	山岗	23.42	113.89	100	75	30	果木、乔木、灌木	杂草、枯叶	149000		1				√					一般	X
336	ZJLY-612	塘面山	正果镇	丘陵	山岗	23.42	113.88	64.8	39.8	10	果木、乔木	枯叶	72000		32	14000	√							较好	X
337	ZJLY-613	莲藕山	正果镇	丘陵	山岗	23.42	113.88	53	38	0	果木、乔木	杂草、枯叶	97000		1		√							较好	X
338	ZJLY-614	圭湖山	正果镇	丘陵	山岗	23.42	113.88	30.8	15.8	0	果木、乔木	杂草、枯叶	53000		3			√						一般	X
339	ZJLY-617	狮山	正果镇	丘陵	山岗	23.41	113.88	50.2	40.2	120	果木、乔木	杂草、枯叶	114000		1				√					较好	X
340	ZJLY-620	圭湖西	正果镇	丘陵	台地	23.42	113.87	33.7	18.7	20	果木、乔木	杂草、枯叶	49000		6				√					一般	X
341	ZJLY-633	猪腰凹	正果镇	丘陵	山岗	23.43	113.85	29.9	14.9	40	果木、乔木	杂草、枯叶	73000		3		√		√	√				较好	X
342	ZJLY-639	大坝山	正果镇	丘陵	山岗	23.44	113.95	110	75	5	果木、乔木	杂草	60000		13	2500			√					较好	X
343	ZJLY-640	大份田山	正果镇	丘陵	山岗	23.45	113.93	56.5	31.5	20	果木、乔木	杂草、枯叶	82000		1		√							较好	X
344	ZJLY-643	凤岗尾山	正果镇	丘陵	山岗	23.42	113.84	35.1	20.1	160	果木、乔木	杂草、枯叶	39000		4	2000		√						较好	X
345	ZJLY-644	赤眼塘大岭	正果镇	丘陵	山岗	23.43	113.85	47	32	230	果木、乔木	杂草、枯叶	123000		15	2800	√							一般	X
346	ZJLY-652	屈头山	正果镇	丘陵	山岗	23.44	113.85	52.2	32.2	150	果木、乔木、灌木	杂草、枯叶	108000		7	600	√							较好	X

序号	遗址编号	遗址名称	行政区划	区域地貌类型	地形地势	纬度(度)	经度(度)	海拔(米)	相对高度(米)	相对河流距离(米)	植被类型	地表覆盖物	网格面积(平方米)	遗迹	遗物(件)	遗物分布面积(平方米)	新晚至商代	西周至春秋	战国至南越国	汉	晋南朝	唐宋	明清	保存状况	复查(F)/新发现(X)
347	ZJLY-654	虎陂西南山	正果镇	丘陵	山岗	23.44	113.85	67.5	42.5	5	乔木	杂草	93000		2		√							差	X
348	ZJLY-664	牛尾岭	正果镇	丘陵	山岗	23.44	113.88	85	60	250	果木、乔木	杂草、枯叶	54000		2				√				√	一般	X
349	ZJLY-673	谷瓜高	派潭镇	丘陵	山岗	23.46	113.86	122	72	20	果木	杂草	287000		42	5000	√							一般	X
350	ZJLY-674	白庙后龙山	派潭镇	丘陵	山岗	23.45	113.84	37.5	17.5	180	果木、乔木	杂草、枯叶	54000		2				√			√		一般	X
351	ZJLY-676	新坳塘围	派潭镇	丘陵	山岗	23.45	113.83	46.5	26.5	100	果木、乔木	杂草、枯叶	69000		1				√					较好	X
352	ZJLY-681	新村六巷后山	派潭镇	丘陵	山岗	23.44	113.83	45	30	50	果木、乔木、灌木	杂草	129000		15	2000	√		√					一般	X
353	ZJLY-682	新村二巷后山	派潭镇	丘陵	山岗	23.44	113.83	47.5	32.5	50	果木	杂草	186000		1		√							一般	X
354	ZJLY-683	马肯山	派潭镇	丘陵	山岗	23.44	113.84	56.3	44	0	果木	杂草、枯叶	154000		3				√					一般	X
355	ZJLY-692	岭头岭	派潭镇	丘陵	山岗	23.47	113.83	67	47	350	果木、乔木、灌木	杂草、枯叶	228000		9	4000		√						一般	X
356	ZJLY-700	县篮	派潭镇	丘陵	台地	23.47	113.82	29.2	13	470	果木、乔木	杂草、枯叶	26000		2			√						一般	X
357	ZJLY-701	岭头岭西北岗	派潭镇	丘陵	台地	23.47	113.82	40	15	150	果木、乔木、灌木	杂草、枯叶	17000		17	2700	√	√	√					一般	X
358	ZJLY-702	刘王洞	派潭镇	丘陵	山岗	23.48	113.82	59.9	35.9	50	果木、乔木	杂草、枯叶	77000		40	15000	√	√	√					一般	X
359	ZJLY-705	石瓮山	派潭镇	丘陵	山岗	23.47	113.81	118	93	50	果木	杂草	504000		55	60000	√	√						差	X
360	ZJLY-707	圆墩岭	派潭镇	丘陵	山岗	23.48	113.81	73.8	53.6	10	果木、乔木、灌木	杂草	50000		1		√							一般	X
361	ZJLY-709	乌石埔后山	派潭镇	丘陵	山岗	23.48	113.82	95.3	70.1	20	果木、乔木、灌木	杂草	145000		39	5000	√	√						一般	X
362	ZJLY-710	关山大顶	派潭镇	丘陵	山岗	23.48	113.83	113	86.9	10	果木、乔木、灌木	杂草	176000		5		√	√						一般	X
363	ZJLY-711	小山仔	派潭镇	丘陵	台地	23.47	113.81	28.1	8.1	40	果木	枯叶	10000		7	1000			√					一般	X
364	ZJLY-713	京山正	派潭镇	丘陵	山岗	23.47	113.81	69.8	41.9	480	果木、乔木、灌木	杂草、枯叶	144000		1		√	√						一般	X
365	ZJLY-714	黄岗头后山	派潭镇	丘陵	山岗	23.46	113.82	98	78	80	果木、乔木、灌木	杂草、枯叶	441000		13	2500		√						一般	X
366	ZJLY-715	彭屋园	派潭镇	丘陵	台地	23.46	113.81	24.3	4.3	10	果木、乔木	杂草	32000		3			√						较好	X
367	ZJLY-717	鹿寨山	派潭镇	丘陵	山岗	23.45	113.82	60.3	45.3	10	果木、乔木	杂草、枯叶	65000		1			√						一般	X
368	ZJLY-722	福船江	派潭镇	丘陵	坡地	23.49	113.80	104.2	79.2	15	农作物	杂草	633000		1		√							一般	X

序号	遗址编号	遗址名称	行政区划	区域地貌类型	地形地势	纬度（度）	经度（度）	海拔（米）	相对高度（米）	相对河流距离（米）	植被类型	地表覆盖物	网格面积（平方米）	遗迹	遗物（件）	遗物分布面积（平方米）	新晚至商代	西周至春秋	战国至南越国	汉	晋南朝	唐宋	明清	保存状况	复查（F）/新发现（X）
369	ZJLY-731	塘耙岭	派潭镇	丘陵	山岗	23.46	113.78	59	39	0	果木、乔木、灌木	杂草	95000		2				√					一般	X
370	ZJLY-733	闻园林果场西南岗	派潭镇	丘陵	山岗	23.46	113.79	37.9	12.9	20	果木、灌木	杂草、枯叶	39000		6	1200			√					一般	X
371	ZJLY-734	葫芦地圆岗	派潭镇	丘陵	山岗	23.47	113.78	58.2	33	10	果木	杂草、枯叶	96000		1			√						一般	X
372	ZJLY-735	梧桐岭	派潭镇	丘陵	台地	23.47	113.79	29.3	13.2	10	果木	杂草、枯叶	10000		9				√					一般	X
373	ZJLY-736	西沙岭	派潭镇	丘陵	山岗	23.47	113.78	58.2	41.8	50	果木、乔木	杂草、枯叶	78000		2			√			√			一般	X
374	ZJLY-738	殡葬山	派潭镇	丘陵	山岗	23.47	113.78	33.9	18	440	乔木、灌木	杂草	124000		14			√	√					一般	X
375	ZJLY-739	甘头山	派潭镇	丘陵	山岗	23.48	113.78	40.2	20.2	0	果木、灌木	杂草、枯叶	56000		4			√						一般	X
376	ZJLY-740	大埔村后龙山	派潭镇	丘陵	山岗	23.48	113.78	39.8	17.9	40	果木、乔木	枯叶	79000		3			√						一般	X
377	ZJLY-742	红顶山	派潭镇	丘陵	山岗	23.46	113.80	115.4	99.3	210	农作物、果木	杂草、枯叶	436000		1		√							一般	X
378	ZJLY-743	泾山	派潭镇	丘陵	坡地	23.46	113.80	185	60	10	乔木、灌木	杂草	67000		5	1000		√						较好	X
379	ZJLY-745	猪粪岭	派潭镇	丘陵	山岗	23.46	113.80	41.8	25.7	5	果木	杂草、枯叶	24000		5	1000		√						较好	X
380	ZJLY-751	莲塘山	派潭镇	丘陵	山岗	23.46	113.75	102.1	67.1	80	果木、乔木、灌木	杂草	469000		1			√						一般	X
381	ZJLY-759	圆面岭	派潭镇	丘陵	山岗	23.48	113.76	82.1	57.1	370	果木、乔木、灌木	杂草	566000		0							√		一般	F
382	ZJLY-764	仙人岽	派潭镇	丘陵	山岗	23.48	113.75	71.6	41.5	220	果木、乔木	杂草	206000		21	800			√					一般	X
383	ZJLY-765	刘屋后山	派潭镇	丘陵	山岗	23.49	113.77	70.8	30.8	190	果木、乔木	杂草	86000		21	4000	√							一般	X
384	ZJLY-766	荔果山	派潭镇	丘陵	山岗	23.49	113.77	54	23.8	40	果木、乔木	杂草	51000		20	7000	√							较好	X
385	ZJLY-768	蚊尾瓜园岭仔	派潭镇	丘陵	山岗	23.49	113.76	49.8	24.8	5	果木、乔木	杂草	52000		4		√		√					较好	X
386	ZJLY-771	石村山	派潭镇	丘陵	山岗	23.48	113.77	56	33.7	50	果木、乔木、灌木	杂草	122000		37	8900			√					一般	X
387	ZJLY-772	打石岭	派潭镇	丘陵	山岗	23.48	113.76	47.9	28	120	果木、乔木	杂草	125000		1			√	√				√	较好	F
388	ZJLY-773	晒谷呀	派潭镇	丘陵	山岗	23.48	113.75	55.8	35.3	60	果木、乔木	杂草	143000		10	900			√					一般	X
389	ZJLY-776	围梁山	派潭镇	丘陵	山岗	23.47	113.75	52.5	27.5	0	果木、乔木	杂草、枯叶	195000		59	55000		√				√		较好	X
390	ZJLY-777	全井山	派潭镇	丘陵	山岗	23.46	113.74	60.5	39	250	果木、乔木	杂草	282000		3				√					较好	X
391	ZJLY-780	蕉坑山	派潭镇	丘陵	山岗	23.46	113.76	63.1	33.1	40	果木、乔木、灌木	杂草、枯叶	131000		2			√						一般	X

序号	遗址编号	遗址名称	行政区划	区域地貌类型	地形地势	纬度（度）	经度（度）	海拔（米）	相对高度（米）	相对河流距离（米）	植被类型	地表覆盖物	网格面积（平方米）	遗迹	遗物（件）	遗物分布面积（平方米）	新晚至商代	西周至春秋	战国至南越国	汉	晋南朝	唐末	明清	保存状况	复查（F）/新发现（X）
392	ZJLY-781	蕉坑背扶山	派潭镇	丘陵	山岗	23.47	113.76	41.9	21.9	80	果木、乔木、灌木	杂草、枯叶	110000		1			√						较好	X
393	ZJLY-782	山寨	派潭镇	丘陵	山岗	23.47	113.76	68.9	45.2	0	果木、乔木	杂草、枯叶	271000		14	21000			√					一般	X
394	ZJLY-783	湖岗	派潭镇	丘陵	山岗	23.46	113.73	46.5	16.5	0	果木、乔木	杂草	72000		38	18000			√					一般	X
395	ZJLY-784	邓尾	派潭镇	丘陵	山岗	23.46	113.73	82.2	47.2	280	果木、乔木、灌木	杂草、枯叶	248000		2				√					较好	X
396	ZJLY-785	溪头	派潭镇	丘陵	山岗	23.46	113.72	51.2	31.2	20	果木、乔木	杂草、枯叶	85000		1		√							一般	X
397	ZJLY-787	坟前岭	派潭镇	丘陵	山岗	23.45	113.73	46	11	170	果木、乔木	杂草	37000		2			√	√					较好	X
398	ZJLY-788	磨谷石	派潭镇	丘陵	山岗	23.46	113.72	130.1	91.1	0	果木、乔木、灌木	杂草	310000		5		√	√	√					一般	X
399	ZJLY-790	鸭嬷游	派潭镇	丘陵	山岗	23.47	113.72	84.9	44.9	0	果木、乔木	杂草、枯叶	172000		5	5000	√							一般	X
400	ZJLY-791	龙归庙后山	派潭镇	丘陵	山岗	23.47	113.71	74.7	32.2	0	果木、乔木	杂草、枯叶	118000		14	500	√			√				一般	X
401	ZJLY-793	牛背山	派潭镇	丘陵	山岗	23.46	113.71	63.5	21.5	0	果木	杂草、枯叶	26000		6	4000	√		√					较好	X
402	ZJLY-797	生花岭	派潭镇	丘陵	山岗	23.48	113.69	124.4	44.4	60	果木、乔木	杂草、枯叶	91000		8	6600	√							一般	X
403	ZJLY-800	高埔水库	派潭镇	丘陵	平地	23.46	113.71	36	6	0	无	杂草	51000		28	15000						√	√	差	X
404	ZJLY-803	石子山	派潭镇	丘陵	山岗	23.46	113.70	106.8	64.8	130	果木、乔木	杂草、枯叶	117000		6	1000	√		√					较好	X
405	ZJLY-805	坡嵊岭	派潭镇	丘陵	山岗	23.49	113.69	132	54.5	10	果木、乔木	杂草、枯叶	121000		1									一般	X
406	ZJLY-807	灯吓山	派潭镇	丘陵	山岗	23.48	113.70	128	70.2	200	果木、乔木、灌木	杂草、枯叶	174000		4	3000								一般	X
407	ZJLY-808	林洞山	派潭镇	丘陵	山岗	23.47	113.71	142.1	97.1	0	果木、乔木、灌木	杂草、枯叶	651000		1				√					一般	X
408	ZJLY-810	石粉排	派潭镇	丘陵	山岗	23.49	113.71	143	109	0	果木、乔木、灌木	杂草、枯叶	636000		8	36000			√					一般	X
409	ZJLY-811	拖罗背扶山	派潭镇	丘陵	山岗	23.49	113.72	112	79.5	20	果木、乔木、灌木	杂草、枯叶	176000		3				√					较好	X
410	ZJLY-817	拖罗水库后山	派潭镇	丘陵	山岗	23.50	113.70	126	67.5	0	果木、乔木、灌木	杂草、枯叶	194000		1		√							较好	X
411	ZJLY-819	龙圳背扶山	派潭镇	丘陵	山岗	23.49	113.72	116	84	20	果木、乔木	杂草、枯叶	373000		6	1500	√							一般	X
412	ZJLY-821	斗光山	派潭镇	丘陵	山岗	23.49	113.73	52.2	27.1	420	果木、乔木	杂草、枯叶	48000		28	16000	√							一般	F
413	ZJLY-826	西草岭	派潭镇	丘陵	山岗	23.48	113.74	65.1	39.1	100	果木	杂草	263000		24	2700		√						一般	F
414	ZJLY-828	凤鸡山	派潭镇	丘陵	山岗	23.49	113.73	59	37	280	果木、乔木、灌木	杂草、枯叶	278000		9	5200		√						一般	X

序号	遗址编号	遗址名称	行政区划	区域地貌类型	地形地势	纬度（度）	经度（度）	海拔（米）	相对高度（米）	相对河流距离（米）	植被类型	地表覆盖物	网格面积（平方米）	遗迹	遗物（件）	遗物分布面积（平方米）	新晚至商代	西周至春秋	战国至南越国	汉	晋南朝	唐末	明清	保存状况	复查（F）/新发现（X）
415	ZJLY-829	王洞岭	派潭镇	丘陵	山岗	23.48	113.75	46	24.5	0	果木、乔木	杂草	86000		54	41000	√	√	√					一般	X
416	ZJLY-830	十字塘猫岭	派潭镇	丘陵	山岗	23.48	113.75	75.6	52.6	300	乔木	杂草	192000		9	300	√							一般	X
417	ZJLY-832	大山	派潭镇	丘陵	山岗	23.47	113.73	67	37	170	果木、乔木、灌木	杂草、枯叶	291000		2				√					一般	X
418	ZJLY-838	杉山下	派潭镇	丘陵	山岗	23.50	113.75	122.6	72.6	20	果木、乔木、灌木	杂草、枯叶	367000		1		√							一般	X
419	ZJLY-847	铁高墩	派潭镇	丘陵	山岗	23.52	113.74	106.5	56.5	5	果木、乔木、灌木	杂草、枯叶	38000		15		√							一般	X
420	ZJLY-851	飞鹅岭	派潭镇	丘陵	山岗	23.50	113.76	44.6	19.6	0	果木	杂草、枯叶	28000		5		√	√						较好	X
421	ZJLY-852	江鼻头	派潭镇	丘陵	山岗	23.50	113.77	52.6	30.6	0	果木、乔木、灌木	杂草、枯叶	52000		7				√					较好	X
422	ZJLY-853	西岭山	派潭镇	丘陵	山岗	23.50	113.78	49	26.9	10	果木	杂草、枯叶	47000		29	7600	√	√	√					较好	X
423	ZJLY-890	大坑丞	派潭镇	丘陵	坡地	23.52	113.78	75	39.9	0	农作物、果木	杂草	422000		3				√	√				一般	X
424	ZJLY-891	水坑田	派潭镇	丘陵	平地	23.52	113.77	100	68	0	农作物、果木	杂草	386000		32	80000	√		√	√				一般	X
425	ZJLY-892	牛眠岌	派潭镇	丘陵	坡地	23.51	113.78	130	100	100	农作物、果木	杂草、枯叶	214000		12	10000	√		√					一般	X
426	ZJLY-894	花果山	派潭镇	丘陵	山岗	23.52	113.79	56	30.5	0	果木、乔木、农作物	杂草	109000		41	12000	√		√				√	一般	X
427	ZJLY-902	大背林	派潭镇	丘陵	台地	23.54	113.82	63.8	8.3	10	果木、乔木	杂草、枯叶	42000		15	1300	√							较好	X
428	ZJLY-910	正帐	派潭镇	丘陵	坡地	23.54	113.83	103	53	5	果木、乔木	杂草	150000		4		√							一般	X
429	ZJLY-921	迳口岭	派潭镇	丘陵	山岗	23.55	113.78	88	47.9	180	果木、乔木	杂草、枯叶	59000		6				√					一般	X
430	ZJLY-928	背阴村委旁侧山	派潭镇	丘陵	台地	23.56	113.79	62	11.1	50	农作物	杂草、枯叶	13000		3		√							一般	X
431	ZJLY-929	大园岭	派潭镇	丘陵	山岗	23.55	113.77	134.6	86.6	350	果木、乔木、灌木、农作物	杂草、枯叶	300000		1				√					一般	X
432	ZJLY-931	松毛吓	派潭镇	丘陵	坡地	23.56	113.76	98	36	380	果木、乔木	杂草	129000		1				√					较好	X
433	ZJLY-932	秧地	派潭镇	丘陵	山岗	23.56	113.76	120.2	49.2	90	果木、乔木、农作物	杂草、枯叶	107000		5	1000			√					一般	X
434	ZJLY-942	古田见	派潭镇	丘陵	山岗	23.55	113.74	193	26	1400	农作物	杂草	118000		1		√							一般	X
435	ZJLY-943	黄吓	派潭镇	丘陵	坡地	23.57	113.75	71	10	5	农作物、果木	杂草	101000		8	4200	√		√	√				一般	X
436	ZJLY-944	石墙	派潭镇	丘陵	台地	23.57	113.75	55.4	4.4	5	农作物	杂草	94000		12	19000			√					一般	X
437	ZJLY-945	榕树吓门厅后山	派潭镇	丘陵	山岗	23.57	113.75	116	55	0	果木、乔木	杂草、枯叶	88000		1		√							一般	X

序号	遗址编号	遗址名称	行政区划	区域地貌类型	地形地势	纬度（度）	经度（度）	海拔（米）	相对高度（米）	相对河流距离（米）	植被类型	地表覆盖物	网格面积（平方米）	遗迹	遗物（件）	遗物分布面积（平方米）	新晚至商代	西周至春秋	战国至南越国	汉	晋南朝	唐宋	明清	保存状况	复查(F)/新发现(X)
438	ZJLY-956	下九陂	派潭镇	丘陵	坡地	23.58	113.76	71	7	5	农作物、果木	杂草、枯叶	81000		2				√					一般	X
439	ZJLY-957	门口田	派潭镇	丘陵	平地	23.57	113.76	57	11	0	农作物、果木	杂草、枯叶	38000		2				√					一般	X
440	ZJLY-958	高围凸	派潭镇	丘陵	山岗	23.58	113.77	125.3	59.1	0	农作物、果木	杂草、枯叶	254000		1		√							较好	X
441	ZJLY-963	浮扶岭	增江街	丘陵	山岗	23.37	113.85	38.6	23.6	1200	其他	其他	100000		0		√	√	√					一般	F
442	ZJLY-964	安屋村后山唐墓	增江街	河谷平原	山岗	23.29	113.84	9.5	0.3	400	不详	不详	2000	墓葬								√		差	F
443	ZJLY-965	梅花岭东汉墓	增江街	河谷平原	山岗	23.23	113.86	24	18	1500	果木	不详	161000	墓葬						√				一般	F
444	ZJLY-966	狮头岭东汉墓	增江街	河谷平原	山岗	23.24	113.86	15.7	0.1	1300	不详	不详	47000	墓葬	94					√				差	F
445	ZJLY-967	河口后龙山	正果镇	丘陵	山岗	23.45	113.89	39.8	24.8	150	果木	杂草	15000					√						差	F
446	ZJLY-968	猪头山	正果镇	丘陵	坡地	23.48	113.91	123	103	400	果木	无	49000				√							差	F
447	ZJLY-969	交湖墩	小楼镇	丘陵	山岗	23.40	113.83	54.1	39.1	1000	果木、乔木	杂草、枯叶	9000							√			√	一般	F
448	ZJLY-970	井头山	派潭镇	丘陵	山岗	23.46	113.77	42.4	17.4	500	果木	杂草	27000	窑址	1					√			√	差	F
449	ZJLY-971	西瓜岭窑址	荔城街	河谷平原	平地	23.24	113.75	5.1	0	300	不详	不详	6000						√				√	一般	F
450	ZJLY-972	棠头庙岭	荔城街	丘陵	山岗	23.34	113.83	11.5	0.3	20	果木、乔木	杂草	14000		4		√						√	差	F
451	ZJLY-973	岭尾山南朗墓	增江街	河谷平原	山岗	23.27	113.83	13	4.5	750	不详	不详	1000	墓葬	28						√		√	差	F
452	ZDZJLY-2	新东	永宁街	丘陵	山岗	23.18	113.63	43	30	700	果木	杂草											√	差	F
453	ZDZJLY-4	乌石岗	仙村镇	丘陵	山岗	23.19	113.72	54.3	25	760	果木	杂草、枯叶			6								√	一般	F
454	ZDZJLY-5	筲箕岭	仙村镇	丘陵	山岗	23.19	113.72	46.3	36	660	果木	杂草						√					√	一般	F
455	ZDZJLY-6	沙河坊顶	仙村镇	丘陵	山岗	23.23	113.71	35.7	18.7	170	果木、乔木	杂草					√						√	较好	F
456	ZDZJLY-8	潮山果场	仙村镇	丘陵	山岗	23.21	113.72	55	50	340	果木、灌木	杂草、枯叶										√		差	F
457	ZDZJLY-9	沙头村后山	仙村镇	丘陵	山岗	23.18	113.69	34.6	20	4200	果木、灌木	杂草					√						√	较好	X
458	ZDZJLY-19	大众岭	中新镇	丘陵	平地	23.30	113.62	15.6	1	135	乔木、灌木	杂草											√	好	X
459	ZDZJLY-26	龙井村5号岗	永宁街	丘陵	山岗	23.18	113.65	22.4	11	460	果木	不详									√		√	差	F
460	ZDZJLY-27	龙井村遗址	永宁街	丘陵	台地	23.19	113.64	17	9	210	灌木	杂草									√		√	差	X
461	ZDZJLY-31	黄义岭	仙村镇	丘陵	山岗	23.20	113.69	27	16	950	果木	杂草										√		一般	F
462	ZDZJLY-32	凤凰1号岗	朱村街	丘陵	山岗	23.28	113.68	48.8	37.9	1200	果木、乔木、灌木	杂草							√				√	差	X
463	ZDZJLY-35	石古岭	朱村街	丘陵	山岗	23.30	113.66	54.3	36.3	1700	果木、乔木、灌木	杂草、枯叶												好	X
464	ZDZJLY-40	霹乐拉爬运	朱村街	丘陵	山岗	23.31	113.65	48.3	30	0	果木、灌木	杂草、枯叶					√							较好	X

序号	遗址编号	遗址名称	行政区划	区域地貌类型	地形地势	纬度（度）	经度（度）	海拔（米）	相对高度（米）	相对河流距离（米）	植被类型	地表覆盖物	网格面积（平方米）	遗迹	遗物（件）	遗物分布面积（平方米）	新晚至商代	西周至春秋	战国至南越国	汉	晋南朝	唐宋	明清	保存状况	复查（F）/新发现（X）
465	ZDZJLY-44	朱屋北山	中新镇	丘陵	山岗	23.32	113.66	33.5	19	320	果木	杂草、枯叶					✓	✓				✓		一般	X
466	ZDZJLY-46	上坑坜北山	中新镇	丘陵	山岗	23.32	113.67	185.4	165	60	乔木、灌木	杂草					✓	✓						较好	X
467	ZDZJLY-48	陈岗头	中新镇	平原	平地	23.33	113.67	27.3	0	520	果木	枯叶					✓	✓				✓	✓	差	X
468	ZDZJLY-50	木头塘后山	中新镇	丘陵	山岗	23.34	113.66	69.8	47.8	150	果木、灌木	杂草						✓	✓				✓	一般	X
469	ZDZJLY-51	岑心路南山	中新镇	丘陵	山岗	23.34	113.65	58.8	33.8	230	果木、灌木	杂草					✓							一般	X
470	ZDZJLY-54	九阴山	中新镇	丘陵	山岗	23.34	113.65	52.9	32.9	560	果木、乔木	杂草、枯叶					✓	✓				✓		一般	X
471	ZDZJLY-56	益丰堂	中新镇	丘陵	山岗	23.34	113.65	46.2	26.2	180	果木、灌木	杂草						✓					✓	较好	X
472	ZDZJLY-57	禾堂岭	中新镇	丘陵	山岗	23.37	113.65	53.3	23	50	农作物、果木	杂草											✓	一般	X
473	ZDZJLY-60	福田后山	中新镇	丘陵	坡地	23.38	113.64	52	20	100	果木、灌木	杂草、枯叶						✓	✓					较好	X
474	ZDZJLY-61	福田西北岭	中新镇	丘陵	山岗	23.38	113.64	52	20	125	果木、乔木	杂草、枯叶						✓						一般	X
475	ZDZJLY-62	汤村后山	中新镇	丘陵	台地	23.38	113.64	46.2	21.2	220	果木、乔木、灌木	杂草、枯叶							✓					一般	X
476	ZDZJLY-63	石坳岭	中新镇	丘陵	山岗	23.38	113.65	102.1	74.1	130	果木、灌木	杂草					✓	✓	✓			✓		一般	X
477	ZDZJLY-65	上南向	中新镇	丘陵	山岗	23.39	113.64	70	40	60	乔木、灌木	杂草					✓					✓	✓	较好	X
478	ZDZJLY-66	双塘月形	中新镇	丘陵	台地	23.39	113.64	47	15	230	果木、乔木、灌木	杂草							✓			✓		较好	X
479	ZDZJLY-67	大新屋后山	中新镇	丘陵	山岗	23.39	113.65	78.9	48	70	果木、乔木、灌木	杂草					✓							一般	X
480	ZDZJLY-68	禾猩沙	中新镇	丘陵	山岗	23.39	113.65	69	35	270	果木、乔木、灌木	杂草						✓	✓					较好	X
481	ZDZJLY-69	羊角咀	中新镇	丘陵	山岗	23.40	113.65	68	28	360	果木、乔木、灌木	杂草					✓	✓	✓					较好	X
482	ZDZJLY-72	汾村西1号岗	中新镇	丘陵	山岗	23.38	113.62	74	44	100	果木、乔木	杂草							✓					一般	X
483	ZDZJLY-73	汾村西2号岗	中新镇	丘陵	山岗	23.38	113.62	60.1	30.1	340	乔木、灌木	杂草、枯叶							✓				✓	较好	X
484	ZDZJLY-74	汾村西3号岗	中新镇	丘陵	山岗	23.39	113.62	58.5	28.5	175	乔木、灌木	杂草					✓							一般	X
485	ZDZJLY-75	头排	中新镇	丘陵	山岗	23.40	113.62	106	66	300	树苗	杂草						✓						一般	X
486	ZDZJLY-76	濠迳村后山	中新镇	丘陵	山岗	23.40	113.61	70.5	20.5	145	果木、乔木、灌木	杂草、枯叶					✓	✓					✓	一般	X
487	ZDZJLY-77	竹园山	中新镇	丘陵	台地	23.40	113.61	59	14	80	果木、乔木	杂草												一般	X
488	ZDZJLY-78	濠迳村山塘	中新镇	丘陵	山岗	23.39	113.60	72.5	22.5	340	果木	无							✓			✓	✓	一般	X
489	ZDZJLY-83	叶屋后山	中新镇	丘陵	山岗	23.40	113.60	162.8	60	90	乔木、灌木	杂草							✓			✓	✓	一般	X

序号	遗址编号	遗址名称	行政区划	区域地貌类型	地形地势	纬度（度）	经度（度）	海拔（米）	相对高度（米）	相对河流距离（米）	植被类型	地表覆盖物	网格面积（平方米）	遗迹	遗物（件）	遗物分布面积（平方米）	新晚至商代	西周至春秋	战国至南越国	汉	晋南朝	唐宋	明清	保存状况	复查（F）/新发现（X）
490	ZDZJLY-86	濠迳村雨岭	中新镇	丘陵	山岗	23.39	113.61	104	69	170	果木、灌木	杂草					√							一般	X
491	ZDZJLY-89	水贝	中新镇	丘陵	山岗	23.38	113.62	62.8	32.8	115	果木、乔木	杂草						√				√		一般	X
492	ZDZJLY-90	五担田	中新镇	丘陵	山岗	23.39	113.59	68	28	260	果木	枯叶							√			√		较好	X
493	ZDZJLY-93	林枘枋后山	中新镇	丘陵	山岗	23.38	113.62	96.1	71.1	160	果木、乔木	杂草											√	一般	X
494	ZDZJLY-97	下花路围岭	中新镇	山地	山岗	23.33	113.64	53.5	28.5	335	果木	无										√		一般	X
495	ZDZJLY-110	蔗寮下	中新镇	山地	山岗	23.26	113.63	90.6	70	90	果木	杂草						√						一般	X
496	ZDZJLY-115	石迳亚	永宁街	丘陵	山岗	23.24	113.68	127.4	30.9	730	果木、灌木	杂草							√					较好	X
497	ZDZJLY-127	金兰寺	石滩镇	丘陵	平地	23.20	113.85	10	5	30	不详	不详					√			√				差	F
498	ZDZJLY-128	天麻山战国编钟	石滩镇	河谷平原	平地	23.17	113.79	10	5	850	不详	不详							√					差	F
499	ZDZJLY-129	雨岭	石滩镇	丘陵	山岗	23.20	113.76	24.3	19.3	440	不详	不详					√							一般	F
500	ZDZJLY-130	岗尾村大岗汉墓	石滩镇	丘陵	山岗	23.20	113.87	40	35	800	果木	不详								√				一般	F
501	ZDZJLY-131	中心岗	石滩镇	丘陵	山岗	23.19	113.78	24.6	19.6	360	果木、乔木、农作物	不详						√						一般	F
502	ZDZJLY-132	草扣岗	石滩镇	丘陵	台地	23.20	113.78	15.9	10.9	300	果木	不详					√			√				差	F
503	ZDZJLY-133	东菇岭	石滩镇	丘陵	山岗	23.20	113.78	19	9	160	果木	不详						√		√				一般	F
504	ZDZJLY-134	元岗	石滩镇	丘陵	山岗	23.20	113.84	20	15	2200	不详	不详	20000							√				一般	F
505	ZDZJLY-135	铁头岗	石滩镇	丘陵	台地	23.19	113.77	18.1	13.1	70	果木	不详								√				一般	F
506	ZDZJLY-136	老虎岭	石滩镇	丘陵	山岭	23.21	113.74	66.1	56.1	140	不详	不详					√			√			√	一般	F
507	ZDZJLY-137	碧潭山	仙村镇	山地	山岗	23.21	113.73	65.4	55.4	300	乔木	杂草								√				一般	F
508	ZDZJLY-138	仙村园区	仙村镇	丘陵	山岗	23.19	113.73	48.7	38.7	900	乔木	杂草								√			√	一般	X
509	ZDZJLY-139	大统岗	新塘镇	丘陵	坡地	23.12	113.63	18	9.7	1500	不详	不详								√				差	F
510	ZDZJLY-140	麻笠墩古窑址	新塘镇	丘陵	平地	23.11	113.64	2.6	0.9	500	不详	不详										√		差	F
511	ZDZJLY-141	卢山西窑址	新塘镇	丘陵	山岗	23.13	113.67	31	15.7	570	不详	不详								√				一般	F
512	ZDZJLY-142	白米水厂西汉墓	新塘镇	丘陵	山岗	23.13	113.67	65.8	50.8	640	不详	不详					√							差	F
513	ZDZJLY-143	金鸡岭汉墓	新塘镇	丘陵	山岗	23.17	113.67	41.8	26.8	800	果木	不详										√		差	F
514	ZDZJLY-144	打水坑岭岔	永宁街	丘陵	坡地	23.24	113.69	27.2	17.2	735	不详	不详										√		一般	F
515	ZDZJLY-145	简岭	永宁街	丘陵	山岗	23.24	113.63	60.3	20.3	550	果木	杂草										√	√	差	F

序号	遗址编号	遗址名称	行政区划	区域地貌类型	地形地势	纬度（度）	经度（度）	海拔（米）	相对高度（米）	相对河流距离（米）	植被类型	地表覆盖物	网格面积（平方米）	遗迹	遗物（件）	遗物分布面积（平方米）	新晚至商代	西周至春秋	战国至南越国	汉	晋南朝	唐宋	明清	保存状况	复查（F）/新发现（X）
516	ZDZJLY-146	老鼠斜	永宁街	丘陵	山岗	23.21	113.66	63.3	43.3	570	农作物、果木	杂草							√			√	√	差	F
517	ZDZJLY-147	竹园岭	永宁街	丘陵	山岗	23.24	113.64	52.4	32.4	540	果木、乔木	不详										√	√	差	F
518	ZDZJLY-148	松丁山	永宁街	丘陵	台地	23.22	113.65	22.4	6	1000	果木、乔木	杂草					√	√	√			√	√	差	X
519	ZDZJLY-149	松丁山西1号岗	永宁街	丘陵	坡地	23.22	113.64	50	21.2	1230	果木	杂草					√							差	X
520	ZDZJLY-150	松丁山西2号岗	永宁街	丘陵	山岗	23.23	113.64	143	103	1390	不详	不详					√							一般	X
521	ZDZJLY-151	松丁山南	永宁街	丘陵	山岗	23.22	113.65	67.4	43.9	1270	不详	不详					√							一般	X
522	ZDZJLY-152	金鸡岭	永宁街	丘陵	山岗	23.20	113.66	75.5	65.5	600	果木	不详						√				√		一般	F
523	ZDZJLY-153	九顶岭	永宁街	丘陵	山岗	23.19	113.66	48.7	23.7	580	农作物、果木	不详						√				√		一般	F
524	ZDZJLY-154	排嶂岭	永宁街	丘陵	山岗	23.19	113.66	29.9	14.9	370	果木	杂草					√	√	√			√		差	F
525	ZDZJLY-155	温屋岭	永宁街	丘陵	山岗	23.21	113.67	29.3	9.3	1320	果木	杂草										√	√	一般	F
526	ZDZJLY-156	龙井山	永宁街	丘陵	山岗	23.19	113.65	46.9	31.9	800	果木、乔木	不详					√		√	√	√	√	√	差	F
527	ZDZJLY-157	九丰岭	永宁街	丘陵	台地	23.18	113.64	22.4	12.4	360	果木、乔木	杂草						√	√	√	√			差	F
528	ZDZJLY-158	塘边岭	永宁街	丘陵	山岗	23.19	113.63	32.8	17.8	0	不详	杂草					√	√	√					差	F
529	ZDZJLY-159	廖屋山	永宁街	丘陵	山岗	23.19	113.63	21.9	6.9	0	不详	杂草								√				差	F
530	ZDZJLY-160	庙咔山	永宁街	丘陵	山岗	23.19	113.62	31.6	16.6	50	果木	杂草					√					√		差	F
531	ZDZJLY-161	水口山	永宁街	丘陵	山岗	23.18	113.63	20.2	10.2	360	果木	杂草					√	√				√	√	差	F
532	ZDZJLY-162	狮头岭	永宁街	丘陵	山岗	23.18	113.63	29.7	19.7	350	果木	杂草					√		√			√		差	F
533	ZDZJLY-163	铜锣梁	永宁街	丘陵	台地	23.18	113.62	26.1	16.1	180	果木	杂草										√		差	F
534	ZDZJLY-164	大岭山	永宁街	丘陵	山岗	23.17	113.62	31.2	21.2	250	乔木	杂草										√		差	F
535	ZDZJLY-165	永和龟山	永宁街	丘陵	山岗	23.18	113.60	38.3	23.3	950	乔木	不详					√					√		差	F
536	ZDZJLY-166	齐岭	永宁街	丘陵	山岗	23.17	113.60	41.4	21.4	700	乔木	不详						√						一般	F
537	ZDZJLY-167	荔枝园后龙山	永宁街	丘陵	山岗	23.18	113.60	64.2	44.2	480	果木、乔木	杂草					√					√		差	F
538	ZDZJLY-168	鲤鱼岗	永宁街	丘陵	山岗	23.18	113.64	23.5	13.5	150	不详	杂草					√	√				√	√	差	F
539	ZDZJLY-169	大岗	永宁街	丘陵	山岗	23.18	113.64	36.9	26.9	370	不详	不详					√					√		差	F
540	ZDZJLY-170	碧水岗	永宁街	丘陵	山岗	23.18	113.63	54.7	34.7	950	不详	不详					√					√		差	F
541	ZDZJLY-171	马尾岗	永宁街	丘陵	坡地	23.17	113.62	21	11	620	不详	不详										√		差	F
542	ZDZJLY-172	廖屋西	永宁街	丘陵	台地	23.19	113.62	18.7	3.7	25	不详	不详							√	√				差	F
543	ZDZJLY-173	莲花书院	永宁街	山地	山岗	23.21	113.64	433.2	410	5	不详	杂草											√	一般	X

序号	遗址编号	遗址名称	行政区划	区域地貌类型	地形地势	纬度（度）	经度（度）	海拔（米）	相对高度（米）	相对河流距离（米）	植被类型	地表覆盖物	网格面积（平方米）	遗迹	遗物（件）	遗物分布面积（平方米）	新晚至商代	西周至春秋	战国至南越国	汉	晋南朝	唐末	明清	保存状况	复查（F）/新发现（X）
544	ZDZJLY-174	墨依山	朱村街	山地	山岗	23.30	113.74	60.6	32.2	320	果木、乔木、农作物	不详					√		√				√	一般	X
545	ZDZJLY-175	凤岗后龙山	朱村街	丘陵	台地	23.29	113.66	22	12	330	不详	不详							√			√	√	差	F
546	ZDZJLY-176	场山	朱村街	丘陵	山岗	23.30	113.66	64.8	44.8	300	果木、乔木	不详										√		一般	F
547	ZDZJLY-177	曾屋	朱村街	丘陵	山岗	23.30	113.66	100.4	80.4	200	果木、乔木	不详										√	√	一般	F
548	ZDZJLY-178	凤岭	朱村街	丘陵	山岗	23.28	113.68	31	15.8	110	不详	不详										√		差	F
549	ZDZJLY-179	新屋岭	朱村街	平原	平地	23.29	113.67	13.5	1.8	190	不详	不详									√			一般	F
550	ZDZJLY-180	凤岗村	朱村街	丘陵	山岗	23.28	113.67	32.2	22.2	250	不详	杂草										√	√	差	X
551	ZDZJLY-182	沙泥坳	中新镇	丘陵	山岗	23.24	113.62	40	5	2200	果木	杂草						√					√	一般	F
552	ZDZJLY-183	乌石岭	中新镇	丘陵	山岗	23.34	113.66	67	42	200	不详	不详					√							一般	F
553	ZDZJLY-184	大岭顶	中新镇	丘陵	山岗	23.33	113.66	41.1	11.1	280	不详	不详		墓葬				√					√	一般	F
554	ZDZJLY-185	担水坳	中新镇	丘陵	山岗	23.33	113.66	39.9	14.9	300	不详	不详						√					√	一般	F
555	ZDZJLY-186	慈岭	中新镇	丘陵	山岗	23.25	113.65	41.8	21.8	950	苗圃	杂草					√	√					√	差	F

附表二 增江流域考古调查遗物登记表

田野调查时因山体、林木遮挡等原因造成位置信息采集出现故障，故而个别遗物缺失经纬度数据。遗物器形以可辨识出的具体特征录入信息，如"罐""圈足杯""石器""双肩石铲"等。

序号	遗址编号	遗址名称	遗物编号	纬度（度）	经度（度）	海拔（米）	质地	器形	部位	陶质	颜色	釉色	纹饰	刻划符号	石器岩性	石器完整程度	石器硬度	石器风化程度	年代
1	ZJLY-2	观音山	ZJLY-2:1YⅡ	23.38	113.82	25	陶	墓砖		泥质粗硬陶	灰		素面						唐末
2	ZJLY-2	观音山	ZJLY-2:2YⅡ	23.38	113.82	25	陶	墓砖		泥质粗硬陶	灰		素面						唐末
3	ZJLY-3	较椅山	ZJLY-3:1YⅡ	23.38	113.82	43	陶			泥质粗硬陶	深灰		方格纹						西周至春秋
4	ZJLY-3	较椅山	ZJLY-3:2YⅡ	23.38	113.82	44	陶			泥质粗硬陶	灰		方格纹						西周至春秋
5	ZJLY-3	较椅山	ZJLY-3:3YⅡ	23.38	113.82	40	陶			泥质粗硬陶	深灰		勾连云雷纹						西周至春秋
6	ZJLY-3	较椅山	ZJLY-3:4YⅡ	23.38	113.82	39	陶			泥质粗硬陶	灰		勾连云雷纹						西周至春秋
7	ZJLY-3	较椅山	ZJLY-3:5YⅡ	23.38	113.82	40	陶			泥质粗硬陶	灰黑		勾连云雷纹						西周至春秋
8	ZJLY-3	较椅山	ZJLY-3:6YⅡ	23.38	113.82	42	陶			泥质粗硬陶	灰褐		方格纹						西周至春秋
9	ZJLY-3	较椅山	ZJLY-3:7YⅡ	23.38	113.82	41	陶			泥质粗硬陶	灰褐		勾连云雷纹						西周至春秋
10	ZJLY-3	较椅山	ZJLY-3:8YⅡ	23.38	113.82	43	陶			泥质粗硬陶	灰		方格纹						西周至春秋
11	ZJLY-3	较椅山	ZJLY-3:9YⅡ	23.38	113.82	39	陶			泥质粗硬陶	深灰		方格纹						西周至春秋
12	ZJLY-3	较椅山	ZJLY-3:10YⅡ	23.38	113.82	34	陶			泥质粗硬陶	深灰		方格纹						西周至春秋
13	ZJLY-3	较椅山	ZJLY-3:11YⅡ	23.38	113.82	32	陶			泥质粗硬陶	灰褐		勾连云雷纹						西周至春秋
14	ZJLY-3	较椅山	ZJLY-3:12YⅡ	23.38	113.82	30	陶			泥质粗硬陶	灰褐		方格纹						西周至春秋
15	ZJLY-3	较椅山	ZJLY-3:1ZⅠ	23.38	113.82	44	陶			泥质粗硬陶	灰褐		勾连云雷纹						西周至春秋
16	ZJLY-3	较椅山	ZJLY-3:2ZⅠ	23.38	113.82	46	陶			泥质粗硬陶	深灰		重菱格纹						西周至春秋
17	ZJLY-3	较椅山	ZJLY-3:3ZⅠ	23.38	113.82	43	陶			泥质粗硬陶	深灰		菱格凸点纹						西周至春秋
18	ZJLY-3	较椅山	ZJLY-3:4ZⅠ	23.38	113.82	46	陶			泥质粗硬陶	深灰		方格纹						西周至春秋
19	ZJLY-3	较椅山	ZJLY-3:5ZⅠ	23.38	113.82	42	陶			泥质粗硬陶	灰		素面						唐末

序号	遗址编号	遗址名称	遗物编号	纬度（度）	经度（度）	海拔（米）	质地	器形	部位	陶质	颜色	釉色	纹饰	刻划符号	石器岩性	石器完整程度	石器硬度	石器风化程度	年代
20	ZJLY-4	太阳山	ZJLY-4:1YⅡ	23.38	113.82	43	瓷	碗	腹部			黑釉	素面						明清
21	ZJLY-4	太阳山	ZJLY-4:1ZⅠ	23.38	113.82	37	陶	刻槽盆		泥质粗硬陶	浅灰		刻划条纹						明清
22	ZJLY-4	太阳山	ZJLY-4:2ZⅠ	23.38	113.82	35	陶	刻槽盆		泥质粗硬陶	浅灰		刻划条纹						明清
23	ZJLY-5	棠厦村雨岭山	ZJLY-5:1YⅡ	23.37	113.82	28	陶			泥质细硬陶			重菱格纹						西周至春秋
24	ZJLY-5	棠厦村雨岭山	ZJLY-5:2YⅡ	23.37	113.82	10	陶			泥质细软陶	红褐		曲折纹						新石器时代晚期至商代
25	ZJLY-5	棠厦村雨岭山	ZJLY-5:3YⅡ	23.37	113.82	4	陶			泥质细软陶	红褐		条纹						新石器时代晚期至商代
26	ZJLY-5	棠厦村雨岭山	ZJLY-5:4YⅡ	23.37	113.82	24	陶			夹细砂硬陶	灰白		曲折纹						新石器时代晚期至商代
27	ZJLY-5	棠厦村雨岭山	ZJLY-5:5YⅡ	23.37	113.82	23	陶			夹细砂硬陶	红		绳纹						新石器时代晚期至商代
28	ZJLY-5	棠厦村雨岭山	ZJLY-5:6YⅡ	23.37	113.82	25	陶			夹细砂硬陶	灰白		长方格纹						新石器时代晚期至商代
29	ZJLY-5	棠厦村雨岭山	ZJLY-5:7YⅡ	23.37	113.82	30	陶			夹细砂硬陶	红褐		绳纹						新石器时代晚期至商代
30	ZJLY-5	棠厦村雨岭山	ZJLY-5:8YⅡ	23.37	113.82	29	陶			泥质粗硬陶	灰白		素面						新石器时代晚期至商代
31	ZJLY-5	棠厦村雨岭山	ZJLY-5:9YⅡ	23.37	113.82	29	瓷					青灰釉	印花						唐末
32	ZJLY-5	棠厦村雨岭山	ZJLY-5:10YⅡ	23.37	113.82	11	陶	罐	口沿	泥质粗硬陶	灰褐		重圈纹						西周至春秋
33	ZJLY-5	棠厦村雨岭山	ZJLY-5:11YⅡ	23.37	113.82	13	陶			泥质细硬陶	灰		方格纹、夔纹						西周至春秋
34	ZJLY-5	棠厦村雨岭山	ZJLY-5:12YⅡ	23.37	113.82	14	陶			泥质粗硬陶	灰		方格纹						西周至春秋
35	ZJLY-5	棠厦村雨岭山	ZJLY-5:13YⅡ	23.37	113.82	11	陶			泥质粗硬陶	灰褐		方格纹、重菱格纹						西周至春秋
36	ZJLY-5	棠厦村雨岭山	ZJLY-5:14YⅡ	23.37	113.82	12	陶			泥质粗硬陶	红		夔纹、弦纹						西周至春秋
37	ZJLY-5	棠厦村雨岭山	ZJLY-5:15YⅡ	23.37	113.82	14	陶			泥质粗硬陶	灰		方格纹						西周至春秋
38	ZJLY-5	棠厦村雨岭山	ZJLY-5:16YⅡ	23.37	113.82	11	陶			泥质粗硬陶	灰褐		重菱格纹						西周至春秋
39	ZJLY-5	棠厦村雨岭山	ZJLY-5:17YⅡ	23.37	113.82	14	陶			泥质粗硬陶	灰褐		菱格纹						西周至春秋
40	ZJLY-5	棠厦村雨岭山	ZJLY-5:18YⅡ	23.37	113.82	9	陶			泥质粗硬陶	灰		菱格纹						西周至春秋
41	ZJLY-5	棠厦村雨岭山	ZJLY-5:19YⅡ	23.37	113.82	10	陶			泥质粗硬陶	灰褐		方格纹						西周至春秋
42	ZJLY-5	棠厦村雨岭山	ZJLY-5:20YⅡ	23.37	113.81	18	陶			泥质粗硬陶	灰褐		菱格纹						西周至春秋
43	ZJLY-5	棠厦村雨岭山	ZJLY-5:21YⅡ	23.37	113.81	10	陶			泥质粗硬陶	青灰		方格纹						西周至春秋
44	ZJLY-5	棠厦村雨岭山	ZJLY-5:22YⅡ	23.37	113.81	15	陶			泥质粗硬陶	灰黑		素面						西周至春秋
45	ZJLY-5	棠厦村雨岭山	ZJLY-5:23YⅡ	23.37	113.81	9	陶			泥质粗硬陶	灰黑		素面						西周至春秋
46	ZJLY-5	棠厦村雨岭山	ZJLY-5:3ZⅠ	23.38	113.82	13	陶			夹细砂硬陶	灰黑		素面						新石器时代晚期至商代
47	ZJLY-5	棠厦村雨岭山	ZJLY-5:4ZⅠ	23.38	113.82	25	陶			夹细砂硬陶	灰黑		曲折纹						新石器时代晚期至商代
48	ZJLY-5	棠厦村雨岭山	ZJLY-5:5ZⅠ	23.37	113.82	20	陶			泥质粗硬陶	灰		重菱格纹						西周至春秋
49	ZJLY-6	棠夏背扶山	ZJLY-6:1G	23.38	113.81	60	石	斧			青灰				片岩	基本完整	6	未风化	新石器时代晚期至商代
50	ZJLY-6	棠夏背扶山	ZJLY-6:2G	23.38	113.81	63	陶			泥质细硬陶	红褐		素面						西周至春秋

序号	遗址编号	遗址名称	遗物编号	纬度(度)	经度(度)	海拔(米)	质地	器形	部位	陶质	颜色	釉色	纹饰	刻划符号	石器岩性	石器完整程度	石器硬度	石器风化程度	年代
51	ZJLY-6	棠夏背扶山	ZJLY-6:3G	23.38	113.81	62	陶			泥质粗硬陶	灰褐		方格纹						西周至春秋
52	ZJLY-6	棠夏背扶山	ZJLY-6:4G	23.38	113.81	59	陶			泥质粗硬陶	灰褐		弦纹						战国至南越国
53	ZJLY-6	棠夏背扶山	ZJLY-6:5G	23.38	113.81	60	陶			泥质粗硬陶	灰褐		方格纹						西周至春秋
54	ZJLY-6	棠夏背扶山	ZJLY-6:6G	23.38	113.81	64	石	锛			青灰				绿泥石片岩	基本完整	6	未风化	新石器时代晚期至商代
55	ZJLY-6	棠夏背扶山	ZJLY-6:12G	23.37	113.81	14	陶			泥质粗硬陶	灰褐		方格纹						西周至春秋
56	ZJLY-6	棠夏背扶山	ZJLY-6:13G	23.37	113.80	25	陶			泥质粗硬陶	灰		圆圈纹						西周至春秋
57	ZJLY-6	棠夏背扶山	ZJLY-6:14G	23.37	113.80	26	陶			夹粗砂软陶	灰黑		素面						西周至春秋
58	ZJLY-6	棠夏背扶山	ZJLY-6:15G	23.37	113.80	23	陶			夹粗砂软陶			素面						新石器时代晚期至商代
59	ZJLY-6	棠夏背扶山	ZJLY-6:16G	23.37	113.80	26	陶	罐	圈足	泥质细硬陶	灰白		素面						西周至春秋
60	ZJLY-6	棠夏背扶山	ZJLY-6:17G	23.37	113.80	27	陶			泥质粗硬陶	灰褐		素面						战国至南越国
61	ZJLY-6	棠夏背扶山	ZJLY-6:18G	23.37	113.80	24	陶			泥质粗硬陶	灰		重菱格凸块纹						西周至春秋
62	ZJLY-6	棠夏背扶山	ZJLY-6:19G	23.37	113.80	21	陶			泥质粗硬陶	灰		圆圈纹						西周至春秋
63	ZJLY-6	棠夏背扶山	ZJLY-6:20G	23.37	113.80	23	陶			泥质粗硬陶	灰褐		夔纹						西周至春秋
64	ZJLY-6	棠夏背扶山	ZJLY-6:21G	23.37	113.80	21	陶			泥质粗硬陶	青灰		曲折纹						新石器时代晚期至商代
65	ZJLY-6	棠夏背扶山	ZJLY-6:22G	23.37	113.80	23	陶			泥质粗硬陶	灰		方格纹						西周至春秋
66	ZJLY-6	棠夏背扶山	ZJLY-6:23G	23.37	113.80	26	陶			泥质粗硬陶	灰		方格纹						西周至春秋
67	ZJLY-6	棠夏背扶山	ZJLY-6:24G	23.37	113.80	26	陶			泥质粗硬陶	灰褐		方格纹						西周至春秋
68	ZJLY-6	棠夏背扶山	ZJLY-6:25G	23.37	113.80	24	陶			泥质粗硬陶	青灰		篮纹						新石器时代晚期至商代
69	ZJLY-6	棠夏背扶山	ZJLY-6:26G	23.37	113.80	26	陶			泥质粗硬陶	灰		方格纹						西周至春秋
70	ZJLY-6	棠夏背扶山	ZJLY-6:27G	23.37	113.80	27	陶			泥质粗硬陶	青灰		方格纹、弦纹						西周至春秋
71	ZJLY-6	棠夏背扶山	ZJLY-6:28G	23.37	113.80	28	陶			夹粗砂软陶	灰黑		素面						西周至春秋
72	ZJLY-6	棠夏背扶山	ZJLY-6:29G	23.37	113.80	31	陶			泥质粗硬陶	灰白		菱格纹						西周至春秋
73	ZJLY-6	棠夏背扶山	ZJLY-6:30G	23.37	113.80	28	陶			泥质粗硬陶	灰褐		夔纹						西周至春秋
74	ZJLY-6	棠夏背扶山	ZJLY-6:31G	23.37	113.80	25	陶			泥质粗硬陶	灰		夔纹、菱格凸点纹、弦纹						西周至春秋
75	ZJLY-6	棠夏背扶山	ZJLY-6:32G	23.37	113.80	25	陶			泥质粗硬陶	灰		圆圈纹						西周至春秋
76	ZJLY-6	棠夏背扶山	ZJLY-6:33G	23.37	113.80	23	陶			泥质粗硬陶	灰		米字纹						战国至南越国
77	ZJLY-6	棠夏背扶山	ZJLY-6:34G	23.37	113.80	27	陶			泥质粗硬陶	灰白		素面						西周至春秋
78	ZJLY-6	棠夏背扶山	ZJLY-6:35G	23.37	113.80	29	陶			泥质粗硬陶	灰		不明						西周至春秋
79	ZJLY-6	棠夏背扶山	ZJLY-6:36G	23.37	113.80	30	陶			泥质粗硬陶	灰		方格纹						西周至春秋
80	ZJLY-6	棠夏背扶山	ZJLY-6:37G	23.37	113.80	29	陶			泥质粗硬陶	灰		重菱格纹						西周至春秋

序号	遗址编号	遗址名称	遗物编号	纬度(度)	经度(度)	海拔(米)	质地	器形	部位	陶质	颜色	釉色	纹饰	刻划符号	石器岩性	石器完整程度	石器硬度	石器风化程度	年代
81	ZJLY-6	柴夏背扶山	ZJLY-6:1YII	23.38	113.81	61	陶	釜	口沿	夹粗砂软陶	红褐		素面						新石器时代晚期至商代
82	ZJLY-6	柴夏背扶山	ZJLY-6:2YII	23.38	113.81	63	陶			夹粗砂软陶	灰		素面						新石器时代晚期至商代
83	ZJLY-6	柴夏背扶山	ZJLY-6:3YII	23.38	113.81	58	陶			夹粗砂软陶	灰		素面						新石器时代晚期至商代
84	ZJLY-6	柴夏背扶山	ZJLY-6:4YII	23.38	113.81	58	陶			夹粗砂软陶	深灰		素面						西周至春秋
85	ZJLY-6	柴夏背扶山	ZJLY-6:5YII	23.38	113.81	59	石	砺石			青灰								新石器时代晚期至商代
86	ZJLY-6	柴夏背扶山	ZJLY-6:12YII	23.38	113.81	49	石	斧			灰白				凝灰岩	残		未风化	新石器时代晚期至商代
87	ZJLY-6	柴夏背扶山	ZJLY-6:13YII	23.38	113.81	66	陶			泥质粗软陶	灰白		素面						新石器时代晚期至商代
88	ZJLY-6	柴夏背扶山	ZJLY-6:14YII	23.38	113.81	68	陶			泥质粗硬陶	红褐		方格纹						西周至春秋
89	ZJLY-6	柴夏背扶山	ZJLY-6:15YII	23.38	113.81	67	陶			泥质粗硬陶	灰		长方格纹						新石器时代晚期至商代
90	ZJLY-6	柴夏背扶山	ZJLY-6:16YII	23.38	113.81	66	石	斧			青灰				片岩	基本完整	6	未风化	新石器时代晚期至商代
91	ZJLY-6	柴夏背扶山	ZJLY-6:17YII	23.38	113.81	64	陶			泥质粗硬陶	灰黑		方格纹						新石器时代晚期至商代
92	ZJLY-6	柴夏背扶山	ZJLY-6:18YII	23.38	113.81	64	陶			泥质粗硬陶	灰		方格纹						西周至春秋
93	ZJLY-6	柴夏背扶山	ZJLY-6:19YII	23.38	113.81	67	陶			夹粗砂软陶	灰白		素面						新石器时代晚期至商代
94	ZJLY-6	柴夏背扶山	ZJLY-6:20YII	23.38	113.81	67	陶			夹粗砂软陶	灰白		素面						新石器时代晚期至商代
95	ZJLY-6	柴夏背扶山	ZJLY-6:21YII	23.38	113.81	64	陶	罐(釜)	口沿	夹粗砂软陶	灰黑		素面						新石器时代晚期至商代
96	ZJLY-6	柴夏背扶山	ZJLY-6:22YII	23.38	113.81	72	陶			泥质粗硬陶	灰		素面						新石器时代晚期至商代
97	ZJLY-6	柴夏背扶山	ZJLY-6:23YII	23.38	113.81	72	陶			夹粗砂软陶	红		素面						西周至春秋
98	ZJLY-6	柴夏背扶山	ZJLY-6:24YII	23.38	113.81	72	陶			泥质粗硬陶	灰褐		方格纹						西周至春秋
99	ZJLY-6	柴夏背扶山	ZJLY-6:25YII	23.38	113.81	70	陶			泥质粗硬陶	灰褐		勾连云雷纹						西周至春秋
100	ZJLY-6	柴夏背扶山	ZJLY-6:26YII	23.38	113.81	70	陶			泥质粗硬陶	灰黑		勾连云雷纹						西周至春秋
101	ZJLY-6	柴夏背扶山	ZJLY-6:27YII	23.38	113.81	69	陶	罐	口沿	泥质粗硬陶	灰褐		素面						西周至春秋
102	ZJLY-6	柴夏背扶山	ZJLY-6:28YII	23.38	113.81	69	陶			泥质粗硬陶	灰		方格纹						西周至春秋
103	ZJLY-6	柴夏背扶山	ZJLY-6:29YII	23.38	113.81	67	陶			泥质粗硬陶	灰		方格纹、弦纹						西周至春秋
104	ZJLY-6	柴夏背扶山	ZJLY-6:30YII	23.38	113.81	71	陶			泥质粗硬陶	灰褐		方格纹						西周至春秋
105	ZJLY-6	柴夏背扶山	ZJLY-6:31YII	23.38	113.81	72	陶			泥质粗硬陶	灰		方格纹						西周至春秋
106	ZJLY-6	柴夏背扶山	ZJLY-6:32YII	23.38	113.81	73	陶			泥质粗硬陶	灰		卷云纹、弦纹						西周至春秋
107	ZJLY-6	柴夏背扶山	ZJLY-6:33YII	23.38	113.81	72	陶			泥质粗硬陶	灰褐		方格纹						西周至春秋
108	ZJLY-6	柴夏背扶山	ZJLY-6:34YII	23.38	113.81	72	陶			泥质粗硬陶	深灰		重菱格纹、卷云雷纹						西周至春秋
109	ZJLY-6	柴夏背扶山	ZJLY-6:35YII	23.38	113.81	75	陶			泥质粗硬陶	灰褐		方格纹						西周至春秋
110	ZJLY-6	柴夏背扶山	ZJLY-6:36YII	23.38	113.81	72	陶			夹粗砂硬陶	灰白		长方格纹						新石器时代晚期至商代
111	ZJLY-6	柴夏背扶山	ZJLY-6:37YII	23.38	113.81	68	陶			泥质粗硬陶	灰褐		方格纹						西周至春秋

序号	遗址编号	遗址名称	遗物编号	纬度（度）	经度（度）	海拔（米）	质地	器形	部位	陶质	颜色	釉色	纹饰	刻划符号	石器岩性	石器完整程度	石器硬度	石器风化程度	年代
112	ZJLY-6	棠夏背扶山	ZJLY-6:38YII	23.38	113.81	67	陶			泥质粗硬陶	灰褐		素面						西周至春秋
113	ZJLY-6	棠夏背扶山	ZJLY-6:39YII	23.38	113.81	71	陶			泥质粗硬陶	灰褐		方格纹						西周至春秋
114	ZJLY-6	棠夏背扶山	ZJLY-6:40YII	23.37	113.81	23	陶			泥质粗硬陶	灰褐		方格对角线纹						战国至南越国
115	ZJLY-6	棠夏背扶山	ZJLY-6:41YII	23.37	113.80	33	陶	罐	圈足	夹粗砂软陶	灰黑		素面						新石器时代晚期至商代
116	ZJLY-6	棠夏背扶山	ZJLY-6:42YII	23.37	113.80	53	陶			夹粗砂软陶	灰黑		素面						新石器时代晚期至商代
117	ZJLY-6	棠夏背扶山	ZJLY-6:43YII	23.37	113.80	53	陶			夹粗砂软陶	红褐		素面						新石器时代晚期至商代
118	ZJLY-6	棠夏背扶山	ZJLY-6:44YII	23.37	113.80	43	陶			夹粗砂软陶	灰黑		绳纹						新石器时代晚期至商代
119	ZJLY-6	棠夏背扶山	ZJLY-6:45YII	23.37	113.80	45	陶			夹粗砂软陶	灰黑		素面						新石器时代晚期至商代
120	ZJLY-6	棠夏背扶山	ZJLY-6:46YII	23.37	113.80	23	陶			泥质粗硬陶	灰		篦点纹、弦纹						西周至春秋
121	ZJLY-6	棠夏背扶山	ZJLY-6:47YII	23.37	113.80	27	陶			泥质粗硬陶	灰		夔纹、弦纹、重圈纹						西周至春秋
122	ZJLY-6	棠夏背扶山	ZJLY-6:48YII	23.37	113.80	28	陶			泥质粗硬陶	灰		方格纹						西周至春秋
123	ZJLY-6	棠夏背扶山	ZJLY-6:49YII	23.37	113.80	27	陶			泥质粗硬陶	灰		篦点纹						西周至春秋
124	ZJLY-6	棠夏背扶山	ZJLY-6:50YII	23.37	113.80	26	陶			泥质粗硬陶	灰褐		菱格凸点纹、篦点纹						西周至春秋
125	ZJLY-6	棠夏背扶山	ZJLY-6:51YII	23.37	113.80	23	陶			夹粗砂软陶	灰黑		素面						新石器时代晚期至商代
126	ZJLY-6	棠夏背扶山	ZJLY-6:52YII	23.37	113.80	31	陶			泥质粗硬陶	灰		方格纹						西周至春秋
127	ZJLY-6	棠夏背扶山	ZJLY-6:53YII	23.37	113.80	32	陶			泥质粗硬陶	灰		方格纹						西周至春秋
128	ZJLY-6	棠夏背扶山	ZJLY-6:54YII	23.37	113.80	28	陶			泥质粗硬陶	灰		方格纹						西周至春秋
129	ZJLY-6	棠夏背扶山	ZJLY-6:55YII	23.37	113.80	33	陶			泥质粗硬陶	灰白		方格纹						西周至春秋
130	ZJLY-6	棠夏背扶山	ZJLY-6:56YII	23.37	113.80	30	陶			夹粗砂软陶	灰黑		素面						新石器时代晚期至商代
131	ZJLY-6	棠夏背扶山	ZJLY-6:57YII	23.37	113.80	33	陶			泥质粗硬陶	红		曲折纹						西周至春秋
132	ZJLY-6	棠夏背扶山	ZJLY-6:58YII	23.37	113.80	35	陶			泥质粗硬陶	灰		方格纹、弦纹						西周至春秋
133	ZJLY-6	棠夏背扶山	ZJLY-6:59YII	23.37	113.80	41	陶			泥质粗硬陶	灰		方格纹						西周至春秋
134	ZJLY-6	棠夏背扶山	ZJLY-6:60YII	23.37	113.80	33	陶			泥质粗硬陶	灰		夔纹、菱格凸点纹、弦纹						西周至春秋
135	ZJLY-6	棠夏背扶山	ZJLY-6:61YII	23.37	113.80	31	陶			泥质粗硬陶	灰		夔纹、弦纹						西周至春秋
136	ZJLY-7	横栋岭	ZJLY-7:1G	23.37	113.80	32	陶	罐	口沿	泥质粗硬陶	灰褐		米字纹						战国至南越国
137	ZJLY-7	横栋岭	ZJLY-7:2G	23.37	113.80	31	陶			泥质细硬陶	灰黑		素面						唐末
138	ZJLY-7	横栋岭	ZJLY-7:3G	23.37	113.80	22	陶			泥质粗硬陶	深灰		夔纹						西周至春秋
139	ZJLY-7	横栋岭	ZJLY-7:4G	23.37	113.80	24	陶			泥质粗硬陶	灰白		素面						唐末
140	ZJLY-7	横栋岭	ZJLY-7:5G	23.37	113.80	32	陶			泥质粗硬陶	灰		方格纹						西周至春秋
141	ZJLY-7	横栋岭	ZJLY-7:6G	23.37	113.80	31	陶			泥质粗硬陶	灰		方格纹						西周至春秋
142	ZJLY-7	横栋岭	ZJLY-7:7G	23.37	113.80	31	陶			泥质细硬陶	灰		篦点纹、弦纹						西周至春秋

序号	遗址编号	遗址名称	遗物编号	纬度（度）	经度（度）	海拔（米）	质地	器形	部位	陶质	颜色	釉色	纹饰	刻划符号	石器岩性	石器完整程度	石器硬度	石器风化程度	年代
143	ZJLY-7	横栏岭	ZJLY-7:8G	23.37	113.80	31	陶	罐	口沿	泥质粗硬硬陶	灰		刻划纹						西周至春秋
144	ZJLY-7	横栏岭	ZJLY-7:9G	23.37	113.80	29	陶			泥质细硬陶	灰		篦点纹						西周至春秋
145	ZJLY-7	横栏岭	ZJLY-7:11G	23.37	113.80	29	陶			泥质粗硬硬陶	灰褐		素面						西周至春秋
146	ZJLY-7	横栏岭	ZJLY-7:12G	23.37	113.80	26	陶			泥质细硬陶	灰白		方格纹						西周至春秋
147	ZJLY-7	横栏岭	ZJLY-7:13G	23.37	113.80	26	陶			泥质细硬陶	灰白		方格纹						西周至春秋
148	ZJLY-7	横栏岭	ZJLY-7:14G	23.37	113.80	29	陶			泥质粗硬硬陶	灰		方格纹						西周至春秋
149	ZJLY-7	横栏岭	ZJLY-7:15G	23.37	113.80	26	陶			泥质粗硬硬陶	灰黑		素面						西周至春秋
150	ZJLY-7	横栏岭	ZJLY-7:16G	23.37	113.80	21	陶			泥质粗硬硬陶	红褐		方格纹						西周至春秋
151	ZJLY-7	横栏岭	ZJLY-7:17G	23.37	113.80	22	陶			泥质粗硬硬陶	灰褐		篦点纹						西周至春秋
152	ZJLY-7	横栏岭	ZJLY-7:18G	23.37	113.80	27	陶	罐	口沿	夹细砂硬陶	灰		素面						新石器时代晚期至商代
153	ZJLY-7	横栏岭	ZJLY-7:19G	23.37	113.80	26	陶			泥质粗硬硬陶	深灰		方格纹						西周至春秋
154	ZJLY-7	横栏岭	ZJLY-7:20G	23.37	113.80	25	陶			泥质粗硬硬陶	深灰		方格纹						战国至南越国
155	ZJLY-7	横栏岭	ZJLY-7:21G	23.37	113.80	33	陶			泥质细硬陶	灰褐		米字纹						新石器时代晚期至商代
156	ZJLY-7	横栏岭	ZJLY-7:57G	23.37	113.80	66	陶	器盖		泥质细硬陶	灰		曲折纹、附加堆纹						西周至春秋
157	ZJLY-7	横栏岭	ZJLY-7:2YⅡ	23.37	113.80	25	陶			泥质粗硬硬陶	灰褐		篦点纹、篦划纹、回浆纹						唐末
158	ZJLY-7	横栏岭	ZJLY-7:3YⅡ	23.37	113.80	27	陶			泥质粗硬硬陶	灰黑		素面						战国至南越国
159	ZJLY-7	横栏岭	ZJLY-7:4YⅡ	23.37	113.80	29	陶			泥质粗硬硬陶	深灰		米字纹						西周至春秋
160	ZJLY-7	横栏岭	ZJLY-7:5YⅡ	23.37	113.80	29	陶	罐	口沿	泥质粗硬硬陶	红褐		素面						西周至春秋
161	ZJLY-7	横栏岭	ZJLY-7:6YⅡ	23.37	113.80	28	陶			夹粗砂硬陶	深灰		方格纹						战国至南越国
162	ZJLY-7	横栏岭	ZJLY-7:7YⅡ	23.37	113.80	17	陶			泥质粗硬硬陶	灰黑		米字纹						唐末
163	ZJLY-7	横栏岭	ZJLY-7:8YⅡ	23.37	113.80	21	陶			泥质粗硬硬陶	青灰		素面						西周至春秋
164	ZJLY-7	横栏岭	ZJLY-7:9YⅡ	23.37	113.80	21	陶			泥质粗硬硬陶	红褐		方格纹						西周至春秋
165	ZJLY-7	横栏岭	ZJLY-7:10YⅡ	23.37	113.80	23	陶			泥质粗硬硬陶	灰褐		方格纹						战国至南越国
166	ZJLY-7	横栏岭	ZJLY-7:11YⅡ	23.37	113.80	22	陶			泥质粗硬硬陶	灰褐		米字纹						西周至春秋
167	ZJLY-7	横栏岭	ZJLY-7:12YⅡ	23.37	113.80	19	陶			泥质粗硬硬陶	灰		方格纹						战国至南越国
168	ZJLY-7	横栏岭	ZJLY-7:13YⅡ	23.37	113.80	24	陶			泥质粗硬硬陶	灰		方格纹						西周至春秋
169	ZJLY-7	横栏岭	ZJLY-7:14YⅡ	23.37	113.80	24	陶			泥质粗硬硬陶	灰	酱黄釉	米字纹						战国至南越国
170	ZJLY-7	横栏岭	ZJLY-7:15YⅡ	23.37	113.80	22	陶			泥质细硬陶	红		素面						西周至春秋
171	ZJLY-7	横栏岭	ZJLY-7:16YⅡ	23.37	113.80	23	陶			泥质细硬陶	灰		三角格纹						战国至南越国
172	ZJLY-7	横栏岭	ZJLY-7:17YⅡ	23.37	113.80	20	陶			泥质细硬陶	黑		素面						唐末
173	ZJLY-7	横栏岭	ZJLY-7:18YⅡ	23.37	113.80	18	陶			泥质粗硬硬陶	红褐		方格纹						西周至春秋

序号	遗址编号	遗址名称	遗物编号	纬度（度）	经度（度）	海拔（米）	质地	器形	部位	陶质	颜色	釉色	纹饰	刻划符号	石器岩性	石器完整程度	石器硬度	石器风化程度	年代
174	ZJLY-7	横栋岭	ZJLY-7:19YII	23.37	113.80	28	陶			泥质粗硬陶	深灰		重圈纹						西周至春秋
175	ZJLY-7	横栋岭	ZJLY-7:20YII	23.37	113.80	29	陶			泥质粗硬陶	红褐		方格纹、重菱格纹						西周至春秋
176	ZJLY-7	横栋岭	ZJLY-7:21YII	23.37	113.80	29	陶			泥质粗硬陶	灰		方格纹						西周至春秋
177	ZJLY-7	横栋岭	ZJLY-7:22YII	23.37	113.80	28	陶			泥质粗硬陶	深灰		重圈纹						西周至春秋
178	ZJLY-7	横栋岭	ZJLY-7:23YII	23.37	113.80	29	陶			泥质粗硬陶	灰		方格纹						西周至春秋
179	ZJLY-7	横栋岭	ZJLY-7:24YII	23.37	113.80	26	陶			泥质粗硬陶	红褐		方格纹						西周至春秋
180	ZJLY-7	横栋岭	ZJLY-7:25YII	23.37	113.80	26	陶			泥质粗硬陶	深灰		重菱格纹						西周至春秋
181	ZJLY-7	横栋岭	ZJLY-7:26YII	23.37	113.80	26	陶			泥质粗硬陶	灰黑		卷云纹						西周至春秋
182	ZJLY-7	横栋岭	ZJLY-7:27YII	23.37	113.80	25	陶			泥质细硬陶	灰		方格纹						西周至春秋
183	ZJLY-7	横栋岭	ZJLY-7:28YII	23.37	113.80	24	陶	罐	底	泥质细硬陶	灰	青釉	素面						唐宋
184	ZJLY-7	横栋岭	ZJLY-7:29YII	23.37	113.80	24	陶			泥质细硬陶	灰黑		卷云纹						西周至春秋
185	ZJLY-7	横栋岭	ZJLY-7:30YII	23.37	113.80	25	陶			泥质粗硬陶	灰		细方格纹、弦纹						西周至春秋
186	ZJLY-7	横栋岭	ZJLY-7:31YII	23.37	113.80	28	陶			泥质细硬陶	灰		曲折纹						西周至春秋
187	ZJLY-7	横栋岭	ZJLY-7:32YII	23.37	113.80	25	陶			泥质细硬陶	深灰		方格纹						西周至春秋
188	ZJLY-7	横栋岭	ZJLY-7:33YII	23.37	113.80	26	陶			泥质细硬陶	灰		方格纹						西周至春秋
189	ZJLY-7	横栋岭	ZJLY-7:34YII	23.37	113.80	26	陶	罐	口沿	泥质粗硬陶	青灰		方格纹						西周至春秋
190	ZJLY-7	横栋岭	ZJLY-7:35YII	23.37	113.80	26	石	斧			青灰		三角格纹		片岩	基本完整	6	未风化	新石器时代晚期至商代
191	ZJLY-9	焦路山	ZJLY-9:1G	23.37	113.79	21	陶			泥质细硬陶	灰褐		方格纹						战国至南越国
192	ZJLY-9	焦路山	ZJLY-9:2G	23.37	113.79	16	陶			泥质粗硬陶	红褐		素面						战国至南越国
193	ZJLY-9	焦路山	ZJLY-9:3G	23.37	113.79	26	陶			泥质细软陶	黑		方格对角线纹						唐末
194	ZJLY-9	焦路山	ZJLY-9:4G	23.37	113.79	26	陶			泥质细软陶	灰褐		条纹						战国至南越国
195	ZJLY-9	焦路山	ZJLY-9:1YII	23.37	113.79	18	陶			泥质细硬陶	深灰		米字纹						明清
196	ZJLY-9	焦路山	ZJLY-9:2YII	23.37	113.79	21	陶	罐	底	泥质细硬陶	灰褐		素面						战国至南越国
197	ZJLY-9	焦路山	ZJLY-9:3YII	23.37	113.79	26	陶	墓砖		泥质粗硬陶	灰黄		弦断曲折纹						唐末
198	ZJLY-10	狮岭山	ZJLY-10:1G	23.37	113.79	18	陶			夹细砂硬陶	灰白		篮纹						新石器时代晚期至商代
199	ZJLY-10	狮岭山	ZJLY-10:2G	23.37	113.79	18	陶			泥质粗硬陶	灰白		素面						新石器时代晚期至商代
200	ZJLY-10	狮岭山	ZJLY-10:3G	23.37	113.79	15	陶			泥质细硬陶	灰		方格纹						新石器时代晚期至商代
201	ZJLY-10	狮岭山	ZJLY-10:4G	23.37	113.79	17	陶			泥质细硬陶	红		素面						西周至春秋
202	ZJLY-10	狮岭山	ZJLY-10:5G	23.37	113.79	17	陶		口沿	泥质细硬陶	灰		方格纹						西周至春秋
203	ZJLY-10	狮岭山	ZJLY-10:6G	23.37	113.79	16	陶			泥质粗硬陶	红		方格纹						西周至春秋
204	ZJLY-10	狮岭山	ZJLY-10:7G	23.37	113.79	17	陶			泥质粗硬陶	灰白		方格纹						西周至春秋

序号	遗址编号	遗址名称	遗物编号	纬度（度）	经度（度）	海拔（米）	质地	器形	部位	陶质	颜色	釉色	纹饰	刻划符号	石器岩性	石器完整程度	石器硬度	石器风化程度	年代
205	ZJLY-10	狮岭山	ZJLY-10:8G	23.37	113.79	19	陶			泥质细硬硬陶	灰		夔纹						西周至春秋
206	ZJLY-10	狮岭山	ZJLY-10:9G	23.37	113.79	18	陶			泥质粗硬硬陶	灰黑		曲折纹						新石器时代晚期至商代
207	ZJLY-10	狮岭山	ZJLY-10:10G	23.37	113.79	22	陶	罐	底	泥质细硬硬陶	灰		素面						西周至春秋
208	ZJLY-10	狮岭山	ZJLY-10:11G	23.37	113.79	22	陶			泥质粗硬硬陶	灰		方格纹						西周至春秋
209	ZJLY-10	狮岭山	ZJLY-10:12G	23.37	113.79	24	陶			泥质粗硬硬陶	灰		条纹						新石器时代晚期至商代
210	ZJLY-10	狮岭山	ZJLY-10:13G	23.37	113.79	28	陶			泥质粗硬硬陶	灰白		长方格纹						新石器时代晚期至商代
211	ZJLY-10	狮岭山	ZJLY-10:14G	23.37	113.79	26	陶			泥质粗硬硬陶	灰		方格纹						西周至春秋
212	ZJLY-10	狮岭山	ZJLY-10:15G	23.37	113.79	27	陶			夹细砂牧陶	灰白		长方格纹						新石器时代晚期至商代
213	ZJLY-10	狮岭山	ZJLY-10:16G	23.37	113.79	29	陶	罐	圈足	泥质牧陶	灰白		素面						新石器时代晚期至商代
214	ZJLY-10	狮岭山	ZJLY-10:17G	23.37	113.79	34	陶			泥质粗硬硬陶	灰白		篮纹						新石器时代晚期至商代
215	ZJLY-10	狮岭山	ZJLY-10:18G	23.37	113.79	18	陶			泥质粗硬硬陶	灰		曲折纹						新石器时代晚期至商代
216	ZJLY-10	狮岭山	ZJLY-10:1YⅡ	23.37	113.79	18	陶			泥质粗硬硬陶	红褐		方格纹						西周至春秋
217	ZJLY-10	狮岭山	ZJLY-10:2YⅡ	23.37	113.79	17	陶			泥质粗硬硬陶	灰白		长方格纹						新石器时代晚期至商代
218	ZJLY-10	狮岭山	ZJLY-10:3YⅡ	23.37	113.79	18	陶			夹细砂硬陶	灰		曲折纹						新石器时代晚期至商代
219	ZJLY-10	狮岭山	ZJLY-10:4YⅡ	23.37	113.79	16	陶			泥质粗硬硬陶	灰白		篦点纹						西周至春秋
220	ZJLY-10	狮岭山	ZJLY-10:5YⅡ	23.37	113.79	18	陶			泥质牧陶	灰		素面						西周至春秋
221	ZJLY-10	狮岭山	ZJLY-10:6YⅡ	23.37	113.79	18	陶			泥质粗硬硬陶	灰		方格纹						西周至春秋
222	ZJLY-10	狮岭山	ZJLY-10:7YⅡ	23.37	113.79	17	陶			泥质粗硬硬陶	灰		素面						西周至春秋
223	ZJLY-10	狮岭山	ZJLY-10:8YⅡ	23.37	113.79	19	陶			泥质粗硬硬陶	灰		方格纹						西周至春秋
224	ZJLY-10	狮岭山	ZJLY-10:9YⅡ	23.37	113.79	17	陶			泥质粗硬硬陶	灰		方格纹						西周至春秋
225	ZJLY-10	狮岭山	ZJLY-10:10YⅡ	23.37	113.79	18	陶	罐		泥质牧陶	灰白		曲折纹						新石器时代晚期至商代
226	ZJLY-10	狮岭山	ZJLY-10:11YⅡ	23.37	113.79	17	陶			泥质粗硬硬陶	灰		方格纹						西周至春秋
227	ZJLY-10	狮岭山	ZJLY-10:12YⅡ	23.37	113.79	17	陶			泥质粗硬硬陶	灰		夔纹						西周至春秋
228	ZJLY-10	狮岭山	ZJLY-10:13YⅡ	23.37	113.79	20	陶			泥质粗硬硬陶	灰		方格纹						西周至春秋
229	ZJLY-10	狮岭山	ZJLY-10:14YⅡ	23.37	113.79	18	陶			泥质粗硬硬陶	黑		素面						唐末
230	ZJLY-10	狮岭山	ZJLY-10:15YⅡ	23.37	113.79	19	陶		口沿	夹细砂硬陶	灰		斜长方格纹						新石器时代晚期至商代
231	ZJLY-10	狮岭山	ZJLY-10:16YⅡ	23.37	113.79	22	陶	罐		泥质细硬硬陶	红褐		方格纹						西周至春秋
232	ZJLY-10	狮岭山	ZJLY-10:17YⅡ	23.37	113.79	24	陶			泥质粗硬硬陶	灰褐		方格纹						西周至春秋
233	ZJLY-10	狮岭山	ZJLY-10:18YⅡ	23.37	113.79	24	陶			泥质粗硬硬陶	灰		方格纹						西周至春秋
234	ZJLY-10	狮岭山	ZJLY-10:19YⅡ	23.37	113.79	32	陶			泥质粗硬硬陶	黑		素面						西周至春秋
235	ZJLY-10	狮岭山	ZJLY-10:20YⅡ	23.37	113.79	33	陶			泥质粗硬硬陶	灰		方格纹						西周至春秋

序号	遗址编号	遗址名称	遗物编号	纬度（度）	经度（度）	海拔（米）	质地	器形	部位	陶质	颜色	釉色	纹饰	刻划符号	石器岩性	石器完整程度	石器硬度	石器风化程度	年代
236	ZJLY-10	狮岭山	ZJLY-10:21YⅡ	23.37	113.79	29	陶			泥质粗硬陶	灰		方格纹、勾连云雷纹						西周至春秋
237	ZJLY-10	狮岭山	ZJLY-10:22YⅡ	23.37	113.79	30	陶	杯		泥质粗硬陶	深灰		素面						西周至春秋
238	ZJLY-10	狮岭山	ZJLY-10:23YⅡ	23.37	113.79	29	陶			泥质粗硬陶	灰褐		方格纹						西周至春秋
239	ZJLY-10	狮岭山	ZJLY-10:24YⅡ	23.37	113.79	29	陶			泥质粗硬陶	深灰		方格纹、菱格凸块纹						西周至春秋
240	ZJLY-10	狮岭山	ZJLY-10:25YⅡ	23.37	113.79	32	陶			泥质粗硬陶	深灰		勾连云雷纹						西周至春秋
241	ZJLY-10	狮岭山	ZJLY-10:26YⅡ	23.37	113.79	19	陶	罐	口沿	泥质粗硬陶	深灰		素面	有					西周至春秋
242	ZJLY-12	夏屋山	ZJLY-12:1G	23.37	113.79	29	瓷					黄釉	素面						唐末
243	ZJLY-12	夏屋山	ZJLY-12:2G	23.37	113.79	28	瓷					黑釉	素面						唐末
244	ZJLY-12	夏屋山	ZJLY-12:3G	23.37	113.79	33	陶			泥质粗硬陶	黑		素面						唐末
245	ZJLY-12	夏屋山	ZJLY-12:4G	23.37	113.79	28	陶			泥质粗硬陶	灰白		曲折纹						新石器时代晚期至商代
246	ZJLY-12	夏屋山	ZJLY-12:5G	23.37	113.79	28	陶			泥质粗硬陶	灰黑		素面						唐末
247	ZJLY-12	夏屋山	ZJLY-12:6G	23.37	113.79	29	瓷					黄釉	素面						唐末
248	ZJLY-12	夏屋山	ZJLY-12:7G	23.37	113.79	27	陶			泥质粗硬陶	灰黑		素面						唐末
249	ZJLY-12	夏屋山	ZJLY-12:8G	23.37	113.79	24	陶			夹粗砂软陶	黄褐		素面						新石器时代晚期至商代
250	ZJLY-12	夏屋山	ZJLY-12:9G	23.37	113.79	30	陶			夹粗砂软陶	黑		条纹、附加堆纹						新石器时代晚期至商代
251	ZJLY-12	夏屋山	ZJLY-12:10G	23.37	113.79	31	陶			夹粗砂软陶	灰黑		素面						新石器时代晚期至商代
252	ZJLY-12	夏屋山	ZJLY-12:11G	23.37	113.79	29	陶			泥质粗硬陶	黑		素面						唐末
253	ZJLY-12	夏屋山	ZJLY-12:12G	23.37	113.79	28	陶			夹粗砂软陶	灰黑		素面						唐末
254	ZJLY-12	夏屋山	ZJLY-12:13G	23.37	113.79	27	陶			泥质粗硬陶	灰黑		素面						新石器时代晚期至商代
255	ZJLY-12	夏屋山	ZJLY-12:14G	23.37	113.79	24	陶		口沿	泥质粗硬陶	灰		素面						唐末
256	ZJLY-12	夏屋山	ZJLY-12:15G	23.37	113.79	26	瓷					黄釉	素面						唐末
257	ZJLY-13	雾岭1号山	ZJLY-13:1G	23.37	113.79	23	陶			泥质粗硬陶	红褐		方格纹						战国至南越国
258	ZJLY-13	雾岭1号山	ZJLY-13:2G	23.37	113.79	19	陶			泥质粗硬陶	红褐		方格纹						战国至南越国
259	ZJLY-13	雾岭1号山	ZJLY-13:3G	23.37	113.79	19	陶			泥质细硬陶	灰褐		米字纹						战国至南越国
260	ZJLY-13	雾岭1号山	ZJLY-13:4G	23.37	113.79	22	陶			泥质粗硬陶	灰褐		方格纹						战国至南越国
261	ZJLY-13	雾岭1号山	ZJLY-13:5G	23.37	113.79	20	陶			泥质粗硬陶	红褐		方格纹						战国至南越国
262	ZJLY-13	雾岭1号山	ZJLY-13:6G	23.37	113.79	20	陶			泥质粗硬陶	青灰		方格纹						战国至南越国
263	ZJLY-13	雾岭1号山	ZJLY-13:7G	23.37	113.79	20	陶			泥质粗硬陶	深灰		米字纹						战国至南越国
264	ZJLY-13	雾岭1号山	ZJLY-13:8G	23.37	113.79	19	陶			泥质粗硬陶	灰褐		米字纹						战国至南越国
265	ZJLY-13	雾岭1号山	ZJLY-13:9G	23.37	113.79	19	陶			泥质粗硬陶	深灰		方格纹						战国至南越国
266	ZJLY-13	雾岭1号山	ZJLY-13:10G	23.37	113.79	12	陶	罐	口沿	泥质细硬陶	灰黑		素面						唐末

序号	遗址编号	遗址名称	遗物编号	纬度（度）	经度（度）	海拔（米）	质地	器形	部位	陶质	颜色	釉色	纹饰	刻划符号	石器岩性	石器完整程度	石器硬度	石器风化程度	年代
267	ZJLY-13	雾岭1号山	ZJLY-13:1YⅡ	23.37	113.79	20	陶			泥质粗硬陶	青灰		素面						战国至南越国
268	ZJLY-13	雾岭1号山	ZJLY-13:2YⅡ	23.37	113.79	18	陶			泥质粗硬陶	灰褐		方格纹						战国至南越国
269	ZJLY-13	雾岭1号山	ZJLY-13:3YⅡ	23.37	113.79	17	陶			泥质粗硬陶	青灰		长方格纹						新石器时代晚期至商代
270	ZJLY-13	雾岭1号山	ZJLY-13:4YⅡ	23.37	113.79	18	陶			泥质粗硬陶	黑		素面						唐宋
271	ZJLY-14	钟岭	ZJLY-14:1G	23.36	113.79	20	陶			夹粗砂软陶	灰黑		素面						新石器时代晚期至商代
272	ZJLY-14	钟岭	ZJLY-14:2G	23.36	113.79	23	陶			泥质粗硬陶	灰褐		米字纹						战国至南越国
273	ZJLY-14	钟岭	ZJLY-14:3G	23.36	113.79	22	陶			夹粗砂软陶	红褐		素面						新石器时代晚期至商代
274	ZJLY-14	钟岭	ZJLY-14:4G	23.36	113.79	14	陶			夹粗砂软陶	灰黑		素面						唐宋
275	ZJLY-14	钟岭	ZJLY-14:5G	23.36	113.79	16	陶			泥质细硬陶	灰		素面						唐宋
276	ZJLY-14	钟岭	ZJLY-14:6G	23.36	113.79	17	陶			泥质粗硬陶	深灰		米字纹						战国至南越国
277	ZJLY-14	钟岭	ZJLY-14:7G	23.36	113.79	18	陶			夹粗砂软陶	灰白		素面						新石器时代晚期至商代
278	ZJLY-14	钟岭	ZJLY-14:8G	23.36	113.79	14	陶			夹粗砂软陶	灰黑		素面						新石器时代晚期至商代
279	ZJLY-14	钟岭	ZJLY-14:9G	23.36	113.79	19	陶	罐	口沿	泥质细硬陶	青灰		素面						新石器时代晚期至商代
280	ZJLY-14	钟岭	ZJLY-14:10G	23.36	113.79	25	陶			夹粗砂软陶	灰黄		素面						新石器时代晚期至商代
281	ZJLY-14	钟岭	ZJLY-14:11G	23.36	113.79	23	陶			泥质粗硬陶	灰		叶脉纹						新石器时代晚期至商代
282	ZJLY-14	钟岭	ZJLY-14:12G	23.36	113.79	36	陶			夹粗砂软陶	灰黑		素面						新石器时代晚期至商代
283	ZJLY-14	钟岭	ZJLY-14:1YⅡ	23.36	113.79	18	陶			夹粗砂软陶	灰白		素面						新石器时代晚期至商代
284	ZJLY-14	钟岭	ZJLY-14:2YⅡ	23.36	113.79	19	石	锛			青灰				绿泥石片岩	基本完整	6	未风化	新石器时代晚期至商代
285	ZJLY-14	钟岭	ZJLY-14:3YⅡ	23.36	113.79	23	陶			夹粗砂软陶	灰白		素面						新石器时代晚期至商代
286	ZJLY-14	钟岭	ZJLY-14:4YⅡ	23.36	113.79	24	陶			夹粗砂软陶	浅黄		素面						新石器时代晚期至商代
287	ZJLY-14	钟岭	ZJLY-14:5YⅡ	23.36	113.79	20	陶			夹粗砂软陶	灰		素面						新石器时代晚期至商代
288	ZJLY-14	钟岭	ZJLY-14:6YⅡ	23.36	113.79	33	陶			夹粗砂软陶	灰白		素面						新石器时代晚期至商代
289	ZJLY-14	钟岭	ZJLY-14:7YⅡ	23.36	113.79	39	陶			夹粗砂软陶	灰白		素面						新石器时代晚期至商代
290	ZJLY-14	钟岭	ZJLY-14:8YⅡ	23.36	113.79	34	陶			夹粗砂软陶	灰黑		素面						新石器时代晚期至商代
291	ZJLY-14	钟岭	ZJLY-14:9YⅡ	23.36	113.79	34	陶			泥质粗硬陶	灰黑		素面						唐宋
292	ZJLY-14	钟岭	ZJLY-14:10YⅡ	23.36	113.79	36	陶			夹粗砂软陶	灰白		素面						新石器时代晚期至商代
293	ZJLY-14	钟岭	ZJLY-14:11YⅡ	23.36	113.79	36	陶			泥质粗硬陶	灰白		素面						新石器时代晚期至商代
294	ZJLY-14	钟岭	ZJLY-14:12YⅡ	23.36	113.79	36	陶			夹粗砂软陶	黄褐		素面						新石器时代晚期至商代
295	ZJLY-14	钟岭	ZJLY-14:13YⅡ	23.36	113.79	41	陶			夹粗砂软陶	灰黑		素面						新石器时代晚期至商代
296	ZJLY-14	钟岭	ZJLY-14:14YⅡ	23.36	113.79	40	陶			泥质粗硬陶	灰黑		素面						新石器时代晚期至商代
297	ZJLY-14	钟岭	ZJLY-14:15YⅡ	23.36	113.79	41	陶			夹粗砂软陶	灰白		素面						新石器时代晚期至商代

续表

序号	遗址编号	遗址名称	遗物编号	纬度（度）	经度（度）	海拔（米）	质地	器形	部位	陶质	颜色	釉色	纹饰	刻划符号	石器岩性	石器完整程度	石器硬度	石器风化程度	年代
298	ZJLY－14	钟岭	ZJLY－14:16YⅡ	23.36	113.79	41	陶			夹砂软陶	黄褐		素面						新石器时代晚期至商代
299	ZJLY－14	钟岭	ZJLY－14:17YⅡ	23.36	113.79	38	陶			夹粗砂软陶	灰		素面						新石器时代晚期至商代
300	ZJLY－14	钟岭	ZJLY－14:18YⅡ	23.36	113.79	39	陶			夹砂软陶	灰		素面						新石器时代晚期至商代
301	ZJLY－14	钟岭	ZJLY－14:19YⅡ	23.36	113.79	36	陶			夹砂软陶	灰黑		绳纹						新石器时代晚期至商代
302	ZJLY－14	钟岭	ZJLY－14:20YⅡ	23.36	113.79	32	陶	执壶		泥质细硬陶	灰		素面						唐末
303	ZJLY－18	钟岭村背扶山	ZJLY－18:1	23.36	113.80	26	陶	砖		泥质粗硬陶	灰		素面						明清
304	ZJLY－19	浸木潭	ZJLY－19:1G	23.36	113.79	44	陶	罐	圈足	泥质硬陶	灰		叶脉纹						新石器时代晚期至商代
305	ZJLY－19	浸木潭	ZJLY－19:2G	23.36	113.79	49	陶			夹砂软陶	灰黑		素面						新石器时代晚期至商代
306	ZJLY－19	浸木潭	ZJLY－19:3G	23.36	113.79	48	石	镞			青灰				角岩	完整	7	未风化	新石器时代晚期至商代
307	ZJLY－19	浸木潭	ZJLY－19:4G	23.36	113.79	49	陶			泥质细硬陶	青灰		叶脉纹						新石器时代晚期至商代
308	ZJLY－19	浸木潭	ZJLY－19:5G	23.36	113.79	48	石	镞			青灰				角岩	残	7	未风化	新石器时代晚期至商代
309	ZJLY－19	浸木潭	ZJLY－19:6G	23.36	113.79	48	陶			泥质粗硬陶	黄褐		长方格纹						新石器时代晚期至商代
310	ZJLY－19	浸木潭	ZJLY－19:7G	23.36	113.79	47	陶			夹砂硬陶	灰黄		曲折纹						新石器时代晚期至商代
311	ZJLY－19	浸木潭	ZJLY－19:8G	23.36	113.79	52	陶			夹砂软陶	灰黄		绳纹						新石器时代晚期至商代
312	ZJLY－19	浸木潭	ZJLY－19:9G	23.36	113.79	52	陶			夹砂软陶	灰黑		素面						新石器时代晚期至商代
313	ZJLY－19	浸木潭	ZJLY－19:10G	23.36	113.79	50	陶			夹砂硬陶	红褐		素面						新石器时代晚期至商代
314	ZJLY－19	浸木潭	ZJLY－19:11G	23.36	113.79	47	陶			泥质粗硬陶	青灰		篮纹						新石器时代晚期至商代
315	ZJLY－19	浸木潭	ZJLY－19:12G	23.36	113.79	48	陶			泥质粗硬陶	青灰		长方格纹						新石器时代晚期至商代
316	ZJLY－21	根竹山	ZJLY－21:1G	23.36	113.82	26	陶			泥质粗硬陶	青灰		米字纹						战国至南越国
317	ZJLY－21	根竹山	ZJLY－21:2G	23.36	113.82	20	陶			泥质细硬陶	灰黑	酱釉	素面						唐末
318	ZJLY－21	根竹山	ZJLY－21:3G	23.36	113.82	18	陶	罐	口沿	泥质粗硬陶	灰		方格纹						战国至南越国
319	ZJLY－21	根竹山	ZJLY－21:4G	23.36	113.82	21	陶			泥质粗硬陶	灰		三角格纹						战国至南越国
320	ZJLY－21	根竹山	ZJLY－21:5G	23.36	113.82	23	陶			泥质粗硬陶	灰		米字纹						战国至南越国
321	ZJLY－21	根竹山	ZJLY－21:6G	23.36	113.82	23	陶			泥质粗硬陶	灰褐		米字纹						战国至南越国
322	ZJLY－21	根竹山	ZJLY－21:7G	23.36	113.82	20	陶			泥质粗硬陶	灰		素面						战国至南越国
323	ZJLY－21	根竹山	ZJLY－21:8G	23.36	113.82	20	陶			泥质粗硬陶	灰		三角格纹						战国至南越国
324	ZJLY－21	根竹山	ZJLY－21:9G	23.36	113.82	20	陶			泥质粗硬陶	灰		刻划纹						战国至南越国
325	ZJLY－21	根竹山	ZJLY－21:10G	23.36	113.82	22	陶			泥质粗硬陶	灰褐		方格纹						战国至南越国
326	ZJLY－21	根竹山	ZJLY－21:11G	23.36	113.82	22	陶			泥质粗硬陶	深灰		米字纹						战国至南越国
327	ZJLY－21	根竹山	ZJLY－21:12G	23.36	113.82	20	瓷					透明釉	青花						明清
328	ZJLY－21	根竹山	ZJLY－21:13G	23.36	113.82	24	陶			泥质粗硬陶	深灰		方格纹						战国至南越国

序号	遗址编号	遗址名称	遗物编号	纬度(度)	经度(度)	海拔(米)	质地	器形	部位	陶质	颜色	釉色	纹饰	刻划符号	石器岩性	石器完整程度	石器硬度	石器风化程度	年代
329	ZJLY-21	根竹山	ZJLY-21:14G	23.36	113.82	24	陶			泥质粗硬陶	灰		素面						战国至南越国
330	ZJLY-21	根竹山	ZJLY-21:15G	23.36	113.82	27	陶			泥质粗硬陶	灰		方格纹						战国至南越国
331	ZJLY-21	根竹山	ZJLY-21:16G	23.36	113.82	27	陶			泥质粗硬陶	灰		锯齿纹、弦纹						战国至南越国
332	ZJLY-22	护岭山	ZJLY-22:1G	23.37	113.82	18	陶	罐	口沿	夹粗砂硬陶	灰白		素面						新石器时代晚期至商代
333	ZJLY-22	护岭山	ZJLY-22:2G	23.37	113.82	11	陶			夹细砂硬陶	灰黑		素面						新石器时代晚期至商代
334	ZJLY-22	护岭山	ZJLY-22:3G	23.37	113.82	10	陶			泥质粗硬陶	青灰		绳纹						新石器时代晚期至商代
335	ZJLY-22	护岭山	ZJLY-22:4G	23.37	113.82	8	陶	罐	口沿	泥质粗硬陶	青灰		长方格纹						新石器时代晚期至商代
336	ZJLY-22	护岭山	ZJLY-22:5G	23.37	113.82	13	陶			夹细砂硬陶	灰白		素面						新石器时代晚期至商代
337	ZJLY-22	护岭山	ZJLY-22:6G	23.37	113.82	15	陶			泥质粗硬陶	青灰		绳纹						新石器时代晚期至商代
338	ZJLY-22	护岭山	ZJLY-22:7G	23.37	113.82	9	陶			泥质粗细硬陶	青灰		绳纹						新石器时代晚期至商代
339	ZJLY-22	护岭山	ZJLY-22:8G	23.37	113.82	7	陶			泥质粗硬陶	灰		交错绳纹						新石器时代晚期至商代
340	ZJLY-22	护岭山	ZJLY-22:9G	23.37	113.82	8	陶			泥质粗硬陶	灰黑		方格纹						西周至春秋
341	ZJLY-22	护岭山	ZJLY-22:10G	23.37	113.82	10	陶			泥质粗硬陶	青灰		方格纹、弦纹						西周至春秋
342	ZJLY-22	护岭山	ZJLY-22:11G	23.37	113.82	11	陶			泥质粗硬陶	灰白		方格纹						西周至春秋
343	ZJLY-22	护岭山	ZJLY-22:12G	23.37	113.82	10	陶			夹细砂硬陶	青灰		素面						新石器时代晚期至商代
344	ZJLY-22	护岭山	ZJLY-22:13G	23.37	113.82	15	陶			夹细砂硬陶	青灰		绳纹						新石器时代晚期至商代
345	ZJLY-22	护岭山	ZJLY-22:14G	23.37	113.82	18	陶			夹细砂硬陶	灰白		篮纹、附加堆纹						新石器时代晚期至商代
346	ZJLY-22	护岭山	ZJLY-22:15G	23.37	113.82	18	陶	瓮	口沿	泥质粗硬陶	红褐		重菱格纹						新石器时代晚期至商代
347	ZJLY-22	护岭山	ZJLY-22:16G	23.37	113.82	17	陶			泥质细硬陶	黄褐		方格纹						西周至春秋
348	ZJLY-22	护岭山	ZJLY-22:17G	23.37	113.82	19	陶			泥质粗硬陶	青灰		方格纹						西周至春秋
349	ZJLY-22	护岭山	ZJLY-22:18G	23.37	113.82	20	陶			泥质粗硬陶	青灰		方格纹						西周至春秋
350	ZJLY-22	护岭山	ZJLY-22:19G	23.37	113.82	24	陶			泥质粗硬陶	青灰		交错绳纹						新石器时代晚期至商代
351	ZJLY-22	护岭山	ZJLY-22:20G	23.37	113.82	21	陶			夹细砂硬陶	青灰		绳纹						新石器时代晚期至商代
352	ZJLY-22	护岭山	ZJLY-22:21G	23.37	113.82	10	陶			泥质粗硬陶	青灰		交错绳纹						新石器时代晚期至商代
353	ZJLY-22	护岭山	ZJLY-22:22G	23.37	113.82	15	陶			泥质细硬陶	灰白		素面						新石器时代晚期至商代
354	ZJLY-22	护岭山	ZJLY-22:23G	23.37	113.82	16	陶			泥质细硬陶	红		素面						新石器时代晚期至商代
355	ZJLY-22	护岭山	ZJLY-22:24G	23.37	113.82	15	陶			泥质粗硬陶	灰黑		曲折纹						西周至春秋
356	ZJLY-22	护岭山	ZJLY-22:25G	23.37	113.82	13	陶			泥质细硬陶	红褐		指甲纹						西周至春秋
357	ZJLY-22	护岭山	ZJLY-22:26G	23.37	113.82	20	陶			泥质粗硬陶	青灰		夔纹、篦点纹、弦纹						新石器时代晚期至商代
358	ZJLY-22	护岭山	ZJLY-22:27G	23.37	113.82	14	陶	罐		夹粗砂软陶	灰白		素面						新石器时代晚期至商代
359	ZJLY-22	护岭山	ZJLY-22:28G	23.37	113.82	16	陶			夹细砂软陶	灰黑		素面						新石器时代晚期至商代

序号	遗址编号	遗址名称	遗物编号	纬度（度）	经度（度）	海拔（米）	质地	器形	部位	陶质	颜色	釉色	纹饰	刻划符号	石器岩性	石器完整程度	石器硬度	石器风化程度	年代
360	ZJLY-22	护岭山	ZJLY-22:29G	23.37	113.82	17	陶			泥质粗硬陶	灰白		交错绳纹						新石器时代晚期至商代
361	ZJLY-22	护岭山	ZJLY-22:30G	23.37	113.82	17	陶			夹细砂硬陶	灰白		交错绳纹						新石器时代晚期至商代
362	ZJLY-22	护岭山	ZJLY-22:31G	23.37	113.82	20	陶			泥质粗硬陶	灰黑		方格纹、夔纹						西周至春秋
363	ZJLY-22	护岭山	ZJLY-22:32G	23.37	113.82	20	陶			夹细砂硬陶	灰白		叶脉纹						新石器时代晚期至商代
364	ZJLY-22	护岭山	ZJLY-22:34①G	23.37	113.82	21	陶			泥质细硬陶	灰白		篮纹						新石器时代晚期至商代
365	ZJLY-22	护岭山	ZJLY-22:34②G	23.37	113.82	21	陶			泥质细硬陶	灰白		篮纹						新石器时代晚期至商代
366	ZJLY-22	护岭山	ZJLY-22:35G	23.37	113.82	16	陶	釜	口沿	泥质粗硬陶	灰白		素面						新石器时代晚期至商代
367	ZJLY-22	护岭山	ZJLY-22:36G	23.37	113.82	17	陶			夹细砂硬陶	青灰		绳纹						新石器时代晚期至商代
368	ZJLY-22	护岭山	ZJLY-22:37G	23.37	113.82	15	陶			夹粗砂硬陶	灰黑		素面						新石器时代晚期至商代
369	ZJLY-22	护岭山	ZJLY-22:38G	23.37	113.82	15	陶			夹细砂硬陶	灰黑		绳纹						新石器时代晚期至商代
370	ZJLY-22	护岭山	ZJLY-22:39G	23.37	113.82	16	陶			泥质粗硬陶	深灰		重菱格纹						西周至春秋
371	ZJLY-22	护岭山	ZJLY-22:40G	23.37	113.82	18	陶			夹细砂硬陶	青灰		绳纹						新石器时代晚期至商代
372	ZJLY-22	护岭山	ZJLY-22:41G	23.37	113.82	15	陶			泥质细硬陶	青灰		席纹、叶脉纹						新石器时代晚期至商代
373	ZJLY-22	护岭山	ZJLY-22:42G	23.37	113.82	15	陶			夹细砂硬陶	青灰		绳纹						新石器时代晚期至商代
374	ZJLY-22	护岭山	ZJLY-22:43G	23.37	113.82	10	陶			泥质粗硬陶	青灰		交错条纹、弦纹						新石器时代晚期至商代
375	ZJLY-22	护岭山	ZJLY-22:44G	23.37	113.82	8	陶	豆	圈足	泥质细硬陶	灰白		素面						新石器时代晚期至商代
376	ZJLY-22	护岭山	ZJLY-22:45G	23.37	113.82	9	陶			夹细砂硬陶	灰黑		绳纹						新石器时代晚期至商代
377	ZJLY-22	护岭山	ZJLY-22:46G	23.37	113.82	11	陶			泥质粗硬陶	青灰		篮纹						新石器时代晚期至商代
378	ZJLY-22	护岭山	ZJLY-22:47G	23.37	113.82	11	石	锛			灰褐				角岩	完整	7	未风化	新石器时代晚期至商代
379	ZJLY-22	护岭山	ZJLY-22:48G	23.37	113.82	11	陶			夹粗砂硬陶	灰黑		素面						新石器时代晚期至商代
380	ZJLY-22	护岭山	ZJLY-22:49G	23.37	113.82	10	陶	釜		夹细砂硬陶	灰白		素面						新石器时代晚期至商代
381	ZJLY-22	护岭山	ZJLY-22:50G	23.37	113.82	10	陶			夹细砂硬陶	青灰		素面						新石器时代晚期至商代
382	ZJLY-22	护岭山	ZJLY-22:51G	23.37	113.82	10	陶			夹细砂硬陶	灰黑		素面						新石器时代晚期至商代
383	ZJLY-22	护岭山	ZJLY-22:52G	23.37	113.82	10	陶			夹细砂硬陶	灰黑		绳纹						新石器时代晚期至商代
384	ZJLY-22	护岭山	ZJLY-22:53G	23.37	113.82	11	陶			泥质粗硬陶	青灰		夔纹						西周至春秋
385	ZJLY-22	护岭山	ZJLY-22:54G	23.37	113.82	9	石	石器			灰褐					残			新石器时代晚期至商代
386	ZJLY-22	护岭山	ZJLY-22:55G	23.37	113.82	14	陶			夹粗砂硬陶	灰白		交错绳纹						新石器时代晚期至商代
387	ZJLY-22	护岭山	ZJLY-22:56G	23.37	113.82	9	陶			夹细砂硬陶	灰白		席纹						新石器时代晚期至商代
388	ZJLY-22	护岭山	ZJLY-22:57G	23.37	113.82	7	陶			泥质细硬陶	灰白		席纹						新石器时代晚期至商代
389	ZJLY-22	护岭山	ZJLY-22:58G	23.37	113.82	2	陶			泥质粗硬陶	灰白		绳纹、附加堆纹						新石器时代晚期至商代
390	ZJLY-22	护岭山	ZJLY-22:59G	23.37	113.82	8	陶			泥质粗硬陶	红褐		素面						新石器时代晚期至商代

序号	遗址编号	遗址名称	遗物编号	纬度（度）	经度（度）	海拔（米）	质地	器形	部位	陶质	颜色	釉色	纹饰	刻划符号	石器岩性	石器完整程度	石器硬度	石器风化程度	年代
391	ZJLY－22	护岭山	ZJLY－22:60G	23.37	113.82	7	陶			泥质粗硬陶	灰白		交错条纹						新石器时代晚期至商代
392	ZJLY－22	护岭山	ZJLY－22:61G	23.37	113.82	5	陶			泥质粗硬陶	灰白		绳纹、附加堆纹						新石器时代晚期至商代
393	ZJLY－22	护岭山	ZJLY－22:62G	23.37	113.82	5	陶			夹粗砂硬陶	灰黑		素面						新石器时代晚期至商代
394	ZJLY－22	护岭山	ZJLY－22:63G	23.37	113.82	9	陶			夹租砂软陶	灰白		素面						新石器时代晚期至商代
395	ZJLY－22	护岭山	ZJLY－22:64G	23.37	113.82	7	陶			夹租砂软陶	灰黑		素面						新石器时代晚期至商代
396	ZJLY－22	护岭山	ZJLY－22:65G	23.37	113.82	9	陶			夹租砂软陶	灰黑		素面						新石器时代晚期至商代
397	ZJLY－22	护岭山	ZJLY－22:94G	23.37	113.82	19	陶			泥质粗硬陶	灰黑		篮纹						新石器时代晚期至商代
398	ZJLY－22	护岭山	ZJLY－22:1ZⅠ	23.37	113.82	14	瓷	圆片				透明釉	素面						明清
399	ZJLY－22	护岭山	ZJLY－22:2ZⅠ	23.37	113.82	13	陶			泥质细硬陶	青灰		方格纹、夔纹、凌纹						西周至春秋
400	ZJLY－22	护岭山	ZJLY－22:3ZⅠ	23.37	113.82	13	陶			泥质细硬陶	灰黑		素面						西周至春秋
401	ZJLY－22	护岭山	ZJLY－22:4ZⅠ	23.37	113.82	8	陶			夹粗砂硬陶	灰白		素面						新石器时代晚期至商代
402	ZJLY－22	护岭山	ZJLY－22:5ZⅠ	23.37	113.82	6	陶	罐	圈足	夹粗砂硬陶	灰		素面						新石器时代晚期至商代
403	ZJLY－22	护岭山	ZJLY－22:6ZⅠ	23.37	113.82	10	陶			夹粗砂软陶	灰白		素面						新石器时代晚期至商代
404	ZJLY－22	护岭山	ZJLY－22:7①ZⅠ	23.37	113.82	11	陶			夹粗砂软陶	灰黑		素面						新石器时代晚期至商代
405	ZJLY－22	护岭山	ZJLY－22:7②ZⅠ	23.37	113.82	11	陶			泥质细软陶	灰黑		素面						新石器时代晚期至商代
406	ZJLY－22	护岭山	ZJLY－22:8ZⅠ	23.37	113.82	17	陶			泥质粗硬陶	青灰		方格纹						西周至春秋
407	ZJLY－22	护岭山	ZJLY－22:9ZⅠ	23.37	113.82	12	陶			泥质粗硬陶	灰白		绳纹、附加堆纹						新石器时代晚期至商代
408	ZJLY－22	护岭山	ZJLY－22:10ZⅠ	23.37	113.82	11	陶			泥质细软陶	灰黄		篮纹						新石器时代晚期至商代
409	ZJLY－22	护岭山	ZJLY－22:11ZⅠ	23.37	113.82	9	陶			夹粗砂硬陶	红褐		素面						新石器时代晚期至商代
410	ZJLY－22	护岭山	ZJLY－22:12ZⅠ	23.37	113.82	12	陶			泥质粗硬陶	青灰		交错绳纹						新石器时代晚期至商代
411	ZJLY－22	护岭山	ZJLY－22:13ZⅠ	23.37	113.82	11	陶			夹粗砂软陶	灰黑		素面						新石器时代晚期至商代
412	ZJLY－22	护岭山	ZJLY－22:14ZⅠ	23.37	113.82	9	陶			夹粗砂软陶	灰白		素面						新石器时代晚期至商代
413	ZJLY－22	护岭山	ZJLY－22:15ZⅠ	23.37	113.82	11	陶			夹粗砂硬陶	灰白		篮纹						新石器时代晚期至商代
414	ZJLY－22	护岭山	ZJLY－22:16ZⅠ	23.37	113.82	10	陶			泥质细软陶	红褐		叶脉纹						新石器时代晚期至商代
415	ZJLY－22	护岭山	ZJLY－22:17ZⅠ	23.37	113.82	11	陶			夹粗砂硬陶	灰白		绳纹						新石器时代晚期至商代
416	ZJLY－22	护岭山	ZJLY－22:18ZⅠ	23.37	113.82	9	陶			泥质粗硬陶	青灰		夔纹						新石器时代晚期至商代
417	ZJLY－22	护岭山	ZJLY－22:19ZⅠ	23.37	113.82	12	陶			泥质粗硬陶	青灰		方格纹						西周至春秋
418	ZJLY－22	护岭山	ZJLY－22:20ZⅠ	23.37	113.82	14	陶			泥质粗硬陶	青灰		方格纹						西周至春秋
419	ZJLY－22	护岭山	ZJLY－22:21ZⅠ	23.37	113.82	14	陶			泥质粗硬陶	青灰		交错绳纹						新石器时代晚期至商代
420	ZJLY－22	护岭山	ZJLY－22:22ZⅠ	23.37	113.82	8	陶			泥质粗硬陶	青灰		方格纹、夔纹						西周至春秋
421	ZJLY－22	护岭山	ZJLY－22:23ZⅠ	23.37	113.82	17	陶			泥质粗硬陶	青灰		长方格纹						新石器时代晚期至商代

序号	遗址编号	遗址名称	遗物编号	纬度（度）	经度（度）	海拔（米）	质地	器形	部位	陶质	颜色	釉色	纹饰	刻划符号	石器岩性	石器完整程度	石器硬度	石器风化程度	年代
422	ZJLY-22	护岭山	ZJLY-22:24Z I	23.37	113.82	14	陶	釜	口沿	夹粗砂软陶	灰白		绳纹						新石器时代晚期至商代
423	ZJLY-22	护岭山	ZJLY-22:25Z I	23.37	113.82	16	陶			泥质粗硬陶	灰黑		夔纹						西周至春秋
424	ZJLY-22	护岭山	ZJLY-22:26Z I	23.37	113.82	18	陶			泥质粗硬陶	灰白		曲折纹						新石器时代晚期至商代
425	ZJLY-22	护岭山	ZJLY-22:27Z I	23.37	113.82	18	石	凿			青灰				片岩	残	6	未风化	新石器时代晚期至商代
426	ZJLY-22	护岭山	ZJLY-22:28Z I	23.37	113.82	12	陶			夹粗砂软陶	青灰		素面						新石器时代晚期至商代
427	ZJLY-22	护岭山	ZJLY-22:29Z I	23.37	113.82	11	陶	罐	口沿	夹粗砂软陶	灰黄		素面						新石器时代晚期至商代
428	ZJLY-22	护岭山	ZJLY-22:30Z I	23.37	113.82	11	陶			泥质粗硬陶	灰白		素面						新石器时代晚期至商代
429	ZJLY-22	护岭山	ZJLY-22:31Z I	23.37	113.82	14	陶			夹粗砂硬陶	青灰		素面						新石器时代晚期至商代
430	ZJLY-22	护岭山	ZJLY-22:32Z I	23.37	113.82	14	陶			泥质粗硬陶	青灰		交错绳纹						新石器时代晚期至商代
431	ZJLY-22	护岭山	ZJLY-22:33Z I	23.37	113.82	8	陶			夹细砂硬陶	青灰		夔纹						西周至春秋
432	ZJLY-22	护岭山	ZJLY-22:34Z I	23.37	113.82	8	陶			夹粗砂硬陶	灰黑		素面						新石器时代晚期至商代
433	ZJLY-22	护岭山	ZJLY-22:35Z I	23.37	113.82	8	陶			泥质粗硬陶	灰黑		夔纹						西周至春秋
434	ZJLY-22	护岭山	ZJLY-22:36Z I	23.37	113.82	8	陶			泥质粗硬陶	灰白		篮纹						新石器时代晚期至商代
435	ZJLY-22	护岭山	ZJLY-22:37Z I	23.37	113.82	9	陶			夹粗砂硬陶	红褐		素面						新石器时代晚期至商代
436	ZJLY-22	护岭山	ZJLY-22:39Z I	23.37	113.82	12	陶			夹粗砂硬陶	灰黑		素面						新石器时代晚期至商代
437	ZJLY-22	护岭山	ZJLY-22:40Z I	23.37	113.82	16	陶			泥质粗硬陶	青灰		方格纹						西周至春秋
438	ZJLY-22	护岭山	ZJLY-22:41Z I	23.37	113.82	14	陶			泥质粗硬陶	灰白		戳印圆圈纹						西周至春秋
439	ZJLY-22	护岭山	ZJLY-22:42Z I	23.37	113.82	15	陶			泥质粗硬陶	灰黑		素面						西周至春秋
440	ZJLY-22	护岭山	ZJLY-22:43Z I	23.37	113.82	16	陶			泥质粗硬陶	灰黑		方格纹						西周至春秋
441	ZJLY-22	护岭山	ZJLY-22:44Z I	23.37	113.82	15	陶			泥质粗硬陶	灰黑		夔纹						西周至春秋
442	ZJLY-22	护岭山	ZJLY-22:45Z I	23.37	113.82	12	陶			泥质粗硬陶	青灰		素面						新石器时代晚期至商代
443	ZJLY-22	护岭山	ZJLY-22:46Z I	23.37	113.82	11	陶			泥质粗硬陶	青灰		方格纹						西周至春秋
444	ZJLY-22	护岭山	ZJLY-22:47Z I	23.37	113.82	15	陶			泥质粗硬陶	青灰		夔纹						西周至春秋
445	ZJLY-22	护岭山	ZJLY-22:48Z I	23.37	113.82	11	陶			泥质粗硬陶	青灰		方格纹						西周至春秋
446	ZJLY-22	护岭山	ZJLY-22:49Z I	23.37	113.82	11	陶			泥质粗硬陶	青灰		夔纹						西周至春秋
447	ZJLY-22	护岭山	ZJLY-22:50Z I	23.37	113.82	16	陶			泥质粗硬陶	灰黑		方格纹						西周至春秋
448	ZJLY-22	护岭山	ZJLY-22:51Z I	23.37	113.82	17	石	镞			青灰				角岩	残	7	未风化	新石器时代晚期至商代
449	ZJLY-22	护岭山	ZJLY-22:52Z I	23.37	113.82	17	陶			泥质细硬陶	灰白		素面						新石器时代晚期至商代
450	ZJLY-22	护岭山	ZJLY-22:53Z I	23.37	113.82	21	陶			夹细砂硬陶	青灰		曲折纹						新石器时代晚期至商代
451	ZJLY-22	护岭山	ZJLY-22:54Z I	23.37	113.82	22	陶			泥质粗硬陶	青灰		方格纹						西周至春秋
452	ZJLY-22	护岭山	ZJLY-22:55Z I	23.37	113.82	22	陶			泥质粗硬陶	灰		方格纹						西周至春秋

序号	遗址编号	遗址名称	遗物编号	纬度（度）	经度（度）	海拔（米）	质地	器形	部位	陶质	颜色	釉色	纹饰	刻划符号	石器岩性	石器完整程度	石器硬度	石器风化程度	年代
453	ZJLY-22	护岭山	ZJLY-22:56Z I	23.37	113.82	16	陶			泥质粗硬陶	青灰		夔纹						西周至春秋
454	ZJLY-22	护岭山	ZJLY-22:57①Z I	23.37	113.82	27	陶			泥质粗硬陶	青灰		曲折纹						新石器时代晚期至商代
455	ZJLY-22	护岭山	ZJLY-22:57②Z I	23.37	113.82	27	陶			夹粗砂硬陶	红褐		夔纹						西周至春秋
456	ZJLY-22	护岭山	ZJLY-22:58Z I	23.37	113.82	25	陶			泥质粗硬陶	青灰		方格纹						西周至春秋
457	ZJLY-22	护岭山	ZJLY-22:59Z I	23.37	113.82	21	陶			泥质粗硬陶	青灰		曲折纹						新石器时代晚期至商代
458	ZJLY-22	护岭山	ZJLY-22:60Z I	23.37	113.82	20	陶			泥质粗硬陶	青灰		方格纹						西周至春秋
459	ZJLY-22	护岭山	ZJLY-22:61Z I	23.37	113.82	15	陶			夹粗砂硬陶	灰褐		素面						新石器时代晚期至商代
460	ZJLY-22	护岭山	ZJLY-22:62Z I	23.37	113.82	16	石	砺石							片岩	残	6	未风化	新石器时代晚期至商代
461	ZJLY-22	护岭山	ZJLY-22:63Z I	23.37	113.82	21	陶			夹粗砂软陶			绳纹						新石器时代晚期至商代
462	ZJLY-22	护岭山	ZJLY-22:64Z I	23.37	113.82	17	石	环			青灰				角岩	完整	7	未风化	新石器时代晚期至商代
463	ZJLY-22	护岭山	ZJLY-22:65Z I	23.37	113.82	16	陶			泥质粗硬陶	红褐		曲折纹、叶脉纹						新石器时代晚期至商代
464	ZJLY-22	护岭山	ZJLY-22:66Z I	23.37	113.82	19	陶			夹细砂硬陶			素面						新石器时代晚期至商代
465	ZJLY-22	护岭山	ZJLY-22:67Z I	23.37	113.82	19	陶			泥质粗硬陶	灰白		夔纹						西周至春秋
466	ZJLY-22	护岭山	ZJLY-22:68Z I	23.37	113.82	16	陶			泥质粗硬陶	灰黑		素面						新石器时代晚期至商代
467	ZJLY-22	护岭山	ZJLY-22:69Z I	23.37	113.82	15	陶	釜	腹部	夹粗砂软陶	灰黑		素面						新石器时代晚期至商代
468	ZJLY-22	护岭山	ZJLY-22:70Z I	23.37	113.82	16	陶			泥质粗硬陶	灰白		间断条纹						新石器时代晚期至商代
469	ZJLY-22	护岭山	ZJLY-22:71Z I	23.37	113.82	15	陶			泥质粗硬陶	青灰		绳纹						新石器时代晚期至商代
470	ZJLY-22	护岭山	ZJLY-22:72Z I	23.37	113.82	12	陶			泥质粗硬陶	青灰		方格纹						西周至春秋
471	ZJLY-22	护岭山	ZJLY-22:73Z I	23.37	113.82	18	陶			泥质粗硬陶	青灰		方格纹						西周至春秋
472	ZJLY-22	护岭山	ZJLY-22:74Z I	23.37	113.82	19	陶			泥质粗硬陶	青灰		方格纹、凌纹						西周至春秋
473	ZJLY-22	护岭山	ZJLY-22:75Z I	23.37	113.82	22	陶	釜	腹部	夹粗砂硬陶	灰黑		素面						新石器时代晚期至商代
474	ZJLY-22	护岭山	ZJLY-22:76①Z I	23.37	113.82	18	陶			泥质粗硬陶	红褐		方格纹						新石器时代晚期至商代
475	ZJLY-22	护岭山	ZJLY-22:76②Z I	23.37	113.82	18	陶			泥质粗硬陶	红褐		方格纹、凌纹						西周至春秋
476	ZJLY-22	护岭山	ZJLY-22:77Z I	23.37	113.82	25	陶			泥质粗硬陶	青灰		篮点纹、凌纹						西周至春秋
477	ZJLY-22	护岭山	ZJLY-22:78Z I	23.37	113.82	23	陶			泥质细硬陶	青灰		曲折纹、绳纹						新石器时代晚期至商代
478	ZJLY-22	护岭山	ZJLY-22:79Z I	23.37	113.82	22	陶	夹砂圈足罐		夹粗砂软陶	灰黑		素面						新石器时代晚期至商代
479	ZJLY-22	护岭山	ZJLY-22:80Z I	23.37	113.82	28	陶			泥质粗硬陶	青灰		夔纹						西周至春秋
480	ZJLY-22	护岭山	ZJLY-22:81Z I	23.37	113.82	27	陶			泥质粗硬陶	青灰		夔纹						西周至春秋
481	ZJLY-22	护岭山	ZJLY-22:82Z I	23.37	113.82	28	陶			泥质细硬陶	灰白		篮纹						新石器时代晚期至商代
482	ZJLY-22	护岭山	ZJLY-22:83Z I	23.37	113.82	27	陶			夹细砂硬陶	灰白		绳纹						新石器时代晚期至商代
483	ZJLY-22	护岭山	ZJLY-22:84Z I	23.37	113.82	21	陶			夹粗砂软陶	灰黑		绳纹						新石器时代晚期至商代

序号	遗址编号	遗址名称	遗物编号	纬度（度）	经度（度）	海拔（米）	质地	器形	部位	陶质	颜色	釉色	纹饰	刻划符号	石器岩性	石器完整程度	石器硬度	石器风化程度	年代
484	ZJLY-22	护岭山	ZJLY-22:85ZI	23.37	113.82	19	陶			泥质细硬陶	灰白		素面						新石器时代晚期至商代
485	ZJLY-22	护岭山	ZJLY-22:86ZI	23.37	113.82	15	陶			泥质粗硬陶	灰白		席纹						新石器时代晚期至商代
486	ZJLY-22	护岭山	ZJLY-22:87ZI	23.37	113.82	16	陶	罐	口沿	泥质细硬陶	灰		篮纹						新石器时代晚期至商代
487	ZJLY-22	护岭山	ZJLY-22:88ZI	23.37	113.82	20	陶				灰白		曲折纹						新石器时代晚期至商代
488	ZJLY-22	护岭山	ZJLY-22:89ZI	23.37	113.82	15	陶	釜		夹细砂硬陶	红褐		不明						新石器时代晚期至商代
489	ZJLY-22	护岭山	ZJLY-22:90ZI	23.37	113.82	10	陶	豆	口沿	泥质细硬陶	灰白		素面						新石器时代晚期至商代
490	ZJLY-22	护岭山	ZJLY-22:91ZI	23.37	113.82	12	陶			夹砂硬陶	青灰		间断条纹						新石器时代晚期至商代
491	ZJLY-22	护岭山	ZJLY-22:92ZI	23.37	113.82	13	陶			夹砂硬陶	青灰		方格纹						新石器时代晚期至商代
492	ZJLY-22	护岭山	ZJLY-22:93ZI	23.37	113.82	16	陶			夹砂硬陶	青灰		曲折纹						新石器时代晚期至商代
493	ZJLY-22	护岭山	ZJLY-22:95ZI	23.37	113.82	20	陶			夹砂软陶	红褐		素面						新石器时代晚期至商代
494	ZJLY-22	护岭山	ZJLY-22:96ZI	23.37	113.82	23	陶	罐	圈足	夹砂软陶	黑灰		素面						新石器时代晚期至商代
495	ZJLY-22	护岭山	ZJLY-22:97ZI	23.37	113.82	20	陶			夹粗砂硬陶	灰黑		素面						新石器时代晚期至商代
496	ZJLY-22	护岭山	ZJLY-22:98ZI	23.37	113.82	21	陶	豆	圈足	泥质粗硬陶	灰		素面						西周至春秋
497	ZJLY-22	护岭山	ZJLY-22:99ZI	23.37	113.82	20	陶			泥质细硬陶	青灰		方格纹、夔纹						西周至春秋
498	ZJLY-22	护岭山	ZJLY-22:100ZI	23.37	113.82	17	陶			夹砂硬陶	红褐		曲折纹						新石器时代晚期至商代
499	ZJLY-22	护岭山	ZJLY-22:101ZI	23.37	113.82	18	陶			夹砂软陶	红褐		素面						新石器时代晚期至商代
500	ZJLY-22	护岭山	ZJLY-22:102ZI	23.37	113.82	18	陶			夹细砂硬陶	红		网格纹						新石器时代晚期至商代
501	ZJLY-22	护岭山	ZJLY-22:103ZI	23.37	113.82	18	陶	釜	口沿	夹砂硬陶	黑		素面						新石器时代晚期至商代
502	ZJLY-22	护岭山	ZJLY-22:104ZI	23.37	113.82	17	陶	釜	口沿	泥质粗硬陶	灰白		方格纹						新石器时代晚期至商代
503	ZJLY-22	护岭山	ZJLY-22:105ZI	23.37	113.82	21	陶	罐	口沿	夹砂硬陶	红褐		曲折纹						新石器时代晚期至商代
504	ZJLY-22	护岭山	ZJLY-22:106ZI	23.37	113.82	21	陶			夹砂硬陶	灰白		素面						新石器时代晚期至商代
505	ZJLY-22	护岭山	ZJLY-22:107ZI	23.37	113.82	24	陶			泥质细硬陶	红		曲折纹						新石器时代晚期至商代
506	ZJLY-22	护岭山	ZJLY-22:108ZI	23.37	113.82	25	陶	釜	口沿	夹粗砂硬陶	灰黑		素面						新石器时代晚期至商代
507	ZJLY-22	护岭山	ZJLY-22:109ZI	23.37	113.82	24	陶	釜		夹细砂硬陶	灰黑		素面						新石器时代晚期至商代
508	ZJLY-22	护岭山	ZJLY-22:110ZI	23.37	113.82	24	陶			泥质粗硬陶	灰白		曲折纹、附加堆纹						新石器时代晚期至商代
509	ZJLY-22	护岭山	ZJLY-22:111ZI	23.37	113.82	18	陶			泥质粗硬陶	红褐		方格纹						西周至春秋
510	ZJLY-22	护岭山	ZJLY-22:112ZI	23.37	113.82	18	石	砺石			红褐				绢云母片岩	残	6	未风化	新石器时代晚期至商代
511	ZJLY-22	护岭山	ZJLY-22:113ZI	23.37	113.82	10	陶			泥质细硬陶	灰白		长方格纹						新石器时代晚期至商代
512	ZJLY-22	护岭山	ZJLY-22:114ZI	23.37	113.82	11	陶			泥质细硬陶	灰		方格纹、篦点纹、弦纹						西周至春秋
513	ZJLY-22	护岭山	ZJLY-22:115ZI	23.37	113.82	12	陶	罐	圈足	夹细砂硬陶	青灰		不明						新石器时代晚期至商代
514	ZJLY-22	护岭山	ZJLY-22:116ZI	23.37	113.82	13	陶	釜	口沿	夹粗砂软陶	灰白		素面						新石器时代晚期至商代

序号	遗址编号	遗址名称	遗物编号	纬度（度）	经度（度）	海拔（米）	质地	器形	部位	陶质	颜色	釉色	纹饰	刻划符号	石器岩性	石器完整程度	石器硬度	石器风化程度	年代
515	ZJLY-22	护岭山	ZJLY-22:117ZⅠ	23.37	113.82	13	陶			夹粗砂软陶	灰黑		素面						新石器时代晚期至商代
516	ZJLY-22	护岭山	ZJLY-22:118①ZⅠ	23.37	113.82	17	陶	罐	口沿	泥质细硬陶	灰白		曲折纹						新石器时代晚期至商代
517	ZJLY-22	护岭山	ZJLY-22:118②ZⅠ	23.37	113.82	17	陶			泥质细硬陶	灰白		曲折纹						新石器时代晚期至商代
518	ZJLY-22	护岭山	ZJLY-22:119ZⅠ	23.37	113.82	17	陶			泥质硬陶	红		方格纹						西周至春秋
519	ZJLY-22	护岭山	ZJLY-22:120ZⅠ	23.37	113.82	12	陶			夹粗砂软陶	灰黑		素面						新石器时代晚期至商代
520	ZJLY-22	护岭山	ZJLY-22:121ZⅠ	23.37	113.82	17	陶			泥质粗硬陶	灰		绳纹						新石器时代晚期至商代
521	ZJLY-22	护岭山	ZJLY-22:122ZⅠ	23.37	113.82	13	陶			泥质粗硬陶	红褐		素面						新石器时代晚期至商代
522	ZJLY-22	护岭山	ZJLY-22:123ZⅠ	23.37	113.82	10	陶			夹粗砂硬陶	灰白		素面						新石器时代晚期至商代
523	ZJLY-22	护岭山	ZJLY-22:124ZⅠ	23.37	113.82	10	陶			泥质粗硬陶	灰白		素面						新石器时代晚期至商代
524	ZJLY-22	护岭山	ZJLY-22:125ZⅠ	23.37	113.82	9	陶			泥质粗硬陶	灰白		绳纹						新石器时代晚期至商代
525	ZJLY-26	水边村	ZJLY-26:1G	23.37	113.83	7	石	砺石			青灰				砂岩	残	6	未风化	新石器时代晚期至商代
526	ZJLY-26	水边村	ZJLY-26:2G	23.37	113.83	9	陶			泥质粗硬陶	灰黑		方格纹						西周至春秋
527	ZJLY-26	水边村	ZJLY-26:3G	23.37	113.83	12	陶			泥质硬陶	灰黑		素面						西周至春秋
528	ZJLY-26	水边村	ZJLY-26:1ZⅠ	23.37	113.83	13	陶	瓮		泥质细硬陶	深灰		方格纹（外）、篦划纹（内）						西周至春秋
529	ZJLY-26	水边村	ZJLY-26:2ZⅠ	23.37	113.83	14	陶	罐	口沿	夹粗砂硬陶	灰		曲折纹	有					新石器时代晚期至商代
530	ZJLY-26	水边村	ZJLY-26:3ZⅠ	23.37	113.83	15	陶			泥质粗硬陶	青灰		刻划纹						明清
531	ZJLY-26	水边村	ZJLY-26:5ZⅠ	/	/	/	陶			泥质硬陶	青灰		方格纹						西周至春秋
532	ZJLY-26	水边村	ZJLY-26:6ZⅠ	23.37	113.83	16	陶			泥质粗硬陶	深灰		方格纹、夔纹						西周至春秋
533	ZJLY-26	水边村	ZJLY-26:7ZⅠ	23.37	113.83	15	陶			泥质粗硬陶	灰黑		夔纹						西周至春秋
534	ZJLY-26	水边村	ZJLY-26:8ZⅠ	/	/	/	陶			泥质粗硬陶	青灰		交错条纹						西周至春秋
535	ZJLY-26	水边村	ZJLY-26:9ZⅠ	/	/	/	陶			泥质粗硬陶	青灰		方格纹						新石器时代晚期至商代
536	ZJLY-26	水边村	ZJLY-26:10ZⅠ	/	/	/	石	网坠			青灰				火山弹	残	7	未风化	新石器时代晚期至商代
537	ZJLY-27	长岗岭	ZJLY-27:1G	23.37	113.82	9	陶			泥质粗硬陶	青灰		素面						新石器时代晚期至商代
538	ZJLY-27	长岗岭	ZJLY-27:2G	23.37	113.82	11	陶			泥质粗硬陶	青灰		绳纹						新石器时代晚期至商代
539	ZJLY-27	长岗岭	ZJLY-27:3G	23.37	113.82	9	陶			泥质粗硬陶	青灰		叶脉纹						新石器时代晚期至商代
540	ZJLY-27	长岗岭	ZJLY-27:4G	23.37	113.82	7	陶			泥质粗硬陶	青灰		绳纹						新石器时代晚期至商代
541	ZJLY-27	长岗岭	ZJLY-27:5G	23.37	113.82	9	陶			夹粗砂硬陶	灰黑		绳纹						新石器时代晚期至商代
542	ZJLY-27	长岗岭	ZJLY-27:6G	23.37	113.82	14	陶			泥质粗硬陶	青灰		叶脉纹						新石器时代晚期至商代
543	ZJLY-27	长岗岭	ZJLY-27:7G	23.37	113.82	6	陶			泥质粗硬陶	灰白		叶脉纹						新石器时代晚期至商代
544	ZJLY-27	长岗岭	ZJLY-27:8G	23.37	113.82	8	陶			泥质细硬陶	灰白		长方格纹						新石器时代晚期至商代
545	ZJLY-27	长岗岭	ZJLY-27:9G	23.37	113.82	19	陶			泥质粗硬陶	灰黑		席纹						新石器时代晚期至商代

续表

序号	遗址编号	遗址名称	遗物编号	纬度（度）	经度（度）	海拔（米）	质地	器形	部位	陶质	颜色	釉色	纹饰	刻划符号	石器岩性	石器完整程度	石器硬度	石器风化程度	年代
546	ZJLY-27	长灵岭	ZJLY-27:1ZⅠ	23.37	113.82	7	陶			泥质粗硬陶	青灰		篮纹						新石器时代晚期至商代
547	ZJLY-28	刘屋光山	ZJLY-28:1G	23.37	113.82	18	陶			泥质粗硬陶	青灰		条纹、叶脉纹						新石器时代晚期至商代
548	ZJLY-28	刘屋光山	ZJLY-28:2G	23.37	113.82	14	陶			泥质粗硬陶	青灰		绳纹						新石器时代晚期至商代
549	ZJLY-28	刘屋光山	ZJLY-28:3G	23.37	113.82	22	陶			泥质粗硬陶	青灰		素面						新石器时代晚期至商代
550	ZJLY-28	刘屋光山	ZJLY-28:4G	23.37	113.82	22	陶			泥质粗硬陶	青灰		菱格凸点纹						西周至春秋
551	ZJLY-28	刘屋光山	ZJLY-28:5G	23.37	113.82	21	陶			泥质粗硬陶	青灰		梯格纹						新石器时代晚期至商代
552	ZJLY-28	刘屋光山	ZJLY-28:6G	23.37	113.82	26	陶			泥质粗硬陶	灰白		绳纹						新石器时代晚期至商代
553	ZJLY-28	刘屋光山	ZJLY-28:7G	23.37	113.82	31	陶			泥质粗硬陶	青灰		绳纹						新石器时代晚期至商代
554	ZJLY-28	刘屋光山	ZJLY-28:8G	23.37	113.82	18	陶			夹粗砂硬陶	灰黑		素面						新石器时代晚期至商代
555	ZJLY-28	刘屋光山	ZJLY-28:1ZⅠ	23.37	113.82	17	陶			泥质粗硬陶	灰黑		绳纹						新石器时代晚期至商代
556	ZJLY-28	刘屋光山	ZJLY-28:2ZⅠ	23.37	113.82	19	陶			泥质粗硬陶	青灰		篮纹						新石器时代晚期至商代
557	ZJLY-28	刘屋光山	ZJLY-28:3ZⅠ	23.37	113.82	13	陶			泥质粗硬陶	灰白		绳纹						新石器时代晚期至商代
558	ZJLY-28	刘屋光山	ZJLY-28:4ZⅠ	23.37	113.82	21	陶			泥质粗硬陶	灰黑		长方格纹						新石器时代晚期至商代
559	ZJLY-28	刘屋光山	ZJLY-28:5ZⅠ	23.37	113.82	22	陶			泥质细硬陶	灰白		绳纹						新石器时代晚期至商代
560	ZJLY-28	刘屋光山	ZJLY-28:6ZⅠ	23.37	113.82	20	陶			泥质粗硬陶	青灰		曲折纹						新石器时代晚期至商代
561	ZJLY-28	刘屋光山	ZJLY-28:7ZⅠ	23.37	113.82	24	陶			泥质粗硬陶	青灰		绳纹						新石器时代晚期至商代
562	ZJLY-32	黄草岭	ZJLY-32:1G	23.40	113.82	8	陶			泥质细硬陶	灰		细方格纹						西周至春秋
563	ZJLY-32	黄草岭	ZJLY-32:2G	23.40	113.82	8	陶			泥质粗硬陶	灰		细方格纹						西周至春秋
564	ZJLY-32	黄草岭	ZJLY-32:3G	23.40	113.82	12	陶			泥质粗硬陶	灰白		交错绳纹						新石器时代晚期至商代
565	ZJLY-32	黄草岭	ZJLY-32:4G	23.40	113.82	10	陶			泥质细硬陶	灰白		方格纹						西周至春秋
566	ZJLY-32	黄草岭	ZJLY-32:5①G	23.40	113.82	9	陶			泥质粗硬陶	灰白		方格纹						西周至春秋
567	ZJLY-32	黄草岭	ZJLY-32:5②G	23.40	113.82	9	陶			泥质粗硬陶	灰白		方格纹						西周至春秋
568	ZJLY-32	黄草岭	ZJLY-32:5③G	23.40	113.82	9	陶			泥质细硬陶	灰白		方格纹						西周至春秋
569	ZJLY-32	黄草岭	ZJLY-32:6G	23.40	113.82	10	陶			泥质细硬陶	灰白		细方格纹						新石器时代晚期至商代
570	ZJLY-32	黄草岭	ZJLY-32:7G	23.40	113.82	11	陶			泥质粗硬陶	灰黑		细方格纹						西周至春秋
571	ZJLY-32	黄草岭	ZJLY-32:8G	23.40	113.82	14	石	砺石			灰黄								西周至春秋
572	ZJLY-32	黄草岭	ZJLY-32:1ZⅠ	23.40	113.82	14	陶			泥质粗硬陶	青灰		篮纹						新石器时代晚期至商代
573	ZJLY-32	黄草岭	ZJLY-32:2ZⅠ	23.40	113.82	14	陶	釜	口沿	夹粗砂硬陶	灰黑		素面						新石器时代晚期至商代
574	ZJLY-32	黄草岭	ZJLY-32:3ZⅠ	23.40	113.82	12	陶			泥质粗硬陶	灰白		刻划纹						西周至春秋
575	ZJLY-36	大公已山	ZJLY-36:1ZⅠ	23.40	113.82	21	瓷	碗				青釉	素面						明清
576	ZJLY-38	黎村	ZJLY-38:1G	23.36	113.79	35	陶			泥质粗硬陶	青灰		方格纹						战国至南越国

序号	遗址编号	遗址名称	遗物编号	纬度（度）	经度（度）	海拔（米）	质地	器形	部位	陶质	颜色	釉色	纹饰	刻划符号	石器岩性	石器完整程度	石器硬度	石器风化程度	年代
577	ZJLY-38	黎村	ZJLY-38：2G	23.36	113.79	35	陶			泥质粗硬陶	灰		方格纹						西周至春秋
578	ZJLY-38	黎村	ZJLY-38：3G	23.36	113.79	32	陶			泥质粗硬陶	青灰		方格纹						西周至春秋
579	ZJLY-38	黎村	ZJLY-38：4G	23.36	113.79	29	陶			泥质粗硬陶	青灰		方格纹						西周至春秋
580	ZJLY-38	黎村	ZJLY-38：5G	23.36	113.79	32	陶			泥质粗硬陶	青灰		方格纹、弦纹						西周至春秋
581	ZJLY-38	黎村	ZJLY-38：1YⅡ	23.36	113.79	19	陶			泥质粗硬陶	灰黑		网格纹						西周至春秋
582	ZJLY-38	黎村	ZJLY-38：2YⅡ	23.36	113.79	30	陶			泥质硬陶	红褐		方格纹						战国至南越国
583	ZJLY-38	黎村	ZJLY-38：3YⅡ	23.36	113.79	27	陶			泥质粗硬陶	红褐		方格纹、夔纹						西周至春秋
584	ZJLY-38	黎村	ZJLY-38：4YⅡ	23.36	113.79	27	陶			泥质硬陶	灰黑		方格纹						西周至春秋
585	ZJLY-38	黎村	ZJLY-38：5YⅡ	23.36	113.79	31	陶			泥质粗硬陶	青灰		篮纹						新石器时代晚期至商代
586	ZJLY-38	黎村	ZJLY-38：6YⅡ	23.36	113.79	24	陶			泥质硬陶	灰褐		云雷纹						西周至春秋
587	ZJLY-38	黎村	ZJLY-38：7YⅡ	23.36	113.79	30	陶			泥质粗硬陶	青灰		夔纹						西周至春秋
588	ZJLY-38	黎村	ZJLY-38：1ZⅠ	23.36	113.79	34	陶			泥质硬陶	灰黑		方格纹						战国至南越国
589	ZJLY-38	黎村	ZJLY-38：2ZⅠ	23.36	113.79	32	陶			泥质粗硬陶	青灰		方格纹						西周至春秋
590	ZJLY-38	黎村	ZJLY-38：3ZⅠ	23.36	113.79	37	陶			泥质粗硬陶	青灰		方格纹						战国至南越国
591	ZJLY-39	下黎村	ZJLY-39：1G	23.36	113.79	29	陶			泥质粗硬陶	青灰		方格纹、米字纹						战国至南越国
592	ZJLY-39	下黎村	ZJLY-39：2G	23.36	113.79	22	陶			泥质粗硬陶	青灰		方格对角线纹						战国至南越国
593	ZJLY-39	下黎村	ZJLY-39：3G	23.36	113.79	23	陶			泥质硬陶	灰褐		米字纹						战国至南越国
594	ZJLY-39	下黎村	ZJLY-39：4G	23.36	113.79	21	陶			泥质粗硬陶	灰黑		米字纹						战国至南越国
595	ZJLY-39	下黎村	ZJLY-39：5G	23.36	113.79	22	陶	罐	口沿	泥质粗硬陶	黑灰		方格纹						战国至南越国
596	ZJLY-39	下黎村	ZJLY-39：6G	23.36	113.79	21	陶			泥质硬陶	灰黑		方格纹						战国至南越国
597	ZJLY-39	下黎村	ZJLY-39：7G	23.36	113.79	21	陶			泥质硬陶	灰黑		米字纹						战国至南越国
598	ZJLY-39	下黎村	ZJLY-39：8G	23.36	113.79	21	陶			泥质粗硬陶	灰黑		米字纹						战国至南越国
599	ZJLY-39	下黎村	ZJLY-39：9G	23.36	113.79	21	陶			泥质硬陶	红褐		米字纹						战国至南越国
600	ZJLY-39	下黎村	ZJLY-39：10G	23.36	113.79	24	陶			泥质硬陶	灰黑		方格纹						战国至南越国
601	ZJLY-39	下黎村	ZJLY-39：11G	23.36	113.79	22	陶			泥质硬陶	灰黑		方格对角线纹						战国至南越国
602	ZJLY-39	下黎村	ZJLY-39：12G	23.36	113.79	21	陶			泥质硬陶	灰灰		方格纹						战国至南越国
603	ZJLY-39	下黎村	ZJLY-39：13G	23.36	113.79	25	陶	钵	口沿	泥质细硬陶	深灰		方格纹						战国至南越国
604	ZJLY-39	下黎村	ZJLY-39：14G	23.36	113.79	23	陶			泥质粗硬陶	灰灰		米字纹						战国至南越国
605	ZJLY-39	下黎村	ZJLY-39：15G	23.36	113.79	22	陶			泥质粗硬陶	灰黑		方格对角线纹						战国至南越国
606	ZJLY-39	下黎村	ZJLY-39：16G	23.36	113.79	27	陶			泥质粗硬陶	青灰		方格纹						战国至南越国
607	ZJLY-39	下黎村	ZJLY-39：17G	23.36	113.79	27	陶			泥质粗硬陶	青灰		方格纹						战国至南越国

序号	遗址编号	遗址名称	遗物编号	纬度（度）	经度（度）	海拔（米）	质地	器形	部位	陶质	颜色	釉色	纹饰	刻划符号	石器岩性	石器完整程度	石器硬度	石器风化程度	年代
608	ZJLY-39	下黎村	ZJLY-39:18G	23.36	113.79	27	陶			泥质相硬陶	红褐		方格纹						战国至南越国
609	ZJLY-39	下黎村	ZJLY-39:19①G	23.36	113.79	27	陶			泥质相硬陶	灰黑		米字纹						战国至南越国
610	ZJLY-39	下黎村	ZJLY-39:20②G	23.36	113.79	25	陶			泥质相硬陶	灰黑		米字纹						战国至南越国
611	ZJLY-39	下黎村	ZJLY-39:21G	23.36	113.79	26	陶			泥质相硬陶	青灰		方格纹						战国至南越国
612	ZJLY-39	下黎村	ZJLY-39:22G	23.36	113.79	25	陶			泥质相硬陶	灰白		方格纹						战国至南越国
613	ZJLY-39	下黎村	ZJLY-39:23G	23.36	113.79	26	陶	罐	口沿	泥质细硬陶	深灰		方格纹						战国至南越国
614	ZJLY-39	下黎村	ZJLY-39:24G	23.36	113.79	25	陶			泥质相硬陶	青灰		方格纹						战国至南越国
615	ZJLY-39	下黎村	ZJLY-39:25G	23.36	113.79	25	陶			泥质相硬陶	青灰		方格对角线纹						战国至南越国
616	ZJLY-39	下黎村	ZJLY-39:26G	23.36	113.79	27	陶			泥质相硬陶	灰黑		方格纹						战国至南越国
617	ZJLY-39	下黎村	ZJLY-39:1YⅡ	23.36	113.79	24	陶			泥质相硬陶	灰黑		方格纹						战国至南越国
618	ZJLY-39	下黎村	ZJLY-39:2YⅡ	23.36	113.79	23	陶			泥质相硬陶	灰白		方格对角线纹						战国至南越国
619	ZJLY-39	下黎村	ZJLY-39:3YⅡ	23.36	113.79	22	陶			泥质相硬陶	灰黑		方格纹						战国至南越国
620	ZJLY-39	下黎村	ZJLY-39:4YⅡ	23.36	113.79	23	陶			夹粗砂软陶	灰白		方格纹						战国至南越国
621	ZJLY-39	下黎村	ZJLY-39:5YⅡ	23.36	113.79	20	陶			泥质相硬陶	青灰		方格纹						战国至南越国
622	ZJLY-39	下黎村	ZJLY-39:6YⅡ	23.36	113.79	24	陶	盂形鼎	口沿	泥质相硬陶	青灰		方格对角线纹						战国至南越国
623	ZJLY-39	下黎村	ZJLY-39:7YⅡ	23.36	113.79	21	陶			泥质相硬陶	青灰		方格对角线纹						战国至南越国
624	ZJLY-39	下黎村	ZJLY-39:8YⅡ	23.36	113.79	24	陶	罐	口沿	泥质相硬陶	青灰		素面						唐宋
625	ZJLY-39	下黎村	ZJLY-39:9YⅡ	23.36	113.79	26	陶			泥质相硬陶	青灰		方格纹						战国至南越国
626	ZJLY-39	下黎村	ZJLY-39:10YⅡ	23.36	113.79	29	陶			泥质相硬陶	灰黑		方格对角线纹						战国至南越国
627	ZJLY-39	下黎村	ZJLY-39:11YⅡ	23.36	113.79	30	陶			泥质相硬陶	红褐		方格纹						战国至南越国
628	ZJLY-39	下黎村	ZJLY-39:12YⅡ	23.36	113.79	28	陶			泥质相硬陶	灰黑		方格纹						战国至南越国
629	ZJLY-39	下黎村	ZJLY-39:13YⅡ	23.36	113.79	29	陶			泥质相硬陶	青灰		方格对角线纹						战国至南越国
630	ZJLY-39	下黎村	ZJLY-39:14YⅡ	23.36	113.79	26	陶			泥质相硬陶	灰黑		方格纹						战国至南越国
631	ZJLY-39	下黎村	ZJLY-39:15YⅡ	23.36	113.79	28	陶			泥质相硬陶	灰黑		方格对角线纹						战国至南越国
632	ZJLY-39	下黎村	ZJLY-39:16YⅡ	23.36	113.79	27	陶			泥质相硬陶	灰黑		方格对角线纹						战国至南越国
633	ZJLY-39	下黎村	ZJLY-39:1ZⅠ	/	/	/	陶			泥质相硬陶	青灰		方格纹						战国至南越国
634	ZJLY-39	下黎村	ZJLY-39:2ZⅠ	/	/	/	陶			泥质相硬陶	红褐		方格纹						战国至南越国
635	ZJLY-39	下黎村	ZJLY-39:3ZⅠ	/	/	/	陶			泥质相硬陶	红褐		方格纹						战国至南越国
636	ZJLY-41	龙角山	ZJLY-41:1G	23.36	113.80	28	陶	罐	口沿	泥质相硬陶	深灰		方格纹						战国至南越国
637	ZJLY-41	龙角山	ZJLY-41:2G	23.36	113.80	26	陶	盂形鼎	口部	夹细砂硬陶	青灰		方格纹						战国至南越国
638	ZJLY-41	龙角山	ZJLY-41:3G	23.36	113.80	24	陶			泥质相硬陶	深灰		方格纹						战国至南越国

序号	遗址编号	遗址名称	遗物编号	纬度（度）	经度（度）	海拔（米）	质地	器形	部位	陶质	颜色	釉色	纹饰	刻划符号	石器岩性	石器完整程度	石器硬度	石器风化程度	年代
639	ZJLY-41	龙角山	ZJLY-41:4G	23.36	113.80	25	陶			泥质粗硬陶	灰		方格纹						战国至南越国
640	ZJLY-41	龙角山	ZJLY-41:5①G	23.36	113.80	27	陶			泥质粗硬陶	红褐		方格纹						战国至南越国
641	ZJLY-41	龙角山	ZJLY-41:5②G	23.36	113.80	27	陶			泥质粗硬陶	深灰		素面						明清
642	ZJLY-41	龙角山	ZJLY-41:6G	23.36	113.80	23	陶			泥质粗硬陶	灰白		方格纹						战国至南越国
643	ZJLY-41	龙角山	ZJLY-41:7G	23.36	113.80	26	陶			泥质粗硬陶	灰白		水波纹、弦纹						战国至南越国
644	ZJLY-41	龙角山	ZJLY-41:8G	23.36	113.80	25	陶			泥质粗硬陶	深灰		方格纹						战国至南越国
645	ZJLY-41	龙角山	ZJLY-41:9G	23.36	113.80	21	陶	盂形鼎	口沿	泥质细硬陶	青灰		方格纹						战国至南越国
646	ZJLY-41	龙角山	ZJLY-41:10G	23.36	113.80	21	陶			泥质粗硬陶	灰褐		方格纹						战国至南越国
647	ZJLY-41	龙角山	ZJLY-41:11G	23.36	113.80	24	陶	盂形鼎	口沿	泥质粗硬陶	灰褐		方格纹						战国至南越国
648	ZJLY-41	龙角山	ZJLY-41:12G	23.36	113.80	26	陶			泥质粗硬陶	红		方格纹						战国至南越国
649	ZJLY-41	龙角山	ZJLY-41:13G	23.36	113.80	25	陶			泥质粗硬陶	红褐		方格纹						战国至南越国
650	ZJLY-41	龙角山	ZJLY-41:14G	23.36	113.80	22	陶			泥质粗硬陶	灰		方格纹						战国至南越国
651	ZJLY-41	龙角山	ZJLY-41:15G	23.36	113.80	23	陶			泥质粗硬陶	灰		方格纹						战国至南越国
652	ZJLY-41	龙角山	ZJLY-41:16G	23.36	113.80	25	陶			泥质粗硬陶	红褐		方格纹						战国至南越国
653	ZJLY-41	龙角山	ZJLY-41:17G	23.36	113.80	25	陶			夹粗砂软陶	灰		米字纹						战国至南越国
654	ZJLY-41	龙角山	ZJLY-41:18G	23.36	113.80	26	陶			泥质粗硬陶	灰		方格纹						战国至南越国
655	ZJLY-41	龙角山	ZJLY-41:19G	23.36	113.80	26	陶			泥质粗硬陶	灰		素面	有					战国至南越国
656	ZJLY-41	龙角山	ZJLY-41:20G	23.36	113.80	23	陶			泥质粗硬陶	灰褐		方格纹						战国至南越国
657	ZJLY-41	龙角山	ZJLY-41:21G	23.36	113.80	24	陶			泥质粗硬陶	灰		云雷纹						战国至南越国
658	ZJLY-41	龙角山	ZJLY-41:22G	23.36	113.80	24	陶			泥质粗硬陶	灰白		曲折纹						新石器时代晚期至商代
659	ZJLY-41	龙角山	ZJLY-41:23G	23.36	113.80	24	陶			泥质粗硬陶	灰		方格纹						战国至南越国
660	ZJLY-41	龙角山	ZJLY-41:24G	23.36	113.80	22	陶			夹粗砂软陶	红褐		绳纹						新石器时代晚期至商代
661	ZJLY-41	龙角山	ZJLY-41:25G	23.36	113.80	21	陶			泥质粗硬陶	深灰		方格纹						战国至南越国
662	ZJLY-41	龙角山	ZJLY-41:26G	23.36	113.80	21	陶			泥质粗硬陶	灰		米字纹						战国至南越国
663	ZJLY-41	龙角山	ZJLY-41:27G	23.36	113.80	23	陶			泥质粗硬陶	灰		弦纹						战国至南越国
664	ZJLY-41	龙角山	ZJLY-41:28G	23.36	113.80	21	陶			泥质粗硬陶	灰		方格纹						战国至南越国
665	ZJLY-41	龙角山	ZJLY-41:29G	23.36	113.80	23	陶			泥质粗硬陶	灰		素面						战国至南越国
666	ZJLY-41	龙角山	ZJLY-41:30G	23.36	113.80	24	陶			泥质粗硬陶	红褐		米字纹						战国至南越国
667	ZJLY-41	龙角山	ZJLY-41:31G	23.36	113.80	24	陶			泥质粗硬陶	灰		米字纹						战国至南越国
668	ZJLY-41	龙角山	ZJLY-41:32G	23.36	113.80	19	原始瓷	钵	口沿		灰白	青黄	凹弦纹						战国至南越国
669	ZJLY-41	龙角山	ZJLY-41:33G	23.36	113.80	21	陶	罐	口沿	泥质粗硬陶	灰		米字纹						战国至南越国

序号	遗址编号	遗址名称	遗物编号	纬度（度）	经度（度）	海拔（米）	质地	器形	部位	陶质	颜色	釉色	纹饰	刻划符号	石器岩性	石器完整程度	石器硬度	石器风化程度	年代
670	ZJLY－41	龙角山	ZJLY－41:34G	23.36	113.80	22	陶			泥质粗硬陶	灰		米字纹						战国至南越国
671	ZJLY－41	龙角山	ZJLY－41:35G	23.36	113.80	18	陶			泥质粗硬陶	灰		米字纹						战国至南越国
672	ZJLY－41	龙角山	ZJLY－41:36G	23.36	113.80	16	陶			泥质粗硬陶	灰		方格纹						战国至南越国
673	ZJLY－41	龙角山	ZJLY－41:37G	23.36	113.80	17	陶			泥质粗硬陶	灰		米字纹						战国至南越国
674	ZJLY－41	龙角山	ZJLY－41:38G	23.36	113.80	19	陶			泥质粗硬陶	红褐		方格纹						战国至南越国
675	ZJLY－41	龙角山	ZJLY－41:39G	23.36	113.80	17	陶			泥质粗硬陶	灰		米字纹						战国至南越国
676	ZJLY－41	龙角山	ZJLY－41:40G	/	/	/	陶			泥质粗硬陶	灰		素面						明清
677	ZJLY－41	龙角山	ZJLY－41:41G	/	/	/	陶			泥质粗硬陶	灰褐		素面						战国至南越国
678	ZJLY－41	龙角山	ZJLY－41:42G	/	/	/	陶			泥质粗硬陶	灰褐		素面						战国至南越国
679	ZJLY－41	龙角山	ZJLY－41:43G	/	/	/	陶			夹粗砂软陶	红褐		不明						战国至南越国
680	ZJLY－41	龙角山	ZJLY－41:44G	/	/	/	陶			泥质粗硬陶	灰		方格纹						战国至南越国
681	ZJLY－41	龙角山	ZJLY－41:45G	/	/	/	陶			泥质粗硬陶	灰白		叶脉纹						新石器时代晚期至商代
682	ZJLY－41	龙角山	ZJLY－41:1ZⅠ	23.36	113.80	20	陶			泥质粗硬陶	灰		米字纹						战国至南越国
683	ZJLY－41	龙角山	ZJLY－41:2ZⅠ	23.36	113.80	24	陶	盂形鼎	口部	泥质粗硬陶	灰		方格纹						战国至南越国
684	ZJLY－41	龙角山	ZJLY－41:3ZⅠ	23.36	113.80	24	陶			泥质粗硬陶	灰		篮纹						新石器时代晚期至商代
685	ZJLY－41	龙角山	ZJLY－41:4ZⅠ	23.36	113.80	22	陶			泥质粗硬陶	灰褐		方格纹						战国至南越国
686	ZJLY－41	龙角山	ZJLY－41:5ZⅠ	23.36	113.80	22	陶	罐	口沿	泥质粗硬陶	灰白		方格纹						战国至南越国
687	ZJLY－41	龙角山	ZJLY－41:6ZⅠ	23.36	113.80	23	陶			泥质粗硬陶	灰		曲折纹						新石器时代晚期至商代
688	ZJLY－41	龙角山	ZJLY－41:7ZⅠ	23.36	113.80	21	陶			泥质粗硬陶	深灰		米字纹						战国至南越国
689	ZJLY－41	龙角山	ZJLY－41:8ZⅠ	23.36	113.80	22	陶			泥质粗硬陶	灰		米字纹						战国至南越国
690	ZJLY－41	龙角山	ZJLY－41:9ZⅠ	23.36	113.80	13	陶			泥质粗硬陶	灰		篮纹						新石器时代晚期至商代
691	ZJLY－41	龙角山	ZJLY－41:10ZⅠ	23.36	113.80	20	陶			泥质粗硬陶	灰白		叶脉纹						战国至南越国
692	ZJLY－41	龙角山	ZJLY－41:11ZⅠ	23.36	113.80	23	陶			泥质粗硬陶	灰		方格对角线纹						战国至南越国
693	ZJLY－41	龙角山	ZJLY－41:12ZⅠ	23.36	113.80	19	陶			泥质细软陶	灰白		方格纹						战国至南越国
694	ZJLY－41	龙角山	ZJLY－41:13ZⅠ	23.36	113.80	12	陶			泥质粗硬陶	深灰		米字纹						战国至南越国
695	ZJLY－41	龙角山	ZJLY－41:14ZⅠ	23.36	113.80	14	陶	杯		泥质粗硬陶	灰		米字纹						战国至南越国
696	ZJLY－41	龙角山	ZJLY－41:15ZⅠ	23.36	113.80	14	陶			泥质细硬陶	灰		长方格纹						新石器时代晚期至商代
697	ZJLY－41	龙角山	ZJLY－41:16ZⅠ	23.36	113.80	14	陶			泥质粗硬陶	灰		长方格纹						新石器时代晚期至商代
698	ZJLY－41	龙角山	ZJLY－41:17ZⅠ	23.36	113.80	13	陶			泥质粗硬陶	灰		米字纹						战国至南越国
699	ZJLY－41	龙角山	ZJLY－41:18ZⅠ	23.36	113.80	15	陶			泥质细硬陶	灰		素面						战国至南越国
700	ZJLY－41	龙角山	ZJLY－41:19ZⅠ	23.36	113.80	18	陶			泥质粗硬陶	灰白		篮纹						新石器时代晚期至商代

序号	遗址编号	遗址名称	遗物编号	纬度(度)	经度(度)	海拔(米)	质地	器形	部位	陶质	颜色	釉色	纹饰	刻划符号	石器岩性	石器完整程度	石器硬度	石器风化程度	年代
701	ZJLY-41	龙角山	ZJLY-41:20Z I	23.36	113.80	21	陶			泥质粗硬陶	灰白		素面						新石器时代晚期至商代
702	ZJLY-42	庙岭	ZJLY-42:1G	23.36	113.80	22	陶			泥质粗硬陶	灰		米字纹						战国至南越国
703	ZJLY-42	庙岭	ZJLY-42:2G	23.36	113.80	30	陶			夹粗砂软陶	红褐		方格纹						新石器时代晚期至商代
704	ZJLY-42	庙岭	ZJLY-42:3G	23.36	113.80	30	陶			泥质粗硬陶	红褐		素面						战国至南越国
705	ZJLY-42	庙岭	ZJLY-42:4G	23.36	113.80	31	陶			泥质粗硬陶	灰		重菱格纹						西周至春秋
706	ZJLY-42	庙岭	ZJLY-42:5G	23.36	113.80	31	陶			夹粗砂软陶	红褐		素面						新石器时代晚期至商代
707	ZJLY-42	庙岭	ZJLY-42:6G	23.36	113.80	28	陶			泥质粗硬陶	灰		夔纹						西周至春秋
708	ZJLY-42	庙岭	ZJLY-42:7G	23.36	113.80	29	陶			夹粗砂软陶	红		曲折纹						新石器时代晚期至商代
709	ZJLY-42	庙岭	ZJLY-42:8G	23.36	113.80	31	陶			泥质粗硬陶	灰		方格纹						西周至春秋
710	ZJLY-42	庙岭	ZJLY-42:9G	23.36	113.80	28	陶			泥质粗硬陶	青灰		方格纹						西周至春秋
711	ZJLY-42	庙岭	ZJLY-42:1Z I	23.36	113.80	26	陶			泥质粗硬陶	灰		叶脉纹						新石器时代晚期至商代
712	ZJLY-43	狗眠岭	ZJLY-43:1G	23.36	113.80	21	陶			泥质粗硬陶	灰		米字纹						战国至南越国
713	ZJLY-43	狗眠岭	ZJLY-43:2G	23.36	113.80	17	陶			泥质粗硬陶	深灰		素面						唐末
714	ZJLY-43	狗眠岭	ZJLY-43:3G	23.36	113.80	17	陶			泥质粗硬陶	灰		米字纹						战国至南越国
715	ZJLY-43	狗眠岭	ZJLY-43:4G	23.36	113.80	21	陶			泥质粗硬陶	深灰		米字纹						战国至南越国
716	ZJLY-43	狗眠岭	ZJLY-43:5G	23.36	113.80	20	陶			泥质粗硬陶	灰		米字纹						战国至南越国
717	ZJLY-43	狗眠岭	ZJLY-43:6G	23.36	113.80	14	陶			泥质粗硬陶	红褐		三角格纹						战国至南越国
718	ZJLY-43	狗眠岭	ZJLY-43:7G	23.36	113.80	17	陶			泥质粗硬陶	灰		方格纹						战国至南越国
719	ZJLY-43	狗眠岭	ZJLY-43:8G	23.36	113.80	19	陶			泥质粗硬陶	红褐		弦纹						战国至南越国
720	ZJLY-43	狗眠岭	ZJLY-43:9①G	23.36	113.80	19	陶			夹粗砂软陶	红褐		方格纹						战国至南越国
721	ZJLY-43	狗眠岭	ZJLY-43:9②G	23.36	113.80	19	陶			泥质粗硬陶	灰		方格纹						战国至南越国
722	ZJLY-43	狗眠岭	ZJLY-43:10G	23.36	113.80	17	陶			泥质粗硬陶	灰		方格纹						战国至南越国
723	ZJLY-43	狗眠岭	ZJLY-43:11G	23.36	113.80	16	陶	罐	底	泥质粗硬陶	红褐		素面						战国至南越国
724	ZJLY-43	狗眠岭	ZJLY-43:12G	23.36	113.80	15	陶			泥质粗硬陶	灰褐		方格纹						战国至南越国
725	ZJLY-43	狗眠岭	ZJLY-43:13G	23.36	113.80	17	陶	罐	口沿	泥质粗硬陶	深灰		方格纹						战国至南越国
726	ZJLY-43	狗眠岭	ZJLY-43:14G	23.36	113.80	17	陶			泥质粗硬陶	灰		方格纹						战国至南越国
727	ZJLY-43	狗眠岭	ZJLY-43:15G	23.36	113.80	16	陶			泥质粗硬陶	灰		三角格纹						战国至南越国
728	ZJLY-43	狗眠岭	ZJLY-43:16G	23.36	113.80	20	陶	罐	底	泥质粗硬陶	灰		三角格纹						战国至南越国
729	ZJLY-43	狗眠岭	ZJLY-43:1Z I	23.36	113.80	18	陶			泥质粗硬陶	灰褐		米字纹						战国至南越国
730	ZJLY-43	狗眠岭	ZJLY-43:2Z I	23.36	113.80	18	陶			泥质粗硬陶	灰		米字纹						战国至南越国
731	ZJLY-43	狗眠岭	ZJLY-43:3Z I	23.36	113.80	21	陶			泥质粗硬陶	灰褐		方格纹						战国至南越国

序号	遗址编号	遗址名称	遗物编号	纬度（度）	经度（度）	海拔（米）	质地	器形	部位	陶质	颜色	釉色	纹饰	刻划符号	石器岩性	石器完整程度	石器硬度	石器风化程度	年代
732	ZJLY-44	元岑	ZJLY-44:1G	23.36	113.80	15	陶	罐	底	泥质粗硬陶	灰		素面						西周至春秋
733	ZJLY-44	元岑	ZJLY-44:2G	23.36	113.80	16	陶			泥质粗硬陶	灰		素面						西周至春秋
734	ZJLY-44	元岑	ZJLY-44:3G	23.36	113.80	19	陶			泥质细软陶	红褐		曲折纹						新石器时代晚期至商代
735	ZJLY-44	元岑	ZJLY-44:4G	23.36	113.80	18	陶			泥质粗硬陶	青灰		方格纹						战国至南越国
736	ZJLY-44	元岑	ZJLY-44:5G	23.36	113.80	22	陶			夹砂软陶	灰黑		素面						新石器时代晚期至商代
737	ZJLY-44	元岑	ZJLY-44:6G	23.36	113.80	28	陶			泥质粗硬陶	灰		方格纹、夔纹、凹纹						西周至春秋
738	ZJLY-44	元岑	ZJLY-44:7G	23.36	113.80	27	陶	釜	肩部	夹砂软陶	灰黑		素面						新石器时代晚期至商代
739	ZJLY-44	元岑	ZJLY-44:8G	23.36	113.80	25	陶			泥质粗硬陶	灰白		素面						新石器时代晚期至商代
740	ZJLY-44	元岑	ZJLY-44:9G	23.36	113.80	25	陶			泥质粗硬陶	灰		曲折纹、附加堆纹						新石器时代晚期至商代
741	ZJLY-44	元岑	ZJLY-44:10G	23.36	113.80	31	陶			夹砂软陶	灰		附加堆纹						新石器时代晚期至商代
742	ZJLY-44	元岑	ZJLY-44:11G	23.36	113.80	31	石	砺石			红褐								新石器时代晚期至商代
743	ZJLY-44	元岑	ZJLY-44:12G	23.36	113.80	27	陶			泥质粗硬陶	灰		方格纹、凹纹						西周至春秋
744	ZJLY-44	元岑	ZJLY-44:13G	23.36	113.80	26	陶		口沿	泥质粗软陶	灰		凹纹						西周至春秋
745	ZJLY-44	元岑	ZJLY-44:14G	23.36	113.80	24	陶	罐		泥质粗硬陶	灰		方格纹、凹纹						西周至春秋
746	ZJLY-44	元岑	ZJLY-44:15G	23.36	113.80	24	陶			泥质粗硬陶	灰白		曲折纹						新石器时代晚期至商代
747	ZJLY-44	元岑	ZJLY-44:16G	23.36	113.80	26	陶			泥质粗硬陶	灰		细方格纹						新石器时代晚期至商代
748	ZJLY-44	元岑	ZJLY-44:17G	23.36	113.80	26	陶			泥质粗硬陶	灰		方格纹						新石器时代晚期至商代
749	ZJLY-44	元岑	ZJLY-44:18G	23.36	113.80	27	陶			泥质粗硬陶	灰		方格纹、凹纹						西周至春秋
750	ZJLY-44	元岑	ZJLY-44:19G	23.36	113.80	24	陶	釜	口沿	夹砂粗硬陶	红褐		素面						新石器时代晚期至商代
751	ZJLY-44	元岑	ZJLY-44:20G	23.36	113.80	24	陶			泥质粗硬陶	灰		方格纹						西周至春秋
752	ZJLY-44	元岑	ZJLY-44:21G	23.36	113.80	26	陶	釜	口沿	夹砂粗硬陶	灰		素面						新石器时代晚期至商代
753	ZJLY-44	元岑	ZJLY-44:22G	23.36	113.80	26	陶			夹砂软陶	灰黑		素面						新石器时代晚期至商代
754	ZJLY-44	元岑	ZJLY-44:23G	23.36	113.80	26	陶			夹砂软陶	灰黑		素面						新石器时代晚期至商代
755	ZJLY-44	元岑	ZJLY-44:24G	23.36	113.80	23	陶			夹砂软陶	灰黑		素面						新石器时代晚期至商代
756	ZJLY-44	元岑	ZJLY-44:25G	23.36	113.80	24	陶			泥质细软陶	红褐		曲折纹						新石器时代晚期至商代
757	ZJLY-44	元岑	ZJLY-44:26G	23.36	113.80	26	石	石器			青灰				角岩	残	6	未风化	新石器时代晚期至商代
758	ZJLY-44	元岑	ZJLY-44:27G	23.36	113.80	24	陶			泥质粗硬陶	红褐		素面						新石器时代晚期至商代
759	ZJLY-44	元岑	ZJLY-44:28G	23.36	113.80	24	陶			夹砂软陶	灰黑		素面						新石器时代晚期至商代
760	ZJLY-44	元岑	ZJLY-44:1ZⅠ	23.36	113.80	26	陶	罐	圈足	泥质细软陶	红		素面						新石器时代晚期至商代
761	ZJLY-44	元岑	ZJLY-44:2ZⅠ	23.37	113.80	29	陶	罐	圈足	夹砂粗硬陶	灰褐		素面						新石器时代晚期至商代
762	ZJLY-44	元岑	ZJLY-44:3ZⅠ	23.36	113.80	26	陶			泥质细软陶	红		方格纹						西周至春秋

序号	遗址编号	遗址名称	遗物编号	纬度（度）	经度（度）	海拔（米）	质地	器形	部位	陶质	颜色	釉色	纹饰	刻划符号	石器岩性	石器完整程度	石器硬度	石器风化程度	年代
763	ZJLY-44	无岑	ZJLY-44:4ZⅠ	23.37	113.80	28	陶			夹粗砂软陶	灰白		不明						新石器时代晚期至商代
764	ZJLY-44	无岑	ZJLY-44:5ZⅠ	23.37	113.80	26	陶			泥质粗软陶	灰白		不明						新石器时代晚期至商代
765	ZJLY-44	无岑	ZJLY-44:6ZⅠ	23.37	113.80	20	陶	罐	圈足	夹粗砂软陶	灰黑		素面						新石器时代晚期至商代
766	ZJLY-44	无岑	ZJLY-44:7ZⅠ	23.37	113.80	22	陶			泥质粗硬陶	灰		米字纹						战国至南越国
767	ZJLY-44	无岑	ZJLY-44:8ZⅠ	23.37	113.80	27	陶			泥质粗硬陶	灰		方格纹						西周至南越国
768	ZJLY-44	无岑	ZJLY-44:9ZⅠ	23.37	113.80	20	陶	罐	口沿	泥质粗硬陶	红		素面						战国至南越国
769	ZJLY-44	无岑	ZJLY-44:10ZⅠ	23.37	113.80	19	陶	罐	口沿	泥质粗硬陶	灰		素面						西周至春秋
770	ZJLY-45	庙前人角山	ZJLY-45:1G	23.36	113.80	38	陶			夹粗砂软陶	黄褐		绳纹						西周至春秋
771	ZJLY-45	庙前人角山	ZJLY-45:2G	23.36	113.80	39	陶			泥质粗硬陶	灰黑		勾连云雷纹						西周至春秋
772	ZJLY-45	庙前人角山	ZJLY-45:3G	23.36	113.80	42	陶			泥质粗硬陶	灰黑		方格纹						西周至春秋
773	ZJLY-45	庙前人角山	ZJLY-45:4G	23.36	113.80	39	陶			夹粗砂软陶	灰黑		素面						西周至春秋
774	ZJLY-45	庙前人角山	ZJLY-45:5G	23.36	113.80	38	陶			泥质粗硬陶	灰黑		方格纹						西周至春秋
775	ZJLY-45	庙前人角山	ZJLY-45:6G	23.36	113.80	41	陶			泥质粗硬陶	灰黑		勾连云雷纹						西周至春秋
776	ZJLY-45	庙前人角山	ZJLY-45:7G	23.36	113.80	36	陶			泥质粗硬陶	灰黑		方格纹、勾连云雷纹						西周至春秋
777	ZJLY-45	庙前人角山	ZJLY-45:8G	23.36	113.80	36	陶			夹粗砂软陶	灰黑		绳纹						西周至春秋
778	ZJLY-46	渑江后龙山	ZJLY-46:1G	23.36	113.80	23	陶			泥质粗硬陶	深灰		方格纹						战国至南越国
779	ZJLY-46	渑江后龙山	ZJLY-46:2G	23.36	113.80	22	陶			泥质细硬陶	灰		三角格纹						战国至南越国
780	ZJLY-46	渑江后龙山	ZJLY-46:3G	23.36	113.80	26	陶			泥质粗硬陶	灰褐		三角格纹						战国至南越国
781	ZJLY-46	渑江后龙山	ZJLY-46:4G	23.36	113.80	24	陶	盂	口沿	泥质粗硬陶	青灰		水波纹、弦纹						战国至南越国
782	ZJLY-46	渑江后龙山	ZJLY-46:5G	23.36	113.80	26	陶			泥质粗硬陶	灰褐		米字纹						战国至南越国
783	ZJLY-46	渑江后龙山	ZJLY-46:6G	23.36	113.80	25	陶	瓮	口沿	泥质粗硬陶	灰		素面						唐宋
784	ZJLY-46	渑江后龙山	ZJLY-46:7G	23.36	113.80	26	陶			泥质粗硬陶	灰		方格纹						战国至南越国
785	ZJLY-46	渑江后龙山	ZJLY-46:8G	23.36	113.80	28	陶			泥质粗硬陶	灰黄		方格纹						战国至南越国
786	ZJLY-46	渑江后龙山	ZJLY-46:9G	23.36	113.80	22	陶			泥质粗硬陶	灰黄		方格纹						战国至南越国
787	ZJLY-46	渑江后龙山	ZJLY-46:10G	23.36	113.80	28	陶	器盖		夹细砂硬陶	深灰		方格纹						战国至南越国
788	ZJLY-46	渑江后龙山	ZJLY-46:11G	23.36	113.80	23	陶			泥质粗硬陶	灰		素面						战国至南越国
789	ZJLY-46	渑江后龙山	ZJLY-46:12G	23.36	113.80	22	陶			泥质粗硬陶	灰褐		三角格纹						战国至南越国
790	ZJLY-46	渑江后龙山	ZJLY-46:13G	23.36	113.80	24	陶	罐	口沿	泥质粗硬陶	灰褐		三角格纹						战国至南越国
791	ZJLY-46	渑江后龙山	ZJLY-46:14G	23.36	113.80	29	陶			泥质粗硬陶	深灰		方格纹						战国至南越国
792	ZJLY-46	渑江后龙山	ZJLY-46:15G	23.36	113.80	31	陶	瓮	底	泥质细硬陶	灰褐		素面	有					战国至南越国
793	ZJLY-46	渑江后龙山	ZJLY-46:16G	23.36	113.80	32	陶	器盖		泥质粗硬陶	灰褐		回弦纹						战国至南越国

序号	遗址编号	遗址名称	遗物编号	纬度（度）	经度（度）	海拔（米）	质地	器形	部位	陶质	颜色	釉色	纹饰	刻划符号	石器岩性	石器完整程度	石器硬度	石器风化程度	年代
794	ZJLY-46	澄江后龙山	ZJLY-46:17ZⅠ	23.36	113.80	29	陶			泥质粗硬陶	灰		方格纹						战国至南越国
795	ZJLY-46	澄江后龙山	ZJLY-46:18G	23.36	113.80	22	陶			泥质粗硬陶	灰白		素面						明清
796	ZJLY-46	澄江后龙山	ZJLY-46:1ZⅠ	23.36	113.80	34	陶			泥质粗硬陶	青灰		方格纹						战国至南越国
797	ZJLY-46	澄江后龙山	ZJLY-46:2ZⅠ	23.36	113.80	30	陶			泥质粗硬陶	灰黑		方格纹						战国至南越国
798	ZJLY-46	澄江后龙山	ZJLY-46:3ZⅠ	23.36	113.80	28	陶			泥质粗硬陶	灰黄		三角格纹						战国至南越国
799	ZJLY-46	澄江后龙山	ZJLY-46:4ZⅠ	23.36	113.80	33	陶			泥质粗硬陶	灰黑		素面						唐末
800	ZJLY-46	澄江后龙山	ZJLY-46:5ZⅠ	23.36	113.80	22	陶			泥质粗硬陶	灰黑		米字纹						战国至南越国
801	ZJLY-50	马岭2号山	ZJLY-50:1G	23.37	113.81	20	陶			泥质粗硬陶	黄褐		方格纹						战国至南越国
802	ZJLY-50	马岭2号山	ZJLY-50:1ZⅠ	23.36	113.81	35	石	双肩石锛			橙黄				凝灰岩	完整	7	未风化	新石器时代晚期至商代
803	ZJLY-51	赤岭	ZJLY-51:1G	23.37	113.81	44	陶			泥质粗硬陶	深灰		方格纹						西周至春秋
804	ZJLY-51	赤岭	ZJLY-51:2G	23.37	113.81	44	陶			泥质粗硬陶	灰褐		夔纹						西周至春秋
805	ZJLY-51	赤岭	ZJLY-51:3G	23.37	113.81	44	陶			泥质粗硬陶	深灰		夔纹						西周至春秋
806	ZJLY-51	赤岭	ZJLY-51:4G	23.37	113.81	43	陶			泥质粗硬陶	灰		菱格纹						西周至春秋
807	ZJLY-51	赤岭	ZJLY-51:5G	23.37	113.81	43	陶			泥质粗硬陶	深灰		方格纹						西周至春秋
808	ZJLY-51	赤岭	ZJLY-51:6G	23.37	113.81	42	陶			泥质粗硬陶	灰黑		方格纹、夔纹						西周至春秋
809	ZJLY-51	赤岭	ZJLY-51:7G	23.37	113.81	40	陶			泥质粗硬陶	灰		夔纹						西周至春秋
810	ZJLY-51	赤岭	ZJLY-51:8G	23.37	113.81	42	陶			泥质粗硬陶	青灰		弦纹						西周至春秋
811	ZJLY-51	赤岭	ZJLY-51:9G	23.37	113.81	46	陶			泥质粗硬陶	灰黑		夔纹						西周至春秋
812	ZJLY-51	赤岭	ZJLY-51:10G	23.37	113.81	45	陶			泥质粗硬陶	灰黑		方格纹						战国至南越国
813	ZJLY-51	赤岭	ZJLY-51:11G	23.37	113.81	44	陶			泥质粗硬陶	灰黑		夔纹						西周至春秋
814	ZJLY-51	赤岭	ZJLY-51:12G	23.37	113.81	43	陶			泥质粗硬陶	深灰		方格纹						西周至春秋
815	ZJLY-51	赤岭	ZJLY-51:13G	23.37	113.81	41	陶	罐	口沿	泥质粗硬陶	灰黑		素面						西周至春秋
816	ZJLY-51	赤岭	ZJLY-51:14G	23.37	113.81	42	陶			泥质细硬陶	红褐		菱格纹						西周至春秋
817	ZJLY-51	赤岭	ZJLY-51:15G	23.37	113.81	42	陶			泥质粗硬陶	深灰		方格纹						西周至春秋
818	ZJLY-51	赤岭	ZJLY-51:16G	23.37	113.81	41	陶			泥质细硬陶	灰		方格纹						西周至春秋
819	ZJLY-51	赤岭	ZJLY-51:17G	23.37	113.81	41	陶			泥质粗硬陶	灰褐		夔纹						西周至春秋
820	ZJLY-51	赤岭	ZJLY-51:18G	23.37	113.81	42	陶			夹细砂硬陶	深灰		夔纹						西周至春秋
821	ZJLY-51	赤岭	ZJLY-51:19G	23.37	113.81	45	陶			泥质粗硬陶	深灰		方格纹						西周至春秋
822	ZJLY-51	赤岭	ZJLY-51:20G	23.37	113.81	45	陶			泥质粗硬陶	青灰		夔纹						西周至春秋
823	ZJLY-51	赤岭	ZJLY-51:21G	23.37	113.81	44	陶			泥质粗硬陶	灰黑		戳印纹						西周至春秋
824	ZJLY-51	赤岭	ZJLY-51:22G	23.37	113.81	46	陶			泥质软陶	灰		方格纹、夔纹						西周至春秋

序号	遗址编号	遗址名称	遗物编号	纬度（度）	经度（度）	海拔（米）	质地	器形	部位	陶质	颜色	釉色	纹饰	刻划符号	石器岩性	石器完整程度	石器硬度	石器风化程度	年代
825	ZJLY-51	赤岭	ZJLY-51:23G	23.37	113.81	44	陶			泥质粗硬陶	红褐		方格纹						西周至春秋
826	ZJLY-51	赤岭	ZJLY-51:24G	23.37	113.81	42	陶			泥质粗软陶	灰褐		方格纹						西周至春秋
827	ZJLY-51	赤岭	ZJLY-51:25G	23.37	113.81	44	陶			泥质粗硬陶	青灰		弦纹						西周至春秋
828	ZJLY-51	赤岭	ZJLY-51:26G	23.37	113.81	40	陶			泥质粗软陶	红褐		方格纹						西周至春秋
829	ZJLY-51	赤岭	ZJLY-51:27G	23.37	113.81	41	陶	豆	口沿	泥质粗硬陶	红褐		素面						西周至春秋
830	ZJLY-51	赤岭	ZJLY-51:28G	23.37	113.81	40	陶			泥质粗硬陶	灰		方格纹						战国至南越国
831	ZJLY-51	赤岭	ZJLY-51:29G	23.37	113.81	41	陶			泥质粗硬陶	红褐		夔纹						西周至春秋
832	ZJLY-51	赤岭	ZJLY-51:30G	23.37	113.81	42	陶			泥质粗硬陶	灰		方格纹						西周至春秋
833	ZJLY-51	赤岭	ZJLY-51:31G	23.37	113.81	41	陶			泥质粗硬陶	灰		菱格纹、弦纹						西周至春秋
834	ZJLY-51	赤岭	ZJLY-51:32G	23.37	113.81	39	陶			夹细砂硬陶	灰		夔纹、弦纹						西周至春秋
835	ZJLY-51	赤岭	ZJLY-51:33G	23.37	113.81	39	陶			泥质粗硬陶	深灰		方格纹						西周至春秋
836	ZJLY-51	赤岭	ZJLY-51:34G	23.37	113.81	42	陶			泥质粗硬陶	灰白		方格纹						西周至春秋
837	ZJLY-51	赤岭	ZJLY-51:35G	23.37	113.81	44	陶			泥质粗硬陶	灰黑		夔纹						西周至春秋
838	ZJLY-51	赤岭	ZJLY-51:36G	23.37	113.81	46	陶			泥质粗硬陶	灰褐		方格纹						西周至春秋
839	ZJLY-51	赤岭	ZJLY-51:37G	23.37	113.81	47	陶		耳	泥质硬陶	红褐		素面						西周至春秋
840	ZJLY-51	赤岭	ZJLY-51:38G	23.37	113.81	47	陶			泥质粗硬陶	灰褐		夔纹						西周至春秋
841	ZJLY-51	赤岭	ZJLY-51:39G	23.37	113.81	47	陶	罐	口沿	泥质粗硬陶	灰黑		素面						西周至春秋
842	ZJLY-51	赤岭	ZJLY-51:40G	23.37	113.81	45	陶			泥质粗硬陶	深灰		方格纹、夔纹						西周至春秋
843	ZJLY-51	赤岭	ZJLY-51:41G	23.37	113.81	46	陶			泥质粗硬陶	灰褐		方格纹						西周至春秋
844	ZJLY-51	赤岭	ZJLY-51:42G	23.37	113.81	45	陶			泥质粗硬陶	深灰		夔纹						西周至春秋
845	ZJLY-51	赤岭	ZJLY-51:43G	23.37	113.81	46	陶			泥质粗硬陶	灰		方格纹						西周至春秋
846	ZJLY-51	赤岭	ZJLY-51:44G	23.37	113.81	45	陶			泥质粗硬陶	深灰		素面						西周至春秋
847	ZJLY-51	赤岭	ZJLY-51:45G	23.37	113.81	45	陶			泥质细硬陶	深灰		方格纹						西周至春秋
848	ZJLY-51	赤岭	ZJLY-51:46G	23.37	113.82	24	陶			泥质粗硬陶	灰		方格纹						西周至春秋
849	ZJLY-51	赤岭	ZJLY-51:47G	23.37	113.82	26	陶			泥质粗硬陶	灰		素面						西周至春秋
850	ZJLY-51	赤岭	ZJLY-51:48G	23.37	113.82	24	陶			泥质粗硬陶	深灰		重菱格凸点纹						西周至春秋
851	ZJLY-51	赤岭	ZJLY-51:49G	23.37	113.81	42	陶			泥质粗硬陶	灰黑		云雷纹						西周至春秋
852	ZJLY-51	赤岭	ZJLY-51:50G	23.37	113.81	44	陶			泥质粗硬陶	灰		云雷纹						西周至春秋
853	ZJLY-51	赤岭	ZJLY-51:51G	23.37	113.81	47	陶			泥质硬陶	灰		绳纹						西周至春秋
854	ZJLY-51	赤岭	ZJLY-51:52G	23.37	113.81	45	陶			泥质粗硬陶	灰		方格纹、放射线						西周至春秋
855	ZJLY-51	赤岭	ZJLY-51:53G	23.37	113.81	47	陶			夹细砂硬陶	深灰		方格纹						西周至春秋

序号	遗址编号	遗址名称	遗物编号	纬度（度）	经度（度）	海拔（米）	质地	器形	部位	陶质	颜色	釉色	纹饰	刻划符号	石器岩性	石器完整程度	石器硬度	石器风化程度	年代
856	ZJLY-51	赤岭	ZJLY-51:54G	23.37	113.81	46	陶			泥质粗硬陶	深灰		方格纹						西周至春秋
857	ZJLY-51	赤岭	ZJLY-51:55G	23.37	113.81	46	陶			泥质粗软陶	灰		方格纹						西周至春秋
858	ZJLY-51	赤岭	ZJLY-51:56G	23.37	113.81	47	陶			泥质粗硬陶	灰		方格纹						西周至春秋
859	ZJLY-51	赤岭	ZJLY-51:57G	23.37	113.81	47	陶			夹细砂硬陶	灰褐		方格纹						西周至春秋
860	ZJLY-51	赤岭	ZJLY-51:58G	23.37	113.81	46	陶			泥质粗硬陶	灰褐		方格纹						西周至春秋
861	ZJLY-51	赤岭	ZJLY-51:59G	23.37	113.81	45	陶			泥质粗硬陶	深灰		菱格纹						西周至春秋
862	ZJLY-51	赤岭	ZJLY-51:60G	23.37	113.81	44	陶			泥质粗硬陶	青灰		方格纹						西周至春秋
863	ZJLY-51	赤岭	ZJLY-51:61G	23.37	113.81	45	陶			泥质粗硬陶	深灰		方格纹						西周至春秋
864	ZJLY-51	赤岭	ZJLY-51:62G	23.37	113.81	44	陶			泥质粗硬陶	深灰		条纹						西周至春秋
865	ZJLY-51	赤岭	ZJLY-51:63G	23.37	113.81	45	陶			泥质粗硬陶	深灰		夔纹						西周至春秋
866	ZJLY-51	赤岭	ZJLY-51:64G	23.37	113.81	42	陶			泥质粗硬陶	灰黑		云雷纹						西周至春秋
867	ZJLY-51	赤岭	ZJLY-51:65G	23.37	113.81	42	陶			泥质粗硬陶	灰褐		云雷纹						西周至春秋
868	ZJLY-51	赤岭	ZJLY-51:66G	23.37	113.81	43	陶			泥质细硬陶	深灰		夔纹						西周至春秋
869	ZJLY-51	赤岭	ZJLY-51:67G	23.37	113.81	43	陶			泥质粗硬陶	灰		篦点纹						西周至春秋
870	ZJLY-51	赤岭	ZJLY-51:68G	23.37	113.81	44	陶			泥质粗硬陶	灰		夔纹						西周至春秋
871	ZJLY-51	赤岭	ZJLY-51:69G	23.37	113.81	43	陶			泥质粗硬陶	灰黑		方格纹						战国至南越国
872	ZJLY-51	赤岭	ZJLY-51:70G	23.37	113.81	43	陶			泥质粗硬陶	深灰		方格纹						西周至春秋
873	ZJLY-51	赤岭	ZJLY-51:71G	23.37	113.81	42	陶			泥质粗硬陶	灰褐		方格纹						西周至春秋
874	ZJLY-51	赤岭	ZJLY-51:72G	23.37	113.81	38	陶			泥质粗硬陶	灰黑		方格纹						西周至春秋
875	ZJLY-51	赤岭	ZJLY-51:73G	23.37	113.81	40	陶			泥质粗硬陶	红褐		方格纹						西周至春秋
876	ZJLY-51	赤岭	ZJLY-51:74G	23.37	113.81	38	陶			泥质粗硬陶	灰褐		菱格纹						西周至春秋
877	ZJLY-51	赤岭	ZJLY-51:75G	23.37	113.81	38	陶			泥质粗硬陶	深灰		夔纹						西周至春秋
878	ZJLY-51	赤岭	ZJLY-51:76G	23.37	113.81	39	陶			泥质粗硬陶	灰黑		方格纹						西周至春秋
879	ZJLY-51	赤岭	ZJLY-51:77G	23.37	113.81	40	陶			泥质粗硬陶	深灰		方格纹						西周至春秋
880	ZJLY-51	赤岭	ZJLY-51:78G	23.37	113.81	40	陶			泥质粗硬陶	灰褐		菱格纹						西周至春秋
881	ZJLY-51	赤岭	ZJLY-51:79G	23.37	113.81	40	陶			泥质粗硬陶	灰褐		方格纹、菱格纹						西周至春秋
882	ZJLY-51	赤岭	ZJLY-51:80G	23.37	113.81	41	陶			泥质粗硬陶	青灰		篦点纹						西周至春秋
883	ZJLY-51	赤岭	ZJLY-51:81G	23.37	113.81	42	陶			泥质粗硬陶	深灰		方格纹						西周至春秋
884	ZJLY-51	赤岭	ZJLY-51:82G	23.37	113.81	41	陶			泥质粗硬陶	灰褐		方格纹						西周至春秋
885	ZJLY-51	赤岭	ZJLY-51:83G	23.37	113.81	42	陶			泥质粗硬陶	灰黑		素面						西周至春秋
886	ZJLY-51	赤岭	ZJLY-51:84G	23.37	113.81	39	陶			泥质粗硬陶	灰		素面						西周至春秋

序号	遗址编号	遗址名称	遗物编号	纬度（度）	经度（度）	海拔（米）	质地	器形	部位	陶质	颜色	釉色	纹饰	刻划符号	石器岩性	石器完整程度	石器硬度	石器风化程度	年代
887	ZJLY-51	赤岭	ZJLY-51:85①G	23.37	113.81	43	陶			泥质粗硬陶	灰		方格纹						西周至春秋
888	ZJLY-51	赤岭	ZJLY-51:85②G	23.37	113.81	43	陶			泥质粗硬陶	灰		夔纹						西周至春秋
889	ZJLY-51	赤岭	ZJLY-51:86G	23.37	113.81	39	陶			泥质粗硬陶	深灰		素面						西周至春秋
890	ZJLY-51	赤岭	ZJLY-51:87G	23.37	113.81	41	陶	罐	口沿	泥质硬陶	灰褐		夔纹、弦纹						西周至春秋
891	ZJLY-51	赤岭	ZJLY-51:88G	23.37	113.81	41	陶			泥质细硬陶	深灰		方格纹						西周至春秋
892	ZJLY-51	赤岭	ZJLY-51:89G	23.37	113.81	41	陶			泥质粗硬陶	灰褐		夔纹						西周至春秋
893	ZJLY-51	赤岭	ZJLY-51:90G	23.37	113.81	41	陶			泥质粗硬陶	深灰		方格纹						西周至春秋
894	ZJLY-51	赤岭	ZJLY-51:91G	23.37	113.81	41	陶			泥质粗硬陶	灰褐		弦纹						西周至春秋
895	ZJLY-51	赤岭	ZJLY-51:92G	23.37	113.81	39	陶			泥质细硬陶	灰褐		夔纹						西周至春秋
896	ZJLY-51	赤岭	ZJLY-51:93G	23.37	113.81	41	陶			泥质细硬陶	红褐		方格纹						西周至春秋
897	ZJLY-51	赤岭	ZJLY-51:94G	23.37	113.81	41	陶			泥质粗硬陶	深灰		菱格纹						西周至春秋
898	ZJLY-51	赤岭	ZJLY-51:95G	23.37	113.81	41	陶			泥质粗硬陶	深灰		方格纹						西周至春秋
899	ZJLY-51	赤岭	ZJLY-51:96G	23.37	113.81	43	陶			夹细砂硬陶	深灰		方格纹						西周至春秋
900	ZJLY-51	赤岭	ZJLY-51:97G	23.37	113.81	41	陶			泥质软陶	灰黑		夔纹						战国至南越国
901	ZJLY-51	赤岭	ZJLY-51:98YⅡ	23.36	113.81	15	陶	罐	口沿	泥质粗硬陶	灰黑		方格纹						新石器时代晚期至商代
902	ZJLY-51	赤岭	ZJLY-51:98YⅢ	23.36	113.81	16	陶			泥质粗硬陶	青灰		长方格纹						战国至南越国
903	ZJLY-51	赤岭	ZJLY-51:99YⅢ	23.36	113.81	17	陶			泥质硬陶	深灰		米字纹						西周至春秋
904	ZJLY-51	赤岭	ZJLY-51:1ZⅠ	23.37	113.82	24	陶			泥质硬陶	灰褐		菱格凸点纹						西周至春秋
905	ZJLY-51	赤岭	ZJLY-51:2ZⅠ	23.37	113.82	28	陶			泥质细硬陶	灰褐		方格纹						西周至春秋
906	ZJLY-51	赤岭	ZJLY-51:3ZⅠ	23.37	113.82	28	陶			泥质硬陶	红褐		方格纹						西周至春秋
907	ZJLY-51	赤岭	ZJLY-51:4ZⅠ	23.37	113.82	29	陶			泥质硬陶	红褐		方格纹						新石器时代晚期至商代
908	ZJLY-51	赤岭	ZJLY-51:5ZⅠ	23.37	113.82	27	陶			夹粗砂软陶	红褐		素面						西周至春秋
909	ZJLY-51	赤岭	ZJLY-51:6ZⅠ	23.37	113.82	29	陶			泥质粗硬陶	灰		方格纹						西周至春秋
910	ZJLY-51	赤岭	ZJLY-51:7ZⅠ	23.37	113.82	29	陶			泥质粗硬陶	红褐		方格纹						西周至春秋
911	ZJLY-51	赤岭	ZJLY-51:8ZⅠ	23.37	113.81	46	陶			泥质硬陶	灰黑		方格纹						西周至春秋
912	ZJLY-51	赤岭	ZJLY-51:9ZⅠ	23.37	113.81	46	陶			泥质硬陶	深灰		方格纹						西周至春秋
913	ZJLY-51	赤岭	ZJLY-51:10ZⅠ	23.37	113.81	46	陶			泥质粗硬陶	深灰		方格纹						西周至春秋
914	ZJLY-51	赤岭	ZJLY-51:11ZⅠ	23.37	113.81	45	陶			泥质硬陶	深灰		方格纹						西周至春秋
915	ZJLY-51	赤岭	ZJLY-51:12ZⅠ	23.37	113.81	43	陶			泥质粗硬陶	灰黑		方格纹						西周至春秋
916	ZJLY-51	赤岭	ZJLY-51:13ZⅠ	23.37	113.81	44	陶			泥质硬陶	灰		方格纹						西周至春秋
917	ZJLY-51	赤岭	ZJLY-51:14ZⅠ	23.37	113.81	45	陶			泥质硬陶	青灰		方格纹						西周至春秋

続表

序号	遗迹编号	遗址名称	遗物编号	纬度(度)	经度(度)	海拔(米)	质地	器形	部位	陶质	颜色	釉色	纹饰	刻划符号	石器岩性	石器完整程度	石器硬度	石器风化程度	年代
918	ZJLY-51	赤岭	ZJLY-51:15ZⅠ	23.37	113.81	45	陶			泥质粗硬陶	灰黑		方格纹						西周至春秋
919	ZJLY-51	赤岭	ZJLY-51:16ZⅠ	23.37	113.81	46	陶			泥质粗硬陶	灰褐		网格纹						西周至春秋
920	ZJLY-51	赤岭	ZJLY-51:17ZⅠ	23.37	113.81	48	陶	罐	口沿	泥质粗硬陶	深灰		刻划纹						西周至春秋
921	ZJLY-51	赤岭	ZJLY-51:18ZⅠ	23.37	113.81	47	陶			泥质粗硬陶	深灰		网格纹						西周至春秋
922	ZJLY-51	赤岭	ZJLY-51:19ZⅠ	23.37	113.81	48	陶	罐	口沿	泥质粗硬陶	灰褐		篦点纹、弦纹						西周至春秋
923	ZJLY-51	赤岭	ZJLY-51:20ZⅠ	23.37	113.81	49	陶			泥质粗硬陶	灰褐		夔纹						西周至春秋
924	ZJLY-51	赤岭	ZJLY-51:21ZⅠ	23.37	113.81	47	陶			泥质粗硬陶	青灰		夔纹、菱格凸块纹、弦纹						西周至春秋
925	ZJLY-51	赤岭	ZJLY-51:22ZⅠ	23.37	113.81	44	陶			泥质粗硬陶	灰褐		网格纹						西周至春秋
926	ZJLY-51	赤岭	ZJLY-51:23ZⅠ	23.37	113.81	45	陶	罐	口沿	泥质粗硬陶	灰褐		篦点纹、凹弦纹						西周至春秋
927	ZJLY-51	赤岭	ZJLY-51:24ZⅠ	23.37	113.81	43	陶	豆		泥质细硬陶	青灰		素面						西周至春秋
928	ZJLY-51	赤岭	ZJLY-51:25ZⅠ	23.37	113.81	44	陶			泥质粗硬陶	深灰		菱格凸块纹						西周至春秋
929	ZJLY-51	赤岭	ZJLY-51:26ZⅠ	23.36	113.81	25	陶			泥质粗硬陶	深灰		方格纹						战国至南越国
930	ZJLY-51	赤岭	ZJLY-51:27ZⅠ	23.36	113.81	25	陶			泥质粗硬陶	灰黑		米字纹						战国至南越国
931	ZJLY-51	赤岭	ZJLY-51:28ZⅠ	23.36	113.81	23	陶			泥质粗硬陶	灰		水波纹、弦纹						战国至南越国
932	ZJLY-51	赤岭	ZJLY-51:29ZⅠ	23.36	113.81	21	陶			泥质粗硬陶	青灰		水波纹、弦纹						战国至南越国
933	ZJLY-52	心连山	ZJLY-52:1YⅡ	23.36	113.82	21	陶			夹细砂硬陶	灰黑		素面						唐宋
934	ZJLY-52	心连山	ZJLY-52:1YⅡ	23.36	113.82	14	陶			泥质粗硬陶	灰		条纹						战国至南越国
935	ZJLY-52	心连山	ZJLY-52:1ZⅠ	23.36	113.82	20	陶			泥质粗硬陶	灰		方格纹						战国至南越国
936	ZJLY-56	谢尾庙岭	ZJLY-56:1YⅢ	23.35	113.81	10	陶			泥质粗硬陶	灰黑		素面						唐宋
937	ZJLY-56	谢尾庙岭	ZJLY-56:2YⅢ	23.35	113.81	12	陶						素面						唐宋
938	ZJLY-56	谢尾庙岭	ZJLY-56:3YⅢ	23.35	113.81	11	瓷	碗	底			青釉	素面						唐宋
939	ZJLY-56	谢尾庙岭	ZJLY-56:4YⅢ	23.35	113.81	11	瓷	碗	底			青釉	素面						唐宋
940	ZJLY-56	谢尾庙岭	ZJLY-56:5YⅢ	23.35	113.81	13	瓷	碗	底			青釉	素面						唐宋
941	ZJLY-56	谢尾庙岭	ZJLY-56:6YⅢ	23.35	113.81	13	瓷	碗	口沿			青釉	素面						唐宋
942	ZJLY-56	谢尾庙岭	ZJLY-56:7YⅢ	23.35	113.81	12	瓷	碗	底			青釉	素面						唐宋
943	ZJLY-56	谢尾庙岭	ZJLY-56:8YⅢ	23.35	113.81	17	陶	器盖		泥质细硬陶	青灰		弦纹						西周至春秋
944	ZJLY-56	谢尾庙岭	ZJLY-56:9YⅢ	23.35	113.81	18	瓷	碗	底			青釉	素面						唐宋
945	ZJLY-56	谢尾庙岭	ZJLY-56:10YⅢ	23.35	113.81	17	瓷	碗	底			青釉	素面						唐宋
946	ZJLY-56	谢尾庙岭	ZJLY-56:11YⅢ	23.35	113.80	39	陶			泥质粗硬陶	红褐		方格纹						西周至春秋
947	ZJLY-56	谢尾庙岭	ZJLY-56:12YⅢ	23.35	113.80	41	陶			泥质粗硬陶	红褐		方格纹						西周至春秋
948	ZJLY-56	谢尾庙岭	ZJLY-56:13YⅢ	23.35	113.80	16	瓷	碗	口沿			青釉	素面						唐宋

序号	遗址编号	遗址名称	遗物编号	纬度（度）	经度（度）	海拔（米）	质地	器形	部位	陶质	颜色	釉色	纹饰	刻划符号	石器岩性	石器完整程度	石器硬度	石器风化程度	年代
949	ZJLY-56	谢尾庙岭	ZJLY-56:1ZⅠ	23.35	113.80	36	陶			泥质粗硬陶	青灰		方格纹						西周至春秋
950	ZJLY-56	谢尾庙岭	ZJLY-56:2ZⅠ	23.35	113.80	44	陶			泥质粗硬陶	青灰		重菱格纹						西周至春秋
951	ZJLY-56	谢尾庙岭	ZJLY-56:3ZⅠ	23.35	113.80	45	陶			泥质粗硬陶	灰白		重菱格纹						西周至春秋
952	ZJLY-57	山塘	ZJLY-57:1ZⅠ	23.36	113.80	46	瓷	碗	口沿			青釉	菊瓣纹						明清
953	ZJLY-58	蔗祐岭	ZJLY-58:1ZⅠ	23.36	113.80	29	陶			夹细砂硬陶	灰黑		方格纹						战国至南越国
954	ZJLY-58	蔗祐岭	ZJLY-58:2ZⅠ	23.36	113.80	27	陶			泥质粗硬陶	灰黑		米字纹						战国至南越国
955	ZJLY-58	蔗祐岭	ZJLY-58:3ZⅠ	23.36	113.80	17	陶	鼎	足	泥质粗硬陶	红褐		素面						战国至南越国
956	ZJLY-58	蔗祐岭	ZJLY-58:4ZⅠ	23.36	113.80	20	陶			泥质粗硬陶	红褐		三角格纹						战国至南越国
957	ZJLY-58	蔗祐岭	ZJLY-58:5ZⅠ	23.36	113.80	17	陶			泥质粗硬陶	深灰		方格纹						战国至南越国
958	ZJLY-58	蔗祐岭	ZJLY-58:6ZⅠ	23.36	113.80	14	陶			夹细砂硬陶	灰黑		米字纹						战国至南越国
959	ZJLY-58	蔗祐岭	ZJLY-58:7ZⅠ	23.36	113.80	12	陶			泥质粗硬陶	深灰		方格纹						战国至南越国
960	ZJLY-58	蔗祐岭	ZJLY-58:8ZⅠ	23.36	113.80	9	陶			泥质粗硬陶	灰褐		三角格纹						战国至南越国
961	ZJLY-58	蔗祐岭	ZJLY-58:9ZⅠ	23.36	113.80	13	陶			夹细砂硬陶	灰黑		三角格纹						战国至南越国
962	ZJLY-58	蔗祐岭	ZJLY-58:10ZⅠ	23.36	113.80	12	陶			泥质细硬陶	红褐		方格纹						战国至南越国
963	ZJLY-58	蔗祐岭	ZJLY-58:11ZⅠ	23.36	113.80	12	陶			泥质细硬陶	红褐		素面						战国至南越国
964	ZJLY-58	蔗祐岭	ZJLY-58:12ZⅠ	23.36	113.80	12	陶			泥质粗硬陶	青灰		弦纹						战国至南越国
965	ZJLY-58	蔗祐岭	ZJLY-58:13ZⅠ	23.36	113.80	11	陶			夹细砂硬陶	红褐		方格纹						战国至南越国
966	ZJLY-58	蔗祐岭	ZJLY-58:14ZⅠ	23.36	113.80	5	陶			泥质粗硬陶	灰黑		方格纹						战国至南越国
967	ZJLY-58	蔗祐岭	ZJLY-58:15ZⅠ	23.36	113.80	14	陶			泥质粗硬陶	青灰		米字纹						战国至南越国
968	ZJLY-58	蔗祐岭	ZJLY-58:16ZⅠ	23.36	113.80	12	陶			泥质细硬陶	红褐		三角格纹						战国至南越国
969	ZJLY-58	蔗祐岭	ZJLY-58:17ZⅠ	23.36	113.80	13	陶			泥质细硬陶	青灰		素面						战国至南越国
970	ZJLY-58	蔗祐岭	ZJLY-58:18ZⅠ	23.36	113.80	12	陶			泥质粗硬陶	灰黑		方格纹						战国至南越国
971	ZJLY-58	蔗祐岭	ZJLY-58:19ZⅠ	23.36	113.80	11	陶			夹细砂硬陶	灰黑		三角格纹						战国至南越国
972	ZJLY-58	蔗祐岭	ZJLY-58:20ZⅠ	23.36	113.80	11	陶			泥质粗硬陶	青灰		三角格纹						战国至南越国
973	ZJLY-58	蔗祐岭	ZJLY-58:21ZⅠ	23.36	113.80	12	陶			夹细砂硬陶	红褐		素面						战国至南越国
974	ZJLY-58	蔗祐岭	ZJLY-58:22ZⅠ	23.36	113.80	8	陶	器盖		泥质粗硬陶	红褐		三角格纹						战国至南越国
975	ZJLY-58	蔗祐岭	ZJLY-58:23ZⅠ	23.36	113.80	12	陶			泥质粗硬陶	灰		素面						战国至南越国
976	ZJLY-58	蔗祐岭	ZJLY-58:24ZⅠ	23.36	113.80	13	陶			泥质粗硬陶	灰黑		方格纹						战国至南越国
977	ZJLY-58	蔗祐岭	ZJLY-58:25ZⅠ	23.36	113.80	13	陶			夹细砂硬陶	青灰		三角格纹						战国至南越国
978	ZJLY-58	蔗祐岭	ZJLY-58:26ZⅠ	23.36	113.80	13	陶			泥质粗硬陶	灰白		三角格纹						战国至南越国
979	ZJLY-58	蔗祐岭	ZJLY-58:27ZⅠ	23.36	113.80	17	陶			泥质粗软陶	红		素面						战国至南越国

序号	遗址编号	遗址名称	遗物编号	纬度（度）	经度（度）	海拔（米）	质地	器形	部位	陶质	颜色	釉色	纹饰	刻划符号	石器岩性	石器完整程度	石器硬度	石器风化程度	年代
980	ZJLY-58	蕉岵岭	ZJLY-58:28ZⅠ	23.36	113.80	16	陶			泥质粗硬陶	灰		米字纹						战国至南越国
981	ZJLY-58	蕉岵岭	ZJLY-58:29①ZⅠ	23.36	113.80	14	陶			夹细砂软陶	红		方格纹						战国至南越国
982	ZJLY-58	蕉岵岭	ZJLY-58:29②ZⅠ	23.36	113.80	14	陶			夹细砂软陶	红		方格纹						战国至南越国
983	ZJLY-58	蕉岵岭	ZJLY-58:30ZⅠ	23.36	113.80	11	陶			泥质粗软陶	红褐		方格纹						战国至南越国
984	ZJLY-58	蕉岵岭	ZJLY-58:31ZⅠ	23.36	113.80	16	陶			泥质细硬陶	青灰		米字纹						战国至南越国
985	ZJLY-58	蕉岵岭	ZJLY-58:32ZⅠ	23.36	113.80	12	陶			泥质粗硬陶	青灰		米字纹						战国至南越国
986	ZJLY-58	蕉岵岭	ZJLY-58:33ZⅠ	23.36	113.80	14	陶			泥质粗硬陶	灰黑		米字纹						战国至南越国
987	ZJLY-58	蕉岵岭	ZJLY-58:34ZⅠ	23.36	113.80	12	陶			泥质粗硬陶	青灰		米字纹						战国至南越国
988	ZJLY-58	蕉岵岭	ZJLY-58:35ZⅠ	23.36	113.80	11	陶			夹细砂硬陶	灰黑		方格纹						战国至南越国
989	ZJLY-58	蕉岵岭	ZJLY-58:36ZⅠ	23.36	113.80	10	陶			夹细砂硬陶	深灰		方格纹						战国至南越国
990	ZJLY-58	蕉岵岭	ZJLY-58:37ZⅠ	23.36	113.80	11	陶			泥质粗硬陶	灰黑		米字纹						战国至南越国
991	ZJLY-58	蕉岵岭	ZJLY-58:38ZⅠ	23.36	113.80	9	陶			夹细砂硬陶	青灰		方格纹						战国至南越国
992	ZJLY-60	潭头山	ZJLY-60:1ZⅠ	23.35	113.80	41	陶			泥质细硬陶	灰黑		方格纹						西周至春秋
993	ZJLY-60	潭头山	ZJLY-60:2ZⅠ	23.35	113.80	45	陶			夹细砂硬陶	灰		网格纹						西周至春秋
994	ZJLY-60	潭头山	ZJLY-60:3ZⅠ	23.35	113.80	40	陶	器盖		泥质细硬陶	深灰		夔纹						西周至春秋
995	ZJLY-60	潭头山	ZJLY-60:4ZⅠ	23.35	113.80	46	陶			泥质细硬陶	红褐		重菱格凸点纹						西周至春秋
996	ZJLY-60	潭头山	ZJLY-60:5ZⅠ	23.35	113.80	46	陶			泥质细硬陶	灰褐		曲折纹						西周至春秋
997	ZJLY-60	潭头山	ZJLY-60:6ZⅠ	23.35	113.80	48	陶			夹粗砂硬陶	灰		绳纹						新石器时代晚期至商代
998	ZJLY-60	潭头山	ZJLY-60:7ZⅠ	23.35	113.80	43	陶			泥质粗硬陶	灰黑		夔纹、菱格纹						新石器时代晚期至春秋
999	ZJLY-60	潭头山	ZJLY-60:8ZⅠ	23.35	113.80	45	陶			夹粗砂硬陶	灰		不明						西周至春秋
1000	ZJLY-60	潭头山	ZJLY-60:9ZⅠ	23.35	113.80	44	陶	器盖		泥质细硬陶	青灰		水波纹						西周至春秋
1001	ZJLY-60	潭头山	ZJLY-60:10ZⅠ	23.35	113.80	46	陶			泥质粗硬陶	红褐		方格纹、曲折纹						西周至春秋
1002	ZJLY-60	潭头山	ZJLY-60:11ZⅠ	23.35	113.80	46	陶			夹粗砂硬陶	灰黑		素面						新石器时代晚期至商代
1003	ZJLY-60	潭头山	ZJLY-60:12ZⅠ	23.35	113.80	48	陶			夹粗砂软陶	灰黑		素面						新石器时代晚期至商代
1004	ZJLY-60	潭头山	ZJLY-60:13ZⅠ	23.35	113.80	45	陶			泥质粗硬陶	灰白		方格纹						西周至春秋
1005	ZJLY-60	潭头山	ZJLY-60:14ZⅠ	23.35	113.80	43	陶	铸		泥质细硬陶	灰黑		方格纹						西周至春秋
1006	ZJLY-60	潭头山	ZJLY-60:15ZⅠ	23.35	113.80	42	石				青灰				砂岩	基本完整	6	未风化	新石器时代晚期至春秋
1007	ZJLY-60	潭头山	ZJLY-60:16ZⅠ	23.35	113.80	45	陶			泥质粗硬陶	红褐		席纹						西周至春秋
1008	ZJLY-60	潭头山	ZJLY-60:17ZⅠ	23.35	113.80	46	陶			泥质粗硬陶	红褐		曲折纹						西周至春秋
1009	ZJLY-60	潭头山	ZJLY-60:18ZⅠ	23.35	113.80	47	陶			泥质细硬陶	红		方格纹						西周至春秋
1010	ZJLY-60	潭头山	ZJLY-60:19ZⅠ	23.35	113.80	47	陶			泥质粗硬陶	灰黑		方格纹						西周至春秋

序号	遗址编号	遗址名称	遗物编号	纬度（度）	经度（度）	海拔（米）	质地	器形	部位	陶质	颜色	釉色	纹饰	刻划符号	石器岩性	石器完整程度	石器硬度	石器风化程度	年代
1011	ZJLY-60	潭头山	ZJLY-60:20ZⅠ	23.35	113.80	43	陶			泥质细硬陶	红褐		方格纹						西周至春秋
1012	ZJLY-60	潭头山	ZJLY-60:21ZⅠ	23.35	113.80	43	陶			夹粗砂软陶	灰黑		绳纹						新石器时代晚期至商代
1013	ZJLY-60	潭头山	ZJLY-60:22ZⅠ	23.35	113.80	44	陶			泥质粗硬陶	红褐		网格纹						西周至春秋
1014	ZJLY-60	潭头山	ZJLY-60:23ZⅠ	23.35	113.80	43	陶			泥质粗硬陶	红褐		菱格纹						西周至春秋
1015	ZJLY-60	潭头山	ZJLY-60:24ZⅠ	23.35	113.80	42	陶			泥质粗硬陶	灰褐		方格纹						西周至春秋
1016	ZJLY-60	潭头山	ZJLY-60:25ZⅠ	23.35	113.80	40	陶			泥质粗硬陶	深灰		方格纹						西周至春秋
1017	ZJLY-60	潭头山	ZJLY-60:26ZⅠ	23.35	113.80	41	陶			泥质粗硬陶	灰		方格纹						西周至春秋
1018	ZJLY-60	潭头山	ZJLY-60:27ZⅠ	23.35	113.80	43	陶			泥质粗硬陶	灰白		曲折纹						西周至春秋
1019	ZJLY-60	潭头山	ZJLY-60:28ZⅠ	23.35	113.80	43	陶			泥质粗硬陶	红褐		方格纹						西周至春秋
1020	ZJLY-60	潭头山	ZJLY-60:29ZⅠ	23.35	113.80	44	陶		口沿	夹粗砂软陶	灰		素面						新石器时代晚期至商代
1021	ZJLY-60	潭头山	ZJLY-60:30ZⅠ	23.35	113.80	44	陶	釜	口沿	夹粗砂软陶	灰		素面						新石器时代晚期至商代
1022	ZJLY-60	潭头山	ZJLY-60:31ZⅠ	23.35	113.80	44	陶			泥质粗硬陶	深灰		方格纹						西周至春秋
1023	ZJLY-60	潭头山	ZJLY-60:32ZⅠ	23.35	113.80	41	陶			泥质粗硬陶	灰白		方格纹						西周至春秋
1024	ZJLY-60	潭头山	ZJLY-60:33ZⅠ	23.35	113.80	40	陶			泥质粗硬陶	红褐		曲折纹						西周至春秋
1025	ZJLY-60	潭头山	ZJLY-60:34ZⅠ	23.35	113.80	43	陶			泥质粗硬陶	灰褐		菱格纹						西周至春秋
1026	ZJLY-60	潭头山	ZJLY-60:35ZⅠ	23.35	113.80	44	陶			泥质粗硬陶	红褐		曲折纹						西周至春秋
1027	ZJLY-60	潭头山	ZJLY-60:36ZⅠ	23.35	113.80	42	陶			泥质粗硬陶	红褐		曲折纹						西周至春秋
1028	ZJLY-60	潭头山	ZJLY-60:37ZⅠ	23.35	113.80	44	陶			夹粗砂软陶	灰		素面						新石器时代晚期至商代
1029	ZJLY-60	潭头山	ZJLY-60:38ZⅠ	23.35	113.80	43	陶			夹细砂硬陶	红褐		方格纹						西周至春秋
1030	ZJLY-60	潭头山	ZJLY-60:39ZⅠ	23.35	113.80	40	陶			泥质粗硬陶	灰白		方格纹						西周至春秋
1031	ZJLY-60	潭头山	ZJLY-60:40ZⅠ	23.35	113.80	42	陶			夹细砂硬陶	红		方格纹、曲折纹						西周至春秋
1032	ZJLY-60	潭头山	ZJLY-60:41ZⅠ	23.35	113.80	43	陶			泥质粗硬陶	红褐		曲折纹						西周至春秋
1033	ZJLY-60	潭头山	ZJLY-60:42ZⅠ	23.35	113.80	43	陶			夹细砂硬陶	红		方格纹						西周至春秋
1034	ZJLY-60	潭头山	ZJLY-60:43ZⅠ	23.35	113.80	42	陶			夹粗砂软陶	灰		素面						新石器时代晚期至商代
1035	ZJLY-60	潭头山	ZJLY-60:44ZⅠ	23.35	113.80	40	陶			泥质粗硬陶	红褐		方格纹						西周至春秋
1036	ZJLY-60	潭头山	ZJLY-60:45ZⅠ	23.35	113.80	45	陶			夹细砂硬陶	灰白		素面						新石器时代晚期至商代
1037	ZJLY-60	潭头山	ZJLY-60:46ZⅠ	23.35	113.80	42	陶			夹细砂软陶	灰白		方格纹						西周至春秋
1038	ZJLY-60	潭头山	ZJLY-60:47ZⅠ	23.35	113.80	43	陶			夹粗砂软陶	灰黑		曲折纹						西周至春秋
1039	ZJLY-60	潭头山	ZJLY-60:48ZⅠ	23.35	113.80	43	陶			泥质细硬陶	灰褐		不明						西周至春秋
1040	ZJLY-60	潭头山	ZJLY-60:49ZⅠ	23.35	113.80	42	陶			泥质粗硬陶	红褐		网格纹						西周至春秋
1041	ZJLY-60	潭头山	ZJLY-60:50ZⅠ	23.35	113.80	46	陶			泥质细硬陶	深灰		菱格纹						西周至春秋

序号	遗址编号	遗址名称	遗物编号	纬度（度）	经度（度）	海拔（米）	质地	器形	部位	陶质	颜色	釉色	纹饰	刻划符号	石器岩性	石器完整程度	石器硬度	石器风化程度	年代
1042	ZJLY-60	潭头山	ZJLY-60:51ZⅠ	23.35	113.80	40	陶			夹细砂硬陶	青灰		曲折纹						西周至春秋
1043	ZJLY-60	潭头山	ZJLY-60:52ZⅠ	23.35	113.80	41	陶			泥质粗硬陶	灰黑		方格纹						西周至春秋
1044	ZJLY-60	潭头山	ZJLY-60:53ZⅠ	23.35	113.80	39	陶			泥质粗硬陶	红褐		勾连云雷纹						西周至春秋
1045	ZJLY-60	潭头山	ZJLY-60:54ZⅠ	23.35	113.80	43	陶			泥质细硬陶	深灰		方格纹						西周至春秋
1046	ZJLY-60	潭头山	ZJLY-60:55ZⅠ	23.35	113.80	40	陶			泥质粗硬陶	红褐		方格纹						西周至春秋
1047	ZJLY-60	潭头山	ZJLY-60:56ZⅠ	23.35	113.80	40	陶			泥质粗硬陶	深灰		曲折纹						西周至春秋
1048	ZJLY-60	潭头山	ZJLY-60:57ZⅠ	23.35	113.80	45	陶			泥质粗硬陶	深灰		方格纹						西周至春秋
1049	ZJLY-60	潭头山	ZJLY-60:58ZⅠ	23.35	113.80	49	陶			泥质粗硬陶	红褐		方格纹						西周至春秋
1050	ZJLY-60	潭头山	ZJLY-60:59ZⅠ	23.35	113.80	44	陶			泥质细硬陶	灰黑		方格纹、菱格凸点纹						西周至春秋
1051	ZJLY-60	潭头山	ZJLY-60:60ZⅠ	23.35	113.80	42	陶			夹细砂硬陶	灰黑		曲折纹						西周至春秋
1052	ZJLY-60	潭头山	ZJLY-60:61ZⅠ	23.35	113.80	44	陶			夹细砂硬陶	灰		方格纹						西周至春秋
1053	ZJLY-60	潭头山	ZJLY-60:62ZⅠ	23.35	113.80	37	陶			夹粗砂软陶	灰		素面						新石器时代晚期至商代
1054	ZJLY-60	潭头山	ZJLY-60:63ZⅠ	23.35	113.80	36	陶			泥质粗硬陶	灰		素面						新石器时代晚期至商代
1055	ZJLY-61	马脚兜	ZJLY-61:1ZⅠ	23.35	113.80	58	陶			夹粗砂软陶	灰黑		素面						新石器时代晚期至商代
1056	ZJLY-61	马脚兜	ZJLY-61:2ZⅠ	23.35	113.80	58	石	锛			青灰				片岩	残	6	未风化	新石器时代晚期至商代
1057	ZJLY-61	马脚兜	ZJLY-61:3ZⅠ	23.35	113.80	41	陶			夹细砂软陶	灰		素面						新石器时代晚期至商代
1058	ZJLY-61	马脚兜	ZJLY-61:4ZⅠ	23.35	113.80	40	陶			夹细砂软陶	红褐		素面						新石器时代晚期至商代
1059	ZJLY-61	马脚兜	ZJLY-61:5ZⅠ	23.35	113.80	40	陶			夹细砂软陶	红褐		素面						新石器时代晚期至商代
1060	ZJLY-61	马脚兜	ZJLY-61:6ZⅠ	23.35	113.80	38	陶			夹粗砂软陶	红褐		素面						新石器时代晚期至商代
1061	ZJLY-62	偏岭头	ZJLY-62:1ZⅠ	23.35	113.80	39	陶			夹粗砂软陶	青灰		素面						新石器时代晚期至商代
1062	ZJLY-62	偏岭头	ZJLY-62:2ZⅠ	23.35	113.80	40	石	砺石			灰褐				片岩	残	6	未风化	新石器时代晚期至商代
1063	ZJLY-62	偏岭头	ZJLY-62:3ZⅠ	23.35	113.80	35	陶			夹粗砂硬陶	红		素面						新石器时代晚期至商代
1064	ZJLY-62	偏岭头	ZJLY-62:4ZⅠ	23.35	113.80	37	瓷	碗	底			青灰釉	素面						唐宋
1065	ZJLY-62	偏岭头	ZJLY-62:5ZⅠ	23.35	113.80	24	陶			夹细砂软陶	青灰		素面						新石器时代晚期至商代
1066	ZJLY-62	偏岭头	ZJLY-62:6ZⅠ	23.35	113.80	33	陶			夹细砂软陶	灰白		素面						新石器时代晚期至商代
1067	ZJLY-62	偏岭头	ZJLY-62:7ZⅠ	23.35	113.80	35	陶			夹粗砂软陶	青灰		素面						新石器时代晚期至商代
1068	ZJLY-63	杞子岍	ZJLY-63:1YⅡ	23.35	113.79	22	陶			夹粗砂软陶	灰黑		素面						新石器时代晚期至商代
1069	ZJLY-63	杞子岍	ZJLY-63:2YⅡ	23.35	113.79	20	陶			泥质粗硬陶	青灰		夔纹						西周至春秋
1070	ZJLY-63	杞子岍	ZJLY-63:3YⅡ	23.35	113.79	24	陶			泥质粗硬陶	青灰		方格纹						西周至春秋
1071	ZJLY-63	杞子岍	ZJLY-63:4YⅡ	23.35	113.79	29	陶			泥质粗硬陶	灰褐		方格纹						西周至春秋
1072	ZJLY-63	杞子岍	ZJLY-63:5YⅡ	23.35	113.79	28	陶			夹粗砂软陶	灰黑		素面						新石器时代晚期至商代

序号	遗址编号	遗址名称	遗物编号	纬度(度)	经度(度)	海拔(米)	质地	器形	部位	陶质	颜色	釉色	纹饰	刻划符号	石器岩性	石器完整程度	石器硬度	石器风化程度	年代
1073	ZJLY-63	杞子㟂	ZJLY-63:6YⅡ	23.35	113.79	31	陶	罐	口沿	夹砂软陶	灰黑		素面						新石器时代晚期至商代
1074	ZJLY-63	杞子㟂	ZJLY-63:7YⅡ	23.35	113.79	32	陶			泥质粗硬陶	青灰		菱格凸块纹						西周至春秋
1075	ZJLY-63	杞子㟂	ZJLY-63:8YⅡ	23.35	113.79	34	陶			泥质粗硬陶	灰		方格纹						西周至春秋
1076	ZJLY-63	杞子㟂	ZJLY-63:9YⅡ	23.35	113.79	40	陶			泥质粗软陶	灰黑		素面						西周至春秋
1077	ZJLY-63	杞子㟂	ZJLY-63:10YⅡ	23.35	113.79	35	陶	釜	口沿	夹砂软陶	灰黑		曲折纹						新石器时代晚期至商代
1078	ZJLY-63	杞子㟂	ZJLY-63:11YⅡ	23.35	113.79	43	陶	釜	口沿	夹砂软陶	灰黑		素面						新石器时代晚期至商代
1079	ZJLY-63	杞子㟂	ZJLY-63:12YⅡ	23.35	113.79	47	陶		口沿	夹砂软陶	灰黑		素面						新石器时代晚期至商代
1080	ZJLY-63	杞子㟂	ZJLY-63:13YⅡ	23.35	113.79	39	陶			泥质粗硬陶	灰		素面						西周至春秋
1081	ZJLY-63	杞子㟂	ZJLY-63:14YⅡ	23.35	113.79	44	陶			夹砂软陶	灰黑		素面						新石器时代晚期至商代
1082	ZJLY-63	杞子㟂	ZJLY-63:15YⅡ	23.35	113.79	47	陶			夹砂软陶	灰黑		素面						新石器时代晚期至商代
1083	ZJLY-63	杞子㟂	ZJLY-63:16YⅡ	23.35	113.79	40	陶	釜	口沿	夹砂粗硬陶	灰黑		素面						新石器时代晚期至商代
1084	ZJLY-63	杞子㟂	ZJLY-63:17YⅡ	23.35	113.79	43	陶			泥质粗硬陶	灰		方格纹						新石器时代晚期至商代
1085	ZJLY-63	杞子㟂	ZJLY-63:18YⅡ	23.35	113.79	43	陶			夹砂软陶	灰黑		素面						新石器时代晚期至商代
1086	ZJLY-63	杞子㟂	ZJLY-63:19YⅡ	23.35	113.79	40	陶	器座		夹砂软陶	红褐		素面						新石器时代晚期至商代
1087	ZJLY-63	杞子㟂	ZJLY-63:20YⅡ	23.35	113.79	40	陶			夹砂软陶	灰黑		素面						新石器时代晚期至商代
1088	ZJLY-63	杞子㟂	ZJLY-63:21YⅡ	23.35	113.79	41	陶	釜	口沿	夹砂软陶	灰		素面						新石器时代晚期至商代
1089	ZJLY-63	杞子㟂	ZJLY-63:22YⅡ	23.35	113.79	41	陶			泥质粗硬陶	青灰		方格纹						西周至春秋
1090	ZJLY-63	杞子㟂	ZJLY-63:23YⅡ	23.35	113.79	37	陶			夹砂软陶	灰黑		素面						新石器时代晚期至商代
1091	ZJLY-63	杞子㟂	ZJLY-63:24YⅡ	23.35	113.79	44	陶			夹砂软陶	红褐		素面						新石器时代晚期至商代
1092	ZJLY-63	杞子㟂	ZJLY-63:25YⅡ	23.35	113.79	42	陶			泥质粗硬陶	灰		方格纹						西周至春秋
1093	ZJLY-63	杞子㟂	ZJLY-63:26YⅡ	23.35	113.79	44	陶			夹砂软陶	灰黑		素面						新石器时代晚期至商代
1094	ZJLY-63	杞子㟂	ZJLY-63:27YⅡ	23.35	113.79	44	陶			夹砂软陶	灰黑		素面						新石器时代晚期至商代
1095	ZJLY-63	杞子㟂	ZJLY-63:28YⅡ	23.35	113.79	47	陶			泥质细硬陶	青灰		方格纹						西周至春秋
1096	ZJLY-63	杞子㟂	ZJLY-63:29YⅡ	23.35	113.79	42	陶			泥质细硬陶	青灰		方格纹						西周至春秋
1097	ZJLY-63	杞子㟂	ZJLY-63:30YⅡ	23.35	113.79	48	陶			泥质细硬陶	青灰		方格纹						西周至春秋
1098	ZJLY-63	杞子㟂	ZJLY-63:31YⅡ	23.35	113.79	45	陶			夹砂软陶	灰黑		素面						新石器时代晚期至商代
1099	ZJLY-63	杞子㟂	ZJLY-63:32YⅡ	23.35	113.79	44	陶			夹砂软陶	灰		素面						新石器时代晚期至商代
1100	ZJLY-63	杞子㟂	ZJLY-63:33YⅡ	23.35	113.79	49	陶			泥质细硬陶	青灰		方格纹、弦纹						西周至春秋
1101	ZJLY-63	杞子㟂	ZJLY-63:34YⅡ	23.35	113.79	48	陶			夹砂软陶	灰黑		素面						新石器时代晚期至商代
1102	ZJLY-63	杞子㟂	ZJLY-63:35YⅡ	23.35	113.79	47	陶			泥质细硬陶	青灰		素面						西周至春秋
1103	ZJLY-63	杞子㟂	ZJLY-63:36YⅡ	23.35	113.79	48	陶			泥质细硬陶	青灰		菱格凸点纹						西周至春秋

序号	遗址编号	遗址名称	遗物编号	纬度（度）	经度（度）	海拔（米）	质地	器形	部位	陶质	颜色	釉色	纹饰	刻划符号	石器岩性	石器完整程度	石器硬度	石器风化程度	年代
1104	ZJLY-63	杞子岃	ZJLY-63:37YⅡ	23.35	113.79	46	陶	罐	口沿	泥质细硬陶	青灰		素面						西周至春秋
1105	ZJLY-63	杞子岃	ZJLY-63:38YⅡ	23.35	113.79	43	陶			泥质细硬陶	青灰		方格纹						西周至春秋
1106	ZJLY-63	杞子岃	ZJLY-63:39YⅡ	23.35	113.79	44	陶			泥质细硬陶	灰		素面						西周至春秋
1107	ZJLY-63	杞子岃	ZJLY-63:40YⅡ	23.35	113.79	44	陶	器座		夹粗砂软陶	红褐		素面						新石器时代晚期至商代
1108	ZJLY-63	杞子岃	ZJLY-63:1YⅢ	23.35	113.79	15	陶			泥质细硬陶	灰		方格纹、篦点纹						西周至春秋
1109	ZJLY-63	杞子岃	ZJLY-63:2YⅢ	23.35	113.79	23	陶			泥质细硬陶	青灰		菱格纹						西周至春秋
1110	ZJLY-63	杞子岃	ZJLY-63:3YⅢ	23.35	113.79	19	陶			泥质细硬陶	灰褐		菱格纹						西周至春秋
1111	ZJLY-63	杞子岃	ZJLY-63:4YⅢ	23.35	113.79	25	陶			泥质粗硬陶	灰褐		方格纹、弦纹						西周至春秋
1112	ZJLY-63	杞子岃	ZJLY-63:5YⅢ	23.35	113.79	28	陶			夹粗砂软陶	灰黑		素面						新石器时代晚期至商代
1113	ZJLY-63	杞子岃	ZJLY-63:6YⅢ	23.35	113.79	27	陶			夹粗砂软陶	灰		素面						新石器时代晚期至商代
1114	ZJLY-63	杞子岃	ZJLY-63:7YⅢ	23.35	113.79	25	陶			夹粗砂软陶	灰黑		素面						新石器时代晚期至商代
1115	ZJLY-63	杞子岃	ZJLY-63:8YⅢ	23.35	113.79	28	陶			夹粗砂软陶	灰黑		素面						新石器时代晚期至商代
1116	ZJLY-63	杞子岃	ZJLY-63:9YⅢ	23.35	113.79	28	陶			泥质细硬陶	灰		夔纹						西周至春秋
1117	ZJLY-63	杞子岃	ZJLY-63:10YⅢ	23.35	113.79	25	陶			泥质细硬陶	灰		方格纹						西周至春秋
1118	ZJLY-63	杞子岃	ZJLY-63:11YⅢ	23.35	113.79	27	陶			泥质粗硬陶	红褐		素面						西周至春秋
1119	ZJLY-63	杞子岃	ZJLY-63:12YⅢ	23.35	113.79	28	陶	罐	口沿	泥质粗硬陶	红褐		素面						新石器时代晚期至商代
1120	ZJLY-63	杞子岃	ZJLY-63:13YⅢ	23.35	113.79	28	陶			夹粗砂软陶	青灰		素面						新石器时代晚期至商代
1121	ZJLY-63	杞子岃	ZJLY-63:14YⅢ	23.35	113.79	28	陶			泥质细硬陶	红褐		菱格凸块纹						新石器时代晚期至商代
1122	ZJLY-63	杞子岃	ZJLY-63:15YⅢ	23.35	113.79	26	陶			夹粗砂软陶	灰白		素面						西周至春秋
1123	ZJLY-63	杞子岃	ZJLY-63:16YⅢ	23.35	113.79	30	陶			泥质细硬陶	灰		素面						新石器时代晚期至商代
1124	ZJLY-63	杞子岃	ZJLY-63:17YⅢ	23.35	113.79	35	陶	罐	口沿	泥质细硬陶	灰黑		素面						西周至春秋
1125	ZJLY-63	杞子岃	ZJLY-63:18YⅢ	23.35	113.79	34	陶			夹粗砂软陶	红褐		素面						新石器时代晚期至商代
1126	ZJLY-63	杞子岃	ZJLY-63:19YⅢ	23.35	113.79	36	陶			泥质粗硬陶	灰		夔纹						西周至春秋
1127	ZJLY-63	杞子岃	ZJLY-63:20YⅢ	23.35	113.79	38	陶			泥质细硬陶	灰黑		方格纹						西周至春秋
1128	ZJLY-63	杞子岃	ZJLY-63:21YⅢ	23.35	113.79	46	陶			泥质细硬陶	青灰		素面						西周至春秋
1129	ZJLY-63	杞子岃	ZJLY-63:22YⅢ	23.35	113.79	47	陶			夹粗砂软陶	灰黑		素面						新石器时代晚期至商代
1130	ZJLY-63	杞子岃	ZJLY-63:23YⅢ	23.35	113.79	44	陶			泥质细硬陶	青灰		方格纹、弦纹						西周至春秋
1131	ZJLY-63	杞子岃	ZJLY-63:24YⅢ	23.35	113.79	45	陶			泥质细硬陶	青灰		方格纹						西周至春秋
1132	ZJLY-63	杞子岃	ZJLY-63:25YⅢ	23.35	113.79	49	陶			夹粗砂软陶	灰黑		素面						新石器时代晚期至商代
1133	ZJLY-63	杞子岃	ZJLY-63:26YⅢ	23.35	113.79	42	陶			夹粗砂软陶	红褐		素面						新石器时代晚期至商代
1134	ZJLY-63	杞子岃	ZJLY-63:27YⅢ	23.35	113.79	39	陶			泥质细硬陶	深灰		方格纹						西周至春秋

序号	遗址编号	遗址名称	遗物编号	纬度（度）	经度（度）	海拔（米）	质地	器形	部位	陶质	颜色	釉色	纹饰	刻划符号	石器岩性	石器完整程度	石器硬度	石器风化程度	年代
1135	ZJLY-63	杞子岗	ZJLY-63:28YⅢ	23.35	113.79	41	陶			泥质细硬陶	灰白		方格纹						西周至春秋
1136	ZJLY-63	杞子岗	ZJLY-63:29YⅢ	23.35	113.79	41	陶			泥质细硬陶	青灰		方格纹						西周至春秋
1137	ZJLY-63	杞子岗	ZJLY-63:30YⅢ	23.35	113.79	42	陶			泥质粗硬陶	青灰		菱格纹						西周至春秋
1138	ZJLY-63	杞子岗	ZJLY-63:31YⅢ	23.35	113.79	36	陶	釜	口沿	夹粗砂软陶	灰黑		素面						新石器时代晚期至商代
1139	ZJLY-63	杞子岗	ZJLY-63:32YⅢ	23.35	113.79	36	陶			夹粗砂软陶	红褐		素面						新石器时代晚期至商代
1140	ZJLY-63	杞子岗	ZJLY-63:33YⅢ	23.35	113.79	37	陶			夹粗砂软陶	灰		素面						新石器时代晚期至商代
1141	ZJLY-63	杞子岗	ZJLY-63:34YⅢ	23.35	113.79	37	陶			夹粗砂软陶	灰黑		素面						新石器时代晚期至商代
1142	ZJLY-63	杞子岗	ZJLY-63:35YⅢ	23.35	113.79	36	陶	釜	口沿	夹粗砂软陶	灰黑		素面						新石器时代晚期至商代
1143	ZJLY-63	杞子岗	ZJLY-63:36YⅢ	23.35	113.79	38	陶	釜	口沿	夹粗砂软陶	灰黑		素面						新石器时代晚期至商代
1144	ZJLY-63	杞子岗	ZJLY-63:37YⅢ	23.35	113.79	39	陶			泥质细硬陶	灰		方格纹						西周至春秋
1145	ZJLY-63	杞子岗	ZJLY-63:38YⅢ	23.35	113.79	37	陶			夹粗砂软陶	灰黑		素面						新石器时代晚期至商代
1146	ZJLY-63	杞子岗	ZJLY-63:39YⅢ	23.35	113.79	40	陶			夹粗砂软陶	灰黑		素面						新石器时代晚期至商代
1147	ZJLY-63	杞子岗	ZJLY-63:40YⅢ	23.35	113.79	37	陶	釜	口沿	夹粗砂软陶	灰黑		素面						新石器时代晚期至商代
1148	ZJLY-63	杞子岗	ZJLY-63:41YⅢ	23.35	113.79	18	陶			泥质细硬陶	深灰		方格纹、弦纹						西周至春秋
1149	ZJLY-63	杞子岗	ZJLY-63:42YⅢ	23.35	113.79	26	陶			泥质细硬陶	灰		方格纹						西周至春秋
1150	ZJLY-63	杞子岗	ZJLY-63:1ZⅠ	23.35	113.79	25	陶			泥质细硬陶	灰		方格纹						西周至春秋
1151	ZJLY-63	杞子岗	ZJLY-63:2ZⅠ	23.35	113.79	35	陶			夹粗砂软陶	红褐		素面						新石器时代晚期至商代
1152	ZJLY-63	杞子岗	ZJLY-63:3ZⅠ	23.35	113.79	40	陶			夹粗砂软陶	灰黑		素面						新石器时代晚期至商代
1153	ZJLY-63	杞子岗	ZJLY-63:4ZⅠ	23.35	113.79	43	陶			泥质相硬陶	青灰		菱格凸块纹、篦点纹						西周至春秋
1154	ZJLY-63	杞子岗	ZJLY-63:5ZⅠ	23.35	113.79	43	陶			泥质细硬陶	青灰		素面						西周至春秋
1155	ZJLY-63	杞子岗	ZJLY-63:6ZⅠ	23.35	113.79	44	陶			泥质相硬陶	青灰		菱格凸点纹						西周至春秋
1156	ZJLY-63	杞子岗	ZJLY-63:7ZⅠ	23.35	113.79	44	陶			夹粗砂软陶	灰黑		方格纹						新石器时代晚期至商代
1157	ZJLY-63	杞子岗	ZJLY-63:8ZⅠ	23.35	113.79	45	陶			夹粗砂软陶	灰黑		素面						新石器时代晚期至商代
1158	ZJLY-63	杞子岗	ZJLY-63:9ZⅠ	23.35	113.79	41	陶	釜	口沿	夹粗砂软陶	灰黑		素面						新石器时代晚期至商代
1159	ZJLY-63	杞子岗	ZJLY-63:10ZⅠ	23.35	113.79	43	陶			泥质相硬陶	青灰		方格纹、夔纹						西周至春秋
1160	ZJLY-63	杞子岗	ZJLY-63:11ZⅠ	23.35	113.79	42	陶			泥质相硬陶	青灰		菱格凸点纹						西周至春秋
1161	ZJLY-63	杞子岗	ZJLY-63:12ZⅠ	23.35	113.79	39	陶			泥质细硬陶	青灰		方格纹						西周至春秋
1162	ZJLY-63	杞子岗	ZJLY-63:13ZⅠ	23.35	113.79	39	陶			泥质相硬陶	灰		方格纹						西周至春秋
1163	ZJLY-63	杞子岗	ZJLY-63:14ZⅠ	23.35	113.79	41	陶			泥质细硬陶	青灰		方格纹						西周至春秋
1164	ZJLY-63	杞子岗	ZJLY-63:15ZⅠ	23.35	113.79	42	陶			泥质相硬陶	红褐		方格纹						西周至春秋
1165	ZJLY-63	杞子岗	ZJLY-63:16ZⅠ	23.35	113.79	42	陶			泥质相硬陶	红褐		方格纹						西周至春秋

序号	遗址编号	遗址名称	遗物编号	纬度（度）	经度（度）	海拔（米）	质地	器形	部位	陶质	颜色	釉色	纹饰	刻划符号	石器岩性	石器完整程度	石器硬度	石器风化程度	年代
1166	ZJLY-63	杞子山	ZJLY-63:17ZⅠ	23.35	113.79	42	陶			夹粗砂软陶	灰黑		绳纹						新石器时代晚期至商代
1167	ZJLY-63	杞子山	ZJLY-63:18ZⅠ	23.35	113.79	42	陶			泥质粗硬陶	青灰		方格纹						西周至春秋
1168	ZJLY-63	杞子山	ZJLY-63:19ZⅠ	23.35	113.79	42	陶			泥质粗硬陶	红褐		菱格凸块纹						西周至春秋
1169	ZJLY-63	杞子山	ZJLY-63:20ZⅠ	23.35	113.79	43	陶			夹粗砂软陶	灰黑		绳纹						新石器时代晚期至商代
1170	ZJLY-63	杞子山	ZJLY-63:21ZⅠ	23.35	113.79	44	陶	罐	口沿	泥质细硬陶	灰黑		素面						唐宋
1171	ZJLY-63	杞子山	ZJLY-63:22ZⅠ	23.35	113.79	45	陶			夹粗砂软陶	灰黑		素面						新石器时代晚期至商代
1172	ZJLY-63	杞子山	ZJLY-63:23ZⅠ	23.35	113.79	46	陶			泥质粗硬陶	红		方格纹						西周至春秋
1173	ZJLY-63	杞子山	ZJLY-63:24ZⅠ	23.35	113.79	42	陶			泥质粗硬陶			菱格凸块纹						西周至春秋
1174	ZJLY-63	杞子山	ZJLY-63:25ZⅠ	23.35	113.79	46	陶			夹粗砂软陶	灰黑		素面						新石器时代晚期至商代
1175	ZJLY-63	杞子山	ZJLY-63:26ZⅠ	23.35	113.79	41	陶			夹粗砂软陶	灰黑		素面						新石器时代晚期至商代
1176	ZJLY-63	杞子山	ZJLY-63:27ZⅠ	23.35	113.79	41	陶			泥质细硬陶	灰白		曲折纹						新石器时代晚期至商代
1177	ZJLY-63	杞子山	ZJLY-63:28ZⅠ	23.35	113.79	44	陶			夹粗砂硬陶	红褐		菱格凸块纹						西周至春秋
1178	ZJLY-63	杞子山	ZJLY-63:29ZⅠ	23.35	113.79	47	陶			夹粗砂软陶	灰黑		绳纹						新石器时代晚期至商代
1179	ZJLY-63	杞子山	ZJLY-63:30ZⅠ	23.35	113.79	45	陶			夹粗砂软陶	红褐		素面						新石器时代晚期至商代
1180	ZJLY-63	杞子山	ZJLY-63:31ZⅠ	23.35	113.79	47	陶			夹粗砂软陶	灰黑		素面						新石器时代晚期至商代
1181	ZJLY-63	杞子山	ZJLY-63:32ZⅠ	23.35	113.79	45	陶			夹粗砂软陶	灰黑		素面						新石器时代晚期至商代
1182	ZJLY-63	杞子山	ZJLY-63:33ZⅠ	23.35	113.79	38	陶			泥质细硬陶	青灰		夔纹						西周至春秋
1183	ZJLY-63	杞子山	ZJLY-63:34ZⅠ	23.35	113.79	40	陶			泥质细硬陶	青灰		菱格凸块纹						西周至春秋
1184	ZJLY-63	杞子山	ZJLY-63:35ZⅠ	23.35	113.79	39	陶			泥质细硬陶	青灰		菱格凸块纹						西周至春秋
1185	ZJLY-63	杞子山	ZJLY-63:36ZⅠ	23.35	113.79	33	陶			泥质细硬陶	青灰		叶脉纹						西周至春秋
1186	ZJLY-63	杞子山	ZJLY-63:37ZⅠ	23.35	113.79	33	陶			夹粗砂软陶	灰黑		素面						新石器时代晚期至商代
1187	ZJLY-63	杞子山	ZJLY-63:38ZⅠ	23.35	113.79	39	陶			夹粗砂软陶	灰黑		素面						新石器时代晚期至商代
1188	ZJLY-63	杞子山	ZJLY-63:39ZⅠ	23.35	113.79	42	陶			泥质细硬陶	青灰		方格纹、篦点纹						西周至春秋
1189	ZJLY-63	杞子山	ZJLY-63:40ZⅠ	23.35	113.79	36	陶			泥质细硬陶	灰		菱格凸块纹						西周至春秋
1190	ZJLY-63	杞子山	ZJLY-63:41ZⅠ	23.35	113.79	29	陶			夹粗砂硬陶	灰黑		素面						西周至春秋
1191	ZJLY-63	杞子山	ZJLY-63:42ZⅠ	23.35	113.79	31	陶			泥质细硬陶	灰		菱格凸块纹						西周至春秋
1192	ZJLY-63	杞子山	ZJLY-63:43ZⅠ	23.35	113.79	34	陶	釜	口沿	夹粗砂软陶	灰黑		素面						新石器时代晚期至商代
1193	ZJLY-63	杞子山	ZJLY-63:44ZⅠ	23.35	113.79	31	陶			泥质细硬陶	灰		素面						新石器时代晚期至商代
1194	ZJLY-63	杞子山	ZJLY-63:45ZⅠ	23.35	113.79	38	陶			夹粗砂软陶	灰黑		素面						新石器时代晚期至商代
1195	ZJLY-63	杞子山	ZJLY-63:46ZⅠ	23.35	113.79	39	陶			泥质细硬陶	红褐		素面						新石器时代晚期至商代
1196	ZJLY-63	杞子山	ZJLY-63:47ZⅠ	23.35	113.79	39	陶			夹粗砂软陶	灰黑		绳纹						新石器时代晚期至商代

序号	遗址编号	遗址名称	遗物编号	纬度(度)	经度(度)	海拔(米)	质地	器形	部位	陶质	颜色	釉色	纹饰	刻划符号	石器岩性	石器完整程度	石器硬度	石器风化程度	年代
1197	ZJLY-63	杞子岌	ZJLY-63:48ZI	23.35	113.79	43	陶	釜	口沿	夹粗砂软陶	灰		素面						新石器时代晚期至商代
1198	ZJLY-63	杞子岌	ZJLY-63:49ZI	23.35	113.79	40	陶			夹粗砂硬陶	灰黑		素面						新石器时代晚期至商代
1199	ZJLY-63	杞子岌	ZJLY-63:50ZI	23.35	113.79	41	陶			夹粗砂软硬陶	灰黑		素面						新石器时代晚期至商代
1200	ZJLY-63	杞子岌	ZJLY-63:51ZI	23.35	113.79	42	陶			夹粗砂软陶	红褐		素面						新石器时代晚期至商代
1201	ZJLY-63	杞子岌	ZJLY-63:52ZI	23.35	113.79	46	陶			夹粗砂软陶	灰		素面						新石器时代晚期至商代
1202	ZJLY-63	杞子岌	ZJLY-63:53ZI	23.35	113.79	48	陶			夹粗砂软陶	灰黑		素面						新石器时代晚期至商代
1203	ZJLY-63	杞子岌	ZJLY-63:54ZI	23.35	113.79	49	陶			夹粗砂硬陶	灰黑		素面						新石器时代晚期至商代
1204	ZJLY-63	杞子岌	ZJLY-63:55ZI	23.35	113.79	51	陶			泥质粗硬陶	灰		方格纹、夔纹						西周至春秋
1205	ZJLY-63	杞子岌	ZJLY-63:56ZI	23.35	113.79	50	陶	瓮	口沿	泥质粗硬陶	青灰		素面	有					西周至春秋
1206	ZJLY-63	杞子岌	ZJLY-63:57ZI	23.35	113.79	51	陶			泥质粗硬陶	灰		方格纹、泫纹						西周至春秋
1207	ZJLY-63	杞子岌	ZJLY-63:58ZI	23.35	113.79	51	陶			泥质细硬陶	灰		方格纹						西周至春秋
1208	ZJLY-63	杞子岌	ZJLY-63:59ZI	23.35	113.79	49	陶			泥质细硬陶	灰		方格纹、泫纹						西周至春秋
1209	ZJLY-63	杞子岌	ZJLY-63:60ZI	23.35	113.79	50	陶			泥质细硬陶	灰		方格纹						西周至春秋
1210	ZJLY-63	杞子岌	ZJLY-63:61ZI	23.35	113.79	50	陶			泥质细硬陶	青灰		方格纹						西周至春秋
1211	ZJLY-63	杞子岌	ZJLY-63:62ZI	23.35	113.79	50	陶			泥质细硬陶	青灰		方格纹						西周至春秋
1212	ZJLY-63	杞子岌	ZJLY-63:63ZI	23.35	113.79	52	陶			泥质细硬陶	灰		方格纹、泫纹						西周至春秋
1213	ZJLY-63	杞子岌	ZJLY-63:64ZI	23.35	113.79	49	陶			夹粗砂硬陶	灰黑		素面						新石器时代晚期至商代
1214	ZJLY-63	杞子岌	ZJLY-63:65ZI	23.35	113.79	50	陶			泥质粗硬陶	深灰		素面						明清
1215	ZJLY-63	杞子岌	ZJLY-63:66ZI	23.35	113.79	50	陶			泥质粗硬陶	灰		方格纹						西周至春秋
1216	ZJLY-63	杞子岌	ZJLY-63:67ZI	23.35	113.79	46	陶			泥质细硬陶	青灰		方格纹、泫纹						西周至春秋
1217	ZJLY-63	杞子岌	ZJLY-63:68ZI	23.35	113.79	50	陶			泥质粗硬陶	青灰		方格纹						西周至春秋
1218	ZJLY-63	杞子岌	ZJLY-63:69ZI	23.35	113.79	49	陶	罐	口沿	泥质细硬陶	青灰		素面						西周至春秋
1219	ZJLY-63	杞子岌	ZJLY-63:70ZI	23.35	113.79	50	陶			泥质粗硬陶	灰黑		方格纹						西周至春秋
1220	ZJLY-63	杞子岌	ZJLY-63:71ZI	23.35	113.79	52	陶			泥质粗硬陶	青灰		方格纹、菱格凸块纹						西周至春秋
1221	ZJLY-63	杞子岌	ZJLY-63:72ZI	23.35	113.79	50	陶	罐	圈足	泥质细硬陶	青灰		素面						西周至春秋
1222	ZJLY-63	杞子岌	ZJLY-63:73ZI	23.35	113.79	49	陶			夹粗砂硬陶	灰		素面						新石器时代晚期至商代
1223	ZJLY-63	杞子岌	ZJLY-63:74ZI	23.35	113.79	47	陶			泥质细硬陶	红褐		夔纹						西周至春秋
1224	ZJLY-63	杞子岌	ZJLY-63:75ZI	23.35	113.79	45	陶			夹粗砂软陶	灰黑		素面						新石器时代晚期至商代
1225	ZJLY-63	杞子岌	ZJLY-63:76ZI	23.35	113.79	44	陶			泥质细硬陶	灰		方格纹						西周至春秋
1226	ZJLY-63	杞子岌	ZJLY-63:77ZI	23.35	113.79	48	陶			泥质粗硬陶	灰		方格纹						西周至春秋
1227	ZJLY-63	杞子岌	ZJLY-63:78ZI	23.35	113.79	48	陶			夹粗砂软陶	灰黑		素面						新石器时代晚期至商代

序号	遗址编号	遗址名称	遗物编号	纬度（度）	经度（度）	海拔（米）	质地	器形	部位	陶质	颜色	釉色	纹饰	刻划符号	石器岩性	石器完整程度	石器硬度	石器风化程度	年代
1228	ZJLY-63	杞子岎	ZJLY-63：79Z I	23.35	113.79	48	陶			夹粗砂软陶	灰黑		素面						新石器时代晚期至商代
1229	ZJLY-63	杞子岎	ZJLY-63：80Z I	23.35	113.79	49	陶			泥质细软陶	青灰		夔纹						西周至春秋
1230	ZJLY-63	杞子岎	ZJLY-63：81Z I	23.35	113.79	46	陶			泥质细软陶	灰		素面						新石器时代晚期至商代
1231	ZJLY-63	杞子岎	ZJLY-63：82Z I	23.35	113.79	46	陶			泥质细软陶	灰		方格纹						西周至春秋
1232	ZJLY-63	杞子岎	ZJLY-63：83Z I	23.35	113.79	46	陶			泥质粗硬陶	青灰		菱格凸块纹						西周至春秋
1233	ZJLY-63	杞子岎	ZJLY-63：84Z I	23.35	113.79	48	陶	罐	口沿	泥质细软陶	灰白		素面						新石器时代晚期至商代
1234	ZJLY-63	杞子岎	ZJLY-63：85Z I	23.35	113.79	48	陶			泥质细软陶	青灰		方格纹						西周至春秋
1235	ZJLY-63	杞子岎	ZJLY-63：86Z I	23.35	113.79	45	陶			夹粗砂硬陶	灰		素面						新石器时代晚期至商代
1236	ZJLY-63	杞子岎	ZJLY-63：87Z I	23.35	113.79	45	陶			泥质细软陶	灰		夔纹						西周至春秋
1237	ZJLY-63	杞子岎	ZJLY-63：88Z I	23.35	113.79	36	陶			夹粗砂硬陶	灰黑		素面						新石器时代晚期至商代
1238	ZJLY-63	杞子岎	ZJLY-63：89Z I	23.35	113.79	37	陶			泥质细软陶	青灰		方格纹						西周至春秋
1239	ZJLY-63	杞子岎	ZJLY-63：90Z I	23.35	113.79	38	陶	器座		夹粗砂硬陶	灰黑		素面						新石器时代晚期至商代
1240	ZJLY-63	杞子岎	ZJLY-63：91Z I	23.35	113.79	31	陶	器座		夹粗砂软陶	灰黄		素面						新石器时代晚期至商代
1241	ZJLY-63	杞子岎	ZJLY-63：92Z I	23.35	113.79	31	陶			夹粗砂硬陶	灰黑		素面						新石器时代晚期至商代
1242	ZJLY-63	杞子岎	ZJLY-63：93Z I	23.35	113.79	36	陶			夹粗砂硬陶	灰黑		素面						新石器时代晚期至商代
1243	ZJLY-63	杞子岎	ZJLY-63：94Z I	23.35	113.79	30	石	石器								残			新石器时代晚期至商代
1244	ZJLY-63	杞子岎	ZJLY-63：95Z I	23.35	113.79	34	陶			夹粗砂软陶	深灰		素面						新石器时代晚期至商代
1245	ZJLY-63	杞子岎	ZJLY-63：96Z I	23.35	113.79	34	陶			泥质细软陶	灰黑		方格纹						西周至春秋
1246	ZJLY-63	杞子岎	ZJLY-63：97Z I	23.35	113.79	37	陶			夹粗砂硬陶	灰		素面						新石器时代晚期至商代
1247	ZJLY-63	杞子岎	ZJLY-63：98Z I	23.35	113.79	30	陶			泥质细软陶	红褐		方格纹						西周至春秋
1248	ZJLY-63	杞子岎	ZJLY-63：99Z I	23.35	113.79	26	陶			泥质粗硬陶	青灰		菱格凸块纹						西周至春秋
1249	ZJLY-63	杞子岎	ZJLY-63：100Z I	23.35	113.79	25	陶			夹粗砂软陶	青灰		素面						新石器时代晚期至商代
1250	ZJLY-63	杞子岎	ZJLY-63：101Z I	23.35	113.79	25	陶			泥质细软陶	青灰		方格纹						西周至春秋
1251	ZJLY-63	杞子岎	ZJLY-63：102Z I	23.35	113.79	32	陶			泥质粗硬陶	灰		菱格凸块纹						西周至春秋
1252	ZJLY-63	杞子岎	ZJLY-63：103Z I	23.35	113.79	35	陶			夹粗砂硬陶	灰黑		素面						新石器时代晚期至商代
1253	ZJLY-63	杞子岎	ZJLY-63：104Z I	23.35	113.79	31	陶			泥质细软陶	灰黑		夔纹						西周至春秋
1254	ZJLY-63	杞子岎	ZJLY-63：105Z I	23.35	113.79	31	陶			夹粗砂软陶	青灰		素面						新石器时代晚期至商代
1255	ZJLY-63	杞子岎	ZJLY-63：106Z I	23.35	113.79	32	陶			夹粗砂软陶	灰黑		素面						新石器时代晚期至商代
1256	ZJLY-63	杞子岎	ZJLY-63：107Z I	23.35	113.79	31	陶	罐	圈足	夹粗砂软陶	灰黑		素面						新石器时代晚期至商代
1257	ZJLY-63	杞子岎	ZJLY-63：108Z I	23.35	113.79	35	陶	釜	口沿	夹粗砂硬陶	灰黑		素面						新石器时代晚期至商代
1258	ZJLY-63	杞子岎	ZJLY-63：109Z I	23.35	113.79	38	陶			夹粗砂硬陶	灰黑		菱格点纹						西周至春秋

序号	遗址编号	遗址名称	遗物编号	纬度（度）	经度（度）	海拔（米）	质地	器形	部位	陶质	颜色	釉色	纹饰	刻划符号	石器岩性	石器完整程度	石器硬度	石器风化程度	年代
1259	ZJLY-63	和子岇	ZJLY-63:110ZⅠ	23.35	113.79	37	陶			泥质粗硬陶	灰		方格纹						西周至春秋
1260	ZJLY-63	和子岇	ZJLY-63:111ZⅠ	23.35	113.79	35	陶			泥质粗硬陶	青灰		方格纹						西周至春秋
1261	ZJLY-63	和子岇	ZJLY-63:112ZⅠ	23.35	113.79	43	陶	器座		夹粗砂软陶	红褐		素面						新石器时代晚期至商代
1262	ZJLY-63	和子岇	ZJLY-63:113ZⅠ	23.35	113.79	38	陶			泥质粗硬陶	灰		方格纹						西周至春秋
1263	ZJLY-63	和子岇	ZJLY-63:114ZⅠ	23.35	113.79	36	陶			泥质细硬陶	灰褐		方格纹						西周至春秋
1264	ZJLY-63	和子岇	ZJLY-63:115ZⅠ	23.35	113.79	33	陶			泥质粗硬陶	青灰		菱格凸点纹						西周至春秋
1265	ZJLY-63	和子岇	ZJLY-63:116ZⅠ	23.35	113.79	32	陶			泥质粗硬陶	青灰		夔纹						西周至春秋
1266	ZJLY-63	和子岇	ZJLY-63:117ZⅠ	23.35	113.79	37	陶			泥质粗硬陶	灰褐		夔纹						西周至春秋
1267	ZJLY-63	和子岇	ZJLY-63:118ZⅠ	23.35	113.79	37	陶			泥质粗硬陶	灰		方格纹						西周至春秋
1268	ZJLY-63	和子岇	ZJLY-63:119ZⅠ	23.35	113.79	41	陶	釜	口沿	夹粗砂软陶	灰		素面						新石器时代晚期至商代
1269	ZJLY-63	和子岇	ZJLY-63:120ZⅠ	23.35	113.79	39	陶			夹粗砂软陶	灰黑		素面						新石器时代晚期至商代
1270	ZJLY-63	和子岇	ZJLY-63:121ZⅠ	23.35	113.79	35	陶			泥质粗硬陶	灰		素面						西周至春秋
1271	ZJLY-63	和子岇	ZJLY-63:122ZⅠ	23.35	113.79	29	陶			夹粗砂软陶	灰		绳纹						新石器时代晚期至商代
1272	ZJLY-63	和子岇	ZJLY-63:123ZⅠ	23.35	113.79	31	陶			泥质细硬陶	青灰		夔纹、弦纹						西周至春秋
1273	ZJLY-63	和子岇	ZJLY-63:124ZⅠ	23.35	113.79	28	陶			泥质细硬陶	红褐		方格纹						西周至春秋
1274	ZJLY-63	和子岇	ZJLY-63:125ZⅠ	23.35	113.79	35	陶	器座		夹粗砂软陶	红褐		素面						新石器时代晚期至商代
1275	ZJLY-63	和子岇	ZJLY-63:126ZⅠ	23.35	113.79	36	陶			泥质粗硬陶	红褐		篦点纹						西周至春秋
1276	ZJLY-63	和子岇	ZJLY-63:127ZⅠ	23.35	113.79	41	陶			泥质粗硬陶	红褐		方格纹						西周至春秋
1277	ZJLY-63	和子岇	ZJLY-63:128ZⅠ	23.35	113.79	43	陶			泥质粗硬陶	红褐		夔纹						西周至春秋
1278	ZJLY-63	和子岇	ZJLY-63:129ZⅠ	23.35	113.79	47	陶			夹细砂硬陶	灰黑		夔纹						西周至春秋
1279	ZJLY-63	和子岇	ZJLY-63:130ZⅠ	23.35	113.79	47	陶			泥质粗硬陶	青灰		菱格凸点纹						西周至春秋
1280	ZJLY-63	和子岇	ZJLY-63:131ZⅠ	23.35	113.79	43	陶			夹粗砂软陶	灰黑		素面						新石器时代晚期至商代
1281	ZJLY-63	和子岇	ZJLY-63:132ZⅠ	23.35	113.79	40	陶			夹细砂软陶	红		素面						新石器时代晚期至商代
1282	ZJLY-63	和子岇	ZJLY-63:133ZⅠ	23.35	113.79	40	陶			夹粗砂软陶	灰褐		素面						新石器时代晚期至商代
1283	ZJLY-63	和子岇	ZJLY-63:134ZⅠ	23.35	113.79	40	陶			夹粗砂软陶	灰		素面						新石器时代晚期至商代
1284	ZJLY-63	和子岇	ZJLY-63:135ZⅠ	23.35	113.79	42	陶	罐	腹部	夹粗砂软陶	灰黑		素面						西周至春秋
1285	ZJLY-63	和子岇	ZJLY-63:136ZⅠ	23.35	113.79	41	陶	瓮	口沿	泥质细硬陶	灰		方格纹						西周至春秋
1286	ZJLY-63	和子岇	ZJLY-63:137ZⅠ	23.35	113.79	42	陶			泥质细硬陶	灰		方格纹						西周至春秋
1287	ZJLY-63	和子岇	ZJLY-63:138ZⅠ	23.35	113.79	41	陶			泥质细硬陶	青灰		方格纹、弦纹						西周至春秋
1288	ZJLY-63	和子岇	ZJLY-63:139ZⅠ	23.35	113.79	38	陶			泥质粗硬陶	红褐		方格纹						西周至春秋
1289	ZJLY-63	和子岇	ZJLY-63:140ZⅠ	23.35	113.79	36	陶			泥质粗硬陶	青灰		方格纹						西周至春秋

序号	遗址编号	遗址名称	遗物编号	纬度（度）	经度（度）	海拔（米）	质地	器形	部位	陶质	颜色	釉色	纹饰	刻划符号	石器岩性	石器完整程度	石器硬度	石器风化程度	年代
1290	ZJLY-63	杞子山	ZJLY-63:141ZⅠ	23.35	113.79	40	陶			泥质粗硬陶	青灰		方格纹						西周至春秋
1291	ZJLY-63	杞子山	ZJLY-63:142ZⅠ	23.35	113.79	38	陶			泥质粗硬陶	青灰		方格纹						西周至春秋
1292	ZJLY-63	杞子山	ZJLY-63:143ZⅠ	23.35	113.79	35	陶			夹粗砂软陶	灰黑		素面						新石器时代晚期至商代
1293	ZJLY-63	杞子山	ZJLY-63:144ZⅠ	23.35	113.79	39	陶			泥质粗硬陶	灰		方格纹、夔纹						西周至春秋
1294	ZJLY-63	杞子山	ZJLY-63:145ZⅠ	23.35	113.79	21	陶			夹粗砂硬陶	灰		夔纹、弦纹						西周至春秋
1295	ZJLY-63	杞子山	ZJLY-63:146ZⅠ	23.35	113.79	34	陶			夹粗砂软陶	红褐		绳纹						新石器时代晚期至商代
1296	ZJLY-63	杞子山	ZJLY-63:147ZⅠ	23.35	113.79	36	陶			泥质粗硬陶	青灰		夔纹、弦纹						西周至春秋
1297	ZJLY-63	杞子山	ZJLY-63:148ZⅠ	23.35	113.79	38	陶			泥质粗硬陶	灰		方格纹						西周至春秋
1298	ZJLY-63	杞子山	ZJLY-63:149ZⅠ	23.35	113.79	39	陶			夹粗砂硬陶	灰黑		素面						新石器时代晚期至商代
1299	ZJLY-63	杞子山	ZJLY-63:150ZⅠ	23.35	113.79	32	陶			泥质细硬陶	青灰		篦点纹						西周至春秋
1300	ZJLY-63	杞子山	ZJLY-63:151ZⅠ	23.35	113.79	37	陶			泥质粗硬陶	灰		方格纹						西周至春秋
1301	ZJLY-63	杞子山	ZJLY-63:152ZⅠ	23.35	113.79	35	陶	瓮	口沿	泥质细硬陶	灰		方格纹						西周至春秋
1302	ZJLY-63	杞子山	ZJLY-63:153ZⅠ	23.35	113.79	38	陶			夹粗砂软陶	灰黑		素面						新石器时代晚期至商代
1303	ZJLY-63	杞子山	ZJLY-63:154ZⅠ	23.35	113.79	38	陶			夹粗砂软陶	灰黑		素面						新石器时代晚期至商代
1304	ZJLY-63	杞子山	ZJLY-63:155ZⅠ	23.35	113.79	38	陶			夹粗砂软陶	灰黑		素面						新石器时代晚期至商代
1305	ZJLY-63	杞子山	ZJLY-63:156ZⅠ	23.35	113.79	34	陶	釜	口沿	泥质粗硬陶	红		方格纹						西周至春秋
1306	ZJLY-63	杞子山	ZJLY-63:157ZⅠ	23.35	113.79	36	陶			泥质粗硬陶	灰		夔纹、篦点纹						西周至春秋
1307	ZJLY-63	杞子山	ZJLY-63:158ZⅠ	23.35	113.79	40	陶			夹粗砂软陶	灰黑		素面						新石器时代晚期至商代
1308	ZJLY-63	杞子山	ZJLY-63:159ZⅠ	23.35	113.79	43	陶			夹粗砂软陶	灰黑		素面						新石器时代晚期至商代
1309	ZJLY-63	杞子山	ZJLY-63:160ZⅠ	23.35	113.79	40	陶			夹粗砂硬陶	红褐		素面						新石器时代晚期至商代
1310	ZJLY-63	杞子山	ZJLY-63:161ZⅠ	23.35	113.79	44	陶	釜	口沿	夹粗砂软陶	红褐		素面						新石器时代晚期至商代
1311	ZJLY-63	杞子山	ZJLY-63:162ZⅠ	23.35	113.79	40	陶			泥质粗硬陶	深灰		方格纹						新石器时代晚期至商代
1312	ZJLY-63	杞子山	ZJLY-63:163ZⅠ	23.35	113.79	40	陶			夹粗砂软陶	灰黑		素面						新石器时代晚期至商代
1313	ZJLY-63	杞子山	ZJLY-63:164ZⅠ	23.35	113.79	40	陶			夹粗砂软陶	红褐		素面						新石器时代晚期至商代
1314	ZJLY-63	杞子山	ZJLY-63:165ZⅠ	23.35	113.79	40	陶			夹细砂软陶	红褐		素面						新石器时代晚期至商代
1315	ZJLY-63	杞子山	ZJLY-63:166ZⅠ	23.35	113.79	46	陶			泥质细硬陶	深灰		素面						明清
1316	ZJLY-63	杞子山	ZJLY-63:167ZⅠ	23.35	113.79	42	陶			夹粗砂软陶	灰黑		素面						新石器时代晚期至商代
1317	ZJLY-63	杞子山	ZJLY-63:168ZⅠ	23.35	113.79	44	陶			夹粗砂硬陶	灰白		素面						新石器时代晚期至商代
1318	ZJLY-63	杞子山	ZJLY-63:169ZⅠ	23.35	113.79	46	陶			夹细砂软陶	青灰		席纹						新石器时代晚期至商代
1319	ZJLY-63	杞子山	ZJLY-63:170ZⅠ	23.35	113.79	45	陶			泥质粗硬陶	灰		方格纹、弦纹						西周至春秋
1320	ZJLY-63	杞子山	ZJLY-63:171ZⅠ	23.35	113.79	43	陶			泥质细软陶	青灰		素面						新石器时代晚期至商代

序号	遗址编号	遗址名称	遗物编号	纬度（度）	经度（度）	海拔（米）	质地	器形	部位	陶质	颜色	釉色	纹饰	刻划符号	石器岩性	石器完整程度	石器硬度	石器风化程度	年代
1321	ZJLY-63	杞子岽	ZJLY-63:172ZⅠ	23.35	113.79	40	陶			夹砂软陶	灰黑		素面						新石器时代晚期至商代
1322	ZJLY-63	杞子岽	ZJLY-63:173ZⅠ	23.35	113.79	42	陶			泥质粗硬陶	青灰		曲折纹						新石器时代晚期至商代
1323	ZJLY-63	杞子岽	ZJLY-63:174ZⅠ	23.35	113.79	41	陶			夹砂硬陶	灰黑		绳纹						新石器时代晚期至商代
1324	ZJLY-63	杞子岽	ZJLY-63:175ZⅠ	23.35	113.79	20	陶			夹砂软陶	灰黑		素面						新石器时代晚期至商代
1325	ZJLY-63	杞子岽	ZJLY-63:176ZⅠ	23.35	113.79	20	陶			泥质粗硬陶			菱格凸块纹						西周至春秋
1326	ZJLY-63	杞子岽	ZJLY-63:177ZⅠ	23.35	113.79	22	陶			泥质粗硬陶	灰		方格纹						西周至春秋
1327	ZJLY-63	杞子岽	ZJLY-63:178ZⅠ	23.35	113.79	23	陶			泥质粗硬陶	灰		方格纹						西周至春秋
1328	ZJLY-63	杞子岽	ZJLY-63:179ZⅠ	23.35	113.79	24	陶			泥质粗硬陶	灰		方格纹、夔纹、弦纹						西周至春秋
1329	ZJLY-63	杞子岽	ZJLY-63:180ZⅠ	23.35	113.79	23	陶			夹砂软陶	灰黑		素面						新石器时代晚期至商代
1330	ZJLY-63	杞子岽	ZJLY-63:181ZⅠ	23.35	113.79	28	陶			泥质细硬陶	红		方格纹						新石器时代晚期至商代
1331	ZJLY-63	杞子岽	ZJLY-63:182ZⅠ	23.35	113.79	32	陶			夹砂粗硬陶	灰黑		素面						新石器时代晚期至商代
1332	ZJLY-63	杞子岽	ZJLY-63:183ZⅠ	23.35	113.79	34	陶			泥质粗硬陶	灰		方格纹						西周至春秋
1333	ZJLY-63	杞子岽	ZJLY-63:184ZⅠ	23.35	113.79	36	陶			夹砂软陶	红褐		素面						新石器时代晚期至商代
1334	ZJLY-63	杞子岽	ZJLY-63:185ZⅠ	23.35	113.79	36	陶			夹砂软陶	红		素面						新石器时代晚期至商代
1335	ZJLY-63	杞子岽	ZJLY-63:186ZⅠ	23.35	113.79	36	陶	釜	口沿	夹砂软陶	灰黑		素面						新石器时代晚期至商代
1336	ZJLY-63	杞子岽	ZJLY-63:187ZⅠ	23.35	113.79	36	陶	器座		夹砂粗硬陶	灰黑		素面						新石器时代晚期至商代
1337	ZJLY-63	杞子岽	ZJLY-63:188ZⅠ	23.35	113.79	37	陶			泥质粗硬陶	青灰		方格纹						西周至春秋
1338	ZJLY-63	杞子岽	ZJLY-63:189ZⅠ	23.35	113.79	43	陶			泥质粗硬陶	灰		方格纹						西周至春秋
1339	ZJLY-63	杞子岽	ZJLY-63:190ZⅠ	23.35	113.79	45	陶			泥质细硬陶	红褐		曲折纹						新石器时代晚期至商代
1340	ZJLY-63	杞子岽	ZJLY-63:191ZⅠ	23.35	113.79	42	陶			夹砂软陶	灰		素面						新石器时代晚期至商代
1341	ZJLY-63	杞子岽	ZJLY-63:192ZⅠ	23.35	113.79	40	陶			夹砂软陶	灰黑		素面						新石器时代晚期至商代
1342	ZJLY-63	杞子岽	ZJLY-63:193ZⅠ	23.35	113.79	46	陶			夹砂软陶	红褐		素面						新石器时代晚期至商代
1343	ZJLY-63	杞子岽	ZJLY-63:194ZⅠ	23.35	113.79	46	陶			夹砂软陶	灰褐		素面						新石器时代晚期至商代
1344	ZJLY-63	杞子岽	ZJLY-63:195ZⅠ	23.35	113.79	40	陶			夹砂粗硬陶	灰黑		素面						新石器时代晚期至商代
1345	ZJLY-63	杞子岽	ZJLY-63:196ZⅠ	23.35	113.79	40	陶			夹砂粗硬陶	灰黑		素面						新石器时代晚期至商代
1346	ZJLY-63	杞子岽	ZJLY-63:197ZⅠ	23.35	113.79	39	陶			夹砂软陶	灰		素面						新石器时代晚期至商代
1347	ZJLY-63	杞子岽	ZJLY-63:198ZⅠ	23.35	113.79	37	陶			夹砂软陶	红褐		方格纹						新石器时代晚期至商代
1348	ZJLY-63	杞子岽	ZJLY-63:199ZⅠ	23.35	113.79	44	陶			泥质细硬陶	红褐		素面						新石器时代晚期至商代
1349	ZJLY-63	杞子岽	ZJLY-63:200ZⅠ	23.35	113.79	40	陶			夹砂软陶	灰黑		素面						新石器时代晚期至商代
1350	ZJLY-63	杞子岽	ZJLY-63:201ZⅠ	23.35	113.79	26	陶			泥质细硬陶	青灰		方格纹、弦纹						西周至春秋
1351	ZJLY-63	杞子岽	ZJLY-63:202ZⅠ	23.35	113.79	24	陶			泥质细硬陶	青灰		方格纹、弦纹						西周至春秋

序号	遗址编号	遗址名称	遗物编号	纬度（度）	经度（度）	海拔（米）	质地	器形	部位	陶质	颜色	釉色	纹饰	刻划符号	石器岩性	石器完整程度	石器硬度	石器风化程度	年代
1352	ZJLY-63	杞子山	ZJLY-63:203Z I	23.35	113.79	23	陶			夹粗砂软陶	灰黑		素面						新石器时代晚期至商代
1353	ZJLY-64	羊岭	ZJLY-64:1Y II	23.35	113.80	19	陶			泥质粗硬陶	深灰		米字纹						战国至南越国
1354	ZJLY-64	羊岭	ZJLY-64:2Y II	23.35	113.80	21	陶			泥质粗硬陶	青灰		方格纹						战国至南越国
1355	ZJLY-64	羊岭	ZJLY-64:3Y II	23.35	113.80	18	陶			泥质粗硬陶	深灰		弦纹						战国至南越国
1356	ZJLY-64	羊岭	ZJLY-64:4Y II	23.35	113.80	22	陶			夹粗砂软陶	红褐		方格纹						战国至南越国
1357	ZJLY-64	羊岭	ZJLY-64:5Y II	23.35	113.80	20	瓷	碗	口沿			透明釉	素面						明清
1358	ZJLY-64	羊岭	ZJLY-64:1Y III	23.35	113.80	17	陶	罐	口沿	泥质细硬陶	青灰		方格纹						战国至南越国
1359	ZJLY-64	羊岭	ZJLY-64:2Y III	23.35	113.80	19	陶			泥质粗硬陶	青灰		素面						明清
1360	ZJLY-64	羊岭	ZJLY-64:3Y III	23.35	113.80	18	陶			泥质粗硬陶	青灰		方格纹						战国至南越国
1361	ZJLY-64	羊岭	ZJLY-64:4Y III	23.35	113.80	15	瓷	碗	底			透明釉	素面						明清
1362	ZJLY-67	腊岭	ZJLY-67M1:1	/	/	/	陶	器座		夹粗砂软陶	灰黄		素面						新石器时代晚期至商代
1363	ZJLY-67	腊岭	ZJLY-67M1:2	/	/	/	陶	器座		夹粗砂软陶	灰黄		素面						新石器时代晚期至商代
1364	ZJLY-67	腊岭	ZJLY-67M1:3	/	/	/	陶	器座		夹粗砂软陶	灰黄		素面						新石器时代晚期至商代
1365	ZJLY-67	腊岭	ZJLY-67M1:4	/	/	/	陶	釜	口沿	夹粗砂软陶	灰黑		绳纹						新石器时代晚期至商代
1366	ZJLY-67	腊岭	ZJLY-67:1Y II	23.34	113.80	11	陶			夹细砂硬陶	青灰		卷云纹						新石器时代晚期至商代
1367	ZJLY-67	腊岭	ZJLY-67:2Y II	23.34	113.80	17	陶			泥质细硬陶	灰		三角格纹						战国至南越国
1368	ZJLY-67	腊岭	ZJLY-67:3Y II	23.34	113.80	17	陶			泥质粗硬陶	青灰		长方格纹						战国至南越国
1369	ZJLY-67	腊岭	ZJLY-67:4Y II	23.34	113.80	16	陶			泥质粗硬陶	青灰		素面						战国至南越国
1370	ZJLY-67	腊岭	ZJLY-67:5Y II	23.34	113.80	16	陶			泥质细硬陶	灰		素面						战国至南越国
1371	ZJLY-67	腊岭	ZJLY-67:6Y II	23.34	113.80	17	陶			泥质细硬陶	灰		篦点纹、弦纹						西周至春秋
1372	ZJLY-67	腊岭	ZJLY-67:7Y II	23.34	113.80	16	陶			泥质细硬陶	灰白		三角格纹						西周至春秋
1373	ZJLY-67	腊岭	ZJLY-67:8Y II	23.34	113.80	15	陶			泥质细硬陶	灰		方格纹						战国至南越国
1374	ZJLY-67	腊岭	ZJLY-67:9Y II	23.34	113.80	16	陶			泥质细硬陶	青灰		绳纹						战国至南越国
1375	ZJLY-67	腊岭	ZJLY-67:10Y II	23.34	113.80	16	陶	盒	口沿	泥质细硬陶	青灰		绳纹						新石器时代晚期至商代
1376	ZJLY-67	腊岭	ZJLY-67:11Y II	23.34	113.80	18	陶			泥质细硬陶	灰		素面						战国至南越国
1377	ZJLY-67	腊岭	ZJLY-67:12Y II	23.34	113.80	15	陶			泥质粗硬陶	灰		方格纹						战国至南越国
1378	ZJLY-67	腊岭	ZJLY-67:13Y II	23.34	113.80	12	陶			泥质细硬陶	灰黑		篦点纹						战国至南越国
1379	ZJLY-67	腊岭	ZJLY-67:14Y II	23.34	113.80	18	陶			泥质粗硬陶	灰		三角格纹						战国至南越国
1380	ZJLY-67	腊岭	ZJLY-67:15Y II	23.34	113.80	23	陶			泥质粗硬陶	灰		三角格纹						战国至南越国
1381	ZJLY-67	腊岭	ZJLY-67:16Y II	23.34	113.80	25	陶			泥质粗硬陶	灰黑		素面						战国至南越国
1382	ZJLY-67	腊岭	ZJLY-67:17Y II	23.34	113.80	28	陶			泥质粗硬陶	灰		方格纹、勾连云雷纹						西周至春秋

序号	遗址编号	遗址名称	遗物编号	纬度（度）	经度（度）	海拔（米）	质地	器形	部位	陶质	颜色	釉色	纹饰	刻划符号	石器岩性	石器完整程度	石器硬度	石器风化程度	年代
1383	ZJLY-67	腊岭	ZJLY-67:18YII	23.34	113.80	24	陶	罐	底	泥质粗硬陶	灰褐		米字纹						战国至南越国
1384	ZJLY-67	腊岭	ZJLY-67:19YII	23.34	113.80	24	陶			泥质细硬陶	灰褐		素面						战国至南越国
1385	ZJLY-67	腊岭	ZJLY-67:20YII	23.34	113.80	22	陶			泥质粗硬陶	灰褐		方格纹						战国至南越国
1386	ZJLY-67	腊岭	ZJLY-67:21YII	23.34	113.80	19	陶			泥质粗硬陶	青灰		长方格纹						新石器时代晚期至商代
1387	ZJLY-67	腊岭	ZJLY-67:22YII	23.34	113.80	18	陶			泥质细硬陶	青灰		方格纹						战国至南越国
1388	ZJLY-67	腊岭	ZJLY-67:23YII	23.34	113.80	21	陶			泥质粗硬陶	灰黑		菱格凸块纹、弦纹						西周至春秋
1389	ZJLY-67	腊岭	ZJLY-67:24YII	23.34	113.80	31	陶			泥质细硬陶	深灰		方格纹、菱格凸块纹						西周至春秋
1390	ZJLY-67	腊岭	ZJLY-67:25YII	23.34	113.80	22	陶			泥质粗硬陶	灰		三角格纹						战国至南越国
1391	ZJLY-67	腊岭	ZJLY-67:26YII	23.34	113.80	21	陶			夹细砂软陶	灰		素面						新石器时代晚期至商代
1392	ZJLY-67	腊岭	ZJLY-67:27YII	23.34	113.80	25	陶			夹细砂软陶	灰褐		曲折纹						新石器时代晚期至商代
1393	ZJLY-67	腊岭	ZJLY-67:28YII	23.34	113.80	30	陶			泥质细硬陶	青灰		米字纹						战国至南越国
1394	ZJLY-67	腊岭	ZJLY-67:29YII	23.34	113.80	27	陶			泥质细硬陶	青灰		米字纹						战国至南越国
1395	ZJLY-67	腊岭	ZJLY-67:30YII	23.34	113.80	36	陶			泥质细硬陶	灰黑		勾连云雷纹						西周至春秋
1396	ZJLY-67	腊岭	ZJLY-67:31YII	23.34	113.80	36	陶			泥质细硬陶	青灰		勾连云雷纹						西周至春秋
1397	ZJLY-67	腊岭	ZJLY-67:32YII	23.34	113.80	15	陶			泥质粗硬陶	灰		方格纹						战国至南越国
1398	ZJLY-67	腊岭	ZJLY-67:33YII	23.34	113.80	36	陶			泥质粗硬陶	灰		素面						战国至南越国
1399	ZJLY-67	腊岭	ZJLY-67:34YII	23.34	113.80	30	陶			泥质细硬陶	灰		方格纹						战国至南越国
1400	ZJLY-67	腊岭	ZJLY-67:35YII	23.34	113.80	34	陶	釜	口沿	夹细砂软陶	灰黑		素面						新石器时代晚期至商代
1401	ZJLY-67	腊岭	ZJLY-67:36YII	23.34	113.80	34	陶			泥质细硬陶	青灰		菱格凸块纹						西周至春秋
1402	ZJLY-67	腊岭	ZJLY-67:37YII	23.34	113.80	35	陶			泥质粗硬陶	灰		方格纹						战国至南越国
1403	ZJLY-67	腊岭	ZJLY-67:38YII	23.34	113.80	34	陶			泥质细硬陶	青灰		方格纹						战国至南越国
1404	ZJLY-67	腊岭	ZJLY-67:39YII	23.34	113.80	35	陶			夹细砂软陶	灰黑		素面						新石器时代晚期至商代
1405	ZJLY-67	腊岭	ZJLY-67:40YII	23.34	113.80	26	陶			泥质粗硬陶	灰黑		方格纹						战国至南越国
1406	ZJLY-67	腊岭	ZJLY-67:41YII	23.34	113.80	32	陶	豆	圈足	泥质细硬陶	灰黑		素面	有					西周至春秋
1407	ZJLY-67	腊岭	ZJLY-67:42YII	23.34	113.80	46	陶			泥质细硬陶	灰		菱格凸块纹						西周至春秋
1408	ZJLY-67	腊岭	ZJLY-67:43YII	23.34	113.80	48	陶			泥质细硬陶	灰黑		勾连云雷纹						西周至春秋
1409	ZJLY-67	腊岭	ZJLY-67:44YII	23.34	113.80	41	陶			夹细砂软陶	灰		勾连云雷纹						西周至春秋
1410	ZJLY-67	腊岭	ZJLY-67:45YII	23.34	113.80	42	陶			泥质细硬陶	灰褐		方格纹、复线方框纹						战国至南越国
1411	ZJLY-67	腊岭	ZJLY-67:46YII	23.34	113.80	42	陶			泥质细硬陶	红褐		素面						新石器时代晚期至商代
1412	ZJLY-67	腊岭	ZJLY-67:47YII	23.34	113.80	40	陶			泥质细硬陶	青灰		曲折纹						新石器时代晚期至商代
1413	ZJLY-67	腊岭	ZJLY-67:48YII	23.34	113.80	42	陶			夹细砂硬陶	青灰		叶脉纹						新石器时代晚期至商代

序号	遗址编号	遗址名称	遗物编号	纬度（度）	经度（度）	海拔（米）	质地	器形	部位	陶质	颜色	釉色	纹饰	刻划符号	石器岩性	石器完整程度	石器硬度	石器风化程度	年代
1414	ZJLY-67	腊岭	ZJLY-67:114YⅡ	23.34	113.80	13	陶			夹细砂硬陶	青灰		长方格纹						新石器时代晚期至商周
1415	ZJLY-67	腊岭	ZJLY-67:115YⅡ	23.34	113.80	14	陶			泥质粗硬陶	灰		素面						战国至南越国
1416	ZJLY-67	腊岭	ZJLY-67:1YⅢ	23.34	113.80	16	陶			泥质细硬陶	灰		方格纹						战国至南越国
1417	ZJLY-67	腊岭	ZJLY-67:2YⅢ	23.34	113.80	32	陶			泥质粗硬陶	灰		方格纹						战国至南越国
1418	ZJLY-67	腊岭	ZJLY-67:3YⅢ	23.34	113.80	32	陶			泥质细硬陶	灰黑		勾连云雷纹						西周至春秋
1419	ZJLY-67	腊岭	ZJLY-67:4YⅢ	23.34	113.80	36	陶			泥质粗硬陶	灰		素面						战国至南越国
1420	ZJLY-67	腊岭	ZJLY-67:5YⅢ	23.34	113.80	35	陶			泥质细硬陶	青灰		勾连云雷纹						西周至春秋
1421	ZJLY-67	腊岭	ZJLY-67:6YⅢ	23.34	113.80	35	陶			泥质粗硬陶	青灰		勾连云雷纹						西周至春秋
1422	ZJLY-67	腊岭	ZJLY-67:7YⅢ	23.34	113.80	37	陶			泥质粗硬陶	深灰		勾连云雷纹						西周至春秋
1423	ZJLY-67	腊岭	ZJLY-67:8YⅢ	23.34	113.80	37	陶			泥质粗硬陶	灰		方格纹						战国至南越国
1424	ZJLY-67	腊岭	ZJLY-67:1ZⅠ	23.34	113.80	17	陶			泥质细硬陶	青灰		米字纹						战国至南越国
1425	ZJLY-67	腊岭	ZJLY-67:2ZⅠ	23.34	113.80	13	陶			泥质粗硬陶	青灰		方格纹						战国至南越国
1426	ZJLY-67	腊岭	ZJLY-67:3ZⅠ	23.34	113.80	16	陶			泥质细硬陶	青灰		网格纹						西周至春秋
1427	ZJLY-67	腊岭	ZJLY-67:4ZⅠ	23.34	113.80	14	陶			泥质细硬陶	灰黑		素面						唐宋
1428	ZJLY-67	腊岭	ZJLY-67:5ZⅠ	23.34	113.80	11	陶			夹细砂硬陶	灰		素面						新石器时代晚期至商周
1429	ZJLY-67	腊岭	ZJLY-67:6ZⅠ	23.34	113.80	15	陶			泥质细硬陶	灰		勾连云雷纹						西周至春秋
1430	ZJLY-67	腊岭	ZJLY-67:7ZⅠ	23.34	113.80	14	陶			泥质细硬陶	深灰		素面						唐宋
1431	ZJLY-67	腊岭	ZJLY-67:8ZⅠ	23.34	113.80	14	陶			泥质细硬陶	青灰		旋涡纹						新石器时代晚期至商周
1432	ZJLY-67	腊岭	ZJLY-67:9ZⅠ	23.34	113.80	17	陶			泥质粗硬陶	深灰		方格纹						战国至南越国
1433	ZJLY-67	腊岭	ZJLY-67:10ZⅠ	23.34	113.80	16	陶			泥质细硬陶	灰		米字纹						战国至南越国
1434	ZJLY-67	腊岭	ZJLY-67:11ZⅠ	23.34	113.80	16	陶			泥质粗硬陶	灰褐		方格纹						战国至南越国
1435	ZJLY-67	腊岭	ZJLY-67:12ZⅠ	23.34	113.80	17	陶	器盖		泥质细硬陶	灰		米字纹						战国至南越国
1436	ZJLY-67	腊岭	ZJLY-67:13ZⅠ	23.34	113.80	16	陶			泥质细硬陶	青灰		素面						战国至南越国
1437	ZJLY-67	腊岭	ZJLY-67:14ZⅠ	23.34	113.80	18	陶			泥质细硬陶	青灰		米字纹						战国至南越国
1438	ZJLY-67	腊岭	ZJLY-67:15ZⅠ	23.34	113.80	18	陶			泥质粗硬陶	灰褐		三角格纹						战国至南越国
1439	ZJLY-67	腊岭	ZJLY-67:16ZⅠ	23.34	113.80	16	陶			泥质细硬陶	灰褐		素面						战国至南越国
1440	ZJLY-67	腊岭	ZJLY-67:17ZⅠ	23.34	113.80	16	陶			泥质细硬陶	灰褐		素面						战国至南越国
1441	ZJLY-67	腊岭	ZJLY-67:18ZⅠ	23.34	113.80	10	陶			泥质细硬陶	灰		方格纹						战国至南越国
1442	ZJLY-67	腊岭	ZJLY-67:19ZⅠ	23.34	113.80	13	陶			泥质细硬陶	灰		米字纹						战国至南越国
1443	ZJLY-67	腊岭	ZJLY-67:20ZⅠ	23.34	113.80	10	陶			夹细砂硬陶	红褐		素面						新石器时代晚期至商周
1444	ZJLY-67	腊岭	ZJLY-67:21ZⅠ	23.34	113.80	16	陶			泥质细硬陶	青灰		长方格纹						新石器时代晚期至商周

序号	遗址编号	遗址名称	遗物编号	纬度（度）	经度（度）	海拔（米）	质地	器形	部位	陶质	颜色	釉色	纹饰	刻划符号	石器岩性	石器完整程度	石器硬度	石器风化程度	年代
1445	ZJLY-67	腊岭	ZJLY-67:22ZI	23.34	113.80	14	陶			泥质粗硬陶	青灰		米字纹						战国至南越国
1446	ZJLY-67	腊岭	ZJLY-67:23ZI	23.34	113.80	13	陶			泥质粗硬陶	青灰		方格纹						战国至南越国
1447	ZJLY-67	腊岭	ZJLY-67:24ZI	23.34	113.80	11	陶			泥质粗硬陶	红褐		方格纹						战国至南越国
1448	ZJLY-67	腊岭	ZJLY-67:25ZI	23.34	113.80	11	陶			夹细砂硬陶	青灰		曲折纹						新石器时代晚期至商代
1449	ZJLY-67	腊岭	ZJLY-67:26ZI	23.34	113.80	19	陶			泥质细硬陶	灰		方格纹						战国至南越国
1450	ZJLY-67	腊岭	ZJLY-67:27ZI	23.34	113.80	21	陶			泥质细硬陶	深灰		方格纹						战国至南越国
1451	ZJLY-67	腊岭	ZJLY-67:28ZI	23.34	113.80	17	陶			泥质粗硬陶	灰		米字纹						战国至南越国
1452	ZJLY-67	腊岭	ZJLY-67:29ZI	23.34	113.80	17	陶			泥质粗硬陶	灰黑		绳纹						新石器时代晚期至商代
1453	ZJLY-67	腊岭	ZJLY-67:30ZI	23.34	113.80	25	陶			夹细砂硬陶	灰		素面						新石器时代晚期至商代
1454	ZJLY-67	腊岭	ZJLY-67:31ZI	23.34	113.80	22	陶			泥质细硬陶	青灰		素面						战国至南越国
1455	ZJLY-67	腊岭	ZJLY-67:32ZI	23.34	113.80	22	陶			泥质细硬陶	红褐		方格纹						战国至南越国
1456	ZJLY-67	腊岭	ZJLY-67:33ZI	23.34	113.80	22	陶			泥质粗硬陶	灰		米字纹						战国至南越国
1457	ZJLY-67	腊岭	ZJLY-67:34ZI	23.34	113.80	19	陶			泥质细硬陶	灰		方格纹						战国至南越国
1458	ZJLY-67	腊岭	ZJLY-67:35ZI	23.34	113.80	17	陶			泥质细硬陶	青灰		三角格纹						战国至南越国
1459	ZJLY-67	腊岭	ZJLY-67:36ZI	23.34	113.80	21	瓷	碗			灰黑	灰黄釉	素面						唐末
1460	ZJLY-67	腊岭	ZJLY-67:37ZI	23.34	113.80	20	瓷						素面						唐末
1461	ZJLY-67	腊岭	ZJLY-67:38ZI	23.34	113.80	21	陶			泥质粗硬陶	灰		三角格纹						战国至南越国
1462	ZJLY-67	腊岭	ZJLY-67:39ZI	23.34	113.80	35	陶			泥质细硬陶	青灰		绳纹						新石器时代晚期至商代
1463	ZJLY-67	腊岭	ZJLY-67:40ZI	23.34	113.80	34	陶			泥质粗硬陶	灰		方格纹						战国至南越国
1464	ZJLY-67	腊岭	ZJLY-67:41ZI	23.34	113.80	35	陶			泥质粗硬陶	灰褐		方格纹						战国至南越国
1465	ZJLY-67	腊岭	ZJLY-67:42ZI	23.34	113.80	39	陶			泥质细硬陶	灰褐		方格纹						战国至南越国
1466	ZJLY-67	腊岭	ZJLY-67:43ZI	23.34	113.80	35	陶			泥质细硬陶	青灰		菱格凸块纹						西周至春秋
1467	ZJLY-67	腊岭	ZJLY-67:44ZI	23.34	113.80	37	陶			泥质粗硬陶	灰褐		素面						战国至南越国
1468	ZJLY-67	腊岭	ZJLY-67:45ZI	23.34	113.80	42	陶	罐	口沿	泥质粗硬陶	灰褐		重长方格纹						西周至春秋
1469	ZJLY-67	腊岭	ZJLY-67:46ZI	23.34	113.80	29	陶			泥质细硬陶	灰		素面						战国至南越国
1470	ZJLY-67	腊岭	ZJLY-67:47ZI	23.34	113.80	27	陶			泥质粗硬陶	灰		方格纹						战国至南越国
1471	ZJLY-67	腊岭	ZJLY-67:48ZI	23.34	113.80	26	陶			泥质细硬陶	灰		云雷纹						西周至春秋
1472	ZJLY-67	腊岭	ZJLY-67:49ZI	23.34	113.80	17	陶			泥质细硬陶	灰褐		方格纹						战国至南越国
1473	ZJLY-67	腊岭	ZJLY-67:50ZI	23.34	113.80	30	陶			泥质细硬陶	红褐		曲折纹						新石器时代晚期至商代
1474	ZJLY-67	腊岭	ZJLY-67:51ZI	23.34	113.80	35	陶			泥质细硬陶	青灰		篮纹						新石器时代晚期至商代
1475	ZJLY-67	腊岭	ZJLY-67:52ZI	23.34	113.80	34	陶			泥质粗硬陶	青灰		方格纹						战国至南越国

序号	遗址编号	遗址名称	遗物编号	纬度(度)	经度(度)	海拔(米)	质地	器形	部位	陶质	颜色	釉色	纹饰	刻划符号	石器岩性	石器完整程度	石器硬度	石器风化程度	年代
1476	ZJLY-67	腊岭	ZJLY-67:53ZI	23.34	113.80	36	陶			泥质粗硬陶	灰褐		方格纹						战国至南越国
1477	ZJLY-67	腊岭	ZJLY-67:54ZI	23.34	113.80	36	陶			泥质粗硬陶	灰		方格纹						战国至南越国
1478	ZJLY-67	腊岭	ZJLY-67:55ZI	23.34	113.80	35	陶			夹细砂硬陶	青灰		长方格纹						新石器时代晚期至商代
1479	ZJLY-67	腊岭	ZJLY-67:56ZI	23.34	113.80	32	陶			泥质细硬陶	灰黑		勾连云雷纹						西周至春秋
1480	ZJLY-67	腊岭	ZJLY-67:57ZI	23.34	113.80	30	陶			泥质细硬陶	灰		方格纹						战国至南越国
1481	ZJLY-67	腊岭	ZJLY-67:58ZI	23.34	113.80	31	陶			泥质细硬陶	青灰		方格纹、旋涡纹						西周至春秋
1482	ZJLY-67	腊岭	ZJLY-67:59ZI	23.34	113.80	29	陶			泥质细硬陶	青灰		夔纹						西周至春秋
1483	ZJLY-67	腊岭	ZJLY-67:60ZI	23.34	113.80	35	陶			泥质细硬陶	青灰		素面						西周至春秋
1484	ZJLY-67	腊岭	ZJLY-67:61ZI	23.34	113.80	22	陶			泥质细硬陶	灰黑		方格纹						战国至南越国
1485	ZJLY-67	腊岭	ZJLY-67:62ZI	23.34	113.80	21	陶			泥质细硬陶	灰褐		素面						战国至南越国
1486	ZJLY-67	腊岭	ZJLY-67:63ZI	23.34	113.80	20	陶			泥质细硬陶	深灰		素面						唐宋
1487	ZJLY-67	腊岭	ZJLY-67:64ZI	23.34	113.80	44	陶			泥质粗硬陶	红褐		方格纹						战国至南越国
1488	ZJLY-67	腊岭	ZJLY-67:65ZI	23.34	113.80	43	陶			泥质粗硬陶	青灰		交错绳纹						新石器时代晚期至商代
1489	ZJLY-68	花岗山	ZJLY-68:1YII	23.34	113.80	24	陶			泥质细硬陶	灰		方格纹						战国至南越国
1490	ZJLY-68	花岗山	ZJLY-68:2YII	23.34	113.80	24	陶			泥质粗硬陶	深灰		方格纹						战国至南越国
1491	ZJLY-68	花岗山	ZJLY-68:3YII	23.34	113.80	28	陶			泥质细硬陶	深灰		网格纹						西周至春秋
1492	ZJLY-68	花岗山	ZJLY-68:4YII	23.34	113.80	27	陶		口沿	泥质细硬陶	灰褐		方格纹						战国至南越国
1493	ZJLY-68	花岗山	ZJLY-68:5YII	23.34	113.80	27	陶			泥质粗硬陶	灰褐		方格纹						战国至南越国
1494	ZJLY-68	花岗山	ZJLY-68:6YII	23.34	113.80	28	陶			泥质细硬陶	灰褐		方格纹						战国至南越国
1495	ZJLY-68	花岗山	ZJLY-68:7YII	23.34	113.80	20	陶			泥质细硬陶	红褐		方格纹						战国至南越国
1496	ZJLY-68	花岗山	ZJLY-68:8YII	23.34	113.80	33	陶			泥质细硬陶	灰		菱格凸块纹						西周至春秋
1497	ZJLY-68	花岗山	ZJLY-68:9YII	23.34	113.80	30	陶		口沿	泥质细硬陶	灰		菱格凸块纹						西周至春秋
1498	ZJLY-68	花岗山	ZJLY-68:10YII	23.34	113.80	33	陶	罐		泥质粗硬陶	青灰		素面						战国至南越国
1499	ZJLY-68	花岗山	ZJLY-68:11YII	23.34	113.80	37	陶	罐		泥质细硬陶	深灰		素面						战国至南越国
1500	ZJLY-68	花岗山	ZJLY-68:12YII	23.34	113.80	35	陶			泥质细硬陶	灰褐		菱格凸点纹						西周至春秋
1501	ZJLY-68	花岗山	ZJLY-68:13YII	23.34	113.80	37	陶	罐	口沿	泥质细硬陶	红褐		方格纹						西周至春秋
1502	ZJLY-68	花岗山	ZJLY-68:14YII	23.34	113.80	37	陶			泥质粗硬陶	灰褐		戳印纹						战国至南越国
1503	ZJLY-68	花岗山	ZJLY-68:15YII	23.34	113.80	34	陶			泥质细硬陶	深灰		方格纹						战国至南越国
1504	ZJLY-68	花岗山	ZJLY-68:16YII	23.34	113.80	39	陶			泥质细硬陶	灰褐		菱格凸点纹						西周至春秋
1505	ZJLY-68	花岗山	ZJLY-68:17YII	23.34	113.80	38	陶			泥质细硬陶	灰褐		素面						战国至南越国
1506	ZJLY-68	花岗山	ZJLY-68:18YII	23.34	113.80	36	陶			泥质粗硬陶	灰		方格纹						战国至南越国

序号	遗址编号	遗址名称	遗物编号	纬度（度）	经度（度）	海拔（米）	质地	器形	部位	陶质	颜色	釉色	纹饰	刻划符号	石器岩性	石器完整程度	石器硬度	石器风化程度	年代
1507	ZJLY-68	花岃山	ZJLY-68:19YⅡ	23.34	113.80	37	陶			泥质细硬陶	深灰		方格纹						战国至南越国
1508	ZJLY-68	花岃山	ZJLY-68:20YⅡ	23.34	113.80	36	陶			泥质粗软陶	灰褐		素面						战国至南越国
1509	ZJLY-68	花岃山	ZJLY-68:21YⅡ	23.34	113.80	32	陶			泥质细硬陶	灰褐		菱格凸点纹						西周至春秋
1510	ZJLY-68	花岃山	ZJLY-68:22YⅡ	23.34	113.80	37	陶			泥质粗硬陶	青灰		方格纹						战国至南越国
1511	ZJLY-68	花岃山	ZJLY-68:23YⅡ	23.34	113.80	37	陶			泥质细硬陶	灰		素面						战国至南越国
1512	ZJLY-68	花岃山	ZJLY-68:24YⅡ	23.34	113.80	37	陶			泥质粗硬陶	灰褐		方格纹						战国至南越国
1513	ZJLY-68	花岃山	ZJLY-68:25YⅡ	23.34	113.80	27	陶			泥质细硬陶	灰褐		菱格凸点纹						西周至春秋
1514	ZJLY-68	花岃山	ZJLY-68:26YⅡ	23.34	113.80	26	陶			夹粗砂软陶	青灰		素面						新石器时代晚期至商代
1515	ZJLY-68	花岃山	ZJLY-68:27YⅡ	23.34	113.80	34	陶			泥质粗硬陶	深灰		网格纹						战国至南越国
1516	ZJLY-68	花岃山	ZJLY-68:28YⅡ	23.34	113.80	36	陶			泥质粗硬陶	深灰		方格纹						战国至南越国
1517	ZJLY-68	花岃山	ZJLY-68:29YⅡ	23.34	113.80	33	陶	罐	底	泥质细硬陶	灰褐		方格纹						战国至南越国
1518	ZJLY-68	花岃山	ZJLY-68:30YⅡ	23.34	113.80	28	陶			泥质细硬陶	深灰		方格纹						战国至南越国
1519	ZJLY-68	花岃山	ZJLY-68:31YⅡ	23.34	113.80	29	陶			泥质细硬陶	灰		方格纹						战国至南越国
1520	ZJLY-68	花岃山	ZJLY-68:32YⅡ	23.34	113.80	32	陶			泥质粗硬陶	深灰		方格纹						战国至南越国
1521	ZJLY-68	花岃山	ZJLY-68:33YⅡ	23.34	113.80	32	陶			泥质细硬陶	灰褐		方格纹						战国至南越国
1522	ZJLY-68	花岃山	ZJLY-68:34YⅡ	23.34	113.80	32	陶	罐	口沿	泥质粗硬陶	深灰		素面						战国至南越国
1523	ZJLY-68	花岃山	ZJLY-68:35YⅡ	23.34	113.80	35	陶			泥质粗硬陶	灰褐		勾连云雷纹						西周至春秋
1524	ZJLY-68	花岃山	ZJLY-68:36YⅡ	23.34	113.80	35	陶			泥质粗硬陶	灰褐		方格纹						战国至南越国
1525	ZJLY-68	花岃山	ZJLY-68:37YⅡ	23.34	113.80	38	陶			泥质粗硬陶	红褐		方格纹						西周至春秋
1526	ZJLY-68	花岃山	ZJLY-68:38YⅡ	23.34	113.80	39	陶			泥质细硬陶	灰褐		菱格凸点纹						西周至春秋
1527	ZJLY-68	花岃山	ZJLY-68:39YⅡ	23.34	113.80	42	陶			泥质细硬陶	深灰		方格纹						战国至南越国
1528	ZJLY-68	花岃山	ZJLY-68:40YⅡ	23.34	113.80	41	陶			泥质粗硬陶	灰褐		方格纹						战国至南越国
1529	ZJLY-68	花岃山	ZJLY-68:41YⅡ	23.34	113.80	38	陶			泥质粗硬陶	灰		素面						战国至南越国
1530	ZJLY-68	花岃山	ZJLY-68:42YⅡ	23.34	113.80	36	陶			泥质细硬陶	灰褐		素面						战国至南越国
1531	ZJLY-68	花岃山	ZJLY-68:43YⅡ	23.34	113.80	43	陶			泥质细硬陶	青灰		菱格凸块纹						西周至春秋
1532	ZJLY-68	花岃山	ZJLY-68:44YⅡ	23.34	113.80	42	陶			泥质细硬陶	灰褐		勾连云雷纹						西周至春秋
1533	ZJLY-68	花岃山	ZJLY-68:45YⅡ	23.34	113.80	43	陶			泥质粗硬陶	灰褐		卷云纹、曲折纹						西周至春秋
1534	ZJLY-68	花岃山	ZJLY-68:46YⅡ	23.34	113.80	44	陶			泥质细硬陶	灰褐		方格纹						战国至南越国
1535	ZJLY-68	花岃山	ZJLY-68:47YⅡ	23.34	113.80	44	陶			泥质细硬陶	灰褐		方格纹						战国至南越国
1536	ZJLY-68	花岃山	ZJLY-68:48YⅡ	23.34	113.80	48	陶			泥质粗硬陶	红褐		方格纹						西周至春秋
1537	ZJLY-68	花岃山	ZJLY-68:49YⅡ	23.34	113.80	47	陶			泥质细硬陶	红褐		方格纹						战国至南越国

序号	遗址编号	遗址名称	遗物编号	纬度（度）	经度（度）	海拔（米）	质地	器形	部位	陶质	颜色	釉色	纹饰	刻划符号	石器岩性	石器完整程度	石器硬度	石器风化程度	年代
1538	ZJLY-68	花山山	ZJLY-68:50YⅡ	23.34	113.80	45	陶			泥质粗硬陶	灰褐		勾连云雷纹						西周至春秋
1539	ZJLY-68	花山山	ZJLY-68:51YⅡ	23.34	113.80	40	陶	器座		夹粗砂软硬陶	红褐		素面						新石器时代晚期至商南代
1540	ZJLY-68	花山山	ZJLY-68:52YⅡ	23.34	113.80	40	陶			泥质细硬陶	灰褐		勾连云雷纹						西周至春秋
1541	ZJLY-68	花山山	ZJLY-68:53YⅡ	23.34	113.80	40	陶			泥质粗硬陶	灰褐		方格纹、云雷纹						西周至春秋
1542	ZJLY-68	花山山	ZJLY-68:54YⅡ	23.34	113.80	39	陶			泥质粗硬陶	灰褐		方格纹						战国至南越国
1543	ZJLY-68	花山山	ZJLY-68:55YⅡ	23.34	113.80	39	陶	罐	口沿	泥质细硬陶	灰褐		素面						战国至南越国
1544	ZJLY-68	花山山	ZJLY-68:56YⅡ	23.34	113.80	39	陶			泥质粗硬陶	灰褐		方格纹						战国至南越国
1545	ZJLY-68	花山山	ZJLY-68:57YⅡ	23.34	113.80	41	陶			泥质粗硬陶	灰		素面						战国至南越国
1546	ZJLY-68	花山山	ZJLY-68:58YⅡ	23.34	113.80	33	陶			泥质粗硬陶	灰褐		方格纹						战国至南越国
1547	ZJLY-68	花山山	ZJLY-68:59YⅡ	23.34	113.80	35	陶			泥质粗硬陶	灰褐		素面						战国至南越国
1548	ZJLY-68	花山山	ZJLY-68:60YⅡ	23.34	113.80	34	陶			泥质粗硬陶	灰白		夔纹						西周至春秋
1549	ZJLY-68	花山山	ZJLY-68:61YⅡ	23.34	113.80	30	陶			泥质细硬陶	深灰		方格纹						战国至南越国
1550	ZJLY-68	花山山	ZJLY-68:62YⅡ	23.34	113.80	36	陶			泥质粗硬陶	灰褐		素面						战国至南越国
1551	ZJLY-68	花山山	ZJLY-68:63YⅡ	23.34	113.80	35	陶			泥质细硬陶	灰褐		方格纹						西周至春秋
1552	ZJLY-68	花山山	ZJLY-68:64YⅡ	23.34	113.80	38	陶			泥质粗硬陶	灰褐		方格纹						战国至南越国
1553	ZJLY-68	花山山	ZJLY-68:65YⅡ	23.34	113.80	37	陶			泥质细硬陶	青灰		素面						战国至南越国
1554	ZJLY-68	花山山	ZJLY-68:66YⅡ	23.34	113.80	38	陶			泥质粗硬陶	灰褐		方格纹						西周至春秋
1555	ZJLY-68	花山山	ZJLY-68:67YⅡ	23.34	113.80	38	陶			泥质细硬陶	灰褐		方格纹						战国至南越国
1556	ZJLY-68	花山山	ZJLY-68:68YⅡ	23.34	113.80	39	陶			泥质细硬陶	青灰		圆圈凸点纹						战国至南越国
1557	ZJLY-68	花山山	ZJLY-68:69YⅡ	23.34	113.80	37	陶			泥质粗硬陶	青灰		夔纹						西周至春秋
1558	ZJLY-68	花山山	ZJLY-68:70YⅡ	23.34	113.80	37	陶			泥质细硬陶	深灰		方格纹						战国至南越国
1559	ZJLY-68	花山山	ZJLY-68:71YⅡ	23.34	113.80	34	陶			泥质细硬陶	灰褐		勾连云雷纹						西周至春秋
1560	ZJLY-68	花山山	ZJLY-68:72YⅡ	23.34	113.80	33	陶			泥质细硬陶	灰褐		方格纹						西周至春秋
1561	ZJLY-68	花山山	ZJLY-68:73YⅡ	23.34	113.80	37	陶			泥质粗硬陶	灰褐		勾连云雷纹						西周至春秋
1562	ZJLY-68	花山山	ZJLY-68:74YⅡ	23.34	113.80	35	陶			泥质粗硬陶	青灰		勾连云雷纹						西周至春秋
1563	ZJLY-68	花山山	ZJLY-68:75YⅡ	23.34	113.80	32	陶			泥质细硬陶	深灰		勾连云雷纹						西周至春秋
1564	ZJLY-68	花山山	ZJLY-68:76YⅡ	23.34	113.80	35	陶			泥质粗硬陶	青灰		素面						战国至南越国
1565	ZJLY-68	花山山	ZJLY-68:77YⅡ	23.34	113.80	35	陶			泥质粗硬陶	青灰		方格纹						西周至春秋
1566	ZJLY-68	花山山	ZJLY-68:78YⅡ	23.34	113.80	33	陶			泥质细硬陶	青灰		方格纹						战国至南越国
1567	ZJLY-68	花山山	ZJLY-68:79YⅡ	23.34	113.80	35	陶			泥质细硬陶	灰褐		勾连云雷纹						西周至春秋
1568	ZJLY-68	花山山	ZJLY-68:80YⅡ	23.34	113.80	35	陶			泥质粗硬陶	灰		方格纹						战国至南越国

序号	遗址编号	遗址名称	遗物编号	纬度(度)	经度(度)	海拔(米)	质地	器形	部位	陶质	颜色	釉色	纹饰	刻划符号	石器岩性	石器完整程度	石器硬度	石器风化程度	年代
1569	ZJLY-68	花岜山	ZJLY-68:81YⅡ	23.34	113.80	33	陶			泥质粗硬陶	青灰		素面						战国至南越国
1570	ZJLY-68	花岜山	ZJLY-68:82YⅡ	23.34	113.80	34	陶			泥质细硬陶	灰		方格纹						战国至南越国
1571	ZJLY-68	花岜山	ZJLY-68:83YⅡ	23.34	113.80	32	陶			泥质细硬陶	灰褐		勾连云雷纹						西周至春秋
1572	ZJLY-68	花岜山	ZJLY-68:84YⅡ	23.34	113.80	35	陶			泥质粗硬陶	灰褐		方格纹						战国至南越国
1573	ZJLY-68	花岜山	ZJLY-68:85YⅡ	23.34	113.80	36	陶			泥质细硬陶	灰褐		方格纹						战国至南越国
1574	ZJLY-68	花岜山	ZJLY-68:86YⅡ	23.34	113.80	32	陶			泥质细硬陶	灰褐		勾连云雷纹						西周至春秋
1575	ZJLY-68	花岜山	ZJLY-68:87YⅡ	23.34	113.80	33	陶			泥质细硬陶	灰褐		方格纹						战国至南越国
1576	ZJLY-68	花岜山	ZJLY-68:88YⅡ	23.34	113.80	35	陶			泥质细硬陶	灰褐		勾连云雷纹						西周至春秋
1577	ZJLY-68	花岜山	ZJLY-68:89YⅡ	23.34	113.80	33	陶			泥质细硬陶	深灰		方格纹						战国至南越国
1578	ZJLY-68	花岜山	ZJLY-68:90YⅡ	23.34	113.80	32	陶			泥质粗硬陶	深灰		重菱格纹						西周至春秋
1579	ZJLY-68	花岜山	ZJLY-68:91YⅡ	23.34	113.80	32	陶			泥质细硬陶	灰褐		勾连云雷纹						西周至春秋
1580	ZJLY-68	花岜山	ZJLY-68:92YⅡ	23.34	113.80	33	陶			泥质细硬陶	深灰		菱格凸点纹						西周至春秋
1581	ZJLY-68	花岜山	ZJLY-68:93YⅡ	23.34	113.80	34	陶			泥质细硬陶	青灰		夔纹						西周至春秋
1582	ZJLY-68	花岜山	ZJLY-68:94YⅡ	23.34	113.80	35	陶	罐	口沿	泥质细硬陶	青灰		素面						战国至南越国
1583	ZJLY-68	花岜山	ZJLY-68:95YⅡ	23.34	113.80	31	陶			泥质细硬陶	青灰		方格纹						战国至南越国
1584	ZJLY-68	花岜山	ZJLY-68:96YⅡ	23.34	113.80	33	陶			泥质粗硬陶	深灰		方格纹						战国至南越国
1585	ZJLY-68	花岜山	ZJLY-68:97YⅡ	23.34	113.80	35	陶			泥质细硬陶	青灰		重圈凸点纹						西周至春秋
1586	ZJLY-68	花岜山	ZJLY-68:98YⅡ	23.34	113.80	32	陶			泥质粗硬陶	灰褐		勾连云雷纹						西周至春秋
1587	ZJLY-68	花岜山	ZJLY-68:99YⅡ	23.34	113.80	35	陶			泥质细硬陶	灰褐		方格纹						战国至南越国
1588	ZJLY-68	花岜山	ZJLY-68:100YⅡ	23.34	113.80	35	陶			泥质粗硬陶	青灰		方格纹						战国至南越国
1589	ZJLY-68	花岜山	ZJLY-68:101YⅡ	23.34	113.80	33	陶			泥质细硬陶	灰褐		勾连云雷纹						西周至春秋
1590	ZJLY-68	花岜山	ZJLY-68:102YⅡ	23.34	113.80	28	陶			泥质粗硬陶	深灰		方格纹						战国至南越国
1591	ZJLY-68	花岜山	ZJLY-68:103YⅡ	23.34	113.80	31	陶			泥质细硬陶	灰		方格纹						战国至南越国
1592	ZJLY-68	花岜山	ZJLY-68:104YⅡ	23.34	113.80	33	陶			泥质粗硬陶	青灰		方格纹						战国至南越国
1593	ZJLY-68	花岜山	ZJLY-68:105YⅡ	23.34	113.80	32	陶			泥质粗硬陶	灰		方格纹						战国至南越国
1594	ZJLY-68	花岜山	ZJLY-68:106YⅡ	23.34	113.80	28	陶			泥质粗硬陶	深灰		方格纹						战国至南越国
1595	ZJLY-68	花岜山	ZJLY-68:107YⅡ	23.34	113.80	29	陶			泥质细硬陶	灰		勾连云雷纹						西周至春秋
1596	ZJLY-68	花岜山	ZJLY-68:108YⅡ	23.34	113.80	27	陶			泥质细硬陶	灰褐		曲尺纹						西周至春秋
1597	ZJLY-68	花岜山	ZJLY-68:109YⅡ	23.34	113.80	26	陶			泥质细硬陶	灰褐		云雷纹						西周至春秋
1598	ZJLY-68	花岜山	ZJLY-68:110YⅡ	23.34	113.80	25	陶	罐	底	泥质粗硬陶	灰褐		方格纹						战国至南越国
1599	ZJLY-68	花岜山	ZJLY-68:111YⅡ	23.34	113.80	27	陶			泥质粗硬陶	灰褐		方格纹						战国至南越国

序号	遗址编号	遗址名称	遗物编号	纬度（度）	经度（度）	海拔（米）	质地	器形	部位	陶质	颜色	釉色	纹饰	刻划符号	石器岩性	石器完整程度	石器硬度	石器风化程度	年代
1600	ZJLY-68	花岗山	ZJLY-68:112YII	23.34	113.80	27	陶			泥质粗硬陶	深灰		夔纹						西周至春秋
1601	ZJLY-68	花岗山	ZJLY-68:113YII	23.34	113.80	29	陶			泥质细硬陶	青灰		素面						战国至南越国
1602	ZJLY-68	花岗山	ZJLY-68:114YII	23.34	113.80	29	陶			泥质细硬陶	红褐		菱格凸块纹						西周至春秋
1603	ZJLY-68	花岗山	ZJLY-68:115YII	23.34	113.80	31	陶			泥质细硬陶	灰褐		方格纹						战国至南越国
1604	ZJLY-68	花岗山	ZJLY-68:116YII	23.34	113.80	31	陶			泥质细硬陶	灰褐		方格纹						战国至南越国
1605	ZJLY-68	花岗山	ZJLY-68:117YII	23.34	113.80	32	陶			泥质细硬陶	灰褐		方格纹						战国至南越国
1606	ZJLY-68	花岗山	ZJLY-68:118YII	23.34	113.80	34	陶			泥质细硬陶	灰褐		勾连云雷纹						西周至春秋
1607	ZJLY-68	花岗山	ZJLY-68:119YII	23.34	113.80	34	陶			泥质粗硬陶	灰褐		方格纹						战国至南越国
1608	ZJLY-68	花岗山	ZJLY-68:120YII	23.34	113.80	33	陶	砖		泥质细硬陶	青灰		素面						唐末
1609	ZJLY-68	花岗山	ZJLY-68:121YII	23.34	113.80	33	陶			泥质细硬陶	灰		方格纹						西周至春秋
1610	ZJLY-68	花岗山	ZJLY-68:122YII	23.34	113.80	30	陶			泥质细硬陶	红褐		方格纹						战国至南越国
1611	ZJLY-68	花岗山	ZJLY-68:123YII	23.34	113.80	35	陶			泥质细硬陶	红褐		方格纹						战国至南越国
1612	ZJLY-68	花岗山	ZJLY-68:124YII	23.34	113.80	32	陶			泥质细硬陶	灰褐		弦纹						战国至南越国
1613	ZJLY-68	花岗山	ZJLY-68:125YII	23.34	113.80	33	陶			泥质粗硬陶	红褐		素面						西周至春秋
1614	ZJLY-68	花岗山	ZJLY-68:126YII	23.34	113.80	34	陶			泥质细硬陶	青灰		方格纹、菱格纹						西周至春秋
1615	ZJLY-68	花岗山	ZJLY-68:127YII	23.34	113.80	35	陶			泥质细硬陶	灰褐		勾连云雷纹						西周至春秋
1616	ZJLY-68	花岗山	ZJLY-68:128YII	23.34	113.80	34	陶			泥质粗硬陶	灰褐		方格纹						战国至南越国
1617	ZJLY-68	花岗山	ZJLY-68:129YII	23.34	113.80	38	陶			泥质粗硬陶	灰		菱格凸块纹						西周至春秋
1618	ZJLY-68	花岗山	ZJLY-68:130YII	23.34	113.80	31	陶			泥质细硬陶	红褐		方格纹						战国至南越国
1619	ZJLY-68	花岗山	ZJLY-68:131YII	23.34	113.80	33	陶			泥质粗硬陶	灰褐		方格纹						西周至春秋
1620	ZJLY-68	花岗山	ZJLY-68:132YII	23.34	113.80	30	陶			泥质粗硬陶	青灰		夔纹、菱格凸点纹、弦纹						西周至春秋
1621	ZJLY-68	花岗山	ZJLY-68:133YII	23.34	113.80	29	陶			泥质细硬陶	青灰		方格纹						西周至春秋
1622	ZJLY-68	花岗山	ZJLY-68:134YII	23.34	113.80	27	陶			泥质细硬陶	青灰		素面						战国至南越国
1623	ZJLY-68	花岗山	ZJLY-68:135YII	23.34	113.80	28	陶			泥质细硬陶	深灰		方格纹						战国至南越国
1624	ZJLY-68	花岗山	ZJLY-68:136YII	23.34	113.80	27	陶			泥质细硬陶	青灰		方格纹						战国至南越国
1625	ZJLY-68	花岗山	ZJLY-68:137YII	23.34	113.80	32	陶			泥质细硬陶	红褐		菱格纹						西周至南越国
1626	ZJLY-68	花岗山	ZJLY-68:138YII	23.34	113.80	37	陶			泥质粗硬陶	灰褐		素面						战国至南越国
1627	ZJLY-68	花岗山	ZJLY-68:139YII	23.34	113.80	43	陶	罐	口沿	泥质细硬陶	青灰		篦点纹、弦纹						西周至春秋
1628	ZJLY-68	花岗山	ZJLY-68:140YII	23.34	113.80	37	陶			泥质细硬陶	深灰		夔纹						西周至春秋
1629	ZJLY-68	花岗山	ZJLY-68:141YII	23.34	113.80	36	陶			泥质细硬陶	灰褐		勾连云雷纹						西周至春秋
1630	ZJLY-68	花岗山	ZJLY-68:142YII	23.34	113.80	36	陶	器座		夹粗砂软陶	红褐		素面						新石器时代晚期至商代

序号	遗址编号	遗址名称	遗物编号	纬度（度）	经度（度）	海拔（米）	质地	器形	部位	陶质	颜色	釉色	纹饰	刻划符号	石器岩性	石器完整程度	石器硬度	石器风化程度	年代
1631	ZJLY-68	花山山	ZJLY-68:143YII	23.34	113.80	36	陶			泥质粗硬陶	灰褐		方格纹、勾连云雷纹、篦点纹						西周至春秋
1632	ZJLY-68	花山山	ZJLY-68:144YII	23.34	113.80	37	陶			泥质细硬陶	青灰		素面						战国至南越国
1633	ZJLY-68	花山山	ZJLY-68:145YII	23.34	113.80	38	陶			泥质细硬陶	深灰		方格纹						西周至春秋
1634	ZJLY-68	花山山	ZJLY-68:146YII	23.34	113.80	37	陶			泥质细硬陶	深灰		方格纹						战国至南越国
1635	ZJLY-68	花山山	ZJLY-68:147YII	23.34	113.80	36	陶	罐	口沿	泥质细硬陶	灰褐		素面						战国至南越国
1636	ZJLY-68	花山山	ZJLY-68:148YII	23.34	113.80	37	陶			泥质粗硬陶	灰		方格纹						西周至春秋
1637	ZJLY-68	花山山	ZJLY-68:149YII	23.34	113.80	37	陶			泥质粗硬陶	灰褐		方格纹、变体云雷纹						西周至春秋
1638	ZJLY-68	花山山	ZJLY-68:150YII	23.34	113.80	40	陶			泥质粗硬陶	灰褐		勾连云雷纹						西周至春秋
1639	ZJLY-68	花山山	ZJLY-68:151YII	23.34	113.80	36	陶			泥质粗硬陶	灰褐		方格纹						战国至南越国
1640	ZJLY-68	花山山	ZJLY-68:152YII	23.34	113.80	37	陶			泥质粗硬陶	灰		方格纹						战国至南越国
1641	ZJLY-68	花山山	ZJLY-68:153YII	23.34	113.80	37	陶			泥质粗硬陶	灰褐		方格纹						西周至春秋
1642	ZJLY-68	花山山	ZJLY-68:154YII	23.34	113.80	35	陶			泥质粗硬陶	灰褐		菱格纹						西周至春秋
1643	ZJLY-68	花山山	ZJLY-68:155YII	23.34	113.80	37	陶	罐	口沿	泥质细硬陶	灰褐		素面						战国至南越国
1644	ZJLY-68	花山山	ZJLY-68:156YII	23.34	113.80	35	陶			泥质粗硬陶	灰褐		网格纹						西周至春秋
1645	ZJLY-68	花山山	ZJLY-68:157YII	23.34	113.80	31	陶			泥质粗硬陶	灰		菱格纹						西周至春秋
1646	ZJLY-68	花山山	ZJLY-68:158YII	23.34	113.80	31	陶			泥质粗硬陶	红褐		素面						战国至南越国
1647	ZJLY-68	花山山	ZJLY-68:159YII	23.34	113.80	33	陶			泥质粗硬陶	红褐		篦点纹						战国至南越国
1648	ZJLY-68	花山山	ZJLY-68:160YII	23.34	113.80	35	陶			泥质细硬陶	灰褐		勾连云雷纹						西周至春秋
1649	ZJLY-68	花山山	ZJLY-68:161YII	23.34	113.80	40	陶			泥质粗硬陶	灰褐		蝉翼纹						西周至春秋
1650	ZJLY-68	花山山	ZJLY-68:162YII	23.34	113.80	38	陶			泥质粗硬陶	灰		夔纹						西周至春秋
1651	ZJLY-68	花山山	ZJLY-68:163YII	23.34	113.80	39	陶			泥质粗硬陶	深灰		曲折纹						西周至春秋
1652	ZJLY-68	花山山	ZJLY-68:164YII	23.34	113.80	39	陶			泥质粗硬陶	深灰		方格纹						西周至春秋
1653	ZJLY-68	花山山	ZJLY-68:165YII	23.34	113.80	35	陶			泥质粗硬陶	灰褐		方格纹						战国至南越国
1654	ZJLY-68	花山山	ZJLY-68:166YII	23.34	113.80	37	陶			泥质粗硬陶	灰		方格纹						战国至南越国
1655	ZJLY-68	花山山	ZJLY-68:167YII	23.34	113.80	38	陶			泥质细硬陶	灰褐		勾连云雷纹						西周至春秋
1656	ZJLY-68	花山山	ZJLY-68:168YII	23.34	113.80	38	陶			泥质粗硬陶	灰		重圈凸点纹						西周至春秋
1657	ZJLY-68	花山山	ZJLY-68:169YII	23.34	113.80	38	陶			泥质粗硬陶	灰褐		曲尺纹						西周至春秋
1658	ZJLY-68	花山山	ZJLY-68:170YII	23.34	113.80	38	陶			泥质粗硬陶	青灰		夔纹						西周至春秋
1659	ZJLY-68	花山山	ZJLY-68:171YII	23.34	113.80	40	陶			泥质粗硬陶	灰		素面						战国至南越国
1660	ZJLY-68	花山山	ZJLY-68:172YII	23.34	113.80	40	陶			泥质细硬陶	灰褐		方格纹						战国至南越国
1661	ZJLY-68	花山山	ZJLY-68:173YII	23.34	113.80	36	陶	罐	口沿	泥质粗硬陶	灰		方格纹						战国至南越国

序号	遗址编号	遗址名称	遗物编号	纬度(度)	经度(度)	海拔(米)	质地	器形	部位	陶质	颜色	釉色	纹饰	刻划符号	石器岩性	石器完整程度	石器硬度	石器风化程度	年代
1662	ZJLY-68	花岗山	ZJLY-68:174YⅡ	23.34	113.80	39	陶			泥质粗硬陶	灰褐		素面						战国至南越国
1663	ZJLY-68	花岗山	ZJLY-68:175YⅡ	23.34	113.80	39	陶			泥质细硬陶	灰褐		重菱格纹、网格纹						西周至春秋
1664	ZJLY-68	花岗山	ZJLY-68:176YⅡ	23.34	113.80	36	陶	器座		夹粗砂软陶	红		素面						新石器时代晚期至商代
1665	ZJLY-68	花岗山	ZJLY-68:177YⅡ	23.34	113.80	37	陶			泥质粗硬陶	灰褐		方格纹						西周至春秋
1666	ZJLY-68	花岗山	ZJLY-68:178YⅡ	23.34	113.80	37	陶			泥质细硬陶	红		方格纹						战国至南越国
1667	ZJLY-68	花岗山	ZJLY-68:179YⅡ	23.34	113.80	36	陶			泥质粗硬陶	灰褐		重菱格纹						西周至春秋
1668	ZJLY-68	花岗山	ZJLY-68:180YⅡ	23.34	113.80	38	陶			泥质粗硬陶	灰褐		曲尺纹						西周至春秋
1669	ZJLY-68	花岗山	ZJLY-68:181YⅡ	23.34	113.80	40	陶			泥质粗硬陶	青灰		方格纹						战国至南越国
1670	ZJLY-68	花岗山	ZJLY-68:182YⅡ	23.34	113.80	41	陶			泥质粗硬陶	深灰		方格纹						西周至春秋
1671	ZJLY-68	花岗山	ZJLY-68:183YⅡ	23.34	113.80	41	陶			泥质粗硬陶	灰褐		重菱格纹						西周至春秋
1672	ZJLY-68	花岗山	ZJLY-68:184YⅡ	23.34	113.80	36	陶			泥质粗硬陶	灰褐		曲尺纹						西周至春秋
1673	ZJLY-68	花岗山	ZJLY-68:185YⅡ	23.34	113.80	37	陶			泥质粗硬陶	灰褐		曲尺纹						西周至春秋
1674	ZJLY-68	花岗山	ZJLY-68:186YⅡ	23.34	113.80	41	陶			泥质粗硬陶	灰褐		方格纹						西周至春秋
1675	ZJLY-68	花岗山	ZJLY-68:187YⅡ	23.34	113.80	43	陶			泥质粗硬陶	灰褐		曲尺纹						西周至春秋
1676	ZJLY-68	花岗山	ZJLY-68:188YⅡ	23.34	113.80	35	陶			泥质细硬陶	灰褐		方格纹						西周至春秋
1677	ZJLY-68	花岗山	ZJLY-68:189YⅡ	23.34	113.80	43	陶			泥质细硬陶	青灰		方格纹						西周至春秋
1678	ZJLY-68	花岗山	ZJLY-68:190YⅡ	23.34	113.80	43	陶			泥质粗硬陶	灰		重菱格纹						西周至春秋
1679	ZJLY-68	花岗山	ZJLY-68:191YⅡ	23.34	113.80	43	陶			泥质粗硬陶	灰		重菱格纹						西周至春秋
1680	ZJLY-68	花岗山	ZJLY-68:192YⅡ	23.34	113.80	43	陶			泥质粗硬陶	灰褐		方格纹						战国至南越国
1681	ZJLY-68	花岗山	ZJLY-68:193YⅡ	23.34	113.80	42	陶			泥质细硬陶	灰		方格纹						西周至春秋
1682	ZJLY-68	花岗山	ZJLY-68:194YⅡ	23.34	113.80	40	陶			泥质细硬陶	灰褐		重菱格纹						西周至春秋
1683	ZJLY-68	花岗山	ZJLY-68:195YⅡ	23.34	113.80	41	陶			泥质粗硬陶	灰		方格纹						战国至南越国
1684	ZJLY-68	花岗山	ZJLY-68:196YⅡ	23.34	113.80	37	陶			泥质细硬陶	红褐		方格纹						战国至南越国
1685	ZJLY-68	花岗山	ZJLY-68:197YⅡ	23.34	113.80	43	陶			泥质细硬陶	深灰		夔纹						战国至南越国
1686	ZJLY-68	花岗山	ZJLY-68:198YⅡ	23.34	113.80	39	陶			泥质细硬陶	灰		方格纹						战国至南越国
1687	ZJLY-68	花岗山	ZJLY-68:199YⅡ	23.34	113.80	41	陶			泥质粗硬陶	红褐		方格纹						战国至南越国
1688	ZJLY-68	花岗山	ZJLY-68:200YⅡ	23.34	113.80	36	陶			泥质细硬陶	深灰		素面						战国至南越国
1689	ZJLY-68	花岗山	ZJLY-68:201YⅡ	23.34	113.80	40	陶			泥质细硬陶	灰褐		素面						战国至南越国
1690	ZJLY-68	花岗山	ZJLY-68:202YⅡ	23.34	113.80	41	陶			泥质细硬陶	灰褐		勾连云雷纹						西周至春秋
1691	ZJLY-68	花岗山	ZJLY-68:203YⅡ	23.34	113.80	41	陶			泥质粗硬陶	灰		菱格纹						西周至春秋
1692	ZJLY-68	花岗山	ZJLY-68:204YⅡ	23.34	113.80	38	陶			泥质粗硬陶	青灰		夔纹						西周至春秋

序号	遗址编号	遗址名称	遗物编号	纬度（度）	经度（度）	海拔（米）	质地	器形	部位	陶质	颜色	釉色	纹饰	刻划符号	石器岩性	石器完整程度	石器硬度	石器风化程度	年代
1693	ZJLY-68	花岿山	ZJLY-68：205YⅡ	23.34	113.80	42	陶			泥质粗硬陶	灰		方格纹						战国至南越国
1694	ZJLY-68	花岿山	ZJLY-68：206YⅡ	23.34	113.80	43	陶			泥质细硬陶	灰		方格纹						战国至南越国
1695	ZJLY-68	花岿山	ZJLY-68：405YⅡ	23.34	113.80	37	陶			泥质粗硬陶	灰		素面						战国至南越国
1696	ZJLY-68	花岿山	ZJLY-68：406YⅡ	23.34	113.80	31	陶	鼎	足	泥质粗硬陶	灰褐		素面						唐末
1697	ZJLY-68	花岿山	ZJLY-68：407YⅡ	23.34	113.80	41	陶	砖		泥质粗硬陶	青灰		方格纹						战国至南越国
1698	ZJLY-68	花岿山	ZJLY-68：408YⅡ	23.34	113.80	36	陶	罐	口沿	泥质细硬陶	灰褐		素面						战国至南越国
1699	ZJLY-68	花岿山	ZJLY-68：409YⅡ	23.34	113.80	34	陶			泥质粗硬陶	灰褐		曲折纹						西周至春秋
1700	ZJLY-68	花岿山	ZJLY-68：410YⅡ	23.34	113.80	39	陶			泥质粗硬陶	灰褐		云雷纹、篦点纹						战国至南越国
1701	ZJLY-68	花岿山	ZJLY-68：411YⅡ	23.34	113.80	33	陶			泥质粗硬陶	灰褐		方格纹						西周至春秋
1702	ZJLY-68	花岿山	ZJLY-68：412YⅡ	23.34	113.80	35	陶	罐	口沿	泥质粗硬陶	灰褐		勾连云雷纹						战国至南越国
1703	ZJLY-68	花岿山	ZJLY-68：413YⅡ	23.34	113.80	37	陶			泥质细硬陶	青灰		菱格纹						西周至春秋
1704	ZJLY-68	花岿山	ZJLY-68：414YⅡ	23.34	113.80	36	陶			泥质粗硬陶	灰褐		勾连云雷纹						西周至春秋
1705	ZJLY-68	花岿山	ZJLY-68：415YⅡ	23.34	113.80	37	陶			泥质细硬陶	灰褐		方格纹						战国至南越国
1706	ZJLY-68	花岿山	ZJLY-68：416YⅡ	23.34	113.80	40	陶			泥质细硬陶	深灰		变体云雷纹						西周至春秋
1707	ZJLY-68	花岿山	ZJLY-68：417YⅡ	23.34	113.80	41	陶			泥质粗硬陶	灰褐		方格纹						西周
1708	ZJLY-68	花岿山	ZJLY-68：418YⅡ	23.34	113.80	39	陶			泥质细硬陶	红褐		方格纹						战国至南越国
1709	ZJLY-68	花岿山	ZJLY-68：419YⅡ	23.34	113.80	41	陶			泥质细硬陶	深灰		方格纹						战国至南越国
1710	ZJLY-68	花岿山	ZJLY-68：420YⅡ	23.34	113.80	41	陶			泥质细硬陶	灰褐		方格纹						战国至南越国
1711	ZJLY-68	花岿山	ZJLY-68：421YⅡ	23.34	113.80	43	陶	罐	口沿	泥质细硬陶	灰褐		素面						战国至南越国
1712	ZJLY-68	花岿山	ZJLY-68：422YⅡ	23.34	113.80	42	陶			泥质粗硬陶	灰		方格纹						战国至南越国
1713	ZJLY-68	花岿山	ZJLY-68：423YⅡ	23.34	113.80	39	陶	器座		夹粗砂软陶	红褐		素面						新石器时代晚期至商代
1714	ZJLY-68	花岿山	ZJLY-68：424YⅡ	23.34	113.80	37	陶			泥质细硬陶	青灰		曲折纹						新石器时代晚期至商代
1715	ZJLY-68	花岿山	ZJLY-68：425YⅡ	23.34	113.80	34	陶			泥质细硬陶	深褐		云雷纹						西周至春秋
1716	ZJLY-68	花岿山	ZJLY-68：426YⅡ	23.34	113.80	32	陶			泥质细硬陶	深灰		素面						战国至南越国
1717	ZJLY-68	花岿山	ZJLY-68：427YⅡ	23.34	113.80	18	陶			泥质细硬陶	深灰		方格对角线纹						战国至南越国
1718	ZJLY-68	花岿山	ZJLY-68：428YⅡ	23.34	113.80	17	陶			泥质细硬陶	深灰		方格对角线纹						战国至南越国
1719	ZJLY-68	花岿山	ZJLY-68：429YⅡ	23.34	113.80	16	陶			泥质粗硬陶	红褐		方格纹						战国至南越国
1720	ZJLY-68	花岿山	ZJLY-68：430YⅡ	23.34	113.80	17	陶			泥质细硬陶	深褐		方格对角线纹						战国至南越国
1721	ZJLY-68	花岿山	ZJLY-68：431YⅡ	23.34	113.80	20	陶			泥质细硬陶	灰褐		素面						战国至南越国
1722	ZJLY-68	花岿山	ZJLY-68：432YⅡ	23.34	113.80	18	陶			泥质粗硬陶	灰褐		素面						明清
1723	ZJLY-68	花岿山	ZJLY-68：433YⅡ	23.34	113.80	15	陶			泥质细硬陶	深灰		米字纹						战国至南越国

序号	遗址编号	遗址名称	遗物编号	纬度(度)	经度(度)	海拔(米)	质地	器形	部位	陶质	颜色	釉色	纹饰	刻划符号	石器岩性	石器完整程度	石器硬度	石器风化程度	年代
1724	ZJLY-68	花山山	ZJLY-68:434YⅡ	23.34	113.80	12	陶			泥质细硬陶	青灰		水波纹、弦纹						战国至南越国
1725	ZJLY-68	花山山	ZJLY-68:435YⅡ	23.34	113.80	11	陶			泥质硬陶	灰褐		米字纹						战国至南越国
1726	ZJLY-68	花山山	ZJLY-68:436YⅡ	23.34	113.80	7	陶			泥质粗硬陶	灰灰		方格纹						战国至南越国
1727	ZJLY-68	花山山	ZJLY-68:437YⅡ	23.34	113.80	8	陶			泥质硬陶	深灰		素面						战国至南越国
1728	ZJLY-68	花山山	ZJLY-68:438YⅡ	23.34	113.80	8	陶			泥质硬陶	青灰		方格纹						战国至南越国
1729	ZJLY-68	花山山	ZJLY-68:439YⅡ	23.34	113.80	9	陶			泥质硬陶	灰褐		素面						战国至南越国
1730	ZJLY-68	花山山	ZJLY-68:440YⅡ	23.34	113.80	13	陶			泥质硬陶	青灰		米字纹						战国至南越国
1731	ZJLY-68	花山山	ZJLY-68:441YⅡ	23.34	113.80	10	陶			泥质硬陶	灰褐		水波纹、弦纹						战国至南越国
1732	ZJLY-68	花山山	ZJLY-68:442YⅡ	23.34	113.80	13	陶			泥质硬陶	灰褐		素面						战国至南越国
1733	ZJLY-68	花山山	ZJLY-68:443YⅡ	23.34	113.80	12	陶	碗		泥质硬陶	灰褐		方格纹						战国至南越国
1734	ZJLY-68	花山山	ZJLY-68:444YⅡ	23.34	113.80	12	陶		口沿	泥质细硬陶	青灰		素面						战国至南越国
1735	ZJLY-68	花山山	ZJLY-68:445YⅡ	23.34	113.80	11	陶			泥质硬陶	灰褐		米字纹						战国至南越国
1736	ZJLY-68	花山山	ZJLY-68:446YⅡ	23.34	113.80	12	陶			泥质硬陶	灰褐		方格纹						战国至南越国
1737	ZJLY-68	花山山	ZJLY-68:447YⅡ	23.34	113.80	13	陶			泥质硬陶	青灰		方格纹						战国至南越国
1738	ZJLY-68	花山山	ZJLY-68:448YⅡ	23.34	113.80	11	陶			泥质硬陶	灰褐		米字纹						战国至南越国
1739	ZJLY-68	花山山	ZJLY-68:449YⅡ	23.34	113.80	9	陶			泥质硬陶	深灰		素面						战国至南越国
1740	ZJLY-68	花山山	ZJLY-68:450YⅡ	23.34	113.80	12	陶			泥质硬陶	灰褐		方格纹						战国至南越国
1741	ZJLY-68	花山山	ZJLY-68:451YⅡ	23.34	113.80	12	陶	罐	口沿	泥质硬陶	灰		锯齿纹、弦纹						战国至南越国
1742	ZJLY-68	花山山	ZJLY-68:452YⅡ	23.34	113.80	7	陶			泥质硬陶	深灰		素面						战国至南越国
1743	ZJLY-68	花山山	ZJLY-68:453YⅡ	23.34	113.80	8	陶			泥质粗硬陶	灰褐		方格纹						战国至南越国
1744	ZJLY-68	花山山	ZJLY-68:454YⅡ	23.34	113.80	8	陶			泥质硬陶	青灰		方格纹						战国至南越国
1745	ZJLY-68	花山山	ZJLY-68:455YⅡ	23.34	113.80	8	陶	罐	口沿	泥质细硬陶	灰褐		素面						战国至南越国
1746	ZJLY-68	花山山	ZJLY-68:456YⅡ	23.34	113.80	6	陶			泥质硬陶	青灰		水波纹、弦纹						战国至南越国
1747	ZJLY-68	花山山	ZJLY-68:457YⅡ	23.34	113.80	12	陶			泥质粗硬陶	深灰		米字纹						战国至南越国
1748	ZJLY-68	花山山	ZJLY-68:458YⅡ	23.34	113.80	14	陶			泥质硬陶	深灰		米字纹						战国至南越国
1749	ZJLY-68	花山山	ZJLY-68:459YⅡ	23.34	113.80	19	陶			泥质硬陶	青灰		方格纹						西周至春秋
1750	ZJLY-68	花山山	ZJLY-68:460YⅡ	23.34	113.80	13	陶			泥质硬陶	灰褐		方格纹						战国至南越国
1751	ZJLY-68	花山山	ZJLY-68:461YⅡ	23.34	113.80	18	陶			泥质粗硬陶	深灰		方格对角纹						战国至南越国
1752	ZJLY-68	花山山	ZJLY-68:462YⅡ	23.34	113.80	14	陶			泥质硬陶	深灰		方格纹						战国至南越国
1753	ZJLY-68	花山山	ZJLY-68:463YⅡ	23.34	113.80	18	陶			泥质细硬陶	深灰		方格对角线纹						战国至南越国
1754	ZJLY-68	花山山	ZJLY-68:464YⅡ	23.34	113.80	19	陶			泥质细硬陶	灰褐		米字纹						战国至南越国

续表

序号	遗址编号	遗址名称	遗物编号	纬度（度）	经度（度）	海拔（米）	质地	器形	部位	陶质	颜色	釉色	纹饰	刻划符号	石器岩性	石器完整程度	石器硬度	石器风化程度	年代
1755	ZJLY-68	花亩山	ZJLY-68:465Y II	23.34	113.80	20	陶			泥质粗硬陶	灰		米字纹						战国至南越国
1756	ZJLY-68	花亩山	ZJLY-68:466Y II	23.34	113.80	22	陶			泥质粗硬陶	灰褐		方格纹						战国至南越国
1757	ZJLY-68	花亩山	ZJLY-68:467Y II	23.34	113.80	24	陶			泥质细硬陶	深灰		方格纹						战国至南越国
1758	ZJLY-68	花亩山	ZJLY-68:468Y II	23.34	113.80	22	陶			泥质粗硬陶	灰褐		米字纹						战国至南越国
1759	ZJLY-68	花亩山	ZJLY-68:469Y II	23.34	113.80	22	陶			泥质细硬陶	深灰		方格对角线纹						战国至南越国
1760	ZJLY-68	花亩山	ZJLY-68:470Y II	23.34	113.80	18	陶			泥质细硬陶	深灰		方格对角线纹						战国至南越国
1761	ZJLY-68	花亩山	ZJLY-68:471Y II	23.34	113.80	22	陶			泥质粗硬陶	灰		米字纹						战国至南越国
1762	ZJLY-68	花亩山	ZJLY-68:472Y II	23.34	113.80	22	陶			泥质细硬陶	灰褐		方格纹						战国至南越国
1763	ZJLY-68	花亩山	ZJLY-68:473Y II	23.34	113.80	22	陶	罐	口沿	泥质细硬陶	深灰		素面						战国至南越国
1764	ZJLY-68	花亩山	ZJLY-68:474Y II	23.34	113.80	22	陶			泥质细硬陶	灰褐		素面						战国至南越国
1765	ZJLY-68	花亩山	ZJLY-68:475Y II	23.34	113.80	21	陶			泥质细硬陶	深灰		三角纹						战国至南越国
1766	ZJLY-68	花亩山	ZJLY-68:476Y II	23.34	113.80	21	陶			泥质细硬陶	灰褐		方格纹						战国至南越国
1767	ZJLY-68	花亩山	ZJLY-68:477Y II	23.34	113.80	21	陶			泥质细硬陶	灰褐		米字纹						战国至南越国
1768	ZJLY-68	花亩山	ZJLY-68:478Y II	23.34	113.80	15	陶			泥质粗硬陶	灰褐		方格纹						战国至南越国
1769	ZJLY-68	花亩山	ZJLY-68:479Y II	23.34	113.80	15	石	双肩石锛			灰黄				凝灰岩	完整	6	未风化	新石器时代晚期至商代
1770	ZJLY-68	花亩山	ZJLY-68:480Y II	23.34	113.80	17	陶			泥质细硬陶	灰褐		方格纹						战国至南越国
1771	ZJLY-68	花亩山	ZJLY-68:481Y II	23.34	113.80	22	陶			泥质细硬陶	灰褐		米字纹						战国至南越国
1772	ZJLY-68	花亩山	ZJLY-68:482Y II	23.34	113.80	19	陶			泥质细硬陶	青灰		素面						战国至南越国
1773	ZJLY-68	花亩山	ZJLY-68:483Y II	23.34	113.80	19	陶			泥质细硬陶	灰褐		米字纹						战国至南越国
1774	ZJLY-68	花亩山	ZJLY-68:484Y II	23.34	113.80	19	陶			泥质细硬陶	深灰		米字纹						战国至南越国
1775	ZJLY-68	花亩山	ZJLY-68:485Y II	23.34	113.80	17	陶			泥质细硬陶	深灰		方格纹						战国至南越国
1776	ZJLY-68	花亩山	ZJLY-68:486Y II	23.34	113.80	16	陶			泥质细硬陶	深灰		方格纹						战国至南越国
1777	ZJLY-68	花亩山	ZJLY-68:487Y II	23.34	113.80	20	陶	罐	口沿	泥质细硬陶	灰褐		米字纹						战国至南越国
1778	ZJLY-68	花亩山	ZJLY-68:488Y II	23.34	113.80	20	陶			泥质细硬陶	灰褐		米字纹						战国至南越国
1779	ZJLY-68	花亩山	ZJLY-68:489Y II	23.34	113.80	17	陶			泥质细硬陶	灰		方格纹						战国至南越国
1780	ZJLY-68	花亩山	ZJLY-68:490Y II	23.34	113.80	21	陶			泥质细硬陶	灰褐		米字纹						战国至南越国
1781	ZJLY-68	花亩山	ZJLY-68:491Y II	23.34	113.80	22	陶	碗	口沿	泥质细硬陶	灰		素面						战国至南越国
1782	ZJLY-68	花亩山	ZJLY-68:492Y II	23.34	113.80	24	陶			泥质细硬陶	灰褐		素面						战国至南越国
1783	ZJLY-68	花亩山	ZJLY-68:493Y II	23.34	113.80	18	陶			泥质细硬陶	灰褐		三角纹						战国至南越国
1784	ZJLY-68	花亩山	ZJLY-68:494Y II	23.34	113.80	18	陶			泥质细硬陶	红褐		方格纹						战国至南越国
1785	ZJLY-68	花亩山	ZJLY-68:495Y II	23.34	113.80	19	陶			泥质粗硬陶	灰		米字纹						战国至南越国

序号	遗址编号	遗址名称	遗物编号	纬度（度）	经度（度）	海拔（米）	质地	器形	部位	陶质	颜色	釉色	纹饰	刻划符号	石器岩性	石器完整程度	石器硬度	石器风化程度	年代
1786	ZJLY-68	花山山	ZJLY-68∶496YⅡ	23.34	113.80	19	陶			泥质细硬陶	灰褐		方格纹						战国至南越国
1787	ZJLY-68	花山山	ZJLY-68∶497YⅡ	23.34	113.80	18	陶			泥质粗硬陶	深灰		米字纹						战国至南越国
1788	ZJLY-68	花山山	ZJLY-68∶498YⅡ	23.34	113.80	17	陶			泥质细硬陶	青灰		素面						西周至春秋
1789	ZJLY-68	花山山	ZJLY-68∶499YⅡ	23.34	113.80	17	陶			泥质硬陶	灰褐		方格纹						战国至南越国
1790	ZJLY-68	花山山	ZJLY-68∶500YⅡ	23.34	113.80	20	陶			泥质粗硬陶	深灰		方格对角线纹						战国至南越国
1791	ZJLY-68	花山山	ZJLY-68∶501YⅡ	23.34	113.80	17	陶			泥质细硬陶	青灰		素面						战国至南越国
1792	ZJLY-68	花山山	ZJLY-68∶502YⅡ	23.34	113.80	18	陶			泥质粗硬陶	深灰		方格纹						战国至南越国
1793	ZJLY-68	花山山	ZJLY-68∶503YⅡ	23.34	113.80	18	陶			泥质硬陶	灰黑		方格纹						战国至南越国
1794	ZJLY-68	花山山	ZJLY-68∶504YⅡ	23.34	113.80	20	陶			泥质粗硬陶	灰褐		素面						战国至南越国
1795	ZJLY-68	花山山	ZJLY-68∶505YⅡ	23.34	113.80	16	陶		口沿	泥质硬陶	灰		素面						明清
1796	ZJLY-68	花山山	ZJLY-68∶506YⅡ	23.34	113.80	18	陶			泥质粗硬陶	深灰		方格纹						战国至南越国
1797	ZJLY-68	花山山	ZJLY-68∶507YⅡ	23.34	113.80	18	陶			泥质硬陶	深灰		弦纹						战国至南越国
1798	ZJLY-68	花山山	ZJLY-68∶508YⅡ	23.34	113.80	17	陶			夹细砂硬陶	深灰		方格纹						战国至南越国
1799	ZJLY-68	花山山	ZJLY-68∶509YⅡ	23.34	113.80	19	陶			泥质细硬陶	深灰		素面						战国至南越国
1800	ZJLY-68	花山山	ZJLY-68∶510YⅡ	23.34	113.80	21	陶			泥质细硬陶	深灰		米字纹						战国至南越国
1801	ZJLY-68	花山山	ZJLY-68∶511YⅡ	23.34	113.80	20	陶			泥质粗硬陶	红		米字纹						战国至南越国
1802	ZJLY-68	花山山	ZJLY-68∶512YⅡ	23.34	113.80	19	陶			泥质细硬陶	红褐		方格纹						战国至南越国
1803	ZJLY-68	花山山	ZJLY-68∶513YⅡ	23.34	113.80	15	陶			泥质细硬陶	深灰		米字纹						战国至南越国
1804	ZJLY-68	花山山	ZJLY-68∶514YⅡ	23.34	113.80	22	陶			泥质细硬陶	深灰		方格纹						战国至南越国
1805	ZJLY-68	花山山	ZJLY-68∶515YⅡ	23.34	113.80	19	陶			泥质细硬陶	深灰		方格纹						战国至南越国
1806	ZJLY-68	花山山	ZJLY-68∶516YⅡ	23.34	113.80	19	陶			泥质粗硬陶	灰褐		方格纹						战国至南越国
1807	ZJLY-68	花山山	ZJLY-68∶517YⅡ	23.34	113.80	18	陶			泥质硬陶	灰褐		米字纹						战国至南越国
1808	ZJLY-68	花山山	ZJLY-68∶518YⅡ	23.34	113.80	17	陶			泥质细硬陶	红		方格纹						战国至南越国
1809	ZJLY-68	花山山	ZJLY-68∶519YⅡ	23.34	113.80	17	陶			泥质细硬陶	灰褐		米字纹						战国至南越国
1810	ZJLY-68	花山山	ZJLY-68∶520YⅡ	23.34	113.80	16	陶			泥质细硬陶	深灰		方格纹						战国至南越国
1811	ZJLY-68	花山山	ZJLY-68∶521YⅡ	23.34	113.80	14	陶			夹细砂硬陶	灰黑		素面						西周至春秋
1812	ZJLY-68	花山山	ZJLY-68∶522YⅡ	23.34	113.80	14	陶			泥质细硬陶	深灰		水波纹、弦纹						战国至南越国
1813	ZJLY-68	花山山	ZJLY-68∶523YⅡ	23.34	113.80	17	陶			泥质细硬陶	深灰		方格纹						战国至南越国
1814	ZJLY-68	花山山	ZJLY-68∶524YⅡ	23.34	113.80	17	陶			泥质硬陶	青灰		米字纹						战国至南越国
1815	ZJLY-68	花山山	ZJLY-68∶525YⅡ	23.34	113.80	18	陶			泥质粗硬陶	深灰		米字纹						战国至南越国
1816	ZJLY-68	花山山	ZJLY-68∶526YⅡ	23.34	113.80	18	陶			泥质粗硬陶	灰褐		米字纹						战国至南越国

序号	遗址编号	遗址名称	遗物编号	纬度（度）	经度（度）	海拔（米）	质地	器形	部位	陶质	颜色	釉色	纹饰	刻划符号	石器岩性	石器完整程度	石器硬度	石器风化程度	年代
1817	ZJLY－68	花山山	ZJLY－68:527YⅡ	23.34	113.80	20	陶	罐	口沿	泥质粗硬陶	深灰		方格纹						战国至南越国
1818	ZJLY－68	花山山	ZJLY－68:528YⅡ	23.34	113.80	24	陶			泥质粗硬陶	深褐		方格纹						战国至南越国
1819	ZJLY－68	花山山	ZJLY－68:529YⅡ	23.34	113.80	19	陶			泥质细硬陶	灰褐		米字纹						战国至南越国
1820	ZJLY－68	花山山	ZJLY－68:530YⅡ	23.34	113.80	19	陶			泥质细硬陶	深灰		方格纹						战国至南越国
1821	ZJLY－68	花山山	ZJLY－68:531YⅡ	23.34	113.80	20	陶	盒	口沿	泥质细硬陶	灰		素面						战国至南越国
1822	ZJLY－68	花山山	ZJLY－68:532YⅡ	23.34	113.80	21	陶			泥质粗硬陶	深灰		水波纹、弦纹						战国至南越国
1823	ZJLY－68	花山山	ZJLY－68:533YⅡ	23.34	113.80	16	陶	罐	底	泥质细硬陶	深灰		素面	有					战国至南越国
1824	ZJLY－68	花山山	ZJLY－68:534YⅡ	23.34	113.80	14	陶			泥质细硬陶	灰褐		米字纹						战国至南越国
1825	ZJLY－68	花山山	ZJLY－68:535YⅡ	23.34	113.80	11	陶			泥质粗硬陶	深灰		素面						战国至南越国
1826	ZJLY－68	花山山	ZJLY－68:536YⅡ	23.34	113.80	12	陶			泥质细硬陶	灰褐		米字纹						战国至南越国
1827	ZJLY－68	花山山	ZJLY－68:537YⅡ	23.34	113.80	15	陶			泥质粗硬陶	深灰		方格纹						战国至南越国
1828	ZJLY－68	花山山	ZJLY－68:538YⅡ	23.34	113.80	17	陶			泥质细硬陶	深灰		米字纹						战国至南越国
1829	ZJLY－68	花山山	ZJLY－68:539YⅡ	23.34	113.80	18	陶			泥质细硬陶	深灰		米字纹						战国至南越国
1830	ZJLY－68	花山山	ZJLY－68:540YⅡ	23.34	113.80	16	陶			泥质粗硬陶	灰褐		素面						战国至南越国
1831	ZJLY－68	花山山	ZJLY－68:541YⅡ	23.34	113.80	17	陶			泥质细硬陶	深灰		米字纹						战国至南越国
1832	ZJLY－68	花山山	ZJLY－68:542YⅡ	23.34	113.80	17	陶			泥质细硬陶	深灰		米字纹						战国至南越国
1833	ZJLY－68	花山山	ZJLY－68:543YⅡ	23.34	113.80	12	陶	罐	口沿	泥质粗硬陶	深灰		方格纹						战国至南越国
1834	ZJLY－68	花山山	ZJLY－68:544YⅡ	23.34	113.80	14	陶			泥质细硬陶	灰黑		素面						战国至南越国
1835	ZJLY－68	花山山	ZJLY－68:545YⅡ	23.34	113.80	17	陶			泥质细硬陶	深灰		米字纹						战国至南越国
1836	ZJLY－68	花山山	ZJLY－68:546YⅡ	23.34	113.80	11	陶			泥质粗硬陶	红褐		方格纹						战国至南越国
1837	ZJLY－68	花山山	ZJLY－68:547YⅡ	23.34	113.80	17	陶			泥质细硬陶	灰		米字纹						战国至南越国
1838	ZJLY－68	花山山	ZJLY－68:548YⅡ	23.34	113.80	15	陶			泥质细硬陶	灰		方格对角线纹						战国至南越国
1839	ZJLY－68	花山山	ZJLY－68:549YⅡ	23.34	113.80	15	陶	罐	口沿	泥质粗硬陶	灰褐		方格纹						战国至南越国
1840	ZJLY－68	花山山	ZJLY－68:550YⅡ	23.34	113.80	14	陶			泥质细硬陶	灰褐		米字纹						战国至南越国
1841	ZJLY－68	花山山	ZJLY－68:551YⅡ	23.34	113.80	12	陶			泥质粗硬陶	灰褐		米字纹						战国至南越国
1842	ZJLY－68	花山山	ZJLY－68:552YⅡ	23.34	113.80	12	陶			泥质细硬陶	灰		素面						明清
1843	ZJLY－68	花山山	ZJLY－68:553YⅡ	23.34	113.80	15	陶			泥质细硬陶	深灰		米字纹						战国至南越国
1844	ZJLY－68	花山山	ZJLY－68:554YⅡ	23.34	113.80	19	陶	罐	底	泥质细硬陶	深灰		方格纹（外）、篦划纹（内）						战国至南越国
1845	ZJLY－68	花山山	ZJLY－68:555YⅡ	23.34	113.80	14	陶			泥质粗硬陶	深灰		方格对角线纹						战国至南越国
1846	ZJLY－68	花山山	ZJLY－68:556YⅡ	23.34	113.80	14	陶			泥质粗硬陶	红褐		水波纹、弦纹						战国至南越国
1847	ZJLY－68	花山山	ZJLY－68:557YⅡ	23.34	113.80	14	陶			泥质粗硬陶	深灰		米字纹						战国至南越国

序号	遗址编号	遗址名称	遗物编号	纬度(度)	经度(度)	海拔(米)	质地	器形	部位	陶质	颜色	釉色	纹饰	刻划符号	石器岩性	石器完整程度	石器硬度	石器风化程度	年代
1848	ZJLY-68	花山山	ZJLY-68:558YⅡ	23.34	113.80	18	陶			泥质粗硬陶	灰褐		米字纹						战国至南越国
1849	ZJLY-68	花山山	ZJLY-68:559YⅡ	23.34	113.80	13	陶			泥质细硬陶	灰褐		米字纹						战国至南越国
1850	ZJLY-68	花山山	ZJLY-68:560YⅡ	23.34	113.80	15	陶	罐	口沿	泥质粗硬陶	青灰		方格纹						战国至南越国
1851	ZJLY-68	花山山	ZJLY-68:561YⅡ	23.34	113.80	9	陶	罐		泥质粗硬陶	灰褐		方格纹						战国至南越国
1852	ZJLY-68	花山山	ZJLY-68:562YⅡ	23.34	113.80	15	陶			泥质粗硬陶	深灰		米字纹						战国至南越国
1853	ZJLY-68	花山山	ZJLY-68:563YⅡ	23.34	113.80	12	陶			泥质细硬陶	灰褐		方格纹						战国至南越国
1854	ZJLY-68	花山山	ZJLY-68:564YⅡ	23.34	113.80	13	陶			泥质细硬陶	灰褐		水波纹、弦纹						战国至南越国
1855	ZJLY-68	花山山	ZJLY-68:565YⅡ	23.34	113.80	13	陶			泥质粗硬陶	灰褐		米字纹						战国至南越国
1856	ZJLY-68	花山山	ZJLY-68:566YⅡ	23.34	113.80	13	陶			泥质细硬陶	灰褐		米字纹						战国至南越国
1857	ZJLY-68	花山山	ZJLY-68:567YⅡ	23.34	113.80	12	陶			泥质细硬陶	深灰		米字纹						战国至南越国
1858	ZJLY-68	花山山	ZJLY-68:568YⅡ	23.34	113.80	14	陶			泥质细硬陶	青灰		素面						战国至南越国
1859	ZJLY-68	花山山	ZJLY-68:569YⅡ	23.34	113.80	14	陶			泥质粗硬陶	深灰		米字纹						战国至南越国
1860	ZJLY-68	花山山	ZJLY-68:570YⅡ	23.34	113.80	9	陶			泥质细硬陶	灰褐		米字纹						战国至南越国
1861	ZJLY-68	花山山	ZJLY-68:571YⅡ	23.34	113.80	10	陶			泥质粗硬陶	灰褐		方格纹						战国至南越国
1862	ZJLY-68	花山山	ZJLY-68:572YⅡ	23.34	113.80	11	陶			泥质粗硬陶	深灰		米字纹						战国至南越国
1863	ZJLY-68	花山山	ZJLY-68:573YⅡ	23.34	113.80	16	陶			泥质细硬陶	青灰		素面						战国至南越国
1864	ZJLY-68	花山山	ZJLY-68:574YⅡ	23.34	113.80	13	陶			泥质细硬陶	灰黑		素面						战国至南越国
1865	ZJLY-68	花山山	ZJLY-68:575YⅡ	23.34	113.80	19	陶			泥质粗硬陶	灰褐		米字纹						战国至南越国
1866	ZJLY-68	花山山	ZJLY-68:576YⅡ	23.34	113.80	17	陶			泥质细硬陶	灰褐		素面						战国至南越国
1867	ZJLY-68	花山山	ZJLY-68:577YⅡ	23.34	113.80	16	陶		口沿	泥质细软陶	灰黑		素面						战国至南越国
1868	ZJLY-68	花山山	ZJLY-68:578YⅡ	23.34	113.80	14	陶			泥质粗硬陶	灰褐		方格纹						战国至南越国
1869	ZJLY-68	花山山	ZJLY-68:579YⅡ	23.34	113.80	13	陶			泥质细硬陶	深灰		米字纹						战国至南越国
1870	ZJLY-68	花山山	ZJLY-68:580YⅡ	23.34	113.80	13	陶	罐		泥质细硬陶	灰褐		方格纹						战国至南越国
1871	ZJLY-68	花山山	ZJLY-68:581YⅡ	23.34	113.80	13	陶	罐	口沿	泥质细硬陶	青灰		素面						西周至春秋
1872	ZJLY-68	花山山	ZJLY-68:582YⅡ	23.34	113.80	12	陶			泥质粗硬陶	灰褐		米字纹						战国至南越国
1873	ZJLY-68	花山山	ZJLY-68:583YⅡ	23.34	113.80	13	陶			泥质细硬陶	灰褐		方格纹						战国至南越国
1874	ZJLY-68	花山山	ZJLY-68:584YⅡ	23.34	113.80	15	陶			泥质细硬陶	深灰		方格纹						战国至南越国
1875	ZJLY-68	花山山	ZJLY-68:585YⅡ	23.34	113.80	14	陶			泥质细硬陶	灰褐		素面						战国至南越国
1876	ZJLY-68	花山山	ZJLY-68:586YⅡ	23.34	113.80	20	陶			泥质细硬陶	灰褐		米字纹						战国至南越国
1877	ZJLY-68	花山山	ZJLY-68:587YⅡ	23.34	113.80	16	陶	罐		泥质细硬陶	灰		方格对角线纹						战国至南越国
1878	ZJLY-68	花山山	ZJLY-68:588YⅡ	23.34	113.80	12	陶	罐	底	泥质细硬陶	灰褐		素面						战国至南越国

序号	遗址编号	遗址名称	遗物编号	纬度（度）	经度（度）	海拔（米）	质地	器形	部位	陶质	颜色	釉色	纹饰	刻划符号	石器岩性	石器完整程度	石器硬度	石器风化程度	年代
1879	ZJLY-68	花岙山	ZJLY-68:589YⅡ	23.34	113.80	14	陶			泥质粗硬陶	灰褐		方格纹						战国至南越国
1880	ZJLY-68	花岙山	ZJLY-68:590YⅡ	23.34	113.80	17	陶			泥质粗硬陶	灰褐		米字纹						战国至南越国
1881	ZJLY-68	花岙山	ZJLY-68:591YⅡ	23.34	113.80	15	陶			泥质细硬陶	灰褐		方格纹						战国至南越国
1882	ZJLY-68	花岙山	ZJLY-68:592YⅡ	23.34	113.80	14	陶			泥质粗硬陶	灰褐		方格纹						战国至南越国
1883	ZJLY-68	花岙山	ZJLY-68:593YⅡ	23.34	113.80	14	陶			泥质细硬陶	深灰		方格纹						战国至南越国
1884	ZJLY-68	花岙山	ZJLY-68:594YⅡ	23.34	113.80	15	陶	盂	口沿	泥质细硬陶	深灰		方格纹						战国至南越国
1885	ZJLY-68	花岙山	ZJLY-68:595YⅡ	23.34	113.80	13	陶			泥质细硬陶	灰褐		素面						战国至南越国
1886	ZJLY-68	花岙山	ZJLY-68:596YⅡ	23.34	113.80	16	陶			夹细砂硬陶	深灰		米字纹						战国至南越国
1887	ZJLY-68	花岙山	ZJLY-68:597YⅡ	23.34	113.80	13	陶			泥质细硬陶	青灰		素面	有					战国至南越国
1888	ZJLY-68	花岙山	ZJLY-68:598YⅡ	23.34	113.80	15	陶			泥质粗硬陶	灰褐		米字纹						战国至南越国
1889	ZJLY-68	花岙山	ZJLY-68:599YⅡ	23.34	113.80	18	陶			泥质细硬陶	灰褐		米字纹						战国至南越国
1890	ZJLY-68	花岙山	ZJLY-68:600YⅡ	23.34	113.80	17	陶			泥质粗硬陶	灰		方格纹						战国至南越国
1891	ZJLY-68	花岙山	ZJLY-68:601YⅡ	23.34	113.80	15	陶			泥质细硬陶	灰黑		素面						唐末
1892	ZJLY-68	花岙山	ZJLY-68:602YⅡ	23.34	113.80	19	陶			泥质粗硬陶	灰褐		米字纹						战国至南越国
1893	ZJLY-68	花岙山	ZJLY-68:603YⅡ	23.34	113.80	17	陶			夹粗砂软陶	红		方格纹						战国至南越国
1894	ZJLY-68	花岙山	ZJLY-68:604YⅡ	23.34	113.80	17	陶			泥质细硬陶	灰褐		米字纹						战国至南越国
1895	ZJLY-68	花岙山	ZJLY-68:605YⅡ	23.34	113.80	18	陶			泥质细硬陶	青灰		水波纹、弦纹						战国至南越国
1896	ZJLY-68	花岙山	ZJLY-68:606YⅡ	23.34	113.80	17	陶			泥质细硬陶	灰		弦纹						战国至南越国
1897	ZJLY-68	花岙山	ZJLY-68:607YⅡ	23.34	113.80	17	陶			泥质粗硬陶	灰褐		米字纹						战国至南越国
1898	ZJLY-68	花岙山	ZJLY-68:608YⅡ	23.34	113.80	12	陶			泥质细硬陶	灰褐		方格纹						战国至南越国
1899	ZJLY-68	花岙山	ZJLY-68:609YⅡ	23.34	113.80	15	陶			夹细砂硬陶	灰褐		米字纹						战国至南越国
1900	ZJLY-68	花岙山	ZJLY-68:610YⅡ	23.34	113.80	15	陶			泥质细硬陶	青灰		素面						战国至南越国
1901	ZJLY-68	花岙山	ZJLY-68:611YⅡ	23.34	113.80	14	陶			泥质细硬陶	深灰		米字纹						战国至南越国
1902	ZJLY-68	花岙山	ZJLY-68:612YⅡ	23.34	113.80	12	陶			泥质细硬陶	青灰		方格纹						战国至南越国
1903	ZJLY-68	花岙山	ZJLY-68:613YⅡ	23.34	113.80	7	陶			泥质粗硬陶	深灰		米字纹						战国至南越国
1904	ZJLY-68	花岙山	ZJLY-68:614YⅡ	23.34	113.80	10	陶			夹细砂硬陶	灰褐		方格纹						战国至南越国
1905	ZJLY-68	花岙山	ZJLY-68:615YⅡ	23.34	113.80	11	陶			泥质细硬陶	灰褐		米字纹						战国至南越国
1906	ZJLY-68	花岙山	ZJLY-68:616YⅡ	23.34	113.80	9	陶			泥质细硬陶	青灰		素面						唐末
1907	ZJLY-68	花岙山	ZJLY-68:617YⅡ	23.34	113.80	8	陶			泥质粗硬陶	灰褐		米字纹						战国至南越国
1908	ZJLY-68	花岙山	ZJLY-68:618YⅡ	23.34	113.80	9	陶			泥质粗硬陶	灰		方格纹						战国至南越国
1909	ZJLY-68	花岙山	ZJLY-68:619YⅡ	23.34	113.80	12	陶			泥质粗硬陶	灰		方格纹						战国至南越国

序号	遗址编号	遗址名称	遗物编号	纬度（度）	经度（度）	海拔（米）	质地	器形	部位	陶质	颜色	釉色	纹饰	刻划符号	石器岩性	石器完整程度	石器硬度	石器风化程度	年代
1910	ZJLY-68	花山山	ZJLY-68:620YII	23.34	113.80	11	陶			泥质细硬陶	深灰		方格纹						战国至南越国
1911	ZJLY-68	花山山	ZJLY-68:621YII	23.34	113.80	11	陶			泥质细硬陶	灰褐		方格对角线纹						战国至南越国
1912	ZJLY-68	花山山	ZJLY-68:622YII	23.34	113.80	9	陶			夹细砂硬陶	深灰		米字纹						战国至南越国
1913	ZJLY-68	花山山	ZJLY-68:623YII	23.34	113.80	12	陶			泥质细硬陶	灰褐		方格纹						战国至南越国
1914	ZJLY-68	花山山	ZJLY-68:624YII	23.34	113.80	11	陶			泥质粗硬陶	深灰		方格纹						战国至南越国
1915	ZJLY-68	花山山	ZJLY-68:625YII	23.34	113.80	12	陶			泥质细硬陶	灰褐		米字纹						战国至南越国
1916	ZJLY-68	花山山	ZJLY-68:626YII	23.34	113.80	13	陶			泥质细硬陶	灰褐		米字纹						战国至南越国
1917	ZJLY-68	花山山	ZJLY-68:627YII	23.34	113.80	9	陶			泥质粗硬陶	青灰		米字纹						战国至南越国
1918	ZJLY-68	花山山	ZJLY-68:628YII	23.34	113.80	10	陶			泥质细硬陶	灰褐		米字纹						战国至南越国
1919	ZJLY-68	花山山	ZJLY-68:629YII	23.34	113.80	18	陶			泥质细硬陶	灰褐		方格纹						战国至南越国
1920	ZJLY-68	花山山	ZJLY-68:630YII	23.34	113.80	18	陶			泥质细硬陶	灰褐		方格纹						战国至南越国
1921	ZJLY-68	花山山	ZJLY-68:631YII	23.34	113.80	16	陶			泥质细硬陶	灰褐		米字纹						战国至南越国
1922	ZJLY-68	花山山	ZJLY-68:632YII	23.34	113.80	20	陶			泥质粗硬陶	深灰		米字纹						战国至南越国
1923	ZJLY-68	花山山	ZJLY-68:633YII	23.34	113.80	19	陶			泥质细硬陶	深灰		方格纹						战国至南越国
1924	ZJLY-68	花山山	ZJLY-68:634YII	23.34	113.80	19	陶			泥质粗硬陶	灰		方格纹						战国至南越国
1925	ZJLY-68	花山山	ZJLY-68:635YII	23.34	113.80	19	陶			泥质粗硬陶	灰褐		方格纹						战国至南越国
1926	ZJLY-68	花山山	ZJLY-68:636YII	23.34	113.80	19	陶			泥质细硬陶	灰褐		方格纹						战国至南越国
1927	ZJLY-68	花山山	ZJLY-68:637YII	23.34	113.80	19	陶	罐	口沿	泥质细硬陶	深灰		米字纹						战国至南越国
1928	ZJLY-68	花山山	ZJLY-68:638YII	23.34	113.80	22	陶	罐	底	泥质粗硬陶	灰		方格纹						战国至南越国
1929	ZJLY-68	花山山	ZJLY-68:639YII	23.34	113.80	21	陶			泥质细硬陶	红		方格纹						战国至南越国
1930	ZJLY-68	花山山	ZJLY-68:640YII	23.34	113.80	21	陶	器盖		泥质粗软陶	红褐		素面						西周至春秋
1931	ZJLY-68	花山山	ZJLY-68:641YII	23.34	113.80	19	陶			泥质细硬陶	灰褐		方格纹						战国至南越国
1932	ZJLY-68	花山山	ZJLY-68:642YII	23.34	113.80	21	陶			泥质粗硬陶	深灰		米字纹						战国至南越国
1933	ZJLY-68	花山山	ZJLY-68:643YII	23.34	113.80	17	陶			泥质细硬陶	深灰		米字纹						战国至南越国
1934	ZJLY-68	花山山	ZJLY-68:644YII	23.34	113.80	17	陶			泥质细硬陶	深灰		米字纹						战国至南越国
1935	ZJLY-68	花山山	ZJLY-68:645YII	23.34	113.80	20	陶			泥质细硬陶	灰褐		素面						战国至南越国
1936	ZJLY-68	花山山	ZJLY-68:646YII	23.34	113.80	21	陶			泥质细硬陶	灰褐		米字纹						战国至南越国
1937	ZJLY-68	花山山	ZJLY-68:647YII	23.34	113.80	21	陶			泥质细硬陶	灰褐		水波纹、回弦纹						战国至南越国
1938	ZJLY-68	花山山	ZJLY-68:648YII	23.34	113.80	21	陶			泥质细硬陶	灰褐		米字纹						战国至南越国
1939	ZJLY-68	花山山	ZJLY-68:649YII	23.34	113.80	21	陶			泥质粗硬陶	红		方格纹						战国至南越国
1940	ZJLY-68	花山山	ZJLY-68:650YII	23.34	113.80	22	陶			泥质细硬陶	灰		米字纹						战国至南越国

序号	遗址编号	遗址名称	遗物编号	纬度(度)	经度(度)	海拔(米)	质地	器形	部位	陶质	颜色	釉色	纹饰	刻划符号	石器岩性	石器完整程度	石器硬度	石器风化程度	年代
1941	ZJLY-68	花山山	ZJLY-68:651YⅡ	23.34	113.80	24	陶			泥质粗硬陶	灰		方格纹						战国至南越国
1942	ZJLY-68	花山山	ZJLY-68:652YⅡ	23.34	113.80	24	陶			泥质粗硬陶	红褐		方格纹						战国至南越国
1943	ZJLY-68	花山山	ZJLY-68:653YⅡ	23.34	113.80	24	陶			泥质细硬陶	红褐		米字纹						战国至南越国
1944	ZJLY-68	花山山	ZJLY-68:654YⅡ	23.34	113.80	24	陶			泥质粗硬陶	灰		米字纹						战国至南越国
1945	ZJLY-68	花山山	ZJLY-68:655YⅡ	23.34	113.80	19	陶			泥质粗硬陶	灰		方格纹						战国至南越国
1946	ZJLY-68	花山山	ZJLY-68:656YⅡ	23.34	113.80	19	陶			泥质粗硬陶	灰		米字纹						战国至南越国
1947	ZJLY-68	花山山	ZJLY-68:657YⅡ	23.34	113.80	20	陶			泥质粗硬陶	红褐		方格纹						战国至南越国
1948	ZJLY-68	花山山	ZJLY-68:658YⅡ	23.34	113.80	18	石	磨制石器			青灰								新石器时代晚期至商代
1949	ZJLY-68	花山山	ZJLY-68:659YⅡ	23.34	113.80	18	陶			泥质细硬陶	灰		米字纹						战国至南越国
1950	ZJLY-68	花山山	ZJLY-68:660YⅡ	23.34	113.80	18	陶			泥质粗硬陶	灰褐		米字纹						战国至南越国
1951	ZJLY-68	花山山	ZJLY-68:661YⅡ	23.34	113.80	23	陶			泥质细硬陶	红褐		方格纹						战国至南越国
1952	ZJLY-68	花山山	ZJLY-68:662YⅡ	23.34	113.80	21	陶			泥质细硬陶	灰褐		米字纹						战国至南越国
1953	ZJLY-68	花山山	ZJLY-68:663YⅡ	23.34	113.80	21	陶			泥质细硬陶	灰褐		米字纹						战国至南越国
1954	ZJLY-68	花山山	ZJLY-68:664YⅡ	23.34	113.80	21	陶			泥质细硬陶	灰褐		米字纹						战国至南越国
1955	ZJLY-68	花山山	ZJLY-68:665YⅡ	23.34	113.80	21	陶	罐	口沿	泥质细硬陶	青灰		方格纹						战国至南越国
1956	ZJLY-68	花山山	ZJLY-68:666YⅡ	23.34	113.80	22	陶			泥质细硬陶	灰褐		米字纹						战国至南越国
1957	ZJLY-68	花山山	ZJLY-68:667YⅡ	23.34	113.80	20	陶			泥质细硬陶	灰褐		米字纹						战国至南越国
1958	ZJLY-68	花山山	ZJLY-68:668YⅡ	23.34	113.80	21	陶			泥质细硬陶	青灰		素面						战国至南越国
1959	ZJLY-68	花山山	ZJLY-68:669YⅡ	23.34	113.80	24	陶			泥质细硬陶	灰褐		米字纹						战国至南越国
1960	ZJLY-68	花山山	ZJLY-68:670YⅡ	23.34	113.80	24	陶			泥质细硬陶	青灰		米字纹						战国至南越国
1961	ZJLY-68	花山山	ZJLY-68:671YⅡ	23.34	113.80	24	陶			泥质细硬陶	灰褐		米字纹						战国至南越国
1962	ZJLY-68	花山山	ZJLY-68:672YⅡ	23.34	113.80	24	陶			泥质细硬陶	青灰		米字纹						战国至南越国
1963	ZJLY-68	花山山	ZJLY-68:673YⅡ	23.34	113.80	23	陶			泥质细硬陶	青灰		米字纹						战国至南越国
1964	ZJLY-68	花山山	ZJLY-68:674YⅡ	23.34	113.80	26	陶			泥质细硬陶	灰褐		素面						战国至南越国
1965	ZJLY-68	花山山	ZJLY-68:675YⅡ	23.34	113.80	27	陶			泥质细硬陶	青灰		米字纹						战国至南越国
1966	ZJLY-68	花山山	ZJLY-68:676YⅡ	23.34	113.80	27	陶			泥质细硬陶	灰褐		米字纹						战国至南越国
1967	ZJLY-68	花山山	ZJLY-68:677YⅡ	23.34	113.80	27	陶			泥质细硬陶	灰褐		米字纹						战国至南越国
1968	ZJLY-68	花山山	ZJLY-68:678YⅡ	23.34	113.80	27	陶			泥质细硬陶	灰褐		米字纹						战国至南越国
1969	ZJLY-68	花山山	ZJLY-68:679YⅡ	23.34	113.80	25	陶			泥质细硬陶	灰褐		米字纹						战国至南越国
1970	ZJLY-68	花山山	ZJLY-68:680YⅡ	23.34	113.80	26	陶			泥质细硬陶	灰褐		米字纹						战国至南越国
1971	ZJLY-68	花山山	ZJLY-68:681YⅡ	23.34	113.80	25	陶			泥质细硬陶	灰褐		米字纹						战国至南越国

序号	遗址编号	遗址名称	遗物编号	纬度（度）	经度（度）	海拔（米）	质地	器形	部位	陶质	颜色	釉色	纹饰	刻划符号	石器岩性	石器完整程度	石器硬度	石器风化程度	年代
1972	ZJLY-68	花山山	ZJLY-68:682YⅡ	23.34	113.80	27	陶			泥质细硬陶	灰褐		米字纹						战国至南越国
1973	ZJLY-68	花山山	ZJLY-68:683YⅡ	23.34	113.80	26	陶	罐	口沿	泥质细硬陶	灰		素面						战国至南越国
1974	ZJLY-68	花山山	ZJLY-68:684YⅡ	23.34	113.80	28	陶	罐	口沿	泥质粗硬陶	灰褐		米字纹						战国至南越国
1975	ZJLY-68	花山山	ZJLY-68:685YⅡ	23.34	113.80	22	陶			泥质粗硬陶	灰褐		米字纹						战国至南越国
1976	ZJLY-68	花山山	ZJLY-68:686YⅡ	23.34	113.80	22	陶	罐	底	泥质细硬陶	灰褐		米字纹						战国至南越国
1977	ZJLY-68	花山山	ZJLY-68:687YⅡ	23.34	113.80	23	陶			泥质细硬陶	深灰		素面						战国至南越国
1978	ZJLY-68	花山山	ZJLY-68:688YⅡ	23.34	113.80	23	陶			泥质细硬陶	灰褐		米字纹						战国至南越国
1979	ZJLY-68	花山山	ZJLY-68:689YⅡ	23.34	113.80	23	陶			泥质粗硬陶	灰褐		米字纹						战国至南越国
1980	ZJLY-68	花山山	ZJLY-68:690YⅡ	23.34	113.80	27	陶			泥质细硬陶	灰褐		米字纹						战国至南越国
1981	ZJLY-68	花山山	ZJLY-68:691YⅡ	23.34	113.80	24	陶			泥质细硬陶	灰褐		米字纹						战国至南越国
1982	ZJLY-68	花山山	ZJLY-68:692YⅡ	23.34	113.80	22	陶			泥质细硬陶	深灰		米字纹						战国至南越国
1983	ZJLY-68	花山山	ZJLY-68:693YⅡ	23.34	113.80	22	陶			泥质细硬陶	深灰		米字纹						战国至南越国
1984	ZJLY-68	花山山	ZJLY-68:694YⅡ	23.34	113.80	21	陶			泥质细硬陶	灰灰		方格纹						战国至南越国
1985	ZJLY-68	花山山	ZJLY-68:695YⅡ	23.34	113.80	18	陶			泥质粗硬陶	青灰		米字纹						战国至南越国
1986	ZJLY-68	花山山	ZJLY-68:696YⅡ	23.34	113.80	18	陶			泥质粗硬陶	灰褐		方格纹						战国至南越国
1987	ZJLY-68	花山山	ZJLY-68:697YⅡ	23.34	113.80	20	陶			泥质粗硬陶	灰		米字纹						战国至南越国
1988	ZJLY-68	花山山	ZJLY-68:698YⅡ	23.34	113.80	19	陶			泥质粗硬陶	灰褐		方格纹						战国至南越国
1989	ZJLY-68	花山山	ZJLY-68:699YⅡ	23.34	113.80	18	陶			夹细砂硬陶	红褐		方格纹						战国至南越国
1990	ZJLY-68	花山山	ZJLY-68:700YⅡ	23.34	113.80	18	陶	罐		泥质细硬陶	灰褐		方格纹						战国至南越国
1991	ZJLY-68	花山山	ZJLY-68:701YⅡ	23.34	113.80	13	陶			泥质细硬陶	红		米字纹						战国至南越国
1992	ZJLY-68	花山山	ZJLY-68:702YⅡ	23.34	113.80	20	陶	罐	口沿	泥质粗硬陶	灰褐		方格纹						战国至南越国
1993	ZJLY-68	花山山	ZJLY-68:703YⅡ	23.34	113.80	20	陶			泥质粗硬陶	灰		方格纹						战国至南越国
1994	ZJLY-68	花山山	ZJLY-68:704YⅡ	23.34	113.80	19	陶			泥质细硬陶	灰褐		米字纹						战国至南越国
1995	ZJLY-68	花山山	ZJLY-68:705YⅡ	23.34	113.80	17	陶			泥质粗硬陶	灰褐		米字纹						战国至南越国
1996	ZJLY-68	花山山	ZJLY-68:706YⅡ	23.34	113.80	16	陶			泥质粗硬陶	红褐		方格纹						战国至南越国
1997	ZJLY-68	花山山	ZJLY-68:707YⅡ	23.34	113.80	16	陶			泥质细硬陶	红褐		米字纹						战国至南越国
1998	ZJLY-68	花山山	ZJLY-68:708YⅡ	23.34	113.80	19	陶			泥质细软陶	灰		米字纹						战国至南越国
1999	ZJLY-68	花山山	ZJLY-68:709YⅡ	23.34	113.80	9	陶			泥质粗硬陶	灰褐		素面						战国至南越国
2000	ZJLY-68	花山山	ZJLY-68:710YⅡ	23.34	113.80	9	陶			泥质粗硬陶	青灰		方格纹						战国至南越国
2001	ZJLY-68	花山山	ZJLY-68:1ZⅠ	23.34	113.80	21	陶	砖		泥质细硬陶	青灰		素面						唐末
2002	ZJLY-68	花山山	ZJLY-68:2ZⅠ	23.34	113.80	29	陶			泥质细硬陶	灰		勾连云雷纹						西周至春秋

序号	遗址编号	遗址名称	遗物编号	纬度（度）	经度（度）	海拔（米）	质地	器形	部位	陶质	颜色	釉色	纹饰	刻划符号	石器岩性	石器完整程度	石器硬度	石器风化程度	年代
2003	ZJLY-68	花岕山	ZJLY-68：3ZI	23.34	113.80	27	陶			泥质粗硬陶	灰褐		菱格凸点纹						西周至春秋
2004	ZJLY-68	花岕山	ZJLY-68：4ZI	23.34	113.80	29	陶			泥质粗硬陶	灰褐		方格纹						战国至南越国
2005	ZJLY-68	花岕山	ZJLY-68：5ZI	23.34	113.80	31	陶			泥质粗硬陶	灰褐		菱格纹						西周至春秋
2006	ZJLY-68	花岕山	ZJLY-68：6ZI	23.34	113.80	34	陶			泥质粗硬陶	红褐		方格纹						战国至南越国
2007	ZJLY-68	花岕山	ZJLY-68：7ZI	23.34	113.80	39	陶			泥质粗硬陶	青灰		方格纹						战国至南越国
2008	ZJLY-68	花岕山	ZJLY-68：8ZI	23.34	113.80	42	陶			泥质粗硬陶	灰褐		方格纹						战国至南越国
2009	ZJLY-68	花岕山	ZJLY-68：9ZI	23.34	113.80	43	陶			泥质粗硬陶	青灰		方格纹						战国至南越国
2010	ZJLY-68	花岕山	ZJLY-68：10ZI	23.34	113.80	45	陶			泥质细硬陶	深灰		素面						战国至南越国
2011	ZJLY-68	花岕山	ZJLY-68：11ZI	23.34	113.80	44	陶			泥质细硬陶	灰褐		方格纹						战国至南越国
2012	ZJLY-68	花岕山	ZJLY-68：12ZI	23.34	113.80	41	陶			泥质细硬陶	灰褐		方格纹						战国至南越国
2013	ZJLY-68	花岕山	ZJLY-68：13ZI	23.34	113.80	42	陶			泥质细硬陶	灰褐		方格纹						战国至南越国
2014	ZJLY-68	花岕山	ZJLY-68：14ZI	23.34	113.80	41	陶			泥质细硬陶	灰褐		方格纹						战国至南越国
2015	ZJLY-68	花岕山	ZJLY-68：15ZI	23.34	113.80	41	陶			泥质粗硬陶	灰褐		勾连云雷纹						西周至春秋
2016	ZJLY-68	花岕山	ZJLY-68：16ZI	23.34	113.80	41	陶			泥质细硬陶	灰褐		方格纹						战国至南越国
2017	ZJLY-68	花岕山	ZJLY-68：17ZI	23.34	113.80	40	陶			夹细砂硬陶	红褐		方格纹						西周至春秋
2018	ZJLY-68	花岕山	ZJLY-68：18ZI	23.34	113.80	39	陶			泥质粗硬陶	灰		方格纹						战国至南越国
2019	ZJLY-68	花岕山	ZJLY-68：19ZI	23.34	113.80	41	陶			泥质细硬陶	灰褐		重方格对角线纹						战国至南越国
2020	ZJLY-68	花岕山	ZJLY-68：20ZI	23.34	113.80	56	陶			泥质粗硬陶	红褐		方格纹						战国至南越国
2021	ZJLY-68	花岕山	ZJLY-68：21ZI	23.34	113.80	33	陶			泥质粗硬陶	深灰		方格纹						战国至南越国
2022	ZJLY-68	花岕山	ZJLY-68：22ZI	23.34	113.80	36	陶			泥质粗硬陶	灰褐		方格纹						战国至南越国
2023	ZJLY-68	花岕山	ZJLY-68：23ZI	23.34	113.80	35	陶			泥质细硬陶	灰褐		素面						战国至南越国
2024	ZJLY-68	花岕山	ZJLY-68：24ZI	23.34	113.80	37	陶			泥质细硬陶	红褐		方格纹						战国至南越国
2025	ZJLY-68	花岕山	ZJLY-68：25ZI	23.34	113.80	38	陶			泥质粗硬陶	灰褐		网格纹						西周至春秋
2026	ZJLY-68	花岕山	ZJLY-68：26ZI	23.34	113.80	37	陶			泥质细硬陶	灰		夔纹						西周至春秋
2027	ZJLY-68	花岕山	ZJLY-68：27ZI	23.34	113.80	37	陶			泥质细硬陶	深灰		菱格纹						西周至春秋
2028	ZJLY-68	花岕山	ZJLY-68：28ZI	23.34	113.80	40	陶			泥质粗硬陶	灰		方格纹、菱格纹						西周至春秋
2029	ZJLY-68	花岕山	ZJLY-68：29ZI	23.34	113.80	40	陶			泥质细硬陶	青灰		夔纹						西周至春秋
2030	ZJLY-68	花岕山	ZJLY-68：30ZI	23.34	113.80	42	陶			泥质细硬陶	灰		方格纹						战国至南越国
2031	ZJLY-68	花岕山	ZJLY-68：31ZI	23.34	113.80	39	陶			泥质粗硬陶	灰褐		方格纹						西周至春秋
2032	ZJLY-68	花岕山	ZJLY-68：32ZI	23.34	113.80	40	陶			泥质粗硬陶	灰褐		菱格纹						西周至春秋
2033	ZJLY-68	花岕山	ZJLY-68：33ZI	23.34	113.80	40	陶			泥质粗硬陶	灰褐		菱格纹						西周至春秋

序号	遗址编号	遗址名称	遗物编号	纬度（度）	经度（度）	海拔（米）	质地	器形	部位	陶质	颜色	釉色	纹饰	刻划符号	石器岩性	石器完整程度	石器硬度	石器风化程度	年代
2034	ZJLY-68	花山山	ZJLY-68:34ZI	23.34	113.80	37	陶			泥质粗硬陶	灰褐		菱格纹						西周至春秋
2035	ZJLY-68	花山山	ZJLY-68:35ZI	23.34	113.80	38	陶			泥质细硬陶	深灰		勾连云雷纹						西周至春秋
2036	ZJLY-68	花山山	ZJLY-68:36ZI	23.34	113.80	40	陶			泥质细硬陶	灰褐		方格纹						战国至南越国
2037	ZJLY-68	花山山	ZJLY-68:37ZI	23.34	113.80	38	陶			泥质粗硬陶	灰褐		方格纹						战国至南越国
2038	ZJLY-68	花山山	ZJLY-68:38ZI	23.34	113.80	37	陶			泥质粗硬陶	灰褐		夔纹						西周至春秋
2039	ZJLY-68	花山山	ZJLY-68:39ZI	23.34	113.80	39	陶			泥质粗硬陶	灰褐		素面						战国至南越国
2040	ZJLY-68	花山山	ZJLY-68:40ZI	23.34	113.80	36	陶			泥质粗硬陶	灰褐		勾连云雷纹						西周至春秋
2041	ZJLY-68	花山山	ZJLY-68:41ZI	23.34	113.80	36	陶			泥质粗硬陶	灰褐		方格纹						战国至南越国
2042	ZJLY-68	花山山	ZJLY-68:42ZI	23.34	113.80	34	陶			泥质粗硬陶	青灰		方格纹						战国至南越国
2043	ZJLY-68	花山山	ZJLY-68:43ZI	23.34	113.80	37	陶			泥质粗硬陶	灰褐		方格纹						战国至南越国
2044	ZJLY-68	花山山	ZJLY-68:44ZI	23.34	113.80	36	陶			泥质粗硬陶	青灰		方格纹						战国至南越国
2045	ZJLY-68	花山山	ZJLY-68:45ZI	23.34	113.80	35	陶			泥质粗硬陶	灰褐		变体夔纹						西周至春秋
2046	ZJLY-68	花山山	ZJLY-68:46ZI	23.34	113.80	38	陶			泥质粗硬陶	青灰		夔纹						西周至春秋
2047	ZJLY-68	花山山	ZJLY-68:47ZI	23.34	113.80	37	陶			泥质细硬陶	深灰		云雷纹						西周至春秋
2048	ZJLY-68	花山山	ZJLY-68:48ZI	23.34	113.80	40	陶			泥质粗硬陶	青灰		方格纹						战国至南越国
2049	ZJLY-68	花山山	ZJLY-68:49ZI	23.34	113.80	34	陶	罐	口沿	泥质细硬陶	灰褐		方格纹						战国至南越国
2050	ZJLY-68	花山山	ZJLY-68:50ZI	23.34	113.80	33	陶			泥质粗硬陶	青灰		夔纹						西周至春秋
2051	ZJLY-68	花山山	ZJLY-68:51ZI	23.34	113.80	29	陶			泥质粗硬陶	灰黑		素面						战国至南越国
2052	ZJLY-68	花山山	ZJLY-68:52ZI	23.34	113.80	34	陶			泥质粗硬陶	深灰		方格纹						西周至春秋
2053	ZJLY-68	花山山	ZJLY-68:53ZI	23.34	113.80	37	陶			泥质细硬陶	灰		夔纹						西周至春秋
2054	ZJLY-68	花山山	ZJLY-68:54ZI	23.34	113.80	33	陶			泥质粗硬陶	灰		勾连云雷纹						西周至春秋
2055	ZJLY-68	花山山	ZJLY-68:55ZI	23.34	113.80	33	陶			泥质细硬陶	灰		方格纹						西周至春秋
2056	ZJLY-68	花山山	ZJLY-68:56ZI	23.34	113.80	32	陶			泥质细硬陶	灰褐		方格纹						战国至南越国
2057	ZJLY-68	花山山	ZJLY-68:57ZI	23.34	113.80	31	陶			泥质细硬陶	青灰		方格纹						战国至南越国
2058	ZJLY-68	花山山	ZJLY-68:58ZI	23.34	113.80	31	陶			泥质细硬陶	青灰		方格纹						战国至南越国
2059	ZJLY-68	花山山	ZJLY-68:59ZI	23.34	113.80	27	陶	罐	口沿	泥质粗硬陶	青灰		方格纹						战国至南越国
2060	ZJLY-68	花山山	ZJLY-68:60ZI	23.34	113.80	32	陶			泥质粗硬陶	灰		夔纹						西周至春秋
2061	ZJLY-68	花山山	ZJLY-68:61ZI	23.34	113.80	29	陶			泥质细软陶	红褐		菱格凸点纹						西周至春秋
2062	ZJLY-68	花山山	ZJLY-68:62ZI	23.34	113.80	29	陶			泥质粗硬陶	红褐		菱格凸点纹						西周至春秋
2063	ZJLY-68	花山山	ZJLY-68:63ZI	23.34	113.80	27	陶			泥质细硬陶	红褐		方格纹、勾连云雷纹						西周至春秋
2064	ZJLY-68	花山山	ZJLY-68:64ZI	23.34	113.80	27	陶			泥质细硬陶	深灰		素面						战国至南越国

序号	遗址编号	遗址名称	遗物编号	纬度(度)	经度(度)	海拔(米)	质地	器形	部位	陶质	颜色	釉色	纹饰	刻划符号	石器岩性	石器完整程度	石器硬度	石器风化程度	年代
2065	ZJLY-68	花山山	ZJLY-68:65ZⅠ	23.34	113.80	27	陶			泥质细硬陶	灰褐		重菱格凸点纹						西周至春秋
2066	ZJLY-68	花山山	ZJLY-68:66ZⅠ	23.34	113.80	27	陶			泥质粗硬陶	青灰		方格纹						战国至南越国
2067	ZJLY-68	花山山	ZJLY-68:67ZⅠ	23.34	113.80	24	陶			泥质细硬陶	灰褐		勾连云雷纹						西周至春秋
2068	ZJLY-68	花山山	ZJLY-68:68ZⅠ	23.34	113.80	29	陶			泥质细硬陶	深灰		素面						唐末
2069	ZJLY-68	花山山	ZJLY-68:69ZⅠ	23.34	113.80	28	陶			泥质细硬陶	灰		方格纹						战国至南越国
2070	ZJLY-68	花山山	ZJLY-68:70ZⅠ	23.34	113.80	29	陶			泥质粗硬陶	灰褐		素面						战国至南越国
2071	ZJLY-68	花山山	ZJLY-68:71ZⅠ	23.34	113.80	29	陶			泥质粗硬陶	灰褐		素面						战国至南越国
2072	ZJLY-68	花山山	ZJLY-68:72ZⅠ	23.34	113.80	26	陶			泥质粗硬陶	深灰		夔纹						西周至春秋
2073	ZJLY-68	花山山	ZJLY-68:73ZⅠ	23.34	113.80	28	陶			泥质粗硬陶	深灰		素面						战国至南越国
2074	ZJLY-68	花山山	ZJLY-68:74ZⅠ	23.34	113.80	26	陶			泥质粗硬陶	灰褐		方格纹						战国至南越国
2075	ZJLY-68	花山山	ZJLY-68:75ZⅠ	23.34	113.80	24	陶			泥质细硬陶	灰褐		曲尺纹						战国至南越国
2076	ZJLY-68	花山山	ZJLY-68:76ZⅠ	23.34	113.80	28	陶			泥质细硬陶	深灰		方格纹						战国至南越国
2077	ZJLY-68	花山山	ZJLY-68:77ZⅠ	23.34	113.80	28	陶			泥质粗硬陶	灰褐		素面						战国至南越国
2078	ZJLY-68	花山山	ZJLY-68:78ZⅠ	23.34	113.80	31	陶	罐	口沿	泥质粗硬陶	深灰		素面						战国至南越国
2079	ZJLY-68	花山山	ZJLY-68:79ZⅠ	23.34	113.80	31	陶			泥质粗硬陶	深灰		方格纹						战国至南越国
2080	ZJLY-68	花山山	ZJLY-68:80ZⅠ	23.34	113.80	30	陶			泥质粗硬陶	灰		方格纹						战国至南越国
2081	ZJLY-68	花山山	ZJLY-68:81ZⅠ	23.34	113.80	28	陶			泥质细硬陶	红褐		素面						战国至南越国
2082	ZJLY-68	花山山	ZJLY-68:82ZⅠ	23.34	113.80	33	陶			泥质粗硬陶	灰褐		方格纹						战国至南越国
2083	ZJLY-68	花山山	ZJLY-68:83ZⅠ	23.34	113.80	37	陶			泥质粗硬陶	深灰		夔纹						西周至春秋
2084	ZJLY-68	花山山	ZJLY-68:84ZⅠ	23.34	113.80	32	陶			泥质粗硬陶	红褐		方格纹						战国至南越国
2085	ZJLY-68	花山山	ZJLY-68:85ZⅠ	23.34	113.80	32	陶		口沿	泥质粗硬陶	灰褐		方格纹						战国至南越国
2086	ZJLY-68	花山山	ZJLY-68:86ZⅠ	23.34	113.80	34	陶	罐		泥质粗硬陶	青灰		素面						战国至南越国
2087	ZJLY-68	花山山	ZJLY-68:87ZⅠ	23.34	113.80	31	陶			泥质粗硬陶	灰褐		云雷纹						西周至春秋
2088	ZJLY-68	花山山	ZJLY-68:88ZⅠ	23.34	113.80	31	陶			泥质粗硬陶	灰褐		方格纹						战国至南越国
2089	ZJLY-68	花山山	ZJLY-68:89ZⅠ	23.34	113.80	28	陶			泥质粗硬陶	青灰		回字纹						西周至春秋
2090	ZJLY-68	花山山	ZJLY-68:90ZⅠ	23.34	113.80	30	陶			泥质细硬陶	灰褐		勾连云雷纹						西周至春秋
2091	ZJLY-68	花山山	ZJLY-68:91ZⅠ	23.34	113.80	30	陶			泥质细硬陶	深灰		方格纹						战国至南越国
2092	ZJLY-68	花山山	ZJLY-68:92ZⅠ	23.34	113.80	28	陶			泥质粗硬陶	青灰		篦点纹、弦纹						战国至南越国
2093	ZJLY-68	花山山	ZJLY-68:93ZⅠ	23.34	113.80	25	陶			泥质粗硬陶	灰褐		方格纹						战国至南越国
2094	ZJLY-68	花山山	ZJLY-68:94ZⅠ	23.34	113.80	24	陶			夹细砂软陶	红褐		回字凸块纹						西周至春秋
2095	ZJLY-68	花山山	ZJLY-68:95ZⅠ	23.34	113.80	28	陶			泥质粗硬陶	灰褐		重菱格纹						西周至春秋

序号	遗址编号	遗址名称	遗物编号	纬度(度)	经度(度)	海拔(米)	质地	器形	部位	陶质	颜色	釉色	纹饰	刻划符号	石器岩性	石器完整程度	石器硬度	石器风化程度	年代
2096	ZJLY-68	花山山	ZJLY-68:96ZⅠ	23.34	113.80	28	陶			泥质粗硬陶	灰褐		方格纹						战国至南越国
2097	ZJLY-68	花山山	ZJLY-68:97ZⅠ	23.34	113.80	29	陶			泥质细硬陶	红褐		方格纹						战国至南越国
2098	ZJLY-68	花山山	ZJLY-68:98ZⅠ	23.34	113.80	24	陶			泥质粗硬陶	灰		蝉翼纹						西周至春秋
2099	ZJLY-68	花山山	ZJLY-68:99ZⅠ	23.34	113.80	23	陶			泥质粗硬陶	灰褐		菱纹						西周至春秋
2100	ZJLY-68	花山山	ZJLY-68:100ZⅠ	23.34	113.80	27	陶			泥质细硬陶	灰褐		勾连云雷纹						西周至春秋
2101	ZJLY-68	花山山	ZJLY-68:101ZⅠ	23.34	113.80	26	陶			泥质粗硬陶	青灰		方格纹						战国至南越国
2102	ZJLY-68	花山山	ZJLY-68:102ZⅠ	23.34	113.80	28	陶			泥质粗硬陶	青灰		夔纹						西周至春秋
2103	ZJLY-68	花山山	ZJLY-68:103ZⅠ	23.34	113.80	26	陶			泥质细硬陶	红褐		方格纹						战国至南越国
2104	ZJLY-68	花山山	ZJLY-68:104ZⅠ	23.34	113.80	26	陶			泥质粗硬陶	灰		夔纹						西周至春秋
2105	ZJLY-68	花山山	ZJLY-68:105ZⅠ	23.34	113.80	28	陶			泥质细硬陶	红褐		方格凸块纹、弦纹						西周至春秋
2106	ZJLY-68	花山山	ZJLY-68:106ZⅠ	23.34	113.80	25	陶		底	泥质细硬陶	灰褐		方格纹						战国至南越国
2107	ZJLY-68	花山山	ZJLY-68:107ZⅠ	23.34	113.80	32	陶			泥质粗硬陶	灰		网格纹						西周至春秋
2108	ZJLY-68	花山山	ZJLY-68:108ZⅠ	23.34	113.80	32	陶	罐		泥质粗硬陶	青灰		素面						战国至南越国
2109	ZJLY-68	花山山	ZJLY-68:109ZⅠ	23.34	113.80	35	陶			泥质粗硬陶	灰褐		网格纹						西周至春秋
2110	ZJLY-68	花山山	ZJLY-68:110ZⅠ	23.34	113.80	33	陶			泥质细硬陶	青灰		方格纹						西周至春秋
2111	ZJLY-68	花山山	ZJLY-68:111ZⅠ	23.34	113.80	31	陶			泥质粗硬陶	灰褐		重菱格纹						西周至春秋
2112	ZJLY-68	花山山	ZJLY-68:112ZⅠ	23.34	113.80	31	陶			泥质粗硬陶	灰褐		菱格凸块纹						西周至春秋
2113	ZJLY-68	花山山	ZJLY-68:113ZⅠ	23.34	113.80	29	陶			泥质细硬陶	深灰		勾连云雷纹						西周至春秋
2114	ZJLY-68	花山山	ZJLY-68:114ZⅠ	23.34	113.80	29	陶	器座		夹粗砂软陶	青灰		素面						新石器时代晚期至商代
2115	ZJLY-68	花山山	ZJLY-68:115ZⅠ	23.34	113.80	30	陶			泥质粗硬陶	灰褐		方格纹						战国至南越国
2116	ZJLY-68	花山山	ZJLY-68:116ZⅠ	23.34	113.80	29	陶			泥质细硬陶	青灰		方格凸块纹						西周至春秋
2117	ZJLY-68	花山山	ZJLY-68:117ZⅠ	23.34	113.80	31	陶			泥质粗硬陶	深灰		云雷纹						西周至春秋
2118	ZJLY-68	花山山	ZJLY-68:118ZⅠ	23.34	113.80	30	陶			泥质细硬陶	灰		曲折纹						新石器时代晚期至商代
2119	ZJLY-68	花山山	ZJLY-68:119ZⅠ	23.34	113.80	27	陶			夹细砂硬陶	红褐		方格纹						西周至春秋
2120	ZJLY-68	花山山	ZJLY-68:120ZⅠ	23.34	113.80	29	陶			泥质粗硬陶	灰		方格纹						战国至南越国
2121	ZJLY-68	花山山	ZJLY-68:121ZⅠ	23.34	113.80	30	陶			泥质细硬陶	红褐		方格纹						战国至南越国
2122	ZJLY-68	花山山	ZJLY-68:122ZⅠ	23.34	113.80	32	陶			泥质细硬陶	灰褐		云雷纹						西周至春秋
2123	ZJLY-68	花山山	ZJLY-68:123ZⅠ	23.34	113.80	30	陶			泥质细硬陶	灰褐		勾连云雷纹						西周至春秋
2124	ZJLY-68	花山山	ZJLY-68:124ZⅠ	23.34	113.80	28	陶			泥质细硬陶	灰褐		菱格凸点纹						西周至春秋
2125	ZJLY-68	花山山	ZJLY-68:125ZⅠ	23.34	113.80	30	陶			泥质细硬陶	灰褐		方格纹						战国至南越国
2126	ZJLY-68	花山山	ZJLY-68:126ZⅠ	23.34	113.80	33	陶			泥质细硬陶	灰褐		方格纹						西周至春秋

续表

序号	遗址编号	遗址名称	遗物编号	纬度(度)	经度(度)	海拔(米)	质地	器形	部位	陶质	颜色	釉色	纹饰	刻划符号	石器岩性	石器完整程度	石器硬度	石器风化程度	年代
2127	ZJLY-68	花山山	ZJLY-68:127ZⅠ	23.34	113.80	33	陶			泥质粗硬陶	灰		方格纹						战国至南越国
2128	ZJLY-68	花山山	ZJLY-68:128ZⅠ	23.34	113.80	34	陶			泥质粗硬陶	灰褐		勾连云雷纹						西周至春秋
2129	ZJLY-68	花山山	ZJLY-68:129ZⅠ	23.34	113.80	34	陶			泥质细硬陶	青灰		圆圈凸点纹						西周至春秋
2130	ZJLY-68	花山山	ZJLY-68:130ZⅠ	23.34	113.80	32	陶			泥质细硬陶	灰		方格纹						战国至南越国
2131	ZJLY-68	花山山	ZJLY-68:131ZⅠ	23.34	113.80	31	陶			泥质粗硬陶	灰褐		方格纹						战国至南越国
2132	ZJLY-68	花山山	ZJLY-68:132ZⅠ	23.34	113.80	31	陶			泥质粗硬陶	灰		方格纹						战国至南越国
2133	ZJLY-68	花山山	ZJLY-68:133ZⅠ	23.34	113.80	34	陶			泥质粗硬陶	灰褐		菱格纹						西周至春秋
2134	ZJLY-68	花山山	ZJLY-68:134ZⅠ	23.34	113.80	34	陶			泥质粗硬陶	灰褐		方格纹						战国至南越国
2135	ZJLY-68	花山山	ZJLY-68:135ZⅠ	23.34	113.80	33	陶			泥质细硬陶	灰		勾连云雷纹						西周至春秋
2136	ZJLY-68	花山山	ZJLY-68:136ZⅠ	23.34	113.80	32	陶			泥质细硬陶	灰褐		方格纹						战国至南越国
2137	ZJLY-68	花山山	ZJLY-68:137ZⅠ	23.34	113.80	32	陶			泥质粗硬陶	灰褐		篦点纹						战国至南越国
2138	ZJLY-68	花山山	ZJLY-68:138ZⅠ	23.34	113.80	32	陶			泥质粗硬陶	红褐		方格纹						战国至南越国
2139	ZJLY-68	花山山	ZJLY-68:139ZⅠ	23.34	113.80	27	陶			泥质细硬陶	灰褐		素面						唐末
2140	ZJLY-68	花山山	ZJLY-68:140ZⅠ	23.34	113.80	26	陶			泥质细硬陶	灰		方格纹						战国至南越国
2141	ZJLY-68	花山山	ZJLY-68:141ZⅠ	23.34	113.80	27	陶			泥质软陶	红		方格纹、篦点纹						战国至南越国
2142	ZJLY-68	花山山	ZJLY-68:142ZⅠ	23.34	113.80	29	陶			泥质粗硬陶	红褐		素面						战国至南越国
2143	ZJLY-68	花山山	ZJLY-68:143ZⅠ	23.34	113.80	30	陶			夹粗砂软陶	红褐		素面						西周至春秋
2144	ZJLY-68	花山山	ZJLY-68:144ZⅠ	23.34	113.80	30	陶			泥质软陶	灰		夔纹						西周至春秋
2145	ZJLY-68	花山山	ZJLY-68:145ZⅠ	23.34	113.80	33	陶			泥质粗硬陶	灰褐		菱格纹						西周至春秋
2146	ZJLY-68	花山山	ZJLY-68:146ZⅠ	23.34	113.80	33	陶			泥质粗硬陶	灰褐		素面						明清
2147	ZJLY-68	花山山	ZJLY-68:147ZⅠ	23.34	113.80	26	陶			泥质粗硬陶	灰褐		方格纹						战国至南越国
2148	ZJLY-68	花山山	ZJLY-68:148ZⅠ	23.34	113.80	29	陶			泥质细硬陶	灰		素面						战国至南越国
2149	ZJLY-68	花山山	ZJLY-68:149ZⅠ	23.34	113.80	30	陶			泥质细硬陶	灰褐		勾连云雷纹						西周至春秋
2150	ZJLY-68	花山山	ZJLY-68:150ZⅠ	23.34	113.80	30	陶	罐		泥质粗硬陶	灰褐		方格纹、勾连云雷纹						西周至春秋
2151	ZJLY-68	花山山	ZJLY-68:151ZⅠ	23.34	113.80	30	陶		口沿	泥质粗硬陶	青灰		方格纹、夔纹						西周至春秋
2152	ZJLY-68	花山山	ZJLY-68:152ZⅠ	23.34	113.80	37	陶			泥质细硬陶	深灰		素面						战国至南越国
2153	ZJLY-68	花山山	ZJLY-68:153ZⅠ	23.34	113.80	34	陶			泥质粗硬陶	灰		素面						战国至南越国
2154	ZJLY-68	花山山	ZJLY-68:154ZⅠ	23.34	113.80	33	陶			泥质粗硬陶	青灰		方格纹						西周至春秋
2155	ZJLY-68	花山山	ZJLY-68:155ZⅠ	23.34	113.80	33	陶			泥质粗硬陶	灰褐		素面						战国至南越国
2156	ZJLY-68	花山山	ZJLY-68:156ZⅠ	23.34	113.80	33	陶			泥质细硬陶	青灰		夔纹						西周至春秋
2157	ZJLY-68	花山山	ZJLY-68:157ZⅠ	23.34	113.80	31	陶			泥质粗硬陶	青灰		方格纹						战国至南越国

序号	遗址编号	遗址名称	遗物编号	纬度(度)	经度(度)	海拔(米)	质地	器形	部位	陶质	颜色	釉色	纹饰	刻划符号	石器岩性	石器完整程度	石器硬度	石器风化程度	年代
2158	ZJLY-68	花岽山	ZJLY-68:158ZⅠ	23.34	113.80	26	陶			泥质粗硬陶	灰褐		方格纹						战国至南越国
2159	ZJLY-68	花岽山	ZJLY-68:159ZⅠ	23.34	113.80	30	陶			泥质粗硬陶	灰		素面						战国至南越国
2160	ZJLY-68	花岽山	ZJLY-68:160ZⅠ	23.34	113.80	33	陶			泥质细硬陶	灰褐		方格纹						战国至南越国
2161	ZJLY-68	花岽山	ZJLY-68:161ZⅠ	23.34	113.80	32	陶			泥质细硬陶	灰褐		素面						战国至南越国
2162	ZJLY-68	花岽山	ZJLY-68:162ZⅠ	23.34	113.80	31	陶			泥质粗硬陶	灰褐		方格纹						战国至南越国
2163	ZJLY-68	花岽山	ZJLY-68:163ZⅠ	23.34	113.80	31	陶			泥质粗硬陶	深灰		网格纹						西周至春秋
2164	ZJLY-68	花岽山	ZJLY-68:164ZⅠ	23.34	113.80	32	陶			泥质粗硬陶	灰		夔纹						西周至春秋
2165	ZJLY-68	花岽山	ZJLY-68:165ZⅠ	23.34	113.80	31	陶			泥质细硬陶	灰		方格纹						战国至南越国
2166	ZJLY-68	花岽山	ZJLY-68:166ZⅠ	23.34	113.80	30	陶			泥质粗硬陶	灰褐		网格纹						西周至春秋
2167	ZJLY-68	花岽山	ZJLY-68:167ZⅠ	23.34	113.80	30	陶			泥质粗硬陶	青灰		云雷纹						西周至春秋
2168	ZJLY-68	花岽山	ZJLY-68:168ZⅠ	23.34	113.80	30	陶	瓮	口沿	泥质粗硬陶	灰褐		素面						战国至南越国
2169	ZJLY-68	花岽山	ZJLY-68:169ZⅠ	23.34	113.80	33	陶			泥质细硬陶	灰褐		方格纹						西周至春秋
2170	ZJLY-68	花岽山	ZJLY-68:170ZⅠ	23.34	113.80	33	陶			泥质细硬陶	灰褐		米字纹						战国至南越国
2171	ZJLY-68	花岽山	ZJLY-68:171ZⅠ	23.34	113.80	34	陶			泥质细硬陶	灰褐		菱格凸块纹						西周至春秋
2172	ZJLY-68	花岽山	ZJLY-68:172ZⅠ	23.34	113.80	33	陶			泥质细硬陶	灰		方格纹						战国至南越国
2173	ZJLY-68	花岽山	ZJLY-68:173ZⅠ	23.34	113.80	36	陶			泥质细硬陶	青灰		方格纹						战国至南越国
2174	ZJLY-68	花岽山	ZJLY-68:174ZⅠ	23.34	113.80	34	陶			泥质粗硬陶	深灰		方格纹						战国至南越国
2175	ZJLY-68	花岽山	ZJLY-68:175ZⅠ	23.34	113.80	36	陶			泥质粗硬陶	青灰		素面						战国至南越国
2176	ZJLY-68	花岽山	ZJLY-68:176ZⅠ	23.34	113.80	36	陶			泥质粗软陶	红		方格纹						战国至南越国
2177	ZJLY-68	花岽山	ZJLY-68:177ZⅠ	23.34	113.80	35	陶			泥质粗硬陶	灰褐		方格纹						战国至南越国
2178	ZJLY-68	花岽山	ZJLY-68:178ZⅠ	23.34	113.80	35	陶			泥质细硬陶	深灰		方格纹						战国至南越国
2179	ZJLY-68	花岽山	ZJLY-68:179ZⅠ	23.34	113.80	32	陶			泥质细硬陶	深灰		勾连云雷纹						战国至南越国
2180	ZJLY-68	花岽山	ZJLY-68:180ZⅠ	23.34	113.80	32	陶			泥质粗硬陶	灰褐		方格纹						战国至南越国
2181	ZJLY-68	花岽山	ZJLY-68:181ZⅠ	23.34	113.80	30	陶			泥质粗软陶	青灰		方格纹						西周至春秋
2182	ZJLY-68	花岽山	ZJLY-68:182ZⅠ	23.34	113.80	32	陶			泥质细硬陶	灰褐		方格纹						战国至南越国
2183	ZJLY-68	花岽山	ZJLY-68:183ZⅠ	23.34	113.80	26	陶			泥质细硬陶	灰褐		方格纹						战国至南越国
2184	ZJLY-68	花岽山	ZJLY-68:184ZⅠ	23.34	113.80	27	陶			泥质细硬陶	青灰		素面						西周至春秋
2185	ZJLY-68	花岽山	ZJLY-68:185ZⅠ	23.34	113.80	29	陶			泥质细硬陶	青灰		方格纹						战国至南越国
2186	ZJLY-68	花岽山	ZJLY-68:186ZⅠ	23.34	113.80	26	陶			泥质细硬陶	灰褐		重菱格纹						西周至春秋
2187	ZJLY-68	花岽山	ZJLY-68:187ZⅠ	23.34	113.80	25	陶			泥质细硬陶	灰褐		素面						战国至南越国
2188	ZJLY-68	花岽山	ZJLY-68:188ZⅠ	23.34	113.80	25	陶			泥质细硬陶	灰褐		夔纹						西周至春秋

序号	遗址编号	遗址名称	遗物编号	纬度（度）	经度（度）	海拔（米）	质地	器形	部位	陶质	颜色	釉色	纹饰	刻划符号	石器岩性	石器完整程度	石器硬度	石器风化程度	年代
2189	ZJLY-68	花兰山	ZJLY-68：189ZⅠ	23.34	113.80	28	石	戈			青灰		勾连云雷纹		片岩	残	6	未风化	新石器时代晚期至商代
2190	ZJLY-68	花兰山	ZJLY-68：190ZⅠ	23.34	113.80	31	陶			泥质细硬陶	深灰		勾连云雷纹						西周至春秋
2191	ZJLY-68	花兰山	ZJLY-68：191ZⅠ	23.34	113.80	33	陶			泥质细硬陶	灰褐		重菱格纹						西周至春秋
2192	ZJLY-68	花兰山	ZJLY-68：192ZⅠ	23.34	113.80	32	陶	器盖		泥质细硬陶	灰褐		素面						战国至南越国
2193	ZJLY-68	花兰山	ZJLY-68：193ZⅠ	23.34	113.80	32	陶			泥质粗硬陶	灰褐		夔纹						西周至春秋
2194	ZJLY-68	花兰山	ZJLY-68：194ZⅠ	23.34	113.80	34	陶			泥质粗硬陶	青灰		圆圈凸点纹						西周至春秋
2195	ZJLY-68	花兰山	ZJLY-68：195ZⅠ	23.34	113.80	31	陶			泥质细硬陶	灰褐		勾连云雷纹						西周至春秋
2196	ZJLY-68	花兰山	ZJLY-68：196ZⅠ	23.34	113.80	30	陶			泥质粗硬陶	灰褐		方格纹、勾连云雷纹						西周至春秋
2197	ZJLY-68	花兰山	ZJLY-68：197ZⅠ	23.34	113.80	28	陶			泥质粗硬陶	青灰		方格纹						战国至南越国
2198	ZJLY-68	花兰山	ZJLY-68：198ZⅠ	23.34	113.80	34	陶			泥质粗硬陶	灰褐		云雷纹、网格纹						西周至春秋
2199	ZJLY-68	花兰山	ZJLY-68：199ZⅠ	23.34	113.80	35	陶			泥质细硬陶	青灰		方格纹						战国至南越国
2200	ZJLY-68	花兰山	ZJLY-68：200ZⅠ	23.34	113.80	36	陶			泥质细硬陶	深灰		素面						战国至南越国
2201	ZJLY-68	花兰山	ZJLY-68：201ZⅠ	23.34	113.80	37	陶			泥质细硬陶	深灰		方格纹						战国至南越国
2202	ZJLY-68	花兰山	ZJLY-68：202ZⅠ	23.34	113.80	33	陶			泥质细硬陶	灰褐		重菱格纹						西周至春秋
2203	ZJLY-68	花兰山	ZJLY-68：203ZⅠ	23.34	113.80	35	陶			泥质细硬陶	红褐		素面						西周至春秋
2204	ZJLY-68	花兰山	ZJLY-68：204ZⅠ	23.34	113.80	38	陶			泥质细硬陶	深灰		方格纹						战国至南越国
2205	ZJLY-68	花兰山	ZJLY-68：205ZⅠ	23.34	113.80	39	陶			泥质细硬陶	青灰		方格纹						战国至南越国
2206	ZJLY-68	花兰山	ZJLY-68：206ZⅠ	23.34	113.80	31	陶			泥质细硬陶	灰		方格纹						战国至南越国
2207	ZJLY-68	花兰山	ZJLY-68：207ZⅠ	23.34	113.80	32	陶			泥质细硬陶	深灰		勾连云雷纹						西周至春秋
2208	ZJLY-68	花兰山	ZJLY-68：208ZⅠ	23.34	113.80	34	陶	豆	圈足	泥质细硬陶	灰褐		素面						西周至春秋
2209	ZJLY-68	花兰山	ZJLY-68：209ZⅠ	23.34	113.80	37	陶			泥质细硬陶	灰		旋涡状云雷纹						西周至春秋
2210	ZJLY-68	花兰山	ZJLY-68：210ZⅠ	23.34	113.80	38	陶			泥质细硬陶	深灰		夔纹						西周至春秋
2211	ZJLY-68	花兰山	ZJLY-68：211ZⅠ	23.34	113.80	36	陶		底	泥质细硬陶	深灰		素面						战国至南越国
2212	ZJLY-68	花兰山	ZJLY-68：212ZⅠ	23.34	113.80	36	陶			泥质细硬陶	灰褐		素面						战国至南越国
2213	ZJLY-68	花兰山	ZJLY-68：213ZⅠ	23.34	113.80	34	陶			泥质粗硬陶	灰褐		方格纹						战国至南越国
2214	ZJLY-68	花兰山	ZJLY-68：214ZⅠ	23.34	113.80	30	陶			泥质粗硬陶	灰褐		方格纹						战国至南越国
2215	ZJLY-68	花兰山	ZJLY-68：215ZⅠ	23.34	113.80	33	陶			泥质细硬陶	深灰		方格纹						战国至南越国
2216	ZJLY-68	花兰山	ZJLY-68：216ZⅠ	23.34	113.80	31	陶			泥质细硬陶	深灰		方格纹						战国至南越国
2217	ZJLY-68	花兰山	ZJLY-68：217ZⅠ	23.34	113.80	39	陶			泥质细硬陶	灰褐		方格纹						战国至南越国
2218	ZJLY-68	花兰山	ZJLY-68：218ZⅠ	23.34	113.80	43	陶			泥质细硬陶	灰褐		方格纹						战国至南越国
2219	ZJLY-68	花兰山	ZJLY-68：219ZⅠ	23.34	113.80	44	陶			泥质粗硬陶	灰褐		方格纹						战国至南越国

序号	遗址编号	遗址名称	遗物编号	纬度（度）	经度（度）	海拔（米）	质地	器形	部位	陶质	颜色	釉色	纹饰	刻划符号	石器岩性	石器完整程度	石器硬度	石器风化程度	年代
2220	ZJLY-68	花山山	ZJLY-68:220ZⅠ	23.34	113.80	40	陶			泥质粗硬陶	深灰		方格纹						战国至南越国
2221	ZJLY-68	花山山	ZJLY-68:221ZⅠ	23.34	113.80	38	陶			泥质粗软陶	红褐		方格纹						战国至南越国
2222	ZJLY-68	花山山	ZJLY-68:222ZⅠ	23.34	113.80	38	陶			泥质粗硬陶	红褐		方格纹						战国至南越国
2223	ZJLY-68	花山山	ZJLY-68:223ZⅠ	23.34	113.80	34	陶	罐	口沿	泥质粗硬陶	灰褐		方格纹						战国至南越国
2224	ZJLY-68	花山山	ZJLY-68:224ZⅠ	23.34	113.80	17	陶			泥质细硬陶	深灰		素面						唐末
2225	ZJLY-68	花山山	ZJLY-68:225ZⅠ	23.34	113.80	21	陶			泥质粗硬陶	灰褐		米字纹						战国至南越国
2226	ZJLY-68	花山山	ZJLY-68:226ZⅠ	23.34	113.80	23	陶			泥质粗硬陶	深灰		水波纹、弦纹						战国至南越国
2227	ZJLY-68	花山山	ZJLY-68:227ZⅠ	23.34	113.80	19	陶			泥质粗硬陶	灰褐		米字纹						战国至南越国
2228	ZJLY-68	花山山	ZJLY-68:228ZⅠ	23.34	113.80	15	陶			泥质粗硬陶	灰		夔纹						西周至春秋
2229	ZJLY-68	花山山	ZJLY-68:229ZⅠ	23.34	113.80	16	陶			泥质细硬陶	灰褐		素面						战国至南越国
2230	ZJLY-68	花山山	ZJLY-68:230ZⅠ	23.34	113.80	16	陶			泥质粗硬陶	红褐		方格纹						战国至南越国
2231	ZJLY-68	花山山	ZJLY-68:231ZⅠ	23.34	113.80	15	陶	罐	口沿	泥质粗硬陶	灰褐		素面						战国至南越国
2232	ZJLY-68	花山山	ZJLY-68:232ZⅠ	23.34	113.80	14	陶			泥质粗硬陶	深灰		方格纹						战国至南越国
2233	ZJLY-68	花山山	ZJLY-68:233ZⅠ	23.34	113.80	11	陶			泥质粗硬陶	深灰		方格对角线纹						战国至南越国
2234	ZJLY-68	花山山	ZJLY-68:234ZⅠ	23.34	113.80	17	陶			泥质粗硬陶	灰褐		方格对角线纹						战国至南越国
2235	ZJLY-68	花山山	ZJLY-68:235ZⅠ	23.34	113.80	14	陶			泥质粗硬陶	深灰		米字纹						战国至南越国
2236	ZJLY-68	花山山	ZJLY-68:236ZⅠ	23.34	113.80	10	陶			泥质细硬陶	青灰		米字纹						战国至南越国
2237	ZJLY-68	花山山	ZJLY-68:237ZⅠ	23.34	113.80	8	陶			泥质粗硬陶	深灰		方格纹						战国至南越国
2238	ZJLY-68	花山山	ZJLY-68:238ZⅠ	23.34	113.80	15	陶			泥质粗硬陶	深灰		米字纹						战国至南越国
2239	ZJLY-68	花山山	ZJLY-68:239ZⅠ	23.34	113.80	9	陶			泥质粗硬陶	青灰		方格纹						战国至南越国
2240	ZJLY-68	花山山	ZJLY-68:240ZⅠ	23.34	113.80	12	陶			泥质粗硬陶	深灰		方格纹						战国至南越国
2241	ZJLY-68	花山山	ZJLY-68:241ZⅠ	23.34	113.80	8	陶			泥质细硬陶	青灰		方格纹						战国至南越国
2242	ZJLY-68	花山山	ZJLY-68:242ZⅠ	23.34	113.80	11	陶			泥质细硬陶	深灰		方格纹						战国至南越国
2243	ZJLY-68	花山山	ZJLY-68:243ZⅠ	23.34	113.80	21	陶			泥质细硬陶	深灰		素面						战国至南越国
2244	ZJLY-68	花山山	ZJLY-68:244ZⅠ	23.34	113.80	20	陶			泥质粗硬陶	深灰		米字纹						战国至南越国
2245	ZJLY-68	花山山	ZJLY-68:245ZⅠ	23.34	113.80	17	陶			泥质细硬陶	深灰		米字纹						战国至南越国
2246	ZJLY-68	花山山	ZJLY-68:246ZⅠ	23.34	113.80	13	陶			泥质细硬陶	青灰		素面						战国至南越国
2247	ZJLY-68	花山山	ZJLY-68:247ZⅠ	23.34	113.80	14	陶			泥质粗硬陶	灰褐		米字纹						战国至南越国
2248	ZJLY-68	花山山	ZJLY-68:248ZⅠ	23.34	113.80	14	陶			泥质细硬陶	灰褐		素面						战国至南越国
2249	ZJLY-68	花山山	ZJLY-68:249ZⅠ	23.34	113.80	15	陶			泥质细硬陶	深灰		米字纹						战国至南越国
2250	ZJLY-68	花山山	ZJLY-68:250ZⅠ	23.34	113.80	27	陶			泥质细硬陶	深灰		方格纹						战国至南越国

序号	遗址编号	遗址名称	遗物编号	纬度（度）	经度（度）	海拔（米）	质地	器形	部位	陶质	颜色	釉色	纹饰	刻划符号	石器岩性	石器完整程度	石器硬度	石器风化程度	年代
2251	ZJLY-68	花山山	ZJLY-68:251Z I	23.34	113.80	23	陶			泥质粗硬陶	灰褐		方格纹						战国至南越国
2252	ZJLY-68	花山山	ZJLY-68:252Z I	23.34	113.80	20	陶			泥质粗硬陶	灰褐		方格纹						战国至南越国
2253	ZJLY-68	花山山	ZJLY-68:253Z I	23.34	113.80	18	陶			泥质细硬陶	灰褐		米字纹						战国至南越国
2254	ZJLY-68	花山山	ZJLY-68:254Z I	23.34	113.80	18	陶			泥质细硬陶	灰		素面						战国至南越国
2255	ZJLY-68	花山山	ZJLY-68:255Z I	23.34	113.80	16	陶			泥质细硬陶	灰褐		素面						战国至南越国
2256	ZJLY-68	花山山	ZJLY-68:256Z I	23.34	113.80	20	陶			泥质细硬陶	深灰		米字纹						战国至南越国
2257	ZJLY-68	花山山	ZJLY-68:257Z I	23.34	113.80	16	陶			泥质粗硬陶	深灰		米字纹						战国至南越国
2258	ZJLY-68	花山山	ZJLY-68:258Z I	23.34	113.80	18	陶			泥质粗硬陶	灰		方格纹						战国至南越国
2259	ZJLY-68	花山山	ZJLY-68:259Z I	23.34	113.80	18	陶			泥质粗硬陶	灰		素面						战国至南越国
2260	ZJLY-68	花山山	ZJLY-68:260Z I	23.34	113.80	17	陶			泥质细硬陶	灰褐		夔纹						西周至春秋
2261	ZJLY-68	花山山	ZJLY-68:261Z I	23.34	113.80	16	陶			泥质细硬陶	灰黑		素面						唐宋
2262	ZJLY-68	花山山	ZJLY-68:262Z I	23.34	113.80	14	陶			泥质细硬陶	青灰		方格纹						战国至南越国
2263	ZJLY-68	花山山	ZJLY-68:263Z I	23.34	113.80	18	陶			泥质粗硬陶	青灰		素面						战国至南越国
2264	ZJLY-68	花山山	ZJLY-68:264Z I	23.34	113.80	21	陶			泥质细硬陶	灰褐		米字纹						战国至南越国
2265	ZJLY-68	花山山	ZJLY-68:265Z I	23.34	113.80	15	陶			泥质细硬陶	深灰		素面						唐宋
2266	ZJLY-68	花山山	ZJLY-68:266Z I	23.34	113.80	20	陶	罐	口沿	泥质细硬陶	深灰		方格纹						战国至南越国
2267	ZJLY-68	花山山	ZJLY-68:267Z I	23.34	113.80	18	陶			泥质细硬陶	灰		米字纹						战国至南越国
2268	ZJLY-68	花山山	ZJLY-68:268Z I	23.34	113.80	17	陶			泥质细硬陶	深灰		方格对角线纹						战国至南越国
2269	ZJLY-68	花山山	ZJLY-68:269Z I	23.34	113.80	19	陶			泥质粗硬陶	红褐		方格纹						战国至南越国
2270	ZJLY-68	花山山	ZJLY-68:270Z I	23.34	113.80	18	陶			泥质细硬陶	青灰		素面						战国至南越国
2271	ZJLY-68	花山山	ZJLY-68:271Z I	23.34	113.80	17	陶			泥质细硬陶	深灰		方格纹						战国至南越国
2272	ZJLY-68	花山山	ZJLY-68:272Z I	23.34	113.80	16	陶			泥质细软陶	红褐		米字纹						战国至南越国
2273	ZJLY-68	花山山	ZJLY-68:273Z I	23.34	113.80	14	陶			泥质细硬陶	灰褐		米字纹						战国至南越国
2274	ZJLY-68	花山山	ZJLY-68:274Z I	23.34	113.80	15	陶			泥质细硬陶	灰褐		素面						战国至南越国
2275	ZJLY-68	花山山	ZJLY-68:275Z I	23.34	113.80	12	陶			泥质细硬陶	灰褐		米字纹						战国至南越国
2276	ZJLY-68	花山山	ZJLY-68:276Z I	23.34	113.80	15	陶			泥质粗硬陶	灰褐		米字纹						战国至南越国
2277	ZJLY-68	花山山	ZJLY-68:277Z I	23.34	113.80	14	陶			泥质细硬陶	灰褐		方格纹						战国至南越国
2278	ZJLY-68	花山山	ZJLY-68:278Z I	23.34	113.80	14	陶			泥质细硬陶	深灰		米字纹						战国至南越国
2279	ZJLY-68	花山山	ZJLY-68:279Z I	23.34	113.80	12	陶			泥质细硬陶	深灰		方格纹						战国至南越国
2280	ZJLY-68	花山山	ZJLY-68:280Z I	23.34	113.80	12	陶			泥质粗硬陶	灰褐		方格纹						战国至南越国
2281	ZJLY-68	花山山	ZJLY-68:281Z I	23.34	113.80	11	陶			泥质细硬陶	灰		米字纹						战国至南越国

序号	遗址编号	遗址名称	遗物编号	纬度(度)	经度(度)	海拔(米)	质地	器形	部位	陶质	颜色	釉色	纹饰	刻划符号	石器岩性	石器完整程度	石器硬度	石器风化程度	年代
2282	ZJLY-68	花山山	ZJLY-68:282ZI	23.34	113.80	8	陶			泥质细硬陶	深灰		米字纹						战国至南越国
2283	ZJLY-68	花山山	ZJLY-68:283ZI	23.34	113.80	9	陶			泥质粗硬陶	红褐		方格纹						战国至南越国
2284	ZJLY-68	花山山	ZJLY-68:284ZI	23.34	113.80	14	陶			泥质粗硬陶	灰褐		方格纹						战国至南越国
2285	ZJLY-68	花山山	ZJLY-68:285ZI	23.34	113.80	13	陶			泥质细硬陶	深灰		米字纹						战国至南越国
2286	ZJLY-68	花山山	ZJLY-68:286ZI	23.34	113.80	13	陶			泥质细硬陶	灰		米字纹						战国至南越国
2287	ZJLY-68	花山山	ZJLY-68:287ZI	23.34	113.80	16	陶			泥质细硬陶	灰褐		方格对角线纹						战国至南越国
2288	ZJLY-68	花山山	ZJLY-68:288ZI	23.34	113.80	16	陶			泥质细硬陶	深灰		米字纹						战国至南越国
2289	ZJLY-68	花山山	ZJLY-68:289ZI	23.34	113.80	11	陶			泥质粗硬陶	灰褐		方格对角线纹						战国至南越国
2290	ZJLY-68	花山山	ZJLY-68:290ZI	23.34	113.80	13	陶			泥质细硬陶	深灰		米字纹						战国至南越国
2291	ZJLY-68	花山山	ZJLY-68:291ZI	23.34	113.80	12	陶			泥质粗硬陶	青灰		米字纹						战国至南越国
2292	ZJLY-68	花山山	ZJLY-68:292ZI	23.34	113.80	11	陶			泥质细硬陶	灰褐		方格纹						战国至南越国
2293	ZJLY-68	花山山	ZJLY-68:293ZI	23.34	113.80	13	陶			泥质细硬陶	深灰		米字纹						战国至南越国
2294	ZJLY-68	花山山	ZJLY-68:294ZI	23.34	113.80	15	陶			泥质粗硬陶	灰		米字纹						战国至南越国
2295	ZJLY-68	花山山	ZJLY-68:295ZI	23.34	113.80	16	陶			泥质细硬陶	灰褐		方格纹						战国至南越国
2296	ZJLY-68	花山山	ZJLY-68:296ZI	23.34	113.80	11	陶			泥质细硬陶	深灰		米字纹						战国至南越国
2297	ZJLY-68	花山山	ZJLY-68:297ZI	23.34	113.80	13	陶			泥质细硬陶	深灰		米字纹						战国至南越国
2298	ZJLY-68	花山山	ZJLY-68:298ZI	23.34	113.80	10	陶			泥质细硬陶	灰		米字纹						战国至南越国
2299	ZJLY-68	花山山	ZJLY-68:299ZI	23.34	113.80	12	陶			泥质细硬陶	深灰		三角格纹						战国至南越国
2300	ZJLY-68	花山山	ZJLY-68:300ZI	23.34	113.80	12	陶			泥质细硬陶	灰褐		方格纹						战国至南越国
2301	ZJLY-68	花山山	ZJLY-68:301ZI	23.34	113.80	10	陶			泥质细硬陶	深灰		方格纹						战国至南越国
2302	ZJLY-68	花山山	ZJLY-68:302ZI	23.34	113.80	12	陶			泥质细硬陶	灰褐		米字纹						战国至南越国
2303	ZJLY-68	花山山	ZJLY-68:303ZI	23.34	113.80	12	陶	·		泥质细硬陶	灰褐		素面						战国至南越国
2304	ZJLY-68	花山山	ZJLY-68:304ZI	23.34	113.80	14	陶			泥质粗硬陶	深灰		方格纹						战国至南越国
2305	ZJLY-68	花山山	ZJLY-68:305ZI	23.34	113.80	17	陶			泥质细硬陶	深灰		方格对角线纹						战国至南越国
2306	ZJLY-68	花山山	ZJLY-68:306ZI	23.34	113.80	14	陶			泥质细硬陶	深灰		米字纹						战国至南越国
2307	ZJLY-68	花山山	ZJLY-68:307ZI	23.34	113.80	14	陶			泥质细硬陶	深灰		米字纹						战国至南越国
2308	ZJLY-68	花山山	ZJLY-68:308ZI	23.34	113.80	11	陶			泥质细硬陶	灰褐		米字纹						战国至南越国
2309	ZJLY-68	花山山	ZJLY-68:309ZI	23.34	113.80	13	陶			泥质细硬陶	灰		水波纹、弦纹						战国至南越国
2310	ZJLY-68	花山山	ZJLY-68:310ZI	23.34	113.80	13	陶			泥质细硬陶	深灰		米字纹						战国至南越国
2311	ZJLY-68	花山山	ZJLY-68:311ZI	23.34	113.80	14	陶			泥质粗硬陶	深灰		方格纹						战国至南越国
2312	ZJLY-68	花山山	ZJLY-68:312ZI	23.34	113.80	17	陶			泥质细硬陶	深灰		米字纹						战国至南越国

序号	遗址编号	遗址名称	遗物编号	纬度（度）	经度（度）	海拔（米）	质地	器形	部位	陶质	颜色	釉色	纹饰	刻划符号	石器岩性	石器完整程度	石器硬度	石器风化程度	年代
2313	ZJLY-68	花山山	ZJLY-68：313ZⅠ	23.34	113.80	11	陶			泥质粗硬陶	青灰		方格纹						战国至南越国
2314	ZJLY-68	花山山	ZJLY-68：314ZⅠ	23.34	113.80	12	陶			泥质细硬陶	灰褐		米字纹						战国至南越国
2315	ZJLY-68	花山山	ZJLY-68：315ZⅠ	23.34	113.80	14	陶			泥质细硬陶	灰褐		方格纹						战国至南越国
2316	ZJLY-68	花山山	ZJLY-68：316ZⅠ	23.34	113.80	16	陶			泥质细硬陶	深灰		米字纹						战国至南越国
2317	ZJLY-68	花山山	ZJLY-68：317ZⅠ	23.34	113.80	14	陶			泥质粗硬陶	灰褐		米字纹						战国至南越国
2318	ZJLY-68	花山山	ZJLY-68：318ZⅠ	23.34	113.80	16	陶			泥质粗硬陶	青灰		米字纹						战国至南越国
2319	ZJLY-68	花山山	ZJLY-68：319ZⅠ	23.34	113.80	10	陶			泥质粗硬陶	深灰		方格纹						战国至南越国
2320	ZJLY-68	花山山	ZJLY-68：320ZⅠ	23.34	113.80	11	陶			泥质细硬陶	深灰		方格纹						战国至南越国
2321	ZJLY-68	花山山	ZJLY-68：321ZⅠ	23.34	113.80	10	陶			泥质细硬陶	灰褐		素面						战国至南越国
2322	ZJLY-68	花山山	ZJLY-68：322ZⅠ	23.34	113.80	8	陶			泥质粗硬陶	灰褐		素面						战国至南越国
2323	ZJLY-68	花山山	ZJLY-68：323ZⅠ	23.34	113.80	9	陶			泥质粗硬陶	灰褐		方格纹						战国至南越国
2324	ZJLY-68	花山山	ZJLY-68：324ZⅠ	23.34	113.80	9	陶			泥质粗硬陶	深灰		方格纹						战国至南越国
2325	ZJLY-68	花山山	ZJLY-68：325ZⅠ	23.34	113.80	7	陶			泥质细硬陶	灰褐		米字纹						战国至南越国
2326	ZJLY-68	花山山	ZJLY-68：326ZⅠ	23.34	113.80	9	陶			泥质细硬陶	灰褐		米字纹						战国至南越国
2327	ZJLY-68	花山山	ZJLY-68：327ZⅠ	23.34	113.80	10	陶			泥质细硬陶	深灰		方格对角线纹						战国至南越国
2328	ZJLY-68	花山山	ZJLY-68：328ZⅠ	23.34	113.80	5	陶			泥质粗硬陶	灰褐		米字纹						战国至南越国
2329	ZJLY-68	花山山	ZJLY-68：329ZⅠ	23.34	113.80	8	陶			泥质细硬陶	深灰		米字纹						战国至南越国
2330	ZJLY-68	花山山	ZJLY-68：330ZⅠ	23.34	113.80	10	陶			泥质粗硬陶	灰褐		方格纹						战国至南越国
2331	ZJLY-68	花山山	ZJLY-68：331ZⅠ	23.34	113.80	10	陶			泥质细硬陶	灰褐		米字纹						战国至南越国
2332	ZJLY-68	花山山	ZJLY-68：332ZⅠ	23.34	113.80	12	陶			泥质细硬陶	灰褐		米字纹						战国至南越国
2333	ZJLY-68	花山山	ZJLY-68：333ZⅠ	23.34	113.80	12	陶			泥质粗硬陶	深灰		米字纹						战国至南越国
2334	ZJLY-68	花山山	ZJLY-68：334ZⅠ	23.34	113.80	12	陶			泥质细硬陶	深灰		方格纹						战国至南越国
2335	ZJLY-68	花山山	ZJLY-68：335ZⅠ	23.34	113.80	10	陶			泥质粗硬陶	深灰		方格纹						战国至南越国
2336	ZJLY-68	花山山	ZJLY-68：336ZⅠ	23.34	113.80	10	陶			泥质细硬陶	灰褐		方格纹						战国至南越国
2337	ZJLY-68	花山山	ZJLY-68：337ZⅠ	23.34	113.80	4	陶			泥质粗硬陶	灰		方格纹						战国至南越国
2338	ZJLY-68	花山山	ZJLY-68：338ZⅠ	23.34	113.80	7	陶			泥质细硬陶	灰		方格对角线纹						战国至南越国
2339	ZJLY-68	花山山	ZJLY-68：339ZⅠ	23.34	113.80	5	陶			泥质细硬陶	灰褐		米字纹						战国至南越国
2340	ZJLY-68	花山山	ZJLY-68：340ZⅠ	23.34	113.80	5	陶			泥质细硬陶	灰褐		米字纹						战国至南越国
2341	ZJLY-68	花山山	ZJLY-68：341ZⅠ	23.34	113.80	14	陶			泥质细硬陶	深灰		方格纹						战国至南越国
2342	ZJLY-68	花山山	ZJLY-68：342ZⅠ	23.34	113.80	25	陶	罐	口沿	泥质细硬陶	深灰		米字纹						战国至南越国
2343	ZJLY-68	花山山	ZJLY-68：343ZⅠ	23.34	113.80	22	陶			泥质细硬陶	灰褐		米字纹						战国至南越国

序号	遗址编号	遗址名称	遗物编号	纬度（度）	经度（度）	海拔（米）	质地	器形	部位	陶质	颜色	釉色	纹饰	刻划符号	石器岩性	石器完整程度	石器硬度	石器风化程度	年代
2344	ZJLY-68	花山山	ZJLY-68:344ZⅠ	23.34	113.80	22	陶			泥质粗硬陶	灰褐		米字纹						战国至南越国
2345	ZJLY-68	花山山	ZJLY-68:345ZⅠ	23.34	113.80	23	陶			泥质粗硬陶	灰褐		方格纹						战国至南越国
2346	ZJLY-68	花山山	ZJLY-68:346ZⅠ	23.34	113.80	23	陶			泥质细硬陶	灰褐		米字纹						战国至南越国
2347	ZJLY-68	花山山	ZJLY-68:347ZⅠ	23.34	113.80	20	陶			泥质细硬陶	灰		米字纹						战国至南越国
2348	ZJLY-68	花山山	ZJLY-68:348ZⅠ	23.34	113.80	25	陶			泥质细硬陶	灰		方格纹						战国至南越国
2349	ZJLY-68	花山山	ZJLY-68:349ZⅠ	23.34	113.80	30	陶			泥质细硬陶	深灰		米字纹						战国至南越国
2350	ZJLY-68	花山山	ZJLY-68:350ZⅠ	23.34	113.80	42	陶			泥质细硬陶	深灰		米字纹						战国至南越国
2351	ZJLY-68	花山山	ZJLY-68:351ZⅠ	23.34	113.80	38	陶			泥质细硬陶	灰褐		米字纹						战国至南越国
2352	ZJLY-68	花山山	ZJLY-68:352ZⅠ	23.34	113.80	24	陶			泥质细硬陶	深灰		米字纹						战国至南越国
2353	ZJLY-68	花山山	ZJLY-68:353ZⅠ	23.34	113.80	25	陶			泥质细硬陶	灰褐		米字纹						战国至南越国
2354	ZJLY-68	花山山	ZJLY-68:354ZⅠ	23.34	113.80	24	陶			泥质细硬陶	青灰		米字纹						战国至南越国
2355	ZJLY-68	花山山	ZJLY-68:355ZⅠ	23.34	113.80	24	陶			泥质细硬陶	灰褐		米字纹						战国至南越国
2356	ZJLY-68	花山山	ZJLY-68:356ZⅠ	23.34	113.80	20	陶			泥质细硬陶	深灰		米字纹						战国至南越国
2357	ZJLY-68	花山山	ZJLY-68:357ZⅠ	23.34	113.80	25	陶			泥质细硬陶	灰		米字纹						战国至南越国
2358	ZJLY-68	花山山	ZJLY-68:358ZⅠ	23.34	113.80	31	陶			泥质细硬陶	灰褐		米字纹						战国至南越国
2359	ZJLY-68	花山山	ZJLY-68:359ZⅠ	23.34	113.80	33	陶			泥质细硬陶	灰		米字纹						战国至南越国
2360	ZJLY-68	花山山	ZJLY-68:360ZⅠ	23.34	113.80	36	陶			泥质细硬陶	灰褐		米字纹						战国至南越国
2361	ZJLY-68	花山山	ZJLY-68:361ZⅠ	23.34	113.80	35	陶			泥质细硬陶	灰褐		米字纹						战国至南越国
2362	ZJLY-69	大岭顶	ZJLY-69:1YⅡ	23.34	113.80	49	陶			泥质粗硬陶	灰		绳纹						新石器时代晚期至商代
2363	ZJLY-69	大岭顶	ZJLY-69:2YⅡ	23.34	113.80	47	石	砺石			青灰				砂岩	残	6	未风化	新石器时代晚期至商代
2364	ZJLY-69	大岭顶	ZJLY-69:3YⅡ	23.34	113.80	49	陶			夹细砂软陶	红褐		素面						新石器时代晚期至商代
2365	ZJLY-69	大岭顶	ZJLY-69:4YⅡ	23.34	113.80	49	陶			泥质细硬陶	灰白		交错绳纹						新石器时代晚期至商代
2366	ZJLY-69	大岭顶	ZJLY-69:5YⅡ	23.34	113.80	49	陶			泥质细硬陶	灰		素面						唐宋
2367	ZJLY-69	大岭顶	ZJLY-69:6YⅡ	23.34	113.80	50	陶			泥质细硬陶	灰		曲折纹						新石器时代晚期至商代
2368	ZJLY-69	大岭顶	ZJLY-69:7YⅡ	23.34	113.80	51	陶			夹砂硬陶	灰白		绳纹						新石器时代晚期至商代
2369	ZJLY-69	大岭顶	ZJLY-69:8YⅡ	23.34	113.80	49	陶			泥质细硬陶	灰		绳纹						新石器时代晚期至商代
2370	ZJLY-69	大岭顶	ZJLY-69:9YⅡ	23.34	113.80	50	陶			泥质粗硬陶	灰		长方格纹						新石器时代晚期至商代
2371	ZJLY-69	大岭顶	ZJLY-69:10YⅡ	23.34	113.80	48	陶			泥质细硬陶	灰白		方格纹						新石器时代晚期至商代
2372	ZJLY-69	大岭顶	ZJLY-69:11YⅡ	23.34	113.80	43	陶			泥质粗硬陶	灰白		素面						新石器时代晚期至商代
2373	ZJLY-69	大岭顶	ZJLY-69:12YⅡ	23.34	113.80	42	陶			泥质粗硬陶	灰白		绳纹						新石器时代晚期至商代
2374	ZJLY-69	大岭顶	ZJLY-69:13YⅡ	23.34	113.80	40	陶			泥质粗硬陶	红褐		曲折纹						新石器时代晚期至商代

序号	遗址编号	遗址名称	遗物编号	纬度（度）	经度（度）	海拔（米）	质地	器形	部位	陶质	颜色	釉色	纹饰	刻划符号	石器岩性	石器完整程度	石器硬度	石器风化程度	年代
2375	ZJLY-69	大岭顶	ZJLY-69:1ZⅠ	23.34	113.80	53	陶			泥质细硬陶	灰		条纹						新石器时代晚期至商代
2376	ZJLY-69	大岭顶	ZJLY-69:2ZⅠ	23.34	113.80	52	陶			泥质粗硬陶	灰		素面	有					新石器时代晚期至商代
2377	ZJLY-69	大岭顶	ZJLY-69:3ZⅠ	23.34	113.80	52	陶			泥质细硬陶	灰		篮纹						新石器时代晚期至商代
2378	ZJLY-69	大岭顶	ZJLY-69:4ZⅠ	23.34	113.80	49	陶			泥质细硬陶	灰白		长方格纹						新石器时代晚期至商代
2379	ZJLY-69	大岭顶	ZJLY-69:5ZⅠ	23.34	113.80	49	陶	罐	口沿	泥质粗硬陶	灰		绳纹						新石器时代晚期至商代
2380	ZJLY-69	大岭顶	ZJLY-69:6ZⅠ	23.34	113.80	50	陶			泥质细硬陶	灰白		方格纹						新石器时代晚期至商代
2381	ZJLY-69	大岭顶	ZJLY-69:7ZⅠ	23.34	113.80	50	陶			泥质粗硬陶	灰		篮纹						新石器时代晚期至商代
2382	ZJLY-69	大岭顶	ZJLY-69:8ZⅠ	23.34	113.80	49	陶	罐	口沿	泥质细硬陶	灰		素面						新石器时代晚期至商代
2383	ZJLY-69	大岭顶	ZJLY-69:9ZⅠ	23.34	113.80	48	陶			夹粗砂软陶	红褐		曲折纹						新石器时代晚期至商代
2384	ZJLY-69	大岭顶	ZJLY-69:10ZⅠ	23.34	113.80	48	陶	罐	口沿	泥质细硬陶	青灰		素面						新石器时代晚期至商代
2385	ZJLY-69	大岭顶	ZJLY-69:11ZⅠ	23.34	113.80	45	陶	罐	口沿	泥质粗硬陶	红褐		素面						新石器时代晚期至商代
2386	ZJLY-70	陈树岗	ZJLY-70:1YⅡ	23.35	113.80	13	陶			泥质粗硬陶	深灰		方格纹						西周至春秋
2387	ZJLY-70	陈树岗	ZJLY-70:2YⅡ	23.35	113.80	15	陶			泥质细硬陶	灰褐		方格纹、菱格凸点纹、弦纹						西周至春秋
2388	ZJLY-71	韩树岭	ZJLY-71:1YⅡ	23.34	113.81	10	陶			泥质粗硬陶	深灰		方格纹						战国至南越国
2389	ZJLY-71	韩树岭	ZJLY-71:2YⅡ	23.34	113.81	9	陶			泥质细硬陶	深灰		方格纹						战国至南越国
2390	ZJLY-71	韩树岭	ZJLY-71:3YⅡ	23.34	113.81	13	陶	罐	底	泥质细硬陶	深灰		方格纹						战国至南越国
2391	ZJLY-71	韩树岭	ZJLY-71:4YⅡ	23.34	113.81	12	陶			泥质细硬陶	灰黑		素面						唐宋
2392	ZJLY-71	韩树岭	ZJLY-71:5YⅡ	23.34	113.81	13	陶			泥质粗硬陶	青灰		方格纹						战国至南越国
2393	ZJLY-71	韩树岭	ZJLY-71:6YⅡ	23.34	113.81	12	陶			泥质细硬陶	灰黑		素面						唐宋
2394	ZJLY-71	韩树岭	ZJLY-71:7YⅡ	23.34	113.81	15	陶	碗	底	泥质细硬陶	灰黑		素面						唐宋
2395	ZJLY-71	韩树岭	ZJLY-71:8YⅡ	23.34	113.81	11	陶			泥质细硬陶	灰黑		素面						唐宋
2396	ZJLY-71	韩树岭	ZJLY-71:9YⅡ	23.34	113.81	6	陶			泥质细硬陶	灰黑		素面						唐宋
2397	ZJLY-71	韩树岭	ZJLY-71:10YⅡ	23.34	113.81	13	石	砚			灰				片岩	残	6	未风化	明清
2398	ZJLY-72	阿村岭	ZJLY-72:1YⅡ	23.34	113.81	12	陶			泥质细硬陶	青灰		素面						唐宋
2399	ZJLY-72	阿村岭	ZJLY-72:2YⅡ	23.34	113.81	11	陶			泥质细硬陶	灰		素面						唐宋
2400	ZJLY-72	阿村岭	ZJLY-72:3YⅡ	23.34	113.81	9	陶			泥质细硬陶	灰		素面						唐宋
2401	ZJLY-72	阿村岭	ZJLY-72:4YⅡ	23.34	113.81	13	瓷	碟		灰白胎		灰白釉	刻划花草纹						唐宋
2402	ZJLY-72	阿村岭	ZJLY-72:5YⅡ	23.34	113.81	14	陶			泥质细硬陶	灰黑		素面						唐宋
2403	ZJLY-72	阿村岭	ZJLY-72:6YⅡ	23.34	113.81	9	瓷	碗	底			青釉	素面						唐宋
2404	ZJLY-74	细山岗	ZJLY-74:1YⅡ	23.33	113.81	18	陶			泥质细硬陶	灰褐		方格纹						战国至南越国
2405	ZJLY-74	细山岗	ZJLY-74:1YⅢ	23.33	113.81	13	陶			泥质细硬陶	灰褐		方格纹						战国至南越国

序号	遗址编号	遗址名称	遗物编号	纬度（度）	经度（度）	海拔（米）	质地	器形	部位	陶质	颜色	釉色	纹饰	刻划符号	石器岩性	石器完整程度	石器硬度	石器风化程度	年代
2406	ZJLY-75	陈屋山	ZJLY-75：1YⅡ	23.33	113.81	14	瓷	碗		浅灰胎		青釉	素面						明清
2407	ZJLY-75	陈屋山	ZJLY-75：2YⅡ	23.33	113.81	17	陶			泥质细硬陶	灰黑		素面						唐末
2408	ZJLY-75	陈屋山	ZJLY-75：3YⅡ	23.33	113.81	14	陶			泥质细硬陶	灰黑		素面						唐末
2409	ZJLY-75	陈屋山	ZJLY-75：4YⅡ	23.33	113.81	14	陶	罐	口沿	泥质细硬陶	灰黑		素面						唐末
2410	ZJLY-75	陈屋山	ZJLY-75：5YⅡ	23.33	113.81	7	陶			泥质细硬陶	灰黑		素面						唐末
2411	ZJLY-75	陈屋山	ZJLY-75：1ZⅠ	23.33	113.81	19	石	双肩石锛			灰				片岩	完整	6	未风化	新石器时代晚期至商代
2412	ZJLY-76	江坡岭	ZJLY-76：1YⅡ	23.33	113.81	27	陶			泥质粗硬陶	灰		曲折纹						新石器时代晚期至商代
2413	ZJLY-76	江坡岭	ZJLY-76：2YⅡ	23.33	113.81	25	陶			泥质细硬陶	青灰		曲折纹						新石器时代晚期至商代
2414	ZJLY-76	江坡岭	ZJLY-76：3YⅡ	23.33	113.81	24	陶			泥质细硬陶	灰		曲折纹						新石器时代晚期至商代
2415	ZJLY-76	江坡岭	ZJLY-76：4YⅡ	23.33	113.81	24	陶			泥质细硬陶	灰		条纹						新石器时代晚期至商代
2416	ZJLY-76	江坡岭	ZJLY-76：5YⅡ	23.33	113.81	24	陶			泥质粗硬陶	灰		曲折纹						新石器时代晚期至商代
2417	ZJLY-76	江坡岭	ZJLY-76：6YⅡ	23.33	113.81	25	陶			泥质粗硬陶	灰		交错绳纹						新石器时代晚期至商代
2418	ZJLY-76	江坡岭	ZJLY-76：7YⅡ	23.33	113.81	25	陶			泥质粗硬陶	青灰		曲折纹						新石器时代晚期至商代
2419	ZJLY-76	江坡岭	ZJLY-76：8YⅡ	23.33	113.81	25	陶			泥质粗硬陶	青灰		曲折纹、附加堆纹						新石器时代晚期至商代
2420	ZJLY-76	江坡岭	ZJLY-76：9YⅡ	23.33	113.81	24	陶			泥质粗硬陶	灰		曲折纹						新石器时代晚期至商代
2421	ZJLY-76	江坡岭	ZJLY-76：10YⅡ	23.33	113.81	27	陶			夹粗砂软陶	灰黑		方格纹						新石器时代晚期至商代
2422	ZJLY-76	江坡岭	ZJLY-76：11YⅡ	23.33	113.81	28	陶			夹粗砂软陶	灰黑		素面						新石器时代晚期至商代
2423	ZJLY-76	江坡岭	ZJLY-76：12YⅡ	23.33	113.81	28	陶		圈足	泥质粗硬陶	灰		曲折纹						新石器时代晚期至商代
2424	ZJLY-76	江坡岭	ZJLY-76：1ZⅠ	23.33	113.81	20	陶	罐		泥质粗硬陶	灰		素面						新石器时代晚期至商代
2425	ZJLY-76	江坡岭	ZJLY-76：2ZⅠ	23.33	113.81	22	陶			泥质粗硬陶	灰		篮纹						新石器时代晚期至商代
2426	ZJLY-76	江坡岭	ZJLY-76：3ZⅠ	23.34	113.81	26	陶			泥质粗硬陶	深灰		方格纹						西周至春秋
2427	ZJLY-76	江坡岭	ZJLY-76：4ZⅠ	23.34	113.81	25	陶			泥质粗硬陶	灰		方格纹						西周至春秋
2428	ZJLY-76	江坡岭	ZJLY-76：5ZⅠ	23.34	113.81	26	陶			泥质粗硬陶	灰		方格纹						西周至春秋
2429	ZJLY-76	江坡岭	ZJLY-76：6ZⅠ	23.34	113.81	26	陶			泥质粗硬陶	红褐		方格纹						西周至春秋
2430	ZJLY-76	江坡岭	ZJLY-76：7ZⅠ	23.34	113.81	24	陶			泥质粗硬陶	深灰		方格纹						西周至春秋
2431	ZJLY-76	江坡岭	ZJLY-76：8ZⅠ	23.34	113.81	25	陶			泥质粗硬陶	深灰		编织纹						西周至春秋
2432	ZJLY-76	江坡岭	ZJLY-76：9ZⅠ	23.34	113.81	24	陶			泥质粗硬陶	灰		方格纹						西周至春秋
2433	ZJLY-76	江坡岭	ZJLY-76：10ZⅠ	23.34	113.81	23	陶			泥质粗硬陶	灰褐		方格纹						西周至春秋
2434	ZJLY-76	江坡岭	ZJLY-76：11ZⅠ	23.34	113.81	26	陶			泥质粗硬陶	灰		方格纹						西周至春秋
2435	ZJLY-76	江坡岭	ZJLY-76：12ZⅠ	23.34	113.81	29	陶			泥质粗硬陶	深灰		方格纹						西周至春秋
2436	ZJLY-76	江坡岭	ZJLY-76：13ZⅠ	23.34	113.81	29	陶			泥质粗硬陶	青灰		勾连云雷纹						西周至春秋

序号	遗址编号	遗址名称	遗物编号	纬度（度）	经度（度）	海拔（米）	质地	器形	部位	陶质	颜色	釉色	纹饰	刻划符号	石器岩性	石器完整程度	石器硬度	石器风化程度	年代
2437	ZJLY-76	江坡岭	ZJLY-76:14ZⅠ	23.34	113.81	29	陶			泥质细硬陶	灰		方格纹						西周至春秋
2438	ZJLY-76	江坡岭	ZJLY-76:15ZⅠ	23.34	113.81	29	陶			泥质细硬陶			勾连云雷纹						西周至春秋
2439	ZJLY-76	江坡岭	ZJLY-76:16ZⅠ	23.34	113.81	30	陶	豆	圈足	泥质粗硬陶			素面						西周至春秋
2440	ZJLY-76	江坡岭	ZJLY-76:17ZⅠ	23.34	113.81	28	陶			泥质粗硬陶	深灰		方格纹						西周至春秋
2441	ZJLY-76	江坡岭	ZJLY-76:18ZⅠ	23.34	113.81	28	陶			泥质粗硬陶	深灰		方格纹						西周至春秋
2442	ZJLY-78	冰村	ZJLY-78:1ZⅠ	23.33	113.81	22	陶			泥质粗硬陶	灰褐		米字纹						战国至南越国
2443	ZJLY-78	冰村	ZJLY-78:2ZⅠ	23.33	113.81	12	陶			泥质粗硬陶	灰褐		米字纹						战国至南越国
2444	ZJLY-78	冰村	ZJLY-78:3ZⅠ	23.33	113.81	12	陶			泥质粗硬陶	灰褐		素面						战国至南越国
2445	ZJLY-78	冰村	ZJLY-78:4ZⅠ	23.33	113.81	15	陶			泥质粗硬陶	灰褐		米字纹						战国至南越国
2446	ZJLY-78	冰村	ZJLY-78:5ZⅠ	23.33	113.81	12	陶			泥质粗硬陶	灰褐		素面						战国至南越国
2447	ZJLY-78	冰村	ZJLY-78:6ZⅠ	23.33	113.81	13	陶			泥质粗硬陶	灰褐		米字纹						战国至南越国
2448	ZJLY-78	冰村	ZJLY-78:7ZⅠ	23.33	113.81	13	陶			泥质粗硬陶	灰褐		米字纹						战国至南越国
2449	ZJLY-78	冰村	ZJLY-78:8ZⅠ	23.33	113.81	12	陶			泥质粗硬陶	灰褐		素面						汉代
2450	ZJLY-78	冰村	ZJLY-78:9ZⅠ	23.33	113.81	15	陶	瓮	底	泥质细硬陶	灰		米字纹						战国至南越国
2451	ZJLY-78	冰村	ZJLY-78:10ZⅠ	23.33	113.81	17	陶			夹细砂硬陶	灰褐		绳纹						新石器时代晚期至商代
2452	ZJLY-78	冰村	ZJLY-78:11ZⅠ	23.33	113.81	17	陶			泥质粗硬陶	灰褐		曲折纹						战国至南越国
2453	ZJLY-78	冰村	ZJLY-78:12ZⅠ	23.33	113.81	13	陶			泥质粗硬陶	红褐		米字纹						战国至南越国
2454	ZJLY-78	冰村	ZJLY-78:13ZⅠ	23.33	113.81	16	陶			泥质细硬陶	灰		素面						战国至南越国
2455	ZJLY-78	冰村	ZJLY-78:14ZⅠ	23.33	113.81	13	陶			泥质细硬陶	深灰		米字纹						战国至南越国
2456	ZJLY-78	冰村	ZJLY-78:15ZⅠ	23.33	113.81	14	陶			泥质粗硬陶	青灰		曲折纹						新石器时代晚期至商代
2457	ZJLY-78	冰村	ZJLY-78:16ZⅠ	23.33	113.81	14	陶			泥质粗硬陶	红褐		米字纹						战国至南越国
2458	ZJLY-78	冰村	ZJLY-78:17ZⅠ	23.33	113.81	12	陶			泥质粗硬陶	灰褐		米字纹						战国至南越国
2459	ZJLY-78	冰村	ZJLY-78:18ZⅠ	23.33	113.81	11	陶			泥质粗硬陶	红褐		素面						战国至南越国
2460	ZJLY-78	冰村	ZJLY-78:19ZⅠ	23.33	113.81	12	陶			泥质粗硬陶	灰褐		米字纹						战国至南越国
2461	ZJLY-78	冰村	ZJLY-78:20ZⅠ	23.33	113.81	12	陶			泥质粗硬陶	深灰		米字纹						战国至南越国
2462	ZJLY-78	冰村	ZJLY-78:21ZⅠ	23.33	113.81	13	陶			泥质粗硬陶	灰褐		米字纹						战国至南越国
2463	ZJLY-78	冰村	ZJLY-78:22①ZⅠ	23.33	113.81	13	陶			夹细砂硬陶	青灰		曲折纹						新石器时代晚期至商代
2464	ZJLY-78	冰村	ZJLY-78:22②ZⅠ	23.33	113.81	13	陶			夹细砂硬陶	青灰		素面						新石器时代晚期至商代
2465	ZJLY-78	冰村	ZJLY-78:23ZⅠ	23.33	113.81	21	陶			泥质粗硬陶	灰褐		米字纹						战国至南越国
2466	ZJLY-78	冰村	ZJLY-78:24ZⅠ	23.33	113.81	22	陶			泥质粗硬陶	深灰		米字纹						战国至南越国
2467	ZJLY-78	冰村	ZJLY-78:25ZⅠ	23.33	113.81	28	陶			泥质粗硬陶	灰褐		米字纹						战国至南越国

序号	遗址编号	遗址名称	遗物编号	纬度（度）	经度（度）	海拔（米）	质地	器形	部位	陶质	颜色	釉色	纹饰	刻划符号	石器岩性	石器完整程度	石器硬度	石器风化程度	年代
2468	ZJLY-78	冰村	ZJLY-78：26ZI	23.33	113.81	24	陶			泥质粗硬陶	灰褐		米字纹						战国至南越国
2469	ZJLY-78	冰村	ZJLY-78：27ZI	23.33	113.81	28	陶			泥质细硬陶	灰褐		方格纹						战国至南越国
2470	ZJLY-78	冰村	ZJLY-78：28ZI	23.33	113.81	22	陶			泥质粗硬陶	灰		素面						战国至南越国
2471	ZJLY-78	冰村	ZJLY-78：29ZI	23.33	113.81	25	陶			泥质细硬陶	红		方格纹、戳印纹						汉代
2472	ZJLY-78	冰村	ZJLY-78：30ZI	23.33	113.81	24	陶			泥质粗硬陶	灰褐		米字纹						战国至南越国
2473	ZJLY-78	冰村	ZJLY-78：31ZI	23.33	113.81	25	陶			泥质粗硬陶	灰褐		方格纹						战国至南越国
2474	ZJLY-78	冰村	ZJLY-78：32ZI	23.33	113.81	21	陶			泥质粗硬陶	深灰		方格纹						战国至南越国
2475	ZJLY-78	冰村	ZJLY-78：33ZI	23.33	113.81	20	陶			泥质粗硬陶	深灰		米字纹						战国至南越国
2476	ZJLY-78	冰村	ZJLY-78：34ZI	23.33	113.81	21	陶			泥质粗硬陶	灰褐		米字纹						战国至南越国
2477	ZJLY-78	冰村	ZJLY-78：35ZI	23.33	113.81	23	陶			泥质粗硬陶	灰褐		方格纹						战国至南越国
2478	ZJLY-78	冰村	ZJLY-78：36ZI	23.33	113.81	27	陶			泥质粗硬陶	灰褐		米字纹						战国至南越国
2479	ZJLY-78	冰村	ZJLY-78：37ZI	23.33	113.81	28	陶			泥质粗硬陶	灰褐		米字纹						战国至南越国
2480	ZJLY-78	冰村	ZJLY-78：38ZI	23.33	113.81	23	陶			泥质粗硬陶	灰褐		素面						明清
2481	ZJLY-78	冰村	ZJLY-78：39ZI	23.33	113.81	24	陶			泥质细硬陶	青灰		米字纹						战国至南越国
2482	ZJLY-78	冰村	ZJLY-78：40ZI	23.33	113.81	23	陶			泥质粗硬陶	深灰		米字纹						战国至南越国
2483	ZJLY-78	冰村	ZJLY-78：41ZI	23.33	113.81	28	陶			泥质粗硬陶	灰		米字纹						战国至南越国
2484	ZJLY-78	冰村	ZJLY-78：42ZI	23.33	113.81	24	陶			泥质细硬陶	灰褐		方格纹						战国至南越国
2485	ZJLY-78	冰村	ZJLY-78：43ZI	23.33	113.81	28	陶			泥质粗硬陶	深灰		方格纹						战国至南越国
2486	ZJLY-78	冰村	ZJLY-78：44ZI	23.33	113.81	27	陶			泥质粗硬陶	灰褐		粗绳纹						汉代
2487	ZJLY-78	冰村	ZJLY-78：45ZI	23.33	113.81	25	陶			泥质细硬陶	灰褐		米字纹						战国至南越国
2488	ZJLY-78	冰村	ZJLY-78：46ZI	23.33	113.81	24	陶			泥质粗硬陶	深灰		米字纹						战国至南越国
2489	ZJLY-78	冰村	ZJLY-78：47ZI	23.33	113.81	25	陶			泥质粗硬陶	灰褐		米字纹						战国至南越国
2490	ZJLY-78	冰村	ZJLY-78：48ZI	23.33	113.81	24	陶			泥质细硬陶	灰褐		方格纹						战国至南越国
2491	ZJLY-78	冰村	ZJLY-78：49ZI	23.33	113.81	23	陶			泥质细硬陶	灰褐		方格纹						战国至南越国
2492	ZJLY-78	冰村	ZJLY-78：50ZI	/	/	/	陶			泥质粗硬陶	深灰		米字纹						战国至南越国
2493	ZJLY-78	冰村	ZJLY-78：51ZI	/	/	/	陶			泥质粗硬陶	灰		素面						战国至南越国
2494	ZJLY-78	冰村	ZJLY-78：52ZI	/	/	/	陶			泥质细硬陶	灰褐		米字纹						战国至南越国
2495	ZJLY-78	冰村	ZJLY-78：53ZI	/	/	/	陶			泥质细硬陶	深灰		方格对角线纹						战国至南越国
2496	ZJLY-78	冰村	ZJLY-78：54ZI	/	/	/	陶			夹细砂硬陶	灰褐		素面						明清
2497	ZJLY-78	冰村	ZJLY-78：55ZI	/	/	/	陶			泥质细硬陶	灰褐		米字纹						战国至南越国
2498	ZJLY-78	冰村	ZJLY-78：56ZI	/	/	/	陶			泥质细硬陶	灰褐		米字纹						战国至南越国

序号	遗址编号	遗址名称	遗物编号	纬度(度)	经度(度)	海拔(米)	质地	器形	部位	陶质	颜色	釉色	纹饰	刻划符号	石器岩性	石器完整程度	石器硬度	石器风化程度	年代
2499	ZJLY-78	冰村	ZJLY-78:57ZⅠ	/	/	/	陶			泥质粗硬陶	深灰		方格纹						战国至南越国
2500	ZJLY-78	冰村	ZJLY-78:58ZⅠ	/	/	/	陶	罐	口沿	泥质细硬陶	红褐		素面						唐宋
2501	ZJLY-78	冰村	ZJLY-78:59ZⅠ	/	/	/	陶			泥质细硬陶	灰褐		方格对角线纹						战国至南越国
2502	ZJLY-78	冰村	ZJLY-78:60ZⅠ	/	/	/	陶			泥质粗硬陶	灰褐		米字纹						战国至南越国
2503	ZJLY-78	冰村	ZJLY-78:61ZⅠ	/	/	/	陶			夹砂硬陶	灰褐		云雷纹						新石器时代晚期至商代
2504	ZJLY-78	冰村	ZJLY-78:62ZⅠ	/	/	/	陶			泥质粗硬陶	深灰		方格纹						战国至南越国
2505	ZJLY-78	冰村	ZJLY-78:63ZⅠ	/	/	/	陶			泥质粗硬陶	灰褐		方格纹						西周至春秋
2506	ZJLY-78	冰村	ZJLY-78:64ZⅠ	/	/	/	陶			泥质粗硬陶	深灰		米字纹						战国至南越国
2507	ZJLY-78	冰村	ZJLY-78:65ZⅠ	/	/	/	陶			泥质细硬陶	红褐		米字纹						战国至南越国
2508	ZJLY-78	冰村	ZJLY-78:66ZⅠ	/	/	/	陶			泥质粗硬陶	灰		方格纹						战国至南越国
2509	ZJLY-78	冰村	ZJLY-78:67ZⅠ	/	/	/	陶			泥质细硬陶	灰褐		米字纹						战国至南越国
2510	ZJLY-78	冰村	ZJLY-78:68ZⅠ	/	/	/	陶			泥质粗硬陶	深灰		米字纹						战国至南越国
2511	ZJLY-78	冰村	ZJLY-78:69ZⅠ	/	/	/	陶			泥质粗硬陶	深灰		米字纹						战国至南越国
2512	ZJLY-78	冰村	ZJLY-78:70ZⅠ	/	/	/	陶			泥质细硬陶	灰褐		方格纹						战国至南越国
2513	ZJLY-78	冰村	ZJLY-78:71ZⅠ	/	/	/	陶			泥质细硬陶	灰褐		米字纹						战国至南越国
2514	ZJLY-78	冰村	ZJLY-78:72ZⅠ	/	/	/	陶			泥质粗硬陶	灰褐		米字纹						战国至南越国
2515	ZJLY-78	冰村	ZJLY-78:73ZⅠ	/	/	/	陶			泥质粗硬陶	深灰		米字纹						战国至南越国
2516	ZJLY-78	冰村	ZJLY-78:74ZⅠ	/	/	/	陶			泥质粗硬陶	灰褐		米字纹						战国至南越国
2517	ZJLY-78	冰村	ZJLY-78:75ZⅠ	/	/	/	陶			泥质粗硬陶	深灰		方格纹						战国至南越国
2518	ZJLY-78	冰村	ZJLY-78:76ZⅠ	/	/	/	陶	罐	口沿	泥质粗硬陶	深灰		米字纹						战国至南越国
2519	ZJLY-78	冰村	ZJLY-78:77ZⅠ	/	/	/	陶			泥质细硬陶	灰褐		方格纹						战国至南越国
2520	ZJLY-78	冰村	ZJLY-78:78ZⅠ	/	/	/	陶			泥质粗软陶	灰褐		方格纹						战国至南越国
2521	ZJLY-78	冰村	ZJLY-78:79ZⅠ	/	/	/	陶			泥质粗硬陶	深灰		米字纹						战国至南越国
2522	ZJLY-78	冰村	ZJLY-78:80ZⅠ	/	/	/	陶			泥质粗硬陶	灰褐		米字纹						战国至南越国
2523	ZJLY-78	冰村	ZJLY-78:81ZⅠ	/	/	/	陶			泥质粗硬陶	深灰		米字纹						战国至南越国
2524	ZJLY-78	冰村	ZJLY-78:82ZⅠ	/	/	/	陶	罐	口沿	泥质粗硬陶	红褐		米字纹						战国至南越国
2525	ZJLY-78	冰村	ZJLY-78:83ZⅠ	/	/	/	陶			泥质细硬陶	灰	青釉	方格纹						汉代
2526	ZJLY-78	冰村	ZJLY-78:84ZⅠ	/	/	/	陶			泥质细硬陶	灰		米字纹						战国至南越国
2527	ZJLY-78	冰村	ZJLY-78:85ZⅠ	/	/	/	陶			泥质细硬陶	灰		素面						汉代
2528	ZJLY-78	冰村	ZJLY-78:86ZⅠ	/	/	/	陶			泥质粗硬陶	灰		方格纹						汉代
2529	ZJLY-78	冰村	ZJLY-78:87ZⅠ	/	/	/	陶			泥质粗硬陶	灰褐		米字纹						战国至南越国

594

序号	遗址编号	遗址名称	遗物编号	纬度（度）	经度（度）	海拔（米）	质地	器形	部位	陶质	颜色	釉色	纹饰	刻划符号	石器岩性	石器完整程度	石器硬度	石器风化程度	年代
2530	ZJLY-78	冰村	ZJLY-78:88ZⅠ	/	/	/	陶			泥质粗硬陶	深灰		米字纹						战国至南越国
2531	ZJLY-78	冰村	ZJLY-78:89ZⅠ	/	/	/	陶			泥质细硬陶	灰褐		米字纹						战国至南越国
2532	ZJLY-78	冰村	ZJLY-78:90ZⅠ	/	/	/	陶			泥质细硬陶	灰		方格纹						战国至南越国
2533	ZJLY-78	冰村	ZJLY-78:91ZⅠ	/	/	/	陶			泥质粗硬陶	灰褐		米字纹						战国至南越国
2534	ZJLY-78	冰村	ZJLY-78:92ZⅠ	/	/	/	陶			泥质粗硬陶	灰褐		米字纹						战国至南越国
2535	ZJLY-78	冰村	ZJLY-78:93ZⅠ	/	/	/	陶			泥质粗硬陶	深灰		方格纹						战国至南越国
2536	ZJLY-78	冰村	ZJLY-78:94ZⅠ	/	/	/	陶			泥质粗硬陶	灰		方格纹						战国至南越国
2537	ZJLY-78	冰村	ZJLY-78:95ZⅠ	/	/	/	陶			泥质粗硬陶	深灰		米字纹						战国至南越国
2538	ZJLY-78	冰村	ZJLY-78:96ZⅠ	/	/	/	陶			泥质细硬陶	灰褐		米字纹						战国至南越国
2539	ZJLY-78	冰村	ZJLY-78:97ZⅠ	/	/	/	陶			泥质粗硬陶	深灰		米字纹						战国至南越国
2540	ZJLY-78	冰村	ZJLY-78:98ZⅠ	/	/	/	陶			泥质粗硬陶	深灰		素面						战国至南越国
2541	ZJLY-78	冰村	ZJLY-78:99ZⅠ	/	/	/	陶			泥质细硬陶	深灰		米字纹						战国至南越国
2542	ZJLY-78	冰村	ZJLY-78:100ZⅠ	/	/	/	陶			泥质粗硬陶	灰褐		方格纹						战国至南越国
2543	ZJLY-78	冰村	ZJLY-78:101ZⅠ	/	/	/	陶			泥质粗硬陶	灰褐		米字纹						战国至南越国
2544	ZJLY-78	冰村	ZJLY-78:102ZⅠ	/	/	/	陶			泥质粗硬陶	灰褐		方格纹						战国至南越国
2545	ZJLY-78	冰村	ZJLY-78:103ZⅠ	/	/	/	陶			泥质细硬陶	青灰		方格纹						战国至南越国
2546	ZJLY-78	冰村	ZJLY-78:104ZⅠ	/	/	/	陶			泥质粗硬陶	灰褐		米字纹						战国至南越国
2547	ZJLY-78	冰村	ZJLY-78:105ZⅠ	/	/	/	陶			泥质粗硬陶	深灰		米字纹						战国至南越国
2548	ZJLY-78	冰村	ZJLY-78:106ZⅠ	/	/	/	陶	罐	口沿	泥质粗硬陶	深灰		米字纹						战国至南越国
2549	ZJLY-78	冰村	ZJLY-78:107ZⅠ	/	/	/	陶			泥质细硬陶	灰褐		米字纹						战国至南越国
2550	ZJLY-78	冰村	ZJLY-78:108ZⅠ	/	/	/	陶			泥质粗硬陶	灰褐		米字纹						战国至南越国
2551	ZJLY-78	冰村	ZJLY-78:109ZⅠ	/	/	/	陶		口沿	泥质细硬陶	灰		米字纹						战国至南越国
2552	ZJLY-78	冰村	ZJLY-78:110ZⅠ	/	/	/	陶			泥质粗硬陶	深灰		方格对角线纹						战国至南越国
2553	ZJLY-78	冰村	ZJLY-78:111ZⅠ	/	/	/	陶		口沿	泥质细硬陶	青灰		曲折纹						新石器时代晚期至商代
2554	ZJLY-78	冰村	ZJLY-78:112ZⅠ	/	/	/	陶	罐		泥质细硬陶	灰		素面						唐末
2555	ZJLY-78	冰村	ZJLY-78:113ZⅠ	/	/	/	陶	罐	口沿	泥质细硬陶	灰褐		素面						汉代
2556	ZJLY-78	冰村	ZJLY-78:114ZⅠ	23.33	113.81	17	陶			泥质粗硬陶	灰褐		方格对角线纹						战国至南越国
2557	ZJLY-78	冰村	ZJLY-78:115ZⅠ	23.33	113.81	15	陶	罐	口沿	泥质细硬陶	灰褐		方格纹						西周至春秋
2558	ZJLY-78	冰村	ZJLY-78:116ZⅠ	23.33	113.81	18	陶			泥质粗硬陶	灰褐		篦点纹						西周至春秋
2559	ZJLY-78	冰村	ZJLY-78:117ZⅠ	23.33	113.81	15	陶			泥质细硬陶	红褐		素面						战国至南越国
2560	ZJLY-78	冰村	ZJLY-78:118ZⅠ	23.33	113.81	17	陶	罐	口沿	泥质细硬陶	红褐		方格纹						汉代

续表

序号	遗址编号	遗址名称	遗物编号	纬度（度）	经度（度）	海拔（米）	质地	器形	部位	陶质	颜色	釉色	纹饰	刻划符号	石器岩性	石器完整程度	石器硬度	石器风化程度	年代
2561	ZJLY-78	冰村	ZJLY-78:119ZI	23.33	113.81	21	陶			泥质粗硬陶	灰褐		方格纹						战国至南越国
2562	ZJLY-78	冰村	ZJLY-78:120ZI	23.33	113.81	18	陶			泥质粗硬陶	灰褐		条纹						明清
2563	ZJLY-78	冰村	ZJLY-78:121ZI	23.33	113.81	18	陶			泥质粗硬陶	灰褐		篦点纹、弦纹						西周至春秋
2564	ZJLY-78	冰村	ZJLY-78:122ZI	23.33	113.81	20	陶			泥质粗硬陶	灰褐		卷云纹						西周至春秋
2565	ZJLY-78	冰村	ZJLY-78:123ZI	23.33	113.81	20	陶	罐	底	泥质粗硬陶	深灰		方格对角线纹						战国至南越国
2566	ZJLY-78	冰村	ZJLY-78:124ZI	23.33	113.81	21	陶			泥质粗硬陶	深灰		方格纹						西周至春秋
2567	ZJLY-78	冰村	ZJLY-78:125ZI	23.33	113.81	25	陶			泥质粗硬陶	灰褐		方格纹、菱格凸块纹						西周至春秋
2568	ZJLY-78	冰村	ZJLY-78:126ZI	23.33	113.81	25	陶		口沿	泥质细硬陶	灰		弦纹						唐末
2569	ZJLY-78	冰村	ZJLY-78:127ZI	23.33	113.81	24	陶			泥质粗硬陶	灰褐		方格纹						战国至南越国
2570	ZJLY-78	冰村	ZJLY-78:128ZI	23.33	113.81	26	陶			泥质粗硬陶	灰褐		菱格凸块纹						西周至春秋
2571	ZJLY-78	冰村	ZJLY-78:129ZI	23.33	113.81	26	陶			泥质粗硬陶	灰		方格纹						西周至春秋
2572	ZJLY-78	冰村	ZJLY-78:130ZI	23.33	113.81	27	陶			泥质粗硬陶	灰褐		曲折纹						西周至春秋
2573	ZJLY-78	冰村	ZJLY-78:131ZI	23.33	113.81	23	陶			泥质粗硬陶	深灰		勾连云雷纹						西周至春秋
2574	ZJLY-78	冰村	ZJLY-78:132ZI	23.33	113.81	26	陶	罐	口沿	泥质粗硬陶	灰		方格纹						西周至春秋
2575	ZJLY-78	冰村	ZJLY-78:133ZI	23.33	113.81	23	陶			泥质粗硬陶	灰		素面						战国至南越国
2576	ZJLY-78	冰村	ZJLY-78:134ZI	23.33	113.81	23	陶			泥质粗硬陶	深灰		方格凸块纹						战国至南越国
2577	ZJLY-78	冰村	ZJLY-78:135ZI	23.33	113.81	31	陶			泥质粗硬陶	灰		菱格凸块纹						西周至春秋
2578	ZJLY-78	冰村	ZJLY-78:136ZI	23.33	113.81	28	陶			泥质粗硬陶	深灰		方格纹						战国至南越国
2579	ZJLY-78	冰村	ZJLY-78:137ZI	23.33	113.81	30	陶			泥质粗硬陶	灰		曲折纹						西周至春秋
2580	ZJLY-78	冰村	ZJLY-78:138ZI	23.33	113.81	27	陶	罐	口沿	泥质粗硬陶	灰褐		素面						汉代
2581	ZJLY-78	冰村	ZJLY-78:139ZI	23.33	113.81	23	陶			泥质粗硬陶	深灰		菱格凸块纹						西周至春秋
2582	ZJLY-78	冰村	ZJLY-78:140ZI	23.33	113.81	16	陶			泥质粗硬陶	青灰		方格纹						战国至南越国
2583	ZJLY-78	冰村	ZJLY-78:141ZI	23.33	113.81	13	陶			泥质粗硬陶	灰		素面						唐末
2584	ZJLY-78	冰村	ZJLY-78:142ZI	23.33	113.81	14	陶			泥质粗硬陶	红		素面						汉代
2585	ZJLY-78	冰村	ZJLY-78:143ZI	23.33	113.81	11	陶			泥质粗硬陶	青灰		斜长方格纹						新石器时代晚期至商代
2586	ZJLY-78	冰村	ZJLY-78:144ZI	23.33	113.81	16	陶			泥质粗硬陶	灰褐		方格纹						战国至南越国
2587	ZJLY-78	冰村	ZJLY-78:145ZI	23.33	113.81	17	陶			泥质粗硬陶	灰褐		方格纹						西周至春秋
2588	ZJLY-78	冰村	ZJLY-78:146ZI	23.33	113.81	17	陶			泥质粗硬陶	灰褐		素面						战国至南越国
2589	ZJLY-78	冰村	ZJLY-78:147ZI	23.33	113.81	18	陶			泥质粗硬陶	深灰		方格纹、曲折纹						西周至春秋
2590	ZJLY-78	冰村	ZJLY-78:148ZI	23.33	113.81	22	原始瓷	豆		灰胎	灰	青釉	篦点纹、弦纹	有					西周至春秋
2591	ZJLY-78	冰村	ZJLY-78:149ZI	23.33	113.81	19	陶			泥质细硬陶	红褐		方格纹						汉代

596

序号	遗址编号	遗址名称	遗物编号	纬度（度）	经度（度）	海拔（米）	质地	器形	部位	陶质	颜色	釉色	纹饰	刻划符号	石器岩性	石器完整程度	石器硬度	石器风化程度	年代
2592	ZJLY-78	冰村	ZJLY-78:150ZⅠ	23.33	113.81	20	陶			泥质粗硬陶	青灰		戳印纹						战国至南越国
2593	ZJLY-78	冰村	ZJLY-78:151ZⅠ	23.33	113.81	17	陶			泥质粗硬陶	灰褐		米字纹						战国至南越国
2594	ZJLY-78	冰村	ZJLY-78:152ZⅠ	23.33	113.81	14	陶			泥质细硬陶	青灰		米字纹						战国至南越国
2595	ZJLY-78	冰村	ZJLY-78:153ZⅠ	23.33	113.81	16	陶			泥质粗硬陶	灰褐		方格纹						战国至南越国
2596	ZJLY-78	冰村	ZJLY-78:154ZⅠ	23.33	113.81	15	陶			泥质粗硬陶	青灰		方格纹						战国至南越国
2597	ZJLY-78	冰村	ZJLY-78:155ZⅠ	23.33	113.81	17	陶			泥质粗硬陶	灰褐		米字纹						战国至南越国
2598	ZJLY-78	冰村	ZJLY-78:156ZⅠ	23.33	113.81	16	陶			泥质粗硬陶	灰褐		方格纹						战国至南越国
2599	ZJLY-78	冰村	ZJLY-78:157ZⅠ	23.33	113.81	13	陶	罐	口沿	泥质粗硬陶	深灰		素面						汉代
2600	ZJLY-78	冰村	ZJLY-78:158ZⅠ	23.33	113.81	13	陶			泥质粗硬陶	深灰		米字纹						战国至南越国
2601	ZJLY-78	冰村	ZJLY-78:159ZⅠ	23.33	113.81	14	陶			泥质粗硬陶	青灰		方格纹						战国至南越国
2602	ZJLY-78	冰村	ZJLY-78:160ZⅠ	23.33	113.81	16	陶			泥质粗硬陶	红		方格纹						战国至南越国
2603	ZJLY-78	冰村	ZJLY-78:161ZⅠ	23.33	113.81	14	陶	罐	口沿	泥质粗硬陶	灰褐		素面						战国至南越国
2604	ZJLY-78	冰村	ZJLY-78:162ZⅠ	23.33	113.81	14	陶			泥质粗硬陶	红褐		方格纹						战国至南越国
2605	ZJLY-78	冰村	ZJLY-78:163ZⅠ	23.33	113.81	13	陶			泥质粗硬陶	灰		素面						唐末
2606	ZJLY-78	冰村	ZJLY-78:164ZⅠ	23.33	113.81	14	陶			泥质粗硬陶	灰褐		方格纹						战国至南越国
2607	ZJLY-78	冰村	ZJLY-78:165ZⅠ	23.33	113.81	15	陶			泥质粗硬陶	灰褐		方格纹						战国至南越国
2608	ZJLY-78	冰村	ZJLY-78:166ZⅠ	23.33	113.81	14	陶			泥质粗硬陶	深灰		方格纹						战国至南越国
2609	ZJLY-78	冰村	ZJLY-78:167ZⅠ	23.33	113.81	15	陶			泥质粗硬陶	红褐		方格纹						战国至南越国
2610	ZJLY-78	冰村	ZJLY-78:168ZⅠ	23.33	113.81	17	陶			泥质粗硬陶	青灰		米字纹						战国至南越国
2611	ZJLY-78	冰村	ZJLY-78:169ZⅠ	23.33	113.81	17	陶			泥质粗硬陶	灰褐		方格纹						战国至南越国
2612	ZJLY-78	冰村	ZJLY-78:170ZⅠ	23.33	113.81	16	陶			泥质粗硬陶	灰褐		米字纹						战国至南越国
2613	ZJLY-78	冰村	ZJLY-78:171ZⅠ	23.33	113.81	16	陶			泥质粗硬陶	青灰		米字纹						战国至南越国
2614	ZJLY-78	冰村	ZJLY-78:172ZⅠ	23.33	113.81	13	陶			泥质粗硬陶	灰褐		方格纹						战国至南越国
2615	ZJLY-78	冰村	ZJLY-78:173ZⅠ	23.33	113.81	14	陶			泥质粗硬陶	灰褐		方格纹						战国至南越国
2616	ZJLY-78	冰村	ZJLY-78:174ZⅠ	23.33	113.81	15	陶			泥质粗硬陶	灰褐		素面						战国至南越国
2617	ZJLY-78	冰村	ZJLY-78:175ZⅠ	23.33	113.81	17	陶			泥质粗硬陶	灰褐		方格纹						西周至春秋
2618	ZJLY-78	冰村	ZJLY-78:176ZⅠ	23.33	113.81	16	陶			泥质粗硬陶	灰褐		方格纹						战国至南越国
2619	ZJLY-78	冰村	ZJLY-78:177ZⅠ	23.33	113.81	15	陶			泥质粗硬陶	灰褐		方格纹						西周至春秋
2620	ZJLY-78	冰村	ZJLY-78:178ZⅠ	23.33	113.81	14	陶			泥质粗硬陶	灰褐		米字纹						战国至南越国
2621	ZJLY-78	冰村	ZJLY-78:179ZⅠ	23.33	113.81	16	陶			泥质粗硬陶	红褐		方格纹						战国至南越国
2622	ZJLY-78	冰村	ZJLY-78:180ZⅠ	23.33	113.81	14	陶			泥质粗硬陶	灰褐		夔纹、菱格凸块纹、弦纹						西周至春秋

序号	遗址编号	遗址名称	遗物编号	纬度（度）	经度（度）	海拔（米）	质地	器形	部位	陶质	颜色	釉色	纹饰	刻划符号	石器岩性	石器完整程度	石器硬度	石器风化程度	年代
2623	ZJLY－78	冰村	ZJLY－78：181ZⅠ	23.33	113.81	16	陶			泥质粗硬陶	灰褐		素面						战国至南越国
2624	ZJLY－78	冰村	ZJLY－78：182ZⅠ	23.33	113.81	15	陶			泥质粗硬陶	深灰		方格纹						战国至南越国
2625	ZJLY－78	冰村	ZJLY－78：183ZⅠ	23.33	113.81	17	陶	罐	口沿	泥质粗硬陶	深灰		方格纹						战国至南越国
2626	ZJLY－78	冰村	ZJLY－78：184ZⅠ	23.33	113.81	16	陶			泥质细硬陶	灰褐		米字纹						战国至南越国
2627	ZJLY－78	冰村	ZJLY－78：185ZⅠ	23.33	113.81	16	陶			泥质细硬陶	灰褐		方格对角线纹						战国至南越国
2628	ZJLY－78	冰村	ZJLY－78：186ZⅠ	23.33	113.81	16	陶			泥质粗硬陶	灰褐		方格纹						战国至南越国
2629	ZJLY－78	冰村	ZJLY－78：187ZⅠ	23.33	113.81	18	陶			泥质粗硬陶	灰褐		方格纹						战国至南越国
2630	ZJLY－78	冰村	ZJLY－78：188ZⅠ	23.33	113.81	16	陶			泥质粗硬陶	灰褐		米字纹						战国至南越国
2631	ZJLY－78	冰村	ZJLY－78：189ZⅠ	23.33	113.81	17	陶			泥质细硬陶	灰褐		方格纹						西周至春秋
2632	ZJLY－78	冰村	ZJLY－78：190ZⅠ	23.33	113.81	17	陶	罐	口沿	泥质细硬陶	灰褐		方格纹						战国至南越国
2633	ZJLY－78	冰村	ZJLY－78：191ZⅠ	23.33	113.81	16	陶	罐	口沿	泥质细硬陶	灰褐		素面						唐末
2634	ZJLY－78	冰村	ZJLY－78：192ZⅠ	23.33	113.81	15	陶			泥质粗硬陶	灰褐		方格纹						战国至南越国
2635	ZJLY－78	冰村	ZJLY－78：193ZⅠ	23.33	113.81	19	陶	罐	口沿	泥质细硬陶	灰褐		米字纹						西周至春秋
2636	ZJLY－78	冰村	ZJLY－78：194ZⅠ	23.33	113.81	20	陶			泥质粗硬陶	灰褐		米字纹						战国至南越国
2637	ZJLY－78	冰村	ZJLY－78：195ZⅠ	23.33	113.81	19	陶			泥质细硬陶	灰褐		方格纹						战国至南越国
2638	ZJLY－78	冰村	ZJLY－78：196ZⅠ	23.33	113.81	19	陶			泥质细硬陶	灰褐		米字纹						战国至南越国
2639	ZJLY－78	冰村	ZJLY－78：197ZⅠ	23.33	113.81	21	陶			泥质细硬陶	青灰		素面						战国至南越国
2640	ZJLY－78	冰村	ZJLY－78：198ZⅠ	23.33	113.81	19	陶	罐	口沿	泥质细硬陶	灰褐		米字纹						战国至南越国
2641	ZJLY－78	冰村	ZJLY－78：199ZⅠ	23.33	113.81	21	陶			泥质粗硬陶	灰褐		方格纹						战国至南越国
2642	ZJLY－78	冰村	ZJLY－78：200ZⅠ	23.33	113.81	20	陶			泥质粗硬陶	深灰		素面						战国至南越国
2643	ZJLY－78	冰村	ZJLY－78：201ZⅠ	23.33	113.81	22	陶			泥质细硬陶	深灰		方格纹						战国至南越国
2644	ZJLY－78	冰村	ZJLY－78：202ZⅠ	23.33	113.81	19	陶			泥质粗硬陶	灰褐		方格纹						战国至南越国
2645	ZJLY－78	冰村	ZJLY－78：203ZⅠ	23.33	113.81	22	陶			泥质粗硬陶	红褐		方格纹						战国至南越国
2646	ZJLY－78	冰村	ZJLY－78：204ZⅠ	23.33	113.81	21	陶	罐	口沿	泥质细硬陶	灰		素面						唐末
2647	ZJLY－78	冰村	ZJLY－78：205ZⅠ	23.33	113.81	22	陶			泥质粗硬陶	灰褐		方格纹						战国至南越国
2648	ZJLY－78	冰村	ZJLY－78：206ZⅠ	23.33	113.81	21	陶			泥质粗硬陶	灰褐		素面						战国至南越国
2649	ZJLY－78	冰村	ZJLY－78：207ZⅠ	23.33	113.81	20	陶			泥质粗硬陶	红褐		方格纹						战国至南越国
2650	ZJLY－78	冰村	ZJLY－78：208ZⅠ	23.33	113.81	21	陶			泥质粗硬陶	灰褐		米字纹						战国至南越国
2651	ZJLY－78	冰村	ZJLY－78：209ZⅠ	23.33	113.81	22	陶			泥质细硬陶	灰		方格纹、篦点纹、弦纹						西周至春秋
2652	ZJLY－78	冰村	ZJLY－78：210ZⅠ	23.33	113.81	22	陶			泥质粗硬陶	深灰		方格纹						西周至春秋
2653	ZJLY－78	冰村	ZJLY－78：211ZⅠ	23.33	113.81	16	陶			泥质粗硬陶	灰褐		方格纹						战国至南越国

序号	遗址编号	遗址名称	遗物编号	纬度（度）	经度（度）	海拔（米）	质地	器形	部位	陶质	颜色	釉色	纹饰	刻划符号	石器岩性	石器完整程度	石器硬度	石器风化程度	年代
2654	ZJLY-78	冰村	ZJLY-78：212ZⅠ	23.33	113.81	23	陶			泥质粗硬陶	青灰		方格纹						战国至南越国
2655	ZJLY-78	冰村	ZJLY-78：213ZⅠ	23.33	113.81	24	陶			泥质粗硬陶	灰		网格纹						西周至春秋
2656	ZJLY-78	冰村	ZJLY-78：214ZⅠ	23.33	113.81	20	陶			泥质粗硬陶	灰褐		方格纹						战国至南越国
2657	ZJLY-78	冰村	ZJLY-78：215ZⅠ	23.33	113.81	14	陶			泥质粗硬陶	灰褐		方格纹						战国至南越国
2658	ZJLY-78	冰村	ZJLY-78：216ZⅠ	23.33	113.81	13	陶	罐	底	泥质细硬陶	灰褐		方格纹						战国至南越国
2659	ZJLY-81	方水坳	ZJLY-81：1ZⅠ	23.35	113.82	16	陶			泥质细硬陶	灰		曲折纹						新石器时代晚期至商代
2660	ZJLY-81	方水坳	ZJLY-81：2ZⅠ	23.35	113.82	17	陶			泥质粗硬陶	灰褐		篮纹						新石器时代晚期至商代
2661	ZJLY-86	鸡脚岭	ZJLY-86：1ZⅠ	23.34	113.82	16	陶			泥质粗硬陶	灰		戳印纹						战国至南越国
2662	ZJLY-86	鸡脚岭	ZJLY-86：2ZⅠ	23.34	113.82	15	陶	罐	口沿	泥质细硬陶			素面						战国至南越国
2663	ZJLY-86	鸡脚岭	ZJLY-86：3ZⅠ	23.34	113.82	19	陶			泥质细硬陶	灰黑		水波纹、弦纹						战国至南越国
2664	ZJLY-86	鸡脚岭	ZJLY-86：4ZⅠ	23.34	113.82	19	陶	罐	口沿	泥质细硬陶	灰		素面						战国至南越国
2665	ZJLY-86	鸡脚岭	ZJLY-86：5ZⅠ	23.34	113.82	17	陶			泥质粗硬陶	青灰		米字纹						战国至南越国
2666	ZJLY-86	鸡脚岭	ZJLY-86：6ZⅠ	23.34	113.83	16	陶			泥质粗硬陶	深灰		方格纹						战国至南越国
2667	ZJLY-86	鸡脚岭	ZJLY-86：7ZⅠ	23.34	113.83	10	陶	罐	口沿	泥质粗硬陶	深灰		三角格纹						战国至南越国
2668	ZJLY-86	鸡脚岭	ZJLY-86：8ZⅠ	23.34	113.83	17	陶			泥质细硬陶	灰黑		米字纹						战国至南越国
2669	ZJLY-86	鸡脚岭	ZJLY-86：9ZⅠ	23.35	113.83	7	陶			泥质细硬陶	灰黑		米字纹						战国至南越国
2670	ZJLY-87	将军扎站2号山	ZJLY-87：1ZⅠ	23.35	113.82	14	陶			泥质细硬陶	灰褐		米字纹						战国至南越国
2671	ZJLY-87	将军扎站2号山	ZJLY-87：2ZⅠ	23.35	113.82	11	陶			泥质粗硬陶	灰黑		素面						战国至南越国
2672	ZJLY-87	将军扎站2号山	ZJLY-87：3ZⅠ	23.35	113.82	11	陶			泥质细硬陶	灰褐		米字纹						战国至南越国
2673	ZJLY-87	将军扎站2号山	ZJLY-87：4ZⅠ	23.35	113.82	6	陶			泥质粗硬陶	灰褐		米字纹						战国至南越国
2674	ZJLY-87	将军扎站2号山	ZJLY-87：5ZⅠ	23.35	113.82	7	陶			泥质细硬陶	灰		方格纹						战国至南越国
2675	ZJLY-87	将军扎站2号山	ZJLY-87：6ZⅠ	23.35	113.82	13	陶			泥质粗硬陶	青灰		方格纹						战国至南越国
2676	ZJLY-87	将军扎站2号山	ZJLY-87：7ZⅠ	23.35	113.82	12	陶			泥质粗硬陶	灰黑		方格纹						战国至南越国
2677	ZJLY-87	将军扎站2号山	ZJLY-87：8ZⅠ	23.35	113.82	13	陶			泥质粗硬陶	灰黑		米字纹						战国至南越国
2678	ZJLY-87	将军扎站2号山	ZJLY-87：9ZⅠ	23.35	113.82	14	陶			泥质粗硬陶	灰黑		方格纹						战国至南越国
2679	ZJLY-87	将军扎站2号山	ZJLY-87：10ZⅠ	23.35	113.82	14	陶			泥质细硬陶	青灰		米字纹						战国至南越国
2680	ZJLY-87	将军扎站2号山	ZJLY-87：11ZⅠ	23.35	113.82	16	陶			泥质软陶	红		方格纹						战国至南越国
2681	ZJLY-87	将军扎站2号山	ZJLY-87：12ZⅠ	23.35	113.82	17	陶			泥质硬陶	灰黑		方格纹						战国至南越国
2682	ZJLY-87	将军扎站2号山	ZJLY-87：13ZⅠ	23.35	113.82	14	陶			夹细砂硬陶	灰黑		方格纹						战国至南越国
2683	ZJLY-87	将军扎站2号山	ZJLY-87：14ZⅠ	23.35	113.82	16	陶			泥质粗硬陶	灰黑		方格纹						战国至南越国
2684	ZJLY-87	将军扎站2号山	ZJLY-87：15ZⅠ	23.35	113.82	30	陶			泥质粗硬陶	灰褐		米字纹						战国至南越国

序号	遗址编号	遗址名称	遗物编号	纬度（度）	经度（度）	海拔（米）	质地	器形	部位	陶质	颜色	釉色	纹饰	刻划符号	石器岩性	石器完整程度	石器硬度	石器风化程度	年代
2685	ZJLY-87	将军礼站2号山	ZJLY-87：16ZⅠ	23.35	113.82	13	陶			夹细砂硬陶	灰黑		方格纹						战国至南越国
2686	ZJLY-88	桥头村猫岭	ZJLY-88：1ZⅠ	23.34	113.82	23	陶			泥质粗硬陶	灰褐		方格纹						西周至春秋
2687	ZJLY-88	桥头村猫岭	ZJLY-88：2ZⅠ	23.34	113.82	18	陶	瓮	口沿	泥质粗硬陶	深灰		方格纹	有					西周至春秋
2688	ZJLY-88	桥头村猫岭	ZJLY-88：3ZⅠ	23.34	113.82	16	陶			泥质细硬陶	灰		方格纹						西周至春秋
2689	ZJLY-88	桥头村猫岭	ZJLY-88：4ZⅠ	23.34	113.82	16	陶			泥质粗硬陶	灰褐		方格纹						西周至春秋
2690	ZJLY-88	桥头村猫岭	ZJLY-88：5ZⅠ	23.34	113.82	13	陶			泥质粗硬陶	深灰		夔纹						西周至春秋
2691	ZJLY-88	桥头村猫岭	ZJLY-88：6ZⅠ	23.34	113.82	14	陶			泥质细硬陶	灰		方格纹						西周至春秋
2692	ZJLY-88	桥头村猫岭	ZJLY-88：7ZⅠ	23.34	113.82	17	陶			泥质粗硬陶	灰		方格纹						西周至春秋
2693	ZJLY-88	桥头村猫岭	ZJLY-88：8ZⅠ	23.34	113.82	16	陶			泥质粗硬陶	灰		方格纹、夔纹、弦纹						西周至春秋
2694	ZJLY-88	桥头村猫岭	ZJLY-88：9ZⅠ	23.34	113.82	14	陶			泥质细硬陶	灰褐		菱格纹						西周至春秋
2695	ZJLY-88	桥头村猫岭	ZJLY-88：10ZⅠ	23.34	113.82	17	陶			泥质细硬陶	青灰		方格纹						西周至春秋
2696	ZJLY-88	桥头村猫岭	ZJLY-88：11ZⅠ	23.34	113.82	19	陶			泥质软陶	灰		方格纹						西周至春秋
2697	ZJLY-88	桥头村猫岭	ZJLY-88：12ZⅠ	23.34	113.82	24	陶			泥质粗硬陶	灰		方格纹、弦纹						西周至春秋
2698	ZJLY-88	桥头村猫岭	ZJLY-88：13ZⅠ	23.34	113.82	10	陶	罐	口沿	泥质细硬陶	灰褐		方格纹						西周至春秋
2699	ZJLY-88	桥头村猫岭	ZJLY-88：14ZⅠ	23.34	113.82	12	陶			泥质粗硬陶	灰		夔纹						西周至春秋
2700	ZJLY-88	桥头村猫岭	ZJLY-88：15ZⅠ	23.34	113.82	12	陶			泥质细硬陶	灰		方格纹、篦点纹						西周至春秋
2701	ZJLY-88	桥头村猫岭	ZJLY-88：16ZⅠ	23.34	113.82	13	陶			泥质细硬陶	深灰		素面						西周至春秋
2702	ZJLY-88	桥头村猫岭	ZJLY-88：17ZⅠ	23.34	113.82	12	陶	罐	口沿	泥质细硬陶	深灰		方格纹						西周至春秋
2703	ZJLY-88	桥头村猫岭	ZJLY-88：18ZⅠ	23.34	113.82	11	陶			泥质细硬陶	深灰		方格纹						西周至春秋
2704	ZJLY-88	桥头村猫岭	ZJLY-88：19ZⅠ	23.34	113.82	12	陶			泥质粗硬陶	灰		方格纹						西周至春秋
2705	ZJLY-88	桥头村猫岭	ZJLY-88：20ZⅠ	23.34	113.82	13	陶			泥质细硬陶	灰褐		方格纹						西周至春秋
2706	ZJLY-88	桥头村猫岭	ZJLY-88：21ZⅠ	23.34	113.82	10	陶			泥质粗硬陶	青灰		方格纹						西周至春秋
2707	ZJLY-88	桥头村猫岭	ZJLY-88：22ZⅠ	23.34	113.82	14	陶			泥质细硬陶	灰褐		方格纹						西周至春秋
2708	ZJLY-88	桥头村猫岭	ZJLY-88：23ZⅠ	23.34	113.82	12	陶			泥质细硬陶	灰褐		方格对角线纹						战国至南越国
2709	ZJLY-88	桥头村猫岭	ZJLY-88：24ZⅠ	23.34	113.82	12	陶			泥质粗硬陶	灰		方格纹						西周至春秋
2710	ZJLY-88	桥头村猫岭	ZJLY-88：25ZⅠ	23.34	113.82	11	陶			泥质细硬陶	灰褐		方格纹						西周至春秋
2711	ZJLY-88	桥头村猫岭	ZJLY-88：26ZⅠ	23.34	113.82	24	陶			泥质细硬陶	青灰		方格纹						西周至春秋
2712	ZJLY-88	桥头村猫岭	ZJLY-88：27ZⅠ	23.34	113.82	26	陶			泥质软陶	红褐		三角格纹						战国至南越国
2713	ZJLY-88	桥头村猫岭	ZJLY-88：28ZⅠ	23.34	113.82	23	陶			泥质粗硬陶	灰		米字纹						战国至南越国
2714	ZJLY-88	桥头村猫岭	ZJLY-88：29ZⅠ	23.34	113.82	27	陶			泥质粗硬陶	灰褐		方格纹						西周至春秋
2715	ZJLY-88	桥头村猫岭	ZJLY-88：30ZⅠ	23.34	113.82	30	陶			泥质粗硬陶	深灰		方格纹						西周至春秋

序号	遗址编号	遗址名称	遗物编号	纬度(度)	经度(度)	海拔(米)	质地	器形	部位	陶质	颜色	釉色	纹饰	刻划符号	石器岩性	石器完整程度	石器硬度	石器风化程度	年代
2716	ZJLY-88	桥头村猫岭	ZJLY-88:31ZI	23.34	113.82	29	陶			泥质细硬陶	灰褐		方格纹						西周至春秋
2717	ZJLY-88	桥头村猫岭	ZJLY-88:32ZI	23.34	113.82	26	陶			泥质细硬陶	灰		方格纹						西周至春秋
2718	ZJLY-88	桥头村猫岭	ZJLY-88:33ZI	23.34	113.82	30	陶			泥质粗硬陶	深灰		方格纹						西周至春秋
2719	ZJLY-88	桥头村猫岭	ZJLY-88:34ZI	23.34	113.82	26	陶			泥质粗硬陶	灰褐		方格纹						西周至春秋
2720	ZJLY-88	桥头村猫岭	ZJLY-88:35ZI	23.34	113.82	26	陶			泥质粗硬陶	深灰		方格纹						西周至春秋
2721	ZJLY-88	桥头村猫岭	ZJLY-88:36ZI	23.34	113.82	25	陶	瓮	口沿	泥质粗硬陶	灰褐		方格纹						西周至春秋
2722	ZJLY-88	桥头村猫岭	ZJLY-88:37ZI	23.34	113.82	25	陶			泥质粗硬陶	深灰		云雷纹						西周至春秋
2723	ZJLY-88	桥头村猫岭	ZJLY-88:38ZI	23.34	113.82	26	陶			泥质粗硬陶	深灰		重圈纹						西周至春秋
2724	ZJLY-88	桥头村猫岭	ZJLY-88:39ZI	23.34	113.82	22	陶			泥质粗硬陶	深灰		方格纹						西周至春秋
2725	ZJLY-88	桥头村猫岭	ZJLY-88:40ZI	23.34	113.82	23	陶			泥质细硬陶	深灰		方格纹						西周至春秋
2726	ZJLY-88	桥头村猫岭	ZJLY-88:41ZI	23.34	113.82	23	陶			泥质粗硬陶	灰褐		方格纹						西周至春秋
2727	ZJLY-88	桥头村猫岭	ZJLY-88:42ZI	23.34	113.82	29	陶			泥质粗硬陶	深灰		方格纹						西周至春秋
2728	ZJLY-88	桥头村猫岭	ZJLY-88:43ZI	23.34	113.82	27	陶			泥质粗硬陶	灰		素面						西周至春秋
2729	ZJLY-88	桥头村猫岭	ZJLY-88:44ZI	23.34	113.82	25	陶	豆	口沿	泥质粗硬陶	深灰		素面						西周至春秋
2730	ZJLY-88	桥头村猫岭	ZJLY-88:45ZI	23.34	113.82	26	陶			泥质粗硬陶	深灰		方格纹						西周至春秋
2731	ZJLY-88	桥头村猫岭	ZJLY-88:46ZI	23.34	113.82	25	陶			泥质粗硬陶	灰		方格纹						西周至春秋
2732	ZJLY-88	桥头村猫岭	ZJLY-88:47ZI	23.34	113.82	26	陶	杯	底	泥质细硬陶	灰		素面						战国至南越国
2733	ZJLY-88	桥头村猫岭	ZJLY-88:48ZI	23.34	113.82	22	陶			泥质粗硬陶	深灰		方格纹、曲折纹						西周至春秋
2734	ZJLY-88	桥头村猫岭	ZJLY-88:49ZI	23.34	113.82	26	陶			泥质粗硬陶	深灰		勾连云雷纹						西周至春秋
2735	ZJLY-88	桥头村猫岭	ZJLY-88:50ZI	23.34	113.82	24	陶			泥质粗硬陶	深灰		勾连云雷纹						西周至春秋
2736	ZJLY-88	桥头村猫岭	ZJLY-88:51ZI	23.34	113.82	26	陶			泥质粗硬陶	深灰		方格纹						西周至春秋
2737	ZJLY-88	桥头村猫岭	ZJLY-88:52ZI	23.34	113.82	24	陶			泥质粗硬陶	灰褐		方格纹						西周至春秋
2738	ZJLY-88	桥头村猫岭	ZJLY-88:53ZI	23.34	113.82	24	陶			夹粗砂软陶	灰黑		素面						西周至春秋
2739	ZJLY-88	桥头村猫岭	ZJLY-88:54ZI	23.34	113.82	24	陶			泥质粗硬陶	深灰		勾连云雷纹						西周至春秋
2740	ZJLY-88	桥头村猫岭	ZJLY-88:55ZI	23.34	113.82	16	陶			泥质粗硬陶	灰褐		方格纹						西周至春秋
2741	ZJLY-88	桥头村猫岭	ZJLY-88:56ZI	23.34	113.82	18	陶			泥质粗硬陶	灰褐		素面						明清
2742	ZJLY-88	桥头村猫岭	ZJLY-88:57ZI	23.34	113.82	20	陶			泥质粗硬陶	深灰		篦点纹、弦纹						战国至南越国
2743	ZJLY-88	桥头村猫岭	ZJLY-88:58ZI	23.34	113.82	18	陶			泥质粗硬陶	灰		方格纹						西周至春秋
2744	ZJLY-88	桥头村猫岭	ZJLY-88:59ZI	23.34	113.82	14	陶			泥质粗硬陶	深灰		方格纹						西周至春秋
2745	ZJLY-88	桥头村猫岭	ZJLY-88:60ZI	23.34	113.82	15	陶			泥质细硬陶	灰褐		勾连云雷纹						西周至春秋
2746	ZJLY-88	桥头村猫岭	ZJLY-88:61ZI	23.34	113.82	18	陶			泥质细硬陶	灰褐		勾连云雷纹						西周至春秋

序号	遗址编号	遗址名称	遗物编号	纬度（度）	经度（度）	海拔（米）	质地	器形	部位	陶质	颜色	釉色	纹饰	刻划符号	石器岩性	石器完整程度	石器硬度	石器风化程度	年代
2747	ZJLY-88	桥头村猫岭	ZJLY-88:62ZI	23.34	113.82	16	陶			泥质粗硬陶	深灰		方格纹						西周至春秋
2748	ZJLY-88	桥头村猫岭	ZJLY-88:63ZI	23.34	113.82	16	陶			泥质粗硬陶	深灰		曲折纹						西周至春秋
2749	ZJLY-88	桥头村猫岭	ZJLY-88:64ZI	23.34	113.82	18	陶	器盖		泥质粗硬陶	灰褐		方格纹						战国至南越国
2750	ZJLY-88	桥头村猫岭	ZJLY-88:65ZI	23.34	113.82	21	陶			泥质粗硬陶	深灰		云雷纹						西周至春秋
2751	ZJLY-88	桥头村猫岭	ZJLY-88:66ZI	23.34	113.82	20	陶			泥质硬陶	灰褐		方格纹						西周至春秋
2752	ZJLY-88	桥头村猫岭	ZJLY-88:67ZI	23.34	113.82	19	陶			泥质粗硬陶	深灰		菱格凸块纹						西周至春秋
2753	ZJLY-88	桥头村猫岭	ZJLY-88:68ZI	23.34	113.82	18	陶			泥质硬陶	深灰		方格纹						西周至春秋
2754	ZJLY-88	桥头村猫岭	ZJLY-88:69ZI	23.34	113.82	15	陶			泥质粗硬陶	深灰		方格纹						西周至春秋
2755	ZJLY-88	桥头村猫岭	ZJLY-88:70ZI	23.34	113.82	15	陶			泥质粗硬陶	灰		方格纹						西周至春秋
2756	ZJLY-88	桥头村猫岭	ZJLY-88:71ZI	23.34	113.82	15	陶			泥质粗硬陶	深灰		方格纹						西周至春秋
2757	ZJLY-88	桥头村猫岭	ZJLY-88:72ZI	23.34	113.82	14	陶			泥质粗硬陶	灰褐		夔纹						西周至春秋
2758	ZJLY-88	桥头村猫岭	ZJLY-88:73ZI	23.34	113.82	28	陶			泥质硬陶	灰褐		云雷纹						西周至春秋
2759	ZJLY-88	桥头村猫岭	ZJLY-88:74ZI	23.34	113.82	24	陶			泥质粗硬陶	深灰		勾连云雷纹						西周至春秋
2760	ZJLY-88	桥头村猫岭	ZJLY-88:75ZI	23.34	113.82	25	陶			泥质细硬陶	灰褐		夔纹						西周至春秋
2761	ZJLY-88	桥头村猫岭	ZJLY-88:76ZI	23.34	113.82	26	陶			泥质粗硬陶	灰		夔纹						西周至春秋
2762	ZJLY-88	桥头村猫岭	ZJLY-88:77ZI	23.34	113.82	23	陶			泥质细硬陶	灰		方格纹						西周至春秋
2763	ZJLY-88	桥头村猫岭	ZJLY-88:78ZI	23.34	113.82	24	陶			泥质粗硬陶	深灰		方格纹						西周至春秋
2764	ZJLY-88	桥头村猫岭	ZJLY-88:79ZI	23.34	113.82	23	陶			泥质粗硬陶	灰褐		方格纹						西周至春秋
2765	ZJLY-88	桥头村猫岭	ZJLY-88:80ZI	23.34	113.82	25	陶			泥质细硬陶	灰白		篦点纹						西周至春秋
2766	ZJLY-88	桥头村猫岭	ZJLY-88:81ZI	23.34	113.82	26	陶			泥质粗硬陶	灰褐		方格纹						西周至春秋
2767	ZJLY-88	桥头村猫岭	ZJLY-88:82ZI	23.34	113.82	21	陶			泥质粗硬陶	深灰		素面						西周至春秋
2768	ZJLY-88	桥头村猫岭	ZJLY-88:83ZI	23.34	113.82	23	陶			泥质粗硬陶	灰褐		方格纹、夔纹						西周至春秋
2769	ZJLY-88	桥头村猫岭	ZJLY-88:84ZI	23.34	113.82	23	陶			泥质细硬陶	灰褐		素面						西周至春秋
2770	ZJLY-88	桥头村猫岭	ZJLY-88:85ZI	23.34	113.82	23	陶			泥质粗硬陶	灰		方格纹						西周至春秋
2771	ZJLY-88	桥头村猫岭	ZJLY-88:86ZI	23.34	113.82	24	陶			泥质粗硬陶	灰褐		云雷纹						西周至春秋
2772	ZJLY-88	桥头村猫岭	ZJLY-88:87ZI	23.34	113.82	30	陶			泥质粗硬陶	灰褐		曲折纹						西周至春秋
2773	ZJLY-88	桥头村猫岭	ZJLY-88:88ZI	23.34	113.82	26	陶			泥质细硬陶	深灰		方格纹						西周至春秋
2774	ZJLY-88	桥头村猫岭	ZJLY-88:89ZI	23.34	113.82	21	陶			泥质粗硬陶	灰褐		方格纹						西周至春秋
2775	ZJLY-88	桥头村猫岭	ZJLY-88:90ZI	23.34	113.82	28	陶			泥质粗硬陶	灰褐		方格纹						西周至春秋
2776	ZJLY-88	桥头村猫岭	ZJLY-88:91ZI	23.34	113.82	21	陶			泥质粗硬陶	深灰		方格纹						西周至春秋
2777	ZJLY-88	桥头村猫岭	ZJLY-88:92ZI	23.34	113.82	12	陶			泥质粗硬陶	深灰		方格纹						西周至春秋

序号	遗址编号	遗址名称	遗物编号	纬度(度)	经度(度)	海拔(米)	质地	器形	部位	陶质	颜色	釉色	纹饰	刻划符号	石器岩性	石器完整程度	石器硬度	石器风化程度	年代
2778	ZJLY-88	桥头村猫岭	ZJLY-88:93ZⅠ	23.34	113.82	14	陶			泥质粗硬陶	灰褐		席纹						西周至春秋
2779	ZJLY-88	桥头村猫岭	ZJLY-88:94ZⅠ	23.34	113.82	6	陶			泥质粗硬陶	深灰		方格纹						西周至春秋
2780	ZJLY-88	桥头村猫岭	ZJLY-88:95ZⅠ	23.34	113.82	3	陶			泥质粗硬陶	深灰		米字纹						战国至南越国
2781	ZJLY-88	桥头村猫岭	ZJLY-88:96ZⅠ	23.34	113.82	1	陶			泥质粗硬陶	深灰		米字纹						战国至南越国
2782	ZJLY-89	桥头后龙山	ZJLY-89:1ZⅠ	23.34	113.82	13	陶			泥质粗硬陶	深灰		方格纹						西周至春秋
2783	ZJLY-89	桥头后龙山	ZJLY-89:2ZⅠ	23.34	113.82	18	陶			泥质粗硬陶	灰褐		素面						西周至春秋
2784	ZJLY-89	桥头后龙山	ZJLY-89:3ZⅠ	23.34	113.82	20	陶			泥质粗硬陶	灰		米字纹						战国至南越国
2785	ZJLY-89	桥头后龙山	ZJLY-89:4ZⅠ	23.34	113.82	18	陶			泥质细硬陶	深灰		方格纹						西周至春秋
2786	ZJLY-89	桥头后龙山	ZJLY-89:5ZⅠ	23.34	113.82	17	陶			泥质粗硬陶	灰		方格纹						西周至春秋
2787	ZJLY-89	桥头后龙山	ZJLY-89:6ZⅠ	23.34	113.82	17	陶			泥质细硬陶	灰		方格纹						西周至春秋
2788	ZJLY-89	桥头后龙山	ZJLY-89:7ZⅠ	23.34	113.82	23	陶			泥质粗硬陶	深灰		方格纹						西周至春秋
2789	ZJLY-89	桥头后龙山	ZJLY-89:8ZⅠ	23.34	113.82	24	陶			泥质粗硬陶	灰		方格纹、夔纹						西周至春秋
2790	ZJLY-89	桥头后龙山	ZJLY-89:9ZⅠ	23.34	113.82	23	陶			泥质细硬陶	灰褐		曲折纹						西周至春秋
2791	ZJLY-89	桥头后龙山	ZJLY-89:10ZⅠ	23.34	113.82	34	陶	鼎	足	夹粗砂软陶	灰		素面						新石器时代晚期至商代
2792	ZJLY-89	桥头后龙山	ZJLY-89:11ZⅠ	23.34	113.82	44	陶			泥质粗硬陶	灰		方格纹						西周至春秋
2793	ZJLY-89	桥头后龙山	ZJLY-89:12ZⅠ	23.34	113.82	45	陶			泥质粗硬陶	灰		方格纹						西周至春秋
2794	ZJLY-89	桥头后龙山	ZJLY-89:13ZⅠ	23.34	113.82	41	陶			夹粗砂软陶	灰黑		素面						新石器时代晚期至商代
2795	ZJLY-89	桥头后龙山	ZJLY-89:14ZⅠ	23.34	113.82	44	陶			泥质粗硬陶	灰		席纹						新石器时代晚期至商代
2796	ZJLY-89	桥头后龙山	ZJLY-89:15ZⅠ	23.34	113.82	43	陶			泥质粗硬陶	青灰		方格纹						西周至春秋
2797	ZJLY-89	桥头后龙山	ZJLY-89:16ZⅠ	23.34	113.82	43	陶			泥质粗硬陶	灰		夔纹						西周至春秋
2798	ZJLY-89	桥头后龙山	ZJLY-89:17ZⅠ	23.34	113.82	44	陶			夹粗砂软陶	灰		素面						新石器时代晚期至商代
2799	ZJLY-89	桥头后龙山	ZJLY-89:18ZⅠ	23.34	113.82	46	陶			夹粗砂软陶	灰黑		素面						新石器时代晚期至商代
2800	ZJLY-89	桥头后龙山	ZJLY-89:19ZⅠ	23.34	113.82	45	陶			泥质粗硬陶	灰		夔纹						西周至春秋
2801	ZJLY-89	桥头后龙山	ZJLY-89:20ZⅠ	23.34	113.82	41	陶			夹粗砂软陶	灰褐		素面						新石器时代晚期至商代
2802	ZJLY-89	桥头后龙山	ZJLY-89:21ZⅠ	23.34	113.82	39	陶			泥质粗硬陶	深灰		叶脉纹						新石器时代晚期至商代
2803	ZJLY-89	桥头后龙山	ZJLY-89:22ZⅠ	23.34	113.82	39	陶	罐	口沿	泥质粗硬陶	灰		素面						战国至南越国
2804	ZJLY-89	桥头后龙山	ZJLY-89:23ZⅠ	23.34	113.82	39	陶			夹粗砂软陶	灰黑		曲折纹						新石器时代晚期至商代
2805	ZJLY-91	老虎头	ZJLY-91:1ZⅠ	23.34	113.81	32	陶			泥质粗硬陶	灰		菱格凸点纹						西周至春秋
2806	ZJLY-91	老虎头	ZJLY-91:2ZⅠ	23.34	113.81	27	陶			泥质粗硬陶	青灰		方格纹、夔纹、弦纹						西周至春秋
2807	ZJLY-91	老虎头	ZJLY-91:3ZⅠ	23.34	113.81	28	陶			泥质粗硬陶	红褐		夔纹、刻划纹						西周至春秋
2808	ZJLY-91	老虎头	ZJLY-91:4ZⅠ	23.34	113.81	29	陶			泥质细硬陶	青灰		夔纹、弦纹						西周至春秋

序号	遗址编号	遗址名称	遗物编号	纬度(度)	经度(度)	海拔(米)	质地	器形	部位	陶质	颜色	釉色	纹饰	刻划符号	石器岩性	石器完整程度	石器硬度	石器风化程度	年代
2809	ZJLY-91	老虎头	ZJLY-91:5ZⅠ	23.34	113.81	28	陶			泥质粗软硬陶	青灰		方格纹						西周至春秋
2810	ZJLY-91	老虎头	ZJLY-91:6ZⅠ	23.34	113.81	32	陶			泥质粗硬陶	灰		方格纹						西周至春秋
2811	ZJLY-91	老虎头	ZJLY-91:7ZⅠ	23.34	113.81	31	陶			泥质粗硬陶	青灰		方格纹						西周至春秋
2812	ZJLY-91	老虎头	ZJLY-91:8ZⅠ	23.34	113.81	34	陶			泥质粗软硬陶	灰		菱格凸点纹、弦纹						西周至春秋
2813	ZJLY-91	老虎头	ZJLY-91:9ZⅠ	23.34	113.81	35	陶			泥质粗硬陶	灰白		方格纹						西周至春秋
2814	ZJLY-91	老虎头	ZJLY-91:10ZⅠ	23.34	113.81	33	陶			泥质粗硬陶	灰白		夔纹、弦纹						西周至春秋
2815	ZJLY-91	老虎头	ZJLY-91:11ZⅠ	23.34	113.81	32	陶			夹细砂硬陶	灰褐		条纹						明清
2816	ZJLY-91	老虎头	ZJLY-91:12ZⅠ	23.34	113.81	36	陶			泥质粗硬陶	灰白		方格纹						西周至春秋
2817	ZJLY-91	老虎头	ZJLY-91:13ZⅠ	23.34	113.81	35	陶			泥质粗硬陶	青灰		菱格凸点纹						西周至春秋
2818	ZJLY-91	老虎头	ZJLY-91:14ZⅠ	23.34	113.81	38	陶	罐	口沿	泥质粗硬陶	灰		方格纹						西周至春秋
2819	ZJLY-91	老虎头	ZJLY-91:15ZⅠ	23.34	113.81	35	陶			泥质细硬陶	深灰		菱格凸点纹、弦纹						西周至春秋
2820	ZJLY-91	老虎头	ZJLY-91:16ZⅠ	23.34	113.81	34	陶			泥质粗硬陶	灰		方格纹、栉齿纹						西周至春秋
2821	ZJLY-91	老虎头	ZJLY-91:17ZⅠ	23.34	113.81	34	陶			泥质粗硬陶	深灰		方格纹						西周至春秋
2822	ZJLY-91	老虎头	ZJLY-91:18ZⅠ	23.34	113.81	34	陶	罐	口沿	泥质粗硬陶	灰		方格纹、篦划纹						西周至春秋
2823	ZJLY-91	老虎头	ZJLY-91:19ZⅠ	23.34	113.81	35	陶			泥质粗硬陶	灰		方格纹、栉齿纹						西周至春秋
2824	ZJLY-91	老虎头	ZJLY-91:20ZⅠ	23.34	113.81	35	陶			泥质粗硬陶	灰白		方格纹						西周至春秋
2825	ZJLY-91	老虎头	ZJLY-91:21ZⅠ	23.34	113.81	37	陶			泥质粗硬陶	红褐		方格纹						西周至春秋
2826	ZJLY-91	老虎头	ZJLY-91:22ZⅠ	23.34	113.81	38	陶			泥质粗硬陶	灰		方格纹						西周至春秋
2827	ZJLY-91	老虎头	ZJLY-91:23ZⅠ	23.34	113.81	38	陶			泥质粗硬陶	青灰		夔纹、条纹						西周至春秋
2828	ZJLY-91	老虎头	ZJLY-91:24ZⅠ	23.34	113.81	37	陶			泥质粗硬陶	青灰		夔纹、弦纹						西周至春秋
2829	ZJLY-91	老虎头	ZJLY-91:25ZⅠ	23.34	113.81	39	陶			泥质粗硬陶	灰		菱格凸点纹						西周至春秋
2830	ZJLY-91	老虎头	ZJLY-91:26ZⅠ	23.34	113.81	38	陶			泥质细硬陶	青灰		方格凸点纹						西周至春秋
2831	ZJLY-91	老虎头	ZJLY-91:27ZⅠ	23.34	113.81	40	陶			泥质粗硬陶	青灰		方格纹、篦点纹						西周至春秋
2832	ZJLY-91	老虎头	ZJLY-91:28ZⅠ	23.34	113.81	41	陶			泥质粗硬陶	灰		夔纹、弦纹						西周至春秋
2833	ZJLY-91	老虎头	ZJLY-91:29ZⅠ	23.34	113.81	40	陶			泥质粗硬陶	青灰		菱格、菱格凸点纹、弦纹						西周至春秋
2834	ZJLY-91	老虎头	ZJLY-91:30ZⅠ	23.34	113.81	36	陶	罐	口沿	泥质粗硬陶	青灰		方格纹						西周至春秋
2835	ZJLY-91	老虎头	ZJLY-91:31ZⅠ	23.34	113.81	31	陶			泥质粗硬陶	青灰		方格、菱格						西周至春秋
2836	ZJLY-91	老虎头	ZJLY-91:32ZⅠ	23.34	113.81	32	陶			泥质粗硬陶	青灰		菱格凸点纹、弦纹						西周至春秋
2837	ZJLY-91	老虎头	ZJLY-91:33ZⅠ	23.34	113.81	31	陶			泥质粗硬陶	青灰		夔纹、篦点纹						西周至春秋
2838	ZJLY-91	老虎头	ZJLY-91:34ZⅠ	23.34	113.81	31	陶			泥质粗硬陶	青灰		方格纹						西周至春秋

序号	遗址编号	遗址名称	遗物编号	纬度（度）	经度（度）	海拔（米）	质地	器形	部位	陶质	颜色	釉色	纹饰	刻划符号	石器岩性	石器完整程度	石器硬度	石器风化程度	年代
2839	ZJLY－91	老虎头	ZJLY－91：35ZⅠ	23.34	113.81	20	陶			泥质粗硬陶	青灰		方格纹						西周至春秋
2840	ZJLY－91	老虎头	ZJLY－91：36ZⅠ	23.34	113.81	15	陶			泥质粗硬陶	灰黑		方格纹						西周至春秋
2841	ZJLY－91	老虎头	ZJLY－91：37ZⅠ	23.34	113.81	9	陶			泥质软陶	灰褐		方格纹						西周至春秋
2842	ZJLY－91	老虎头	ZJLY－91：38ZⅠ	23.34	113.81	11	陶			泥质粗硬陶	红褐		细方格纹						西周至春秋
2843	ZJLY－91	老虎头	ZJLY－91：39ZⅠ	23.34	113.81	32	陶			泥质粗硬陶	灰褐		方格纹						西周至春秋
2844	ZJLY－91	老虎头	ZJLY－91：40ZⅠ	23.34	113.81	29	陶			泥质软陶	灰黑		方格纹						西周至春秋
2845	ZJLY－91	老虎头	ZJLY－91：41ZⅠ	23.34	113.81	34	陶			泥质硬陶	灰		方格纹、夔纹、弦纹						西周至春秋
2846	ZJLY－91	老虎头	ZJLY－91：42ZⅠ	23.34	113.81	33	陶			泥质硬陶	青灰		方格纹						西周至春秋
2847	ZJLY－91	老虎头	ZJLY－91：43ZⅠ	23.34	113.81	34	陶			泥质细硬陶	灰		夔纹						西周至春秋
2848	ZJLY－91	老虎头	ZJLY－91：44ZⅠ	23.34	113.81	37	陶			泥质细硬陶	红褐		细方格纹						西周至春秋
2849	ZJLY－91	老虎头	ZJLY－91：45ZⅠ	23.34	113.81	33	陶			泥质粗硬陶	红褐		菱格凸块纹						西周至春秋
2850	ZJLY－91	老虎头	ZJLY－91：46ZⅠ	23.34	113.81	38	陶			泥质粗硬陶	灰褐		菱格纹、弦纹						西周至春秋
2851	ZJLY－91	老虎头	ZJLY－91：47ZⅠ	23.34	113.81	29	陶			泥质硬陶	青灰		方格纹						西周至春秋
2852	ZJLY－91	老虎头	ZJLY－91：48ZⅠ	23.34	113.81	30	陶			泥质硬陶	灰		方格纹						西周至春秋
2853	ZJLY－91	老虎头	ZJLY－91：49ZⅠ	23.34	113.81	30	陶			泥质硬陶	青灰		夔纹、菱格纹、弦纹						西周至春秋
2854	ZJLY－91	老虎头	ZJLY－91：50ZⅠ	23.34	113.81	31	陶			泥质硬陶	深灰		夔纹						西周至春秋
2855	ZJLY－91	老虎头	ZJLY－91：51ZⅠ	23.34	113.81	34	陶			夹细砂软陶	红褐		方格纹						西周至春秋
2856	ZJLY－91	老虎头	ZJLY－91：52ZⅠ	23.34	113.81	36	陶			泥质粗硬陶	灰白		重菱格纹						西周至春秋
2857	ZJLY－91	老虎头	ZJLY－91：53ZⅠ	23.34	113.81	37	陶			泥质硬陶	青灰		夔纹						西周至春秋
2858	ZJLY－91	老虎头	ZJLY－91：54ZⅠ	23.34	113.81	32	陶			泥质硬陶	青灰		细方格纹						西周至春秋
2859	ZJLY－91	老虎头	ZJLY－91：55ZⅠ	23.34	113.81	32	陶			泥质硬陶	青灰		方格纹						西周至春秋
2860	ZJLY－91	老虎头	ZJLY－91：56ZⅠ	23.34	113.81	36	陶	罐	口沿	泥质粗硬陶	灰黑		素面						西周至春秋
2861	ZJLY－91	老虎头	ZJLY－91：57ZⅠ	23.34	113.81	34	陶			泥质硬陶	青灰		夔纹						西周至春秋
2862	ZJLY－91	老虎头	ZJLY－91：58ZⅠ	23.34	113.81	38	陶			泥质硬陶	灰		方格纹、弦纹						西周至春秋
2863	ZJLY－91	老虎头	ZJLY－91：59ZⅠ	23.34	113.81	38	陶			泥质粗硬陶	青灰		素面						西周至春秋
2864	ZJLY－91	老虎头	ZJLY－91：60ZⅠ	23.34	113.81	37	陶			泥质硬陶	灰		素面						西周至春秋
2865	ZJLY－91	老虎头	ZJLY－91：61ZⅠ	23.34	113.81	38	陶			泥质硬陶	青灰		条纹						西周至春秋
2866	ZJLY－91	老虎头	ZJLY－91：62ZⅠ	23.34	113.81	38	陶			泥质粗硬陶	灰黑		方格纹						西周至春秋
2867	ZJLY－91	老虎头	ZJLY－91：63ZⅠ	23.34	113.81	34	陶	豆	圈足	泥质硬陶	灰		素面						西周至春秋
2868	ZJLY－91	老虎头	ZJLY－91：64ZⅠ	23.34	113.81	31	陶			泥质细硬陶	红褐		菱格凸点纹						西周至春秋
2869	ZJLY－91	老虎头	ZJLY－91：65ZⅠ	23.34	113.81	34	陶			泥质粗硬陶	青灰		夔纹						西周至春秋

序号	遗址编号	遗址名称	遗物编号	纬度(度)	经度(度)	海拔(米)	质地	器形	部位	陶质	颜色	釉色	纹饰	刻划符号	石器岩性	石器完整程度	石器硬度	石器风化程度	年代
2870	ZJLY-91	老虎头	ZJLY-91:66ZⅠ	23.34	113.81	33	陶			泥质粗硬陶	青灰		方格纹						西周至春秋
2871	ZJLY-91	老虎头	ZJLY-91:67ZⅠ	23.34	113.81	30	陶			泥质粗硬陶	灰褐		方格纹						西周至春秋
2872	ZJLY-91	老虎头	ZJLY-91:68ZⅠ	23.34	113.81	34	陶			泥质粗硬陶	青灰		夔纹、菱格纹、弦纹						西周至春秋
2873	ZJLY-91	老虎头	ZJLY-91:69ZⅠ	23.34	113.81	31	陶			泥质粗硬陶	青灰		方格纹						西周至春秋
2874	ZJLY-91	老虎头	ZJLY-91:70ZⅠ	23.34	113.81	28	陶			泥质粗硬陶	灰		方格纹						西周至春秋
2875	ZJLY-91	老虎头	ZJLY-91:71ZⅠ	23.34	113.81	28	陶			泥质粗硬陶	灰黑		菱格凸点纹						西周至春秋
2876	ZJLY-91	老虎头	ZJLY-91:72ZⅠ	23.34	113.81	30	陶			泥质粗硬陶	青灰		方格纹						西周至春秋
2877	ZJLY-91	老虎头	ZJLY-91:73ZⅠ	23.34	113.81	27	陶			泥质粗硬陶	灰		夔纹						西周至春秋
2878	ZJLY-91	老虎头	ZJLY-91:74ZⅠ	23.34	113.81	27	陶			夹细砂硬陶	灰黑		方格纹						西周至春秋
2879	ZJLY-91	老虎头	ZJLY-91:75ZⅠ	23.34	113.81	36	陶			泥质细软陶	青灰		方格纹						西周至春秋
2880	ZJLY-91	老虎头	ZJLY-91:76ZⅠ	23.34	113.81	33	陶			泥质细硬陶	灰黑		方格纹						西周至春秋
2881	ZJLY-91	老虎头	ZJLY-91:77ZⅠ	23.34	113.81	29	陶			泥质粗硬陶	青灰		夔纹、弦纹、叶脉纹						西周至春秋
2882	ZJLY-91	老虎头	ZJLY-91:78ZⅠ	23.34	113.81	36	陶			泥质粗硬陶	青灰		方格纹						西周至春秋
2883	ZJLY-91	老虎头	ZJLY-91:79ZⅠ	23.34	113.81	34	陶			泥质细硬陶	青灰		重圈纹						西周至春秋
2884	ZJLY-91	老虎头	ZJLY-91:80ZⅠ	23.34	113.81	34	陶			泥质粗硬陶	青灰		菱格凸点纹						西周至春秋
2885	ZJLY-91	老虎头	ZJLY-91:81ZⅠ	23.34	113.81	33	陶			泥质细硬陶	青灰		方格纹、夔纹、弦纹						西周至春秋
2886	ZJLY-91	老虎头	ZJLY-91:82ZⅠ	23.34	113.81	35	陶			泥质粗硬陶	青灰		重圈纹						西周至春秋
2887	ZJLY-91	老虎头	ZJLY-91:83ZⅠ	23.34	113.81	28	陶			泥质粗硬陶	灰白		方格纹						西周至春秋
2888	ZJLY-91	老虎头	ZJLY-91:84ZⅠ	23.34	113.81	30	陶			泥质粗硬陶	灰白		菱格纹、篦点纹						西周至春秋
2889	ZJLY-91	老虎头	ZJLY-91:85ZⅠ	23.34	113.81	29	陶			泥质粗硬陶	灰白		夔纹						西周至春秋
2890	ZJLY-91	老虎头	ZJLY-91:86ZⅠ	23.34	113.81	33	陶			泥质细软陶	灰		篦点纹、弦纹						西周至春秋
2891	ZJLY-91	老虎头	ZJLY-91:87ZⅠ	23.34	113.81	32	陶			泥质粗硬陶	青灰		夔纹						西周至春秋
2892	ZJLY-91	老虎头	ZJLY-91:88ZⅠ	23.34	113.81	31	陶	瓮	口沿	泥质粗硬陶	灰		方格纹						西周至春秋
2893	ZJLY-91	老虎头	ZJLY-91:89ZⅠ	23.34	113.81	33	陶			泥质细硬陶	青灰		方格纹						西周至春秋
2894	ZJLY-91	老虎头	ZJLY-91:90ZⅠ	23.34	113.81	32	陶			泥质粗硬陶	灰		篦点纹、弦纹						西周至春秋
2895	ZJLY-91	老虎头	ZJLY-91:91ZⅠ	23.34	113.81	34	陶			泥质粗硬陶	青灰		方格纹						西周至春秋
2896	ZJLY-91	老虎头	ZJLY-91:92ZⅠ	23.34	113.81	29	陶			泥质粗硬陶	红褐		勾连云雷纹						西周至春秋
2897	ZJLY-91	老虎头	ZJLY-91:93ZⅠ	23.34	113.81	29	陶			泥质粗硬陶	红		方格纹						西周至春秋
2898	ZJLY-91	老虎头	ZJLY-91:94ZⅠ	23.34	113.81	26	陶			泥质粗硬陶	灰白		方格纹、弦纹、篦点纹						西周至春秋
2899	ZJLY-91	老虎头	ZJLY-91:95ZⅠ	23.34	113.81	31	陶			泥质细硬陶	青灰		方格纹						西周至春秋
2900	ZJLY-91	老虎头	ZJLY-91:96ZⅠ	23.34	113.81	33	陶			泥质粗硬陶	灰褐		方格纹、菱格纹、弦纹						西周至春秋

序号	遗址编号	遗址名称	遗物编号	纬度（度）	经度（度）	海拔（米）	质地	器形	部位	陶质	颜色	釉色	纹饰	刻划符号	石器岩性	石器完整程度	石器硬度	石器风化程度	年代
2901	ZJLY-91	老虎头	ZJLY-91:97ZI	23.34	113.81	35	陶			泥质细硬陶	青灰		方格纹						西周至春秋
2902	ZJLY-91	老虎头	ZJLY-91:98ZI	23.34	113.81	33	陶			夹细砂硬陶	红		方格纹						西周至春秋
2903	ZJLY-91	老虎头	ZJLY-91:99ZI	23.34	113.81	33	陶			泥质硬陶	灰白		素面						西周至春秋
2904	ZJLY-91	老虎头	ZJLY-91:100ZI	23.34	113.81	32	陶	罐	口沿	泥质粗硬陶	灰褐		方格纹						西周至春秋
2905	ZJLY-91	老虎头	ZJLY-91:101ZI	23.34	113.81	30	陶			泥质粗硬陶	红褐		方格纹						西周至春秋
2906	ZJLY-91	老虎头	ZJLY-91:102ZI	23.34	113.81	33	陶			泥质粗硬陶	灰褐		菱格纹						西周至春秋
2907	ZJLY-91	老虎头	ZJLY-91:103ZI	23.34	113.81	34	陶			夹细砂硬陶	深灰		方格纹						西周至春秋
2908	ZJLY-91	老虎头	ZJLY-91:104ZI	23.34	113.81	34	陶			泥质细软陶	灰褐		方格纹						西周至春秋
2909	ZJLY-91	老虎头	ZJLY-91:105ZI	23.34	113.81	34	陶	罐	口沿	泥质粗硬陶	灰褐		方格纹						西周至春秋
2910	ZJLY-91	老虎头	ZJLY-91:106ZI	23.34	113.81	15	陶			泥质粗硬陶	灰褐		方格纹、弦纹						西周至春秋
2911	ZJLY-91	老虎头	ZJLY-91:107ZI	23.34	113.81	14	陶			夹细砂硬陶	红褐		方格纹、弦纹						西周至春秋
2912	ZJLY-91	老虎头	ZJLY-91:108ZI	23.34	113.81	15	陶	罐	口沿	泥质粗硬陶	灰褐		素面						西周至春秋
2913	ZJLY-91	老虎头	ZJLY-91:109ZI	23.34	113.81	12	陶			泥质粗硬陶	灰褐		方格纹						西周至春秋
2914	ZJLY-91	老虎头	ZJLY-91:110ZI	23.34	113.81	11	陶			泥质粗硬陶	深灰		方格纹						西周至春秋
2915	ZJLY-91	老虎头	ZJLY-91:111ZI	23.34	113.81	12	陶	豆	圈足	泥质粗硬陶	深灰		素面						唐末
2916	ZJLY-91	老虎头	ZJLY-91:112ZI	23.34	113.81	13	陶			泥质粗硬陶	青灰		方格纹、菱格纹						西周至春秋
2917	ZJLY-91	老虎头	ZJLY-91:113ZI	23.34	113.81	13	陶			泥质粗硬陶	红		素面						西周至春秋
2918	ZJLY-91	老虎头	ZJLY-91:114ZI	23.34	113.81	12	陶			泥质粗硬陶	深灰		夔纹						西周至春秋
2919	ZJLY-91	老虎头	ZJLY-91:115ZI	23.34	113.81	19	陶			夹细砂硬陶	青灰		方格纹						西周至春秋
2920	ZJLY-91	老虎头	ZJLY-91:116ZI	23.34	113.81	15	陶	罐	口沿	泥质细硬陶	灰		方格纹、弦纹						西周至春秋
2921	ZJLY-91	老虎头	ZJLY-91:117ZI	23.34	113.81	11	陶	罐	口沿	泥质粗硬陶	深灰		方格纹						西周至春秋
2922	ZJLY-91	老虎头	ZJLY-91:118ZI	23.34	113.81	10	陶	罐	口沿	泥质粗硬陶	深灰		方格纹						西周至春秋
2923	ZJLY-91	老虎头	ZJLY-91:119ZI	23.34	113.81	18	陶	罐	口沿	泥质粗硬陶	灰		菱格凸点纹						西周至春秋
2924	ZJLY-91	老虎头	ZJLY-91:120ZI	23.34	113.81	18	陶			泥质粗硬陶	青灰		篦点纹						西周至春秋
2925	ZJLY-91	老虎头	ZJLY-91:121ZI	23.34	113.81	13	陶			泥质粗硬陶	灰		方格纹						西周至春秋
2926	ZJLY-91	老虎头	ZJLY-91:122ZI	23.34	113.81	19	陶			泥质细硬陶	青灰		方格纹						西周至春秋
2927	ZJLY-91	老虎头	ZJLY-91:123ZI	23.34	113.81	18	陶			泥质粗硬陶	红褐		方格纹						西周至春秋
2928	ZJLY-91	老虎头	ZJLY-91:124ZI	23.34	113.81	16	陶			泥质粗硬陶	深灰		素面						西周至春秋
2929	ZJLY-91	老虎头	ZJLY-91:125ZI	23.34	113.81	15	陶			泥质粗硬陶	灰褐		方格纹						西周至春秋
2930	ZJLY-91	老虎头	ZJLY-91:126ZI	23.34	113.81	11	陶			泥质细软陶	灰黑		菱格凸点纹						西周至春秋
2931	ZJLY-91	老虎头	ZJLY-91:127ZI	23.34	113.81	17	陶			泥质细硬陶	灰黑		方格纹						西周至春秋

序号	遗址编号	遗址名称	遗物编号	纬度(度)	经度(度)	海拔(米)	质地	器形	部位	陶质	颜色	釉色	纹饰	刻划符号	石器岩性	石器完整程度	石器硬度	石器风化程度	年代
2932	ZJLY-91	老虎头	ZJLY-91:128ZI	23.34	113.81	17	陶			泥质粗硬陶	灰黑		菱格凸点纹、篦点纹						西周至春秋
2933	ZJLY-91	老虎头	ZJLY-91:129ZI	23.34	113.81	16	陶			泥质粗软陶	青灰		菱格凸点纹						西周至春秋
2934	ZJLY-91	老虎头	ZJLY-91:130ZI	23.34	113.81	16	陶			泥质细硬陶	青灰		方格纹						西周至春秋
2935	ZJLY-91	老虎头	ZJLY-91:131ZI	23.34	113.81	11	陶			泥质粗硬陶	青灰		方格纹						西周至春秋
2936	ZJLY-91	老虎头	ZJLY-91:132ZI	23.34	113.81	16	陶			泥质粗硬陶	青灰		方格纹						西周至春秋
2937	ZJLY-91	老虎头	ZJLY-91:133ZI	23.34	113.81	16	陶	豆	圈足	泥质粗硬陶	灰白		素面	有					西周至春秋
2938	ZJLY-91	老虎头	ZJLY-91:134ZI	23.34	113.81	22	陶			泥质粗硬陶	灰褐		方格纹						西周至春秋
2939	ZJLY-91	老虎头	ZJLY-91:135ZI	23.34	113.81	21	陶			泥质粗硬陶	红褐		方格纹						西周至春秋
2940	ZJLY-91	老虎头	ZJLY-91:136ZI	23.34	113.81	19	陶			泥质粗硬陶	灰		方格纹						西周至春秋
2941	ZJLY-91	老虎头	ZJLY-91:137ZI	23.34	113.81	21	陶			夹细砂硬陶	青灰	黑釉	方格纹						西周至春秋
2942	ZJLY-91	老虎头	ZJLY-91:138ZI	23.34	113.81	18	陶			泥质细硬陶	青灰		方格纹						西周至春秋
2943	ZJLY-91	老虎头	ZJLY-91:139ZI	23.34	113.81	19	陶			泥质粗硬陶	青灰		方格纹						西周至春秋
2944	ZJLY-91	老虎头	ZJLY-91:140ZI	23.34	113.81	17	陶			泥质细硬陶	红褐		方格纹						西周至春秋
2945	ZJLY-91	老虎头	ZJLY-91:141ZI	23.34	113.81	19	陶			泥质粗硬陶	灰黑		方格纹						西周至春秋
2946	ZJLY-91	老虎头	ZJLY-91:142ZI	23.34	113.81	17	陶			泥质细硬陶	灰		方格纹、夔纹						西周至春秋
2947	ZJLY-91	老虎头	ZJLY-91:143ZI	23.34	113.81	16	陶			夹细砂硬陶	灰黑		方格纹						西周至春秋
2948	ZJLY-91	老虎头	ZJLY-91:144ZI	23.34	113.81	17	陶			泥质粗硬陶	青灰		方格纹						西周至春秋
2949	ZJLY-91	老虎头	ZJLY-91:145ZI	23.34	113.81	22	陶			泥质粗硬陶	灰		方格纹、菱格凸点纹						西周至春秋
2950	ZJLY-91	老虎头	ZJLY-91:146ZI	23.34	113.81	20	陶			泥质粗硬陶	灰		重菱格凸点纹、篦点纹						西周至春秋
2951	ZJLY-91	老虎头	ZJLY-91:147ZI	23.34	113.81	19	陶			泥质粗硬陶	青灰		重圈纹						西周至春秋
2952	ZJLY-91	老虎头	ZJLY-91:148ZI	23.34	113.81	20	陶	瓮	口沿	夹细砂硬陶	灰		方格纹						西周至春秋
2953	ZJLY-91	老虎头	ZJLY-91:149ZI	23.34	113.81	20	陶			泥质细硬陶	青灰		方格纹						西周至春秋
2954	ZJLY-91	老虎头	ZJLY-91:150ZI	23.34	113.81	19	陶			泥质细硬陶	红褐		方格纹						西周至春秋
2955	ZJLY-91	老虎头	ZJLY-91:151ZI	23.34	113.81	17	陶			泥质细硬陶	青灰		方格纹						西周至春秋
2956	ZJLY-91	老虎头	ZJLY-91:152ZI	23.34	113.81	19	陶			夹细砂软陶	红褐		夔纹						西周至春秋
2957	ZJLY-91	老虎头	ZJLY-91:153ZI	23.34	113.81	18	陶			泥质粗硬陶	红褐		方格纹						西周至春秋
2958	ZJLY-91	老虎头	ZJLY-91:154ZI	23.34	113.81	23	陶			泥质粗硬陶	灰白		方格纹						西周至春秋
2959	ZJLY-91	老虎头	ZJLY-91:155ZI	23.34	113.81	21	陶			泥质粗硬陶	灰黑		重圈纹						西周至春秋
2960	ZJLY-91	老虎头	ZJLY-91:156ZI	23.34	113.81	18	陶			泥质粗硬陶	灰		方格纹						西周至春秋
2961	ZJLY-91	老虎头	ZJLY-91:157ZI	23.34	113.81	23	陶			泥质粗硬陶	青灰		方格纹						西周至春秋
2962	ZJLY-91	老虎头	ZJLY-91:158ZI	23.34	113.81	22	陶			泥质粗硬陶	灰黑		菱格凸点纹						西周至春秋

序号	遗址编号	遗址名称	遗物编号	纬度（度）	经度（度）	海拔（米）	质地	器形	部位	陶质	颜色	釉色	纹饰	刻划符号	石器岩性	石器完整程度	石器硬度	石器风化程度	年代
2963	ZJLY-91	老虎头	ZJLY-91:159ZⅠ	23.34	113.81	24	陶			泥质粗硬陶	灰黑		方格纹						西周至春秋
2964	ZJLY-91	老虎头	ZJLY-91:160ZⅠ	23.34	113.81	22	陶	罐	口沿	泥质粗硬陶	灰黑		重圈纹						西周至春秋
2965	ZJLY-91	老虎头	ZJLY-91:161ZⅠ	23.34	113.81	25	陶			泥质细硬陶	灰		方格纹						西周至春秋
2966	ZJLY-91	老虎头	ZJLY-91:162ZⅠ	23.34	113.81	25	陶			泥质软陶	灰白		方格纹						西周至春秋
2967	ZJLY-91	老虎头	ZJLY-91:163ZⅠ	23.34	113.81	23	陶			泥质粗硬陶	红褐		方格纹						西周至春秋
2968	ZJLY-91	老虎头	ZJLY-91:164ZⅠ	23.34	113.81	22	陶			泥质粗硬陶	青灰		方格纹						西周至春秋
2969	ZJLY-91	老虎头	ZJLY-91:165ZⅠ	23.34	113.81	22	陶	罐	口沿	泥质粗硬陶	灰褐		菱格凸块纹，重圈贴塑纹，戳印纹						西周至春秋
2970	ZJLY-91	老虎头	ZJLY-91:166ZⅠ	23.34	113.81	21	陶			泥质细硬陶	青灰		方格纹						西周至春秋
2971	ZJLY-91	老虎头	ZJLY-91:167ZⅠ	23.34	113.81	21	陶			泥质粗硬陶	灰白		方格纹						西周至春秋
2972	ZJLY-91	老虎头	ZJLY-91:168ZⅠ	23.34	113.81	24	陶			泥质粗硬陶	红		方格纹						西周至春秋
2973	ZJLY-91	老虎头	ZJLY-91:169ZⅠ	23.34	113.81	24	陶	罐	口沿	泥质粗硬陶	青灰		卷云纹						西周至春秋
2974	ZJLY-91	老虎头	ZJLY-91:170ZⅠ	23.34	113.81	24	陶			泥质粗硬陶	红		方格纹						西周至春秋
2975	ZJLY-91	老虎头	ZJLY-91:171ZⅠ	23.34	113.81	25	陶			泥质粗硬陶	红褐		方格纹						西周至春秋
2976	ZJLY-91	老虎头	ZJLY-91:172ZⅠ	23.34	113.81	24	陶			泥质粗硬陶	青灰		夔纹，菱格纹						西周至春秋
2977	ZJLY-91	老虎头	ZJLY-91:173ZⅠ	23.34	113.81	19	陶			泥质粗硬陶	灰		方格纹						西周至春秋
2978	ZJLY-91	老虎头	ZJLY-91:174ZⅠ	23.34	113.81	18	陶			泥质粗硬陶	青灰		方格纹						西周至春秋
2979	ZJLY-91	老虎头	ZJLY-91:175ZⅠ	23.34	113.81	22	陶	罐	口沿	泥质粗硬陶	青灰		方格纹，附加堆纹，篦点纹；夔纹						西周至春秋
2980	ZJLY-91	老虎头	ZJLY-91:176ZⅠ	23.34	113.81	21	陶			泥质粗硬陶	灰		方格纹						西周至春秋
2981	ZJLY-91	老虎头	ZJLY-91:177ZⅠ	23.34	113.81	22	陶			泥质粗硬陶	青灰		方格纹						西周至春秋
2982	ZJLY-91	老虎头	ZJLY-91:178ZⅠ	23.34	113.81	28	陶			泥质细硬陶	灰		方格纹						西周至春秋
2983	ZJLY-91	老虎头	ZJLY-91:179ZⅠ	23.34	113.81	27	陶			泥质粗硬陶	青灰		方格纹						西周至春秋
2984	ZJLY-91	老虎头	ZJLY-91:180ZⅠ	23.34	113.81	28	陶			泥质粗硬陶	青灰		方格纹						西周至春秋
2985	ZJLY-91	老虎头	ZJLY-91:181ZⅠ	23.34	113.81	29	陶			泥质粗硬陶	青灰		方格纹						西周至春秋
2986	ZJLY-91	老虎头	ZJLY-91:182ZⅠ	23.34	113.81	28	陶			泥质粗硬陶	红褐		重菱格凸点纹						西周至春秋
2987	ZJLY-91	老虎头	ZJLY-91:183ZⅠ	23.34	113.81	26	陶			泥质粗硬陶	青灰		菱格纹						西周至春秋
2988	ZJLY-91	老虎头	ZJLY-91:184ZⅠ	23.34	113.81	27	陶			泥质细硬陶	青灰		方格纹						西周至春秋
2989	ZJLY-91	老虎头	ZJLY-91:185ZⅠ	23.34	113.81	27	陶			泥质细硬陶	红褐		菱格凸点纹						西周至春秋
2990	ZJLY-91	老虎头	ZJLY-91:186ZⅠ	23.34	113.81	28	陶			泥质细硬陶	灰白		方格纹						西周至春秋
2991	ZJLY-91	老虎头	ZJLY-91:187ZⅠ	23.34	113.81	29	陶			泥质细硬陶	灰		方格纹						西周至春秋
2992	ZJLY-91	老虎头	ZJLY-91:188ZⅠ	23.34	113.81	24	陶			泥质粗硬陶	红褐		方格纹						西周至春秋

序号	遗址编号	遗址名称	遗物编号	纬度(度)	经度(度)	海拔(米)	质地	器形	部位	陶质	颜色	釉色	纹饰	刻划符号	石器岩性	石器完整程度	石器硬度	石器风化程度	年代
2993	ZJLY-91	老虎头	ZJLY-91:189ZⅠ	23.34	113.81	24	陶	罐	口沿	泥质粗硬陶	灰		方格纹						西周至春秋
2994	ZJLY-91	老虎头	ZJLY-91:190ZⅠ	23.34	113.81	29	陶			泥质粗硬陶	灰黑		方格纹						西周至春秋
2995	ZJLY-91	老虎头	ZJLY-91:191ZⅠ	23.34	113.81	22	陶			夹细砂软陶	红褐		方格纹						西周至春秋
2996	ZJLY-91	老虎头	ZJLY-91:192ZⅠ	23.34	113.81	24	陶			夹细砂硬陶	红褐		方格纹						西周至春秋
2997	ZJLY-91	老虎头	ZJLY-91:193ZⅠ	23.34	113.81	27	陶			泥质硬陶	灰黑		方格纹						西周至春秋
2998	ZJLY-91	老虎头	ZJLY-91:194ZⅠ	23.34	113.81	37	陶			泥质硬陶	青灰		方格纹						西周至春秋
2999	ZJLY-91	老虎头	ZJLY-91:195ZⅠ	23.34	113.81	29	陶			夹细砂硬陶	灰黑		方格纹						西周至春秋
3000	ZJLY-91	老虎头	ZJLY-91:196ZⅠ	23.34	113.81	34	陶			泥质粗硬陶	灰		夔纹、重圈纹、弦纹						西周至春秋
3001	ZJLY-91	老虎头	ZJLY-91:197ZⅠ	23.34	113.81	32	陶			泥质细硬陶	灰白		夔纹						西周至春秋
3002	ZJLY-91	老虎头	ZJLY-91:198ZⅠ	23.34	113.81	29	陶			泥质粗硬陶	灰白		方格纹						西周至春秋
3003	ZJLY-91	老虎头	ZJLY-91:199ZⅠ	23.34	113.81	30	陶			泥质粗硬陶	灰白		夔纹						西周至春秋
3004	ZJLY-91	老虎头	ZJLY-91:200ZⅠ	23.34	113.81	29	陶			泥质硬陶	青灰		方格纹						西周至春秋
3005	ZJLY-91	老虎头	ZJLY-91:201ZⅠ	23.34	113.81	28	陶			泥质粗硬陶	青灰		篦点纹、篦点纹、弦纹						西周至春秋
3006	ZJLY-91	老虎头	ZJLY-91:202ZⅠ	23.34	113.81	25	陶			泥质硬陶	灰白		夔纹						西周至春秋
3007	ZJLY-91	老虎头	ZJLY-91:203ZⅠ	23.34	113.81	25	陶			泥质粗硬陶	红褐		方格纹						西周至春秋
3008	ZJLY-91	老虎头	ZJLY-91:204ZⅠ	23.34	113.81	27	陶			泥质硬陶	青灰		方格纹						西周至春秋
3009	ZJLY-91	老虎头	ZJLY-91:205ZⅠ	23.34	113.81	26	陶			泥质粗硬陶	青灰		方格纹						西周至春秋
3010	ZJLY-91	老虎头	ZJLY-91:206ZⅠ	23.34	113.81	25	陶			泥质硬陶	青灰		菱格纹、篦点纹、弦纹						西周至春秋
3011	ZJLY-91	老虎头	ZJLY-91:207ZⅠ	23.34	113.81	26	陶			泥质硬陶	青灰		方格纹						西周至春秋
3012	ZJLY-91	老虎头	ZJLY-91:208ZⅠ	23.34	113.81	32	陶			泥质粗硬陶	青灰		方格纹						西周至春秋
3013	ZJLY-91	老虎头	ZJLY-91:209ZⅠ	23.34	113.81	39	陶			夹细砂硬陶	灰黑		方格纹						西周至春秋
3014	ZJLY-91	老虎头	ZJLY-91:210ZⅠ	23.34	113.81	32	陶			泥质硬陶	灰黑		方格纹、菱格凸点纹						西周至春秋
3015	ZJLY-91	老虎头	ZJLY-91:211ZⅠ	23.34	113.81	35	陶			泥质粗硬陶	青灰		方格纹						西周至春秋
3016	ZJLY-91	老虎头	ZJLY-91:212ZⅠ	23.34	113.81	34	陶			泥质细硬陶	灰褐		菱格凸点纹						西周至春秋
3017	ZJLY-91	老虎头	ZJLY-91:213ZⅠ	23.34	113.81	11	陶			泥质粗硬陶	灰黑		方格纹						西周至春秋
3018	ZJLY-91	老虎头	ZJLY-91:214ZⅠ	23.34	113.81	9	陶			泥质硬陶	青灰		方格纹						西周至春秋
3019	ZJLY-91	老虎头	ZJLY-91:215ZⅠ	23.34	113.81	8	陶			泥质硬陶	青灰		夔纹						西周至春秋
3020	ZJLY-91	老虎头	ZJLY-91:216ZⅠ	23.34	113.81	24	陶			泥质粗硬陶	红褐		方格纹						西周至春秋
3021	ZJLY-91	老虎头	ZJLY-91:217ZⅠ	23.34	113.81	18	陶			泥质粗硬陶	灰黑		菱格凸点纹						西周至春秋
3022	ZJLY-91	老虎头	ZJLY-91:218ZⅠ	23.34	113.81	22	陶			泥质粗硬陶	红褐		夔纹、刻划纹						西周至春秋
3023	ZJLY-91	老虎头	ZJLY-91:219ZⅠ	23.34	113.81	19	陶			泥质细硬陶	灰		方格纹						西周至春秋

序号	遗址编号	遗址名称	遗物编号	纬度（度）	经度（度）	海拔（米）	质地	器形	部位	陶质	颜色	釉色	纹饰	刻划符号	石器岩性	石器完整程度	石器硬度	石器风化程度	年代
3024	ZJLY-91	老虎头	ZJLY-91:220ZⅠ	23.34	113.81	21	陶			泥质粗硬陶	红褐		方格纹						西周至春秋
3025	ZJLY-91	老虎头	ZJLY-91:221ZⅠ	23.34	113.81	13	陶			泥质细硬陶	青灰		菱格凸点纹、篦点纹						西周至春秋
3026	ZJLY-91	老虎头	ZJLY-91:222ZⅠ	23.34	113.81	14	陶			泥质细硬陶	青灰		夔纹						西周至春秋
3027	ZJLY-91	老虎头	ZJLY-91:223ZⅠ	23.34	113.81	17	陶			泥质粗硬陶	青灰		方格纹						西周至春秋
3028	ZJLY-91	老虎头	ZJLY-91:224ZⅠ	23.34	113.81	25	陶			泥质粗硬陶	红褐		夔纹、菱格、凸点纹、弦纹						西周至春秋
3029	ZJLY-91	老虎头	ZJLY-91:225ZⅠ	23.34	113.81	24	陶			泥质粗硬陶	红褐		附加堆纹、菱格纹、刻划纹						西周至春秋
3030	ZJLY-91	老虎头	ZJLY-91:226ZⅠ	23.34	113.81	29	陶			泥质粗硬陶	红褐		方格纹、夔纹						西周至春秋
3031	ZJLY-91	老虎头	ZJLY-91:227ZⅠ	23.34	113.81	22	陶	罐	口沿	泥质细硬陶	青灰		方格纹、弦纹						西周至春秋
3032	ZJLY-91	老虎头	ZJLY-91:228ZⅠ	23.34	113.81	22	陶			泥质粗硬陶	青灰		方格纹						西周至春秋
3033	ZJLY-91	老虎头	ZJLY-91:229ZⅠ	23.34	113.81	28	陶			泥质粗硬陶	灰		方格纹						西周至春秋
3034	ZJLY-91	老虎头	ZJLY-91:230ZⅠ	23.34	113.81	26	陶			泥质细硬陶	红		方格纹						西周至春秋
3035	ZJLY-91	老虎头	ZJLY-91:231ZⅠ	23.34	113.81	24	陶			泥质粗硬陶	青灰		夔纹、菱格、凸块纹、弦纹						西周至春秋
3036	ZJLY-91	老虎头	ZJLY-91:232ZⅠ	23.34	113.81	19	陶			泥质细硬陶	青灰		方格纹						西周至春秋
3037	ZJLY-91	老虎头	ZJLY-91:233ZⅠ	23.34	113.81	22	陶			泥质粗硬陶	灰		方格纹、重圈纹						西周至春秋
3038	ZJLY-91	老虎头	ZJLY-91:234ZⅠ	23.34	113.81	25	陶			泥质细硬陶	青灰		重菱格纹						西周至春秋
3039	ZJLY-91	老虎头	ZJLY-91:235ZⅠ	23.34	113.81	22	陶	豆	圈足	泥质粗硬陶	灰		素面						西周至春秋
3040	ZJLY-91	老虎头	ZJLY-91:236ZⅠ	23.34	113.81	20	陶			泥质细硬陶	灰		方格纹、刻划纹	有					西周至春秋
3041	ZJLY-91	老虎头	ZJLY-91:237ZⅠ	23.34	113.81	29	陶			泥质粗硬陶	青灰		弦纹						西周至春秋
3042	ZJLY-91	老虎头	ZJLY-91:238ZⅠ	23.34	113.81	32	陶			泥质粗硬陶	灰		篦点纹						西周至春秋
3043	ZJLY-91	老虎头	ZJLY-91:239ZⅠ	23.34	113.81	33	陶			泥质粗硬陶	灰		素面						西周至春秋
3044	ZJLY-91	老虎头	ZJLY-91:240ZⅠ	23.34	113.81	32	陶	罐	口沿	泥质粗硬陶	灰黑		方格纹、重圈纹						西周至春秋
3045	ZJLY-91	老虎头	ZJLY-91:241ZⅠ	23.34	113.81	25	陶			泥质粗硬陶	青灰		方格纹						西周至春秋
3046	ZJLY-91	老虎头	ZJLY-91:242ZⅠ	23.34	113.81	35	陶			泥质粗硬陶	灰		重环纹						西周至春秋
3047	ZJLY-91	老虎头	ZJLY-91:243ZⅠ	23.34	113.81	31	陶			泥质粗硬陶	灰黑		方格纹						西周至春秋
3048	ZJLY-91	老虎头	ZJLY-91:244ZⅠ	23.34	113.81	29	陶			泥质粗硬陶	灰黑		方格纹						西周至春秋
3049	ZJLY-91	老虎头	ZJLY-91:245ZⅠ	23.34	113.81	31	陶			泥质粗硬陶	青灰		方格纹						西周至春秋
3050	ZJLY-91	老虎头	ZJLY-91:246ZⅠ	23.34	113.81	30	陶			夹细砂硬陶	灰		方格纹						西周至春秋
3051	ZJLY-91	老虎头	ZJLY-91:247ZⅠ	23.34	113.81	29	陶			泥质粗硬陶	红褐		重菱格纹						西周至春秋
3052	ZJLY-91	老虎头	ZJLY-91:248ZⅠ	23.34	113.81	32	陶			夹细砂硬陶	青灰		方格纹						西周至春秋

序号	遗址编号	遗址名称	遗物编号	纬度（度）	经度（度）	海拔（米）	质地	器形	部位	陶质	颜色	釉色	纹饰	刻划符号	石器岩性	石器完整程度	石器硬度	石器风化程度	年代
3053	ZJLY－91	老虎头	ZJLY－91:249ZⅠ	23.34	113.81	30	陶			泥质粗硬陶	红褐		菱格纹						西周至春秋
3054	ZJLY－91	老虎头	ZJLY－91:250ZⅠ	23.34	113.81	26	陶			泥质粗硬陶	青灰		夔纹						西周至春秋
3055	ZJLY－91	老虎头	ZJLY－91:251ZⅠ	23.34	113.81	26	陶			夹细砂硬陶	灰白		方格纹						西周至春秋
3056	ZJLY－91	老虎头	ZJLY－91:252ZⅠ	23.34	113.81	27	陶			泥质粗硬陶	灰白		方格纹						西周至春秋
3057	ZJLY－91	老虎头	ZJLY－91:253ZⅠ	23.34	113.81	24	陶			泥质粗硬陶	灰白		方格纹						西周至春秋
3058	ZJLY－91	老虎头	ZJLY－91:254ZⅠ	23.34	113.81	20	陶	罐	口沿	泥质粗硬陶	红褐		方格纹、篦点纹						西周至春秋
3059	ZJLY－91	老虎头	ZJLY－91:255ZⅠ	23.34	113.81	28	陶			泥质粗硬陶	灰黑		席纹						西周至春秋
3060	ZJLY－91	老虎头	ZJLY－91:256ZⅠ	23.34	113.81	31	陶			泥质粗硬陶	红褐		夔纹						西周至春秋
3061	ZJLY－91	老虎头	ZJLY－91:257ZⅠ	23.34	113.81	32	陶			泥质粗硬陶	青灰		方格纹						西周至春秋
3062	ZJLY－91	老虎头	ZJLY－91:258ZⅠ	23.34	113.81	31	陶			泥质粗硬陶	青灰		方格纹、水波纹、弦纹						西周至春秋
3063	ZJLY－91	老虎头	ZJLY－91:259ZⅠ	23.34	113.81	31	陶			泥质粗软陶	青灰		方格纹、篦点纹、弦纹						西周至春秋
3064	ZJLY－91	老虎头	ZJLY－91:260ZⅠ	23.34	113.81	28	陶	罐	口沿	泥质粗硬陶	灰黑		篦点纹、弦纹						西周至春秋
3065	ZJLY－91	老虎头	ZJLY－91:261ZⅠ	23.34	113.81	31	陶			泥质粗硬陶	灰白		方格纹						西周至春秋
3066	ZJLY－91	老虎头	ZJLY－91:262ZⅠ	23.34	113.81	29	陶			泥质粗硬陶	灰黑		方格纹、弦纹						西周至春秋
3067	ZJLY－91	老虎头	ZJLY－91:263ZⅠ	23.34	113.81	33	陶			泥质粗硬陶	灰褐		席纹						西周至春秋
3068	ZJLY－91	老虎头	ZJLY－91:264ZⅠ	23.34	113.81	33	陶			泥质粗硬陶	灰		方格纹、篦点纹						西周至春秋
3069	ZJLY－91	老虎头	ZJLY－91:265ZⅠ	23.34	113.81	39	陶			泥质粗硬陶	灰黑		夔纹						西周至春秋
3070	ZJLY－91	老虎头	ZJLY－91:266ZⅠ	23.34	113.81	35	陶			泥质粗硬陶	灰黑		篦点纹						西周至春秋
3071	ZJLY－91	老虎头	ZJLY－91:267ZⅠ	23.34	113.81	34	陶			泥质粗硬陶	青灰		方格纹						西周至春秋
3072	ZJLY－91	老虎头	ZJLY－91:268ZⅠ	23.34	113.81	31	陶			泥质粗硬陶	灰		重方格凸块纹						西周至春秋
3073	ZJLY－91	老虎头	ZJLY－91:269ZⅠ	23.34	113.81	32	陶			泥质细硬陶	红		重圈凸点纹						西周至春秋
3074	ZJLY－91	老虎头	ZJLY－91:270ZⅠ	23.34	113.81	32	陶			泥质粗硬陶	青灰		夔纹						西周至春秋
3075	ZJLY－91	老虎头	ZJLY－91:271ZⅠ	23.34	113.81	31	陶	罐	口沿	泥质粗硬陶	灰		方格纹、篦点纹						西周至春秋
3076	ZJLY－91	老虎头	ZJLY－91:272ZⅠ	23.34	113.81	29	陶			泥质细硬陶	灰黑		方格纹						西周至春秋
3077	ZJLY－91	老虎头	ZJLY－91:273ZⅠ	23.34	113.81	30	陶			泥质粗硬陶	青灰		方格纹						西周至春秋
3078	ZJLY－91	老虎头	ZJLY－91:274ZⅠ	23.34	113.81	28	陶	釜	口沿	夹粗砂软陶	灰黑		素面						西周至春秋
3079	ZJLY－91	老虎头	ZJLY－91:275ZⅠ	23.34	113.81	33	陶			泥质粗硬陶	灰		夔纹、弦纹						西周至春秋
3080	ZJLY－91	老虎头	ZJLY－91:276ZⅠ	23.34	113.81	30	陶			泥质细软陶	灰黑		夔纹						西周至春秋
3081	ZJLY－91	老虎头	ZJLY－91:277ZⅠ	23.34	113.81	31	陶			夹粗砂硬陶	灰黑		篦点纹、弦纹						西周至春秋
3082	ZJLY－91	老虎头	ZJLY－91:278ZⅠ	23.34	113.81	31	陶			泥质粗硬陶	灰黑		方格纹						西周至春秋
3083	ZJLY－92	菌元	ZJLY－92:1YⅠⅡ	23.35	113.82	13	陶	罐	口沿	泥质细硬陶	灰褐		方格纹						战国至南越国

序号	遗址编号	遗址名称	遗物编号	纬度（度）	经度（度）	海拔（米）	质地	器形	部位	陶质	颜色	釉色	纹饰	刻划符号	石器岩性	石器完整程度	石器硬度	石器风化程度	年代
3084	ZJLY-92	南岗	ZJLY-92：2YⅡ	23.35	113.82	22	陶			泥质粗软陶	灰白		方格纹						战国至南越国
3085	ZJLY-93	西瓜岭	ZJLY-93：1ZⅠ	23.35	113.81	23	陶			泥质细硬陶	深灰		绳纹						新石器时代晚期至商代
3086	ZJLY-94	龙角村对面山	ZJLY-94：3	/	/	/	陶			泥质细硬陶	灰		米字纹						战国至南越国
3087	ZJLY-94	龙角村对面山	ZJLY-94：4	/	/	/	陶			泥质细硬陶	青灰		米字纹						战国至南越国
3088	ZJLY-94	龙角村对面山	ZJLY-94：1ZⅠ	23.35	113.81	27	陶			泥质细硬陶	深灰		方格纹						战国至南越国
3089	ZJLY-94	龙角村对面山	ZJLY-94：2ZⅠ	23.35	113.81	29	陶			泥质细硬陶	灰		方格纹						战国至南越国
3090	ZJLY-99	龟眼羊	ZJLY-99：1T	23.35	113.83	50	陶	罐	口沿	泥质粗硬陶	灰白		篦点纹、弦纹						西周至春秋
3091	ZJLY-108	新桂村后龙山	ZJLY-108：1YⅡ	23.40	113.81	31	陶			泥质粗硬陶	灰		方格纹						战国至南越国
3092	ZJLY-108	新桂村后龙山	ZJLY-108：2YⅡ	23.40	113.81	29	陶			泥质细硬陶	深灰		勾连云雷纹						西周至春秋
3093	ZJLY-108	新桂村后龙山	ZJLY-108：3YⅡ	23.40	113.81	27	陶			泥质细硬陶	深灰		米字纹						战国至南越国
3094	ZJLY-108	新桂村后龙山	ZJLY-108：4YⅡ	23.40	113.81	30	陶			泥质细硬陶	青灰		方格纹						战国至南越国
3095	ZJLY-108	新桂村后龙山	ZJLY-108：5YⅡ	23.40	113.81	28	陶			泥质细硬陶	深灰		方格纹						西周至春秋
3096	ZJLY-108	新桂村后龙山	ZJLY-108：6YⅡ	23.40	113.81	29	陶			泥质细硬陶	灰		方格纹						战国至南越国
3097	ZJLY-108	新桂村后龙山	ZJLY-108：7YⅡ	23.40	113.81	35	陶			泥质细硬陶	灰		夔纹、弦纹						西周至春秋
3098	ZJLY-108	新桂村后龙山	ZJLY-108：8YⅡ	23.40	113.81	34	石	砚			青灰								明清
3099	ZJLY-108	新桂村后龙山	ZJLY-108：9YⅡ	23.40	113.81	33	陶			泥质粗硬陶	红褐		方格纹						战国至南越国
3100	ZJLY-108	新桂村后龙山	ZJLY-108：10YⅡ	23.40	113.81	30	陶			泥质细硬陶	灰褐		篦点纹、弦纹						西周至春秋
3101	ZJLY-108	新桂村后龙山	ZJLY-108：11YⅡ	23.40	113.81	34	陶			泥质细硬陶	灰褐		方格纹						西周至春秋
3102	ZJLY-108	新桂村后龙山	ZJLY-108：12YⅡ	23.40	113.81	29	陶			泥质细硬陶	深灰		方格纹、弦纹						西周至春秋
3103	ZJLY-108	新桂村后龙山	ZJLY-108：13YⅡ	23.40	113.81	31	陶			泥质细硬陶	灰褐		方格纹						西周至春秋
3104	ZJLY-108	新桂村后龙山	ZJLY-108：14YⅡ	23.40	113.81	34	陶			泥质细硬陶	灰褐		夔纹						春秋
3105	ZJLY-108	新桂村后龙山	ZJLY-108：15YⅡ	23.40	113.81	35	陶			泥质细硬陶	深灰		方格纹						战国至南越国
3106	ZJLY-108	新桂村后龙山	ZJLY-108：16YⅡ	23.40	113.81	35	陶			泥质粗硬陶	红褐		方格纹、夔纹						西周至春秋
3107	ZJLY-108	新桂村后龙山	ZJLY-108：17YⅡ	23.40	113.81	35	陶			泥质细硬陶	灰褐		方格纹						西周至春秋
3108	ZJLY-108	新桂村后龙山	ZJLY-108：18YⅡ	23.40	113.81	34	陶			泥质粗硬陶	灰		夔纹						西周至春秋
3109	ZJLY-108	新桂村后龙山	ZJLY-108：19YⅡ	23.40	113.81	30	陶			泥质细硬陶	灰		方格纹						战国至南越国
3110	ZJLY-108	新桂村后龙山	ZJLY-108：20YⅡ	23.40	113.81	30	陶			泥质粗硬陶	灰		方格纹						西周至春秋
3111	ZJLY-108	新桂村后龙山	ZJLY-108：21YⅡ	23.40	113.81	31	陶			泥质粗硬陶	灰		方格纹						西周至春秋
3112	ZJLY-108	新桂村后龙山	ZJLY-108：22YⅡ	23.40	113.81	34	陶			泥质细硬陶	灰黄		方格纹						西周至春秋
3113	ZJLY-108	新桂村后龙山	ZJLY-108：23YⅡ	23.40	113.81	32	陶			泥质细硬陶	灰黄		夔纹						西周至春秋
3114	ZJLY-108	新桂村后龙山	ZJLY-108：24YⅡ	23.40	113.81	37	陶			泥质细硬陶	灰		方格纹						西周至春秋

序号	遗址编号	遗址名称	遗物编号	纬度（度）	经度（度）	海拔（米）	质地	器形	部位	陶质	颜色	釉色	纹饰	刻划符号	石器岩性	石器完整程度	石器硬度	石器风化程度	年代
3115	ZJLY-108	新桂村后龙山	ZJLY-108:25YⅡ	23.40	113.81	35	陶			泥质粗硬陶	灰		方格纹						西周至春秋
3116	ZJLY-108	新桂村后龙山	ZJLY-108:26YⅡ	23.40	113.81	36	陶			泥质粗硬陶	深灰		方格纹						西周至春秋
3117	ZJLY-108	新桂村后龙山	ZJLY-108:27YⅡ	23.40	113.81	33	陶			泥质硬陶	红褐		方格纹						战国至南越国
3118	ZJLY-108	新桂村后龙山	ZJLY-108:28YⅡ	23.40	113.81	33	陶			泥质细硬陶	青灰		方格纹						西周至春秋
3119	ZJLY-108	新桂村后龙山	ZJLY-108:29YⅡ	23.40	113.81	33	陶			泥质粗硬陶	红褐		方格纹						战国至南越国
3120	ZJLY-108	新桂村后龙山	ZJLY-108:30YⅡ	23.40	113.81	34	陶			泥质粗硬陶	红褐		方格纹						战国至南越国
3121	ZJLY-108	新桂村后龙山	ZJLY-108:31YⅡ	23.40	113.81	33	陶			泥质粗硬陶	灰		方格纹						西周至春秋
3122	ZJLY-108	新桂村后龙山	ZJLY-108:32YⅡ	23.40	113.81	33	陶			泥质细硬陶	灰		方格纹						西周至春秋
3123	ZJLY-108	新桂村后龙山	ZJLY-108:33YⅡ	23.40	113.81	34	陶			泥质粗硬陶	灰褐		方格纹						西周至春秋
3124	ZJLY-108	新桂村后龙山	ZJLY-108:34YⅡ	23.40	113.81	35	陶			泥质粗硬陶	灰		方格纹						战国至南越国
3125	ZJLY-108	新桂村后龙山	ZJLY-108:35YⅡ	23.40	113.81	35	陶			泥质细硬陶	青灰		方格纹						西周至春秋
3126	ZJLY-108	新桂村后龙山	ZJLY-108:36YⅡ	23.40	113.81	34	陶			泥质粗硬陶	红褐		方格纹						战国至南越国
3127	ZJLY-108	新桂村后龙山	ZJLY-108:37YⅡ	23.40	113.81	36	陶			泥质粗硬陶	灰		方格纹						西周至春秋
3128	ZJLY-108	新桂村后龙山	ZJLY-108:38YⅡ	23.40	113.81	31	陶			泥质细硬陶	灰褐		方格纹						战国至南越国
3129	ZJLY-108	新桂村后龙山	ZJLY-108:39YⅡ	23.40	113.81	33	陶			泥质细硬陶	灰		方格纹						西周至春秋
3130	ZJLY-108	新桂村后龙山	ZJLY-108:40YⅡ	23.40	113.81	31	石	镦			青灰				片岩	残	6	未风化	西周至春秋
3131	ZJLY-108	新桂村后龙山	ZJLY-108:1ZⅠ	23.40	113.81	32	陶			泥质粗硬陶	灰		方格纹						战国至南越国
3132	ZJLY-108	新桂村后龙山	ZJLY-108:2ZⅠ	23.40	113.81	34	陶			泥质粗硬陶	深灰		方格纹						战国至南越国
3133	ZJLY-108	新桂村后龙山	ZJLY-108:3ZⅠ	23.40	113.81	28	陶			泥质粗硬陶	深灰		方格纹						战国至南越国
3134	ZJLY-108	新桂村后龙山	ZJLY-108:4ZⅠ	23.40	113.81	28	陶			泥质粗硬陶	灰		方格纹						战国至南越国
3135	ZJLY-108	新桂村后龙山	ZJLY-108:5ZⅠ	23.40	113.81	35	陶			泥质粗硬陶	青灰		方格纹						战国至南越国
3136	ZJLY-108	新桂村后龙山	ZJLY-108:6ZⅠ	23.40	113.81	33	陶			泥质粗硬陶	灰		"S"形纹						西周至春秋
3137	ZJLY-108	新桂村后龙山	ZJLY-108:7ZⅠ	23.40	113.81	36	陶			泥质粗硬陶	深灰		方格纹						战国至南越国
3138	ZJLY-108	新桂村后龙山	ZJLY-108:8ZⅠ	23.40	113.81	34	陶			泥质粗硬陶	灰黄		方格纹						西周至春秋
3139	ZJLY-108	新桂村后龙山	ZJLY-108:9ZⅠ	23.40	113.81	33	陶			泥质粗硬陶	灰		方格纹						战国至南越国
3140	ZJLY-108	新桂村后龙山	ZJLY-108:10ZⅠ	23.40	113.81	30	陶	罐	口沿	泥质细硬陶		青釉	方格纹						西周至春秋
3141	ZJLY-108	新桂村后龙山	ZJLY-108:11ZⅠ	23.40	113.81	30	陶			泥质细硬陶	灰		方格纹						西周至春秋
3142	ZJLY-108	新桂村后龙山	ZJLY-108:12ZⅠ	23.40	113.81	31	陶			泥质细硬陶	青灰		方格纹						西周至春秋
3143	ZJLY-108	新桂村后龙山	ZJLY-108:13ZⅠ	23.40	113.81	29	陶			泥质细硬陶	灰		方格纹						西周至春秋
3144	ZJLY-108	新桂村后龙山	ZJLY-108:14ZⅠ	23.40	113.81	28	陶			泥质细硬陶	红褐		方格纹						西周至春秋
3145	ZJLY-108	新桂村后龙山	ZJLY-108:15ZⅠ	23.40	113.81	30	陶	罐	底	泥质粗硬陶	灰		夔纹						西周至春秋

序号	遗址编号	遗址名称	遗物编号	纬度（度）	经度（度）	海拔（米）	质地	器形	部位	陶质	颜色	釉色	纹饰	刻划符号	石器岩性	石器完整程度	石器硬度	石器风化程度	年代
3146	ZJLY-108	新桂村后龙山	ZJLY-108：16ZⅠ	23.40	113.81	27	陶			泥质粗硬陶	灰褐		方格纹						战国至南越国
3147	ZJLY-108	新桂村后龙山	ZJLY-108：17ZⅠ	23.40	113.81	26	陶			泥质粗硬陶	灰褐		夔纹						西周至春秋
3148	ZJLY-108	新桂村后龙山	ZJLY-108：18ZⅠ	23.40	113.81	26	陶			泥质粗硬陶	灰褐		夔纹						西周至春秋
3149	ZJLY-108	新桂村后龙山	ZJLY-108：19ZⅠ	23.40	113.81	29	陶			泥质粗硬陶	灰褐		方格纹						战国至南越国
3150	ZJLY-108	新桂村后龙山	ZJLY-108：20ZⅠ	23.40	113.81	29	陶			泥质粗硬陶	红褐		方格纹						战国至南越国
3151	ZJLY-108	新桂村后龙山	ZJLY-108：21ZⅠ	23.40	113.81	29	陶			泥质粗硬陶	灰		方格纹						西周至春秋
3152	ZJLY-108	新桂村后龙山	ZJLY-108：22ZⅠ	23.40	113.81	30	陶			泥质粗硬陶	灰		方格纹						战国至南越国
3153	ZJLY-108	新桂村后龙山	ZJLY-108：23ZⅠ	23.40	113.81	31	陶			泥质粗硬陶	灰		方格纹、夔纹、弦纹						西周至春秋
3154	ZJLY-108	新桂村后龙山	ZJLY-108：24ZⅠ	23.40	113.81	31	陶			泥质粗硬陶	灰		夔纹						西周至春秋
3155	ZJLY-108	新桂村后龙山	ZJLY-108：25ZⅠ	23.40	113.81	29	陶			泥质细硬陶	灰		方格纹						西周至春秋
3156	ZJLY-108	新桂村后龙山	ZJLY-108：26ZⅠ	23.40	113.81	30	陶			泥质粗硬陶	深灰		方格纹						战国至南越国
3157	ZJLY-108	新桂村后龙山	ZJLY-108：27ZⅠ	23.40	113.81	27	陶			泥质粗硬陶	灰褐		方格纹						战国至南越国
3158	ZJLY-108	新桂村后龙山	ZJLY-108：28ZⅠ	23.40	113.81	27	陶			泥质粗硬陶	灰褐		方格纹						西周至春秋
3159	ZJLY-108	新桂村后龙山	ZJLY-108：29ZⅠ	23.40	113.81	32	陶			泥质细硬陶	灰褐		方格纹						西周至春秋
3160	ZJLY-108	新桂村后龙山	ZJLY-108：30ZⅠ	23.40	113.81	35	陶			泥质粗硬陶	灰		方格纹						战国至南越国
3161	ZJLY-108	新桂村后龙山	ZJLY-108：31ZⅠ	23.40	113.81	40	陶			泥质粗硬陶	灰		方格纹						西周至春秋
3162	ZJLY-108	新桂村后龙山	ZJLY-108：32ZⅠ	23.40	113.81	36	陶			泥质细硬陶	灰		方格纹						西周至春秋
3163	ZJLY-108	新桂村后龙山	ZJLY-108：33ZⅠ	23.40	113.81	36	陶			泥质粗硬陶	灰		方格纹						战国至南越国
3164	ZJLY-108	新桂村后龙山	ZJLY-108：34ZⅠ	23.40	113.81	35	陶			泥质细硬陶	灰		方格纹						西周至春秋
3165	ZJLY-108	新桂村后龙山	ZJLY-108：35ZⅠ	23.40	113.81	34	陶			泥质粗硬陶	灰		方格纹						西周至春秋
3166	ZJLY-108	新桂村后龙山	ZJLY-108：36ZⅠ	23.40	113.81	37	陶			泥质粗硬陶	青灰		方格纹						西周至春秋
3167	ZJLY-108	新桂村后龙山	ZJLY-108：37ZⅠ	23.40	113.81	34	陶			泥质粗硬陶	红褐		方格纹						西周至春秋
3168	ZJLY-108	新桂村后龙山	ZJLY-108：38ZⅠ	23.40	113.81	38	陶			泥质细硬陶	灰		方格纹、夔纹、弦纹						西周至春秋
3169	ZJLY-108	新桂村后龙山	ZJLY-108：39ZⅠ	23.40	113.81	33	陶			泥质粗硬陶	青灰		方格纹						西周至春秋
3170	ZJLY-114	江坳门后山	ZJLY-114：1YⅡ	23.40	113.80	15	陶			泥质细硬陶	灰白		曲折纹						西周至春秋
3171	ZJLY-114	江坳门后山	ZJLY-114：2YⅡ	23.40	113.80	20	陶			泥质细硬陶	灰白		曲折纹						新石器时代晚期至商代
3172	ZJLY-114	江坳门后山	ZJLY-114：3YⅡ	23.40	113.80	23	陶			泥质粗硬陶	灰		曲折纹						新石器时代晚期至商代
3173	ZJLY-114	江坳门后山	ZJLY-114：4YⅡ	23.40	113.80	22	陶			泥质细硬陶	红褐		篮纹						新石器时代晚期至商代
3174	ZJLY-114	江坳门后山	ZJLY-114：5YⅡ	23.40	113.80	22	陶			泥质粗硬陶	灰		素面						西周至春秋
3175	ZJLY-114	江坳门后山	ZJLY-114：6YⅡ	23.40	113.80	22	陶			泥质粗软陶	灰		绳纹						新石器时代晚期至商代
3176	ZJLY-114	江坳门后山	ZJLY-114：7YⅡ	23.40	113.80	23	陶			泥质细软陶	红		曲折纹						新石器时代晚期至商代

序号	遗址编号	遗址名称	遗物编号	纬度（度）	经度（度）	海拔（米）	质地	器形	部位	陶质	颜色	釉色	纹饰	刻划符号	石器岩性	石器完整程度	石器硬度	石器风化程度	年代
3177	ZJLY－114	江坳门后山	ZJLY－114：8Y II	23.40	113.80	20	陶			泥质粗硬陶	青灰		夔纹						西周至春秋
3178	ZJLY－114	江坳门后山	ZJLY－114：9Y II	23.40	113.80	19	陶			夹粗砂软陶	灰黑		素面						新石器时代晚期至商代
3179	ZJLY－114	江坳门后山	ZJLY－114：10①Y II	23.40	113.80	19	陶			泥质粗硬陶	灰		条纹						新石器时代晚期至商代
3180	ZJLY－114	江坳门后山	ZJLY－114：10②Y II	23.40	113.80	19	陶			泥质细硬陶	灰白		条纹						新石器时代晚期至商代
3181	ZJLY－114	江坳门后山	ZJLY－114：11Y II	23.40	113.80	22	陶			泥质粗硬陶	灰		绳纹						新石器时代晚期至商代
3182	ZJLY－114	江坳门后山	ZJLY－114：12Y II	23.40	113.80	17	陶			泥质粗硬陶	灰		交错绳纹						新石器时代晚期至商代
3183	ZJLY－114	江坳门后山	ZJLY－114：13Y II	23.40	113.80	19	陶			泥质粗硬陶	灰		叶脉纹						新石器时代晚期至商代
3184	ZJLY－114	江坳门后山	ZJLY－114：14Y II	23.40	113.80	20	陶			泥质粗硬陶	灰褐		夔纹						西周至春秋
3185	ZJLY－114	江坳门后山	ZJLY－114：15Y II	23.40	113.80	19	陶			泥质粗硬陶	灰		圆圈纹						新石器时代晚期至商代
3186	ZJLY－114	江坳门后山	ZJLY－114：16Y II	23.40	113.80	19	陶			泥质细硬陶	灰		交错绳纹						新石器时代晚期至商代
3187	ZJLY－114	江坳门后山	ZJLY－114：17Y II	23.40	113.80	16	陶			泥质粗硬陶	灰		绳纹						新石器时代晚期至商代
3188	ZJLY－114	江坳门后山	ZJLY－114：18Y II	23.40	113.80	16	陶			泥质细硬陶	深灰		绳纹						新石器时代晚期至商代
3189	ZJLY－114	江坳门后山	ZJLY－114：19Y II	23.40	113.80	21	陶	罐	口沿	泥质粗硬陶	青灰		素面						新石器时代晚期至商代
3190	ZJLY－114	江坳门后山	ZJLY－114：20Y II	23.40	113.80	22	陶			泥质粗硬陶	灰黑		夔纹						西周至春秋
3191	ZJLY－114	江坳门后山	ZJLY－114：21Y II	23.40	113.80	23	陶	罐	口沿	泥质粗硬陶	灰		绳纹						新石器时代晚期至商代
3192	ZJLY－114	江坳门后山	ZJLY－114：22Y II	23.40	113.80	24	陶			夹细砂硬陶	灰		交错绳纹						新石器时代晚期至商代
3193	ZJLY－114	江坳门后山	ZJLY－114：23Y II	23.40	113.80	25	陶	罐	口沿	泥质粗硬陶	青灰		方格纹						新石器时代晚期至商代
3194	ZJLY－114	江坳门后山	ZJLY－114：24Y II	23.40	113.80	28	陶			泥质粗硬陶	灰		长方格纹						新石器时代晚期至商代
3195	ZJLY－114	江坳门后山	ZJLY－114：25Y II	23.40	113.80	25	陶			泥质细硬陶	灰		绳纹						新石器时代晚期至商代
3196	ZJLY－114	江坳门后山	ZJLY－114：26Y II	23.40	113.80	28	陶			泥质粗硬陶	青灰		交错绳纹						新石器时代晚期至商代
3197	ZJLY－114	江坳门后山	ZJLY－114：27Y II	23.40	113.80	28	陶			泥质细硬陶	灰褐		方格纹						新石器时代晚期至商代
3198	ZJLY－114	江坳门后山	ZJLY－114：28Y II	23.40	113.80	29	陶			泥质细硬陶	灰		方格纹						西周至春秋
3199	ZJLY－114	江坳门后山	ZJLY－114：29Y II	23.40	113.80	24	陶			泥质粗硬陶	灰		绳纹						新石器时代晚期至商代
3200	ZJLY－114	江坳门后山	ZJLY－114：30Y II	23.40	113.80	26	陶	罐	圈足	夹细砂硬陶	红褐		曲折纹						新石器时代晚期至商代
3201	ZJLY－114	江坳门后山	ZJLY－114：31Y II	23.40	113.80	27	陶			夹细砂硬陶	灰褐		绳纹						新石器时代晚期至商代
3202	ZJLY－114	江坳门后山	ZJLY－114：32Y II	23.40	113.80	27	陶			泥质细硬陶	灰褐		交错绳纹						新石器时代晚期至商代
3203	ZJLY－114	江坳门后山	ZJLY－114：33Y II	23.40	113.80	23	陶			泥质细硬陶	灰		曲折纹						新石器时代晚期至商代
3204	ZJLY－114	江坳门后山	ZJLY－114：34Y II	23.40	113.80	26	陶	罐	口沿	夹细砂软陶	灰		素面						西周至春秋
3205	ZJLY－114	江坳门后山	ZJLY－114：35Y II	23.40	113.80	26	陶	罐	口沿	夹细砂软陶	青灰		篮纹						西周至春秋
3206	ZJLY－114	江坳门后山	ZJLY－114：36Y II	23.40	113.80	30	陶			泥质粗硬陶	灰白		绳纹						新石器时代晚期至商代
3207	ZJLY－114	江坳门后山	ZJLY－114：37Y II	23.40	113.80	18	陶			泥质细硬陶	灰		交错绳纹						新石器时代晚期至商代

序号	遗址编号	遗址名称	遗物编号	纬度(度)	经度(度)	海拔(米)	质地	器形	部位	陶质	颜色	釉色	纹饰	刻划符号	石器岩性	石器完整程度	石器硬度	石器风化程度	年代
3208	ZJLY-114	江坳门后山	ZJLY-114:38YⅡ	23.40	113.80	17	陶			夹细砂软硬陶	灰黑		绳纹						新石器时代晚期至商代
3209	ZJLY-114	江坳门后山	ZJLY-114:39YⅡ	23.40	113.80	17	陶			泥质粗硬陶	灰		叶脉纹						新石器时代晚期至商代
3210	ZJLY-114	江坳门后山	ZJLY-114:40YⅡ	23.40	113.80	19	陶			泥质粗硬陶	灰		绳纹、附加堆纹						新石器时代晚期至商代
3211	ZJLY-114	江坳门后山	ZJLY-114:41YⅡ	23.40	113.80	15	陶			泥质细硬陶	灰		叶脉纹						新石器时代晚期至商代
3212	ZJLY-114	江坳门后山	ZJLY-114:42YⅡ	23.40	113.80	16	陶			泥质粗硬陶	灰		交错条纹						新石器时代晚期至商代
3213	ZJLY-114	江坳门后山	ZJLY-114:43YⅡ	23.40	113.80	18	陶			泥质粗硬陶	灰		绳纹						新石器时代晚期至商代
3214	ZJLY-114	江坳门后山	ZJLY-114:44YⅡ	23.40	113.80	19	陶			夹细砂硬陶	灰		绳纹						新石器时代晚期至商代
3215	ZJLY-114	江坳门后山	ZJLY-114:45YⅡ	23.40	113.80	22	陶	罐	口沿	夹细砂硬陶	灰		素面						新石器时代晚期至商代
3216	ZJLY-114	江坳门后山	ZJLY-114:46YⅡ	23.40	113.80	16	陶			泥质粗硬陶	灰		方格纹、弦纹						西周至春秋
3217	ZJLY-114	江坳门后山	ZJLY-114:47YⅡ	23.40	113.80	18	陶			泥质细硬陶	灰		长方格纹						新石器时代晚期至商代
3218	ZJLY-114	江坳门后山	ZJLY-114:48YⅡ	23.40	113.80	23	陶			泥质细硬陶	灰		交错绳纹						新石器时代晚期至商代
3219	ZJLY-114	江坳门后山	ZJLY-114:49YⅡ	23.40	113.80	20	陶	豆	口沿	泥质粗硬陶	灰		素面						新石器时代晚期至商代
3220	ZJLY-114	江坳门后山	ZJLY-114:50YⅡ	23.40	113.80	20	陶	釜(罐)	口沿	夹细砂硬陶	灰黑		素面						新石器时代晚期至商代
3221	ZJLY-114	江坳门后山	ZJLY-114:51YⅡ	23.40	113.80	18	陶			泥质粗硬陶	灰		绳纹、附加堆纹						新石器时代晚期至商代
3222	ZJLY-114	江坳门后山	ZJLY-114:52YⅡ	23.40	113.80	19	陶			泥质细硬陶	灰		素面						新石器时代晚期至商代
3223	ZJLY-114	江坳门后山	ZJLY-114:53YⅡ	23.40	113.80	27	陶			夹粗砂硬陶	灰黑		素面						新石器时代晚期至商代
3224	ZJLY-114	江坳门后山	ZJLY-114:54YⅡ	23.40	113.80	25	陶			泥质细硬陶	灰白		素面						新石器时代晚期至商代
3225	ZJLY-114	江坳门后山	ZJLY-114:55YⅡ	23.40	113.80	26	陶			泥质粗硬陶	灰白		网格纹						新石器时代晚期至商代
3226	ZJLY-114	江坳门后山	ZJLY-114:56YⅡ	23.40	113.80	22	陶			泥质粗硬陶	青灰		交错条纹						新石器时代晚期至商代
3227	ZJLY-114	江坳门后山	ZJLY-114:57YⅡ	23.40	113.80	20	陶			泥质细硬陶	灰		叶脉纹						新石器时代晚期至商代
3228	ZJLY-114	江坳门后山	ZJLY-114:58YⅡ	23.40	113.80	23	陶			泥质细硬陶	灰白		交错绳纹						新石器时代晚期至商代
3229	ZJLY-114	江坳门后山	ZJLY-114:59YⅡ	23.40	113.80	22	陶			夹细砂硬陶	灰		绳纹						新石器时代晚期至商代
3230	ZJLY-114	江坳门后山	ZJLY-114:60YⅡ	23.40	113.80	24	陶			泥质细硬陶	灰		交错绳纹						新石器时代晚期至商代
3231	ZJLY-114	江坳门后山	ZJLY-114:61YⅡ	23.40	113.80	25	陶			泥质粗硬陶	灰		绳纹						新石器时代晚期至商代
3232	ZJLY-114	江坳门后山	ZJLY-114:62YⅡ	23.40	113.80	19	陶			泥质粗硬陶	灰		重圈纹						西周至春秋
3233	ZJLY-114	江坳门后山	ZJLY-114:63YⅡ	23.40	113.80	26	陶			泥质粗硬陶	灰褐		夔纹、网格纹						西周至春秋
3234	ZJLY-114	江坳门后山	ZJLY-114:64YⅡ	23.40	113.80	23	陶			泥质细硬陶	灰		交错绳纹						新石器时代晚期至商代
3235	ZJLY-114	江坳门后山	ZJLY-114:65①YⅡ	23.40	113.80	19	陶			泥质粗硬陶	灰		曲折纹						新石器时代晚期至商代
3236	ZJLY-114	江坳门后山	ZJLY-114:65②YⅡ	23.40	113.80	19	陶			泥质粗硬陶	灰		曲折纹						新石器时代晚期至商代
3237	ZJLY-114	江坳门后山	ZJLY-114:66YⅡ	23.40	113.80	17	陶			泥质粗硬陶	灰		叶脉纹						新石器时代晚期至商代
3238	ZJLY-114	江坳门后山	ZJLY-114:1ZⅠ	23.40	113.80	27	陶			泥质粗硬陶	灰		交错条纹						新石器时代晚期至商代

续表

序号	遗址编号	遗址名称	遗物编号	纬度（度）	经度（度）	海拔（米）	质地	器形	部位	陶质	颜色	釉色	纹饰	刻划符号	石器岩性	石器完整程度	石器硬度	石器风化程度	年代
3239	ZJLY-114	江坳门后山	ZJLY-114:2ZⅠ	23.40	113.80	22	陶			泥质细硬陶	红褐		重方格凸点纹						西周至春秋
3240	ZJLY-114	江坳门后山	ZJLY-114:3ZⅠ	23.40	113.80	21	陶			夹细砂硬陶	红褐		条纹						新石器时代晚期至商代
3241	ZJLY-114	江坳门后山	ZJLY-114:4ZⅠ	23.40	113.80	22	陶			夹细砂硬陶	深灰		不明						新石器时代晚期至商代
3242	ZJLY-114	江坳门后山	ZJLY-114:5ZⅠ	23.40	113.80	26	陶			泥质细硬陶	灰		交错绳纹						新石器时代晚期至商代
3243	ZJLY-114	江坳门后山	ZJLY-114:6ZⅠ	23.40	113.80	24	陶			泥质细硬陶	灰褐		交错绳纹						新石器时代晚期至商代
3244	ZJLY-114	江坳门后山	ZJLY-114:7ZⅠ	23.40	113.80	25	陶			夹细砂硬陶	灰褐		同断条纹						新石器时代晚期至商代
3245	ZJLY-114	江坳门后山	ZJLY-114:8ZⅠ	23.40	113.80	19	陶	罐	口沿	泥质细硬陶	灰		条纹						新石器时代晚期至商代
3246	ZJLY-114	江坳门后山	ZJLY-114:9ZⅠ	23.40	113.80	20	石	锛							片岩	完整	5.5	中风化	新石器时代晚期至商代
3247	ZJLY-114	江坳门后山	ZJLY-114:10ZⅠ	23.40	113.80	17	陶			泥质细硬陶	灰		交错绳纹						新石器时代晚期至商代
3248	ZJLY-114	江坳门后山	ZJLY-114:11ZⅠ	23.40	113.80	16	陶			泥质细硬陶	灰		曲折纹、附加堆纹						新石器时代晚期至商代
3249	ZJLY-114	江坳门后山	ZJLY-114:12ZⅠ	23.40	113.80	19	陶			夹细砂软陶	灰黑		素面						新石器时代晚期至商代
3250	ZJLY-114	江坳门后山	ZJLY-114:13ZⅠ	23.40	113.80	26	陶	罐	圈足	泥质细硬陶	灰		素面						新石器时代晚期至商代
3251	ZJLY-114	江坳门后山	ZJLY-114:14ZⅠ	23.40	113.80	25	陶	鼎	足	夹粗砂软陶	灰黑		叶脉纹						新石器时代晚期至商代
3252	ZJLY-114	江坳门后山	ZJLY-114:15ZⅠ	23.40	113.80	26	陶			夹粗砂硬陶	灰		曲折纹						新石器时代晚期至商代
3253	ZJLY-114	江坳门后山	ZJLY-114:16ZⅠ	23.40	113.80	24	陶			泥质细硬陶	青灰		方格纹						新石器时代晚期至商代
3254	ZJLY-114	江坳门后山	ZJLY-114:17ZⅠ	23.40	113.80	27	陶	罐	底	泥质粗硬陶	灰		方格纹						新石器时代晚期至商代
3255	ZJLY-115	卜庙山	ZJLY-115:1YⅡ	23.40	113.80	20	石	锛			青灰								西周至春秋
3256	ZJLY-115	卜庙山	ZJLY-115:2YⅡ	23.40	113.80	19	陶			夹细砂硬陶	青灰		交错绳纹						新石器时代晚期至商代
3257	ZJLY-115	卜庙山	ZJLY-115:3YⅡ	23.40	113.80	29	石	锛			青灰				片岩	残	6	未风化	新石器时代晚期至商代
3258	ZJLY-115	卜庙山	ZJLY-115:1ZⅠ	23.40	113.80	18	陶	罐	口沿	泥质粗硬陶	灰黑		重菱纹饰						西周至春秋
3259	ZJLY-115	卜庙山	ZJLY-115:2ZⅠ	23.40	113.80	17	陶			泥质细硬陶	灰黑		曲折纹饰						新石器时代晚期至商代
3260	ZJLY-115	卜庙山	ZJLY-115:3ZⅠ	23.40	113.80	18	陶			泥质细软陶	灰白		篮纹						新石器时代晚期至商代
3261	ZJLY-115	卜庙山	ZJLY-115:4ZⅠ	23.40	113.80	28	陶			泥质细硬陶	灰		条纹、附加堆纹						新石器时代晚期至商代
3262	ZJLY-130	秋江	ZJLY-130:1ZⅠ	23.39	113.77	32	陶			泥质细硬陶	青灰		绳纹						新石器时代晚期至商代
3263	ZJLY-130	秋江	ZJLY-130:2ZⅠ	23.39	113.77	30	陶			泥质细硬陶	青灰		绳纹						新石器时代晚期至商代
3264	ZJLY-137	紫金山	ZJLY-137:1YⅡ	/	/	/	陶			泥质粗硬陶	红褐		曲折纹						新石器时代晚期至商代
3265	ZJLY-137	紫金山	ZJLY-137:3YⅡ	/	/	/	陶			泥质细硬陶	灰褐		三角格纹						战国至南越国
3266	ZJLY-137	紫金山	ZJLY-137:4YⅡ	/	/	/	陶			泥质细硬陶	深灰		米字纹						战国至南越国
3267	ZJLY-137	紫金山	ZJLY-137:6YⅡ	23.41	113.78	32	陶	罐	底	泥质粗硬陶	灰褐		三角格纹						战国至南越国
3268	ZJLY-137	紫金山	ZJLY-137:7YⅡ	23.41	113.78	31	陶			泥质粗硬陶	红褐		方格纹						战国至南越国
3269	ZJLY-137	紫金山	ZJLY-137:8YⅡ	23.41	113.78	25	陶			泥质粗硬陶	灰褐		方格纹						战国至南越国

序号	遗址编号	遗址名称	遗物编号	纬度（度）	经度（度）	海拔（米）	质地	器形	部位	陶质	颜色	釉色	纹饰	刻划符号	石器岩性	石器完整程度	石器硬度	石器风化程度	年代
3270	ZJLY-137	紫金山	ZJLY-137:9YⅡ	23.41	113.78	29	陶			泥质粗硬陶	灰		方格纹						战国至南越国
3271	ZJLY-137	紫金山	ZJLY-137:10YⅡ	23.41	113.78	31	陶			泥质粗硬陶	红褐		米字纹						战国至南越国
3272	ZJLY-137	紫金山	ZJLY-137:11YⅡ	23.41	113.78	30	陶			泥质粗硬陶	红褐		方格纹						战国至南越国
3273	ZJLY-137	紫金山	ZJLY-137:12YⅡ	23.41	113.78	27	陶	罐	口沿	泥质粗硬陶	灰褐		篦点纹、弦纹、曲折纹						战国至南越国
3274	ZJLY-137	紫金山	ZJLY-137:13YⅡ	23.41	113.78	25	陶			泥质粗硬陶	灰褐		三角格纹	有					战国至南越国
3275	ZJLY-137	紫金山	ZJLY-137:14YⅡ	23.41	113.78	28	陶			泥质粗硬陶	灰褐		三角格纹						战国至南越国
3276	ZJLY-137	紫金山	ZJLY-137:15YⅡ	23.41	113.78	32	陶			泥质粗硬陶	灰褐		三角格纹						战国至南越国
3277	ZJLY-137	紫金山	ZJLY-137:16YⅡ	23.41	113.78	28	陶			泥质粗软陶	红褐		方格纹						战国至南越国
3278	ZJLY-137	紫金山	ZJLY-137:17YⅡ	23.41	113.78	29	陶			泥质粗硬陶	灰褐		方格纹						战国至南越国
3279	ZJLY-137	紫金山	ZJLY-137:18YⅡ	23.41	113.78	28	陶		底	夹细砂软陶	灰		长方格纹						新石器时代晚期至商代
3280	ZJLY-137	紫金山	ZJLY-137:19YⅡ	23.41	113.78	30	陶	罐		泥质粗硬陶	红褐		素面						战国至南越国
3281	ZJLY-137	紫金山	ZJLY-137:20YⅡ	23.41	113.78	29	陶			泥质粗软陶	灰		方格纹						战国至南越国
3282	ZJLY-137	紫金山	ZJLY-137:21YⅡ	23.41	113.78	27	陶			泥质粗硬陶	灰		三角格纹						战国至南越国
3283	ZJLY-137	紫金山	ZJLY-137:22YⅡ	23.41	113.78	27	陶			泥质粗硬陶	灰褐		方格纹						战国至南越国
3284	ZJLY-137	紫金山	ZJLY-137:23YⅡ	23.41	113.78	26	陶			泥质粗硬陶	灰		方格纹						战国至南越国
3285	ZJLY-137	紫金山	ZJLY-137:24YⅡ	23.41	113.78	29	陶			泥质粗硬陶	红褐		方格纹						战国至南越国
3286	ZJLY-137	紫金山	ZJLY-137:25YⅡ	23.41	113.78	24	陶			夹细砂硬陶	灰白		菱格凸块纹						新石器时代晚期至商代
3287	ZJLY-137	紫金山	ZJLY-137:26YⅡ	23.41	113.78	25	陶	罐	口沿	泥质粗硬陶	灰		米字纹						战国至南越国
3288	ZJLY-137	紫金山	ZJLY-137:27YⅡ	23.41	113.78	21	陶			泥质粗硬陶	灰		素面						战国至南越国
3289	ZJLY-137	紫金山	ZJLY-137:28YⅡ	23.41	113.78	23	陶			泥质粗硬陶	灰褐		三角格纹						战国至南越国
3290	ZJLY-137	紫金山	ZJLY-137:29YⅡ	23.41	113.78	26	陶			泥质粗硬陶	灰褐		三角格纹						战国至南越国
3291	ZJLY-137	紫金山	ZJLY-137:30YⅡ	23.41	113.78	23	陶			泥质粗硬陶	青灰		方格纹						战国至南越国
3292	ZJLY-137	紫金山	ZJLY-137:31YⅡ	23.41	113.78	22	陶			泥质细硬陶	灰		三角格纹						战国至南越国
3293	ZJLY-137	紫金山	ZJLY-137:32YⅡ	23.41	113.78	23	陶			泥质粗硬陶	灰褐		三角格纹						战国至南越国
3294	ZJLY-137	紫金山	ZJLY-137:33YⅡ	23.41	113.78	23	陶			泥质粗硬陶	灰褐		素面						战国至南越国
3295	ZJLY-137	紫金山	ZJLY-137:34YⅡ	23.41	113.78	20	陶			泥质粗硬陶	红褐		方格纹						战国至南越国
3296	ZJLY-137	紫金山	ZJLY-137:35YⅡ	23.41	113.78	21	陶			泥质细硬陶	青灰		三角格纹						战国至南越国
3297	ZJLY-137	紫金山	ZJLY-137:36YⅡ	23.41	113.78	24	陶			泥质粗硬陶	灰褐		三角格纹						战国至南越国
3298	ZJLY-137	紫金山	ZJLY-137:37YⅡ	23.41	113.78	29	陶			泥质粗硬陶	灰褐		三角格纹						战国至南越国
3299	ZJLY-137	紫金山	ZJLY-137:38YⅡ	23.41	113.78	26	陶			泥质粗硬陶	红褐		三角格纹						战国至南越国
3300	ZJLY-137	紫金山	ZJLY-137:39YⅡ	23.41	113.78	24	陶			泥质细硬陶	红褐		素面						战国至南越国

序号	遗址编号	遗址名称	遗物编号	纬度(度)	经度(度)	海拔(米)	质地	器形	部位	陶质	颜色	釉色	纹饰	刻划符号	石器岩性	石器完整程度	石器硬度	石器风化程度	年代
3301	ZJLY-137	紫金山	ZJLY-137:40YⅡ	23.41	113.78	24	陶			夹细砂硬陶	灰		长方格纹、附加堆纹						新石器时代晚期至商代
3302	ZJLY-137	紫金山	ZJLY-137:41YⅡ	23.41	113.78	24	陶	鼎	足	泥质粗硬陶	红褐		素面						战国至南越国
3303	ZJLY-137	紫金山	ZJLY-137:42YⅡ	23.41	113.78	26	陶			泥质粗硬陶	灰褐		三角格纹						战国至南越国
3304	ZJLY-137	紫金山	ZJLY-137:43YⅡ	23.41	113.78	28	陶			泥质粗硬陶	灰褐		米字纹						战国至南越国
3305	ZJLY-137	紫金山	ZJLY-137:44YⅡ	23.41	113.78	26	陶			泥质细硬陶	灰		方格纹						战国至南越国
3306	ZJLY-137	紫金山	ZJLY-137:45YⅡ	23.41	113.78	22	陶			泥质细硬陶	灰褐		三角格纹						战国至南越国
3307	ZJLY-137	紫金山	ZJLY-137:46YⅡ	23.41	113.78	21	陶			泥质细硬陶	红褐		方格纹						战国至南越国
3308	ZJLY-137	紫金山	ZJLY-137:47YⅡ	23.41	113.78	20	陶			泥质细硬陶	灰		素面						战国至南越国
3309	ZJLY-137	紫金山	ZJLY-137:48YⅡ	23.41	113.78	16	陶			泥质细硬陶	灰		长方格纹						新石器时代晚期至商代
3310	ZJLY-137	紫金山	ZJLY-137:49YⅡ	23.41	113.78	19	陶			泥质细硬陶	红褐		素面						战国至南越国
3311	ZJLY-137	紫金山	ZJLY-137:50YⅡ	23.41	113.78	18	陶			泥质细硬陶	青灰		叶脉纹						新石器时代晚期至商代
3312	ZJLY-137	紫金山	ZJLY-137:51YⅡ	23.41	113.78	17	陶			泥质细硬陶	青灰		交错绳纹						新石器时代晚期至商代
3313	ZJLY-137	紫金山	ZJLY-137:52YⅡ	23.41	113.78	20	陶			夹细砂硬陶	灰		交错绳纹						新石器时代晚期至商代
3314	ZJLY-137	紫金山	ZJLY-137:53YⅡ	23.41	113.78	17	陶			泥质细硬陶	灰		三角格纹						战国至南越国
3315	ZJLY-137	紫金山	ZJLY-137:54YⅡ	23.41	113.78	21	陶			泥质粗硬陶	红褐		方格纹						战国至南越国
3316	ZJLY-137	紫金山	ZJLY-137:55YⅡ	23.41	113.78	23	陶			泥质粗硬陶	灰		方格纹						战国至南越国
3317	ZJLY-137	紫金山	ZJLY-137:56YⅡ	23.41	113.78	23	陶			泥质粗硬陶	灰褐		方格纹						战国至南越国
3318	ZJLY-137	紫金山	ZJLY-137:57YⅡ	23.41	113.78	22	陶			泥质细硬陶	青灰		素面						战国至南越国
3319	ZJLY-137	紫金山	ZJLY-137:58YⅡ	23.41	113.78	18	陶			泥质粗硬陶	灰		方格纹						战国至南越国
3320	ZJLY-137	紫金山	ZJLY-137:59YⅡ	23.41	113.78	18	陶			泥质粗硬陶	红褐		方格纹						战国至南越国
3321	ZJLY-137	紫金山	ZJLY-137:60YⅡ	23.41	113.78	20	陶			泥质粗硬陶	灰		方格纹						战国至南越国
3322	ZJLY-137	紫金山	ZJLY-137:61YⅡ	23.41	113.78	18	陶			泥质粗硬陶	灰		素面						战国至南越国
3323	ZJLY-137	紫金山	ZJLY-137:62YⅡ	23.41	113.78	17	陶			夹细砂硬陶	灰		曲折纹						新石器时代晚期至商代
3324	ZJLY-137	紫金山	ZJLY-137:64YⅡ	23.41	113.78	20	陶			泥质粗硬陶	灰		方格纹						战国至南越国
3325	ZJLY-137	紫金山	ZJLY-137:65YⅡ	23.41	113.78	17	陶			泥质细硬陶	灰		方格纹						战国至南越国
3326	ZJLY-137	紫金山	ZJLY-137:66YⅡ	23.41	113.78	19	陶			泥质粗硬陶	灰褐		三角格纹						战国至南越国
3327	ZJLY-137	紫金山	ZJLY-137:67YⅡ	23.41	113.78	19	陶			泥质粗硬陶	灰		三角格纹						战国至南越国
3328	ZJLY-137	紫金山	ZJLY-137:68YⅡ	23.41	113.78	18	陶			泥质粗硬陶	灰褐		米字纹						战国至南越国
3329	ZJLY-137	紫金山	ZJLY-137:69YⅡ	23.41	113.78	21	陶			泥质细硬陶	深灰		素面						战国至南越国
3330	ZJLY-137	紫金山	ZJLY-137:70YⅡ	23.41	113.78	22	陶			泥质细硬陶	灰褐		三角格纹						战国至南越国
3331	ZJLY-137	紫金山	ZJLY-137:71YⅡ	23.41	113.78	23	陶	杯		泥质细硬陶	灰		素面						战国至南越国

序号	遗址编号	遗址名称	遗物编号	纬度（度）	经度（度）	海拔（米）	质地	器形	部位	陶质	颜色	釉色	纹饰	刻划符号	石器岩性	石器完整程度	石器硬度	石器风化程度	年代
3332	ZJLY－137	紫金山	ZJLY－137:72YⅡ	23.41	113.78	18	陶			泥质粗硬陶	灰		素面						战国至南越国
3333	ZJLY－137	紫金山	ZJLY－137:73YⅡ	23.40	113.78	24	陶	罐	口沿	泥质粗硬陶	红褐		素面						战国至南越国
3334	ZJLY－137	紫金山	ZJLY－137:74YⅡ	23.40	113.78	23	陶			泥质粗硬陶	灰		素面						战国至南越国
3335	ZJLY－137	紫金山	ZJLY－137:75YⅡ	23.40	113.78	23	陶	罐	口沿	泥质粗硬陶	红		素面						战国至南越国
3336	ZJLY－137	紫金山	ZJLY－137:76YⅡ	23.40	113.78	25	陶			夹细砂硬陶	青灰		交错绳纹						新石器时代晚期至商代
3337	ZJLY－137	紫金山	ZJLY－137:77YⅡ	23.40	113.78	22	陶			泥质粗软陶	灰		方格纹						战国至南越国
3338	ZJLY－137	紫金山	ZJLY－137:78YⅡ	23.40	113.78	22	陶	罐	口沿	夹细砂软陶	红褐		素面						新石器时代晚期至商代
3339	ZJLY－137	紫金山	ZJLY－137:79YⅡ	23.41	113.78	22	陶			泥质粗硬陶	红		方格纹						战国至南越国
3340	ZJLY－137	紫金山	ZJLY－137:80YⅡ	23.41	113.79	23	石	铧			青灰				片岩	基本完整	6	未风化	新石器时代晚期至商代
3341	ZJLY－137	紫金山	ZJLY－137:81YⅡ	23.41	113.79	31	石	砺石			红褐								新石器时代晚期至商代
3342	ZJLY－137	紫金山	ZJLY－137:82YⅡ	23.41	113.79	18	陶			泥质细硬陶	青灰		方格纹						战国至南越国
3343	ZJLY－137	紫金山	ZJLY－137:83YⅡ	23.41	113.79	13	陶			泥质细硬陶	深灰		米字纹						战国至南越国
3344	ZJLY－137	紫金山	ZJLY－137:84YⅡ	23.41	113.79	23	陶			泥质细硬陶	灰		素面						新石器时代晚期至商代
3345	ZJLY－137	紫金山	ZJLY－137:85YⅡ	23.41	113.79	15	陶			泥质细硬陶	灰白		方格纹						新石器时代晚期至商代
3346	ZJLY－137	紫金山	ZJLY－137:1ZⅠ	23.40	113.78	26	陶			泥质细硬陶	灰		方格纹						新石器时代晚期至商代
3347	ZJLY－137	紫金山	ZJLY－137:2ZⅠ	23.40	113.78	27	陶			夹细砂硬陶	灰		曲折纹						新石器时代晚期至商代
3348	ZJLY－137	紫金山	ZJLY－137:3ZⅠ	23.40	113.78	26	石	砺石			灰白								新石器时代晚期至商代
3349	ZJLY－137	紫金山	ZJLY－137:4ZⅠ	23.40	113.78	28	陶			夹细砂硬陶	灰白		圆圈凸点纹						新石器时代晚期至商代
3350	ZJLY－137	紫金山	ZJLY－137:5ZⅠ	23.40	113.78	22	陶			泥质粗软陶	红褐		篮纹						新石器时代晚期至商代
3351	ZJLY－137	紫金山	ZJLY－137:6ZⅠ	23.40	113.78	26	石	铧			青灰								新石器时代晚期至商代
3352	ZJLY－137	紫金山	ZJLY－137:7ZⅠ	23.41	113.78	30	陶			泥质细硬陶	青灰		米字纹						战国至南越国
3353	ZJLY－137	紫金山	ZJLY－137:8ZⅠ	23.41	113.78	30	陶			泥质粗硬陶	灰		米字纹						战国至南越国
3354	ZJLY－137	紫金山	ZJLY－137:9ZⅠ	23.41	113.78	34	陶			泥质粗硬陶	灰褐		米字纹						战国至南越国
3355	ZJLY－137	紫金山	ZJLY－137:10ZⅠ	23.41	113.78	26	陶			泥质细硬陶	灰褐		三角格纹						战国至南越国
3356	ZJLY－137	紫金山	ZJLY－137:11ZⅠ	23.41	113.78	30	陶			泥质粗硬陶	红褐		三角格纹						战国至南越国
3357	ZJLY－137	紫金山	ZJLY－137:12ZⅠ	23.41	113.78	23	陶			泥质粗硬陶	灰		方格纹						战国至南越国
3358	ZJLY－137	紫金山	ZJLY－137:13ZⅠ	23.41	113.78	24	陶			泥质粗硬陶	青灰		米字纹						战国至南越国
3359	ZJLY－137	紫金山	ZJLY－137:14ZⅠ	23.41	113.78	25	陶	三足盒	底	泥质粗硬陶	灰		弦纹						战国至南越国
3360	ZJLY－137	紫金山	ZJLY－137:15ZⅠ	23.41	113.78	23	陶			泥质粗硬陶	青灰		三角格纹						战国至南越国
3361	ZJLY－137	紫金山	ZJLY－137:16ZⅠ	23.41	113.78	25	陶			泥质粗硬陶	深灰		米字纹						战国至南越国
3362	ZJLY－137	紫金山	ZJLY－137:17ZⅠ	23.40	113.78	25	陶			泥质粗硬陶	灰褐		方格纹						战国至南越国

序号	遗址编号	遗址名称	遗物编号	纬度（度）	经度（度）	海拔（米）	质地	器形	部位	陶质	颜色	釉色	纹饰	刻划符号	石器岩性	石器完整程度	石器硬度	石器风化程度	年代
3363	ZJLY－137	紫金山	ZJLY－137:18Z I	23.40	113.78	24	陶			泥质粗硬陶	青灰		方格纹						战国至南越国
3364	ZJLY－137	紫金山	ZJLY－137:19Z I	23.40	113.78	24	陶			泥质粗硬陶	灰		素面						战国至南越国
3365	ZJLY－137	紫金山	ZJLY－137:20Z I	23.41	113.78	28	陶			泥质粗硬陶	红褐		三角格纹						战国至南越国
3366	ZJLY－137	紫金山	ZJLY－137:21Z I	23.40	113.78	30	陶			夹细砂硬陶	红褐		交错绳纹						新石器时代晚期至商代
3367	ZJLY－137	紫金山	ZJLY－137:22Z I	23.40	113.78	29	陶			泥质细硬陶	红褐		方格纹						战国至南越国
3368	ZJLY－137	紫金山	ZJLY－137:23Z I	23.40	113.78	29	陶			泥质粗硬陶	红褐		方格纹						战国至南越国
3369	ZJLY－137	紫金山	ZJLY－137:24Z I	23.41	113.78	30	陶			泥质粗硬陶	灰		方格纹						战国至南越国
3370	ZJLY－137	紫金山	ZJLY－137:25Z I	23.41	113.78	24	陶			泥质粗硬陶	灰		米字纹						战国至南越国
3371	ZJLY－137	紫金山	ZJLY－137:26Z I	23.41	113.78	23	陶			泥质粗硬陶	深灰		三角格纹						战国至南越国
3372	ZJLY－137	紫金山	ZJLY－137:27Z I	23.41	113.78	24	陶			泥质粗硬陶	深灰		米字纹						战国至南越国
3373	ZJLY－137	紫金山	ZJLY－137:28Z I	23.41	113.78	22	陶			泥质细硬陶	灰		方格纹						战国至南越国
3374	ZJLY－137	紫金山	ZJLY－137:29Z I	23.41	113.78	23	陶			泥质粗硬陶	红褐		方格纹						战国至南越国
3375	ZJLY－137	紫金山	ZJLY－137:30Z I	23.41	113.78	24	陶			泥质粗硬陶	灰		米字纹						战国至南越国
3376	ZJLY－137	紫金山	ZJLY－137:31Z I	23.41	113.78	18	陶			泥质细硬陶	深灰		三角格纹						战国至南越国
3377	ZJLY－137	紫金山	ZJLY－137:32Z I	23.41	113.78	20	陶			泥质粗硬陶	红褐		素面						战国至南越国
3378	ZJLY－137	紫金山	ZJLY－137:33Z I	23.41	113.78	20	陶			泥质细硬陶	灰		素面						战国至南越国
3379	ZJLY－137	紫金山	ZJLY－137:34Z I	23.41	113.78	21	陶			泥质细硬陶	灰褐		米字纹						战国至南越国
3380	ZJLY－137	紫金山	ZJLY－137:35Z I	23.41	113.78	22	陶			泥质粗硬陶	灰褐		方格纹						战国至南越国
3381	ZJLY－137	紫金山	ZJLY－137:36Z I	23.41	113.78	21	陶			泥质粗硬陶	灰褐		素面						战国至南越国
3382	ZJLY－137	紫金山	ZJLY－137:37Z I	23.41	113.78	18	陶			泥质粗硬陶	青灰		方格纹						战国至南越国
3383	ZJLY－137	紫金山	ZJLY－137:38Z I	23.41	113.78	13	陶			泥质粗硬陶	红褐		方格纹						战国至南越国
3384	ZJLY－137	紫金山	ZJLY－137:39Z I	23.41	113.78	13	陶			泥质粗硬陶	灰		方格纹						战国至南越国
3385	ZJLY－137	紫金山	ZJLY－137:40Z I	23.41	113.78	17	陶			泥质粗硬陶	红褐		三角格纹						战国至南越国
3386	ZJLY－137	紫金山	ZJLY－137:42Z I	23.41	113.78	16	陶			泥质粗硬陶	灰褐		米字纹						战国至南越国
3387	ZJLY－137	紫金山	ZJLY－137:43Z I	23.41	113.78	19	陶			泥质粗硬陶	灰褐		方格纹						战国至南越国
3388	ZJLY－137	紫金山	ZJLY－137:44Z I	23.41	113.78	18	陶			泥质粗硬陶	红褐		素面						战国至南越国
3389	ZJLY－137	紫金山	ZJLY－137:45Z I	23.41	113.78	19	陶	罐	口沿	泥质细硬陶	灰		素面						战国至南越国
3390	ZJLY－137	紫金山	ZJLY－137:46Z I	23.41	113.78	16	陶			泥质粗硬陶	青灰		素面						战国至南越国
3391	ZJLY－137	紫金山	ZJLY－137:47Z I	23.41	113.78	15	陶			泥质细硬陶	红		素面						战国至南越国
3392	ZJLY－137	紫金山	ZJLY－137:48Z I	23.41	113.78	16	陶			泥质粗硬陶	灰褐		方格纹						战国至南越国
3393	ZJLY－137	紫金山	ZJLY－137:49Z I	23.41	113.78	16	陶			泥质粗硬陶	青灰		素面						战国至南越国

序号	遗址编号	遗址名称	遗物编号	纬度（度）	经度（度）	海拔（米）	质地	器形	部位	陶质	颜色	釉色	纹饰	刻划符号	石器岩性	石器完整程度	石器硬度	石器风化程度	年代
3394	ZJLY-137	紫金山	ZJLY-137:50ZⅠ	23.41	113.78	15	陶			泥质粗硬陶	灰		方格纹						战国至南越国
3395	ZJLY-137	紫金山	ZJLY-137:51ZⅠ	23.41	113.78	16	陶			泥质粗硬陶	灰褐		三角格纹						战国至南越国
3396	ZJLY-137	紫金山	ZJLY-137:52ZⅠ	23.41	113.78	15	陶			泥质粗硬陶	红褐		方格纹						战国至南越国
3397	ZJLY-137	紫金山	ZJLY-137:53ZⅠ	23.41	113.78	18	陶			泥质粗硬陶	深灰		方格纹						战国至南越国
3398	ZJLY-137	紫金山	ZJLY-137:54ZⅠ	23.41	113.78	18	陶			泥质粗硬陶	灰		素面						战国至南越国
3399	ZJLY-137	紫金山	ZJLY-137:55ZⅠ	23.41	113.78	19	陶			泥质粗硬陶	灰		三角格纹						战国至南越国
3400	ZJLY-137	紫金山	ZJLY-137:56ZⅠ	23.41	113.78	21	陶			泥质粗硬陶	灰褐		米字纹						战国至南越国
3401	ZJLY-137	紫金山	ZJLY-137:57ZⅠ	23.41	113.78	23	陶			夹细砂硬陶	青灰		圆圈凸点纹、交错绳纹						新石器时代晚期至商代
3402	ZJLY-137	紫金山	ZJLY-137:58ZⅠ	23.41	113.78	23	陶			夹细砂软陶	灰		曲折纹						新石器时代晚期至商代
3403	ZJLY-137	紫金山	ZJLY-137:59ZⅠ	23.41	113.78	19	陶			泥质粗硬陶	灰褐		方格纹						战国至南越国
3404	ZJLY-137	紫金山	ZJLY-137:60ZⅠ	23.41	113.78	14	陶			泥质粗硬陶	深灰		方格纹						战国至南越国
3405	ZJLY-137	紫金山	ZJLY-137:61ZⅠ	23.41	113.78	15	陶			泥质粗硬陶	灰褐		三角格纹						战国至南越国
3406	ZJLY-137	紫金山	ZJLY-137:62ZⅠ	23.41	113.78	17	陶			泥质粗硬陶	灰		米字纹						战国至南越国
3407	ZJLY-137	紫金山	ZJLY-137:63ZⅠ	23.41	113.78	17	陶			泥质粗硬陶	红褐		三角格纹						战国至南越国
3408	ZJLY-137	紫金山	ZJLY-137:64ZⅠ	23.41	113.78	18	陶			泥质粗硬陶	灰褐		方格纹						战国至南越国
3409	ZJLY-137	紫金山	ZJLY-137:65ZⅠ	23.41	113.78	18	陶			泥质粗硬陶	灰		素面						战国至南越国
3410	ZJLY-137	紫金山	ZJLY-137:66ZⅠ	23.41	113.79	22	陶			泥质粗硬陶	灰褐		方格纹						战国至南越国
3411	ZJLY-138	姑秧顶	ZJLY-138:1TⅠ	23.41	113.79	23	陶			泥质粗硬陶	深灰		方格纹						西周至春秋
3412	ZJLY-138	姑秧顶	ZJLY-138:2TⅠ	23.41	113.79	28	陶			泥质粗硬陶	灰褐		方格纹						战国至南越国
3413	ZJLY-138	姑秧顶	ZJLY-138:1YⅡ	23.41	113.79	11	陶			泥质粗硬陶	灰褐		方格纹						战国至南越国
3414	ZJLY-138	姑秧顶	ZJLY-138:2YⅡ	23.41	113.79	12	陶	罐	口沿	泥质粗硬陶	灰黑		素面						西周至春秋
3415	ZJLY-138	姑秧顶	ZJLY-138:3YⅡ	23.41	113.79	20	陶			泥质细硬陶	灰褐		米字纹						战国至南越国
3416	ZJLY-138	姑秧顶	ZJLY-138:4YⅡ	23.41	113.79	26	陶			泥质细硬陶	灰黑		水波纹、弦纹						战国至南越国
3417	ZJLY-138	姑秧顶	ZJLY-138:5YⅡ	23.41	113.79	22	陶			泥质细硬陶	灰黑		米字纹						战国至南越国
3418	ZJLY-138	姑秧顶	ZJLY-138:6YⅡ	23.41	113.79	42	陶			泥质粗硬陶	灰黑		菱格纹						西周至春秋
3419	ZJLY-138	姑秧顶	ZJLY-138:7YⅡ	23.41	113.79	26	陶			泥质细软陶	灰褐		菱格纹						西周至春秋
3420	ZJLY-138	姑秧顶	ZJLY-138:8YⅡ	23.41	113.79	28	陶			泥质细软陶	灰		勾连云雷纹						西周至春秋
3421	ZJLY-138	姑秧顶	ZJLY-138:9YⅡ	23.41	113.79	28	陶			泥质粗硬陶	灰黑		素面						战国至南越国
3422	ZJLY-138	姑秧顶	ZJLY-138:10YⅡ	23.41	113.79	21	石	砺石			深灰				角岩	基本完整	7	未风化	西周至春秋
3423	ZJLY-138	姑秧顶	ZJLY-138:11YⅡ	23.41	113.79	20	陶			泥质粗硬陶	灰黑		素面						战国至南越国
3424	ZJLY-138	姑秧顶	ZJLY-138:12YⅡ	23.41	113.79	18	陶			泥质粗硬陶	灰褐		方格纹						战国至南越国

序号	遗址编号	遗址名称	遗物编号	纬度(度)	经度(度)	海拔(米)	质地	器形	部位	陶质	颜色	釉色	纹饰	刻划符号	石器岩性	石器完整程度	石器硬度	石器风化程度	年代
3425	ZJLY-138	姑秧顶	ZJLY-138:13YⅡ	23.41	113.79	19	陶			泥质粗软陶	深灰		方格纹						战国至南越国
3426	ZJLY-138	姑秧顶	ZJLY-138:14YⅡ	23.41	113.79	20	陶			泥质硬陶	灰黑		素面						战国至南越国
3427	ZJLY-138	姑秧顶	ZJLY-138:15YⅡ	23.41	113.79	13	陶			泥质粗硬陶	灰白		方格纹						战国至南越国
3428	ZJLY-138	姑秧顶	ZJLY-138:16YⅡ	23.41	113.79	19	陶			泥质粗硬陶	灰黑		米字纹						战国至南越国
3429	ZJLY-138	姑秧顶	ZJLY-138:17YⅡ	23.41	113.79	16	陶			泥质粗硬陶	深灰		方格纹						战国至南越国
3430	ZJLY-138	姑秧顶	ZJLY-138:18YⅡ	23.41	113.79	16	陶			泥质软陶	灰白		米字纹						战国至南越国
3431	ZJLY-138	姑秧顶	ZJLY-138:19YⅡ	23.41	113.79	14	陶	瓮	口沿	泥质硬陶	灰褐		米字纹						战国至南越国
3432	ZJLY-138	姑秧顶	ZJLY-138:20YⅡ	23.41	113.79	17	陶			泥质细硬陶	深灰		方格纹						西周至春秋
3433	ZJLY-138	姑秧顶	ZJLY-138:21YⅡ	23.41	113.79	18	陶			泥质粗硬陶	灰褐		网格纹						西周至春秋
3434	ZJLY-138	姑秧顶	ZJLY-138:22YⅡ	23.41	113.79	14	陶			泥质细硬陶	灰褐		米字纹						战国至南越国
3435	ZJLY-138	姑秧顶	ZJLY-138:23YⅡ	23.41	113.79	18	陶	罐	底	泥质粗软陶	灰褐		素面						战国至南越国
3436	ZJLY-138	姑秧顶	ZJLY-138:24YⅡ	23.41	113.79	17	陶			泥质硬陶	灰		米字纹						战国至南越国
3437	ZJLY-138	姑秧顶	ZJLY-138:25YⅡ	23.41	113.79	16	陶			泥质粗硬陶	灰褐		方格纹						西周至春秋
3438	ZJLY-138	姑秧顶	ZJLY-138:26YⅡ	23.41	113.79	19	陶			泥质细硬陶	红褐		米字纹						战国至南越国
3439	ZJLY-138	姑秧顶	ZJLY-138:27YⅡ	23.41	113.79	22	陶			泥质硬陶	红褐		方格纹						战国至南越国
3440	ZJLY-138	姑秧顶	ZJLY-138:28YⅡ	23.41	113.79	22	陶			泥质粗硬陶	灰		方格纹						战国至南越国
3441	ZJLY-138	姑秧顶	ZJLY-138:29YⅡ	23.41	113.79	21	陶	罐	口沿	泥质粗硬陶	灰褐		素面						战国至南越国
3442	ZJLY-138	姑秧顶	ZJLY-138:30YⅡ	23.41	113.79	18	陶			泥质细硬陶	灰褐		勾连云雷纹						西周至春秋
3443	ZJLY-138	姑秧顶	ZJLY-138:31YⅡ	23.41	113.79	17	陶			泥质粗硬陶	灰黑		方格纹						西周至春秋
3444	ZJLY-138	姑秧顶	ZJLY-138:32YⅡ	23.41	113.79	18	陶			泥质粗硬陶	灰白		方格纹						战国至南越国
3445	ZJLY-138	姑秧顶	ZJLY-138:33YⅡ	23.41	113.79	18	陶			泥质软陶	灰黑		米字纹						战国至南越国
3446	ZJLY-138	姑秧顶	ZJLY-138:34YⅡ	23.41	113.79	22	陶			泥质硬陶	红褐		米字纹						战国至南越国
3447	ZJLY-138	姑秧顶	ZJLY-138:35YⅡ	23.41	113.79	18	陶			泥质粗硬陶	灰黑		勾连云雷纹						西周至春秋
3448	ZJLY-138	姑秧顶	ZJLY-138:36YⅡ	23.41	113.79	17	陶			泥质粗硬陶	灰黑		勾连云雷纹						西周至春秋
3449	ZJLY-138	姑秧顶	ZJLY-138:37YⅡ	23.41	113.79	20	陶			泥质粗硬陶	灰褐		曲折纹						西周至春秋
3450	ZJLY-138	姑秧顶	ZJLY-138:38YⅡ	23.41	113.79	20	陶			泥质硬陶	灰		素面						战国至南越国
3451	ZJLY-138	姑秧顶	ZJLY-138:39YⅡ	23.41	113.79	22	陶			夹细砂硬陶	灰黑		篦点纹、弦纹						战国至南越国
3452	ZJLY-138	姑秧顶	ZJLY-138:40YⅡ	23.41	113.79	21	陶			泥质硬陶	灰褐		方格纹						西周至春秋
3453	ZJLY-138	姑秧顶	ZJLY-138:41YⅡ	23.41	113.79	22	陶			泥质粗硬陶	灰黑		素面						战国至南越国
3454	ZJLY-138	姑秧顶	ZJLY-138:42YⅡ	23.41	113.79	20	陶			泥质粗硬陶	灰褐		素面						战国至南越国
3455	ZJLY-138	姑秧顶	ZJLY-138:43YⅡ	23.41	113.79	27	陶			泥质粗软陶	深灰		方格纹						战国至南越国

续表

序号	遗址编号	遗址名称	遗物编号	纬度（度）	经度（度）	海拔（米）	质地	器形	部位	陶质	颜色	釉色	纹饰	刻划符号	石器岩性	石器完整程度	石器硬度	石器风化程度	年代
3456	ZJLY-138	姑秧顶	ZJLY-138:44YⅡ	23.41	113.79	26	陶			泥质粗硬陶	灰黑		方格纹						西周至春秋
3457	ZJLY-138	姑秧顶	ZJLY-138:45YⅡ	23.41	113.79	29	陶			泥质粗硬陶	红褐		勾连云雷纹、菱格纹						西周至春秋
3458	ZJLY-138	姑秧顶	ZJLY-138:46YⅡ	23.41	113.79	26	陶			泥质粗硬陶	灰黑		方格纹、勾连云雷纹						西周至春秋
3459	ZJLY-138	姑秧顶	ZJLY-138:47YⅡ	23.41	113.79	30	陶	瓮	口沿	泥质细硬陶	橙黄		方格纹、勾连云雷纹						西周至春秋
3460	ZJLY-138	姑秧顶	ZJLY-138:48YⅡ	23.41	113.79	32	陶	罐	口沿	泥质粗硬陶	灰褐		素面						战国至南越国
3461	ZJLY-138	姑秧顶	ZJLY-138:49YⅡ	23.41	113.79	36	陶	罐	口沿	泥质粗硬陶	红褐		方格纹						战国至南越国
3462	ZJLY-138	姑秧顶	ZJLY-138:50YⅡ	23.41	113.79	34	陶			泥质粗硬陶	红褐		方格纹、勾连云雷纹						西周至春秋
3463	ZJLY-138	姑秧顶	ZJLY-138:51YⅡ	23.41	113.79	36	陶			泥质粗硬陶	灰白		勾连云雷纹						西周至春秋
3464	ZJLY-138	姑秧顶	ZJLY-138:52YⅡ	23.41	113.79	14	陶			泥质粗硬陶	灰褐		勾连云雷纹						西周至春秋
3465	ZJLY-138	姑秧顶	ZJLY-138:53YⅡ	23.41	113.79	19	陶			泥质粗硬陶	灰褐		米字纹						战国至南越国
3466	ZJLY-138	姑秧顶	ZJLY-138:54YⅡ	23.41	113.79	19	陶	罐	口沿	泥质粗硬陶	红褐		米字纹						战国至南越国
3467	ZJLY-138	姑秧顶	ZJLY-138:55YⅡ	23.41	113.79	19	陶	罐	底	泥质粗硬陶	灰褐		素面						战国至南越国
3468	ZJLY-138	姑秧顶	ZJLY-138:56YⅡ	23.41	113.79	19	陶			泥质粗硬陶	灰褐		米字纹						战国至南越国
3469	ZJLY-138	姑秧顶	ZJLY-138:1ZⅠ	23.41	113.79	27	陶			泥质粗硬陶	红褐		勾连云雷纹						西周至春秋
3470	ZJLY-138	姑秧顶	ZJLY-138:2ZⅠ	23.41	113.79	31	陶			泥质粗软陶	灰褐		素面						西周至春秋
3471	ZJLY-138	姑秧顶	ZJLY-138:3ZⅠ	23.41	113.79	32	陶		口沿	泥质粗硬陶	灰		网格纹						西周至春秋
3472	ZJLY-138	姑秧顶	ZJLY-138:4ZⅠ	23.41	113.79	31	陶			夹细砂硬陶	灰褐		方格纹						战国至南越国
3473	ZJLY-138	姑秧顶	ZJLY-138:5ZⅠ	23.41	113.79	29	陶			泥质粗软陶	红褐		方格纹						战国至南越国
3474	ZJLY-138	姑秧顶	ZJLY-138:6ZⅠ	23.41	113.79	32	陶			泥质细硬陶	灰褐		方格纹						西周至春秋
3475	ZJLY-138	姑秧顶	ZJLY-138:7ZⅠ	23.41	113.79	32	陶			夹细砂软陶	灰褐		方格纹						西周至春秋
3476	ZJLY-138	姑秧顶	ZJLY-138:8ZⅠ	23.41	113.79	29	陶			泥质粗硬陶	红褐		方格纹						西周至春秋
3477	ZJLY-138	姑秧顶	ZJLY-138:9ZⅠ	23.41	113.79	26	陶			泥质细硬陶	灰褐		方格纹						战国至南越国
3478	ZJLY-138	姑秧顶	ZJLY-138:10ZⅠ	23.41	113.79	29	陶			泥质细硬陶	红褐		方格纹						战国至南越国
3479	ZJLY-138	姑秧顶	ZJLY-138:11ZⅠ	23.41	113.79	28	陶			泥质粗硬陶	灰白		勾连云雷纹						西周至春秋
3480	ZJLY-138	姑秧顶	ZJLY-138:12ZⅠ	23.41	113.79	26	陶			泥质粗硬陶	灰		勾连云雷纹						西周至春秋
3481	ZJLY-138	姑秧顶	ZJLY-138:13ZⅠ	23.41	113.79	26	陶			泥质粗软陶	红褐		菱格凸块纹						西周至春秋
3482	ZJLY-138	姑秧顶	ZJLY-138:14ZⅠ	23.41	113.79	26	陶			泥质细硬陶	灰黑		方格纹						战国至南越国
3483	ZJLY-138	姑秧顶	ZJLY-138:15ZⅠ	23.41	113.79	25	陶			泥质细硬陶	灰白		方格纹						战国至南越国
3484	ZJLY-138	姑秧顶	ZJLY-138:16ZⅠ	23.41	113.79	26	陶			泥质粗硬陶	灰白		方格纹						西周至春秋
3485	ZJLY-138	姑秧顶	ZJLY-138:17ZⅠ	23.41	113.79	24	陶			泥质粗硬陶	灰黑		方格纹						战国至南越国
3486	ZJLY-138	姑秧顶	ZJLY-138:18ZⅠ	23.41	113.79	26	陶			泥质细硬陶	灰		勾连云雷纹						西周至春秋

625

序号	遗址编号	遗址名称	遗物编号	纬度(度)	经度(度)	海拔(米)	质地	器形	部位	陶质	颜色	釉色	纹饰	刻划符号	石器岩性	石器完整程度	石器硬度	石器风化程度	年代
3487	ZJLY-138	姑秧顶	ZJLY-138:19ZⅠ	23.41	113.79	27	陶			泥质细软陶	红褐		勾连云雷纹						西周至春秋
3488	ZJLY-138	姑秧顶	ZJLY-138:20ZⅠ	23.41	113.79	26	陶			泥质细软陶	灰白		素面						战国至南越国
3489	ZJLY-138	姑秧顶	ZJLY-138:21ZⅠ	23.41	113.79	21	陶			泥质粗硬陶	青灰		方格纹						战国至南越国
3490	ZJLY-138	姑秧顶	ZJLY-138:22ZⅠ	23.41	113.79	18	陶			泥质粗硬陶	灰褐		方格纹						战国至南越国
3491	ZJLY-138	姑秧顶	ZJLY-138:23ZⅠ	23.41	113.79	18	陶			泥质细硬陶	红褐		米字纹						战国至南越国
3492	ZJLY-138	姑秧顶	ZJLY-138:24ZⅠ	23.41	113.79	17	陶			泥质硬陶	灰		三角格纹						战国至南越国
3493	ZJLY-138	姑秧顶	ZJLY-138:25ZⅠ	23.41	113.79	15	陶			泥质硬陶	青灰		米字纹						战国至南越国
3494	ZJLY-138	姑秧顶	ZJLY-138:26ZⅠ	23.41	113.79	15	陶			泥质粗硬陶	深灰		米字纹						战国至南越国
3495	ZJLY-138	姑秧顶	ZJLY-138:27ZⅠ	23.41	113.79	14	陶			泥质细硬陶	深灰		方格纹、条纹						西周至春秋
3496	ZJLY-138	姑秧顶	ZJLY-138:28ZⅠ	23.41	113.79	14	陶			泥质细硬陶	灰褐		勾连云雷纹						西周至春秋
3497	ZJLY-138	姑秧顶	ZJLY-138:29ZⅠ	23.41	113.79	22	陶			泥质细硬陶	灰褐		米字纹						战国至南越国
3498	ZJLY-138	姑秧顶	ZJLY-138:30ZⅠ	23.41	113.79	20	陶			泥质硬陶	灰褐		米字纹						战国至南越国
3499	ZJLY-138	姑秧顶	ZJLY-138:31ZⅠ	23.41	113.79	17	陶	罐		泥质粗硬陶	灰褐		米字纹						战国至南越国
3500	ZJLY-138	姑秧顶	ZJLY-138:32ZⅠ	23.41	113.79	33	陶	罐	口沿	泥质细硬陶	灰白		方格纹、篦点纹、弦纹						西周至春秋
3501	ZJLY-138	姑秧顶	ZJLY-138:33ZⅠ	23.41	113.79	30	陶			泥质细硬陶	灰		方格纹						战国至南越国
3502	ZJLY-138	姑秧顶	ZJLY-138:34ZⅠ	23.41	113.79	28	陶	罐	口沿	泥质粗硬陶	灰黑		勾连云雷纹						西周至春秋
3503	ZJLY-140	罗布尾西侧山	ZJLY-140:1T	23.41	113.79	11	陶			泥质硬陶	灰褐		方格纹						战国至南越国
3504	ZJLY-140	罗布尾西侧山	ZJLY-140:2T	23.41	113.79	7	陶	罐	口沿	泥质粗硬陶	深灰		素面						战国至南越国
3505	ZJLY-140	罗布尾西侧山	ZJLY-140:3T	23.41	113.79	21	陶			夹粗砂软陶	灰		交错绳纹						新石器时代晚期至商代
3506	ZJLY-140	罗布尾西侧山	ZJLY-140:4T	23.41	113.79	22	陶			夹细砂硬陶	灰		条纹						新石器时代晚期至商代
3507	ZJLY-140	罗布尾西侧山	ZJLY-140:1ZⅠ	23.41	113.79	11	陶			夹细砂硬陶	青灰		交错绳纹						新石器时代晚期至商代
3508	ZJLY-141	姑婆岭	ZJLY-141:1T	23.41	113.79	15	陶			泥质硬陶	深灰		米字纹						战国至南越国
3509	ZJLY-141	姑婆岭	ZJLY-141:2T	23.41	113.79	17	陶			泥质硬陶	灰褐		夔纹						西周至春秋
3510	ZJLY-141	姑婆岭	ZJLY-141:3T	23.41	113.79	18	陶			泥质粗硬陶	青灰		菱格凸点纹						西周至春秋
3511	ZJLY-141	姑婆岭	ZJLY-141:4T	23.41	113.79	18	陶			泥质粗硬陶	灰褐		素面	有					西周至春秋
3512	ZJLY-141	姑婆岭	ZJLY-141:5T	23.41	113.79	23	陶			泥质粗硬陶	灰		云雷纹、篦点纹						西周至春秋
3513	ZJLY-141	姑婆岭	ZJLY-141:6T	23.41	113.78	25	陶			泥质硬陶	青灰		三角格纹						战国至南越国
3514	ZJLY-141	姑婆岭	ZJLY-141:7T	23.41	113.78	22	陶			泥质粗硬陶	灰褐		方格纹						战国至南越国
3515	ZJLY-141	姑婆岭	ZJLY-141:8T	23.41	113.78	25	陶			泥质粗硬陶	灰褐		方格纹						战国至南越国
3516	ZJLY-141	姑婆岭	ZJLY-141:9T	23.41	113.78	30	陶			泥质粗硬陶	深灰		方格纹						战国至南越国
3517	ZJLY-141	姑婆岭	ZJLY-141:10T	23.41	113.78	29	陶			泥质粗硬陶	灰		勾连云雷纹						西周至春秋

序号	遗址编号	遗址名称	遗物编号	纬度（度）	经度（度）	海拔（米）	质地	器形	部位	陶质	颜色	釉色	纹饰	刻划符号	石器岩性	石器完整程度	石器硬度	石器风化程度	年代
3518	ZJLY-141	姑婆岭	ZJLY-141:11T	23.41	113.78	35	陶			泥质细硬陶	红褐		方格纹						战国至南越国
3519	ZJLY-141	姑婆岭	ZJLY-141:12T	23.41	113.78	19	陶			泥质粗硬陶	灰褐		米字纹						战国至南越国
3520	ZJLY-141	姑婆岭	ZJLY-141:13T	23.41	113.78	31	陶			泥质粗硬陶	深灰		方格纹						战国至南越国
3521	ZJLY-141	姑婆岭	ZJLY-141:14T	23.41	113.78	19	陶			泥质粗硬陶	灰		重菱格纹						西周至春秋
3522	ZJLY-141	姑婆岭	ZJLY-141:15T	23.41	113.78	19	陶			泥质粗硬陶	深灰		米字纹						战国至南越国
3523	ZJLY-141	姑婆岭	ZJLY-141:16T	23.41	113.78	20	陶			泥质粗硬陶	灰		米字纹						战国至南越国
3524	ZJLY-141	姑婆岭	ZJLY-141:17T	23.41	113.78	16	陶			泥质粗硬陶	灰褐		夔纹						战国至南越国
3525	ZJLY-141	姑婆岭	ZJLY-141:1YⅡ	23.41	113.79	18	陶			泥质粗硬陶	灰		方格纹						西周至春秋
3526	ZJLY-141	姑婆岭	ZJLY-141:2YⅡ	23.41	113.79	18	陶			泥质粗硬陶	灰		方格纹						战国至南越国
3527	ZJLY-141	姑婆岭	ZJLY-141:3YⅡ	23.41	113.79	15	陶			泥质粗硬陶	灰		素面						战国至南越国
3528	ZJLY-141	姑婆岭	ZJLY-141:4YⅡ	23.41	113.79	17	陶			泥质粗硬陶	灰		素面						战国至南越国
3529	ZJLY-141	姑婆岭	ZJLY-141:5YⅡ	23.41	113.79	15	陶			泥质粗硬陶	红褐		方格纹						战国至南越国
3530	ZJLY-141	姑婆岭	ZJLY-141:6YⅡ	23.41	113.79	16	陶			泥质粗硬陶	红褐		方格纹						战国至南越国
3531	ZJLY-141	姑婆岭	ZJLY-141:7YⅡ	23.41	113.79	18	陶			泥质粗硬陶	深灰		方格纹						战国至南越国
3532	ZJLY-141	姑婆岭	ZJLY-141:8YⅡ	23.41	113.79	21	陶			泥质粗硬陶	灰		三角格纹						战国至南越国
3533	ZJLY-141	姑婆岭	ZJLY-141:9YⅡ	23.41	113.79	21	陶			泥质粗硬陶	深灰		米字纹						战国至南越国
3534	ZJLY-141	姑婆岭	ZJLY-141:10YⅡ	23.41	113.79	20	陶			泥质粗硬陶	红褐		方格纹						战国至南越国
3535	ZJLY-141	姑婆岭	ZJLY-141:11YⅡ	23.41	113.79	20	陶			泥质粗硬陶	灰褐		方格纹						战国至南越国
3536	ZJLY-141	姑婆岭	ZJLY-141:12YⅡ	23.41	113.79	20	陶			泥质粗硬陶	灰褐		勾连云雷纹						西周至春秋
3537	ZJLY-141	姑婆岭	ZJLY-141:13YⅡ	23.41	113.79	18	陶			泥质粗硬陶	灰		米字纹						战国至南越国
3538	ZJLY-141	姑婆岭	ZJLY-141:14YⅡ	23.41	113.79	18	陶			泥质粗硬陶	灰		菱格纹						西周至春秋
3539	ZJLY-141	姑婆岭	ZJLY-141:15YⅡ	23.41	113.79	23	陶	盒	口沿	泥质粗硬陶	深灰		席纹						西周至春秋
3540	ZJLY-141	姑婆岭	ZJLY-141:16YⅡ	23.41	113.79	22	陶			泥质粗硬陶	灰		水波纹、弦纹						战国至南越国
3541	ZJLY-141	姑婆岭	ZJLY-141:17YⅡ	23.41	113.79	20	陶			泥质粗硬陶	青灰		方格纹						战国至南越国
3542	ZJLY-141	姑婆岭	ZJLY-141:18YⅡ	23.41	113.79	19	陶			泥质粗硬陶	深灰		勾连云雷纹、条纹						西周至春秋
3543	ZJLY-141	姑婆岭	ZJLY-141:19YⅡ	23.41	113.79	24	陶			泥质粗硬陶	灰褐		素面						战国至南越国
3544	ZJLY-141	姑婆岭	ZJLY-141:20YⅡ	23.41	113.79	20	陶			泥质粗硬陶	深灰		方格纹						战国至南越国
3545	ZJLY-141	姑婆岭	ZJLY-141:21YⅡ	23.41	113.79	21	陶			泥质粗硬陶	灰褐		菱格纹						西周至春秋
3546	ZJLY-141	姑婆岭	ZJLY-141:22YⅡ	23.41	113.79	22	陶			泥质粗硬陶	红褐		素面						战国至南越国
3547	ZJLY-141	姑婆岭	ZJLY-141:23YⅡ	/	/	/	陶			泥质细硬陶	深灰		米字纹						战国至南越国
3548	ZJLY-141	姑婆岭	ZJLY-141:24YⅡ	/	/	/	陶			泥质细硬陶	红褐		重菱格纹						西周至春秋

序号	遗址编号	遗址名称	遗物编号	纬度(度)	经度(度)	海拔(米)	质地	器形	部位	陶质	颜色	釉色	纹饰	刻划符号	石器岩性	石器完整程度	石器硬度	石器风化程度	年代
3549	ZJLY-141	姑婆岭	ZJLY-141:25YⅡ	/	/	/	陶			泥质粗硬陶	灰褐		方格纹						战国至南越国
3550	ZJLY-141	姑婆岭	ZJLY-141:26YⅡ	/	/	/	陶			泥质粗硬陶	深灰		方格纹						西周至春秋
3551	ZJLY-141	姑婆岭	ZJLY-141:27YⅡ	/	/	/	陶			泥质粗硬陶	灰褐		曲折纹						西周至春秋
3552	ZJLY-141	姑婆岭	ZJLY-141:28YⅡ	/	/	/	陶			泥质粗硬陶	红褐		重菱格纹						西周至春秋
3553	ZJLY-141	姑婆岭	ZJLY-141:29YⅡ	/	/	/	陶			泥质粗硬陶	灰褐		勾连云雷纹						西周至春秋
3554	ZJLY-141	姑婆岭	ZJLY-141:30YⅡ	/	/	/	陶			泥质粗硬陶	深灰		方格纹						西周至春秋
3555	ZJLY-141	姑婆岭	ZJLY-141:31YⅡ	/	/	/	陶			泥质粗硬陶	灰褐		勾连云雷纹						西周至春秋
3556	ZJLY-141	姑婆岭	ZJLY-141:32YⅡ	/	/	/	陶			泥质粗硬陶	灰		方格纹						西周至春秋
3557	ZJLY-141	姑婆岭	ZJLY-141:33YⅡ	/	/	/	陶			泥质细软陶	红褐		素面						战国至南越国
3558	ZJLY-141	姑婆岭	ZJLY-141:34YⅡ	/	/	/	陶			泥质粗硬陶	深灰		方格纹						战国至南越国
3559	ZJLY-141	姑婆岭	ZJLY-141:35YⅡ	/	/	/	陶			泥质粗硬陶	深灰		方格纹						战国至南越国
3560	ZJLY-141	姑婆岭	ZJLY-141:36YⅡ	/	/	/	陶			泥质粗硬陶	红褐		方格纹						战国至南越国
3561	ZJLY-141	姑婆岭	ZJLY-141:37YⅡ	/	/	/	陶			泥质粗硬陶	灰		勾连云雷纹						西周至春秋
3562	ZJLY-141	姑婆岭	ZJLY-141:38YⅡ	/	/	/	陶			泥质粗硬陶	深灰		方格纹						战国至南越国
3563	ZJLY-141	姑婆岭	ZJLY-141:39YⅡ	/	/	/	陶			泥质细软陶	红褐		勾连云雷纹						西周至春秋
3564	ZJLY-141	姑婆岭	ZJLY-141:40YⅡ	23.41	113.78	18	陶			泥质粗硬陶	灰褐		方格纹						战国至南越国
3565	ZJLY-141	姑婆岭	ZJLY-141:41YⅡ	23.41	113.78	12	陶			泥质粗硬陶	灰褐		方格纹						战国至南越国
3566	ZJLY-141	姑婆岭	ZJLY-141:1ZⅠ	23.41	113.79	19	瓷	罐	底			青釉	素面						晋南朝
3567	ZJLY-141	姑婆岭	ZJLY-141:2ZⅠ	23.41	113.79	24	陶			泥质粗硬陶	灰褐		夔纹						西周至春秋
3568	ZJLY-141	姑婆岭	ZJLY-141:3ZⅠ	23.41	113.79	20	陶			泥质粗硬陶	灰褐		勾连云雷纹						西周至春秋
3569	ZJLY-141	姑婆岭	ZJLY-141:4ZⅠ	23.41	113.79	12	陶	罐	口沿	泥质粗硬陶	红褐		素面						战国至南越国
3570	ZJLY-141	姑婆岭	ZJLY-141:5ZⅠ	23.41	113.79	16	陶			泥质粗硬陶	深灰		方格纹						战国至南越国
3571	ZJLY-141	姑婆岭	ZJLY-141:6ZⅠ	23.41	113.79	16	陶			泥质粗硬陶	灰褐		方格纹						战国至南越国
3572	ZJLY-141	姑婆岭	ZJLY-141:7ZⅠ	23.41	113.79	13	陶			泥质粗硬陶	灰褐		方格纹						战国至南越国
3573	ZJLY-141	姑婆岭	ZJLY-141:8ZⅠ	23.41	113.79	21	陶			泥质粗硬陶	灰		重菱格纹						西周至春秋
3574	ZJLY-141	姑婆岭	ZJLY-141:9ZⅠ	23.41	113.79	21	陶			泥质粗硬陶	灰褐		三角格纹						战国至南越国
3575	ZJLY-141	姑婆岭	ZJLY-141:10ZⅠ	23.41	113.79	20	陶			泥质粗硬陶	灰褐		方格纹						战国至南越国
3576	ZJLY-141	姑婆岭	ZJLY-141:11ZⅠ	23.41	113.79	12	陶			泥质粗硬陶	深灰		方格纹						战国至南越国
3577	ZJLY-141	姑婆岭	ZJLY-141:12ZⅠ	23.41	113.79	11	陶			泥质粗硬陶	灰褐		方格纹						战国至南越国
3578	ZJLY-141	姑婆岭	ZJLY-141:13ZⅠ	23.41	113.79	18	陶			泥质粗硬陶	灰褐		米字纹						战国至南越国
3579	ZJLY-141	姑婆岭	ZJLY-141:14ZⅠ	23.41	113.79	19	陶			泥质粗硬陶	深灰		方格纹、夔纹						西周至春秋

序号	遗址编号	遗址名称	遗物编号	纬度（度）	经度（度）	海拔（米）	质地	器形	部位	陶质	颜色	釉色	纹饰	刻划符号	石器岩性	石器完整程度	石器硬度	石器风化程度	年代
3580	ZJLY-141	姑婆岭	ZJLY-141:15ZⅠ	23.41	113.79	20	陶			泥质粗硬陶	灰褐		刻划纹						战国至南越国
3581	ZJLY-141	姑婆岭	ZJLY-141:16ZⅠ	23.41	113.78	33	陶			泥质粗硬陶	深灰		交错条纹						战国至南越国
3582	ZJLY-141	姑婆岭	ZJLY-141:17ZⅠ	23.41	113.78	25	陶			泥质细硬陶	深灰		云雷纹						西周至春秋
3583	ZJLY-141	姑婆岭	ZJLY-141:18ZⅠ	23.41	113.78	25	陶			泥质细硬陶	红褐		方格纹						战国至南越国
3584	ZJLY-141	姑婆岭	ZJLY-141:19ZⅠ	23.41	113.78	23	陶	罐	底	泥质细硬陶	青灰		素面						战国至南越国
3585	ZJLY-141	姑婆岭	ZJLY-141:20ZⅠ	23.41	113.78	23	陶			泥质细硬陶	灰褐		素面						战国至南越国
3586	ZJLY-141	姑婆岭	ZJLY-141:21ZⅠ	23.41	113.78	22	陶			泥质粗硬陶	灰褐		三角格纹						战国至南越国
3587	ZJLY-141	姑婆岭	ZJLY-141:22ZⅠ	23.41	113.78	21	陶			泥质粗硬陶	灰		素面						战国至南越国
3588	ZJLY-141	姑婆岭	ZJLY-141:23ZⅠ	23.41	113.78	21	陶			泥质粗硬陶	深灰		三角格纹						战国至南越国
3589	ZJLY-141	姑婆岭	ZJLY-141:24ZⅠ	23.41	113.78	23	陶	罐	口沿	泥质细硬陶	灰褐		三角格纹						战国至南越国
3590	ZJLY-141	姑婆岭	ZJLY-141:25ZⅠ	23.41	113.78	21	陶			泥质粗硬陶	深灰		方格纹						战国至南越国
3591	ZJLY-141	姑婆岭	ZJLY-141:26ZⅠ	23.41	113.78	25	陶			泥质粗硬陶	灰褐		三角格纹						战国至南越国
3592	ZJLY-141	姑婆岭	ZJLY-141:27ZⅠ	23.41	113.78	16	陶			泥质粗硬陶	深灰		方格纹						战国至南越国
3593	ZJLY-141	姑婆岭	ZJLY-141:28ZⅠ	23.41	113.78	27	陶			泥质粗硬陶	深灰		三角格纹						战国至南越国
3594	ZJLY-141	姑婆岭	ZJLY-141:29ZⅠ	23.41	113.78	22	陶			泥质软硬陶	灰		三角格纹						战国至南越国
3595	ZJLY-141	姑婆岭	ZJLY-141:30ZⅠ	23.41	113.78	17	陶			泥质粗硬陶	深灰		方格纹						战国至南越国
3596	ZJLY-141	姑婆岭	ZJLY-141:31ZⅠ	23.41	113.78	18	陶			泥质粗硬陶	深灰		素面						战国至南越国
3597	ZJLY-141	姑婆岭	ZJLY-141:32ZⅠ	23.41	113.78	17	陶			泥质粗硬陶	灰褐		素面						战国至南越国
3598	ZJLY-141	姑婆岭	ZJLY-141:33ZⅠ	23.41	113.78	21	陶			泥质粗硬陶	灰褐		方格纹						战国至南越国
3599	ZJLY-141	姑婆岭	ZJLY-141:34ZⅠ	23.41	113.78	19	陶			泥质粗硬陶	灰		方格纹						战国至南越国
3600	ZJLY-141	姑婆岭	ZJLY-141:35ZⅠ	23.41	113.78	20	陶			泥质粗硬陶	红褐		素面						战国至南越国
3601	ZJLY-142	蛇头岭	ZJLY-142:1YⅡ	23.41	113.78	22	陶			泥质粗硬陶	深灰		细方格纹、弦纹						西周至春秋
3602	ZJLY-142	蛇头岭	ZJLY-142:2YⅡ	23.41	113.78	21	陶			泥质细硬陶	青灰		方格纹、弦纹						西周至春秋
3603	ZJLY-142	蛇头岭	ZJLY-142:3YⅡ	23.41	113.78	20	陶			泥质粗硬陶	青灰		交错绳纹						新石器时代晚期至商代
3604	ZJLY-142	蛇头岭	ZJLY-142:4YⅡ	23.41	113.78	20	陶			泥质粗硬陶	灰白		交错绳纹						新石器时代晚期至商代
3605	ZJLY-142	蛇头岭	ZJLY-142:5YⅡ	23.41	113.78	17	陶			泥质细硬陶	青灰		方格纹						西周至春秋
3606	ZJLY-142	蛇头岭	ZJLY-142:6YⅡ	23.41	113.78	21	陶			泥质细硬陶	青灰		方格纹						新石器时代晚期至商代
3607	ZJLY-142	蛇头岭	ZJLY-142:7YⅡ	23.41	113.78	24	陶			泥质细硬陶	灰		细方格纹						西周至春秋
3608	ZJLY-142	蛇头岭	ZJLY-142:8YⅡ	23.41	113.78	26	陶			泥质粗硬陶	青灰		交错绳纹						新石器时代晚期至商代
3609	ZJLY-142	蛇头岭	ZJLY-142:9YⅡ	23.41	113.78	23	陶			泥质细硬陶	青灰		条纹						新石器时代晚期至商代
3610	ZJLY-142	蛇头岭	ZJLY-142:10YⅡ	23.41	113.78	25	陶			泥质粗硬陶	灰白		方格纹、条纹						西周至春秋

629

序号	遗址编号	遗址名称	遗物编号	纬度(度)	经度(度)	海拔(米)	质地	器形	部位	陶质	颜色	釉色	纹饰	刻划符号	石器岩性	石器完整程度	石器硬度	石器风化程度	年代
3611	ZJLY-142	蛇头岭	ZJLY-142:11Y II	23.41	113.78	24	陶	器盖		泥质细硬陶	灰白	酱黄釉	素面						唐末
3612	ZJLY-142	蛇头岭	ZJLY-142:12Y II	23.41	113.78	24	陶			泥质粗硬陶	红褐		曲折纹						新石器时代晚期至商代
3613	ZJLY-142	蛇头岭	ZJLY-142:13Y II	23.41	113.78	24	陶			泥质粗硬陶	深灰		方格纹、弦纹						西周至春秋
3614	ZJLY-142	蛇头岭	ZJLY-142:14Y II	23.41	113.78	25	陶			泥质细硬陶	灰白		曲折纹						新石器时代晚期至商代
3615	ZJLY-142	蛇头岭	ZJLY-142:15Y II	23.41	113.78	26	陶	罐	口沿	泥质粗硬陶	灰		戳印篦点纹						西周至春秋
3616	ZJLY-142	蛇头岭	ZJLY-142:16Y II	23.41	113.78	26	陶			泥质粗硬陶	灰白		篮纹						新石器时代晚期至商代
3617	ZJLY-142	蛇头岭	ZJLY-142:17Y II	23.41	113.78	26	陶			泥质粗硬陶	深灰		方格纹、弦纹						西周至春秋
3618	ZJLY-142	蛇头岭	ZJLY-142:18Y II	23.41	113.78	30	陶			泥质细硬陶	红褐		交错绳纹						新石器时代晚期至商代
3619	ZJLY-142	蛇头岭	ZJLY-142:19Y II	23.41	113.78	31	陶			泥质粗硬陶	青灰		曲折纹						新石器时代晚期至商代
3620	ZJLY-142	蛇头岭	ZJLY-142:20Y II	23.41	113.78	31	陶			泥质细硬陶	灰白		曲折纹						新石器时代晚期至商代
3621	ZJLY-142	蛇头岭	ZJLY-142:21Y II	23.41	113.78	29	陶			泥质粗硬陶	灰褐		方格纹						西周至春秋
3622	ZJLY-142	蛇头岭	ZJLY-142:22Y II	23.41	113.78	27	陶			泥质细硬陶	青灰		细方格纹						西周至春秋
3623	ZJLY-142	蛇头岭	ZJLY-142:23Y II	23.41	113.78	27	陶	釜	口沿	夹粗砂软陶	灰黑		素面						新石器时代晚期至商代
3624	ZJLY-142	蛇头岭	ZJLY-142:1Z I	23.41	113.78	29	陶			泥质粗硬陶	灰		方格纹						西周至春秋
3625	ZJLY-142	蛇头岭	ZJLY-142:2Z I	23.41	113.78	30	陶	釜	口沿	夹粗砂软陶	红		素面						新石器时代晚期至商代
3626	ZJLY-142	蛇头岭	ZJLY-142:3Z I	23.41	113.78	29	陶	罐	口沿	泥质粗硬陶	灰白		曲折纹						新石器时代晚期至商代
3627	ZJLY-142	蛇头岭	ZJLY-142:4Z I	23.41	113.78	28	陶			夹细砂软陶	灰黑		素面						新石器时代晚期至商代
3628	ZJLY-142	蛇头岭	ZJLY-142:5Z I	23.41	113.78	21	陶			夹细砂软陶	灰黑		素面						新石器时代晚期至商代
3629	ZJLY-142	蛇头岭	ZJLY-142:6Z I	23.41	113.78	20	陶			夹粗砂硬陶	灰黑		素面						新石器时代晚期至商代
3630	ZJLY-142	蛇头岭	ZJLY-142:7Z I	23.41	113.78	22	陶			泥质细硬陶	灰白		方格纹、弦纹						西周至春秋
3631	ZJLY-142	蛇头岭	ZJLY-142:8Z I	23.41	113.78	27	陶			泥质细硬陶	灰		曲折纹						新石器时代晚期至商代
3632	ZJLY-142	蛇头岭	ZJLY-142:9Z I	23.41	113.78	24	陶			夹粗砂硬陶	灰黑		素面						新石器时代晚期至商代
3633	ZJLY-142	蛇头岭	ZJLY-142:10Z I	23.41	113.78	22	陶			泥质粗硬陶	青灰		曲折纹						新石器时代晚期至商代
3634	ZJLY-142	蛇头岭	ZJLY-142:11Z I	23.41	113.78	21	陶			泥质粗硬陶	灰白		篮纹						新石器时代晚期至商代
3635	ZJLY-142	蛇头岭	ZJLY-142:12Z I	23.41	113.78	22	陶			夹细砂硬陶	灰		篮纹						新石器时代晚期至商代
3636	ZJLY-142	蛇头岭	ZJLY-142:13Z I	23.41	113.78	22	陶			泥质粗硬陶	深灰		方格纹						新石器时代晚期至商代
3637	ZJLY-142	蛇头岭	ZJLY-142:14Z I	23.41	113.78	18	陶			泥质细硬陶	灰		素面						新石器时代晚期至商代
3638	ZJLY-142	蛇头岭	ZJLY-142:15Z I	23.41	113.78	24	陶			夹粗砂硬陶	灰黑		绳纹						新石器时代晚期至商代
3639	ZJLY-142	蛇头岭	ZJLY-142:16Z I	23.41	113.78	19	陶			夹粗砂硬陶	青灰		方格纹						西周至春秋
3640	ZJLY-142	蛇头岭	ZJLY-142:17Z I	23.41	113.78	23	陶			泥质粗硬陶	红褐		方格纹						西周至春秋
3641	ZJLY-142	蛇头岭	ZJLY-142:18Z I	23.41	113.78	24	陶			泥质细硬陶	灰白		篮纹						新石器时代晚期至商代

序号	遗址编号	遗址名称	遗物编号	纬度(度)	经度(度)	海拔(米)	质地	器形	部位	陶质	颜色	釉色	纹饰	刻划符号	石器岩性	石器完整程度	石器硬度	石器风化程度	年代
3642	ZJLY-142	蛇头岭	ZJLY-142:19Z I	23.41	113.78	25	陶			泥质粗硬陶	灰		曲折纹						新石器时代晚期至商代
3643	ZJLY-142	蛇头岭	ZJLY-142:20Z I	23.41	113.78	21	陶			泥质细硬陶	青灰		曲折纹						新石器时代晚期至商代
3644	ZJLY-142	蛇头岭	ZJLY-142:21Z I	23.41	113.78	22	陶			泥质粗硬陶	青灰		方格纹、弦纹						西周至春秋
3645	ZJLY-142	蛇头岭	ZJLY-142:22Z I	23.41	113.78	23	陶			泥质粗硬陶	青灰		方格纹、弦纹						西周至春秋
3646	ZJLY-142	蛇头岭	ZJLY-142:23Z I	23.41	113.78	24	陶			泥质粗硬陶	灰白		曲折纹						新石器时代晚期至商代
3647	ZJLY-142	蛇头岭	ZJLY-142:24Z I	23.41	113.78	23	陶			泥质粗硬陶	深灰		方格纹						西周至春秋
3648	ZJLY-142	蛇头岭	ZJLY-142:25Z I	23.41	113.78	23	陶			泥质粗硬陶	深灰		方格纹、弦纹						西周至春秋
3649	ZJLY-142	蛇头岭	ZJLY-142:26Z I	23.41	113.78	24	陶			泥质粗硬陶	青灰		曲折纹						新石器时代晚期至商代
3650	ZJLY-142	蛇头岭	ZJLY-142:27Z I	23.41	113.78	24	陶			泥质粗硬陶	青灰		细方格纹						西周至春秋
3651	ZJLY-142	蛇头岭	ZJLY-142:28Z I	23.41	113.78	27	陶			泥质粗硬陶	青灰		细方格纹						西周至春秋
3652	ZJLY-142	蛇头岭	ZJLY-142:29Z I	23.41	113.78	24	陶			泥质粗硬陶	青灰		曲折纹						新石器时代晚期至商代
3653	ZJLY-143	白鸡翼	ZJLY-143:1Z I	23.40	113.78	36	陶			泥质粗硬陶	深灰		方格纹						战国至南越国
3654	ZJLY-144	旱塘圆岭	ZJLY-144:1T	23.41	113.78	26	陶			泥质细软陶	青灰		长方格纹						新石器时代晚期至商代
3655	ZJLY-144	旱塘圆岭	ZJLY-144:2T	23.41	113.78	37	陶			泥质细软陶	灰褐		绳纹						新石器时代晚期至商代
3656	ZJLY-144	旱塘圆岭	ZJLY-144:3T	23.41	113.78	37	陶			泥质粗硬陶	灰		曲折纹						新石器时代晚期至商代
3657	ZJLY-144	旱塘圆岭	ZJLY-144:4T	23.41	113.78	36	陶			泥质细软陶	红褐		篮纹						新石器时代晚期至商代
3658	ZJLY-144	旱塘圆岭	ZJLY-144:5T	23.41	113.78	32	陶			夹细砂软陶	灰黑		素面						新石器时代晚期至商代
3659	ZJLY-144	旱塘圆岭	ZJLY-144:6T	23.41	113.78	31	陶			泥质粗硬陶	青灰		绳纹						新石器时代晚期至商代
3660	ZJLY-144	旱塘圆岭	ZJLY-144:7T	23.41	113.78	31	陶			夹粗砂软陶	灰		素面						新石器时代晚期至商代
3661	ZJLY-144	旱塘圆岭	ZJLY-144:8T	23.41	113.78	33	陶			夹粗砂软陶	灰黑		素面						新石器时代晚期至商代
3662	ZJLY-144	旱塘圆岭	ZJLY-144:9T	23.41	113.78	36	陶			泥质细硬陶	灰白		交错绳纹						新石器时代晚期至商代
3663	ZJLY-144	旱塘圆岭	ZJLY-144:10T	23.41	113.78	33	陶			泥质细硬陶	灰白		长方格纹						新石器时代晚期至商代
3664	ZJLY-144	旱塘圆岭	ZJLY-144:11T	23.41	113.78	33	陶			泥质粗硬陶	青灰		交错绳纹						新石器时代晚期至商代
3665	ZJLY-144	旱塘圆岭	ZJLY-144:12T	23.41	113.78	18	陶			泥质粗软陶	灰褐		曲折纹						新石器时代晚期至商代
3666	ZJLY-144	旱塘圆岭	ZJLY-144:13T	23.41	113.78	27	陶			泥质粗硬陶	灰		绳纹						新石器时代晚期至商代
3667	ZJLY-144	旱塘圆岭	ZJLY-144:14T	23.41	113.78	22	陶			泥质细硬陶	灰白		交错绳纹						新石器时代晚期至商代
3668	ZJLY-144	旱塘圆岭	ZJLY-144:15T	23.41	113.78	18	陶			泥质细硬陶	灰		不明						新石器时代晚期至商代
3669	ZJLY-144	旱塘圆岭	ZJLY-144:1Y II	23.41	113.78	29	陶			泥质细软陶	红褐		长方格纹、附加堆纹						新石器时代晚期至商代
3670	ZJLY-144	旱塘圆岭	ZJLY-144:2Y II	23.41	113.78	33	陶			泥质粗硬陶	深灰		绳纹						新石器时代晚期至商代
3671	ZJLY-144	旱塘圆岭	ZJLY-144:3Y II	23.41	113.78	24	陶			泥质粗硬陶	深灰		交错绳纹						新石器时代晚期至商代
3672	ZJLY-144	旱塘圆岭	ZJLY-144:4Y II	23.41	113.78	32	陶			泥质粗软陶	灰		绳纹						新石器时代晚期至商代

序号	遗址编号	遗址名称	遗物编号	纬度（度）	经度（度）	海拔（米）	质地	器形	部位	陶质	颜色	釉色	纹饰	刻划符号	石器岩性	石器完整程度	石器硬度	石器风化程度	年代
3673	ZJLY-144	旱塘圆岭	ZJLY-144:5YⅡ	23.41	113.78	38	陶			泥质细软陶	灰白		长方格纹						新石器时代晚期至商代
3674	ZJLY-144	旱塘圆岭	ZJLY-144:1ZⅠ	23.41	113.78	25	陶	罐	底	泥质粗硬陶	灰		素面						唐宋
3675	ZJLY-145	蔗排岭	ZJLY-145:1T	23.41	113.77	10	陶			泥质细硬陶	灰		素面						战国至南越国
3676	ZJLY-145	蔗排岭	ZJLY-145:2T	23.41	113.77	19	陶			泥质粗硬陶	红褐		方格纹						战国至南越国
3677	ZJLY-145	蔗排岭	ZJLY-145:3T	23.41	113.77	24	陶			泥质细硬陶	灰褐		三角格纹						战国至南越国
3678	ZJLY-145	蔗排岭	ZJLY-145:4T	23.41	113.77	31	陶			泥质细硬陶	灰		素面						唐宋
3679	ZJLY-145	蔗排岭	ZJLY-145:5T	23.41	113.77	17	陶			泥质粗硬陶	灰		米字纹						战国至南越国
3680	ZJLY-145	蔗排岭	ZJLY-145:6T	23.41	113.77	19	陶			泥质细硬陶	深灰		米字纹						战国至南越国
3681	ZJLY-145	蔗排岭	ZJLY-145:7T	23.41	113.77	16	陶			泥质粗硬陶	灰		素面						战国至南越国
3682	ZJLY-145	蔗排岭	ZJLY-145:8T	23.41	113.77	17	陶			泥质细硬陶	深灰		米字纹						战国至南越国
3683	ZJLY-145	蔗排岭	ZJLY-145:9T	23.41	113.77	13	陶			泥质细硬陶	灰褐		三角格纹						战国至南越国
3684	ZJLY-145	蔗排岭	ZJLY-145:10T	23.41	113.77	13	陶			泥质粗硬陶	灰		方格纹						战国至南越国
3685	ZJLY-145	蔗排岭	ZJLY-145:11T	23.41	113.77	15	陶			泥质粗硬陶	灰		三角格纹						战国至南越国
3686	ZJLY-145	蔗排岭	ZJLY-145:12T	23.41	113.77	18	陶	罐	口沿	泥质细硬陶	红褐		三角格纹						战国至南越国
3687	ZJLY-145	蔗排岭	ZJLY-145:13T	23.41	113.77	18	陶			泥质细硬陶	灰		素面						战国至南越国
3688	ZJLY-145	蔗排岭	ZJLY-145:14T	23.41	113.77	19	瓷	碗	底			青釉	刻划纹						唐宋
3689	ZJLY-145	蔗排岭	ZJLY-145:15T	23.41	113.77	24	石	锛			青灰				片岩	完整	6	未风化	新石器时代晚期至商代
3690	ZJLY-145	蔗排岭	ZJLY-145:16T	23.41	113.77	16	陶			泥质粗硬陶	灰		素面						战国至南越国
3691	ZJLY-145	蔗排岭	ZJLY-145:17T	23.41	113.77	34	陶			泥质粗硬陶	灰褐		素面						战国至南越国
3692	ZJLY-145	蔗排岭	ZJLY-145:18T	23.41	113.77	25	陶			泥质细硬陶	灰黑		素面						唐宋
3693	ZJLY-145	蔗排岭	ZJLY-145:1YⅡ	/	/	/	陶			泥质粗硬陶	灰		夔纹						西周至春秋
3694	ZJLY-145	蔗排岭	ZJLY-145:2YⅡ	/	/	/	陶			泥质细硬陶	深灰		米字纹						战国至南越国
3695	ZJLY-145	蔗排岭	ZJLY-145:3YⅡ	/	/	/	陶			泥质粗硬陶	灰		方格纹						战国至南越国
3696	ZJLY-145	蔗排岭	ZJLY-145:4YⅡ	23.41	113.77	21	陶			泥质粗硬陶	灰褐		方格纹						战国至南越国
3697	ZJLY-145	蔗排岭	ZJLY-145:5YⅡ	23.41	113.77	21	陶			泥质细硬陶	灰		素面						战国至南越国
3698	ZJLY-145	蔗排岭	ZJLY-145:6YⅡ	23.41	113.77	18	陶			泥质细硬陶	灰褐		方格纹						战国至南越国
3699	ZJLY-145	蔗排岭	ZJLY-145:7YⅡ	23.41	113.77	15	陶			泥质细硬陶	灰褐		方格纹						战国至南越国
3700	ZJLY-145	蔗排岭	ZJLY-145:8YⅡ	23.41	113.77	18	陶			泥质细硬陶	深灰		方格纹						战国至南越国
3701	ZJLY-145	蔗排岭	ZJLY-145:9YⅡ	23.41	113.77	17	陶			泥质细硬陶	青灰		菱格凸块纹						西周至春秋
3702	ZJLY-145	蔗排岭	ZJLY-145:10YⅡ	23.41	113.77	19	陶			泥质细硬陶	青灰		方格纹						战国至南越国
3703	ZJLY-145	蔗排岭	ZJLY-145:11YⅡ	23.41	113.77	21	陶			泥质细硬陶	红		方格纹						战国至南越国

续表

序号	遗址编号	遗址名称	遗物编号	纬度（度）	经度（度）	海拔（米）	质地	器形	部位	陶质	颜色	釉色	纹饰	刻划符号	石器岩性	石器完整程度	石器硬度	石器风化程度	年代
3704	ZJLY-145	蔗排岭	ZJLY-145:12YⅡ	23.41	113.77	22	陶			泥质细硬陶	灰		素面						战国至南越国
3705	ZJLY-145	蔗排岭	ZJLY-145:13YⅡ	23.41	113.77	26	陶			泥质粗硬陶	灰褐		方格纹						战国至南越国
3706	ZJLY-145	蔗排岭	ZJLY-145:14YⅡ	23.41	113.77	25	陶			泥质细硬陶	红褐		素面						战国至南越国
3707	ZJLY-145	蔗排岭	ZJLY-145:15YⅡ	23.41	113.77	21	陶			泥质细硬陶	深灰		方格纹						战国至南越国
3708	ZJLY-145	蔗排岭	ZJLY-145:16YⅡ	23.41	113.77	28	陶			泥质细硬陶	红褐		方格纹、夔纹、弦纹						西周至春秋
3709	ZJLY-145	蔗排岭	ZJLY-145:17YⅡ	23.41	113.77	25	陶			泥质细硬陶	灰褐		方格纹						战国至南越国
3710	ZJLY-145	蔗排岭	ZJLY-145:18YⅡ	23.41	113.77	25	陶			泥质细硬陶	灰褐		三角纹						战国至南越国
3711	ZJLY-145	蔗排岭	ZJLY-145:19YⅡ	23.41	113.77	24	陶			泥质粗硬陶	灰褐		方格纹						战国至南越国
3712	ZJLY-145	蔗排岭	ZJLY-145:20YⅡ	23.41	113.77	25	陶			泥质粗硬陶	灰褐		方格纹						战国至南越国
3713	ZJLY-145	蔗排岭	ZJLY-145:21YⅡ	23.41	113.77	25	陶			泥质粗硬陶	灰褐		方格纹、弦纹						战国至南越国
3714	ZJLY-145	蔗排岭	ZJLY-145:22YⅡ	23.41	113.77	26	陶			泥质粗硬陶	红褐		方格纹						战国至南越国
3715	ZJLY-145	蔗排岭	ZJLY-145:23YⅡ	23.41	113.77	34	陶			泥质细硬陶	青灰		方格纹						战国至南越国
3716	ZJLY-145	蔗排岭	ZJLY-145:24YⅡ	23.41	113.77	32	陶			泥质粗硬陶	灰		三角纹						战国至南越国
3717	ZJLY-145	蔗排岭	ZJLY-145:25YⅡ	23.41	113.77	33	陶			泥质细硬陶	灰褐		米字纹						战国至南越国
3718	ZJLY-145	蔗排岭	ZJLY-145:26YⅡ	23.41	113.77	30	陶	罐	口沿	泥质细硬陶	灰褐		素面						战国至南越国
3719	ZJLY-145	蔗排岭	ZJLY-145:27YⅡ	23.41	113.77	30	陶			泥质细硬陶	灰		方格纹						西周至春秋
3720	ZJLY-145	蔗排岭	ZJLY-145:1ZⅠ	23.41	113.77	29	陶			泥质粗硬陶	灰黑		素面						唐末
3721	ZJLY-145	蔗排岭	ZJLY-145:2ZⅠ	23.41	113.77	20	陶			泥质细硬陶	灰		方格纹						战国至南越国
3722	ZJLY-145	蔗排岭	ZJLY-145:3ZⅠ	23.41	113.77	26	陶			泥质粗硬陶	红褐		素面						战国至南越国
3723	ZJLY-145	蔗排岭	ZJLY-145:4ZⅠ	23.41	113.77	26	陶			泥质粗硬陶	灰褐		方格纹						战国至南越国
3724	ZJLY-145	蔗排岭	ZJLY-145:5ZⅠ	23.41	113.77	26	陶			泥质细硬陶	灰		米字纹						战国至南越国
3725	ZJLY-145	蔗排岭	ZJLY-145:6ZⅠ	23.41	113.77	26	陶			泥质细硬陶	灰黑		素面						唐末
3726	ZJLY-145	蔗排岭	ZJLY-145:7ZⅠ	23.41	113.77	25	陶			泥质粗硬陶	灰褐		方格纹						战国至南越国
3727	ZJLY-145	蔗排岭	ZJLY-145:8ZⅠ	23.41	113.77	25	陶			泥质细硬陶	青灰		方格纹						战国至南越国
3728	ZJLY-145	蔗排岭	ZJLY-145:9ZⅠ	23.41	113.77	24	陶			泥质粗硬陶	灰褐		米字纹						战国至南越国
3729	ZJLY-145	蔗排岭	ZJLY-145:10ZⅠ	23.41	113.77	24	陶			泥质细硬陶	灰		篦点纹、弦纹						战国至南越国
3730	ZJLY-145	蔗排岭	ZJLY-145:11ZⅠ	23.41	113.77	31	陶			泥质细硬陶	灰		米字纹						战国至南越国
3731	ZJLY-145	蔗排岭	ZJLY-145:12ZⅠ	23.41	113.77	29	陶			泥质细硬陶	深灰		米字纹						战国至南越国
3732	ZJLY-145	蔗排岭	ZJLY-145:13ZⅠ	23.41	113.77	32	陶			泥质粗硬陶	灰		素面						战国至南越国
3733	ZJLY-145	蔗排岭	ZJLY-145:14ZⅠ	23.41	113.77	31	陶			泥质细硬陶	灰		米字纹						战国至南越国
3734	ZJLY-145	蔗排岭	ZJLY-145:15ZⅠ	23.41	113.77	17	陶	罐	口沿	泥质细硬陶	灰褐		方格纹、篦点纹						西周至春秋

633

序号	遗址编号	遗址名称	遗物编号	纬度（度）	经度（度）	海拔（米）	质地	器形	部位	陶质	颜色	釉色	纹饰	刻划符号	石器岩性	石器完整程度	石器硬度	石器风化程度	年代
3735	ZJLY-145	蔗排岭	ZJLY-145:16ZI	23.41	113.77	17	陶			泥质粗硬陶	灰褐		三角格纹						战国至南越国
3736	ZJLY-145	蔗排岭	ZJLY-145:17ZI	23.41	113.77	18	陶			泥质粗硬陶	灰		素面						战国至南越国
3737	ZJLY-145	蔗排岭	ZJLY-145:18ZI	23.41	113.77	18	陶			泥质粗硬陶	灰		方格纹						战国至南越国
3738	ZJLY-145	蔗排岭	ZJLY-145:19ZI	23.41	113.77	21	陶			泥质细硬陶	红褐		米字纹						战国至南越国
3739	ZJLY-145	蔗排岭	ZJLY-145:20ZI	23.41	113.77	22	陶	器盖	口沿	泥质粗硬陶	灰		刻划纹						战国至南越国
3740	ZJLY-145	蔗排岭	ZJLY-145:21ZI	23.41	113.77	23	陶			泥质粗硬陶	灰褐		三角格纹						战国至南越国
3741	ZJLY-145	蔗排岭	ZJLY-145:22ZI	23.41	113.77	27	陶			泥质细硬陶	灰		素面						唐末
3742	ZJLY-145	蔗排岭	ZJLY-145:23ZI	23.41	113.77	29	陶			泥质粗硬陶	灰		素面						战国至南越国
3743	ZJLY-145	蔗排岭	ZJLY-145:24ZI	23.41	113.77	22	陶			泥质粗硬陶	灰		方格纹						战国至南越国
3744	ZJLY-145	蔗排岭	ZJLY-145:25ZI	23.41	113.77	25	陶			泥质粗硬陶	灰褐		素面						战国至南越国
3745	ZJLY-145	蔗排岭	ZJLY-145:26ZI	23.41	113.77	27	陶			泥质粗硬陶	灰		素面						战国至南越国
3746	ZJLY-145	蔗排岭	ZJLY-145:27ZI	23.41	113.77	24	陶			泥质细硬陶	灰		方格纹						战国至南越国
3747	ZJLY-145	蔗排岭	ZJLY-145:28ZI	23.41	113.77	27	陶			泥质粗硬陶	灰褐		方格纹						战国至南越国
3748	ZJLY-145	蔗排岭	ZJLY-145:29ZI	23.41	113.77	26	陶			泥质细硬陶	灰		素面						明清
3749	ZJLY-145	蔗排岭	ZJLY-145:30ZI	23.41	113.77	28	陶			泥质粗硬陶	灰		米字纹						战国至南越国
3750	ZJLY-145	蔗排岭	ZJLY-145:31ZI	23.41	113.77	21	陶			泥质粗硬陶	灰褐		方格纹						战国至南越国
3751	ZJLY-145	蔗排岭	ZJLY-145:32ZI	23.41	113.77	20	陶	鼎	足	泥质粗硬陶	红褐		素面						战国至南越国
3752	ZJLY-145	蔗排岭	ZJLY-145:33ZI	23.41	113.77	25	陶			泥质粗硬陶	灰褐		方格纹						战国至南越国
3753	ZJLY-145	蔗排岭	ZJLY-145:34ZI	23.41	113.77	18	陶			泥质粗硬陶	青灰		素面						战国至南越国
3754	ZJLY-145	蔗排岭	ZJLY-145:35ZI	23.41	113.77	14	陶	器盖		泥质细硬陶	橙黄		弦纹						战国至南越国
3755	ZJLY-145	蔗排岭	ZJLY-145:36ZI	23.41	113.77	20	陶			泥质细硬陶	灰		素面						战国至南越国
3756	ZJLY-145	蔗排岭	ZJLY-145:37ZI	23.41	113.77	18	陶			泥质粗硬陶	灰		水波纹、弦纹						战国至南越国
3757	ZJLY-145	蔗排岭	ZJLY-145:38ZI	23.41	113.77	23	陶			泥质粗硬陶	红褐		三角格纹						战国至南越国
3758	ZJLY-145	蔗排岭	ZJLY-145:39ZI	23.41	113.77	25	陶	器盖		泥质粗硬陶	橙黄		素面						西周至春秋
3759	ZJLY-145	蔗排岭	ZJLY-145:40ZI	23.41	113.77	23	陶			泥质粗硬陶	灰褐		素面						战国至南越国
3760	ZJLY-145	蔗排岭	ZJLY-145:41ZI	23.41	113.77	27	陶			泥质粗硬陶	灰		锯齿纹、弦纹						战国至南越国
3761	ZJLY-145	蔗排岭	ZJLY-145:42ZI	23.41	113.77	22	陶			泥质细硬陶	红褐		米字纹						战国至南越国
3762	ZJLY-145	蔗排岭	ZJLY-145:43ZI	23.41	113.77	21	陶			泥质细硬陶	灰		素面						战国至南越国
3763	ZJLY-145	蔗排岭	ZJLY-145:44ZI	23.41	113.77	21	陶			泥质粗硬陶	橙黄		篦点纹、指甲纹、弦纹						战国至南越国
3764	ZJLY-145	蔗排岭	ZJLY-145:45ZI	23.41	113.77	19	陶			泥质粗硬陶	灰		弦纹						战国至南越国
3765	ZJLY-145	蔗排岭	ZJLY-145:46ZI	23.41	113.77	24	陶			泥质粗硬陶	灰褐		三角格纹						战国至南越国

序号	遗址编号	遗址名称	遗物编号	纬度(度)	经度(度)	海拔(米)	质地	器形	部位	陶质	颜色	釉色	纹饰	刻划符号	石器岩性	石器完整程度	石器硬度	石器风化程度	年代
3766	ZJLY-145	蔗排岭	ZJLY-145:47ZⅠ	23.41	113.77	22	陶			泥质粗硬陶	青灰		素面						战国至南越国
3767	ZJLY-145	蔗排岭	ZJLY-145:48ZⅠ	23.41	113.77	22	陶			泥质粗硬陶	灰褐		方格纹						战国至南越国
3768	ZJLY-145	蔗排岭	ZJLY-145:49ZⅠ	23.41	113.77	22	陶			泥质细硬陶	红褐		方格纹						战国至南越国
3769	ZJLY-145	蔗排岭	ZJLY-145:50ZⅠ	23.41	113.77	24	陶			泥质粗硬陶	灰褐		方格纹						战国至南越国
3770	ZJLY-145	蔗排岭	ZJLY-145:51ZⅠ	23.41	113.77	22	陶			泥质粗硬陶	橙黄		附加堆纹						战国至南越国
3771	ZJLY-145	蔗排岭	ZJLY-145:52ZⅠ	23.41	113.77	20	陶			泥质粗硬陶	灰		三角格纹						战国至南越国
3772	ZJLY-145	蔗排岭	ZJLY-145:53ZⅠ	23.41	113.77	17	陶			泥质粗硬陶	青灰		方格纹						战国至南越国
3773	ZJLY-145	蔗排岭	ZJLY-145:54ZⅠ	23.41	113.77	19	陶			泥质细硬陶	红褐		方格纹						战国至南越国
3774	ZJLY-145	蔗排岭	ZJLY-145:55ZⅠ	23.41	113.77	21	陶			泥质细硬陶	红褐		方格纹						战国至南越国
3775	ZJLY-145	蔗排岭	ZJLY-145:56ZⅠ	23.41	113.77	21	陶			泥质细硬陶	灰		方格纹						战国至南越国
3776	ZJLY-145	蔗排岭	ZJLY-145:57ZⅠ	23.41	113.77	18	陶			泥质粗硬陶	红褐		方格纹						战国至南越国
3777	ZJLY-145	蔗排岭	ZJLY-145:58ZⅠ	23.41	113.77	27	陶			泥质细硬陶	橙黄		篦点纹、弦纹						战国至南越国
3778	ZJLY-145	蔗排岭	ZJLY-145:59ZⅠ	23.41	113.77	17	陶			泥质粗硬陶	灰褐		米字纹						战国至南越国
3779	ZJLY-145	蔗排岭	ZJLY-145:60ZⅠ	23.41	113.77	22	陶	豆	口沿	泥质细硬陶	青灰		素面						战国至南越国
3780	ZJLY-145	蔗排岭	ZJLY-145:61ZⅠ	23.41	113.77	19	陶			泥质细硬陶	深灰		素面						战国至南越国
3781	ZJLY-145	蔗排岭	ZJLY-145:62ZⅠ	23.41	113.77	18	陶			泥质粗硬陶	灰褐		素面						战国至南越国
3782	ZJLY-145	蔗排岭	ZJLY-145:63ZⅠ	23.41	113.77	19	陶			泥质细硬陶	灰		方格纹						战国至南越国
3783	ZJLY-145	蔗排岭	ZJLY-145:64ZⅠ	23.41	113.77	27	陶	盒	口沿	泥质细硬陶	灰		水波纹						战国至南越国
3784	ZJLY-145	蔗排岭	ZJLY-145:65ZⅠ	23.41	113.77	23	陶			泥质粗硬陶	灰		素面						战国至南越国
3785	ZJLY-145	蔗排岭	ZJLY-145:66ZⅠ	23.41	113.77	23	陶	罐	口沿	泥质细硬陶	灰褐		素面						战国至南越国
3786	ZJLY-145	蔗排岭	ZJLY-145:67ZⅠ	23.41	113.77	22	陶			泥质粗硬陶	灰		方格纹						战国至南越国
3787	ZJLY-145	蔗排岭	ZJLY-145:68ZⅠ	23.41	113.77	22	陶	器盖		泥质细硬陶	灰		篦点纹						战国至南越国
3788	ZJLY-145	蔗排岭	ZJLY-145:69ZⅠ	23.41	113.77	22	陶			泥质细硬陶	深灰		方格纹						战国至南越国
3789	ZJLY-145	蔗排岭	ZJLY-145:70ZⅠ	23.41	113.77	25	陶			泥质细硬陶	灰褐		米字纹						战国至南越国
3790	ZJLY-145	蔗排岭	ZJLY-145:71ZⅠ	23.41	113.77	24	陶			泥质粗硬陶	深灰		方格纹						西周至春秋
3791	ZJLY-145	蔗排岭	ZJLY-145:72ZⅠ	23.41	113.77	23	陶			泥质细硬陶	灰		重菱格凸点纹						西周至春秋
3792	ZJLY-145	蔗排岭	ZJLY-145:73ZⅠ	23.41	113.77	25	陶			泥质细硬陶	灰		方格纹						战国至南越国
3793	ZJLY-145	蔗排岭	ZJLY-145:74ZⅠ	23.41	113.77	26	陶			泥质粗硬陶	灰褐		三角格纹						战国至南越国
3794	ZJLY-145	蔗排岭	ZJLY-145:75ZⅠ	23.41	113.77	21	陶			泥质细硬陶	灰		方格纹						战国至南越国
3795	ZJLY-145	蔗排岭	ZJLY-145:76ZⅠ	23.41	113.77	24	陶			泥质细硬陶	红褐		方格纹						战国至南越国
3796	ZJLY-145	蔗排岭	ZJLY-145:77ZⅠ	23.41	113.77	26	陶			泥质粗硬陶	红褐		方格纹						战国至南越国

序号	遗址编号	遗址名称	遗物编号	纬度（度）	经度（度）	海拔（米）	质地	器形	部位	陶质	颜色	釉色	纹饰	刻划符号	石器岩性	石器完整程度	石器硬度	石器风化程度	年代
3797	ZJLY-145	蔗排岭	ZJLY-145:78ZⅠ	23.41	113.77	25	陶			泥质粗硬陶	灰		重菱格凸点纹						西周至春秋
3798	ZJLY-145	蔗排岭	ZJLY-145:79ZⅠ	23.41	113.77	22	陶			泥质细硬陶	橙黄		方格凸点纹、篦点纹						西周至春秋
3799	ZJLY-145	蔗排岭	ZJLY-145:80ZⅠ	23.41	113.77	23	陶			泥质粗硬陶	深灰		三角格纹						战国至南越国
3800	ZJLY-145	蔗排岭	ZJLY-145:81ZⅠ	23.41	113.77	28	陶			泥质细硬陶	深灰		三角格纹						战国至南越国
3801	ZJLY-145	蔗排岭	ZJLY-145:82ZⅠ	23.41	113.77	26	陶			泥质粗硬陶	灰褐		素面						战国至南越国
3802	ZJLY-145	蔗排岭	ZJLY-145:83ZⅠ	23.41	113.77	24	陶			泥质粗硬陶	红褐		方格纹						战国至南越国
3803	ZJLY-145	蔗排岭	ZJLY-145:84ZⅠ	23.41	113.77	27	陶			泥质粗硬陶	灰		米字纹						战国至南越国
3804	ZJLY-145	蔗排岭	ZJLY-145:85ZⅠ	23.41	113.77	20	陶			泥质粗硬陶	红褐		米字纹、戳印纹						战国至南越国
3805	ZJLY-145	蔗排岭	ZJLY-145:86ZⅠ	23.41	113.77	21	陶			泥质粗硬陶	灰褐		米字纹						战国至南越国
3806	ZJLY-145	蔗排岭	ZJLY-145:87ZⅠ	23.41	113.77	25	陶			泥质粗硬陶	灰		方格纹						战国至南越国
3807	ZJLY-145	蔗排岭	ZJLY-145:88ZⅠ	23.41	113.77	26	陶			泥质细硬陶	灰褐		方格纹						战国至南越国
3808	ZJLY-145	蔗排岭	ZJLY-145:89ZⅠ	23.41	113.77	27	陶	罐	口沿	泥质粗硬陶	灰		素面						战国至南越国
3809	ZJLY-145	蔗排岭	ZJLY-145:90ZⅠ	23.41	113.77	31	陶			泥质粗硬陶	深灰		三角格纹						战国至南越国
3810	ZJLY-145	蔗排岭	ZJLY-145:91ZⅠ	23.41	113.77	33	陶	鼎	足	夹粗砂软陶	红褐		素面						战国至南越国
3811	ZJLY-145	蔗排岭	ZJLY-145:92ZⅠ	23.41	113.77	29	陶			泥质粗硬陶	灰		素面						战国至南越国
3812	ZJLY-145	蔗排岭	ZJLY-145:93ZⅠ	23.41	113.77	23	陶			泥质粗硬陶	红褐		米字纹						战国至南越国
3813	ZJLY-145	蔗排岭	ZJLY-145:94ZⅠ	23.41	113.77	21	陶			泥质粗硬陶	青灰		方格纹						战国至南越国
3814	ZJLY-145	蔗排岭	ZJLY-145:95ZⅠ	23.41	113.77	28	陶			泥质粗硬陶	灰褐		方格纹						战国至南越国
3815	ZJLY-146	九益村雨岭山	ZJLY-146:1T	23.41	113.77	35	陶			泥质粗硬陶	灰褐		方格纹、夔纹、弦纹						西周至春秋
3816	ZJLY-146	九益村雨岭山	ZJLY-146:2T	23.41	113.77	30	陶			泥质粗硬陶	灰白		方格纹、弦纹						战国至南越国
3817	ZJLY-146	九益村雨岭山	ZJLY-146:3T	23.41	113.77	30	陶			泥质粗硬陶	灰黑		方格纹						战国至南越国
3818	ZJLY-146	九益村雨岭山	ZJLY-146:4T	23.41	113.77	29	陶			泥质粗硬陶	灰褐		曲折纹						新石器时代晚期至商代
3819	ZJLY-146	九益村雨岭山	ZJLY-146:5T	23.41	113.77	30	陶			泥质粗硬陶	灰黑		勾连云雷纹、蝉翼纹						西周至春秋
3820	ZJLY-146	九益村雨岭山	ZJLY-146:6T	23.41	113.77	35	陶			夹细砂软陶	红褐		素面						新石器时代晚期至商代
3821	ZJLY-146	九益村雨岭山	ZJLY-146:7T	23.41	113.77	32	陶			泥质粗硬陶	灰黑		方格纹						西周至春秋
3822	ZJLY-146	九益村雨岭山	ZJLY-146:8T	23.41	113.77	33	陶			泥质粗硬陶	灰褐		重菱格凸点纹						战国至南越国
3823	ZJLY-146	九益村雨岭山	ZJLY-146:9T	23.41	113.77	34	陶	罐	口沿	泥质细硬陶	灰白		方格纹						战国至南越国
3824	ZJLY-146	九益村雨岭山	ZJLY-146:10T	23.41	113.77	37	陶	罐	圈足	夹粗砂软陶	红褐		素面						新石器时代晚期至商代
3825	ZJLY-146	九益村雨岭山	ZJLY-146:11T	23.41	113.77	35	陶			泥质粗硬陶	灰黑		勾连云雷纹、蝉翼纹						西周至春秋
3826	ZJLY-146	九益村雨岭山	ZJLY-146:12T	23.41	113.77	40	陶			泥质粗硬陶	灰黑		方格纹						战国至南越国
3827	ZJLY-146	九益村雨岭山	ZJLY-146:13T	23.41	113.77	40	陶			泥质粗硬陶	灰褐		方格纹						战国至南越国

序号	遗址编号	遗址名称	遗物编号	纬度（度）	经度（度）	海拔（米）	质地	器形	部位	陶质	颜色	釉色	纹饰	刻划符号	石器岩性	石器完整程度	石器硬度	石器风化程度	年代
3828	ZJLY-146	九益村围岭山	ZJLY-146:14T	23.41	113.77	41	陶			泥质粗硬陶	灰褐	青釉	戳印篦点纹						西周至春秋
3829	ZJLY-146	九益村围岭山	ZJLY-146:15T	23.41	113.77	31	陶			泥质粗硬陶	灰黑		素面						唐宋
3830	ZJLY-146	九益村围岭山	ZJLY-146:16T	23.41	113.77	31	陶			泥质粗硬陶	灰黑		素面						唐宋
3831	ZJLY-146	九益村围岭山	ZJLY-146:17T	23.41	113.77	39	陶	罐	口沿	泥质粗硬陶	灰褐		素面						战国至南越国
3832	ZJLY-146	九益村围岭山	ZJLY-146:18T	23.41	113.77	35	陶			泥质粗硬陶	灰褐		方格纹						战国至南越国
3833	ZJLY-146	九益村围岭山	ZJLY-146:19T	23.41	113.77	38	石	饼			青灰				片岩	残	6	未风化	新石器时代晚期至商周代
3834	ZJLY-146	九益村围岭山	ZJLY-146:20T	23.41	113.77	43	陶			泥质粗硬陶	灰褐		方格纹						战国至南越国
3835	ZJLY-146	九益村围岭山	ZJLY-146:1Z1	23.40	113.77	36	陶	罐	口沿	泥质细硬陶	灰		素面						唐宋
3836	ZJLY-147	虾公山	ZJLY-147:1T	23.41	113.79	13	陶			泥质细硬陶	灰褐		米字纹						战国至南越国
3837	ZJLY-147	虾公山	ZJLY-147:2T	23.41	113.79	13	陶			泥质粗硬陶	青灰		水波纹						战国至南越国
3838	ZJLY-147	虾公山	ZJLY-147:3T	23.41	113.79	7	陶			泥质细硬陶	灰褐		米字纹						战国至南越国
3839	ZJLY-147	虾公山	ZJLY-147:4T	23.41	113.79	8	陶			泥质细硬陶	灰		水波纹、弦纹						战国至南越国
3840	ZJLY-147	虾公山	ZJLY-147:5T	23.41	113.79	9	陶			泥质粗硬陶	灰褐		方格纹						战国至南越国
3841	ZJLY-147	虾公山	ZJLY-147:6T	23.41	113.79	15	陶			泥质粗硬陶	灰褐		方格纹						战国至南越国
3842	ZJLY-147	虾公山	ZJLY-147:7T	23.41	113.79	13	陶			泥质粗硬陶	灰		素面						战国至南越国
3843	ZJLY-147	虾公山	ZJLY-147:8T	23.41	113.79	14	陶			泥质细硬陶	灰黑		米字纹						战国至南越国
3844	ZJLY-147	虾公山	ZJLY-147:9T	23.41	113.79	14	陶			泥质粗硬陶	青灰		米字纹						战国至南越国
3845	ZJLY-147	虾公山	ZJLY-147:10T	23.41	113.79	14	陶			泥质粗硬陶	灰褐		米字纹						战国至南越国
3846	ZJLY-147	虾公山	ZJLY-147:11T	23.41	113.79	7	陶			泥质细硬陶	灰黑		米字纹						战国至南越国
3847	ZJLY-147	虾公山	ZJLY-147:12T	23.41	113.79	9	陶			泥质粗硬陶	红褐		米字纹						战国至南越国
3848	ZJLY-147	虾公山	ZJLY-147:13T	23.41	113.79	12	陶			泥质粗硬陶	灰褐		米字纹						战国至南越国
3849	ZJLY-147	虾公山	ZJLY-147:14T	23.41	113.79	12	陶			泥质粗硬陶	青灰		米字纹						战国至南越国
3850	ZJLY-147	虾公山	ZJLY-147:15T	23.41	113.79	11	陶			泥质粗硬陶	深灰		米字纹						战国至南越国
3851	ZJLY-147	虾公山	ZJLY-147:16T	23.41	113.79	10	陶			泥质粗硬陶	灰黑		米字纹						战国至南越国
3852	ZJLY-147	虾公山	ZJLY-147:17T	23.41	113.79	13	陶			泥质粗硬陶	灰褐		方格纹						战国至南越国
3853	ZJLY-147	虾公山	ZJLY-147:18T	23.41	113.79	15	陶	罐	口沿	泥质细硬陶	灰白		素面						战国至南越国
3854	ZJLY-147	虾公山	ZJLY-147:19T	23.41	113.79	16	陶	罐	底	泥质粗硬陶	灰		素面						战国至南越国
3855	ZJLY-147	虾公山	ZJLY-147:20T	23.41	113.79	11	陶			泥质细硬陶	灰		米字纹						战国至南越国
3856	ZJLY-147	虾公山	ZJLY-147:21T	23.41	113.79	13	陶			泥质粗硬陶	红褐		方格纹						战国至南越国
3857	ZJLY-147	虾公山	ZJLY-147:22T	23.41	113.79	11	陶			泥质细硬陶	灰黑		米字纹						战国至南越国
3858	ZJLY-147	虾公山	ZJLY-147:23T	23.41	113.79	14	陶			泥质粗硬陶	灰褐		米字纹						战国至南越国

序号	遗址编号	遗址名称	遗物编号	纬度(度)	经度(度)	海拔(米)	质地	器形	部位	陶质	颜色	釉色	纹饰	刻划符号	石器岩性	石器完整程度	石器硬度	石器风化程度	年代
3859	ZJLY-147	虾公山	ZJLY-147:24T	23.41	113.79	16	陶			泥质粗硬陶	灰		方格纹						战国至南越国
3860	ZJLY-147	虾公山	ZJLY-147:25T	23.41	113.79	12	陶			泥质粗硬陶	灰褐		方格纹						战国至南越国
3861	ZJLY-147	虾公山	ZJLY-147:26T	23.41	113.79	12	陶			泥质细硬陶	深灰		素面						战国至南越国
3862	ZJLY-147	虾公山	ZJLY-147:1YⅡ	23.41	113.79	12	陶			泥质粗硬陶	深灰		方格纹						战国至南越国
3863	ZJLY-147	虾公山	ZJLY-147:2YⅡ	23.41	113.79	16	陶			泥质粗硬陶	红褐		方格纹						战国至南越国
3864	ZJLY-147	虾公山	ZJLY-147:3YⅡ	23.41	113.79	13	陶	罐	口沿	泥质粗硬陶	灰		方格纹						汉代
3865	ZJLY-147	虾公山	ZJLY-147:4YⅡ	23.41	113.79	14	陶			泥质细硬陶	灰白		方格纹						战国至南越国
3866	ZJLY-147	虾公山	ZJLY-147:5YⅡ	23.41	113.79	14	陶			泥质细硬陶	灰褐		水波纹、弦纹						战国至南越国
3867	ZJLY-147	虾公山	ZJLY-147:6YⅡ	23.41	113.79	11	陶	器盖	口沿	泥质细硬陶	深灰		方格纹						战国至南越国
3868	ZJLY-147	虾公山	ZJLY-147:7YⅡ	23.41	113.79	13	陶	罐	口沿	泥质细硬陶	灰黑		条纹						战国至南越国
3869	ZJLY-147	虾公山	ZJLY-147:8YⅡ	23.41	113.79	12	陶			泥质细硬陶	灰褐		素面						唐末
3870	ZJLY-147	虾公山	ZJLY-147:9YⅡ	23.41	113.79	4	陶	罐	口沿	泥质细硬陶	灰		方格纹、戳印纹						汉代
3871	ZJLY-147	虾公山	ZJLY-147:10YⅡ	23.41	113.79	12	陶			泥质细硬陶	灰褐		素面						战国至南越国
3872	ZJLY-147	虾公山	ZJLY-147:11YⅡ	23.41	113.79	12	陶			泥质粗硬陶	灰黑		素面						战国至南越国
3873	ZJLY-147	虾公山	ZJLY-147:12YⅡ	23.41	113.79	13	陶			泥质粗硬陶	灰黑		方格纹						战国至南越国
3874	ZJLY-147	虾公山	ZJLY-147:13YⅡ	23.41	113.79	9	陶			泥质粗硬陶	深灰		米字纹						战国至南越国
3875	ZJLY-147	虾公山	ZJLY-147:14YⅡ	23.41	113.79	11	陶			泥质粗硬陶	灰灰		方格纹						战国至南越国
3876	ZJLY-147	虾公山	ZJLY-147:15YⅡ	23.41	113.79	15	陶			泥质粗硬陶	灰褐		方格纹						战国至南越国
3877	ZJLY-147	虾公山	ZJLY-147:16YⅡ	23.41	113.79	19	陶			泥质粗硬陶	灰黑		方格纹						战国至南越国
3878	ZJLY-147	虾公山	ZJLY-147:17YⅡ	23.41	113.79	19	陶			泥质细硬陶	青灰		水波纹、弦纹						战国至南越国
3879	ZJLY-147	虾公山	ZJLY-147:18YⅡ	23.41	113.79	15	陶			泥质细硬陶	灰		水波纹、弦纹						战国至南越国
3880	ZJLY-147	虾公山	ZJLY-147:19YⅡ	23.41	113.79	8	陶			泥质粗硬陶	灰白		方格纹						战国至南越国
3881	ZJLY-147	虾公山	ZJLY-147:20YⅡ	23.41	113.79	13	陶			泥质细硬陶	灰褐		方格纹						战国至南越国
3882	ZJLY-147	虾公山	ZJLY-147:21YⅡ	23.41	113.79	10	陶			泥质粗硬陶	灰黑		米字纹						战国至南越国
3883	ZJLY-147	虾公山	ZJLY-147:1ZⅠ	23.41	113.79	7	陶			泥质粗硬陶	灰黑		米字纹						战国至南越国
3884	ZJLY-147	虾公山	ZJLY-147:2ZⅠ	23.41	113.79	7	陶			泥质粗硬陶	灰		方格纹						战国至南越国
3885	ZJLY-147	虾公山	ZJLY-147:3ZⅠ	23.41	113.79	11	陶			泥质粗硬陶	灰褐		方格纹						战国至南越国
3886	ZJLY-147	虾公山	ZJLY-147:4ZⅠ	23.41	113.79	9	陶			夹细砂软陶	灰白		方格纹						战国至南越国
3887	ZJLY-147	虾公山	ZJLY-147:5ZⅠ	23.41	113.79	15	陶			泥质粗硬陶	灰褐		方格纹						战国至南越国
3888	ZJLY-147	虾公山	ZJLY-147:6ZⅠ	23.41	113.79	8	陶			泥质粗硬陶	灰黑		米字纹						战国至南越国
3889	ZJLY-147	虾公山	ZJLY-147:7ZⅠ	23.41	113.79	13	陶			泥质粗硬陶	灰褐		米字纹						战国至南越国

序号	遗址编号	遗址名称	遗物编号	纬度（度）	经度（度）	海拔（米）	质地	器形	部位	陶质	颜色	釉色	纹饰	刻划符号	石器岩性	石器完整程度	石器硬度	石器风化程度	年代
3890	ZJLY-147	虾公山	ZJLY-147:8ZⅠ	23.41	113.79	6	陶			泥质粗软陶	红褐		方格纹						战国至南越国
3891	ZJLY-147	虾公山	ZJLY-147:9ZⅠ	23.41	113.79	11	陶			泥质粗硬陶	灰白		曲折纹						西周至春秋
3892	ZJLY-147	虾公山	ZJLY-147:10ZⅠ	23.41	113.79	14	陶			泥质粗硬陶	灰褐		方格纹						战国至南越国
3893	ZJLY-147	虾公山	ZJLY-147:11ZⅠ	23.41	113.79	12	陶	罐	口沿	泥质细硬陶	灰黑		素面						唐末
3894	ZJLY-153	牛头村台地	ZJLY-153:1T	23.41	113.76	24	陶			泥质粗硬陶	灰黑		米字纹						战国至南越国
3895	ZJLY-153	牛头村台地	ZJLY-153:2T	23.41	113.76	24	陶			夹粗砂硬陶	灰白		素面						新石器时代晚期至商代
3896	ZJLY-153	牛头村台地	ZJLY-153:3T	23.41	113.76	22	陶	罐	圈足	泥质粗硬陶	灰白		素面						新石器时代晚期至商代
3897	ZJLY-153	牛头村台地	ZJLY-153:4T	23.41	113.76	22	陶			夹粗砂硬陶	灰黑		素面						新石器时代晚期至商代
3898	ZJLY-153	牛头村台地	ZJLY-153:5T	23.41	113.76	21	陶			夹粗砂软陶	灰		素面						新石器时代晚期至商代
3899	ZJLY-153	牛头村台地	ZJLY-153:6T	23.41	113.76	18	石	锛			灰褐				片岩	基本完整	6	未风化	新石器时代晚期至商代
3900	ZJLY-153	牛头村台地	ZJLY-153:7T	23.41	113.76	24	陶	釜（罐）	口沿	泥质粗软陶	灰褐		素面						战国至南越国
3901	ZJLY-153	牛头村台地	ZJLY-153:1YⅡ	23.41	113.76	29	陶			泥质粗硬陶	红褐		米字纹						战国至南越国
3902	ZJLY-153	牛头村台地	ZJLY-153:2YⅡ	23.41	113.76	24	陶			夹粗砂软陶	灰黑		米字纹						战国至南越国
3903	ZJLY-153	牛头村台地	ZJLY-153:1ZⅠ	23.41	113.76	24	陶			泥质细硬陶	灰褐		菱格纹						西周至春秋
3904	ZJLY-153	牛头村台地	ZJLY-153:2ZⅠ	23.41	113.76	23	陶	罐（釜）		泥质粗硬陶	灰		方格纹、蓖纹						西周至春秋
3905	ZJLY-154	老屋背扶山	ZJLY-154:1T	23.40	113.76	60	陶	器座		泥质粗硬陶	灰黑		素面						新石器时代晚期至商代
3906	ZJLY-154	老屋背扶山	ZJLY-154:2T	23.40	113.76	61	陶			夹粗砂硬陶	红褐		素面						新石器时代晚期至商代
3907	ZJLY-154	老屋背扶山	ZJLY-154:3T	23.40	113.76	59	石	有段石锛			青灰				片岩	基本完整	6	未风化	新石器时代晚期至商代
3908	ZJLY-154	老屋背扶山	ZJLY-154:4T	23.40	113.76	61	陶			夹粗砂软陶	灰黑		素面						新石器时代晚期至商代
3909	ZJLY-154	老屋背扶山	ZJLY-154:5T	23.40	113.76	64	石	砺石			灰				片岩	残	6	未风化	新石器时代晚期至商代
3910	ZJLY-154	老屋背扶山	ZJLY-154:6T	23.40	113.76	64	陶			泥质粗硬陶	灰褐		素面						新石器时代晚期至商代
3911	ZJLY-154	老屋背扶山	ZJLY-154:1YⅡ	23.40	113.76	29	陶			泥质细硬陶	灰褐		方格纹						战国至南越国
3912	ZJLY-154	老屋背扶山	ZJLY-154:2YⅡ	23.40	113.76	31	陶			泥质粗硬陶	青灰		方格纹						战国至南越国
3913	ZJLY-154	老屋背扶山	ZJLY-154:1ZⅠ	23.40	113.76	33	陶	罐		泥质粗硬陶	灰褐		方格纹						战国至南越国
3914	ZJLY-154	老屋背扶山	ZJLY-154:2ZⅠ	23.40	113.76	24	陶			泥质粗硬陶	灰		方格纹						战国至南越国
3915	ZJLY-160	西边月	ZJLY-160:1ZⅠ	23.40	113.83	15	石	锛	口沿		青灰				绿泥石片岩	基本完整	6	微风化	新石器时代晚期至商代
3916	ZJLY-160	西边月	ZJLY-160:2ZⅠ	23.40	113.83	16	石	锛			青灰								新石器时代晚期至商代
3917	ZJLY-165	东岙	ZJLY-165:1YⅡ	23.40	113.81	24	陶	罐		泥质粗硬陶	灰白		曲折纹、附加堆纹						新石器时代晚期至商代
3918	ZJLY-165	东岙	ZJLY-165:2YⅡ	23.40	113.81	28	陶			夹粗砂软陶	灰黑		素面						新石器时代晚期至商代

序号	遗址编号	遗址名称	遗物编号	纬度(度)	经度(度)	海拔(米)	质地	器形	部位	陶质	颜色	釉色	纹饰	刻划符号	石器岩性	石器完整程度	石器硬度	石器风化程度	年代
3919	ZJLY-165	东江	ZJLY-165:3YⅡ	23.40	113.81	29	陶			泥质细软陶	红褐		绳纹						新石器时代晚期至商代
3920	ZJLY-165	东江	ZJLY-165:4YⅡ	23.40	113.81	24	陶	罐	口沿	夹细砂软陶	红褐		素面						新石器时代晚期至商代
3921	ZJLY-165	东江	ZJLY-165:5YⅡ	23.40	113.81	24	陶			夹粗砂软陶	灰褐		素面						新石器时代晚期至商代
3922	ZJLY-165	东江	ZJLY-165:6YⅡ	23.40	113.81	24	陶			夹细砂软陶	灰褐		素面						新石器时代晚期至商代
3923	ZJLY-165	东江	ZJLY-165:7YⅡ	23.40	113.81	24	陶			夹细砂软陶	灰褐		素面						新石器时代晚期至商代
3924	ZJLY-165	东江	ZJLY-165:8YⅡ	23.40	113.81	23	陶			夹粗砂软陶	灰褐		素面						新石器时代晚期至商代
3925	ZJLY-165	东江	ZJLY-165:10YⅡ	23.40	113.81	27	陶			泥质细软陶	灰褐		绳纹						新石器时代晚期至商代
3926	ZJLY-165	东江	ZJLY-165:11YⅡ	23.40	113.81	27	陶			夹细砂软陶	灰褐		素面						新石器时代晚期至商代
3927	ZJLY-165	东江	ZJLY-165:12YⅡ	23.40	113.81	29	陶			泥质细硬陶	青灰		绳纹						新石器时代晚期至商代
3928	ZJLY-165	东江	ZJLY-165:1YⅢ	23.40	113.81	22	陶			夹细砂软陶	红褐		曲折纹、附加堆纹						新石器时代晚期至商代
3929	ZJLY-165	东江	ZJLY-165:2YⅢ	23.40	113.81	23	陶	罐	口沿	泥质细硬陶	深灰		长方格纹、附加堆纹						新石器时代晚期至商代
3930	ZJLY-165	东江	ZJLY-165:3YⅢ	23.40	113.81	24	陶			泥质细软陶	青灰		绳纹						新石器时代晚期至商代
3931	ZJLY-165	东江	ZJLY-165:4YⅢ	23.40	113.81	24	陶			夹细砂软陶	灰褐		素面						新石器时代晚期至商代
3932	ZJLY-165	东江	ZJLY-165:5YⅢ	23.40	113.81	24	陶			泥质细软陶	红褐		交错绳纹						新石器时代晚期至商代
3933	ZJLY-165	东江	ZJLY-165:6YⅢ	23.40	113.81	24	陶			泥质细软陶	灰		绳纹						新石器时代晚期至商代
3934	ZJLY-165	东江	ZJLY-165:7YⅢ	23.40	113.81	24	陶			泥质细软陶	灰		交错绳纹						新石器时代晚期至商代
3935	ZJLY-165	东江	ZJLY-165:8YⅢ	23.40	113.81	24	陶			夹细砂软陶	红褐		曲折纹						新石器时代晚期至商代
3936	ZJLY-165	东江	ZJLY-165:9YⅢ	23.40	113.81	24	陶			夹细砂软陶	红褐		曲折纹、附加堆纹						新石器时代晚期至商代
3937	ZJLY-165	东江	ZJLY-165:10YⅢ	23.40	113.81	24	陶			泥质细软陶	灰褐		绳纹、附加堆纹						新石器时代晚期至商代
3938	ZJLY-165	东江	ZJLY-165:11YⅢ	23.40	113.81	24	陶			夹细砂软陶	灰褐		素面						新石器时代晚期至商代
3939	ZJLY-165	东江	ZJLY-165:12YⅢ	23.40	113.81	24	陶			夹细砂软陶	灰黑		素面						新石器时代晚期至商代
3940	ZJLY-165	东江	ZJLY-165:13YⅢ	23.40	113.81	24	陶			泥质细软陶	灰		绳纹						新石器时代晚期至商代
3941	ZJLY-165	东江	ZJLY-165:14YⅢ	23.40	113.81	24	陶			夹细砂软陶	青灰		篮纹、附加堆纹						新石器时代晚期至商代
3942	ZJLY-165	东江	ZJLY-165:15YⅢ	23.40	113.81	37	陶			泥质细软陶	深灰		交错绳纹						新石器时代晚期至商代
3943	ZJLY-165	东江	ZJLY-165:16YⅢ	23.40	113.81	16	陶			泥质细软陶	深灰		交错绳纹						新石器时代晚期至商代
3944	ZJLY-165	东江	ZJLY-165:17YⅢ	23.40	113.81	24	陶			泥质细软陶	灰		交错绳纹						新石器时代晚期至商代
3945	ZJLY-165	东江	ZJLY-165:18YⅢ	23.40	113.81	26	陶			夹细砂软陶	灰白		交错绳纹						新石器时代晚期至商代
3946	ZJLY-165	东江	ZJLY-165:19YⅢ	23.40	113.81	26	陶			泥质细软陶	灰黑		素面						新石器时代晚期至商代
3947	ZJLY-165	东江	ZJLY-165:1ZⅠ	23.40	113.81	28	陶	罐	口沿	泥质细硬陶	灰褐		素面						战国至南越国
3948	ZJLY-165	东江	ZJLY-165:2ZⅠ	23.40	113.81	26	陶	杯	口沿	泥质细硬陶	青灰		素面						战国至南越国
3949	ZJLY-173	腊圃荔枝山	ZJLY-173:1YⅡ	23.41	113.79	11	陶	罐	底	泥质细硬陶	灰褐		方格纹						战国至南越国

序号	遗址编号	遗址名称	遗物编号	纬度(度)	经度(度)	海拔(米)	质地	器形	部位	陶质	颜色	釉色	纹饰	刻划符号	石器岩性	石器完整程度	石器硬度	石器风化程度	年代
3950	ZJLY-173	腊圃荔枝山	ZJLY-173:2YⅡ	23.41	113.79	17	陶			泥质细软陶	灰白		曲折纹						新石器时代晚期至商代
3951	ZJLY-173	腊圃荔枝山	ZJLY-173:3YⅡ	23.41	113.79	17	陶			泥质粗硬陶	灰褐		方格纹						战国至南越国
3952	ZJLY-173	腊圃荔枝山	ZJLY-173:4YⅡ	23.41	113.79	27	陶			夹砂软陶	灰黑		素面						新石器时代晚期至商代
3953	ZJLY-173	腊圃荔枝山	ZJLY-173:5YⅡ	23.41	113.79	30	陶			夹粗砂软陶	灰黑		素面						新石器时代晚期至商代
3954	ZJLY-173	腊圃荔枝山	ZJLY-173:6YⅡ	23.41	113.79	29	陶			泥质软陶	灰白		曲折纹、附加堆纹						新石器时代晚期至商代
3955	ZJLY-173	腊圃荔枝山	ZJLY-173:7YⅡ	23.41	113.79	27	陶			泥质软硬陶	灰白		绳纹						新石器时代晚期至商代
3956	ZJLY-173	腊圃荔枝山	ZJLY-173:8YⅡ	23.41	113.79	23	陶			泥质细硬陶	灰白		水波纹						战国至南越国
3957	ZJLY-173	腊圃荔枝山	ZJLY-173:1ZⅠ	23.41	113.79	12	陶			泥质细硬陶	青灰		条纹、戳印纹						战国至南越国
3958	ZJLY-173	腊圃荔枝山	ZJLY-173:2ZⅠ	23.41	113.79	16	陶			泥质细软陶	灰白		条纹						新石器时代晚期至商代
3959	ZJLY-173	腊圃荔枝山	ZJLY-173:3ZⅠ	23.41	113.79	21	陶	罐		泥质细硬陶	深灰		素面						战国至南越国
3960	ZJLY-173	腊圃荔枝山	ZJLY-173:4ZⅠ	23.41	113.79	22	陶			泥质粗硬陶	红褐		方格纹						战国至南越国
3961	ZJLY-173	腊圃荔枝山	ZJLY-173:5ZⅠ	23.41	113.79	24	陶			泥质细硬陶	灰白		方格纹						战国至南越国
3962	ZJLY-173	腊圃荔枝山	ZJLY-173:6ZⅠ	23.41	113.79	22	陶			泥质细硬陶	灰黑		方格纹						战国至南越国
3963	ZJLY-173	腊圃荔枝山	ZJLY-173:7ZⅠ	23.41	113.79	25	陶	罐	口沿	泥质细硬陶	灰黑		方格纹						战国至南越国
3964	ZJLY-174	腊圃松仔山	ZJLY-174:1YⅡ	23.41	113.79	15	陶			泥质细硬陶	深灰		米字纹						战国至南越国
3965	ZJLY-174	腊圃松仔山	ZJLY-174:2YⅡ	23.41	113.79	15	陶			泥质细硬陶	灰		弦纹						战国至南越国
3966	ZJLY-174	腊圃松仔山	ZJLY-174:1ZⅠ	23.41	113.79	8	陶			泥质细硬陶	灰褐		三角格纹						战国至南越国
3967	ZJLY-175	清河岗	ZJLY-175:1YⅡ	23.41	113.80	11	陶			泥质细硬陶	深灰		方格纹						战国至南越国
3968	ZJLY-175	清河岗	ZJLY-175:2YⅡ	23.41	113.80	12	陶			泥质粗硬陶	灰		方格纹						战国至南越国
3969	ZJLY-175	清河岗	ZJLY-175:3YⅡ	23.41	113.80	12	陶			泥质细硬陶	灰褐		方格对角线纹						战国至南越国
3970	ZJLY-175	清河岗	ZJLY-175:4YⅡ	23.41	113.80	14	陶			泥质粗硬陶	灰褐		方格纹						战国至南越国
3971	ZJLY-175	清河岗	ZJLY-175:5YⅡ	23.41	113.80	14	陶			泥质细硬陶	青灰		方格对角线纹						战国至南越国
3972	ZJLY-175	清河岗	ZJLY-175:6YⅡ	23.41	113.80	14	陶			泥质细硬陶	灰褐		方格纹						战国至南越国
3973	ZJLY-175	清河岗	ZJLY-175:7YⅡ	23.41	113.80	11	陶			泥质细硬陶	灰褐		米字纹						战国至南越国
3974	ZJLY-175	清河岗	ZJLY-175:8YⅡ	23.41	113.80	9	陶			泥质细硬陶	青灰		水波纹、弦纹						战国至南越国
3975	ZJLY-175	清河岗	ZJLY-175:9YⅡ	23.41	113.80	9	陶			泥质细硬陶	青灰		水波纹、弦纹						战国至南越国
3976	ZJLY-175	清河岗	ZJLY-175:10YⅡ	23.41	113.80	12	陶			泥质细硬陶	灰褐		米字纹						战国至南越国
3977	ZJLY-175	清河岗	ZJLY-175:11YⅡ	23.41	113.80	12	陶			泥质粗硬陶	灰黑		米字纹						战国至南越国
3978	ZJLY-175	清河岗	ZJLY-175:12YⅡ	23.41	113.80	16	陶			泥质粗硬陶	灰黑		方格纹						战国至南越国
3979	ZJLY-175	清河岗	ZJLY-175:13YⅡ	23.41	113.80	15	陶			泥质细硬陶	青灰		方格纹						战国至南越国
3980	ZJLY-175	清河岗	ZJLY-175:14YⅡ	23.41	113.80	13	陶			泥质粗硬陶	红褐		三角格纹						战国至南越国

序号	遗址编号	遗址名称	遗物编号	纬度（度）	经度（度）	海拔（米）	质地	器形	部位	陶质	颜色	釉色	纹饰	刻划符号	石器岩性	石器完整程度	石器硬度	石器风化程度	年代
3981	ZJLY-175	清河岗	ZJLY-175:15YⅡ	23.41	113.80	14	陶			泥质粗硬陶	红褐		方格纹						战国至南越国
3982	ZJLY-175	清河岗	ZJLY-175:16YⅡ	23.41	113.80	15	陶			泥质粗硬陶	灰褐		米字纹						战国至南越国
3983	ZJLY-175	清河岗	ZJLY-175:17YⅡ	23.41	113.80	18	陶			泥质细硬陶	灰褐		弦纹						唐末
3984	ZJLY-175	清河岗	ZJLY-175:18YⅡ	23.41	113.80	15	陶			泥质细硬陶	灰褐		方格纹						战国至南越国
3985	ZJLY-175	清河岗	ZJLY-175:19YⅡ	23.41	113.80	13	陶			夹细砂软陶	红		方格纹、米字纹						战国至南越国
3986	ZJLY-175	清河岗	ZJLY-175:20YⅡ	23.41	113.80	17	陶		底	泥质粗硬陶	灰褐		方格纹						战国至南越国
3987	ZJLY-175	清河岗	ZJLY-175:21YⅡ	23.41	113.80	16	陶	罐		泥质细硬陶	灰褐		方格纹						战国至南越国
3988	ZJLY-175	清河岗	ZJLY-175:22YⅡ	23.41	113.80	16	陶			泥质细硬陶	灰褐		米字纹						战国至南越国
3989	ZJLY-175	清河岗	ZJLY-175:23YⅡ	23.41	113.80	16	陶			泥质细硬陶	青灰		三角格纹						战国至南越国
3990	ZJLY-175	清河岗	ZJLY-175:24YⅡ	23.41	113.80	16	陶			泥质细硬陶	红		米字纹						战国至南越国
3991	ZJLY-175	清河岗	ZJLY-175:25YⅡ	23.41	113.80	21	陶		底	泥质粗硬陶	灰褐		弦纹						战国至南越国
3992	ZJLY-175	清河岗	ZJLY-175:26YⅡ	23.41	113.80	27	陶	罐		泥质细硬陶	灰褐		米字纹						战国至南越国
3993	ZJLY-175	清河岗	ZJLY-175:27YⅡ	23.41	113.80	22	陶			泥质细硬陶	青灰		米字纹						战国至南越国
3994	ZJLY-175	清河岗	ZJLY-175:28YⅡ	23.41	113.80	19	陶			泥质细硬陶	灰褐		米字纹						战国至南越国
3995	ZJLY-175	清河岗	ZJLY-175:29YⅡ	23.41	113.80	20	陶			泥质粗硬陶	深灰		方格对角线纹						战国至南越国
3996	ZJLY-175	清河岗	ZJLY-175:30YⅡ	23.41	113.80	20	陶			泥质细硬陶	深灰		米字纹						战国至南越国
3997	ZJLY-175	清河岗	ZJLY-175:31YⅡ	23.41	113.80	18	陶			泥质粗硬陶	深灰		米字纹						战国至南越国
3998	ZJLY-175	清河岗	ZJLY-175:32YⅡ	23.41	113.80	21	陶			泥质细硬陶	灰褐		米字纹						战国至南越国
3999	ZJLY-175	清河岗	ZJLY-175:33YⅡ	23.41	113.80	20	陶			泥质粗硬陶	灰褐		方格纹						战国至南越国
4000	ZJLY-175	清河岗	ZJLY-175:34YⅡ	23.41	113.80	20	陶			泥质细硬陶	灰褐		米字纹						战国至南越国
4001	ZJLY-175	清河岗	ZJLY-175:35YⅡ	23.41	113.80	18	陶			泥质细硬陶	深灰		方格对角线纹						战国至南越国
4002	ZJLY-175	清河岗	ZJLY-175:36YⅡ	23.41	113.80	19	陶	罐	口沿	泥质粗硬陶	灰白		方格纹						战国至南越国
4003	ZJLY-175	清河岗	ZJLY-175:37YⅡ	23.41	113.80	19	陶			泥质粗硬陶	灰褐		戳印纹、弦纹						战国至南越国
4004	ZJLY-175	清河岗	ZJLY-175:38YⅡ	23.41	113.80	18	陶			泥质细硬陶	灰褐		素面						战国至南越国
4005	ZJLY-175	清河岗	ZJLY-175:39YⅡ	23.41	113.80	19	陶			泥质细硬陶	灰褐		米字纹						战国至南越国
4006	ZJLY-175	清河岗	ZJLY-175:40YⅡ	23.41	113.80	20	陶			泥质细硬陶	灰褐		米字纹						战国至南越国
4007	ZJLY-175	清河岗	ZJLY-175:41YⅡ	23.41	113.80	17	陶			泥质细硬陶	灰褐		米字纹						战国至南越国
4008	ZJLY-175	清河岗	ZJLY-175:42YⅡ	23.41	113.80	18	陶			泥质细硬陶	灰褐		方格纹						战国至南越国
4009	ZJLY-175	清河岗	ZJLY-175:43YⅡ	23.41	113.80	17	陶			泥质粗硬陶	灰褐		方格对角线纹						战国至南越国
4010	ZJLY-175	清河岗	ZJLY-175:44YⅡ	23.41	113.80	18	陶			泥质细硬陶	灰黑		米字纹						战国至南越国
4011	ZJLY-175	清河岗	ZJLY-175:45YⅡ	23.41	113.80	20	陶			泥质粗硬陶	灰		方格纹						战国至南越国

序号	遗址编号	遗址名称	遗物编号	纬度(度)	经度(度)	海拔(米)	质地	器形	部位	陶质	颜色	釉色	纹饰	刻划符号	石器岩性	石器完整程度	石器硬度	石器风化程度	年代
4012	ZJLY-175	清河岗	ZJLY-175:46YII	23.41	113.80	16	陶			泥质细硬陶	深灰		米字纹						战国至南越国
4013	ZJLY-175	清河岗	ZJLY-175:1ZI	23.41	113.80	23	陶			泥质粗硬陶	灰褐		方格纹						战国至南越国
4014	ZJLY-175	清河岗	ZJLY-175:2ZI	23.41	113.80	20	陶	罐	口沿	泥质粗硬陶	深灰		方格纹						战国至南越国
4015	ZJLY-175	清河岗	ZJLY-175:3ZI	23.41	113.80	15	陶			泥质粗硬陶	灰		方格纹						战国至南越国
4016	ZJLY-175	清河岗	ZJLY-175:4ZI	23.41	113.80	14	陶			泥质粗硬陶	灰黑		方格纹						战国至南越国
4017	ZJLY-175	清河岗	ZJLY-175:5ZI	23.41	113.80	12	陶			泥质细硬陶	深灰		方格对角线纹						战国至南越国
4018	ZJLY-175	清河岗	ZJLY-175:6ZI	23.41	113.80	12	瓷	碗	底			青釉	素面						唐末
4019	ZJLY-175	清河岗	ZJLY-175:7ZI	23.41	113.80	12	陶			泥质粗硬陶	灰		米字纹						战国至南越国
4020	ZJLY-175	清河岗	ZJLY-175:8ZI	23.41	113.80	13	陶			泥质粗硬陶	青灰		方格对角线纹						战国至南越国
4021	ZJLY-175	清河岗	ZJLY-175:9ZI	23.41	113.80	11	陶			泥质粗硬陶	灰褐		米字纹						战国至南越国
4022	ZJLY-175	清河岗	ZJLY-175:10ZI	23.41	113.80	11	陶			泥质细硬陶	深灰		方格纹						战国至南越国
4023	ZJLY-175	清河岗	ZJLY-175:11ZI	23.41	113.80	9	陶			泥质细硬陶	灰白		方格纹						战国至南越国
4024	ZJLY-175	清河岗	ZJLY-175:12ZI	23.41	113.80	13	陶			泥质细硬陶	灰褐		米字纹						战国至南越国
4025	ZJLY-175	清河岗	ZJLY-175:13ZI	23.41	113.80	12	陶			泥质粗硬陶	青灰		米字纹						战国至南越国
4026	ZJLY-175	清河岗	ZJLY-175:14ZI	23.41	113.80	10	陶			泥质粗硬陶	灰白		方格纹、弦纹						战国至南越国
4027	ZJLY-175	清河岗	ZJLY-175:15ZI	23.41	113.80	8	陶			泥质细硬陶	青灰		米字纹						战国至南越国
4028	ZJLY-175	清河岗	ZJLY-175:16ZI	23.41	113.80	8	陶			泥质细硬陶	灰白		素面						战国至南越国
4029	ZJLY-175	清河岗	ZJLY-175:17ZI	23.41	113.80	11	陶			泥质粗硬陶	灰褐		方格纹						战国至南越国
4030	ZJLY-175	清河岗	ZJLY-175:18ZI	23.41	113.80	9	陶			泥质粗硬陶	灰		方格纹						战国至南越国
4031	ZJLY-175	清河岗	ZJLY-175:19ZI	23.41	113.80	7	陶			泥质细硬陶	深灰		米字纹						战国至南越国
4032	ZJLY-175	清河岗	ZJLY-175:20ZI	23.41	113.80	16	陶			泥质粗硬陶	灰褐		米字纹						战国至南越国
4033	ZJLY-175	清河岗	ZJLY-175:21ZI	23.41	113.80	20	陶			泥质细硬陶	青灰		米字纹						战国至南越国
4034	ZJLY-175	清河岗	ZJLY-175:22ZI	23.41	113.80	17	陶			泥质细硬陶	灰		弦纹						战国至南越国
4035	ZJLY-175	清河岗	ZJLY-175:23ZI	23.41	113.80	14	陶			泥质粗硬陶	深灰		米字纹						战国至南越国
4036	ZJLY-175	清河岗	ZJLY-175:24ZI	23.41	113.80	14	陶			泥质粗硬陶	深灰		米字纹						战国至南越国
4037	ZJLY-175	清河岗	ZJLY-175:25ZI	23.41	113.80	15	陶	罐	口沿	泥质细硬陶	青灰		方格纹						战国至南越国
4038	ZJLY-175	清河岗	ZJLY-175:26ZI	23.41	113.80	12	陶	罐	口沿	泥质细硬陶	深灰		素面						战国至南越国
4039	ZJLY-175	清河岗	ZJLY-175:27ZI	23.41	113.80	13	陶			泥质细硬陶	深灰		米字纹						战国至南越国
4040	ZJLY-175	清河岗	ZJLY-175:28ZI	23.41	113.80	15	陶			泥质粗硬陶	红褐		米字纹						战国至南越国
4041	ZJLY-175	清河岗	ZJLY-175:29ZI	23.41	113.79	17	陶			泥质粗硬陶	深灰		方格对角线纹						战国至南越国
4042	ZJLY-175	清河岗	ZJLY-175:30ZI	23.41	113.80	19	陶			夹粗砂软陶	灰白		方格纹						战国至南越国

序号	遗址编号	遗址名称	遗物编号	纬度（度）	经度（度）	海拔（米）	质地	器形	部位	陶质	颜色	釉色	纹饰	刻划符号	石器岩性	石器完整程度	石器硬度	石器风化程度	年代
4043	ZJLY-175	清河岗	ZJLY-175:31ZⅠ	23.41	113.80	20	陶			泥质粗硬陶	灰褐		方格纹						战国至南越国
4044	ZJLY-175	清河岗	ZJLY-175:32ZⅠ	23.41	113.80	17	陶			泥质粗硬陶	灰褐		素面						战国至南越国
4045	ZJLY-175	清河岗	ZJLY-175:33ZⅠ	23.41	113.80	16	陶			泥质粗硬陶	灰		方格纹						战国至南越国
4046	ZJLY-176	社公山	ZJLY-176:1YⅡ	23.41	113.79	33	陶			泥质粗硬陶	灰		方格纹						西周至春秋
4047	ZJLY-176	社公山	ZJLY-176:2YⅡ	23.41	113.79	31	陶			泥质粗硬陶	灰		勾连云雷纹						西周至春秋
4048	ZJLY-176	社公山	ZJLY-176:3YⅡ	23.41	113.79	35	陶			泥质软陶	灰白		方格纹						西周至春秋
4049	ZJLY-176	社公山	ZJLY-176:4YⅡ	23.41	113.79	33	陶			泥质粗硬陶	灰黑		方格纹、勾连云雷纹						西周至春秋
4050	ZJLY-176	社公山	ZJLY-176:5YⅡ	23.41	113.79	36	陶	罐	口沿	泥质粗硬陶	灰		素面						西周至春秋
4051	ZJLY-176	社公山	ZJLY-176:6YⅡ	23.41	113.79	32	陶			泥质粗硬陶	灰		方格纹、戳印纹						西周至春秋
4052	ZJLY-176	社公山	ZJLY-176:7YⅡ	23.41	113.79	35	陶			泥质粗硬陶	红褐		方格纹						西周至春秋
4053	ZJLY-176	社公山	ZJLY-176:8YⅡ	23.41	113.79	35	陶			泥质粗硬陶	青灰		素面						唐宋
4054	ZJLY-176	社公山	ZJLY-176:9YⅡ	23.41	113.79	30	陶			泥质粗硬陶	红褐		素面						西周至春秋
4055	ZJLY-176	社公山	ZJLY-176:10YⅡ	23.41	113.79	31	陶			泥质粗硬陶	青灰		勾连云雷纹						西周至春秋
4056	ZJLY-176	社公山	ZJLY-176:11YⅡ	23.41	113.79	34	陶			泥质粗硬陶	灰黑		方格纹						西周至春秋
4057	ZJLY-176	社公山	ZJLY-176:1ZⅠ	23.41	113.79	36	陶			泥质细硬陶	灰褐		勾连云雷纹						西周至春秋
4058	ZJLY-176	社公山	ZJLY-176:2ZⅠ	23.41	113.79	32	陶			夹细砂硬陶	灰褐		勾连云雷纹						西周至春秋
4059	ZJLY-176	社公山	ZJLY-176:3ZⅠ	23.41	113.79	35	陶			泥质粗硬陶	灰褐		勾连云雷纹						西周至春秋
4060	ZJLY-176	社公山	ZJLY-176:4ZⅠ	23.41	113.79	30	陶			泥质软陶	红褐		勾连云雷纹						西周至春秋
4061	ZJLY-176	社公山	ZJLY-176:5ZⅠ	23.41	113.79	31	陶			泥质粗硬陶	灰褐		细方格纹						西周至春秋
4062	ZJLY-176	社公山	ZJLY-176:6ZⅠ	23.41	113.79	30	陶			泥质细软陶	青灰		绳纹						新石器时代晚期至商代
4063	ZJLY-176	社公山	ZJLY-176:7ZⅠ	23.41	113.79	30	陶			泥质粗硬陶	青灰		方格纹						西周至南越国
4064	ZJLY-177	圣堂前	ZJLY-177:1YⅡ	23.41	113.79	15	陶			泥质细硬陶	红褐		方格纹						战国至南越国
4065	ZJLY-177	圣堂前	ZJLY-177:2YⅡ	23.42	113.79	16	陶			泥质粗硬陶	灰白		米字纹						战国至南越国
4066	ZJLY-177	圣堂前	ZJLY-177:1ZⅠ	23.42	113.79	25	陶			泥质细硬陶	青灰		绳纹						新石器时代晚期至商代
4067	ZJLY-177	圣堂前	ZJLY-177:3ZⅠ	23.42	113.79	22	陶			泥质粗硬陶	灰褐		米字纹						战国至南越国
4068	ZJLY-181	彤河山	ZJLY-181:1YⅢ	23.42	113.82	26	陶	罐	口沿	泥质粗硬陶	灰褐		勾连云雷纹						西周至春秋
4069	ZJLY-181	彤河山	ZJLY-181:2YⅢ	23.42	113.82	27	陶			泥质粗硬陶	灰		方格纹						西周至春秋
4070	ZJLY-181	彤河山	ZJLY-181:3YⅢ	23.42	113.82	25	陶			泥质粗硬陶	灰黑		方格纹						西周至春秋
4071	ZJLY-181	彤河山	ZJLY-181:4YⅢ	23.42	113.82	23	陶			泥质粗硬陶	灰褐		方格纹						西周至春秋
4072	ZJLY-181	彤河山	ZJLY-181:5YⅢ	23.42	113.82	27	陶			泥质粗硬陶	灰褐		方格纹						西周至春秋
4073	ZJLY-181	彤河山	ZJLY-181:6YⅢ	23.42	113.82	27	陶			泥质粗硬陶	深灰		方格纹						西周至春秋

序号	遗址编号	遗址名称	遗物编号	纬度(度)	经度(度)	海拔(米)	质地	器形	部位	陶质	颜色	釉色	纹饰	刻划符号	石器岩性	石器完整程度	石器硬度	石器风化程度	年代
4074	ZJLY-181	彤河山	ZJLY-181:7YⅢ	23.42	113.82	24	陶			泥质粗硬陶	深灰		勾连云雷纹						西周至春秋
4075	ZJLY-181	彤河山	ZJLY-181:8YⅢ	23.42	113.82	25	陶			泥质粗硬陶	灰黑		勾连云雷纹						西周至春秋
4076	ZJLY-181	彤河山	ZJLY-181:9YⅢ	23.42	113.82	26	陶			泥质粗硬陶	灰褐		方格纹						西周至春秋
4077	ZJLY-181	彤河山	ZJLY-181:10YⅢ	23.42	113.82	24	陶			泥质粗软陶	灰黑		方格纹						西周至春秋
4078	ZJLY-181	彤河山	ZJLY-181:11YⅢ	23.42	113.82	27	陶			泥质粗硬陶	灰黑		素面						西周至春秋
4079	ZJLY-181	彤河山	ZJLY-181:12YⅢ	23.42	113.82	25	陶			泥质粗硬陶	灰黑		席纹						西周至春秋
4080	ZJLY-181	彤河山	ZJLY-181:13YⅢ	23.42	113.82	19	陶			泥质细硬陶	灰黑		方格纹						西周至春秋
4081	ZJLY-181	彤河山	ZJLY-181:14YⅢ	23.42	113.82	43	陶	罐	口沿	泥质粗硬陶	红褐		弦纹						西周至春秋
4082	ZJLY-181	彤河山	ZJLY-181:15YⅢ	23.42	113.82	43	石	穿孔石器			青灰								西周至春秋
4083	ZJLY-181	彤河山	ZJLY-181:16YⅢ	23.42	113.82	45	陶			泥质细硬陶	灰褐		方格纹						西周至春秋
4084	ZJLY-181	彤河山	ZJLY-181:17YⅢ	23.42	113.82	43	陶			泥质粗硬陶	灰褐		方格纹						西周至春秋
4085	ZJLY-181	彤河山	ZJLY-181:18YⅢ	23.42	113.82	43	陶			泥质粗硬陶	灰褐		篦点纹、弦纹						西周至春秋
4086	ZJLY-181	彤河山	ZJLY-181:19YⅢ	23.42	113.82	43	陶			泥质粗硬陶	深灰		方格纹						西周至春秋
4087	ZJLY-181	彤河山	ZJLY-181:20YⅢ	23.42	113.82	41	陶			泥质粗硬陶	深灰		夔纹、菱格凸块纹、弦纹						西周至春秋
4088	ZJLY-181	彤河山	ZJLY-181:1ZⅠ	23.42	113.82	25	陶			泥质粗硬陶	灰黑		方格纹						西周至春秋
4089	ZJLY-181	彤河山	ZJLY-181:2ZⅠ	23.42	113.82	47	陶			泥质粗硬陶	灰褐		网格纹						西周至春秋
4090	ZJLY-181	彤河山	ZJLY-181:3ZⅠ	23.42	113.82	44	陶	罐	口沿	泥质粗硬陶	深灰		篦点纹、弦纹						西周至春秋
4091	ZJLY-181	彤河山	ZJLY-181:4ZⅠ	23.42	113.82	47	陶			泥质粗硬陶	红褐		方格凸块纹、方格纹						西周至春秋
4092	ZJLY-182	鸡腰横	ZJLY-182:1YⅠ	23.42	113.81	25	陶			泥质粗硬陶	灰白		方格纹						西周至春秋
4093	ZJLY-182	鸡腰横	ZJLY-182:2YⅢ	23.42	113.81	22	陶			泥质粗硬陶	灰褐		方格纹						西周至春秋
4094	ZJLY-182	鸡腰横	ZJLY-182:3YⅢ	23.42	113.81	26	陶			泥质粗硬陶	灰褐		夔纹						西周至春秋
4095	ZJLY-182	鸡腰横	ZJLY-182:4YⅢ	23.42	113.81	27	陶			泥质粗硬陶	红褐		席纹						西周至春秋
4096	ZJLY-182	鸡腰横	ZJLY-182:5YⅢ	23.42	113.81	27	陶			泥质粗硬陶	灰黑		方格纹						西周至春秋
4097	ZJLY-182	鸡腰横	ZJLY-182:1ZⅠ	23.42	113.81	25	陶			泥质粗硬陶	灰褐		方格纹						西周至春秋
4098	ZJLY-182	鸡腰横	ZJLY-182:2ZⅠ	23.42	113.81	22	陶			泥质粗硬陶	深灰		勾连云雷纹						西周至春秋
4099	ZJLY-182	鸡腰横	ZJLY-182:3ZⅠ	23.42	113.81	22	陶			泥质粗硬陶	深灰		方格纹						西周至春秋
4100	ZJLY-182	鸡腰横	ZJLY-182:4ZⅠ	23.43	113.81	32	陶	罐	口沿	泥质粗硬陶	灰褐		方格纹						西周至春秋
4101	ZJLY-186	后岭山	ZJLY-186:1YⅡ	23.43	113.81	45	陶			夹粗砂软陶	灰黑		素面						西周至春秋
4102	ZJLY-186	后岭山	ZJLY-186:2YⅡ	23.43	113.81	52	陶			夹粗砂软陶	红褐		素面						西周至春秋

序号	遗址编号	遗址名称	遗物编号	纬度(度)	经度(度)	海拔(米)	质地	器形	部位	陶质	颜色	釉色	纹饰	刻划符号	石器岩性	石器完整程度	石器硬度	石器风化程度	年代
4103	ZJLY-186	后岭山	ZJLY-186:3YⅡ	23.43	113.81	39	陶	罐(釜)	口沿	夹粗砂软陶	红褐		素面						西周至春秋
4104	ZJLY-186	后岭山	ZJLY-186:1YⅢ	23.43	113.81	46	陶			泥质细硬陶	灰白		方格纹、云雷纹						西周至春秋
4105	ZJLY-186	后岭山	ZJLY-186:2YⅢ	23.43	113.81	46	陶			夹粗砂软陶	红褐		绳纹						西周至春秋
4106	ZJLY-186	后岭山	ZJLY-186:3YⅢ	23.43	113.81	46	陶			夹粗砂软陶	红褐		素面						西周至春秋
4107	ZJLY-186	后岭山	ZJLY-186:4YⅢ	23.43	113.81	45	石	砺石			灰								西周至春秋
4108	ZJLY-186	后岭山	ZJLY-186:5YⅢ	23.43	113.81	49	陶			夹粗砂软陶	红褐		素面						西周至春秋
4109	ZJLY-186	后岭山	ZJLY-186:6YⅢ	23.43	113.81	49	陶			夹粗砂软陶	红褐		素面						西周至春秋
4110	ZJLY-186	后岭山	ZJLY-186:7YⅢ	23.43	113.81	48	陶			夹粗砂软陶	红褐		素面						西周至春秋
4111	ZJLY-186	后岭山	ZJLY-186:8YⅢ	23.43	113.81	48	陶			夹粗砂软陶	红褐		素面						西周至春秋
4112	ZJLY-186	后岭山	ZJLY-186:9YⅢ	23.43	113.81	47	陶			夹粗砂软陶	红褐		素面						西周至春秋
4113	ZJLY-186	后岭山	ZJLY-186:10YⅢ	23.43	113.81	46	陶			泥质细硬陶	灰褐		方格纹、夔纹						西周至春秋
4114	ZJLY-186	后岭山	ZJLY-186:11YⅢ	23.43	113.81	47	陶			泥质粗硬陶	灰褐		方格纹、浅纹						西周至春秋
4115	ZJLY-186	后岭山	ZJLY-186:12YⅢ	23.43	113.81	45	陶			泥质细硬陶	灰褐		方格纹						西周至春秋
4116	ZJLY-186	后岭山	ZJLY-186:13YⅢ	23.43	113.81	51	陶			泥质细硬陶	红褐		方格纹						西周至春秋
4117	ZJLY-186	后岭山	ZJLY-186:14YⅢ	23.43	113.81	51	陶			泥质细硬陶	青灰		细方格纹						西周至春秋
4118	ZJLY-186	后岭山	ZJLY-186:15YⅢ	23.43	113.81	48	陶			泥质细硬陶	灰褐		夔纹						西周至春秋
4119	ZJLY-186	后岭山	ZJLY-186:16YⅢ	23.43	113.81	46	陶	罐	口沿	泥质粗硬陶	灰褐		方格纹、浅纹						西周至春秋
4120	ZJLY-186	后岭山	ZJLY-186:17YⅢ	23.43	113.81	44	陶			泥质细硬陶	灰褐		方格纹						西周至春秋
4121	ZJLY-186	后岭山	ZJLY-186:1ZⅠ	23.43	113.81	49	陶			泥质粗硬陶	红褐		方格纹						西周至春秋
4122	ZJLY-186	后岭山	ZJLY-186:2ZⅠ	23.43	113.81	48	陶			泥质细硬陶	灰白		方格纹						西周至春秋
4123	ZJLY-186	后岭山	ZJLY-186:3ZⅠ	23.43	113.81	49	陶			泥质细硬陶	灰褐		夔纹						西周至春秋
4124	ZJLY-186	后岭山	ZJLY-186:4ZⅠ	23.43	113.81	48	陶			泥质细硬陶	灰褐		方格纹						西周至春秋
4125	ZJLY-186	后岭山	ZJLY-186:5ZⅠ	23.43	113.81	49	陶			泥质细硬陶	灰褐		方格纹						西周至春秋
4126	ZJLY-186	后岭山	ZJLY-186:6ZⅠ	23.43	113.81	49	陶			泥质粗硬陶	灰褐		方格纹						西周至春秋
4127	ZJLY-186	后岭山	ZJLY-186:7ZⅠ	23.43	113.81	47	陶			泥质细硬陶	青灰		夔纹						西周至春秋
4128	ZJLY-186	后岭山	ZJLY-186:8ZⅠ	23.43	113.81	51	陶			泥质细硬陶	灰褐		夔纹						西周至春秋
4129	ZJLY-186	后岭山	ZJLY-186:9ZⅠ	23.43	113.81	51	陶			泥质粗硬陶	灰褐		方格纹						西周至春秋
4130	ZJLY-186	后岭山	ZJLY-186:10ZⅠ	23.43	113.81	54	陶			夹粗砂软陶	红褐		方格纹						西周至春秋
4131	ZJLY-186	后岭山	ZJLY-186:11ZⅠ	23.43	113.81	50	陶			泥质细硬陶	灰褐		方格纹、夔纹						西周至春秋
4132	ZJLY-186	后岭山	ZJLY-186:12ZⅠ	23.43	113.81	54	陶			泥质细硬陶	灰褐		夔纹						西周至春秋
4133	ZJLY-186	后岭山	ZJLY-186:13ZⅠ	23.43	113.81	52	陶			泥质细硬陶	红褐		方格纹						西周至春秋

续表

序号	遗址编号	遗址名称	遗物编号	纬度(度)	经度(度)	海拔(米)	质地	器形	部位	陶质	颜色	釉色	纹饰	刻划符号	石器岩性	石器完整程度	石器硬度	石器风化程度	年代
4134	ZJLY-186	后岭山	ZJLY-186:14ZⅠ	23.43	113.81	50	陶	罐	口沿	泥质粗硬陶	灰褐		方格纹、弦纹	有					西周至春秋
4135	ZJLY-186	后岭山	ZJLY-186:15ZⅠ	23.43	113.81	53	陶			泥质细硬陶	灰褐		方格纹、夔纹、弦纹						西周至春秋
4136	ZJLY-186	后岭山	ZJLY-186:16ZⅠ	23.43	113.81	51	陶			泥质细硬陶	灰灰		夔纹						西周至春秋
4137	ZJLY-186	后岭山	ZJLY-186:17ZⅠ	23.43	113.81	50	陶			泥质细硬陶	青灰		方格纹						西周至春秋
4138	ZJLY-186	后岭山	ZJLY-186:18ZⅠ	23.43	113.81	50	陶			泥质粗硬陶	灰褐		方格纹、夔纹						西周至春秋
4139	ZJLY-186	后岭山	ZJLY-186:19ZⅠ	23.43	113.81	51	陶			泥质粗硬陶	红褐		方格纹、夔纹						西周至春秋
4140	ZJLY-186	后岭山	ZJLY-186:20ZⅠ	23.43	113.81	48	陶			泥质细硬陶	灰黄		素面						西周至春秋
4141	ZJLY-186	后岭山	ZJLY-186:21ZⅠ	23.43	113.81	51	陶	罐	口沿	泥质细硬陶	灰褐	酱釉	"卍"字纹	有					西周至春秋
4142	ZJLY-186	后岭山	ZJLY-186:22ZⅠ	23.43	113.81	51	陶			泥质细硬陶	灰褐		方格纹						西周至春秋
4143	ZJLY-186	后岭山	ZJLY-186:23ZⅠ	23.43	113.81	52	陶			泥质细硬陶	灰褐		夔纹						西周至春秋
4144	ZJLY-186	后岭山	ZJLY-186:24ZⅠ	23.43	113.81	49	陶			泥质粗硬陶	灰褐		方格纹						西周至春秋
4145	ZJLY-186	后岭山	ZJLY-186:25ZⅠ	23.43	113.81	54	陶			泥质粗硬陶	红褐		方格纹						西周至春秋
4146	ZJLY-186	后岭山	ZJLY-186:26ZⅠ	23.43	113.81	52	陶			泥质细硬陶	灰褐		方格纹						西周至春秋
4147	ZJLY-186	后岭山	ZJLY-186:27ZⅠ	23.43	113.81	51	陶			泥质粗硬陶	灰褐		方格纹、夔纹						西周至春秋
4148	ZJLY-186	后岭山	ZJLY-186:28ZⅠ	23.43	113.81	50	陶			泥质细硬陶	灰褐		方格纹						西周至春秋
4149	ZJLY-186	后岭山	ZJLY-186:29ZⅠ	23.43	113.81	55	陶	甂		泥质粗硬陶	灰		方格纹、弦纹						西周至春秋
4150	ZJLY-186	后岭山	ZJLY-186:30ZⅠ	23.43	113.81	52	陶			泥质粗硬陶	灰		方格纹						西周至春秋
4151	ZJLY-186	后岭山	ZJLY-186:31ZⅠ	23.43	113.81	53	陶			泥质粗硬陶	灰褐		方格纹						西周至春秋
4152	ZJLY-186	后岭山	ZJLY-186:32ZⅠ	23.43	113.81	51	陶			泥质细硬陶	深灰		方格纹						西周至春秋
4153	ZJLY-186	后岭山	ZJLY-186:33ZⅠ	23.43	113.81	50	陶		口沿	泥质细硬陶	灰		方格纹						西周至春秋
4154	ZJLY-186	后岭山	ZJLY-186:34ZⅠ	23.43	113.81	51	陶			泥质细软陶	橙黄		夔纹						西周至春秋
4155	ZJLY-186	后岭山	ZJLY-186:35ZⅠ	23.43	113.81	49	陶			泥质细软陶	灰		方格纹						西周至春秋
4156	ZJLY-186	后岭山	ZJLY-186:36ZⅠ	23.43	113.81	48	陶			泥质细硬陶	灰白		夔纹						西周至春秋
4157	ZJLY-186	后岭山	ZJLY-186:37ZⅠ	23.43	113.81	50	陶	罐	口沿	泥质细软陶	红		素面						西周至春秋
4158	ZJLY-186	后岭山	ZJLY-186:38ZⅠ	23.43	113.81	48	陶			泥质细硬陶	红褐		方格纹						西周至春秋
4159	ZJLY-186	后岭山	ZJLY-186:39ZⅠ	23.43	113.81	48	陶			泥质细软陶	灰白		方格纹						西周至春秋
4160	ZJLY-186	后岭山	ZJLY-186:40ZⅠ	23.43	113.81	51	陶			泥质细软陶	红褐		方格纹						西周至春秋
4161	ZJLY-186	后岭山	ZJLY-186:41ZⅠ	23.43	113.81	50	陶			泥质细软陶	红褐		方格纹						西周至春秋
4162	ZJLY-186	后岭山	ZJLY-186:42ZⅠ	23.43	113.81	48	陶			泥质细硬陶	青灰		方格纹						西周至春秋
4163	ZJLY-186	后岭山	ZJLY-186:43ZⅠ	23.43	113.81	47	陶			泥质细硬陶	青灰		方格纹、夔纹、弦纹						西周至春秋
4164	ZJLY-186	后岭山	ZJLY-186:44ZⅠ	23.43	113.81	48	陶			泥质细硬陶	灰褐		方格纹、夔纹						西周至春秋

序号	遗址编号	遗址名称	遗物编号	纬度（度）	经度（度）	海拔（米）	质地	器形	部位	陶质	颜色	釉色	纹饰	刻划符号	石器岩性	石器完整程度	石器硬度	石器风化程度	年代
4165	ZJLY-186	后岭山	ZJLY-186:45ZⅠ	23.43	113.81	46	陶	罐	口沿	泥质粗硬陶	灰褐		方格纹						西周至春秋
4166	ZJLY-186	后岭山	ZJLY-186:46ZⅠ	23.43	113.81	47	陶			泥质细硬陶	灰褐		方格纹						西周至春秋
4167	ZJLY-186	后岭山	ZJLY-186:47ZⅠ	23.43	113.81	45	陶			泥质细硬陶	灰黑		方格纹、夔纹						西周至春秋
4168	ZJLY-186	后岭山	ZJLY-186:48ZⅠ	23.43	113.81	45	陶			泥质粗硬陶	灰褐		方格纹、弦纹						西周至春秋
4169	ZJLY-186	后岭山	ZJLY-186:49ZⅠ	23.43	113.81	50	陶			泥质细硬陶	灰褐		方格纹						西周至春秋
4170	ZJLY-186	后岭山	ZJLY-186:50ZⅠ	23.43	113.81	50	陶			泥质细硬陶	灰黑		方格纹、夔纹						西周至春秋
4171	ZJLY-186	后岭山	ZJLY-186:51ZⅠ	23.43	113.81	46	陶			泥质细硬陶	灰褐		方格纹						西周至春秋
4172	ZJLY-186	后岭山	ZJLY-186:52ZⅠ	23.43	113.81	44	陶			泥质细硬陶	灰褐		变体夔纹						西周至春秋
4173	ZJLY-186	后岭山	ZJLY-186:53ZⅠ	23.43	113.81	42	陶			泥质细硬陶	灰褐		方格纹						西周至春秋
4174	ZJLY-186	后岭山	ZJLY-186:54ZⅠ	23.43	113.81	43	陶			泥质细硬陶	灰褐		方格纹						西周至春秋
4175	ZJLY-186	后岭山	ZJLY-186:55ZⅠ	23.43	113.81	46	陶			泥质细硬陶	灰褐		夔纹						西周至春秋
4176	ZJLY-186	后岭山	ZJLY-186:56ZⅠ	23.43	113.81	45	陶			泥质细硬陶	灰褐		夔纹						西周至春秋
4177	ZJLY-186	后岭山	ZJLY-186:57ZⅠ	23.43	113.81	44	陶	罐	口沿	泥质细硬陶	灰褐		方格纹、弦纹						西周至春秋
4178	ZJLY-186	后岭山	ZJLY-186:58ZⅠ	23.43	113.81	45	陶			泥质细硬陶	灰黑		方格纹、夔纹、弦纹						西周至春秋
4179	ZJLY-186	后岭山	ZJLY-186:59ZⅠ	23.43	113.81	44	陶			泥质细硬陶	灰褐		方格纹、夔纹						西周至春秋
4180	ZJLY-186	后岭山	ZJLY-186:60ZⅠ	23.43	113.81	46	陶			泥质细硬陶	灰褐		夔纹						西周至春秋
4181	ZJLY-186	后岭山	ZJLY-186:61ZⅠ	23.43	113.81	47	陶			泥质细硬陶	灰黑		方格纹、夔纹、弦纹						西周至春秋
4182	ZJLY-186	后岭山	ZJLY-186:62ZⅠ	23.43	113.81	46	陶			泥质细硬陶	青灰		方格纹						西周至春秋
4183	ZJLY-186	后岭山	ZJLY-186:63ZⅠ	23.43	113.81	48	陶	罐	口沿	泥质细硬陶	灰褐		方格纹						西周至春秋
4184	ZJLY-186	后岭山	ZJLY-186:64ZⅠ	23.43	113.81	47	陶			泥质粗硬陶	红褐		方格纹、夔纹						西周至春秋
4185	ZJLY-186	后岭山	ZJLY-186:65ZⅠ	23.43	113.81	45	陶			泥质细硬陶	灰褐		方格纹、弦纹						西周至春秋
4186	ZJLY-186	后岭山	ZJLY-186:66ZⅠ	23.43	113.81	42	陶			泥质细硬陶	灰		方格纹						西周至春秋
4187	ZJLY-186	后岭山	ZJLY-186:67ZⅠ	23.43	113.81	46	陶			泥质细硬陶	青灰		方格纹、夔纹						西周至春秋
4188	ZJLY-186	后岭山	ZJLY-186:68ZⅠ	23.43	113.81	44	陶			泥质粗硬陶	灰褐		方格纹						西周至春秋
4189	ZJLY-186	后岭山	ZJLY-186:69ZⅠ	23.43	113.81	42	陶			泥质细硬陶	青灰		"S"形纹						西周至春秋
4190	ZJLY-186	后岭山	ZJLY-186:70ZⅠ	23.43	113.81	44	陶	罐	口沿	泥质粗硬陶	青灰		方格纹、夔纹						西周至春秋
4191	ZJLY-186	后岭山	ZJLY-186:71ZⅠ	23.43	113.81	41	陶			泥质细硬陶	青灰		方格纹						西周至春秋
4192	ZJLY-186	后岭山	ZJLY-186:72ZⅠ	23.43	113.81	45	陶			泥质细硬陶	深灰		细方格纹						西周至春秋
4193	ZJLY-186	后岭山	ZJLY-186:73ZⅠ	23.43	113.81	42	陶			泥质细硬陶	青灰		方格纹						西周至春秋
4194	ZJLY-192	正潭山	ZJLY-192:1YⅢ	23.44	113.81	43	陶			夹粗砂软陶	灰		素面						新石器时代晚期至商代
4195	ZJLY-192	正潭山	ZJLY-192:2YⅢ	23.44	113.81	40	石	石器			青灰					残			新石器时代晚期至商代

序号	遗址编号	遗址名称	遗物编号	纬度（度）	经度（度）	海拔（米）	质地	器形	部位	陶质	颜色	釉色	纹饰	刻划符号	石器岩性	石器完整程度	石器硬度	石器风化程度	年代
4196	ZJLY-192	正潭山	ZJLY-192:3YⅢ	23.44	113.81	42	石	锛			灰黄				凝灰岩	基本完整	6	未风化	新石器时代晚期至商代
4197	ZJLY-192	正潭山	ZJLY-192:4YⅢ	23.43	113.81	41	陶			夹粗砂软陶	灰褐		素面						新石器时代晚期至商代
4198	ZJLY-192	正潭山	ZJLY-192:5YⅢ	23.43	113.81	42	陶	器座		夹粗砂软陶	红褐		素面						新石器时代晚期至商代
4199	ZJLY-192	正潭山	ZJLY-192:1ZⅠ	23.43	113.81	41	石	石器				青釉				残			新石器时代晚期至商代
4200	ZJLY-192	正潭山	ZJLY-192:2ZⅠ	23.43	113.81	38	瓷	碗	口沿			青釉	素面						唐末
4201	ZJLY-192	正潭山	ZJLY-192:3ZⅠ	23.44	113.81	44	陶			夹粗砂软陶	灰		绳纹						新石器时代晚期至商代
4202	ZJLY-197	竹银山	ZJLY-197:1YⅡ	23.43	113.80	22	陶			泥质粗硬陶	灰褐		夔纹						西周至春秋
4203	ZJLY-197	竹银山	ZJLY-197:2YⅡ	23.43	113.80	21	陶			泥质粗硬陶	青灰		方格纹						西周至春秋
4204	ZJLY-197	竹银山	ZJLY-197:3YⅡ	23.43	113.80	27	陶			泥质粗硬陶	橙黄		篦划复线纹、弦纹（内）						西周至春秋
4205	ZJLY-197	竹银山	ZJLY-197:4YⅡ	23.43	113.80	25	陶			泥质粗硬陶	灰褐		素面						西周至春秋
4206	ZJLY-197	竹银山	ZJLY-197:5YⅡ	23.43	113.80	23	陶			泥质细硬陶	青灰		方格纹						西周至春秋
4207	ZJLY-197	竹银山	ZJLY-197:6YⅡ	23.43	113.80	21	陶			泥质粗硬陶	青灰		夔纹						西周至春秋
4208	ZJLY-197	竹银山	ZJLY-197:7YⅡ	23.43	113.80	21	陶			泥质粗硬陶	深灰		方格纹						西周至春秋
4209	ZJLY-197	竹银山	ZJLY-197:8YⅡ	23.43	113.80	22	陶			泥质粗硬陶	深灰		方格纹、圆圈凸点纹						西周至春秋
4210	ZJLY-197	竹银山	ZJLY-197:9YⅡ	23.43	113.80	23	陶			泥质粗硬陶	红		方格纹						西周至春秋
4211	ZJLY-197	竹银山	ZJLY-197:10YⅡ	23.43	113.80	23	陶			泥质粗硬陶	灰褐		方格纹						西周至春秋
4212	ZJLY-197	竹银山	ZJLY-197:11YⅡ	23.43	113.80	24	陶	罐	圈足	泥质粗硬陶	红褐		素面						西周至春秋
4213	ZJLY-197	竹银山	ZJLY-197:12YⅡ	23.43	113.80	24	陶			泥质粗硬陶	灰褐		夔纹						西周至春秋
4214	ZJLY-197	竹银山	ZJLY-197:13YⅡ	23.43	113.80	16	陶			泥质粗硬陶	青灰		方格纹						西周至春秋
4215	ZJLY-197	竹银山	ZJLY-197:14YⅡ	23.43	113.80	23	陶			泥质粗硬陶	深灰		方格纹						西周至春秋
4216	ZJLY-197	竹银山	ZJLY-197:15YⅡ	23.43	113.80	19	陶			泥质粗硬陶	深灰		方格纹						西周至春秋
4217	ZJLY-197	竹银山	ZJLY-197:16YⅡ	23.43	113.80	23	陶			泥质细硬陶	红		方格纹						西周至春秋
4218	ZJLY-197	竹银山	ZJLY-197:17YⅡ	23.43	113.80	22	陶			泥质粗硬陶	青灰		方格纹						西周至春秋
4219	ZJLY-197	竹银山	ZJLY-197:18YⅡ	23.43	113.80	22	陶			泥质粗硬陶	深灰		方格纹						西周至春秋
4220	ZJLY-197	竹银山	ZJLY-197:19YⅡ	23.43	113.80	28	陶			泥质粗硬陶	灰褐		方格纹						西周至春秋
4221	ZJLY-197	竹银山	ZJLY-197:20YⅡ	23.43	113.80	27	陶			泥质粗硬陶	橙黄		方格纹、夔纹						西周至春秋
4222	ZJLY-197	竹银山	ZJLY-197:21YⅡ	23.43	113.80	26	陶			泥质粗硬陶	橙黄		夔纹						西周至春秋
4223	ZJLY-197	竹银山	ZJLY-197:22YⅡ	23.43	113.80	26	陶			泥质粗硬陶	青灰		方格纹、夔纹						西周至春秋
4224	ZJLY-197	竹银山	ZJLY-197:23YⅡ	23.43	113.80	26	陶			泥质粗硬陶	灰褐		方格纹、重圈凸点纹						西周至春秋
4225	ZJLY-197	竹银山	ZJLY-197:24YⅡ	23.43	113.80	24	陶			泥质细软陶	红褐		素面						西周至春秋
4226	ZJLY-197	竹银山	ZJLY-197:25YⅡ	23.43	113.80	26	陶	罐	口沿	泥质细硬陶	红		素面						西周至春秋

序号	遗址编号	遗址名称	遗物编号	纬度（度）	经度（度）	海拔（米）	质地	器形	部位	陶质	颜色	釉色	纹饰	刻划符号	石器岩性	石器完整程度	石器硬度	石器风化程度	年代
4227	ZJLY-197	竹银山	ZJLY-197:26YⅡ	23.43	113.80	23	陶			泥质粗硬陶	橙黄		方格纹、复线篦划纹、弦纹						西周至春秋
4228	ZJLY-197	竹银山	ZJLY-197:27YⅡ	23.43	113.80	25	陶			泥质细硬陶	橙黄		夔纹						西周至春秋
4229	ZJLY-197	竹银山	ZJLY-197:28YⅡ	23.43	113.80	27	陶			泥质细硬陶	橙黄		夔纹、篦划复线纹、弦纹						西周至春秋
4230	ZJLY-197	竹银山	ZJLY-197:29YⅡ	23.43	113.80	22	陶			泥质粗硬陶	橙黄		方格纹						西周至春秋
4231	ZJLY-197	竹银山	ZJLY-197:1YⅢ	23.43	113.80	27	陶	罐	口沿	泥质粗硬陶	灰褐		素面						西周至春秋
4232	ZJLY-197	竹银山	ZJLY-197:2YⅢ	23.43	113.80	23	陶			泥质细硬陶	灰		方格纹						西周至春秋
4233	ZJLY-197	竹银山	ZJLY-197:3YⅢ	23.43	113.80	30	陶			泥质细硬陶	青灰		夔纹						西周至春秋
4234	ZJLY-197	竹银山	ZJLY-197:4YⅢ	23.43	113.80	25	陶			泥质粗硬陶	灰褐		方格纹、夔纹、弦纹						西周至春秋
4235	ZJLY-197	竹银山	ZJLY-197:5YⅢ	23.43	113.80	29	陶			泥质粗硬陶	深灰		重菱格凸块纹						西周至春秋
4236	ZJLY-197	竹银山	ZJLY-197:6YⅢ	23.43	113.80	27	陶			泥质粗硬陶	青灰		方格纹						西周至春秋
4237	ZJLY-197	竹银山	ZJLY-197:7YⅢ	23.43	113.80	31	陶			泥质粗硬陶	灰褐		夔纹						西周至春秋
4238	ZJLY-197	竹银山	ZJLY-197:8YⅢ	23.43	113.80	30	陶			泥质细硬陶	红褐		夔纹						西周至春秋
4239	ZJLY-197	竹银山	ZJLY-197:9YⅢ	23.43	113.80	27	陶			泥质细硬陶	红褐		重圈纹						西周至春秋
4240	ZJLY-197	竹银山	ZJLY-197:10YⅢ	23.43	113.80	24	陶			泥质细硬陶	橙黄		夔纹						西周至春秋
4241	ZJLY-197	竹银山	ZJLY-197:11YⅢ	23.43	113.80	26	陶			泥质粗硬陶	红褐		方格纹						西周至春秋
4242	ZJLY-197	竹银山	ZJLY-197:12YⅢ	23.43	113.80	28	陶			泥质粗硬陶	红		方格纹						西周至春秋
4243	ZJLY-197	竹银山	ZJLY-197:13YⅢ	23.43	113.80	23	陶			泥质粗硬陶	灰		方格纹、圆圈纹						西周至春秋
4244	ZJLY-197	竹银山	ZJLY-197:14YⅢ	23.43	113.80	21	陶			泥质粗硬陶	灰		夔纹						西周至春秋
4245	ZJLY-197	竹银山	ZJLY-197:1ZⅠ	23.43	113.80	23	陶			泥质粗硬陶	灰褐		方格纹						西周至春秋
4246	ZJLY-197	竹银山	ZJLY-197:2ZⅠ	23.43	113.80	22	陶			泥质粗硬陶	灰		方格纹						西周至春秋
4247	ZJLY-197	竹银山	ZJLY-197:3ZⅠ	23.43	113.80	16	陶			泥质粗硬陶	黑		素面						唐宋
4248	ZJLY-197	竹银山	ZJLY-197:4ZⅠ	23.43	113.80	15	陶			泥质粗硬陶	深灰		夔纹						西周至春秋
4249	ZJLY-197	竹银山	ZJLY-197:5ZⅠ	23.43	113.80	20	陶			泥质粗硬陶	灰		方格纹						西周至春秋
4250	ZJLY-197	竹银山	ZJLY-197:6ZⅠ	23.43	113.80	27	陶			泥质粗硬陶	青灰		方格纹						西周至春秋
4251	ZJLY-197	竹银山	ZJLY-197:7ZⅠ	23.43	113.80	30	陶			泥质粗硬陶	青灰		方格纹						西周至春秋
4252	ZJLY-197	竹银山	ZJLY-197:8ZⅠ	23.43	113.80	27	陶			泥质粗硬陶	灰		方格纹、弦纹						西周至春秋
4253	ZJLY-197	竹银山	ZJLY-197:9ZⅠ	23.43	113.80	27	陶			泥质粗硬陶	青灰		方格纹						西周至春秋
4254	ZJLY-197	竹银山	ZJLY-197:10ZⅠ	23.43	113.80	28	陶			泥质粗硬陶	灰褐		方格纹、夔纹、弦纹						西周至春秋
4255	ZJLY-197	竹银山	ZJLY-197:11ZⅠ	23.43	113.80	29	陶	罐	口沿	泥质细硬陶	灰		方格纹						西周至春秋
4256	ZJLY-197	竹银山	ZJLY-197:12ZⅠ	23.43	113.80	28	陶			泥质细硬陶	青灰		方格纹						西周至春秋

序号	遗址编号	遗址名称	遗物编号	纬度（度）	经度（度）	海拔（米）	质地	器形	部位	陶质	颜色	釉色	纹饰	刻划符号	石器岩性	石器完整程度	石器硬度	石器风化程度	年代
4257	ZJLY-197	竹银山	ZJLY-197:13ZⅠ	23.43	113.80	29	陶			夹粗砂软陶	灰黑		素面						西周至春秋
4258	ZJLY-197	竹银山	ZJLY-197:14ZⅠ	23.43	113.80	24	陶			泥质粗硬陶	深灰		夔纹						西周至春秋
4259	ZJLY-197	竹银山	ZJLY-197:15ZⅠ	23.43	113.80	30	陶			泥质粗硬陶	红褐		夔划、篦划复线纹、弦纹						西周至春秋
4260	ZJLY-197	竹银山	ZJLY-197:16ZⅠ	23.43	113.80	24	陶			泥质粗硬陶	灰		夔纹						西周至春秋
4261	ZJLY-197	竹银山	ZJLY-197:17ZⅠ	23.43	113.80	23	陶			泥质粗硬陶	红		夔纹						西周至春秋
4262	ZJLY-197	竹银山	ZJLY-197:18ZⅠ	23.43	113.80	24	陶			泥质粗硬陶	灰		夔纹、圆点纹						西周至春秋
4263	ZJLY-197	竹银山	ZJLY-197:19ZⅠ	23.43	113.80	31	陶	瓿	口沿	泥质粗硬陶	红褐		弦纹						西周至春秋
4264	ZJLY-197	竹银山	ZJLY-197:20ZⅠ	23.43	113.80	27	陶			泥质细硬陶	红		方格纹						西周至春秋
4265	ZJLY-197	竹银山	ZJLY-197:21ZⅠ	23.43	113.80	25	陶	瓮	口沿	泥质粗硬陶	灰		方格纹、篦划纹、复线纹						西周至春秋
4266	ZJLY-197	竹银山	ZJLY-197:22ZⅠ	23.43	113.80	22	陶			泥质细硬陶	橙黄		方格纹、复线纹、夔纹						西周至春秋
4267	ZJLY-197	竹银山	ZJLY-197:23ZⅠ	23.43	113.80	29	陶			泥质粗硬陶	橙黄		夔纹						西周至春秋
4268	ZJLY-197	竹银山	ZJLY-197:24ZⅠ	23.43	113.80	28	陶			泥质粗硬陶	橙黄		夔纹						西周至春秋
4269	ZJLY-197	竹银山	ZJLY-197:25ZⅠ	23.43	113.80	27	陶			泥质细硬陶	红		夔纹						西周至春秋
4270	ZJLY-197	竹银山	ZJLY-197:26ZⅠ	23.43	113.80	26	陶			泥质细硬陶	橙黄		夔纹						西周至春秋
4271	ZJLY-197	竹银山	ZJLY-197:27ZⅠ	23.43	113.80	22	陶			泥质细硬陶	红		方格纹						西周至春秋
4272	ZJLY-197	竹银山	ZJLY-197:28ZⅠ	23.43	113.80	24	陶			泥质粗硬陶	红		方格纹						西周至春秋
4273	ZJLY-197	竹银山	ZJLY-197:29ZⅠ	23.43	113.80	23	陶			泥质粗硬陶	橙黄		夔纹						西周至春秋
4274	ZJLY-197	竹银山	ZJLY-197:30ZⅠ	23.43	113.80	25	陶			泥质细硬陶	橙黄		方格纹						西周至春秋
4275	ZJLY-197	竹银山	ZJLY-197:31ZⅠ	23.43	113.80	23	陶			泥质细硬陶	橙黄		方格纹、篦划纹、复线纹、弦纹						西周至春秋
4276	ZJLY-197	竹银山	ZJLY-197:32ZⅠ	23.43	113.80	25	陶			泥质粗硬陶	深灰		重圈纹						西周至春秋
4277	ZJLY-197	竹银山	ZJLY-197:33ZⅠ	23.43	113.80	25	陶			泥质细硬陶	灰褐		方格纹						西周至春秋
4278	ZJLY-197	竹银山	ZJLY-197:34ZⅠ	23.43	113.80	28	陶			泥质细硬陶	深灰		方格纹、重圈凸点纹						西周至春秋
4279	ZJLY-197	竹银山	ZJLY-197:35ZⅠ	23.43	113.80	25	陶			泥质细硬陶	深灰		方格纹、重圈纹						西周至春秋
4280	ZJLY-197	竹银山	ZJLY-197:36ZⅠ	23.43	113.80	25	陶			泥质细硬陶	灰褐		方格纹						西周至春秋
4281	ZJLY-197	竹银山	ZJLY-197:37ZⅠ	23.43	113.80	25	陶			泥质细硬陶	灰褐		重圈纹						西周至春秋
4282	ZJLY-197	竹银山	ZJLY-197:38ZⅠ	23.43	113.80	24	陶			泥质粗硬陶	灰褐		方格纹						西周至春秋
4283	ZJLY-197	竹银山	ZJLY-197:39ZⅠ	23.43	113.80	22	陶			泥质细硬陶	灰褐		重圈纹						西周至春秋
4284	ZJLY-197	竹银山	ZJLY-197:40ZⅠ	23.43	113.80	26	陶			泥质细硬陶	灰褐		方格纹						西周至春秋
4285	ZJLY-197	竹银山	ZJLY-197:41ZⅠ	23.43	113.80	23	陶			泥质粗硬陶	灰		篦点纹、弦纹						西周至春秋

序号	遗址编号	遗址名称	遗物编号	纬度（度）	经度（度）	海拔（米）	质地	器形	部位	陶质	颜色	釉色	纹饰	刻划符号	石器岩性	石器完整程度	石器硬度	石器风化程度	年代
4286	ZJLY-197	竹银山	ZJLY-197:42ZⅠ	23.43	113.80	25	陶			泥质细硬陶	红褐		方格纹						西周至春秋
4287	ZJLY-197	竹银山	ZJLY-197:43ZⅠ	23.43	113.80	25	陶			泥质细硬陶	橙黄		夔纹						西周至春秋
4288	ZJLY-197	竹银山	ZJLY-197:44ZⅠ	23.43	113.80	20	陶			泥质粗硬陶	灰褐		夔纹						西周至春秋
4289	ZJLY-197	竹银山	ZJLY-197:45ZⅠ	23.43	113.80	24	原始瓷	豆	口沿	泥质粗硬陶	橙黄		篦点纹、弦纹						西周至春秋
4290	ZJLY-197	竹银山	ZJLY-197:46ZⅠ	23.43	113.80	20	陶			泥质粗硬陶	橙黄		方格纹						西周至春秋
4291	ZJLY-197	竹银山	ZJLY-197:47ZⅠ	23.43	113.80	13	瓷						素面						唐末
4292	ZJLY-199	大公山	ZJLY-199:1YⅡ	23.44	113.81	52	陶	罐	口沿	夹细砂硬陶	灰		素面						新石器时代晚期至商周代
4293	ZJLY-199	大公山	ZJLY-199:2YⅡ	23.44	113.81	53	陶	釜	口沿	夹细砂软陶	灰		交错细绳纹						新石器时代晚期至商周代
4294	ZJLY-199	大公山	ZJLY-199:3YⅠ	23.44	113.81	54	陶			泥质细硬陶	灰		细绳纹						新石器时代晚期至商周代
4295	ZJLY-199	大公山	ZJLY-199:4YⅡ	23.44	113.81	55	陶			夹细砂软陶	灰		绳纹						新石器时代晚期至商周代
4296	ZJLY-199	大公山	ZJLY-199:5YⅡ	23.44	113.81	54	陶			泥质细硬陶	灰		细绳纹						新石器时代晚期至商周代
4297	ZJLY-199	大公山	ZJLY-199:6YⅡ	23.44	113.81	52	石	砺石	底		灰								新石器时代晚期至商周代
4298	ZJLY-199	大公山	ZJLY-199:7YⅡ	23.44	113.81	40	陶	罐		泥质粗硬陶	灰褐		方格纹						西周至春秋
4299	ZJLY-199	大公山	ZJLY-199:1ZⅠ	23.44	113.81	47	陶	圈足杯		夹细砂软陶	红褐		素面						新石器时代晚期至商周代
4300	ZJLY-199	大公山	ZJLY-199:2ZⅠ	23.44	113.81	47	陶			夹细砂软陶	灰		细绳纹						新石器时代晚期至商周代
4301	ZJLY-201	吓岗山	ZJLY-201:1ZⅠ	23.44	113.82	26	陶			夹细砂软陶	红褐		素面						新石器时代晚期至商周代
4302	ZJLY-201	吓岗山	ZJLY-201:2ZⅠ	23.44	113.82	28	陶			夹粗砂硬陶	灰黑		素面						新石器时代晚期至商周代
4303	ZJLY-201	吓岗山	ZJLY-201:3ZⅠ	23.44	113.82	32	陶			夹粗砂硬陶	灰黑		素面						新石器时代晚期至商周代
4304	ZJLY-209	三大冀山	ZJLY-209:1YⅠ	23.45	113.77	22	陶			泥质粗硬陶	深灰		夔纹						新石器时代晚期至商周代
4305	ZJLY-214	锦绣山	ZJLY-214:1T	23.43	113.78	47	陶			泥质细硬陶	青灰		篮纹						新石器时代晚期至商周代
4306	ZJLY-214	锦绣山	ZJLY-214:2T	23.43	113.78	49	陶			泥质细硬陶	灰		曲折纹						新石器时代晚期至商周代
4307	ZJLY-214	锦绣山	ZJLY-214:3T	23.43	113.78	48	陶			泥质细硬陶	青灰		篮纹						新石器时代晚期至商周代
4308	ZJLY-214	锦绣山	ZJLY-214:4T	23.43	113.78	47	陶			泥质细硬陶	灰		叶脉纹						新石器时代晚期至商周代
4309	ZJLY-214	锦绣山	ZJLY-214:5T	23.43	113.78	49	陶			泥质细硬陶	灰		篮纹						新石器时代晚期至商周代
4310	ZJLY-214	锦绣山	ZJLY-214:6T	23.43	113.78	48	陶			泥质细硬陶	青灰		篮纹						新石器时代晚期至商周代
4311	ZJLY-214	锦绣山	ZJLY-214:7T	23.43	113.78	47	陶	罐	口沿	夹粗砂硬陶	灰褐		素面						新石器时代晚期至商周代
4312	ZJLY-214	锦绣山	ZJLY-214:1YⅡ	23.43	113.78	46	陶			泥质细硬陶	深灰		夔纹						西周至春秋
4313	ZJLY-214	锦绣山	ZJLY-214:2YⅡ	23.43	113.78	46	陶			泥质细硬陶	橙黄		曲折纹						新石器时代晚期至商周代
4314	ZJLY-214	锦绣山	ZJLY-214:3YⅡ	23.43	113.78	47	陶	罐	口沿	泥质细软陶	橙黄		曲折纹、圆圈纹						新石器时代晚期至商周代
4315	ZJLY-214	锦绣山	ZJLY-214:1ZⅠ	23.43	113.78	46	陶			夹细砂硬陶	红褐		绳纹						新石器时代晚期至商周代
4316	ZJLY-214	锦绣山	ZJLY-214:2ZⅠ	23.43	113.78	48	陶			泥质粗软陶	橙黄		条纹						新石器时代晚期至商周代

序号	遗址编号	遗址名称	遗物编号	纬度（度）	经度（度）	海拔（米）	质地	器形	部位	陶质	颜色	釉色	纹饰	刻划符号	石器岩性	石器完整程度	石器硬度	石器风化程度	年代
4317	ZJLY-216	鸟歌岭	ZJLY-216:1YⅡ	23.43	113.80	12	陶			泥质粗硬陶	灰黑		米字纹							战国至南越国
4318	ZJLY-216	鸟歌岭	ZJLY-216:2YⅡ	23.43	113.80	18	陶	瓿	口沿	泥质粗硬陶	橙黄		水波纹、弦纹							战国至南越国
4319	ZJLY-216	鸟歌岭	ZJLY-216:3YⅡ	23.43	113.80	26	陶			泥质粗硬陶	灰褐		米字纹							战国至南越国
4320	ZJLY-216	鸟歌岭	ZJLY-216:4YⅡ	23.43	113.80	30	陶			夹粗砂软陶	灰黑		素面							新石器时代晚期至商代
4321	ZJLY-216	鸟歌岭	ZJLY-216:5YⅡ	23.43	113.80	31	陶			泥质软陶	红褐		素面							新石器时代晚期至商代
4322	ZJLY-216	鸟歌岭	ZJLY-216:6YⅡ	23.43	113.80	34	陶	器座		夹粗砂软陶	红		素面							新石器时代晚期至商代
4323	ZJLY-216	鸟歌岭	ZJLY-216:7YⅡ	23.43	113.80	34	陶			夹细砂软陶	红褐		素面							新石器时代晚期至商代
4324	ZJLY-216	鸟歌岭	ZJLY-216:8YⅡ	23.43	113.80	33	陶			夹细砂软陶	灰白		素面							西周至春秋
4325	ZJLY-216	鸟歌岭	ZJLY-216:9YⅡ	23.43	113.80	31	陶	罐	口沿	夹细砂软陶	灰白		素面							新石器时代晚期至商代
4326	ZJLY-216	鸟歌岭	ZJLY-216:10YⅡ	23.43	113.80	24	陶	罐	口沿	泥质软陶	灰		素面							新石器时代晚期至商代
4327	ZJLY-216	鸟歌岭	ZJLY-216:11YⅡ	23.43	113.80	20	石	砺石		泥质软陶	红褐									新石器时代晚期至商代
4328	ZJLY-216	鸟歌岭	ZJLY-216:12YⅡ	23.43	113.80	25	陶			夹细砂软陶	灰		绳纹							新石器时代晚期至商代
4329	ZJLY-216	鸟歌岭	ZJLY-216:13YⅡ	23.43	113.80	25	陶			泥质粗硬陶	灰褐		方格纹							西周至春秋
4330	ZJLY-216	鸟歌岭	ZJLY-216:14YⅡ	23.43	113.79	25	陶			泥质粗硬陶	灰褐		方格纹							西周至春秋
4331	ZJLY-216	鸟歌岭	ZJLY-216:15YⅡ	23.43	113.79	26	陶			泥质粗硬陶	灰白		重菱格凸点纹							西周至春秋
4332	ZJLY-216	鸟歌岭	ZJLY-216:1YⅢ	23.43	113.80	21	陶	罐	口沿	泥质粗硬陶	灰黑		米字纹							战国至南越国
4333	ZJLY-216	鸟歌岭	ZJLY-216:2YⅢ	23.43	113.80	25	陶			泥质软陶	灰褐		米字纹							战国至南越国
4334	ZJLY-216	鸟歌岭	ZJLY-216:3YⅢ	23.43	113.80	42	陶			泥质软陶	青灰		叶脉纹							新石器时代晚期至商代
4335	ZJLY-216	鸟歌岭	ZJLY-216:4YⅢ	23.43	113.80	42	陶			夹细砂软陶	灰黑		素面							新石器时代晚期至商代
4336	ZJLY-216	鸟歌岭	ZJLY-216:5YⅢ	23.43	113.80	35	陶			泥质细软陶	深灰		素面							战国至南越国
4337	ZJLY-216	鸟歌岭	ZJLY-216:6YⅢ	23.43	113.80	34	陶	罐	口沿	夹细砂软陶	灰黑		米字纹							战国至南越国
4338	ZJLY-216	鸟歌岭	ZJLY-216:7YⅢ	23.43	113.79	26	陶			泥质粗硬陶	灰褐		夔纹、弦纹							西周至春秋
4339	ZJLY-216	鸟歌岭	ZJLY-216:8YⅢ	23.43	113.79	28	陶			泥质细硬陶	灰褐		重菱格纹、弦纹							西周至春秋
4340	ZJLY-216	鸟歌岭	ZJLY-216:9YⅢ	23.43	113.79	30	陶			泥质细硬陶	灰褐		菱格凸块纹							西周至春秋
4341	ZJLY-216	鸟歌岭	ZJLY-216:10YⅢ	23.43	113.79	31	陶			泥质细软陶	灰		方格纹							战国至南越国
4342	ZJLY-216	鸟歌岭	ZJLY-216:11YⅢ	23.43	113.79	33	陶			泥质粗硬陶	灰褐		重菱格纹							西周至春秋
4343	ZJLY-216	鸟歌岭	ZJLY-216:1ZⅠ	23.43	113.80	15	陶			泥质粗硬陶	灰黑		方格纹							战国至南越国
4344	ZJLY-216	鸟歌岭	ZJLY-216:2ZⅠ	23.43	113.80	22	陶	釜（罐）	口沿	夹细砂软陶	灰		素面							新石器时代晚期至商代
4345	ZJLY-216	鸟歌岭	ZJLY-216:3ZⅠ	23.43	113.80	19	陶			泥质粗硬陶	灰		方格纹							西周至春秋
4346	ZJLY-216	鸟歌岭	ZJLY-216:4ZⅠ	23.43	113.80	18	陶			泥质粗硬陶	灰褐		米字纹							战国至南越国
4347	ZJLY-216	鸟歌岭	ZJLY-216:5ZⅠ	23.43	113.80	19	陶	罐	口沿	泥质细软陶	红		素面							战国至南越国

序号	遗址编号	遗址名称	遗物编号	纬度（度）	经度（度）	海拔（米）	质地	器形	部位	陶质	颜色	釉色	纹饰	刻划符号	石器岩性	石器完整程度	石器硬度	石器风化程度	年代
4348	ZJLY-216	鸟歌岭	ZJLY-216:6ZⅠ	23.43	113.80	17	陶			泥质粗硬陶	灰褐		水波纹、弦纹						战国至南越国
4349	ZJLY-216	鸟歌岭	ZJLY-216:7ZⅠ	23.43	113.80	21	陶			泥质粗硬陶	灰褐		方格纹						战国至南越国
4350	ZJLY-216	鸟歌岭	ZJLY-216:8ZⅠ	23.43	113.80	21	陶			泥质硬陶	灰褐		方格纹						战国至南越国
4351	ZJLY-216	鸟歌岭	ZJLY-216:9ZⅠ	23.43	113.80	28	陶			夹细砂软陶	灰		绳纹						新石器时代晚期至商代
4352	ZJLY-216	鸟歌岭	ZJLY-216:10ZⅠ	23.43	113.80	28	陶			夹粗砂软陶	灰白		绳纹						新石器时代晚期至商代
4353	ZJLY-216	鸟歌岭	ZJLY-216:11ZⅠ	23.43	113.80	27	陶	釜（罐）	口沿	夹细砂软陶	红		素面						新石器时代晚期至商代
4354	ZJLY-216	鸟歌岭	ZJLY-216:12ZⅠ	23.43	113.80	26	陶	釜（罐）	口沿	夹粗砂软陶	灰黑		素面						新石器时代晚期至商代
4355	ZJLY-216	鸟歌岭	ZJLY-216:13ZⅠ	23.43	113.80	37	陶			泥质粗硬陶	灰褐		细方格纹						西周至春秋
4356	ZJLY-216	鸟歌岭	ZJLY-216:14ZⅠ	23.43	113.80	28	陶			泥质粗硬陶	灰褐		方格纹						西周至春秋
4357	ZJLY-216	鸟歌岭	ZJLY-216:15ZⅠ	23.43	113.79	23	陶			泥质粗硬陶	灰褐		方格纹、重菱格凸点纹						西周至春秋
4358	ZJLY-216	鸟歌岭	ZJLY-216:16ZⅠ	23.43	113.79	29	陶			泥质粗硬陶	灰		夔纹						西周至春秋
4359	ZJLY-216	鸟歌岭	ZJLY-216:17ZⅠ	23.43	113.79	28	陶			泥质粗硬陶	灰褐		方格纹						西周至春秋
4360	ZJLY-216	鸟歌岭	ZJLY-216:18ZⅠ	23.43	113.79	28	陶			泥质粗硬陶	灰		方格纹						西周至春秋
4361	ZJLY-216	鸟歌岭	ZJLY-216:19ZⅠ	23.43	113.79	29	陶	罐	口沿	泥质粗硬陶	青灰		素面						战国至南越国
4362	ZJLY-216	鸟歌岭	ZJLY-216:20ZⅠ	23.43	113.79	30	陶			泥质粗硬陶	灰褐		方格纹						西周至春秋
4363	ZJLY-216	鸟歌岭	ZJLY-216:21ZⅠ	23.43	113.79	29	陶			泥质粗硬陶	灰褐		夔纹、重菱格凸点纹、弦纹						西周至春秋
4364	ZJLY-216	鸟歌岭	ZJLY-216:22ZⅠ	23.43	113.79	30	陶			泥质粗硬陶	灰褐		戳印纹、弦纹						西周至春秋
4365	ZJLY-216	鸟歌岭	ZJLY-216:23ZⅠ	23.43	113.79	30	陶			泥质粗硬陶	青灰		菱格凸块纹						西周至春秋
4366	ZJLY-216	鸟歌岭	ZJLY-216:24ZⅠ	23.43	113.79	31	陶		底	泥质粗硬陶	灰褐		重菱格纹、弦纹						西周至春秋
4367	ZJLY-216	鸟歌岭	ZJLY-216:25ZⅠ	23.43	113.79	28	陶	罐	口沿	泥质粗硬陶	灰褐		重菱格纹、戳印纹						西周至春秋
4368	ZJLY-216	鸟歌岭	ZJLY-216:26ZⅠ	23.43	113.79	29	陶			泥质粗硬陶	灰		方格纹						西周至春秋
4369	ZJLY-216	鸟歌岭	ZJLY-216:27ZⅠ	23.43	113.79	29	陶			泥质粗硬陶	灰褐		夔纹、菱格凸块纹、弦纹						西周至春秋
4370	ZJLY-217	溪具山	ZJLY-217:20TⅠ	23.43	113.79	19	陶			泥质粗硬陶	灰黑		方格纹						战国至南越国
4371	ZJLY-217	溪具山	ZJLY-217:21TⅠ	23.43	113.79	32	陶			泥质粗硬陶	灰褐		方格纹						战国至南越国
4372	ZJLY-217	溪具山	ZJLY-217:1YⅡ	23.43	113.80	18	陶	罐	底	泥质粗硬陶	灰		素面						战国至南越国
4373	ZJLY-217	溪具山	ZJLY-217:2YⅡ	23.43	113.80	17	陶			泥质粗硬陶	灰褐		米字纹						战国至南越国
4374	ZJLY-217	溪具山	ZJLY-217:3YⅡ	23.43	113.80	12	陶			泥质粗硬陶	灰黑		米字纹						战国至南越国
4375	ZJLY-217	溪具山	ZJLY-217:4YⅡ	23.43	113.80	15	陶			泥质粗硬陶	灰褐		米字纹						战国至南越国
4376	ZJLY-217	溪具山	ZJLY-217:5YⅡ	23.43	113.80	17	陶	罐	口沿	泥质粗硬陶	红褐		方格纹						战国至南越国
4377	ZJLY-217	溪具山	ZJLY-217:6YⅡ	23.43	113.80	17	陶	罐	底	泥质细硬陶	灰		素面						战国至南越国

654

序号	遗址编号	遗址名称	遗物编号	纬度（度）	经度（度）	海拔（米）	质地	器形	部位	陶质	颜色	釉色	纹饰	刻划符号	石器岩性	石器完整程度	石器硬度	石器风化程度	年代
4378	ZJLY-217	溪具山	ZJLY-217:7YⅡ	23.43	113.80	18	陶			泥质粗硬陶	灰褐		方格纹						战国至南越国
4379	ZJLY-217	溪具山	ZJLY-217:8YⅡ	23.43	113.80	17	陶			泥质粗硬陶	灰褐		米字纹						战国至南越国
4380	ZJLY-217	溪具山	ZJLY-217:9YⅡ	23.43	113.79	22	陶	罐	底	泥质粗硬陶	深灰		弦纹						战国至南越国
4381	ZJLY-217	溪具山	ZJLY-217:10YⅡ	23.43	113.80	16	陶			泥质粗硬陶	灰褐		方格纹						战国至南越国
4382	ZJLY-217	溪具山	ZJLY-217:11YⅡ	23.43	113.80	17	陶			泥质粗硬陶	灰褐		米字纹						战国至南越国
4383	ZJLY-217	溪具山	ZJLY-217:12YⅡ	23.43	113.80	16	陶			泥质粗硬陶	灰褐		米字纹						战国至南越国
4384	ZJLY-217	溪具山	ZJLY-217:13YⅡ	23.43	113.80	12	陶			泥质粗硬陶	灰褐		米字纹						战国至南越国
4385	ZJLY-217	溪具山	ZJLY-217:14YⅡ	23.43	113.80	18	陶			泥质粗硬陶	灰褐		米字纹						战国至南越国
4386	ZJLY-217	溪具山	ZJLY-217:15YⅡ	23.43	113.79	23	陶	砖		泥质细硬陶	灰黄	黄釉	网格纹						晋南朝
4387	ZJLY-217	溪具山	ZJLY-217:16YⅡ	23.43	113.79	29	瓷	罐	底		灰黄		素面						晋南朝
4388	ZJLY-217	溪具山	ZJLY-217:17YⅡ	23.43	113.79	22	陶			泥质粗硬陶	灰褐		方格纹						战国至南越国
4389	ZJLY-217	溪具山	ZJLY-217:18YⅡ	23.43	113.79	28	陶			泥质粗硬陶	灰黑		夔纹						西周至春秋
4390	ZJLY-217	溪具山	ZJLY-217:19YⅡ	23.43	113.79	26	陶			泥质粗硬陶	灰黑		素面						战国至南越国
4391	ZJLY-217	溪具山	ZJLY-217:1YⅢ	23.43	113.80	15	陶			泥质粗硬陶	灰褐		方格纹						战国至南越国
4392	ZJLY-217	溪具山	ZJLY-217:2YⅢ	23.43	113.80	14	陶			泥质粗硬陶	青灰		米字纹						战国至南越国
4393	ZJLY-217	溪具山	ZJLY-217:3YⅢ	23.43	113.80	16	陶	罐	口沿	泥质粗硬陶	青灰		米字纹						战国至南越国
4394	ZJLY-217	溪具山	ZJLY-217:4YⅢ	23.43	113.80	25	陶			泥质粗硬陶	灰褐		米字纹						战国至南越国
4395	ZJLY-217	溪具山	ZJLY-217:5YⅢ	23.43	113.80	21	陶			泥质粗硬陶	灰黑		方格纹						战国至南越国
4396	ZJLY-217	溪具山	ZJLY-217:6YⅢ	23.43	113.80	19	陶			泥质粗硬陶	灰褐		米字纹						战国至南越国
4397	ZJLY-217	溪具山	ZJLY-217:7YⅢ	23.43	113.80	19	陶			泥质细硬陶	灰褐		条纹						战国至南越国
4398	ZJLY-217	溪具山	ZJLY-217:8YⅢ	23.43	113.80	22	陶			泥质粗硬陶	灰褐		米字纹						战国至南越国
4399	ZJLY-217	溪具山	ZJLY-217:9YⅢ	23.43	113.79	35	陶	罐	口沿	泥质粗硬陶	深灰		重菱格纹、戳印纹						西周至春秋
4400	ZJLY-217	溪具山	ZJLY-217:1ZⅠ	23.43	113.80	21	石	戈			青灰		米字纹		片岩	残	7	未风化	新石器时代晚期至商代
4401	ZJLY-217	溪具山	ZJLY-217:2ZⅠ	23.43	113.80	17	陶			泥质粗硬陶	灰褐		米字纹						战国至南越国
4402	ZJLY-217	溪具山	ZJLY-217:3ZⅠ	23.43	113.80	17	陶			泥质细硬陶	灰黑		水波纹、弦纹						战国至南越国
4403	ZJLY-217	溪具山	ZJLY-217:4ZⅠ	23.43	113.80	17	陶			泥质粗硬陶	灰褐		米字纹						战国至南越国
4404	ZJLY-217	溪具山	ZJLY-217:5ZⅠ	23.43	113.80	15	陶			泥质粗硬陶	灰白		方格纹						战国至南越国
4405	ZJLY-217	溪具山	ZJLY-217:6ZⅠ	23.43	113.80	15	陶			泥质粗硬陶	灰		米字纹						战国至南越国
4406	ZJLY-217	溪具山	ZJLY-217:7ZⅠ	23.43	113.80	12	陶			泥质粗硬陶	灰黑		米字纹						战国至南越国
4407	ZJLY-217	溪具山	ZJLY-217:8ZⅠ	23.43	113.80	13	陶			泥质粗硬陶	灰黑		方格纹						战国至南越国
4408	ZJLY-217	溪具山	ZJLY-217:9ZⅠ	23.43	113.80	16	陶			泥质粗硬陶	灰褐		米字纹						战国至南越国

序号	遗址编号	遗址名称	遗物编号	纬度（度）	经度（度）	海拔（米）	质地	器形	部位	陶质	颜色	釉色	纹饰	刻划符号	石器岩性	石器完整程度	石器硬度	石器风化程度	年代
4409	ZJLY-217	溪具山	ZJLY-217:10ZⅠ	23.43	113.80	14	陶			泥质粗硬陶	灰褐		方格纹						战国至南越国
4410	ZJLY-217	溪具山	ZJLY-217:11ZⅠ	23.43	113.80	18	陶	罐	口沿	泥质粗硬陶	灰		米字纹						战国至南越国
4411	ZJLY-217	溪具山	ZJLY-217:12ZⅠ	23.43	113.80	16	陶			泥质粗硬陶	灰黄		戳印圆圈纹、篦划纹、弦纹						西周至春秋
4412	ZJLY-217	溪具山	ZJLY-217:13ZⅠ	23.43	113.80	16	陶	罐	口沿	泥质粗硬陶	灰褐		米字纹						战国至南越国
4413	ZJLY-217	溪具山	ZJLY-217:14ZⅠ	23.43	113.80	18	陶			泥质粗硬陶	灰黑		米字纹						战国至南越国
4414	ZJLY-217	溪具山	ZJLY-217:15ZⅠ	23.43	113.80	20	陶			泥质粗硬陶	灰褐		米字纹						战国至南越国
4415	ZJLY-217	溪具山	ZJLY-217:16ZⅠ	23.43	113.79	20	陶			泥质粗硬陶	灰褐		弦纹						战国至南越国
4416	ZJLY-217	溪具山	ZJLY-217:17ZⅠ	23.43	113.79	17	陶			泥质粗硬陶	灰		米字纹						战国至南越国
4417	ZJLY-217	溪具山	ZJLY-217:18ZⅠ	23.43	113.79	17	陶			泥质粗硬陶	灰黑		米字纹						战国至南越国
4418	ZJLY-217	溪具山	ZJLY-217:19ZⅠ	23.43	113.79	18	陶			泥质粗硬陶	灰褐		米字纹						战国至南越国
4419	ZJLY-217	溪具山	ZJLY-217:20①ZⅠ	23.43	113.79	20	陶	罐		泥质粗硬陶	黑灰		素面						唐末
4420	ZJLY-217	溪具山	ZJLY-217:20②ZⅠ	23.43	113.79	20	瓷	碗		泥质细硬陶	黑灰	青釉	素面						唐末
4421	ZJLY-217	溪具山	ZJLY-217:21ZⅠ	23.43	113.79	17	陶			泥质粗硬陶	深灰		米字纹						战国至南越国
4422	ZJLY-217	溪具山	ZJLY-217:22ZⅠ	23.43	113.79	22	陶			泥质粗硬陶	灰		方格纹						战国至南越国
4423	ZJLY-220	土地木	ZJLY-220:1T	23.43	113.78	11	陶			泥质粗硬陶	深灰		米字纹						战国至南越国
4424	ZJLY-220	土地木	ZJLY-220:2T	23.43	113.78	11	陶			泥质粗硬陶	红褐		方格纹						战国至南越国
4425	ZJLY-220	土地木	ZJLY-220:3T	23.43	113.78	13	陶			泥质粗硬陶	青灰		方格纹						战国至南越国
4426	ZJLY-220	土地木	ZJLY-220:4T	23.43	113.78	12	陶			泥质粗硬陶	深灰		方格对角线纹						战国至南越国
4427	ZJLY-220	土地木	ZJLY-220:5T	23.43	113.78	10	陶	罐	口沿	泥质粗硬陶	深灰		米字纹						战国至南越国
4428	ZJLY-220	土地木	ZJLY-220:6T	23.43	113.78	10	陶			泥质粗硬陶	灰褐		方格纹						战国至南越国
4429	ZJLY-220	土地木	ZJLY-220:7T	23.43	113.78	7	陶			泥质细硬陶	深灰		方格对角线纹						战国至南越国
4430	ZJLY-220	土地木	ZJLY-220:8T	23.43	113.78	8	陶			泥质细硬陶	灰褐		米字纹						战国至南越国
4431	ZJLY-220	土地木	ZJLY-220:9T	23.43	113.78	8	陶	器盖		泥质细硬陶	灰		素面						战国至南越国
4432	ZJLY-220	土地木	ZJLY-220:10T	23.43	113.78	8	陶			泥质粗硬陶	深灰		米字纹						战国至南越国
4433	ZJLY-220	土地木	ZJLY-220:11T	23.43	113.78	8	陶			泥质粗硬陶	灰褐		方格纹						战国至南越国
4434	ZJLY-220	土地木	ZJLY-220:12T	23.43	113.78	8	陶			泥质细硬陶	深灰		方格对角线纹						战国至南越国
4435	ZJLY-220	土地木	ZJLY-220:13T	23.43	113.78	8	陶			泥质粗硬陶	青灰		米字纹						战国至南越国
4436	ZJLY-220	土地木	ZJLY-220:14T	23.43	113.78	8	陶			泥质粗硬陶	灰褐		方格纹						战国至南越国
4437	ZJLY-220	土地木	ZJLY-220:15T	23.43	113.78	8	陶	器盖	纽	泥质细硬陶	深灰		素面						战国至南越国
4438	ZJLY-220	土地木	ZJLY-220:16T	23.43	113.78	8	陶			泥质粗硬陶	灰		素面						战国至南越国
4439	ZJLY-220	土地木	ZJLY-220:17T	23.43	113.78	11	陶			泥质粗硬陶	灰		夔纹						西周至春秋

序号	遗址编号	遗址名称	遗物编号	纬度(度)	经度(度)	海拔(米)	质地	器形	部位	陶质	颜色	釉色	纹饰	刻划符号	石器岩性	石器完整程度	石器硬度	石器风化程度	年代
4440	ZJLY-220	土地木	ZJLY-220:18T	23.43	113.78	14	陶			泥质细硬陶	灰褐		米字纹						战国至南越国
4441	ZJLY-220	土地木	ZJLY-220:19T	23.43	113.78	15	陶			泥质粗硬陶	灰		方格纹						战国至南越国
4442	ZJLY-220	土地木	ZJLY-220:20T	23.43	113.78	15	陶	罐	口沿	泥质粗硬陶	青灰		素面						战国至南越国
4443	ZJLY-220	土地木	ZJLY-220:21T	23.43	113.78	13	陶			泥质细硬陶	深灰		米字纹						战国至南越国
4444	ZJLY-220	土地木	ZJLY-220:22T	23.43	113.78	11	陶			泥质粗硬陶	灰褐		米字纹						战国至南越国
4445	ZJLY-220	土地木	ZJLY-220:23T	23.43	113.78	12	陶			泥质细硬陶	灰褐		米字纹						战国至南越国
4446	ZJLY-220	土地木	ZJLY-220:24T	23.43	113.78	6	陶			泥质细硬陶	红褐		三角格纹						战国至南越国
4447	ZJLY-220	土地木	ZJLY-220:25T	23.43	113.78	21	陶			泥质粗硬陶	红褐		曲折纹						西周至春秋
4448	ZJLY-220	土地木	ZJLY-220:1YⅡ	23.43	113.78	19	陶			泥质细硬陶	红褐		方格纹						战国至南越国
4449	ZJLY-220	土地木	ZJLY-220:2YⅡ	23.43	113.78	25	陶			泥质粗硬陶	深灰		方格纹						战国至南越国
4450	ZJLY-220	土地木	ZJLY-220:1ZⅠ	23.43	113.78	13	陶			泥质粗硬陶	深灰		米字纹						战国至南越国
4451	ZJLY-220	土地木	ZJLY-220:2ZⅠ	23.43	113.78	16	陶			泥质粗硬陶	红褐		方格纹						战国至南越国
4452	ZJLY-220	土地木	ZJLY-220:3ZⅠ	23.43	113.78	12	陶			泥质粗硬陶	深灰		米字纹						战国至南越国
4453	ZJLY-220	土地木	ZJLY-220:4ZⅠ	23.43	113.78	3	陶			泥质粗硬陶	灰褐		方格纹						战国至南越国
4454	ZJLY-223	约场村对面山	ZJLY-223:1T	23.43	113.77	32	陶			夹细砂硬陶	灰		附加堆纹						新石器时代晚期至商代
4455	ZJLY-223	约场村对面山	ZJLY-223:2T	23.43	113.77	30	陶			泥质细硬陶	灰		素面						新石器时代晚期至商代
4456	ZJLY-223	约场村对面山	ZJLY-223:3T	23.43	113.77	30	陶			夹细砂硬陶	灰		曲折纹						新石器时代晚期至商代
4457	ZJLY-223	约场村对面山	ZJLY-223:4T	23.43	113.77	27	陶			泥质细硬陶	灰		间断条纹						新石器时代晚期至商代
4458	ZJLY-223	约场村对面山	ZJLY-223:5T	23.43	113.77	28	陶			泥质细硬陶	青灰		曲折纹						新石器时代晚期至商代
4459	ZJLY-223	约场村对面山	ZJLY-223:6T	23.43	113.77	29	陶			夹细砂硬陶	灰		绳纹						新石器时代晚期至商代
4460	ZJLY-223	约场村对面山	ZJLY-223:7T	23.43	113.77	32	陶	罐	口沿	泥质细硬陶	灰		素面						新石器时代晚期至商代
4461	ZJLY-223	约场村对面山	ZJLY-223:8T	23.43	113.77	33	陶			泥质细软陶	红褐		曲折纹、附加堆纹						新石器时代晚期至商代
4462	ZJLY-223	约场村对面山	ZJLY-223:9T	23.43	113.77	31	陶			泥质细硬陶	灰		条纹						新石器时代晚期至商代
4463	ZJLY-223	约场村对面山	ZJLY-223:1YⅡ	23.43	113.77	34	陶			泥质细硬陶	灰		曲折纹						新石器时代晚期至商代
4464	ZJLY-223	约场村对面山	ZJLY-223:2YⅡ	23.43	113.77	34	陶			夹细砂硬陶	青灰		曲折纹						新石器时代晚期至商代
4465	ZJLY-223	约场村对面山	ZJLY-223:3YⅡ	23.43	113.77	30	陶			泥质细软陶	红褐		曲折纹						新石器时代晚期至商代
4466	ZJLY-223	约场村对面山	ZJLY-223:4YⅡ	23.43	113.77	30	陶			泥质细硬陶	灰黑		素面						新石器时代晚期至商代
4467	ZJLY-223	约场村对面山	ZJLY-223:5YⅡ	23.43	113.77	35	陶			泥质细硬陶	橙黄		条纹						新石器时代晚期至商代
4468	ZJLY-223	约场村对面山	ZJLY-223:6YⅡ	23.43	113.77	39	陶			泥质细硬陶	青灰		交错绳纹						新石器时代晚期至商代
4469	ZJLY-223	约场村对面山	ZJLY-223:7YⅡ	23.43	113.77	32	陶			泥质细硬陶	灰		曲折纹						新石器时代晚期至商代
4470	ZJLY-223	约场村对面山	ZJLY-223:8YⅡ	23.43	113.77	32	陶			泥质细硬陶	灰		曲折纹						新石器时代晚期至商代

序号	遗址编号	遗址名称	遗物编号	纬度(度)	经度(度)	海拔(米)	质地	器形	部位	陶质	颜色	釉色	纹饰	刻划符号	石器岩性	石器完整程度	石器硬度	石器风化程度	年代
4471	ZJLY-223	约场村对面山	ZJLY-223:1ZⅠ	23.43	113.77	28	陶			泥质细软陶	灰		素面						新石器时代晚期至商代
4472	ZJLY-223	约场村对面山	ZJLY-223:2ZⅠ	23.43	113.77	27	陶			夹细砂硬陶	橙黄		绳纹						新石器时代晚期至商代
4473	ZJLY-223	约场村对面山	ZJLY-223:3ZⅠ	23.43	113.77	35	陶			泥质细软陶	灰		不明						新石器时代晚期至商代
4474	ZJLY-223	约场村对面山	ZJLY-223:4ZⅠ	23.43	113.77	34	陶			泥质细硬陶	红褐		绳纹、附加堆纹						新石器时代晚期至商代
4475	ZJLY-223	约场村对面山	ZJLY-223:5ZⅠ	23.43	113.77	35	陶			夹细砂硬陶	青灰		曲折纹						新石器时代晚期至商代
4476	ZJLY-223	约场村对面山	ZJLY-223:6ZⅠ	23.43	113.77	35	陶			泥质细硬陶	灰		绳纹						新石器时代晚期至商代
4477	ZJLY-223	约场村对面山	ZJLY-223:7ZⅠ	23.43	113.77	32	陶			泥质细硬陶	灰		篮纹、附加堆纹						新石器时代晚期至商代
4478	ZJLY-223	约场村对面山	ZJLY-223:8ZⅠ	23.43	113.77	34	陶			夹粗砂软陶	红褐		素面						新石器时代晚期至商代
4479	ZJLY-223	约场村对面山	ZJLY-223:9ZⅠ	23.43	113.77	33	陶			泥质细软陶	灰		条纹						新石器时代晚期至商代
4480	ZJLY-223	约场村对面山	ZJLY-223:10ZⅠ	23.43	113.77	36	陶			夹细砂硬陶	青灰		长方格纹						新石器时代晚期至商代
4481	ZJLY-223	约场村对面山	ZJLY-223:11ZⅠ	23.43	113.77	31	陶			泥质细硬陶	灰		曲折纹						新石器时代晚期至商代
4482	ZJLY-224	老屋山	ZJLY-224:1TⅠ	23.44	113.76	28	陶			夹细砂硬陶	灰		叶脉纹						新石器时代晚期至商代
4483	ZJLY-224	老屋山	ZJLY-224:1ZⅠ	23.44	113.76	24	陶			泥质粗硬陶	灰黑		方格纹						战国至南越国
4484	ZJLY-227	岭尾涌	ZJLY-227:1T	23.43	113.76	19	陶			泥质粗硬陶	灰		截印纹、弦纹						战国至南越国
4485	ZJLY-227	岭尾涌	ZJLY-227:2T	23.43	113.76	24	陶			泥质粗硬陶	深灰		方格纹						战国至南越国
4486	ZJLY-227	岭尾涌	ZJLY-227:3T	23.43	113.76	17	陶	罐	口沿	泥质粗硬陶	红褐		方格纹						战国至南越国
4487	ZJLY-227	岭尾涌	ZJLY-227:4T	23.43	113.76	15	陶			泥质粗硬陶	灰褐		方格纹						战国至南越国
4488	ZJLY-227	岭尾涌	ZJLY-227:5T	23.43	113.76	17	陶			泥质粗硬陶	红褐		方格纹						战国至南越国
4489	ZJLY-227	岭尾涌	ZJLY-227:6T	23.43	113.76	19	陶	器盖		泥质粗硬陶	灰		篦点、弦纹						战国至南越国
4490	ZJLY-227	岭尾涌	ZJLY-227:7T	23.43	113.76	20	陶			泥质粗硬陶	灰褐		素面						战国至南越国
4491	ZJLY-227	岭尾涌	ZJLY-227:8T	23.43	113.76	20	陶			泥质粗硬陶	灰		锯齿纹、弦纹						战国至南越国
4492	ZJLY-227	岭尾涌	ZJLY-227:9T	23.43	113.76	22	陶			泥质粗硬陶	深灰		三角格纹						战国至南越国
4493	ZJLY-227	岭尾涌	ZJLY-227:10T	23.43	113.76	16	陶			泥质粗硬陶	灰褐		弦纹						战国至南越国
4494	ZJLY-227	岭尾涌	ZJLY-227:11T	23.43	113.76	16	陶			泥质粗硬陶	深灰		方格纹						战国至南越国
4495	ZJLY-227	岭尾涌	ZJLY-227:12T	23.43	113.76	21	陶	罐	口沿	泥质粗硬陶	灰褐		素面						战国至南越国
4496	ZJLY-227	岭尾涌	ZJLY-227:13T	23.43	113.76	16	陶	罐	口沿	泥质粗硬陶	灰褐		素面						战国至南越国
4497	ZJLY-227	岭尾涌	ZJLY-227:14T	23.43	113.76	15	陶			泥质粗硬陶	灰		方格纹						战国至南越国
4498	ZJLY-227	岭尾涌	ZJLY-227:15T	23.43	113.76	19	陶			泥质粗硬陶	红褐		方格纹						战国至南越国
4499	ZJLY-227	岭尾涌	ZJLY-227:16T	23.43	113.76	19	陶			泥质粗硬陶	深灰		方格纹						战国至南越国
4500	ZJLY-227	岭尾涌	ZJLY-227:17T	23.43	113.76	21	陶			泥质粗硬陶	灰褐		素面						战国至南越国
4501	ZJLY-227	岭尾涌	ZJLY-227:18T	23.43	113.76	21	陶			泥质粗硬陶	深灰		方格纹	有					战国至南越国

续表

序号	遗址编号	遗址名称	遗物编号	纬度（度）	经度（度）	海拔（米）	质地	器形	部位	陶质	颜色	釉色	纹饰	刻划符号	石器岩性	石器完整程度	石器硬度	石器风化程度	年代
4502	ZJLY-227	岭尾涧	ZJLY-227：19T	23.43	113.76	19	陶			泥质粗硬陶	深灰		三角格纹						战国至南越国
4503	ZJLY-227	岭尾涧	ZJLY-227：20T	23.43	113.76	25	陶			泥质粗硬陶	灰		方格纹						战国至南越国
4504	ZJLY-227	岭尾涧	ZJLY-227：21T	23.43	113.76	16	陶			泥质粗硬陶	灰褐		方格纹						战国至南越国
4505	ZJLY-227	岭尾涧	ZJLY-227：1YⅡ	23.43	113.76	27	陶			泥质粗硬陶	灰褐		方格纹						战国至南越国
4506	ZJLY-227	岭尾涧	ZJLY-227：2YⅡ	23.43	113.76	31	陶			泥质粗硬陶	红褐		方格纹						战国至南越国
4507	ZJLY-227	岭尾涧	ZJLY-227：3①YⅡ	23.43	113.76	33	陶	罐	口沿	泥质细硬陶	红褐		方格纹						战国至南越国
4508	ZJLY-227	岭尾涧	ZJLY-227：3②YⅡ	23.43	113.76	33	陶	罐	口沿	泥质细硬陶	红褐		方格纹						战国至南越国
4509	ZJLY-227	岭尾涧	ZJLY-227：4YⅡ	23.43	113.76	12	陶			泥质粗硬陶	深灰		方格纹						战国至南越国
4510	ZJLY-227	岭尾涧	ZJLY-227：5YⅡ	23.43	113.76	10	陶			泥质粗硬陶	红褐		方格纹						战国至南越国
4511	ZJLY-227	岭尾涧	ZJLY-227：6YⅡ	23.43	113.76	20	陶			泥质粗硬陶	灰		弦纹						战国至南越国
4512	ZJLY-227	岭尾涧	ZJLY-227：7YⅡ	23.43	113.76	21	陶			泥质细硬陶	灰褐		三角格纹						战国至南越国
4513	ZJLY-227	岭尾涧	ZJLY-227：8YⅡ	23.43	113.76	23	陶			泥质粗硬陶	深灰		方格纹						战国至南越国
4514	ZJLY-227	岭尾涧	ZJLY-227：1ZⅠ	23.43	113.76	24	陶			泥质粗硬陶	深灰		米字纹						战国至南越国
4515	ZJLY-227	岭尾涧	ZJLY-227：2ZⅠ	23.43	113.76	18	陶			泥质粗硬陶	深灰		素面						战国至南越国
4516	ZJLY-227	岭尾涧	ZJLY-227：3ZⅠ	23.43	113.76	18	陶	鼎	足	泥质粗硬陶	灰		三角格纹						战国至南越国
4517	ZJLY-227	岭尾涧	ZJLY-227：4ZⅠ	23.43	113.76	16	陶			泥质细硬陶	深灰		三角格纹						战国至南越国
4518	ZJLY-227	岭尾涧	ZJLY-227：5ZⅠ	23.43	113.76	14	陶			泥质粗硬陶	深灰		方格纹						战国至南越国
4519	ZJLY-227	岭尾涧	ZJLY-227：6ZⅠ	23.43	113.76	22	陶	罐	口沿	泥质粗硬陶	灰		三角格纹						战国至南越国
4520	ZJLY-227	岭尾涧	ZJLY-227：7ZⅠ	23.43	113.76	22	陶			泥质粗硬陶	灰褐		方格纹						战国至南越国
4521	ZJLY-227	岭尾涧	ZJLY-227：8ZⅠ	23.43	113.76	19	陶	鼎	足	泥质粗硬陶	深灰		素面						战国至南越国
4522	ZJLY-227	岭尾涧	ZJLY-227：9ZⅠ	23.43	113.76	17	陶			泥质粗硬陶	深灰		三角格纹						战国至南越国
4523	ZJLY-227	岭尾涧	ZJLY-227：10ZⅠ	23.43	113.76	14	陶			泥质粗硬陶	灰		素面						战国至南越国
4524	ZJLY-227	岭尾涧	ZJLY-227：11ZⅠ	23.43	113.76	13	陶			泥质粗硬陶	深灰		方格纹						战国至南越国
4525	ZJLY-227	岭尾涧	ZJLY-227：12ZⅠ	23.43	113.76	14	陶			泥质粗硬陶	灰褐		米字纹						战国至南越国
4526	ZJLY-227	岭尾涧	ZJLY-227：13ZⅠ	23.43	113.76	16	陶			泥质粗硬陶	深灰		三角格纹						战国至南越国
4527	ZJLY-227	岭尾涧	ZJLY-227：14ZⅠ	23.43	113.76	18	陶			泥质细硬陶	灰		弦纹						战国至南越国
4528	ZJLY-227	岭尾涧	ZJLY-227：15ZⅠ	23.43	113.76	16	陶	器盖		泥质粗硬陶	红褐		弦纹						战国至南越国
4529	ZJLY-227	岭尾涧	ZJLY-227：16ZⅠ	23.43	113.76	17	陶	器盖		泥质粗硬陶	深灰		方格纹						战国至南越国
4530	ZJLY-227	岭尾涧	ZJLY-227：17ZⅠ	23.43	113.76	12	陶			泥质粗硬陶	红褐		水波纹、弦纹						战国至南越国
4531	ZJLY-227	岭尾涧	ZJLY-227：18ZⅠ	23.43	113.76	18	陶			泥质粗硬陶	红褐		方格纹						战国至南越国
4532	ZJLY-227	岭尾涧	ZJLY-227：19ZⅠ	23.43	113.76	19	陶	器座		夹粗砂软陶	红褐		素面						新石器时代晚期至商代

序号	遗址编号	遗址名称	遗物编号	纬度(度)	经度(度)	海拔(米)	质地	器形	部位	陶质	颜色	釉色	纹饰	刻划符号	石器岩性	石器完整程度	石器硬度	石器风化程度	年代
4533	ZJLY-227	岭尾涌	ZJLY-227:20Z I	23.43	113.76	20	陶			泥质粗硬陶	灰褐		方格纹						战国至南越国
4534	ZJLY-238	细岭	ZJLY-238:1T	23.43	113.75	26	陶			泥质粗硬陶	灰褐		方格纹						战国至南越国
4535	ZJLY-238	细岭	ZJLY-238:2T	23.43	113.75	31	陶			泥质粗硬陶	灰黑		方格对角线纹						战国至南越国
4536	ZJLY-238	细岭	ZJLY-238:3T	23.43	113.75	23	陶			泥质粗硬陶	灰褐		方格纹						战国至南越国
4537	ZJLY-238	细岭	ZJLY-238:4T	23.43	113.75	26	陶			泥质粗硬陶	灰褐		方格纹						战国至南越国
4538	ZJLY-238	细岭	ZJLY-238:5T	23.43	113.75	21	陶			泥质粗硬陶	灰褐		方格纹						战国至南越国
4539	ZJLY-238	细岭	ZJLY-238:6T	23.43	113.75	20	陶			泥质粗硬陶	红褐		方格纹						战国至南越国
4540	ZJLY-238	细岭	ZJLY-238:7T	23.43	113.75	23	陶			泥质粗硬陶	灰黑		米字纹						战国至南越国
4541	ZJLY-238	细岭	ZJLY-238:8T	23.43	113.75	24	陶	罐	口沿	泥质粗硬陶	灰褐		素面						战国至南越国
4542	ZJLY-238	细岭	ZJLY-238:9T	23.43	113.75	20	陶			泥质粗硬陶	灰褐		米字纹						战国至南越国
4543	ZJLY-238	细岭	ZJLY-238:10T	23.43	113.75	23	陶			泥质粗硬陶	灰		方格纹						战国至南越国
4544	ZJLY-238	细岭	ZJLY-238:11T	23.43	113.75	27	陶			泥质软陶	红褐		方格纹						战国至南越国
4545	ZJLY-242	禾场崀	ZJLY-242:1T	23.44	113.73	36	陶			泥质粗硬陶	灰白		叶脉纹						新石器时代晚期至商代
4546	ZJLY-242	禾场崀	ZJLY-242:2T	23.44	113.73	36	陶			泥质软陶	灰白		条纹						新石器时代晚期至商代
4547	ZJLY-244	大湖洋	ZJLY-244:1T	23.43	113.73	31	陶			泥质粗硬陶	灰白		方格纹						战国至南越国
4548	ZJLY-244	大湖洋	ZJLY-244:2T	23.43	113.73	33	瓷						素面						唐宋
4549	ZJLY-244	大湖洋	ZJLY-244:3T	23.43	113.73	30	陶			泥质粗硬陶	红褐		方格纹						战国至南越国
4550	ZJLY-244	大湖洋	ZJLY-244:4T	23.43	113.73	38	陶			泥质粗硬陶	青灰		方格纹						战国至南越国
4551	ZJLY-244	大湖洋	ZJLY-244:5T	23.43	113.73	36	陶			泥质粗硬陶	灰白		方格纹						战国至南越国
4552	ZJLY-244	大湖洋	ZJLY-244:6T	23.43	113.73	42	陶			泥质细硬陶	青灰		曲折纹						新石器时代晚期至商代
4553	ZJLY-244	大湖洋	ZJLY-244:7T	23.43	113.73	42	陶			泥质细硬陶	青灰		曲折纹						新石器时代晚期至商代
4554	ZJLY-244	大湖洋	ZJLY-244:8T	23.43	113.73	45	陶			泥质细硬陶	灰褐		曲折纹						新石器时代晚期至商代
4555	ZJLY-244	大湖洋	ZJLY-244:9T	23.43	113.73	42	陶			泥质细硬陶	青灰		曲折纹						新石器时代晚期至商代
4556	ZJLY-244	大湖洋	ZJLY-244:1Y II	23.43	113.73	36	陶			泥质粗硬陶	灰白		方格纹						战国至南越国
4557	ZJLY-244	大湖洋	ZJLY-244:2Y II	23.43	113.73	36	陶			泥质粗硬陶	青灰		方格纹						战国至南越国
4558	ZJLY-244	大湖洋	ZJLY-244:1Z I	23.43	113.73	29	陶			泥质粗硬陶	红褐		素面						唐宋
4559	ZJLY-244	大湖洋	ZJLY-244:2Z I	23.43	113.73	27	瓷	碗	圈足				素面						唐宋
4560	ZJLY-244	大湖洋	ZJLY-244:3Z I	23.43	113.73	33	陶			泥质粗硬陶	灰黑		方格纹						战国至南越国
4561	ZJLY-244	大湖洋	ZJLY-244:4Z I	23.43	113.73	33	陶			泥质细硬陶	灰褐		素面						唐宋
4562	ZJLY-244	大湖洋	ZJLY-244:5Z I	23.43	113.73	35	陶	罐	底	泥质细硬陶	灰		刻划卷草纹						唐宋
4563	ZJLY-244	大湖洋	ZJLY-244:6Z I	23.43	113.73	53	陶			泥质粗硬陶	灰褐		素面						战国至南越国

序号	遗址编号	遗址名称	遗物编号	纬度（度）	经度（度）	海拔（米）	质地	器形	部位	陶质	颜色	釉色	纹饰	刻划符号	石器岩性	石器完整程度	石器硬度	石器风化程度	年代
4564	ZJLY-246	大岭	ZJLY-246:1T	23.43	113.74	27	陶			泥质粗硬陶	灰黑		米字纹						战国至南越国
4565	ZJLY-246	大岭	ZJLY-246:2T	23.43	113.74	29	陶	盒	口沿	泥质细硬陶	灰		素面						战国至南越国
4566	ZJLY-246	大岭	ZJLY-246:3T	23.43	113.74	31	陶			泥质细硬陶	青灰		米字纹						战国至南越国
4567	ZJLY-246	大岭	ZJLY-246:5T	23.43	113.74	18	陶			泥质粗软陶	灰白		方格纹						战国至南越国
4568	ZJLY-246	大岭	ZJLY-246:6T	23.43	113.74	26	陶			泥质粗硬陶	灰褐		素面						战国至南越国
4569	ZJLY-246	大岭	ZJLY-246:1ZI	23.43	113.74	27	陶			泥质粗硬陶	灰褐		三角格纹						战国至南越国
4570	ZJLY-246	大岭	ZJLY-246:2ZI	23.43	113.74	26	陶	罐	口沿	泥质粗硬陶	红褐		素面						战国至南越国
4571	ZJLY-251	尖峰岭东南岗	ZJLY-251:1T	23.42	113.77	16	陶			泥质粗硬陶	灰褐		米字纹						战国至南越国
4572	ZJLY-251	尖峰岭东南岗	ZJLY-251:2T	23.42	113.77	16	陶			泥质粗硬陶	灰褐		米字纹						战国至南越国
4573	ZJLY-251	尖峰岭东南岗	ZJLY-251:3T	23.42	113.77	22	陶			泥质粗硬陶	灰褐		米字纹						战国至南越国
4574	ZJLY-251	尖峰岭东南岗	ZJLY-251:4T	23.42	113.77	24	陶	罐	口沿	泥质粗硬陶	深灰		米字纹						战国至南越国
4575	ZJLY-251	尖峰岭东南岗	ZJLY-251:5T	23.42	113.77	24	陶			泥质细硬陶	青灰		方格纹						战国至南越国
4576	ZJLY-251	尖峰岭东南岗	ZJLY-251:6T	23.42	113.77	27	陶			泥质细硬陶	灰白		绳纹						新石器时代晚期至南越国
4577	ZJLY-251	尖峰岭东南岗	ZJLY-251:7T	23.42	113.77	28	陶			泥质细硬陶	红褐		方格纹						战国至南越国
4578	ZJLY-251	尖峰岭东南岗	ZJLY-251:8T	23.42	113.77	24	瓷	高圈足碗				青釉	刻花纹						唐末
4579	ZJLY-251	尖峰岭东南岗	ZJLY-251:9T	23.42	113.77	21	陶			泥质粗硬陶	灰白		米字纹						战国至南越国
4580	ZJLY-251	尖峰岭东南岗	ZJLY-251:10T	23.42	113.77	23	陶			泥质粗硬陶	灰褐		米字纹						战国至南越国
4581	ZJLY-251	尖峰岭东南岗	ZJLY-251:1ZI	23.42	113.77	24	陶	犁砖		泥质粗硬陶	灰		素面						唐末
4582	ZJLY-252	横庄岇	ZJLY-252:1T	23.43	113.77	27	陶			泥质粗硬陶	灰白		方格对角线纹						战国至南越国
4583	ZJLY-252	横庄岇	ZJLY-252:2T	23.43	113.77	27	陶			泥质细硬陶	灰褐		方格对角线纹						战国至南越国
4584	ZJLY-252	横庄岇	ZJLY-252:3T	23.43	113.77	30	陶	罐	底	泥质粗硬陶	红褐		素面						战国至南越国
4585	ZJLY-252	横庄岇	ZJLY-252:1①ZI	23.42	113.77	24	陶	器盖		泥质细硬陶	灰白	青釉	素面						唐末
4586	ZJLY-252	横庄岇	ZJLY-252:1②ZI	23.42	113.77	24	陶	罐		泥质细硬陶	灰	青釉	素面						唐末
4587	ZJLY-252	横庄岇	ZJLY-252:2ZI	23.43	113.77	43	陶			泥质粗硬陶	灰褐		方格对角线纹						战国至南越国
4588	ZJLY-252	横庄岇	ZJLY-252:3ZI	23.43	113.77	28	陶			泥质粗硬陶	灰褐		方格对角线纹						战国至南越国
4589	ZJLY-252	横庄岇	ZJLY-252:4ZI	23.43	113.77	21	石	锛			灰								新石器时代晚期至南越国
4590	ZJLY-253	长田山	ZJLY-253:1T	23.42	113.78	26	陶			泥质细硬陶	灰白		方格纹						战国至南越国
4591	ZJLY-253	长田山	ZJLY-253:2T	23.42	113.78	22	陶			泥质粗硬陶	灰黑		方格纹						战国至南越国
4592	ZJLY-253	长田山	ZJLY-253:3T	23.42	113.78	14	陶			泥质粗硬陶	灰黑		米字纹						战国至南越国
4593	ZJLY-253	长田山	ZJLY-253:4T	23.42	113.78	17	陶			泥质粗硬陶	灰黑		米字纹						战国至南越国
4594	ZJLY-253	长田山	ZJLY-253:5T	23.42	113.78	18	陶			泥质细硬陶	灰褐		方格纹						西周至春秋

序号	遗址编号	遗址名称	遗物编号	纬度(度)	经度(度)	海拔(米)	质地	器形	部位	陶质	颜色	釉色	纹饰	刻划符号	石器岩性	石器完整程度	石器硬度	石器风化程度	年代
4595	ZJLY-253	长田山	ZJLY-253:6T	23.42	113.78	18	陶	碗	圈足	泥质粗硬陶	深灰		素面						唐宋
4596	ZJLY-253	长田山	ZJLY-253:7T	23.42	113.78	12	陶			泥质粗硬陶	灰		方格纹						战国至南越国
4597	ZJLY-253	长田山	ZJLY-253:8T	23.42	113.78	12	陶	罐	口沿	泥质粗硬陶	红褐		素面						战国至南越国
4598	ZJLY-253	长田山	ZJLY-253:9T	23.42	113.78	15	陶			泥质粗硬陶	灰		素面						战国至南越国
4599	ZJLY-253	长田山	ZJLY-253:10T	23.42	113.78	15	陶			泥质粗硬陶	灰黑		米字纹						战国至南越国
4600	ZJLY-253	长田山	ZJLY-253:11T	23.42	113.78	18	陶			泥质粗硬陶	灰黑		米字纹						战国至南越国
4601	ZJLY-253	长田山	ZJLY-253:12T	23.42	113.78	16	陶			泥质粗硬陶	灰黑		方格纹						战国至南越国
4602	ZJLY-253	长田山	ZJLY-253:13T	23.42	113.78	15	陶			泥质粗硬陶	灰黑		米字纹						战国至南越国
4603	ZJLY-253	长田山	ZJLY-253:14T	23.42	113.78	16	陶	罐	口沿	泥质粗硬陶	红褐		米字纹						战国至南越国
4604	ZJLY-253	长田山	ZJLY-253:15T	23.42	113.78	14	陶			泥质粗硬陶	红褐		米字纹						战国至南越国
4605	ZJLY-253	长田山	ZJLY-253:16T	23.42	113.78	16	石	砺石			青灰		米字纹						西周至春秋
4606	ZJLY-253	长田山	ZJLY-253:17T	23.42	113.77	23	陶			泥质粗硬陶	青灰								战国至南越国
4607	ZJLY-253	长田山	ZJLY-253:18T	23.42	113.77	25	陶			泥质粗硬陶	红褐		方格纹						战国至南越国
4608	ZJLY-253	长田山	ZJLY-253:19T	23.42	113.77	25	陶			泥质粗硬陶	灰褐		方格纹、弦纹(外)、弦纹(内)、戳印纹						战国至南越国
4609	ZJLY-253	长田山	ZJLY-253:20T	23.42	113.77	27	陶			泥质粗硬陶	灰		米字纹						战国至南越国
4610	ZJLY-253	长田山	ZJLY-253:21T	23.42	113.77	23	陶			泥质粗硬陶	灰褐		三角格纹						战国至南越国
4611	ZJLY-253	长田山	ZJLY-253:22T	23.42	113.77	29	陶			泥质粗硬陶	灰褐		方格纹						西周至春秋
4612	ZJLY-253	长田山	ZJLY-253:23T	23.42	113.77	30	陶			泥质粗硬陶	深灰		夔纹						西周至春秋
4613	ZJLY-253	长田山	ZJLY-253:24T	23.42	113.77	30	陶			泥质粗硬陶	灰白		方格纹						战国至南越国
4614	ZJLY-253	长田山	ZJLY-253:25T	23.42	113.77	31	陶			泥质粗硬陶	灰白		方格纹						战国至南越国
4615	ZJLY-253	长田山	ZJLY-253:26T	23.42	113.77	17	陶	罐	口沿	泥质粗硬陶	灰褐		三角格纹	有					战国至南越国
4616	ZJLY-253	长田山	ZJLY-253:27T	23.42	113.77	13	陶			泥质粗硬陶	灰褐		夔纹						战国至南越国
4617	ZJLY-253	长田山	ZJLY-253:28T	23.42	113.77	29	陶	罐	口沿	泥质粗硬陶	灰褐		夔纹						西周至春秋
4618	ZJLY-253	长田山	ZJLY-253:29T	23.42	113.77	31	陶			泥质细硬陶	灰		三角格纹						战国至南越国
4619	ZJLY-253	长田山	ZJLY-253:30T	23.42	113.77	21	陶			泥质粗硬陶	灰白		米字纹						战国至南越国
4620	ZJLY-253	长田山	ZJLY-253:31T	23.42	113.77	29	陶			泥质粗硬陶	灰褐		米字纹						战国至南越国
4621	ZJLY-253	长田山	ZJLY-253:32T	23.42	113.77	26	陶	器盖		泥质细硬陶	红褐		素面						战国至南越国
4622	ZJLY-253	长田山	ZJLY-253:33T	23.42	113.77	29	陶	罐	底	泥质粗硬陶	灰		三角格纹						战国至南越国
4623	ZJLY-253	长田山	ZJLY-253:34①T	23.42	113.77	31	陶	罐	口沿	泥质粗硬陶	灰褐		三角格纹						战国至南越国
4624	ZJLY-253	长田山	ZJLY-253:34②T	23.42	113.77	31	陶	罐	口沿	泥质粗硬陶	红褐		三角格纹						战国至南越国
4625	ZJLY-253	长田山	ZJLY-253:34④T	23.42	113.77	31	陶	罐	口沿	泥质粗硬陶	红褐		三角格纹						战国至南越国

序号	遗址编号	遗址名称	遗物编号	纬度（度）	经度（度）	海拔（米）	质地	器形	部位	陶质	颜色	釉色	纹饰	刻划符号	石器岩性	石器完整程度	石器硬度	石器风化程度	年代
4626	ZJLY-253	长田山	ZJLY-253:34⑤T	23.42	113.77	31	陶	罐	底	泥质相硬陶	红褐		三角格纹						战国至南越国
4627	ZJLY-253	长田山	ZJLY-253:34⑦T	23.42	113.77	31	陶	罐	口沿	泥质相硬陶	灰褐		三角格纹						战国至南越国
4628	ZJLY-253	长田山	ZJLY-253:35T	23.42	113.77	35	陶	罐	口沿	泥质相硬陶	红褐		方格纹						战国至南越国
4629	ZJLY-253	长田山	ZJLY-253:36T	23.42	113.77	28	陶	罐	口沿	泥质细硬陶	灰褐		三角格纹						战国至南越国
4630	ZJLY-253	长田山	ZJLY-253:37①T	23.42	113.77	33	陶			泥质相硬陶	灰黑		方格纹						战国至南越国
4631	ZJLY-253	长田山	ZJLY-253:37②T	23.42	113.77	33	陶	罐	口沿	泥质相硬陶	灰褐		素面						战国至南越国
4632	ZJLY-253	长田山	ZJLY-253:37③T	23.42	113.77	33	陶			泥质相硬陶	灰褐		米字纹						战国至南越国
4633	ZJLY-253	长田山	ZJLY-253:38T	23.42	113.77	41	陶	罐	口沿	泥质相硬陶	灰褐		三角格纹						战国至南越国
4634	ZJLY-253	长田山	ZJLY-253:39①T	23.42	113.77	37	陶			泥质相硬陶	红褐		方格纹						战国至南越国
4635	ZJLY-253	长田山	ZJLY-253:39②T	23.42	113.77	37	陶			泥质细硬陶	灰褐		网格纹						西周至春秋
4636	ZJLY-253	长田山	ZJLY-253:39③T	23.42	113.77	37	陶			泥质相硬陶	灰褐		米字纹						战国至南越国
4637	ZJLY-253	长田山	ZJLY-253:40①T	23.42	113.77	41	陶			泥质相硬陶	灰白		方格纹						战国至南越国
4638	ZJLY-253	长田山	ZJLY-253:40②T	23.42	113.77	41	陶	罐		泥质相硬陶	灰褐		米字纹						战国至南越国
4639	ZJLY-253	长田山	ZJLY-253:41T	23.42	113.77	27	陶	罐	口沿	泥质相硬陶	灰褐		三角格纹						战国至南越国
4640	ZJLY-253	长田山	ZJLY-253:42T	23.42	113.77	38	陶	罐	底	泥质相硬陶	灰褐		三角格纹						战国至南越国
4641	ZJLY-253	长田山	ZJLY-253:43T	23.42	113.77	39	陶	罐	底	泥质细硬陶	灰褐		三角格纹						战国至南越国
4642	ZJLY-253	长田山	ZJLY-253:44T	23.42	113.77	41	陶			泥质相硬陶	灰褐		三角格纹						战国至南越国
4643	ZJLY-253	长田山	ZJLY-253:45T	23.42	113.77	30	陶	器盖		泥质相硬陶	深灰		素面						战国至南越国
4644	ZJLY-253	长田山	ZJLY-253:46T	23.42	113.77	25	陶			泥质相硬陶	灰褐		素面						战国至南越国
4645	ZJLY-253	长田山	ZJLY-253:1Y II	23.42	113.78	13	陶			泥质相硬陶	灰黑		三角格纹						战国至南越国
4646	ZJLY-253	长田山	ZJLY-253:2Y II	23.42	113.78	14	陶			泥质相硬陶	灰白		方格纹						战国至南越国
4647	ZJLY-253	长田山	ZJLY-253:3Y II	23.42	113.78	14	陶			泥质相硬陶	灰		方格纹						战国至南越国
4648	ZJLY-253	长田山	ZJLY-253:4Y II	23.42	113.78	15	陶			泥质软硬陶	青灰		夔纹						西周至春秋
4649	ZJLY-253	长田山	ZJLY-253:5Y II	23.42	113.78	18	陶			泥质相硬陶	深灰		方格纹						战国至南越国
4650	ZJLY-253	长田山	ZJLY-253:6Y II	23.42	113.78	19	陶			泥质相硬陶	灰褐		夔纹、弦纹						西周至春秋
4651	ZJLY-253	长田山	ZJLY-253:7Y II	23.42	113.78	16	陶			泥质相硬陶	灰		方格纹						战国至南越国
4652	ZJLY-253	长田山	ZJLY-253:8Y II	23.42	113.78	17	陶			泥质相硬陶	灰白		米字纹						西周至春秋
4653	ZJLY-253	长田山	ZJLY-253:9Y II	23.42	113.78	17	陶	罐	口沿	泥质相硬陶	灰		弦纹						战国至南越国
4654	ZJLY-253	长田山	ZJLY-253:10Y II	23.42	113.78	18	陶			泥质相硬陶	灰褐		网格纹						西周至春秋
4655	ZJLY-253	长田山	ZJLY-253:11Y II	23.42	113.78	18	陶			泥质相硬陶	灰黑		夔纹						西周至春秋
4656	ZJLY-253	长田山	ZJLY-253:12Y II	23.42	113.78	21	陶			泥质相硬陶	灰黑		网格纹						西周至春秋

序号	遗址编号	遗址名称	遗物编号	纬度（度）	经度（度）	海拔（米）	质地	器形	部位	陶质	颜色	釉色	纹饰	刻划符号	石器岩性	石器完整程度	石器硬度	石器风化程度	年代
4657	ZJLY-253	长田山	ZJLY-253:13YII	23.42	113.78	18	陶			泥质粗硬陶	灰褐		三角格纹						战国至南越国
4658	ZJLY-253	长田山	ZJLY-253:14YII	23.42	113.78	26	陶			泥质粗硬陶	深灰		米字纹						战国至南越国
4659	ZJLY-253	长田山	ZJLY-253:15YII	23.42	113.78	25	陶			泥质粗硬陶	红褐		米字纹						战国至南越国
4660	ZJLY-253	长田山	ZJLY-253:16YII	23.42	113.77	15	陶			泥质粗硬陶	灰褐		方格纹						战国至南越国
4661	ZJLY-253	长田山	ZJLY-253:17YII	23.42	113.77	21	陶			泥质粗硬陶	灰褐		方格纹						战国至南越国
4662	ZJLY-253	长田山	ZJLY-253:18YII	23.42	113.77	26	陶			泥质粗硬陶	灰		菱格纹、弦纹						西周至春秋
4663	ZJLY-253	长田山	ZJLY-253:19YII	23.42	113.77	15	陶			泥质粗硬陶	红褐		方格纹						战国至南越国
4664	ZJLY-253	长田山	ZJLY-253:20YII	23.42	113.77	10	陶			泥质粗硬陶	灰黑		方格纹						战国至南越国
4665	ZJLY-253	长田山	ZJLY-253:21YII	23.42	113.77	10	陶			泥质粗硬陶	灰褐		夔纹						西周至春秋
4666	ZJLY-253	长田山	ZJLY-253:22YII	23.42	113.77	11	陶			泥质粗硬陶	灰黑		方格纹						战国至南越国
4667	ZJLY-253	长田山	ZJLY-253:23YII	23.42	113.77	10	陶			泥质粗硬陶	灰黑		夔纹						西周至春秋
4668	ZJLY-253	长田山	ZJLY-253:24YII	23.42	113.77	29	陶			泥质粗硬陶	灰黑		方格纹、弦纹						战国至南越国
4669	ZJLY-253	长田山	ZJLY-253:25YII	23.42	113.77	24	陶			泥质粗硬陶	灰白		方格纹						西周至春秋
4670	ZJLY-253	长田山	ZJLY-253:26YII	23.42	113.77	25	陶			泥质粗硬陶	灰褐		方格纹						西周至春秋
4671	ZJLY-253	长田山	ZJLY-253:27YII	23.42	113.77	25	陶			泥质粗硬陶	灰褐		夔纹、重菱格纹、弦纹						西周至春秋
4672	ZJLY-253	长田山	ZJLY-253:28YII	23.42	113.77	21	陶			泥质粗硬陶	灰褐		夔纹						西周至春秋
4673	ZJLY-253	长田山	ZJLY-253:29YII	23.42	113.77	23	陶	罐	口沿	泥质粗硬陶	灰褐		重菱格纹						西周至春秋
4674	ZJLY-253	长田山	ZJLY-253:30YII	23.42	113.77	18	陶			泥质粗硬陶	灰黑		夔纹						西周至春秋
4675	ZJLY-253	长田山	ZJLY-253:31YII	23.42	113.77	28	陶			泥质粗硬陶	灰褐		夔纹						西周至春秋
4676	ZJLY-253	长田山	ZJLY-253:32YII	23.42	113.77	13	陶			泥质粗硬陶	灰褐		方格纹、戳印圆圈纹						西周至春秋
4677	ZJLY-253	长田山	ZJLY-253:1ZI	23.42	113.78	20	陶			泥质粗硬陶	灰褐		米字纹						战国至南越国
4678	ZJLY-253	长田山	ZJLY-253:2ZI	23.42	113.77	18	陶			泥质粗硬陶	灰褐		方格纹						战国至南越国
4679	ZJLY-253	长田山	ZJLY-253:3ZI	23.42	113.77	18	陶			泥质粗硬陶	灰		方格纹						西周至春秋
4680	ZJLY-253	长田山	ZJLY-253:4ZI	23.42	113.77	18	陶			泥质粗硬陶	灰黑		米字纹						战国至南越国
4681	ZJLY-253	长田山	ZJLY-253:5ZI	23.42	113.77	25	陶			泥质粗硬陶	灰		方格纹						战国至南越国
4682	ZJLY-253	长田山	ZJLY-253:6ZI	23.42	113.77	33	陶			泥质粗硬陶	深灰		方格纹						战国至南越国
4683	ZJLY-253	长田山	ZJLY-253:7ZI	23.42	113.77	31	陶	簋	圈足	泥质粗硬陶	灰		素面						西周至春秋
4684	ZJLY-253	长田山	ZJLY-253:8ZI	23.42	113.77	21	陶			泥质粗硬陶	灰黑		方格纹						战国至南越国
4685	ZJLY-253	长田山	ZJLY-253:9ZI	23.42	113.77	20	陶	罐	口沿	泥质细硬陶	灰		方格纹						西周至春秋
4686	ZJLY-253	长田山	ZJLY-253:10ZI	23.42	113.77	7	陶		口沿	泥质粗硬陶	灰		方格纹						西周至春秋
4687	ZJLY-253	长田山	ZJLY-253:11ZI	23.42	113.77	11	陶	罐	口沿	泥质粗硬陶	深灰		戳印篦点纹						战国至南越国

序号	遗址编号	遗址名称	遗物编号	纬度（度）	经度（度）	海拔（米）	质地	器形	部位	陶质	颜色	釉色	纹饰	刻划符号	石器岩性	石器完整程度	石器硬度	石器风化程度	年代
4688	ZJLY-253	长田山	ZJLY-253:12Z I	23.42	113.77	27	陶			泥质粗硬陶	灰褐		方格纹						战国至南越国
4689	ZJLY-253	长田山	ZJLY-253:13Z I	23.42	113.77	23	陶			泥质粗硬陶	灰		方格纹						战国至南越国
4690	ZJLY-253	长田山	ZJLY-253:14Z I	23.42	113.77	22	陶			泥质粗硬陶	灰褐		夔纹、圆圈纹、弦纹						西周至春秋
4691	ZJLY-253	长田山	ZJLY-253:15Z I	23.42	113.77	20	陶			泥质粗硬陶	红褐		夔纹、重菱格纹、弦纹						西周至春秋
4692	ZJLY-253	长田山	ZJLY-253:16Z I	23.42	113.77	26	陶			泥质粗硬陶	灰褐		方格纹、重菱格纹						西周至春秋
4693	ZJLY-253	长田山	ZJLY-253:17Z I	23.42	113.77	23	陶	罐	口沿	泥质粗硬陶	灰褐		菱格凸块纹、戳印纹						西周至春秋
4694	ZJLY-253	长田山	ZJLY-253:18Z I	23.42	113.78	24	陶			泥质粗硬陶	红褐		方格纹						战国至南越国
4695	ZJLY-253	长田山	ZJLY-253:19Z I	23.42	113.78	24	陶			泥质粗硬陶	灰褐		三角格纹						战国至南越国
4696	ZJLY-254	鸡头山山北	ZJLY-254:1T	23.43	113.77	18	陶			泥质粗硬陶	灰		网格纹						新石器时代晚期至商代
4697	ZJLY-254	鸡头山山北	ZJLY-254:2T	23.43	113.77	16	陶			泥质粗硬陶	灰白		席纹						新石器时代晚期至商代
4698	ZJLY-254	鸡头山山北	ZJLY-254:3T	23.43	113.77	15	陶			泥质粗硬陶	灰		曲折纹						新石器时代晚期至商代
4699	ZJLY-254	鸡头山山北	ZJLY-254:4T	23.43	113.77	18	陶			泥质细硬陶	青灰		叶脉纹						新石器时代晚期至商代
4700	ZJLY-254	鸡头山山北	ZJLY-254:5T	23.43	113.77	23	陶			泥质粗硬陶	灰		曲折纹						新石器时代晚期至商代
4701	ZJLY-254	鸡头山山北	ZJLY-254:6T	23.43	113.77	22	陶			泥质粗硬陶	灰		长方格纹						新石器时代晚期至商代
4702	ZJLY-254	鸡头山山北	ZJLY-254:7T	23.43	113.77	17	陶			泥质粗硬陶	灰		篮纹						新石器时代晚期至商代
4703	ZJLY-254	鸡头山山北	ZJLY-254:8T	23.43	113.77	18	陶			泥质粗硬陶	灰褐		长方格纹						新石器时代晚期至商代
4704	ZJLY-254	鸡头山山北	ZJLY-254:9T	23.43	113.77	19	陶			泥质粗硬陶	灰褐		绳纹						新石器时代晚期至商代
4705	ZJLY-254	鸡头山山北	ZJLY-254:10T	23.43	113.77	16	陶			泥质粗硬陶	深灰		曲折纹						新石器时代晚期至商代
4706	ZJLY-254	鸡头山山北	ZJLY-254:11T	23.43	113.77	18	陶			泥质粗硬陶	灰白		长方格纹						新石器时代晚期至商代
4707	ZJLY-254	鸡头山山北	ZJLY-254:12T	23.43	113.77	14	陶			泥质粗硬陶	灰		曲折纹						新石器时代晚期至商代
4708	ZJLY-254	鸡头山山北	ZJLY-254:13T	23.43	113.77	14	陶			泥质粗硬陶	灰		曲折纹						新石器时代晚期至商代
4709	ZJLY-254	鸡头山山北	ZJLY-254:14T	23.43	113.77	11	陶			泥质粗硬陶	灰		长方格纹						新石器时代晚期至商代
4710	ZJLY-254	鸡头山山北	ZJLY-254:15T	23.43	113.77	17	陶			泥质粗硬陶	灰		交错篦纹						新石器时代晚期至商代
4711	ZJLY-254	鸡头山山北	ZJLY-254:16T	23.43	113.77	15	陶			泥质粗硬陶	灰		长方格纹						新石器时代晚期至商代
4712	ZJLY-254	鸡头山山北	ZJLY-254:17T	23.43	113.77	19	陶			泥质粗硬陶	灰		条纹						新石器时代晚期至商代
4713	ZJLY-254	鸡头山山北	ZJLY-254:18T	23.43	113.77	19	陶			泥质粗硬陶	灰		绳纹						新石器时代晚期至商代
4714	ZJLY-254	鸡头山山北	ZJLY-254:19T	23.43	113.77	20	陶			泥质粗硬陶	灰白		曲折纹						新石器时代晚期至商代
4715	ZJLY-254	鸡头山山北	ZJLY-254:20T	23.43	113.77	16	陶			泥质粗硬陶	灰褐		交错绳纹						新石器时代晚期至商代
4716	ZJLY-254	鸡头山山北	ZJLY-254:21T	23.43	113.77	11	陶			泥质粗硬陶	灰褐		长方格纹						新石器时代晚期至商代
4717	ZJLY-254	鸡头山山北	ZJLY-254:22T	23.43	113.77	14	陶			泥质粗硬陶	灰褐		叶脉纹						新石器时代晚期至商代
4718	ZJLY-254	鸡头山山北	ZJLY-254:23T	23.43	113.77	17	陶	罐	口沿	夹细砂硬陶	灰		回旋纹	有					新石器时代晚期至商代

序号	遗址编号	遗址名称	遗物编号	纬度（度）	经度（度）	海拔（米）	质地	器形	部位	陶质	颜色	釉色	纹饰	刻划符号	石器岩性	石器完整程度	石器硬度	石器风化程度	年代
4719	ZJLY-254	鸡头山北	ZJLY-254:24T	23.43	113.77	18	陶	罐	口沿	夹细砂硬陶	灰		素面	有					新石器时代晚期至商代
4720	ZJLY-254	鸡头山北	ZJLY-254:25T	23.43	113.77	18	陶			泥质粗硬陶	灰褐		篮纹						新石器时代晚期至商代
4721	ZJLY-254	鸡头山北	ZJLY-254:26T	23.43	113.77	18	石	环			青灰				角岩	残	7	未风化	新石器时代晚期至商代
4722	ZJLY-254	鸡头山北	ZJLY-254:27T	23.43	113.77	17	陶			泥质细硬陶	灰白		绳纹						新石器时代晚期至商代
4723	ZJLY-254	鸡头山北	ZJLY-254:28T	23.43	113.77	18	陶	罐	口沿	夹细砂硬陶	灰白		素面						新石器时代晚期至商代
4724	ZJLY-254	鸡头山北	ZJLY-254:29T	23.43	113.77	17	陶	罐（釜）	口沿	夹粗砂软陶	灰黑		素面						新石器时代晚期至商代
4725	ZJLY-254	鸡头山北	ZJLY-254:1ZⅠ	23.43	113.77	13	石	锛			青灰				片岩	残	6	未风化	新石器时代晚期至商代
4726	ZJLY-254	鸡头山北	ZJLY-254:2ZⅠ	23.43	113.77	11	陶			泥质粗硬陶	灰		绳纹						新石器时代晚期至商代
4727	ZJLY-254	鸡头山北	ZJLY-254:3ZⅠ	23.43	113.77	6	陶			泥质粗硬陶	灰褐		曲折纹						新石器时代晚期至商代
4728	ZJLY-254	鸡头山北	ZJLY-254:4ZⅠ	23.43	113.77	7	陶			泥质粗硬陶	灰白		长方格纹						新石器时代晚期至商代
4729	ZJLY-254	鸡头山北	ZJLY-254:5ZⅠ	23.43	113.77	7	陶			泥质粗硬陶	灰白		交错绳纹						新石器时代晚期至商代
4730	ZJLY-254	鸡头山北	ZJLY-254:6ZⅠ	23.43	113.77	5	陶			泥质粗硬陶	灰		绳纹						新石器时代晚期至商代
4731	ZJLY-254	鸡头山北	ZJLY-254:7ZⅠ	23.43	113.77	6	陶			泥质粗硬陶	灰		绳纹						新石器时代晚期至商代
4732	ZJLY-254	鸡头山北	ZJLY-254:8ZⅠ	23.43	113.77	5	陶	罐	口沿	泥质粗硬陶	灰褐		素面						新石器时代晚期至商代
4733	ZJLY-254	鸡头山北	ZJLY-254:9ZⅠ	23.43	113.77	14	陶			泥质粗硬陶	灰		间断条纹						新石器时代晚期至商代
4734	ZJLY-254	鸡头山北	ZJLY-254:10ZⅠ	23.43	113.77	14	陶			泥质细硬陶	灰		长方格纹						新石器时代晚期至商代
4735	ZJLY-254	鸡头山北	ZJLY-254:11ZⅠ	23.43	113.77	12	陶			泥质细软陶	灰		交错条纹						新石器时代晚期至商代
4736	ZJLY-254	鸡头山北	ZJLY-254:12ZⅠ	23.43	113.77	15	陶			泥质细硬陶	灰		条纹						新石器时代晚期至商代
4737	ZJLY-254	鸡头山北	ZJLY-254:13ZⅠ	23.43	113.77	14	陶			泥质粗硬陶	灰		曲折纹						新石器时代晚期至商代
4738	ZJLY-254	鸡头山北	ZJLY-254:14ZⅠ	23.43	113.77	15	陶			泥质粗硬陶	灰白		绳纹						新石器时代晚期至商代
4739	ZJLY-254	鸡头山北	ZJLY-254:15ZⅠ	23.43	113.77	14	陶			泥质细硬陶	灰白		曲折纹						新石器时代晚期至商代
4740	ZJLY-254	鸡头山北	ZJLY-254:16ZⅠ	23.43	113.77	13	陶			泥质粗硬陶	灰白		绳纹						新石器时代晚期至商代
4741	ZJLY-254	鸡头山北	ZJLY-254:17ZⅠ	23.43	113.77	12	陶			泥质细硬陶	灰		曲折纹、附加堆纹						新石器时代晚期至商代
4742	ZJLY-254	鸡头山北	ZJLY-254:18ZⅠ	23.43	113.77	20	陶			泥质粗硬陶	灰		间断条纹、附加堆纹						新石器时代晚期至商代
4743	ZJLY-254	鸡头山北	ZJLY-254:19ZⅠ	23.43	113.77	17	陶			泥质粗硬陶	灰白		网格纹						新石器时代晚期至商代
4744	ZJLY-254	鸡头山北	ZJLY-254:20ZⅠ	23.43	113.77	16	陶			泥质细硬陶	灰褐		素面						新石器时代晚期至商代
4745	ZJLY-254	鸡头山北	ZJLY-254:21ZⅠ	23.43	113.77	13	陶			泥质细硬陶	灰		曲折纹						新石器时代晚期至商代
4746	ZJLY-254	鸡头山北	ZJLY-254:22ZⅠ	23.43	113.77	20	石	锛			青灰				董青石片岩	基本完整	6	未风化	新石器时代晚期至商代
4747	ZJLY-254	鸡头山北	ZJLY-254:23ZⅠ	23.43	113.77	20	陶	罐	口沿	夹细砂硬陶	灰褐		附加堆纹						新石器时代晚期至商代
4748	ZJLY-254	鸡头山北	ZJLY-254:24ZⅠ	23.43	113.77	19	石	砺石			深灰				砂岩	残	6	未风化	新石器时代晚期至商代

序号	遗址编号	遗址名称	遗物编号	纬度（度）	经度（度）	海拔（米）	质地	器形	部位	陶质	颜色	釉色	纹饰	刻划符号	石器岩性	石器完整程度	石器硬度	石器风化程度	年代
4749	ZJLY-254	鸡头山北	ZJLY-254:25Z I	23.43	113.77	17	陶	罐	圈足	夹细砂软陶	灰		长方格纹						新石器时代晚期至商代
4750	ZJLY-254	鸡头山北	ZJLY-254:26Z I	23.43	113.77	16	石	砺石			青灰								新石器时代晚期至商代
4751	ZJLY-254	鸡头山北	ZJLY-254:27Z I	23.43	113.77	18	陶			泥质粗硬陶	深灰		叶脉纹						新石器时代晚期至商代
4752	ZJLY-254	鸡头山北	ZJLY-254:28Z I	23.43	113.77	18	陶			泥质粗硬陶	灰		绳纹						新石器时代晚期至商代
4753	ZJLY-254	鸡头山北	ZJLY-254:29Z I	23.43	113.77	16	陶			泥质粗软陶	灰白		曲折纹						新石器时代晚期至商代
4754	ZJLY-254	鸡头山北	ZJLY-254:30Z I	23.43	113.77	12	陶			泥质粗硬陶	灰		梯格纹						新石器时代晚期至商代
4755	ZJLY-254	鸡头山北	ZJLY-254:31Z I	23.43	113.77	18	陶			泥质粗硬陶	灰褐		交错条纹						新石器时代晚期至商代
4756	ZJLY-254	鸡头山北	ZJLY-254:32Z I	23.43	113.77	14	陶			泥质粗硬陶	灰		绳纹						新石器时代晚期至商代
4757	ZJLY-254	鸡头山北	ZJLY-254:33Z I	23.43	113.77	16	陶	罐	口沿	泥质粗硬陶	灰		素面						新石器时代晚期至商代
4758	ZJLY-254	鸡头山北	ZJLY-254:34Z I	23.43	113.77	16	陶			泥质粗硬陶	灰		交错绳纹						新石器时代晚期至商代
4759	ZJLY-254	鸡头山北	ZJLY-254:35Z I	23.43	113.77	13	陶			泥质粗硬陶	灰		篮纹、附加堆纹						新石器时代晚期至商代
4760	ZJLY-254	鸡头山北	ZJLY-254:36Z I	23.43	113.77	13	石	网坠			灰褐								新石器时代晚期至商代
4761	ZJLY-254	鸡头山北	ZJLY-254:37Z I	23.43	113.77	16	陶	釜	口沿	夹细砂软陶	灰		素面						新石器时代晚期至商代
4762	ZJLY-254	鸡头山北	ZJLY-254:38Z I	23.43	113.77	14	陶			泥质粗硬陶	红褐		斜长方格纹						新石器时代晚期至商代
4763	ZJLY-254	鸡头山北	ZJLY-254:39Z I	23.43	113.77	19	陶			泥质粗硬陶	青灰		素面						新石器时代晚期至商代
4764	ZJLY-254	鸡头山北	ZJLY-254:40Z I	23.43	113.77	15	陶			夹细砂硬陶	灰白		素面						新石器时代晚期至商代
4765	ZJLY-254	鸡头山北	ZJLY-254:41Z I	23.43	113.77	16	陶			泥质粗硬陶	灰		曲折纹						新石器时代晚期至商代
4766	ZJLY-254	鸡头山北	ZJLY-254:42Z I	23.43	113.77	17	陶	罐	口沿	泥质粗硬陶	红褐		素面	有					新石器时代晚期至商代
4767	ZJLY-254	鸡头山北	ZJLY-254:43Z I	23.43	113.77	18	陶			夹细砂硬陶	灰黑		素面						新石器时代晚期至商代
4768	ZJLY-254	鸡头山北	ZJLY-254:44Z I	23.43	113.77	19	陶	罐	口沿	夹细砂硬陶	灰褐		素面						新石器时代晚期至商代
4769	ZJLY-254	鸡头山北	ZJLY-254:45Z I	23.43	113.77	20	陶	罐	口沿	夹细砂硬陶	灰		素面						新石器时代晚期至商代
4770	ZJLY-255	腊圃后龙山	ZJLY-255:1T	23.42	113.78	26	陶			泥质细硬陶	灰		夔纹						西周至春秋
4771	ZJLY-255	腊圃后龙山	ZJLY-255:2T	23.42	113.78	20	陶			泥质硬陶	青灰		米字纹						战国至南越国
4772	ZJLY-255	腊圃后龙山	ZJLY-255:3T	23.42	113.78	18	陶			泥质粗硬陶	灰褐		米字纹						战国至南越国
4773	ZJLY-255	腊圃后龙山	ZJLY-255:4T	23.42	113.78	19	陶			泥质粗硬陶	灰褐		方格对角线纹						战国至南越国
4774	ZJLY-255	腊圃后龙山	ZJLY-255:5T	23.42	113.78	18	陶			泥质粗硬陶	灰		素面						战国至南越国
4775	ZJLY-255	腊圃后龙山	ZJLY-255:6T	23.42	113.78	18	陶			泥质硬陶	红褐		方格纹						战国至南越国
4776	ZJLY-255	腊圃后龙山	ZJLY-255:7T	23.42	113.78	15	陶			泥质硬陶	灰		米字纹						战国至南越国
4777	ZJLY-255	腊圃后龙山	ZJLY-255:8T	23.42	113.78	15	陶			泥质粗硬陶	灰黑		米字纹						战国至南越国
4778	ZJLY-255	腊圃后龙山	ZJLY-255:9T	23.42	113.78	16	陶			泥质硬陶	灰		米字纹						战国至南越国
4779	ZJLY-255	腊圃后龙山	ZJLY-255:10T	23.42	113.78	15	陶			夹细砂软陶	灰褐		方格纹						战国至南越国

序号	遗址编号	遗址名称	遗物编号	纬度（度）	经度（度）	海拔（米）	质地	器形	部位	陶质	颜色	釉色	纹饰	刻划符号	石器岩性	石器完整程度	石器硬度	石器风化程度	年代
4780	ZJLY-255	腊圃后龙山	ZJLY-255:11T	23.42	113.78	13	陶			泥质粗硬陶	灰白		方格纹						战国至南越国
4781	ZJLY-255	腊圃后龙山	ZJLY-255:12T	23.42	113.78	13	陶			泥质粗硬陶	灰黑		米字纹						战国至南越国
4782	ZJLY-255	腊圃后龙山	ZJLY-255:13T	23.42	113.78	11	陶			泥质粗硬陶	灰黑		方格纹、条纹						战国至南越国
4783	ZJLY-255	腊圃后龙山	ZJLY-255:14T	23.42	113.78	11	陶			泥质粗硬陶	红褐		方格纹						战国至南越国
4784	ZJLY-255	腊圃后龙山	ZJLY-255:1YⅡ	23.42	113.78	21	陶			泥质粗硬陶	灰黑		方格对角线纹						战国至南越国
4785	ZJLY-255	腊圃后龙山	ZJLY-255:2YⅡ	23.42	113.78	15	陶			泥质粗硬陶	灰褐		方格纹						战国至南越国
4786	ZJLY-255	腊圃后龙山	ZJLY-255:3YⅡ	23.42	113.78	16	陶			泥质粗硬陶	灰褐		方格对角线纹						战国至南越国
4787	ZJLY-255	腊圃后龙山	ZJLY-255:4YⅡ	23.42	113.78	20	陶			泥质粗硬陶	灰褐		米字纹						战国至南越国
4788	ZJLY-255	腊圃后龙山	ZJLY-255:5YⅡ	23.42	113.78	15	陶			泥质粗硬陶	深灰		方格纹						战国至南越国
4789	ZJLY-255	腊圃后龙山	ZJLY-255:6YⅡ	23.42	113.78	17	陶			泥质粗硬陶	灰褐		方格纹						战国至南越国
4790	ZJLY-255	腊圃后龙山	ZJLY-255:7YⅡ	23.42	113.78	16	陶			泥质粗硬陶	灰		条纹						战国至南越国
4791	ZJLY-255	腊圃后龙山	ZJLY-255:8YⅡ	23.42	113.78	13	陶			泥质粗硬陶	灰黑		米字纹						战国至南越国
4792	ZJLY-256	蟹山	ZJLY-256:1ZⅠ	23.41	113.77	12	石	砺石			青灰								新石器时代晚期至南越国
4793	ZJLY-256	蟹山	ZJLY-256:2ZⅠ	23.41	113.77	17	陶			泥质粗硬陶	灰		方格纹						战国至南越国
4794	ZJLY-256	蟹山	ZJLY-256:3ZⅠ	23.41	113.77	16	陶			泥质粗硬陶	灰		素面						战国至南越国
4795	ZJLY-256	蟹山	ZJLY-256:4ZⅠ	23.41	113.77	20	陶			泥质粗硬陶	灰		素面						战国至南越国
4796	ZJLY-256	蟹山	ZJLY-256:5ZⅠ	23.41	113.77	18	陶			泥质细硬陶	深灰		米字纹						战国至南越国
4797	ZJLY-256	蟹山	ZJLY-256:6ZⅠ	23.41	113.77	16	陶			泥质细硬陶	灰黑		米字纹						战国至南越国
4798	ZJLY-256	蟹山	ZJLY-256:7ZⅠ	23.41	113.77	17	陶	簋	圈足	泥质粗硬陶	灰黑		方格纹						战国至南越国
4799	ZJLY-256	蟹山	ZJLY-256:8ZⅠ	23.41	113.77	15	陶			泥质粗硬陶	青灰		方格对角线纹						战国至南越国
4800	ZJLY-256	蟹山	ZJLY-256:9ZⅠ	23.41	113.77	17	陶			夹细砂软陶	灰		素面						新石器时代晚期至南越国
4801	ZJLY-256	蟹山	ZJLY-256:10ZⅠ	23.41	113.77	16	陶			泥质粗硬陶	青灰		米字纹						战国至南越国
4802	ZJLY-256	蟹山	ZJLY-256:11ZⅠ	23.41	113.77	17	陶			泥质粗硬陶	灰		米字纹						战国至南越国
4803	ZJLY-256	蟹山	ZJLY-256:12ZⅠ	23.41	113.77	16	陶	罐	口沿	泥质细硬陶	深灰		米字纹						战国至南越国
4804	ZJLY-256	蟹山	ZJLY-256:13ZⅠ	23.41	113.77	17	陶			泥质粗硬陶	灰黑		方格对角线纹						战国至南越国
4805	ZJLY-256	蟹山	ZJLY-256:14ZⅠ	23.41	113.77	19	陶			泥质粗硬陶	灰褐		米字纹						战国至南越国
4806	ZJLY-256	蟹山	ZJLY-256:15ZⅠ	23.41	113.77	19	陶			泥质粗硬陶	灰		米字纹						战国至南越国
4807	ZJLY-256	蟹山	ZJLY-256:16ZⅠ	23.41	113.77	16	陶			夹细砂硬陶	深灰		绳纹						战国至南越国
4808	ZJLY-256	蟹山	ZJLY-256:17ZⅠ	23.41	113.77	14	陶			泥质粗硬陶	灰褐		方格纹						战国至南越国
4809	ZJLY-256	蟹山	ZJLY-256:18ZⅠ	23.41	113.77	25	石	铸			灰								新石器时代晚期至南越国
4810	ZJLY-256	蟹山	ZJLY-256:19ZⅠ	23.41	113.77	19	陶			泥质粗硬陶	灰褐		米字纹						战国至南越国

序号	遗址编号	遗址名称	遗物编号	纬度(度)	经度(度)	海拔(米)	质地	器形	部位	陶质	颜色	釉色	纹饰	刻划符号	石器岩性	石器完整程度	石器硬度	石器风化程度	年代
4811	ZJLY-256	蟹山	ZJLY-256:20ZⅠ	23.41	113.77	23	陶			泥质粗硬陶	灰		米字纹						战国至南越国
4812	ZJLY-256	蟹山	ZJLY-256:21ZⅠ	23.41	113.77	21	陶			泥质粗硬陶	灰褐		方格纹						战国至南越国
4813	ZJLY-256	蟹山	ZJLY-256:22ZⅠ	23.41	113.77	21	陶			泥质粗硬陶	灰黑		三角格纹						战国至南越国
4814	ZJLY-256	蟹山	ZJLY-256:23ZⅠ	23.41	113.77	18	石	穿孔石器			青灰				片岩	残	6	未风化	新石器时代晚期至商代
4815	ZJLY-256	蟹山	ZJLY-256:24ZⅠ	23.41	113.77	21	陶	盒	口沿	泥质细硬陶	青灰		水波纹						战国至南越国
4816	ZJLY-256	蟹山	ZJLY-256:25ZⅠ	23.41	113.77	23	陶			泥质粗硬陶	灰白		米字纹						战国至南越国
4817	ZJLY-256	蟹山	ZJLY-256:26ZⅠ	23.41	113.77	22	陶			泥质粗硬陶	灰褐		米字纹						战国至南越国
4818	ZJLY-256	蟹山	ZJLY-256:27ZⅠ	23.41	113.77	16	陶			泥质粗硬陶	灰褐		米字纹						战国至南越国
4819	ZJLY-256	蟹山	ZJLY-256:28ZⅠ	23.41	113.77	20	陶			泥质粗硬陶	灰黑		米字纹						战国至南越国
4820	ZJLY-256	蟹山	ZJLY-256:29ZⅠ	23.41	113.77	15	陶			泥质粗硬陶	灰褐		方格纹						战国至南越国
4821	ZJLY-256	蟹山	ZJLY-256:30ZⅠ	23.41	113.77	17	陶			泥质粗硬陶	灰褐		米字纹						战国至南越国
4822	ZJLY-256	蟹山	ZJLY-256:31ZⅠ	23.41	113.77	18	陶			泥质粗硬陶	灰褐		方格对角线纹						战国至南越国
4823	ZJLY-256	蟹山	ZJLY-256:32ZⅠ	23.41	113.77	22	陶			泥质粗硬陶	灰黑		方格纹						战国至南越国
4824	ZJLY-256	蟹山	ZJLY-256:33ZⅠ	23.41	113.77	15	陶			泥质粗硬陶	灰黑		方格纹						战国至南越国
4825	ZJLY-256	蟹山	ZJLY-256:34ZⅠ	23.41	113.77	14	陶			泥质粗硬陶	灰黑		方格对角线纹						战国至南越国
4826	ZJLY-256	蟹山	ZJLY-256:35ZⅠ	23.41	113.77	36	陶			泥质粗硬陶	灰褐		方格纹						战国至南越国
4827	ZJLY-257	茶园	ZJLY-257:1T	23.42	113.77	23	陶			泥质粗硬陶	灰褐		菱格凸块纹						西周至春秋
4828	ZJLY-257	茶园	ZJLY-257:2T	23.42	113.77	30	陶			泥质粗硬陶	深灰		方格纹						战国至南越国
4829	ZJLY-257	茶园	ZJLY-257:3T	23.42	113.77	26	陶	罐	口沿	泥质粗硬陶	灰褐		素面						西周至春秋
4830	ZJLY-257	茶园	ZJLY-257:4T	23.42	113.77	29	陶	罐	底	泥质粗硬陶	深灰		素面						晋南朝
4831	ZJLY-257	茶园	ZJLY-257:5T	23.42	113.77	29	陶			泥质细硬陶	灰褐		方格纹						战国至南越国
4832	ZJLY-257	茶园	ZJLY-257:6T	23.42	113.77	30	陶			泥质粗硬陶	灰		方格纹						战国至南越国
4833	ZJLY-257	茶园	ZJLY-257:7T	23.42	113.77	29	陶	罐	口沿	泥质粗硬陶	深灰		方格纹、弦纹						战国至南越国
4834	ZJLY-257	茶园	ZJLY-257:8T	23.42	113.77	29	陶			泥质粗硬陶	红褐		方格纹、弦纹						西周至春秋
4835	ZJLY-257	茶园	ZJLY-257:9T	23.42	113.77	27	陶			泥质粗硬陶	灰褐		勾连云雷纹、菱格纹						西周至春秋
4836	ZJLY-257	茶园	ZJLY-257:10T	23.42	113.77	33	陶			泥质粗硬陶	灰黑		方格纹						战国至南越国
4837	ZJLY-257	茶园	ZJLY-257:11T	23.42	113.77	31	陶			泥质细硬陶	青灰		方格纹						西周至春秋
4838	ZJLY-257	茶园	ZJLY-257:12T	23.42	113.77	30	陶	罐	口沿	泥质粗硬陶	灰黑		方格纹、弦纹						战国至南越国
4839	ZJLY-257	茶园	ZJLY-257:13T	23.42	113.77	29	陶	罐	口沿	泥质粗硬陶	灰黑		方格纹、弦纹						战国至南越国
4840	ZJLY-257	茶园	ZJLY-257:14T	23.42	113.77	33	陶			泥质细硬陶	灰褐		方格纹、菱纹						西周至春秋
4841	ZJLY-257	茶园	ZJLY-257:15T	23.42	113.77	27	陶			泥质粗硬陶	灰		米字纹						战国至南越国

序号	遗址编号	遗址名称	遗物编号	纬度（度）	经度（度）	海拔（米）	质地	器形	部位	陶质	颜色	釉色	纹饰	刻划符号	石器岩性	石器完整程度	石器硬度	石器风化程度	年代
4842	ZJLY-257	茶园	ZJLY-257:16T	23.42	113.77	27	陶			泥质粗硬陶	灰褐		回字纹						西周至春秋
4843	ZJLY-257	茶园	ZJLY-257:17T	23.42	113.77	24	陶			泥质细硬陶	青灰		方格纹						战国至南越国
4844	ZJLY-257	茶园	ZJLY-257:18T	23.42	113.77	41	陶			泥质粗硬陶	灰		方格纹						西周至春秋
4845	ZJLY-257	茶园	ZJLY-257:19T	23.42	113.77	28	陶			泥质粗硬陶	灰黑		米字纹						战国至南越国
4846	ZJLY-257	茶园	ZJLY-257:20T	23.42	113.77	29	陶	罐	底	泥质粗硬陶	灰褐		米字纹						战国至南越国
4847	ZJLY-257	茶园	ZJLY-257:21T	23.42	113.77	27	陶			泥质粗硬陶	灰黑		水波纹、弦纹						战国至南越国
4848	ZJLY-257	茶园	ZJLY-257:22T	23.42	113.77	25	陶	罐	口沿	泥质细硬陶	灰褐		重回字纹						战国至南越国
4849	ZJLY-257	茶园	ZJLY-257:23T	23.42	113.77	24	陶			泥质粗硬陶	灰黑		重菱格纹、弦纹						西周至春秋
4850	ZJLY-257	茶园	ZJLY-257:24T	23.42	113.77	25	陶			泥质粗硬陶	灰黑		方格对角线纹						战国至南越国
4851	ZJLY-257	茶园	ZJLY-257:25T	23.42	113.77	20	陶			泥质粗硬陶	青灰		米字纹						战国至南越国
4852	ZJLY-257	茶园	ZJLY-257:26T	23.42	113.77	20	陶			泥质细硬陶	灰		米字纹						战国至南越国
4853	ZJLY-257	茶园	ZJLY-257:27T	23.42	113.77	20	陶			泥质粗硬陶	灰褐		方格对角线纹						战国至南越国
4854	ZJLY-257	茶园	ZJLY-257:28T	23.42	113.77	25	陶			泥质粗硬陶	红褐		米字纹						战国至南越国
4855	ZJLY-257	茶园	ZJLY-257:29T	23.42	113.77	25	陶			泥质粗硬陶	红褐		米字纹						战国至南越国
4856	ZJLY-257	茶园	ZJLY-257:30T	23.42	113.77	26	陶			泥质粗硬陶	红褐		方格纹						战国至南越国
4857	ZJLY-257	茶园	ZJLY-257:31T	23.42	113.77	24	陶			泥质粗硬陶	灰黑		三角格纹						战国至南越国
4858	ZJLY-257	茶园	ZJLY-257:1YⅡ	23.42	113.76	34	陶			泥质粗硬陶	灰黑		方格纹						西周至春秋
4859	ZJLY-257	茶园	ZJLY-257:2YⅡ	23.42	113.76	33	石	石器			灰褐				云英岩	残	6	未风化	西周至春秋
4860	ZJLY-257	茶园	ZJLY-257:3YⅡ	23.42	113.76	38	陶			泥质粗硬陶	灰褐		方格纹						战国至南越国
4861	ZJLY-257	茶园	ZJLY-257:1ZⅠ	23.42	113.76	29	陶			泥质粗硬陶	灰黑		方格纹						战国至南越国
4862	ZJLY-257	茶园	ZJLY-257:2ZⅠ	23.42	113.76	25	陶			泥质粗硬陶	灰褐		素面						战国至南越国
4863	ZJLY-257	茶园	ZJLY-257:3ZⅠ	23.42	113.76	25	陶	罐	口沿	泥质粗硬陶	灰黑		方格纹						战国至南越国
4864	ZJLY-257	茶园	ZJLY-257:4ZⅠ	23.42	113.76	23	陶			泥质粗硬陶	灰黑		米字纹						战国至南越国
4865	ZJLY-257	茶园	ZJLY-257:5ZⅠ	23.42	113.76	24	陶			泥质粗硬陶	灰黑		方格纹						战国至南越国
4866	ZJLY-257	茶园	ZJLY-257:6ZⅠ	23.42	113.76	30	陶	罐	口沿	泥质粗硬陶	灰褐		方格纹						西周至春秋
4867	ZJLY-258	波仔山	ZJLY-258:1YⅡ	23.41	113.76	29	陶			泥质粗硬陶	深灰		方格纹、戳印纹						战国至南越国
4868	ZJLY-259	高地岭	ZJLY-259:1T	23.42	113.76	31	陶			泥质粗硬陶	灰褐		米字纹						战国至南越国
4869	ZJLY-259	高地岭	ZJLY-259:2T	23.42	113.76	25	陶			泥质粗硬陶	灰褐		方格对角线纹						战国至南越国
4870	ZJLY-259	高地岭	ZJLY-259:3T	23.42	113.76	25	陶			泥质粗硬陶	灰		方格对角线纹						战国至南越国
4871	ZJLY-259	高地岭	ZJLY-259:4T	23.42	113.76	30	陶	罐	底	泥质粗硬陶	红褐		素面						战国至南越国
4872	ZJLY-259	高地岭	ZJLY-259:6T	23.42	113.76	33	陶			泥质粗硬陶	灰		复线几何纹						战国至南越国

序号	遗址编号	遗址名称	遗物编号	纬度(度)	经度(度)	海拔(米)	质地	器形	部位	陶质	颜色	釉色	纹饰	刻划符号	石器岩性	石器完整程度	石器硬度	石器风化程度	年代
4873	ZJLY-259	高地岭	ZJLY-259:7T	23.42	113.76	32	陶			泥质粗硬陶	灰褐		菱格纹						战国至南越国
4874	ZJLY-259	高地岭	ZJLY-259:8T	23.42	113.76	31	陶			泥质粗硬陶	灰白		方格纹						战国至南越国
4875	ZJLY-259	高地岭	ZJLY-259:9T	23.42	113.76	33	陶			泥质粗硬陶	灰褐		素面						战国至南越国
4876	ZJLY-259	高地岭	ZJLY-259:10T	23.42	113.76	35	石	石器			灰					残			战国至南越国
4877	ZJLY-259	高地岭	ZJLY-259:11T	23.42	113.76	38	陶			泥质粗硬陶	灰褐		方格对角线纹						战国至南越国
4878	ZJLY-259	高地岭	ZJLY-259:1YⅡ	23.42	113.76	30	陶			泥质粗硬陶	青灰		方格纹						战国至南越国
4879	ZJLY-259	高地岭	ZJLY-259:2YⅡ	23.42	113.76	34	陶			泥质粗硬陶	红褐		方格纹						战国至南越国
4880	ZJLY-259	高地岭	ZJLY-259:3YⅡ	23.42	113.76	34	陶	盒		泥质粗硬陶	灰褐		带状锯齿纹						战国至南越国
4881	ZJLY-259	高地岭	ZJLY-259:4YⅡ	23.42	113.76	34	陶			泥质粗硬陶	灰黑		米字纹						战国至南越国
4882	ZJLY-259	高地岭	ZJLY-259:5YⅡ	23.42	113.76	33	陶			泥质粗硬陶	灰		方格纹						战国至南越国
4883	ZJLY-259	高地岭	ZJLY-259:1ZⅠ	23.42	113.76	31	陶	罐	口沿	泥质细硬陶	深灰		三角格纹						战国至南越国
4884	ZJLY-260	吓角后龙山	ZJLY-260:1T	23.42	113.74	34	陶			泥质粗硬陶	灰褐		方格纹						战国至南越国
4885	ZJLY-260	吓角后龙山	ZJLY-260:2T	23.42	113.74	30	陶			泥质粗硬陶	红褐		方格纹						西周至春秋
4886	ZJLY-260	吓角后龙山	ZJLY-260:3T	23.42	113.74	30	陶			泥质粗硬陶	红褐		三角格纹						战国至南越国
4887	ZJLY-260	吓角后龙山	ZJLY-260:4T	23.42	113.74	31	陶			泥质粗硬陶	灰黑		夔纹						西周至春秋
4888	ZJLY-260	吓角后龙山	ZJLY-260:5T	23.42	113.74	42	陶	罐	口沿	泥质粗硬陶	红褐		方格纹						战国至南越国
4889	ZJLY-260	吓角后龙山	ZJLY-260:1ZⅠ	23.42	113.74	33	陶			泥质粗硬陶	青灰		米字纹						战国至南越国
4890	ZJLY-261	三屋咀嘴	ZJLY-261:1T	23.42	113.75	27	陶			泥质粗硬陶	灰黑		米字纹						战国至南越国
4891	ZJLY-261	三屋咀嘴	ZJLY-261:2T	23.42	113.75	25	陶			夹细砂硬陶	灰褐		方格纹						西周至春秋
4892	ZJLY-261	三屋咀嘴	ZJLY-261:3T	23.42	113.75	30	陶			泥质粗硬陶	灰褐		方格对角线纹						战国至南越国
4893	ZJLY-261	三屋咀嘴	ZJLY-261:4T	23.42	113.75	31	陶	罐	口沿	泥质粗硬陶	灰褐		方格纹						战国至南越国
4894	ZJLY-261	三屋咀嘴	ZJLY-261:5T	23.42	113.75	30	陶			泥质粗硬陶	青灰		米字纹						战国至南越国
4895	ZJLY-261	三屋咀嘴	ZJLY-261:6T	23.42	113.75	30	陶	罐(釜)	口沿	夹粗砂软陶	灰黑		素面						新石器时代晚期至商代
4896	ZJLY-261	三屋咀嘴	ZJLY-261:7T	23.42	113.75	32	陶	器盖		泥质粗硬陶	灰白		弦纹						战国至南越国
4897	ZJLY-261	三屋咀嘴	ZJLY-261:8T	23.42	113.75	34	陶	罐	口沿	泥质粗硬陶	灰褐		素面						战国至南越国
4898	ZJLY-261	三屋咀嘴	ZJLY-261:9T	23.42	113.75	26	陶			泥质粗硬陶	灰褐		米字纹						战国至南越国
4899	ZJLY-261	三屋咀嘴	ZJLY-261:10T	23.42	113.75	30	陶			泥质粗硬陶	灰黑		不明						战国至南越国
4900	ZJLY-261	三屋咀嘴	ZJLY-261:11T	23.42	113.75	38	陶			泥质细硬陶	青灰		方格纹、弦纹						战国至南越国
4901	ZJLY-261	三屋咀嘴	ZJLY-261:12T	23.42	113.75	43	陶	罐(釜)	口沿	夹粗砂软陶	灰黑		素面						新石器时代晚期至商代
4902	ZJLY-261	三屋咀嘴	ZJLY-261:13T	23.42	113.75	40	陶			泥质粗硬陶	红褐		方格纹						战国至南越国

序号	遗址编号	遗址名称	遗物编号	纬度（度）	经度（度）	海拔（米）	质地	器形	部位	陶质	颜色	釉色	纹饰	刻划符号	石器岩性	石器完整程度	石器硬度	石器风化程度	年代
4903	ZJLY-261	三星咀嘴	ZJLY-261:14T	23.42	113.75	37	陶	罐	口沿	夹粗砂软陶	灰黑		素面						新石器时代晚期至商代
4904	ZJLY-261	三星咀嘴	ZJLY-261:15T	23.42	113.75	37	陶			夹粗砂软陶	灰黑		绳纹						新石器时代晚期至商代
4905	ZJLY-261	三星咀嘴	ZJLY-261:16T	23.42	113.75	35	陶			泥质粗硬陶	灰褐		方格对角线纹						战国至南越国
4906	ZJLY-261	三星咀嘴	ZJLY-261:17T	23.42	113.75	32	陶			泥质细硬陶	灰白		条纹						新石器时代晚期至商代
4907	ZJLY-261	三星咀嘴	ZJLY-261:18T	23.42	113.75	35	石	砺石			灰								新石器时代晚期至商代
4908	ZJLY-261	三星咀嘴	ZJLY-261:19T	23.42	113.75	47	陶			泥质粗硬陶	灰		篦点纹、弦纹						战国至南越国
4909	ZJLY-261	三星咀嘴	ZJLY-261:20T	23.42	113.75	47	陶			泥质粗硬陶	灰黑		方格对角线纹						战国至南越国
4910	ZJLY-261	三星咀嘴	ZJLY-261:21T	23.42	113.75	53	陶			泥质粗硬陶	红褐		方格纹						战国至南越国
4911	ZJLY-261	三星咀嘴	ZJLY-261:22T	23.42	113.75	42	陶			泥质粗硬陶	灰褐		米字纹						战国至南越国
4912	ZJLY-261	三星咀嘴	ZJLY-261:23T	23.42	113.75	42	陶			泥质粗硬陶	灰褐		米字纹						战国至南越国
4913	ZJLY-261	三星咀嘴	ZJLY-261:24T	23.42	113.75	31	陶			泥质细硬陶	灰褐		方格纹、夔纹						西周至春秋
4914	ZJLY-261	三星咀嘴	ZJLY-261:1YⅡ	23.42	113.75	31	陶			泥质细硬陶	灰白		叶脉纹、附加堆纹						新石器时代晚期至商代
4915	ZJLY-261	三星咀嘴	ZJLY-261:1ZⅠ	23.42	113.75	30	陶			泥质粗硬陶	红褐		方格纹						战国至南越国
4916	ZJLY-261	三星咀嘴	ZJLY-261:2ZⅠ	23.42	113.75	29	陶			泥质粗硬陶	灰白		素面						明清
4917	ZJLY-261	三星咀嘴	ZJLY-261:3ZⅠ	23.42	113.75	30	陶			泥质粗硬陶	灰黑		方格纹						战国至南越国
4918	ZJLY-261	三星咀嘴	ZJLY-261:4ZⅡ	23.42	113.75	37	陶			泥质粗硬陶	灰黑		米字纹						战国至南越国
4919	ZJLY-261	三星咀嘴	ZJLY-261:5ZⅠ	23.42	113.75	36	陶			泥质粗硬陶	红褐		方格纹						战国至南越国
4920	ZJLY-261	三星咀嘴	ZJLY-261:6ZⅠ	23.42	113.75	44	陶			泥质粗硬陶	红褐		三角格纹						战国至南越国
4921	ZJLY-262	松头山	ZJLY-262:1YⅡ	23.42	113.75	36	陶			泥质粗硬陶	灰白		方格纹						战国至南越国
4922	ZJLY-262	松头山	ZJLY-262:2YⅡ	23.42	113.75	37	陶			泥质粗硬陶	灰黑		方格纹						战国至南越国
4923	ZJLY-262	松头山	ZJLY-262:3YⅡ	23.42	113.75	37	陶			泥质粗硬陶	青灰		米字纹、弦纹						战国至南越国
4924	ZJLY-262	松头山	ZJLY-262:4YⅡ	23.42	113.75	37	陶			泥质粗硬陶	红褐		方格纹						战国至南越国
4925	ZJLY-262	松头山	ZJLY-262:1ZⅠ	23.42	113.75	36	陶			泥质粗硬陶	灰白		方格纹						战国至南越国
4926	ZJLY-265	圆公头	ZJLY-265:1T	23.41	113.73	29	陶			泥质粗硬陶	灰白		方格对角线纹						战国至南越国
4927	ZJLY-265	圆公头	ZJLY-265:2T	23.41	113.73	31	陶			泥质粗硬陶	灰褐		方格纹						战国至南越国
4928	ZJLY-265	圆公头	ZJLY-265:3T	23.41	113.73	28	陶			泥质粗硬陶	灰黑		方格纹						战国至南越国
4929	ZJLY-265	圆公头	ZJLY-265:4T	23.41	113.73	31	陶			泥质粗硬陶	灰褐		米字纹						战国至南越国
4930	ZJLY-265	圆公头	ZJLY-265:1ZⅠ	23.41	113.73	35	陶			泥质细硬陶	灰		方格纹、弦纹						战国至南越国
4931	ZJLY-266	正隆后龙山	ZJLY-266:1ZⅠ	23.41	113.76	23	石	斧			青灰				片岩	残	6	未风化	新石器时代晚期至商代
4932	ZJLY-266	正隆后龙山	ZJLY-266:2ZⅠ	23.41	113.76	25	陶			泥质粗硬陶	灰黑		米字纹						战国至南越国
4933	ZJLY-266	正隆后龙山	ZJLY-266:3ZⅠ	23.41	113.76	23	陶			泥质粗硬陶	灰		米字纹						战国至南越国

序号	遗址编号	遗址名称	遗物编号	纬度（度）	经度（度）	海拔（米）	质地	器形	部位	陶质	颜色	釉色	纹饰	刻划符号	石器岩性	石器完整程度	石器硬度	石器风化程度	年代
4934	ZJLY-266	正隆后龙山	ZJLY-266:4ZⅠ	23.41	113.76	24	陶			泥质粗硬陶	灰褐		米字纹						战国至南越国
4935	ZJLY-266	正隆后龙山	ZJLY-266:6ZⅠ	23.41	113.76	23	陶			泥质细硬陶	深灰		方格纹、刻划符号	有					战国至南越国
4936	ZJLY-266	正隆后龙山	ZJLY-266:7ZⅠ	23.41	113.76	27	陶			泥质粗硬陶	红褐		网格纹						西周至春秋
4937	ZJLY-266	正隆后龙山	ZJLY-266:8ZⅠ	23.41	113.76	21	石	双肩石锛			青灰				片岩	完整	6	未风化	新石器时代晚期至商代
4938	ZJLY-266	正隆后龙山	ZJLY-266:9ZⅠ	23.41	113.76	20	陶			泥质粗硬陶	灰褐		勾连云雷纹						西周至春秋
4939	ZJLY-266	正隆后龙山	ZJLY-266:10ZⅠ	23.41	113.76	25	陶			泥质粗硬陶	灰褐		夔纹						西周至春秋
4940	ZJLY-266	正隆后龙山	ZJLY-266:11ZⅠ	23.41	113.76	26	陶			泥质粗硬陶	灰褐		方格纹、曲折纹						西周至春秋
4941	ZJLY-266	正隆后龙山	ZJLY-266:12ZⅠ	23.41	113.76	24	陶			泥质粗硬陶	红褐		方格纹						战国至南越国
4942	ZJLY-266	正隆后龙山	ZJLY-266:13ZⅠ	23.41	113.76	28	陶			泥质粗硬陶	灰		方格纹						西周至春秋
4943	ZJLY-266	正隆后龙山	ZJLY-266:14ZⅠ	23.41	113.76	23	陶			泥质粗硬陶	灰		方格纹						战国至南越国
4944	ZJLY-266	正隆后龙山	ZJLY-266:15ZⅠ	23.41	113.76	20	陶			泥质粗硬陶	灰		菱格凸点纹						西周至春秋
4945	ZJLY-266	正隆后龙山	ZJLY-266:16ZⅠ	23.41	113.76	28	陶			泥质粗硬陶	灰褐		方格纹						战国至南越国
4946	ZJLY-266	正隆后龙山	ZJLY-266:17ZⅠ	23.41	113.76	25	陶	罐	口沿	泥质粗硬陶	灰		菱格纹						西周至春秋
4947	ZJLY-266	正隆后龙山	ZJLY-266:18ZⅠ	23.41	113.76	24	陶			泥质粗硬陶	灰		方格纹						西周至春秋
4948	ZJLY-266	正隆后龙山	ZJLY-266:19ZⅠ	23.41	113.76	25	陶			泥质粗硬陶	灰		方格纹						战国至南越国
4949	ZJLY-266	正隆后龙山	ZJLY-266:20ZⅠ	23.41	113.76	34	陶			泥质粗硬陶	灰黑		方格纹						西周至春秋
4950	ZJLY-266	正隆后龙山	ZJLY-266:21ZⅠ	23.41	113.76	35	陶			泥质粗硬陶	灰		网格纹						西周至春秋
4951	ZJLY-266	正隆后龙山	ZJLY-266:22ZⅠ	23.41	113.76	31	陶			泥质粗硬陶	灰		方格纹						西周至春秋
4952	ZJLY-266	正隆后龙山	ZJLY-266:23ZⅠ	23.41	113.76	36	陶			泥质粗硬陶	灰黑		方格纹、曲折纹						西周至春秋
4953	ZJLY-266	正隆后龙山	ZJLY-266:24ZⅠ	23.41	113.76	33	陶	罐	口沿	泥质粗硬陶	深灰		夔纹、篦点纹、附加堆纹、弦纹						西周至春秋
4954	ZJLY-266	正隆后龙山	ZJLY-266:25ZⅠ	23.41	113.76	28	陶			泥质粗硬陶	灰		刻划纹						战国至南越国
4955	ZJLY-266	正隆后龙山	ZJLY-266:26ZⅠ	23.41	113.76	27	陶	鼎	足	泥质细软陶	深灰		素面						战国至南越国
4956	ZJLY-267	山猪山	ZJLY-267:1ZⅠ	23.40	113.75	27	陶			泥质细软陶	灰白		三角纹						战国至南越国
4957	ZJLY-268	坑背岭北侧岗	ZJLY-268:1ZⅠ	23.39	113.75	57	陶			泥质粗硬陶	红褐		方格纹、勾连云雷纹						西周至春秋
4958	ZJLY-268	坑背岭北侧岗	ZJLY-268:2ZⅠ	23.39	113.75	57	陶			泥质细软陶	红褐		素面						西周至春秋
4959	ZJLY-268	坑背岭北侧岗	ZJLY-268:3ZⅠ	23.39	113.75	54	陶			泥质粗硬陶	灰白		网格纹						西周至春秋
4960	ZJLY-268	坑背岭北侧岗	ZJLY-268:4ZⅠ	23.39	113.75	54	陶	豆	圈足	泥质粗硬陶	红褐		素面						西周至春秋
4961	ZJLY-268	坑背岭北侧岗	ZJLY-268:5ZⅠ	23.39	113.75	51	陶			泥质粗硬陶	灰褐		方格纹						西周至春秋
4962	ZJLY-268	坑背岭北侧岗	ZJLY-268:6ZⅠ	23.39	113.75	51	陶	罐	口沿	泥质细硬陶	灰黑		素面						西周至春秋
4963	ZJLY-268	坑背岭北侧岗	ZJLY-268:7ZⅠ	23.39	113.75	53	陶			泥质粗硬陶	黑褐		方格纹						西周至春秋

序号	遗址编号	遗址名称	遗物编号	纬度(度)	经度(度)	海拔(米)	质地	器形	部位	陶质	颜色	釉色	纹饰	刻划符号	石器岩性	石器完整程度	石器硬度	石器风化程度	年代
4964	ZJLY-268	坑青岭北侧岗	ZJLY-268:8Z I	23.39	113.75	55	陶			泥质粗硬陶	灰		席纹						西周至春秋
4965	ZJLY-268	坑青岭北侧岗	ZJLY-268:9Z I	23.39	113.75	55	陶			泥质细硬陶	灰		席纹						西周至春秋
4966	ZJLY-268	坑青岭北侧岗	ZJLY-268:10Z I	23.39	113.75	45	陶	罐	口沿	泥质粗硬陶	灰褐		素面						西周至春秋
4967	ZJLY-269	备山	ZJLY-269:1Z I	23.39	113.76	70	陶			泥质细硬陶	青灰		曲折纹						新石器时代晚期至商代
4968	ZJLY-269	备山	ZJLY-269:2Z I	23.39	113.76	66	陶	罐	口沿	夹细砂硬陶	橙黄		绳纹						新石器时代晚期至商代
4969	ZJLY-269	备山	ZJLY-269:3Z I	23.39	113.76	76	陶			泥质细软陶	灰白		曲折纹						新石器时代晚期至商代
4970	ZJLY-270	禾塘山	ZJLY-270:1T	23.38	113.75	30	石	网坠							砂岩	残	6	未风化	战国至南越国
4971	ZJLY-270	禾塘山	ZJLY-270:2T	23.38	113.75	34	陶	罐	口沿	泥质粗硬陶	深灰		三角格纹						战国至南越国
4972	ZJLY-271	韩村青扶山	ZJLY-271:2T	23.39	113.75	43	陶	罐	口沿	泥质粗硬陶	青灰		方格纹						西周至春秋
4973	ZJLY-271	韩村青扶山	ZJLY-271:3T	23.38	113.75	44	陶			泥质粗硬陶	深灰		方格纹、夔纹、弦纹						西周至春秋
4974	ZJLY-272	童年山	ZJLY-272:1T	23.39	113.76	45	陶			泥质粗硬陶	青灰		圆圈凸点纹						西周至春秋
4975	ZJLY-272	童年山	ZJLY-272:1Z I	23.39	113.76	44	陶			泥质粗硬陶	灰		方格纹						西周至春秋
4976	ZJLY-273	鸡心岭	ZJLY-273:1T	23.39	113.76	37	陶			泥质粗硬陶	青灰		夔纹						西周至春秋
4977	ZJLY-273	鸡心岭	ZJLY-273:2T	23.39	113.76	43	陶			泥质粗硬陶	灰褐		网格纹						西周至春秋
4978	ZJLY-273	鸡心岭	ZJLY-273:3T	23.39	113.75	40	陶	罐	口沿	泥质粗硬陶	深灰		素面						西周至春秋
4979	ZJLY-273	鸡心岭	ZJLY-273:4T	23.39	113.75	43	陶	豆	圈足	泥质粗硬陶	深灰		篦点纹、弦纹						西周至春秋
4980	ZJLY-273	鸡心岭	ZJLY-273:5T	23.39	113.75	45	石	石器			青灰						残			西周至春秋
4981	ZJLY-273	鸡心岭	ZJLY-273:1Y II	23.39	/	/	陶			泥质粗硬陶	深灰		云雷纹						西周至春秋
4982	ZJLY-273	鸡心岭	ZJLY-273:2Y II	23.39	/	/	陶			泥质粗硬陶	灰		重回字纹						西周至春秋
4983	ZJLY-273	鸡心岭	ZJLY-273:3Y II	23.39	/	/	陶			泥质粗硬陶	深灰		云雷纹						西周至春秋
4984	ZJLY-273	鸡心岭	ZJLY-273:1Z I	23.39	113.75	41	陶			泥质细硬陶	青灰		方格纹						西周至春秋
4985	ZJLY-274	坑青岭	ZJLY-274:1T	23.39	113.75	45	陶			泥质细硬陶	青灰		方格纹						战国至南越国
4986	ZJLY-274	坑青岭	ZJLY-274:2T	23.39	113.75	47	陶			泥质细硬陶	青灰		篦点纹						西周至春秋
4987	ZJLY-274	坑青岭	ZJLY-274:3T	23.39	113.75	51	陶			泥质细硬陶	青灰		夔纹、弦纹						西周至春秋
4988	ZJLY-274	坑青岭	ZJLY-274:4T	23.39	113.75	52	陶			夹粗砂软陶	灰黑		素面						新石器时代晚期至商代
4989	ZJLY-274	坑青岭	ZJLY-274:5T	23.39	113.75	50	陶			泥质粗硬陶	灰		方格纹						西周至春秋
4990	ZJLY-274	坑青岭	ZJLY-274:6T	23.39	113.75	51	石	砍砸器			青灰				角岩	残	7	未风化	新石器时代晚期至商代
4991	ZJLY-274	坑青岭	ZJLY-274:7T	23.39	113.75	52	陶			泥质细硬陶	青灰		方格纹						战国至南越国
4992	ZJLY-274	坑青岭	ZJLY-274:8T	23.39	113.75	50	陶			泥质细硬陶	灰		夔纹、菱格、凸块纹、云雷纹、弦纹						西周至春秋
4993	ZJLY-274	坑青岭	ZJLY-274:9T	23.39	113.75	48	陶				灰		素面						西周至春秋
4994	ZJLY-274	坑青岭	ZJLY-274:10T	23.39	113.75	51	陶	罐	口沿	泥质粗硬陶	青灰		方格纹						战国至南越国

序号	遗址编号	遗址名称	遗物编号	纬度(度)	经度(度)	海拔(米)	质地	器形	部位	陶质	颜色	釉色	纹饰	刻划符号	石器岩性	石器完整程度	石器硬度	石器风化程度	年代
4995	ZJLY-274	坑背岭	ZJLY-274:11T	23.39	113.75	54	陶			泥质粗硬陶	灰		方格纹、夔纹、弦纹						西周至春秋
4996	ZJLY-274	坑背岭	ZJLY-274:12T	23.39	113.75	48	陶			泥质粗硬陶	青灰		方格纹						西周至春秋
4997	ZJLY-274	坑背岭	ZJLY-274:13T	23.39	113.75	54	陶			泥质粗硬陶	灰		夔纹、弦纹						西周至春秋
4998	ZJLY-274	坑背岭	ZJLY-274:14T	23.39	113.75	56	陶			泥质粗硬陶	灰		夔纹、云雷纹、弦纹						西周至春秋
4999	ZJLY-274	坑背岭	ZJLY-274:15T	23.39	113.75	55	陶			泥质硬陶	灰褐		方格纹						战国至南越国
5000	ZJLY-274	坑背岭	ZJLY-274:16T	23.39	113.75	60	陶			泥质硬陶	深灰		方格纹、菱格凸块纹						西周至春秋
5001	ZJLY-274	坑背岭	ZJLY-274:17T	23.39	113.75	61	陶			泥质硬陶	灰褐		方格纹						战国至南越国
5002	ZJLY-274	坑背岭	ZJLY-274:18T	23.39	113.75	60	陶			泥质硬陶	深灰		篦划纹、弦纹						西周至春秋
5003	ZJLY-274	坑背岭	ZJLY-274:19T	23.39	113.75	58	陶			泥质粗硬陶	灰		方格纹						西周至春秋
5004	ZJLY-274	坑背岭	ZJLY-274:20T	23.39	113.75	63	陶			泥质细硬陶	红褐		网格纹						西周至春秋
5005	ZJLY-274	坑背岭	ZJLY-274:21T	23.39	113.75	61	陶			泥质粗硬陶	灰		锯齿纹、弦纹						西周至春秋
5006	ZJLY-274	坑背岭	ZJLY-274:1YⅡ	/	/	/	陶			泥质细硬陶	红褐		方格纹						战国至南越国
5007	ZJLY-274	坑背岭	ZJLY-274:2YⅡ	/	/	/	陶			泥质细硬陶	红褐		素面						战国至南越国
5008	ZJLY-274	坑背岭	ZJLY-274:3YⅡ	/	/	/	陶			泥质粗硬陶	红褐		方格纹						战国至南越国
5009	ZJLY-274	坑背岭	ZJLY-274:4YⅡ	/	/	/	陶			泥质粗硬陶	灰褐		方格纹						西周至春秋
5010	ZJLY-274	坑背岭	ZJLY-274:5YⅡ	/	/	/	陶			泥质粗硬陶	灰褐		方格纹						战国至南越国
5011	ZJLY-274	坑背岭	ZJLY-274:6YⅡ	/	/	/	陶			泥质硬陶	青灰		方格纹						战国至南越国
5012	ZJLY-274	坑背岭	ZJLY-274:7YⅡ	/	/	/	陶	罐	底	泥质硬陶	灰褐		素面						战国至南越国
5013	ZJLY-274	坑背岭	ZJLY-274:8YⅡ	/	/	/	陶			泥质粗硬陶	红褐		方格纹						战国至南越国
5014	ZJLY-274	坑背岭	ZJLY-274:9YⅡ	/	/	/	陶			夹粗砂软陶	黑		素面						新石器时代晚期至商代
5015	ZJLY-274	坑背岭	ZJLY-274:10YⅡ	/	/	/	陶			泥质硬陶	灰		篦划纹、戳印纹、弦纹						西周至春秋
5016	ZJLY-274	坑背岭	ZJLY-274:11YⅡ	/	/	/	陶			泥质粗硬陶	深灰		方格纹						西周至春秋
5017	ZJLY-274	坑背岭	ZJLY-274:1ZⅠ	/	/	/	陶			泥质硬陶	灰		方格纹、弦纹						战国至南越国
5018	ZJLY-274	坑背岭	ZJLY-274:2ZⅠ	/	/	/	陶			泥质粗硬陶	灰		方格纹						战国至南越国
5019	ZJLY-274	坑背岭	ZJLY-274:3ZⅠ	/	/	/	陶			泥质硬陶	灰		方格纹、弦纹						西周至春秋
5020	ZJLY-274	坑背岭	ZJLY-274:4ZⅠ	/	/	/	陶			泥质硬陶	红		方格纹						西周至春秋
5021	ZJLY-274	坑背岭	ZJLY-274:5ZⅠ	/	/	/	陶			泥质粗硬陶	灰		方格纹						战国至南越国
5022	ZJLY-274	坑背岭	ZJLY-274:6ZⅠ	/	/	/	陶			泥质硬陶	灰		方格纹						战国至南越国
5023	ZJLY-274	坑背岭	ZJLY-274:7ZⅠ	/	/	/	陶			泥质软陶	红褐		方格纹						战国至南越国
5024	ZJLY-274	坑背岭	ZJLY-274:8ZⅠ	/	/	/	陶			泥质粗硬陶	灰褐		篦点纹、附加纽、弦纹						西周至春秋
5025	ZJLY-274	坑背岭	ZJLY-274:9ZⅠ	/	/	/	陶	瓮	口沿	泥质粗硬陶	灰褐		方格纹						西周至春秋

序号	遗址编号	遗址名称	遗物编号	纬度(度)	经度(度)	海拔(米)	质地	器形	部位	陶质	颜色	釉色	纹饰	刻划符号	石器岩性	石器完整程度	石器硬度	石器风化程度	年代
5026	ZJLY-274	坑背岭	ZJLY-274:10ZI	/	/	/	石	石器			灰					残			新石器时代晚期至商代
5027	ZJLY-274	坑背岭	ZJLY-274:11ZI	/	/	/	陶	镞		泥质粗硬陶	灰		夔纹、弦纹						西周至春秋
5028	ZJLY-275	长条岜	ZJLY-275:1YII	/	/	/	石				青灰				片岩	完整	6	未风化	新石器时代晚期至商代
5029	ZJLY-276	岗贝黄	ZJLY-276:1T	23.38	113.75	30	陶			泥质粗硬陶	红褐		方格纹						战国至南越国
5030	ZJLY-276	岗贝黄	ZJLY-276:2T	23.38	113.75	29	陶			泥质粗硬陶	灰褐		方格纹						战国至南越国
5031	ZJLY-276	岗贝黄	ZJLY-276:3T	23.38	113.75	33	石	钵			青灰				绿泥石片岩	残	6	微风化	新石器时代晚期至商代
5032	ZJLY-276	岗贝黄	ZJLY-276:4T	23.38	113.75	41	陶			泥质粗硬陶	灰		绳纹						新石器时代晚期至商代
5033	ZJLY-276	岗贝黄	ZJLY-276:5T	23.38	113.75	45	陶			夹细砂硬陶	灰		绳纹						新石器时代晚期至商代
5034	ZJLY-276	岗贝黄	ZJLY-276:6T	23.38	113.75	40	陶			泥质粗硬陶	深灰		绳纹						新石器时代晚期至商代
5035	ZJLY-276	岗贝黄	ZJLY-276:7T	23.38	113.75	44	陶			泥质细软陶	灰		素面						新石器时代晚期至商代
5036	ZJLY-276	岗贝黄	ZJLY-276:8T	23.38	113.75	44	陶	罐	圈足	泥质细硬陶	灰		素面						新石器时代晚期至商代
5037	ZJLY-276	岗贝黄	ZJLY-276:9T	23.38	113.75	46	陶			泥质粗硬陶	青灰		交错绳纹、圆圈纹						新石器时代晚期至商代
5038	ZJLY-276	岗贝黄	ZJLY-276:10T	23.38	113.75	50	陶			泥质粗硬陶	灰褐		三角格纹						战国至南越国
5039	ZJLY-276	岗贝黄	ZJLY-276:11T	23.37	113.75	40	陶			泥质粗硬陶	青灰		方格纹						战国至南越国
5040	ZJLY-276	岗贝黄	ZJLY-276:12T	23.37	113.75	42	陶	钵	口沿	泥质细硬陶	灰		水波纹						战国至南越国
5041	ZJLY-276	岗贝黄	ZJLY-276:13T	23.37	113.75	41	陶			夹细砂硬陶	青灰		条纹						战国至南越国
5042	ZJLY-276	岗贝黄	ZJLY-276:14T	23.37	113.75	43	陶			泥质粗硬陶	灰		方格纹						战国至南越国
5043	ZJLY-276	岗贝黄	ZJLY-276:15T	23.37	113.75	43	陶			泥质细硬陶	灰		指甲纹、弦纹						战国至南越国
5044	ZJLY-276	岗贝黄	ZJLY-276:1YII	/	/	/	陶			泥质粗硬陶	灰		素面						战国至南越国
5045	ZJLY-276	岗贝黄	ZJLY-276:1ZI	23.38	113.75	41	陶			泥质细硬陶	青灰		方格纹						战国至南越国
5046	ZJLY-276	岗贝黄	ZJLY-276:2ZI	23.38	113.75	43	陶			夹细砂硬陶	灰		绳纹						新石器时代晚期至商代
5047	ZJLY-276	岗贝黄	ZJLY-276:3ZI	23.38	113.75	42	陶			泥质粗硬陶	灰褐		条纹						新石器时代晚期至商代
5048	ZJLY-276	岗贝黄	ZJLY-276:4ZI	23.37	113.75	43	陶			泥质细硬陶	灰褐		米字纹						战国至南越国
5049	ZJLY-276	岗贝黄	ZJLY-276:5ZI	23.37	113.75	43	陶			泥质细硬陶	灰		方格纹						战国至南越国
5050	ZJLY-278	大岜青扶山	ZJLY-278:1T	23.37	113.76	52	陶			泥质粗硬陶	灰		米字纹						战国至南越国
5051	ZJLY-278	大岜青扶山	ZJLY-278:2T	23.37	113.76	47	陶			泥质粗硬陶	灰褐		方格纹						战国至南越国
5052	ZJLY-278	大岜青扶山	ZJLY-278:3T	23.37	113.75	40	陶			泥质细硬陶	深灰		三角纹						战国至南越国
5053	ZJLY-280	沙岗后龙山	ZJLY-280:1T	23.38	113.73	50	陶			泥质细硬陶	红褐		条纹、附加堆纹						新石器时代晚期至商代
5054	ZJLY-280	沙岗后龙山	ZJLY-280:2T	23.38	113.73	53	陶			夹细砂软陶	红褐		交错绳纹						新石器时代晚期至商代
5055	ZJLY-280	沙岗后龙山	ZJLY-280:3T	23.38	113.73	56	陶			泥质细软陶	红褐		圆圈纹						新石器时代晚期至商代
5056	ZJLY-280	沙岗后龙山	ZJLY-280:4T	23.38	113.73	52	陶			泥质粗硬陶	灰		方格纹						西周至春秋

序号	遗址编号	遗址名称	遗物编号	纬度（度）	经度（度）	海拔（米）	质地	器形	部位	陶质	颜色	釉色	纹饰	刻划符号	石器岩性	石器完整程度	石器硬度	石器风化程度	年代
5057	ZJLY－280	沙岗后龙山	ZJLY－280：5T	23.38	113.73	54	陶			泥质细硬陶	灰		方格纹						西周至春秋
5058	ZJLY－280	沙岗后龙山	ZJLY－280：6T	23.38	113.73	54	陶			夹粗砂软陶	灰黑		素面						新石器时代晚期至商代
5059	ZJLY－280	沙岗后龙山	ZJLY－280：7T	23.38	113.73	54	陶			泥质细硬陶	红褐		方格纹						西周至春秋
5060	ZJLY－280	沙岗后龙山	ZJLY－280：8T	23.38	113.73	53	陶			泥质细硬陶	灰		方格纹						西周至春秋
5061	ZJLY－280	沙岗后龙山	ZJLY－280：9T	23.38	113.73	53	陶			泥质细硬陶	红褐		方格纹、夔纹						西周至春秋
5062	ZJLY－280	沙岗后龙山	ZJLY－280：10T	23.38	113.73	53	陶			泥质细硬陶	黄褐		夔纹						西周至春秋
5063	ZJLY－280	沙岗后龙山	ZJLY－280：11T	23.38	113.73	52	陶			泥质细硬陶	灰		夔纹						西周至春秋
5064	ZJLY－280	沙岗后龙山	ZJLY－280：12T	23.38	113.73	50	陶			泥质细硬陶	黄褐		夔纹						西周至春秋
5065	ZJLY－280	沙岗后龙山	ZJLY－280：13T	23.38	113.73	49	陶			泥质细硬陶	黄褐		夔纹						西周至春秋
5066	ZJLY－280	沙岗后龙山	ZJLY－280：14T	23.38	113.73	49	陶			泥质细硬陶	灰		方格纹						西周至春秋
5067	ZJLY－280	沙岗后龙山	ZJLY－280：15T	23.38	113.73	50	陶			泥质细硬陶	灰		夔纹						西周至春秋
5068	ZJLY－280	沙岗后龙山	ZJLY－280：16①T	23.38	113.73	47	陶			泥质细硬陶	灰褐		方格纹						西周至春秋
5069	ZJLY－280	沙岗后龙山	ZJLY－280：16②T	23.38	113.73	47	陶			泥质细硬陶	红褐		方格纹						西周至春秋
5070	ZJLY－280	沙岗后龙山	ZJLY－280：17T	23.38	113.73	49	陶			泥质细硬陶	灰		方格纹						西周至春秋
5071	ZJLY－280	沙岗后龙山	ZJLY－280：18T	23.38	113.73	51	陶			泥质细硬陶	灰		夔纹						西周至春秋
5072	ZJLY－280	沙岗后龙山	ZJLY－280：19T	23.38	113.73	51	陶			泥质细硬陶	灰		方格纹、夔纹						西周至春秋
5073	ZJLY－280	沙岗后龙山	ZJLY－280：20T	23.38	113.73	51	陶			泥质细硬陶	灰		方格纹、夔纹						西周至春秋
5074	ZJLY－280	沙岗后龙山	ZJLY－280：21T	23.38	113.73	51	陶			泥质细硬陶	灰		夔纹						西周至春秋
5075	ZJLY－280	沙岗后龙山	ZJLY－280：22T	23.38	113.73	51	陶			泥质细硬陶	灰		方格纹						西周至春秋
5076	ZJLY－280	沙岗后龙山	ZJLY－280：23T	23.38	113.73	51	陶			夹粗砂软陶	灰		素面						新石器时代晚期至商代
5077	ZJLY－280	沙岗后龙山	ZJLY－280：24①T	23.38	113.73	50	陶			泥质细硬陶	灰		方格纹						西周至春秋
5078	ZJLY－280	沙岗后龙山	ZJLY－280：24②T	23.38	113.73	50	陶			泥质细硬陶	灰		夔纹						西周至春秋
5079	ZJLY－280	沙岗后龙山	ZJLY－280：25T	23.38	113.73	49	陶			夹粗砂软陶	灰黑		素面						新石器时代晚期至商代
5080	ZJLY－280	沙岗后龙山	ZJLY－280：26T	23.38	113.73	50	陶			夹粗砂软陶	灰		长方格纹						新石器时代晚期至商代
5081	ZJLY－280	沙岗后龙山	ZJLY－280：27T	23.38	113.73	47	陶			夹粗砂硬陶	灰		条纹、附加堆纹						新石器时代晚期至商代
5082	ZJLY－280	沙岗后龙山	ZJLY－280：28T	23.38	113.73	46	陶			夹细砂硬陶	灰		间断条纹						新石器时代晚期至商代
5083	ZJLY－280	沙岗后龙山	ZJLY－280：29T	23.38	113.73	49	陶			夹细砂硬陶			长方格纹						新石器时代晚期至商代
5084	ZJLY－280	沙岗后龙山	ZJLY－280：30T	23.38	113.73	47	陶			泥质软陶	灰		素面						新石器时代晚期至商代
5085	ZJLY－280	沙岗后龙山	ZJLY－280：31T	23.38	113.73	48	陶			夹细砂硬陶	灰		曲折纹						新石器时代晚期至商代
5086	ZJLY－280	沙岗后龙山	ZJLY－280：32T	23.38	113.73	48	陶			泥质粗硬陶	红褐		长方格纹						新石器时代晚期至商代
5087	ZJLY－280	沙岗后龙山	ZJLY－280：1YⅡ	/	/	/	陶			泥质粗硬陶	青灰		方格纹						西周至春秋

序号	遗址编号	遗址名称	遗物编号	纬度（度）	经度（度）	海拔（米）	质地	器形	部位	陶质	颜色	釉色	纹饰	刻划符号	石器岩性	石器完整程度	石器硬度	石器风化程度	年代
5088	ZJLY-280	沙岗后龙山	ZJLY-280:1Z I	23.38	113.73	51	陶			夹细砂硬陶	灰黑		素面						新石器时代晚期至商代
5089	ZJLY-280	沙岗后龙山	ZJLY-280:2Z I	23.38	113.73	50	陶			泥质细软陶	灰		长方格纹						新石器时代晚期至商代
5090	ZJLY-280	沙岗后龙山	ZJLY-280:3Z I	23.38	113.73	52	陶			泥质细硬陶	红褐		条纹						新石器时代晚期至商代
5091	ZJLY-280	沙岗后龙山	ZJLY-280:4Z I	23.38	113.73	45	陶			泥质粗硬陶	红褐		曲折纹						新石器时代晚期至商代
5092	ZJLY-280	沙岗后龙山	ZJLY-280:5Z I	23.38	113.73	45	陶	瓮	口沿	泥质粗硬陶	灰		方格纹						西周至春秋
5093	ZJLY-280	沙岗后龙山	ZJLY-280:6Z I	23.38	113.73	52	陶			泥质细硬陶	灰		夔纹						西周至春秋
5094	ZJLY-280	沙岗后龙山	ZJLY-280:7Z I	23.38	113.73	56	陶			泥质细硬陶	灰		夔纹						西周至春秋
5095	ZJLY-280	沙岗后龙山	ZJLY-280:8Z I	23.38	113.73	55	陶			泥质细硬陶	灰褐		夔纹						西周至春秋
5096	ZJLY-280	沙岗后龙山	ZJLY-280:9Z I	23.38	113.73	53	陶			泥质细硬陶	青灰		夔纹						西周至春秋
5097	ZJLY-280	沙岗后龙山	ZJLY-280:10Z I	23.38	113.73	54	陶			泥质粗硬陶	灰		菱格纹、锯齿纹						西周至春秋
5098	ZJLY-283	山山口	ZJLY-283:1T	23.39	113.73	32	陶			泥质细硬陶	灰		锯齿纹、弦纹						战国至南越国
5099	ZJLY-283	山山口	ZJLY-283:2T	23.39	113.73	32	陶			泥质细硬陶	深灰		米字纹						战国至南越国
5100	ZJLY-283	山山口	ZJLY-283:1Y II	/	/	/	陶			泥质粗硬陶	灰		方格纹						战国至南越国
5101	ZJLY-283	山山口	ZJLY-283:2Y II	/	/	/	陶			泥质细硬陶	红		方格纹						战国至南越国
5102	ZJLY-283	山山口	ZJLY-283:1Z I	23.39	113.74	31	陶			泥质细硬陶	青灰		米字纹						战国至南越国
5103	ZJLY-284	大山山	ZJLY-284:1T	23.39	113.73	43	陶			泥质粗硬陶	灰		米字纹						战国至南越国
5104	ZJLY-285	东头窝	ZJLY-285:1T	23.40	113.74	39	陶			泥质粗硬陶	深灰		米字纹						战国至南越国
5105	ZJLY-285	东头窝	ZJLY-285:2T	23.40	113.74	38	陶			泥质细硬陶	深灰		方格纹、弦纹						西周至春秋
5106	ZJLY-285	东头窝	ZJLY-285:3T	23.40	113.74	36	陶			泥质粗硬陶	灰		方格纹						战国至南越国
5107	ZJLY-285	东头窝	ZJLY-285:4T	23.40	113.74	36	陶			泥质细硬陶	红褐		方格纹						西周至春秋
5108	ZJLY-285	东头窝	ZJLY-285:5T	23.40	113.74	30	陶			泥质细硬陶	红褐		方格纹						西周至春秋
5109	ZJLY-285	东头窝	ZJLY-285:6T	23.40	113.74	28	陶			泥质细硬陶	红褐		方格纹						西周至春秋
5110	ZJLY-285	东头窝	ZJLY-285:7T	23.40	113.74	30	陶			泥质细硬陶	深灰		方格纹						西周至春秋
5111	ZJLY-285	东头窝	ZJLY-285:8T	23.40	113.74	38	陶			泥质细硬陶	深灰		方格纹						西周至春秋
5112	ZJLY-285	东头窝	ZJLY-285:9T	23.40	113.74	33	陶			泥质细硬陶	灰褐		夔纹						西周至春秋
5113	ZJLY-285	东头窝	ZJLY-285:10T	23.40	113.74	35	陶			泥质细硬陶	灰褐		方格纹、弦纹						西周至春秋
5114	ZJLY-285	东头窝	ZJLY-285:11T	23.40	113.74	35	陶			泥质细硬陶	灰		方格纹						西周至春秋
5115	ZJLY-285	东头窝	ZJLY-285:12T	23.40	113.74	34	陶	罐	口沿	泥质细硬陶	灰		素面						西周至春秋
5116	ZJLY-285	东头窝	ZJLY-285:13T	23.40	113.74	31	陶			泥质细硬陶	灰褐		方格纹						西周至春秋
5117	ZJLY-285	东头窝	ZJLY-285:14T	23.40	113.74	29	陶			泥质细硬陶	灰		夔纹						西周至春秋
5118	ZJLY-285	东头窝	ZJLY-285:15T	23.40	113.74	25	陶			泥质粗硬陶	灰		方格纹、弦纹						西周至春秋

続表

序号	遗址编号	遗址名称	遗物编号	纬度（度）	经度（度）	海拔（米）	质地	器形	部位	陶质	颜色	釉色	纹饰	刻划符号	石器岩性	石器完整程度	石器硬度	石器风化程度	年代
5119	ZJLY-285	东头窝	ZJLY-285:16T	23.40	113.74	31	陶			泥质粗硬陶	灰		方格纹							西周至春秋
5120	ZJLY-285	东头窝	ZJLY-285:17T	23.40	113.74	30	陶	豆	圈足	泥质粗硬陶	灰		素面							西周至春秋
5121	ZJLY-285	东头窝	ZJLY-285:18T	23.40	113.74	37	陶			泥质粗硬陶	灰		方格纹、夔纹、弦纹							西周至春秋
5122	ZJLY-285	东头窝	ZJLY-285:19T	23.40	113.74	34	陶			泥质粗硬陶	青灰		方格纹							西周至春秋
5123	ZJLY-285	东头窝	ZJLY-285:1Y II	/	/	/	陶			泥质粗硬陶	红褐		方格纹							战国至南越国
5124	ZJLY-285	东头窝	ZJLY-285:2Y II	/	/	/	陶			泥质粗硬陶	青灰		方格纹、夔纹							西周至春秋
5125	ZJLY-285	东头窝	ZJLY-285:3Y II	/	/	/	陶			泥质粗硬陶	灰		方格纹							西周至春秋
5126	ZJLY-285	东头窝	ZJLY-285:4Y II	/	/	/	陶			泥质粗硬陶	青灰		夔纹							西周至春秋
5127	ZJLY-285	东头窝	ZJLY-285:5Y II	/	/	/	陶			泥质粗硬陶	灰褐		方格纹	有						西周至春秋
5128	ZJLY-285	东头窝	ZJLY-285:6Y II	/	/	/	陶			泥质细硬陶	灰		方格纹、弦纹							西周至春秋
5129	ZJLY-285	东头窝	ZJLY-285:7Y II	/	/	/	陶			泥质粗硬陶	青灰		方格纹							西周至春秋
5130	ZJLY-285	东头窝	ZJLY-285:8Y II	/	/	/	陶			泥质细硬陶	青灰		夔纹							西周至春秋
5131	ZJLY-285	东头窝	ZJLY-285:9Y II	/	/	/	陶			泥质细硬陶	灰		方格纹、夔纹							西周至春秋
5132	ZJLY-285	东头窝	ZJLY-285:1Z I	23.40	113.74	33	陶			泥质细硬陶	红褐		方格纹							战国至南越国
5133	ZJLY-285	东头窝	ZJLY-285:2Z I	23.40	113.74	37	陶			泥质粗硬陶	灰		方格纹							西周至春秋
5134	ZJLY-285	东头窝	ZJLY-285:3Z I	23.40	113.74	40	陶			泥质粗硬陶	灰		方格纹、弦纹							西周至春秋
5135	ZJLY-285	东头窝	ZJLY-285:4Z I	23.40	113.74	44	陶			泥质细硬陶	灰		方格纹							西周至春秋
5136	ZJLY-285	东头窝	ZJLY-285:5Z I	23.40	113.74	44	陶			泥质细硬陶	深灰		方格纹							西周至春秋
5137	ZJLY-285	东头窝	ZJLY-285:6Z I	23.40	113.74	38	陶			泥质细硬陶	灰褐		方格纹							西周至春秋
5138	ZJLY-285	东头窝	ZJLY-285:7Z I	23.40	113.74	38	陶			泥质粗硬陶	深灰		方格纹							西周至春秋
5139	ZJLY-285	东头窝	ZJLY-285:8Z I	23.40	113.74	34	陶			泥质粗硬陶	灰		素面							西周至春秋
5140	ZJLY-285	东头窝	ZJLY-285:9Z I	23.40	113.74	32	陶			夹粗砂软陶	灰黑		素面							西周至春秋
5141	ZJLY-285	东头窝	ZJLY-285:10Z I	23.40	113.74	35	陶			夹粗砂软陶	黑		方格纹							西周至春秋
5142	ZJLY-285	东头窝	ZJLY-285:11Z I	23.40	113.74	34	陶			泥质粗硬陶	灰		方格纹、弦纹							西周至春秋
5143	ZJLY-285	东头窝	ZJLY-285:12Z I	23.40	113.74	45	陶			泥质细硬陶	灰		方格纹							西周至春秋
5144	ZJLY-285	东头窝	ZJLY-285:13Z I	23.40	113.74	43	陶			泥质细硬陶	灰		方格纹							西周至春秋
5145	ZJLY-285	东头窝	ZJLY-285:14Z I	23.40	113.74	40	陶			泥质细硬陶	灰		方格纹							西周至春秋
5146	ZJLY-285	东头窝	ZJLY-285:15Z I	23.40	113.74	39	陶			泥质细硬陶	灰		方格纹							西周至春秋
5147	ZJLY-285	东头窝	ZJLY-285:16Z I	23.40	113.74	41	陶			泥质细硬陶	红褐		方格纹、弦纹							西周至春秋
5148	ZJLY-285	东头窝	ZJLY-285:17①Z I	23.40	113.74	44	陶	罐	口沿	泥质细硬陶	灰褐		方格纹、弦纹							西周至春秋
5149	ZJLY-285	东头窝	ZJLY-285:17②Z I	23.40	113.74	44	陶	罐	口沿	泥质细硬陶	灰		方格纹、弦纹							西周至春秋

序号	遗址编号	遗址名称	遗物编号	纬度（度）	经度（度）	海拔（米）	质地	器形	部位	陶质	颜色	釉色	纹饰	刻划符号	石器岩性	石器完整程度	石器硬度	石器风化程度	年代
5150	ZJLY-285	东头窝	ZJLY-285:17③ZⅠ	23.40	113.74	44	陶	罐	口沿	泥质细硬陶	红褐		方格纹、凹凌纹						西周至春秋
5151	ZJLY-285	东头窝	ZJLY-285:18ZⅠ	23.40	113.74	48	陶	罐	口沿	泥质细硬陶	灰褐		方格纹、弦纹						西周至春秋
5152	ZJLY-286	旗山	ZJLY-286:1ZⅠ	23.39	113.73	38	陶			泥质粗硬陶	深灰		三角格纹						战国至南越国
5153	ZJLY-286	旗山	ZJLY-286:2ZⅠ	23.39	113.73	35	陶			泥质细硬陶	深灰		三角格纹						战国至南越国
5154	ZJLY-289	阃岭后龙山	ZJLY-289:1T	23.38	113.72	80	陶			泥质细硬陶	灰		交错绳纹						新石器时代晚期至商代
5155	ZJLY-289	阃岭后龙山	ZJLY-289:2T	23.38	113.72	79	陶			夹粗砂软陶	灰黑		素面						新石器时代晚期至商代
5156	ZJLY-289	阃岭后龙山	ZJLY-289:3T	23.38	113.72	79	陶			泥质细硬陶	灰		篮纹、附加堆纹						新石器时代晚期至商代
5157	ZJLY-289	阃岭后龙山	ZJLY-289:4T	23.38	113.72	76	陶			泥质粗硬陶	青灰		长方格纹、附加堆纹						新石器时代晚期至商代
5158	ZJLY-289	阃岭后龙山	ZJLY-289:5T	23.38	113.72	77	陶			泥质细硬陶	青灰		长方格纹、附加堆纹						新石器时代晚期至商代
5159	ZJLY-289	阃岭后龙山	ZJLY-289:6T	23.38	113.72	77	陶			夹细砂硬陶	青灰		曲折纹、附加堆纹						新石器时代晚期至商代
5160	ZJLY-289	阃岭后龙山	ZJLY-289:7T	23.38	113.72	79	陶			夹细砂硬陶	橙黄		交错绳纹						新石器时代晚期至商代
5161	ZJLY-289	阃岭后龙山	ZJLY-289:8T	23.38	113.72	80	陶	罐	口沿	泥质细硬陶	灰白		条纹						新石器时代晚期至商代
5162	ZJLY-289	阃岭后龙山	ZJLY-289:9T	23.38	113.72	82	陶			泥质细硬陶	灰		叶脉纹						新石器时代晚期至商代
5163	ZJLY-289	阃岭后龙山	ZJLY-289:10T	23.38	113.72	81	陶			泥质细硬陶	青灰		曲折纹						新石器时代晚期至商代
5164	ZJLY-289	阃岭后龙山	ZJLY-289:11T	23.38	113.72	79	陶			泥质细硬陶	红褐		篮纹						新石器时代晚期至商代
5165	ZJLY-289	阃岭后龙山	ZJLY-289:12T	23.38	113.72	77	陶			夹粗砂软陶	灰黑		素面						新石器时代晚期至商代
5166	ZJLY-289	阃岭后龙山	ZJLY-289:13T	23.38	113.72	77	陶			夹细砂硬陶	灰黑		素面						新石器时代晚期至商代
5167	ZJLY-289	阃岭后龙山	ZJLY-289:14T	23.38	113.72	77	陶			泥质细硬陶	灰		曲折纹						新石器时代晚期至商代
5168	ZJLY-289	阃岭后龙山	ZJLY-289:15T	23.38	113.72	76	陶	罐	口沿	夹细砂硬陶	青灰		篮纹						新石器时代晚期至商代
5169	ZJLY-289	阃岭后龙山	ZJLY-289:16T	23.38	113.72	78	陶			泥质细硬陶	灰		素面						新石器时代晚期至商代
5170	ZJLY-289	阃岭后龙山	ZJLY-289:17T	23.38	113.72	78	陶	罐	口沿	夹细砂软陶	红褐		素面						新石器时代晚期至商代
5171	ZJLY-289	阃岭后龙山	ZJLY-289:18T	23.38	113.72	78	陶			泥质细硬陶	灰		长方格纹						新石器时代晚期至商代
5172	ZJLY-289	阃岭后龙山	ZJLY-289:1YⅡ	/	/	/	陶			夹粗砂软陶	灰		曲折纹						新石器时代晚期至商代
5173	ZJLY-289	阃岭后龙山	ZJLY-289:2YⅡ	/	/	/	陶			夹细砂硬陶	灰		云雷纹						新石器时代晚期至商代
5174	ZJLY-289	阃岭后龙山	ZJLY-289:3YⅡ	/	/	/	陶			泥质细硬陶	灰		篮纹、附加堆纹						新石器时代晚期至商代
5175	ZJLY-289	阃岭后龙山	ZJLY-289:4YⅡ	/	/	/	陶			泥质细硬陶	灰		素面						新石器时代晚期至商代
5176	ZJLY-289	阃岭后龙山	ZJLY-289:1ZⅠ	23.37	113.72	71	陶			泥质细硬陶	红褐		篮纹						新石器时代晚期至商代
5177	ZJLY-289	阃岭后龙山	ZJLY-289:2ZⅠ	23.37	113.72	76	陶			泥质细硬陶	青灰		间断条纹						新石器时代晚期至商代
5178	ZJLY-289	阃岭后龙山	ZJLY-289:3ZⅠ	23.38	113.72	78	陶			夹细砂硬陶	灰		交错绳纹						新石器时代晚期至商代
5179	ZJLY-289	阃岭后龙山	ZJLY-289:4ZⅠ	23.38	113.72	76	陶			泥质细软陶	红褐		篮纹						新石器时代晚期至商代
5180	ZJLY-289	阃岭后龙山	ZJLY-289:5ZⅠ	23.38	113.72	80	陶			泥质细硬陶	青灰		不明						新石器时代晚期至商代

序号	遗址编号	遗址名称	遗物编号	纬度（度）	经度（度）	海拔（米）	质地	器形	部位	陶质	颜色	釉色	纹饰	刻划符号	石器岩性	石器完整程度	石器硬度	石器风化程度	年代
5181	ZJLY－292	黄村山背山	ZJLY－292：1T	23.37	113.70	50	陶			泥质粗软陶	红褐		交错绳纹						新石器时代晚期至商代
5182	ZJLY－292	黄村山背山	ZJLY－292：2T	23.37	113.70	51	陶			夹细砂硬陶	红褐		细绳纹						新石器时代晚期至商代
5183	ZJLY－292	黄村山背山	ZJLY－292：3T	23.37	113.70	48	陶			泥质粗硬陶	深灰		三角格纹						战国至南越国
5184	ZJLY－293	江挡山	ZJLY－293：1T	23.37	113.70	58	石	石器			灰				石英砂岩	残	6	未风化	新石器时代晚期至商代
5185	ZJLY－294	长布水库台地	ZJLY－294：1T	23.38	113.69	74	石	锛			青灰				片岩	基本完整	6	未风化	新石器时代晚期至商代
5186	ZJLY－294	长布水库台地	ZJLY－294：2T	23.38	113.69	75	陶			泥质粗硬陶	红褐		曲折纹						新石器时代晚期至商代
5187	ZJLY－294	长布水库台地	ZJLY－294：3T	23.38	113.69	73	陶			夹细砂硬陶	青灰		绳纹						新石器时代晚期至商代
5188	ZJLY－294	长布水库台地	ZJLY－294：4T	23.38	113.69	76	陶			泥质粗硬陶	红褐		曲折纹						新石器时代晚期至商代
5189	ZJLY－294	长布水库台地	ZJLY－294：1YII	/	/	/	陶			夹细砂硬陶	灰		绳纹						新石器时代晚期至商代
5190	ZJLY－294	长布水库台地	ZJLY－294：1ZI	23.38	113.69	72	陶			夹粗砂硬陶	青灰		篮纹						新石器时代晚期至商代
5191	ZJLY－296	黄泥岗	ZJLY－296：1T	23.38	113.70	63	陶			泥质粗硬陶	青灰		三角格纹						战国至南越国
5192	ZJLY－296	黄泥岗	ZJLY－296：2T	23.38	113.70	74	石	砺石			灰褐				绢云母片岩	基本完整	6	未风化	新石器时代晚期至商代
5193	ZJLY－296	黄泥岗	ZJLY－296：3T	23.38	113.70	73	陶			夹细砂软陶	灰		素面						新石器时代晚期至商代
5194	ZJLY－296	黄泥岗	ZJLY－296：4T	23.38	113.70	72	陶			夹细砂软陶	灰黑		素面						新石器时代晚期至商代
5195	ZJLY－296	黄泥岗	ZJLY－296：5T	23.38	113.70	73	陶			泥质软陶	红褐		素面						新石器时代晚期至商代
5196	ZJLY－296	黄泥岗	ZJLY－296：1ZI	23.38	113.70	55	陶	钵	口沿	泥质细硬陶	灰		素面						唐宋
5197	ZJLY－297	鱼岭山	ZJLY－297：1T	23.38	113.71	65	陶			夹粗砂软陶	灰黑		素面						新石器时代晚期至商代
5198	ZJLY－297	鱼岭山	ZJLY－297：2T	23.38	113.71	48	陶			泥质粗硬陶	深灰		米字纹						战国至南越国
5199	ZJLY－297	鱼岭山	ZJLY－297：3T	23.38	113.71	47	陶			泥质粗硬陶	红褐		方格纹						战国至南越国
5200	ZJLY－297	鱼岭山	ZJLY－297：1YII	/	/	/	陶			夹粗砂硬陶	灰		素面						新石器时代晚期至商代
5201	ZJLY－297	鱼岭山	ZJLY－297：2YII	/	/	/	陶			夹细砂硬陶	灰黑		素面						新石器时代晚期至商代
5202	ZJLY－297	鱼岭山	ZJLY－297：1ZI	23.38	113.71	52	陶			泥质细硬陶	红褐		曲折纹						新石器时代晚期至商代
5203	ZJLY－297	鱼岭山	ZJLY－297：2ZI	23.38	113.71	52	陶			泥质细硬陶	灰		曲折纹、附加堆纹						新石器时代晚期至商代
5204	ZJLY－297	鱼岭山	ZJLY－297：3ZI	23.38	113.71	64	陶	罐	圈足	夹粗砂硬陶	橙黄		长方格纹						新石器时代晚期至商代
5205	ZJLY－297	鱼岭山	ZJLY－297：4ZI	23.38	113.71	61	陶			泥质细硬陶	灰		篮纹、附加堆纹						新石器时代晚期至商代
5206	ZJLY－297	鱼岭山	ZJLY－297：5ZI	23.38	113.71	62	陶			夹细砂硬陶	红褐		曲折纹						新石器时代晚期至商代
5207	ZJLY－297	鱼岭山	ZJLY－297：6ZI	23.38	113.71	61	陶			泥质细硬陶	青灰		曲折纹						新石器时代晚期至商代
5208	ZJLY－297	鱼岭山	ZJLY－297：7ZI	23.38	113.71	62	陶			泥质细硬陶	青灰		曲折纹、附加堆纹						新石器时代晚期至商代
5209	ZJLY－297	鱼岭山	ZJLY－297：8ZI	23.38	113.71	65	陶			泥质细硬陶	灰		曲折纹						新石器时代晚期至商代
5210	ZJLY－297	鱼岭山	ZJLY－297：9ZI	23.38	113.71	70	陶			夹细砂硬陶	灰		素面						新石器时代晚期至商代

序号	遗址编号	遗址名称	遗物编号	纬度(度)	经度(度)	海拔(米)	质地	器形	部位	陶质	颜色	釉色	纹饰	刻划符号	石器岩性	石器完整程度	石器硬度	石器风化程度	年代
5211	ZJLY-297	鱼岭山	ZJLY-297:10Z I	23.38	113.71	68	陶	罐	圈足	夹粗砂软陶	灰黑		素面						新石器时代晚期至商代
5212	ZJLY-297	鱼岭山	ZJLY-297:11Z I	23.38	113.71	69	陶			泥质细硬陶	红褐		曲折纹						新石器时代晚期至商代
5213	ZJLY-298	棠村背扶山	ZJLY-298:1T	23.33	113.83	19	陶			泥质细硬陶	灰黑		弦纹						唐末
5214	ZJLY-298	棠村背扶山	ZJLY-298:2T	23.33	113.83	28	陶			泥质细硬陶	灰黑		弦纹						唐末
5215	ZJLY-299	棠村山	ZJLY-299:1T	23.33	113.83	14	陶			泥质粗硬陶	深灰		重菱格纹						西周至春秋
5216	ZJLY-299	棠村山	ZJLY-299:2T	23.33	113.83	12	陶			泥质粗硬陶	深灰		重菱格纹、弦纹						西周至春秋
5217	ZJLY-299	棠村山	ZJLY-299:3T	23.33	113.83	12	陶			泥质细硬陶	灰		重菱格纹						西周至春秋
5218	ZJLY-299	棠村山	ZJLY-299:4T	23.33	113.83	18	陶	罐	口沿	泥质粗硬陶	红褐		重菱格纹、篦点纹						西周至春秋
5219	ZJLY-299	棠村山	ZJLY-299:1Y II	23.33	113.83	22	陶			泥质细硬陶	红褐		重菱格纹						西周至春秋
5220	ZJLY-299	棠村山	ZJLY-299:2Y II	23.33	113.83	22	陶			泥质粗硬陶	深灰		方格纹						西周至春秋
5221	ZJLY-299	棠村山	ZJLY-299:1Z I	23.33	113.83	22	陶			泥质细硬陶	灰黑		夔纹						西周至春秋
5222	ZJLY-300	雨岭	ZJLY-300:1	/	/	/	陶	罐		泥质细硬陶	灰黑		素面						唐末
5223	ZJLY-300	雨岭	ZJLY-300:1T	23.33	113.81	17	陶			泥质细硬陶	灰		绳纹						新石器时代晚期至商代
5224	ZJLY-300	雨岭	ZJLY-300:2T	23.33	113.81	15	陶			泥质细软陶	深灰		方格纹、弦纹						西周至春秋
5225	ZJLY-300	雨岭	ZJLY-300:3T	23.33	113.81	20	陶			泥质粗硬陶	灰		方格纹、弦纹						西周至春秋
5226	ZJLY-300	雨岭	ZJLY-300:4T	23.33	113.81	19	陶	罐	口沿	泥质细硬陶	灰褐	酱釉	凹弦纹						汉代
5227	ZJLY-300	雨岭	ZJLY-300:5T	23.33	113.81	19	陶			泥质细硬陶	灰		方格纹						西周至春秋
5228	ZJLY-300	雨岭	ZJLY-300:6T	23.33	113.81	19	陶			泥质细硬陶	灰		素面						战国至南越国
5229	ZJLY-300	雨岭	ZJLY-300:7T	23.33	113.81	21	陶			泥质粗硬陶	深灰		方格纹						西周至春秋
5230	ZJLY-300	雨岭	ZJLY-300:8T	23.33	113.81	20	陶			泥质细软陶	灰		方格纹						战国至南越国
5231	ZJLY-300	雨岭	ZJLY-300:9T	23.33	113.81	19	陶			泥质细硬陶	灰		素面						晋南朝
5232	ZJLY-300	雨岭	ZJLY-300:10T	23.33	113.81	20	陶			泥质细硬陶	灰		方格纹、夔纹、弦纹						西周至春秋
5233	ZJLY-300	雨岭	ZJLY-300:11T	23.33	113.81	26	石	锛			灰褐				片岩	基本完整	6	未风化	新石器时代晚期至商代
5234	ZJLY-300	雨岭	ZJLY-300:12T	23.33	113.81	22	陶			泥质细硬陶	灰褐		方格纹、夔纹、弦纹						西周至春秋
5235	ZJLY-300	雨岭	ZJLY-300:13T	23.33	113.81	20	陶			泥质细软陶	灰		方格纹						战国至南越国
5236	ZJLY-300	雨岭	ZJLY-300:14T	23.33	113.81	17	陶			泥质细硬陶	灰黑		米字纹						战国至南越国
5237	ZJLY-300	雨岭	ZJLY-300:1Y II	23.33	113.81	13	陶			泥质细硬陶	深灰		方格纹						战国至南越国
5238	ZJLY-300	雨岭	ZJLY-300:2Y II	23.33	113.81	13	陶			泥质细硬陶	灰		素面						晋南朝
5239	ZJLY-300	雨岭	ZJLY-300:1Z I	23.33	113.81	15	陶	罐	口沿	泥质细硬陶	青灰		方格纹						战国至南越国
5240	ZJLY-300	雨岭	ZJLY-300:2Z I	23.33	113.81	12	陶			泥质粗硬陶	灰黑		方格纹						战国至南越国
5241	ZJLY-300	雨岭	ZJLY-300:3Z I	23.33	113.81	10	陶			泥质细硬陶	深灰		水波纹、弦纹						战国至南越国

序号	遗址编号	遗址名称	遗物编号	纬度（度）	经度（度）	海拔（米）	质地	器形	部位	陶质	颜色	釉色	纹饰	刻划符号	石器岩性	石器完整程度	石器硬度	石器风化程度	年代
5242	ZJLY-300	禺岭	ZJLY-300:4ZⅠ	23.33	113.81	9	陶	罐	口沿	泥质粗硬陶	灰黑		方格纹						战国至南越国
5243	ZJLY-301	学宦背扶岭	ZJLY-301:1ZⅠ	23.32	113.81	32	陶			泥质细硬陶	灰黑		方格纹						战国至南越国
5244	ZJLY-301	学宦背扶岭	ZJLY-301:2ZⅠ	23.32	113.81	37	陶			泥质细硬陶	灰褐		方格纹、弦纹						战国至南越国
5245	ZJLY-302	古坑背扶山	ZJLY-302:1T	23.38	113.70	59	石	斧			青灰				绿泥石片岩	完整	6	未风化	新石器时代晚期至商代
5246	ZJLY-302	古坑背扶山	ZJLY-302:2T	23.38	113.70	63	陶			泥质细硬陶	深灰		条纹						唐宋
5247	ZJLY-303	盘龙岗	ZJLY-303:1ZⅠ	23.32	113.80	18	陶			泥质粗硬陶	灰褐		米字纹						战国至南越国
5248	ZJLY-303	盘龙岗	ZJLY-303:2ZⅠ	23.32	113.80	22	陶			泥质粗硬陶	灰褐		米字纹						战国至南越国
5249	ZJLY-304	学宦荔枝山	ZJLY-304:1T	23.32	113.80	19	陶			泥质粗硬陶	灰白		弦纹						战国至南越国
5250	ZJLY-304	学宦荔枝山	ZJLY-304:2T	23.32	113.80	19	陶			泥质粗硬陶	灰褐		方格纹						战国至南越国
5251	ZJLY-304	学宦荔枝山	ZJLY-304:3T	23.32	113.80	22	陶			泥质细硬陶	深灰		米字纹						战国至南越国
5252	ZJLY-304	学宦荔枝山	ZJLY-304:4T	23.32	113.80	16	陶			泥质粗硬陶	灰		方格纹						战国至南越国
5253	ZJLY-304	学宦荔枝山	ZJLY-304:5T	23.32	113.80	15	陶			泥质粗硬陶	深灰		米字纹						战国至南越国
5254	ZJLY-304	学宦荔枝山	ZJLY-304:1YⅡ	23.32	113.80	23	陶			泥质粗硬陶	灰褐		米字纹						战国至南越国
5255	ZJLY-304	学宦荔枝山	ZJLY-304:2YⅡ	23.32	113.80	19	陶	罐		泥质细硬陶	红褐		三角格纹						战国至南越国
5256	ZJLY-304	学宦荔枝山	ZJLY-304:3YⅡ	23.32	113.80	18	陶			泥质细硬陶	灰褐		米字纹						战国至南越国
5257	ZJLY-304	学宦荔枝山	ZJLY-304:1ZⅠ	23.32	113.80	17	陶			泥质细硬陶	深灰		方格纹						战国至南越国
5258	ZJLY-304	学宦荔枝山	ZJLY-304:2ZⅠ	23.32	113.80	23	陶		口沿	泥质粗硬陶	灰黑		素面						唐宋
5259	ZJLY-305	莲棠吓	ZJLY-305:1T	23.32	113.80	71	陶	罐	口沿	泥质细硬陶	灰褐		米字纹						战国至南越国
5260	ZJLY-305	莲棠吓	ZJLY-305:2T	23.32	113.80	35	陶	罐	口沿	泥质粗硬陶	深灰		方格纹、戳印纹						战国至南越国
5261	ZJLY-305	莲棠吓	ZJLY-305:3T	23.32	113.80	33	陶		腹部	泥质细硬陶	灰		素面						唐宋
5262	ZJLY-305	莲棠吓	ZJLY-305:4T	23.32	113.80	33	瓷	罐	底		灰	青釉	素面						唐宋
5263	ZJLY-305	莲棠吓	ZJLY-305:5T	23.32	113.80	34	陶			泥质粗硬陶	灰		米字纹						战国至南越国
5264	ZJLY-305	莲棠吓	ZJLY-305:6T	23.32	113.80	33	陶			泥质细硬陶	灰		方格纹						战国至南越国
5265	ZJLY-305	莲棠吓	ZJLY-305:7T	23.32	113.80	36	陶			泥质细硬陶	红褐		方格纹						战国至南越国
5266	ZJLY-305	莲棠吓	ZJLY-305:8T	23.32	113.80	30	陶	罐		泥质粗硬陶	红褐		素面						唐宋
5267	ZJLY-305	莲棠吓	ZJLY-305:9T	23.32	113.80	32	陶			泥质细硬陶	红褐		方格纹						战国至南越国
5268	ZJLY-305	莲棠吓	ZJLY-305:10T	23.32	113.80	24	陶			泥质细硬陶	灰		米字纹						战国至南越国
5269	ZJLY-305	莲棠吓	ZJLY-305:11T	23.32	113.80	24	陶			泥质细硬陶	红褐		方格纹						战国至南越国
5270	ZJLY-305	莲棠吓	ZJLY-305:12T	23.32	113.80	23	陶			泥质粗硬陶	深灰		方格纹						战国至南越国
5271	ZJLY-305	莲棠吓	ZJLY-305:1ZⅠ	23.32	113.80	29	陶			泥质细硬陶	深灰		方格对角线纹						战国至南越国
5272	ZJLY-306	光头岭	ZJLY-306:1T	23.31	113.79	24	陶			泥质细硬陶	青灰		米字纹						战国至南越国

序号	遗址编号	遗址名称	遗物编号	纬度(度)	经度(度)	海拔(米)	质地	器形	部位	陶质	颜色釉色	纹饰	刻划符号	石器岩性	石器完整程度	石器硬度	石器风化程度	年代
5273	ZJLY-306	光头岭	ZJLY-306:2T	23.31	113.79	25	陶			泥质粗硬陶	灰黑	网格纹						西周至春秋
5274	ZJLY-306	光头岭	ZJLY-306:3T	23.31	113.79	23	陶	豆	圈足	泥质粗硬陶	深灰	素面						西周至春秋
5275	ZJLY-306	光头岭	ZJLY-306:4T	23.31	113.79	24	陶			泥质粗硬陶	灰	方格纹						战国至南越国
5276	ZJLY-306	光头岭	ZJLY-306:5T	23.31	113.79	10	陶			泥质粗硬陶	深灰	方格纹						战国至南越国
5277	ZJLY-306	光头岭	ZJLY-306:6T	23.31	113.79	11	陶			泥质细硬陶	灰	米字纹						战国至南越国
5278	ZJLY-306	光头岭	ZJLY-306:7T	23.31	113.79	13	陶			泥质粗硬陶	红褐	米字纹						战国至南越国
5279	ZJLY-306	光头岭	ZJLY-306:8T	23.31	113.79	13	陶			泥质粗硬陶	灰	方格纹						战国至南越国
5280	ZJLY-306	光头岭	ZJLY-306:9T	23.31	113.79	17	陶			泥质粗硬陶	红褐	米字纹						战国至南越国
5281	ZJLY-306	光头岭	ZJLY-306:10T	23.31	113.79	15	陶			泥质粗硬陶	灰白	方格纹						战国至南越国
5282	ZJLY-306	光头岭	ZJLY-306:11T	23.31	113.79	12	陶			泥质细硬陶	青灰	方格纹						战国至南越国
5283	ZJLY-306	光头岭	ZJLY-306:12T	23.31	113.79	14	陶			泥质细硬陶	深灰	三角格纹						战国至南越国
5284	ZJLY-306	光头岭	ZJLY-306:13T	23.31	113.79	10	陶			夹细砂硬陶	灰黑	方格纹						战国至南越国
5285	ZJLY-306	光头岭	ZJLY-306:14T	23.31	113.79	15	陶			泥质细硬陶	灰白	米字纹						战国至南越国
5286	ZJLY-306	光头岭	ZJLY-306:15T	23.31	113.79	16	陶			泥质细硬陶		米字纹						战国至南越国
5287	ZJLY-306	光头岭	ZJLY-306:16T	23.31	113.79	22	陶			泥质粗硬陶	灰	米字纹						战国至南越国
5288	ZJLY-306	光头岭	ZJLY-306:17T	23.31	113.79	27	陶			泥质粗硬陶	灰	方格纹						战国至南越国
5289	ZJLY-306	光头岭	ZJLY-306:1YⅡ	23.31	113.80	39	陶	罐	底	泥质细硬陶	灰褐	方格纹						战国至南越国
5290	ZJLY-306	光头岭	ZJLY-306:2YⅡ	23.31	113.79	38	陶			泥质细硬陶	红褐	方格纹						战国至南越国
5291	ZJLY-306	光头岭	ZJLY-306:3YⅡ	23.31	113.79	18	陶			泥质细硬陶	深灰	米字纹						战国至南越国
5292	ZJLY-306	光头岭	ZJLY-306:4YⅡ	23.31	113.79	17	陶			泥质粗硬陶	灰白	曲折纹						战国至南越国
5293	ZJLY-306	光头岭	ZJLY-306:5YⅡ	23.31	113.79	28	陶			泥质细硬陶	灰	米字纹						新石器时代晚期至商代
5294	ZJLY-306	光头岭	ZJLY-306:6YⅡ	23.31	113.79	36	陶			泥质粗硬陶	灰	方格纹						战国至南越国
5295	ZJLY-306	光头岭	ZJLY-306:1ZⅠ	23.31	113.80	27	陶			泥质粗硬陶	红褐	夔纹						西周至春秋
5296	ZJLY-306	光头岭	ZJLY-306:2ZⅠ	23.31	113.80	33	陶			泥质细硬陶	青灰	曲折纹						西周至春秋
5297	ZJLY-306	光头岭	ZJLY-306:3ZⅠ	23.31	113.80	28	陶			泥质粗硬陶	红褐	方格纹						西周至春秋
5298	ZJLY-306	光头岭	ZJLY-306:4ZⅠ	23.31	113.80	34	陶	罐	口沿	泥质细硬陶	红褐	素面						战国至南越国
5299	ZJLY-306	光头岭	ZJLY-306:5ZⅠ	23.31	113.80	32	陶			泥质细软陶	灰	曲折纹						新石器时代晚期至商代
5300	ZJLY-306	光头岭	ZJLY-306:6ZⅠ	23.31	113.79	12	陶			泥质粗硬陶	青灰	米字纹						战国至南越国
5301	ZJLY-306	光头岭	ZJLY-306:7ZⅠ	23.31	113.79	12	陶			泥质细软陶	红褐	方格纹						战国至南越国
5302	ZJLY-306	光头岭	ZJLY-306:8ZⅠ	23.31	113.79	11	陶			泥质细软陶	灰白	素面						战国至南越国
5303	ZJLY-306	光头岭	ZJLY-306:9ZⅠ	23.31	113.80	24	陶			泥质粗硬陶	红褐	方格纹						战国至南越国

序号	遗址编号	遗址名称	遗物编号	纬度（度）	经度（度）	海拔（米）	质地	器形	部位	陶质	颜色	釉色	纹饰	刻划符号	石器岩性	石器完整程度	石器硬度	石器风化程度	年代
5304	ZJLY-306	光头岭	ZJLY-306:10ZⅠ	23.31	113.80	18	陶			泥质粗硬陶	灰黑		方格纹						战国至南越国
5305	ZJLY-306	光头岭	ZJLY-306:11ZⅠ	23.31	113.79	26	陶			泥质粗硬陶	灰白		米字纹						战国至南越国
5306	ZJLY-306	光头岭	ZJLY-306:12ZⅠ	23.31	113.79	21	陶			泥质粗硬陶	红褐		方格纹						战国至南越国
5307	ZJLY-306	光头岭	ZJLY-306:13ZⅠ	23.31	113.79	24	陶	瓮	口沿	泥质细硬陶	深灰		方格纹						西周至春秋
5308	ZJLY-306	光头岭	ZJLY-306:14ZⅠ	23.31	113.79	21	陶			泥质粗硬陶	灰黑		方格纹						战国至南越国
5309	ZJLY-306	光头岭	ZJLY-306:15ZⅠ	23.31	113.79	20	石	砚			青灰		素面						明清
5310	ZJLY-307	蛇头山	ZJLY-307:1T	23.31	113.79	25	陶	罐（釜）	口沿	夹粗砂软陶	灰黑		素面						新石器时代晚期至商代
5311	ZJLY-307	蛇头山	ZJLY-307:2T	23.31	113.79	33	陶	罐	口沿	夹粗砂软陶	灰褐		素面						新石器时代晚期至商代
5312	ZJLY-307	蛇头山	ZJLY-307:3T	23.31	113.79	25	陶	罐	口沿	泥质粗硬陶	灰褐		篦点纹						西周至春秋
5313	ZJLY-307	蛇头山	ZJLY-307:4T	23.31	113.79	28	陶			泥质粗硬陶	灰褐		米字纹						战国至南越国
5314	ZJLY-307	蛇头山	ZJLY-307:5T	23.31	113.79	28	陶			泥质细硬陶	灰黑		云雷纹						西周至春秋
5315	ZJLY-307	蛇头山	ZJLY-307:6T	23.32	113.79	27	陶			泥质粗硬陶	灰		方格纹						战国至南越国
5316	ZJLY-307	蛇头山	ZJLY-307:7T	23.32	113.79	23	陶			泥质粗硬陶	青灰		米字纹						战国至南越国
5317	ZJLY-307	蛇头山	ZJLY-307:1ZⅠ	23.32	113.79	30	陶	瓿	口沿	泥质粗硬陶	灰		篦点纹						西周至春秋
5318	ZJLY-307	蛇头山	ZJLY-307:2ZⅠ	23.32	113.79	27	陶			泥质粗硬陶	青灰		方格纹						战国至南越国
5319	ZJLY-308	大岜	ZJLY-308:1T	23.32	113.82	28	陶	罐	底	泥质细硬陶	灰褐		水波纹、弦纹						战国至南越国
5320	ZJLY-308	大岜	ZJLY-308:2T	23.32	113.82	28	陶			泥质粗硬陶	灰褐		弦纹						战国至南越国
5321	ZJLY-308	大岜	ZJLY-308:3T	23.32	113.82	28	陶			泥质粗硬陶	灰		素面						战国至南越国
5322	ZJLY-308	大岜	ZJLY-308:4T	23.32	113.82	29	陶	瓿	口沿	泥质粗硬陶	灰褐		水波纹、弦纹						战国至南越国
5323	ZJLY-308	大岜	ZJLY-308:1YⅡ	23.32	113.82	31	陶			泥质细硬陶	红褐		米字纹						战国至南越国
5324	ZJLY-308	大岜	ZJLY-308:2YⅡ	23.32	113.82	28	陶			泥质粗硬陶	深灰		方格纹						战国至南越国
5325	ZJLY-308	大岜	ZJLY-308:3YⅡ	23.32	113.82	27	陶			泥质粗硬陶	灰褐		方格纹						战国至南越国
5326	ZJLY-308	大岜	ZJLY-308:1ZⅠ	23.32	113.82	16	陶			泥质细硬陶	青灰		米字纹						战国至南越国
5327	ZJLY-308	大岜	ZJLY-308:2ZⅠ	23.32	113.82	25	陶	罐		泥质粗硬陶	深灰		米字纹						战国至南越国
5328	ZJLY-308	大岜	ZJLY-308:3ZⅠ	23.32	113.82	27	铜	矛											战国至南越国
5329	ZJLY-308	大岜	ZJLY-308:4ZⅠ	23.32	113.82	27	陶			泥质粗硬陶	灰黑		米字纹						战国至南越国
5330	ZJLY-308	大岜	ZJLY-308:5ZⅠ	23.32	113.82	25	陶			泥质细硬陶	灰褐		水波纹、弦纹						战国至南越国
5331	ZJLY-308	大岜	ZJLY-308:6ZⅠ	23.32	113.82	26	陶			泥质细硬陶	灰		素面						战国至南越国
5332	ZJLY-308	大岜	ZJLY-308:7ZⅠ	23.32	113.82	26	铜	矛											战国至南越国
5333	ZJLY-309	摘尾山	ZJLY-309:1ZⅠ	23.32	113.82	7	陶	罐	口沿	泥质粗硬陶	深灰		菱格纹、篦点纹、弦纹						西周至春秋
5334	ZJLY-309	摘尾山	ZJLY-309:2ZⅠ	23.32	113.82	8	陶	器足		泥质粗硬陶	红褐		素面						西周至春秋

序号	遗址编号	遗址名称	遗物编号	纬度（度）	经度（度）	海拔（米）	质地	器形	部位	陶质	颜色	釉色	纹饰	刻划符号	石器岩性	石器完整程度	石器硬度	石器风化程度	年代
5335	ZJLY-310	蔗古山	ZJLY-310:1T	23.32	113.81	5	陶			泥质粗硬陶	灰		米字纹						战国至南越国
5336	ZJLY-310	蔗古山	ZJLY-310:2T	23.32	113.81	5	陶			泥质粗硬陶	青灰		米字纹						战国至南越国
5337	ZJLY-310	蔗古山	ZJLY-310:3T	23.32	113.81	4	陶			泥质粗硬陶	深灰		素面						战国至南越国
5338	ZJLY-310	蔗古山	ZJLY-310:4T	23.32	113.81	15	陶			泥质粗硬陶	灰		方格纹						战国至南越国
5339	ZJLY-310	蔗古山	ZJLY-310:5T	23.32	113.81	19	陶			泥质细硬陶	灰		米字纹						战国至南越国
5340	ZJLY-310	蔗古山	ZJLY-310:6T	23.32	113.81	22	陶			泥质粗硬陶	灰		米字纹						战国至南越国
5341	ZJLY-310	蔗古山	ZJLY-310:1YⅡ	23.32	113.81	17	陶			泥质细硬陶	灰		米字纹						战国至南越国
5342	ZJLY-310	蔗古山	ZJLY-310:2YⅡ	23.32	113.81	15	陶			泥质粗硬陶	青灰		素面						战国至南越国
5343	ZJLY-310	蔗古山	ZJLY-310:3YⅡ	23.32	113.81	21	陶			泥质粗硬陶	红褐		素面						战国至南越国
5344	ZJLY-310	蔗古山	ZJLY-310:1ZⅠ	23.32	113.81	14	陶			泥质粗硬陶	红褐		方格纹						战国至南越国
5345	ZJLY-310	蔗古山	ZJLY-310:2ZⅠ	23.32	113.81	31	陶			泥质粗硬陶	深灰		方格纹、条纹						战国至南越国
5346	ZJLY-311	前岭山	ZJLY-311:1T	23.31	113.81	13	陶			泥质粗硬陶	深灰		三角格纹						战国至南越国
5347	ZJLY-311	前岭山	ZJLY-311:2T	23.31	113.81	22	陶			泥质粗硬陶	红褐		方格纹						战国至南越国
5348	ZJLY-311	前岭山	ZJLY-311:3T	23.31	113.81	27	陶	罐	口沿	泥质粗硬陶	紫红		方格纹						战国至南越国
5349	ZJLY-311	前岭山	ZJLY-311:4T	23.31	113.81	20	陶			泥质细硬陶	青灰		三角格纹						战国至南越国
5350	ZJLY-311	前岭山	ZJLY-311:1YⅡ	23.31	113.81	20	陶			泥质粗硬陶	灰		三角格纹						战国至南越国
5351	ZJLY-311	前岭山	ZJLY-311:2YⅡ	23.31	113.81	17	陶	罐	底	泥质粗硬陶	红褐		素面						战国至南越国
5352	ZJLY-311	前岭山	ZJLY-311:3YⅡ	23.31	113.81	26	陶			泥质粗硬陶	灰		方格纹						战国至南越国
5353	ZJLY-311	前岭山	ZJLY-311:4YⅡ	23.31	113.81	25	陶			泥质粗硬陶	红褐		方格纹						战国至南越国
5354	ZJLY-311	前岭山	ZJLY-311:5YⅡ	23.31	113.81	25	陶			泥质粗硬陶	红褐		栉齿纹						战国至南越国
5355	ZJLY-311	前岭山	ZJLY-311:6YⅡ	23.31	113.81	22	陶			泥质粗硬陶	灰		米字纹						战国至南越国
5356	ZJLY-311	前岭山	ZJLY-311:1ZⅠ	23.31	113.81	14	陶	盒		泥质粗硬陶	灰		篦点纹、弦纹						战国至南越国
5357	ZJLY-311	前岭山	ZJLY-311:2ZⅠ	23.31	113.81	14	陶			泥质粗硬陶	灰		篦划纹、弦纹、栉齿纹						战国至南越国
5358	ZJLY-311	前岭山	ZJLY-311:3ZⅠ	23.31	113.81	17	陶			泥质粗硬陶	灰		方格纹						战国至南越国
5359	ZJLY-311	前岭山	ZJLY-311:4ZⅠ	23.31	113.81	18	陶			泥质细硬陶	深灰		栉齿纹						战国至南越国
5360	ZJLY-311	前岭山	ZJLY-311:5ZⅠ	23.31	113.81	11	陶			泥质粗硬陶	红褐		网格纹						战国至南越国
5361	ZJLY-311	前岭山	ZJLY-311:6ZⅠ	23.31	113.81	12	陶			泥质粗硬陶	红褐		方格纹、三角格纹						战国至南越国
5362	ZJLY-311	前岭山	ZJLY-311:7ZⅠ	23.31	113.81	11	陶			泥质粗硬陶	灰		方格纹						战国至南越国
5363	ZJLY-311	前岭山	ZJLY-311:8ZⅠ	23.31	113.81	15	陶	罐	口沿	泥质粗硬陶	深灰		米字纹						战国至南越国
5364	ZJLY-311	前岭山	ZJLY-311:9ZⅠ	23.31	113.81	15	陶	罐	口沿	泥质粗硬陶	灰褐		素面						战国至南越国
5365	ZJLY-312	自家岭	ZJLY-312:1T	23.31	113.82	29	陶			泥质粗硬陶	深灰		方格纹						西周春秋

序号	遗址编号	遗址名称	遗物编号	纬度(度)	经度(度)	海拔(米)	质地	器形	部位	陶质	颜色	釉色	纹饰	刻划符号	石器岩性	石器完整程度	石器硬度	石器风化程度	年代
5366	ZJLY-312	自家岭	ZJLY-312:2T	23.31	113.82	29	陶			泥质粗硬陶	灰褐		方格纹						西周至春秋
5367	ZJLY-312	自家岭	ZJLY-312:3T	23.31	113.82	30	陶			泥质细硬陶	灰褐		方格纹						西周至春秋
5368	ZJLY-312	自家岭	ZJLY-312:4T	23.31	113.82	26	陶			泥质粗硬陶	灰褐		勾连云雷纹						西周至春秋
5369	ZJLY-312	自家岭	ZJLY-312:5T	23.31	113.82	27	陶			泥质粗硬陶	灰		方格纹						西周至春秋
5370	ZJLY-312	自家岭	ZJLY-312:6T	23.31	113.82	29	陶			泥质粗硬陶	青灰		方格纹						西周至春秋
5371	ZJLY-312	自家岭	ZJLY-312:7T	23.31	113.82	28	陶			泥质粗硬陶	灰		重菱格凸点纹、弦纹						西周至春秋
5372	ZJLY-312	自家岭	ZJLY-312:8T	23.31	113.82	28	陶			泥质细软陶	灰褐		菱纹						西周至春秋
5373	ZJLY-312	自家岭	ZJLY-312:9T	23.31	113.82	41	陶			泥质细硬陶	红		方格纹						西周至春秋
5374	ZJLY-312	自家岭	ZJLY-312:10T	23.31	113.82	40	陶			泥质粗硬陶	深灰		夔纹						西周至春秋
5375	ZJLY-312	自家岭	ZJLY-312:11T	23.31	113.82	32	陶			泥质粗硬陶	深灰		方格纹、菱格凸块纹						西周至春秋
5376	ZJLY-312	自家岭	ZJLY-312:12T	23.31	113.82	33	陶			泥质粗硬陶	灰		菱格凸块纹						西周至春秋
5377	ZJLY-312	自家岭	ZJLY-312:1YⅡ	23.31	113.82	25	陶			泥质粗硬陶	灰褐		夔纹						西周至春秋
5378	ZJLY-312	自家岭	ZJLY-312:2YⅡ	23.31	113.82	26	陶			泥质粗硬陶	灰褐		夔纹						西周至春秋
5379	ZJLY-312	自家岭	ZJLY-312:3YⅡ	23.31	113.82	28	陶			泥质粗硬陶	灰褐		方格纹						西周至春秋
5380	ZJLY-312	自家岭	ZJLY-312:4YⅡ	23.31	113.82	27	陶			泥质粗硬陶	灰褐		菱格凸点纹						西周至春秋
5381	ZJLY-312	自家岭	ZJLY-312:5YⅡ	23.31	113.82	37	陶			泥质粗硬陶	灰		方格纹						西周至春秋
5382	ZJLY-312	自家岭	ZJLY-312:6YⅡ	23.31	113.82	38	陶			泥质粗硬陶	灰白		方格纹						西周至春秋
5383	ZJLY-312	自家岭	ZJLY-312:7YⅡ	23.31	113.82	37	陶			泥质细硬陶	灰		重菱格凸点纹						西周至春秋
5384	ZJLY-312	自家岭	ZJLY-312:8YⅡ	23.31	113.82	42	陶	罐	口沿	泥质细硬陶	灰褐		方格纹、菱格纹						西周至春秋
5385	ZJLY-312	自家岭	ZJLY-312:9YⅡ	23.31	113.82	31	陶			泥质粗硬陶	灰		菱格凸点纹						西周至春秋
5386	ZJLY-312	自家岭	ZJLY-312:10YⅡ	23.31	113.82	37	陶			泥质粗硬陶	灰		方格纹						西周至春秋
5387	ZJLY-312	自家岭	ZJLY-312:11YⅡ	23.31	113.82	37	陶			泥质粗硬陶	灰褐		方格纹						西周至春秋
5388	ZJLY-312	自家岭	ZJLY-312:12YⅡ	23.31	113.82	31	陶	罐	腹部	泥质细硬陶	深灰		变体云雷纹						西周至春秋
5389	ZJLY-312	自家岭	ZJLY-312:13YⅡ	23.31	113.82	31	陶			泥质粗硬陶	灰白		重菱格凸点纹						西周至春秋
5390	ZJLY-312	自家岭	ZJLY-312:14YⅡ	23.31	113.82	33	陶			泥质粗硬陶	红		重菱格纹						西周至春秋
5391	ZJLY-312	自家岭	ZJLY-312:15YⅡ	23.31	113.82	33	陶			泥质粗硬陶	深灰		夔纹、曲折纹、弦纹						西周至春秋
5392	ZJLY-312	自家岭	ZJLY-312:16YⅡ	23.31	113.82	32	陶			泥质粗硬陶	灰		菱格凸点纹、弦纹						西周至春秋
5393	ZJLY-312	自家岭	ZJLY-312:17YⅡ	23.31	113.82	22	陶			泥质粗硬陶	灰		方格纹						西周至春秋
5394	ZJLY-312	自家岭	ZJLY-312:1ZⅠ	23.31	113.82	23	陶			泥质粗硬陶	灰褐		素面						西周至春秋
5395	ZJLY-312	自家岭	ZJLY-312:2ZⅠ	23.31	113.82	24	陶	豆		泥质粗硬陶	灰褐		方格纹						西周至春秋
5396	ZJLY-312	自家岭	ZJLY-312:3ZⅠ	23.31	113.82	23	陶			泥质粗硬陶	深灰		方格纹						西周至春秋

序号	遗址编号	遗址名称	遗物编号	纬度(度)	经度(度)	海拔(米)	质地	器形	部位	陶质	颜色	釉色	纹饰	刻划符号	石器岩性	石器完整程度	石器硬度	石器风化程度	年代
5397	ZJLY-312	自家岭	ZJLY-312:4Z I	23.31	113.82	22	陶			泥质粗硬陶	灰褐		方格纹						西周至春秋
5398	ZJLY-312	自家岭	ZJLY-312:5Z I	23.31	113.82	30	陶			泥质粗硬陶	灰褐		方格纹						西周至春秋
5399	ZJLY-312	自家岭	ZJLY-312:6Z I	23.31	113.82	32	陶			泥质粗硬陶	灰褐		重菱格纹						西周至春秋
5400	ZJLY-312	自家岭	ZJLY-312:7Z I	23.31	113.82	30	陶			泥质粗硬陶	灰		方格纹						西周至春秋
5401	ZJLY-312	自家岭	ZJLY-312:8Z I	23.31	113.82	31	陶			泥质粗硬陶	深灰		曲折纹						西周至春秋
5402	ZJLY-312	自家岭	ZJLY-312:9Z I	23.31	113.82	32	陶			泥质粗硬陶	灰褐		方格纹、重圈凸点纹						西周至春秋
5403	ZJLY-312	自家岭	ZJLY-312:10Z I	23.31	113.82	30	陶			泥质粗硬陶	灰白		方格纹						西周至春秋
5404	ZJLY-312	自家岭	ZJLY-312:11Z I	23.31	113.82	32	陶			泥质粗硬陶	灰褐		重菱格凸点纹						西周至春秋
5405	ZJLY-312	自家岭	ZJLY-312:12Z I	23.31	113.82	25	陶			泥质粗硬陶	灰褐		方格纹						西周至春秋
5406	ZJLY-312	自家岭	ZJLY-312:13Z I	23.31	113.82	37	陶			泥质细硬陶	灰		夔纹						西周至春秋
5407	ZJLY-313	开岙岭	ZJLY-313:1T	23.32	113.82	24	陶	瓮	口沿	泥质细硬陶	灰		方格纹						西周至春秋
5408	ZJLY-313	开岙岭	ZJLY-313:2T	23.32	113.82	25	陶			泥质细硬陶	灰		方格纹						西周至春秋
5409	ZJLY-313	开岙岭	ZJLY-313:3T	23.32	113.82	27	陶			泥质粗硬陶	灰		方格纹						西周至春秋
5410	ZJLY-313	开岙岭	ZJLY-313:4T	23.32	113.82	26	陶			泥质粗硬陶	灰褐		方格纹						西周至春秋
5411	ZJLY-313	开岙岭	ZJLY-313:5T	23.32	113.82	25	陶			泥质细硬陶	灰		方格纹						西周至春秋
5412	ZJLY-313	开岙岭	ZJLY-313:6T	23.32	113.82	25	陶			泥质粗硬陶	灰褐		方格纹						西周至春秋
5413	ZJLY-313	开岙岭	ZJLY-313:7T	23.32	113.82	25	陶			泥质细硬陶	灰		方格纹						西周至春秋
5414	ZJLY-313	开岙岭	ZJLY-313:8T	23.32	113.82	23	陶			泥质细硬陶	灰褐		方格纹						西周至春秋
5415	ZJLY-313	开岙岭	ZJLY-313:9T	23.32	113.82	27	陶			泥质细硬陶	灰白		方格纹						西周至春秋
5416	ZJLY-313	开岙岭	ZJLY-313:10T	23.32	113.82	26	陶			泥质细硬陶	深灰		方格纹						西周至春秋
5417	ZJLY-313	开岙岭	ZJLY-313:11T	23.32	113.82	27	陶			泥质细硬陶	灰黑		方格纹						西周至春秋
5418	ZJLY-313	开岙岭	ZJLY-313:12T	23.32	113.82	26	陶			泥质细硬陶	灰		方格纹						西周至春秋
5419	ZJLY-313	开岙岭	ZJLY-313:13T	23.32	113.82	28	陶			泥质细硬陶	灰		方格纹、弦纹						西周至春秋
5420	ZJLY-313	开岙岭	ZJLY-313:14T	23.32	113.82	26	陶			泥质粗硬陶	灰褐		方格纹、弦纹						西周至春秋
5421	ZJLY-313	开岙岭	ZJLY-313:15T	23.32	113.82	27	陶			泥质细硬陶	灰		方格纹						西周至春秋
5422	ZJLY-313	开岙岭	ZJLY-313:16T	23.32	113.82	27	陶			泥质细硬陶	灰		方格纹						西周至春秋
5423	ZJLY-313	开岙岭	ZJLY-313:17T	23.32	113.82	26	陶	罐	口沿	泥质细硬陶	灰白		方格纹						西周至春秋
5424	ZJLY-313	开岙岭	ZJLY-313:18T	23.32	113.82	25	陶			泥质细硬陶	灰白		方格纹						西周至春秋
5425	ZJLY-313	开岙岭	ZJLY-313:19T	23.32	113.82	29	陶			泥质细硬陶	灰		方格纹						西周至春秋
5426	ZJLY-313	开岙岭	ZJLY-313:20T	23.32	113.82	29	陶			泥质细硬陶	灰		方格纹						西周至春秋
5427	ZJLY-313	开岙岭	ZJLY-313:21T	23.32	113.82	32	陶			泥质细硬陶	灰褐		方格纹						西周至春秋

序号	遗址编号	遗址名称	遗物编号	纬度(度)	经度(度)	海拔(米)	质地	器形	部位	陶质	颜色	釉色	纹饰	刻划符号	石器岩性	石器完整程度	石器硬度	石器风化程度	年代
5428	ZJLY-313	开山岭	ZJLY-313:22T	23.32	113.82	29	陶			泥质细硬陶	灰褐		方格纹						西周至春秋
5429	ZJLY-313	开山岭	ZJLY-313:23T	23.32	113.82	28	陶			泥质粗硬陶	灰		方格纹						西周至春秋
5430	ZJLY-313	开山岭	ZJLY-313:24T	23.32	113.82	28	陶			泥质细硬陶	灰		方格纹						西周至春秋
5431	ZJLY-313	开山岭	ZJLY-313:25T	23.32	113.82	32	陶			泥质细软陶	灰		素面						西周至春秋
5432	ZJLY-313	开山岭	ZJLY-313:26T	23.32	113.82	29	陶			泥质粗硬陶	灰		方格纹						西周至春秋
5433	ZJLY-313	开山岭	ZJLY-313:27T	23.32	113.82	29	陶			泥质细硬陶	灰		方格纹						西周至春秋
5434	ZJLY-313	开山岭	ZJLY-313:28T	23.32	113.82	29	陶			泥质细硬陶	灰		方格纹						西周至春秋
5435	ZJLY-313	开山岭	ZJLY-313:29T	23.32	113.82	30	陶			泥质细硬陶	灰		方格纹、弦纹						西周至春秋
5436	ZJLY-313	开山岭	ZJLY-313:30T	23.32	113.82	31	陶	瓮	口沿	泥质细硬陶	灰		素面						西周至春秋
5437	ZJLY-313	开山岭	ZJLY-313:31①T	23.32	113.82	27	陶			泥质细硬陶	灰		方格纹						西周至春秋
5438	ZJLY-313	开山岭	ZJLY-313:31②T	23.32	113.82	27	陶			泥质细硬陶	灰		方格纹						西周至春秋
5439	ZJLY-313	开山岭	ZJLY-313:31③T	23.32	113.82	27	陶			泥质细硬陶	灰		方格纹						西周至春秋
5440	ZJLY-313	开山岭	ZJLY-313:32T	23.32	113.82	26	陶	瓮	口沿	泥质细硬陶	灰		方格纹						西周至春秋
5441	ZJLY-313	开山岭	ZJLY-313:33T	23.32	113.82	25	陶			泥质细硬陶	灰		方格纹、弦纹						西周至春秋
5442	ZJLY-313	开山岭	ZJLY-313:34T	23.32	113.82	25	陶			泥质粗硬陶	灰		方格纹						西周至春秋
5443	ZJLY-313	开山岭	ZJLY-313:35T	23.32	113.82	25	陶			泥质细硬陶	灰褐		方格纹						西周至春秋
5444	ZJLY-313	开山岭	ZJLY-313:36T	23.32	113.82	25	陶			泥质细硬陶	灰黑		方格纹						西周至春秋
5445	ZJLY-313	开山岭	ZJLY-313:37T	23.32	113.82	25	陶	罐	口沿	泥质细硬陶	灰黑		素面						西周至春秋
5446	ZJLY-313	开山岭	ZJLY-313:38T	23.32	113.82	26	陶			泥质细硬陶	灰		方格纹						西周至春秋
5447	ZJLY-313	开山岭	ZJLY-313:39T	23.32	113.82	24	陶			泥质粗硬陶	灰		方格纹、弦纹						西周至春秋
5448	ZJLY-313	开山岭	ZJLY-313:40①T	23.32	113.82	24	陶			泥质细硬陶	灰		方格纹						西周至春秋
5449	ZJLY-313	开山岭	ZJLY-313:40②T	23.32	113.82	24	陶			泥质细硬陶	灰		方格纹						西周至春秋
5450	ZJLY-313	开山岭	ZJLY-313:41T	23.32	113.82	27	陶	瓮	口沿	泥质细硬陶	灰		方格纹						西周至春秋
5451	ZJLY-313	开山岭	ZJLY-313:42T	23.32	113.82	28	陶			泥质粗硬陶	灰		素面						西周至春秋
5452	ZJLY-313	开山岭	ZJLY-313:43T	23.32	113.82	29	陶			泥质细硬陶	灰		方格纹						西周至春秋
5453	ZJLY-313	开山岭	ZJLY-313:44T	23.32	113.82	25	陶			泥质粗硬陶	灰黑		方格纹						西周至春秋
5454	ZJLY-313	开山岭	ZJLY-313:45T	23.32	113.82	25	陶			泥质细硬陶	灰		方格纹						西周至春秋
5455	ZJLY-313	开山岭	ZJLY-313:46T	23.32	113.82	25	陶			泥质粗硬陶	灰		方格纹						西周至春秋
5456	ZJLY-313	开山岭	ZJLY-313:47T	23.32	113.82	25	陶			泥质细硬陶	灰		方格纹						西周至春秋
5457	ZJLY-313	开山岭	ZJLY-313:48T	23.32	113.82	27	陶			泥质细硬陶	灰		方格纹						西周至春秋
5458	ZJLY-313	开山岭	ZJLY-313:49T	23.32	113.82	18	陶			泥质细硬陶	灰		夔纹						西周至春秋

序号	遗址编号	遗址名称	遗物编号	纬度(度)	经度(度)	海拔(米)	质地	器形	部位	陶质	颜色	釉色	纹饰	刻划符号	石器岩性	石器完整程度	石器硬度	石器风化程度	年代
5459	ZJLY-313	开凸岭	ZJLY-313:50T	23.32	113.82	19	陶			泥质细硬陶	灰		夔纹						西周至春秋
5460	ZJLY-313	开凸岭	ZJLY-313:51T	23.32	113.82	16	陶			泥质细硬陶	灰		夔纹						西周至春秋
5461	ZJLY-313	开凸岭	ZJLY-313:52T	23.32	113.82	17	陶			泥质细硬陶	灰		方格纹、弦纹						西周至春秋
5462	ZJLY-313	开凸岭	ZJLY-313:1YⅡ	23.32	113.82	29	陶			泥质粗硬陶	灰		方格纹						西周至春秋
5463	ZJLY-313	开凸岭	ZJLY-313:1ZⅠ	23.32	113.82	27	陶			泥质粗硬陶	灰		方格纹						西周至春秋
5464	ZJLY-313	开凸岭	ZJLY-313:2ZⅠ	23.32	113.82	30	陶			泥质粗硬陶	深灰		方格纹						西周至春秋
5465	ZJLY-313	开凸岭	ZJLY-313:3ZⅠ	23.32	113.82	27	陶			泥质粗硬陶	灰褐		方格纹						西周至春秋
5466	ZJLY-314	边山	ZJLY-314:1ZⅠ	23.32	113.82	19	陶			泥质粗硬陶	灰褐		三角格纹						战国至南越国
5467	ZJLY-314	边山	ZJLY-314:2ZⅠ	23.32	113.82	18	陶			泥质粗硬陶	灰褐		素面						战国至南越国
5468	ZJLY-314	边山	ZJLY-314:3ZⅠ	23.32	113.82	18	陶			泥质细硬陶	灰褐		米字纹						战国至南越国
5469	ZJLY-314	边山	ZJLY-314:4ZⅠ	23.32	113.82	18	陶			泥质粗硬陶	灰褐		三角格纹						战国至南越国
5470	ZJLY-314	边山	ZJLY-314:5ZⅠ	23.32	113.82	17	陶			泥质细硬陶	灰褐		方格纹						战国至南越国
5471	ZJLY-314	边山	ZJLY-314:6ZⅠ	23.32	113.82	17	陶			泥质粗硬陶	灰褐		三角格纹						战国至南越国
5472	ZJLY-314	边山	ZJLY-314:7ZⅠ	23.32	113.82	17	陶			夹细砂硬陶	深灰		方格纹						战国至南越国
5473	ZJLY-314	边山	ZJLY-314:8ZⅠ	23.32	113.82	16	陶			泥质细硬陶	红褐		方格纹						战国至南越国
5474	ZJLY-314	边山	ZJLY-314:9ZⅠ	23.32	113.82	14	陶			泥质细硬陶	深灰		方格纹						战国至南越国
5475	ZJLY-314	边山	ZJLY-314:10ZⅠ	23.32	113.82	17	陶			泥质粗硬陶	红褐		方格纹						战国至南越国
5476	ZJLY-314	边山	ZJLY-314:11ZⅠ	23.32	113.82	14	陶			泥质粗硬陶	灰褐		方格纹						战国至南越国
5477	ZJLY-314	边山	ZJLY-314:12ZⅠ	23.32	113.82	9	陶			泥质粗硬陶	深灰		方格纹						战国至南越国
5478	ZJLY-314	边山	ZJLY-314:13ZⅠ	23.32	113.82	12	陶			泥质细硬陶	灰褐		米字纹						战国至南越国
5479	ZJLY-314	边山	ZJLY-314:14ZⅠ	23.32	113.82	17	陶			泥质粗硬陶	灰褐		三角格纹						战国至南越国
5480	ZJLY-314	边山	ZJLY-314:15ZⅠ	23.32	113.82	7	陶			泥质粗硬陶	灰褐		方格纹						战国至南越国
5481	ZJLY-315	韩洞池	ZJLY-315:1T	23.32	113.81	13	陶			泥质细硬陶	灰褐		米字纹						战国至南越国
5482	ZJLY-315	韩洞池	ZJLY-315:2T	23.32	113.81	17	陶			泥质细硬陶	红褐		方格纹						战国至南越国
5483	ZJLY-315	韩洞池	ZJLY-315:3T	23.32	113.81	17	陶			泥质细硬陶	黑		米字纹						战国至南越国
5484	ZJLY-315	韩洞池	ZJLY-315:4T	23.32	113.81	10	陶			泥质细硬陶	红褐		方格纹						战国至南越国
5485	ZJLY-315	韩洞池	ZJLY-315:5T	23.32	113.81	10	陶			泥质细硬陶	深灰		米字纹						战国至南越国
5486	ZJLY-315	韩洞池	ZJLY-315:6T	23.32	113.81	9	陶			泥质细硬陶	深灰		编织席纹						战国至南越国
5487	ZJLY-315	韩洞池	ZJLY-315:7T	23.32	113.81	9	陶			泥质细硬陶	灰		米字纹						战国至南越国
5488	ZJLY-315	韩洞池	ZJLY-315:8T	23.32	113.81	11	陶			泥质细硬陶	深灰		米字纹						战国至南越国
5489	ZJLY-315	韩洞池	ZJLY-315:9T	23.32	113.81	11	陶			泥质细硬陶	深灰		米字纹						战国至南越国

序号	遗址编号	遗址名称	遗物编号	纬度（度）	经度（度）	海拔（米）	质地	器形	部位	陶质	颜色	釉色	纹饰	刻划符号	石器岩性	石器完整程度	石器硬度	石器风化程度	年代
5490	ZJLY-315	韩洞池	ZJLY-315:10T	23.32	113.81	14	陶			泥质粗硬陶	灰褐		米字纹						战国至南越国
5491	ZJLY-315	韩洞池	ZJLY-315:11T	23.32	113.81	8	陶			泥质细硬陶	深灰		方格纹						战国至南越国
5492	ZJLY-315	韩洞池	ZJLY-315:12T	23.32	113.81	14	陶			泥质细硬陶	灰黑		素面						唐末
5493	ZJLY-315	韩洞池	ZJLY-315:13T	23.32	113.81	8	陶	瓿	口沿	泥质细硬陶	灰		篦点纹						战国至南越国
5494	ZJLY-315	韩洞池	ZJLY-315:14T	23.32	113.81	12	陶	罐	口沿	泥质细硬陶	灰褐		素面						战国至南越国
5495	ZJLY-315	韩洞池	ZJLY-315:1ZI	23.32	113.81	17	陶			泥质细硬陶	深灰		米字纹						战国至南越国
5496	ZJLY-316	柯岭山	ZJLY-316:1T	23.31	113.81	35	陶			泥质细硬陶	红褐		方格纹						西周至春秋
5497	ZJLY-316	柯岭山	ZJLY-316:2T	23.31	113.81	38	陶			泥质粗硬陶	红褐		方格纹						战国至南越国
5498	ZJLY-316	柯岭山	ZJLY-316:3T	23.31	113.81	34	陶			泥质粗硬陶	红褐		曲折纹						西周至春秋
5499	ZJLY-316	柯岭山	ZJLY-316:4T	23.31	113.81	32	陶			泥质细硬陶	灰		方格纹						西周至春秋
5500	ZJLY-316	柯岭山	ZJLY-316:5T	23.31	113.81	22	陶			泥质细硬陶	灰黑		勾连云雷纹						西周至春秋
5501	ZJLY-316	柯岭山	ZJLY-316:6T	23.31	113.81	23	陶			泥质细硬陶	灰黑		方格纹、弦纹						西周至春秋
5502	ZJLY-316	柯岭山	ZJLY-316:1YII	23.31	113.81	46	陶			泥质细硬陶	灰灰		方格纹						西周至春秋
5503	ZJLY-316	柯岭山	ZJLY-316:2YII	23.31	113.81	46	陶			泥质细硬陶	灰黑		方格纹						西周至春秋
5504	ZJLY-316	柯岭山	ZJLY-316:3YII	23.31	113.81	45	陶			夹细砂硬陶	红褐		菱格纹						西周至春秋
5505	ZJLY-316	柯岭山	ZJLY-316:4YII	23.31	113.81	46	陶			泥质细硬陶	青灰		方格纹						西周至春秋
5506	ZJLY-316	柯岭山	ZJLY-316:5YII	23.31	113.81	46	陶			泥质细硬陶	红褐		方格纹						西周至春秋
5507	ZJLY-316	柯岭山	ZJLY-316:6YII	23.31	113.81	38	陶	罐	口沿	泥质细硬陶	红褐		方格纹						西周至春秋
5508	ZJLY-316	柯岭山	ZJLY-316:7①YII	23.31	113.81	38	陶			泥质粗硬陶	红褐		方格纹						战国至南越国
5509	ZJLY-316	柯岭山	ZJLY-316:7②YII	23.31	113.81	38	陶			泥质细硬陶	红褐		方格纹						战国至南越国
5510	ZJLY-316	柯岭山	ZJLY-316:8YII	23.31	113.81	42	陶			泥质细硬陶	灰		方格纹						西周至春秋
5511	ZJLY-316	柯岭山	ZJLY-316:9YII	23.31	113.81	40	陶			泥质粗硬陶	灰黑		菱格凸块纹						西周至春秋
5512	ZJLY-316	柯岭山	ZJLY-316:10YII	23.31	113.81	40	陶			泥质细硬陶	红褐		勾连云雷纹						西周至春秋
5513	ZJLY-316	柯岭山	ZJLY-316:11YII	23.31	113.81	38	陶			泥质粗硬陶	灰黑		方格纹						西周至春秋
5514	ZJLY-316	柯岭山	ZJLY-316:1ZI	23.31	113.81	18	陶	罐	口沿	泥质粗硬陶	深灰		方格纹						战国至南越国
5515	ZJLY-316	柯岭山	ZJLY-316:2ZI	23.31	113.81	39	陶			泥质细硬陶	灰		方格纹						战国至南越国
5516	ZJLY-316	柯岭山	ZJLY-316:3ZI	23.31	113.81	39	陶			泥质粗软陶	灰		菱格纹						西周至春秋
5517	ZJLY-316	柯岭山	ZJLY-316:4ZI	23.31	113.81	39	陶			泥质细硬陶	红褐		曲折纹						西周至春秋
5518	ZJLY-316	柯岭山	ZJLY-316:5ZI	23.31	113.81	38	陶			泥质细硬陶	红褐		网格纹						西周至春秋
5519	ZJLY-316	柯岭山	ZJLY-316:6ZI	23.31	113.81	39	陶			泥质粗硬陶	红褐		方格纹						战国至南越国
5520	ZJLY-316	柯岭山	ZJLY-316:7ZI	23.31	113.81	41	陶	碗		泥质细硬陶	深灰		素面						战国至南越国

序号	遗址编号	遗址名称	遗物编号	纬度（度）	经度（度）	海拔（米）	质地	器形	部位	陶质	颜色	釉色	纹饰	刻划符号	石器岩性	石器完整程度	石器硬度	石器风化程度	年代
5521	ZJLY-316	柯岭山	ZJLY-316:8ZⅠ	23.31	113.81	36	陶			泥质细硬陶	灰		方格纹、弦纹						西周至春秋
5522	ZJLY-316	柯岭山	ZJLY-316:9ZⅠ	23.31	113.81	39	陶			泥质粗硬陶	红		方格纹						战国至南越国
5523	ZJLY-316	柯岭山	ZJLY-316:10ZⅠ	23.31	113.81	33	陶			泥质细硬陶	灰		方格纹、弦纹						西周至春秋
5524	ZJLY-316	柯岭山	ZJLY-316:11ZⅠ	23.31	113.81	33	陶			泥质细硬陶	红褐		方格纹						西周至春秋
5525	ZJLY-316	柯岭山	ZJLY-316:12ZⅠ	23.31	113.81	30	陶			泥质细硬陶	深灰		方格纹						战国至南越国
5526	ZJLY-316	柯岭山	ZJLY-316:13ZⅠ	23.31	113.81	34	陶			泥质粗硬陶	红褐		方格纹、夔纹						西周至春秋
5527	ZJLY-316	柯岭山	ZJLY-316:14ZⅠ	23.31	113.81	30	陶			泥质细硬陶	深灰		夔纹						西周至春秋
5528	ZJLY-316	柯岭山	ZJLY-316:15ZⅠ	23.31	113.81	30	陶			泥质细硬陶	灰黑		方格纹						西周至春秋
5529	ZJLY-316	柯岭山	ZJLY-316:16ZⅠ	23.31	113.81	38	陶			泥质粗硬陶	红褐		方格纹						西周至春秋
5530	ZJLY-316	柯岭山	ZJLY-316:17ZⅠ	23.31	113.81	40	陶			泥质细硬陶	红褐		方格纹						西周至春秋
5531	ZJLY-316	柯岭山	ZJLY-316:18ZⅠ	23.31	113.81	46	陶			泥质细硬陶	深灰		网格纹						西周至春秋
5532	ZJLY-316	柯岭山	ZJLY-316:19ZⅠ	23.31	113.81	45	陶	罐	口沿	泥质细硬陶	红褐		网格纹						西周至春秋
5533	ZJLY-316	柯岭山	ZJLY-316:20ZⅠ	23.31	113.81	45	陶			泥质细硬陶	灰		方格纹						西周至春秋
5534	ZJLY-316	柯岭山	ZJLY-316:21ZⅠ	23.31	113.81	47	陶			泥质细硬陶	灰		方格纹						西周至春秋
5535	ZJLY-316	柯岭山	ZJLY-316:22ZⅠ	23.31	113.81	49	陶			泥质粗硬陶	灰		方格纹						西周至春秋
5536	ZJLY-316	柯岭山	ZJLY-316:23ZⅠ	23.31	113.81	48	陶			泥质细硬陶	灰黑		方格纹						战国至南越国
5537	ZJLY-316	柯岭山	ZJLY-316:24ZⅠ	23.31	113.81	48	陶			泥质细硬陶	灰		方格纹、弦纹						西周至春秋
5538	ZJLY-316	柯岭山	ZJLY-316:25ZⅠ	23.31	113.81	48	陶	罐	口沿	泥质细硬陶	深灰		方格纹						战国至南越国
5539	ZJLY-316	柯岭山	ZJLY-316:26ZⅠ	23.31	113.81	40	陶			泥质细硬陶	灰褐		方格纹						西周至春秋
5540	ZJLY-316	柯岭山	ZJLY-316:27ZⅠ	23.31	113.81	40	陶			泥质粗硬陶	灰		方格纹						西周至春秋
5541	ZJLY-316	柯岭山	ZJLY-316:28ZⅠ	23.31	113.81	25	陶			泥质细硬陶	红褐		方格纹						战国至南越国
5542	ZJLY-316	柯岭山	ZJLY-316:29ZⅠ	23.31	113.81	33	陶			泥质细硬陶	深灰		方格纹、篦点纹						战国至南越国
5543	ZJLY-317	马屋山	ZJLY-317:1T	23.31	113.81	13	陶			泥质细硬陶	灰褐		方格纹						战国至南越国
5544	ZJLY-317	马屋山	ZJLY-317:2T	23.31	113.81	20	陶			泥质细硬陶	灰褐		三角格纹						西周至春秋
5545	ZJLY-317	马屋山	ZJLY-317:3T	23.31	113.81	25	陶			泥质粗硬陶	深灰		三角格纹						战国至南越国
5546	ZJLY-317	马屋山	ZJLY-317:4T	23.31	113.81	13	陶			泥质细硬陶	灰褐		方格纹						战国至南越国
5547	ZJLY-317	马屋山	ZJLY-317:5T	23.30	113.81	25	陶			泥质细硬陶	灰		夔纹、弦纹						西周至春秋
5548	ZJLY-317	马屋山	ZJLY-317:6T	23.30	113.81	27	陶			泥质细硬陶	灰		方格纹（外）、水波纹、弦纹（内）						西周至春秋
5549	ZJLY-317	马屋山	ZJLY-317:7T	23.30	113.81	22	陶			泥质细硬陶	青灰		素面						战国至南越国
5550	ZJLY-317	马屋山	ZJLY-317:1YⅡ	23.31	113.81	8	陶			泥质细硬陶	橙黄		方格纹						西周至春秋
5551	ZJLY-317	马屋山	ZJLY-317:2YⅡ	23.30	113.81	17	陶			泥质粗硬陶	深灰		三角格纹						战国至南越国

序号	遗址编号	遗址名称	遗物编号	纬度(度)	经度(度)	海拔(米)	质地	器形	部位	陶质	颜色	釉色	纹饰	刻划符号编号	石器岩性	石器完整程度	石器硬度	石器风化程度	年代
5552	ZJLY-317	马屋山	ZJLY-317:1ZⅠ	23.31	113.81	17	陶			泥质粗硬陶	灰褐		方格纹						战国至南越国
5553	ZJLY-317	马屋山	ZJLY-317:2ZⅠ	23.30	113.81	21	陶			泥质相硬陶	青灰		方格纹						战国至南越国
5554	ZJLY-317	马屋山	ZJLY-317:3ZⅠ	23.31	113.81	15	陶			泥质相硬陶	灰褐		水波纹、弦纹						战国至南越国
5555	ZJLY-317	马屋山	ZJLY-317:4ZⅠ	23.31	113.81	10	瓷	碗			灰白	青釉	素面						唐末
5556	ZJLY-318	庆丰山背山	ZJLY-318:1T	23.30	113.81	37	陶			泥质相硬陶	灰		夔纹						西周至春秋
5557	ZJLY-318	庆丰山背山	ZJLY-318:2T	23.30	113.81	37	陶			泥质相硬陶	灰褐		夔纹						西周至春秋
5558	ZJLY-318	庆丰山背山	ZJLY-318:3T	23.30	113.81	33	陶			泥质相硬陶	深灰		方格纹						西周至春秋
5559	ZJLY-318	庆丰山背山	ZJLY-318:4T	23.30	113.81	34	陶			泥质相硬陶	灰褐		夔纹						西周至春秋
5560	ZJLY-318	庆丰山背山	ZJLY-318:5T	23.30	113.81	34	陶			泥质细硬陶	青灰		网格纹						西周至春秋
5561	ZJLY-318	庆丰山背山	ZJLY-318:6T	23.30	113.81	36	陶			泥质相硬陶	灰		夔纹						西周至春秋
5562	ZJLY-318	庆丰山背山	ZJLY-318:7T	23.30	113.81	36	陶			泥质细硬陶	灰褐		方格纹、夔纹						西周至春秋
5563	ZJLY-318	庆丰山背山	ZJLY-318:8T	23.30	113.81	36	陶			泥质细硬陶	灰褐		夔纹、弦纹						西周至春秋
5564	ZJLY-318	庆丰山背山	ZJLY-318:9T	23.30	113.81	34	陶			泥质细硬陶	灰褐		夔纹						西周至春秋
5565	ZJLY-318	庆丰山背山	ZJLY-318:10T	23.30	113.81	34	陶			泥质细硬陶	灰		夔纹						西周至春秋
5566	ZJLY-318	庆丰山背山	ZJLY-318:11T	23.30	113.81	32	陶			泥质细软陶	青灰		夔纹						西周至春秋
5567	ZJLY-318	庆丰山背山	ZJLY-318:12T	23.30	113.81	32	陶			泥质相硬陶	青灰		方格纹						西周至春秋
5568	ZJLY-318	庆丰山背山	ZJLY-318:13T	23.30	113.81	30	陶			泥质相硬陶	灰褐		方格纹						西周至春秋
5569	ZJLY-318	庆丰山背山	ZJLY-318:14T	23.30	113.81	30	陶			泥质相硬陶	灰褐		方格纹						西周至春秋
5570	ZJLY-318	庆丰山背山	ZJLY-318:15T	23.30	113.81	30	陶			泥质相硬陶	灰褐		方格纹						西周至春秋
5571	ZJLY-318	庆丰山背山	ZJLY-318:16T	23.30	113.81	30	陶			泥质相硬陶	灰褐		方格纹						西周至春秋
5572	ZJLY-318	庆丰山背山	ZJLY-318:17T	23.30	113.81	27	陶			泥质相硬陶	灰		篦划纹、弦纹						西周至春秋
5573	ZJLY-318	庆丰山背山	ZJLY-318:18T	23.30	113.81	25	陶			泥质相硬陶	青灰		方格纹						西周至春秋
5574	ZJLY-318	庆丰山背山	ZJLY-318:19T	23.30	113.81	32	陶			泥质相硬陶	青灰		方格纹						西周至春秋
5575	ZJLY-318	庆丰山背山	ZJLY-318:20T	23.30	113.81	30	陶			泥质相硬陶	灰褐		菱格凸块纹						西周至春秋
5576	ZJLY-318	庆丰山背山	ZJLY-318:21T	23.30	113.81	30	陶			泥质相硬陶	灰褐		夔纹						西周至春秋
5577	ZJLY-318	庆丰山背山	ZJLY-318:22T	23.30	113.81	30	陶			泥质相硬陶	灰褐		夔纹						西周至春秋
5578	ZJLY-318	庆丰山背山	ZJLY-318:23T	23.30	113.81	30	陶			泥质相硬陶	灰褐		夔纹						西周至春秋
5579	ZJLY-318	庆丰山背山	ZJLY-318:24T	23.30	113.81	31	陶			泥质相硬陶	红褐		方格纹						西周至春秋
5580	ZJLY-318	庆丰山背山	ZJLY-318:25T	23.30	113.81	33	陶			泥质细硬陶	红褐		菱格凸块纹						西周至春秋
5581	ZJLY-318	庆丰山背山	ZJLY-318:26T	23.30	113.81	28	陶			泥质细硬陶	红褐		方格纹、夔纹						西周至春秋
5582	ZJLY-318	庆丰山背山	ZJLY-318:27T	23.30	113.81	32	陶			泥质相硬陶	灰褐		重圈凸点纹						西周至春秋

序号	遗址编号	遗址名称	遗物编号	纬度（度）	经度（度）	海拔（米）	质地	器形	部位	陶质	颜色	釉色	纹饰	刻划符号	石器岩性	石器完整程度	石器硬度	石器风化程度	年代
5583	ZJLY-318	庆丰山山背山	ZJLY-318:28T	23.30	113.81	30	陶			泥质粗硬陶	灰褐		重圈凸点纹						西周至春秋
5584	ZJLY-318	庆丰山山背山	ZJLY-318:29T	23.30	113.81	33	陶			泥质粗硬陶	灰褐		方格纹						西周至春秋
5585	ZJLY-318	庆丰山山背山	ZJLY-318:30T	23.30	113.81	33	陶			泥质细硬陶	灰		方格纹						西周至春秋
5586	ZJLY-318	庆丰山山背山	ZJLY-318:31T	23.30	113.81	33	陶			泥质细硬陶	深灰		方格纹						西周至春秋
5587	ZJLY-318	庆丰山山背山	ZJLY-318:32T	23.30	113.81	31	陶			泥质粗硬陶	灰褐		夔纹						西周至春秋
5588	ZJLY-318	庆丰山山背山	ZJLY-318:33T	23.30	113.81	35	陶			泥质细硬陶	深灰		菱格凸块纹						西周至春秋
5589	ZJLY-318	庆丰山山背山	ZJLY-318:34T	23.30	113.81	35	陶			泥质细硬陶	青灰		方格纹						西周至春秋
5590	ZJLY-318	庆丰山山背山	ZJLY-318:35T	23.30	113.81	34	陶			泥质细硬陶	青灰		方格纹						西周至春秋
5591	ZJLY-318	庆丰山山背山	ZJLY-318:1YII	23.30	113.81	27	陶			泥质细硬陶	灰褐		方格纹						西周至春秋
5592	ZJLY-318	庆丰山山背山	ZJLY-318:2YII	23.30	113.81	23	陶			泥质粗硬陶	灰褐		方格纹、泫纹						西周至春秋
5593	ZJLY-318	庆丰山山背山	ZJLY-318:3YII	23.30	113.81	30	陶			泥质细硬陶	橙黄		方格纹、夔纹						西周至春秋
5594	ZJLY-318	庆丰山山背山	ZJLY-318:4YII	23.30	113.81	27	陶			泥质粗硬陶	灰		菱格凸块纹						西周至春秋
5595	ZJLY-318	庆丰山山背山	ZJLY-318:5YII	23.30	113.81	27	陶			泥质粗硬陶	深灰		方格纹、夔纹						西周至春秋
5596	ZJLY-318	庆丰山山背山	ZJLY-318:6YII	23.30	113.81	27	陶			泥质粗硬陶	灰褐		方格纹						西周至春秋
5597	ZJLY-318	庆丰山山背山	ZJLY-318:7YII	23.30	113.81	32	陶			泥质粗硬陶	深灰		方格纹、夔纹						西周至春秋
5598	ZJLY-318	庆丰山山背山	ZJLY-318:8YII	23.30	113.81	29	陶			泥质细硬陶	深灰		方格纹						西周至春秋
5599	ZJLY-318	庆丰山山背山	ZJLY-318:9YII	23.30	113.81	30	陶			泥质粗硬陶	灰褐		夔纹、回字纹、泫纹						西周至春秋
5600	ZJLY-318	庆丰山山背山	ZJLY-318:10YII	23.30	113.81	35	陶			泥质细硬陶	青灰		方格纹						西周至春秋
5601	ZJLY-318	庆丰山山背山	ZJLY-318:11YII	23.30	113.81	38	陶			泥质粗硬陶	灰		方格纹						西周至春秋
5602	ZJLY-318	庆丰山山背山	ZJLY-318:12YII	23.30	113.81	39	陶			泥质粗硬陶	灰褐		夔纹						西周至春秋
5603	ZJLY-318	庆丰山山背山	ZJLY-318:13YII	23.30	113.81	36	陶			泥质粗硬陶	灰褐		方格纹、重菱格凸点纹						西周至春秋
5604	ZJLY-318	庆丰山山背山	ZJLY-318:14YII	23.30	113.81	34	陶			泥质细硬陶	灰		夔纹、菱格凸块纹						西周至春秋
5605	ZJLY-318	庆丰山山背山	ZJLY-318:15YII	23.30	113.81	24	陶			泥质粗硬陶	灰褐		方格纹						西周至春秋
5606	ZJLY-318	庆丰山山背山	ZJLY-318:16YII	23.30	113.81	23	陶			泥质粗硬陶	灰褐		方格纹						西周至春秋
5607	ZJLY-318	庆丰山山背山	ZJLY-318:1ZI	23.30	113.81	28	铜	镞											西周至春秋
5608	ZJLY-318	庆丰山山背山	ZJLY-318:2ZI	23.30	113.81	22	陶			泥质细硬陶	灰		夔纹						西周至春秋
5609	ZJLY-318	庆丰山山背山	ZJLY-318:3ZI	23.30	113.81	22	陶			泥质粗硬陶	灰褐		菱格凸块纹						西周至春秋
5610	ZJLY-318	庆丰山山背山	ZJLY-318:4ZI	23.30	113.81	35	陶			泥质粗硬陶	青灰		方格纹						西周至春秋
5611	ZJLY-318	庆丰山山背山	ZJLY-318:5ZI	23.30	113.81	32	陶			泥质细硬陶	灰		方格纹						西周至春秋
5612	ZJLY-318	庆丰山山背山	ZJLY-318:6ZI	23.30	113.81	32	陶			泥质粗硬陶	青灰		方格纹						西周至春秋
5613	ZJLY-318	庆丰山山背山	ZJLY-318:7ZI	23.30	113.81	29	陶			泥质细硬陶	灰褐		方格纹、重菱格纹						西周至春秋

序号	遗址编号	遗址名称	遗物编号	纬度（度）	经度（度）	海拔（米）	质地	器形	部位	陶质	颜色	釉色	纹饰	刻划符号	石器岩性	石器完整程度	石器硬度	石器风化程度	年代
5614	ZJLY-318	庆丰山背山	ZJLY-318:8Z I	23.30	113.81	33	陶			泥质细硬陶	灰褐		篦点纹、弦纹						西周至春秋
5615	ZJLY-318	庆丰山背山	ZJLY-318:9Z I	23.30	113.81	25	陶			泥质细硬陶	灰		夔纹						西周至春秋
5616	ZJLY-318	庆丰山背山	ZJLY-318:10Z I	23.30	113.80	23	陶			泥质粗硬陶	灰褐		夔纹						西周至春秋
5617	ZJLY-319	新联后龙山	ZJLY-319:1T	23.30	113.80	38	陶			泥质粗硬陶	灰褐		曲折纹						西周至春秋
5618	ZJLY-319	新联后龙山	ZJLY-319:2T	23.30	113.80	38	陶			夹砂软陶	灰黑		素面						新石器时代晚期至商代
5619	ZJLY-319	新联后龙山	ZJLY-319:3T	23.30	113.80	43	陶			泥质细硬陶	深灰		方格纹						西周至春秋
5620	ZJLY-319	新联后龙山	ZJLY-319:4T	23.30	113.80	40	陶			泥质细硬陶	红褐		素面						战国至南越国
5621	ZJLY-319	新联后龙山	ZJLY-319:5T	23.30	113.80	39	陶			泥质细硬陶	青灰		方格纹						战国至南越国
5622	ZJLY-319	新联后龙山	ZJLY-319:1Y II	23.30	113.80	18	陶			泥质细硬陶	青灰		方格纹						西周至春秋
5623	ZJLY-319	新联后龙山	ZJLY-319:2Y II	23.30	113.80	15	陶			泥质粗硬陶	灰		夔纹						西周至春秋
5624	ZJLY-319	新联后龙山	ZJLY-319:3Y II	23.30	113.80	15	陶			泥质粗硬陶	青灰		方格纹						西周至春秋
5625	ZJLY-319	新联后龙山	ZJLY-319:4Y II	23.30	113.80	13	陶			泥质细硬陶	青灰		方格纹						战国至南越国
5626	ZJLY-319	新联后龙山	ZJLY-319:5Y II	23.30	113.80	16	陶			泥质细硬陶	灰		方格纹						战国至南越国
5627	ZJLY-319	新联后龙山	ZJLY-319:6Y II	23.30	113.80	14	陶	罐	口沿	泥质细硬陶	灰褐		方格纹						战国至南越国
5628	ZJLY-319	新联后龙山	ZJLY-319:7Y II	23.30	113.80	14	陶			泥质细硬陶	深灰		方格纹						西周至春秋
5629	ZJLY-319	新联后龙山	ZJLY-319:8Y II	23.30	113.80	16	陶			夹砂细硬陶	灰黑		素面						新石器时代晚期至商代
5630	ZJLY-319	新联后龙山	ZJLY-319:1Z I	23.30	113.80	15	陶			泥质细硬陶	深灰		夔纹						西周至春秋
5631	ZJLY-319	新联后龙山	ZJLY-319:2Z I	23.30	113.80	15	陶	罐	口沿	泥质细硬陶	深灰		素面						西周至春秋
5632	ZJLY-319	新联后龙山	ZJLY-319:3Z I	23.30	113.80	15	陶			泥质细硬陶	深灰		夔纹						西周至春秋
5633	ZJLY-319	新联后龙山	ZJLY-319:4Z I	23.30	113.80	12	陶			夹砂细硬陶	青灰		曲折纹						新石器时代晚期至商代
5634	ZJLY-319	新联后龙山	ZJLY-319:5Z I	23.30	113.80	22	陶			泥质细硬陶	青灰		方格纹						战国至南越国
5635	ZJLY-319	新联后龙山	ZJLY-319:6Z I	23.30	113.80	21	陶			泥质细硬陶	灰褐		方格纹						战国至南越国
5636	ZJLY-319	新联后龙山	ZJLY-319:7Z I	23.30	113.80	24	陶			泥质细软陶	橙黄		叶脉纹						新石器时代晚期至商代
5637	ZJLY-319	新联后龙山	ZJLY-319:8Z I	23.30	113.80	27	陶			泥质细硬陶	灰		米字纹						战国至南越国
5638	ZJLY-320	洋溪后龙山	ZJLY-320:1T	23.30	113.80	27	陶			泥质细硬陶	灰褐		夔纹						西周至春秋
5639	ZJLY-320	洋溪后龙山	ZJLY-320:1Y II	23.30	113.80	27	陶			夹砂粗硬陶	灰黑		素面						新石器时代晚期至商代
5640	ZJLY-320	洋溪后龙山	ZJLY-320:2Y II	23.30	113.80	29	陶			泥质细硬陶	灰		方格纹						西周至春秋
5641	ZJLY-320	洋溪后龙山	ZJLY-320:3Y II	23.30	113.80	19	陶			泥质细硬陶	灰		方格纹						西周至春秋
5642	ZJLY-320	洋溪后龙山	ZJLY-320:4Y II	23.30	113.80	22	陶			泥质粗硬陶	灰褐		方格纹（外）、夔纹（内）	有					西周至春秋
5643	ZJLY-320	洋溪后龙山	ZJLY-320:5Y II	23.30	113.80	23	陶			夹砂软陶	灰黑		素面						新石器时代晚期至商代
5644	ZJLY-320	洋溪后龙山	ZJLY-320:6Y II	23.30	113.80	17	陶			泥质细硬陶	灰		方格纹						西周至春秋

序号	遗址编号	遗址名称	遗物编号	纬度（度）	经度（度）	海拔（米）	质地	器形	部位	陶质	颜色	釉色	纹饰	刻划符号	石器岩性	石器完整程度	石器硬度	石器风化程度	年代
5645	ZJLY-320	洋溪后龙山	ZJLY-320:7YⅡ	23.30	113.80	17	陶			泥质粗硬陶	灰褐		方格纹						西周至春秋
5646	ZJLY-320	洋溪后龙山	ZJLY-320:8YⅡ	23.30	113.80	32	陶			泥质粗硬陶	深灰		勾连云雷纹						西周至春秋
5647	ZJLY-320	洋溪后龙山	ZJLY-320:9YⅡ	23.30	113.80	32	石	戈			青灰				角岩	残	7	未风化	新石器时代晚期至商代
5648	ZJLY-320	洋溪后龙山	ZJLY-320:10YⅡ	23.30	113.80	27	陶			泥质细软陶	灰		素面						新石器时代晚期至商代
5649	ZJLY-320	洋溪后龙山	ZJLY-320:11YⅡ	23.30	113.80	28	陶			泥质细软陶	灰		素面						新石器时代晚期至商代
5650	ZJLY-320	洋溪后龙山	ZJLY-320:12YⅡ	23.30	113.80	29	陶			夹粗砂软陶	灰黑		素面						新石器时代晚期至商代
5651	ZJLY-320	洋溪后龙山	ZJLY-320:13YⅡ	23.30	113.80	32	陶			泥质粗硬陶	青灰		方格纹						西周至春秋
5652	ZJLY-320	洋溪后龙山	ZJLY-320:14YⅡ	23.30	113.80	32	陶	器座		泥质细软陶	红褐		素面						新石器时代晚期至商代
5653	ZJLY-320	洋溪后龙山	ZJLY-320:15YⅡ	23.30	113.80	32	陶			泥质粗硬陶	灰褐		方格纹						西周至春秋
5654	ZJLY-320	洋溪后龙山	ZJLY-320:16YⅡ	23.30	113.80	34	石	砺石			红褐				砂岩	残	6	未风化	新石器时代晚期至商代
5655	ZJLY-320	洋溪后龙山	ZJLY-320:17YⅡ	23.30	113.80	30	陶			夹粗砂软陶	灰		素面						新石器时代晚期至商代
5656	ZJLY-320	洋溪后龙山	ZJLY-320:18YⅡ	23.30	113.80	30	陶			夹粗砂软陶	灰黑		素面						新石器时代晚期至商代
5657	ZJLY-320	洋溪后龙山	ZJLY-320:1ZⅠ	23.30	113.80	30	石	锛			青灰				片岩	残	6	未风化	新石器时代晚期至商代
5658	ZJLY-320	洋溪后龙山	ZJLY-320:2ZⅠ	23.30	113.80	24	陶			夹粗砂软陶	灰黑		素面						新石器时代晚期至商代
5659	ZJLY-320	洋溪后龙山	ZJLY-320:3ZⅠ	23.30	113.80	24	陶			泥质细软陶	灰		未定名						新石器时代晚期至商代
5660	ZJLY-320	洋溪后龙山	ZJLY-320:4ZⅠ	23.30	113.80	36	陶			夹粗砂硬陶	灰褐		曲折纹						新石器时代晚期至商代
5661	ZJLY-320	洋溪后龙山	ZJLY-320:5ZⅠ	23.30	113.80	36	陶			泥质粗硬陶	青灰		方格纹						西周至春秋
5662	ZJLY-320	洋溪后龙山	ZJLY-320:6ZⅠ	23.30	113.80	36	陶			泥质粗硬陶	灰		方格纹						西周至春秋
5663	ZJLY-320	洋溪后龙山	ZJLY-320:7ZⅠ	23.30	113.80	23	陶			泥质粗硬陶	深灰		素面						西周至春秋
5664	ZJLY-320	洋溪后龙山	ZJLY-320:8ZⅠ	23.30	113.80	23	陶			泥质粗硬陶	灰褐		勾连云雷纹						西周至春秋
5665	ZJLY-320	洋溪后龙山	ZJLY-320:9ZⅠ	23.30	113.80	32	瓷	碗	底			青釉	素面、席纹						唐末
5666	ZJLY-320	洋溪后龙山	ZJLY-320:10ZⅠ	23.30	113.80	30	陶			泥质粗软陶	灰褐		方格纹、席纹						西周至春秋
5667	ZJLY-320	洋溪后龙山	ZJLY-320:11ZⅠ	23.30	113.80	46	陶			泥质细软陶	灰		素面						新石器时代晚期至商代
5668	ZJLY-320	洋溪后龙山	ZJLY-320:12ZⅠ	23.30	113.80	44	陶			泥质细软陶	青灰		指甲纹						新石器时代晚期至商代
5669	ZJLY-320	洋溪后龙山	ZJLY-320:13ZⅠ	23.30	113.80	39	陶	盆	口沿	夹粗砂软陶	灰黑		素面						新石器时代晚期至商代
5670	ZJLY-320	洋溪后龙山	ZJLY-320:14ZⅠ	23.30	113.80	44	陶	罐	口沿	夹粗砂硬陶	灰褐		素面						新石器时代晚期至商代
5671	ZJLY-320	洋溪后龙山	ZJLY-320:15ZⅠ	23.30	113.80	43	陶			泥质粗硬陶	深灰		方格纹						西周至春秋
5672	ZJLY-320	洋溪后龙山	ZJLY-320:16ZⅠ	23.30	113.80	42	陶			夹粗砂硬陶	灰黑		素面						西周至春秋
5673	ZJLY-320	洋溪后龙山	ZJLY-320:17ZⅠ	23.30	113.80	39	石	双肩石锛			深灰				凝灰岩	残	6	未风化	新石器时代晚期至商代
5674	ZJLY-320	洋溪后龙山	ZJLY-320:18ZⅠ	23.30	113.80	25	陶			泥质粗硬陶	青灰		方格纹、夔纹						西周至春秋
5675	ZJLY-321	奄前后龙山	ZJLY-321:1T	23.30	113.79	23	陶	罐	口沿	夹粗砂软陶	灰褐		素面						新石器时代晚期至商代

序号	遗址编号	遗址名称	遗物编号	纬度（度）	经度（度）	海拔（米）	质地	器形	部位	陶质	颜色	釉色	纹饰	刻划符号	石器岩性	石器完整程度	石器硬度	石器风化程度	年代
5676	ZJLY-321	奄前后龙山	ZJLY-321:2T	23.30	113.79	24	陶			夹粗砂炭黑陶	灰黑		素面						新石器时代晚期至商代
5677	ZJLY-321	奄前后龙山	ZJLY-321:1YⅡ	23.30	113.79	30	陶			泥质粗硬陶	灰褐		方格对角线纹						战国至南越国
5678	ZJLY-321	奄前后龙山	ZJLY-321:2YⅡ	23.30	113.79	29	陶			泥质粗硬陶	深灰		方格纹						战国至南越国
5679	ZJLY-321	奄前后龙山	ZJLY-321:3YⅡ	23.30	113.79	29	陶			泥质细硬陶	深灰		米字纹						战国至南越国
5680	ZJLY-321	奄前后龙山	ZJLY-321:4YⅡ	23.30	113.79	30	陶			泥质粗硬陶	深灰		方格纹						战国至南越国
5681	ZJLY-321	奄前后龙山	ZJLY-321:5YⅡ	23.30	113.79	34	陶			泥质细硬陶	灰褐		素面						战国至南越国
5682	ZJLY-321	奄前后龙山	ZJLY-321:6YⅡ	23.30	113.79	36	陶			泥质粗硬陶	红褐		方格纹						战国至南越国
5683	ZJLY-321	奄前后龙山	ZJLY-321:7YⅡ	23.30	113.79	36	陶			泥质细硬陶	灰褐		素面						战国至南越国
5684	ZJLY-321	奄前后龙山	ZJLY-321:8YⅡ	23.30	113.79	38	陶			泥质粗硬陶	红褐		素面						战国至南越国
5685	ZJLY-321	奄前后龙山	ZJLY-321:9YⅡ	23.30	113.79	32	陶			泥质细硬陶	红褐		三角格纹						战国至南越国
5686	ZJLY-321	奄前后龙山	ZJLY-321:10YⅡ	23.30	113.79	33	陶			泥质粗硬陶	灰褐		三角格纹						战国至南越国
5687	ZJLY-321	奄前后龙山	ZJLY-321:11YⅡ	23.30	113.79	32	陶			泥质粗硬陶	深灰		方格纹						战国至南越国
5688	ZJLY-321	奄前后龙山	ZJLY-321:12YⅡ	23.30	113.79	33	陶			泥质细硬陶	灰灰		方格纹						战国至南越国
5689	ZJLY-321	奄前后龙山	ZJLY-321:13YⅡ	23.30	113.79	30	陶			泥质粗硬陶	灰褐		三角格纹						战国至南越国
5690	ZJLY-321	奄前后龙山	ZJLY-321:14YⅡ	23.30	113.79	31	陶			泥质细硬陶	深灰		方格纹						战国至南越国
5691	ZJLY-321	奄前后龙山	ZJLY-321:15YⅡ	23.30	113.79	26	陶			泥质粗硬陶	灰灰	酱釉	锯齿纹、弦纹						战国至南越国
5692	ZJLY-321	奄前后龙山	ZJLY-321:16YⅡ	23.30	113.79	33	陶			泥质粗硬陶	灰灰		方格纹						战国至南越国
5693	ZJLY-321	奄前后龙山	ZJLY-321:17YⅡ	23.30	113.79	36	陶			泥质粗硬陶	青灰		方格纹						战国至南越国
5694	ZJLY-321	奄前后龙山	ZJLY-321:1ZⅠ	23.30	113.79	33	陶			泥质细硬陶	深灰		方格对角线纹						战国至南越国
5695	ZJLY-321	奄前后龙山	ZJLY-321:2ZⅠ	23.30	113.79	31	陶			泥质细硬陶	深灰		米字纹						战国至南越国
5696	ZJLY-321	奄前后龙山	ZJLY-321:3ZⅠ	23.30	113.79	33	陶			泥质粗硬陶	灰灰		方格对角线纹						战国至南越国
5697	ZJLY-321	奄前后龙山	ZJLY-321:4ZⅠ	23.30	113.79	32	陶			泥质粗硬陶	红褐		方格纹						战国至南越国
5698	ZJLY-321	奄前后龙山	ZJLY-321:5ZⅠ	23.30	113.79	28	陶			泥质细硬陶	红褐		方格纹						战国至南越国
5699	ZJLY-321	奄前后龙山	ZJLY-321:6ZⅠ	23.30	113.79	28	陶			泥质粗硬陶	灰灰		方格纹						战国至南越国
5700	ZJLY-321	奄前后龙山	ZJLY-321:7ZⅠ	23.30	113.79	24	陶			泥质粗硬陶	深灰		重方格对角线纹						战国至南越国
5701	ZJLY-321	奄前后龙山	ZJLY-321:8ZⅠ	23.30	113.79	26	陶			泥质粗硬陶	深灰		方格对角线纹						战国至南越国
5702	ZJLY-322	蛇头岭后龙山	ZJLY-322:1T	23.30	113.79	38	陶			泥质细硬陶	青灰		米字纹						战国至南越国
5703	ZJLY-322	蛇头岭后龙山	ZJLY-322:1ZⅠ	23.30	113.79	13	陶			泥质细硬陶	青灰		网格纹						西周至春秋
5704	ZJLY-322	蛇头岭后龙山	ZJLY-322:2ZⅠ	23.30	113.78	37	陶			泥质细硬陶	灰褐		卷云雷纹、菱格凸点纹、弦纹、曲折纹						西周至春秋
5705	ZJLY-323	移民青背山	ZJLY-323:1YⅡ	23.30	113.79	44	陶			泥质粗硬陶	灰褐		夔纹						西周至春秋
5706	ZJLY-323	移民青背山	ZJLY-323:2YⅡ	23.30	113.78	49	陶			泥质粗硬陶	灰褐		方格纹、夔纹						西周至春秋

序号	遗址编号	遗址名称	遗物编号	纬度（度）	经度（度）	海拔（米）	质地	器形	部位	陶质	颜色	釉色	纹饰	刻划符号	石器岩性	石器完整程度	石器硬度	石器风化程度	年代
5707	ZJLY-324	粪箕岭	ZJLY-324:1T	23.30	113.79	15	陶	罐	口沿	夹细砂硬陶	灰		绳纹						新石器时代晚期至商代
5708	ZJLY-324	粪箕岭	ZJLY-324:2T	23.30	113.79	10	石				青灰					残			新石器时代晚期至商代
5709	ZJLY-324	粪箕岭	ZJLY-324:3①T	23.30	113.79	17	陶			泥质粗硬陶	灰白		长方格纹						新石器时代晚期至商代
5710	ZJLY-324	粪箕岭	ZJLY-324:3②T	23.30	113.79	17	陶			泥质粗软陶	灰白		同断条纹						新石器时代晚期至商代
5711	ZJLY-324	粪箕岭	ZJLY-324:4T	23.30	113.79	24	陶	罐	圈足	夹细砂硬陶	灰黑		素面						新石器时代晚期至商代
5712	ZJLY-324	粪箕岭	ZJLY-324:5T	23.30	113.79	24	陶			夹细砂硬陶	灰		素面						新石器时代晚期至商代
5713	ZJLY-324	粪箕岭	ZJLY-324:6T	23.30	113.79	23	陶			夹粗砂软陶	灰褐		素面						新石器时代晚期至商代
5714	ZJLY-324	粪箕岭	ZJLY-324:7T	23.30	113.79	23	陶			泥质粗硬陶	灰褐		米字纹						战国至南越国
5715	ZJLY-324	粪箕岭	ZJLY-324:8T	23.30	113.79	23	石	饼			青灰				片岩	完整	6	未风化	新石器时代晚期至商代
5716	ZJLY-324	粪箕岭	ZJLY-324:9T	23.30	113.79	27	陶			夹细砂硬陶	灰白		席纹						新石器时代晚期至商代
5717	ZJLY-324	粪箕岭	ZJLY-324:10T	23.30	113.79	21	陶			泥质粗硬陶	灰白		曲折纹						新石器时代晚期至商代
5718	ZJLY-324	粪箕岭	ZJLY-324:11T	23.30	113.79	21	陶			泥质粗硬陶	深灰		长方格纹						新石器时代晚期至商代
5719	ZJLY-324	粪箕岭	ZJLY-324:12T	23.30	113.79	22	陶	罐	口沿	夹细砂硬陶	灰白		素面						新石器时代晚期至商代
5720	ZJLY-324	粪箕岭	ZJLY-324:13T	23.30	113.79	23	陶			泥质粗硬陶	青灰		梯格纹、云纹						新石器时代晚期至商代
5721	ZJLY-324	粪箕岭	ZJLY-324:14T	23.30	113.79	22	陶			泥质粗硬陶	灰白		素面						新石器时代晚期至商代
5722	ZJLY-324	粪箕岭	ZJLY-324:15T	23.30	113.79	22	陶			夹细砂硬陶	灰白		长方格纹						新石器时代晚期至商代
5723	ZJLY-324	粪箕岭	ZJLY-324:1Y II	23.30	113.79	16	陶			泥质粗硬陶	灰白		条纹						新石器时代晚期至商代
5724	ZJLY-324	粪箕岭	ZJLY-324:2Y II	23.30	113.79	13	陶			泥质粗硬陶	灰								明清
5725	ZJLY-324	粪箕岭	ZJLY-324:3Y II	23.30	113.79	20	陶			泥质粗硬陶	灰白		长方格纹						新石器时代晚期至商代
5726	ZJLY-324	粪箕岭	ZJLY-324:4Y II	23.30	113.79	20	陶			夹细砂硬陶	灰黑		绳纹						新石器时代晚期至商代
5727	ZJLY-324	粪箕岭	ZJLY-324:5Y II	23.30	113.79	21	陶	罐	口沿	夹细砂硬陶	黄褐		素面						新石器时代晚期至商代
5728	ZJLY-324	粪箕岭	ZJLY-324:6Y II	23.30	113.79	21	陶	罐	口沿	夹细砂硬陶	灰黑		素面						新石器时代晚期至商代
5729	ZJLY-324	粪箕岭	ZJLY-324:7Y II	23.30	113.79	26	陶			夹细砂硬陶	灰		绳纹						新石器时代晚期至商代
5730	ZJLY-324	粪箕岭	ZJLY-324:8Y II	23.30	113.79	26	陶			泥质粗硬陶	灰		曲折纹						新石器时代晚期至商代
5731	ZJLY-324	粪箕岭	ZJLY-324:9Y II	23.30	113.79	21	陶			泥质粗硬陶	灰		方格纹						战国至南越国
5732	ZJLY-324	粪箕岭	ZJLY-324:10Y II	23.31	113.79	27	陶			夹粗砂硬陶	灰黑		素面						新石器时代晚期至商代
5733	ZJLY-324	粪箕岭	ZJLY-324:11Y II	23.31	113.79	20	陶			泥质粗硬陶	灰褐		方格纹						战国至南越国
5734	ZJLY-324	粪箕岭	ZJLY-324:12Y II	23.31	113.79	21	陶			泥质粗硬陶	灰		席纹						新石器时代晚期至商代
5735	ZJLY-324	粪箕岭	ZJLY-324:13Y II	23.31	113.79	22	陶			夹粗砂硬陶	灰		篮纹、附加堆纹						新石器时代晚期至商代
5736	ZJLY-324	粪箕岭	ZJLY-324:1Z I	23.30	113.79	27	陶			夹粗砂软陶	灰褐		篮纹						新石器时代晚期至商代
5737	ZJLY-324	粪箕岭	ZJLY-324:2Z I	23.30	113.79	28	陶			夹细砂硬陶	灰白		长方格纹						新石器时代晚期至商代

序号	遗址编号	遗址名称	遗物编号	纬度（度）	经度（度）	海拔（米）	质地	器形	部位	陶质	颜色	釉色	纹饰	刻划符号	石器岩性	石器完整程度	石器硬度	石器风化程度	年代
5738	ZJLY-324	粪箕岭	ZJLY-324:3ZⅠ	23.30	113.79	29	陶			夹细砂软陶	灰黑		素面						新石器时代晚期至商代
5739	ZJLY-324	粪箕岭	ZJLY-324:4ZⅠ	23.30	113.79	29	陶	罐	口沿	夹细砂硬陶	灰褐		篮纹						新石器时代晚期至商代
5740	ZJLY-324	粪箕岭	ZJLY-324:5ZⅠ	23.30	113.79	25	陶	罐	口沿	夹粗砂软陶	灰		素面						新石器时代晚期至商代
5741	ZJLY-324	粪箕岭	ZJLY-324:6ZⅠ	23.30	113.79	27	陶			泥质粗硬陶	灰白		长方格纹						新石器时代晚期至商代
5742	ZJLY-324	粪箕岭	ZJLY-324:7ZⅠ	23.30	113.79	26	陶	罐	口沿	夹细砂软陶	灰黑		素面						新石器时代晚期至商代
5743	ZJLY-324	粪箕岭	ZJLY-324:8ZⅠ	23.30	113.79	26	陶			夹细砂软陶	红褐		素面						新石器时代晚期至商代
5744	ZJLY-324	粪箕岭	ZJLY-324:9ZⅠ	23.30	113.79	25	陶			夹细砂硬陶	灰白		篮纹						新石器时代晚期至商代
5745	ZJLY-324	粪箕岭	ZJLY-324:10ZⅠ	23.30	113.79	25	陶			泥质粗硬陶	灰白		长方格纹						新石器时代晚期至商代
5746	ZJLY-324	粪箕岭	ZJLY-324:11ZⅠ	23.30	113.79	20	陶	罐	圈足	夹粗砂软陶	灰黑		素面						新石器时代晚期至商代
5747	ZJLY-324	粪箕岭	ZJLY-324:12ZⅠ	23.30	113.79	22	陶			泥质粗硬陶	红褐		长方格纹						新石器时代晚期至商代
5748	ZJLY-324	粪箕岭	ZJLY-324:13ZⅠ	23.30	113.79	21	陶			泥质粗硬陶	灰白		曲折纹						新石器时代晚期至商代
5749	ZJLY-324	粪箕岭	ZJLY-324:14ZⅠ	23.30	113.79	20	陶	罐	圈足	泥质细硬陶	橙黄		曲折纹						新石器时代晚期至商代
5750	ZJLY-324	粪箕岭	ZJLY-324:15ZⅠ	23.30	113.79	21	陶	罐	口沿	夹细砂硬陶	灰黑		素面						新石器时代晚期至商代
5751	ZJLY-324	粪箕岭	ZJLY-324:16ZⅠ	23.30	113.79	22	陶			泥质粗硬陶	深灰		长方格纹						新石器时代晚期至商代
5752	ZJLY-324	粪箕岭	ZJLY-324:17ZⅠ	23.30	113.79	22	陶			夹细砂硬陶	红褐		交错条纹						新石器时代晚期至商代
5753	ZJLY-324	粪箕岭	ZJLY-324:18ZⅠ	23.30	113.79	20	陶			泥质细硬陶	灰白		绳纹						新石器时代晚期至商代
5754	ZJLY-324	粪箕岭	ZJLY-324:19ZⅠ	23.30	113.79	42	陶			泥质细硬陶	灰白		间断条纹						新石器时代晚期至商代
5755	ZJLY-324	粪箕岭	ZJLY-324:20ZⅠ	23.30	113.79	32	陶			夹细砂硬陶	灰		方格纹						新石器时代晚期至商代
5756	ZJLY-324	粪箕岭	ZJLY-324:21ZⅠ	23.30	113.79	32	陶	器盖		泥质细硬陶	灰褐		弦纹						战国至南越国
5757	ZJLY-324	粪箕岭	ZJLY-324:22ZⅠ	23.30	113.79	22	陶			泥质细硬陶	灰白		曲折纹、附加堆纹						新石器时代晚期至商代
5758	ZJLY-324	粪箕岭	ZJLY-324:23ZⅠ	23.30	113.79	23	陶	碗	口沿	泥质细硬陶	灰		刻划花纹						唐宋
5759	ZJLY-324	粪箕岭	ZJLY-324:24ZⅠ	23.30	113.79	18	陶			泥质细硬陶	红褐		方格纹、弦纹						战国至南越国
5760	ZJLY-324	粪箕岭	ZJLY-324:25ZⅠ	23.30	113.79	16	陶			泥质细硬陶	灰白		长方格纹						新石器时代晚期至商代
5761	ZJLY-324	粪箕岭	ZJLY-324:26ZⅠ	23.30	113.79	8	陶			夹细砂硬陶	灰白		长方格纹						新石器时代晚期至商代
5762	ZJLY-324	粪箕岭	ZJLY-324:27ZⅠ	23.30	113.79	19	陶			泥质粗硬陶	深灰		方格纹						战国至南越国
5763	ZJLY-325	彭屋后青山	ZJLY-325:1T	23.30	113.81	24	陶			泥质细硬陶	灰褐		米字纹						战国至南越国
5764	ZJLY-325	彭屋后青山	ZJLY-325:2T	23.30	113.81	21	陶			泥质细硬陶	深灰		米字纹						战国至南越国
5765	ZJLY-325	彭屋后青山	ZJLY-325:3T	23.30	113.81	20	陶			泥质细硬陶	青灰		方格对角线纹						战国至南越国
5766	ZJLY-325	彭屋后青山	ZJLY-325:4T	23.30	113.81	20	陶			泥质细硬陶	灰褐		素面						战国至南越国
5767	ZJLY-325	彭屋后青山	ZJLY-325:5T	23.30	113.81	19	陶			泥质粗硬陶	灰		方格纹						战国至南越国
5768	ZJLY-325	彭屋后青山	ZJLY-325:6T	23.30	113.81	19	陶			泥质细硬陶	深灰		方格纹						战国至南越国

序号	遗址编号	遗址名称	遗物编号	纬度(度)	经度(度)	海拔(米)	质地	器形	部位	陶质	颜色	釉色	纹饰	刻划符号	石器岩性	石器完整程度	石器硬度	石器风化程度	年代
5769	ZJLY-325	彭屋后背山	ZJLY-325:7T	23.30	113.81	30	陶			泥质粗硬陶	灰		米字纹						战国至南越国
5770	ZJLY-325	彭屋后背山	ZJLY-325:8T	23.30	113.81	30	陶			泥质粗硬陶	灰		夔纹						西周至春秋
5771	ZJLY-325	彭屋后背山	ZJLY-325:9T	23.30	113.81	24	陶			泥质粗硬陶	灰		菱格凸块纹						西周至春秋
5772	ZJLY-325	彭屋后背山	ZJLY-325:10T	23.30	113.81	28	陶			泥质细硬陶	青灰		方格纹						战国至南越国
5773	ZJLY-325	彭屋后背山	ZJLY-325:11T	23.30	113.81	32	陶			夹粗砂软陶	灰褐		素面						新石器时代晚期至商代
5774	ZJLY-325	彭屋后背山	ZJLY-325:12T	23.30	113.82	18	陶			泥质细硬陶	青灰		米字纹						战国至南越国
5775	ZJLY-325	彭屋后背山	ZJLY-325:13T	23.30	113.82	18	陶			泥质细硬陶	深灰		方格纹						西周至春秋
5776	ZJLY-325	彭屋后背山	ZJLY-325:14T	23.30	113.82	15	陶			泥质细硬陶	深灰		方格对角线纹						战国至南越国
5777	ZJLY-325	彭屋后背山	ZJLY-325:15T	23.30	113.82	19	陶			泥质粗硬陶	青灰		方格纹						战国至南越国
5778	ZJLY-325	彭屋后背山	ZJLY-325:16T	23.30	113.82	21	陶			泥质粗硬陶	深灰		勾连云雷纹						西周至春秋
5779	ZJLY-325	彭屋后背山	ZJLY-325:17T	23.30	113.82	22	陶	豆	圈足	泥质粗硬陶	红		方格纹						战国至南越国
5780	ZJLY-325	彭屋后背山	ZJLY-325:18T	23.30	113.82	18	陶			夹细砂软陶	红褐		素面						新石器时代晚期至商代
5781	ZJLY-325	彭屋后背山	ZJLY-325:19T	23.30	113.82	23	陶			泥质细硬陶	灰褐		网格纹						西周至春秋
5782	ZJLY-325	彭屋后背山	ZJLY-325:1Y II	23.30	113.81	40	陶			泥质细硬陶	灰褐		方格纹						战国至南越国
5783	ZJLY-325	彭屋后背山	ZJLY-325:2Y II	23.30	113.81	38	陶			泥质细硬陶	灰褐		方格纹						战国至南越国
5784	ZJLY-325	彭屋后背山	ZJLY-325:3Y II	23.30	113.81	26	陶			夹细砂软陶	红褐		篮纹						新石器时代晚期至商代
5785	ZJLY-325	彭屋后背山	ZJLY-325:4Y II	23.30	113.81	34	陶			夹粗砂软陶	灰褐		绳纹						新石器时代晚期至商代
5786	ZJLY-325	彭屋后背山	ZJLY-325:5Y II	23.30	113.81	25	石	石器								残			新石器时代晚期至商代
5787	ZJLY-325	彭屋后背山	ZJLY-325:6Y II	23.30	113.81	22	陶			夹粗砂软陶	灰黑		素面						新石器时代晚期至商代
5788	ZJLY-325	彭屋后背山	ZJLY-325:7Y II	23.30	113.81	22	陶			泥质细硬陶	青灰		米字纹						战国至南越国
5789	ZJLY-325	彭屋后背山	ZJLY-325:8Y II	23.30	113.81	23	陶			泥质细硬陶	深灰		方格纹						西周至春秋
5790	ZJLY-325	彭屋后背山	ZJLY-325:9Y II	23.30	113.82	18	陶			泥质细硬陶	深灰		米字纹						战国至南越国
5791	ZJLY-325	彭屋后背山	ZJLY-325:10Y II	23.30	113.82	19	陶			泥质细硬陶	深灰		勾连云雷纹						西周至春秋
5792	ZJLY-325	彭屋后背山	ZJLY-325:11Y II	23.30	113.82	19	陶			泥质细硬陶	灰褐		方格纹、篦点纹、弦纹						战国至南越国
5793	ZJLY-325	彭屋后背山	ZJLY-325:1Z I	23.30	113.81	21	陶			泥质细硬陶	青灰		米字纹						西周至春秋
5794	ZJLY-325	彭屋后背山	ZJLY-325:2Z I	23.30	113.81	31	陶			泥质粗硬陶	灰		菱格凸块纹						西周至春秋
5795	ZJLY-325	彭屋后背山	ZJLY-325:3Z I	23.30	113.81	27	陶			泥质细硬陶	青灰		米字纹						战国至南越国
5796	ZJLY-325	彭屋后背山	ZJLY-325:4Z I	23.30	113.81	18	陶			泥质粗硬陶	灰褐		方格纹						西周至春秋
5797	ZJLY-325	彭屋后背山	ZJLY-325:5Z I	23.30	113.81	20	陶			泥质细硬陶	深灰		方格对角线纹						战国至南越国
5798	ZJLY-325	彭屋后背山	ZJLY-325:6Z I	23.30	113.81	24	陶			泥质粗硬陶	灰		方格纹						战国至南越国
5799	ZJLY-325	彭屋后背山	ZJLY-325:7Z I	23.30	113.81	22	石	双肩石锛			橙黄				凝灰岩	完整	6	未风化	新石器时代晚期至商代

序号	遗址编号	遗址名称	遗物编号	纬度(度)	经度(度)	海拔(米)	质地	器形	部位	陶质	颜色	釉色	纹饰	刻划符号	石器岩性	石器完整程度	石器硬度	石器风化程度	年代
5800	ZJLY-325	彭屋后背山	ZJLY-325:8ZⅠ	23.30	113.81	21	陶			泥质粗硬陶	灰褐		方格纹						战国至南越国
5801	ZJLY-325	彭屋后背山	ZJLY-325:9ZⅠ	23.30	113.81	22	陶			泥质细硬陶	深灰		方格纹、席纹						西周至春秋
5802	ZJLY-325	彭屋后背山	ZJLY-325:10ZⅠ	23.30	113.81	25	陶			泥质粗硬陶	灰褐		方格纹						战国至南越国
5803	ZJLY-325	彭屋后背山	ZJLY-325:11ZⅠ	23.30	113.81	22	陶			泥质粗硬陶	深灰		方格对角线纹						战国至南越国
5804	ZJLY-325	彭屋后背山	ZJLY-325:12ZⅠ	23.30	113.81	25	陶			泥质粗硬陶	青灰		方格纹						西周至春秋
5805	ZJLY-325	彭屋后背山	ZJLY-325:13ZⅠ	23.30	113.81	28	陶			夹粗砂软陶	灰黑		交错绳纹						新石器时代晚期至商南越国
5806	ZJLY-325	彭屋后背山	ZJLY-325:14ZⅠ	23.30	113.81	27	陶			泥质细硬陶	灰白		勾连云雷纹						西周至春秋
5807	ZJLY-325	彭屋后背山	ZJLY-325:15ZⅠ	23.30	113.81	29	陶			泥质粗硬陶	深灰		方格纹						西周至春秋
5808	ZJLY-325	彭屋后背山	ZJLY-325:16ZⅠ	23.30	113.81	28	陶			泥质细硬陶	灰褐		方格纹						战国至南越国
5809	ZJLY-325	彭屋后背山	ZJLY-325:17ZⅠ	23.30	113.81	31	陶	瓮	口沿	泥质细硬陶	灰白		素面						西周至春秋
5810	ZJLY-325	彭屋后背山	ZJLY-325:18ZⅠ	23.30	113.81	33	陶			泥质细硬陶	灰白		素面						新石器时代晚期至商南越国
5811	ZJLY-325	彭屋后背山	ZJLY-325:19ZⅠ	23.30	113.81	36	陶			泥质粗硬陶	深灰		方格纹						西周至春秋
5812	ZJLY-325	彭屋后背山	ZJLY-325:20ZⅠ	23.30	113.81	33	陶			夹粗砂软陶	灰黑		素面						新石器时代晚期至南商周代
5813	ZJLY-325	彭屋后背山	ZJLY-325:21ZⅠ	23.30	113.81	40	陶			泥质粗硬陶	红褐		菱格纹、篦点纹						西周至春秋
5814	ZJLY-325	彭屋后背山	ZJLY-325:22ZⅠ	23.30	113.81	33	陶			泥质粗硬陶	青灰		方格纹						西周至春秋
5815	ZJLY-325	彭屋后背山	ZJLY-325:23ZⅠ	23.30	113.81	34	陶			泥质粗硬陶	灰褐		菱格凸块纹						西周至春秋
5816	ZJLY-325	彭屋后背山	ZJLY-325:24ZⅠ	23.30	113.81	29	陶			泥质粗硬陶	灰褐		重菱格凸块纹						西周至春秋
5817	ZJLY-325	彭屋后背山	ZJLY-325:25ZⅠ	23.30	113.81	26	陶			泥质粗硬陶	灰褐		夔纹						西周至春秋
5818	ZJLY-325	彭屋后背山	ZJLY-325:26ZⅠ	23.30	113.81	26	陶			泥质粗硬陶	红褐		方格纹						战国至南越国
5819	ZJLY-325	彭屋后背山	ZJLY-325:27ZⅠ	23.30	113.81	26	陶			泥质细硬陶	灰褐		重圈凸点纹						西周至春秋
5820	ZJLY-325	彭屋后背山	ZJLY-325:28ZⅠ	23.30	113.81	26	陶			泥质细硬陶	青灰		重圈凸点纹						西周至春秋
5821	ZJLY-325	彭屋后背山	ZJLY-325:29ZⅠ	23.30	113.81	18	陶			夹粗砂软陶	灰褐		绳纹						新石器时代晚期至商南越国
5822	ZJLY-325	彭屋后背山	ZJLY-325:30ZⅠ	23.30	113.81	25	陶			泥质粗硬陶	灰褐		方格纹						战国至南越国
5823	ZJLY-325	彭屋后背山	ZJLY-325:31ZⅠ	23.30	113.81	33	陶	罐	口沿	泥质粗硬陶	灰		素面						战国至南越国
5824	ZJLY-325	彭屋后背山	ZJLY-325:32ZⅠ	23.30	113.81	28	陶			泥质粗硬陶	红褐		篦点纹、贴塑 篦点纹、弦纹						西周至春秋
5825	ZJLY-325	彭屋后背山	ZJLY-325:33①ZⅠ	23.30	113.81	30	陶			泥质细硬陶	灰		菱格凸点纹						西周至春秋
5826	ZJLY-325	彭屋后背山	ZJLY-325:33②ZⅠ	23.30	113.81	30	陶			泥质细硬陶	灰		菱格凸块纹						西周至春秋
5827	ZJLY-325	彭屋后背山	ZJLY-325:33③ZⅠ	23.30	113.81	30	陶			泥质细硬陶	灰褐		菱格凸块纹						西周至春秋
5828	ZJLY-325	彭屋后背山	ZJLY-325:33④ZⅠ	23.30	113.81	30	陶			泥质细硬陶	灰褐		方格纹						西周至春秋
5829	ZJLY-325	彭屋后背山	ZJLY-325:33⑤ZⅠ	23.30	113.81	30	陶			泥质细硬陶	红褐		方格纹						西周至春秋
5830	ZJLY-325	彭屋后背山	ZJLY-325:33⑥ZⅠ	23.30	113.81	30	陶			泥质细硬陶	青灰		弦纹						西周至春秋

序号	遗址编号	遗址名称	遗物编号	纬度（度）	经度（度）	海拔（米）	质地	器形	部位	陶质	颜色	釉色	纹饰	刻划符号	石器岩性	石器完整程度	石器硬度	石器风化程度	年代
5831	ZJLY-325	彭屋后背山	ZJLY-325:33⑦Z I	23.30	113.81	30	陶			泥质细硬陶	红褐		夔纹						西周至春秋
5832	ZJLY-325	彭屋后背山	ZJLY-325:33⑧Z I	23.30	113.81	30	陶			泥质粗硬陶	灰		篦点纹、弦纹						西周至春秋
5833	ZJLY-325	彭屋后背山	ZJLY-325:34Z I	23.30	113.81	31	陶			泥质细硬陶	橙黄		方格点、菱格凸块纹						西周至春秋
5834	ZJLY-325	彭屋后背山	ZJLY-325:35Z I	23.30	113.81	31	陶			泥质粗硬陶	灰褐		方格纹						战国至南越国
5835	ZJLY-325	彭屋后背山	ZJLY-325:36Z I	23.30	113.81	31	陶			泥质粗硬陶	红褐		方格纹						战国至南越国
5836	ZJLY-325	彭屋后背山	ZJLY-325:37Z I	23.30	113.81	24	陶		口沿	泥质粗硬陶	灰		方格纹						西周至春秋
5837	ZJLY-326	新联新村渠背山	ZJLY-326:1Y II	23.31	113.79	33	陶			泥质细硬陶	灰褐		戳印篦点纹						西周至春秋
5838	ZJLY-326	新联新村渠背山	ZJLY-326:2Y II	23.31	113.79	55	陶			泥质细硬陶	灰褐		方格纹						西周至春秋
5839	ZJLY-326	新联新村渠背山	ZJLY-326:3Y II	23.31	113.79	50	陶			泥质粗硬陶	灰		方格纹						西周至春秋
5840	ZJLY-326	新联新村渠背山	ZJLY-326:4Y II	23.31	113.79	49	陶			泥质粗硬陶	橙黄		夔纹、弦纹						西周至春秋
5841	ZJLY-326	新联新村渠背山	ZJLY-326:5Y II	23.31	113.79	51	陶			泥质细硬陶	青灰		夔纹、弦纹						西周至春秋
5842	ZJLY-326	新联新村渠背山	ZJLY-326:6Y II	23.31	113.79	53	陶			泥质细硬陶	橙黄		方格纹						西周至春秋
5843	ZJLY-326	新联新村渠背山	ZJLY-326:7Y II	23.31	113.79	54	陶			泥质细硬陶	灰黄		圆圈凸点纹						西周至春秋
5844	ZJLY-326	新联新村渠背山	ZJLY-326:8Y II	23.31	113.79	52	陶			泥质粗硬陶	青灰		方格纹						西周至春秋
5845	ZJLY-326	新联新村渠背山	ZJLY-326:9Y II	23.31	113.79	50	陶			泥质粗硬陶	橙黄		菱格纹						西周至春秋
5846	ZJLY-326	新联新村渠背山	ZJLY-326:10Y II	23.31	113.79	51	陶			泥质细硬陶	青灰		方格纹						西周至春秋
5847	ZJLY-326	新联新村渠背山	ZJLY-326:11Y II	23.31	113.79	48	陶			泥质粗硬陶	红褐		夔纹、篦点纹						西周至春秋
5848	ZJLY-326	新联新村渠背山	ZJLY-326:12Y II	23.31	113.79	49	陶			泥质细软陶	红褐		素面						西周至春秋
5849	ZJLY-326	新联新村渠背山	ZJLY-326:13Y II	23.31	113.79	50	陶	豆	口沿	泥质细硬陶	灰褐		戳印篦点纹						西周至春秋
5850	ZJLY-326	新联新村渠背山	ZJLY-326:14Y II	23.31	113.79	52	陶			泥质粗硬陶	橙黄		方格纹						西周至春秋
5851	ZJLY-326	新联新村渠背山	ZJLY-326:15Y II	23.31	113.79	56	陶			泥质细硬陶	青灰		方格纹						西周至春秋
5852	ZJLY-326	新联新村渠背山	ZJLY-326:1Z I	23.31	113.79	38	陶			泥质粗硬陶	深褐		素面						战国至南越国
5853	ZJLY-326	新联新村渠背山	ZJLY-326:2Z I	23.31	113.79	51	陶			泥质粗硬陶	灰		夔纹、菱格凸块纹、弦纹						西周至春秋
5854	ZJLY-326	新联新村渠背山	ZJLY-326:3Z I	23.31	113.79	39	陶			泥质细硬陶	灰褐		重菱格凸块纹						战国至南越国
5855	ZJLY-327	西韶岭	ZJLY-327:1Z I	23.30	113.78	35	陶			泥质细硬陶	灰褐		方格纹						西周至春秋
5856	ZJLY-328	新汤屋后龙山	ZJLY-328:1Y II	23.30	113.82	13	陶			泥质粗硬陶	灰褐		方格纹						战国至南越国
5857	ZJLY-328	新汤屋后龙山	ZJLY-328:2Y II	23.30	113.82	13	陶			泥质粗硬陶	灰褐		素面						战国至南越国
5858	ZJLY-328	新汤屋后龙山	ZJLY-328:3Y II	23.30	113.82	10	陶			泥质粗硬陶	深褐		方格纹						战国至南越国
5859	ZJLY-328	新汤屋后龙山	ZJLY-328:4Y II	23.30	113.82	26	陶			泥质细硬陶	灰褐		素面						战国至南越国
5860	ZJLY-328	新汤屋后龙山	ZJLY-328:1Z I	23.30	113.82	27	陶			泥质软陶	红		长方格纹						新石器时代晚期至商代
5861	ZJLY-328	新汤屋后龙山	ZJLY-328:2Z I	23.30	113.82	32	陶			夹粗砂软陶	灰黑		素面						新石器时代晚期至商代

序号	遗址编号	遗址名称	遗物编号	纬度（度）	经度（度）	海拔（米）	质地	器形	部位	陶质	颜色	釉色	纹饰	刻划符号	石器岩性	石器完整程度	石器硬度	石器风化程度	年代
5862	ZJLY-328	新汤屋后龙山	ZJLY-328:3Z I	23.30	113.82	31	陶			泥质粗硬陶	灰		菱格凸块纹、网格纹						西周至春秋
5863	ZJLY-329	隔田稻仓	ZJLY-329:1T	23.29	113.78	38	陶			泥质粗硬陶	灰褐		方格纹、夔纹、弦纹						西周至春秋
5864	ZJLY-329	隔田稻仓	ZJLY-329:2T	23.29	113.78	46	陶			泥质粗硬陶	灰褐		方格纹						西周至春秋
5865	ZJLY-329	隔田稻仓	ZJLY-329:1Z I	23.29	113.78	47	陶			泥质粗硬陶	灰		方格纹						西周至春秋
5866	ZJLY-329	隔田稻仓	ZJLY-329:2Z I	23.29	113.78	50	陶			泥质粗硬陶	灰		方格纹						西周至春秋
5867	ZJLY-330	罗上山	ZJLY-330:1T	23.32	113.77	27	陶			泥质粗硬陶	灰褐		方格纹						战国至南越国
5868	ZJLY-330	罗上山	ZJLY-330:2T	23.32	113.77	34	陶			泥质细硬陶	灰褐		米字纹						战国至南越国
5869	ZJLY-330	罗上山	ZJLY-330:3T	23.32	113.77	32	陶			泥质细硬陶	灰褐		方格纹						战国至南越国
5870	ZJLY-330	罗上山	ZJLY-330:4T	23.32	113.77	37	陶			泥质细硬陶	灰褐		方格纹						战国至南越国
5871	ZJLY-330	罗上山	ZJLY-330:5T	23.32	113.77	39	陶			泥质细硬陶	红褐		素面						战国至南越国
5872	ZJLY-330	罗上山	ZJLY-330:6T	23.32	113.77	37	陶			泥质粗硬陶	深灰		方格纹						战国至南越国
5873	ZJLY-331	飞天凤	ZJLY-331:1Z I	23.29	113.81	24	陶			泥质粗硬陶	灰褐		水波纹、弦纹						战国至南越国
5874	ZJLY-331	飞天凤	ZJLY-331:2Z I	23.29	113.81	25	陶			泥质细硬陶	红褐		米字纹						战国至南越国
5875	ZJLY-331	飞天凤	ZJLY-331:3Z I	23.29	113.81	21	陶			泥质细硬陶	红褐		米字纹						战国至南越国
5876	ZJLY-331	飞天凤	ZJLY-331:4Z I	23.29	113.81	24	陶			泥质细硬陶	橙黄		方格纹						战国至南越国
5877	ZJLY-331	飞天凤	ZJLY-331:5Z I	23.29	113.81	18	陶			泥质细硬陶	深灰		方格纹						战国至南越国
5878	ZJLY-332	市林场山	ZJLY-332:1T	23.30	113.81	36	陶			泥质细硬陶	深灰		米字纹						战国至南越国
5879	ZJLY-332	市林场山	ZJLY-332:2T	23.30	113.81	19	陶	罐	口沿	泥质细硬陶	灰	青釉	方格纹						汉代
5880	ZJLY-333	大岗尾	ZJLY-333:1T	23.28	113.78	26	陶			泥质细硬陶	红		米字纹						战国至南越国
5881	ZJLY-349	下罗岗后山	ZJLY-349:1①T	23.24	113.83	9	陶	瓦		泥质粗硬陶	灰褐		绳纹						汉代
5882	ZJLY-349	下罗岗后山	ZJLY-349:1②T	23.24	113.83	9	陶	瓦		泥质细硬陶	灰褐		绳纹						汉代
5883	ZJLY-352	陂仔岭	ZJLY-352:1T	23.24	113.83	21	陶			泥质细硬陶	灰		方格纹						战国至南越国
5884	ZJLY-352	陂仔岭	ZJLY-352:2T	23.24	113.83	20	陶			泥质细硬陶	红褐		方格纹						战国至南越国
5885	ZJLY-352	陂仔岭	ZJLY-352:3T	23.24	113.83	15	陶			泥质细硬陶	灰褐		方格纹						战国至南越国
5886	ZJLY-352	陂仔岭	ZJLY-352:4T	23.24	113.83	23	陶			泥质细硬陶	红褐		方格戳印纹						汉代
5887	ZJLY-352	陂仔岭	ZJLY-352:5T	23.24	113.83	23	陶			泥质细硬陶	灰		方格纹						战国至南越国
5888	ZJLY-358	破塘岭	ZJLY-358:1Y II	23.24	113.80	18	陶	瓦		夹细砂硬陶	深灰		绳纹						汉代
5889	ZJLY-367	低山	ZJLY-367:1Y II	23.37	113.85	13	陶			泥质粗硬陶	灰褐		方格纹						战国至南越国
5890	ZJLY-367	低山	ZJLY-367:2Y II	23.37	113.85	10	陶			泥质细硬陶	灰		夔纹						西周至春秋
5891	ZJLY-367	低山	ZJLY-367:3Y II	23.37	113.85	14	陶			泥质粗硬陶	灰褐		方格纹						西周至春秋
5892	ZJLY-367	低山	ZJLY-367:4Y II	23.37	113.85	23	陶			泥质粗硬陶	青灰		方格纹						战国至南越国

序号	遗址编号	遗址名称	遗物编号	纬度(度)	经度(度)	海拔(米)	质地	器形	部位	陶质	颜色	釉色	纹饰	刻划符号	石器岩性	石器完整程度	石器硬度	石器风化程度	年代
5893	ZJLY-367	低山	ZJLY-367:5YⅡ	23.37	113.85	20	陶			泥质细硬陶	橙黄		方格纹						战国至南越国
5894	ZJLY-367	低山	ZJLY-367:6YⅡ	23.37	113.85	20	陶			泥质细硬陶	红褐		方格纹						战国至南越国
5895	ZJLY-367	低山	ZJLY-367:7YⅡ	23.37	113.85	19	陶			泥质粗硬陶	红褐		方格纹						战国至南越国
5896	ZJLY-367	低山	ZJLY-367:8YⅡ	23.37	113.85	18	陶			泥质粗硬陶	红		方格纹						战国至南越国
5897	ZJLY-367	低山	ZJLY-367:9YⅡ	23.37	113.85	17	陶			泥质细硬陶	灰		方格纹						西周至春秋
5898	ZJLY-367	低山	ZJLY-367:10YⅡ	23.37	113.85	19	陶	罐	腹部	泥质粗硬陶	红褐		旋涡纹						西周至春秋
5899	ZJLY-367	低山	ZJLY-367:11YⅡ	23.37	113.85	25	陶			泥质粗硬陶	灰褐		方格纹						西周至春秋
5900	ZJLY-367	低山	ZJLY-367:12YⅡ	23.37	113.85	25	陶			泥质细硬陶	红褐		方格纹						战国至南越国
5901	ZJLY-367	低山	ZJLY-367:13YⅡ	23.36	113.85	2	陶			泥质粗硬陶	灰褐		方格纹						战国至南越国
5902	ZJLY-367	低山	ZJLY-367:14YⅡ	23.36	113.85	3	陶			泥质粗硬陶	深灰		方格纹						战国至南越国
5903	ZJLY-367	低山	ZJLY-367:1ZⅠ	23.37	113.85	14	陶			泥质粗硬陶	深灰		方格纹						战国至南越国
5904	ZJLY-367	低山	ZJLY-367:2ZⅠ	23.37	113.85	14	陶			泥质粗硬陶	灰褐		方格纹						战国至南越国
5905	ZJLY-367	低山	ZJLY-367:3ZⅠ	23.37	113.85	15	陶			泥质粗硬陶	红褐		方格纹						西周至春秋
5906	ZJLY-367	低山	ZJLY-367:4ZⅠ	23.37	113.85	15	陶			泥质粗硬陶	灰		方格纹、夔纹						西周至春秋
5907	ZJLY-367	低山	ZJLY-367:5ZⅠ	23.37	113.85	20	陶			泥质细硬陶	青灰		方格纹、弦纹						西周至春秋
5908	ZJLY-367	低山	ZJLY-367:6ZⅠ	23.37	113.85	17	陶			泥质粗硬陶	深灰		方格纹						战国至南越国
5909	ZJLY-367	低山	ZJLY-367:7ZⅠ	23.37	113.85	22	陶			泥质粗硬陶	红褐		方格纹						西周至春秋
5910	ZJLY-367	低山	ZJLY-367:8ZⅠ	23.37	113.85	31	陶			泥质粗硬陶	红褐		方格纹						西周至春秋
5911	ZJLY-367	低山	ZJLY-367:9ZⅠ	23.37	113.85	25	陶			泥质粗硬陶	橙黄		方格纹						西周至春秋
5912	ZJLY-367	低山	ZJLY-367:10ZⅠ	23.37	113.85	26	陶			泥质粗硬陶	红褐		方格纹、夔纹						西周至春秋
5913	ZJLY-367	低山	ZJLY-367:11ZⅠ	23.36	113.85	21	陶			泥质细硬陶	灰		菱格凸块纹						西周至春秋
5914	ZJLY-370	白湖岭	ZJLY-370:1T	23.36	113.85	7	陶			泥质粗硬陶	深灰		菱格凸块纹						西周至春秋
5915	ZJLY-370	白湖岭	ZJLY-370:2T	23.36	113.85	6	陶			泥质粗硬陶	深灰		方格纹						西周至春秋
5916	ZJLY-370	白湖岭	ZJLY-370:3T	23.36	113.85	5	陶			泥质粗硬陶	灰		方格纹						西周至春秋
5917	ZJLY-370	白湖岭	ZJLY-370:4T	23.36	113.85	1	陶			泥质粗硬陶	深褐		方格纹						西周至春秋
5918	ZJLY-370	白湖岭	ZJLY-370:5T	23.36	113.85	3	陶			泥质粗硬陶	灰		夔纹						西周至春秋
5919	ZJLY-370	白湖岭	ZJLY-370:6T	23.36	113.85	2	陶			泥质粗硬陶	灰褐		方格纹、弦纹						西周至春秋
5920	ZJLY-370	白湖岭	ZJLY-370:1YⅡ	23.37	113.85	15	陶			泥质粗硬陶	红褐		回字纹						西周至春秋
5921	ZJLY-370	白湖岭	ZJLY-370:2YⅡ	23.37	113.85	15	陶			泥质粗硬陶	灰		夔纹						西周至春秋
5922	ZJLY-370	白湖岭	ZJLY-370:3YⅡ	23.37	113.85	13	陶			泥质粗软陶	红		方格纹						西周至春秋
5923	ZJLY-370	白湖岭	ZJLY-370:4YⅡ	23.37	113.85	14	陶			泥质粗软陶	红		方格纹						西周至春秋

序号	遗址编号	遗址名称	遗物编号	纬度（度）	经度（度）	海拔（米）	质地	器形	部位	陶质	颜色	釉色	纹饰	刻划符号	石器岩性	石器完整程度	石器硬度	石器风化程度	年代
5924	ZJLY-370	白湖岭	ZJLY-370:5YII	23.37	113.85	12	陶			泥质粗硬陶	灰褐		菱格凸块纹						西周至春秋
5925	ZJLY-370	白湖岭	ZJLY-370:6YII	23.36	113.85	3	陶			泥质粗硬陶	灰		圆圈纹、弦纹						西周至春秋
5926	ZJLY-370	白湖岭	ZJLY-370:7YII	23.36	113.85	5	陶			泥质粗软陶	灰		方格纹						西周至春秋
5927	ZJLY-370	白湖岭	ZJLY-370:8YII	23.36	113.85	1	陶			泥质粗硬陶	灰		方格纹、戳印纹						西周至春秋
5928	ZJLY-370	白湖岭	ZJLY-370:9YII	23.36	113.85	2	陶			泥质粗硬陶	灰褐		方格纹						西周至春秋
5929	ZJLY-370	白湖岭	ZJLY-370:10YII	23.36	113.85	8	陶	罐	口沿	泥质粗硬陶	深灰		方格纹						西周至春秋
5930	ZJLY-370	白湖岭	ZJLY-370:11YII	23.36	113.85	5	陶			泥质粗硬陶	灰白		方格纹						西周至春秋
5931	ZJLY-370	白湖岭	ZJLY-370:12YII	23.36	113.85	4	陶			泥质粗硬陶	灰		夔纹、弦纹						西周至春秋
5932	ZJLY-370	白湖岭	ZJLY-370:13YII	23.36	113.85	7	陶			泥质粗硬陶	灰黑		夔纹						西周至春秋
5933	ZJLY-370	白湖岭	ZJLY-370:14YII	23.36	113.85	8	陶	罐		泥质粗硬陶	灰		方格纹						西周至春秋
5934	ZJLY-370	白湖岭	ZJLY-370:15YII	23.36	113.85	7	陶			泥质粗硬陶	灰黑		方格纹						西周至春秋
5935	ZJLY-370	白湖岭	ZJLY-370:16YII	23.36	113.85	6	陶	罐	口沿	泥质粗硬陶	灰		圆圈纹、戳印篦点纹						西周至春秋
5936	ZJLY-370	白湖岭	ZJLY-370:17YII	23.36	113.85	8	陶			泥质粗硬陶	灰黑		方格纹						西周至春秋
5937	ZJLY-370	白湖岭	ZJLY-370:18YII	23.36	113.85	5	陶			泥质粗硬陶	深灰		菱格凸块纹						西周至春秋
5938	ZJLY-370	白湖岭	ZJLY-370:19YII	23.36	113.85	6	陶	罐	口沿	泥质粗硬陶	灰		方格纹、曲折纹、戳印篦点纹						西周至春秋
5939	ZJLY-370	白湖岭	ZJLY-370:20YII	23.36	113.85	3	陶			泥质粗硬陶	灰褐		素面						西周至春秋
5940	ZJLY-370	白湖岭	ZJLY-370:21YII	23.36	113.85	3	陶		口沿	泥质粗硬陶	深灰		素面						西周至春秋
5941	ZJLY-370	白湖岭	ZJLY-370:22YII	23.36	113.85	6	陶	罐	口沿	泥质粗硬陶	灰黑		方格纹						西周至春秋
5942	ZJLY-370	白湖岭	ZJLY-370:23YII	23.36	113.85	9	陶			泥质粗硬陶	灰		方格纹						西周至春秋
5943	ZJLY-370	白湖岭	ZJLY-370:24YII	23.36	113.85	7	陶			泥质粗硬陶	深灰		方格纹						西周至春秋
5944	ZJLY-370	白湖岭	ZJLY-370:25YII	23.36	113.85	9	陶			泥质粗硬陶	灰褐		夔纹、菱格凸块纹、弦纹						西周至春秋
5945	ZJLY-370	白湖岭	ZJLY-370:1ZI	23.37	113.85	12	陶			泥质粗硬陶	灰		夔纹、重菱格纹、弦纹						西周至春秋
5946	ZJLY-370	白湖岭	ZJLY-370:2ZI	23.37	113.85	13	陶			泥质粗硬陶	灰褐		夔纹						西周至春秋
5947	ZJLY-370	白湖岭	ZJLY-370:3ZI	23.36	113.85	3	陶			泥质粗硬陶	灰		方格纹						西周至春秋
5948	ZJLY-370	白湖岭	ZJLY-370:4ZI	23.36	113.85	1	陶			泥质粗硬陶	灰褐		重环纹						西周至春秋
5949	ZJLY-370	白湖岭	ZJLY-370:5ZI	23.36	113.85	1	陶			泥质粗硬陶	灰		方格纹						西周至春秋
5950	ZJLY-370	白湖岭	ZJLY-370:6ZI	23.36	113.85	1	陶			泥质粗硬陶	青灰		戳印纹、弦纹						西周至春秋
5951	ZJLY-370	白湖岭	ZJLY-370:7ZI	23.36	113.85	5	陶			泥质粗硬陶	灰褐		方格纹						西周至春秋
5952	ZJLY-370	白湖岭	ZJLY-370:8ZI	23.36	113.85	3	陶	罐	口沿	泥质粗硬陶	灰黑		方格纹						西周至春秋
5953	ZJLY-370	白湖岭	ZJLY-370:9ZI	23.36	113.85	3	陶	豆	圈足	泥质细硬陶	灰褐		素面						西周至春秋

序号	遗址编号	遗址名称	遗物编号	纬度（度）	经度（度）	海拔（米）	质地	器形	部位	陶质	颜色	釉色	纹饰	刻划符号	石器岩性	石器完整程度	石器硬度	石器风化程度	年代
5954	ZJLY-370	白湖岭	ZJLY-370:10ZI	23.36	113.85	1	陶			泥质粗硬陶	灰褐		方格纹						西周至春秋
5955	ZJLY-370	白湖岭	ZJLY-370:11ZI	23.36	113.85	1	陶			泥质粗硬陶	深灰		夔纹						西周至春秋
5956	ZJLY-370	白湖岭	ZJLY-370:12ZI	23.36	113.85	1	陶	豆	圈足	泥质细硬陶	青灰		素面						西周至春秋
5957	ZJLY-370	白湖岭	ZJLY-370:13ZI	23.36	113.85	1	陶	罐	口沿	泥质粗硬陶	黑		弦纹						西周至春秋
5958	ZJLY-370	白湖岭	ZJLY-370:14ZI	23.36	113.85	2	陶	罐	口沿	泥质细硬陶	青灰		篦点纹、弦纹						西周至春秋
5959	ZJLY-370	白湖岭	ZJLY-370:15ZI	23.36	113.85	2	陶	罐	口沿	泥质粗硬陶	灰白		方格纹						西周至春秋
5960	ZJLY-370	白湖岭	ZJLY-370:16ZI	23.36	113.85	2	陶			泥质软硬陶	灰白		夔纹						西周至春秋
5961	ZJLY-370	白湖岭	ZJLY-370:17ZI	23.36	113.85	0	陶			泥质粗硬陶	灰		夔纹						西周至春秋
5962	ZJLY-370	白湖岭	ZJLY-370:18ZI	23.36	113.85	2	陶			泥质粗硬陶	灰褐		夔纹、菱格纹、弦纹						西周至春秋
5963	ZJLY-370	白湖岭	ZJLY-370:19ZI	23.36	113.85	1	陶			泥质粗硬陶	灰		方格纹						西周至春秋
5964	ZJLY-370	白湖岭	ZJLY-370:20ZI	23.36	113.85	2	陶	器盖	口沿	泥质细硬陶	灰褐		刻划弦纹						唐末
5965	ZJLY-370	白湖岭	ZJLY-370:21ZI	23.36	113.85	4	陶	罐		泥质细硬陶	灰		素面						西周至春秋
5966	ZJLY-370	白湖岭	ZJLY-370:22ZI	23.36	113.85	4	陶			泥质粗硬陶	深灰		夔纹、戳印纹						西周至春秋
5967	ZJLY-370	白湖岭	ZJLY-370:23ZI	23.36	113.85	0	陶		口沿	泥质粗硬陶	灰褐		素面						西周至春秋
5968	ZJLY-370	白湖岭	ZJLY-370:24ZI	23.36	113.85	1	陶			泥质粗硬陶	深灰		重菱格凸块纹						西周至春秋
5969	ZJLY-370	白湖岭	ZJLY-370:25ZI	23.36	113.85	1	陶			泥质粗硬陶	灰褐		方格纹、弦纹						西周至春秋
5970	ZJLY-370	白湖岭	ZJLY-370:26ZI	23.36	113.85	1	陶	豆	圈足	泥质粗硬陶	红褐		素面						西周至春秋
5971	ZJLY-372	麒麟嘴	ZJLY-372:1ZI	23.34	113.84	29	陶			泥质粗硬陶	青灰		夔纹						西周至春秋
5972	ZJLY-372	麒麟嘴	ZJLY-372:2ZI	23.34	113.84	31	陶			泥质粗硬陶	红褐		方格纹						西周至春秋
5973	ZJLY-374	鸡公岭	ZJLY-374:1ZI	23.34	113.84	23	陶			泥质粗硬陶	灰褐		方格纹						西周至春秋
5974	ZJLY-374	鸡公岭	ZJLY-374:2ZI	/	/	/	陶			夹细砂硬陶			曲折纹						新石器时代晚期至商代
5975	ZJLY-374	鸡公岭	ZJLY-374:3ZI	/	/	/	陶			泥质粗硬陶	青灰		方格纹						西周至春秋
5976	ZJLY-374	鸡公岭	ZJLY-374:4ZI	/	/	/	陶			泥质细硬陶	深灰		方格纹、夔纹						西周至春秋
5977	ZJLY-374	鸡公岭	ZJLY-374:5ZI	/	/	/	陶			泥质粗硬陶	青灰		夔纹						西周至春秋
5978	ZJLY-374	鸡公岭	ZJLY-374:6ZI	/	/	/	陶			泥质粗硬陶	青灰		方格纹						西周至春秋
5979	ZJLY-374	鸡公岭	ZJLY-374:7ZI	/	/	/	陶	瓮	口沿	泥质细硬陶	灰		方格纹、弦纹						西周至春秋
5980	ZJLY-375	刘屋岭	ZJLY-375:1YII	23.34	113.85	17	陶			泥质细硬陶	灰褐		方格纹						战国至南越国
5981	ZJLY-375	刘屋岭	ZJLY-375:2YII	23.34	113.85	17	陶			泥质粗硬陶	深灰		米字纹						战国至南越国
5982	ZJLY-375	刘屋岭	ZJLY-375:3YII	23.34	113.85	15	陶			泥质粗硬陶	深灰		米字纹						战国至南越国
5983	ZJLY-375	刘屋岭	ZJLY-375:4YII	23.34	113.85	17	陶			泥质粗硬陶	深灰		米字纹						战国至南越国
5984	ZJLY-375	刘屋岭	ZJLY-375:5YII	23.34	113.85	22	陶			泥质粗硬陶	深灰		米字纹、弦纹						战国至南越国

序号	遗址编号	遗址名称	遗物编号	纬度（度）	经度（度）	海拔（米）	质地	器形	部位	陶质	颜色	釉色	纹饰	刻划符号	石器岩性	石器完整程度	石器硬度	石器风化程度	年代
5985	ZJLY-375	刘屋岭	ZJLY-375:6Y II	23.34	113.85	21	陶			泥质粗硬陶	橙黄		方格纹						战国至南越国
5986	ZJLY-375	刘屋岭	ZJLY-375:7Y II	23.34	113.85	27	陶			泥质粗硬陶	深灰		米字纹						战国至南越国
5987	ZJLY-375	刘屋岭	ZJLY-375:8Y II	23.34	113.85	21	陶			泥质粗硬陶	深灰		米字纹						战国至南越国
5988	ZJLY-375	刘屋岭	ZJLY-375:1Z I	23.34	113.85	18	陶			泥质粗硬陶	橙黄		弦纹						战国至南越国
5989	ZJLY-376	琵琶形	ZJLY-376:1T	23.33	113.84	3	陶			泥质细硬陶	青灰		方格纹						西周至春秋
5990	ZJLY-376	琵琶形	ZJLY-376:1Z I	23.33	113.84	32	陶			夹细砂硬陶	青灰		长方格纹						新石器时代晚期至商代
5991	ZJLY-376	琵琶形	ZJLY-376:2Z I	23.33	113.84	40	陶			夹细砂硬陶	灰		绳纹，附加堆纹						新石器时代晚期至商代
5992	ZJLY-376	琵琶形	ZJLY-376:3Z I	23.33	113.84	43	陶			夹细砂硬陶	青灰		长方格纹						新石器时代晚期至商代
5993	ZJLY-376	琵琶形	ZJLY-376:4Z I	23.33	113.84	39	陶			泥质细硬陶	灰褐		篮纹，附加堆纹						新石器时代晚期至商代
5994	ZJLY-376	琵琶形	ZJLY-376:5Z I	23.33	113.84	37	陶			夹细砂硬陶	灰		长方格纹						新石器时代晚期至商代
5995	ZJLY-376	琵琶形	ZJLY-376:6Z I	23.33	113.84	38	陶			夹细砂硬陶	青灰		曲折纹						新石器时代晚期至商代
5996	ZJLY-376	琵琶形	ZJLY-376:7Z I	23.33	113.84	45	陶			夹细砂硬陶	青灰		绳纹						新石器时代晚期至商代
5997	ZJLY-376	琵琶形	ZJLY-376:8Z I	23.33	113.84	53	陶			夹细砂硬陶	灰		曲折纹						新石器时代晚期至商代
5998	ZJLY-376	琵琶形	ZJLY-376:9Z I	23.33	113.84	45	陶	罐	底	泥质粗硬陶	灰褐		方格纹，夔纹						西周至春秋
5999	ZJLY-376	琵琶形	ZJLY-376:10Z I	23.33	113.84	30	陶			泥质细硬陶	橙黄		方格纹						西周至春秋
6000	ZJLY-376	琵琶形	ZJLY-376:11Z I	23.33	113.84	33	陶			泥质粗硬陶	红褐		夔纹，重菱格凸点纹，弦纹						西周至春秋
6001	ZJLY-377	金竹山	ZJLY-377:1T	23.33	113.85	65	陶			夹细砂硬陶	青灰		曲折纹						新石器时代晚期至商代
6002	ZJLY-377	金竹山	ZJLY-377:2T	23.33	113.85	70	陶			夹细砂硬陶	青灰		曲折纹						新石器时代晚期至商代
6003	ZJLY-377	金竹山	ZJLY-377:3T	23.33	113.85	70	陶	罐	口沿	夹细砂硬陶	青灰		素面						新石器时代晚期至商代
6004	ZJLY-377	金竹山	ZJLY-377:4T	23.33	113.85	77	陶			夹细砂硬陶	青灰		交错绳纹						新石器时代晚期至商代
6005	ZJLY-377	金竹山	ZJLY-377:5T	23.33	113.85	77	陶			夹细砂硬陶	青灰		交错绳纹						新石器时代晚期至商代
6006	ZJLY-377	金竹山	ZJLY-377:6T	23.33	113.85	76	陶			夹细砂硬陶	灰		交错绳纹						新石器时代晚期至商代
6007	ZJLY-377	金竹山	ZJLY-377:7T	23.33	113.85	75	陶			夹细砂硬陶	青灰		长方格纹						新石器时代晚期至商代
6008	ZJLY-377	金竹山	ZJLY-377:8T	23.33	113.85	74	陶	罐	口沿	夹细砂硬陶	青灰		素面						新石器时代晚期至商代
6009	ZJLY-377	金竹山	ZJLY-377:9T	23.33	113.85	74	陶			夹细砂硬陶	橙黄		方格纹						新石器时代晚期至商代
6010	ZJLY-377	金竹山	ZJLY-377:10T	23.33	113.85	74	陶			夹细砂硬陶	青灰		绳纹						新石器时代晚期至商代
6011	ZJLY-377	金竹山	ZJLY-377:11T	23.33	113.85	73	陶			泥质细硬陶	青灰		绳纹						新石器时代晚期至商代
6012	ZJLY-377	金竹山	ZJLY-377:12T	23.33	113.85	76	陶			泥质细硬陶	橙黄		曲折纹						新石器时代晚期至商代
6013	ZJLY-377	金竹山	ZJLY-377:13T	23.33	113.85	67	陶	罐	口沿	夹细砂硬陶	灰		素面						新石器时代晚期至商代
6014	ZJLY-377	金竹山	ZJLY-377:14T	23.33	113.85	68	陶			夹细砂硬陶	青灰		交错条纹						新石器时代晚期至商代
6015	ZJLY-377	金竹山	ZJLY-377:15T	23.33	113.85	68	陶			夹细砂软陶	红褐		长方格纹						新石器时代晚期至商代

序号	遗址编号	遗址名称	遗物编号	纬度(度)	经度(度)	海拔(米)	质地	器形	部位	陶质	颜色	釉色	纹饰	刻划符号	石器岩性	石器完整程度	石器硬度	石器风化程度	年代
6016	ZJLY-377	金竹岜	ZJLY-377:1ZⅠ	23.33	113.85	76	陶			夹细砂硬陶	青灰		长方格纹、曲折纹						新石器时代晚期至商代
6017	ZJLY-377	金竹岜	ZJLY-377:2ZⅠ	23.33	113.85	75	陶			夹细砂硬陶	青灰		叶脉纹						新石器时代晚期至商代
6018	ZJLY-377	金竹岜	ZJLY-377:3ZⅠ	23.33	113.85	71	陶			夹细砂硬陶	青灰		叶脉纹						新石器时代晚期至商代
6019	ZJLY-377	金竹岜	ZJLY-377:4ZⅠ	23.33	113.85	66	陶			夹细砂硬陶	青灰		叶脉纹						新石器时代晚期至商代
6020	ZJLY-377	金竹岜	ZJLY-377:5ZⅠ	23.33	113.85	63	陶			夹细砂硬陶	青灰		叶脉纹						新石器时代晚期至商代
6021	ZJLY-377	金竹岜	ZJLY-377:6ZⅠ	23.33	113.85	62	陶			夹细砂硬陶	青灰		曲折纹						新石器时代晚期至商代
6022	ZJLY-377	金竹岜	ZJLY-377:7ZⅠ	23.33	113.85	76	陶			夹细砂硬陶	青灰		绳纹、附加堆纹						新石器时代晚期至商代
6023	ZJLY-377	金竹岜	ZJLY-377:8ZⅠ	23.33	113.85	77	陶	罐	圈足	夹细砂硬陶	灰		曲折纹						新石器时代晚期至商代
6024	ZJLY-377	金竹岜	ZJLY-377:9ZⅠ	23.33	113.85	76	陶			泥质细硬陶	灰		曲折纹						新石器时代晚期至商代
6025	ZJLY-377	金竹岜	ZJLY-377:10ZⅠ	23.33	113.85	75	陶			夹细砂硬陶	青灰		叶脉纹						新石器时代晚期至商代
6026	ZJLY-377	金竹岜	ZJLY-377:11ZⅠ	23.33	113.85	75	陶			夹细砂硬陶	青灰		回断条纹						新石器时代晚期至商代
6027	ZJLY-377	金竹岜	ZJLY-377:12ZⅠ	23.33	113.85	75	陶	釜	口沿	夹粗砂软陶	灰黑		素面						新石器时代晚期至商代
6028	ZJLY-377	金竹岜	ZJLY-377:13ZⅠ	23.33	113.85	75	石	锛			青灰				片岩	残	6	未风化	新石器时代晚期至商代
6029	ZJLY-378	鬼子岭	ZJLY-378:1T	23.33	113.84	17	陶	罐	圈足	泥质粗硬陶	灰		曲折纹						西周至春秋
6030	ZJLY-378	鬼子岭	ZJLY-378:2T	23.33	113.84	17	陶			泥质细硬陶	深灰		曲折纹						西周至春秋
6031	ZJLY-378	鬼子岭	ZJLY-378:3T	23.33	113.84	17	陶			夹细砂硬陶	灰白		素面						西周至春秋
6032	ZJLY-378	鬼子岭	ZJLY-378:4T	23.33	113.84	25	陶			泥质粗硬陶	灰褐		方格纹						西周至春秋
6033	ZJLY-378	鬼子岭	ZJLY-378:5T	23.33	113.84	27	陶			泥质粗硬陶	深灰		菱格凸块纹						西周至春秋
6034	ZJLY-378	鬼子岭	ZJLY-378:6T	23.33	113.84	28	陶			泥质粗硬陶	深灰		戳印纹						西周至春秋
6035	ZJLY-378	鬼子岭	ZJLY-378:7T	23.33	113.84	28	陶	罐	口沿	泥质粗硬陶	深灰		重环纹						西周至春秋
6036	ZJLY-378	鬼子岭	ZJLY-378:8T	23.33	113.84	30	陶			泥质粗硬陶	深灰		菱格纹						西周至春秋
6037	ZJLY-378	鬼子岭	ZJLY-378:9T	23.33	113.84	27	陶			泥质粗硬陶	深灰		重菱格纹、弦纹						西周至春秋
6038	ZJLY-378	鬼子岭	ZJLY-378:10T	23.33	113.84	26	陶			泥质粗硬陶	深灰		方格纹						西周至春秋
6039	ZJLY-378	鬼子岭	ZJLY-378:11T	23.33	113.84	26	陶			泥质粗硬陶	青灰		戳印纹、弦纹						西周至春秋
6040	ZJLY-378	鬼子岭	ZJLY-378:12T	23.33	113.84	22	陶			泥质粗硬陶	灰褐		夔纹						西周至春秋
6041	ZJLY-378	鬼子岭	ZJLY-378:13T	23.33	113.84	22	陶			泥质粗硬陶	青灰		方格纹						西周至春秋
6042	ZJLY-378	鬼子岭	ZJLY-378:14T	23.33	113.84	19	陶			泥质粗硬陶	灰褐		夔纹						西周至春秋
6043	ZJLY-378	鬼子岭	ZJLY-378:15T	23.33	113.84	20	陶	瓮	口沿	泥质粗硬陶	橙黄		方格纹						西周至春秋
6044	ZJLY-379	蝴蝶山	ZJLY-379:1T	23.33	113.86	104	陶			夹粗砂软陶	灰黑		素面						新石器时代晚期至商代
6045	ZJLY-379	蝴蝶山	ZJLY-379:2T	23.33	113.86	104	陶	纺轮		泥质软陶	灰褐		素面						新石器时代晚期至商代
6046	ZJLY-379	蝴蝶山	ZJLY-379:3T	23.33	113.86	105	石	锛			灰褐								新石器时代晚期至商代

序号	遗址编号	遗址名称	遗物编号	纬度(度)	经度(度)	海拔(米)	质地	器形	部位	陶质	颜色	釉色	纹饰	刻划符号	石器岩性	石器完整程度	石器硬度	石器风化程度	年代
6047	ZJLY-379	蝴蝶山	ZJLY-379:4T	23.33	113.86	107	陶			泥质细软陶	橙黄		曲折纹						新石器时代晚期至商代
6048	ZJLY-379	蝴蝶山	ZJLY-379:5T	23.33	113.86	104	石	砺石			灰				片岩	残	6	微风化	新石器时代晚期至商代
6049	ZJLY-379	蝴蝶山	ZJLY-379:6T	23.33	113.86	104	陶			泥质细软陶	橙黄		曲折纹						新石器时代晚期至商代
6050	ZJLY-379	蝴蝶山	ZJLY-379:7T	23.33	113.86	105	石	石器			红褐					残			新石器时代晚期至商代
6051	ZJLY-379	蝴蝶山	ZJLY-379:8T	23.33	113.86	103	陶			泥质细软陶	灰		曲折纹						新石器时代晚期至商代
6052	ZJLY-379	蝴蝶山	ZJLY-379:9T	23.33	113.86	103	陶			夹粗砂软陶	灰黑		素面						新石器时代晚期至商代
6053	ZJLY-379	蝴蝶山	ZJLY-379:10T	23.33	113.86	105	石	砺石			橙黄				砂岩	残	6	未风化	新石器时代晚期至商代
6054	ZJLY-379	蝴蝶山	ZJLY-379:11T	23.33	113.86	101	陶	鼎	足	夹粗砂软陶	红褐		素面						新石器时代晚期至商代
6055	ZJLY-379	蝴蝶山	ZJLY-379:12T	23.33	113.86	99	陶			夹细砂硬陶	青灰		绳纹						新石器时代晚期至商代
6056	ZJLY-379	蝴蝶山	ZJLY-379:13T	23.33	113.86	97	陶			泥质细软陶	橙黄		曲折纹						新石器时代晚期至商代
6057	ZJLY-379	蝴蝶山	ZJLY-379:14T	23.33	113.86	97	陶			泥质细硬陶	灰		曲折纹						新石器时代晚期至商代
6058	ZJLY-379	蝴蝶山	ZJLY-379:15T	23.33	113.86	93	陶	釜(罐)	口沿	夹粗砂软陶	灰黑		素面						新石器时代晚期至商代
6059	ZJLY-379	蝴蝶山	ZJLY-379:16T	23.33	113.86	95	陶			夹细砂软陶	灰黑		素面						新石器时代晚期至商代
6060	ZJLY-379	蝴蝶山	ZJLY-379:17T	23.33	113.86	95	陶			夹细砂硬陶	红		篮纹						新石器时代晚期至商代
6061	ZJLY-379	蝴蝶山	ZJLY-379:18T	23.33	113.86	96	陶			夹细砂硬陶	灰		曲折纹、附加堆纹						新石器时代晚期至商代
6062	ZJLY-379	蝴蝶山	ZJLY-379:19T	23.33	113.86	100	石	戈			青灰				片岩	完整	6	未风化	新石器时代晚期至商代
6063	ZJLY-379	蝴蝶山	ZJLY-379:1ZⅠ	23.33	113.86	107	石	砺石			青灰				砂岩	残	6	未风化	新石器时代晚期至商代
6064	ZJLY-379	蝴蝶山	ZJLY-379:2ZⅠ	23.33	113.86	109	陶			夹细砂硬陶	青灰		曲折纹						新石器时代晚期至商代
6065	ZJLY-379	蝴蝶山	ZJLY-379:3ZⅠ	23.33	113.86	111	陶			泥质细硬陶	青灰		曲折纹						新石器时代晚期至商代
6066	ZJLY-379	蝴蝶山	ZJLY-379:4ZⅠ	23.33	113.86	121	陶	豆	口沿	泥质细硬陶	灰		素面						新石器时代晚期至商代
6067	ZJLY-379	蝴蝶山	ZJLY-379:5ZⅠ	23.33	113.86	138	陶			夹细砂软陶	灰黑		素面						新石器时代晚期至商代
6068	ZJLY-379	蝴蝶山	ZJLY-379:6ZⅠ	23.33	113.86	123	石	石坯			青灰								新石器时代晚期至商代
6069	ZJLY-379	蝴蝶山	ZJLY-379:7ZⅠ	23.33	113.86	123	陶			夹粗砂软陶	灰黑		素面						新石器时代晚期至商代
6070	ZJLY-381	扶罗岭	ZJLY-381:1YⅡ	23.31	113.84	36	陶			泥质细软陶	灰		方格纹						战国至南越国
6071	ZJLY-382	元岭	ZJLY-382:1ZⅠ	23.31	113.85	9	陶			泥质细硬陶	橙黄		席纹						新石器时代晚期至商代
6072	ZJLY-382	元岭	ZJLY-382:2ZⅠ	23.31	113.85	8	陶			夹细砂硬陶	青灰		叶脉纹						新石器时代晚期至商代
6073	ZJLY-382	元岭	ZJLY-382:3ZⅠ	23.31	113.85	18	陶			夹细砂硬陶	青灰		曲折纹						新石器时代晚期至商代
6074	ZJLY-382	元岭	ZJLY-382:4ZⅠ	23.31	113.85	19	陶			夹细砂硬陶	青灰		交错绳纹						新石器时代晚期至商代
6075	ZJLY-382	元岭	ZJLY-382:5ZⅠ	23.31	113.85	20	陶			泥质细软陶	红褐		曲折纹						新石器时代晚期至商代
6076	ZJLY-383	龙须	ZJLY-383:1ZⅠ	23.31	113.85	37	陶	罐	底	泥质粗软陶	灰		素面	有					战国至南越国
6077	ZJLY-383	龙须	ZJLY-383:2ZⅠ	23.31	113.85	38	陶	罐	口沿	泥质细硬陶	灰褐		方格纹						战国至南越国

序号	遗址编号	遗址名称	遗物编号	纬度（度）	经度（度）	海拔（米）	质地	器形	部位	陶质	颜色	釉色	纹饰	刻划符号	石器岩性	石器完整程度	石器硬度	石器风化程度	年代
6078	ZJLY-383	龙颈	ZJLY-383:3ZI	23.31	113.85	38	陶	罐	口沿	泥质粗硬陶	灰褐		米字纹						战国至南越国
6079	ZJLY-383	龙颈	ZJLY-383:4ZI	23.31	113.85	36	陶	罐	口沿	泥质细硬陶	灰褐		方格纹						战国至南越国
6080	ZJLY-383	龙颈	ZJLY-383:5ZI	23.31	113.85	35	陶	罐	口沿	泥质细硬陶	青灰		米字纹						战国至南越国
6081	ZJLY-383	龙颈	ZJLY-383:6ZI	23.31	113.85	34	陶			泥质细硬陶	深灰		水波纹、弦纹						战国至南越国
6082	ZJLY-383	龙颈	ZJLY-383:7ZI	23.31	113.85	33	陶	罐	口沿	泥质细硬陶	灰褐		米字纹						战国至南越国
6083	ZJLY-383	龙颈	ZJLY-383:8ZI	23.31	113.85	35	陶	罐	口沿	泥质细硬陶	灰褐		方格纹						战国至南越国
6084	ZJLY-383	龙颈	ZJLY-383:9ZI	23.31	113.85	38	陶	罐	口沿	泥质细软陶	灰褐		米字纹						战国至南越国
6085	ZJLY-383	龙颈	ZJLY-383:10ZI	23.31	113.85	41	陶			泥质粗硬陶	灰褐		素面						战国至南越国
6086	ZJLY-383	龙颈	ZJLY-383:11ZI	23.31	113.85	40	陶			泥质细硬陶	灰褐		米字纹						战国至南越国
6087	ZJLY-383	龙颈	ZJLY-383:12ZI	23.31	113.85	42	陶			泥质细硬陶	灰褐		方格纹						战国至南越国
6088	ZJLY-383	龙颈	ZJLY-383:13ZI	23.31	113.85	36	陶	罐	底	泥质细硬陶	灰		水波纹、弦纹						战国至南越国
6089	ZJLY-383	龙颈	ZJLY-383:14ZI	23.31	113.85	38	陶	罐	口沿	泥质细硬陶	灰褐		方格纹	有					战国至南越国
6090	ZJLY-383	龙颈	ZJLY-383:15ZI	23.31	113.85	38	陶	罐	口沿	泥质细硬陶	灰褐		方格纹						战国至南越国
6091	ZJLY-383	龙颈	ZJLY-383:16ZI	23.31	113.85	37	陶	罐	底	泥质细硬陶	灰		水波纹、弦纹						战国至南越国
6092	ZJLY-383	龙颈	ZJLY-383:17ZI	23.31	113.85	36	陶	罐	口沿	泥质细硬陶	灰褐		方格纹						战国至南越国
6093	ZJLY-384	蔡顶山北	ZJLY-384:1YII	23.31	113.85	70	陶			泥质粗硬陶	深灰		蝉翼纹						西周至春秋
6094	ZJLY-384	蔡顶山北	ZJLY-384:2YII	23.31	113.85	71	陶			泥质粗硬陶	深灰		方格纹						西周至春秋
6095	ZJLY-385	蔡顶山南	ZJLY-385:1ZI	23.30	113.85	63	石	钺			青灰				片岩	残	6	未风化	新石器时代晚期至商代
6096	ZJLY-386	八字岭	ZJLY-386:1T	23.30	113.85	37	陶			泥质粗硬陶	红褐		菱格凸块纹、戳印纹						西周至春秋
6097	ZJLY-386	八字岭	ZJLY-386:2T	23.30	113.86	34	陶			泥质粗硬陶	灰褐		回字纹						西周至春秋
6098	ZJLY-386	八字岭	ZJLY-386:3T	23.30	113.86	28	陶			泥质粗硬陶	红褐		勾连云雷纹						西周至春秋
6099	ZJLY-386	八字岭	ZJLY-386:4T	23.30	113.85	20	陶			泥质粗硬陶	灰褐		米字纹						战国至南越国
6100	ZJLY-386	八字岭	ZJLY-386:1YII	23.30	113.86	32	陶			泥质粗硬陶	灰褐		夔纹、菱格凸块纹、弦纹						西周至春秋
6101	ZJLY-386	八字岭	ZJLY-386:2YII	23.30	113.86	25	陶			泥质粗硬陶	深灰		方格纹						西周至春秋
6102	ZJLY-386	八字岭	ZJLY-386:3YII	23.30	113.86	30	陶			泥质粗硬陶	深灰		勾连云雷纹						西周至春秋
6103	ZJLY-386	八字岭	ZJLY-386:4YII	23.30	113.86	40	陶			泥质粗硬陶	深灰		曲折纹						西周至春秋
6104	ZJLY-386	八字岭	ZJLY-386:5YII	23.30	113.85	25	陶			泥质粗硬陶	深灰		重菱格纹						战国至南越国
6105	ZJLY-386	八字岭	ZJLY-386:6YII	23.30	113.85	26	陶			泥质粗硬陶	青灰		菱格凸块纹、篦点纹、弦纹						西周至春秋
6106	ZJLY-386	八字岭	ZJLY-386:1ZI	23.30	113.86	45	陶			夹细砂硬陶	灰		曲折纹、附加堆纹						新石器时代晚期至商代
6107	ZJLY-386	八字岭	ZJLY-386:2ZI	23.30	113.86	43	陶			夹细砂硬陶	灰		绳纹						新石器时代晚期至商代

序号	遗址编号	遗址名称	遗物编号	纬度(度)	经度(度)	海拔(米)	质地	器形	部位	陶质	颜色	釉色	纹饰	刻划符号	石器岩性	石器完整程度	石器硬度	石器风化程度	年代
6108	ZJLY-386	入字岭	ZJLY-386:3ZⅠ	23.30	113.86	32	陶			泥质粗硬陶	深灰		方格纹						西周至春秋
6109	ZJLY-386	入字岭	ZJLY-386:4ZⅠ	23.30	113.86	40	陶			泥质粗硬陶	灰		方格纹						西周至春秋
6110	ZJLY-386	入字岭	ZJLY-386:5ZⅠ	23.30	113.86	36	原始瓷	豆		泥质粗硬陶	红褐	青釉	弦纹						西周至春秋
6111	ZJLY-386	入字岭	ZJLY-386:6ZⅠ	23.30	113.86	35	陶			泥质粗硬陶	灰褐		卷云纹						西周至春秋
6112	ZJLY-387	田寮	ZJLY-387:1ZⅠ	23.31	113.85	15	陶			泥质粗硬陶	深灰		方格对角线纹						战国至南越国
6113	ZJLY-387	田寮	ZJLY-387:2ZⅠ	23.31	113.85	15	陶			泥质粗硬陶	深灰		米字纹						战国至南越国
6114	ZJLY-387	田寮	ZJLY-387:3ZⅠ	23.31	113.85	12	陶			泥质粗硬陶	青灰		方格对角线纹						战国至南越国
6115	ZJLY-387	田寮	ZJLY-387:4ZⅠ	23.31	113.85	12	陶			泥质粗硬陶	青灰		席纹						战国至南越国
6116	ZJLY-387	田寮	ZJLY-387:5ZⅠ	23.31	113.85	9	陶			泥质粗硬陶	红褐		方格纹						战国至南越国
6117	ZJLY-387	田寮	ZJLY-387:6ZⅠ	23.31	113.85	13	陶			泥质粗硬陶	青灰		方格纹						战国至南越国
6118	ZJLY-387	田寮	ZJLY-387:7ZⅠ	23.31	113.85	14	陶			泥质粗硬陶	灰褐		方格对角线纹						战国至南越国
6119	ZJLY-387	田寮	ZJLY-387:8ZⅠ	23.31	113.85	15	陶			泥质粗硬陶	青灰		方格对角线纹						战国至南越国
6120	ZJLY-387	田寮	ZJLY-387:9ZⅠ	23.31	113.85	15	陶			泥质粗硬陶	深灰		方格纹						战国至南越国
6121	ZJLY-387	田寮	ZJLY-387:10ZⅠ	23.31	113.85	12	陶			泥质粗硬陶	深灰		三角格纹						战国至南越国
6122	ZJLY-387	田寮	ZJLY-387:11ZⅠ	23.31	113.85	12	陶	器盖		泥质粗硬陶	深灰		弦纹						战国至南越国
6123	ZJLY-387	田寮	ZJLY-387:12ZⅠ	23.31	113.85	13	陶			泥质粗硬陶	灰		戳印纹						战国至南越国
6124	ZJLY-387	田寮	ZJLY-387:13ZⅠ	23.31	113.85	12	陶			泥质粗硬陶	灰褐		方格纹						战国至南越国
6125	ZJLY-387	田寮	ZJLY-387:14ZⅠ	23.31	113.85	14	陶			泥质粗硬陶	灰褐		素面						战国至南越国
6126	ZJLY-387	田寮	ZJLY-387:15ZⅠ	23.31	113.85	17	陶			泥质粗硬陶	深灰		米字纹						战国至南越国
6127	ZJLY-387	田寮	ZJLY-387:16ZⅠ	23.31	113.85	17	陶			泥质细硬陶	灰褐		米字纹						战国至南越国
6128	ZJLY-387	田寮	ZJLY-387:17ZⅠ	23.31	113.85	11	陶		口沿	泥质粗硬陶	青灰		米字纹						战国至南越国
6129	ZJLY-387	田寮	ZJLY-387:18ZⅠ	23.31	113.85	16	陶	罐		泥质粗硬陶	青灰		方格纹						战国至南越国
6130	ZJLY-387	田寮	ZJLY-387:19ZⅠ	23.31	113.85	18	陶			泥质细硬陶	深灰		方格纹						战国至南越国
6131	ZJLY-387	田寮	ZJLY-387:20ZⅠ	23.31	113.85	16	陶			泥质粗硬陶	灰褐		方格纹						战国至南越国
6132	ZJLY-387	田寮	ZJLY-387:21ZⅠ	23.31	113.85	19	陶			泥质粗硬陶	青灰		旋涡纹						战国至南越国
6133	ZJLY-387	田寮	ZJLY-387:22ZⅠ	23.31	113.85	8	陶			泥质粗硬陶	青灰		三角格纹						战国至南越国
6134	ZJLY-387	田寮	ZJLY-387:23ZⅠ	23.31	113.85	6	陶	罐	口沿	泥质细硬陶	青灰		素面						战国至南越国
6135	ZJLY-387	田寮	ZJLY-387:24ZⅠ	23.31	113.85	8	陶			泥质粗硬陶	红褐		刻划条纹						战国至南越国
6136	ZJLY-387	田寮	ZJLY-387:25ZⅠ	23.31	113.85	8	陶			泥质粗硬陶	青灰		三角格纹						战国至南越国
6137	ZJLY-387	田寮	ZJLY-387:26ZⅠ	23.31	113.85	10	陶			泥质粗硬陶	青灰		米字纹						战国至南越国
6138	ZJLY-387	田寮	ZJLY-387:27ZⅠ	23.31	113.85	21	陶			泥质粗硬陶	青灰		曲折纹						新石器时代晚期至商代

序号	遗址编号	遗址名称	遗物编号	纬度（度）	经度（度）	海拔（米）	质地	器形	部位	陶质	颜色	釉色	纹饰	刻划符号	石器岩性	石器完整程度	石器硬度	石器风化程度	年代
6139	ZJLY-387	田螺	ZJLY-387:28Z I	23.31	113.85	8	陶			泥质粗硬硬陶	灰褐		方格对角线纹						战国至南越国
6140	ZJLY-388	台山顶	ZJLY-388:1T	23.31	113.85	25	陶			泥质粗硬硬陶	红褐		方格纹						西周至春秋
6141	ZJLY-388	台山顶	ZJLY-388:1Y II	23.31	113.86	28	陶			泥质细硬硬陶	灰		回字纹						西周至春秋
6142	ZJLY-388	台山顶	ZJLY-388:2Y II	23.31	113.86	29	陶			泥质细硬硬陶	青灰		夔纹						西周至春秋
6143	ZJLY-388	台山顶	ZJLY-388:3Y II	23.31	113.86	22	陶			泥质粗硬硬陶	灰褐		夔纹						西周至春秋
6144	ZJLY-388	台山顶	ZJLY-388:4Y II	23.31	113.86	26	陶	罐	口沿	泥质细硬硬陶	灰褐		方格纹						西周至春秋
6145	ZJLY-388	台山顶	ZJLY-388:5Y II	23.31	113.86	28	陶			泥质细硬硬陶	深灰		菱格凸块纹						西周至春秋
6146	ZJLY-388	台山顶	ZJLY-388:6Y II	23.31	113.86	32	陶			泥质细硬硬陶	灰		方格纹						西周至春秋
6147	ZJLY-388	台山顶	ZJLY-388:7Y II	23.31	113.86	32	陶			泥质细硬硬陶	青灰		夔纹						西周至春秋
6148	ZJLY-388	台山顶	ZJLY-388:8Y II	23.31	113.86	32	陶			泥质细硬硬陶	青灰		叶脉纹						新石器时代晚期至晚商代
6149	ZJLY-388	台山顶	ZJLY-388:9Y II	23.31	113.86	29	陶			泥质细硬硬陶	红褐		方格纹						西周至春秋
6150	ZJLY-388	台山顶	ZJLY-388:10Y II	23.31	113.86	33	陶	豆	圈足	泥质粗硬硬陶	灰		素面						西周至春秋
6151	ZJLY-388	台山顶	ZJLY-388:11Y II	23.31	113.86	27	陶			泥质粗硬硬陶	青灰		方格纹、篦划纹						西周至春秋
6152	ZJLY-388	台山顶	ZJLY-388:12Y II	23.31	113.86	23	陶			泥质细硬硬陶	深灰		方格纹						西周至春秋
6153	ZJLY-388	台山顶	ZJLY-388:13Y II	23.31	113.86	21	陶			泥质细硬硬陶	灰		方格纹、云雷纹						西周至春秋
6154	ZJLY-388	台山顶	ZJLY-388:14Y II	23.31	113.86	22	陶			泥质细硬硬陶	青灰		方格纹、重菱格纹						西周至春秋
6155	ZJLY-388	台山顶	ZJLY-388:15Y II	23.31	113.86	21	陶			泥质细硬硬陶	青灰		方格纹						西周至春秋
6156	ZJLY-388	台山顶	ZJLY-388:16Y II	23.31	113.86	21	陶			泥质细硬硬陶	青灰		方格纹						西周至春秋
6157	ZJLY-388	台山顶	ZJLY-388:17Y II	23.31	113.86	24	陶			泥质细硬硬陶	青灰		蝉翼纹						西周至春秋
6158	ZJLY-388	台山顶	ZJLY-388:18Y II	23.31	113.86	24	陶	瓮	口沿	泥质粗硬硬陶	青灰		方格纹						西周至春秋
6159	ZJLY-388	台山顶	ZJLY-388:19Y II	23.31	113.86	25	陶			泥质细硬硬陶	青灰		方格纹						西周至春秋
6160	ZJLY-388	台山顶	ZJLY-388:20Y II	23.31	113.86	27	陶	瓮	口沿	泥质细硬硬陶	青灰		方格纹						西周至春秋
6161	ZJLY-388	台山顶	ZJLY-388:21Y II	23.31	113.86	27	陶			泥质粗硬硬陶	青灰		圆圈凸点纹						西周至春秋
6162	ZJLY-388	台山顶	ZJLY-388:22Y II	23.31	113.86	27	陶			泥质细硬硬陶	红褐		重菱格凸块纹						西周至春秋
6163	ZJLY-388	台山顶	ZJLY-388:23Y II	23.31	113.86	17	陶			泥质细硬硬陶	灰褐		夔纹、弦纹						西周至春秋
6164	ZJLY-388	台山顶	ZJLY-388:24Y II	23.31	113.86	20	陶			泥质细硬硬陶	青灰		素面						西周至春秋
6165	ZJLY-388	台山顶	ZJLY-388:25Y II	23.31	113.86	20	陶			泥质细硬硬陶	灰		夔纹						西周至春秋
6166	ZJLY-388	台山顶	ZJLY-388:26Y II	23.31	113.86	20	陶			泥质细硬硬陶	青灰		方格纹						西周至春秋
6167	ZJLY-388	台山顶	ZJLY-388:27Y II	23.31	113.86	10	陶			泥质细硬硬陶	青灰		方格纹						西周至春秋
6168	ZJLY-388	台山顶	ZJLY-388:28Y II	23.31	113.86	10	陶			泥质细硬硬陶	青灰		方格纹、夔纹						西周至春秋
6169	ZJLY-388	台山顶	ZJLY-388:29Y II	23.31	113.85	9	陶			泥质粗硬硬陶	灰褐		方格纹						西周至春秋

序号	遗址编号	遗址名称	遗物编号	纬度（度）	经度（度）	海拔（米）	质地	器形	部位	陶质	颜色	釉色	纹饰	刻划符号	石器岩性	石器完整程度	石器硬度	石器风化程度	年代
6170	ZJLY-388	台山顶	ZJLY-388:30Y Ⅱ	23.31	113.86	17	陶			泥质细硬陶	青灰		重菱格凸点纹						西周至春秋
6171	ZJLY-389	岭排	ZJLY-389:1T	23.31	113.86	25	陶			泥质粗硬陶	橙黄		夔纹						西周至春秋
6172	ZJLY-389	岭排	ZJLY-389:2T	23.31	113.86	34	陶			泥质粗硬陶	灰		方格纹						西周至春秋
6173	ZJLY-389	岭排	ZJLY-389:3T	23.31	113.86	24	陶			泥质细硬陶	青灰		方格纹						西周至春秋
6174	ZJLY-389	岭排	ZJLY-389:1Y Ⅱ	23.31	113.86	32	陶			泥质细硬陶	青灰		方格纹、菱格凸点纹						西周至春秋
6175	ZJLY-389	岭排	ZJLY-389:2Y Ⅱ	23.31	113.86	34	陶			泥质粗硬陶	灰褐		夔纹、弦纹						西周至春秋
6176	ZJLY-389	岭排	ZJLY-389:3Y Ⅱ	23.31	113.86	31	陶			泥质粗硬陶	深灰		弦纹						西周至春秋
6177	ZJLY-389	岭排	ZJLY-389:4Y Ⅱ	23.31	113.86	33	陶	瓮	口沿	泥质粗硬陶	灰褐		素面						西周至春秋
6178	ZJLY-389	岭排	ZJLY-389:5Y Ⅱ	23.31	113.86	38	陶			泥质细硬陶	灰		夔纹、菱格纹、弦纹						新石器时代晚期至商代
6179	ZJLY-389	岭排	ZJLY-389:6Y Ⅱ	23.31	113.86	39	陶			夹细砂硬陶	青灰		条纹						新石器时代晚期至商代
6180	ZJLY-389	岭排	ZJLY-389:7Y Ⅱ	23.31	113.86	36	陶			夹细砂硬陶	灰		篮纹、附加堆纹						新石器时代晚期至商代
6181	ZJLY-389	岭排	ZJLY-389:8Y Ⅱ	23.31	113.86	37	陶			泥质粗硬陶	红褐		方格纹、夔纹、弦纹						西周至春秋
6182	ZJLY-389	岭排	ZJLY-389:9Y Ⅱ	23.31	113.86	33	陶			泥质细硬陶	青灰		曲折纹						新石器时代晚期至商代
6183	ZJLY-389	岭排	ZJLY-389:10Y Ⅱ	23.31	113.86	35	陶			泥质细硬陶	青灰		方格纹						西周至春秋
6184	ZJLY-389	岭排	ZJLY-389:11Y Ⅱ	23.31	113.86	37	陶	罐	口沿	夹细砂硬陶	红褐		素面						新石器时代晚期至商代
6185	ZJLY-389	岭排	ZJLY-389:12Y Ⅱ	23.31	113.86	34	陶			泥质粗硬陶	深灰		方格纹						西周至春秋
6186	ZJLY-389	岭排	ZJLY-389:13Y Ⅱ	23.31	113.86	34	陶			泥质粗硬陶	深灰		方格纹						西周至春秋
6187	ZJLY-389	岭排	ZJLY-389:1Z Ⅰ	23.31	113.86	42	陶	罐	底	夹细砂硬陶	灰		曲折纹						新石器时代晚期至商代
6188	ZJLY-389	岭排	ZJLY-389:2Z Ⅰ	23.31	113.86	43	陶			泥质粗硬陶	紫灰		方格纹						西周至春秋
6189	ZJLY-389	岭排	ZJLY-389:3Z Ⅰ	23.31	113.86	58	陶			泥质粗硬陶	深灰		方格纹						西周至春秋
6190	ZJLY-390	凤心岭	ZJLY-390:1Y Ⅰ	23.31	113.86	17	陶			泥质粗硬陶	深灰		三角纹						战国至南越国
6191	ZJLY-392	王角份	ZJLY-392:1Y Ⅰ	23.31	113.86	18	陶			泥质细硬陶	深灰		方格对角线纹						战国至南越国
6192	ZJLY-392	王角份	ZJLY-392:2Y Ⅱ	23.31	113.86	14	陶	罐	口沿	泥质细硬陶	灰黑		素面						唐末
6193	ZJLY-392	王角份	ZJLY-392:3Y Ⅱ	23.31	113.86	13	陶			泥质细硬陶	深灰		米字纹						战国至南越国
6194	ZJLY-392	王角份	ZJLY-392:4Y Ⅱ	23.31	113.86	11	陶			泥质粗硬陶	青灰		方格纹						战国至南越国
6195	ZJLY-392	王角份	ZJLY-392:5Y Ⅱ	23.31	113.86	11	陶			泥质粗硬陶	灰褐		方格纹						战国至南越国
6196	ZJLY-392	王角份	ZJLY-392:6Y Ⅱ	23.31	113.86	10	陶			泥质粗硬陶	灰褐		方格纹						战国至南越国
6197	ZJLY-392	王角份	ZJLY-392:7Y Ⅱ	23.31	113.86	10	陶			泥质粗硬陶	灰褐		方格纹						战国至南越国
6198	ZJLY-392	王角份	ZJLY-392:8Y Ⅱ	23.31	113.86	10	陶			泥质粗硬陶	灰褐		方格纹						战国至南越国
6199	ZJLY-392	王角份	ZJLY-392:9Y Ⅱ	23.31	113.86	9	陶			泥质粗硬陶	深灰		方格纹						战国至南越国
6200	ZJLY-392	王角份	ZJLY-392:10Y Ⅱ	23.31	113.86	7	陶			泥质细硬陶	深灰		米字纹						战国至南越国

序号	遗址编号	遗址名称	遗物编号	纬度（度）	经度（度）	海拔（米）	质地	器形	部位	陶质	颜色	釉色	纹饰	刻划符号	石器岩性	石器完整程度	石器硬度	石器风化程度	年代
6201	ZJLY-392	王角份	ZJLY-392:11YⅡ	23.31	113.86	8	陶			泥质粗硬陶	灰褐		方格纹						战国至南越国
6202	ZJLY-392	王角份	ZJLY-392:12YⅡ	23.31	113.86	12	陶	罐	口沿	泥质粗硬陶	灰褐		素面						战国至南越国
6203	ZJLY-392	王角份	ZJLY-392:13YⅡ	23.31	113.86	6	陶			泥质粗硬陶	深灰		方格纹						战国至南越国
6204	ZJLY-392	王角份	ZJLY-392:14YⅡ	23.31	113.86	7	陶			泥质粗硬陶	青灰		方格纹						战国至南越国
6205	ZJLY-392	王角份	ZJLY-392:15YⅡ	23.31	113.86	5	陶	罐	口沿	泥质粗硬陶	灰褐		方格纹						战国至南越国
6206	ZJLY-392	王角份	ZJLY-392:16YⅡ	23.31	113.86	10	陶			泥质粗硬陶	深灰		米字纹						战国至南越国
6207	ZJLY-392	王角份	ZJLY-392:17YⅡ	23.31	113.86	10	陶			泥质粗硬陶	红褐		方格纹						战国至南越国
6208	ZJLY-392	王角份	ZJLY-392:18YⅡ	23.31	113.86	6	陶		口沿	泥质粗硬陶	红褐		方格纹						战国至南越国
6209	ZJLY-392	王角份	ZJLY-392:1ZⅠ	23.31	113.86	17	陶	罐		泥质粗硬陶	灰黑		素面						战国至南越国
6210	ZJLY-392	王角份	ZJLY-392:2ZⅠ	23.31	113.86	19	陶	罐	口沿	泥质粗硬陶	青灰		方格纹						战国至南越国
6211	ZJLY-393	倒骑龙	ZJLY-393:1T	23.31	113.86	34	陶			泥质粗硬陶	灰褐		方格纹						西周至春秋
6212	ZJLY-393	倒骑龙	ZJLY-393:2T	23.31	113.86	32	陶			泥质粗硬陶	灰褐		曲折纹						西周至春秋
6213	ZJLY-393	倒骑龙	ZJLY-393:3T	23.31	113.86	38	陶	凹圆底罐	底	泥质细硬陶	青灰		梯格纹						新石器时代晚期至商代
6214	ZJLY-393	倒骑龙	ZJLY-393:4T	23.31	113.86	30	陶			泥质粗硬陶	红		素面						战国至南越国
6215	ZJLY-393	倒骑龙	ZJLY-393:5T	23.31	113.86	30	陶			泥质粗硬陶	青灰		网格纹						西周至春秋
6216	ZJLY-393	倒骑龙	ZJLY-393:6T	23.31	113.86	29	陶			泥质细硬陶	灰		素面						战国至南越国
6217	ZJLY-393	倒骑龙	ZJLY-393:7T	23.31	113.86	42	陶			泥质粗硬陶	灰褐		方格纹						战国至南越国
6218	ZJLY-393	倒骑龙	ZJLY-393:8T	23.31	113.87	64	陶			夹细砂硬陶	灰黑		素面						新石器时代晚期至商代
6219	ZJLY-393	倒骑龙	ZJLY-393:1ZⅠ	23.31	113.86	32	陶			泥质粗硬陶	深灰		菱格凸块纹						西周至春秋
6220	ZJLY-393	倒骑龙	ZJLY-393:2ZⅠ	23.31	113.86	29	石	锛			灰褐								新石器时代晚期至商代
6221	ZJLY-394	元岭仔	ZJLY-394:1YⅡ	23.30	113.87	23	陶			夹细砂硬陶	灰		绳纹、附加堆纹						新石器时代晚期至商代
6222	ZJLY-394	元岭仔	ZJLY-394:2YⅡ	23.30	113.87	20	陶			夹粗砂软陶	灰黑		素面						新石器时代晚期至商代
6223	ZJLY-394	元岭仔	ZJLY-394:3YⅡ	23.30	113.87	25	陶			泥质细硬陶	青灰		重菱格纹						新石器时代晚期至商代
6224	ZJLY-394	元岭仔	ZJLY-394:1ZⅠ	23.30	113.87	21	陶			夹细砂硬陶	灰		曲折纹						新石器时代晚期至商代
6225	ZJLY-394	元岭仔	ZJLY-394:2ZⅠ	23.30	113.87	22	陶	釜	口沿	夹细砂软陶	灰黑		素面						新石器时代晚期至商代
6226	ZJLY-394	元岭仔	ZJLY-394:3ZⅠ	23.30	113.87	22	陶			夹粗砂软陶	灰黑		素面						新石器时代晚期至商代
6227	ZJLY-394	元岭仔	ZJLY-394:4ZⅠ	23.30	113.87	24	陶	釜	口沿	夹粗砂软陶	红褐		素面						新石器时代晚期至商代
6228	ZJLY-395	秃光岭	ZJLY-395:1T	23.30	113.87	18	石	双肩石锛			青灰				片岩	完整	6	未风化	新石器时代晚期至商代
6229	ZJLY-395	秃光岭	ZJLY-395:2T	23.30	113.87	25	陶			泥质细硬陶	青灰		夔纹						西周至春秋
6230	ZJLY-395	秃光岭	ZJLY-395:3T	23.30	113.86	36	陶			泥质粗硬陶	灰褐		素面						西周至春秋

序号	遗址编号	遗址名称	遗物编号	纬度（度）	经度（度）	海拔（米）	质地	器形	部位	陶质	颜色	釉色	纹饰	刻划符号	石器岩性	石器完整程度	石器硬度	石器风化程度	年代
6231	ZJLY-395	秃光岭	ZJLY-395:4T	23.30	113.86	28	陶			泥质粗硬陶	灰		方格纹						西周至春秋
6232	ZJLY-395	秃光岭	ZJLY-395:5T	23.30	113.86	27	陶			泥质粗硬陶	灰褐		方格纹						西周至春秋
6233	ZJLY-395	秃光岭	ZJLY-395:6T	23.30	113.86	26	陶	罐	底	泥质粗硬陶	灰褐		方格纹						西周至春秋
6234	ZJLY-395	秃光岭	ZJLY-395:7T	23.30	113.86	25	陶			泥质软陶	橙黄		素面						新石器时代晚期至商代
6235	ZJLY-395	秃光岭	ZJLY-395:8T	23.30	113.86	26	石	镞			青灰				片岩	完整		未风化	新石器时代晚期至商代
6236	ZJLY-395	秃光岭	ZJLY-395:9T	23.30	113.86	15	陶	瓮	口沿	泥质粗硬陶	灰褐		方格纹						西周至春秋
6237	ZJLY-395	秃光岭	ZJLY-395:10T	23.30	113.86	15	陶			泥质粗硬陶	橙黄		方格纹						西周至春秋
6238	ZJLY-395	秃光岭	ZJLY-395:1ZⅠ	23.30	113.87	22	陶			泥质粗硬陶	灰		方格纹						西周至春秋
6239	ZJLY-395	秃光岭	ZJLY-395:2ZⅠ	23.30	113.87	21	陶			泥质粗硬陶	深灰		方格纹、夔纹、弦纹						西周至春秋
6240	ZJLY-395	秃光岭	ZJLY-395:3ZⅠ	23.30	113.87	21	陶			泥质粗硬陶	灰褐		方格纹、夔纹、弦纹						西周至春秋
6241	ZJLY-395	秃光岭	ZJLY-395:4ZⅠ	23.30	113.86	36	陶			泥质粗硬陶	青灰		方格纹						西周至春秋
6242	ZJLY-395	秃光岭	ZJLY-395:5ZⅠ	23.30	113.86	31	陶			泥质粗硬陶	灰		方格篦划纹（外）、复线篦划纹（内）						西周至春秋
6243	ZJLY-395	秃光岭	ZJLY-395:6ZⅠ	23.30	113.86	33	陶			泥质粗硬陶	灰		方格纹						西周至春秋
6244	ZJLY-395	秃光岭	ZJLY-395:7ZⅠ	23.30	113.86	24	陶			泥质粗硬陶	灰褐		方格纹						西周至春秋
6245	ZJLY-395	秃光岭	ZJLY-395:8ZⅠ	23.30	113.86	26	陶			泥质粗硬陶	灰褐		方格纹、弦纹						西周至春秋
6246	ZJLY-395	秃光岭	ZJLY-395:9ZⅠ	23.30	113.86	27	陶			泥质粗硬陶	灰		夔纹						西周至春秋
6247	ZJLY-395	秃光岭	ZJLY-395:10ZⅠ	23.30	113.86	15	陶	瓮	口沿	泥质粗硬陶	深灰		方格纹						西周至春秋
6248	ZJLY-396	珠山	ZJLY-396:1T	23.30	113.86	18	陶			泥质细硬陶	红灰		方格纹						战国至南越国
6249	ZJLY-396	珠山	ZJLY-396:1ZⅠ	23.30	113.86	15	陶	罐	口沿	泥质细硬陶	红灰		戳印纹						战国至南越国
6250	ZJLY-396	珠山	ZJLY-396:2ZⅠ	23.30	113.86	18	陶			泥质细硬陶	青灰		方格纹、弦纹						战国至南越国
6251	ZJLY-396	珠山	ZJLY-396:3ZⅠ	23.30	113.86	20	陶			泥质粗硬陶	灰		素面						战国至南越国
6252	ZJLY-397	上塘	ZJLY-397:1T	23.30	113.87	42	陶			泥质粗硬陶	红褐		夔纹						西周至春秋
6253	ZJLY-397	上塘	ZJLY-397:2T	23.30	113.87	42	陶			泥质细硬陶	深灰		夔纹						西周至春秋
6254	ZJLY-397	上塘	ZJLY-397:3T	23.30	113.87	42	陶			泥质细硬陶	青灰		戳印纹						西周至春秋
6255	ZJLY-397	上塘	ZJLY-397:4T	23.30	113.87	40	陶			泥质细硬陶	青灰		方格纹						西周至春秋
6256	ZJLY-397	上塘	ZJLY-397:5T	23.30	113.87	42	陶			泥质粗硬陶	灰褐		菱格凸块纹						西周至春秋
6257	ZJLY-397	上塘	ZJLY-397:6T	23.30	113.87	40	陶			泥质细硬陶	灰褐		夔纹、菱格凸块纹						西周至春秋
6258	ZJLY-397	上塘	ZJLY-397:7T	23.30	113.87	41	陶			泥质细硬陶	青灰		夔纹						西周至春秋
6259	ZJLY-397	上塘	ZJLY-397:8T	23.30	113.87	42	陶			泥质细硬陶	青灰		夔纹、菱格凸块纹、弦纹						西周至春秋

序号	遗址编号	遗址名称	遗物编号	纬度（度）	经度（度）	海拔（米）	质地	器形	部位	陶质	颜色	釉色	纹饰	刻划符号	石器岩性	石器完整程度	石器硬度	石器风化程度	年代
6260	ZJLY-397	上塘	ZJLY-397:9T	23.30	113.87	32	石	石器			灰褐				绢云母片岩	残	6	未风化	西周至春秋
6261	ZJLY-397	上塘	ZJLY-397:10T	23.30	113.87	29	陶			泥质粗硬陶	深灰		菱格凸块纹						西周至春秋
6262	ZJLY-397	上塘	ZJLY-397:1Z I	23.30	113.87	29	陶			泥质粗硬陶	红褐		方格纹						西周至春秋
6263	ZJLY-397	上塘	ZJLY-397:2Z I	23.30	113.87	32	陶			泥质粗硬陶	深褐		方格纹						西周至春秋
6264	ZJLY-397	上塘	ZJLY-397:3Z I	23.30	113.87	42	石	钵			灰褐				片岩	基本完整	6	未风化	西周至春秋
6265	ZJLY-400	树吓村背扶山	ZJLY-400:1Y II	23.30	113.87	31	陶			泥质细硬陶	青灰		方格纹（外）、复线篦划纹（内）						西周至春秋
6266	ZJLY-400	树吓村背扶山	ZJLY-400:2Y II	23.30	113.87	18	陶			泥质细硬陶	深灰		米字纹						战国至南越国
6267	ZJLY-400	树吓村背扶山	ZJLY-400:3Y II	23.30	113.87	18	陶			泥质粗硬陶	深灰		米字纹						战国至南越国
6268	ZJLY-400	树吓村背扶山	ZJLY-400:4Y II	23.30	113.87	19	陶			泥质粗硬陶	深灰		米字纹						战国至南越国
6269	ZJLY-400	树吓村背扶山	ZJLY-400:5Y II	23.30	113.87	17	陶			泥质粗硬陶	深灰		米字纹						战国至南越国
6270	ZJLY-400	树吓村背扶山	ZJLY-400:6Y II	23.30	113.87	17	陶			泥质粗硬陶	深灰		米字纹						战国至南越国
6271	ZJLY-400	树吓村背扶山	ZJLY-400:7Y II	23.30	113.87	17	陶			泥质粗硬陶	青灰		米字纹						战国至南越国
6272	ZJLY-400	树吓村背扶山	ZJLY-400:8Y II	23.30	113.87	17	陶			泥质粗硬陶	深灰		米字纹						战国至南越国
6273	ZJLY-400	树吓村背扶山	ZJLY-400:9Y II	23.30	113.87	27	陶			泥质细硬陶	橙黄		曲折纹						新石器时代晚期至商代
6274	ZJLY-400	树吓村背扶山	ZJLY-400:1Z I	23.30	113.87	29	陶			泥质粗硬陶	深灰		夔纹						西周至春秋
6275	ZJLY-400	树吓村背扶山	ZJLY-400:2Z I	23.30	113.87	28	陶			泥质粗硬陶	深灰		米字纹						战国至南越国
6276	ZJLY-400	树吓村背扶山	ZJLY-400:3Z I	23.29	113.87	26	陶			泥质细硬陶	灰褐		方格纹						战国至南越国
6277	ZJLY-401	刘屋背扶山	ZJLY-401:1T	23.29	113.88	28	陶	罐	口沿	泥质粗硬陶	灰白		绳纹						西周至春秋
6278	ZJLY-401	刘屋背扶山	ZJLY-401:2T	23.29	113.88	29	陶			泥质细硬陶	灰白		绳纹						新石器时代晚期至商代
6279	ZJLY-404	太牌山	ZJLY-404:1Z I	23.29	113.87	36	陶			泥质细硬陶	灰		网格纹						西周至春秋
6280	ZJLY-406	杉山岈	ZJLY-406:1Y II	23.29	113.86	105	陶			泥质细硬陶	灰		曲折纹						新石器时代晚期至商代
6281	ZJLY-406	杉山岈	ZJLY-406:2Y II	23.29	113.86	106	陶	罐	口沿	泥质粗硬陶	青灰		素面						西周至春秋
6282	ZJLY-406	杉山岈	ZJLY-406:3Y II	23.29	113.86	109	陶			泥质细硬陶	灰		曲折纹						新石器时代晚期至商代
6283	ZJLY-406	杉山岈	ZJLY-406:4Y II	23.29	113.86	108	陶			泥质细硬陶	灰		曲折纹						新石器时代晚期至商代
6284	ZJLY-406	杉山岈	ZJLY-406:5Y II	23.29	113.86	114	陶	瓮	口沿	泥质细硬陶	灰褐		方格纹、菱格凸块纹						西周至春秋
6285	ZJLY-407	牛皮岽	ZJLY-407:1T	23.30	113.86	23	陶			泥质细硬陶	灰褐		方格纹						西周至春秋
6286	ZJLY-407	牛皮岽	ZJLY-407:2T	23.30	113.86	25	陶			泥质细硬陶	灰褐		方格纹						西周至春秋
6287	ZJLY-407	牛皮岽	ZJLY-407:3T	23.30	113.86	31	陶			泥质细硬陶	灰		重菱格纹						西周至春秋
6288	ZJLY-407	牛皮岽	ZJLY-407:4T	23.30	113.86	29	陶			泥质粗硬陶	灰褐		方格纹						西周至春秋
6289	ZJLY-408	布加岭	ZJLY-408:1T	23.30	113.86	35	陶			泥质细硬陶	灰白		绳纹、附加堆纹						新石器时代晚期至商代

序号	遗址编号	遗址名称	遗物编号	纬度(度)	经度(度)	海拔(米)	质地	器形	部位	陶质	颜色	釉色	纹饰	刻划符号	石器岩性	石器完整程度	石器硬度	石器风化程度	年代
6290	ZJLY-408	布加岭	ZJLY-408:2T	23.30	113.86	37	陶			泥质细硬陶	红褐		方格纹						战国至南越国
6291	ZJLY-408	布加岭	ZJLY-408:3T	23.30	113.86	40	陶			泥质粗硬陶	青灰		方格纹						西周至春秋
6292	ZJLY-408	布加岭	ZJLY-408:4T	23.30	113.86	40	陶			泥质粗硬陶	青灰		菱格凸块纹						西周至春秋
6293	ZJLY-408	布加岭	ZJLY-408:5T	23.30	113.86	41	陶			泥质粗硬陶	深灰		菱格凸块纹						西周至春秋
6294	ZJLY-408	布加岭	ZJLY-408:6T	23.30	113.86	34	陶			泥质粗硬陶	灰褐		方格纹						西周至春秋
6295	ZJLY-408	布加岭	ZJLY-408:7T	23.30	113.86	38	陶			夹细砂软陶	灰		方格纹						西周至春秋
6296	ZJLY-408	布加岭	ZJLY-408:8T	23.30	113.86	34	陶			泥质粗硬陶	红褐		方格纹						战国至南越国
6297	ZJLY-408	布加岭	ZJLY-408:9T	23.30	113.86	29	陶			泥质粗硬陶	灰		夔纹、弦纹						西周至春秋
6298	ZJLY-408	布加岭	ZJLY-408:10T	23.30	113.86	28	陶	罐	口沿	泥质粗硬陶	灰		菱格凸块纹						西周至春秋
6299	ZJLY-408	布加岭	ZJLY-408:1ZⅠ	23.30	113.86	21	陶			泥质粗硬陶	灰		方格纹、夔纹						西周至春秋
6300	ZJLY-408	布加岭	ZJLY-408:2ZⅠ	23.30	113.86	18	陶			泥质粗硬陶	红褐		方格纹						战国至南越国
6301	ZJLY-408	布加岭	ZJLY-408:3ZⅠ	23.30	113.86	19	陶			泥质粗硬陶	灰		方格纹						西周至春秋
6302	ZJLY-408	布加岭	ZJLY-408:4ZⅠ	23.30	113.86	26	陶			泥质粗软陶	橙黄		重菱格纹、弦纹						西周至春秋
6303	ZJLY-408	布加岭	ZJLY-408:5ZⅠ	23.30	113.86	21	陶			泥质粗硬陶	深灰		刻划云雷纹、圆圈戳印纹						西周至春秋
6304	ZJLY-409	望田后山	ZJLY-409:1YⅡ	23.30	113.86	24	陶			泥质粗硬陶	灰黑		米字纹						战国至南越国
6305	ZJLY-409	望田后山	ZJLY-409:2YⅡ	23.30	113.86	20	陶			泥质细硬陶	灰黑		米字纹						战国至南越国
6306	ZJLY-409	望田后山	ZJLY-409:1ZⅠ	23.30	113.86	29	陶			泥质粗硬陶	灰黑		米字纹						战国至南越国
6307	ZJLY-409	望田后山	ZJLY-409:2ZⅠ	23.30	113.86	28	陶			泥质粗硬陶	灰黑		米字纹						战国至南越国
6308	ZJLY-410	下屋圆岭	ZJLY-410:1ZⅠ	23.30	113.86	49	陶			夹粗砂软陶	黑		素面						新石器时代晚期至商代
6309	ZJLY-410	下屋圆岭	ZJLY-410:2ZⅠ	23.30	113.86	56	陶			泥质细硬陶	灰白		曲折纹、附加堆纹						新石器时代晚期至商代
6310	ZJLY-410	下屋圆岭	ZJLY-410:3ZⅠ	23.30	113.86	63	陶			夹粗砂软陶	灰褐		素面						新石器时代晚期至商代
6311	ZJLY-411	白蕉	ZJLY-411:1YⅡ	23.30	113.85	80	石	锛			青灰				绿泥石片岩	残	6	未风化	新石器时代晚期至商代
6312	ZJLY-411	白蕉	ZJLY-411:1ZⅠ	23.30	113.85	67	石	锛			灰				片岩	残	6	未风化	新石器时代晚期至商代
6313	ZJLY-416	古坑	ZJLY-416:1ZⅠ	23.29	113.85	35	石	锛			橙黄				凝灰岩	完整	6	未风化	新石器时代晚期至商代
6314	ZJLY-417	狮头岭	ZJLY-417:1YⅡ	23.28	113.85	35	陶			泥质粗硬陶	灰黑		夔纹						西周至春秋
6315	ZJLY-417	狮头岭	ZJLY-417:2YⅡ	23.28	113.85	42	陶			泥质粗硬陶	灰白		方格纹						西周至春秋
6316	ZJLY-417	狮头岭	ZJLY-417:3YⅡ	23.28	113.85	46	陶			泥质细硬陶	灰黑		间断条纹						新石器时代晚期至商代
6317	ZJLY-417	狮头岭	ZJLY-417:4YⅡ	23.28	113.85	40	陶			泥质粗硬陶	橙黄		素面						新石器时代晚期至商代
6318	ZJLY-417	狮头岭	ZJLY-417:5YⅡ	23.28	113.85	41	陶			泥质粗硬陶	灰		交错条纹						新石器时代晚期至商代
6319	ZJLY-417	狮头岭	ZJLY-417:6YⅡ	23.28	113.85	40	陶			夹粗砂软陶	黑		素面						新石器时代晚期至商代

序号	遗址编号	遗址名称	遗物编号	纬度(度)	经度(度)	海拔(米)	质地	器形	部位	陶质	颜色	釉色	纹饰	刻划符号	石器岩性	石器完整程度	石器硬度	石器风化程度	年代
6320	ZJLY-417	狮头岭	ZJLY-417:7YⅡ	23.28	113.85	41	陶			泥质粗硬陶	灰白		方格纹						西周至春秋
6321	ZJLY-417	狮头岭	ZJLY-417:8YⅡ	23.28	113.85	40	陶			夹细砂硬陶	灰		交错绳纹						新石器时代晚期至商代
6322	ZJLY-417	狮头岭	ZJLY-417:9YⅡ	23.28	113.85	37	陶			泥质硬陶	灰		方格纹						西周至春秋
6323	ZJLY-417	狮头岭	ZJLY-417:10YⅡ	23.28	113.85	37	陶	罐	口沿	泥质粗软陶	灰白		素面						新石器时代晚期至商代
6324	ZJLY-417	狮头岭	ZJLY-417:11YⅡ	23.28	113.85	38	陶			泥质细硬陶	灰		绳纹						新石器时代晚期至商代
6325	ZJLY-417	狮头岭	ZJLY-417:12YⅡ	23.28	113.85	38	陶	罐	口沿	泥质粗硬陶	青灰		绳纹						新石器时代晚期至商代
6326	ZJLY-417	狮头岭	ZJLY-417:13YⅡ	23.28	113.85	38	陶	罐	口沿	泥质粗硬陶	灰白		素面						新石器时代晚期至商代
6327	ZJLY-417	狮头岭	ZJLY-417:14YⅡ	23.28	113.85	39	陶			泥质细硬陶	青灰		篮纹						新石器时代晚期至商代
6328	ZJLY-417	狮头岭	ZJLY-417:15YⅡ	23.28	113.85	40	陶			泥质细硬陶	灰褐		叶脉纹						新石器时代晚期至商代
6329	ZJLY-417	狮头岭	ZJLY-417:16YⅡ	23.28	113.85	36	陶	罐	圈足	泥质粗硬陶	青灰		曲折纹						新石器时代晚期至商代
6330	ZJLY-417	狮头岭	ZJLY-417:17YⅡ	23.28	113.85	46	陶			泥质细硬陶	橙黄		夔纹、弦纹						西周至春秋
6331	ZJLY-417	狮头岭	ZJLY-417:18YⅡ	23.28	113.85	46	陶			泥质细硬陶	灰		叶脉纹						新石器时代晚期至商代
6332	ZJLY-417	狮头岭	ZJLY-417:19YⅡ	23.28	113.85	47	陶			泥质细硬陶	灰褐		方格纹						西周至春秋
6333	ZJLY-417	狮头岭	ZJLY-417:1ZⅠ	23.28	113.85	39	陶			泥质粗硬陶	深灰		网格纹						西周至春秋
6334	ZJLY-417	狮头岭	ZJLY-417:2ZⅠ	23.28	113.85	46	陶			泥质细硬陶	灰褐		菱格纹						西周至春秋
6335	ZJLY-417	狮头岭	ZJLY-417:3ZⅠ	23.28	113.85	47	陶			泥质粗硬陶	灰黑		篮纹						新石器时代晚期至商代
6336	ZJLY-417	狮头岭	ZJLY-417:4ZⅠ	23.28	113.85	52	陶			泥质细硬陶	青灰		席纹						西周至春秋
6337	ZJLY-417	狮头岭	ZJLY-417:5ZⅠ	23.28	113.85	43	陶			泥质粗硬陶	灰		绳纹						新石器时代晚期至商代
6338	ZJLY-417	狮头岭	ZJLY-417:6ZⅠ	23.28	113.85	46	陶			泥质粗硬陶	深灰		方格纹、夔纹						西周至春秋
6339	ZJLY-417	狮头岭	ZJLY-417:7ZⅠ	23.28	113.85	49	陶			泥质粗硬陶	灰		菱格凸块纹						西周至春秋
6340	ZJLY-417	狮头岭	ZJLY-417:8ZⅠ	23.28	113.85	50	陶			夹细砂硬陶	黑		篦点纹、弦纹						西周至春秋
6341	ZJLY-417	狮头岭	ZJLY-417:9ZⅠ	23.28	113.85	47	陶	罐	口沿	泥质细硬陶	黄褐		方格纹、弦纹						西周至春秋
6342	ZJLY-417	狮头岭	ZJLY-417:10ZⅠ	23.28	113.85	52	陶			泥质粗硬陶	深灰		方格纹						西周至春秋
6343	ZJLY-417	狮头岭	ZJLY-417:11ZⅠ	23.28	113.85	47	陶			泥质粗硬陶	灰褐		方格纹						西周至春秋
6344	ZJLY-417	狮头岭	ZJLY-417:12ZⅠ	23.28	113.85	49	陶			泥质粗硬陶	灰		夔纹						西周至春秋
6345	ZJLY-417	狮头岭	ZJLY-417:13ZⅠ	23.28	113.85	50	陶			泥质粗硬陶	青灰		长方格纹						新石器时代晚期至商代
6346	ZJLY-417	狮头岭	ZJLY-417:14ZⅠ	23.28	113.85	46	陶			泥质粗硬陶	灰白		方格纹						西周至春秋
6347	ZJLY-417	狮头岭	ZJLY-417:15ZⅠ	23.28	113.85	47	陶			泥质粗硬陶	橙黄		夔纹、网格纹						西周至春秋
6348	ZJLY-417	狮头岭	ZJLY-417:16ZⅠ	23.28	113.85	47	陶	罐	圈足	夹细砂硬陶	灰		长方格纹						新石器时代晚期至商代
6349	ZJLY-417	狮头岭	ZJLY-417:17ZⅠ	23.28	113.85	47	陶			泥质粗硬陶	灰褐		篮纹						新石器时代晚期至商代
6350	ZJLY-417	狮头岭	ZJLY-417:18ZⅠ	23.28	113.85	47	青铜	残片											西周至春秋

续表

序号	遗址编号	遗址名称	遗物编号	纬度（度）	经度（度）	海拔（米）	质地	器形	部位	陶质	颜色	釉色	纹饰	刻划符号	石器岩性	石器完整程度	石器硬度	石器风化程度	年代
6351	ZJLY-417	狮头岭	ZJLY-417:19ZⅠ	23.28	113.85	43	陶	罐	口沿	夹粗砂软陶	黑		素面						新石器时代晚期至商代
6352	ZJLY-417	狮头岭	ZJLY-417:20ZⅠ	23.28	113.85	53	陶			泥质粗硬陶	灰		长方格纹						新石器时代晚期至商代
6353	ZJLY-417	狮头岭	ZJLY-417:21ZⅠ	23.28	113.85	52	陶			夹细砂硬陶	灰		曲折纹						新石器时代晚期至商代
6354	ZJLY-417	狮头岭	ZJLY-417:22ZⅠ	23.28	113.85	52	陶			泥质粗硬陶	深灰		条纹						新石器时代晚期至商代
6355	ZJLY-417	狮头岭	ZJLY-417:23ZⅠ	23.28	113.85	53	陶			夹细砂软陶	黑		素面						新石器时代晚期至商代
6356	ZJLY-417	狮头岭	ZJLY-417:24ZⅠ	23.28	113.85	53	陶			泥质硬陶	灰		同断条纹						新石器时代晚期至商代
6357	ZJLY-419	鸡公山	ZJLY-419:1T	23.28	113.86	8	陶			泥质硬陶	灰		篮纹						新石器时代晚期至商代
6358	ZJLY-419	鸡公山	ZJLY-419:2T	23.28	113.86	31	陶			夹细砂硬陶	橙黄		绳纹						新石器时代晚期至商代
6359	ZJLY-419	鸡公山	ZJLY-419:3T	23.28	113.86	31	陶			泥质硬陶	青灰		长方格纹						新石器时代晚期至商代
6360	ZJLY-419	鸡公山	ZJLY-419:5T	23.28	113.86	42	陶			泥质细硬陶	深灰		方格凸块纹、夔纹						西周至春秋
6361	ZJLY-419	鸡公山	ZJLY-419:1YⅡ	23.28	113.86	11	陶			泥质细硬陶	橙黄		条纹						新石器时代晚期至商代
6362	ZJLY-419	鸡公山	ZJLY-419:2YⅡ	23.28	113.86	11	陶			夹细砂硬陶	灰		交错绳纹						新石器时代晚期至商代
6363	ZJLY-419	鸡公山	ZJLY-419:3YⅡ	23.28	113.86	11	陶			泥质细硬陶	灰		绳纹						新石器时代晚期至商代
6364	ZJLY-419	鸡公山	ZJLY-419:4YⅡ	23.28	113.86	21	陶			泥质细硬陶	橙黄		曲折纹、附加堆纹						新石器时代晚期至商代
6365	ZJLY-419	鸡公山	ZJLY-419:5YⅡ	23.28	113.86	19	陶	罐	肩部	夹细砂硬陶	灰		交错绳纹、附加堆纹						新石器时代晚期至商代
6366	ZJLY-419	鸡公山	ZJLY-419:6YⅡ	23.28	113.86	19	陶			夹细砂硬陶	灰黑		素面						新石器时代晚期至商代
6367	ZJLY-419	鸡公山	ZJLY-419:7YⅡ	23.28	113.86	25	陶			泥质细硬陶	深灰		曲折纹						新石器时代晚期至商代
6368	ZJLY-419	鸡公山	ZJLY-419:8YⅡ	23.28	113.85	25	陶			泥质细硬陶	橙黄		条纹						新石器时代晚期至商代
6369	ZJLY-419	鸡公山	ZJLY-419:9YⅡ	23.28	113.86	26	陶			夹细砂硬陶	青灰		交错条纹						新石器时代晚期至商代
6370	ZJLY-419	鸡公山	ZJLY-419:10YⅡ	23.28	113.86	25	陶	罐	口沿	泥质粗硬陶	灰褐		方格纹						西周至春秋
6371	ZJLY-419	鸡公山	ZJLY-419:1ZⅠ	23.28	113.86	30	陶			夹细砂软陶	灰		叶脉纹						新石器时代晚期至商代
6372	ZJLY-419	鸡公山	ZJLY-419:2ZⅠ	23.28	113.86	30	陶			泥质粗硬陶	灰		长方格纹						新石器时代晚期至商代
6373	ZJLY-419	鸡公山	ZJLY-419:3ZⅠ	23.28	113.86	29	陶			泥质细硬陶	青灰		素面						新石器时代晚期至商代
6374	ZJLY-419	鸡公山	ZJLY-419:4ZⅠ	23.28	113.86	30	陶			泥质细硬陶	橙黄		曲折纹						新石器时代晚期至商代
6375	ZJLY-419	鸡公山	ZJLY-419:5ZⅠ	23.28	113.86	28	陶			夹细砂硬陶	灰黑		素面						新石器时代晚期至商代
6376	ZJLY-419	鸡公山	ZJLY-419:6ZⅠ	23.28	113.86	40	陶			泥质细硬陶	灰褐		方格纹						西周至春秋
6377	ZJLY-419	鸡公山	ZJLY-419:7ZⅠ	23.28	113.86	43	陶			泥质粗硬陶	红褐		夔纹						西周至春秋
6378	ZJLY-419	鸡公山	ZJLY-419:8ZⅠ	23.28	113.86	36	陶			泥质粗硬陶	红褐		夔纹、弦纹						西周至春秋
6379	ZJLY-419	鸡公山	ZJLY-419:9ZⅠ	23.28	113.86	35	陶			泥质细硬陶	红褐		方格纹、篦点纹						西周至春秋
6380	ZJLY-420	荔枝墩	ZJLY-420:1YⅡ	23.27	113.86	17	陶			泥质细硬陶	灰		卷云纹、附加堆纹						新石器时代晚期至商代
6381	ZJLY-425	九尉岗	ZJLY-425:1T	23.26	113.85	15	陶			泥质细硬陶	红褐		米字纹						战国至南越国

序号	遗址编号	遗址名称	遗物编号	纬度(度)	经度(度)	海拔(米)	质地	器形	部位	陶质	颜色	釉色	纹饰	刻划符号	石器岩性	石器完整程度	石器硬度	石器风化程度	年代
6382	ZJLY-425	九蔚岗	ZJLY-425:1YⅡ	23.26	113.85	27	石	石器			夹褐					残			新石器时代晚期至南商代
6383	ZJLY-425	九蔚岗	ZJLY-425:2YⅡ	23.26	113.85	22	陶	豆	口沿	夹细砂软陶	橙黄		素面						新石器时代晚期至南商代
6384	ZJLY-425	九蔚岗	ZJLY-425:3YⅡ	23.26	113.85	22	陶	豆	口沿	夹细砂软陶	灰白		素面						新石器时代晚期至南商代
6385	ZJLY-425	九蔚岗	ZJLY-425:4YⅡ	23.26	113.85	22	石	锛			橙黄				片岩	残	6	未风化	新石器时代晚期至南商代
6386	ZJLY-425	九蔚岗	ZJLY-425:1ZⅠ	23.26	113.85	24	陶			泥质细硬陶	灰		细方格纹						战国至南越国
6387	ZJLY-425	九蔚岗	ZJLY-425:2ZⅠ	23.26	113.85	29	陶			泥质细硬陶	灰		细方格纹						战国至南越国
6388	ZJLY-425	九蔚岗	ZJLY-425:3ZⅠ	23.26	113.85	24	陶			泥质细软陶	灰褐		素面						新石器时代晚期至南商代
6389	ZJLY-425	九蔚岗	ZJLY-425:4ZⅠ	23.26	113.85	26	陶			夹细砂软陶	黑		素面						新石器时代晚期至南商代
6390	ZJLY-425	九蔚岗	ZJLY-425:5ZⅠ	23.26	113.85	20	陶			泥质粗硬陶	灰		方格纹						战国至南越国
6391	ZJLY-427	石龙头	ZJLY-427:1ZⅠ	23.26	113.85	20	陶	盂	口沿	泥质细硬陶	红褐		篦点纹、弦纹						战国至南越国
6392	ZJLY-429	郭屋后拢山	ZJLY-429:1T	23.26	113.85	6	陶			夹细砂硬陶	灰		篦点纹						战国至南越国
6393	ZJLY-429	郭屋后拢山	ZJLY-429:2T	23.26	113.85	10	陶			泥质粗硬陶	灰白		米字纹						战国至南越国
6394	ZJLY-439	小岗寨	ZJLY-439:1T	23.28	113.87	72	陶			泥质细硬陶	灰白		绳纹						新石器时代晚期至南商代
6395	ZJLY-439	小岗寨	ZJLY-439:2T	23.28	113.87	73	陶			泥质细硬陶	灰		曲折纹						新石器时代晚期至南商代
6396	ZJLY-439	小岗寨	ZJLY-439:1YⅡ	23.28	113.88	179	陶			泥质细硬陶	红褐		长方格纹						新石器时代晚期至南商代
6397	ZJLY-439	小岗寨	ZJLY-439:2YⅡ	23.28	113.88	179	陶			夹粗砂软陶	灰黑		素面						新石器时代晚期至南商代
6398	ZJLY-439	小岗寨	ZJLY-439:3YⅡ	23.28	113.88	175	陶			夹粗砂软陶	灰		长方格纹						新石器时代晚期至南商代
6399	ZJLY-439	小岗寨	ZJLY-439:4YⅡ	23.27	113.88	63	陶			泥质细硬陶	灰白		卷云纹						新石器时代晚期至南商代
6400	ZJLY-439	小岗寨	ZJLY-439:5YⅡ	23.27	113.88	63	陶			泥质细硬陶	灰		卷云纹						新石器时代晚期至南商代
6401	ZJLY-439	小岗寨	ZJLY-439:6YⅡ	23.27	113.88	62	陶			泥质细硬陶	灰褐		梯格纹						新石器时代晚期至南商代
6402	ZJLY-439	小岗寨	ZJLY-439:7YⅡ	23.27	113.88	63	陶			泥质细硬陶	灰		绳纹						新石器时代晚期至南商代
6403	ZJLY-439	小岗寨	ZJLY-439:1ZⅠ	23.28	113.87	59	陶			泥质细硬陶	灰白		长方格纹						新石器时代晚期至南商代
6404	ZJLY-439	小岗寨	ZJLY-439:2ZⅠ	23.28	113.87	65	陶			泥质细软陶	青灰		卷云纹						新石器时代晚期至南商代
6405	ZJLY-439	小岗寨	ZJLY-439:3ZⅠ	23.28	113.87	69	陶			夹细砂软陶	灰		素面						新石器时代晚期至南商代
6406	ZJLY-439	小岗寨	ZJLY-439:4ZⅠ	23.28	113.87	69	陶			泥质细硬陶	青灰		绳纹						新石器时代晚期至南商代
6407	ZJLY-441	骆江	ZJLY-441:1T	23.32	113.85	80	陶			泥质粗硬陶	灰褐		方格纹						西周至春秋
6408	ZJLY-441	骆江	ZJLY-441:2T	23.32	113.85	80	陶			泥质粗硬陶	红褐		夔纹、菱格凸块纹、弦纹						西周至春秋
6409	ZJLY-441	骆江	ZJLY-441:3T	23.32	113.85	84	陶			泥质粗硬陶	红褐		菱格						西周至春秋
6410	ZJLY-441	骆江	ZJLY-441:4T	23.32	113.85	85	陶			泥质粗硬陶	红褐		夔格、菱格凸块纹、弦纹						西周至春秋
6411	ZJLY-441	骆江	ZJLY-441:5T	23.32	113.85	85	陶			泥质细硬陶	灰黑		菱格凸块纹						西周至春秋

序号	遗址编号	遗址名称	遗物编号	纬度(度)	经度(度)	海拔(米)	质地	器形	部位	陶质	颜色	釉色	纹饰	刻划符号	石器岩性	石器完整程度	石器硬度	石器风化程度	年代
6412	ZJLY-441	骆巫	ZJLY-441:6T	23.32	113.85	83	陶			泥质粗硬陶	红褐		素面						西周至春秋
6413	ZJLY-441	骆巫	ZJLY-441:7T	23.32	113.85	82	陶			泥质粗硬陶	灰黑		方格纹						西周至春秋
6414	ZJLY-441	骆巫	ZJLY-441:8T	23.32	113.85	80	陶			夹细砂软陶	灰黑		方格纹						西周至春秋
6415	ZJLY-441	骆巫	ZJLY-441:9T	23.32	113.85	79	陶			泥质粗硬陶	红褐		方格纹、菱纹						西周至春秋
6416	ZJLY-441	骆巫	ZJLY-441:10T	23.32	113.85	83	石	砺石			灰				砂岩	残	6	未风化	新石器时代晚期至商代
6417	ZJLY-441	骆巫	ZJLY-441:11T	23.32	113.85	82	陶			泥质粗硬陶	灰黑		方格纹						西周至春秋
6418	ZJLY-441	骆巫	ZJLY-441:12T	23.32	113.85	83	陶			泥质粗硬陶	红褐		菱格凸块纹						西周至春秋
6419	ZJLY-441	骆巫	ZJLY-441:13T	23.32	113.85	91	陶			泥质粗硬陶	红褐		方格纹						西周至春秋
6420	ZJLY-441	骆巫	ZJLY-441:14T	23.32	113.85	94	陶			泥质粗硬陶	红褐		曲折纹						新石器时代晚期至商代
6421	ZJLY-441	骆巫	ZJLY-441:15T	23.32	113.85	97	陶			夹细砂软陶	红褐		素面						新石器时代晚期至商代
6422	ZJLY-441	骆巫	ZJLY-441:16T	23.32	113.85	99	陶	罐	口沿	泥质细硬陶	灰白		方格纹						西周至春秋
6423	ZJLY-441	骆巫	ZJLY-441:1Z I	23.32	113.85	81	陶			泥质粗硬陶	红褐		长方格纹、弦纹						西周至春秋
6424	ZJLY-441	骆巫	ZJLY-441:2Z I	23.32	113.85	82	陶			泥质粗硬陶	红褐		夔纹、菱格凸块纹、弦纹						西周至春秋
6425	ZJLY-441	骆巫	ZJLY-441:3Z I	23.32	113.85	82	陶			泥质粗硬陶	红褐		网格纹						西周至春秋
6426	ZJLY-441	骆巫	ZJLY-441:4Z I	23.32	113.85	80	陶			泥质粗硬陶	灰黑		网格纹						西周至春秋
6427	ZJLY-441	骆巫	ZJLY-441:5Z I	23.32	113.85	78	陶			泥质粗硬陶	红褐		菱格凸块纹						西周至春秋
6428	ZJLY-441	骆巫	ZJLY-441:6Z I	23.32	113.85	81	陶			泥质粗硬陶	灰黑		夔纹、菱格凸块纹、弦纹						西周至春秋
6429	ZJLY-441	骆巫	ZJLY-441:7Z I	23.32	113.85	79	陶			泥质粗硬陶	灰黑		弦纹						西周至春秋
6430	ZJLY-441	骆巫	ZJLY-441:8Z I	23.32	113.85	81	陶			泥质粗硬陶	红褐		夔纹、菱格凸块纹、弦纹						西周至春秋
6431	ZJLY-441	骆巫	ZJLY-441:9Z I	23.32	113.85	83	陶			泥质粗硬陶	灰黑		菱格凸块纹						西周至春秋
6432	ZJLY-441	骆巫	ZJLY-441:10Z I	23.32	113.85	84	陶			泥质粗硬陶	红褐		夔纹、菱格凸块纹、弦纹						西周至春秋
6433	ZJLY-441	骆巫	ZJLY-441:11Z I	23.32	113.85	83	陶			泥质粗硬陶	红褐		方格纹						西周至春秋
6434	ZJLY-441	骆巫	ZJLY-441:12Z I	23.32	113.85	81	陶			泥质粗硬陶	红褐		菱格凸块纹、弦纹						西周至春秋
6435	ZJLY-441	骆巫	ZJLY-441:13Z I	23.32	113.85	79	陶			泥质粗硬陶	红褐		方格纹						西周至春秋
6436	ZJLY-441	骆巫	ZJLY-441:14Z I	23.32	113.85	83	陶	瓿	口沿	泥质粗硬陶	深灰		凹弦纹、方格纹						西周至春秋
6437	ZJLY-441	骆巫	ZJLY-441:15Z I	23.32	113.85	85	陶			泥质粗硬陶	红褐		夔纹、弦纹、栉齿纹						西周至春秋
6438	ZJLY-441	骆巫	ZJLY-441:16Z I	23.32	113.85	82	陶			夹细砂软陶	灰褐		素面						新石器时代晚期至商代
6439	ZJLY-441	骆巫	ZJLY-441:17Z I	23.32	113.85	82	陶			泥质粗硬陶	红褐		夔纹						西周至春秋

序号	遗址编号	遗址名称	遗物编号	纬度（度）	经度（度）	海拔（米）	质地	器形	部位	陶质	颜色	釉色	纹饰	刻划符号	石器岩性	石器完整程度	石器硬度	石器风化程度	年代
6440	ZJLY-442	车岭	ZJLY-442:1T	23.37	113.84	4	陶	釜		夹细砂软陶	红褐		曲折纹						西周至春秋
6441	ZJLY-442	车岭	ZJLY-442:2T	23.37	113.84	4	陶			夹粗砂软陶	灰褐		素面						西周至春秋
6442	ZJLY-442	车岭	ZJLY-442:3T	23.37	113.84	9	陶			泥质粗硬陶	灰		方格纹						西周至春秋
6443	ZJLY-443	安塘岭	ZJLY-443:1T	23.37	113.85	9	陶			泥质粗硬陶	灰褐		夔纹						西周至春秋
6444	ZJLY-443	安塘岭	ZJLY-443:2T	23.37	113.85	9	陶			泥质粗硬陶	灰褐		方格纹						西周至春秋
6445	ZJLY-443	安塘岭	ZJLY-443:3T	23.37	113.85	11	陶			泥质粗硬陶	灰白		变体夔纹						西周至春秋
6446	ZJLY-443	安塘岭	ZJLY-443:4T	23.37	113.85	8	陶			泥质粗硬陶	灰		方格纹						西周至春秋
6447	ZJLY-443	安塘岭	ZJLY-443:5T	23.37	113.85	16	陶	罐	口沿	泥质粗硬陶	灰黑		素面						西周至春秋
6448	ZJLY-443	安塘岭	ZJLY-443:1YⅡ	23.37	113.85	18	陶			泥质粗硬陶	灰白		方格纹						西周至春秋
6449	ZJLY-443	安塘岭	ZJLY-443:2YⅡ	23.37	113.85	13	陶			泥质粗硬陶	灰黑		重菱格纹						西周至春秋
6450	ZJLY-443	安塘岭	ZJLY-443:3YⅡ	23.37	113.85	13	陶			泥质细硬陶	灰		细方格纹						西周至春秋
6451	ZJLY-443	安塘岭	ZJLY-443:4YⅡ	23.37	113.85	12	陶			泥质粗硬陶	灰褐		方格纹						西周至春秋
6452	ZJLY-443	安塘岭	ZJLY-443:1ZⅠ	23.37	113.85	10	陶			泥质粗硬陶	深灰		方格纹						西周至春秋
6453	ZJLY-443	安塘岭	ZJLY-443:2ZⅠ	23.37	113.85	9	陶	罐	口沿	泥质粗硬陶	灰	青釉	方格纹、弦纹						西周至春秋
6454	ZJLY-443	安塘岭	ZJLY-443:3ZⅠ	23.37	113.84	8	陶			夹细砂硬陶	灰		方格纹						西周至春秋
6455	ZJLY-444	上楼	ZJLY-444:1ZⅠ	23.38	113.84	52	石	砺石			橙黄				砂岩	残	6	未风化	新石器时代晚期至商代
6456	ZJLY-449	鲤鱼头	ZJLY-449:1YⅡ	23.38	113.85	14	陶			泥质粗硬陶	红褐		方格纹						西周至春秋
6457	ZJLY-449	鲤鱼头	ZJLY-449:2YⅡ	23.38	113.85	18	陶			泥质粗硬陶	深灰		方格纹						西周至春秋
6458	ZJLY-449	鲤鱼头	ZJLY-449:3YⅡ	23.38	113.85	13	陶	罐	口沿	泥质细硬陶	灰褐		方格纹						战国至南越国
6459	ZJLY-449	鲤鱼头	ZJLY-449:4YⅡ	23.38	113.85	17	陶			泥质粗硬陶	灰褐		方格纹、夔纹						西周至春秋
6460	ZJLY-449	鲤鱼头	ZJLY-449:5YⅡ	23.38	113.85	15	陶			泥质粗硬陶	灰		方格纹						西周至春秋
6461	ZJLY-449	鲤鱼头	ZJLY-449:6YⅡ	23.38	113.85	13	陶			泥质粗硬陶	灰	青釉	方格纹						西周至春秋
6462	ZJLY-449	鲤鱼头	ZJLY-449:7YⅡ	23.38	113.85	14	陶			泥质粗硬陶	灰白		方格纹						西周至春秋
6463	ZJLY-449	鲤鱼头	ZJLY-449:8YⅡ	23.38	113.85	13	陶			泥质粗硬陶	灰褐		方格纹、夔纹、弦纹						西周至春秋
6464	ZJLY-449	鲤鱼头	ZJLY-449:9YⅡ	23.38	113.85	13	陶			泥质粗硬陶	灰褐		夔纹						西周至春秋
6465	ZJLY-449	鲤鱼头	ZJLY-449:10YⅡ	23.38	113.85	10	陶			泥质粗硬陶	灰褐		方格纹						西周至春秋
6466	ZJLY-449	鲤鱼头	ZJLY-449:11YⅡ	23.38	113.85	13	陶			泥质粗硬陶	灰褐		复线曲波纹、弦纹，方格纹、圆圈戳印纹						西周至春秋
6467	ZJLY-449	鲤鱼头	ZJLY-449:12YⅡ	23.38	113.85	11	陶			泥质粗硬陶	灰褐		方格纹						西周至春秋
6468	ZJLY-449	鲤鱼头	ZJLY-449:13YⅡ	23.38	113.85	11	陶			泥质细硬陶	灰褐		夔纹						西周至春秋
6469	ZJLY-449	鲤鱼头	ZJLY-449:14YⅡ	23.38	113.85	10	陶			泥质粗硬陶	灰		方格纹、弦纹						战国至南越国
6470	ZJLY-449	鲤鱼头	ZJLY-449:15YⅡ	23.38	113.85	14	陶			泥质粗硬陶	红褐		夔纹						西周至春秋

序号	遗址编号	遗址名称	遗物编号	纬度（度）	经度（度）	海拔（米）	质地	器形	部位	陶质	颜色	釉色	纹饰	刻划符号	石器岩性	石器完整程度	石器硬度	石器风化程度	年代
6471	ZJLY-449	鲶鱼头	ZJLY-449:16Y II	23.38	113.85	11	陶			泥质粗硬陶	灰褐		夔纹						西周至春秋
6472	ZJLY-449	鲶鱼头	ZJLY-449:17Y II	23.38	113.85	11	陶			泥质粗硬陶	灰褐		夔纹						西周至春秋
6473	ZJLY-449	鲶鱼头	ZJLY-449:18Y II	23.38	113.85	18	陶	罐	口沿	泥质粗硬陶	灰		夔纹						西周至春秋
6474	ZJLY-449	鲶鱼头	ZJLY-449:19Y II	23.38	113.85	12	陶			泥质粗硬陶	灰褐		夔纹						西周至春秋
6475	ZJLY-449	鲶鱼头	ZJLY-449:20Y II	23.38	113.85	11	陶			泥质细硬陶	灰褐		方格纹、圆圈纹						西周至春秋
6476	ZJLY-449	鲶鱼头	ZJLY-449:1Z I	23.38	113.85	21	陶			泥质粗硬陶	灰褐		方格纹						西周至春秋
6477	ZJLY-449	鲶鱼头	ZJLY-449:2Z I	23.38	113.85	9	陶			泥质粗硬陶	灰褐								战国至南越国
6478	ZJLY-452	缸瓦岭	ZJLY-452:1T	23.38	113.85	17	陶			泥质粗硬陶	灰褐		水波纹、弦纹						战国至南越国
6479	ZJLY-454	下氹山	ZJLY-454:1Y II	23.39	113.85	89	石	镞			青灰				角岩	残	7	未风化	新石器时代晚期至商代
6480	ZJLY-455	黄份田山	ZJLY-455:1T	23.38	113.86	20	陶	瓮	口沿	泥质粗硬陶	灰褐		方格纹						西周至春秋
6481	ZJLY-455	黄份田山	ZJLY-455:2T	23.38	113.86	20	陶			泥质粗硬陶	灰褐		方格纹						西周至春秋
6482	ZJLY-455	黄份田山	ZJLY-455:3T	23.38	113.86	20	陶		口沿	泥质粗硬陶	灰		方格纹						西周至春秋
6483	ZJLY-455	黄份田山	ZJLY-455:4T	23.38	113.86	21	陶			泥质细硬陶	灰褐		方格纹、弦纹						西周至春秋
6484	ZJLY-455	黄份田山	ZJLY-455:5T	23.38	113.86	22	陶			泥质粗硬陶	红褐		方格纹						西周至春秋
6485	ZJLY-455	黄份田山	ZJLY-455:6T	23.38	113.86	21	陶	罐	口沿	泥质粗硬陶	灰		方格纹						西周至春秋
6486	ZJLY-455	黄份田山	ZJLY-455:7T	23.38	113.86	20	陶			泥质粗硬陶	灰		方格纹、夔纹、弦纹						西周至春秋
6487	ZJLY-455	黄份田山	ZJLY-455:8T	23.38	113.86	27	陶	罐	底	泥质粗硬陶	灰		方格纹						西周至春秋
6488	ZJLY-455	黄份田山	ZJLY-455:9T	23.38	113.86	22	陶			泥质粗硬陶	青灰		方格纹						西周至春秋
6489	ZJLY-455	黄份田山	ZJLY-455:10T	23.38	113.86	21	陶		底	泥质粗硬陶	灰		方格纹						西周至春秋
6490	ZJLY-455	黄份田山	ZJLY-455:11T	23.38	113.86	20	陶			泥质粗硬陶	灰		方格纹						西周至春秋
6491	ZJLY-455	黄份田山	ZJLY-455:12T	23.38	113.86	21	陶			泥质粗硬陶	深灰		方格纹						西周至春秋
6492	ZJLY-455	黄份田山	ZJLY-455:13T	23.38	113.86	20	陶			泥质粗硬陶	灰		方格纹						西周至春秋
6493	ZJLY-455	黄份田山	ZJLY-455:14T	23.38	113.86	20	陶			泥质粗硬陶	灰		夔纹						西周至春秋
6494	ZJLY-455	黄份田山	ZJLY-455:15T	23.38	113.86	24	陶			泥质粗硬陶	灰		方格纹						西周至春秋
6495	ZJLY-455	黄份田山	ZJLY-455:16T	23.38	113.86	24	陶			泥质粗硬陶	灰		方格纹						西周至春秋
6496	ZJLY-455	黄份田山	ZJLY-455:17T	23.38	113.86	21	石	锛			深灰				片岩	完整	6	未风化	新石器时代晚期至商代
6497	ZJLY-455	黄份田山	ZJLY-455:18T	23.38	113.86	29	陶			泥质细硬陶	灰		方格纹						西周至春秋
6498	ZJLY-455	黄份田山	ZJLY-455:19T	23.38	113.86	32	陶			泥质细硬陶	灰		方格纹						西周至春秋
6499	ZJLY-455	黄份田山	ZJLY-455:20T	23.38	113.86	29	陶			泥质粗硬陶	深灰		方格纹						西周至春秋
6500	ZJLY-455	黄份田山	ZJLY-455:21T	23.38	113.86	29	陶			泥质粗硬陶	灰黑		弦纹						战国至南越国
6501	ZJLY-455	黄份田山	ZJLY-455:22T	23.38	113.86	31	陶	器耳		泥质粗硬陶	灰		方格纹、弦纹						西周至春秋

序号	遗址编号	遗址名称	遗物编号	纬度（度）	经度（度）	海拔（米）	质地	器形	部位	陶质	颜色	釉色	纹饰	刻划符号	石器岩性	石器完整程度	石器硬度	石器风化程度	年代
6502	ZJLY-455	黄矢田山	ZJLY-455:23T I	23.38	113.86	31	陶			泥质粗软陶	红褐		方格纹						西周至春秋
6503	ZJLY-455	黄矢田山	ZJLY-455:24T I	23.38	113.86	31	陶			泥质粗硬陶	灰黑		方格纹						战国至南越国
6504	ZJLY-455	黄矢田山	ZJLY-455:25T I	23.38	113.86	30	陶			泥质粗硬陶	灰褐		米字纹						战国至南越国
6505	ZJLY-455	黄矢田山	ZJLY-455:26T I	23.38	113.86	28	陶			泥质粗硬陶	灰		方格纹						西周至春秋
6506	ZJLY-455	黄矢田山	ZJLY-455:27T I	23.38	113.86	24	陶			泥质粗硬陶	灰褐		方格纹						西周至春秋
6507	ZJLY-455	黄矢田山	ZJLY-455:28T I	23.38	113.86	25	陶			泥质粗硬陶	灰褐		方格纹						西周至春秋
6508	ZJLY-455	黄矢田山	ZJLY-455:29T I	23.38	113.86	23	石	镐			深灰				片岩	残	6	未风化	新石器时代晚期至商代
6509	ZJLY-455	黄矢田山	ZJLY-455:30T I	23.38	113.86	27	陶			泥质粗硬陶	红褐		方格纹						西周至春秋
6510	ZJLY-455	黄矢田山	ZJLY-455:31T I	23.38	113.86	29	陶			泥质粗硬陶	深灰		方格纹、夔纹、弦纹						西周至春秋
6511	ZJLY-455	黄矢田山	ZJLY-455:32T I	23.38	113.86	24	陶	瓶		泥质粗硬陶	灰黄		带状刻划纹						西周至春秋
6512	ZJLY-455	黄矢田山	ZJLY-455:1Z I	23.38	113.86	34	陶			泥质细硬陶	灰黑		米字纹						战国至南越国
6513	ZJLY-455	黄矢田山	ZJLY-455:2Z I	23.38	113.86	37	陶			泥质粗硬陶	灰		方格纹						西周至春秋
6514	ZJLY-455	黄矢田山	ZJLY-455:3Z I	23.38	113.86	31	陶			泥质粗硬陶	灰黑		米字纹						战国至南越国
6515	ZJLY-455	黄矢田山	ZJLY-455:4Z I	23.38	113.86	33	陶			泥质细硬陶	灰		曲折纹						新石器时代晚期至商代
6516	ZJLY-455	黄矢田山	ZJLY-455:5Z I	23.38	113.86	27	陶			泥质细硬陶	灰褐		勾连云雷纹						西周至春秋
6517	ZJLY-455	黄矢田山	ZJLY-455:6Z I	23.38	113.86	29	陶			泥质细硬陶	灰黑		方格纹						战国至南越国
6518	ZJLY-455	黄矢田山	ZJLY-455:7Z I	23.38	113.86	36	陶			泥质粗硬陶	灰		夔纹						西周至春秋
6519	ZJLY-455	黄矢田山	ZJLY-455:8Z I	23.38	113.86	36	陶			泥质粗硬陶	灰褐		方格纹						西周至春秋
6520	ZJLY-455	黄矢田山	ZJLY-455:9Z I	23.38	113.86	36	陶	瓮	口沿	泥质粗硬陶	灰		方格纹						西周至春秋
6521	ZJLY-455	黄矢田山	ZJLY-455:10Z I	23.38	113.86	35	陶				灰白		曲折纹						新石器时代晚期至商代
6522	ZJLY-455	黄矢田山	ZJLY-455:11Z I	23.38	113.86	32	陶			泥质粗硬陶	灰褐		夔纹						西周至春秋
6523	ZJLY-456	火烧排	ZJLY-456:1Z I	23.38	113.86	24	陶			泥质粗硬陶	灰褐		菱格凸块纹、网格纹						西周至春秋
6524	ZJLY-456	火烧排	ZJLY-456:2Z I	23.38	113.86	32	陶			泥质粗硬陶	灰褐		夔纹、菱格凸点纹						西周至春秋
6525	ZJLY-457	石塘后龙山	ZJLY-457:1T I	23.39	113.86	36	陶			泥质粗硬陶	灰白		方格纹						西周至春秋
6526	ZJLY-457	石塘后龙山	ZJLY-457:2T I	23.39	113.86	39	陶			泥质粗硬陶	灰白		方格纹						西周至春秋
6527	ZJLY-457	石塘后龙山	ZJLY-457:3T I	23.39	113.86	38	陶			泥质粗硬陶	灰褐		方格纹						西周至春秋
6528	ZJLY-457	石塘后龙山	ZJLY-457:4T I	23.39	113.86	36	陶			夹粗砂软陶	灰褐		素面						西周至春秋
6529	ZJLY-457	石塘后龙山	ZJLY-457:5T I	23.39	113.86	36	陶			泥质粗硬陶	灰黑		方格纹						西周至春秋
6530	ZJLY-457	石塘后龙山	ZJLY-457:6T I	23.39	113.86	36	陶			泥质软陶	灰白		方格纹						西周至春秋
6531	ZJLY-457	石塘后龙山	ZJLY-457:7T I	23.39	113.86	41	石	镞			青灰								西周至春秋
6532	ZJLY-457	石塘后龙山	ZJLY-457:1Z I	23.39	113.86	42	石	石器			青灰						残			西周至春秋

序号	遗址编号	遗址名称	遗物编号	纬度（度）	经度（度）	海拔（米）	质地	器形	部位	陶质	颜色	釉色	纹饰	刻划符号	石器岩性	石器完整程度	石器硬度	石器风化程度	年代
6533	ZJLY-457	石塘后龙山	ZJLY-457:2Z I	23.39	113.86	36	陶			泥质粗硬陶	青灰		方格纹、浆纹						西周至春秋
6534	ZJLY-459	背扶山	ZJLY-459:1T	23.39	113.86	36	陶			泥质粗软陶	灰		绳纹						新石器时代晚期至商代
6535	ZJLY-459	背扶山	ZJLY-459:1Z I	23.39	113.86	26	陶			泥质粗软陶	灰		绳纹						新石器时代晚期至商代
6536	ZJLY-460	新闻	ZJLY-460:1Z I	23.39	113.86	13	石	镰			青灰				砂岩	完整	6	未风化	战国至南越国
6537	ZJLY-460	新闻	ZJLY-460:2Z I	23.39	113.86	19	陶			泥质粗硬陶	灰褐		方格纹						战国至南越国
6538	ZJLY-460	新闻	ZJLY-460:3Z I	23.39	113.86	16	陶			泥质粗硬陶	灰褐		三角格纹						战国至南越国
6539	ZJLY-460	新闻	ZJLY-460:4Z I	23.39	113.86	12	陶			泥质粗硬陶	灰褐		三角格纹						战国至南越国
6540	ZJLY-460	新闻	ZJLY-460:5Z I	23.39	113.86	11	陶			泥质细硬陶	红褐		方格纹						战国至南越国
6541	ZJLY-460	新闻	ZJLY-460:6Z I	23.39	113.86	13	陶	器足		泥质粗硬陶	红褐		素面						战国至南越国
6542	ZJLY-460	新闻	ZJLY-460:7Z I	23.39	113.86	16	陶	器盖		泥质粗硬陶	灰褐		素面						战国至南越国
6543	ZJLY-460	新闻	ZJLY-460:8Z I	/	/	/	陶			泥质粗硬陶	灰褐		方格纹						战国至南越国
6544	ZJLY-464	车岭背	ZJLY-464:1T	23.37	113.86	19	陶			泥质细硬陶	灰		长方格纹						新石器时代晚期至商代
6545	ZJLY-464	车岭背	ZJLY-464:2T	23.37	113.86	19	陶			泥质细硬陶	灰		绳纹						新石器时代晚期至商代
6546	ZJLY-464	车岭背	ZJLY-464:3T	23.37	113.86	31	陶			泥质细硬陶	灰		长方格纹						新石器时代晚期至商代
6547	ZJLY-464	车岭背	ZJLY-464:1Y II	23.37	113.86	22	陶			泥质细硬陶	灰		梯格纹						新石器时代晚期至商代
6548	ZJLY-464	车岭背	ZJLY-464:2Y II	23.37	113.86	27	陶			泥质细硬陶	灰		交错绳纹						新石器时代晚期至商代
6549	ZJLY-464	车岭背	ZJLY-464:3Y II	23.37	113.86	30	陶			泥质细硬陶	灰		叶脉纹						新石器时代晚期至商代
6550	ZJLY-464	车岭背	ZJLY-464:4Y II	23.37	113.86	24	陶			夹粗砂陶	灰黑		素面						新石器时代晚期至商代
6551	ZJLY-464	车岭背	ZJLY-464:5Y II	23.37	113.86	26	陶			泥质细硬陶	灰		交错绳纹						新石器时代晚期至商代
6552	ZJLY-464	车岭背	ZJLY-464:6Y II	23.37	113.86	26	陶			泥质细硬陶	灰白		叶脉纹						新石器时代晚期至商代
6553	ZJLY-464	车岭背	ZJLY-464:7Y II	23.37	113.86	24	陶			泥质细硬陶	灰		交错绳纹						新石器时代晚期至商代
6554	ZJLY-464	车岭背	ZJLY-464:1Z II	23.37	113.86	11	陶			泥质细硬陶	灰		绳纹						新石器时代晚期至商代
6555	ZJLY-465	谢屋亭西北岗	ZJLY-465:1Y II	23.37	113.86	25	石	石器			红褐					残			新石器时代晚期至商代
6556	ZJLY-465	谢屋亭西北岗	ZJLY-465:2Y II	23.37	113.86	25	陶			夹粗砂软陶	灰		素面						新石器时代晚期至商代
6557	ZJLY-465	谢屋亭西北岗	ZJLY-465:3Y II	23.37	113.86	26	陶			泥质粗硬陶	灰白		席纹						西周至春秋
6558	ZJLY-465	谢屋亭西北岗	ZJLY-465:4Y II	23.37	113.86	36	陶			泥质粗硬陶	青灰		勾连云雷纹						西周至春秋
6559	ZJLY-465	谢屋亭西北岗	ZJLY-465:5Y II	23.37	113.86	36	陶			泥质粗硬陶	灰褐		细方格纹						西周至春秋
6560	ZJLY-465	谢屋亭西北岗	ZJLY-465:6Y II	23.37	113.86	39	陶			泥质粗硬陶	灰白		梯格纹						新石器时代晚期至商代
6561	ZJLY-465	谢屋亭西北岗	ZJLY-465:7Y II	23.37	113.86	39	陶			泥质粗硬陶	灰白		曲折纹						新石器时代晚期至商代
6562	ZJLY-465	谢屋亭西北岗	ZJLY-465:8Y II	23.37	113.86	37	陶	豆	圈足	泥质细硬陶	灰		素面	有					西周至春秋
6563	ZJLY-465	谢屋亭西北岗	ZJLY-465:9Y II	23.37	113.86	34	陶			泥质细硬陶	青灰		曲折纹						新石器时代晚期至商代

序号	遗址编号	遗址名称	遗物编号	纬度(度)	经度(度)	海拔(米)	质地	器形	部位	陶质	颜色	釉色	纹饰	刻划符号	石器岩性	石器完整程度	石器硬度	石器风化程度	年代
6564	ZJLY-465	谢屋亭西北岗	ZJLY-465:10YII	23.37	113.86	34	陶			泥质细硬陶	灰白		绳纹						新石器时代晚期至商代
6565	ZJLY-465	谢屋亭西北岗	ZJLY-465:11YII	23.37	113.86	38	陶			夹细砂软硬陶	红褐		素面						新石器时代晚期至商代
6566	ZJLY-465	谢屋亭西北岗	ZJLY-465:12YII	23.37	113.86	31	陶			泥质细硬陶	灰		细方格纹、重菱格凸点纹						西周至春秋
6567	ZJLY-465	谢屋亭西北岗	ZJLY-465:13YII	23.37	113.86	31	陶			夹细砂软陶	灰白		条纹						新石器时代晚期至商代
6568	ZJLY-465	谢屋亭西北岗	ZJLY-465:14YII	23.37	113.86	31	陶	罐	口沿	夹细砂软陶	灰黑		素面						新石器时代晚期至商代
6569	ZJLY-465	谢屋亭西北岗	ZJLY-465:15YII	23.37	113.86	32	陶			泥质粗硬陶	灰		方格纹、重菱格凸点纹						西周至春秋
6570	ZJLY-465	谢屋亭西北岗	ZJLY-465:16YII	23.37	113.86	41	陶			夹细砂硬陶	灰		方格纹						新石器时代晚期至商代
6571	ZJLY-465	谢屋亭西北岗	ZJLY-465:17YII	23.37	113.86	32	陶			夹细砂软陶	灰褐		交错绳纹						新石器时代晚期至商代
6572	ZJLY-465	谢屋亭西北岗	ZJLY-465:18YII	23.37	113.86	42	陶			泥质粗硬陶	灰		交错绳纹						新石器时代晚期至商代
6573	ZJLY-465	谢屋亭西北岗	ZJLY-465:1ZI	23.37	113.86	28	石	环			深灰		素面		角岩	残	7	未风化	新石器时代晚期至商代
6574	ZJLY-465	谢屋亭西北岗	ZJLY-465:2ZI	23.37	113.86	24	陶			泥质粗硬陶	灰黑		方格纹						西周至春秋
6575	ZJLY-465	谢屋亭西北岗	ZJLY-465:3ZI	23.37	113.86	27	陶			夹粗砂硬陶	灰黑		素面						新石器时代晚期至商代
6576	ZJLY-465	谢屋亭西北岗	ZJLY-465:4ZI	23.37	113.86	31	陶			泥质粗硬陶	灰		细方格纹						西周至春秋
6577	ZJLY-465	谢屋亭西北岗	ZJLY-465:5ZI	23.37	113.86	28	陶			泥质细硬陶	灰		细方格纹						西周至春秋
6578	ZJLY-465	谢屋亭西北岗	ZJLY-465:6ZI	23.37	113.86	37	陶			夹细砂硬陶	灰褐		素面						新石器时代晚期至商代
6579	ZJLY-465	谢屋亭西北岗	ZJLY-465:7ZI	23.37	113.86	34	陶	豆	口沿	泥质粗硬陶	灰白		素面						新石器时代晚期至商代
6580	ZJLY-465	谢屋亭西北岗	ZJLY-465:8ZI	23.37	113.86	40	陶			泥质粗硬陶	灰		素面						西周至春秋
6581	ZJLY-465	谢屋亭西北岗	ZJLY-465:9ZI	23.37	113.86	36	陶			泥质粗硬陶	灰		网格纹						西周至春秋
6582	ZJLY-465	谢屋亭西北岗	ZJLY-465:10ZI	23.37	113.86	38	陶	釜	口沿	泥质粗硬陶	灰褐		素面						新石器时代晚期至商代
6583	ZJLY-465	谢屋亭西北岗	ZJLY-465:11ZI	23.37	113.86	36	石	石器			红褐				砂岩	残	6	未风化	新石器时代晚期至商代
6584	ZJLY-466	谢屋亭东南岗	ZJLY-466:1T	23.37	113.87	45	陶	豆	口沿	泥质粗硬陶	灰		篦点纹						新石器时代晚期至商代
6585	ZJLY-466	谢屋亭东南岗	ZJLY-466:1YI	23.37	113.86	39	陶			泥质粗硬陶	灰白		曲折纹						新石器时代晚期至商代
6586	ZJLY-466	谢屋亭东南岗	ZJLY-466:2YII	23.37	113.86	39	陶			泥质粗硬陶	灰黑		方格纹						西周至春秋
6587	ZJLY-466	谢屋亭东南岗	ZJLY-466:3YII	23.37	113.86	39	陶			泥质细硬陶	灰褐		夔纹						西周至春秋
6588	ZJLY-466	谢屋亭东南岗	ZJLY-466:4YII	23.37	113.86	41	陶			泥质粗硬陶	灰		夔纹						西周至春秋
6589	ZJLY-466	谢屋亭东南岗	ZJLY-466:5YII	23.37	113.86	35	陶			泥质粗硬陶	灰褐		重菱格纹						西周至春秋
6590	ZJLY-466	谢屋亭东南岗	ZJLY-466:6YII	23.37	113.86	40	陶			泥质粗硬陶	灰		重菱格纹						西周至春秋
6591	ZJLY-466	谢屋亭东南岗	ZJLY-466:7YII	23.37	113.86	42	陶			泥质粗硬陶	灰白		夔纹、弦纹						西周至春秋
6592	ZJLY-466	谢屋亭东南岗	ZJLY-466:8YII	23.37	113.87	38	陶			泥质粗硬陶	灰褐		素面						西周至春秋
6593	ZJLY-466	谢屋亭东南岗	ZJLY-466:9YII	23.37	113.87	43	陶			泥质粗硬陶	灰褐		夔纹、菱格纹、弦纹						西周至春秋
6594	ZJLY-466	谢屋亭东南岗	ZJLY-466:10YII	23.37	113.87	42	陶			泥质粗硬陶	灰褐		夔纹、方格纹						西周至春秋

序号	遗址编号	遗址名称	遗物编号	纬度(度)	经度(度)	海拔(米)	质地	器形	部位	陶质	颜色	釉色	纹饰	刻划符号	石器岩性	石器完整程度	石器硬度	石器风化程度	年代
6595	ZJLY-466	谢屋亭东南岗	ZJLY-466:11YII	23.37	113.87	42	石	戈			青灰				角岩	残	6	未风化	新石器时代晚期至春秋
6596	ZJLY-466	谢屋亭东南岗	ZJLY-466:1ZI	23.37	113.86	36	陶			泥质粗硬陶	灰		菱格凸块纹、网格纹						西周至春秋
6597	ZJLY-466	谢屋亭东南岗	ZJLY-466:2ZI	23.37	113.86	34	陶			泥质粗硬陶	灰白		长方格纹、绳纹						新石器时代晚期至商代
6598	ZJLY-466	谢屋亭东南岗	ZJLY-466:3ZI	23.37	113.86	34	陶			泥质粗硬陶	灰		绳纹						新石器时代晚期至商代
6599	ZJLY-466	谢屋亭东南岗	ZJLY-466:4ZI	23.37	113.86	30	陶			泥质粗软陶	灰白		交错绳纹						新石器时代晚期至商代
6600	ZJLY-466	谢屋亭东南岗	ZJLY-466:5ZI	23.37	113.86	30	陶	罐	口沿	泥质粗软陶	灰白		附加堆纹						新石器时代晚期至商代
6601	ZJLY-466	谢屋亭东南岗	ZJLY-466:6ZI	23.37	113.87	40	陶			泥质粗硬陶	灰		方格纹						西周至春秋
6602	ZJLY-466	谢屋亭东南岗	ZJLY-466:7ZI	23.37	113.87	41	陶	罐	圈足	夹细砂软陶	灰黑		素面						西周至春秋
6603	ZJLY-466	谢屋亭东南岗	ZJLY-466:8ZI	23.37	113.87	41	陶	罐	口沿	泥质粗硬陶	灰		篦点纹、弦纹						西周至春秋
6604	ZJLY-466	谢屋亭东南岗	ZJLY-466:9ZI	23.37	113.87	47	石	双肩石斧			青灰				片岩	残	6	未风化	新石器时代晚期至商代
6605	ZJLY-466	谢屋亭东南岗	ZJLY-466:10ZI	23.37	113.87	44	陶			泥质粗硬陶	深灰		夔纹						西周至春秋
6606	ZJLY-466	谢屋亭东南岗	ZJLY-466:11ZI	23.37	113.87	44	陶	豆	口沿	泥质细硬陶	灰褐		弦纹						西周至春秋
6607	ZJLY-467	坳子头	ZJLY-467:1T	23.37	113.87	48	陶			泥质粗硬陶	灰		菱格凸块纹						西周至春秋
6608	ZJLY-467	坳子头	ZJLY-467:2T	23.37	113.87	48	陶			泥质粗硬陶	灰		方格纹						西周至春秋
6609	ZJLY-467	坳子头	ZJLY-467:3T	23.37	113.87	46	陶			夹细砂软陶	灰黑		素面						西周至春秋
6610	ZJLY-467	坳子头	ZJLY-467:1YII	23.37	113.87	52	陶			泥质粗硬陶	灰褐		夔纹、菱格凸块纹、弦纹						西周至春秋
6611	ZJLY-467	坳子头	ZJLY-467:2YII	23.37	113.87	46	陶			泥质粗硬陶	灰		方格纹						西周至春秋
6612	ZJLY-467	坳子头	ZJLY-467:3YII	23.37	113.87	44	陶		口沿	泥质粗硬陶	深灰		方格纹						西周至春秋
6613	ZJLY-467	坳子头	ZJLY-467:1ZI	23.37	113.87	25	石	锛			青灰				角岩	残	7	未风化	西周至春秋
6614	ZJLY-467	坳子头	ZJLY-467:2ZI	23.37	113.87	29	石			夹粗砂软陶	灰白		素面						西周至春秋
6615	ZJLY-468	山洞山	ZJLY-468:1T	23.37	113.87	78	陶	罐	口沿	泥质粗硬陶	灰		素面						新石器时代晚期至商代
6616	ZJLY-468	山洞山	ZJLY-468:2T	23.37	113.87	78	陶			泥质粗硬陶	灰		曲折纹						新石器时代晚期至商代
6617	ZJLY-468	山洞山	ZJLY-468:3T	23.37	113.87	79	陶			泥质粗软陶	灰白		绳纹						新石器时代晚期至商代
6618	ZJLY-468	山洞山	ZJLY-468:4T	23.37	113.87	69	陶			泥质细硬陶	灰褐		曲折纹						新石器时代晚期至商代
6619	ZJLY-468	山洞山	ZJLY-468:5T	23.37	113.87	70	陶			泥质粗软陶	灰白		间断条纹						新石器时代晚期至商代
6620	ZJLY-468	山洞山	ZJLY-468:6T	23.37	113.87	70	陶			泥质粗硬陶	灰白		曲折纹						新石器时代晚期至商代
6621	ZJLY-468	山洞山	ZJLY-468:7T	23.37	113.87	72	陶	罐	口沿	泥质粗硬陶	灰褐		素面						新石器时代晚期至商代
6622	ZJLY-468	山洞山	ZJLY-468:1YIII	23.37	113.87	79	陶			泥质细硬陶	灰白		条纹						新石器时代晚期至商代
6623	ZJLY-468	山洞山	ZJLY-468:2YIII	23.37	113.87	72	陶			泥质细软陶	红褐		曲折纹						新石器时代晚期至商代
6624	ZJLY-468	山洞山	ZJLY-468:3YIII	23.37	113.87	56	石	砺石			红褐				砂岩	残	6	未风化	新石器时代晚期至商代

序号	遗址编号	遗址名称	遗物编号	纬度（度）	经度（度）	海拔（米）	质地	器形	部位	陶质	颜色	釉色	纹饰	刻划符号	石器岩性	石器完整程度	石器硬度	石器风化程度	年代
6625	ZJLY-468	山洞山	ZJLY-468:1ZⅠ	23.37	113.87	72	陶			泥质细软陶	灰白		曲折纹、绳纹						新石器时代晚期至商代
6626	ZJLY-468	山洞山	ZJLY-468:2ZⅠ	23.37	113.87	70	陶	罐（釜）	口沿	夹细砂软陶	灰黑		素面						新石器时代晚期至商代
6627	ZJLY-468	山洞山	ZJLY-468:3ZⅠ	23.37	113.87	66	陶			泥质细软陶	红褐		曲折纹、条纹						新石器时代晚期至商代
6628	ZJLY-469	牛都山岗	ZJLY-469:1T	23.37	113.87	26	陶			泥质细软陶	灰		菱格纹、重圈纹						新石器时代晚期至商代
6629	ZJLY-469	牛都山岗	ZJLY-469:1ZⅠ	23.37	113.87	26	陶			泥质细硬陶	青灰		曲折纹						新石器时代晚期至商代
6630	ZJLY-469	牛都山岗	ZJLY-469:2ZⅠ	23.37	113.87	23	陶			泥质细硬陶	灰黑		方格纹						西周至春秋
6631	ZJLY-470	石子布	ZJLY-470:1ZⅠ	23.37	113.87	40	陶			泥质粗硬陶	灰白		长方格纹						新石器时代晚期至商代
6632	ZJLY-470	石子布	ZJLY-470:2ZⅠ	23.37	113.87	38	陶			泥质粗硬陶	青灰		指甲纹						新石器时代晚期至商代
6633	ZJLY-471	何屋㙟	ZJLY-471:1ZⅠ	23.37	113.88	35	陶			泥质细硬陶	青灰		曲折纹						新石器时代晚期至商代
6634	ZJLY-473	新珠㙟	ZJLY-473:1T	23.37	113.87	33	陶		口沿	泥质细硬陶	深灰		篮纹						新石器时代晚期至商代
6635	ZJLY-473	新珠㙟	ZJLY-473:2T	23.37	113.87	37	陶			泥质粗硬陶	灰		条纹						新石器时代晚期至商代
6636	ZJLY-473	新珠㙟	ZJLY-473:3T	23.37	113.87	20	陶	釜	口沿	夹细砂硬陶	灰黑		素面						新石器时代晚期至商代
6637	ZJLY-473	新珠㙟	ZJLY-473:4T	23.37	113.87	24	石	砺石			黄褐				砂岩	残	6	未风化	新石器时代晚期至商代
6638	ZJLY-473	新珠㙟	ZJLY-473:5T	23.37	113.87	22	陶		口沿	夹细砂软陶	灰黑		素面						新石器时代晚期至商代
6639	ZJLY-473	新珠㙟	ZJLY-473:6T	23.37	113.87	31	陶	釜	口沿	夹粗砂软陶	灰黑		素面						新石器时代晚期至商代
6640	ZJLY-473	新珠㙟	ZJLY-473:1ZⅠ	23.37	113.87	31	石	环			青灰				角岩	残	7	未风化	新石器时代晚期至商代
6641	ZJLY-473	新珠㙟	ZJLY-473:2ZⅠ	23.37	113.87	31	陶			泥质细软陶	灰白		曲折纹						新石器时代晚期至商代
6642	ZJLY-473	新珠㙟	ZJLY-473:3ZⅠ	23.37	113.87	33	陶			夹细砂硬陶	灰黑		素面						新石器时代晚期至商代
6643	ZJLY-473	新珠㙟	ZJLY-473:4ZⅠ	23.37	113.87	33	陶			夹粗砂硬陶	灰黑		绳纹						新石器时代晚期至商代
6644	ZJLY-473	新珠㙟	ZJLY-473:5ZⅠ	23.37	113.87	25	陶	罐	口沿	泥质粗硬陶	灰黄		素面						新石器时代晚期至商代
6645	ZJLY-474	虾尾	ZJLY-474:1T	23.38	113.87	18	陶	罐	底	泥质细硬陶	灰褐		米字纹						战国至南越国
6646	ZJLY-474	虾尾	ZJLY-474:2T	23.38	113.87	26	陶			泥质粗硬陶	灰褐		重方格对角线纹						战国至南越国
6647	ZJLY-474	虾尾	ZJLY-474:3T	23.38	113.87	29	陶			泥质粗硬陶	灰黑		方格对角线纹						战国至南越国
6648	ZJLY-474	虾尾	ZJLY-474:4T	23.38	113.87	24	陶			泥质粗硬陶	灰		重菱纹						西周至春秋
6649	ZJLY-474	虾尾	ZJLY-474:5T	23.38	113.87	27	陶			泥质细硬陶	灰		方格纹、重菱格凸块纹						西周至春秋
6650	ZJLY-474	虾尾	ZJLY-474:1YⅡ	23.37	113.87	29	陶			泥质细硬陶	灰		方格纹						战国至南越国
6651	ZJLY-474	虾尾	ZJLY-474:2YⅡ	23.37	113.87	23	陶			泥质细硬陶	红褐		细方格纹						西周至春秋
6652	ZJLY-474	虾尾	ZJLY-474:3YⅡ	23.37	113.87	24	陶			泥质粗硬陶	灰		方格纹						战国至南越国
6653	ZJLY-474	虾尾	ZJLY-474:4YⅡ	23.37	113.87	24	陶			泥质粗硬陶	深灰		方格纹						西周至春秋
6654	ZJLY-474	虾尾	ZJLY-474:5YⅡ	23.37	113.87	23	陶			泥质粗硬陶	灰		细方格纹、弦纹						西周至春秋
6655	ZJLY-474	虾尾	ZJLY-474:6YⅡ	23.38	113.87	26	陶			泥质粗硬陶	灰		方格纹						西周至春秋

序号	遗址编号	遗址名称	遗物编号	纬度（度）	经度（度）	海拔（米）	质地	器形	部位	陶质	颜色	釉色	纹饰	刻划符号	石器岩性	石器完整程度	石器硬度	石器风化程度	年代
6656	ZJLY-474	虾尾	ZJLY-474:7Y II	23.38	113.87	17	陶			泥质粗硬陶	灰白		方格纹						西周至春秋
6657	ZJLY-474	虾尾	ZJLY-474:8Y II	23.38	113.87	18	陶			泥质粗硬陶	深灰		重菱格纹						西周至春秋
6658	ZJLY-474	虾尾	ZJLY-474:9Y II	23.38	113.87	16	陶			泥质粗硬陶	灰褐		重菱格纹						西周至春秋
6659	ZJLY-474	虾尾	ZJLY-474:10Y II	23.38	113.87	18	陶			泥质粗硬陶	红		方格纹						战国至南越国
6660	ZJLY-474	虾尾	ZJLY-474:11Y II	23.38	113.87	19	陶			夹细砂软陶	红褐		素面						西周至春秋
6661	ZJLY-474	虾尾	ZJLY-474:12Y II	23.38	113.87	20	陶			泥质粗硬陶	红褐		重菱格纹						西周至春秋
6662	ZJLY-474	虾尾	ZJLY-474:13Y II	23.38	113.87	20	陶			泥质粗硬陶	灰褐		米字纹						战国至南越国
6663	ZJLY-474	虾尾	ZJLY-474:14Y II	23.38	113.87	18	陶			泥质粗硬陶	灰褐		米字纹						战国至南越国
6664	ZJLY-474	虾尾	ZJLY-474:15Y II	23.38	113.87	18	石	石器			青灰					残			西周至春秋
6665	ZJLY-474	虾尾	ZJLY-474:16Y II	23.38	113.87	16	陶			泥质粗硬陶	灰		云雷纹						西周至春秋
6666	ZJLY-475	黄布村西	ZJLY-475:1Z I	23.38	113.87	18	陶			泥质粗硬陶	灰		方格纹						西周至春秋
6667	ZJLY-475	黄布村西	ZJLY-475:2Z I	23.38	113.87	25	陶			泥质粗硬陶	灰		方格纹						西周至春秋
6668	ZJLY-475	黄布村西	ZJLY-475:3Z I	23.38	113.87	24	陶			泥质细硬陶	红褐		夔纹						西周至春秋
6669	ZJLY-475	黄布村西	ZJLY-475:4Z I	23.38	113.87	26	陶			泥质粗硬陶	灰		方格纹、菱格凸块纹						西周至春秋
6670	ZJLY-475	黄布村西	ZJLY-475:5Z I	23.38	113.87	18	陶			泥质粗硬陶	灰		细方格纹						西周至春秋
6671	ZJLY-475	黄布村西	ZJLY-475:6Z I	23.38	113.87	21	陶			泥质细硬陶	灰褐		方格纹、夔纹						西周至春秋
6672	ZJLY-475	黄布村西	ZJLY-475:7Z I	23.38	113.87	22	陶			泥质细硬陶	灰		细方格纹						西周至春秋
6673	ZJLY-475	黄布村西	ZJLY-475:8Z I	23.38	113.87	23	陶	豆	圈足	泥质细硬陶	灰		素面						西周至春秋
6674	ZJLY-475	黄布村西	ZJLY-475:9Z I	23.38	113.87	20	陶			泥质细硬陶	灰		素面	有					西周至春秋
6675	ZJLY-477	黄布村东南	ZJLY-477:1Z I	23.37	113.88	84	陶			夹粗砂软陶	灰白		素面						新石器时代晚期至商代
6676	ZJLY-477	黄布村东南	ZJLY-477:2Z I	23.37	113.88	81	陶			夹粗砂软陶	灰黑		素面						新石器时代晚期至商代
6677	ZJLY-477	黄布村东南	ZJLY-477:3Z I	23.37	113.88	80	陶	罐（釜）	口沿	夹粗砂软陶	灰黑		素面						新石器时代晚期至商代
6678	ZJLY-477	黄布村东南	ZJLY-477:4Z I	23.37	113.88	83	陶			夹粗砂软陶	灰黑		素面						新石器时代晚期至商代
6679	ZJLY-477	黄布村东南	ZJLY-477:5Z I	23.37	113.88	74	陶	罐（釜）	口沿	夹粗砂软陶	灰黑		素面						新石器时代晚期至商代
6680	ZJLY-478	怡祥山	ZJLY-478:1T	23.37	113.88	54	陶			泥质粗硬陶	灰		弦纹						西周至春秋
6681	ZJLY-478	怡祥山	ZJLY-478:2T	23.37	113.88	52	陶			泥质粗硬陶	灰褐		菱格凸块纹						西周至春秋
6682	ZJLY-478	怡祥山	ZJLY-478:3T	23.37	113.88	52	陶			泥质粗硬陶	黑		方格对角线纹						战国至南越国
6683	ZJLY-478	怡祥山	ZJLY-478:4T	23.37	113.88	50	陶			泥质粗硬陶	灰		方格纹						西周至春秋
6684	ZJLY-478	怡祥山	ZJLY-478:5T	23.37	113.88	53	陶			泥质粗硬陶	灰褐		方格纹						西周至春秋
6685	ZJLY-478	怡祥山	ZJLY-478:6T	23.37	113.88	55	陶			泥质粗硬陶	红褐		方格纹						西周至春秋

序号	遗址编号	遗址名称	遗物编号	纬度（度）	经度（度）	海拔（米）	质地	器形	部位	陶质	颜色	釉色	纹饰	刻划符号	石器岩性	石器完整程度	石器硬度	石器风化程度	年代
6686	ZJLY-478	怡祥山	ZJLY-478:7T	23.37	113.88	55	陶			泥质细硬陶	红褐		菱格纹						西周至春秋
6687	ZJLY-478	怡祥山	ZJLY-478:8T	23.37	113.88	51	陶			泥质粗硬陶	灰褐		菱格纹、弦纹						西周至春秋
6688	ZJLY-478	怡祥山	ZJLY-478:9T	23.37	113.88	50	陶			泥质粗硬陶	灰褐		网格纹						西周至春秋
6689	ZJLY-478	怡祥山	ZJLY-478:10T	23.37	113.88	50	陶			泥质粗硬陶	灰		方格纹						西周至春秋
6690	ZJLY-478	怡祥山	ZJLY-478:11T	23.37	113.88	49	陶			泥质粗硬陶	灰		方格纹						西周至春秋
6691	ZJLY-478	怡祥山	ZJLY-478:12T	23.37	113.88	52	陶			泥质粗硬陶	灰褐		菱格凸块纹						西周至春秋
6692	ZJLY-478	怡祥山	ZJLY-478:13T	23.37	113.88	50	石	砺石			红褐		菱格凸块纹、弦纹		绢云母片岩	残	6	未风化	新石器时代晚期至商代
6693	ZJLY-478	怡祥山	ZJLY-478:14T	23.37	113.88	48	陶			泥质粗硬陶	灰		方格纹、菱格纹、弦纹						西周至春秋
6694	ZJLY-478	怡祥山	ZJLY-478:1Z I	23.37	113.88	53	陶			泥质粗硬陶	灰黑		方格对角线纹						战国至南越国
6695	ZJLY-478	怡祥山	ZJLY-478:2Z I	23.37	113.88	55	陶			泥质细硬陶	黑		方格对角线纹						战国至南越国
6696	ZJLY-478	怡祥山	ZJLY-478:3Z I	23.37	113.88	55	陶			泥质细硬陶	黑		方格对角线纹						战国至南越国
6697	ZJLY-478	怡祥山	ZJLY-478:4Z I	23.37	113.88	50	陶			泥质粗硬陶	灰褐		戳印纹、弦纹						西周至春秋
6698	ZJLY-478	怡祥山	ZJLY-478:5Z I	23.37	113.88	50	陶			泥质粗硬陶	红		素面						西周至春秋
6699	ZJLY-478	怡祥山	ZJLY-478:6Z I	23.37	113.88	50	陶			泥质粗硬陶	青灰		绳纹						新石器时代晚期至商代
6700	ZJLY-480	屋场岗	ZJLY-480:1T	23.37	113.88	49	陶			泥质细软陶	灰		曲折纹						新石器时代晚期至商代
6701	ZJLY-480	屋场岗	ZJLY-480:2T	23.37	113.88	36	陶			泥质细软陶	灰		叶脉纹						新石器时代晚期至商代
6702	ZJLY-480	屋场岗	ZJLY-480:3T	23.37	113.88	39	陶			泥质细硬陶	红褐		方格纹						战国至南越国
6703	ZJLY-480	屋场岗	ZJLY-480:4T	23.37	113.88	39	陶			泥质细硬陶	红褐		方格纹						战国至南越国
6704	ZJLY-480	屋场岗	ZJLY-480:1Y II	23.37	113.89	65	陶			泥质细软陶	灰白		绳纹						新石器时代晚期至商代
6705	ZJLY-480	屋场岗	ZJLY-480:2Y II	23.37	113.89	65	陶			泥质粗硬陶	灰白		弦纹						新石器时代晚期至商代
6706	ZJLY-480	屋场岗	ZJLY-480:3Y II	23.37	113.89	65	陶			泥质细软陶	灰白		素面						新石器时代晚期至商代
6707	ZJLY-480	屋场岗	ZJLY-480:4Y II	23.37	113.89	60	陶			泥质细软陶	深灰		绳纹						新石器时代晚期至商代
6708	ZJLY-480	屋场岗	ZJLY-480:5Y II	23.37	113.89	62	陶			泥质细硬陶	灰褐		素面						新石器时代晚期至商代
6709	ZJLY-480	屋场岗	ZJLY-480:6Y II	23.37	113.89	65	陶			泥质粗硬陶	灰白		云雷纹						新石器时代晚期至商代
6710	ZJLY-480	屋场岗	ZJLY-480:7Y II	23.37	113.89	68	陶			泥质粗硬陶	灰		绳纹						新石器时代晚期至商代
6711	ZJLY-480	屋场岗	ZJLY-480:8Y II	23.37	113.89	67	陶			泥质粗硬陶	灰白		绳纹						新石器时代晚期至商代
6712	ZJLY-480	屋场岗	ZJLY-480:1Z I	23.37	113.89	63	陶			泥质细硬陶	灰褐		曲折纹						新石器时代晚期至商代
6713	ZJLY-480	屋场岗	ZJLY-480:2Z I	23.37	113.89	64	陶			泥质粗硬陶	灰白		方格纹						战国至南越国
6714	ZJLY-488	担水窝	ZJLY-488:1Z I	23.38	113.88	85	陶	盒	口沿	泥质粗硬陶	灰褐		方格纹						西周至春秋
6715	ZJLY-489	上迳山	ZJLY-489:1Z I	23.38	113.88	80	陶			泥质粗硬陶	深灰		网格纹						西周至春秋
6716	ZJLY-490	低迳山	ZJLY-490:1T	23.38	113.88	62	陶			泥质细硬陶	灰白		曲折纹						新石器时代晚期至商代

序号	遗址编号	遗址名称	遗物编号	纬度（度）	经度（度）	海拔（米）	质地	器形	部位	陶质	颜色	釉色	纹饰	刻划符号	石器岩性	石器完整程度	石器硬度	石器风化程度	年代
6717	ZJLY-490	低迳山	ZJLY-490:2T	23.38	113.88	44	陶	罐	口沿	夹细砂硬陶	灰白		绳纹						新石器时代晚期至商代
6718	ZJLY-490	低迳山	ZJLY-490:1ZI	23.38	113.88	56	陶			夹粗砂软陶	红褐		素面						新石器时代晚期至商代
6719	ZJLY-490	低迳山	ZJLY-490:2ZI	23.38	113.88	57	陶			夹细砂软陶	灰黑		素面						新石器时代晚期至商代
6720	ZJLY-490	低迳山	ZJLY-490:3ZI	23.38	113.88	59	陶			夹细砂软陶	灰黑		素面						新石器时代晚期至商代
6721	ZJLY-490	低迳山	ZJLY-490:4ZI	23.38	113.88	43	陶			泥质硬陶	灰		曲折纹						新石器时代晚期至商代
6722	ZJLY-490	低迳山	ZJLY-490:5ZI	23.38	113.88	50	陶	罐	口沿	夹细砂硬陶	黄褐		曲折纹						新石器时代晚期至商代
6723	ZJLY-490	低迳山	ZJLY-490:6ZI	23.38	113.88	46	陶	罐	圈足	夹细砂硬陶	灰白		曲折纹						新石器时代晚期至商代
6724	ZJLY-492	杉排山	ZJLY-492:1ZI	23.39	113.87	67	石	双肩石锛			橙黄				砂岩	完整			新石器时代晚期至商代
6725	ZJLY-492	杉排山	ZJLY-492:2ZI	23.39	113.87	70	陶			夹细砂软陶	灰褐		素面						新石器时代晚期至商代
6726	ZJLY-493	霞公塘	ZJLY-493:1T	23.38	113.87	30	陶	器座		夹细砂软陶	橙黄		素面						新石器时代晚期至商代
6727	ZJLY-493	霞公塘	ZJLY-493:2T	23.38	113.87	35	陶			泥质粗硬陶	灰白		素面						新石器时代晚期至商代
6728	ZJLY-493	霞公塘	ZJLY-493:3ZI	23.38	113.87	31	陶			泥质粗硬陶	灰		素面						新石器时代晚期至商代
6729	ZJLY-493	霞公塘	ZJLY-493:1ZI	23.38	113.87	27	陶			泥质硬陶	深灰		方格纹						西周至春秋
6730	ZJLY-497	园山	ZJLY-497:1YI	23.39	113.86	29	陶	器座		夹粗砂硬陶	灰		素面						新石器时代晚期至商代
6731	ZJLY-497	园山	ZJLY-497:2YII	23.39	113.86	14	陶			泥质粗硬陶	灰黑		米字纹						战国至南越国
6732	ZJLY-497	园山	ZJLY-497:1ZI	23.39	113.87	37	陶			泥质粗硬陶	深灰		方格纹						战国至南越国
6733	ZJLY-497	园山	ZJLY-497:2ZI	23.39	113.87	32	陶	器座		夹粗砂硬陶	红褐		素面						新石器时代晚期至商代
6734	ZJLY-498	鹅泥坳	ZJLY-498:1T	23.40	113.87	33	陶			泥质粗硬陶	红褐		菱格纹						西周至春秋
6735	ZJLY-498	鹅泥坳	ZJLY-498:2T	23.40	113.87	29	陶			夹粗砂硬陶	红褐		素面						新石器时代晚期至商代
6736	ZJLY-498	鹅泥坳	ZJLY-498:1ZI	23.40	113.87	30	陶			泥质粗硬陶	灰褐		菱格纹						西周至春秋
6737	ZJLY-498	鹅泥坳	ZJLY-498:2ZI	23.40	113.87	34	陶			泥质粗硬陶	红褐		方格纹						战国至南越国
6738	ZJLY-498	鹅泥坳	ZJLY-498:3ZI	23.40	113.87	34	陶			夹细砂硬陶	灰		曲折纹						新石器时代晚期至商代
6739	ZJLY-498	鹅泥坳	ZJLY-498:4ZI	23.40	113.87	23	陶			泥质粗硬陶	灰黑		方格纹、勾连云雷纹						西周至春秋
6740	ZJLY-498	鹅泥坳	ZJLY-498:5ZI	23.40	113.87	42	陶			泥质粗硬陶	灰黑		米字纹						战国至南越国
6741	ZJLY-498	鹅泥坳	ZJLY-498:6ZI	23.40	113.87	39	陶			泥质粗硬陶	灰褐		方格纹						西周至春秋
6742	ZJLY-498	鹅泥坳	ZJLY-498:7ZI	23.40	113.87	41	陶	盂		泥质粗硬陶	灰褐		素面						战国至南越国
6743	ZJLY-498	鹅泥坳	ZJLY-498:8ZI	23.40	113.88	13	陶			泥质粗硬陶	灰黑		水波纹						战国至南越国
6744	ZJLY-501	社吓山	ZJLY-501:1T	23.39	113.88	17	陶			泥质粗硬陶	深灰		三角格纹						战国至南越国
6745	ZJLY-502	鸭公山	ZJLY-502:1YII	23.39	113.88	28	陶			泥质细硬陶	红褐		方格纹						西周至春秋
6746	ZJLY-502	鸭公山	ZJLY-502:2YII	23.39	113.88	29	陶			泥质细硬陶	红褐		夔纹						西周至春秋

731

序号	遗址编号	遗址名称	遗物编号	纬度(度)	经度(度)	海拔(米)	质地	器形	部位	陶质	颜色	釉色	纹饰	刻划符号	石器岩性	石器完整程度	石器硬度	石器风化程度	年代
6747	ZJLY-502	鸭公山	ZJLY-502:3YⅡ	23.39	113.88	30	陶			夹细砂硬陶	灰		交错绳纹、附加堆纹、弦纹						新石器时代晚期至商周代
6748	ZJLY-502	鸭公山	ZJLY-502:4YⅡ	23.39	113.88	33	陶			泥质粗硬陶	灰								西周至春秋
6749	ZJLY-502	鸭公山	ZJLY-502:5YⅡ	23.39	113.88	32	陶			泥质粗硬陶	深灰		方格纹、弦纹						西周至春秋
6750	ZJLY-502	鸭公山	ZJLY-502:1ZⅠ	23.39	113.88	25	陶			泥质粗硬陶	红褐								西周至春秋
6751	ZJLY-502	鸭公山	ZJLY-502:2ZⅠ	23.39	113.88	28	陶			泥质粗硬陶	灰褐		戳印纹、弦纹						西周至春秋
6752	ZJLY-502	鸭公山	ZJLY-502:3ZⅠ	23.39	113.88	27	陶			泥质粗硬陶	灰黑		方格纹						西周至春秋
6753	ZJLY-502	鸭公山	ZJLY-502:4ZⅠ	23.39	113.88	34	陶			泥质粗硬陶	红褐		方格纹						西周至春秋
6754	ZJLY-502	鸭公山	ZJLY-502:5ZⅠ	23.39	113.88	34	石	锛			青灰				片岩	基本完整	6	未风化	新石器时代晚期至商周代
6755	ZJLY-502	鸭公山	ZJLY-502:6ZⅠ	23.39	113.89	20	陶			泥质细硬陶	灰白		刻划纹						西周至春秋
6756	ZJLY-503	老鼠岭	ZJLY-503:1YⅡ	23.39	113.89	18	陶			泥质粗硬陶	灰褐		方格纹						西周至春秋
6757	ZJLY-503	老鼠岭	ZJLY-503:2YⅡ	23.39	113.89	31	陶			泥质粗硬陶	灰黑		方格纹						西周至春秋
6758	ZJLY-503	老鼠岭	ZJLY-503:3YⅡ	23.39	113.89	37	陶			泥质粗硬陶	灰		方格纹、弦纹						西周至春秋
6759	ZJLY-503	老鼠岭	ZJLY-503:4YⅡ	23.39	113.89	26	陶	罐	口沿	泥质细硬陶	灰		方格纹						西周至春秋
6760	ZJLY-503	老鼠岭	ZJLY-503:1ZⅠ	23.39	113.89	20	陶			泥质粗硬陶	灰褐		方格纹						西周至春秋
6761	ZJLY-509	斜背	ZJLY-509:1T	23.39	113.89	19	陶			泥质粗硬陶	灰褐		方格纹						西周至春秋
6762	ZJLY-509	斜背	ZJLY-509:2T	23.40	113.89	21	陶			泥质细硬陶	灰褐		方格纹						西周至春秋
6763	ZJLY-509	斜背	ZJLY-509:3T	23.40	113.89	20	陶			泥质细硬陶	深灰		方格纹						西周至春秋
6764	ZJLY-509	斜背	ZJLY-509:4T	23.40	113.89	22	陶			泥质粗硬陶	灰褐		方格纹						西周至春秋
6765	ZJLY-509	斜背	ZJLY-509:1YⅡ	23.40	113.89	20	陶			泥质粗硬陶	青灰		方格纹						西周至春秋
6766	ZJLY-509	斜背	ZJLY-509:2YⅡ	23.40	113.89	19	陶	罐	口沿	泥质粗硬陶	灰		方格纹						西周至春秋
6767	ZJLY-509	斜背	ZJLY-509:1ZⅠ	23.40	113.89	19	陶			泥质粗硬陶	灰褐		方格纹						战国至南越国
6768	ZJLY-510	杜山	ZJLY-510:1T	23.40	113.89	39	陶			泥质粗硬陶	灰白		方格纹						战国至南越国
6769	ZJLY-510	杜山	ZJLY-510:2T	23.40	113.89	39	陶			泥质软陶	灰白		方格纹						西周至春秋
6770	ZJLY-511	马头岭西	ZJLY-511:1YⅡ	23.40	113.89	42	陶			泥质粗硬陶	灰白		方格纹						西周至春秋
6771	ZJLY-511	马头岭西	ZJLY-511:2YⅡ	23.40	113.89	69	陶			泥质粗硬陶	灰		方格纹						战国至南越国
6772	ZJLY-511	马头岭西	ZJLY-511:1ZⅠ	23.40	113.89	25	陶			泥质粗硬陶	深灰		米字纹						战国至南越国
6773	ZJLY-511	马头岭西	ZJLY-511:2ZⅠ	23.40	113.89	25	陶			泥质粗硬陶	灰褐		方格纹						西周至春秋
6774	ZJLY-512	高岭山	ZJLY-512:1T	23.40	113.89	53	陶			泥质粗硬陶	深灰		方格纹						西周至春秋
6775	ZJLY-512	高岭山	ZJLY-512:2T	23.40	113.89	51	陶			泥质粗硬陶	红褐		方格纹						西周至春秋
6776	ZJLY-512	高岭山	ZJLY-512:3T	23.40	113.89	53	陶			泥质粗硬陶	红褐		方格纹						西周至春秋
6777	ZJLY-512	高岭山	ZJLY-512:4T	23.40	113.89	48	陶			泥质粗硬陶	黑		方格纹、勾连云雷纹						西周至春秋

序号	遗址编号	遗址名称	遗物编号	纬度（度）	经度（度）	海拔（米）	质地	器形	部位	陶质	颜色	釉色	纹饰	刻划符号	石器岩性	石器完整程度	石器硬度	石器风化程度	年代
6778	ZJLY-512	高岭山	ZJLY-512:5T	23.40	113.89	48	陶			泥质粗硬陶	红褐		方格纹						西周至春秋
6779	ZJLY-512	高岭山	ZJLY-512:6T	23.40	113.89	53	陶			泥质粗硬陶	红褐		勾连云雷纹						西周至春秋
6780	ZJLY-512	高岭山	ZJLY-512:7T	23.40	113.89	56	陶			泥质粗硬陶	灰黑		方格纹						西周至春秋
6781	ZJLY-512	高岭山	ZJLY-512:8T	23.40	113.89	61	陶			泥质粗硬陶	红褐		方格纹						西周至春秋
6782	ZJLY-512	高岭山	ZJLY-512:9T	23.40	113.89	61	陶			泥质粗硬陶	红褐		方格纹						西周至春秋
6783	ZJLY-512	高岭山	ZJLY-512:10T	23.40	113.89	58	陶			泥质粗硬陶	灰黑		素面						西周至春秋
6784	ZJLY-512	高岭山	ZJLY-512:11T	23.40	113.89	49	陶			泥质粗硬陶	红褐		方格纹						西周至春秋
6785	ZJLY-512	高岭山	ZJLY-512:1YⅡ	23.40	113.89	45	陶			泥质粗硬陶	灰黑		方格纹						西周至春秋
6786	ZJLY-512	高岭山	ZJLY-512:2YⅡ	23.40	113.89	49	陶			泥质粗硬陶	灰黑		方格纹、曲折纹						西周至春秋
6787	ZJLY-512	高岭山	ZJLY-512:3YⅡ	23.40	113.89	48	陶			泥质粗硬陶	灰黑		曲折纹						西周至春秋
6788	ZJLY-512	高岭山	ZJLY-512:4YⅡ	23.40	113.89	45	陶			泥质粗硬陶	灰黑		方格纹、曲折纹						西周至春秋
6789	ZJLY-512	高岭山	ZJLY-512:5YⅡ	23.40	113.89	49	陶			泥质粗硬陶	灰黑		勾连云雷纹						西周至春秋
6790	ZJLY-512	高岭山	ZJLY-512:6YⅡ	23.40	113.89	48	陶			泥质粗硬陶	灰黑		方格纹						西周至春秋
6791	ZJLY-512	高岭山	ZJLY-512:7YⅡ	23.40	113.89	46	陶	罐	口沿	泥质粗硬陶	灰黑		素面						西周至春秋
6792	ZJLY-512	高岭山	ZJLY-512:8YⅡ	23.40	113.89	51	陶			泥质粗硬陶	灰黑		方格纹						西周至春秋
6793	ZJLY-512	高岭山	ZJLY-512:1YⅢ	23.40	113.89	50	陶			泥质粗硬陶	灰褐		方格纹						西周至春秋
6794	ZJLY-512	高岭山	ZJLY-512:2YⅢ	23.40	113.89	51	陶			泥质粗硬陶	红褐		勾连云雷纹						西周至春秋
6795	ZJLY-512	高岭山	ZJLY-512:3YⅢ	23.40	113.89	49	陶			泥质粗硬陶	灰褐		旋涡纹						西周至春秋
6796	ZJLY-512	高岭山	ZJLY-512:4YⅢ	23.40	113.89	51	陶			泥质粗硬陶	红褐		方格纹、勾连云雷纹						西周至春秋
6797	ZJLY-512	高岭山	ZJLY-512:5YⅢ	23.40	113.89	52	陶			泥质粗硬陶	红褐		夔纹						西周至春秋
6798	ZJLY-512	高岭山	ZJLY-512:6YⅢ	23.40	113.89	59	陶			泥质粗硬陶	红褐		网格纹						西周至春秋
6799	ZJLY-512	高岭山	ZJLY-512:7YⅢ	23.40	113.89	58	陶			泥质粗硬陶	红褐		勾连云雷纹						西周至春秋
6800	ZJLY-512	高岭山	ZJLY-512:8YⅢ	23.40	113.89	54	陶	罐	口沿	泥质粗硬陶	红褐		方格纹						西周至春秋
6801	ZJLY-512	高岭山	ZJLY-512:9YⅢ	23.40	113.89	55	陶	罐		泥质粗硬陶	黑								西周至春秋
6802	ZJLY-512	高岭山	ZJLY-512:10YⅢ	23.40	113.89	35	陶	罐		泥质细陶	灰白	青釉	素面						唐宋
6803	ZJLY-512	高岭山	ZJLY-512:1ZⅠ	23.40	113.89	40	陶			泥质粗硬陶	红褐		方格纹、勾连云雷纹						西周至春秋
6804	ZJLY-512	高岭山	ZJLY-512:2ZⅠ	23.40	113.89	40	陶			泥质粗硬陶	灰黑		勾连云雷纹						西周至春秋
6805	ZJLY-512	高岭山	ZJLY-512:3ZⅠ	23.40	113.89	42	陶			泥质粗硬陶	灰黑		方格纹						西周至春秋
6806	ZJLY-512	高岭山	ZJLY-512:4ZⅠ	23.40	113.89	43	陶			泥质粗硬陶	灰黑		素面						西周至春秋
6807	ZJLY-512	高岭山	ZJLY-512:5ZⅠ	23.40	113.89	45	陶			泥质粗硬陶	黑		方格纹、勾连云雷纹						西周至春秋
6808	ZJLY-512	高岭山	ZJLY-512:6ZⅠ	23.40	113.89	40	陶			泥质粗硬陶	红褐		方格纹						西周至春秋

序号	遗址编号	遗址名称	遗物编号	纬度（度）	经度（度）	海拔（米）	质地	器形	部位	陶质	颜色	釉色	纹饰	刻划符号	石器岩性	石器完整程度	石器硬度	石器风化程度	年代
6809	ZJLY-512	高岭山	ZJLY-512:7ZⅠ	23.40	113.89	40	陶			泥质粗硬陶	灰		方格纹、戳印纹、弦纹						西周至春秋
6810	ZJLY-512	高岭山	ZJLY-512:8ZⅠ	23.40	113.89	48	陶			泥质粗硬陶	灰黑		方格纹						西周至春秋
6811	ZJLY-512	高岭山	ZJLY-512:9ZⅠ	23.40	113.89	45	陶			泥质粗硬陶	灰黑		方格纹						西周至春秋
6812	ZJLY-512	高岭山	ZJLY-512:10ZⅠ	23.40	113.89	45	陶			泥质粗硬陶	红褐		方格纹						西周至春秋
6813	ZJLY-512	高岭山	ZJLY-512:11ZⅠ	23.40	113.89	44	陶			泥质粗硬陶	红褐		方格纹						西周至春秋
6814	ZJLY-512	高岭山	ZJLY-512:12ZⅠ	23.40	113.89	53	陶			泥质粗硬陶	灰黑		方格纹						西周至春秋
6815	ZJLY-512	高岭山	ZJLY-512:13ZⅠ	23.40	113.89	52	陶	罐	口沿	泥质粗硬陶	灰褐		方格纹	有					西周至春秋
6816	ZJLY-512	高岭山	ZJLY-512:14ZⅠ	23.40	113.89	53	陶			泥质粗硬陶	红褐		勾连云雷纹						西周至春秋
6817	ZJLY-512	高岭山	ZJLY-512:15ZⅠ	23.40	113.89	53	陶			泥质粗硬陶	红褐		方格纹、勾连云雷纹						西周至春秋
6818	ZJLY-512	高岭山	ZJLY-512:16ZⅠ	23.40	113.89	51	陶			泥质粗硬陶	灰黑		勾连云雷纹						西周至春秋
6819	ZJLY-512	高岭山	ZJLY-512:17ZⅠ	23.40	113.89	53	陶			泥质粗硬陶	红褐		方格纹						西周至春秋
6820	ZJLY-512	高岭山	ZJLY-512:18ZⅠ	23.40	113.89	53	陶			泥质粗硬陶	红褐		方格纹						西周至春秋
6821	ZJLY-512	高岭山	ZJLY-512:19ZⅠ	23.40	113.89	54	陶			泥质粗硬陶	灰黑		方格纹						西周至春秋
6822	ZJLY-513	泆尾	ZJLY-513:1YⅡ	23.40	113.89	26	陶			泥质粗硬陶	红褐		方格纹						西周至春秋
6823	ZJLY-513	泆尾	ZJLY-513:2YⅡ	23.40	113.89	18	陶			泥质粗硬陶	灰黑		重菱格连线纹						西周至春秋
6824	ZJLY-513	泆尾	ZJLY-513:4YⅡ	23.40	113.89	22	陶			泥质粗硬陶	灰白		网格纹						西周至春秋
6825	ZJLY-513	泆尾	ZJLY-513:5YⅡ	23.40	113.89	19	陶			泥质粗硬陶	灰褐		方格纹						战国至南越国
6826	ZJLY-513	泆尾	ZJLY-513:6YⅡ	23.40	113.89	19	陶			泥质粗硬陶	灰褐		方格纹						西周至春秋
6827	ZJLY-513	泆尾	ZJLY-513:7YⅡ	23.40	113.89	24	陶			泥质粗硬陶	灰褐		重菱格凸点纹						西周至春秋
6828	ZJLY-513	泆尾	ZJLY-513:8YⅡ	23.40	113.89	24	陶	罐	口沿	泥质粗硬陶	灰		重菱格连线纹						西周至春秋
6829	ZJLY-513	泆尾	ZJLY-513:9YⅡ	23.40	113.89	23	陶			泥质粗硬陶	灰褐		素面						西周至春秋
6830	ZJLY-513	泆尾	ZJLY-513:10YⅡ	23.40	113.89	21	陶		口沿	泥质粗硬陶	灰黑		方格纹、曲折纹						西周至春秋
6831	ZJLY-513	泆尾	ZJLY-513:11YⅡ	23.40	113.89	21	陶			泥质粗硬陶	青灰		曲折纹						西周至春秋
6832	ZJLY-513	泆尾	ZJLY-513:12YⅡ	23.40	113.89	38	陶			泥质细硬陶	灰		席纹						西周至春秋
6833	ZJLY-513	泆尾	ZJLY-513:13YⅡ	23.40	113.89	38	陶			泥质粗硬陶	灰黑		素面						西周至春秋
6834	ZJLY-513	泆尾	ZJLY-513:14YⅡ	23.40	113.89	36	陶	罐		泥质粗硬陶	灰褐		素面						西周至春秋
6835	ZJLY-513	泆尾	ZJLY-513:15YⅡ	23.40	113.89	35	陶			泥质粗硬陶	灰		席纹						西周至春秋
6836	ZJLY-513	泆尾	ZJLY-513:16YⅡ	23.40	113.89	40	陶			夹粗砂软陶	灰黑		素面						西周至春秋
6837	ZJLY-513	泆尾	ZJLY-513:17YⅡ	23.40	113.89	43	陶			泥质粗硬陶	灰褐		方格纹						西周至春秋
6838	ZJLY-513	泆尾	ZJLY-513:18YⅡ	23.40	113.89	32	陶			泥质粗硬陶	灰褐		方格纹						西周至春秋
6839	ZJLY-513	泆尾	ZJLY-513:19YⅡ	23.40	113.89	39	陶			泥质粗硬陶	灰褐		方格纹						西周至春秋

序号	遗址编号	遗址名称	遗物编号	纬度（度）	经度（度）	海拔（米）	质地	器形	部位	陶质	颜色	釉色	纹饰	刻划符号	石器岩性	石器完整程度	石器硬度	石器风化程度	年代
6840	ZJLY-513	浓尾	ZJLY-513:20YⅡ	23.40	113.89	36	陶			泥质粗硬陶	灰		夔纹、菱格凸块纹、弦纹						西周至春秋
6841	ZJLY-513	浓尾	ZJLY-513:21YⅡ	23.40	113.89	35	陶			泥质粗硬陶	灰褐		方格纹、弦纹						西周至春秋
6842	ZJLY-513	浓尾	ZJLY-513:22YⅡ	23.40	113.89	37	陶			泥质粗硬陶	灰白		方格纹						西周至春秋
6843	ZJLY-513	浓尾	ZJLY-513:23YⅡ	23.40	113.89	33	陶			泥质粗硬陶	青灰		方格纹						西周至春秋
6844	ZJLY-513	浓尾	ZJLY-513:24YⅡ	23.40	113.89	34	陶			泥质粗硬陶	灰白		方格纹						西周至春秋
6845	ZJLY-513	浓尾	ZJLY-513:25YⅡ	23.40	113.89	33	陶			泥质粗硬陶	灰黑		菱格纹						西周至春秋
6846	ZJLY-513	浓尾	ZJLY-513:26YⅡ	23.40	113.89	35	陶			泥质粗硬陶	灰褐		方格纹、夔纹						西周至春秋
6847	ZJLY-513	浓尾	ZJLY-513:27YⅡ	23.40	113.89	36	陶			泥质粗硬陶	红褐		菱格纹、网格纹						西周至春秋
6848	ZJLY-513	浓尾	ZJLY-513:1ZⅠ	23.40	113.89	27	陶			泥质粗硬陶	灰褐		夔纹						西周至春秋
6849	ZJLY-513	浓尾	ZJLY-513:2ZⅠ	23.40	113.89	17	陶			泥质细硬陶	灰		方格纹						战国至南越国
6850	ZJLY-513	浓尾	ZJLY-513:3ZⅠ	23.40	113.89	24	陶			泥质粗硬陶	灰		米字纹						战国至南越国
6851	ZJLY-513	浓尾	ZJLY-513:4ZⅠ	23.40	113.89	30	陶			泥质粗硬陶	灰褐		夔纹、重菱格纹、弦纹						西周至春秋
6852	ZJLY-513	浓尾	ZJLY-513:5ZⅠ	23.40	113.89	24	陶			泥质粗硬陶	灰褐		夔纹						西周至春秋
6853	ZJLY-513	浓尾	ZJLY-513:6ZⅠ	23.40	113.89	29	陶		口沿	泥质粗硬陶	灰		素面						西周至春秋
6854	ZJLY-513	浓尾	ZJLY-513:7ZⅠ	23.40	113.89	31	陶		圈足	泥质细硬陶	灰		素面						西周至春秋
6855	ZJLY-513	浓尾	ZJLY-513:8ZⅠ	23.40	113.89	33	陶	罐		夹细砂软陶	红褐		素面						西周至春秋
6856	ZJLY-513	浓尾	ZJLY-513:9ZⅠ	23.40	113.89	31	陶	罐	口沿	泥质粗硬陶	灰褐		素面						战国至南越国
6857	ZJLY-513	浓尾	ZJLY-513:10ZⅠ	23.40	113.89	36	陶		口沿	泥质细硬陶	灰		方格纹						西周至春秋
6858	ZJLY-513	浓尾	ZJLY-513:11ZⅠ	23.40	113.89	30	石	砺石			青灰				砂岩	基本完整	6	未风化	西周至春秋
6859	ZJLY-513	浓尾	ZJLY-513:12ZⅠ	23.40	113.89	36	陶			泥质粗硬陶	灰褐		方格纹						西周至春秋
6860	ZJLY-514	浓尾左	ZJLY-514:1ZⅠ	23.40	113.90	25	陶			泥质粗硬陶	红褐		方格纹						战国至南越国
6861	ZJLY-515	黄洞山	ZJLY-515:1T	23.40	113.90	32	陶			泥质细硬陶	灰褐		方格纹						西周至春秋
6862	ZJLY-515	黄洞山	ZJLY-515:2T	23.40	113.90	33	陶			泥质细硬陶	灰		曲折纹、附加堆纹						新石器时代晚期至商代
6863	ZJLY-515	黄洞山	ZJLY-515:3T	23.40	113.90	29	陶			泥质粗硬陶	灰褐		曲折纹						西周至春秋
6864	ZJLY-515	黄洞山	ZJLY-515:4T	23.40	113.90	28	陶	罐	口沿	泥质粗硬陶	灰褐		篦点纹、弦纹						西周至春秋
6865	ZJLY-515	黄洞山	ZJLY-515:5T	23.40	113.90	28	陶			泥质细硬陶	红褐		夔纹、菱格点点纹						西周至春秋
6866	ZJLY-515	黄洞山	ZJLY-515:1ZⅠ	23.40	113.90	31	陶			泥质细硬陶	青灰		曲折纹						新石器时代晚期至商代
6867	ZJLY-515	黄洞山	ZJLY-515:2ZⅠ	23.40	113.90	32	陶			夹粗砂软陶	灰黑		绳纹						新石器时代晚期至商代
6868	ZJLY-515	黄洞山	ZJLY-515:3ZⅠ	23.40	113.90	32	陶			泥质细硬陶	灰		曲折纹						新石器时代晚期至商代
6869	ZJLY-515	黄洞山	ZJLY-515:4ZⅠ	23.40	113.90	29	陶			泥质粗硬陶	灰		戳印纹						西周至春秋
6870	ZJLY-515	黄洞山	ZJLY-515:5ZⅠ	23.40	113.90	25	陶			泥质粗硬陶	灰褐		夔纹						西周至春秋

续表

序号	遗址编号	遗址名称	遗物编号	纬度(度)	经度(度)	海拔(米)	质地	器形	部位	陶质	颜色	釉色	纹饰	刻划符号	石器岩性	石器完整程度	石器硬度	石器风化程度	年代
6871	ZJLY-515	黄洞山	ZJLY-515:6Z I	23.40	113.90	31	陶			泥质粗硬陶	灰褐		夔纹						西周至春秋
6872	ZJLY-516	木易岭	ZJLY-516:1T	23.39	113.89	15	陶			泥质细硬陶	青灰		菱格凸块纹						西周至春秋
6873	ZJLY-516	木易岭	ZJLY-516:2T	23.39	113.89	14	陶			泥质粗硬陶	灰		方格纹						西周至春秋
6874	ZJLY-516	木易岭	ZJLY-516:3T	23.39	113.89	13	陶			泥质粗硬陶	灰褐		方格纹						西周至春秋
6875	ZJLY-516	木易岭	ZJLY-516:4T	23.39	113.89	33	陶			泥质粗硬陶	灰褐		方格纹						西周至春秋
6876	ZJLY-516	木易岭	ZJLY-516:5T	23.39	113.89	30	陶			泥质粗硬陶	灰		夔纹						西周至春秋
6877	ZJLY-516	木易岭	ZJLY-516:6T	23.39	113.89	33	陶			泥质粗硬陶	灰		方格纹						西周至春秋
6878	ZJLY-516	木易岭	ZJLY-516:7T	23.39	113.89	31	陶			泥质粗硬陶	灰		夔纹、菱格纹、弦纹						西周至春秋
6879	ZJLY-516	木易岭	ZJLY-516:8T	23.39	113.89	30	陶			泥质粗硬陶	灰白		绳纹						新石器时代晚期至商代
6880	ZJLY-516	木易岭	ZJLY-516:9T	23.39	113.89	37	陶			泥质粗硬陶	灰		方格纹						西周至春秋
6881	ZJLY-516	木易岭	ZJLY-516:10T	23.39	113.89	41	陶	罐	口沿	泥质粗软陶	红		篮纹						新石器时代晚期至商代
6882	ZJLY-516	木易岭	ZJLY-516:11T	23.39	113.89	35	陶			泥质粗硬陶	灰褐		方格纹						战国至南越国
6883	ZJLY-516	木易岭	ZJLY-516:12T	23.39	113.89	33	陶			泥质粗硬陶	灰褐		夔纹						西周至春秋
6884	ZJLY-516	木易岭	ZJLY-516:13T	23.39	113.89	33	陶			泥质粗硬陶	灰		方格纹						西周至春秋
6885	ZJLY-516	木易岭	ZJLY-516:1Y II	23.39	113.89	26	陶			泥质粗硬陶	灰褐		夔纹						西周至春秋
6886	ZJLY-516	木易岭	ZJLY-516:2Y II	23.39	113.89	32	陶			泥质粗硬陶	红褐		方格圆点纹						西周至春秋
6887	ZJLY-516	木易岭	ZJLY-516:3Y II	23.39	113.89	33	陶			泥质细硬陶	灰		素面						唐宋
6888	ZJLY-516	木易岭	ZJLY-516:4Y II	23.39	113.89	35	陶			泥质粗硬陶	青灰		方格纹						西周至春秋
6889	ZJLY-516	木易岭	ZJLY-516:5Y II	23.39	113.89	32	陶			泥质粗硬陶	灰		方格纹						西周至春秋
6890	ZJLY-516	木易岭	ZJLY-516:6Y II	23.39	113.89	33	陶			泥质粗硬陶	红褐		重菱格纹						西周至春秋
6891	ZJLY-516	木易岭	ZJLY-516:7Y II	23.39	113.89	29	陶			泥质粗硬陶	橙黄		菱格纹、弦纹						西周至春秋
6892	ZJLY-516	木易岭	ZJLY-516:8Y II	23.39	113.89	29	陶			泥质粗硬陶	深灰		重菱格凸点纹						西周至春秋
6893	ZJLY-516	木易岭	ZJLY-516:9Y II	23.39	113.89	27	陶			泥质粗硬陶	灰		夔纹						西周至春秋
6894	ZJLY-516	木易岭	ZJLY-516:10Y II	23.39	113.89	29	陶			泥质粗硬陶	灰		方格纹						西周至春秋
6895	ZJLY-516	木易岭	ZJLY-516:11Y II	23.39	113.89	32	陶	罐	口沿	泥质粗硬陶	灰		戳印纹						西周至春秋
6896	ZJLY-516	木易岭	ZJLY-516:12Y II	23.39	113.89	34	陶	罐(釜)	口沿	夹粗砂软陶	红褐		素面						新石器时代晚期至商代
6897	ZJLY-516	木易岭	ZJLY-516:13Y II	23.39	113.89	30	陶			泥质粗硬陶	灰		方格纹						西周至春秋
6898	ZJLY-516	木易岭	ZJLY-516:14Y II	23.39	113.89	32	陶			泥质粗硬陶	灰		夔纹、菱格凸块纹						西周至春秋
6899	ZJLY-516	木易岭	ZJLY-516:15Y II	23.39	113.89	34	陶			泥质粗硬陶	灰		夔纹、弦纹						西周至春秋
6900	ZJLY-516	木易岭	ZJLY-516:16Y II	23.39	113.89	34	陶			泥质粗硬陶	灰		夔纹、菱格纹						西周至春秋

序号	遗址编号	遗址名称	遗物编号	纬度（度）	经度（度）	海拔（米）	质地	器形	部位	陶质	颜色	釉色	纹饰	刻划符号	石器岩性	石器完整程度	石器硬度	石器风化程度	年代
6901	ZJLY－516	木易岭	ZJLY－516:17YⅡ	23.39	113.89	34	陶			泥质粗硬陶	灰褐		方格纹						西周至春秋
6902	ZJLY－516	木易岭	ZJLY－516:18YⅡ	23.39	113.89	34	陶			泥质粗硬陶	灰		方格纹						西周至春秋
6903	ZJLY－516	木易岭	ZJLY－516:19YⅡ	23.39	113.89	33	陶			泥质细硬陶	红褐		圆圈凸点纹						西周至春秋
6904	ZJLY－516	木易岭	ZJLY－516:20YⅡ	23.39	113.89	32	陶			泥质细硬陶	红		曲折纹						新石器时代晚期至商代
6905	ZJLY－516	木易岭	ZJLY－516:21YⅡ	23.39	113.89	35	陶			泥质粗硬陶	灰褐		夔纹、菱格纹、弦纹						西周至春秋
6906	ZJLY－516	木易岭	ZJLY－516:22YⅡ	23.39	113.89	35	陶			泥质粗硬陶	灰褐		方格纹						西周至春秋
6907	ZJLY－516	木易岭	ZJLY－516:23YⅡ	23.39	113.89	38	石	锛			青灰				片岩	基本完整	6	未风化	新石器时代晚期至商代
6908	ZJLY－516	木易岭	ZJLY－516:24YⅡ	23.39	113.89	39	陶	罐	口沿	泥质粗硬陶	灰褐		素面						西周至春秋
6909	ZJLY－516	木易岭	ZJLY－516:25YⅡ	23.39	113.89	39	陶	罐（釜）	口沿	夹粗砂软陶	黑		素面						新石器时代晚期至商代
6910	ZJLY－516	木易岭	ZJLY－516:26YⅡ	23.39	113.89	32	陶			泥质粗硬陶	灰褐		菱格纹、戳印纹						西周至春秋
6911	ZJLY－516	木易岭	ZJLY－516:27YⅡ	23.39	113.89	34	陶			泥质粗硬陶	灰褐		方格纹						西周至春秋
6912	ZJLY－516	木易岭	ZJLY－516:1ZⅠ	23.39	113.89	13	陶			泥质细硬陶	红		方格纹、夔纹						西周至春秋
6913	ZJLY－516	木易岭	ZJLY－516:2ZⅠ	23.39	113.89	13	陶			泥质粗硬陶	灰黑		水波纹						战国至南越国
6914	ZJLY－516	木易岭	ZJLY－516:3ZⅠ	23.39	113.89	10	陶			泥质粗硬陶	灰褐		方格纹						西周至春秋
6915	ZJLY－516	木易岭	ZJLY－516:4ZⅠ	23.39	113.89	10	陶			泥质粗硬陶	灰褐		米字纹						战国至南越国
6916	ZJLY－516	木易岭	ZJLY－516:5ZⅠ	23.39	113.89	12	陶			泥质粗硬陶	灰		夔纹、弦纹						西周至春秋
6917	ZJLY－516	木易岭	ZJLY－516:6ZⅠ	23.39	113.89	14	陶			泥质粗硬陶	红褐		戳印纹、弦纹						西周至春秋
6918	ZJLY－516	木易岭	ZJLY－516:7ZⅠ	23.39	113.89	12	陶			泥质粗硬陶	灰黑		米字纹						战国至南越国
6919	ZJLY－516	木易岭	ZJLY－516:8ZⅠ	23.39	113.89	14	陶			泥质粗硬陶	青灰		米字纹						战国至南越国
6920	ZJLY－516	木易岭	ZJLY－516:9ZⅠ	23.39	113.89	15	陶			泥质细硬陶	青灰		米字纹						战国至南越国
6921	ZJLY－516	木易岭	ZJLY－516:10ZⅠ	23.39	113.89	12	陶			泥质粗硬陶	红褐		水波纹、弦纹						战国至南越国
6922	ZJLY－516	木易岭	ZJLY－516:11ZⅠ	23.39	113.89	12	陶		口沿	泥质粗硬陶	灰褐		夔纹、弦纹						西周至春秋
6923	ZJLY－516	木易岭	ZJLY－516:12ZⅠ	23.39	113.89	18	陶	罐	口沿	泥质粗硬陶	灰		素面						西周至春秋
6924	ZJLY－516	木易岭	ZJLY－516:13ZⅠ	23.39	113.89	11	陶	罐	口沿	泥质粗硬陶	灰		素面						唐末
6925	ZJLY－516	木易岭	ZJLY－516:14ZⅠ	23.39	113.89	13	陶			泥质细硬陶	红褐		方格纹						西周至春秋
6926	ZJLY－516	木易岭	ZJLY－516:15ZⅠ	23.39	113.89	13	陶			泥质粗硬陶	灰褐		方格纹						西周至春秋
6927	ZJLY－516	木易岭	ZJLY－516:16ZⅠ	23.39	113.89	15	陶			泥质粗硬陶	灰黑		菱格纹						西周至春秋
6928	ZJLY－516	木易岭	ZJLY－516:17ZⅠ	23.39	113.89	17	陶	罐	口沿	泥质粗硬陶	灰		素面						西周至春秋
6929	ZJLY－517	银船浪	ZJLY－517:1T	23.39	113.89	24	陶		底	泥质细硬陶	灰褐		水波纹、弦纹						战国至南越国
6930	ZJLY－517	银船浪	ZJLY－517:2T	23.39	113.89	24	陶			泥质粗硬陶	灰		米字纹						战国至南越国
6931	ZJLY－517	银船浪	ZJLY－517:1YⅡ	23.39	113.89	30	陶			泥质粗硬陶	灰白		方格纹						战国至南越国

序号	遗址编号	遗址名称	遗物编号	纬度（度）	经度（度）	海拔（米）	质地	器形	部位	陶质	颜色	釉色	纹饰	刻划符号	石器岩性	石器完整程度	石器硬度	石器风化程度	年代
6932	ZJLY-517	银船浪	ZJLY-517:2YⅡ	23.39	113.89	30	陶			泥质细硬陶	青灰		米字纹						战国至南越国
6933	ZJLY-517	银船浪	ZJLY-517:3YⅡ	23.39	113.89	27	陶	罐	口沿	泥质粗软陶	灰		米字纹						战国至南越国
6934	ZJLY-517	银船浪	ZJLY-517:4YⅡ	23.39	113.89	24	陶			泥质粗硬陶	青灰		米字纹						战国至南越国
6935	ZJLY-517	银船浪	ZJLY-517:5YⅡ	23.39	113.89	35	陶			泥质粗硬陶	红褐		方格纹						战国至南越国
6936	ZJLY-517	银船浪	ZJLY-517:6YⅡ	23.39	113.89	34	陶			泥质粗硬陶	灰		方格纹、弦纹						战国至南越国
6937	ZJLY-517	银船浪	ZJLY-517:7YⅡ	23.39	113.89	31	陶			泥质粗硬陶	红褐		方格纹						战国至南越国
6938	ZJLY-517	银船浪	ZJLY-517:1ZⅠ	23.39	113.89	25	陶			泥质粗硬陶	灰		方格纹						战国至南越国
6939	ZJLY-518	把船浪尾	ZJLY-518:1T	23.39	113.90	41	陶			泥质粗硬陶	橙黄		三角格纹						战国至南越国
6940	ZJLY-519	新塘亚	ZJLY-519:1ZⅠ	23.39	113.89	33	陶	罐	口沿	泥质粗硬陶	灰		绳纹						新石器时代晚期至商代
6941	ZJLY-519	新塘亚	ZJLY-519:2ZⅠ	23.39	113.89	32	陶			泥质细硬陶	深灰		交错绳纹						新石器时代晚期至商代
6942	ZJLY-520	火炼山	ZJLY-520:1ZⅠ	23.39	113.89	23	陶			夹细砂软陶	灰黑		附加堆纹						新石器时代晚期至商代
6943	ZJLY-522	黄排	ZJLY-522:1YⅡ	23.39	113.90	39	陶			泥质粗软陶	灰		素面						新石器时代晚期至商代
6944	ZJLY-525	猪岭	ZJLY-525:1T	23.39	113.90	46	陶			泥质粗硬陶	灰褐		方格纹						西周至春秋
6945	ZJLY-525	猪岭	ZJLY-525:2T	23.39	113.90	56	陶			泥质细硬陶	灰		曲折纹						新石器时代晚期至商代
6946	ZJLY-525	猪岭	ZJLY-525:3T	23.39	113.90	65	陶			夹细砂软陶	灰白		素面						新石器时代晚期至商代
6947	ZJLY-525	猪岭	ZJLY-525:4T	23.39	113.90	65	陶			夹粗砂软陶	灰黑		素面						新石器时代晚期至商代
6948	ZJLY-525	猪岭	ZJLY-525:5T	23.39	113.90	29	石	镞			青灰		素面		片岩	完整		未风化	新石器时代晚期至商代
6949	ZJLY-525	猪岭	ZJLY-525:1ZⅠ	23.39	113.90	48	陶			夹细砂软陶	黑		素面						西周至春秋
6950	ZJLY-525	猪岭	ZJLY-525:2ZⅠ	23.39	113.90	48	陶	罐	口沿	泥质粗硬陶	灰		方格纹						西周至春秋
6951	ZJLY-525	猪岭	ZJLY-525:3ZⅠ	23.39	113.90	46	陶	罐	口沿	泥质粗硬陶	灰白		方格纹						新石器时代晚期至商代
6952	ZJLY-525	猪岭	ZJLY-525:4ZⅠ	23.39	113.90	46	陶	罐	口沿	泥质粗硬陶	深灰		素面						新石器时代晚期至商代
6953	ZJLY-525	猪岭	ZJLY-525:5ZⅠ	23.39	113.90	39	陶	器座		夹粗砂软陶	红褐		素面						新石器时代晚期至商代
6954	ZJLY-525	猪岭	ZJLY-525:6ZⅠ	23.39	113.90	41	石	杵			灰褐				砂岩	基本完整	6	未风化	新石器时代晚期至商代
6955	ZJLY-525	猪岭	ZJLY-525:7ZⅠ	23.39	113.90	39	陶			夹细砂软陶	灰黑		素面						新石器时代晚期至商代
6956	ZJLY-525	猪岭	ZJLY-525:8ZⅠ	23.39	113.90	45	陶			泥质粗软陶	灰白		素面						新石器时代晚期至商代
6957	ZJLY-525	猪岭	ZJLY-525:9ZⅠ	23.39	113.90	46	陶			夹细砂软陶	灰白		素面						新石器时代晚期至商代
6958	ZJLY-525	猪岭	ZJLY-525:10ZⅠ	23.39	113.90	45	陶			夹细砂软陶	灰黑		素面						新石器时代晚期至商代
6959	ZJLY-525	猪岭	ZJLY-525:11ZⅠ	23.39	113.90	40	陶			夹细砂软陶	灰白		素面						新石器时代晚期至商代
6960	ZJLY-525	猪岭	ZJLY-525:12ZⅠ	23.39	113.90	40	陶			泥质粗硬陶	灰白		曲折纹						新石器时代晚期至商代
6961	ZJLY-525	猪岭	ZJLY-525:13ZⅠ	23.39	113.90	44	陶			夹细砂软陶	橙黄		素面						新石器时代晚期至商代
6962	ZJLY-525	猪岭	ZJLY-525:14ZⅠ	23.39	113.90	47	陶			夹细砂软陶	红		素面						新石器时代晚期至商代

序号	遗址编号	遗址名称	遗物编号	纬度（度）	经度（度）	海拔（米）	质地	器形	部位	陶质	颜色	釉色	纹饰	刻划符号	石器岩性	石器完整程度	石器硬度	石器风化程度	年代
6963	ZJLY-525	猪岭	ZJLY-525:15ZⅠ	23.39	113.90	54	陶			泥质粗硬陶	灰白		曲折纹						新石器时代晚期至商代
6964	ZJLY-526	老窑背扶山	ZJLY-526:1T	23.39	113.90	27	陶			泥质粗硬陶	深灰		桥枚纹						新石器时代晚期至商代
6965	ZJLY-526	老窑背扶山	ZJLY-526:2T	23.39	113.90	21	陶			泥质粗硬陶	灰褐		素面						西周至春秋
6966	ZJLY-526	老窑背扶山	ZJLY-526:3T	23.39	113.90	29	陶			泥质细硬陶	灰褐		叶脉纹						新石器时代晚期至商代
6967	ZJLY-526	老窑背扶山	ZJLY-526:4T	23.39	113.90	46	陶			夹细砂硬陶	灰黑		素面						新石器时代晚期至商代
6968	ZJLY-526	老窑背扶山	ZJLY-526:5T	23.39	113.90	47	陶			泥质细硬陶	深灰		曲折纹						新石器时代晚期至商代
6969	ZJLY-526	老窑背扶山	ZJLY-526:6T	23.39	113.90	41	陶			泥质粗硬陶	灰		方格纹、菱格凸块纹						西周至春秋
6970	ZJLY-526	老窑背扶山	ZJLY-526:7T	23.39	113.90	39	陶			泥质粗硬陶	灰		勾连云雷纹						西周至春秋
6971	ZJLY-526	老窑背扶山	ZJLY-526:8T	23.39	113.90	43	陶			泥质粗硬陶	橙黄		叶脉纹						新石器时代晚期至商代
6972	ZJLY-526	老窑背扶山	ZJLY-526:9T	23.39	113.90	42	陶	罐	口沿	泥质粗硬陶	灰褐		勾连云雷纹						西周至春秋
6973	ZJLY-526	老窑背扶山	ZJLY-526:10T	23.39	113.90	40	陶			泥质粗硬陶	灰褐		方格纹						西周至春秋
6974	ZJLY-526	老窑背扶山	ZJLY-526:11T	23.39	113.90	43	陶			泥质细硬陶	深灰		方格纹、夔纹						西周至春秋
6975	ZJLY-526	老窑背扶山	ZJLY-526:12T	23.39	113.90	40	陶			泥质细硬陶	灰		篮纹						新石器时代晚期至商代
6976	ZJLY-526	老窑背扶山	ZJLY-526:13T	23.39	113.90	43	陶			泥质细硬陶	灰黑		方格纹						西周至春秋
6977	ZJLY-526	老窑背扶山	ZJLY-526:14T	23.39	113.90	44	陶			泥质细硬陶	灰黑		方格纹						西周至春秋
6978	ZJLY-526	老窑背扶山	ZJLY-526:15T	23.39	113.90	47	石	砺石			青灰				片岩	残	6	未风化	新石器时代晚期至商代
6979	ZJLY-526	老窑背扶山	ZJLY-526:16T	23.39	113.90	47	陶	罐	口沿	泥质粗硬陶	橙黄		戳印纹						新石器时代晚期至商代
6980	ZJLY-526	老窑背扶山	ZJLY-526:17T	23.39	113.90	37	石	砺石			灰黄				片岩	基本完整	6	未风化	新石器时代晚期至商代
6981	ZJLY-526	老窑背扶山	ZJLY-526:18T	23.39	113.90	38	陶			泥质细硬陶	灰		绳纹						新石器时代晚期至商代
6982	ZJLY-526	老窑背扶山	ZJLY-526:1Z	23.39	113.90	49	陶			泥质粗硬陶	深灰		绳纹						新石器时代晚期至商代
6983	ZJLY-526	老窑背扶山	ZJLY-526:2Z	23.39	113.90	49	陶			泥质细硬陶	灰		曲折纹						新石器时代晚期至商代
6984	ZJLY-526	老窑背扶山	ZJLY-526:3Z	23.39	113.90	51	陶			泥质细硬陶	灰白		曲折纹						新石器时代晚期至商代
6985	ZJLY-526	老窑背扶山	ZJLY-526:4Z	23.39	113.90	51	陶			泥质细软陶	红		绳纹						新石器时代晚期至商代
6986	ZJLY-526	老窑背扶山	ZJLY-526:5Z	23.39	113.90	53	石	石器			青灰					残			新石器时代晚期至商代
6987	ZJLY-526	老窑背扶山	ZJLY-526:6Z	23.39	113.90	41	陶			泥质细硬陶	深灰		云雷纹						新石器时代晚期至商代
6988	ZJLY-526	老窑背扶山	ZJLY-526:7Z	23.39	113.90	46	陶			泥质细硬陶	灰白		绳纹						新石器时代晚期至商代
6989	ZJLY-526	老窑背扶山	ZJLY-526:8Z	23.39	113.90	47	陶			泥质细硬陶	灰		叶脉纹						新石器时代晚期至商代
6990	ZJLY-526	老窑背扶山	ZJLY-526:9Z	23.39	113.90	46	陶			夹粗砂软陶	灰黑		素面						新石器时代晚期至商代
6991	ZJLY-526	老窑背扶山	ZJLY-526:10ZⅠ	23.39	113.90	51	陶			泥质细硬陶	青灰		戳印纹、贴塑纹、菱格纹、弦纹						西周至春秋
6992	ZJLY-526	老窑背扶山	ZJLY-526:11ZⅠ	23.39	113.90	51	陶	罐	口沿	泥质粗硬陶	橙黄		素面						西周至春秋
6993	ZJLY-526	老窑背扶山	ZJLY-526:12ZⅠ	23.39	113.90	49	陶			泥质粗硬陶	灰褐		曲折纹						新石器时代晚期至商代

序号	遗址编号	遗址名称	遗物编号	纬度(度)	经度(度)	海拔(米)	质地	器形	部位	陶质	颜色	釉色	纹饰	刻划符号	石器岩性	石器完整程度	石器硬度	石器风化程度	年代
6994	ZJLY-526	老窑背扶山	ZJLY-526:13Z I	23.39	113.90	49	陶			泥质细硬陶	灰		曲折纹						新石器时代晚期至商代
6995	ZJLY-526	老窑背扶山	ZJLY-526:14Z I	23.39	113.90	51	陶			夹粗砂软陶	灰黑		素面						新石器时代晚期至商代
6996	ZJLY-526	老窑背扶山	ZJLY-526:15Z I	23.39	113.90	52	陶			泥质粗软陶	橙黄		叶脉纹						新石器时代晚期至商代
6997	ZJLY-526	老窑背扶山	ZJLY-526:16Z I	23.39	113.90	49	陶			泥质细硬陶	深灰		绳纹						新石器时代晚期至商代
6998	ZJLY-526	老窑背扶山	ZJLY-526:17Z I	23.39	113.90	52	陶			泥质粗硬陶	深灰		方格纹						西周至春秋
6999	ZJLY-526	老窑背扶山	ZJLY-526:18Z I	23.39	113.90	48	陶			泥质粗硬陶	灰白		曲折纹						新石器时代晚期至商代
7000	ZJLY-526	老窑背扶山	ZJLY-526:19Z I	23.39	113.90	45	陶			泥质粗软陶	红褐		曲折纹						新石器时代晚期至商代
7001	ZJLY-526	老窑背扶山	ZJLY-526:20Z I	23.39	113.90	54	陶			泥质细硬陶	深灰		方格纹						西周至春秋
7002	ZJLY-526	老窑背扶山	ZJLY-526:21Z I	23.39	113.90	45	陶			泥质细硬陶	青灰		绳纹						新石器时代晚期至商代
7003	ZJLY-527	岭见	ZJLY-527:1T	23.40	113.91	37	陶			泥质粗硬陶	灰褐		方格纹	,					西周至春秋
7004	ZJLY-527	岭见	ZJLY-527:2T	23.40	113.91	36	陶			泥质粗硬陶	灰		方格纹						西周至春秋
7005	ZJLY-527	岭见	ZJLY-527:3T	23.40	113.91	34	陶			泥质粗硬陶	红褐		方格纹						西周至春秋
7006	ZJLY-527	岭见	ZJLY-527:4T	23.40	113.91	52	陶			泥质粗硬陶	灰褐		夔纹、菱格凸块纹						西周至春秋
7007	ZJLY-527	岭见	ZJLY-527:5T	23.40	113.91	52	陶			泥质粗硬陶	灰褐		重圈纹						西周至春秋
7008	ZJLY-527	岭见	ZJLY-527:6T	23.40	113.91	45	陶			泥质粗硬陶	灰褐		菱格凸块纹						西周至春秋
7009	ZJLY-527	岭见	ZJLY-527:7T	23.40	113.91	45	陶			泥质粗硬陶	灰褐		菱格凸块纹						西周至春秋
7010	ZJLY-527	岭见	ZJLY-527:8T	23.39	113.91	20	陶			泥质粗硬陶	红褐		方格纹						西周至春秋
7011	ZJLY-527	岭见	ZJLY-527:1Y II	23.40	113.91	46	陶	瓮	口沿	泥质粗硬陶	灰		方格纹、复线篦划纹(外)、水波纹、弦纹、云雷纹(内)						西周至春秋
7012	ZJLY-527	岭见	ZJLY-527:2Y II	23.40	113.91	43	陶			泥质粗硬陶	灰		方格纹						西周至春秋
7013	ZJLY-527	岭见	ZJLY-527:3Y II	23.40	113.91	43	陶			泥质粗硬陶	红褐		夔纹、弦纹						西周至春秋
7014	ZJLY-527	岭见	ZJLY-527:4Y II	23.40	113.91	43	陶			泥质粗硬陶	灰褐		夔纹、卷云纹						西周至春秋
7015	ZJLY-527	岭见	ZJLY-527:5Y II	23.40	113.91	40	陶			泥质粗硬陶	红褐		夔纹、弦纹						西周至春秋
7016	ZJLY-527	岭见	ZJLY-527:6Y II	23.40	113.91	48	陶			泥质粗硬陶	灰		夔纹、菱格纹、弦纹						西周至春秋
7017	ZJLY-527	岭见	ZJLY-527:7Y II	23.40	113.91	54	陶			泥质粗硬陶	灰褐		夔纹、菱格纹、弦纹						西周至春秋
7018	ZJLY-527	岭见	ZJLY-527:8Y II	23.40	113.91	45	陶		圈足	泥质粗硬陶	灰		戳印纹						西周至春秋
7019	ZJLY-527	岭见	ZJLY-527:1Z I	23.40	113.91	49	陶			泥质粗硬陶	灰		方格纹、菱格凸块纹						西周至春秋
7020	ZJLY-527	岭见	ZJLY-527:2Z I	23.40	113.91	45	陶			泥质细硬陶	深灰		方格纹						西周至春秋
7021	ZJLY-527	岭见	ZJLY-527:3Z I	23.40	113.91	40	陶			泥质粗硬陶	青灰		夔纹、菱格纹、弦纹						西周至春秋
7022	ZJLY-527	岭见	ZJLY-527:4Z I	23.40	113.91	44	陶	瓮	口沿	泥质细硬陶	深灰		方格纹						西周至春秋

序号	遗址编号	遗址名称	遗物编号	纬度（度）	经度（度）	海拔（米）	质地	器形	部位	陶质	颜色	釉色	纹饰	刻划符号	石器岩性	石器完整程度	石器硬度	石器风化程度	年代
7023	ZJLY-527	岭见	ZJLY-527:5ZⅠ	23.39	113.91	22	陶			夹细砂软陶	灰		方格纹						西周至春秋
7024	ZJLY-527	岭见	ZJLY-527:6ZⅠ	23.39	113.91	21	陶	钵	底	泥质细硬陶	灰褐		凹弦纹						西周至春秋
7025	ZJLY-527	岭见	ZJLY-527:7ZⅠ	23.39	113.91	25	陶			泥质粗硬陶	红褐		方格纹						西周至春秋
7026	ZJLY-528	韩山吓	ZJLY-528:1T	23.40	113.91	33	陶			泥质粗硬陶	灰		菱格凸块纹						西周至春秋
7027	ZJLY-528	韩山吓	ZJLY-528:1YⅡ	23.39	113.90	60	陶			泥质粗硬陶	灰		方格纹						西周至春秋
7028	ZJLY-528	韩山吓	ZJLY-528:2YⅠ	23.39	113.91	57	陶			泥质粗硬陶	灰褐		方格纹						西周至春秋
7029	ZJLY-528	韩山吓	ZJLY-528:3YⅡ	23.39	113.90	57	陶			泥质粗硬陶	灰褐		夔纹						西周至春秋
7030	ZJLY-528	韩山吓	ZJLY-528:4YⅡ	23.39	113.91	63	陶			泥质粗硬陶	灰褐		方格纹						西周至春秋
7031	ZJLY-528	韩山吓	ZJLY-528:5YⅡ	23.39	113.91	64	陶			泥质细硬陶	红褐		重菱格凸块纹						西周至春秋
7032	ZJLY-528	韩山吓	ZJLY-528:6YⅡ	23.39	113.91	67	陶			泥质粗硬陶	灰褐		方格纹						西周至春秋
7033	ZJLY-528	韩山吓	ZJLY-528:1ZⅠ	23.40	113.90	44	陶			泥质粗硬陶	灰		方格纹						西周至春秋
7034	ZJLY-528	韩山吓	ZJLY-528:2ZⅠ	23.39	113.90	55	陶	罐	口沿	泥质细硬陶	灰		菱格纹						西周至春秋
7035	ZJLY-528	韩山吓	ZJLY-528:3ZⅠ	23.39	113.90	61	陶			泥质粗硬陶	褐		方格纹、戳印纹、弦纹						西周至春秋
7036	ZJLY-529	金鱼山	ZJLY-529:1T	23.40	113.90	17	陶			泥质粗硬陶	灰褐		米字纹						战国至南越国
7037	ZJLY-529	金鱼山	ZJLY-529:2T	23.40	113.90	21	陶			泥质粗硬陶	灰		米字纹						战国至南越国
7038	ZJLY-529	金鱼山	ZJLY-529:3T	23.40	113.90	18	陶			泥质粗硬陶	深灰		米字纹						战国至南越国
7039	ZJLY-529	金鱼山	ZJLY-529:4T	23.40	113.90	18	陶			泥质粗硬陶	灰黑		米字纹						战国至南越国
7040	ZJLY-530	上坑山	ZJLY-530:1T	23.40	113.91	29	陶	钵	口沿	泥质粗硬陶	灰黑		米字纹						战国至南越国
7041	ZJLY-530	上坑山	ZJLY-530:2T	23.40	113.91	27	陶			泥质粗硬陶	灰黄		菱格纹、菱格凸块纹						西周时代晚期至商代
7042	ZJLY-530	上坑山	ZJLY-530:3T	23.40	113.91	30	陶	罐	圈足	夹细砂硬陶	灰褐		曲折纹						新石器时代晚期至商代
7043	ZJLY-530	上坑山	ZJLY-530:4T	23.40	113.91	33	陶	罐	口沿	泥质细硬陶	灰黑		素面						战国至南越国
7044	ZJLY-530	上坑山	ZJLY-530:5T	23.40	113.91	33	陶			泥质粗硬陶	灰白		叶脉纹						新石器时代晚期至商代
7045	ZJLY-530	上坑山	ZJLY-530:6T	23.40	113.91	26	陶			泥质细硬陶	灰黑		重菱格纹						西周至春秋
7046	ZJLY-530	上坑山	ZJLY-530:7T	23.40	113.91	27	陶	钵	口沿	泥质细硬陶	灰		弦纹						战国至南越国
7047	ZJLY-530	上坑山	ZJLY-530:8T	23.40	113.91	22	陶			泥质粗硬陶	灰黑		菱格凸块纹						西周至春秋
7048	ZJLY-530	上坑山	ZJLY-530:1YⅡ	23.40	113.91	33	陶			泥质粗硬陶	灰褐		方格纹						西周至春秋
7049	ZJLY-530	上坑山	ZJLY-530:2YⅡ	23.40	113.91	30	陶			泥质粗硬陶	灰褐		方格纹						西周至春秋
7050	ZJLY-530	上坑山	ZJLY-530:3YⅡ	23.40	113.91	30	陶	豆		泥质细软陶	红褐		素面						西周至春秋
7051	ZJLY-530	上坑山	ZJLY-530:4YⅡ	23.40	113.91	29	陶			泥质粗硬陶	灰		夔纹						西周至春秋
7052	ZJLY-530	上坑山	ZJLY-530:5YⅡ	23.40	113.91	29	陶	罐	口沿	泥质粗硬陶	灰褐		方格纹、栉齿纹						西周至春秋
7053	ZJLY-530	上坑山	ZJLY-530:6YⅡ	23.40	113.91	22	陶			泥质粗硬陶	灰褐		菱格纹、菱格凸块纹、弦纹						西周至春秋

序号	遗址编号	遗址名称	遗物编号	纬度（度）	经度（度）	海拔（米）	质地	器形	部位	陶质	颜色	釉色	纹饰	刻划符号	石器岩性	石器完整程度	石器硬度	石器风化程度	年代
7054	ZJLY-530	上坑山	ZJLY-530:7YⅡ	23.40	113.91	25	陶			夹细砂软陶	灰黑		米字纹						战国至南越国
7055	ZJLY-530	上坑山	ZJLY-530:8YⅡ	23.40	113.91	26	陶			泥质粗硬陶	橙黄		米字纹						战国至南越国
7056	ZJLY-530	上坑山	ZJLY-530:9YⅡ	23.40	113.91	23	陶			泥质粗硬陶	橙黄		方格纹						战国至南越国
7057	ZJLY-530	上坑山	ZJLY-530:10YⅡ	23.40	113.91	28	陶			泥质细硬陶	青灰		绳纹						新石器时代晚期至商代
7058	ZJLY-530	上坑山	ZJLY-530:11YⅡ	23.40	113.91	25	陶			泥质细硬陶	灰黄		叶脉纹						新石器时代晚期至商代
7059	ZJLY-530	上坑山	ZJLY-530:12YⅡ	23.40	113.91	36	陶			泥质粗硬陶	深灰		方格纹、勾连云雷纹						西周至春秋
7060	ZJLY-530	上坑山	ZJLY-530:1ZⅠ	23.40	113.91	25	陶			夹砂软牧陶	灰黑		素面						新石器时代晚期至商代
7061	ZJLY-530	上坑山	ZJLY-530:2ZⅠ	23.40	113.91	27	陶			泥质粗硬陶	灰		夔纹、弦纹						西周至春秋
7062	ZJLY-530	上坑山	ZJLY-530:3ZⅠ	23.40	113.91	26	陶			泥质粗硬陶	灰褐		方格纹						战国至南越国
7063	ZJLY-530	上坑山	ZJLY-530:4ZⅠ	23.40	113.91	27	陶			泥质细硬陶	灰褐		米字纹						战国至南越国
7064	ZJLY-530	上坑山	ZJLY-530:5ZⅠ	23.40	113.91	26	陶			泥质粗硬陶	深灰		方格纹						西周至春秋
7065	ZJLY-530	上坑山	ZJLY-530:6ZⅠ	23.40	113.91	23	陶			泥质粗硬陶	青灰		云雷纹						新石器时代晚期至商代
7066	ZJLY-531	观山	ZJLY-531:1T	23.39	113.91	31	陶			泥质粗硬陶	灰褐		方格纹						西周至春秋
7067	ZJLY-531	观山	ZJLY-531:2T	23.39	113.91	35	陶			泥质粗硬陶	灰褐		三角格纹						战国至南越国
7068	ZJLY-531	观山	ZJLY-531:3T	23.39	113.91	30	陶			泥质粗硬陶	深灰		三角格纹						战国至南越国
7069	ZJLY-531	观山	ZJLY-531:4T	23.39	113.91	27	陶			泥质粗硬陶	灰褐		方格纹						战国至南越国
7070	ZJLY-531	观山	ZJLY-531:5T	23.39	113.91	33	陶	器盖		泥质粗硬陶	灰褐		方格纹、云雷纹						西周至春秋
7071	ZJLY-531	观山	ZJLY-531:6T	23.39	113.91	34	陶			泥质粗硬陶	灰褐	酱釉	弦纹						战国至南越国
7072	ZJLY-531	观山	ZJLY-531:7T	23.39	113.91	30	陶			泥质粗硬陶	灰褐		素面						西周至春秋
7073	ZJLY-531	观山	ZJLY-531:8T	23.39	113.91	29	陶			泥质粗硬陶	灰褐		三角格纹						战国至南越国
7074	ZJLY-531	观山	ZJLY-531:9T	23.39	113.91	35	陶			泥质粗硬陶	深灰		方格纹						战国至南越国
7075	ZJLY-531	观山	ZJLY-531:10T	23.39	113.91	40	陶			泥质粗硬陶	灰褐		弦纹						西周至春秋
7076	ZJLY-531	观山	ZJLY-531:11T	23.39	113.91	26	陶			泥质粗硬陶	灰褐		三角格纹						战国至南越国
7077	ZJLY-531	观山	ZJLY-531:12T	23.39	113.91	25	陶			泥质粗硬陶	红褐		素面						战国至南越国
7078	ZJLY-531	观山	ZJLY-531:13T	23.39	113.91	26	陶			泥质粗硬陶	青灰		方格纹						西周至春秋
7079	ZJLY-531	观山	ZJLY-531:14T	23.39	113.91	27	石	镞			深灰				角岩	残	7	未风化	新石器时代晚期至商代
7080	ZJLY-531	观山	ZJLY-531:15T	23.39	113.91	24	陶			泥质粗硬陶	灰褐		三角格纹						战国至南越国
7081	ZJLY-531	观山	ZJLY-531:16T	23.39	113.91	22	陶			泥质粗硬陶	灰褐		方格纹						西周至春秋
7082	ZJLY-531	观山	ZJLY-531:22T	23.39	113.91	24	陶	罐	口沿	泥质细硬陶	青灰		方格纹						西周至春秋
7083	ZJLY-531	观山	ZJLY-531:23T	23.39	113.91	20	陶			泥质细硬陶	青灰		方格纹						西周至春秋
7084	ZJLY-531	观山	ZJLY-531:1YⅡ	23.39	113.91	63	陶			泥质软陶	灰		方格纹						西周至春秋

续表

序号	遗址编号	遗址名称	遗物编号	纬度（度）	经度（度）	海拔（米）	质地	器形	部位	陶质	颜色	釉色	纹饰	刻划符号	石器岩性	石器完整程度	石器硬度	石器风化程度	年代
7085	ZJLY-531	观山	ZJLY-531:2YⅡ	23.39	113.91	64	石	石器			灰褐				砂岩	残	6	未风化	新石器时代晚期至商周代
7086	ZJLY-531	观山	ZJLY-531:1ZⅠ	23.39	113.91	56	陶	器座		夹粗砂软陶	橙黄		素面						新石器时代晚期至商周代
7087	ZJLY-531	观山	ZJLY-531:2ZⅠ	23.39	113.91	65	陶			泥质粗软陶	灰白		素面						新石器时代晚期至商周代
7088	ZJLY-531	观山	ZJLY-531:3ZⅠ	23.39	113.91	65	陶			夹细砂软陶	灰		素面						西周至春秋
7089	ZJLY-532	峇洞	ZJLY-532:1T	23.41	113.89	92	陶			夹粗砂软陶	灰黑		素面						新石器时代晚期至商周代
7090	ZJLY-532	峇洞	ZJLY-532:2T	23.41	113.89	125	石	石器	底		深灰					残			新石器时代晚期至商周代
7091	ZJLY-533	峇洞山	ZJLY-533:1T	23.40	113.90	28	陶	罐	底	泥质粗硬陶	深灰		素面						战国至南越国
7092	ZJLY-533	峇洞山	ZJLY-533:2T	23.40	113.90	40	陶			泥质粗硬陶	灰褐		素面						唐末
7093	ZJLY-534	矮岭背底山	ZJLY-534:1YⅡ	23.41	113.91	30	陶			泥质粗硬陶	灰		米字纹、弦纹						战国至南越国
7094	ZJLY-534	矮岭背底山	ZJLY-534:2YⅡ	23.41	113.91	32	陶			泥质粗硬陶	红褐								战国至南越国
7095	ZJLY-534	矮岭背底山	ZJLY-534:3YⅡ	23.41	113.91	27	陶			泥质粗硬陶	灰黑		米字纹						战国至南越国
7096	ZJLY-534	矮岭背底山	ZJLY-534:4YⅡ	23.41	113.91	25	陶			泥质粗硬陶	红褐		方格纹						战国至南越国
7097	ZJLY-534	矮岭背底山	ZJLY-534:5YⅡ	23.41	113.91	26	陶			泥质粗硬陶	灰		方格纹						西周至春秋
7098	ZJLY-534	矮岭背底山	ZJLY-534:6YⅡ	23.41	113.91	23	陶			泥质粗硬陶	红褐		方格纹						战国至南越国
7099	ZJLY-534	矮岭背底山	ZJLY-534:7YⅡ	23.41	113.91	24	陶			泥质粗硬陶	红褐		方格纹、弦纹						战国至南越国
7100	ZJLY-534	矮岭背底山	ZJLY-534:8YⅡ	23.41	113.91	24	陶			泥质粗硬陶	灰		方格纹、弦纹						西周至春秋
7101	ZJLY-534	矮岭背底山	ZJLY-534:9YⅡ	23.41	113.91	32	陶		底	泥质粗硬陶	深灰		米字纹						战国至南越国
7102	ZJLY-534	矮岭背底山	ZJLY-534:11YⅡ	23.41	113.91	33	石	研磨器			灰褐				砂岩	基本完整	7	未风化	西周至春秋
7103	ZJLY-534	矮岭背底山	ZJLY-534:12YⅡ	23.41	113.91	33	陶			泥质粗硬陶	灰褐		方格纹						战国至南越国
7104	ZJLY-534	矮岭背底山	ZJLY-534:13YⅡ	23.41	113.91	28	陶			泥质粗硬陶	褐		方格凸块对角连线纹						西周至春秋
7105	ZJLY-534	矮岭背底山	ZJLY-534:14YⅡ	23.41	113.91	32	石	饼			褐				片岩	基本完整	6	未风化	西周至春秋
7106	ZJLY-534	矮岭背底山	ZJLY-534:15YⅡ	23.41	113.91	35	陶			泥质粗硬陶	灰白		米字纹						西周至春秋
7107	ZJLY-534	矮岭背底山	ZJLY-534:16YⅡ	23.41	113.91	32	陶			泥质粗硬陶	灰		方格纹						西周至春秋
7108	ZJLY-534	矮岭背底山	ZJLY-534:17YⅡ	23.41	113.91	34	陶			泥质粗硬陶	灰黑		方格纹						西周至春秋
7109	ZJLY-534	矮岭背底山	ZJLY-534:18YⅡ	23.41	113.91	32	陶			泥质粗硬陶	灰黑		素面						西周至春秋
7110	ZJLY-534	矮岭背底山	ZJLY-534:19YⅡ	23.41	113.91	28	陶			泥质粗硬陶	灰黑		夔纹						西周至春秋
7111	ZJLY-534	矮岭背底山	ZJLY-534:20YⅡ	23.41	113.91	29	陶			泥质粗硬陶	灰		夔纹、菱格纹、弦纹						西周至春秋
7112	ZJLY-534	矮岭背底山	ZJLY-534:21YⅡ	23.41	113.91	31	陶			泥质粗硬陶	灰		方格纹、圆圈纹						西周至春秋
7113	ZJLY-534	矮岭背底山	ZJLY-534:22YⅡ	23.41	113.91	26	陶			泥质粗硬陶	灰		三角格纹						战国至南越国
7114	ZJLY-534	矮岭背底山	ZJLY-534:23YⅡ	23.41	113.91	26	陶			泥质粗硬陶	黑		方格纹						战国至南越国
7115	ZJLY-534	矮岭背底山	ZJLY-534:24YⅡ	23.41	113.91	30	陶			泥质粗硬陶	灰黑		米字纹						战国至南越国

序号	遗址编号	遗址名称	遗物编号	纬度（度）	经度（度）	海拔（米）	质地	器形	部位	陶质	颜色	釉色	纹饰	刻划符号	石器岩性	石器完整程度	石器硬度	石器风化程度	年代
7116	ZJLY-534	矮岭背底山	ZJLY-534:25YⅡ	23.41	113.91	32	陶			泥质粗硬陶	红褐		方格纹						战国至南越国
7117	ZJLY-534	矮岭背底山	ZJLY-534:26YⅡ	23.41	113.91	25	陶			泥质细硬陶	青灰		方格纹、方格对角线纹						战国至南越国
7118	ZJLY-534	矮岭背底山	ZJLY-534:1ZⅠ	23.41	113.91	32	陶			泥质粗硬陶	灰白		方格纹						战国至南越国
7119	ZJLY-534	矮岭背底山	ZJLY-534:2ZⅠ	23.41	113.91	33	陶	罐	底	泥质细硬陶	灰黑		素面						战国至南越国
7120	ZJLY-534	矮岭背底山	ZJLY-534:3ZⅠ	23.41	113.91	31	陶			泥质细硬陶	黑		复线米字纹						战国至南越国
7121	ZJLY-534	矮岭背底山	ZJLY-534:4ZⅠ	23.41	113.91	31	陶			泥质硬陶	浅灰		方格纹、弦纹						西周至春秋
7122	ZJLY-534	矮岭背底山	ZJLY-534:5ZⅠ	23.41	113.91	29	陶			泥质硬陶	灰		方格纹						西周至春秋
7123	ZJLY-534	矮岭背底山	ZJLY-534:6ZⅠ	23.41	113.91	28	陶			泥质粗硬陶	灰		方格纹						战国至南越国
7124	ZJLY-534	矮岭背底山	ZJLY-534:7ZⅠ	23.41	113.91	29	陶			泥质粗硬陶	灰黑		方格纹						战国至南越国
7125	ZJLY-534	矮岭背底山	ZJLY-534:8ZⅠ	23.41	113.91	28	陶			泥质粗硬陶	灰褐		方格纹						西周至春秋
7126	ZJLY-534	矮岭背底山	ZJLY-534:9ZⅠ	23.41	113.91	19	陶			泥质细硬陶	灰黑		素面						西周至春秋
7127	ZJLY-534	矮岭背底山	ZJLY-534:10ZⅠ	23.41	113.91	32	陶			泥质粗硬陶	黑		方格纹、弦纹						战国至南越国
7128	ZJLY-534	矮岭背底山	ZJLY-534:11ZⅠ	23.41	113.91	28	陶			泥质硬陶	灰黑		方格纹、夔纹						西周至春秋
7129	ZJLY-534	矮岭背底山	ZJLY-534:12ZⅠ	23.41	113.91	31	陶			泥质硬陶	灰黑		米字纹						战国至南越国
7130	ZJLY-534	矮岭背底山	ZJLY-534:13ZⅠ	23.41	113.91	37	陶			泥质粗硬陶	灰褐		方格纹						战国至南越国
7131	ZJLY-534	矮岭背底山	ZJLY-534:14ZⅠ	23.41	113.91	33	陶			泥质粗硬陶	灰褐		重菱格凸块纹						西周至春秋
7132	ZJLY-534	矮岭背底山	ZJLY-534:15ZⅠ	23.41	113.91	34	陶			泥质粗硬陶	灰褐		方格纹						西周至春秋
7133	ZJLY-534	矮岭背底山	ZJLY-534:17ZⅠ	23.41	113.91	35	陶			泥质粗硬陶	红褐		方格纹						战国至南越国
7134	ZJLY-535	山仔	ZJLY-535:1YⅡ	23.41	113.91	26	陶			泥质粗硬陶	灰褐		米字纹						战国至南越国
7135	ZJLY-535	山仔	ZJLY-535:2YⅡ	23.41	113.91	28	陶			泥质细硬陶	红		菱格纹						西周至春秋
7136	ZJLY-535	山仔	ZJLY-535:3YⅡ	23.41	113.91	30	石	砺石			浅灰				片岩	残	6	未风化	新石器时代晚期至商代
7137	ZJLY-535	山仔	ZJLY-535:4YⅡ	23.41	113.91	23	陶			泥质细硬陶	灰		曲折纹						新石器时代晚期至商代
7138	ZJLY-535	山仔	ZJLY-535:5YⅡ	23.41	113.91	40	陶			泥质硬陶	灰		绳纹						新石器时代晚期至商代
7139	ZJLY-535	山仔	ZJLY-535:6YⅡ	23.41	113.91	43	陶			泥质粗硬陶	灰		绳纹、附加堆纹						新石器时代晚期至商代
7140	ZJLY-535	山仔	ZJLY-535:7YⅡ	23.41	113.91	44	石	砺石			青灰				砂岩	残	6	未风化	新石器时代晚期至商代
7141	ZJLY-535	山仔	ZJLY-535:8YⅡ	23.41	113.91	44	陶			泥质细硬陶	灰		卷云纹						新石器时代晚期至商代
7142	ZJLY-535	山仔	ZJLY-535:9YⅡ	23.41	113.91	42	陶			泥质硬陶	灰		云雷纹						新石器时代晚期至商代
7143	ZJLY-535	山仔	ZJLY-535:10YⅡ	23.41	113.91	47	陶			泥质硬陶	灰白		曲折纹						新石器时代晚期至商代
7144	ZJLY-535	山仔	ZJLY-535:11YⅡ	23.41	113.91	40	陶			夹粗砂软陶	灰白		素面						新石器时代晚期至商代
7145	ZJLY-535	山仔	ZJLY-535:12YⅡ	23.41	113.91	40	石	镞			深灰								新石器时代晚期至商代
7146	ZJLY-535	山仔	ZJLY-535:13YⅡ	23.41	113.91	41	陶			泥质硬陶	浅灰		方格纹						西周至春秋

序号	遗址编号	遗址名称	遗物编号	纬度(度)	经度(度)	海拔(米)	质地	器形	部位	陶质	颜色	釉色	纹饰	刻划符号	石器岩性	石器完整程度	石器硬度	石器风化程度	年代
7147	ZJLY-535	山仔	ZJLY-535:14YⅡ	23.41	113.91	40	陶			泥质粗硬陶	青灰		方格纹						西周至春秋
7148	ZJLY-535	山仔	ZJLY-535:15YⅡ	23.41	113.91	46	陶			泥质粗硬陶	灰褐		方格纹						西周至春秋
7149	ZJLY-535	山仔	ZJLY-535:16YⅡ	23.41	113.91	48	陶			泥质粗硬陶	灰		方格纹						西周至春秋
7150	ZJLY-535	山仔	ZJLY-535:17YⅡ	23.41	113.91	49	陶			泥质细硬陶	灰		方格纹						西周至春秋
7151	ZJLY-535	山仔	ZJLY-535:18YⅡ	23.41	113.91	49	陶			泥质粗硬陶	灰褐		方格纹、弦纹						西周至春秋
7152	ZJLY-535	山仔	ZJLY-535:19YⅡ	23.41	113.91	51	陶			泥质粗硬陶	深灰		方格纹						西周至春秋
7153	ZJLY-535	山仔	ZJLY-535:20YⅡ	23.41	113.91	49	陶			泥质粗硬陶	灰		方格纹						西周至春秋
7154	ZJLY-535	山仔	ZJLY-535:21YⅡ	23.41	113.91	47	陶			泥质粗硬陶	灰褐		方格纹						西周至春秋
7155	ZJLY-535	山仔	ZJLY-535:22YⅡ	23.41	113.91	48	陶			泥质粗硬陶	灰		方格纹						西周至春秋
7156	ZJLY-535	山仔	ZJLY-535:23YⅡ	23.41	113.91	44	陶			泥质粗硬陶	深灰		方格纹						西周至春秋
7157	ZJLY-535	山仔	ZJLY-535:24YⅡ	23.41	113.91	37	石	戈			青灰				片岩	残	6	未风化	新石器时代晚期至商代
7158	ZJLY-535	山仔	ZJLY-535:1ZⅠ	23.41	113.91	35	陶			泥质细硬陶	灰		曲折纹						新石器时代晚期至商代
7159	ZJLY-535	山仔	ZJLY-535:2ZⅠ	23.41	113.91	36	陶			泥质粗硬陶	黄褐		曲折纹						新石器时代晚期至商代
7160	ZJLY-535	山仔	ZJLY-535:3ZⅠ	23.41	113.91	31	陶			泥质细硬陶	灰褐		方格纹、弦纹						西周至春秋
7161	ZJLY-535	山仔	ZJLY-535:4ZⅠ	23.41	113.91	36	石	锛			灰黑				片岩	残	6	未风化	新石器时代晚期至商代
7162	ZJLY-535	山仔	ZJLY-535:5ZⅠ	23.41	113.91	38	陶				灰白		米字纹						战国至南越国
7163	ZJLY-535	山仔	ZJLY-535:6ZⅠ	23.41	113.91	38	石	砍砸器			青灰				砂岩	残	6	未风化	新石器时代晚期至商代
7164	ZJLY-535	山仔	ZJLY-535:7ZⅠ	23.41	113.91	37	陶			泥质粗硬陶	灰白		曲折纹						新石器时代晚期至商代
7165	ZJLY-535	山仔	ZJLY-535:8ZⅠ	23.41	113.91	36	陶			泥质粗硬陶	红褐		方格纹						战国至南越国
7166	ZJLY-535	山仔	ZJLY-535:9ZⅠ	23.41	113.91	42	陶			夹粗砂软陶	灰黑		素面						新石器时代晚期至商代
7167	ZJLY-535	山仔	ZJLY-535:10ZⅠ	23.41	113.91	44	陶			夹细砂软陶	灰黑		素面						新石器时代晚期至商代
7168	ZJLY-535	山仔	ZJLY-535:11ZⅠ	23.41	113.91	40	陶			泥质粗硬陶	灰		素面						新石器时代晚期至商代
7169	ZJLY-535	山仔	ZJLY-535:12ZⅠ	23.41	113.91	43	石	双肩石锛			青灰				片岩	基本完整	6	未风化	新石器时代晚期至商代
7170	ZJLY-535	山仔	ZJLY-535:13ZⅠ	23.41	113.91	46	陶			泥质粗硬陶	灰褐		方格纹、弦纹						西周至春秋
7171	ZJLY-535	山仔	ZJLY-535:14ZⅠ	23.41	113.91	45	陶			泥质细硬陶	青灰		方格纹、弦纹						西周至春秋
7172	ZJLY-535	山仔	ZJLY-535:15ZⅠ	23.41	113.91	50	石	锛			青灰				绿泥石片岩	残	6	微风化	新石器时代晚期至商代
7173	ZJLY-535	山仔	ZJLY-535:16ZⅠ	23.41	113.91	51	陶			泥质粗硬陶	红褐		方格纹						新石器时代晚期至商代
7174	ZJLY-535	山仔	ZJLY-535:17ZⅠ	23.41	113.91	28	陶						方格纹						战国至南越国
7175	ZJLY-537	杭讪	ZJLY-537:1YⅡ	23.41	113.92	194	陶			泥质细软陶	灰黑		曲折纹						西周至春秋
7176	ZJLY-537	杭讪	ZJLY-537:2YⅡ	23.41	113.92	194	陶			泥质粗硬陶	灰黑		素面						西周至春秋

序号	遗址编号	遗址名称	遗物编号	纬度（度）	经度（度）	海拔（米）	质地	器形	部位	陶质	颜色	釉色	纹饰	刻划符号	石器岩性	石器完整程度	石器硬度	石器风化程度	年代
7177	ZJLY-537	杭山	ZJLY-537:3YⅡ	23.41	113.92	199	陶			泥质粗硬陶	灰		方格纹						西周至春秋
7178	ZJLY-537	杭山	ZJLY-537:4YⅡ	23.41	113.92	204	陶			夹粗砂软陶	灰黑		素面						新石器时代晚期至商南代
7179	ZJLY-537	杭山	ZJLY-537:5YⅡ	23.41	113.92	192	陶			泥质粗硬陶	浅灰		夔纹、菱格凸块纹						西周至春秋
7180	ZJLY-537	杭山	ZJLY-537:6YⅡ	23.41	113.92	192	陶			泥质粗硬陶	褐		方格纹						西周至春秋
7181	ZJLY-537	杭山	ZJLY-537:7YⅡ	23.41	113.92	192	石	罐	口沿	泥质粗硬陶	灰		素面						新石器时代晚期至商南代
7182	ZJLY-537	杭山	ZJLY-537:8YⅡ	23.41	113.92	173	陶	戈			青灰				片岩	残	6	未风化	新石器时代晚期至商南代
7183	ZJLY-537	杭山	ZJLY-537:1YⅢ	23.41	113.92	176	陶			夹细砂软陶	灰黑		素面						新石器时代晚期至商南代
7184	ZJLY-537	杭山	ZJLY-537:2YⅢ	23.41	113.92	187	陶			泥质粗硬陶	灰		网格纹						西周至春秋
7185	ZJLY-537	杭山	ZJLY-537:3YⅢ	23.41	113.92	193	陶			泥质细硬陶	灰		叶脉纹						新石器时代晚期至商南代
7186	ZJLY-537	杭山	ZJLY-537:4YⅢ	23.41	113.92	195	陶			泥质粗硬陶	灰		曲折纹						新石器时代晚期至商南代
7187	ZJLY-537	杭山	ZJLY-537:5YⅢ	23.41	113.92	202	陶			夹细砂软陶	灰黑		素面						新石器时代晚期至商南代
7188	ZJLY-537	杭山	ZJLY-537:1ZⅠ	23.41	113.92	161	陶			泥质粗硬陶	灰		方格纹						西周至春秋
7189	ZJLY-537	杭山	ZJLY-537:2ZⅠ	23.41	113.92	208	石	石器								残			新石器时代晚期至商南代
7190	ZJLY-537	杭山	ZJLY-537:3ZⅠ	23.41	113.92	200	陶			泥质细软陶	灰		曲折纹						新石器时代晚期至商南代
7191	ZJLY-537	杭山	ZJLY-537:4ZⅠ	23.41	113.92	198	陶			夹细砂软陶	灰		素面						新石器时代晚期至商南代
7192	ZJLY-537	杭山	ZJLY-537:5ZⅠ	23.41	113.92	198	陶			夹粗砂硬陶	灰黑		素面						新石器时代晚期至商南代
7193	ZJLY-537	杭山	ZJLY-537:6ZⅠ	23.41	113.92	197	陶			泥质粗硬陶	灰黑		方格纹						新石器时代晚期至商南代
7194	ZJLY-537	杭山	ZJLY-537:7ZⅠ	23.41	113.92	199	陶			泥质细硬陶	红		菱格凸块纹						西周至春秋
7195	ZJLY-537	杭山	ZJLY-537:8ZⅠ	23.41	113.92	178	陶			泥质粗硬陶	灰		方格纹、夔纹、弦纹						西周至春秋
7196	ZJLY-537	杭山	ZJLY-537:9ZⅠ	23.41	113.92	178	陶			泥质细硬陶	深灰		方格纹						西周至春秋
7197	ZJLY-537	杭山	ZJLY-537:10ZⅠ	23.41	113.92	165	石	砺石			灰褐				砂岩	残	6	未风化	新石器时代晚期至商南代
7198	ZJLY-538	太安山	ZJLY-538:1T	23.41	113.92	74	陶			泥质细软陶	灰黑		方格纹						战国至南越国
7199	ZJLY-538	太安山	ZJLY-538:2T	23.41	113.92	82	陶			泥质粗硬陶	灰黑		方格纹						战国至南越国
7200	ZJLY-538	太安山	ZJLY-538:3T	23.41	113.92	81	陶			泥质细硬陶	灰		素面						战国至南越国
7201	ZJLY-538	太安山	ZJLY-538:4T	23.41	113.92	81	陶			泥质细硬陶	灰		圆圈纹						新石器时代晚期至商南代
7202	ZJLY-538	太安山	ZJLY-538:5T	23.41	113.92	80	陶			泥质细硬陶	灰		圆圈纹						新石器时代晚期至商南代
7203	ZJLY-538	太安山	ZJLY-538:6T	23.41	113.92	81	陶			泥质粗硬陶	灰褐		素面						新石器时代晚期至商南代
7204	ZJLY-538	太安山	ZJLY-538:7T	23.41	113.92	80	陶			泥质粗硬陶	灰黑		方格纹						新石器时代晚期至商南代
7205	ZJLY-538	太安山	ZJLY-538:8①T	23.41	113.92	81	陶	豆	圈足	泥质细软陶	灰白		素面						新石器时代晚期至商南代
7206	ZJLY-538	太安山	ZJLY-538:8②T	23.41	113.92	81	陶	罐	底	泥质细硬陶	灰		圆圈纹						新石器时代晚期至商南代
7207	ZJLY-538	太安山	ZJLY-538:8③T	23.41	113.92	81	陶			泥质粗硬陶	灰褐		方格纹						战国至南越国

序号	遗址编号	遗址名称	遗物编号	纬度（度）	经度（度）	海拔（米）	质地	器形	部位	陶质	颜色	釉色	纹饰	刻划符号	石器岩性	石器完整程度	石器硬度	石器风化程度	年代
7208	ZJLY-539	独岗	ZJLY-539:1T	23.41	113.91	25	陶			泥质粗硬陶	灰		曲折纹						新石器时代晚期至商代
7209	ZJLY-539	独岗	ZJLY-539:2T	23.41	113.91	29	陶			泥质粗硬陶	灰黄		夔纹						西周至春秋
7210	ZJLY-539	独岗	ZJLY-539:3T	23.41	113.91	27	陶			泥质粗硬陶	深灰		方格纹						西周至春秋
7211	ZJLY-539	独岗	ZJLY-539:4T	23.41	113.91	26	陶			泥质粗硬陶	灰褐		方格纹						西周至春秋
7212	ZJLY-539	独岗	ZJLY-539:5T	23.41	113.91	24	陶			泥质粗硬陶	灰黑		方格纹						战国至南越国
7213	ZJLY-539	独岗	ZJLY-539:6T	23.41	113.91	24	陶			泥质粗硬陶	灰		夔纹						西周至春秋
7214	ZJLY-539	独岗	ZJLY-539:7T	23.41	113.91	21	陶			泥质粗硬陶	灰褐		夔纹						西周至春秋
7215	ZJLY-539	独岗	ZJLY-539:8T	23.41	113.91	16	陶			泥质粗硬陶	灰黑		米字纹						战国至南越国
7216	ZJLY-539	独岗	ZJLY-539:9T	23.41	113.91	15	陶			泥质粗硬陶	灰褐		夔纹						西周至春秋
7217	ZJLY-539	独岗	ZJLY-539:10T	23.41	113.91	19	陶			泥质细硬陶	灰白		篮纹						新石器时代晚期至商代
7218	ZJLY-539	独岗	ZJLY-539:11T	23.41	113.91	24	陶			泥质粗硬陶	红褐		米字纹						战国至南越国
7219	ZJLY-539	独岗	ZJLY-539:12T	23.41	113.91	23	陶			泥质粗硬陶	灰褐		夔纹、菱格纹、弦纹						西周至春秋
7220	ZJLY-539	独岗	ZJLY-539:13T	23.41	113.91	25	陶			泥质粗硬陶	灰褐		方格纹						西周至春秋
7221	ZJLY-539	独岗	ZJLY-539:14T	23.41	113.91	27	陶			泥质粗硬陶	灰褐		方格纹						西周至春秋
7222	ZJLY-539	独岗	ZJLY-539:1YII	23.41	113.91	27	石	砺石			青灰				砂岩	残	6	未风化	新石器时代晚期至商代
7223	ZJLY-539	独岗	ZJLY-539:2YII	23.41	113.91	22	陶			泥质粗硬陶	灰		曲折纹						西周至春秋
7224	ZJLY-539	独岗	ZJLY-539:3YII	23.41	113.91	22	陶			泥质粗硬陶	红褐		方格纹						西周至春秋
7225	ZJLY-539	独岗	ZJLY-539:4YII	23.41	113.91	23	陶			泥质粗硬陶	灰黑		米字纹						战国至南越国
7226	ZJLY-539	独岗	ZJLY-539:5YII	23.41	113.91	19	陶			泥质细硬陶	红褐		米字纹						战国至南越国
7227	ZJLY-539	独岗	ZJLY-539:6YII	23.41	113.91	17	陶			泥质粗硬陶	灰褐		菱格纹						西周至春秋
7228	ZJLY-539	独岗	ZJLY-539:7YII	23.41	113.91	19	陶			泥质粗硬陶	灰褐		方格纹						西周至春秋
7229	ZJLY-539	独岗	ZJLY-539:8YII	23.41	113.91	22	陶			泥质粗硬陶	灰褐		方格纹、弦纹						战国至南越国
7230	ZJLY-539	独岗	ZJLY-539:9YII	23.41	113.91	22	陶			泥质粗硬陶	灰		米字纹						战国至南越国
7231	ZJLY-539	独岗	ZJLY-539:1ZI	23.41	113.91	24	石	锛			灰					残			新石器时代晚期至商代
7232	ZJLY-539	独岗	ZJLY-539:2ZI	23.41	113.91	25	陶			泥质粗硬陶	灰褐		方格纹（外）、刻划纹（内）						战国至南越国
7233	ZJLY-539	独岗	ZJLY-539:3ZI	23.41	113.91	20	陶			泥质细硬陶	灰		方格纹						西周至春秋
7234	ZJLY-539	独岗	ZJLY-539:4ZI	23.41	113.91	18	陶			泥质细硬陶	灰		方格纹						西周至春秋
7235	ZJLY-539	独岗	ZJLY-539:5ZI	23.41	113.91	22	陶			泥质粗硬陶	红褐		夔纹						西周至春秋
7236	ZJLY-539	独岗	ZJLY-539:6ZI	23.41	113.91	25	陶			泥质粗硬陶	灰		曲折纹、附加堆纹						新石器时代晚期至商代
7237	ZJLY-539	独岗	ZJLY-539:7ZI	23.41	113.91	27	陶			泥质粗硬陶	灰褐		三角格纹						战国至南越国
7238	ZJLY-539	独岗	ZJLY-539:8ZI	23.41	113.91	23	陶			夹粗砂软陶	灰黑		素面						新石器时代晚期至商代

序号	遗址编号	遗址名称	遗物编号	纬度(度)	经度(度)	海拔(米)	质地	器形	部位	陶质	颜色	釉色	纹饰	刻划符号	石器岩性	石器完整程度	石器硬度	石器风化程度	年代
7239	ZJLY-539	独岗	ZJLY-539:9ZⅠ	23.41	113.91	18	陶			泥质粗硬陶	灰黑		三角格纹						战国至南越国
7240	ZJLY-539	独岗	ZJLY-539:10ZⅠ	23.41	113.91	16	陶			泥质粗硬陶	灰褐		方格纹						西周至春秋
7241	ZJLY-540	塘面圆山	ZJLY-540:1YⅡ	23.41	113.92	34	陶	罐		泥质粗硬陶	灰黑		方格纹、夔纹、弦纹						西周至春秋
7242	ZJLY-540	塘面圆山	ZJLY-540:2YⅡ	23.41	113.92	34	陶		口沿	泥质粗硬陶	灰		夔纹						西周至春秋
7243	ZJLY-540	塘面圆山	ZJLY-540:3YⅡ	23.41	113.92	34	陶	罐	口沿	泥质粗硬陶	灰褐		方格纹、戳印纹						汉代
7244	ZJLY-540	塘面圆山	ZJLY-540:1ZⅠ	23.41	113.92	32	石	石器			青灰				片岩	残	6	未风化	西周至春秋
7245	ZJLY-540	塘面圆山	ZJLY-540:2ZⅠ	23.41	113.92	36	陶			泥质粗硬陶	灰		方格纹						西周至春秋
7246	ZJLY-541	平顶山	ZJLY-541:1T	23.41	113.92	84	石	砺石			灰褐				绿泥石片岩	残	6	未风化	新石器时代晚期至晚期商代
7247	ZJLY-541	平顶山	ZJLY-541:2T	23.41	113.92	84	石	砺石			灰褐				片岩	残	6	未风化	新石器时代晚期至晚期商代
7248	ZJLY-542	江勃后背山	ZJLY-542:1T	23.41	113.93	44	陶	瓮	口沿	泥质粗硬陶	灰		方格纹、弦纹						西周至春秋
7249	ZJLY-542	江勃后背山	ZJLY-542:2T	23.41	113.93	46	陶			泥质粗硬陶	灰褐		弦纹						西周至春秋
7250	ZJLY-542	江勃后背山	ZJLY-542:1ZⅠ	23.41	113.93	45	陶			泥质粗硬陶	灰		绳纹						新石器时代晚期至晚期商代
7251	ZJLY-543	杨梅山	ZJLY-543:1T	23.41	113.93	44	石	砺石			青灰				绢云母片岩	残	6	未风化	西周至春秋
7252	ZJLY-543	杨梅山	ZJLY-543:2T	23.41	113.93	46	陶			泥质粗硬陶	灰褐		夔纹、弦纹						西周至春秋
7253	ZJLY-544	长岗嘴	ZJLY-544:1T	23.41	113.92	22	陶			泥质粗硬陶	灰		方格纹						西周至春秋
7254	ZJLY-544	长岗嘴	ZJLY-544:2T	23.41	113.92	26	陶			泥质粗硬陶	灰		方格纹						西周至春秋
7255	ZJLY-544	长岗嘴	ZJLY-544:3T	23.41	113.92	28	陶			泥质粗硬陶	灰白		方格纹						西周至春秋
7256	ZJLY-544	长岗嘴	ZJLY-544:4T	23.41	113.92	28	陶			泥质粗硬陶	灰		方格纹						西周至春秋
7257	ZJLY-544	长岗嘴	ZJLY-544:5T	23.41	113.92	28	陶			泥质粗硬陶	灰褐		方格纹						西周至春秋
7258	ZJLY-544	长岗嘴	ZJLY-544:1YⅡ	23.41	113.92	40	陶			泥质粗硬陶	灰		方格纹、弦纹						西周至春秋
7259	ZJLY-544	长岗嘴	ZJLY-544:2YⅡ	23.41	113.92	39	陶			泥质粗硬陶	灰褐		方格纹						西周至春秋
7260	ZJLY-544	长岗嘴	ZJLY-544:3YⅡ	23.41	113.92	38	陶			泥质粗硬陶	灰褐		方格纹、夔纹、弦纹						西周至春秋
7261	ZJLY-544	长岗嘴	ZJLY-544:4YⅡ	23.41	113.92	29	陶			泥质粗硬陶	灰褐		方格纹、刻划纹						西周至春秋
7262	ZJLY-544	长岗嘴	ZJLY-544:1ZⅠ	23.41	113.92	33	陶			泥质粗硬陶	灰褐		方格纹						西周至春秋
7263	ZJLY-544	长岗嘴	ZJLY-544:2ZⅠ	23.41	113.92	30	陶			夹粗砂软陶	灰		素面						西周至春秋
7264	ZJLY-544	长岗嘴	ZJLY-544:3ZⅠ	23.41	113.92	33	陶			泥质粗硬陶	灰褐		菱格凸块纹						西周至春秋
7265	ZJLY-544	长岗嘴	ZJLY-544:4ZⅠ	23.41	113.92	41	陶			泥质粗硬陶	灰黑		方格纹						战国至南越国
7266	ZJLY-546	元洞	ZJLY-546:1T	23.41	113.93	23	陶			泥质粗硬陶	红褐		方格纹						战国至南越国
7267	ZJLY-546	元洞	ZJLY-546:2T	23.41	113.93	29	陶			泥质粗硬陶	灰褐		米字纹						战国至南越国
7268	ZJLY-546	元洞	ZJLY-546:3T	23.41	113.93	27	陶			泥质粗硬陶	灰褐		米字纹						战国至南越国

序号	遗址编号	遗址名称	遗物编号	纬度（度）	经度（度）	海拔（米）	质地	器形	部位	陶质	颜色	釉色	纹饰	刻划符号	石器岩性	石器完整程度	石器硬度	石器风化程度	年代
7269	ZJLY-546	元洞	ZJLY-546:4T	23.41	113.93	33	陶			泥质粗硬陶	褐		素面						战国至南越国
7270	ZJLY-546	元洞	ZJLY-546:5T	23.41	113.93	48	陶			泥质粗硬陶	灰褐		菱格凸块纹						西周至春秋
7271	ZJLY-546	元洞	ZJLY-546:6T	23.41	113.93	52	陶			泥质粗硬陶	褐		菱格凸块纹、戳印纹						西周至春秋
7272	ZJLY-546	元洞	ZJLY-546:1YⅡ	23.41	113.93	33	陶			泥质粗硬陶	灰褐		方格纹						西周至春秋
7273	ZJLY-546	元洞	ZJLY-546:2YⅡ	23.41	113.93	32	陶			泥质粗硬陶	红褐		方格纹、弦纹						西周至春秋
7274	ZJLY-546	元洞	ZJLY-546:3YⅡ	23.41	113.93	32	陶			泥质细硬陶	红褐		方格纹						西周至春秋
7275	ZJLY-546	元洞	ZJLY-546:4YⅡ	23.41	113.93	31	陶			泥质细硬陶	灰		方格纹、夔纹、弦纹						西周至春秋
7276	ZJLY-546	元洞	ZJLY-546:5YⅡ	23.41	113.93	29	陶	罐	口沿		橙黄		方格纹、夔纹、弦纹						西周至春秋
7277	ZJLY-546	元洞	ZJLY-546:6YⅡ	23.41	113.93	35	陶			泥质粗硬陶	灰褐		方格纹						西周至春秋
7278	ZJLY-546	元洞	ZJLY-546:7YⅡ	23.40	113.93	48	石	砺石			褐								西周至春秋
7279	ZJLY-548	茅岗墩后背山	ZJLY-548:1T	23.40	113.93	53	陶			泥质粗硬陶	灰		方格纹						西周至春秋
7280	ZJLY-548	茅岗墩后背山	ZJLY-548:2T	23.40	113.93	53	石	砺石			灰				片岩	残	6	未风化	新石器时代晚期至商代
7281	ZJLY-548	茅岗墩后背山	ZJLY-548:3T	23.40	113.93	47	陶			泥质粗硬陶	灰		方格纹						西周至春秋
7282	ZJLY-548	茅岗墩后背山	ZJLY-548:4T	23.40	113.93	47	陶	瓮	口沿		灰褐		方格纹						西周至春秋
7283	ZJLY-548	茅岗墩后背山	ZJLY-548:5T	23.40	113.93	53	石	砺石			青灰				片岩	残	6	未风化	新石器时代晚期至商代
7284	ZJLY-548	茅岗墩后背山	ZJLY-548:6T	23.40	113.93	51	石	砺石			灰褐				绢云母片岩	残	6	未风化	新石器时代晚期至商代
7285	ZJLY-548	茅岗墩后背山	ZJLY-548:7T	23.40	113.93	50	陶			夹粗砂灰软陶	灰		素面						新石器时代晚期至商代
7286	ZJLY-548	茅岗墩后背山	ZJLY-548:8T	23.40	113.93	51	陶			泥质粗硬陶	灰		曲折纹						新石器时代晚期至商代
7287	ZJLY-548	茅岗墩后背山	ZJLY-548:9T	23.40	113.93	51	石	砺石			褐				片岩	残	6	未风化	新石器时代晚期至商代
7288	ZJLY-548	茅岗墩后背山	ZJLY-548:10T	23.40	113.94	56	石	镞			深灰		夔纹		角岩	残	7	未风化	新石器时代晚期至商代
7289	ZJLY-548	茅岗墩后背山	ZJLY-548:1YⅡ	23.40	113.93	51	陶			泥质粗硬陶	红褐		交错绳纹						新石器时代晚期至商代
7290	ZJLY-548	茅岗墩后背山	ZJLY-548:2YⅡ	23.41	113.93	54	陶			泥质粗硬陶	灰		绳纹						新石器时代晚期至商代
7291	ZJLY-550	担水井火坪顶	ZJLY-550:1T	23.41	113.94	73	陶			泥质粗硬陶	红褐		绳纹、附加堆纹						新石器时代晚期至商代
7292	ZJLY-550	担水井火坪顶	ZJLY-550:1ZⅠ	23.41	113.94	62	陶			泥质粗硬陶	灰黑								新石器时代晚期至商代
7293	ZJLY-552	杨子梅	ZJLY-552:1T	23.41	113.95	103	石	斧			灰				片岩	残	6	中风化	新石器时代晚期至商代
7294	ZJLY-555	高排背后山	ZJLY-555:1T	23.40	113.96	110	石	砺石			青灰								新石器时代晚期至商代
7295	ZJLY-555	高排背后山	ZJLY-555:2T	23.40	113.96	112	石	砺石			灰褐				砂岩	残	6	未风化	新石器时代晚期至商代
7296	ZJLY-557	洛叶山	ZJLY-557:1T	23.41	113.91	32	陶			泥质粗硬陶	红褐		米字纹						战国至南越国
7297	ZJLY-557	洛叶山	ZJLY-557:2T	23.40	113.91	31	陶			泥质粗硬陶	灰褐		方格纹						战国至南越国
7298	ZJLY-557	洛叶山	ZJLY-557:3T	23.40	113.91	31	陶			泥质粗硬陶	红褐		方格纹						战国至南越国
7299	ZJLY-557	洛叶山	ZJLY-557:4T	23.40	113.91	31	陶			泥质粗硬陶	灰褐		素面						战国至南越国

序号	遗址编号	遗址名称	遗物编号	纬度（度）	经度（度）	海拔（米）	质地	器形	部位	陶质	颜色	釉色	纹饰	刻划符号	石器岩性	石器完整程度	石器硬度	石器风化程度	年代
7300	ZJLY-557	洛叶山	ZJLY-557:5T	23.40	113.91	29	陶			泥质粗硬硬陶	灰		方格纹						西周至春秋
7301	ZJLY-557	洛叶山	ZJLY-557:6T	23.40	113.91	34	陶			泥质粗硬硬陶	红褐		方格纹						战国至南越国
7302	ZJLY-557	洛叶山	ZJLY-557:7T	23.40	113.91	31	陶			泥质粗硬硬陶	灰褐		方格纹、夔纹、弦纹						西周至春秋
7303	ZJLY-557	洛叶山	ZJLY-557:8T	23.40	113.91	30	陶			泥质粗硬硬陶	灰黑		方格纹						西周至春秋
7304	ZJLY-557	洛叶山	ZJLY-557:9T	23.40	113.91	30	陶			泥质粗硬硬陶	灰褐		夔纹						西周至春秋
7305	ZJLY-557	洛叶山	ZJLY-557:10T	23.40	113.91	29	陶	鼎	足	泥质粗硬硬陶	灰		素面						战国至南越国
7306	ZJLY-557	洛叶山	ZJLY-557:11T	23.40	113.91	29	陶			泥质粗硬硬陶	青灰		方格纹						西周至春秋
7307	ZJLY-557	洛叶山	ZJLY-557:12T	23.40	113.91	33	陶	罐	口沿	泥质粗硬硬陶	灰褐		方格纹	有					战国至南越国
7308	ZJLY-557	洛叶山	ZJLY-557:13T	23.40	113.91	28	陶			泥质粗硬硬陶	红褐		方格纹						战国至南越国
7309	ZJLY-557	洛叶山	ZJLY-557:14T	23.40	113.91	29	陶		底	泥质粗硬硬陶	红褐		素面						战国至南越国
7310	ZJLY-557	洛叶山	ZJLY-557:15T	23.40	113.91	32	陶			泥质粗硬硬陶	灰黑		方格纹						西周至春秋
7311	ZJLY-557	洛叶山	ZJLY-557:16T	23.40	113.91	28	陶			泥质粗硬硬陶	红褐		素面						战国至南越国
7312	ZJLY-557	洛叶山	ZJLY-557:17T	23.40	113.91	28	陶			泥质粗硬硬陶	红褐		米字纹						战国至南越国
7313	ZJLY-557	洛叶山	ZJLY-557:18T	23.40	113.91	32	陶			泥质粗硬硬陶	灰褐		方格纹（外）、圆圈刻划纹（内）						西周至春秋
7314	ZJLY-557	洛叶山	ZJLY-557:19T	23.40	113.91	35	陶			泥质粗硬硬陶	红褐		素面						战国至南越国
7315	ZJLY-557	洛叶山	ZJLY-557:20T	23.40	113.91	31	陶	瓿	口沿	泥质粗硬硬陶	灰		戳印纹、弦纹						战国至南越国
7316	ZJLY-557	洛叶山	ZJLY-557:21T	23.40	113.91	35	陶	罐	口沿	泥质细硬陶	灰褐		方格纹						战国至南越国
7317	ZJLY-557	洛叶山	ZJLY-557:22T	23.40	113.91	36	陶	器盖	口沿	泥质粗硬硬陶	褐		回弦纹						战国至南越国
7318	ZJLY-557	洛叶山	ZJLY-557:23①T	23.40	113.91	36	陶			泥质粗硬硬陶	灰		米字纹						战国至南越国
7319	ZJLY-557	洛叶山	ZJLY-557:23②T	23.40	113.91	36	陶			泥质粗硬硬陶	灰		米字纹						战国至南越国
7320	ZJLY-557	洛叶山	ZJLY-557:24T	23.40	113.91	36	陶			泥质粗硬硬陶	红褐		米字纹						战国至南越国
7321	ZJLY-557	洛叶山	ZJLY-557:25T	23.40	113.91	40	陶			泥质粗硬硬陶	灰黑		米字纹						战国至南越国
7322	ZJLY-557	洛叶山	ZJLY-557:26T	23.40	113.91	40	陶	罐		泥质粗硬硬陶	红黑		方格纹、弦纹						战国至南越国
7323	ZJLY-557	洛叶山	ZJLY-557:27T	23.40	113.91	34	陶		底	泥质粗硬硬陶	灰褐		素面						战国至南越国
7324	ZJLY-557	洛叶山	ZJLY-557:28T	23.40	113.91	37	陶			泥质粗硬硬陶	红褐		米字纹						战国至南越国
7325	ZJLY-557	洛叶山	ZJLY-557:29T	23.40	113.91	34	陶	器盖	口沿	泥质粗硬硬陶	浅灰		弦纹						战国至南越国
7326	ZJLY-557	洛叶山	ZJLY-557:30T	23.40	113.91	40	石				青灰		菱格凸块纹						新石器时代晚期至商代
7327	ZJLY-557	洛叶山	ZJLY-557:31T	23.40	113.91	38	陶		底	泥质粗硬硬陶	灰白		素面						西周至春秋
7328	ZJLY-557	洛叶山	ZJLY-557:32T	23.40	113.91	33	陶			泥质粗硬硬陶	橙黄		弦纹						战国至南越国
7329	ZJLY-557	洛叶山	ZJLY-557:33T	23.40	113.91	33	陶			泥质粗硬硬陶	红褐		米字纹						战国至南越国
7330	ZJLY-557	洛叶山	ZJLY-557:34T	23.40	113.91	29	陶			泥质粗硬硬陶	红褐		方格纹						战国至南越国

续表

序号	遗址编号	遗址名称	遗物编号	纬度（度）	经度（度）	海拔（米）	质地	器形	部位	陶质	颜色	釉色	纹饰	刻划符号	石器岩性	石器完整程度	石器硬度	石器风化程度	年代
7331	ZJLY-557	洛叶山	ZJLY-557:35T	23.40	113.91	29	陶			泥质粗硬陶	灰褐		夔纹、弦纹						西周至春秋
7332	ZJLY-557	洛叶山	ZJLY-557:36T	23.40	113.91	23	陶			泥质粗硬陶	灰黑		菱格凸块纹						西周至春秋
7333	ZJLY-557	洛叶山	ZJLY-557:37T	23.40	113.91	25	陶			泥质粗硬陶	灰		三角格纹						西周至春秋
7334	ZJLY-557	洛叶山	ZJLY-557:38T	23.40	113.91	31	陶			泥质粗硬陶	红褐		夔纹						西周至春秋
7335	ZJLY-557	洛叶山	ZJLY-557:1YⅡ	23.40	113.91	27	陶			泥质粗硬陶	红褐		方格纹						战国至南越国
7336	ZJLY-557	洛叶山	ZJLY-557:2YⅡ	23.40	113.91	28	陶			泥质粗硬陶	灰褐		米字纹						战国至南越国
7337	ZJLY-557	洛叶山	ZJLY-557:3YⅡ	23.40	113.91	26	陶	罐	口沿	泥质粗硬陶	灰		方格纹						西周至春秋
7338	ZJLY-557	洛叶山	ZJLY-557:4YⅡ	23.40	113.91	33	陶			泥质细硬陶	灰褐		三角格纹						战国至南越国
7339	ZJLY-557	洛叶山	ZJLY-557:5YⅡ	23.40	113.91	35	陶			泥质粗硬陶	红褐		方格纹						西周至春秋
7340	ZJLY-557	洛叶山	ZJLY-557:6YⅡ	23.40	113.91	36	陶			泥质粗硬陶	红褐		方格纹						战国至南越国
7341	ZJLY-557	洛叶山	ZJLY-557:7YⅡ	23.40	113.91	32	陶			泥质粗硬陶	红褐		米字纹						战国至南越国
7342	ZJLY-557	洛叶山	ZJLY-557:8YⅡ	23.40	113.91	32	陶			泥质粗硬陶	红褐		方格纹						战国至南越国
7343	ZJLY-557	洛叶山	ZJLY-557:9YⅡ	23.40	113.91	35	陶			泥质粗硬陶	红褐		方格纹						战国至南越国
7344	ZJLY-557	洛叶山	ZJLY-557:10YⅡ	23.40	113.91	35	陶			泥质粗硬陶	灰白		方格纹						西周至春秋
7345	ZJLY-557	洛叶山	ZJLY-557:11YⅡ	23.40	113.91	36	陶			泥质粗硬陶	灰褐		方格纹						西周至春秋
7346	ZJLY-557	洛叶山	ZJLY-557:12YⅡ	23.40	113.91	34	陶			泥质粗硬陶	灰褐		方格纹						西周至春秋
7347	ZJLY-557	洛叶山	ZJLY-557:13YⅡ	23.40	113.91	34	陶			泥质粗硬陶	红褐		三角格纹						战国至南越国
7348	ZJLY-557	洛叶山	ZJLY-557:14YⅡ	23.40	113.91	36	陶	瓮	底	泥质细硬陶	灰褐		方格纹						战国至南越国
7349	ZJLY-557	洛叶山	ZJLY-557:15YⅡ	23.40	113.91	37	陶		口沿	泥质粗硬陶	红		方格纹						战国至南越国
7350	ZJLY-557	洛叶山	ZJLY-557:16YⅡ	23.40	113.91	35	陶	器座		夹砂软陶	红褐		素面						新石器时代晚期至商代
7351	ZJLY-557	洛叶山	ZJLY-557:17YⅡ	23.40	113.91	38	陶			泥质粗硬陶	灰		方格纹						战国至南越国
7352	ZJLY-557	洛叶山	ZJLY-557:18YⅡ	23.40	113.91	34	陶	罐	口沿	泥质粗硬陶	深灰		方格纹、夔纹、栉齿纹						西周至春秋
7353	ZJLY-557	洛叶山	ZJLY-557:1ZⅠ	23.40	113.91	27	陶			泥质粗硬陶	红褐		方格纹						战国至南越国
7354	ZJLY-557	洛叶山	ZJLY-557:2ZⅠ	23.40	113.91	33	陶			泥质软陶	青灰		方格纹						战国至南越国
7355	ZJLY-557	洛叶山	ZJLY-557:3ZⅠ	23.40	113.91	35	陶			泥质粗硬陶	灰褐		三角格纹						战国至南越国
7356	ZJLY-557	洛叶山	ZJLY-557:4ZⅠ	23.40	113.91	35	陶	罐	口沿	泥质细硬陶	灰黑		素面						西周至春秋
7357	ZJLY-557	洛叶山	ZJLY-557:5ZⅠ	23.40	113.91	38	陶			泥质粗硬陶	深灰		方格纹						西周至春秋
7358	ZJLY-557	洛叶山	ZJLY-557:6ZⅠ	23.40	113.91	38	陶			泥质粗硬陶	灰		绳纹						西周至春秋
7359	ZJLY-557	洛叶山	ZJLY-557:7ZⅠ	23.40	113.91	38	陶			泥质粗硬陶	深灰		米字纹						战国至南越国
7360	ZJLY-557	洛叶山	ZJLY-557:8ZⅠ	23.40	113.91	37	陶			泥质软陶	灰白		方格纹						战国至南越国
7361	ZJLY-557	洛叶山	ZJLY-557:9ZⅠ	23.40	113.91	41	陶	罐	口沿	泥质粗硬陶	灰褐		夔纹、戳印纹						西周至春秋

序号	遗址编号	遗址名称	遗物编号	纬度（度）	经度（度）	海拔（米）	质地	器形	部位	陶质	颜色	釉色	纹饰	刻划符号	石器岩性	石器完整程度	石器硬度	石器风化程度	年代
7362	ZJLY-557	落叶山	ZJLY-557:10Z I	23.40	113.91	45	陶			泥质粗硬硬陶	灰褐		方格纹						西周至春秋
7363	ZJLY-557	落叶山	ZJLY-557:11Z I	23.40	113.91	42	陶			泥质粗硬硬陶	红褐		方格纹						战国至南越国
7364	ZJLY-557	落叶山	ZJLY-557:12Z I	23.40	113.91	38	陶			泥质细硬硬陶	灰		方格纹						西周至春秋
7365	ZJLY-557	落叶山	ZJLY-557:13Z I	23.40	113.91	34	陶			夹粗砂软陶	黑		素面						新石器时代晚期至商代
7366	ZJLY-557	落叶山	ZJLY-557:14Z I	23.40	113.91	38	陶			泥质粗硬硬陶	灰褐		米字纹						战国至南越国
7367	ZJLY-557	落叶山	ZJLY-557:15Z I	23.40	113.91	39	石	戈			青灰				片岩	残	6	未风化	新石器时代晚期至商代
7368	ZJLY-557	落叶山	ZJLY-557:16Z I	23.40	113.91	43	陶			泥质粗硬硬陶	灰黑		米字纹						战国至南越国
7369	ZJLY-557	落叶山	ZJLY-557:17Z I	23.40	113.91	38	陶			泥质粗硬硬陶	灰褐	红色陶衣	方格纹						西周至春秋
7370	ZJLY-557	落叶山	ZJLY-557:18Z I	/	/	/	陶	盒	口沿	泥质粗硬硬陶	红褐	红色陶衣	素面						战国至南越国
7371	ZJLY-557	落叶山	ZJLY-557:19Z I	23.40	113.91	35	陶	罐	底	泥质粗硬硬陶	红褐		米字纹						战国至南越国
7372	ZJLY-557	落叶山	ZJLY-557:20Z I	/	/	/	陶	罐	口沿	泥质粗硬硬陶	灰黑		素面						西周至春秋
7373	ZJLY-558	苍吓	ZJLY-558:1T	23.39	113.91	61	陶			泥质粗硬硬陶	灰褐		方格纹						西周至春秋
7374	ZJLY-558	苍吓	ZJLY-558:2T	23.39	113.91	59	陶	罐	口沿	泥质粗硬硬陶	灰褐		方格纹、栉齿纹						西周至春秋
7375	ZJLY-558	苍吓	ZJLY-558:3T	23.39	113.91	59	陶			泥质粗硬硬陶	灰褐		方格纹						西周至春秋
7376	ZJLY-558	苍吓	ZJLY-558:4T	23.39	113.91	61	陶			泥质粗硬硬陶	灰褐		夔纹						西周至春秋
7377	ZJLY-558	苍吓	ZJLY-558:5T	23.39	113.92	44	陶	钵	口沿	泥质粗硬硬陶	红褐		方格纹						西周至春秋
7378	ZJLY-558	苍吓	ZJLY-558:6T	23.39	113.92	47	陶			泥质粗硬硬陶	灰		素面						西周至春秋
7379	ZJLY-558	苍吓	ZJLY-558:7T	23.39	113.92	45	陶			泥质粗硬硬陶	橙黄		方格纹						战国至南越国
7380	ZJLY-558	苍吓	ZJLY-558:8T	23.39	113.92	48	陶			泥质粗硬硬陶	灰		方格纹						西周至春秋
7381	ZJLY-558	苍吓	ZJLY-558:9T	23.39	113.92	48	陶			泥质粗硬硬陶	灰褐		条纹						西周至春秋
7382	ZJLY-558	苍吓	ZJLY-558:1Y II	23.40	113.91	46	陶	罐	口沿	泥质粗硬硬陶	灰褐		戳印纹、弦纹						西周至春秋
7383	ZJLY-558	苍吓	ZJLY-558:2Y II	23.40	113.91	50	陶			泥质粗硬硬陶	灰褐		方格纹						西周至春秋
7384	ZJLY-558	苍吓	ZJLY-558:3Y II	23.40	113.91	44	陶			泥质粗硬硬陶	灰褐		米字纹						战国至南越国
7385	ZJLY-558	苍吓	ZJLY-558:4Y II	23.39	113.92	35	陶			泥质粗硬硬陶	橙黄		方格纹、附加堆纹						战国至南越国
7386	ZJLY-558	苍吓	ZJLY-558:1Z I	23.39	113.92	44	陶			泥质粗硬硬陶	橙黄		方格纹						西周至春秋
7387	ZJLY-558	苍吓	ZJLY-558:2Z I	23.39	113.92	46	陶	罐	口沿	泥质粗硬硬陶	灰褐		素面						西周至春秋
7388	ZJLY-559	雨磹山	ZJLY-559:1T	23.40	113.92	25	陶			夹细砂软陶	灰黑		素面						新石器时代晚期至商代
7389	ZJLY-559	雨磹山	ZJLY-559:2T	23.40	113.92	29	陶			夹细砂软陶	灰黑		素面						新石器时代晚期至商代
7390	ZJLY-559	雨磹山	ZJLY-559:3T	23.40	113.92	26	陶		口沿	夹细砂软陶	灰黑		素面						新石器时代晚期至商代
7391	ZJLY-559	雨磹山	ZJLY-559:1Z I	23.40	113.92	45	陶			泥质粗硬硬陶	灰		曲折纹						新石器时代晚期至商代

序号	遗址编号	遗址名称	遗物编号	纬度（度）	经度（度）	海拔（米）	质地	器形	部位	陶质	颜色	釉色	纹饰	刻划符号	石器岩性	石器完整程度	石器硬度	石器风化程度	年代
7392	ZJLY-560	燕岗顶	ZJLY-560:1T	23.40	113.92	30	陶			泥质粗硬陶	橙黄		水波纹、弦纹						战国至南越国
7393	ZJLY-560	燕岗顶	ZJLY-560:2T	23.40	113.92	39	陶			泥质粗硬陶	深灰		米字纹						战国至南越国
7394	ZJLY-560	燕岗顶	ZJLY-560:3T	23.40	113.92	36	陶			泥质粗硬陶	红褐		方格纹						战国至南越国
7395	ZJLY-560	燕岗顶	ZJLY-560:4T	23.40	113.92	41	陶	罐	口沿	泥质粗硬陶	灰		素面						战国至南越国
7396	ZJLY-560	燕岗顶	ZJLY-560:5T	23.40	113.92	37	陶			泥质粗硬陶	灰		三角格纹						战国至南越国
7397	ZJLY-560	燕岗顶	ZJLY-560:6T	23.40	113.92	38	陶	罐	口沿	泥质粗硬陶	深灰		米字纹						战国至南越国
7398	ZJLY-560	燕岗顶	ZJLY-560:7①T	23.40	113.92	41	陶	罐	口沿	泥质粗硬陶	红褐		方格纹						战国至南越国
7399	ZJLY-560	燕岗顶	ZJLY-560:7②T	23.40	113.92	41	陶			泥质粗硬陶	红褐		三角格纹						战国至南越国
7400	ZJLY-560	燕岗顶	ZJLY-560:7③T	23.40	113.92	41	陶	罐	口沿	泥质粗硬陶	红褐		素面						战国至南越国
7401	ZJLY-560	燕岗顶	ZJLY-560:7④T	23.40	113.92	41	陶		底	泥质粗硬陶	红褐		素面						战国至南越国
7402	ZJLY-560	燕岗顶	ZJLY-560:7⑤T	23.40	113.92	41	陶		口沿	泥质粗硬陶	红褐		方格纹						战国至南越国
7403	ZJLY-560	燕岗顶	ZJLY-560:7⑥T	23.40	113.92	41	陶	三足盘	足	泥质粗硬陶	灰褐		素面						战国至南越国
7404	ZJLY-560	燕岗顶	ZJLY-560:8T	23.40	113.92	41	陶	盒		泥质粗硬陶	灰黄		素面	有					战国至南越国
7405	ZJLY-560	燕岗顶	ZJLY-560:9①T	23.40	113.92	41	陶			泥质粗硬陶	红褐		方格纹						战国至南越国
7406	ZJLY-560	燕岗顶	ZJLY-560:9②T	23.40	113.92	41	陶			泥质粗硬陶	红褐		米字纹						战国至南越国
7407	ZJLY-560	燕岗顶	ZJLY-560:9③T	23.40	113.92	41	陶			泥质粗硬陶	红褐		米字纹						战国至南越国
7408	ZJLY-560	燕岗顶	ZJLY-560:9④T	23.40	113.92	41	陶		底	泥质粗硬陶	红褐		素面						战国至南越国
7409	ZJLY-560	燕岗顶	ZJLY-560:1Y II	23.40	113.92	30	陶			泥质粗硬陶	青灰		方格纹						西周至春秋
7410	ZJLY-560	燕岗顶	ZJLY-560:2Y II	23.40	113.92	32	陶			泥质粗硬陶	灰黑		方格纹						战国至南越国
7411	ZJLY-560	燕岗顶	ZJLY-560:3Y II	23.40	113.92	37	陶			泥质粗硬陶	橙黄		米字纹						战国至南越国
7412	ZJLY-560	燕岗顶	ZJLY-560:4Y II	23.40	113.92	39	陶			泥质软陶	褐		长方格纹						新石器时代晚期至商代
7413	ZJLY-560	燕岗顶	ZJLY-560:5Y II	23.40	113.92	44	陶			泥质粗硬陶	红褐		方格纹						战国至南越国
7414	ZJLY-560	燕岗顶	ZJLY-560:6Y II	23.40	113.92	42	陶	器盖	口沿	泥质粗硬陶	灰黑		弦纹						战国至南越国
7415	ZJLY-560	燕岗顶	ZJLY-560:7Y II	23.40	113.92	42	陶			泥质粗硬陶	灰白		曲折纹						新石器时代晚期至商代
7416	ZJLY-560	燕岗顶	ZJLY-560:8Y II	23.40	113.92	39	陶			泥质粗硬陶	青灰		方格纹						西周至春秋
7417	ZJLY-560	燕岗顶	ZJLY-560:9Y II	23.40	113.92	40	陶			泥质粗硬陶	灰黑		方格纹						战国至南越国
7418	ZJLY-560	燕岗顶	ZJLY-560:10Y II	23.40	113.92	45	陶			泥质软陶	橙黄		条纹						战国至南越国
7419	ZJLY-560	燕岗顶	ZJLY-560:11Y II	23.40	113.92	40	陶	盏		泥质粗硬陶	灰		素面						战国至南越国
7420	ZJLY-560	燕岗顶	ZJLY-560:12Y II	23.40	113.92	39	陶	罐	口沿	泥质粗硬陶	灰		素面						战国至南越国
7421	ZJLY-560	燕岗顶	ZJLY-560:13Y II	23.40	113.92	43	陶	罐	口沿	泥质粗硬陶	灰褐		粗弦纹						战国至南越国
7422	ZJLY-560	燕岗顶	ZJLY-560:14Y II	23.40	113.92	44	陶	罐	口沿	泥质粗硬陶	褐		方格纹						战国至南越国

序号	遗址编号	遗址名称	遗物编号	纬度（度）	经度（度）	海拔（米）	质地	器形	部位	陶质	颜色	釉色	纹饰	刻划符号	石器岩性	石器完整程度	石器硬度	石器风化程度	年代
7423	ZJLY-560	燕岗顶	ZJLY-560:15YⅡ	23.40	113.92	43	陶			泥质粗硬陶	深灰		重菱格纹						西周至春秋
7424	ZJLY-560	燕岗顶	ZJLY-560:16YⅡ	23.40	113.92	38	陶	盒		泥质细硬陶	灰褐		素面						战国至南越国
7425	ZJLY-560	燕岗顶	ZJLY-560:1ZⅠ	23.40	113.92	39	陶	罐	口沿	泥质粗硬陶	灰黑		方格纹						西周至春秋
7426	ZJLY-560	燕岗顶	ZJLY-560:2ZⅠ	23.40	113.92	36	陶			泥质粗硬陶	灰褐		方格纹						西周至春秋
7427	ZJLY-560	燕岗顶	ZJLY-560:3ZⅠ	23.40	113.92	34	石	石器			青灰				片岩	残		未风化	新石器时代晚期至商代
7428	ZJLY-560	燕岗顶	ZJLY-560:4ZⅠ	23.40	113.92	37	陶			泥质粗硬陶	灰褐		夔纹、菱格纹、弦纹						西周至春秋
7429	ZJLY-560	燕岗顶	ZJLY-560:5ZⅠ	23.40	113.92	36	陶			泥质粗硬陶	灰褐		细方格纹						西周至春秋
7430	ZJLY-560	燕岗顶	ZJLY-560:6ZⅠ	23.40	113.92	40	陶			泥质粗硬陶	灰褐		夔纹						西周至春秋
7431	ZJLY-560	燕岗顶	ZJLY-560:7ZⅠ	23.40	113.92	37	陶			泥质粗硬陶	青灰		方格纹						西周至春秋
7432	ZJLY-560	燕岗顶	ZJLY-560:8ZⅠ	23.40	113.92	39	陶			泥质粗硬陶	灰		方格纹						西周至春秋
7433	ZJLY-560	燕岗顶	ZJLY-560:9ZⅠ	23.40	113.92	37	陶			泥质粗硬陶	灰褐		方格纹、菱格纹						西周至春秋
7434	ZJLY-560	燕岗顶	ZJLY-560:10ZⅠ	23.40	113.92	38	陶			泥质粗硬陶	灰褐		菱格凸块纹、弦纹						西周至春秋
7435	ZJLY-560	燕岗顶	ZJLY-560:11ZⅠ	23.40	113.92	43	陶	豆	圈足	泥质粗硬陶	灰褐		戳印纹						西周至春秋
7436	ZJLY-560	燕岗顶	ZJLY-560:12ZⅠ	23.40	113.92	38	陶			泥质粗硬陶	灰		方格纹、戳印纹、弦纹						西周至春秋
7437	ZJLY-560	燕岗顶	ZJLY-560:13ZⅠ	23.40	113.92	39	陶			泥质粗硬陶	灰褐		夔纹、菱格凸块纹、菱格纹						西周至春秋
7438	ZJLY-562	汤尾仃底	ZJLY-562:1ZⅠ	23.40	113.92	24	陶			泥质细硬陶	灰白		绳纹						新石器时代晚期至商代
7439	ZJLY-563	榄树林	ZJLY-563:1T	23.40	113.92	66	陶			泥质粗硬陶	灰褐		重圈纹						西周至春秋
7440	ZJLY-563	榄树林	ZJLY-563:2T	23.40	113.92	62	陶			泥质粗硬陶	灰褐		云雷纹						西周至春秋
7441	ZJLY-563	榄树林	ZJLY-563:3T	23.40	113.92	70	陶			泥质粗硬陶	红褐		夔纹、戳印纹、弦纹						西周至春秋
7442	ZJLY-563	榄树林	ZJLY-563:4T	23.40	113.92	73	陶	罐	口沿	泥质粗硬陶	灰褐		素面						西周至春秋
7443	ZJLY-563	榄树林	ZJLY-563:5T	23.40	113.92	74	陶			泥质粗硬陶	灰黑		素面						西周至春秋
7444	ZJLY-563	榄树林	ZJLY-563:6T	23.40	113.92	75	陶			泥质粗硬陶	红褐		方格纹						西周至春秋
7445	ZJLY-563	榄树林	ZJLY-563:7T	23.40	113.92	78	陶			泥质粗硬陶	灰		夔纹						西周至春秋
7446	ZJLY-563	榄树林	ZJLY-563:8T	23.40	113.92	78	陶			泥质粗硬陶	深灰		方格纹、夔纹						西周至春秋
7447	ZJLY-563	榄树林	ZJLY-563:1YⅡ	23.40	113.92	82	陶			泥质粗硬陶	灰		素面						西周至春秋
7448	ZJLY-563	榄树林	ZJLY-563:2YⅡ	23.40	113.92	84	陶			泥质粗硬陶	深灰		勾连云雷纹						西周至春秋
7449	ZJLY-563	榄树林	ZJLY-563:3①YⅡ	23.40	113.92	82	陶			泥质粗硬陶	红褐		方格纹、戳印纹						西周至春秋
7450	ZJLY-563	榄树林	ZJLY-563:3②YⅡ	23.40	113.92	82	陶			泥质粗硬陶	红褐		素面						西周至春秋
7451	ZJLY-563	榄树林	ZJLY-563:3③YⅡ	23.40	113.92	82	陶			泥质粗硬陶	红褐		方格纹						西周至春秋
7452	ZJLY-563	榄树林	ZJLY-563:3④YⅡ	23.40	113.92	82	陶			泥质粗硬陶	红褐		方格纹、戳印纹						西周至春秋
7453	ZJLY-563	榄树林	ZJLY-563:3⑤YⅡ	23.40	113.92	82	陶			泥质粗硬陶	青灰		方格纹、弦纹						西周至春秋

序号	遗址编号	遗址名称	遗物编号	纬度(度)	经度(度)	海拔(米)	质地	器形	部位	陶质	颜色	釉色	纹饰	刻划符号	石器岩性	石器完整程度	石器硬度	石器风化程度	年代
7454	ZJLY-563	榄树林	ZJLY-563:4YⅡ	23.40	113.92	83	陶			泥质粗硬陶	灰		夔纹						西周至春秋
7455	ZJLY-564	高地山	ZJLY-564:1YⅡ	23.40	113.92	51	陶			泥质粗硬陶	浅灰		方格纹						西周至春秋
7456	ZJLY-564	高地山	ZJLY-564:2YⅡ	23.40	113.92	50	陶			泥质粗硬陶	灰		方格纹						西周至春秋
7457	ZJLY-564	高地山	ZJLY-564:1ZⅡ	23.40	113.92	59	陶			泥质粗硬陶	灰		方格纹						西周至春秋
7458	ZJLY-564	高地山	ZJLY-564:2ZⅠ	23.40	113.92	58	陶			泥质粗硬陶	灰		方格纹						西周至春秋
7459	ZJLY-564	高地山	ZJLY-564:3ZⅠ	23.40	113.92	54	陶			泥质粗硬陶	灰褐		夔纹、重圈纹、弦纹						西周至春秋
7460	ZJLY-564	高地山	ZJLY-564:4ZⅠ	23.40	113.92	57	陶	罐	口沿	泥质细硬陶	灰		素面						西周至春秋
7461	ZJLY-564	高地山	ZJLY-564:5ZⅠ	23.40	113.92	34	陶			泥质细硬陶	红		方格纹						西周至春秋
7462	ZJLY-565	廖望岜	ZJLY-565:1T	23.40	113.93	53	陶			泥质细硬陶	灰褐		夔纹						西周至春秋
7463	ZJLY-565	廖望岜	ZJLY-565:2T	23.40	113.93	52	陶			泥质粗硬陶	灰褐		方格纹、夔纹						新石器时代晚期至商代
7464	ZJLY-565	廖望岜	ZJLY-565:3T	23.40	113.93	55	陶			泥质粗硬陶	灰褐		绳纹						西周至春秋
7465	ZJLY-565	廖望岜	ZJLY-565:4T	23.40	113.93	56	陶			泥质细硬陶	灰		方格纹						西周至春秋
7466	ZJLY-565	廖望岜	ZJLY-565:5T	23.40	113.93	56	陶	豆盘		泥质粗硬陶	青灰		戳印纹						西周至春秋
7467	ZJLY-565	廖望岜	ZJLY-565:6T	23.40	113.93	61	陶			泥质细硬陶	灰		素面						西周至春秋
7468	ZJLY-565	廖望岜	ZJLY-565:7T	23.40	113.93	61	陶			泥质细硬陶	青灰		方格纹、弦纹						西周至春秋
7469	ZJLY-565	廖望岜	ZJLY-565:8T	23.40	113.93	62	陶			泥质细硬陶	青灰		方格纹						西周至春秋
7470	ZJLY-565	廖望岜	ZJLY-565:9T	23.40	113.93	66	陶	罐	口沿	泥质细硬陶	青灰		方格纹、弦纹						西周至春秋
7471	ZJLY-565	廖望岜	ZJLY-565:1YⅡ	23.40	113.93	58	陶			泥质粗硬陶	灰		方格纹						西周至春秋
7472	ZJLY-565	廖望岜	ZJLY-565:1YⅢ	23.40	113.93	52	陶			泥质粗硬陶	灰褐		方格纹						西周至春秋
7473	ZJLY-565	廖望岜	ZJLY-565:2YⅢ	23.40	113.93	61	陶			泥质粗硬陶	灰褐		方格纹						西周至春秋
7474	ZJLY-565	廖望岜	ZJLY-565:3YⅢ	23.40	113.93	32	陶			泥质粗硬陶	灰		圆圈纹						西周至春秋
7475	ZJLY-565	廖望岜	ZJLY-565:1ZⅠ	23.40	113.93	68	陶			泥质粗硬陶	灰黑		方格纹						西周至春秋
7476	ZJLY-565	廖望岜	ZJLY-565:2ZⅠ	23.40	113.93	64	陶	罐	口沿	夹粗砂软陶	灰		素面						新石器时代晚期至商代
7477	ZJLY-570	古洞	ZJLY-570:1T	23.40	113.94	36	陶			泥质粗硬陶	灰褐		三角格纹						战国至南越国
7478	ZJLY-570	古洞	ZJLY-570:2T	23.40	113.94	38	陶			泥质粗硬陶	灰褐		三角格纹						战国至南越国
7479	ZJLY-570	古洞	ZJLY-570:3T	23.40	113.94	37	陶			泥质细硬陶	红褐		方格纹						战国至南越国
7480	ZJLY-570	古洞	ZJLY-570:4T	23.40	113.94	36	陶			泥质细硬陶	灰褐		素面						战国至南越国
7481	ZJLY-570	古洞	ZJLY-570:5T	23.40	113.94	34	陶	罐	口沿	泥质细硬陶	红褐		方格纹						战国至南越国
7482	ZJLY-570	古洞	ZJLY-570:6T	23.40	113.94	38	陶			泥质粗硬陶	灰褐		三角格纹						战国至南越国
7483	ZJLY-570	古洞	ZJLY-570:7T	23.40	113.94	49	陶			泥质粗硬陶	灰褐		方格纹、夔纹						西周至春秋
7484	ZJLY-570	古洞	ZJLY-570:8T	23.40	113.94	44	陶			泥质粗硬陶	青灰		方格纹						战国至南越国

序号	遗址编号	遗址名称	遗物编号	纬度（度）	经度（度）	海拔（米）	质地	器形	部位	陶质	颜色	釉色	纹饰	刻划符号	石器岩性	石器完整程度	石器硬度	石器风化程度	年代
7485	ZJLY-570	古洞	ZJLY-570:9T	23.40	113.94	83	石	有段石锛			灰		三角格纹		砂岩	基本完整	6	未风化	新石器时代晚期至商代
7486	ZJLY-572	老张田	ZJLY-572:1T	23.40	113.93	55	陶			泥质粗硬陶	灰褐			方格纹						战国至南越国
7487	ZJLY-572	老张田	ZJLY-572:2T	23.40	113.93	50	陶			泥质细硬陶	青灰			素面						战国至南越国
7488	ZJLY-573	油江门前田	ZJLY-573:1Y II	23.40	113.94	24	陶	盒	口沿	泥质细硬陶	灰			篦划纹、弦纹						战国至南越国
7489	ZJLY-573	油江门前田	ZJLY-573:2Y II	23.40	113.94	26	陶	器盖	口沿	泥质细硬陶	灰白			弦纹						战国至南越国
7490	ZJLY-573	油江门前田	ZJLY-573:3Y II	23.40	113.94	25	陶			泥质细硬陶	青灰			素面						战国至南越国
7491	ZJLY-573	油江门前田	ZJLY-573:4Y II	23.40	113.94	29	陶			泥质粗硬陶	红褐			三角格纹						战国至南越国
7492	ZJLY-573	油江门前田	ZJLY-573:5Y II	23.40	113.94	28	陶			泥质细硬陶	灰褐			方格纹						战国至南越国
7493	ZJLY-573	油江门前田	ZJLY-573:1Z I	23.40	113.94	25	陶			泥质细硬陶	灰			素面						战国至南越国
7494	ZJLY-573	油江门前田	ZJLY-573:2Z I	23.40	113.94	25	陶			泥质细硬陶	灰			米字纹						战国至南越国
7495	ZJLY-573	油江门前田	ZJLY-573:3Z I	23.40	113.94	23	陶			泥质细硬陶	青灰			素面						战国至南越国
7496	ZJLY-573	油江门前田	ZJLY-573:4Z I	23.40	113.94	21	陶			泥质粗硬陶	灰褐			篦点纹、弦纹						战国至南越国
7497	ZJLY-580	潭源岭	ZJLY-580:1T	23.39	113.91	27	陶	罐	口沿	泥质细硬陶	灰褐			三角格纹						战国至南越国
7498	ZJLY-580	潭源岭	ZJLY-580:2T	23.39	113.91	23	陶			泥质细硬陶	深灰			方格纹						战国至南越国
7499	ZJLY-580	潭源岭	ZJLY-580:3T	23.39	113.91	27	陶			泥质细硬陶	灰褐			戳印纹						战国至南越国
7500	ZJLY-580	潭源岭	ZJLY-580:4T	23.39	113.91	21	陶	罐	口沿	泥质粗硬陶	灰褐			三角格纹						战国至南越国
7501	ZJLY-580	潭源岭	ZJLY-580:5T	23.39	113.92	35	陶			泥质细硬陶	灰			菱格凸块纹						西周至春秋
7502	ZJLY-580	潭源岭	ZJLY-580:6T	23.39	113.91	29	陶			泥质细硬陶	灰			方格纹						战国至南越国
7503	ZJLY-580	潭源岭	ZJLY-580:1Y II	23.39	113.91	31	陶			泥质粗硬陶	灰褐			米字纹						战国至南越国
7504	ZJLY-580	潭源岭	ZJLY-580:2Y II	23.39	113.91	31	陶			泥质粗硬陶	灰褐			米字纹						战国至南越国
7505	ZJLY-580	潭源岭	ZJLY-580:3Y II	23.39	113.91	29	陶			泥质粗硬陶	灰褐			米字纹						战国至南越国
7506	ZJLY-580	潭源岭	ZJLY-580:4Y II	23.39	113.91	34	陶			泥质粗硬陶	灰			方格纹						战国至南越国
7507	ZJLY-580	潭源岭	ZJLY-580:5Y II	23.39	113.91	34	陶			泥质粗硬陶	灰褐			方格纹						战国至南越国
7508	ZJLY-580	潭源岭	ZJLY-580:6Y II	23.39	113.91	29	陶			泥质粗硬陶	灰褐			方格纹						战国至南越国
7509	ZJLY-580	潭源岭	ZJLY-580:7Y II	23.39	113.91	29	陶			泥质粗硬陶	深灰			米字纹						战国至南越国
7510	ZJLY-580	潭源岭	ZJLY-580:8Y II	23.39	113.91	31	陶			泥质粗硬陶	灰褐			方格纹						战国至南越国
7511	ZJLY-580	潭源岭	ZJLY-580:9Y II	23.39	113.91	32	陶			泥质粗硬陶	灰褐			方格纹						战国至南越国
7512	ZJLY-580	潭源岭	ZJLY-580:1Z I	23.39	113.91	31	陶			泥质粗硬陶	灰褐			方格纹						西周至春秋
7513	ZJLY-580	潭源岭	ZJLY-580:2Z I	23.39	113.91	30	陶			泥质粗硬陶	灰褐			方格纹						战国至南越国
7514	ZJLY-580	潭源岭	ZJLY-580:3Z I	23.39	113.91	36	陶			泥质粗硬陶	灰			素面						战国至南越国
7515	ZJLY-580	潭源岭	ZJLY-580:4Z I	23.39	113.91	33	陶			泥质粗硬陶	灰褐			三角格纹						战国至南越国

序号	遗址编号	遗址名称	遗物编号	纬度（度）	经度（度）	海拔（米）	质地	器形	部位	陶质	颜色	釉色	纹饰	刻划符号	石器岩性	石器完整程度	石器硬度	石器风化程度	年代
7516	ZJLY-580	潭源岭	ZJLY-580:5ZⅠ	23.39	113.91	34	陶			夹粗砂软陶	灰黑		素面						新石器时代晚期至商代
7517	ZJLY-580	潭源岭	ZJLY-580:6ZⅠ	23.39	113.91	30	陶			泥质粗硬陶	红褐		方格纹						战国至南越国
7518	ZJLY-584	大山	ZJLY-584:1T	23.37	113.94	158	陶	罐	口沿	泥质粗硬陶	灰		素面						新石器时代晚期至商代
7519	ZJLY-584	大山	ZJLY-584:2T	23.37	113.94	158	陶	釜	口沿	夹粗砂软陶	红褐		素面						新石器时代晚期至商代
7520	ZJLY-584	大山	ZJLY-584:3T	23.37	113.94	156	陶			夹粗砂软陶	红褐		素面						新石器时代晚期至商代
7521	ZJLY-584	大山	ZJLY-584:4T	23.37	113.94	153	陶			夹粗砂软陶	灰黑		绳纹						新石器时代晚期至商代
7522	ZJLY-584	大山	ZJLY-584:5T	23.37	113.94	155	石	石器			深灰						残			新石器时代晚期至商代
7523	ZJLY-584	大山	ZJLY-584:6T	23.37	113.94	155	陶			泥质粗硬陶	灰		长方格纹						新石器时代晚期至商代
7524	ZJLY-584	大山	ZJLY-584:7T	23.37	113.94	154	陶			泥质细硬陶	灰		曲折纹						新石器时代晚期至商代
7525	ZJLY-584	大山	ZJLY-584:8T	23.37	113.94	155	陶			泥质细硬陶	灰		素面						新石器时代晚期至商代
7526	ZJLY-584	大山	ZJLY-584:9T	23.37	113.94	158	陶			泥质粗硬陶	红褐		长方格纹						新石器时代晚期至商代
7527	ZJLY-584	大山	ZJLY-584:10T	23.37	113.94	157	陶			泥质细硬陶	灰		素面						新石器时代晚期至商代
7528	ZJLY-584	大山	ZJLY-584:11T	23.37	113.94	139	陶			泥质粗硬陶	红褐		长方格纹						新石器时代晚期至商代
7529	ZJLY-584	大山	ZJLY-584:2ZⅠ	23.37	113.94	156	陶			夹粗砂硬陶	灰黑		绳纹						新石器时代晚期至商代
7530	ZJLY-585	天皇岽山前一号	ZJLY-585:1T	23.37	113.95	157	陶	釜	口沿	夹粗砂硬陶	灰		素面						新石器时代晚期至商代
7531	ZJLY-585	天皇岽山前一号	ZJLY-585:2T	23.37	113.95	158	陶			夹细砂硬陶	灰		素面						新石器时代晚期至商代
7532	ZJLY-585	天皇岽山前一号	ZJLY-585:3T	23.37	113.95	153	陶			夹粗砂硬陶	灰		条纹						新石器时代晚期至商代
7533	ZJLY-586	天皇岽山前二号	ZJLY-586:1T	23.37	113.95	137	陶	罐	口沿	夹粗砂硬陶	灰		素面						新石器时代晚期至商代
7534	ZJLY-586	天皇岽山前二号	ZJLY-586:1YⅡ	23.38	113.95	130	陶			夹细砂软陶	灰		曲折纹						新石器时代晚期至商代
7535	ZJLY-587	天皇岽	ZJLY-587:1T	23.38	113.95	174	石	砺石			青灰									新石器时代晚期至商代
7536	ZJLY-587	天皇岽	ZJLY-587:2T	23.38	113.95	208	陶			泥质细硬陶	深灰		曲折纹						新石器时代晚期至商代
7537	ZJLY-587	天皇岽	ZJLY-587:3T	23.38	113.95	208	陶			泥质细硬陶	灰		长方格纹						新石器时代晚期至商代
7538	ZJLY-587	天皇岽	ZJLY-587:4T	23.38	113.95	208	陶			泥质细硬陶	橙黄		长方格纹						新石器时代晚期至商代
7539	ZJLY-587	天皇岽	ZJLY-587:5T	23.38	113.95	206	陶			泥质细硬陶	灰		曲折纹						新石器时代晚期至商代
7540	ZJLY-587	天皇岽	ZJLY-587:7T	23.38	113.95	211	陶			夹细砂硬陶	褐		重菱格纹						新石器时代晚期至商代
7541	ZJLY-587	天皇岽	ZJLY-587:8T	23.38	113.95	212	陶			泥质细硬陶	灰		长方格纹						新石器时代晚期至商代
7542	ZJLY-587	天皇岽	ZJLY-587:9T	23.38	113.95	210	陶			泥质细硬陶	灰		曲折纹						新石器时代晚期至商代
7543	ZJLY-587	天皇岽	ZJLY-587:10T	23.38	113.95	206	陶			泥质细硬陶	灰		叶脉纹						新石器时代晚期至商代
7544	ZJLY-587	天皇岽	ZJLY-587:11T	23.38	113.95	207	陶			泥质细硬陶	青灰		交错绳纹						新石器时代晚期至商代
7545	ZJLY-587	天皇岽	ZJLY-587:1YⅡ	23.38	113.95	205	陶			泥质细硬陶	灰白		网格纹						新石器时代晚期至商代
7546	ZJLY-587	天皇岽	ZJLY-587:2YⅡ	23.38	113.95	208	陶			泥质粗软陶	灰		曲折纹						新石器时代晚期至商代

序号	遗址编号	遗址名称	遗物编号	纬度（度）	经度（度）	海拔（米）	质地	器形	部位	陶质	颜色	釉色	纹饰	刻划符号	石器岩性	石器完整程度	石器硬度	石器风化程度	年代
7547	ZJLY-587	天皇岽	ZJLY-587:3YⅡ	23.38	113.95	217	陶			泥质粗硬陶	灰		绳纹						新石器时代晚期至商代
7548	ZJLY-587	天皇岽	ZJLY-587:4YⅡ	23.38	113.95	207	陶			泥质粗硬陶	橙黄		梯格纹						新石器时代晚期至商代
7549	ZJLY-587	天皇岽	ZJLY-587:5YⅡ	23.38	113.95	205	陶			泥质细硬陶	灰		素面						新石器时代晚期至商代
7550	ZJLY-587	天皇岽	ZJLY-587:6YⅡ	23.38	113.95	205	陶			夹细砂硬陶	青灰		网格纹、附加堆纹						新石器时代晚期至商代
7551	ZJLY-587	天皇岽	ZJLY-587:1ZⅠ	23.38	113.95	205	陶			泥质粗硬陶	青灰		曲折纹						新石器时代晚期至商代
7552	ZJLY-587	天皇岽	ZJLY-587:2ZⅠ	23.38	113.95	206	陶			夹细砂软陶	灰		曲折纹						新石器时代晚期至商代
7553	ZJLY-587	天皇岽	ZJLY-587:3ZⅠ	23.38	113.95	212	陶			夹粗砂硬陶	青灰		长方格纹						新石器时代晚期至商代
7554	ZJLY-587	天皇岽	ZJLY-587:4ZⅠ	23.38	113.95	208	陶	罐	口沿	夹细砂硬陶	灰黄		素面						新石器时代晚期至商代
7555	ZJLY-587	天皇岽	ZJLY-587:5ZⅠ	23.38	113.95	206	陶			泥质细软陶	灰		曲折纹						新石器时代晚期至商代
7556	ZJLY-587	天皇岽	ZJLY-587:6ZⅠ	23.38	113.95	208	陶			泥质粗硬陶	灰		曲折纹						新石器时代晚期至商代
7557	ZJLY-587	天皇岽	ZJLY-587:7ZⅠ	23.38	113.95	209	陶			泥质细硬陶	灰		叶脉纹						新石器时代晚期至商代
7558	ZJLY-587	天皇岽	ZJLY-587:8ZⅠ	23.38	113.95	211	陶			泥质细硬陶	灰		方格纹						新石器时代晚期至商代
7559	ZJLY-587	天皇岽	ZJLY-587:9ZⅠ	23.38	113.95	210	陶			泥质细软陶	灰		绳纹						新石器时代晚期至商代
7560	ZJLY-587	天皇岽	ZJLY-587:10ZⅠ	23.38	113.95	206	陶	罐	口沿	夹细砂硬陶	浅灰		素面						新石器时代晚期至商代
7561	ZJLY-587	天皇岽	ZJLY-587:11ZⅠ	23.38	113.95	204	陶			泥质细硬陶	青灰		方格纹						新石器时代晚期至商代
7562	ZJLY-587	天皇岽	ZJLY-587:12ZⅠ	23.38	113.95	206	陶			泥质细硬陶	青灰		间断条纹						新石器时代晚期至商代
7563	ZJLY-587	天皇岽	ZJLY-587:13ZⅠ	23.38	113.95	210	陶			泥质粗硬陶	青灰		曲折纹						新石器时代晚期至商代
7564	ZJLY-587	天皇岽	ZJLY-587:14ZⅠ	23.38	113.95	210	陶			泥质细软陶	青灰		间断条纹						新石器时代晚期至商代
7565	ZJLY-587	天皇岽	ZJLY-587:15ZⅠ	23.38	113.95	216	陶			泥质细硬陶	灰		曲折纹						新石器时代晚期至商代
7566	ZJLY-588	天王山	ZJLY-588:1YⅢ	23.37	113.95	194	陶	罐	圈足	夹细砂硬陶	灰		曲折纹						新石器时代晚期至商代
7567	ZJLY-588	天王山	ZJLY-588:2YⅢ	23.37	113.95	168	陶			泥质细硬陶	青灰		曲折纹						新石器时代晚期至商代
7568	ZJLY-588	天王山	ZJLY-588:1ZⅠ	23.37	113.95	175	陶			泥质细硬陶	橙黄		曲折纹						新石器时代晚期至商代
7569	ZJLY-588	天王山	ZJLY-588:2ZⅠ	23.37	113.95	179	陶			泥质细软陶	红褐		曲折纹						新石器时代晚期至商代
7570	ZJLY-592	山呀后背山	ZJLY-592:1T	23.37	113.95	137	陶			泥质细硬陶	灰		曲折纹						新石器时代晚期至商代
7571	ZJLY-592	山呀后背山	ZJLY-592:2T	23.37	113.95	138	陶			泥质细硬陶	灰		素面						新石器时代晚期至商代
7572	ZJLY-592	山呀后背山	ZJLY-592:3T	23.37	113.95	137	陶			夹细砂软陶	红褐		曲折纹						新石器时代晚期至商代
7573	ZJLY-592	山呀后背山	ZJLY-592:4T	23.37	113.95	136	陶			夹粗砂软陶	灰黑		素面						新石器时代晚期至商代
7574	ZJLY-592	山呀后背山	ZJLY-592:5T	23.37	113.95	128	石	锛			灰								新石器时代晚期至商代
7575	ZJLY-592	山呀后背山	ZJLY-592:6T	23.37	113.95	145	陶			泥质细硬陶	灰		叶脉纹						新石器时代晚期至商代
7576	ZJLY-592	山呀后背山	ZJLY-592:7T	23.37	113.95	138	陶			泥质粗软陶	橙黄		曲折纹						新石器时代晚期至商代
7577	ZJLY-592	山呀后背山	ZJLY-592:1YⅡ	23.37	113.95	141	陶			泥质细硬陶	青灰		条纹						新石器时代晚期至商代

序号	遗址编号	遗址名称	遗物编号	纬度(度)	经度(度)	海拔(米)	质地	器形	部位	陶质	颜色	釉色	纹饰	刻划符号	石器岩性	石器完整程度	石器硬度	石器风化程度	年代
7578	ZJLY-592	山咀后背山	ZJLY-592:2YII	23.37	113.95	140	陶			泥质粗软陶	红褐		曲折纹						新石器时代晚期至商代
7579	ZJLY-592	山咀后背山	ZJLY-592:3YII	23.37	113.95	139	陶			泥质细硬陶	青灰		曲折纹						新石器时代晚期至商代
7580	ZJLY-592	山咀后背山	ZJLY-592:4YII	23.37	113.95	138	陶			夹粗砂软陶	红褐		曲折纹						新石器时代晚期至商代
7581	ZJLY-592	山咀后背山	ZJLY-592:5YII	23.37	113.95	144	陶			夹细砂硬陶	灰黑		曲折纹						新石器时代晚期至商代
7582	ZJLY-592	山咀后背山	ZJLY-592:6YII	23.37	113.95	143	陶	罐	口沿	夹细砂硬陶	灰黑		素面						新石器时代晚期至商代
7583	ZJLY-592	山咀后背山	ZJLY-592:7YII	23.37	113.95	138	陶			夹粗砂软陶	红褐		曲折纹						新石器时代晚期至商代
7584	ZJLY-592	山咀后背山	ZJLY-592:8YII	23.37	113.95	142	陶			夹细砂硬陶	灰黑		绳纹						新石器时代晚期至商代
7585	ZJLY-592	山咀后背山	ZJLY-592:1ZI	23.37	113.95	141	陶			泥质细硬陶	橙黄		曲折纹						新石器时代晚期至商代
7586	ZJLY-592	山咀后背山	ZJLY-592:2ZI	23.37	113.95	147	石	镞			深灰								新石器时代晚期至商代
7587	ZJLY-592	山咀后背山	ZJLY-592:3ZI	23.37	113.95	141	陶			泥质细硬陶	深灰		曲折纹						新石器时代晚期至商代
7588	ZJLY-592	山咀后背山	ZJLY-592:4ZI	23.37	113.95	137	陶			泥质粗软陶	灰		素面						新石器时代晚期至商代
7589	ZJLY-592	山咀后背山	ZJLY-592:5ZI	23.37	113.95	146	陶			泥质细硬陶	橙黄		曲折纹、附加堆纹						新石器时代晚期至商代
7590	ZJLY-592	山咀后背山	ZJLY-592:6ZI	23.37	113.95	144	石	锛			黄褐				片岩	基本完整	6	未风化	新石器时代晚期至商代
7591	ZJLY-593	塘坑	ZJLY-593:1T	23.37	113.94	110	石	斧							片岩	基本完整	6	未风化	新石器时代晚期至商代
7592	ZJLY-593	塘坑	ZJLY-593:1YII	23.37	113.94	109	陶			夹粗砂软陶	灰黑		素面						新石器时代晚期至商代
7593	ZJLY-596	邓屋塱	ZJLY-596:1ZI	23.42	113.89	38	陶			夹细砂硬陶	灰褐		曲折纹						新石器时代晚期至商代
7594	ZJLY-596	邓屋塱	ZJLY-596:2ZI	23.42	113.89	36	陶			夹细砂硬陶	灰		曲折纹						新石器时代晚期至商代
7595	ZJLY-601	新高浪后山	ZJLY-601:1T	23.42	113.90	42	陶			泥质细硬陶	灰		菱格凸块纹						西周至春秋
7596	ZJLY-601	新高浪后山	ZJLY-601:2T	23.42	113.90	47	石	砺石			青灰								西周至春秋
7597	ZJLY-601	新高浪后山	ZJLY-601:3T	23.42	113.90	44	陶			泥质粗硬陶	灰		米字纹						战国至南越国
7598	ZJLY-601	新高浪后山	ZJLY-601:4T	23.42	113.90	46	石	石器			深灰		重菱格凸块纹		片岩	残	6	微风化	西周至春秋
7599	ZJLY-601	新高浪后山	ZJLY-601:5T	23.42	113.90	40	陶			泥质粗硬陶	深灰		方格纹						西周至春秋
7600	ZJLY-601	新高浪后山	ZJLY-601:6T	23.42	113.90	41	石	网坠			红褐		方格纹						西周至春秋
7601	ZJLY-601	新高浪后山	ZJLY-601:7T	23.42	113.90	27	石	石器			灰褐					残			西周至春秋
7602	ZJLY-601	新高浪后山	ZJLY-601:8T	23.42	113.90	24	陶			泥质细硬陶	灰		重菱格凸块纹						西周至春秋
7603	ZJLY-601	新高浪后山	ZJLY-601:9T	23.42	113.90	24	陶			泥质细硬陶	青灰		方格纹						西周至春秋
7604	ZJLY-601	新高浪后山	ZJLY-601:10T	23.42	113.90	29	陶			泥质细硬陶	灰		方格纹						西周至春秋
7605	ZJLY-601	新高浪后山	ZJLY-601:11T	23.42	113.90	29	陶			泥质细硬陶	青灰		方格纹						西周至春秋
7606	ZJLY-601	新高浪后山	ZJLY-601:12T	23.42	113.90	30	陶			泥质细硬陶	青灰		菱格凸块纹、篦点纹				残			西周至春秋
7607	ZJLY-601	新高浪后山	ZJLY-601:13T	23.42	113.90	27	陶			泥质细硬陶	灰褐		方格纹						西周至春秋
7608	ZJLY-601	新高浪后山	ZJLY-601:14T	23.42	113.90	27	陶			泥质细硬陶	灰褐		重圈纹						西周至春秋

序号	遗址编号	遗址名称	遗物编号	纬度（度）	经度（度）	海拔（米）	质地	器形	部位	陶质	颜色	釉色	纹饰	刻划符号	石器岩性	石器完整程度	石器硬度	石器风化程度	年代
7609	ZJLY-601	新高浪后山	ZJLY-601:15T	23.42	113.90	25	陶			泥质粗硬陶	灰		方格纹						西周至春秋
7610	ZJLY-601	新高浪后山	ZJLY-601:1Z I	23.42	113.90	29	陶	豆	口沿				素面						西周至春秋
7611	ZJLY-602	磨刀山	ZJLY-602:1T	23.43	113.92	162	陶			泥质细硬陶	青灰		交错绳纹						新石器时代晚期至商代
7612	ZJLY-602	磨刀山	ZJLY-602:2T	23.43	113.92	161	石	砺石											新石器时代晚期至商代
7613	ZJLY-602	磨刀山	ZJLY-602:3T	23.43	113.92	162	陶			夹细砂硬陶	灰		曲折纹、附加堆纹						新石器时代晚期至商代
7614	ZJLY-602	磨刀山	ZJLY-602:1Z I	23.43	113.92	154	陶			泥质粗硬陶	灰		曲折纹、附加堆纹						新石器时代晚期至商代
7615	ZJLY-603	竹林后山	ZJLY-603:1T	23.42	113.90	28	陶			泥质粗硬陶	灰褐		夔纹						西周至春秋
7616	ZJLY-603	竹林后山	ZJLY-603:2T	23.42	113.90	26	陶			泥质细硬陶	青灰		弦纹						西周至春秋
7617	ZJLY-603	竹林后山	ZJLY-603:3T	23.42	113.90	26	陶			泥质细硬陶	灰		菱格凸块纹、弦纹						西周至春秋
7618	ZJLY-603	竹林后山	ZJLY-603:4T	23.42	113.90	30	陶			泥质粗硬陶	灰褐		方格纹						西周至春秋
7619	ZJLY-603	竹林后山	ZJLY-603:5T	23.42	113.90	28	陶			泥质细硬陶	灰褐		夔纹、菱格纹、弦纹						西周至春秋
7620	ZJLY-603	竹林后山	ZJLY-603:6T	23.42	113.90	34	陶			泥质粗硬陶	青灰		方格纹						西周至春秋
7621	ZJLY-603	竹林后山	ZJLY-603:7T	23.42	113.90	37	陶			泥质细硬陶	灰		方格纹						西周至春秋
7622	ZJLY-603	竹林后山	ZJLY-603:8T	23.42	113.90	38	陶			泥质细硬陶	青灰		菱格凸块纹、弦纹						西周至春秋
7623	ZJLY-603	竹林后山	ZJLY-603:9T	23.42	113.90	37	陶			泥质细硬陶	灰		回字纹						西周至春秋
7624	ZJLY-603	竹林后山	ZJLY-603:10T	23.42	113.90	37	陶			泥质粗硬陶	灰		方格纹						西周至春秋
7625	ZJLY-603	竹林后山	ZJLY-603:11T	23.42	113.90	37	陶			泥质细硬陶	青灰		篦点纹、弦纹						西周至春秋
7626	ZJLY-603	竹林后山	ZJLY-603:12T	23.42	113.90	35	陶			泥质粗硬陶	灰褐		菱格凸块纹						西周至春秋
7627	ZJLY-603	竹林后山	ZJLY-603:13T	23.42	113.90	36	陶	豆	圈足	泥质粗硬陶	灰		素面						西周至春秋
7628	ZJLY-603	竹林后山	ZJLY-603:14T	23.42	113.90	38	陶			泥质细硬陶	深灰		夔纹						西周至春秋
7629	ZJLY-603	竹林后山	ZJLY-603:15T	23.42	113.90	38	陶			泥质细硬陶	灰褐		夔纹						西周至春秋
7630	ZJLY-603	竹林后山	ZJLY-603:16T	23.42	113.90	35	陶			泥质细硬陶	灰		弦纹						西周至春秋
7631	ZJLY-603	竹林后山	ZJLY-603:17T	23.42	113.90	37	陶			泥质细硬陶	青灰		方格纹						西周至春秋
7632	ZJLY-603	竹林后山	ZJLY-603:1Y II	23.42	113.90	38	陶			泥质细硬陶	灰褐		方格纹、夔纹、弦纹						西周至春秋
7633	ZJLY-603	竹林后山	ZJLY-603:2Y II	23.42	113.90	34	陶			泥质细硬陶	灰		菱格凸块纹						西周至春秋
7634	ZJLY-603	竹林后山	ZJLY-603:3Y II	23.42	113.90	36	陶			泥质细硬陶	青灰		夔纹						西周至春秋
7635	ZJLY-603	竹林后山	ZJLY-603:4Y II	23.42	113.90	31	陶			泥质细硬陶	青灰		方格纹、重菱纹						西周至春秋
7636	ZJLY-603	竹林后山	ZJLY-603:5Y II	23.42	113.90	32	陶			泥质细硬陶	青灰		方格纹						西周至春秋
7637	ZJLY-603	竹林后山	ZJLY-603:6Y II	23.42	113.90	32	陶			泥质细硬陶	青灰		菱格纹						西周至春秋
7638	ZJLY-603	竹林后山	ZJLY-603:7Y II	23.42	113.90	31	陶			泥质细硬陶	灰褐		方格纹、重菱格纹						西周至春秋
7639	ZJLY-603	竹林后山	ZJLY-603:8Y II	23.42	113.90	31	陶			泥质细硬陶	灰褐		夔纹、菱格纹、弦纹						西周至春秋

序号	遗址编号	遗址名称	遗物编号	纬度(度)	经度(度)	海拔(米)	质地	器形	部位	陶质	颜色	釉色	纹饰	刻划符号	石器岩性	石器完整程度	石器硬度	石器风化程度	年代
7640	ZJLY-603	竹林后山	ZJLY-603:9YⅡ	23.42	113.90	29	陶			泥质细硬陶	灰		素面						西周至春秋
7641	ZJLY-603	竹林后山	ZJLY-603:10YⅡ	23.42	113.90	29	陶			泥质细硬陶	青灰		方格纹						西周至春秋
7642	ZJLY-603	竹林后山	ZJLY-603:11YⅡ	23.42	113.90	29	陶			泥质细硬陶	灰褐		方格纹						西周至春秋
7643	ZJLY-603	竹林后山	ZJLY-603:12YⅡ	23.42	113.90	30	陶			泥质细硬陶	青灰		夔纹、弦纹						西周至春秋
7644	ZJLY-603	竹林后山	ZJLY-603:13YⅡ	23.42	113.90	26	陶	罐	口沿	泥质细硬陶	灰		素面						西周至春秋
7645	ZJLY-603	竹林后山	ZJLY-603:14YⅡ	23.42	113.90	25	陶			泥质粗硬陶	灰		方格纹、夔纹						西周至春秋
7646	ZJLY-603	竹林后山	ZJLY-603:15YⅡ	23.42	113.90	27	陶			泥质粗硬陶	青灰		方格纹						西周至春秋
7647	ZJLY-603	竹林后山	ZJLY-603:16YⅡ	23.42	113.90	28	陶			泥质粗硬陶	灰褐		方格纹						西周至春秋
7648	ZJLY-603	竹林后山	ZJLY-603:17YⅡ	23.42	113.90	24	陶			泥质细硬陶	青灰		方格纹、弦纹						西周至春秋
7649	ZJLY-603	竹林后山	ZJLY-603:18YⅡ	23.42	113.90	23	陶			泥质细硬陶	青灰		方格纹						西周至春秋
7650	ZJLY-603	竹林后山	ZJLY-603:19YⅡ	23.42	113.90	24	陶			泥质粗硬陶	青灰		方格纹						西周至春秋
7651	ZJLY-603	竹林后山	ZJLY-603:20YⅡ	23.42	113.90	23	陶			泥质粗硬陶	青灰		菱格纹						西周至春秋
7652	ZJLY-603	竹林后山	ZJLY-603:21YⅡ	23.42	113.90	28	陶			泥质细硬陶	青灰		方格纹（外）、复线笔划纹（内）						西周至春秋
7653	ZJLY-603	竹林后山	ZJLY-603:22YⅡ	23.42	113.90	28	陶			泥质粗硬陶	灰褐		夔纹、菱格纹、弦纹						西周至春秋
7654	ZJLY-603	竹林后山	ZJLY-603:23YⅡ	23.42	113.90	28	陶			泥质细硬陶	灰		方格纹、夔纹						西周至春秋
7655	ZJLY-603	竹林后山	ZJLY-603:1ZⅠ	23.42	113.90	32	陶			泥质细硬陶	灰褐		方格纹						西周至春秋
7656	ZJLY-603	竹林后山	ZJLY-603:2ZⅠ	23.42	113.90	28	陶			泥质细硬陶	灰褐		方格纹						西周至春秋
7657	ZJLY-603	竹林后山	ZJLY-603:3ZⅠ	23.42	113.90	26	陶			泥质细硬陶	灰		菱格纹						西周至春秋
7658	ZJLY-603	竹林后山	ZJLY-603:4ZⅠ	23.42	113.90	27	陶			泥质细硬陶	青灰		夔纹、弦纹						西周至春秋
7659	ZJLY-603	竹林后山	ZJLY-603:5ZⅠ	23.42	113.90	28	陶			泥质细硬陶	灰褐		菱格纹						西周至春秋
7660	ZJLY-603	竹林后山	ZJLY-603:6ZⅠ	23.42	113.90	30	陶			泥质细硬陶	灰		方格纹						西周至春秋
7661	ZJLY-603	竹林后山	ZJLY-603:7ZⅠ	23.42	113.90	31	陶			泥质细硬陶	红褐		篦点纹、弦纹						西周至春秋
7662	ZJLY-603	竹林后山	ZJLY-603:8ZⅠ	23.42	113.90	26	陶			泥质粗硬陶	灰褐		方格纹						西周至春秋
7663	ZJLY-603	竹林后山	ZJLY-603:9ZⅠ	23.42	113.90	26	陶	罐	口沿	泥质细硬陶	红褐		素面						西周至春秋
7664	ZJLY-603	竹林后山	ZJLY-603:10ZⅠ	23.42	113.90	29	陶	罐	口沿	泥质细硬陶	青灰		方格纹						西周至春秋
7665	ZJLY-603	竹林后山	ZJLY-603:12ZⅠ	23.42	113.90	30	陶			泥质细硬陶	灰褐		方格纹						西周至春秋
7666	ZJLY-604	庙头后山	ZJLY-604:1T	23.42	113.90	18	陶			泥质细硬陶	灰		米字纹						战国至南越国
7667	ZJLY-605	白面石山	ZJLY-605:1YⅡ	23.42	113.90	31	陶			泥质细硬陶	灰		方格纹、弦纹						西周至春秋
7668	ZJLY-605	白面石山	ZJLY-605:2YⅡ	23.42	113.90	27	陶			泥质细硬陶	灰		方格纹						西周至春秋
7669	ZJLY-606	莲塘	ZJLY-606:1ZⅠ	23.42	113.89	23	陶			泥质粗硬陶	灰褐		方格纹						战国至南越国
7670	ZJLY-612	塘面山	ZJLY-612:1T	23.42	113.88	40	陶			泥质细硬陶	深灰		方格纹						西周至春秋

序号	遗址编号	遗址名称	遗物编号	纬度（度）	经度（度）	海拔（米）	质地	器形	部位	陶质	颜色	釉色	纹饰	刻划符号	石器岩性	石器完整程度	石器硬度	石器风化程度	年代
7671	ZJLY-612	塘面山	ZJLY-612:2T	23.42	113.88	51	陶			泥质细硬陶	灰褐		云雷纹						西周至春秋
7672	ZJLY-612	塘面山	ZJLY-612:3T	23.42	113.88	64	陶			泥质粗硬陶	深灰		方格纹						西周至春秋
7673	ZJLY-612	塘面山	ZJLY-612:4T	23.42	113.88	50	陶			泥质粗硬陶	深灰		方格纹						西周至春秋
7674	ZJLY-612	塘面山	ZJLY-612:5T	23.42	113.88	50	陶			泥质粗硬陶	深灰		方格纹						西周至春秋
7675	ZJLY-612	塘面山	ZJLY-612:6T	23.42	113.88	51	陶			夹粗砂软陶	灰黑		素面						新石器时代晚期至商代
7676	ZJLY-612	塘面山	ZJLY-612:1YⅡ	23.42	113.88	42	陶			泥质细硬陶	灰		曲折纹						西周至春秋
7677	ZJLY-612	塘面山	ZJLY-612:2YⅡ	23.42	113.88	45	陶	罐	口沿	泥质粗硬陶	青灰		方格纹						西周至春秋
7678	ZJLY-612	塘面山	ZJLY-612:3YⅡ	23.42	113.88	47	陶			泥质粗硬陶	灰褐		曲折纹						西周至春秋
7679	ZJLY-612	塘面山	ZJLY-612:4YⅡ	23.42	113.88	47	陶			泥质粗硬陶	红褐		曲折纹						西周至春秋
7680	ZJLY-612	塘面山	ZJLY-612:5YⅡ	23.42	113.88	57	陶			泥质粗硬陶	灰褐		曲折纹						西周至春秋
7681	ZJLY-612	塘面山	ZJLY-612:6YⅡ	23.42	113.88	56	陶			泥质细硬陶	深灰		曲折纹						西周至春秋
7682	ZJLY-612	塘面山	ZJLY-612:7YⅡ	23.42	113.88	61	陶			泥质粗硬陶	灰		方格纹						西周至春秋
7683	ZJLY-612	塘面山	ZJLY-612:8YⅡ	23.42	113.88	62	陶			泥质粗硬陶	红褐		细方格纹						西周至春秋
7684	ZJLY-612	塘面山	ZJLY-612:9YⅡ	23.42	113.88	61	陶			泥质细硬陶	青灰		方格纹						西周至春秋
7685	ZJLY-612	塘面山	ZJLY-612:10YⅡ	23.42	113.88	60	陶			泥质粗硬陶	橙黄		方格纹						西周至春秋
7686	ZJLY-612	塘面山	ZJLY-612:11YⅡ	23.42	113.88	51	陶			泥质粗硬陶	深灰		卷云雷纹						西周至春秋
7687	ZJLY-612	塘面山	ZJLY-612:12YⅡ	23.42	113.88	52	陶			泥质粗硬陶	红褐		云雷纹						西周至春秋
7688	ZJLY-612	塘面山	ZJLY-612:13YⅡ	23.42	113.88	54	陶	瓮	口沿	泥质细硬陶	灰		方格纹、重圈纹						西周至春秋
7689	ZJLY-612	塘面山	ZJLY-612:1ZⅠ	23.42	113.88	47	陶			泥质细硬陶	灰		篮纹、附加堆纹						新石器时代晚期至商代
7690	ZJLY-612	塘面山	ZJLY-612:2ZⅠ	23.42	113.88	47	陶			泥质细硬陶	灰		曲折纹						新石器时代晚期至商代
7691	ZJLY-612	塘面山	ZJLY-612:3ZⅠ	23.42	113.88	49	陶			泥质细硬陶	灰		篮纹、附加堆纹						新石器时代晚期至商代
7692	ZJLY-612	塘面山	ZJLY-612:5ZⅠ	23.42	113.88	48	石	石器			青灰					残			新石器时代晚期至商代
7693	ZJLY-612	塘面山	ZJLY-612:6ZⅠ	23.42	113.88	53	陶			泥质粗硬陶	红褐		方格纹						西周至春秋
7694	ZJLY-612	塘面山	ZJLY-612:7ZⅠ	23.42	113.88	51	陶	瓮	口沿	泥质细硬陶	深灰		方格纹						西周至春秋
7695	ZJLY-612	塘面山	ZJLY-612:8ZⅠ	23.42	113.88	50	陶			泥质细硬陶	深灰		菱纹						西周至春秋
7696	ZJLY-612	塘面山	ZJLY-612:9ZⅠ	23.42	113.88	64	陶			夹细砂软陶	褐		素面						西周至春秋
7697	ZJLY-612	塘面山	ZJLY-612:10ZⅠ	23.42	113.88	53	陶			泥质细硬陶	深灰		菱纹						西周至春秋
7698	ZJLY-612	塘面山	ZJLY-612:11ZⅠ	23.42	113.88	50	陶			泥质细硬陶	灰褐		方格纹						西周至春秋
7699	ZJLY-612	塘面山	ZJLY-612:12ZⅠ	23.42	113.88	53	石	石器			青灰		菱格纹			残			新石器时代晚期至商代
7700	ZJLY-612	塘面山	ZJLY-612:13ZⅠ	23.42	113.88	52	陶			泥质粗硬陶	深灰		菱格纹						西周至春秋
7701	ZJLY-612	塘面山	ZJLY-612:14ZⅠ	23.42	113.88	50	陶			夹粗砂软陶	灰		素面						新石器时代晚期至商代

序号	遗址编号	遗址名称	遗物编号	纬度（度）	经度（度）	海拔（米）	质地	器形	部位	陶质	颜色	釉色	纹饰	刻划符号	石器岩性	石器完整程度	石器硬度	石器风化程度	年代
7702	ZJLY-613	莲藕山	ZJLY-613:1Z I	23.42	113.88	65	陶			夹粗砂软陶	灰黑		素面						新石器时代晚期至商代
7703	ZJLY-614	圭湖山	ZJLY-614:1Y II	23.42	113.88	11	陶			泥质细硬陶	灰褐		细方格纹						西周至春秋
7704	ZJLY-614	圭湖山	ZJLY-614:2Y II	23.42	113.88	27	陶			泥质细硬陶	灰		方格纹、夔纹						西周至春秋
7705	ZJLY-614	圭湖山	ZJLY-614:1Z I	23.42	113.88	23	陶			泥质细硬陶	灰褐		方格纹、夔纹						西周至春秋
7706	ZJLY-617	狮山	ZJLY-617:1Y II	23.41	113.88	39	陶			泥质细硬陶	深灰		方格纹						战国至南越国
7707	ZJLY-620	圭湖西	ZJLY-620:1T	23.42	113.87	29	陶			泥质细硬陶	灰褐		米字纹						战国至南越国
7708	ZJLY-620	圭湖西	ZJLY-620:1Y II	23.42	113.87	33	陶			泥质细硬陶	灰褐		米字纹						战国至南越国
7709	ZJLY-620	圭湖西	ZJLY-620:2Y II	23.42	113.87	36	陶			泥质粗硬陶	灰褐		米字纹						战国至南越国
7710	ZJLY-620	圭湖西	ZJLY-620:3Y II	23.42	113.87	30	陶			泥质细硬陶	灰褐		米字纹						战国至南越国
7711	ZJLY-620	圭湖西	ZJLY-620:4Y II	23.42	113.87	34	陶			泥质细硬陶	灰褐		米字纹						战国至南越国
7712	ZJLY-620	圭湖西	ZJLY-620:5Y II	23.42	113.87	33	陶			泥质粗硬陶	灰褐		米字纹						战国至南越国
7713	ZJLY-633	猪腰凹	ZJLY-633:1T	23.43	113.85	26	石	石器			褐				砂岩	残	6	未风化	新石器时代晚期至商代
7714	ZJLY-633	猪腰凹	ZJLY-633:1Z I	23.43	113.85	19	陶	罐	口沿	泥质细硬陶	灰褐		米字纹						战国至南越国
7715	ZJLY-633	猪腰凹	ZJLY-633:2Z I	23.43	113.85	17	陶			泥质细硬陶	灰		素面						汉代
7716	ZJLY-639	大坝山	ZJLY-639:1T	23.44	113.95	80	陶	罐	圈足	泥质粗硬陶	灰黄		绳纹						新石器时代晚期至商代
7717	ZJLY-639	大坝山	ZJLY-639:2T	23.44	113.95	85	陶			泥质细软陶	灰		篮纹						新石器时代晚期至商代
7718	ZJLY-639	大坝山	ZJLY-639:3T	23.44	113.95	85	陶			泥质细硬陶	青灰		曲折纹						新石器时代晚期至商代
7719	ZJLY-639	大坝山	ZJLY-639:4T	23.44	113.95	87	陶			泥质粗硬陶	灰		素面						新石器时代晚期至商代
7720	ZJLY-639	大坝山	ZJLY-639:5T	23.44	113.95	89	石	石器			青灰					残			新石器时代晚期至商代
7721	ZJLY-639	大坝山	ZJLY-639:6T	23.44	113.95	81	陶			泥质细硬陶	青灰		素面						新石器时代晚期至商代
7722	ZJLY-639	大坝山	ZJLY-639:1Y III	23.44	113.95	84	陶	罐	口沿	泥质细硬陶	灰黄		素面						新石器时代晚期至商代
7723	ZJLY-639	大坝山	ZJLY-639:3Y III	23.44	113.95	89	陶			泥质细软陶	灰褐		素面						新石器时代晚期至商代
7724	ZJLY-639	大坝山	ZJLY-639:4Y III	23.44	113.95	91	陶			夹细砂硬陶	青灰		曲折纹						新石器时代晚期至商代
7725	ZJLY-639	大坝山	ZJLY-639:5Y III	23.44	113.95	90	陶			泥质细硬陶	灰褐		绳纹						新石器时代晚期至商代
7726	ZJLY-639	大坝山	ZJLY-639:6Y III	23.44	113.95	85	石	石器			青灰					残			新石器时代晚期至商代
7727	ZJLY-639	大坝山	ZJLY-639:7Y III	23.44	113.95	86	陶			泥质细硬陶	褐		素面						新石器时代晚期至商代
7728	ZJLY-639	大坝山	ZJLY-639:1Z I	23.44	113.95	90	陶	罐	圈足	泥质细硬陶	灰白		篮纹						新石器时代晚期至商代
7729	ZJLY-640	大份田山	ZJLY-640:1Z I	23.45	113.93	32	陶			泥质细硬陶	深灰		米字纹						战国至南越国
7730	ZJLY-643	凤岗尾山	ZJLY-643:1T	23.42	113.84	33	陶			泥质细硬陶	灰		方格纹、夔纹、弦纹						西周至春秋
7731	ZJLY-643	凤岗尾山	ZJLY-643:1Y II	23.42	113.84	25	陶			泥质粗硬陶	灰褐		方格纹						西周至春秋
7732	ZJLY-643	凤岗尾山	ZJLY-643:2Y II	23.42	113.84	25	陶			泥质粗硬陶	灰白		方格纹						西周至春秋

序号	遗址编号	遗址名称	遗物编号	纬度(度)	经度(度)	海拔(米)	质地	器形	部位	陶质	颜色	釉色	纹饰	刻划符号	石器岩性	石器完整程度	石器硬度	石器风化程度	年代
7733	ZJLY-643	凤岗尾山	ZJLY-643:3Y II	23.42	113.84	30	陶			泥质细硬陶	灰		方格纹						西周至春秋
7734	ZJLY-644	赤眼塘大岭	ZJLY-644:1T	23.42	113.85	37	陶			夹粗砂软陶	灰黑		素面						新石器时代晚期至商代
7735	ZJLY-644	赤眼塘大岭	ZJLY-644:2T	23.42	113.85	44	陶			泥质细软陶	灰		素面						新石器时代晚期至商代
7736	ZJLY-644	赤眼塘大岭	ZJLY-644:1Y II	23.43	113.85	43	陶			泥质细硬陶	灰		间断条纹						新石器时代晚期至商代
7737	ZJLY-644	赤眼塘大岭	ZJLY-644:2Y II	23.43	113.85	47	陶			泥质细硬陶	灰		篮纹、附加堆纹						新石器时代晚期至商代
7738	ZJLY-644	赤眼塘大岭	ZJLY-644:3Y II	23.42	113.85	52	陶			泥质细硬陶	青灰		曲折纹						新石器时代晚期至商代
7739	ZJLY-644	赤眼塘大岭	ZJLY-644:4Y II	23.42	113.85	51	陶			夹粗砂软陶	灰黑		曲折纹						新石器时代晚期至商代
7740	ZJLY-644	赤眼塘大岭	ZJLY-644:5Y II	23.42	113.85	54	陶			泥质细硬陶	青灰		交错条纹						新石器时代晚期至商代
7741	ZJLY-644	赤眼塘大岭	ZJLY-644:6Y II	23.42	113.85	54	陶			泥质细硬陶	灰		素面						新石器时代晚期至商代
7742	ZJLY-644	赤眼塘大岭	ZJLY-644:1Z I	23.42	113.85	45	陶			夹粗砂软陶	灰		素面						新石器时代晚期至商代
7743	ZJLY-644	赤眼塘大岭	ZJLY-644:2Z I	23.42	113.85	44	陶			泥质细硬陶	灰		篮纹						新石器时代晚期至商代
7744	ZJLY-644	赤眼塘大岭	ZJLY-644:3Z I	23.43	113.85	41	陶			泥质细硬陶	灰		绳纹、附加堆纹						新石器时代晚期至商代
7745	ZJLY-644	赤眼塘大岭	ZJLY-644:4Z I	23.43	113.85	41	陶			泥质细硬陶	灰		交错绳纹						新石器时代晚期至商代
7746	ZJLY-644	赤眼塘大岭	ZJLY-644:5Z I	23.43	113.85	45	陶			泥质细硬陶	灰		交错绳纹						新石器时代晚期至商代
7747	ZJLY-644	赤眼塘大岭	ZJLY-644:6Z I	23.43	113.85	46	陶			泥质细硬陶	灰		绳纹						新石器时代晚期至商代
7748	ZJLY-644	赤眼塘大岭	ZJLY-644:7Z I	23.42	113.85	49	陶			泥质细硬陶	灰		素面						新石器时代晚期至商代
7749	ZJLY-652	屈头山	ZJLY-652:1T	23.44	113.85	42	陶			泥质细硬陶	灰		交错绳纹						新石器时代晚期至商代
7750	ZJLY-652	屈头山	ZJLY-652:2T	23.44	113.85	41	陶			泥质细硬陶	灰		交错绳纹						新石器时代晚期至商代
7751	ZJLY-652	屈头山	ZJLY-652:3T	23.44	113.85	41	陶			泥质粗硬陶	深灰		交错绳纹						新石器时代晚期至商代
7752	ZJLY-652	屈头山	ZJLY-652:4T	23.44	113.85	42	陶			泥质细硬陶	橙黄		条纹						新石器时代晚期至商代
7753	ZJLY-652	屈头山	ZJLY-652:5T	23.44	113.85	41	陶			泥质细硬陶	灰		绳纹						新石器时代晚期至商代
7754	ZJLY-652	屈头山	ZJLY-652:6T	23.44	113.85	40	陶			泥质细硬陶	红褐		曲折纹						新石器时代晚期至商代
7755	ZJLY-652	屈头山	ZJLY-652:1Y II	23.44	113.85	39	陶			泥质细硬陶	灰		曲折纹						新石器时代晚期至商代
7756	ZJLY-654	虎陂西南山	ZJLY-654:1Y II	23.44	113.85	44	陶			泥质粗硬陶	青灰		曲折纹						新石器时代晚期至商代
7757	ZJLY-654	虎陂西南山	ZJLY-654:2Y II	23.44	113.85	27	陶			泥质粗硬陶	青灰		曲折纹						新石器时代晚期至商代
7758	ZJLY-664	牛尾岭	ZJLY-664:1Z I	23.44	113.88	29	陶			泥质细硬陶	灰白		素面						明清
7759	ZJLY-664	牛尾岭	ZJLY-664:2Z I	23.44	113.88	26	陶			泥质粗硬陶			方格纹						战国至南越国
7760	ZJLY-673	谷岙高	ZJLY-673:1T	23.46	113.86	112	陶			泥质粗软陶	红褐		绳纹						新石器时代晚期至商代
7761	ZJLY-673	谷岙高	ZJLY-673:2T	23.46	113.86	114	陶			泥质粗软陶	橙黄		绳纹						新石器时代晚期至商代
7762	ZJLY-673	谷岙高	ZJLY-673:3T	23.46	113.86	115	陶			泥质粗硬陶	青灰		素面						新石器时代晚期至商代
7763	ZJLY-673	谷岙高	ZJLY-673:4T	23.46	113.86	117	陶			泥质粗软陶	灰白		绳纹						新石器时代晚期至商代

序号	遗址编号	遗址名称	遗物编号	纬度(度)	经度(度)	海拔(米)	质地	器形	部位	陶质	颜色	釉色	纹饰	刻划符号	石器岩性	石器完整程度	石器硬度	石器风化程度	年代
7764	ZJLY-673	谷岙高	ZJLY-673:5T	23.46	113.86	115	陶			泥质粗硬陶	灰褐		绳纹						新石器时代晚期至商代
7765	ZJLY-673	谷岙高	ZJLY-673:6T	23.46	113.86	116	陶			泥质细硬陶	灰白		绳纹						新石器时代晚期至商代
7766	ZJLY-673	谷岙高	ZJLY-673:7T	23.46	113.86	116	陶			泥质粗硬陶	青灰		绳纹						新石器时代晚期至商代
7767	ZJLY-673	谷岙高	ZJLY-673:8T	23.46	113.86	112	陶			泥质粗硬陶	灰褐		长方格纹						新石器时代晚期至商代
7768	ZJLY-673	谷岙高	ZJLY-673:9T	23.46	113.86	112	陶			泥质粗硬陶	灰褐		绳纹						新石器时代晚期至商代
7769	ZJLY-673	谷岙高	ZJLY-673:10T	23.46	113.86	110	陶			泥质粗硬陶	灰褐		叶脉纹						新石器时代晚期至商代
7770	ZJLY-673	谷岙高	ZJLY-673:11T	23.46	113.86	110	陶		口沿	泥质粗硬陶	灰白		素面						新石器时代晚期至商代
7771	ZJLY-673	谷岙高	ZJLY-673:12T	23.46	113.86	110	陶			泥质粗硬陶	灰褐		绳纹						新石器时代晚期至商代
7772	ZJLY-673	谷岙高	ZJLY-673:13T	23.46	113.86	111	陶			泥质粗硬陶	青灰		菱格纹						新石器时代晚期至商代
7773	ZJLY-673	谷岙高	ZJLY-673:14①T	23.46	113.86	109	陶			泥质细软陶	灰褐		叶脉纹						新石器时代晚期至商代
7774	ZJLY-673	谷岙高	ZJLY-673:14②T	23.46	113.86	109	陶			泥质粗硬陶	灰		条纹						新石器时代晚期至商代
7775	ZJLY-673	谷岙高	ZJLY-673:14③T	23.46	113.86	109	陶			泥质粗硬陶	橙黄		长方格纹						新石器时代晚期至商代
7776	ZJLY-673	谷岙高	ZJLY-673:14④T	23.46	113.86	109	陶			泥质细硬陶	深灰		曲折纹						新石器时代晚期至商代
7777	ZJLY-673	谷岙高	ZJLY-673:14⑤T	23.46	113.86	109	陶			泥质细软陶	灰白		方格纹						新石器时代晚期至商代
7778	ZJLY-673	谷岙高	ZJLY-673:15T	23.46	113.86	110	石	石器							片岩	残	6	未风化	新石器时代晚期至商代
7779	ZJLY-673	谷岙高	ZJLY-673:1Y II	23.46	113.86	110	陶			泥质粗硬陶	青灰		斜长方格纹						新石器时代晚期至商代
7780	ZJLY-673	谷岙高	ZJLY-673:2Y II	23.46	113.86	117	陶			泥质细软陶	灰白		间断条纹						新石器时代晚期至商代
7781	ZJLY-673	谷岙高	ZJLY-673:3Y II	23.46	113.86	116	陶	罐	口沿	泥质粗硬陶	灰		素面						新石器时代晚期至商代
7782	ZJLY-673	谷岙高	ZJLY-673:4Y II	23.46	113.86	119	陶			泥质软陶	灰		曲折纹						新石器时代晚期至商代
7783	ZJLY-673	谷岙高	ZJLY-673:5Y II	23.46	113.86	113	陶			泥质细硬陶	灰白		梯格纹						新石器时代晚期至商代
7784	ZJLY-673	谷岙高	ZJLY-673:6Y II	23.46	113.86	115	陶			泥质粗硬陶	灰白		条纹						新石器时代晚期至商代
7785	ZJLY-673	谷岙高	ZJLY-673:7Y II	23.46	113.86	120	陶		口沿	泥质细硬陶	灰		素面						新石器时代晚期至商代
7786	ZJLY-673	谷岙高	ZJLY-673:1Z I	23.46	113.86	106	陶			泥质粗硬陶	灰白		绳纹						新石器时代晚期至商代
7787	ZJLY-673	谷岙高	ZJLY-673:2Z I	23.46	113.86	110	陶	罐	口沿	夹砂软陶	灰褐		素面						新石器时代晚期至商代
7788	ZJLY-673	谷岙高	ZJLY-673:3Z I	23.46	113.86	108	陶			泥质粗硬陶	灰白		曲折纹						新石器时代晚期至商代
7789	ZJLY-673	谷岙高	ZJLY-673:4Z I	23.46	113.86	115	陶			泥质细硬陶	灰白		交错条纹						新石器时代晚期至商代
7790	ZJLY-673	谷岙高	ZJLY-673:5Z I	23.46	113.86	115	陶			泥质细软陶	深灰		绳纹						新石器时代晚期至商代
7791	ZJLY-673	谷岙高	ZJLY-673:6Z I	23.46	113.86	113	陶			泥质细硬陶	灰白		交错绳纹						新石器时代晚期至商代
7792	ZJLY-673	谷岙高	ZJLY-673:7Z I	23.46	113.86	113	陶			泥质粗硬陶	灰		绳纹						新石器时代晚期至商代
7793	ZJLY-673	谷岙高	ZJLY-673:8Z I	23.46	113.86	111	陶			泥质细软陶	橙黄		条纹						新石器时代晚期至商代
7794	ZJLY-673	谷岙高	ZJLY-673:9Z I	23.46	113.86	116	陶			泥质粗硬陶	灰		绳纹						新石器时代晚期至商代

序号	遗址编号	遗址名称	遗物编号	纬度(度)	经度(度)	海拔(米)	质地	器形	部位	陶质	颜色	釉色	纹饰	刻划符号	石器岩性	石器完整程度	石器硬度	石器风化程度	年代
7795	ZJLY-673	谷岙高	ZJLY-673:10Z I	23.46	113.86	119	陶			泥质粗硬陶	灰黄		绳纹、弦纹						新石器时代晚期至商代
7796	ZJLY-673	谷岙高	ZJLY-673:11Z I	23.46	113.86	121	陶			泥质粗硬陶	灰黄		条纹						新石器时代晚期至商代
7797	ZJLY-673	谷岙高	ZJLY-673:12Z I	23.46	113.86	120	陶		口沿	泥质粗硬陶	灰		素面						新石器时代晚期至商代
7798	ZJLY-673	谷岙高	ZJLY-673:13Z I	23.46	113.86	118	陶		口沿	泥质细硬陶	青		素面						新石器时代晚期至商代
7799	ZJLY-673	谷岙高	ZJLY-673:14Z I	23.46	113.86	117	陶		口沿	泥质粗硬陶	深灰		附加堆纹						新石器时代晚期至商代
7800	ZJLY-673	谷岙高	ZJLY-673:15Z I	23.46	113.86	113	陶			泥质细硬陶	青灰		云雷纹						新石器时代晚期至商代
7801	ZJLY-673	谷岙高	ZJLY-673:16Z I	23.46	113.86	111	陶			泥质粗硬陶	灰褐		条纹						新石器时代晚期至商代
7802	ZJLY-674	白庙后龙山	ZJLY-674:1Z I	23.45	113.84	35	陶	罐	口沿	泥质细硬陶	灰黄		素面						唐宋
7803	ZJLY-674	白庙后龙山	ZJLY-674:2Z I	23.45	113.84	26	陶			泥质粗硬陶	灰褐		方格纹						战国至南越国
7804	ZJLY-676	新埗塘围	ZJLY-676:1Z I	23.45	113.83	18	陶			泥质粗硬陶	灰褐		米字纹						战国至南越国
7805	ZJLY-681	新村六巷后山	ZJLY-681:1T	23.44	113.83	17	陶			泥质粗硬陶	红褐		方格纹						战国至南越国
7806	ZJLY-681	新村六巷后山	ZJLY-681:2T	23.44	113.83	17	陶			泥质粗硬陶	红褐		长方格纹						新石器时代晚期至商代
7807	ZJLY-681	新村六巷后山	ZJLY-681:3T	23.44	113.83	23	陶			泥质粗硬陶	灰		长方格纹						新石器时代晚期至商代
7808	ZJLY-681	新村六巷后山	ZJLY-681:4T	23.44	113.83	24	陶			泥质粗硬陶	灰		斜长方格纹						新石器时代晚期至商代
7809	ZJLY-681	新村六巷后山	ZJLY-681:5T	23.44	113.83	16	陶			泥质粗硬陶	灰		篮纹						新石器时代晚期至商代
7810	ZJLY-681	新村六巷后山	ZJLY-681:6T	23.44	113.83	19	陶			泥质粗硬陶	灰		叶脉纹						新石器时代晚期至商代
7811	ZJLY-681	新村六巷后山	ZJLY-681:7T	23.44	113.83	22	陶			泥质细硬陶	青灰		素面						新石器时代晚期至商代
7812	ZJLY-681	新村六巷后山	ZJLY-681:8T	23.44	113.83	19	陶			泥质粗硬陶	灰		长方格纹						新石器时代晚期至商代
7813	ZJLY-681	新村六巷后山	ZJLY-681:9T	23.44	113.83	15	陶			泥质粗硬陶	灰黑		方格纹						战国至南越国
7814	ZJLY-681	新村六巷后山	ZJLY-681:1Y II	23.44	113.83	14	陶	罐	底	泥质粗硬陶	灰		素面						战国至南越国
7815	ZJLY-681	新村六巷后山	ZJLY-681:2Y II	23.44	113.83	14	陶			泥质粗硬陶	灰黑		重方格对角线纹						战国至南越国
7816	ZJLY-681	新村六巷后山	ZJLY-681:3Y II	23.44	113.83	19	陶		口沿	泥质粗硬陶	灰褐		米字纹						战国至南越国
7817	ZJLY-681	新村六巷后山	ZJLY-681:4Y II	23.44	113.83	19	陶			泥质粗硬陶	深灰		米字纹						战国至南越国
7818	ZJLY-681	新村六巷后山	ZJLY-681:1Z I	23.44	113.83	16	陶			泥质粗硬陶	灰		方格纹						战国至南越国
7819	ZJLY-681	新村六巷后山	ZJLY-681:2Z I	23.44	113.83	22	陶			泥质细硬陶	灰白		细方格纹						战国至南越国
7820	ZJLY-682	新村二巷后山	ZJLY-682:1T	23.44	113.83	23	石	锛			深灰				角岩	残	7	未风化	新石器时代晚期至商代
7821	ZJLY-683	马胥山	ZJLY-683:1T	23.44	113.83	28	陶			泥质粗硬陶	灰		方格纹						战国至南越国
7822	ZJLY-683	马胥山	ZJLY-683:2T	23.44	113.83	15	陶			泥质粗硬陶	红褐		方格纹						战国至南越国
7823	ZJLY-683	马胥山	ZJLY-683:1Z I	23.44	113.84	24	陶			泥质粗硬陶	青灰		米字纹						战国至南越国
7824	ZJLY-692	岭头岭	ZJLY-692:1T	23.47	113.82	19	陶			泥质粗硬陶	灰褐		方格纹、夔纹						西周至春秋
7825	ZJLY-692	岭头岭	ZJLY-692:2T	23.47	113.82	17	陶			泥质粗硬陶	灰褐		方格纹、弦纹						西周至春秋

序号	遗址编号	遗址名称	遗物编号	纬度(度)	经度(度)	海拔(米)	质地	器形	部位	陶质	颜色	釉色	纹饰	刻划符号	石器岩性	石器完整程度	石器硬度	石器风化程度	年代
7826	ZJLY-692	岭头岭	ZJLY-692:3T	23.47	113.82	17	陶			泥质粗软陶	红褐		方格纹						西周至春秋
7827	ZJLY-692	岭头岭	ZJLY-692:4T	23.47	113.82	17	陶			泥质粗硬陶	红褐		方格纹						西周至春秋
7828	ZJLY-692	岭头岭	ZJLY-692:1ZI	23.47	113.82	19	陶			泥质粗硬陶	灰褐		素面						西周至春秋
7829	ZJLY-692	岭头岭	ZJLY-692:2ZI	23.47	113.82	19	陶			泥质细硬陶	灰褐		菱格纹						西周至春秋
7830	ZJLY-692	岭头岭	ZJLY-692:3ZI	23.47	113.82	20	陶			泥质细硬陶	深灰		圆圈凸点纹						西周至春秋
7831	ZJLY-692	岭头岭	ZJLY-692:4ZI	23.47	113.82	19	陶			泥质粗硬陶	灰褐		方格纹、夔纹						西周至春秋
7832	ZJLY-692	岭头岭	ZJLY-692:9ZI	23.47	113.82	29	陶			夹粗砂软陶	灰黑		素面						西周至春秋
7833	ZJLY-700	皇篮	ZJLY-700:1T	23.47	113.82	24	陶			泥质粗硬陶	深灰		夔纹						西周至春秋
7834	ZJLY-700	皇篮	ZJLY-700:2T	23.47	113.82	25	陶			泥质粗硬陶	灰褐		方格纹						西周至春秋
7835	ZJLY-701	岭头岭西北岗	ZJLY-701:1YII	23.47	113.82	30	陶			泥质粗硬陶	灰		曲折纹						新石器时代晚期至商代
7836	ZJLY-701	岭头岭西北岗	ZJLY-701:2YII	23.47	113.82	30	陶			泥质细硬陶	灰白		方格纹						西周至春秋
7837	ZJLY-701	岭头岭西北岗	ZJLY-701:3YII	23.47	113.82	31	陶			泥质细硬陶	青灰		方格纹						西周至春秋
7838	ZJLY-701	岭头岭西北岗	ZJLY-701:4YII	23.47	113.82	33	陶			泥质粗硬陶	灰白		菱格凸块纹						西周至春秋
7839	ZJLY-701	岭头岭西北岗	ZJLY-701:5YII	23.47	113.82	33	陶			泥质粗硬陶	灰白		重菱格纹						西周至春秋
7840	ZJLY-701	岭头岭西北岗	ZJLY-701:6YII	23.47	113.82	29	陶			泥质粗硬陶	灰白		曲折纹、附加堆纹						新石器时代晚期至商代
7841	ZJLY-701	岭头岭西北岗	ZJLY-701:7YII	23.47	113.82	25	陶			泥质粗硬陶	灰褐		方格纹						西周至春秋
7842	ZJLY-701	岭头岭西北岗	ZJLY-701:8YII	23.47	113.82	26	陶			泥质细硬陶	灰		曲折纹						新石器时代晚期至商代
7843	ZJLY-701	岭头岭西北岗	ZJLY-701:9YII	23.47	113.82	27	陶			泥质粗硬陶	灰白		方格纹						西周至春秋
7844	ZJLY-701	岭头岭西北岗	ZJLY-701:10YII	23.47	113.82	27	陶			泥质粗硬陶	灰白		条纹						新石器时代晚期至商代
7845	ZJLY-701	岭头岭西北岗	ZJLY-701:11YII	23.47	113.82	27	陶			泥质粗硬陶	灰		条纹、附加堆纹						新石器时代晚期至商代
7846	ZJLY-701	岭头岭西北岗	ZJLY-701:12YII	23.47	113.82	28	石	环			灰黑				角岩	残	7	未风化	新石器时代晚期至商代
7847	ZJLY-701	岭头岭西北岗	ZJLY-701:13YII	23.47	113.82	29	陶			泥质粗硬陶	灰白		方格纹						西周至春秋
7848	ZJLY-701	岭头岭西北岗	ZJLY-701:14YII	23.47	113.82	32	陶			泥质细硬陶	灰白		方格纹						西周至春秋
7849	ZJLY-701	岭头岭西北岗	ZJLY-701:1ZI	23.47	113.82	32	陶			泥质粗硬陶	灰褐		方格纹						西周至春秋
7850	ZJLY-701	岭头岭西北岗	ZJLY-701:2ZI	23.47	113.82	30	陶			泥质粗硬陶	灰白		曲折纹、附加堆纹						新石器时代晚期至商代
7851	ZJLY-701	岭头岭西北岗	ZJLY-701:3ZI	23.47	113.82	28	陶			泥质粗硬陶	灰白		交错绳纹						新石器时代晚期至商代
7852	ZJLY-702	刘王洞	ZJLY-702:1T	23.47	113.82	15	陶		口沿	泥质粗硬陶	灰		素面						西周至春秋
7853	ZJLY-702	刘王洞	ZJLY-702:2T	23.48	113.82	29	陶			泥质粗硬陶	灰黑		方格纹、夔纹						西周至春秋
7854	ZJLY-702	刘王洞	ZJLY-702:3T	23.48	113.82	29	陶			泥质细硬陶	灰白		曲折纹						新石器时代晚期至商代
7855	ZJLY-702	刘王洞	ZJLY-702:4T	23.48	113.82	33	陶			泥质细硬陶	灰白		曲折纹						新石器时代晚期至商代
7856	ZJLY-702	刘王洞	ZJLY-702:5T	23.48	113.82	30	陶		口沿	泥质粗硬陶	灰黑		方格纹						西周至春秋

序号	遗址编号	遗址名称	遗物编号	纬度（度）	经度（度）	海拔（米）	质地	器形	部位	陶质	颜色	釉色	纹饰	刻划符号	石器岩性	石器完整程度	石器硬度	石器风化程度	年代
7857	ZJLY－702	刘王洞	ZJLY－702:6T	23.48	113.82	41	陶			泥质细硬陶	灰		篮纹						新石器时代晚期至商代
7858	ZJLY－702	刘王洞	ZJLY－702:7T	23.48	113.82	42	陶			夹细砂软陶	黑		素面						新石器时代晚期至商代
7859	ZJLY－702	刘王洞	ZJLY－702:8T	23.48	113.82	41	陶			泥质粗硬陶	灰黑		曲折纹						新石器时代晚期至商代
7860	ZJLY－702	刘王洞	ZJLY－702:9T	23.48	113.82	40	陶			泥质粗硬陶	灰		夔纹						西周至春秋
7861	ZJLY－702	刘王洞	ZJLY－702:10T	23.48	113.82	40	陶			泥质粗硬陶	灰白		篮纹						新石器时代晚期至商代
7862	ZJLY－702	刘王洞	ZJLY－702:11T	23.48	113.82	41	陶			泥质粗硬陶	灰褐		长方格纹						新石器时代晚期至商代
7863	ZJLY－702	刘王洞	ZJLY－702:12T	23.48	113.82	41	陶			泥质粗硬陶	灰白		长方格纹						新石器时代晚期至商代
7864	ZJLY－702	刘王洞	ZJLY－702:13T	23.48	113.82	43	陶			泥质粗硬陶	灰白		网格纹						西周至春秋
7865	ZJLY－702	刘王洞	ZJLY－702:14T	23.48	113.82	43	陶			泥质粗硬陶	灰褐		夔纹						西周至春秋
7866	ZJLY－702	刘王洞	ZJLY－702:15T	23.48	113.82	42	陶			泥质粗硬陶	灰		叶脉纹						新石器时代晚期至商代
7867	ZJLY－702	刘王洞	ZJLY－702:16T	23.48	113.82	42	陶		口沿	夹细砂软陶	灰		素面						新石器时代晚期至商代
7868	ZJLY－702	刘王洞	ZJLY－702:17T	23.48	113.82	44	陶			泥质粗硬陶	灰		夔纹						西周至春秋
7869	ZJLY－702	刘王洞	ZJLY－702:18T	23.48	113.82	44	陶	罐	口沿	泥质粗硬陶	灰		戳印纹、贴塑圆圈纹	有					西周至春秋
7870	ZJLY－702	刘王洞	ZJLY－702:19T	23.48	113.82	43	陶		口沿	泥质粗硬陶	灰		素面						西周至春秋
7871	ZJLY－702	刘王洞	ZJLY－702:20T	23.48	113.82	44	陶			泥质粗硬陶	灰		绳纹						新石器时代晚期至商代
7872	ZJLY－702	刘王洞	ZJLY－702:21T	23.48	113.82	39	陶			泥质粗硬陶	灰褐		绳纹、交错条纹						新石器时代晚期至商代
7873	ZJLY－702	刘王洞	ZJLY－702:22T	23.48	113.82	46	石	石器			灰		素面			残			新石器时代晚期至商代
7874	ZJLY－702	刘王洞	ZJLY－702:23T	23.48	113.82	47	陶			泥质粗硬陶	灰白		曲折纹、附加堆纹						新石器时代晚期至商代
7875	ZJLY－702	刘王洞	ZJLY－702:24T	23.48	113.82	47	陶			泥质粗硬陶	灰		篮纹						新石器时代晚期至商代
7876	ZJLY－702	刘王洞	ZJLY－702:25T	23.48	113.82	47	陶			泥质粗硬陶	灰褐		绳纹						新石器时代晚期至商代
7877	ZJLY－702	刘王洞	ZJLY－702:26T	23.48	113.82	44	陶		口沿	泥质粗硬陶	青灰		方格纹						西周至春秋
7878	ZJLY－702	刘王洞	ZJLY－702:1Y II	23.48	113.82	29	陶			泥质粗硬陶	红褐		米字纹						战国至南越国
7879	ZJLY－702	刘王洞	ZJLY－702:2Y II	23.48	113.82	43	陶			夹细砂软陶	黑		素面						新石器时代晚期至商代
7880	ZJLY－702	刘王洞	ZJLY－702:3Y II	23.48	113.82	45	陶		口沿	泥质细硬陶	灰白		素面						新石器时代晚期至商代
7881	ZJLY－702	刘王洞	ZJLY－702:4Y II	23.48	113.82	46	陶			泥质粗硬陶	青灰		夔纹						西周至春秋
7882	ZJLY－702	刘王洞	ZJLY－702:5Y II	23.48	113.82	45	陶		口沿	泥质粗硬陶	灰褐		方格纹、弦纹						西周至春秋
7883	ZJLY－702	刘王洞	ZJLY－702:6Y II	23.48	113.82	46	陶	凹圜底罐	底	泥质粗硬陶	灰		方格纹						新石器时代晚期至商代
7884	ZJLY－702	刘王洞	ZJLY－702:7Y II	23.48	113.82	46	陶			泥质细硬陶	灰		曲折纹						新石器时代晚期至商代
7885	ZJLY－702	刘王洞	ZJLY－702:8Y II	23.48	113.82	50	陶			泥质细硬陶	灰		夔纹						西周至春秋
7886	ZJLY－702	刘王洞	ZJLY－702:9Y II	23.48	113.82	46	陶	罐	口沿	泥质细硬陶	灰褐		戳印纹、弦纹	有					西周至春秋
7887	ZJLY－702	刘王洞	ZJLY－702:10Y II	23.48	113.82	53	陶			泥质粗硬陶	浅灰		细方格纹						西周至春秋

序号	遗址编号	遗址名称	遗物编号	纬度(度)	经度(度)	海拔(米)	质地	器形	部位	陶质	颜色	釉色	纹饰	刻划符号	石器岩性	石器完整程度	石器硬度	石器风化程度	年代
7888	ZJLY-702	刘王洞	ZJLY-702:11YⅡ	23.48	113.82	48	陶	罐	口沿	泥质粗硬陶	灰褐		篦点纹(外)、弦纹(内)						西周至春秋
7889	ZJLY-702	刘王洞	ZJLY-702:1ZⅠ	23.47	113.82	17	陶			泥质细硬陶	灰褐		交错条纹						新石器时代晚期至商代
7890	ZJLY-702	刘王洞	ZJLY-702:2ZⅠ	23.47	113.82	17	陶			泥质粗硬陶	灰褐		夔纹						西周至春秋
7891	ZJLY-702	刘王洞	ZJLY-702:3ZⅠ	23.48	113.82	56	陶			泥质粗硬陶	灰褐		菱格凸块纹						西周至春秋
7892	ZJLY-705	石珑山	ZJLY-705:1T	23.47	113.81	21	陶		口沿	泥质软陶	灰		素面						新石器时代晚期至商代
7893	ZJLY-705	石珑山	ZJLY-705:2T	23.47	113.81	22	陶			泥质粗软陶	灰		素面						新石器时代晚期至商代
7894	ZJLY-705	石珑山	ZJLY-705:3T	23.47	113.81	29	陶		圈足	泥质粗硬陶	灰		方格纹、弦纹						西周至春秋
7895	ZJLY-705	石珑山	ZJLY-705:4T	23.47	113.81	77	陶			夹细砂软陶	灰黑		素面						新石器时代晚期至商代
7896	ZJLY-705	石珑山	ZJLY-705:5T	23.47	113.81	77	陶			夹细砂软陶	灰黑		素面						新石器时代晚期至商代
7897	ZJLY-705	石珑山	ZJLY-705:6T	23.47	113.81	76	陶			夹细砂软陶	灰白		素面						新石器时代晚期至商代
7898	ZJLY-705	石珑山	ZJLY-705:7T	23.47	113.81	75	陶		圈足	泥质细软陶	灰		素面						新石器时代晚期至商代
7899	ZJLY-705	石珑山	ZJLY-705:8T	23.47	113.81	76	陶			泥质细软陶	灰		素面						新石器时代晚期至商代
7900	ZJLY-705	石珑山	ZJLY-705:9T	23.47	113.81	76	石	砺石			灰				千枚岩	残	6	未风化	新石器时代晚期至商代
7901	ZJLY-705	石珑山	ZJLY-705:10T	23.47	113.81	77	陶			泥质粗硬陶	红褐		方格纹						西周至春秋
7902	ZJLY-705	石珑山	ZJLY-705:11T	23.47	113.81	82	陶		口沿	夹细砂软陶	橙黄		素面						新石器时代晚期至商代
7903	ZJLY-705	石珑山	ZJLY-705:12T	23.47	113.81	82	陶			泥质粗硬陶	深灰		绳纹						新石器时代晚期至商代
7904	ZJLY-705	石珑山	ZJLY-705:13T	23.47	113.81	82	陶	罐	口沿	泥质细硬陶	灰白		素面						新石器时代晚期至商代
7905	ZJLY-705	石珑山	ZJLY-705:14T	23.47	113.81	86	陶		圈足	夹细砂软陶	灰		素面						新石器时代晚期至商代
7906	ZJLY-705	石珑山	ZJLY-705:15T	23.47	113.81	88	陶			泥质粗硬陶	橙黄		方格纹						西周至春秋
7907	ZJLY-705	石珑山	ZJLY-705:16T	23.47	113.81	86	陶		口沿	泥质粗硬陶	灰白		素面						新石器时代晚期至商代
7908	ZJLY-705	石珑山	ZJLY-705:17T	23.47	113.81	85	陶			夹粗砂软陶	灰白		素面						新石器时代晚期至商代
7909	ZJLY-705	石珑山	ZJLY-705:18T	23.47	113.81	86	陶		口沿	夹粗砂软陶	灰		素面						新石器时代晚期至商代
7910	ZJLY-705	石珑山	ZJLY-705:19T	23.47	113.81	101	陶			夹细砂软陶	灰褐		曲折纹						新石器时代晚期至商代
7911	ZJLY-705	石珑山	ZJLY-705:20T	23.47	113.81	100	陶			泥质粗硬陶	灰		篮纹、附加堆纹						新石器时代晚期至商代
7912	ZJLY-705	石珑山	ZJLY-705:21T	23.47	113.81	100	石	石器			浅灰					残			新石器时代晚期至商代
7913	ZJLY-705	石珑山	ZJLY-705:22T	23.47	113.81	96	陶			泥质粗硬陶	深灰		方格纹						西周至春秋
7914	ZJLY-705	石珑山	ZJLY-705:23T	23.47	113.81	95	陶			泥质粗硬陶	灰褐		方格纹						西周至春秋
7915	ZJLY-705	石珑山	ZJLY-705:24T	23.47	113.81	98	陶			泥质粗硬陶	灰褐		方格纹						西周至春秋
7916	ZJLY-705	石珑山	ZJLY-705:25T	23.47	113.81	94	陶	罐	圈足	泥质细硬陶	橙黄		素面						新石器时代晚期至商代
7917	ZJLY-705	石珑山	ZJLY-705:26T	23.47	113.81	94	陶		口沿	泥质粗硬陶	灰褐		方格纹						西周至春秋
7918	ZJLY-705	石珑山	ZJLY-705:1YⅡ	23.47	113.81	21	陶		口沿	泥质粗硬陶	灰褐		方格纹						西周至春秋

序号	遗址编号	遗址名称	遗物编号	纬度(度)	经度(度)	海拔(米)	质地	器形	部位	陶质	颜色	釉色	纹饰	刻划符号	石器岩性	石器完整程度	石器硬度	石器风化程度	年代
7919	ZJLY-705	石珑山	ZJLY-705:2YⅡ	23.47	113.81	18	陶			泥质粗硬陶	灰褐		方格纹						西周至春秋
7920	ZJLY-705	石珑山	ZJLY-705:3YⅡ	23.47	113.81	18	陶			泥质粗硬陶	灰褐		方格纹						西周至春秋
7921	ZJLY-705	石珑山	ZJLY-705:4YⅡ	23.47	113.81	26	陶			泥质粗硬陶	灰褐		方格纹						西周至春秋
7922	ZJLY-705	石珑山	ZJLY-705:5YⅡ	23.47	113.81	27	石	锛			青灰				片岩	基本完整	6	微风化	新石器时代晚期至商代
7923	ZJLY-705	石珑山	ZJLY-705:6YⅡ	23.47	113.81	74	陶			夹粗砂软陶	灰黑		条纹						新石器时代晚期至商代
7924	ZJLY-705	石珑山	ZJLY-705:7YⅡ	23.47	113.81	74	陶			夹粗砂软陶	灰黑		素面						新石器时代晚期至商代
7925	ZJLY-705	石珑山	ZJLY-705:8YⅡ	23.47	113.81	73	陶			夹粗砂软陶	灰白		素面						新石器时代晚期至商代
7926	ZJLY-705	石珑山	ZJLY-705:9YⅡ	23.47	113.81	74	陶			泥质细软陶	深灰		绳纹						新石器时代晚期至商代
7927	ZJLY-705	石珑山	ZJLY-705:10YⅡ	23.47	113.81	81	陶			泥质粗硬陶	灰		重圈纹						新石器时代晚期至商代
7928	ZJLY-705	石珑山	ZJLY-705:11YⅡ	23.47	113.81	80	陶			泥质细硬陶	灰		叶脉纹						新石器时代晚期至商代
7929	ZJLY-705	石珑山	ZJLY-705:12YⅡ	23.47	113.81	77	陶	釜	口沿	夹粗砂软陶	灰黑		素面						新石器时代晚期至商代
7930	ZJLY-705	石珑山	ZJLY-705:13YⅡ	23.47	113.81	77	陶	豆		夹粗砂软陶	浅灰		素面						新石器时代晚期至商代
7931	ZJLY-705	石珑山	ZJLY-705:14YⅡ	23.47	113.81	84	陶			泥质粗硬陶	灰黄		曲折纹						新石器时代晚期至商代
7932	ZJLY-705	石珑山	ZJLY-705:15YⅡ	23.47	113.81	94	石	石器			青灰					残			新石器时代晚期至商代
7933	ZJLY-705	石珑山	ZJLY-705:16YⅡ	23.47	113.81	96	陶			泥质粗硬陶	灰		方格纹						西周至春秋
7934	ZJLY-705	石珑山	ZJLY-705:17YⅡ	23.47	113.81	96	陶			泥质粗硬陶	灰		方格纹						西周至春秋
7935	ZJLY-705	石珑山	ZJLY-705:18YⅡ	23.47	113.81	95	陶	罐	口沿	泥质粗硬陶	青灰		方格纹、菱格凸块纹、篦点纹						西周至春秋
7936	ZJLY-705	石珑山	ZJLY-705:19YⅡ	23.47	113.81	99	陶			泥质粗硬陶	灰		方格纹						西周至春秋
7937	ZJLY-705	石珑山	ZJLY-705:20YⅡ	23.47	113.81	100	陶			夹粗砂软陶	灰黑		素面						新石器时代晚期至商代
7938	ZJLY-705	石珑山	ZJLY-705:21YⅡ	23.47	113.81	100	陶			泥质粗硬陶	灰		夔纹、菱格纹、弦纹						西周至春秋
7939	ZJLY-705	石珑山	ZJLY-705:22YⅡ	23.47	113.81	100	陶	罐	口沿	泥质粗硬陶	灰		篦点纹						西周至春秋
7940	ZJLY-705	石珑山	ZJLY-705:23YⅡ	23.47	113.81	93	陶		圈足	泥质粗硬陶	红褐		方格纹						西周至春秋
7941	ZJLY-705	石珑山	ZJLY-705:24YⅡ	23.47	113.81	100	陶			泥质粗硬陶	灰		素面						新石器时代晚期至商代
7942	ZJLY-705	石珑山	ZJLY-705:25YⅡ	23.47	113.81	97	陶			泥质粗硬陶	灰		素面						新石器时代晚期至商代
7943	ZJLY-705	石珑山	ZJLY-705:1ZⅠ	23.47	113.81	26	陶		底	夹细砂软陶	灰黑		方格纹						新石器时代晚期至商代
7944	ZJLY-705	石珑山	ZJLY-705:2ZⅠ	23.47	113.81	24	陶			泥质粗硬陶	红褐		方格纹						西周至春秋
7945	ZJLY-705	石珑山	ZJLY-705:3ZⅠ	23.47	113.81	28	陶		口沿	泥质粗硬陶	红褐		绳纹						西周至春秋
7946	ZJLY-705	石珑山	ZJLY-705:4ZⅠ	23.47	113.81	36	陶			泥质粗硬陶	灰		素面						新石器时代晚期至商代
7947	ZJLY-707	圆墩岭	ZJLY-707:1YⅡ	23.48	113.81	25	陶			泥质软陶	褐		绳纹、附加堆纹						新石器时代晚期至商代
7948	ZJLY-709	乌石埔后山	ZJLY-709:1T	23.48	113.82	21	陶			泥质粗硬陶	灰黑		方格纹、夔纹、弦纹						西周至春秋
7949	ZJLY-709	乌石埔后山	ZJLY-709:2T	23.48	113.82	26	陶			泥质粗硬陶	深灰		方格纹						西周至春秋

序号	遗址编号	遗址名称	遗物编号	纬度（度）	经度（度）	海拔（米）	质地	器形	部位	陶质	颜色	釉色	纹饰	刻划符号	石器岩性	石器完整程度	石器硬度	石器风化程度	年代
7950	ZJLY-709	乌石埔后山	ZJLY-709:3T	23.48	113.82	28	陶			夹粗砂软陶	灰		素面						新石器时代晚期至商代
7951	ZJLY-709	乌石埔后山	ZJLY-709:4T	23.48	113.82	25	陶			夹粗砂软陶	红褐		素面						新石器时代晚期至商代
7952	ZJLY-709	乌石埔后山	ZJLY-709:5T	23.48	113.82	25	陶			泥质粗软陶	灰		素面						新石器时代晚期至商代
7953	ZJLY-709	乌石埔后山	ZJLY-709:6T	23.48	113.82	20	陶		口沿	夹细砂硬陶	灰		素面						新石器时代晚期至商代
7954	ZJLY-709	乌石埔后山	ZJLY-709:7T	23.48	113.82	31	陶	罐	口沿	泥质细软陶	灰白		素面						新石器时代晚期至商代
7955	ZJLY-709	乌石埔后山	ZJLY-709:8T	23.48	113.82	26	陶		口沿	泥质粗软陶	灰		素面						新石器时代晚期至商代
7956	ZJLY-709	乌石埔后山	ZJLY-709:9T	23.48	113.82	19	陶			夹粗砂软陶	灰		素面						新石器时代晚期至商代
7957	ZJLY-709	乌石埔后山	ZJLY-709:10T	23.48	113.82	17	陶		口沿	泥质粗软陶	灰		素面						新石器时代晚期至商代
7958	ZJLY-709	乌石埔后山	ZJLY-709:11T	23.48	113.82	18	陶			夹粗砂软陶	灰		素面						新石器时代晚期至商代
7959	ZJLY-709	乌石埔后山	ZJLY-709:12T	23.48	113.82	26	石				灰白				砂岩	残			新石器时代晚期至商代
7960	ZJLY-709	乌石埔后山	ZJLY-709:13T	23.48	113.82	24	石	石器			褐					残			新石器时代晚期至商代
7961	ZJLY-709	乌石埔后山	ZJLY-709:14T	23.48	113.82	19	陶			泥质粗硬陶	灰黑		方格纹						西周至春秋
7962	ZJLY-709	乌石埔后山	ZJLY-709:1YⅡ	23.48	113.82	29	陶		口沿	泥质粗硬陶	灰		素面						新石器时代晚期至商代
7963	ZJLY-709	乌石埔后山	ZJLY-709:2YⅡ	23.48	113.82	30	陶			泥质粗软陶	灰		素面						新石器时代晚期至商代
7964	ZJLY-709	乌石埔后山	ZJLY-709:3YⅡ	23.48	113.82	31	石	锛			青灰				片岩	残	6	微风化	新石器时代晚期至商代
7965	ZJLY-709	乌石埔后山	ZJLY-709:4YⅡ	23.48	113.82	23	陶		口沿	夹粗砂软陶	灰		素面						新石器时代晚期至商代
7966	ZJLY-709	乌石埔后山	ZJLY-709:5YⅡ	23.48	113.82	22	陶			泥质粗软陶	灰		方格纹						新石器时代晚期至商代
7967	ZJLY-709	乌石埔后山	ZJLY-709:6YⅡ	23.48	113.82	26	陶			泥质粗硬陶	灰		方格纹						西周至春秋
7968	ZJLY-709	乌石埔后山	ZJLY-709:7YⅡ	23.48	113.82	26	陶			夹粗砂硬陶	深灰		方格纹						西周至春秋
7969	ZJLY-709	乌石埔后山	ZJLY-709:1ZⅠ	23.48	113.82	21	石	锛			青灰				角岩	残	7	未风化	新石器时代晚期至商代
7970	ZJLY-709	乌石埔后山	ZJLY-709:2①ZⅠ	23.48	113.82	24	陶			泥质粗软陶	红褐		曲折纹						新石器时代晚期至商代
7971	ZJLY-709	乌石埔后山	ZJLY-709:2②ZⅠ	23.48	113.82	24	陶			泥质粗软陶	灰		素面						新石器时代晚期至商代
7972	ZJLY-709	乌石埔后山	ZJLY-709:2③ZⅠ	23.48	113.82	24	陶			泥质粗软陶	灰		素面						新石器时代晚期至商代
7973	ZJLY-709	乌石埔后山	ZJLY-709:3ZⅠ	23.48	113.82	22	陶		口沿	夹粗砂软陶	灰		素面						新石器时代晚期至商代
7974	ZJLY-709	乌石埔后山	ZJLY-709:4ZⅠ	23.48	113.82	21	陶			泥质粗软陶	灰		方格纹						新石器时代晚期至商代
7975	ZJLY-709	乌石埔后山	ZJLY-709:5ZⅠ	23.48	113.82	23	陶		口沿	泥质粗软陶	灰白		素面						新石器时代晚期至商代
7976	ZJLY-709	乌石埔后山	ZJLY-709:6ZⅠ	23.48	113.82	23	陶		口沿	夹粗砂软陶	灰黑		素面						新石器时代晚期至商代
7977	ZJLY-709	乌石埔后山	ZJLY-709:7①ZⅠ	23.48	113.82	26	陶	罐	口沿	泥质粗硬陶	红褐		素面						新石器时代晚期至商代
7978	ZJLY-709	乌石埔后山	ZJLY-709:7②ZⅠ	23.48	113.82	26	陶		圈足	泥质粗软陶	灰褐		素面						新石器时代晚期至商代
7979	ZJLY-709	乌石埔后山	ZJLY-709:8ZⅠ	23.48	113.82	14	陶	纺轮		夹粗砂硬陶	黑		素面						新石器时代晚期至商代
7980	ZJLY-709	乌石埔后山	ZJLY-709:9①ZⅠ	23.48	113.82	26	陶			泥质粗硬陶	灰白		篮纹						新石器时代晚期至商代

序号	遗址编号	遗址名称	遗物编号	纬度（度）	经度（度）	海拔（米）	质地	器形	部位	陶质	颜色	釉色	纹饰	刻划符号	石器岩性	石器完整程度	石器硬度	石器风化程度	年代
7981	ZJLY-709	乌石埔后山	ZJLY-709:9②ZⅠ	23.48	113.82	26	陶	罐	口沿	泥质细硬陶	灰白		素面						新石器时代晚期至商代
7982	ZJLY-709	乌石埔后山	ZJLY-709:9③ZⅠ	23.48	113.82	26	陶			泥质粗软陶	灰		叶脉纹						新石器时代晚期至商代
7983	ZJLY-709	乌石埔后山	ZJLY-709:9④ZⅠ	23.48	113.82	26	陶		口沿	夹粗砂软陶	灰		素面						新石器时代晚期至商代
7984	ZJLY-709	乌石埔后山	ZJLY-709:10ZⅠ	23.48	113.82	29	陶	罐	圈足	泥质细软陶	灰		素面						新石器时代晚期至商代
7985	ZJLY-709	乌石埔后山	ZJLY-709:11ZⅠ	23.48	113.82	22	陶			夹粗砂软陶	红褐		素面						新石器时代晚期至商代
7986	ZJLY-709	乌石埔后山	ZJLY-709:12ZⅠ	23.48	113.82	22	陶	器座			青灰					残			新石器时代晚期至商代
7987	ZJLY-710	关山大顶	ZJLY-710:1TⅠ	23.48	113.83	105	陶			泥质细硬陶	灰白		曲折纹、附加堆纹						新石器时代晚期至商代
7988	ZJLY-710	关山大顶	ZJLY-710:2TⅠ	23.48	113.83	107	陶			泥质细硬陶	灰		条纹						新石器时代晚期至商代
7989	ZJLY-710	关山大顶	ZJLY-710:3TⅠ	23.48	113.83	106	陶			泥质粗软陶	灰		素面						新石器时代晚期至商代
7990	ZJLY-710	关山大顶	ZJLY-710:4TⅠ	23.48	113.83	106	陶			泥质细软陶	灰		素面						新石器时代晚期至商代
7991	ZJLY-710	关山大顶	ZJLY-710:5TⅠ	23.48	113.83	107	陶			夹细砂软陶	灰黑		素面						新石器时代晚期至商代
7992	ZJLY-711	小山仔	ZJLY-711:1TⅠ	23.47	113.81	14	陶		口沿	泥质细硬陶	灰		戳印纹、圈点纹						西周至春秋
7993	ZJLY-711	小山仔	ZJLY-711:2TⅠ	23.47	113.81	13	陶			泥质粗硬陶	灰褐		方格纹						西周至春秋
7994	ZJLY-711	小山仔	ZJLY-711:3TⅠ	23.47	113.81	12	陶			泥质粗硬陶	褐		夔纹						西周至春秋
7995	ZJLY-711	小山仔	ZJLY-711:1YⅡ	23.47	113.81	18	石	石器			青灰		方格纹、圆圈纹			残			西周至春秋
7996	ZJLY-711	小山仔	ZJLY-711:1ZⅠ	23.47	113.81	16	陶			泥质粗硬陶	橙黄								西周至春秋
7997	ZJLY-711	小山仔	ZJLY-711:2ZⅠ	23.47	113.81	9	石	石器			深灰					残			西周至春秋
7998	ZJLY-711	小山仔	ZJLY-711:3ZⅠ	23.47	113.81	14	石	石器			红褐					残			西周至春秋
7999	ZJLY-713	京山岽	ZJLY-713:1YⅡ	23.47	113.81	23	陶		口沿	夹粗砂软陶	灰黑		素面						新石器时代晚期至商代
8000	ZJLY-714	黄岗头后山	ZJLY-714:1TⅠ	23.46	113.82	35	陶			泥质粗硬陶	红褐		方格纹						西周至春秋
8001	ZJLY-714	黄岗头后山	ZJLY-714:2TⅠ	23.46	113.82	37	陶			泥质粗硬陶	橙黄		夔纹						西周至春秋
8002	ZJLY-714	黄岗头后山	ZJLY-714:3TⅠ	23.46	113.82	40	陶			泥质粗硬陶	灰褐		勾连云雷纹						西周至春秋
8003	ZJLY-714	黄岗头后山	ZJLY-714:4TⅠ	23.46	113.82	36	陶			泥质粗硬陶	橙黄		方格纹						西周至春秋
8004	ZJLY-714	黄岗头后山	ZJLY-714:5TⅠ	23.46	113.82	34	陶			泥质粗硬陶	红褐		方格纹						西周至春秋
8005	ZJLY-714	黄岗头后山	ZJLY-714:6TⅠ	23.46	113.82	34	陶			泥质粗硬陶	灰黑		夔纹						西周至春秋
8006	ZJLY-714	黄岗头后山	ZJLY-714:7TⅠ	23.46	113.82	35	陶			泥质粗硬陶	灰黑		方格纹						西周至春秋
8007	ZJLY-714	黄岗头后山	ZJLY-714:8TⅠ	23.46	113.82	42	陶			泥质粗硬陶	灰黑		方格纹						西周至春秋
8008	ZJLY-714	黄岗头后山	ZJLY-714:9TⅠ	23.46	113.82	36	陶			泥质粗硬陶	灰		方格纹						西周至春秋
8009	ZJLY-714	黄岗头后山	ZJLY-714:1ZⅠ	23.46	113.82	43	陶			泥质粗硬陶	灰黑		方格纹						西周至春秋
8010	ZJLY-714	黄岗头后山	ZJLY-714:2ZⅠ	23.46	113.82	43	陶			泥质粗硬陶	灰黑		方格纹						西周至春秋
8011	ZJLY-714	黄岗头后山	ZJLY-714:3ZⅠ	23.46	113.82	42	陶			泥质细硬陶	灰		网格纹						西周至春秋

序号	遗址编号	遗址名称	遗物编号	纬度（度）	经度（度）	海拔（米）	质地	器形	部位	陶质	颜色	釉色	纹饰	刻划符号	石器岩性	石器完整程度	石器硬度	石器风化程度	年代
8012	ZJLY-714	黄岗头后山	ZJLY-714:4Z I	23.46	113.82	39	陶			泥质粗硬陶	灰褐		勾连云雷纹						西周至春秋
8013	ZJLY-715	彭屋园	ZJLY-715:1T	23.46	113.81	24	陶			泥质粗硬陶	灰		方格纹						西周至春秋
8014	ZJLY-715	彭屋园	ZJLY-715:2T	23.46	113.81	27	陶			泥质粗硬陶	灰		方格纹、弦纹						西周至春秋
8015	ZJLY-715	彭屋园	ZJLY-715:3T	23.46	113.81	16	陶	罐	口沿	泥质粗硬陶	灰褐		方格纹、弦纹、戳印纹						西周至春秋
8016	ZJLY-717	鹿寨山	ZJLY-717:1Z I	23.45	113.82	53	陶			泥质粗硬陶	灰黄		细方格纹						西周至春秋
8017	ZJLY-722	福船江	ZJLY-722:1T	23.49	113.80	19	陶			泥质粗硬陶	浅灰		条纹						新石器时代晚期至晚商时代
8018	ZJLY-731	塘耙岭	ZJLY-731:1Y II	23.46	113.78	13	陶			泥质粗硬陶	灰		方格纹						战国至南越国
8019	ZJLY-731	塘耙岭	ZJLY-731:1Y II	23.46	113.78	16	陶			泥质粗硬陶	深灰		米字纹						战国至南越国
8020	ZJLY-733	围园林场西南岗	ZJLY-733:1T	23.47	113.79	12	陶			夹细砂软陶	橙黄		方格纹						战国至南越国
8021	ZJLY-733	围园林场西南岗	ZJLY-733:1Y II	23.47	113.79	6	陶			泥质粗硬陶	灰黄		素面	有					战国至南越国
8022	ZJLY-733	围园林场西南岗	ZJLY-733:1Z I	23.47	113.79	13	陶			泥质粗硬陶	灰		弦纹						战国至南越国
8023	ZJLY-733	围园林场西南岗	ZJLY-733:2Z I	23.47	113.79	18	陶		耳	泥质粗硬陶	灰		素面						战国至南越国
8024	ZJLY-733	围园林场西南岗	ZJLY-733:3Z I	23.47	113.79	15	陶		口沿	泥质粗硬陶	灰		方格纹						战国至南越国
8025	ZJLY-733	围园林场西南岗	ZJLY-733:4Z I	23.47	113.79	8	陶			泥质粗硬陶	灰褐		米字纹						战国至南越国
8026	ZJLY-734	葫芦地圆岭	ZJLY-734:1Y II	23.47	113.78	50	陶			泥质粗硬陶	灰		方格纹						西周至春秋
8027	ZJLY-735	梧桐岭	ZJLY-735:1T	23.47	113.79	20	陶			泥质粗硬陶	灰黄		方格纹						战国至南越国
8028	ZJLY-735	梧桐岭	ZJLY-735:1Y II	23.47	113.79	13	陶			泥质粗硬陶	灰		方格纹、弦纹						战国至南越国
8029	ZJLY-735	梧桐岭	ZJLY-735:2Y II	23.47	113.79	11	陶			泥质粗硬陶	灰		方格纹、弦纹						战国至南越国
8030	ZJLY-735	梧桐岭	ZJLY-735:3Y II	23.47	113.79	18	陶			泥质粗硬陶	灰褐		方格纹						战国至南越国
8031	ZJLY-735	梧桐岭	ZJLY-735:4Y II	23.47	113.79	23	陶			泥质细硬陶	灰		素面						战国至南越国
8032	ZJLY-735	梧桐岭	ZJLY-735:5Y II	23.47	113.79	19	陶			泥质细硬陶	灰褐		方格纹						战国至南越国
8033	ZJLY-735	梧桐岭	ZJLY-735:1Z I	23.47	113.79	20	陶			泥质粗硬陶	灰		不明						战国至南越国
8034	ZJLY-735	梧桐岭	ZJLY-735:2Z I	23.47	113.79	19	陶			泥质粗硬陶	灰		戳印纹、弦纹						战国至南越国
8035	ZJLY-735	梧桐岭	ZJLY-735:3Z I	23.47	113.79	18	陶	砖		泥质粗硬陶	灰黄		网格纹						晋南朝
8036	ZJLY-736	西沙岭	ZJLY-736:1T	23.47	113.78	23	陶			泥质粗硬陶	灰		夔纹						西周至春秋
8037	ZJLY-736	西沙岭	ZJLY-736:1Z I	23.47	113.78	45	陶			泥质粗硬陶	灰褐		方格纹						西周至春秋
8038	ZJLY-738	殡葬山	ZJLY-738:1T	23.47	113.78	24	陶			泥质粗硬陶	橙黄		方格纹						西周至春秋

続表

序号	遗址编号	遗址名称	遗物编号	纬度（度）	经度（度）	海拔（米）	质地	器形	部位	陶质	颜色	釉色	纹饰	刻划符号	石器岩性	石器完整程度	石器硬度	石器风化程度	年代
8039	ZJLY-738	嫔葬山	ZJLY-738:2T	23.47	113.78	24	陶			泥质细硬陶	黄褐		方格对角线纹						战国至南越国
8040	ZJLY-738	嫔葬山	ZJLY-738:1YII	23.47	113.78	8	陶			泥质粗硬陶	灰褐		方格纹						西周至春秋
8041	ZJLY-738	嫔葬山	ZJLY-738:2YII	23.47	113.78	4	陶			泥质粗硬陶	灰		方格纹						西周至春秋
8042	ZJLY-738	嫔葬山	ZJLY-738:3YII	23.47	113.78	5	陶			泥质粗硬陶	灰		方格纹						战国至南越国
8043	ZJLY-738	嫔葬山	ZJLY-738:4YII	23.47	113.78	11	陶			泥质粗硬陶	灰		三角格纹						战国至南越国
8044	ZJLY-738	嫔葬山	ZJLY-738:5YII	23.47	113.78	10	陶			泥质粗硬陶	灰		三角格纹						战国至南越国
8045	ZJLY-738	嫔葬山	ZJLY-738:6YII	23.47	113.78	7	陶			泥质粗硬陶	灰		方格纹						战国至南越国
8046	ZJLY-738	嫔葬山	ZJLY-738:7YII	23.47	113.78	18	陶			泥质粗硬陶	灰黑		不明						战国至南越国
8047	ZJLY-738	嫔葬山	ZJLY-738:1Z	23.47	113.78	10	陶			泥质粗硬陶	灰		方格纹						西周至春秋
8048	ZJLY-738	嫔葬山	ZJLY-738:2Z	23.47	113.78	6	陶		口沿	泥质细硬陶	灰		素面						西周至春秋
8049	ZJLY-738	嫔葬山	ZJLY-738:3ZI	23.47	113.78	4	陶			泥质软陶	灰		方格纹、夔纹						西周至春秋
8050	ZJLY-738	嫔葬山	ZJLY-738:4ZI	23.47	113.78	2	陶			泥质粗硬陶	红褐		方格纹						战国至南越国
8051	ZJLY-738	嫔葬山	ZJLY-738:5ZI	23.47	113.78	3	陶			泥质粗硬陶	灰		方格纹						西周至春秋
8052	ZJLY-739	甘头山	ZJLY-739:1T	23.48	113.78	23	陶			泥质粗硬陶	灰		方格纹						西周至春秋
8053	ZJLY-739	甘头山	ZJLY-739:2T	23.48	113.78	18	陶			泥质粗硬陶	深灰		素面						西周至春秋
8054	ZJLY-739	甘头山	ZJLY-739:3T	23.48	113.78	25	陶			泥质粗硬陶	灰		方格纹、菱格纹						西周至春秋
8055	ZJLY-739	甘头山	ZJLY-739:1ZI	23.48	113.78	21	陶			泥质粗硬陶	灰		方格纹						西周至春秋
8056	ZJLY-740	大埔村后龙山	ZJLY-740:1T	23.48	113.78	28	陶			泥质粗硬陶	灰								西周至春秋
8057	ZJLY-740	大埔村后龙山	ZJLY-740:2T	23.48	113.78	25	石	砺石											西周至春秋
8058	ZJLY-740	大埔村后龙山	ZJLY-740:3T	23.48	113.78	25	陶			泥质粗硬陶	红褐		素面						西周至春秋
8059	ZJLY-742	红顶山	ZJLY-742:1YII	23.46	113.80	14	陶	罐	圈足	泥质粗硬陶	灰		素面						新石器时代晚期至商代
8060	ZJLY-743	迳山	ZJLY-743:1T	23.46	113.80	52	陶			泥质粗硬陶	青灰		方格纹、夔纹、弦纹						西周至春秋
8061	ZJLY-743	迳山	ZJLY-743:2T	23.46	113.80	52	陶			泥质细硬陶	灰		夔纹、弦纹						西周至春秋
8062	ZJLY-743	迳山	ZJLY-743:3T	23.46	113.80	54	陶			泥质粗硬陶	深灰		方格纹						西周至春秋
8063	ZJLY-743	迳山	ZJLY-743:4T	23.46	113.80	33	陶			泥质粗硬陶	灰		素面						西周至春秋
8064	ZJLY-743	迳山	ZJLY-743:5T	23.46	113.80	55	陶			泥质粗硬陶	深灰		方格纹						西周至春秋
8065	ZJLY-745	猪粪岭	ZJLY-745:1T	23.46	113.80	16	陶			泥质粗硬陶	灰		方格纹						西周至春秋
8066	ZJLY-745	猪粪岭	ZJLY-745:2T	23.46	113.80	18	陶			泥质粗硬陶	红褐		方格纹						西周至春秋
8067	ZJLY-745	猪粪岭	ZJLY-745:3T	23.46	113.80	21	陶			泥质粗硬陶	灰褐		夔纹						西周至春秋
8068	ZJLY-745	猪粪岭	ZJLY-745:4T	23.46	113.80	20	陶			泥质粗硬陶	灰褐		方格纹						西周至春秋
8069	ZJLY-745	猪粪岭	ZJLY-745:1YII	23.46	113.80	23	陶			泥质粗硬陶	灰		方格纹						西周至春秋

续表

序号	遗址编号	遗址名称	遗物编号	纬度（度）	经度（度）	海拔（米）	质地	器形	部位	陶质	颜色	釉色	纹饰	刻划符号	石器岩性	石器完整程度	石器硬度	石器风化程度	年代
8070	ZJLY-751	莲塘山	ZJLY-751:1T	23.46	113.75	19	陶			夹细砂软陶	红褐		方格纹						西周至春秋
8071	ZJLY-764	仙人岽	ZJLY-764:1YⅡ	23.48	113.75	36	陶			泥质粗硬陶	深灰		米字纹						战国至南越国
8072	ZJLY-764	仙人岽	ZJLY-764:2YⅡ	23.48	113.75	32	陶			泥质粗硬陶	灰褐		米字纹						战国至南越国
8073	ZJLY-764	仙人岽	ZJLY-764:3YⅡ	23.48	113.75	34	陶			泥质粗硬陶	灰褐		米字纹						战国至南越国
8074	ZJLY-764	仙人岽	ZJLY-764:4YⅡ	23.48	113.75	35	陶			泥质粗硬陶	灰褐		米字纹						战国至南越国
8075	ZJLY-764	仙人岽	ZJLY-764:5YⅡ	23.48	113.75	33	陶			泥质粗硬陶	灰褐		米字纹						战国至南越国
8076	ZJLY-764	仙人岽	ZJLY-764:6YⅡ	23.48	113.75	32	陶			泥质粗硬陶	青灰		米字纹						战国至南越国
8077	ZJLY-764	仙人岽	ZJLY-764:7YⅡ	23.48	113.75	31	陶	罐	口沿	泥质粗硬陶	灰褐		米字纹						战国至南越国
8078	ZJLY-764	仙人岽	ZJLY-764:8YⅡ	23.48	113.75	29	陶			泥质细硬陶	灰褐		米字纹						战国至南越国
8079	ZJLY-764	仙人岽	ZJLY-764:9YⅡ	23.48	113.75	30	陶			泥质粗硬陶	深灰		米字纹						战国至南越国
8080	ZJLY-764	仙人岽	ZJLY-764:10YⅡ	23.48	113.75	31	陶			泥质细硬陶	灰褐		米字纹						战国至南越国
8081	ZJLY-764	仙人岽	ZJLY-764:11YⅡ	23.48	113.75	29	陶	盂	口沿	泥质细硬陶	青灰		方格纹						战国至南越国
8082	ZJLY-764	仙人岽	ZJLY-764:12YⅡ	23.48	113.75	29	陶			泥质粗硬陶	灰褐		米字纹						战国至南越国
8083	ZJLY-764	仙人岽	ZJLY-764:13YⅡ	23.48	113.75	28	陶			泥质粗硬陶	灰褐		米字纹						战国至南越国
8084	ZJLY-764	仙人岽	ZJLY-764:14YⅡ	23.48	113.75	28	陶			泥质细硬陶	灰褐		米字纹						战国至南越国
8085	ZJLY-764	仙人岽	ZJLY-764:1ZⅠ	23.48	113.75	34	陶			泥质细硬陶	灰褐		米字纹						战国至南越国
8086	ZJLY-764	仙人岽	ZJLY-764:2ZⅠ	23.48	113.75	32	陶			泥质细硬陶	红褐		米字纹						战国至南越国
8087	ZJLY-764	仙人岽	ZJLY-764:3ZⅠ	23.48	113.75	34	陶			泥质粗硬陶	灰褐		米字纹						战国至南越国
8088	ZJLY-764	仙人岽	ZJLY-764:4ZⅠ	23.48	113.75	32	陶			泥质粗硬陶	深灰		米字纹						战国至南越国
8089	ZJLY-764	仙人岽	ZJLY-764:5ZⅠ	23.48	113.75	29	陶			泥质细硬陶	灰		方格纹						战国至南越国
8090	ZJLY-764	仙人岽	ZJLY-764:6ZⅠ	23.48	113.75	28	陶			泥质粗硬陶	深灰		米字纹						战国至南越国
8091	ZJLY-764	仙人岽	ZJLY-764:7ZⅠ	23.48	113.75	30	陶			泥质粗硬陶	青灰		米字纹						战国至南越国
8092	ZJLY-765	刘屋后山	ZJLY-765:1ZⅠ	23.49	113.77	61	陶			夹细砂硬陶	灰		长方格纹						新石器时代晚期至商代
8093	ZJLY-765	刘屋后山	ZJLY-765:2ZⅠ	23.49	113.77	61	陶			夹细砂硬陶	青灰		叶脉纹						新石器时代晚期至商代
8094	ZJLY-765	刘屋后山	ZJLY-765:3ZⅠ	23.49	113.77	62	陶			夹细砂硬陶	橙黄		绳纹						新石器时代晚期至商代
8095	ZJLY-765	刘屋后山	ZJLY-765:4ZⅠ	23.49	113.77	63	石	石器			青灰					残			新石器时代晚期至商代
8096	ZJLY-765	刘屋后山	ZJLY-765:5ZⅠ	23.49	113.77	61	陶			泥质细软陶	灰		素面						新石器时代晚期至商代
8097	ZJLY-765	刘屋后山	ZJLY-765:6ZⅠ	23.49	113.77	62	石	石器			红褐					残			新石器时代晚期至商代
8098	ZJLY-765	刘屋后山	ZJLY-765:7ZⅠ	23.49	113.77	63	陶			夹粗砂软陶	灰褐		素面						新石器时代晚期至商代
8099	ZJLY-765	刘屋后山	ZJLY-765:8ZⅠ	23.49	113.77	58	石	石器			灰					残			新石器时代晚期至商代
8100	ZJLY-765	刘屋后山	ZJLY-765:9ZⅠ	23.49	113.77	58	石	石器			红褐					残			新石器时代晚期至商代

序号	遗址编号	遗址名称	遗物编号	纬度（度）	经度（度）	海拔（米）	质地	器形	部位	陶质	颜色	釉色	纹饰	刻划符号	石器岩性	石器完整程度	石器硬度	石器风化程度	年代
8101	ZJLY-765	刘屋后山	ZJLY-765:10ZⅠ	23.49	113.77	56	石	砺石			灰褐								新石器时代晚期至商代
8102	ZJLY-765	刘屋后山	ZJLY-765:11ZⅠ	23.49	113.77	55	陶			夹细砂软陶	灰褐		绳纹						新石器时代晚期至商代
8103	ZJLY-765	刘屋后山	ZJLY-765:12ZⅠ	23.49	113.77	55	陶				青灰		绳纹						新石器时代晚期至商代
8104	ZJLY-765	刘屋后山	ZJLY-765:13ZⅠ	23.49	113.77	52	陶			夹细砂软陶	灰		曲折纹						新石器时代晚期至商代
8105	ZJLY-765	刘屋后山	ZJLY-765:14ZⅠ	23.49	113.77	55	陶			夹粗砂软陶	灰黑		绳纹						新石器时代晚期至商代
8106	ZJLY-765	刘屋后山	ZJLY-765:15ZⅠ	23.49	113.77	59	陶			夹细砂硬陶	灰		绳纹						新石器时代晚期至商代
8107	ZJLY-765	刘屋后山	ZJLY-765:16ZⅠ	23.49	113.77	58	陶			泥质细硬陶	橙黄		叶脉纹						新石器时代晚期至商代
8108	ZJLY-765	刘屋后山	ZJLY-765:17ZⅠ	23.49	113.77	57	陶	罐	口沿		红褐		篮纹						新石器时代晚期至商代
8109	ZJLY-765	刘屋后山	ZJLY-765:18ZⅠ	23.49	113.77	53	陶			夹细砂硬陶			绳纹						新石器时代晚期至商代
8110	ZJLY-765	刘屋后山	ZJLY-765:19ZⅠ	23.49	113.77	59	陶			夹细砂硬陶	青灰		间断条纹						新石器时代晚期至商代
8111	ZJLY-765	刘屋后山	ZJLY-765:20ZⅠ	23.49	113.77	62	陶			夹细砂硬陶	青灰		素面						新石器时代晚期至商代
8112	ZJLY-765	刘屋后山	ZJLY-765:21ZⅠ	23.49	113.77	60	陶			夹细砂硬陶	灰黑		绳纹						新石器时代晚期至商代
8113	ZJLY-766	荔果山	ZJLY-766:1ZⅠ	23.49	113.77	25	陶			泥质细硬陶	灰白		曲折纹						新石器时代晚期至商代
8114	ZJLY-766	荔果山	ZJLY-766:2ZⅠ	23.49	113.77	24	陶			泥质粗硬陶	橙黄		素面						新石器时代晚期至商代
8115	ZJLY-766	荔果山	ZJLY-766:3ZⅠ	23.49	113.77	16	石	网坠							石英岩	完整	7	未风化	新石器时代晚期至商代
8116	ZJLY-766	荔果山	ZJLY-766:4ZⅠ	23.49	113.77	42	陶			泥质细硬陶	灰		绳纹						新石器时代晚期至商代
8117	ZJLY-766	荔果山	ZJLY-766:5ZⅠ	23.49	113.77	44	陶			泥质细硬陶	灰		曲折纹						新石器时代晚期至商代
8118	ZJLY-766	荔果山	ZJLY-766:6ZⅠ	23.49	113.77	47	陶		口沿	夹细砂硬陶	灰		素面						新石器时代晚期至商代
8119	ZJLY-766	荔果山	ZJLY-766:7ZⅠ	23.49	113.77	47	陶			夹粗砂硬陶	灰黑		条纹						新石器时代晚期至商代
8120	ZJLY-766	荔果山	ZJLY-766:8ZⅠ	23.49	113.77	52	陶		口沿	夹细砂硬陶	灰		素面						新石器时代晚期至商代
8121	ZJLY-766	荔果山	ZJLY-766:9ZⅠ	23.49	113.77	46	陶			夹细砂硬陶	灰		绳纹						新石器时代晚期至商代
8122	ZJLY-766	荔果山	ZJLY-766:10ZⅠ	23.49	113.77	47	陶			夹细砂硬陶	红褐		素面						新石器时代晚期至商代
8123	ZJLY-766	荔果山	ZJLY-766:11ZⅠ	23.49	113.77	48	陶			泥质粗硬陶	灰		素面						新石器时代晚期至商代
8124	ZJLY-766	荔果山	ZJLY-766:12ZⅠ	23.49	113.77	46	陶			泥质粗硬陶	灰		绳纹						新石器时代晚期至商代
8125	ZJLY-766	荔果山	ZJLY-766:13ZⅠ	23.49	113.77	44	陶			夹细砂硬陶	灰黑		素面						新石器时代晚期至商代
8126	ZJLY-766	荔果山	ZJLY-766:14ZⅠ	23.49	113.77	46	陶			泥质细硬陶	灰		曲折纹						新石器时代晚期至商代
8127	ZJLY-766	荔果山	ZJLY-766:15ZⅠ	23.49	113.77	47	陶			泥质细硬陶	灰		绳纹						新石器时代晚期至商代
8128	ZJLY-766	荔果山	ZJLY-766:16ZⅠ	23.49	113.77	45	陶			泥质粗硬陶	灰		曲折纹						新石器时代晚期至商代
8129	ZJLY-766	荔果山	ZJLY-766:17ZⅠ	23.49	113.77	46	石	砺石			灰褐				砂岩	残	5.5	未风化	新石器时代晚期至商代
8130	ZJLY-766	荔果山	ZJLY-766:18ZⅠ	23.49	113.77	45	石	石镞			灰褐				片岩	残	6	未风化	新石器时代晚期至商代
8131	ZJLY-766	荔果山	ZJLY-766:19ZⅠ	23.49	113.77	48	陶			夹粗砂软陶	红褐		素面						新石器时代晚期至商代

序号	遗址编号	遗址名称	遗物编号	纬度（度）	经度（度）	海拔（米）	质地	器形	部位	陶质	颜色	釉色	纹饰	刻划符号	石器岩性	石器完整程度	石器硬度	石器风化程度	年代
8132	ZJLY-766	荔果山	ZJLY-766:20Z I	23.49	113.77	41	陶			夹细砂硬陶	灰		梯格纹						新石器时代晚期至商代
8133	ZJLY-768	蚊尾岽园岭仔	ZJLY-768:1Y II	23.49	113.76	28	陶			泥质粗硬陶	灰褐		方格纹						战国至南越国
8134	ZJLY-768	蚊尾岽园岭仔	ZJLY-768:2Y II	23.49	113.76	29	陶			泥质粗硬陶	灰		方格纹						战国至南越国
8135	ZJLY-768	蚊尾岽园岭仔	ZJLY-768:1Z I	23.49	113.77	41	陶			夹粗砂软陶	灰黑		素面						新石器时代晚期至商代
8136	ZJLY-768	蚊尾岽园岭仔	ZJLY-768:2Z I	23.49	113.76	34	陶			泥质细硬陶	青灰		方格纹						战国至南越国
8137	ZJLY-771	石补山	ZJLY-771:1Y II	23.48	113.76	14	陶	器盖		泥质粗硬陶	橙黄		素面						战国至南越国
8138	ZJLY-771	石补山	ZJLY-771:2Y II	23.48	113.76	15	陶	罐	底	泥质粗硬陶	灰褐		方格纹						战国至南越国
8139	ZJLY-771	石补山	ZJLY-771:3Y II	23.48	113.76	20	陶			泥质细硬陶	灰褐		三角格纹						战国至南越国
8140	ZJLY-771	石补山	ZJLY-771:4Y II	23.48	113.76	20	陶	器盖		泥质粗硬陶	灰褐		弦纹						战国至南越国
8141	ZJLY-771	石补山	ZJLY-771:5Y II	23.48	113.76	21	陶			泥质粗硬陶	深灰		方格纹						战国至南越国
8142	ZJLY-771	石补山	ZJLY-771:6Y II	23.48	113.76	19	陶			泥质粗硬陶	灰褐		米字纹						战国至南越国
8143	ZJLY-771	石补山	ZJLY-771:7Y II	23.48	113.76	19	陶			泥质细硬陶	红		素面						战国至南越国
8144	ZJLY-771	石补山	ZJLY-771:8Y II	23.48	113.76	20	陶			泥质粗硬陶	灰褐		戳印纹、轮线纹						战国至南越国
8145	ZJLY-771	石补山	ZJLY-771:9Y II	23.48	113.76	23	陶			泥质粗硬陶	灰褐		方格纹						战国至南越国
8146	ZJLY-771	石补山	ZJLY-771:10Y II	23.48	113.76	24	陶			泥质粗硬陶	红褐		方格纹						战国至南越国
8147	ZJLY-771	石补山	ZJLY-771:11Y II	23.48	113.76	22	陶			泥质粗硬陶	红褐		方格纹						战国至南越国
8148	ZJLY-771	石补山	ZJLY-771:12Y II	23.48	113.76	19	陶			泥质粗硬陶	灰褐		方格纹						战国至南越国
8149	ZJLY-771	石补山	ZJLY-771:13Y II	23.48	113.76	22	陶	罐	口沿	泥质粗硬陶	灰褐		方格纹						战国至南越国
8150	ZJLY-771	石补山	ZJLY-771:14Y II	23.48	113.76	19	陶			泥质粗硬陶	灰褐		方格纹						战国至南越国
8151	ZJLY-771	石补山	ZJLY-771:15Y II	23.48	113.76	13	陶			泥质粗硬陶	灰褐		方格纹						战国至南越国
8152	ZJLY-771	石补山	ZJLY-771:16Y II	23.48	113.76	13	陶			泥质粗硬陶	红褐		方格纹						战国至南越国
8153	ZJLY-771	石补山	ZJLY-771:17Y II	23.48	113.76	19	陶			泥质粗硬陶	灰褐		方格纹						战国至南越国
8154	ZJLY-771	石补山	ZJLY-771:18Y II	23.48	113.76	15	陶			泥质粗硬陶	红褐		方格纹						战国至南越国
8155	ZJLY-771	石补山	ZJLY-771:19①Y II	23.48	113.76	13	陶			泥质粗硬陶	灰褐		方格纹						战国至南越国
8156	ZJLY-771	石补山	ZJLY-771:19②Y II	23.48	113.76	13	陶			泥质粗硬陶	灰褐		方格纹						战国至南越国
8157	ZJLY-771	石补山	ZJLY-771:19③Y II	23.48	113.76	13	陶			泥质粗硬陶	红褐		方格纹						战国至南越国
8158	ZJLY-771	石补山	ZJLY-771:19④Y II	23.48	113.76	13	陶	器盖		泥质粗硬陶	灰褐		弦纹						战国至南越国
8159	ZJLY-771	石补山	ZJLY-771:19⑤Y II	23.48	113.76	13	陶	罐	口沿	泥质粗硬陶	灰褐		素面						战国至南越国
8160	ZJLY-771	石补山	ZJLY-771:19⑥Y II	23.48	113.76	13	陶			泥质粗硬陶	深灰		方格纹						战国至南越国
8161	ZJLY-771	石补山	ZJLY-771:19⑦Y II	23.48	113.76	13	陶			泥质粗硬陶	红		素面						战国至南越国
8162	ZJLY-771	石补山	ZJLY-771:19⑧Y II	23.48	113.76	13	陶			泥质粗硬陶	深灰		方格纹						战国至南越国

序号	遗址编号	遗址名称	遗物编号	纬度（度）	经度（度）	海拔（米）	质地	器形	部位	陶质	颜色	釉色	纹饰	刻划符号	石器岩性	石器完整程度	石器硬度	石器风化程度	年代
8163	ZJLY-771	石村山	ZJLY-771:19⑨YII	23.48	113.76	13	陶			泥质粗硬陶	灰褐		弦纹						战国至南越国
8164	ZJLY-771	石村山	ZJLY-771:19⑩YII	23.48	113.76	13	陶			泥质粗硬陶	红褐		方格纹						战国至南越国
8165	ZJLY-771	石村山	ZJLY-771:20YII	23.48	113.76	15	陶			泥质粗硬陶	灰褐		素面						战国至南越国
8166	ZJLY-771	石村山	ZJLY-771:1ZI	23.48	113.77	42	陶			泥质粗硬陶	青灰		方格纹						战国至南越国
8167	ZJLY-771	石村山	ZJLY-771:2ZI	23.48	113.77	40	陶			泥质粗硬陶	青灰		篦点纹、弦纹						战国至南越国
8168	ZJLY-771	石村山	ZJLY-771:3ZI	23.48	113.77	17	陶			泥质粗硬陶	青灰		方格纹						战国至南越国
8169	ZJLY-771	石村山	ZJLY-771:4ZI	23.48	113.77	23	陶			泥质粗硬陶	红褐		素面						战国至南越国
8170	ZJLY-771	石村山	ZJLY-771:5ZI	23.48	113.77	22	陶			泥质粗硬陶	青灰		三角纹						战国至南越国
8171	ZJLY-771	石村山	ZJLY-771:6ZI	23.48	113.77	23	陶			泥质粗硬陶	青灰		三角纹						战国至南越国
8172	ZJLY-771	石村山	ZJLY-771:7ZI	23.47	113.77	23	陶			泥质粗硬陶	深灰		三角格纹						战国至南越国
8173	ZJLY-771	石村山	ZJLY-771:8ZI	23.47	113.77	24	陶			泥质粗硬陶	灰褐		方格纹						战国至南越国
8174	ZJLY-772	打石岭	ZJLY-772:1ZI	23.48	113.76	23	陶			泥质粗硬陶	灰		三角纹						战国至南越国
8175	ZJLY-773	晒谷吓	ZJLY-773:1YII	23.48	113.75	17	陶			泥质细硬陶	青灰		米字纹						战国至南越国
8176	ZJLY-773	晒谷吓	ZJLY-773:2YII	23.48	113.75	16	陶			泥质粗硬陶	灰		锯齿纹、弦纹						战国至南越国
8177	ZJLY-773	晒谷吓	ZJLY-773:3YII	23.48	113.75	16	陶			泥质细硬陶	灰		方格纹						战国至南越国
8178	ZJLY-773	晒谷吓	ZJLY-773:4YII	23.48	113.75	13	陶			泥质粗硬陶	灰		素面						战国至南越国
8179	ZJLY-773	晒谷吓	ZJLY-773:5YII	23.48	113.75	15	陶			泥质细硬陶	深灰		水波纹、弦纹						战国至南越国
8180	ZJLY-773	晒谷吓	ZJLY-773:6YII	23.48	113.75	14	陶			泥质粗硬陶	红褐		方格纹						战国至南越国
8181	ZJLY-773	晒谷吓	ZJLY-773:7YII	23.48	113.75	16	陶			泥质细硬陶	灰		篦划纹、弦纹						战国至南越国
8182	ZJLY-773	晒谷吓	ZJLY-773:8YII	23.48	113.75	12	陶			泥质粗硬陶	灰		戳印纹、弦纹						战国至南越国
8183	ZJLY-773	晒谷吓	ZJLY-773:9YII	23.48	113.75	12	陶			泥质粗硬陶	灰		素面						战国至南越国
8184	ZJLY-773	晒谷吓	ZJLY-773:1ZI	23.48	113.75	19	陶			泥质粗硬陶	深灰		三角纹						战国至南越国
8185	ZJLY-776	庙梁山	ZJLY-776:1YII	23.47	113.75	39	陶			泥质粗硬陶	灰褐		篦划纹、弦纹						西周至春秋
8186	ZJLY-776	庙梁山	ZJLY-776:2YII	23.47	113.75	30	陶			泥质细硬陶	深灰		曲折纹						西周至春秋
8187	ZJLY-776	庙梁山	ZJLY-776:3YII	23.47	113.75	36	陶			泥质细硬陶	深灰		菱格凸块纹						西周至春秋
8188	ZJLY-776	庙梁山	ZJLY-776:4YII	23.47	113.75	38	陶			泥质粗硬陶	灰		方格纹						西周至春秋
8189	ZJLY-776	庙梁山	ZJLY-776:5YII	23.47	113.75	38	陶			泥质细硬陶	深灰		方格纹、菱格纹						西周至春秋
8190	ZJLY-776	庙梁山	ZJLY-776:6YII	23.47	113.75	37	陶			泥质细硬陶	青灰		方格纹						西周至春秋
8191	ZJLY-776	庙梁山	ZJLY-776:7YII	23.47	113.75	34	陶			泥质细硬陶	深灰		夔纹						西周至春秋
8192	ZJLY-776	庙梁山	ZJLY-776:8YII	23.47	113.75	35	陶			泥质细硬陶	灰褐		素面						西周至春秋
8193	ZJLY-776	庙梁山	ZJLY-776:9YII	23.47	113.75	34	陶			泥质细硬陶	红褐		方格纹						西周至春秋

序号	遗址编号	遗址名称	遗物编号	纬度(度)	经度(度)	海拔(米)	质地	器形	部位	陶质	颜色	釉色	纹饰	刻划符号	石器岩性	石器完整程度	石器硬度	石器风化程度	年代
8194	ZJLY-776	雨梁山	ZJLY-776:10YⅡ	23.47	113.75	32	陶			泥质粗硬陶	深灰		方格纹						两周至春秋
8195	ZJLY-776	雨梁山	ZJLY-776:11YⅡ	23.47	113.75	35	陶			泥质细硬陶	灰褐		曲折纹						两周至春秋
8196	ZJLY-776	雨梁山	ZJLY-776:12YⅡ	23.47	113.75	30	陶				灰		重菱格凸块纹						两周至春秋
8197	ZJLY-776	雨梁山	ZJLY-776:13YⅡ	23.47	113.75	34	石	砺石											两周至春秋
8198	ZJLY-776	雨梁山	ZJLY-776:14YⅡ	23.47	113.75	38	陶			泥质细硬陶	深灰		勾连云雷纹						两周至春秋
8199	ZJLY-776	雨梁山	ZJLY-776:15YⅡ	23.47	113.75	36	陶			泥质细硬陶	灰		方格纹						两周至春秋
8200	ZJLY-776	雨梁山	ZJLY-776:16YⅡ	23.47	113.75	37	陶	器盖	口沿	泥质细硬陶	深灰		素面						两周至春秋
8201	ZJLY-776	雨梁山	ZJLY-776:17YⅡ	23.47	113.75	38	陶			泥质细硬陶	灰		夔纹						两周至春秋
8202	ZJLY-776	雨梁山	ZJLY-776:18YⅡ	23.47	113.75	35	陶			泥质细硬陶	深灰		方格纹、菱格纹						两周至春秋
8203	ZJLY-776	雨梁山	ZJLY-776:19YⅡ	23.47	113.75	39	陶	罐	口沿	泥质细硬陶	青灰		素面						两周至春秋
8204	ZJLY-776	雨梁山	ZJLY-776:20YⅡ	23.47	113.75	49	陶			泥质细硬陶	褐		方格纹						两周至春秋
8205	ZJLY-776	雨梁山	ZJLY-776:21YⅡ	23.47	113.75	44	陶			泥质粗硬陶	灰		菱格凸块纹						两周至春秋
8206	ZJLY-776	雨梁山	ZJLY-776:22YⅡ	23.47	113.75	30	陶			泥质细硬陶	青灰		夔纹						两周至春秋
8207	ZJLY-776	雨梁山	ZJLY-776:23YⅡ	23.47	113.75	28	陶			泥质细硬陶	灰		方格纹						两周至春秋
8208	ZJLY-776	雨梁山	ZJLY-776:24YⅡ	23.47	113.75	30	陶			泥质细硬陶	青灰		菱格凸块纹						两周至春秋
8209	ZJLY-776	雨梁山	ZJLY-776:25YⅡ	23.47	113.75	31	陶			泥质粗硬陶	青灰		素面						两周至春秋
8210	ZJLY-776	雨梁山	ZJLY-776:26YⅡ	23.47	113.75	28	陶			泥质细硬陶	青灰		方格纹						两周至春秋
8211	ZJLY-776	雨梁山	ZJLY-776:27YⅡ	23.47	113.75	31	陶			泥质细硬陶	灰褐		方格纹、菱格凸块纹						两周至春秋
8212	ZJLY-776	雨梁山	ZJLY-776:28YⅡ	23.47	113.75	28	陶			泥质细硬陶	灰		夔纹						两周至春秋
8213	ZJLY-776	雨梁山	ZJLY-776:29YⅡ	23.47	113.75	40	陶			泥质细硬陶	灰		夔纹、菱格纹、弦纹						两周至春秋
8214	ZJLY-776	雨梁山	ZJLY-776:30YⅡ	23.47	113.75	39	陶			泥质细硬陶	青灰		夔纹						两周至春秋
8215	ZJLY-776	雨梁山	ZJLY-776:31YⅡ	23.47	113.75	46	陶			泥质细硬陶	青灰		方格纹						两周至春秋
8216	ZJLY-776	雨梁山	ZJLY-776:32YⅡ	23.47	113.75	45	陶			泥质细硬陶	灰褐		篦点纹、弦纹						两周至春秋
8217	ZJLY-776	雨梁山	ZJLY-776:33YⅡ	23.47	113.75	50	陶	瓿	口沿	泥质细硬陶	深灰		方格纹						两周至春秋
8218	ZJLY-776	雨梁山	ZJLY-776:34YⅡ	23.47	113.75	48	陶			泥质粗硬陶	灰		方格纹						两周至春秋
8219	ZJLY-776	雨梁山	ZJLY-776:35YⅡ	23.47	113.75	47	陶			泥质细硬陶	浅灰		菱格凸块纹						两周至春秋
8220	ZJLY-776	雨梁山	ZJLY-776:36YⅡ	23.47	113.75	47	陶			泥质细硬陶	深灰		夔纹、菱格凸块纹						两周至春秋
8221	ZJLY-776	雨梁山	ZJLY-776:37YⅡ	23.47	113.75	46	陶			泥质细硬陶	青灰		方格纹、菱格凸点纹						两周至春秋
8222	ZJLY-776	雨梁山	ZJLY-776:38YⅡ	23.47	113.74	16	陶			泥质粗硬陶	灰褐		刻划纹						两周至春秋
8223	ZJLY-776	雨梁山	ZJLY-776:1ZⅠ	23.47	113.75	29	石	斧			黄褐				凝灰岩	基本完整	6	未风化	唐末
8224	ZJLY-776	雨梁山	ZJLY-776:2ZⅠ	23.47	113.75	36	陶			泥质粗硬陶	灰褐		菱格凸块纹						两周至春秋

序号	遗址编号	遗址名称	遗物编号	纬度(度)	经度(度)	海拔(米)	质地	器形	部位	陶质	颜色	釉色	纹饰	刻划符号	石器岩性	石器完整程度	石器硬度	石器风化程度	年代
8225	ZJLY-776	闸梁山	ZJLY-776:3ZI	23.47	113.75	31	陶			泥质细硬陶	灰黄		篦点纹、弦纹(外),弦纹(内)						西周至春秋
8226	ZJLY-776	闸梁山	ZJLY-776:4ZI	23.47	113.75	33	陶			泥质粗硬陶	灰褐		方格纹						西周至春秋
8227	ZJLY-776	闸梁山	ZJLY-776:5ZI	23.47	113.75	33	陶			泥质细硬陶	深灰		方格纹						西周至春秋
8228	ZJLY-776	闸梁山	ZJLY-776:6ZI	23.47	113.75	33	陶	罐	口沿	泥质细硬陶	灰		素面						西周至春秋
8229	ZJLY-776	闸梁山	ZJLY-776:7ZI	23.47	113.75	32	陶			泥质细硬陶	红褐		方格纹、菱格凸块纹						西周至春秋
8230	ZJLY-776	闸梁山	ZJLY-776:8ZI	23.47	113.75	36	陶				青灰		云雷纹						西周至春秋
8231	ZJLY-776	闸梁山	ZJLY-776:9ZI	23.47	113.75	36	石	双肩石斧			黄褐				凝灰岩	基本完整	6	未风化	西周至春秋
8232	ZJLY-776	闸梁山	ZJLY-776:10ZI	23.47	113.75	34	陶			泥质粗硬陶	灰褐		菱格凸块纹						西周至春秋
8233	ZJLY-776	闸梁山	ZJLY-776:11ZI	23.47	113.75	34	陶			泥质粗硬陶	深灰		勾连云雷纹						西周至春秋
8234	ZJLY-776	闸梁山	ZJLY-776:12ZI	23.47	113.75	36	陶			泥质粗硬陶	灰褐		夔纹						西周至春秋
8235	ZJLY-776	闸梁山	ZJLY-776:13ZI	23.47	113.75	27	陶			泥质粗硬陶	灰褐		菱格凸块纹、弦纹						西周至春秋
8236	ZJLY-776	闸梁山	ZJLY-776:14ZI	23.47	113.75	28	陶			泥质粗硬陶	红褐		方格纹						西周至春秋
8237	ZJLY-776	闸梁山	ZJLY-776:15ZI	23.47	113.75	30	陶			泥质细硬陶	青灰		菱格凸块纹						西周至春秋
8238	ZJLY-776	闸梁山	ZJLY-776:16ZI	23.47	113.75	23	陶			泥质粗硬陶	橙黄		夔纹						西周至春秋
8239	ZJLY-776	闸梁山	ZJLY-776:17ZI	23.47	113.75	37	陶	豆		泥质粗硬陶	青灰		素面						西周至春秋
8240	ZJLY-776	闸梁山	ZJLY-776:18ZI	23.47	113.75	41	陶			泥质粗硬陶	灰褐		方格纹						西周至春秋
8241	ZJLY-776	闸梁山	ZJLY-776:19ZI	23.47	113.75	48	陶			泥质细硬陶	青灰		夔纹						西周至春秋
8242	ZJLY-776	闸梁山	ZJLY-776:20ZI	23.47	113.75	48	陶			泥质细硬陶	青灰		方格纹						西周至春秋
8243	ZJLY-776	闸梁山	ZJLY-776:21ZI	23.47	113.75	47	陶			泥质粗硬陶	灰褐		勾连云雷纹						西周至春秋
8244	ZJLY-777	全井山	ZJLY-777:1YI	23.46	113.74	15	陶			泥质细硬陶	灰		锯齿纹、弦纹						战国至南越国
8245	ZJLY-777	全井山	ZJLY-777:2YII	23.46	113.75	12	陶			泥质细硬陶	灰		米字纹						战国至南越国
8246	ZJLY-777	全井山	ZJLY-777:3YII	23.46	113.75	12	陶			泥质细硬陶	青灰		米字纹						战国至南越国
8247	ZJLY-780	蕉坑山	ZJLY-780:1YII	23.46	113.76	24	陶			泥质粗硬陶	灰褐		方格纹						西周至春秋
8248	ZJLY-780	蕉坑山	ZJLY-780:2YII	23.46	113.76	24	陶			泥质细硬陶	红褐		方格纹						西周至春秋
8249	ZJLY-781	蕉坑背扶山	ZJLY-781:1ZI	23.47	113.76	29	陶	瓮	口沿	泥质细硬陶	灰褐		曲折纹						西周至春秋
8250	ZJLY-782	山寨	ZJLY-782:1YII	23.47	113.76	12	陶			泥质细硬陶	深灰		素面						战国至南越国
8251	ZJLY-782	山寨	ZJLY-782:2YII	23.47	113.76	17	陶			泥质粗硬陶	青灰		素面						战国至南越国
8252	ZJLY-782	山寨	ZJLY-782:3YII	23.47	113.76	16	陶			泥质细硬陶	深灰		米字纹						战国至南越国
8253	ZJLY-782	山寨	ZJLY-782:4YII	23.47	113.76	17	陶			泥质细硬陶	灰褐		米字纹						战国至南越国
8254	ZJLY-782	山寨	ZJLY-782:5YII	23.47	113.76	20	陶			泥质细硬陶	深灰		米字纹						战国至南越国
8255	ZJLY-782	山寨	ZJLY-782:6YII	23.47	113.76	19	陶			泥质细硬陶	深灰		米字纹						战国至南越国

序号	遗址编号	遗址名称	遗物编号	纬度(度)	经度(度)	海拔(米)	质地	器形	部位	陶质	颜色	釉色	纹饰	刻划符号	石器岩性	石器完整程度	石器硬度	石器风化程度	年代
8256	ZJLY-782	山寨	ZJLY-782:7YⅡ	23.47	113.76	23	陶			泥质粗硬陶	红褐		方格纹、曲折纹						战国至南越国
8257	ZJLY-782	山寨	ZJLY-782:8YⅡ	23.47	113.76	18	陶			泥质粗硬陶	深灰		方格纹						战国至南越国
8258	ZJLY-782	山寨	ZJLY-782:9YⅡ	23.47	113.76	20	陶			泥质硬陶	灰		米字纹						战国至南越国
8259	ZJLY-782	山寨	ZJLY-782:10YⅡ	23.47	113.76	14	陶			泥质粗硬陶	灰褐		米字纹						战国至南越国
8260	ZJLY-782	山寨	ZJLY-782:1ZⅠ	23.47	113.76	21	陶			泥质粗硬陶	灰褐		米字纹						战国至南越国
8261	ZJLY-782	山寨	ZJLY-782:2ZⅠ	23.47	113.76	21	陶			泥质粗硬陶	深灰		米字纹						战国至南越国
8262	ZJLY-782	山寨	ZJLY-782:3ZⅠ	23.47	113.76	18	陶			泥质硬陶	灰褐		方格纹						战国至南越国
8263	ZJLY-782	山寨	ZJLY-782:4ZⅠ	23.47	113.76	22	陶			泥质硬陶	灰褐		素面						战国至南越国
8264	ZJLY-783	湖岗	ZJLY-783:1YⅡ	23.46	113.73	27	陶			泥质细硬陶	灰		米字纹						战国至南越国
8265	ZJLY-783	湖岗	ZJLY-783:2YⅡ	23.46	113.73	32	陶			泥质粗硬陶	灰褐		方格纹						战国至南越国
8266	ZJLY-783	湖岗	ZJLY-783:3YⅡ	23.46	113.73	30	陶	瓿		泥质硬陶	深灰		篦点纹、弦纹						战国至南越国
8267	ZJLY-783	湖岗	ZJLY-783:4YⅡ	23.46	113.73	31	陶		底	泥质硬陶	深灰		素面						战国至南越国
8268	ZJLY-783	湖岗	ZJLY-783:5YⅡ	23.46	113.73	32	陶			泥质细硬陶	灰褐		米字纹						战国至南越国
8269	ZJLY-783	湖岗	ZJLY-783:6YⅡ	23.46	113.73	35	陶	瓿		泥质硬陶	浅灰		篦点纹、弦纹						战国至南越国
8270	ZJLY-783	湖岗	ZJLY-783:7YⅡ	23.46	113.73	32	陶			泥质粗硬陶	灰褐		方格纹						战国至南越国
8271	ZJLY-783	湖岗	ZJLY-783:8YⅡ	23.46	113.73	33	陶			泥质硬陶	灰褐		方格对角线纹						战国至南越国
8272	ZJLY-783	湖岗	ZJLY-783:9YⅡ	23.46	113.73	35	陶			泥质细硬陶	灰褐		米字纹						战国至南越国
8273	ZJLY-783	湖岗	ZJLY-783:10YⅡ	23.46	113.73	40	陶			泥质细硬陶	青灰		方格纹						战国至南越国
8274	ZJLY-783	湖岗	ZJLY-783:11YⅡ	23.46	113.73	39	陶			泥质粗硬陶	灰褐		方格纹						战国至南越国
8275	ZJLY-783	湖岗	ZJLY-783:12YⅡ	23.46	113.73	33	石	砺石			青灰								战国至南越国
8276	ZJLY-783	湖岗	ZJLY-783:13YⅡ	23.46	113.73	34	陶			泥质硬陶	深灰		米字纹						战国至南越国
8277	ZJLY-783	湖岗	ZJLY-783:14YⅡ	23.46	113.73	35	陶			泥质粗硬陶	灰褐		方格纹						战国至南越国
8278	ZJLY-783	湖岗	ZJLY-783:15YⅡ	23.46	113.73	30	陶			泥质细硬陶	灰褐		素面						战国至南越国
8279	ZJLY-783	湖岗	ZJLY-783:16YⅡ	23.46	113.73	32	陶			泥质细硬陶	灰褐		米字纹						战国至南越国
8280	ZJLY-783	湖岗	ZJLY-783:17YⅡ	23.46	113.73	27	陶			泥质细硬陶	灰		米字纹						战国至南越国
8281	ZJLY-783	湖岗	ZJLY-783:18YⅡ	23.46	113.73	35	陶	罐	口沿	泥质细硬陶	灰褐		水波纹、弦纹						战国至南越国
8282	ZJLY-783	湖岗	ZJLY-783:19YⅡ	23.46	113.73	32	陶	罐	底	泥质硬陶	青灰		米字纹						战国至南越国
8283	ZJLY-783	湖岗	ZJLY-783:20YⅡ	23.46	113.73	34	石	砺石			青灰								战国至南越国
8284	ZJLY-783	湖岗	ZJLY-783:21YⅡ	23.46	113.73	34	陶			泥质细硬陶	青灰		米字纹						战国至南越国
8285	ZJLY-783	湖岗	ZJLY-783:1ZⅠ	23.46	113.73	36	陶			泥质粗硬陶	灰褐		方格纹						战国至南越国
8286	ZJLY-783	湖岗	ZJLY-783:2ZⅠ	23.46	113.73	32	陶			泥质细硬陶	灰		米字纹						战国至南越国

序号	遗址编号	遗址名称	遗物编号	纬度（度）	经度（度）	海拔（米）	质地	器形	部位	陶质	颜色	釉色	纹饰	刻划符号	石器岩性	石器完整程度	石器硬度	石器风化程度	年代
8287	ZJLY-783	湖岗	ZJLY-783:3ZI	23.46	113.73	40	陶			泥质细硬陶	青灰		米字纹						战国至南越国
8288	ZJLY-783	湖岗	ZJLY-783:4ZI	23.46	113.73	36	陶			泥质细硬陶	灰		素面						战国至南越国
8289	ZJLY-783	湖岗	ZJLY-783:5ZI	23.46	113.73	36	陶			泥质细硬陶	灰		米字纹						战国至南越国
8290	ZJLY-783	湖岗	ZJLY-783:6ZI	23.46	113.73	40	陶			泥质细硬陶	青灰		水波纹、弦纹						战国至南越国
8291	ZJLY-783	湖岗	ZJLY-783:7ZI	23.46	113.73	40	陶			泥质细硬陶	灰褐		水波纹、弦纹						战国至南越国
8292	ZJLY-783	湖岗	ZJLY-783:8ZI	23.46	113.73	41	陶			泥质细硬陶	青灰		方格对角线纹						战国至南越国
8293	ZJLY-783	湖岗	ZJLY-783:9ZI	23.46	113.73	47	陶	罐	口沿	泥质细硬陶	灰		方格纹						战国至南越国
8294	ZJLY-783	湖岗	ZJLY-783:10ZI	23.46	113.73	35	陶	罐	口沿	泥质细硬陶	灰		水波纹、弦纹						战国至南越国
8295	ZJLY-783	湖岗	ZJLY-783:11ZI	23.46	113.73	32	陶	瓿	口沿	泥质粗硬陶	灰褐		水波纹、弦纹						战国至南越国
8296	ZJLY-783	湖岗	ZJLY-783:12ZI	23.46	113.73	34	陶			泥质细硬陶	深灰		米字纹						战国至南越国
8297	ZJLY-783	湖岗	ZJLY-783:13ZI	23.46	113.73	35	陶	罐	口沿	泥质细硬陶	灰褐		方格纹						战国至南越国
8298	ZJLY-783	湖岗	ZJLY-783:14ZI	23.46	113.73	34	陶	罐	底	泥质细硬陶	深灰		方格纹						战国至南越国
8299	ZJLY-783	湖岗	ZJLY-783:15ZI	23.46	113.73	34	陶	瓮	口沿	泥质粗硬陶	灰		米字纹						战国至南越国
8300	ZJLY-783	湖岗	ZJLY-783:16ZI	23.46	113.73	35	陶			泥质细硬陶	灰		米字纹						战国至南越国
8301	ZJLY-783	湖岗	ZJLY-783:17ZI	23.46	113.73	34	陶	罐	口沿	泥质粗硬陶	深灰		米字纹						战国至南越国
8302	ZJLY-784	邓尾	ZJLY-784:1ZI	23.46	113.73	32	陶			泥质细硬陶	灰褐		方格纹						战国至南越国
8303	ZJLY-784	邓尾	ZJLY-784:2ZI	23.46	113.73	30	陶			泥质粗硬陶	青灰		米字纹						战国至南越国
8304	ZJLY-785	溪头	ZJLY-785:1YII	23.46	113.72	45	石	锛			青灰			.	片岩	基本完整	6	未风化	新石器时代晚期至商代
8305	ZJLY-787	坟前岭	ZJLY-787:1YII	/	/	/	陶			泥质粗硬陶	灰褐		米字纹						战国至南越国
8306	ZJLY-787	坟前岭	ZJLY-787:2YII	/	/	/	陶			泥质粗硬陶	灰褐		米字纹						战国至南越国
8307	ZJLY-788	磨谷石	ZJLY-788:1YIII	23.46	113.72	36	陶			夹细砂硬陶	灰		篮纹						新石器时代晚期至商代
8308	ZJLY-788	磨谷石	ZJLY-788:2YIII	23.46	113.72	36	陶			泥质细硬陶	灰褐		米字纹						战国至南越国
8309	ZJLY-788	磨谷石	ZJLY-788:1ZI	23.46	113.72	74	陶			夹细砂硬陶	灰褐		夔纹						西周至春秋
8310	ZJLY-788	磨谷石	ZJLY-788:2ZI	23.46	113.72	72	陶			泥质细硬陶	灰褐		菱格凸块纹						西周至春秋
8311	ZJLY-788	磨谷石	ZJLY-788:3ZI	23.46	113.72	87	陶			泥质细硬陶	灰褐		方格纹						西周至春秋
8312	ZJLY-790	鸭麓游	ZJLY-790:1T	23.47	113.72	74	陶			夹细砂硬陶	橙黄		绳纹						新石器时代晚期至商代
8313	ZJLY-790	鸭麓游	ZJLY-790:1YII	/	/	/	陶			夹细砂硬陶	青灰		条纹、附加堆纹						新石器时代晚期至商代
8314	ZJLY-790	鸭麓游	ZJLY-790:1ZI	23.47	113.72	75	石	锛			橙黄								新石器时代晚期至商代
8315	ZJLY-790	鸭麓游	ZJLY-790:2ZI	23.47	113.72	71	陶			夹砂硬陶	灰褐		弦断曲折纹						新石器时代晚期至商代
8316	ZJLY-790	鸭麓游	ZJLY-790:3ZI	23.47	113.72	73	陶			泥质细硬陶	青灰		曲折纹						新石器时代晚期至商代
8317	ZJLY-791	龙归庙后山	ZJLY-791:1YII	23.47	113.71	66	陶			泥质细硬陶	灰		交错绳纹						新石器时代晚期至商代

序号	遗址编号	遗址名称	遗物编号	纬度(度)	经度(度)	海拔(米)	质地	器形	部位	陶质	颜色	釉色	纹饰	刻划符号	石器岩性	石器完整程度	石器硬度	石器风化程度	年代
8318	ZJLY-791	龙归庙后山	ZJLY-791:2YⅡ	23.47	113.71	64	陶			泥质细软陶	橙黄		曲折纹						新石器时代晚期至商代
8319	ZJLY-791	龙归庙后山	ZJLY-791:3YⅡ	23.47	113.71	68	陶			夹细砂硬陶	灰		篮纹、附加堆纹						新石器时代晚期至商代
8320	ZJLY-791	龙归庙后山	ZJLY-791:4YⅡ	23.47	113.71	64	陶			夹细砂软陶	灰黑		素面						新石器时代晚期至商代
8321	ZJLY-791	龙归庙后山	ZJLY-791:5YⅡ	23.47	113.71	66	陶	罐	圈足	泥质细硬陶	青灰		素面						新石器时代晚期至商代
8322	ZJLY-791	龙归庙后山	ZJLY-791:6YⅡ	23.47	113.71	65	陶			夹细砂硬陶	灰褐		交错绳纹						新石器时代晚期至商代
8323	ZJLY-791	龙归庙后山	ZJLY-791:7YⅡ	23.47	113.71	64	陶			夹细砂硬陶	灰		方格纹						新石器时代晚期至商代
8324	ZJLY-791	龙归庙后山	ZJLY-791:8YⅡ	23.47	113.71	68	陶			泥质细硬陶	橙黄		素面						汉代
8325	ZJLY-791	龙归庙后山	ZJLY-791:9YⅡ	23.47	113.71	65	陶			夹细砂硬陶	青灰		曲折纹						新石器时代晚期至商代
8326	ZJLY-791	龙归庙后山	ZJLY-791:10YⅡ	23.47	113.71	65	陶			夹细砂软陶	灰褐		素面						新石器时代晚期至商代
8327	ZJLY-791	龙归庙后山	ZJLY-791:11YⅡ	23.47	113.71	68	陶			夹细砂硬陶	灰		交错篮纹						新石器时代晚期至商代
8328	ZJLY-791	龙归庙后山	ZJLY-791:12YⅡ	23.47	113.71	65	陶			夹细砂软陶	红褐		素面						新石器时代晚期至商代
8329	ZJLY-791	龙归庙后山	ZJLY-791:13YⅡ	23.47	113.71	67	陶			泥质细硬陶	青灰		篮纹						新石器时代晚期至商代
8330	ZJLY-791	龙归庙后山	ZJLY-791:14YⅡ	23.47	113.71	70	陶			夹粗砂硬陶	灰黑		素面						新石器时代晚期至商代
8331	ZJLY-793	牛骨山	ZJLY-793:1T	23.46	113.71	44	陶			夹细砂硬陶	灰		曲折纹						战国至南越国
8332	ZJLY-793	牛骨山	ZJLY-793:2T	23.46	113.71	40	陶			泥质细硬陶	灰		方格纹						新石器时代晚期至商代
8333	ZJLY-793	牛骨山	ZJLY-793:1ZⅠ	23.46	113.71	53	陶			夹细砂硬陶	灰		绳纹						新石器时代晚期至商代
8334	ZJLY-793	牛骨山	ZJLY-793:2ZⅠ	23.46	113.71	55	陶			夹粗砂软陶	红褐		素面						新石器时代晚期至商代
8335	ZJLY-793	牛骨山	ZJLY-793:3ZⅠ	23.46	113.71	48	陶			泥质细软陶	灰		素面						新石器时代晚期至商代
8336	ZJLY-793	牛骨山	ZJLY-793:4ZⅠ	23.46	113.71	49	陶	釜	口沿	夹粗砂硬陶	灰黑		素面						新石器时代晚期至商代
8337	ZJLY-797	生花岭	ZJLY-797:1YⅡ	23.48	113.69	77	陶			夹细砂硬陶	青灰		素面						新石器时代晚期至商代
8338	ZJLY-797	生花岭	ZJLY-797:2YⅡ	23.48	113.69	84	陶			夹细砂硬陶	灰黑		素面						新石器时代晚期至商代
8339	ZJLY-797	生花岭	ZJLY-797:3YⅡ	23.48	113.69	83	陶			泥质细硬陶	红		素面						新石器时代晚期至商代
8340	ZJLY-797	生花岭	ZJLY-797:4YⅡ	23.48	113.69	88	陶			泥质粗硬陶	红褐		长方格纹						新石器时代晚期至商代
8341	ZJLY-797	生花岭	ZJLY-797:5YⅡ	23.48	113.69	88	陶			夹细砂硬陶	灰		曲折纹						新石器时代晚期至商代
8342	ZJLY-797	生花岭	ZJLY-797:6YⅡ	/	/	/	陶	釜	口沿	夹细砂硬陶	灰		曲折纹						新石器时代晚期至商代
8343	ZJLY-797	生花岭	ZJLY-797:7YⅡ	23.48	113.69	96	陶			夹细砂硬陶	青灰		素面						新石器时代晚期至商代
8344	ZJLY-797	生花岭	ZJLY-797:1ZⅠ	23.48	113.69	82	陶			夹细砂硬陶	灰		素面						新石器时代晚期至商代
8345	ZJLY-800	高埔水库	ZJLY-800:1T	23.46	113.71	37	陶			泥质细硬陶	深灰		米字纹						战国至南越国
8346	ZJLY-800	高埔水库	ZJLY-800:2T	23.46	113.71	36	陶			泥质细硬陶	青灰		米字纹						战国至南越国
8347	ZJLY-800	高埔水库	ZJLY-800:3T	23.46	113.71	34	陶			泥质细硬陶	青灰		米字纹						战国至南越国
8348	ZJLY-800	高埔水库	ZJLY-800:4T	23.46	113.71	36	陶			泥质细硬陶	青灰		米字纹						战国至南越国

序号	遗址编号	遗址名称	遗物编号	纬度(度)	经度(度)	海拔(米)	质地	器形	部位	陶质	颜色	釉色	纹饰	刻划符号	石器岩性	石器完整程度	石器硬度	石器风化程度	年代
8349	ZJLY-800	高埔水库	ZJLY-800:5T	23.46	113.71	33	石	砺石			灰褐								新石器时代晚期至商周
8350	ZJLY-800	高埔水库	ZJLY-800:6T	23.46	113.71	37	陶			泥质粗硬陶	深灰		米字纹						战国至南越国
8351	ZJLY-800	高埔水库	ZJLY-800:7T	23.46	113.71	36	陶			泥质细硬陶	青灰		方格纹						战国至南越国
8352	ZJLY-800	高埔水库	ZJLY-800:8T	23.46	113.71	33	陶	罐	口沿	泥质细硬陶	青灰		方格纹						战国至南越国
8353	ZJLY-800	高埔水库	ZJLY-800:9T	23.46	113.71	36	陶			泥质细硬陶	深灰		米字纹						战国至南越国
8354	ZJLY-800	高埔水库	ZJLY-800:10T	23.46	113.71	35	陶			泥质粗硬陶	青灰		方格纹						战国至南越国
8355	ZJLY-800	高埔水库	ZJLY-800:11T	23.46	113.71	33	陶			泥质细硬陶	深灰		米字纹						战国至南越国
8356	ZJLY-800	高埔水库	ZJLY-800:12T	23.46	113.71	33	陶			泥质细硬陶	灰		方格纹						战国至南越国
8357	ZJLY-800	高埔水库	ZJLY-800:1YⅡ	/	/	/	陶			泥质细硬陶	灰褐		方格纹						战国至南越国
8358	ZJLY-800	高埔水库	ZJLY-800:2YⅡ	23.46	113.71	34	陶			泥质细硬陶	灰褐		素面						唐末
8359	ZJLY-800	高埔水库	ZJLY-800:3YⅡ	23.46	113.71	35	陶	罐	口沿	泥质细硬陶	灰黑		素面						战国至南越国
8360	ZJLY-800	高埔水库	ZJLY-800:4YⅡ	/	/	/	陶	罐	口沿	泥质细硬陶	灰褐		米字纹						战国至南越国
8361	ZJLY-800	高埔水库	ZJLY-800:5YⅡ	/	/	/	陶			泥质细硬陶	灰褐		米字纹						战国至南越国
8362	ZJLY-800	高埔水库	ZJLY-800:6YⅡ	23.46	113.71	35	陶	盒	底	泥质细硬陶	灰褐		素面						明清
8363	ZJLY-800	高埔水库	ZJLY-800:7YⅡ	23.46	113.71	33	陶			泥质粗硬陶	灰		弦纹、篦点纹						战国至南越国
8364	ZJLY-800	高埔水库	ZJLY-800:8YⅡ	23.47	113.71	31	陶			泥质粗硬陶	橙黄		方格纹						战国至南越国
8365	ZJLY-800	高埔水库	ZJLY-800:1ZⅠ	23.46	113.71	34	陶			泥质粗硬陶	深灰		米字纹						战国至南越国
8366	ZJLY-800	高埔水库	ZJLY-800:2ZⅠ	23.46	113.71	34	陶			夹细砂硬陶	灰		素面						新石器时代晚期至商周
8367	ZJLY-800	高埔水库	ZJLY-800:3ZⅠ	23.46	113.71	34	陶			泥质细硬陶	红褐		方格纹						战国至南越国
8368	ZJLY-800	高埔水库	ZJLY-800:4ZⅠ	23.46	113.71	34	陶			泥质细硬陶	红		方格纹						战国至南越国
8369	ZJLY-800	高埔水库	ZJLY-800:5ZⅠ	23.46	113.71	36	陶			泥质细硬陶	灰褐		方格纹						战国至南越国
8370	ZJLY-800	高埔水库	ZJLY-800:6ZⅠ	23.46	113.71	33	瓷					青釉	素面						唐末
8371	ZJLY-800	高埔水库	ZJLY-800:7ZⅠ	23.46	113.71	35	陶			泥质粗硬陶	灰		方格纹						战国至南越国
8372	ZJLY-800	高埔水库	ZJLY-800:8ZⅠ	23.46	113.71	35	陶			夹细砂硬陶	灰		绳纹						新石器时代晚期至商周
8373	ZJLY-803	石子山	ZJLY-803:1T	23.46	113.70	83	陶			泥质粗硬陶	橙黄		素面						新石器时代晚期至商周
8374	ZJLY-803	石子山	ZJLY-803:2T	23.46	113.70	82	陶			夹细砂硬陶	灰		曲折纹						新石器时代晚期至商周
8375	ZJLY-803	石子山	ZJLY-803:3T	23.46	113.70	83	陶			夹细砂硬陶	红褐		素面						新石器时代晚期至商周
8376	ZJLY-803	石子山	ZJLY-803:1ZⅠ	23.46	113.70	86	陶			泥质细软陶	灰		素面						新石器时代晚期至商周
8377	ZJLY-803	石子山	ZJLY-803:2ZⅠ	23.46	113.70	86	陶			夹细砂软陶	红褐		素面						新石器时代晚期至商周
8378	ZJLY-803	石子山	ZJLY-803:3ZⅠ	23.46	113.70	91	陶			夹粗砂软陶	橙黄		篮纹						新石器时代晚期至商周
8379	ZJLY-805	坡嵊岭	ZJLY-805:1T	23.48	113.69	79	陶	罐	圈足	夹细砂硬陶	红褐		绳纹						新石器时代晚期至商周

序号	遗址编号	遗址名称	遗物编号	纬度(度)	经度(度)	海拔(米)	质地	器形	部位	陶质	颜色	釉色	纹饰	刻划符号	石器岩性	石器完整程度	石器硬度	石器风化程度	年代
8380	ZJLY-807	灯吓山	ZJLY-807:1T	23.48	113.70	52	陶			夹细砂硬陶	青灰		条纹						新石器时代晚期至商代
8381	ZJLY-807	灯吓山	ZJLY-807:2T	23.48	113.70	52	陶	罐	口沿	夹细砂硬陶	青灰		篮纹						新石器时代晚期至商代
8382	ZJLY-807	灯吓山	ZJLY-807:3T	23.48	113.70	50	陶			夹细砂硬陶	青灰		曲折纹						新石器时代晚期至商代
8383	ZJLY-807	灯吓山	ZJLY-807:1Z I	23.48	113.70	52	陶			夹细砂硬陶	灰		条纹						新石器时代晚期至商代
8384	ZJLY-808	林垌山	ZJLY-808:1T	23.47	113.71	38	陶			泥质粗硬陶	深灰		米字纹						战国至南越国
8385	ZJLY-810	石粉排	ZJLY-810:1T	23.49	113.71	34	陶			泥质细硬陶	深灰		米字纹						战国至南越国
8386	ZJLY-810	石粉排	ZJLY-810:2T	23.49	113.71	35	陶			泥质细硬陶	青灰		米字纹						战国至南越国
8387	ZJLY-810	石粉排	ZJLY-810:3T	23.49	113.71	38	陶			泥质粗硬陶	灰		米字纹						战国至南越国
8388	ZJLY-810	石粉排	ZJLY-810:1Y III	23.49	113.71	44	陶	盒		泥质细硬陶	浅灰		素面						战国至南越国
8389	ZJLY-810	石粉排	ZJLY-810:1Z I	23.49	113.71	40	陶			泥质细硬陶	灰褐		方格纹						战国至南越国
8390	ZJLY-810	石粉排	ZJLY-810:2Z I	23.49	113.71	43	陶			泥质粗硬陶	灰褐		水波纹、弦纹						战国至南越国
8391	ZJLY-810	石粉排	ZJLY-810:3Z I	23.49	113.71	44	陶			泥质粗硬陶	灰褐		米字纹						战国至南越国
8392	ZJLY-810	石粉排	ZJLY-810:4Z I	23.49	113.71	45	陶			泥质细硬陶	灰褐		三角格纹						战国至南越国
8393	ZJLY-811	拖罗背扶山	ZJLY-811:1Z I	23.49	113.72	43	陶	器盖		泥质细硬陶	灰黄		素面						战国至南越国
8394	ZJLY-811	拖罗背扶山	ZJLY-811:2Z I	23.49	113.72	50	陶	罐	口沿	泥质粗软陶	红		方格纹						战国至南越国
8395	ZJLY-811	拖罗背扶山	ZJLY-811:3Z I	23.49	113.72	48	陶			泥质细软陶	红褐		素面						战国至南越国
8396	ZJLY-817	拖罗水库山	ZJLY-817:1T	23.50	113.70	114	陶			夹细砂硬陶	灰		附加堆纹						新石器时代晚期至商代
8397	ZJLY-819	龙洲背扶山	ZJLY-819:1T	23.49	113.72	41	陶			夹细砂硬陶	灰		斜长方格纹						新石器时代晚期至商代
8398	ZJLY-819	龙洲背扶山	ZJLY-819:2T	23.49	113.72	39	陶			泥质细硬陶	灰		素面						新石器时代晚期至商代
8399	ZJLY-819	龙洲背扶山	ZJLY-819:3T	23.49	113.72	43	陶			夹细砂硬陶	红褐		长方格纹						新石器时代晚期至商代
8400	ZJLY-819	龙洲背扶山	ZJLY-819:4T	23.49	113.72	43	陶			夹细砂硬陶	青灰		长方格纹						新石器时代晚期至商代
8401	ZJLY-819	龙洲背扶山	ZJLY-819:1Z I	23.49	113.72	60	陶			夹细砂硬陶	青灰		曲折纹						新石器时代晚期至商代
8402	ZJLY-819	龙洲背扶山	ZJLY-819:2Z I	23.49	113.72	51	陶			泥质细软陶	灰白		素面						新石器时代晚期至商代
8403	ZJLY-821	斗光山	ZJLY-821:1T	23.49	113.73	44	陶			泥质细软陶	灰黑		素面						新石器时代晚期至商代
8404	ZJLY-821	斗光山	ZJLY-821:2T	23.49	113.73	37	陶			夹细砂软陶	红褐		长方格纹						新石器时代晚期至商代
8405	ZJLY-821	斗光山	ZJLY-821:3T	23.49	113.73	37	陶			夹粗砂软陶	灰黑		素面						新石器时代晚期至商代
8406	ZJLY-821	斗光山	ZJLY-821:4T	23.49	113.73	46	陶			夹粗砂软陶	灰黑		方格纹						新石器时代晚期至商代
8407	ZJLY-821	斗光山	ZJLY-821:5T	23.49	113.73	43	陶			夹细砂软陶	灰黑		素面						新石器时代晚期至商代
8408	ZJLY-821	斗光山	ZJLY-821:6T	23.49	113.73	51	陶		圈足	夹细砂软陶	灰黑		素面						新石器时代晚期至商代
8409	ZJLY-821	斗光山	ZJLY-821:7T	23.49	113.73	42	陶			夹细砂硬陶	红褐		长方格纹						新石器时代晚期至商代
8410	ZJLY-821	斗光山	ZJLY-821:8T	23.49	113.73	41	陶			夹粗砂软陶	灰黑		素面						新石器时代晚期至商代

序号	遗址编号	遗址名称	遗物编号	纬度(度)	经度(度)	海拔(米)	质地	器形	部位	陶质	颜色	釉色	纹饰	刻划符号	石器岩性	石器完整程度	石器硬度	石器风化程度	年代
8411	ZJLY-821	斗光山	ZJLY-821:9T	23.49	113.73	36	石	砺石			红褐								新石器时代晚期至商代
8412	ZJLY-821	斗光山	ZJLY-821:10T	23.49	113.73	23	陶			夹细砂硬陶	灰		曲折纹						新石器时代晚期至商代
8413	ZJLY-821	斗光山	ZJLY-821:11T	23.49	113.73	27	陶			泥质细硬陶	灰		素面						新石器时代晚期至商代
8414	ZJLY-821	斗光山	ZJLY-821:12T	23.49	113.73	26	石	锛			灰褐				片岩	残	6	微风化	新石器时代晚期至商代
8415	ZJLY-821	斗光山	ZJLY-821:13T	23.49	113.73	32	陶			夹细砂硬陶	青灰		曲折纹						新石器时代晚期至商代
8416	ZJLY-821	斗光山	ZJLY-821:14T	23.49	113.73	37	陶	罐	口沿	夹细砂硬陶	青灰		素面						新石器时代晚期至商代
8417	ZJLY-821	斗光山	ZJLY-821:15T	23.49	113.73	34	陶			夹细砂硬陶	青灰		长方格纹、附加堆纹						新石器时代晚期至商代
8418	ZJLY-821	斗光山	ZJLY-821:16T	23.49	113.73	34	陶			夹细砂硬陶	灰		条纹						新石器时代晚期至商代
8419	ZJLY-821	斗光山	ZJLY-821:17T	23.49	113.73	29	陶			夹细砂硬陶	灰		素面						新石器时代晚期至商代
8420	ZJLY-821	斗光山	ZJLY-821:18T	23.49	113.73	30	陶			夹细砂硬陶	灰褐		曲折纹						新石器时代晚期至商代
8421	ZJLY-821	斗光山	ZJLY-821:19T	23.49	113.73	26	陶			夹细砂硬陶	灰黑		素面						新石器时代晚期至商代
8422	ZJLY-821	斗光山	ZJLY-821:20T	23.49	113.73	20	陶			夹细砂硬陶	灰		曲折纹						新石器时代晚期至商代
8423	ZJLY-821	斗光山	ZJLY-821:1ZⅠ	23.49	113.73	25	陶			夹细砂硬陶	青灰		曲折纹、附加堆纹						新石器时代晚期至商代
8424	ZJLY-821	斗光山	ZJLY-821:2ZⅠ	23.49	113.73	31	陶			泥质细硬陶	红褐		素面						新石器时代晚期至商代
8425	ZJLY-821	斗光山	ZJLY-821:3ZⅠ	23.49	113.73	31	陶			夹细砂硬陶	灰		曲折纹						新石器时代晚期至商代
8426	ZJLY-821	斗光山	ZJLY-821:4ZⅠ	23.49	113.73	31	陶	釜	口沿	夹粗砂软陶	灰		素面						新石器时代晚期至商代
8427	ZJLY-821	斗光山	ZJLY-821:5ZⅠ	23.49	113.73	28	陶			夹粗砂硬陶	灰		交错绳纹						新石器时代晚期至商代
8428	ZJLY-821	斗光山	ZJLY-821:6ZⅠ	23.49	113.73	22	陶	釜	口沿	泥质细硬陶	灰		素面						新石器时代晚期至商代
8429	ZJLY-821	斗光山	ZJLY-821:7ZⅠ	23.49	113.73	18	陶			夹细砂硬陶	青灰		素面						新石器时代晚期至商代
8430	ZJLY-821	斗光山	ZJLY-821:8ZⅠ	23.49	113.73	25	陶	罐	口沿	夹细砂硬陶	灰		绳纹	有					新石器时代晚期至商代
8431	ZJLY-826	西草岭	ZJLY-826:1T	23.48	113.74	40	陶			泥质细硬陶	青灰		夔纹						西周至春秋
8432	ZJLY-826	西草岭	ZJLY-826:2T	23.48	113.74	42	陶			泥质细硬陶	青灰		方格纹						西周至春秋
8433	ZJLY-826	西草岭	ZJLY-826:3T	23.48	113.74	38	陶			泥质粗硬陶	青灰		方格纹						西周至春秋
8434	ZJLY-826	西草岭	ZJLY-826:4T	23.48	113.74	39	陶			泥质粗硬陶	灰		方格纹						西周至春秋
8435	ZJLY-826	西草岭	ZJLY-826:5T	23.48	113.74	37	陶			泥质细硬陶	灰褐		方格纹、夔纹						西周至春秋
8436	ZJLY-826	西草岭	ZJLY-826:1ZⅠ	23.48	113.74	41	陶			泥质细硬陶	深灰		方格纹						西周至春秋
8437	ZJLY-826	西草岭	ZJLY-826:2ZⅠ	23.48	113.74	41	陶			泥质细硬陶	青灰		方格纹						西周至春秋
8438	ZJLY-826	西草岭	ZJLY-826:3ZⅠ	23.48	113.74	40	陶			泥质细硬陶	灰		方格纹						西周至春秋
8439	ZJLY-826	西草岭	ZJLY-826:4ZⅠ	23.48	113.74	43	陶			泥质细硬陶	青灰		方格纹						西周至春秋
8440	ZJLY-826	西草岭	ZJLY-826:5ZⅠ	23.48	113.73	32	陶			泥质细硬陶	灰褐		方格纹						西周至春秋
8441	ZJLY-826	西草岭	ZJLY-826:6ZⅠ	23.48	113.74	44	陶			泥质细硬陶	灰褐		方格纹						西周至春秋

序号	遗址编号	遗址名称	遗物编号	纬度(度)	经度(度)	海拔(米)	质地	器形	部位	陶质	颜色	釉色	纹饰	刻划符号	石器岩性	石器完整程度	石器硬度	石器风化程度	年代
8442	ZJLY-826	西草岭	ZJLY-826:7ZⅠ	23.48	113.74	43	陶			泥质细硬陶	青灰		方格纹						西周至春秋
8443	ZJLY-826	西草岭	ZJLY-826:8ZⅠ	23.48	113.74	43	陶			泥质细硬陶	灰		夔纹						西周至春秋
8444	ZJLY-826	西草岭	ZJLY-826:9ZⅠ	23.48	113.74	46	陶			泥质细硬陶	青灰		方格纹						西周至春秋
8445	ZJLY-826	西草岭	ZJLY-826:10ZⅠ	23.48	113.74	46	陶			泥质细硬陶	灰		方格纹						西周至春秋
8446	ZJLY-826	西草岭	ZJLY-826:11ZⅠ	23.48	113.74	47	陶			泥质细硬陶	红褐		方格纹						西周至春秋
8447	ZJLY-826	西草岭	ZJLY-826:12ZⅠ	23.48	113.74	44	陶			泥质细硬陶	青灰		夔纹						西周至春秋
8448	ZJLY-826	西草岭	ZJLY-826:13ZⅠ	23.48	113.74	44	陶			泥质细硬陶	青灰								西周至春秋
8449	ZJLY-826	西草岭	ZJLY-826:14ZⅠ	23.48	113.74	44	陶			泥质粗硬陶	灰褐		方格纹、菱格凸块纹						西周至春秋
8450	ZJLY-826	西草岭	ZJLY-826:15ZⅠ	23.48	113.74	45	陶	罐	口沿	泥质细硬陶	灰		素面						西周至春秋
8451	ZJLY-826	西草岭	ZJLY-826:16ZⅠ	23.48	113.74	41	陶			泥质细硬陶	灰		方格纹						西周至春秋
8452	ZJLY-826	西草岭	ZJLY-826:17ZⅠ	23.48	113.74	41	陶			泥质细硬陶	灰		夔纹						西周至春秋
8453	ZJLY-826	西草岭	ZJLY-826:18ZⅠ	23.48	113.74	41	陶			泥质细硬陶	灰褐		夔纹						西周至春秋
8454	ZJLY-826	西草岭	ZJLY-826:19ZⅠ	23.48	113.74	45	陶			泥质细硬陶	灰褐		夔纹						西周至春秋
8455	ZJLY-828	凤鸡山	ZJLY-828:1T	23.48	113.74	37	陶			泥质粗硬陶	灰褐		方格纹						西周至春秋
8456	ZJLY-828	凤鸡山	ZJLY-828:2T	23.48	113.73	36	陶			泥质细硬陶	灰褐		方格纹						西周至春秋
8457	ZJLY-828	凤鸡山	ZJLY-828:3T	23.48	113.73	40	陶	罐	底	泥质细硬陶	灰褐		方格纹						西周至春秋
8458	ZJLY-828	凤鸡山	ZJLY-828:4T	23.48	113.73	41	陶			泥质细硬陶	灰		方格纹						西周至春秋
8459	ZJLY-828	凤鸡山	ZJLY-828:5T	23.48	113.73	17	陶			泥质粗硬陶	灰		方格纹						西周至春秋
8460	ZJLY-828	凤鸡山	ZJLY-828:6T	23.48	113.73	17	陶			泥质细硬陶	灰		方格纹						西周至春秋
8461	ZJLY-828	凤鸡山	ZJLY-828:7T	23.48	113.73	16	陶			泥质粗硬陶	青灰		方格纹、菱格纹			残			西周至春秋
8462	ZJLY-828	凤鸡山	ZJLY-828:1ZⅠ	23.49	113.73	28	石	石器			青灰		素面						西周至春秋
8463	ZJLY-828	凤鸡山	ZJLY-828:2ZⅠ	23.48	113.73	32	陶			夹粗砂软陶	灰黑		素面						西周至春秋
8464	ZJLY-829	王洞岭	ZJLY-829:1T	23.48	113.74	5	陶			泥质粗硬陶	灰		米字纹						战国至南越国
8465	ZJLY-829	王洞岭	ZJLY-829:2T	23.48	113.75	4	陶			泥质细硬陶	灰褐		米字纹						战国至南越国
8466	ZJLY-829	王洞岭	ZJLY-829:3T	23.48	113.75	5	陶			泥质细硬陶	灰褐		米字纹						战国至南越国
8467	ZJLY-829	王洞岭	ZJLY-829:4T	23.48	113.75	1	陶			泥质细硬陶	灰褐		米字纹						战国至南越国
8468	ZJLY-829	王洞岭	ZJLY-829:5T	23.48	113.75	6	陶			泥质粗硬陶	灰褐		米字纹						战国至南越国
8469	ZJLY-829	王洞岭	ZJLY-829:6T	23.48	113.74	40	陶			泥质粗硬陶	灰褐		夔纹						西周至春秋
8470	ZJLY-829	王洞岭	ZJLY-829:7T	23.48	113.74	31	陶			泥质细硬陶	深灰		方格纹						战国至南越国
8471	ZJLY-829	王洞岭	ZJLY-829:8T	23.48	113.74	32	陶			泥质粗硬陶	灰褐		云雷纹						西周至春秋
8472	ZJLY-829	王洞岭	ZJLY-829:9T	23.48	113.74	31	陶			泥质粗硬陶	灰		方格纹						战国至南越国

序号	遗址编号	遗址名称	遗物编号	纬度（度）	经度（度）	海拔（米）	质地	器形	部位	陶质	颜色	釉色	纹饰	刻划符号	石器岩性	石器完整程度	石器硬度	石器风化程度	年代
8473	ZJLY-829	王洞岭	ZJLY-829:10T	23.48	113.74	36	陶			泥质粗硬陶	灰褐		方格纹						战国至南越国
8474	ZJLY-829	王洞岭	ZJLY-829:11T	23.48	113.74	36	陶			泥质粗硬陶	灰褐		复线米字纹						战国至南越国
8475	ZJLY-829	王洞岭	ZJLY-829:12T	23.48	113.74	37	陶			泥质细硬陶	灰		方格纹、篦点纹						战国至南越国
8476	ZJLY-829	王洞岭	ZJLY-829:13T	23.48	113.74	35	陶			泥质粗硬陶	灰		云雷纹						西周至春秋
8477	ZJLY-829	王洞岭	ZJLY-829:14T	23.48	113.74	37	石	砺石			红褐				砂岩	残	6	未风化	新石器时代晚期至商代
8478	ZJLY-829	王洞岭	ZJLY-829:15T	23.48	113.74	28	陶			泥质粗硬陶	深灰		三角格纹						战国至南越国
8479	ZJLY-829	王洞岭	ZJLY-829:16T	23.48	113.74	28	陶			泥质细硬陶	灰		方格纹						战国至南越国
8480	ZJLY-829	王洞岭	ZJLY-829:17T	23.48	113.74	26	陶			泥质粗硬陶	灰褐		方格纹						战国至南越国
8481	ZJLY-829	王洞岭	ZJLY-829:18T	23.48	113.74	19	陶			泥质细硬陶	灰褐		三角格纹						战国至南越国
8482	ZJLY-829	王洞岭	ZJLY-829:19T	23.48	113.74	15	陶			泥质粗硬陶	灰褐		素面						战国至南越国
8483	ZJLY-829	王洞岭	ZJLY-829:20T	23.48	113.74	15	陶	瓮	口沿	泥质细硬陶	深灰		米字纹						战国至南越国
8484	ZJLY-829	王洞岭	ZJLY-829:21T	23.48	113.74	14	陶			泥质粗硬陶	灰		米字纹						战国至南越国
8485	ZJLY-829	王洞岭	ZJLY-829:22T	23.48	113.74	18	陶			泥质粗硬陶	灰褐		三角格纹						战国至南越国
8486	ZJLY-829	王洞岭	ZJLY-829:23T	23.48	113.74	22	陶			泥质细硬陶	灰		菱格凸块纹						西周至春秋
8487	ZJLY-829	王洞岭	ZJLY-829:24T	23.48	113.74	22	陶			泥质细硬陶	灰		篦划纹						西周至春秋
8488	ZJLY-829	王洞岭	ZJLY-829:25T	23.48	113.74	16	陶			泥质细硬陶	灰		素面						战国至南越国
8489	ZJLY-829	王洞岭	ZJLY-829:26T	23.48	113.74	14	陶			泥质细硬陶	灰褐		方格纹						战国至南越国
8490	ZJLY-829	王洞岭	ZJLY-829:27T	23.48	113.74	16	陶			泥质细硬陶	灰褐		三角格纹						战国至南越国
8491	ZJLY-829	王洞岭	ZJLY-829:28T	23.48	113.74	20	陶	盒	口沿	泥质粗硬陶	橙黄		素面						战国至南越国
8492	ZJLY-829	王洞岭	ZJLY-829:29T	23.48	113.74	18	陶			泥质细硬陶	青灰		素面						战国至南越国
8493	ZJLY-829	王洞岭	ZJLY-829:30T	23.48	113.74	22	陶			泥质细硬陶	青灰		方格纹						西周至春秋
8494	ZJLY-829	王洞岭	ZJLY-829:31T	23.48	113.74	24	陶			泥质细硬陶	灰褐		方格纹						战国至南越国
8495	ZJLY-829	王洞岭	ZJLY-829:32T	23.48	113.74	24	陶			泥质细硬陶	灰		方格纹、夔纹						西周至春秋
8496	ZJLY-829	王洞岭	ZJLY-829:33T	23.48	113.74	25	陶			泥质细硬陶	灰		三角格纹						战国至南越国
8497	ZJLY-829	王洞岭	ZJLY-829:34T	23.48	113.74	27	陶			泥质粗硬陶	灰褐		方格纹						战国至南越国
8498	ZJLY-829	王洞岭	ZJLY-829:35T	23.48	113.74	27	陶			泥质细硬陶	青灰		三角格纹						战国至南越国
8499	ZJLY-829	王洞岭	ZJLY-829:36T	23.48	113.74	28	陶			泥质细硬陶	深灰		方格纹						战国至南越国
8500	ZJLY-829	王洞岭	ZJLY-829:37T	23.48	113.74	28	陶			泥质粗硬陶	灰		素面						西周至春秋
8501	ZJLY-829	王洞岭	ZJLY-829:38T	23.48	113.74	29	陶			泥质细硬陶	红		三角格纹						战国至南越国
8502	ZJLY-829	王洞岭	ZJLY-829:39T	23.48	113.74	27	陶			泥质细硬陶	深灰		米字纹						战国至南越国
8503	ZJLY-829	王洞岭	ZJLY-829:40T	23.48	113.74	28	陶			泥质细硬陶	灰褐		三角格纹						战国至南越国

序号	遗址编号	遗址名称	遗物编号	纬度(度)	经度(度)	海拔(米)	质地	器形	部位	陶质	颜色	釉色	纹饰	刻划符号	石器岩性	石器完整程度	石器硬度	石器风化程度	年代
8504	ZJLY-829	王洞岭	ZJLY-829:41T	23.48	113.74	29	陶	罐	口沿	泥质细硬陶	灰褐		方格纹						战国至南越国
8505	ZJLY-829	王洞岭	ZJLY-829:42T	23.48	113.74	27	陶			泥质细硬陶	灰		刻划纹						西周至春秋
8506	ZJLY-829	王洞岭	ZJLY-829:1YⅢ	23.48	113.74	18	陶			泥质粗硬陶	灰褐		方格纹						战国至南越国
8507	ZJLY-829	王洞岭	ZJLY-829:1ZI	23.48	113.75	15	陶	罐	口沿	泥质细硬陶	灰褐		米字纹						战国至南越国
8508	ZJLY-829	王洞岭	ZJLY-829:2ZI	23.48	113.75	15	陶			泥质粗硬陶	灰褐		米字纹						战国至南越国
8509	ZJLY-829	王洞岭	ZJLY-829:3ZI	23.48	113.75	15	陶			泥质细软陶	橙黄		交错绳纹						新石器时代晚期至商代
8510	ZJLY-829	王洞岭	ZJLY-829:4ZI	23.48	113.74	19	陶			泥质粗硬陶	灰褐		方格纹						战国至南越国
8511	ZJLY-829	王洞岭	ZJLY-829:5ZI	23.48	113.74	18	陶			泥质细硬陶	深灰		米字纹						战国至南越国
8512	ZJLY-829	王洞岭	ZJLY-829:6ZI	23.48	113.74	16	陶			泥质细硬陶	灰褐		方格纹						战国至南越国
8513	ZJLY-829	王洞岭	ZJLY-829:7ZI	23.48	113.74	18	陶			泥质粗硬陶	深灰		米字纹						战国至南越国
8514	ZJLY-829	王洞岭	ZJLY-829:8ZI	23.48	113.74	30	陶			泥质细硬陶	灰褐		米字纹						战国至南越国
8515	ZJLY-829	王洞岭	ZJLY-829:9ZI	23.48	113.75	47	陶			泥质粗硬陶	灰		方格纹						战国至南越国
8516	ZJLY-829	王洞岭	ZJLY-829:10ZI	23.48	113.74	32	陶	罐	口沿	泥质细硬陶	灰		三角格纹						战国至南越国
8517	ZJLY-829	王洞岭	ZJLY-829:11ZI	23.48	113.75	19	陶			泥质细硬陶	灰		方格纹						战国至南越国
8518	ZJLY-830	十字塘猫岭	ZJLY-830:1ZI	23.48	113.75	46	陶			夹细砂硬陶	青灰		弦断绳纹						新石器时代晚期至商代
8519	ZJLY-830	十字塘猫岭	ZJLY-830:2ZI	23.48	113.75	47	陶			夹细砂硬陶	灰褐		绳纹						新石器时代晚期至商代
8520	ZJLY-830	十字塘猫岭	ZJLY-830:3ZI	23.48	113.75	49	陶			夹细砂硬陶	灰褐		绳纹						新石器时代晚期至商代
8521	ZJLY-830	十字塘猫岭	ZJLY-830:4ZI	23.48	113.75	50	石	砺石			灰								新石器时代晚期至商代
8522	ZJLY-830	十字塘猫岭	ZJLY-830:5ZI	23.48	113.75	50	陶			夹细砂硬陶	灰		绳纹						新石器时代晚期至商代
8523	ZJLY-830	十字塘猫岭	ZJLY-830:6ZI	23.48	113.75	50	陶			夹细砂硬陶	灰		绳纹						新石器时代晚期至商代
8524	ZJLY-830	十字塘猫岭	ZJLY-830:7ZI	23.48	113.75	49	陶			夹细砂硬陶	灰褐		绳纹						新石器时代晚期至商代
8525	ZJLY-830	十字塘猫岭	ZJLY-830:8ZI	23.48	113.75	50	陶	罐	口沿	夹细砂硬陶	灰		素面						新石器时代晚期至商代
8526	ZJLY-830	十字塘猫岭	ZJLY-830:9ZI	23.48	113.75	53	陶			泥质细硬陶	红		曲折纹						新石器时代晚期至商代
8527	ZJLY-832	太山	ZJLY-832:1T	23.47	113.73	38	陶			泥质粗硬陶	深灰		方格纹						战国至南越国
8528	ZJLY-832	太山	ZJLY-832:2T	23.47	113.73	33	陶			泥质粗硬陶	灰褐		米字纹						战国至南越国
8529	ZJLY-838	杉山下	ZJLY-838:1ZI	23.50	113.75	75	石	石器			青灰				片岩	基本完整	6.5	未风化	新石器时代晚期至商代
8530	ZJLY-847	铁高墩	ZJLY-847:1T	23.52	113.74	99	陶			夹细砂硬陶	橙黄		曲折纹						新石器时代晚期至商代
8531	ZJLY-847	铁高墩	ZJLY-847:2T	23.52	113.74	99	陶			夹细砂硬陶	灰		曲折纹						新石器时代晚期至商代
8532	ZJLY-847	铁高墩	ZJLY-847:1ZI	23.52	113.74	106	陶			夹细砂硬陶	青灰		曲折纹						新石器时代晚期至商代
8533	ZJLY-847	铁高墩	ZJLY-847:2ZI	23.52	113.74	106	陶			夹细砂硬陶	青灰		素面						新石器时代晚期至商代
8534	ZJLY-847	铁高墩	ZJLY-847:3ZI	23.52	113.74	106	陶			夹细砂硬陶	青灰		绳纹						新石器时代晚期至商代

序号	遗址编号	遗址名称	遗物编号	纬度(度)	经度(度)	海拔(米)	质地	器形	部位	陶质	颜色	釉色	纹饰	刻划符号	石器岩性	石器完整程度	石器硬度	石器风化程度	年代
8535	ZJLY-847	铁高墩	ZJLY-847:4Z I	23.52	113.74	104	陶			夹细砂硬陶	青灰		绳纹						新石器时代晚期至商代
8536	ZJLY-847	铁高墩	ZJLY-847:5Z I	23.52	113.74	105	陶			夹粗砂硬陶	青灰		曲折纹						新石器时代晚期至商代
8537	ZJLY-847	铁高墩	ZJLY-847:6Z I	23.52	113.74	104	陶			夹细砂硬陶	青灰		交错绳纹						新石器时代晚期至商代
8538	ZJLY-847	铁高墩	ZJLY-847:7Z I	23.52	113.74	101	陶			夹细砂硬陶	青灰		曲折纹、附加堆纹						新石器时代晚期至商代
8539	ZJLY-847	铁高墩	ZJLY-847:8Z I	23.52	113.74	104	陶			夹细砂硬陶	青灰		曲折纹、附加堆纹						新石器时代晚期至商代
8540	ZJLY-847	铁高墩	ZJLY-847:9Z I	23.52	113.74	104	陶			夹细砂硬陶	青灰		曲折纹、附加堆纹						新石器时代晚期至商代
8541	ZJLY-847	铁高墩	ZJLY-847:10Z I	23.52	113.74	103	陶			夹细砂硬陶	青灰		曲折纹						新石器时代晚期至商代
8542	ZJLY-847	铁高墩	ZJLY-847:11Z I	23.52	113.74	102	陶			夹细砂硬陶	青灰		曲折纹						新石器时代晚期至商代
8543	ZJLY-847	铁高墩	ZJLY-847:12Z I	23.52	113.74	111	陶			夹细砂硬陶	青灰		曲折纹						新石器时代晚期至商代
8544	ZJLY-847	铁高墩	ZJLY-847:13Z I	23.52	113.74	105	陶			夹细砂硬陶	青灰		曲折纹						新石器时代晚期至商代
8545	ZJLY-851	飞鹅岭	ZJLY-851:1T	23.50	113.76	13	陶			泥质粗硬陶	青灰		长方格纹						新石器时代晚期至商代
8546	ZJLY-851	飞鹅岭	ZJLY-851:2T	23.50	113.76	15	陶			泥质软陶	红		曲折纹						新石器时代晚期至商代
8547	ZJLY-851	飞鹅岭	ZJLY-851:3T	23.50	113.76	23	陶			泥质粗硬陶	灰褐		方格纹						西周至春秋
8548	ZJLY-851	飞鹅岭	ZJLY-851:4T	23.50	113.76	26	陶			泥质粗硬陶	灰黑		素面						新石器时代晚期至商代
8549	ZJLY-851	飞鹅岭	ZJLY-851:1Z I	23.50	113.76	28	陶			夹细砂硬陶	青灰		曲折纹						新石器时代晚期至商代
8550	ZJLY-852	江鼻头	ZJLY-852:1T	23.50	113.77	21	陶			泥质粗硬陶	深灰		方格纹						战国至南越国
8551	ZJLY-852	江鼻头	ZJLY-852:2T	23.50	113.77	22	陶			泥质粗硬陶	灰褐		米字纹						战国至南越国
8552	ZJLY-852	江鼻头	ZJLY-852:3T	23.50	113.77	19	陶			泥质硬陶	灰褐		米字纹						战国至南越国
8553	ZJLY-852	江鼻头	ZJLY-852:4T	23.50	113.77	20	陶			泥质粗硬陶	红褐		方格纹						战国至南越国
8554	ZJLY-852	江鼻头	ZJLY-852:5T	23.50	113.77	21	陶			泥质粗硬陶	深灰		米字纹						战国至南越国
8555	ZJLY-852	江鼻头	ZJLY-852:1Z I	23.50	113.77	14	陶			泥质硬陶	红褐		米字纹						战国至南越国
8556	ZJLY-852	江鼻头	ZJLY-852:2Z I	23.50	113.77	20	陶			泥质粗硬陶	灰褐		米字纹						战国至南越国
8557	ZJLY-853	西岭山	ZJLY-853:1T	23.49	113.78	34	陶			泥质粗硬陶	橙黄		篦点纹、刻划三角纹						西周至春秋
8558	ZJLY-853	西岭山	ZJLY-853:2T	23.49	113.78	37	陶			泥质粗硬陶	青灰		方格纹						西周至春秋
8559	ZJLY-853	西岭山	ZJLY-853:3T	23.49	113.78	33	陶			泥质粗硬陶	灰黑		素面						新石器时代晚期至商代
8560	ZJLY-853	西岭山	ZJLY-853:4T	23.49	113.78	37	陶			夹细砂硬陶	红褐		曲折纹						新石器时代晚期至商代
8561	ZJLY-853	西岭山	ZJLY-853:5T	23.49	113.78	34	陶			泥质细硬陶	灰褐		夔纹、重圈纹、弦纹						西周至春秋
8562	ZJLY-853	西岭山	ZJLY-853:6T	23.49	113.78	31	陶			夹细砂硬陶	灰白		同断滦纹						新石器时代晚期至商代
8563	ZJLY-853	西岭山	ZJLY-853:7T	23.49	113.78	32	陶			泥质软陶	灰褐		回字纹						西周至春秋
8564	ZJLY-853	西岭山	ZJLY-853:8T	23.49	113.78	32	陶			夹粗砂软陶	灰黑		曲折纹						西周至春秋
8565	ZJLY-853	西岭山	ZJLY-853:9T	23.49	113.78	20	陶			泥质细硬陶	灰褐		米字纹						战国至南越国

序号	遗址编号	遗址名称	遗物编号	纬度（度）	经度（度）	海拔（米）	质地	器形	部位	陶质	颜色	釉色	纹饰	刻划符号	石器岩性	石器完整程度	石器硬度	石器风化程度	年代
8566	ZJLY-853	西岭山	ZJLY-853:10T I	23.49	113.78	20	陶			泥质粗硬陶	深灰		方格纹、夔纹						西周至春秋
8567	ZJLY-853	西岭山	ZJLY-853:1Z I	23.50	113.78	33	陶			泥质粗硬陶	青灰		方格纹						西周至春秋
8568	ZJLY-853	西岭山	ZJLY-853:2Z I	23.50	113.78	33	陶			泥质细硬陶	青灰		方格纹						西周至春秋
8569	ZJLY-853	西岭山	ZJLY-853:3Z I	23.49	113.78	49	陶			泥质粗软陶	橙黄		素面						新石器时代晚期至商代
8570	ZJLY-853	西岭山	ZJLY-853:4Z I	23.49	113.78	39	陶			泥质粗硬陶	橙黄		方格纹						西周至春秋
8571	ZJLY-853	西岭山	ZJLY-853:5Z I	23.49	113.78	41	陶	罐	圈足	泥质粗硬陶	灰		素面、足内刻划浆纹						西周至春秋
8572	ZJLY-853	西岭山	ZJLY-853:6Z I	23.49	113.78	40	陶			泥质细硬陶	灰		方格纹						西周至春秋
8573	ZJLY-853	西岭山	ZJLY-853:7Z I	23.49	113.78	38	陶			泥质粗硬陶	灰		方格纹、夔纹、弦纹、菱格纹						西周至春秋
8574	ZJLY-853	西岭山	ZJLY-853:8Z I	23.49	113.78	38	陶			泥质粗硬陶	青灰		方格纹						西周至春秋
8575	ZJLY-853	西岭山	ZJLY-853:9Z I	23.49	113.78	42	陶			夹粗砂软陶	灰黑		曲折纹						新石器时代晚期至商代
8576	ZJLY-853	西岭山	ZJLY-853:10Z I	23.49	113.78	42	陶			泥质粗硬陶	青灰		方格纹						西周至春秋
8577	ZJLY-853	西岭山	ZJLY-853:11Z I	23.49	113.78	35	陶			泥质粗硬陶	灰褐		方格纹						西周至春秋
8578	ZJLY-853	西岭山	ZJLY-853:12Z I	23.49	113.78	36	陶			泥质细硬陶	青灰		方格纹						西周至春秋
8579	ZJLY-853	西岭山	ZJLY-853:13Z I	23.49	113.78	35	陶			泥质细硬陶	灰		网格纹						新石器时代晚期至商代
8580	ZJLY-853	西岭山	ZJLY-853:14Z I	23.49	113.78	35	石	砺石			红褐								新石器时代晚期至商代
8581	ZJLY-853	西岭山	ZJLY-853:15Z I	23.49	113.78	35	陶			泥质细硬陶	青灰		方格纹						西周至春秋
8582	ZJLY-853	西岭山	ZJLY-853:16Z I	23.49	113.78	35	陶			夹细砂硬陶	灰		长方格纹						新石器时代晚期至商代
8583	ZJLY-853	西岭山	ZJLY-853:17Z I	23.49	113.78	36	陶			泥质粗硬陶	灰褐		夔纹						西周至春秋
8584	ZJLY-853	西岭山	ZJLY-853:18Z I	23.49	113.78	35	石	石器			灰					残			新石器时代晚期至商代
8585	ZJLY-853	西岭山	ZJLY-853:19Z I	23.49	113.78	34	陶			泥质粗硬陶	深灰		方格纹、菱格凸块纹						西周至春秋
8586	ZJLY-890	大坑迳	ZJLY-890:1T	23.52	113.78	30	陶			泥质细硬陶	灰		三角格纹						战国至南越国
8587	ZJLY-890	大坑迳	ZJLY-890:2T	23.52	113.78	27	陶			泥质细硬陶	灰		素面						汉代
8588	ZJLY-890	大坑迳	ZJLY-890:3T	23.52	113.78	29	陶			泥质粗硬陶	红褐		素面						汉代
8589	ZJLY-891	水坑田	ZJLY-891:1P	23.52	113.77	24	陶			泥质粗硬陶	灰		锯齿纹、弦纹						战国至南越国
8590	ZJLY-891	水坑田	ZJLY-891:2P	23.52	113.77	36	陶			泥质细硬陶	青灰		三角格纹						战国至南越国
8591	ZJLY-891	水坑田	ZJLY-891:3P	23.52	113.77	37	陶			泥质粗硬陶	青灰		方格纹						战国至南越国
8592	ZJLY-891	水坑田	ZJLY-891:4P	23.52	113.77	39	陶			泥质细硬陶	灰褐		米字纹						战国至南越国
8593	ZJLY-891	水坑田	ZJLY-891:5P	23.52	113.77	39	陶	罐	口沿	泥质粗硬陶	青灰		方格纹						战国至南越国
8594	ZJLY-891	水坑田	ZJLY-891:6P	23.52	113.77	37	陶	罐	口沿	泥质粗硬陶	青灰		素面						战国至南越国
8595	ZJLY-891	水坑田	ZJLY-891:7P	23.52	113.77	33	陶			泥质粗硬陶	红褐		方格纹						战国至南越国
8596	ZJLY-891	水坑田	ZJLY-891:1T	23.52	113.77	40	陶			泥质粗硬陶	灰		米字纹						战国至南越国

序号	遗址编号	遗址名称	遗物编号	纬度(度)	经度(度)	海拔(米)	质地	器形	部位	陶质	颜色	釉色	纹饰	刻划符号	石器岩性	石器完整程度	石器硬度	石器风化程度	年代
8597	ZJLY-891	水坑田	ZJLY-891:2T	23.52	113.77	43	陶			泥质粗硬陶	青灰		方格纹						战国至南越国
8598	ZJLY-891	水坑田	ZJLY-891:3T	23.52	113.77	41	陶			泥质细硬陶	灰		素面						汉代
8599	ZJLY-891	水坑田	ZJLY-891:4T	23.52	113.77	43	陶			泥质细硬陶	灰		米字纹						战国至南越国
8600	ZJLY-891	水坑田	ZJLY-891:5T	23.52	113.77	40	陶			泥质细硬陶	灰褐		米字纹						战国至南越国
8601	ZJLY-891	水坑田	ZJLY-891:6T	23.52	113.77	33	陶			泥质细硬陶	灰褐		米字纹						战国至南越国
8602	ZJLY-891	水坑田	ZJLY-891:7T	23.52	113.77	35	陶	盂	口沿	泥质细硬陶	青灰		粗弦纹						战国至南越国
8603	ZJLY-891	水坑田	ZJLY-891:8T	23.52	113.77	33	陶	罐	口沿	泥质细硬陶	青灰		方格纹						战国至南越国
8604	ZJLY-891	水坑田	ZJLY-891:9T	23.52	113.77	34	陶			泥质细硬陶	灰		方格纹						战国至南越国
8605	ZJLY-891	水坑田	ZJLY-891:10T	23.52	113.78	30	陶			泥质细硬陶	灰褐		米字纹						战国至南越国
8606	ZJLY-891	水坑田	ZJLY-891:11T	23.52	113.78	28	陶			泥质细硬陶	深灰		米字纹						战国至南越国
8607	ZJLY-891	水坑田	ZJLY-891:1ZI	23.52	113.78	22	陶			泥质细硬陶	灰		方格纹						战国至南越国
8608	ZJLY-891	水坑田	ZJLY-891:2ZI	23.52	113.77	42	陶			泥质细硬陶	灰		三角格纹						战国至南越国
8609	ZJLY-891	水坑田	ZJLY-891:3ZI	23.52	113.77	39	陶			泥质粗硬陶	灰褐		米字纹						战国至南越国
8610	ZJLY-891	水坑田	ZJLY-891:4ZI	23.52	113.77	42	陶			泥质细硬陶	灰褐		米字纹						战国至南越国
8611	ZJLY-891	水坑田	ZJLY-891:5ZI	23.52	113.77	42	陶			泥质细硬陶	青灰		方格纹						战国至南越国
8612	ZJLY-891	水坑田	ZJLY-891:6ZI	23.52	113.77	43	陶			泥质细硬陶	青灰		米字纹						战国至南越国
8613	ZJLY-891	水坑田	ZJLY-891:7ZI	23.52	113.77	40	陶	罐	口沿	泥质细硬陶	青灰		素面						战国至南越国
8614	ZJLY-891	水坑田	ZJLY-891:8ZI	23.52	113.77	40	陶			泥质细硬陶	灰		方格纹						战国至南越国
8615	ZJLY-891	水坑田	ZJLY-891:9ZI	23.52	113.77	43	陶			泥质细硬陶	灰褐		方格纹						战国至南越国
8616	ZJLY-891	水坑田	ZJLY-891:10ZI	23.52	113.77	44	陶			泥质细硬陶	青灰		方格纹						战国至南越国
8617	ZJLY-891	水坑田	ZJLY-891:11ZI	23.52	113.77	40	陶			泥质细硬陶	深灰		三角格纹						战国至南越国
8618	ZJLY-891	水坑田	ZJLY-891:12ZI	23.52	113.77	38	陶			泥质细硬陶	灰		米字纹						战国至南越国
8619	ZJLY-891	水坑田	ZJLY-891:13ZI	23.52	113.77	33	陶	罐	口沿	泥质粗硬陶	红褐		米字纹						战国至南越国
8620	ZJLY-891	水坑田	ZJLY-891:14ZI	23.52	113.78	32	陶			夹细砂硬陶	青灰		曲折纹						新石器时代晚期至南商代
8621	ZJLY-892	牛眠岙	ZJLY-892:1T	23.52	113.78	28	陶			泥质细硬陶	深灰		复线米字纹						战国至南越国
8622	ZJLY-892	牛眠岙	ZJLY-892:2T	23.52	113.78	29	陶			泥质粗硬陶	灰褐		方格纹						战国至南越国
8623	ZJLY-892	牛眠岙	ZJLY-892:3T	23.52	113.78	28	陶			泥质细硬陶	深灰		复线米字纹						战国至南越国
8624	ZJLY-892	牛眠岙	ZJLY-892:4T	23.52	113.78	28	陶			泥质细硬陶	灰褐		米字纹						战国至南越国
8625	ZJLY-892	牛眠岙	ZJLY-892:5T	23.52	113.78	26	陶			泥质粗硬陶	青灰		方格纹						战国至南越国
8626	ZJLY-892	牛眠岙	ZJLY-892:6T	23.52	113.78	31	陶			夹细砂硬陶	青灰		交错绳纹						新石器时代晚期至南商代
8627	ZJLY-892	牛眠岙	ZJLY-892:7T	23.52	113.78	29	陶			泥质粗硬陶	红褐		复线对角线纹						战国至南越国

序号	遗址编号	遗址名称	遗物编号	纬度（度）	经度（度）	海拔（米）	质地	器形	部位	陶质	颜色	釉色	纹饰	刻划符号	石器岩性	石器完整程度	石器硬度	石器风化程度	年代
8628	ZJLY-892	牛眠迳	ZJLY-892:8T	23.52	113.78	29	陶			泥质粗硬陶	灰褐		方格纹						战国至南越国
8629	ZJLY-892	牛眠迳	ZJLY-892:9T	23.52	113.78	29	陶			泥质粗软陶	深灰		方格纹						战国至南越国
8630	ZJLY-892	牛眠迳	ZJLY-892:10T	23.52	113.78	26	陶			泥质细硬陶	深灰		方格对角线纹						战国至南越国
8631	ZJLY-892	牛眠迳	ZJLY-892:11T	23.52	113.78	26	陶		口沿	泥质细硬陶	深灰		复线米字纹						战国至南越国
8632	ZJLY-892	牛眠迳	ZJLY-892:12T	23.52	113.78	29	陶	罐		泥质细硬陶	深灰		方格纹						战国至南越国
8633	ZJLY-894	花果山	ZJLY-894:1T	23.52	113.79	38	陶				灰		交错绳纹						新石器时代晚期至商代
8634	ZJLY-894	花果山	ZJLY-894:2T	23.52	113.79	35	陶			夹砂硬陶	青灰		网格纹						战国至南越国
8635	ZJLY-894	花果山	ZJLY-894:3T	23.52	113.79	36	陶			泥质粗硬陶	灰褐		方格纹						战国至南越国
8636	ZJLY-894	花果山	ZJLY-894:4T	23.52	113.79	35	陶			夹砂硬陶	灰		交错条纹						新石器时代晚期至商代
8637	ZJLY-894	花果山	ZJLY-894:5T	23.52	113.79	35	陶			泥质粗硬陶	深灰		米字纹						战国至南越国
8638	ZJLY-894	花果山	ZJLY-894:6T	23.52	113.79	32	陶			泥质粗硬陶	灰褐		米字纹						战国至南越国
8639	ZJLY-894	花果山	ZJLY-894:7T	23.52	113.79	29	陶			泥质粗硬陶	深灰		米字纹						战国至南越国
8640	ZJLY-894	花果山	ZJLY-894:8T	23.52	113.79	33	陶			泥质粗硬陶	红褐		米字纹						战国至南越国
8641	ZJLY-894	花果山	ZJLY-894:9T	23.52	113.79	36	陶			泥质粗硬陶	灰褐		米字纹						战国至南越国
8642	ZJLY-894	花果山	ZJLY-894:10T	23.52	113.79	35	陶			泥质粗硬陶	深灰		米字纹						战国至南越国
8643	ZJLY-894	花果山	ZJLY-894:11T	23.52	113.79	35	陶			泥质粗硬陶	灰		梯格纹						新石器时代晚期至商代
8644	ZJLY-894	花果山	ZJLY-894:12T	23.52	113.79	37	陶			泥质粗硬陶	深灰		米字纹						战国至南越国
8645	ZJLY-894	花果山	ZJLY-894:13T	23.52	113.79	38	陶			泥质粗硬陶	深灰		米字纹						战国至南越国
8646	ZJLY-894	花果山	ZJLY-894:14T	23.52	113.79	36	陶			泥质粗硬陶	灰褐		米字纹						战国至南越国
8647	ZJLY-894	花果山	ZJLY-894:15T	23.52	113.79	35	陶			泥质粗硬陶	深灰		米字纹						战国至南越国
8648	ZJLY-894	花果山	ZJLY-894:16T	23.52	113.79	36	陶	罐	口沿	泥质粗硬陶	灰褐		素面						战国至南越国
8649	ZJLY-894	花果山	ZJLY-894:17T	23.52	113.79	35	陶			泥质粗硬陶	灰褐		米字纹						战国至南越国
8650	ZJLY-894	花果山	ZJLY-894:18T	23.52	113.79	38	陶			泥质粗硬陶	灰褐		米字纹						战国至南越国
8651	ZJLY-894	花果山	ZJLY-894:19T	23.52	113.79	35	陶			泥质粗硬陶	灰褐		米字纹						战国至南越国
8652	ZJLY-894	花果山	ZJLY-894:20T	23.52	113.79	34	陶			泥质粗硬陶	灰褐		素面						战国至南越国
8653	ZJLY-894	花果山	ZJLY-894:21T	23.52	113.79	31	陶			夹细砂硬陶	灰		条纹、附加堆纹						新石器时代晚期至商代
8654	ZJLY-894	花果山	ZJLY-894:22T	23.52	113.79	32	石	砺石			褐				砂岩	基本完整	6	未风化	战国至南越国
8655	ZJLY-894	花果山	ZJLY-894:23T	23.52	113.79	34	陶	罐	口沿	泥质粗硬陶	灰褐		三角格纹						战国至南越国
8656	ZJLY-894	花果山	ZJLY-894:1Z I	23.52	113.79	42	陶			夹细砂硬陶	灰白		曲折纹、附加堆纹						新石器时代晚期至商代
8657	ZJLY-894	花果山	ZJLY-894:2Z I	23.52	113.79	41	陶			夹细砂硬陶	红褐		绳纹						新石器时代晚期至商代
8658	ZJLY-894	花果山	ZJLY-894:3Z I	23.52	113.79	39	陶			泥质粗硬陶	灰褐		斜长方格纹						新石器时代晚期至商代

序号	遗址编号	遗址名称	遗物编号	纬度(度)	经度(度)	海拔(米)	质地	器形	部位	陶质	颜色	釉色	纹饰	刻划符号	石器岩性	石器完整程度	石器硬度	石器风化程度	年代
8659	ZJLY-894	花果山	ZJLY-894:4ZⅠ	23.52	113.79	37	陶			泥质细硬陶	灰		刻划纹						明清
8660	ZJLY-894	花果山	ZJLY-894:5ZⅠ	23.52	113.79	35	陶			泥质粗硬陶	橙黄		斜长方格纹、附加堆纹						新石器时代晚期至商代
8661	ZJLY-894	花果山	ZJLY-894:6ZⅠ	23.52	113.79	35	陶			泥质粗软陶	橙黄		网格纹						新石器时代晚期至商代
8662	ZJLY-894	花果山	ZJLY-894:7ZⅠ	23.52	113.79	33	陶			泥质粗软陶	黄褐		方格纹						新石器时代晚期至商代
8663	ZJLY-894	花果山	ZJLY-894:8ZⅠ	23.52	113.79	34	陶			泥质细软陶	橙黄		叶脉纹、附加堆纹						新石器时代晚期至商代
8664	ZJLY-894	花果山	ZJLY-894:9ZⅠ	23.52	113.79	32	陶			泥质粗硬陶	红褐		绳纹						新石器时代晚期至商代
8665	ZJLY-894	花果山	ZJLY-894:10ZⅠ	23.52	113.79	33	陶			泥质细硬陶	黄褐		斜长方格纹						新石器时代晚期至商代
8666	ZJLY-894	花果山	ZJLY-894:11ZⅠ	23.52	113.79	34	陶			夹细砂硬陶	灰		交错条纹						新石器时代晚期至商代
8667	ZJLY-894	花果山	ZJLY-894:12ZⅠ	23.52	113.79	36	陶			夹粗砂软陶	橙黄		方格纹						新石器时代晚期至商代
8668	ZJLY-894	花果山	ZJLY-894:13ZⅠ	23.52	113.79	37	陶			泥质细硬陶	灰		斜方格纹、附加堆纹						新石器时代晚期至商代
8669	ZJLY-894	花果山	ZJLY-894:14ZⅠ	23.52	113.79	35	陶			泥质粗硬陶	灰褐		三角格纹						战国至南越国
8670	ZJLY-894	花果山	ZJLY-894:15ZⅠ	23.52	113.79	37	陶			泥质粗硬陶	灰褐		三角格纹						战国至南越国
8671	ZJLY-894	花果山	ZJLY-894:16ZⅠ	23.52	113.79	33	陶			泥质粗硬陶	灰褐		方格纹						战国至南越国
8672	ZJLY-894	花果山	ZJLY-894:17ZⅠ	23.52	113.79	36	陶			夹细砂硬陶	灰		米字纹						战国至南越国
8673	ZJLY-894	花果山	ZJLY-894:18ZⅠ	23.52	113.79	39	陶			泥质粗硬陶	灰褐		米字纹						战国至南越国
8674	ZJLY-902	大背林	ZJLY-902:1T	23.54	113.82	59	石	刀			青灰				绿泥石片岩	残	6	中风化	新石器时代晚期至商代
8675	ZJLY-902	大背林	ZJLY-902:2T	23.54	113.82	61	陶			夹细砂硬陶			梯格纹						新石器时代晚期至商代
8676	ZJLY-902	大背林	ZJLY-902:3T	23.54	113.82	60	石	锛											新石器时代晚期至商代
8677	ZJLY-902	大背林	ZJLY-902:4T	23.54	113.82	63	陶			夹细砂硬陶	青灰		条纹						新石器时代晚期至商代
8678	ZJLY-902	大背林	ZJLY-902:5T	23.54	113.82	63	陶			夹细砂硬陶	灰		长方格纹						新石器时代晚期至商代
8679	ZJLY-902	大背林	ZJLY-902:6T	23.54	113.82	60	陶			泥质细硬陶	红褐		长方格纹						新石器时代晚期至商代
8680	ZJLY-902	大背林	ZJLY-902:7T	23.54	113.82	60	陶			泥质粗硬陶	青灰		曲折纹						新石器时代晚期至商代
8681	ZJLY-902	大背林	ZJLY-902:8T	23.54	113.82	57	陶			泥质粗硬陶	青灰		曲折纹						新石器时代晚期至商代
8682	ZJLY-902	大背林	ZJLY-902:1ZⅠ	23.54	113.82	59	陶			夹细砂硬陶	青灰		叶脉纹						新石器时代晚期至商代
8683	ZJLY-902	大背林	ZJLY-902:2ZⅠ	23.54	113.82	63	陶			夹细砂硬陶	灰		交错绳纹						新石器时代晚期至商代
8684	ZJLY-902	大背林	ZJLY-902:3ZⅠ	23.54	113.82	58	陶			夹细砂硬陶	灰		梯格纹						新石器时代晚期至商代
8685	ZJLY-902	大背林	ZJLY-902:4ZⅠ	23.54	113.82	59	陶			夹细砂硬陶	灰		长方格纹						新石器时代晚期至商代
8686	ZJLY-902	大背林	ZJLY-902:5ZⅠ	23.54	113.82	58	陶			夹细砂硬陶	灰		曲折纹						新石器时代晚期至商代
8687	ZJLY-902	大背林	ZJLY-902:6ZⅠ	23.54	113.82	55	陶			泥质细硬陶	红褐		斜长方格纹						新石器时代晚期至商代
8688	ZJLY-902	大背林	ZJLY-902:7ZⅠ	23.54	113.82	54	陶			泥质粗硬陶			卷云纹						新石器时代晚期至商代
8689	ZJLY-910	正帐	ZJLY-910:1ZⅠ	23.54	113.83	45	陶			泥质粗硬陶	灰白		叶脉纹						新石器时代晚期至商代

序号	遗址编号	遗址名称	遗物编号	纬度（度）	经度（度）	海拔（米）	质地	器形	部位	陶质	颜色	釉色	纹饰	刻划符号	石器岩性	石器完整程度	石器硬度	石器风化程度	年代
8690	ZJLY-910	正帐	ZJLY-910:2ZI	23.54	113.83	46	陶			夹细砂硬陶	青灰		条纹						新石器时代晚期至商代
8691	ZJLY-910	正帐	ZJLY-910:3ZI	23.54	113.83	48	陶			泥质粗硬陶	灰白		叶脉纹						新石器时代晚期至商代
8692	ZJLY-910	正帐	ZJLY-910:4ZI	23.54	113.83	48	陶			泥质粗硬陶	灰白		条纹						新石器时代晚期至商代
8693	ZJLY-921	迳口岭	ZJLY-921:1ZI	23.55	113.78	64	陶			夹细砂硬陶	灰白		曲折纹						新石器时代晚期至商代
8694	ZJLY-921	迳口岭	ZJLY-921:2ZI	23.55	113.78	64	陶			夹细砂硬陶	灰		间断条纹						新石器时代晚期至商代
8695	ZJLY-921	迳口岭	ZJLY-921:3ZI	23.55	113.78	66	陶	罐	口沿		橙黄		素面						新石器时代晚期至商代
8696	ZJLY-921	迳口岭	ZJLY-921:4ZI	23.55	113.78	69	陶			夹细砂硬陶	深灰		叶脉纹						新石器时代晚期至商代
8697	ZJLY-921	迳口岭	ZJLY-921:5ZI	23.55	113.78	72	陶			夹细砂硬陶	青灰		素面						新石器时代晚期至商代
8698	ZJLY-921	迳口岭	ZJLY-921:6ZI	23.55	113.78	72	陶			夹细砂硬陶	灰		曲折纹						新石器时代晚期至商代
8699	ZJLY-928	背阴村委劳侧山	ZJLY-928:1T	23.56	113.79	57	陶			夹细砂硬陶	灰		条纹						新石器时代晚期至商代
8700	ZJLY-928	背阴村委劳侧山	ZJLY-928:2T	23.56	113.79	60	陶			夹细砂硬陶	青灰		绳纹						新石器时代晚期至商代
8701	ZJLY-928	背阴村委劳侧山	ZJLY-928:1ZI	23.56	113.79	58	陶			夹细砂硬陶	灰褐		曲折纹						新石器时代晚期至商代
8702	ZJLY-929	大㘵岭	ZJLY-929:1ZI	23.55	113.77	44	陶			泥质细硬陶	青灰		米字纹						战国至南越国
8703	ZJLY-931	松毛吓	ZJLY-931:1ZI	23.56	113.76	58	陶			泥质细硬陶	深灰		米字纹						战国至南越国
8704	ZJLY-932	秧地	ZJLY-932:1T	23.57	113.75	57	陶			泥质粗硬陶	青灰		方格纹						战国至南越国
8705	ZJLY-932	秧地	ZJLY-932:2T	23.57	113.75	60	陶			泥质粗硬陶	灰		方格纹						战国至南越国
8706	ZJLY-932	秧地	ZJLY-932:3T	23.57	113.75	60	陶			泥质细硬陶	青灰		方格纹						战国至南越国
8707	ZJLY-932	秧地	ZJLY-932:4T	23.57	113.75	57	陶			泥质细硬陶	灰		方格纹						战国至南越国
8708	ZJLY-932	秧地	ZJLY-932:5T	23.57	113.75	63	陶			泥质粗硬陶	红褐		方格纹						战国至南越国
8709	ZJLY-942	古田见	ZJLY-942:1ZI	23.55	113.74	160	石	砺石			深灰								新石器时代晚期至商代
8710	ZJLY-943	黄吓	ZJLY-943:1T	23.57	113.75	52	陶	罐	口沿	泥质粗硬陶	灰		素面						汉代
8711	ZJLY-943	黄吓	ZJLY-943:2T	23.57	113.75	54	陶			泥质细硬陶	青灰		水波纹、弦纹						战国至南越国
8712	ZJLY-943	黄吓	ZJLY-943:3T	23.57	113.75	55	陶			泥质细硬陶	青灰		水波纹、弦纹						战国至南越国
8713	ZJLY-943	黄吓	ZJLY-943:5T	23.57	113.75	55	陶			泥质粗硬陶	红褐		方格纹						战国至南越国
8714	ZJLY-943	黄吓	ZJLY-943:6T	23.57	113.75	55	陶			泥质细硬陶	青灰		复线米字纹						战国至南越国
8715	ZJLY-943	黄吓	ZJLY-943:1ZI	23.57	113.75	49	陶			泥质粗硬陶	灰褐		方格纹						战国至南越国
8716	ZJLY-943	黄吓	ZJLY-943:2ZI	23.57	113.75	54	陶			夹细砂硬陶	青灰		条纹、附加堆纹						新石器时代晚期至商代
8717	ZJLY-943	黄吓	ZJLY-943:3ZI	23.57	113.75	54	陶			泥质粗硬陶	灰褐		方格纹						战国至南越国
8718	ZJLY-944	石墙	ZJLY-944:1ZI	23.57	113.75	52	陶			泥质粗硬陶	红		方格纹						战国至南越国
8719	ZJLY-944	石墙	ZJLY-944:2ZI	23.57	113.75	51	陶			泥质粗硬陶	深灰		方格纹						战国至南越国
8720	ZJLY-944	石墙	ZJLY-944:3ZI	23.57	113.75	53	陶			泥质粗硬陶	红褐		方格纹						战国至南越国

序号	遗址编号	遗址名称	遗物编号	纬度（度）	经度（度）	海拔（米）	质地	器形	部位	陶质	颜色	釉色	纹饰	刻划符号	石器岩性	石器完整程度	石器硬度	石器风化程度	年代
8721	ZJLY-944	石墙	ZJLY-944:4ZⅠ	23.57	113.75	53	陶			泥质粗硬陶	灰		方格纹						战国至南越国
8722	ZJLY-944	石墙	ZJLY-944:5ZⅠ	23.57	113.75	52	陶			泥质粗硬陶	红		方格纹						战国至南越国
8723	ZJLY-944	石墙	ZJLY-944:6ZⅠ	23.57	113.75	49	陶			泥质粗硬陶	红		方格纹						战国至南越国
8724	ZJLY-944	石墙	ZJLY-944:7ZⅠ	23.57	113.75	57	陶			泥质粗硬陶	深灰		米字纹						战国至南越国
8725	ZJLY-944	石墙	ZJLY-944:8ZⅠ	23.57	113.75	58	陶			泥质粗硬陶	深灰		方格纹						战国至南越国
8726	ZJLY-944	石墙	ZJLY-944:9ZⅠ	23.57	113.75	49	陶			泥质硬陶	灰		复线米字纹						战国至南越国
8727	ZJLY-944	石墙	ZJLY-944:10ZⅠ	23.57	113.75	48	陶			泥质硬陶	青灰		水波纹、弦纹						战国至南越国
8728	ZJLY-944	石墙	ZJLY-944:11ZⅠ	23.57	113.75	49	陶			泥质硬陶	红		方格纹						战国至南越国
8729	ZJLY-944	石墙	ZJLY-944:12ZⅠ	23.57	113.75	49	陶			泥质粗硬陶	灰褐		方格纹						战国至南越国
8730	ZJLY-945	榕树吓门后山	ZJLY-945:1T	23.57	113.75	103	石	砺石			灰褐				云英岩	残	6	未风化	新石器时代晚期至商代
8731	ZJLY-956	下九陂	ZJLY-956:1T	23.58	113.76	61	陶			泥质细硬陶	青灰		米字纹						战国至南越国
8732	ZJLY-956	下九陂	ZJLY-956:2T	23.58	113.76	63	陶			夹粗砂软陶	橙黄		素面						战国至南越国
8733	ZJLY-957	门口田	ZJLY-957:1T	23.57	113.76	51	陶			泥质粗硬陶	红褐		米字纹						战国至南越国
8734	ZJLY-957	门口田	ZJLY-957:1ZⅠ	23.57	113.76	50	陶			泥质粗硬陶	青灰		米字纹						战国至南越国
8735	ZJLY-958	高田凸	ZJLY-958:1ZⅠ	23.58	113.77	73	石	锛			青灰				角岩	基本完整	7	未风化	新石器时代晚期至商代
8736	ZDZJLY-4	乌石岗	ZDZJLY-4:1L	23.19	113.72	25	瓷	碗	口沿	胎灰白		青灰釉	青花						明清
8737	ZDZJLY-4	乌石岗	ZDZJLY-4:2L	23.19	113.72	10	瓷			胎灰白		透明釉	青花						明清
8738	ZDZJLY-4	乌石岗	ZDZJLY-4:1YⅠ	23.19	113.72	10	瓷	碟	口沿	白胎		透明釉	青花弦纹						明清
8739	ZDZJLY-4	乌石岗	ZDZJLY-4:1ZⅡ	23.19	113.72	17	瓷	碗	口沿	灰白胎		透明釉	青花弦纹						明清
8740	ZDZJLY-4	乌石岗	ZDZJLY-4:2ZⅡ	23.19	113.72	25	瓷	碗		青灰胎		透明釉	青花						明清
8741	ZDZJLY-4	乌石岗	ZDZJLY-4:3ZⅡ	23.20	113.72	24	陶			泥质细硬陶	灰黑		素面						明清
8742	ZDZJLY-5	菁箕岭	ZDZJLY-5:1L	23.19	113.72	4	瓷	碗	口沿	白胎		透明釉	素面						明清
8743	ZDZJLY-5	菁箕岭	ZDZJLY-5:1YⅠ	23.19	113.71	9	瓷	碗		灰白胎		青灰釉	青花						明清
8744	ZDZJLY-5	菁箕岭	ZDZJLY-5:1ZⅡ	23.19	113.71	13	瓷	碗	圈足	白胎		透明釉	素面						明清
8745	ZDZJLY-6	沙河坊顶	ZDZJLY-6:13J	23.23	113.70	22	陶			夹细砂硬陶	灰		绳纹						新石器时代晚期至商代
8746	ZDZJLY-6	沙河坊顶	ZDZJLY-6:15J	23.23	113.70	25	陶			泥质细硬陶	灰黄		素面						新石器时代晚期至商代
8747	ZDZJLY-6	沙河坊顶	ZDZJLY-6:1L	23.23	113.71	8	陶			夹细砂硬陶	灰		篮纹						新石器时代晚期至商代
8748	ZDZJLY-6	沙河坊顶	ZDZJLY-6:18YⅠ	23.23	113.70	30	陶			泥质细硬陶	灰		方格纹						新石器时代晚期至商代
8749	ZDZJLY-6	沙河坊顶	ZDZJLY-6:1ZⅡ	23.23	113.70	14	陶			泥质细硬陶	灰黄		曲折纹						新石器时代晚期至商代
8750	ZDZJLY-6	沙河坊顶	ZDZJLY-6:2ZⅡ	23.23	113.71	8	陶			泥质粗硬陶	灰黄		席纹						新石器时代晚期至商代
8751	ZDZJLY-6	沙河坊顶	ZDZJLY-6:3ZⅡ	23.23	113.71	5	陶			泥质粗硬陶	灰白		素面						明清

序号	遗址编号	遗址名称	遗物编号	纬度（度）	经度（度）	海拔（米）	质地	器形	部位	陶质	颜色	釉色	纹饰	刻划符号	石器岩性	石器完整程度	石器硬度	石器风化程度	年代
8752	ZDZJLY-6	沙河坊顶	ZDZJLY-6:10ZⅡ	23.23	113.70	19	陶			泥质粗硬陶	紫褐		素面						明清
8753	ZDZJLY-6	沙河坊顶	ZDZJLY-6:12ZⅡ	23.23	113.70	26	陶			泥质粗硬陶	灰白		素面						明清
8754	ZDZJLY-6	沙河坊顶	ZDZJLY-6:16ZⅡ	23.23	113.70	30	陶	罐	圈足	泥质细硬陶	灰白		绳纹						新石器时代晚期至商代
8755	ZDZJLY-9	沙头村后山	ZDZJLY-9:2J	23.18	113.69	10	陶			夹细砂硬陶	深灰		素面						新石器时代晚期至商代
8756	ZDZJLY-9	沙头村后山	ZDZJLY-9:38YⅠ	23.18	113.69	17	陶			泥质细软陶	黄褐		素面						新石器时代晚期至商代
8757	ZDZJLY-11	冯塘后山	ZDZJLY-11:4YⅠ	23.33	113.57	45	瓷	碗	口沿	胎灰白		青灰釉	彩绘花草						明清
8758	ZDZJLY-11	冯塘后山	ZDZJLY-11:6ZⅡ	23.33	113.57	44	瓷			胎灰白		青灰釉	青花						明清
8759	ZDZJLY-19	大众岭	ZDZJLY-19:1L	23.30	113.62	28	瓷	碗	口沿	白胎		透明釉	青花						明清
8760	ZDZJLY-27	龙井村	ZDZJLY-27:1F	23.19	113.64	8	瓷	碗	口沿	青灰胎	灰白	青灰釉	素面						明清
8761	ZDZJLY-27	龙井村	ZDZJLY-27:1J	23.19	113.64	10	陶	墙砖		灰白胎	灰褐		网格纹						晋南朝
8762	ZDZJLY-27	龙井村	ZDZJLY-27:1L	23.19	113.64	9	陶	墙砖		白胎	红褐		网格纹						晋南朝
8763	ZDZJLY-27	龙井村	ZDZJLY-27:1YⅠ	23.19	113.64	7	陶	器盖		泥质细硬陶	灰褐	银白釉	弦纹						明清
8764	ZDZJLY-27	龙井村	ZDZJLY-27:2YⅠ	23.19	113.64	9	陶	罐	底	灰白胎	灰	酱釉	素面						明清
8765	ZDZJLY-32	凤岭1号岗	ZDZJLY-32:9YⅠ	23.22	113.72	16	瓷			白胎		透明釉	青花						明清
8766	ZDZJLY-35	石台岭	ZDZJLY-35:21YⅠ	23.30	113.67	25	陶			泥质细硬陶	灰		方格对角线纹						战国至南越国
8767	ZDZJLY-40	辟乐拉爬迳	ZDZJLY-40:31F	23.31	113.65	44	陶			泥质细硬陶	灰白		叶脉纹						新石器时代晚期至商代
8768	ZDZJLY-40	辟乐拉爬迳	ZDZJLY-40:20J	23.31	113.65	47	陶			夹细砂硬陶	灰褐		绳纹						新石器时代晚期至商代
8769	ZDZJLY-44	朱屋北山	ZDZJLY-44:11F	23.32	113.66	32	陶			泥质细硬陶	深灰		素面						唐宋
8770	ZDZJLY-44	朱屋北山	ZDZJLY-44:12F	23.32	113.66	34	陶			夹细砂硬陶	黄褐		叶脉纹						新石器时代晚期至商代
8771	ZDZJLY-44	朱屋北山	ZDZJLY-44:13F	23.32	113.66	30	陶			泥质粗硬陶	灰黄		方格纹						西周至春秋
8772	ZDZJLY-44	朱屋北山	ZDZJLY-44:14F	23.32	113.66	40	陶			泥质细硬陶	灰黄	酱釉	夔纹、弦纹、方格纹						西周至春秋
8773	ZDZJLY-44	朱屋北山	ZDZJLY-44:15F	23.32	113.66	33	陶			泥质细硬陶	灰黄		方格纹						西周至春秋
8774	ZDZJLY-44	朱屋北山	ZDZJLY-44:16F	23.32	113.66	34	陶			泥质细硬陶	灰黄		夔纹						西周至春秋
8775	ZDZJLY-44	朱屋北山	ZDZJLY-44:17F	23.32	113.66	32	陶			泥质粗硬陶	灰黄		素面						西周至春秋
8776	ZDZJLY-44	朱屋北山	ZDZJLY-44:18F	23.32	113.66	32	陶			泥质粗硬陶	灰褐		方格纹						西周至春秋
8777	ZDZJLY-44	朱屋北山	ZDZJLY-44:19F	23.32	113.66	32	陶			泥质粗硬陶	灰黄		条纹						西周至春秋
8778	ZDZJLY-44	朱屋北山	ZDZJLY-44:20F	23.32	113.66	27	陶			泥质细硬陶	灰黄		素面						西周至春秋
8779	ZDZJLY-44	朱屋北山	ZDZJLY-44:12J	23.32	113.66	31	陶			泥质粗硬陶	灰黄		方格纹						西周至春秋
8780	ZDZJLY-44	朱屋北山	ZDZJLY-44:1YⅠ	23.32	113.66	21	陶			泥质细硬陶	深灰		方格纹						西周至春秋
8781	ZDZJLY-44	朱屋北山	ZDZJLY-44:6YⅠ	23.32	113.66	26	陶			泥质细硬陶	灰		夔纹						西周至春秋
8782	ZDZJLY-44	朱屋北山	ZDZJLY-44:8YⅠ	23.32	113.66	31	陶			泥质粗硬陶	灰褐		夔纹、方格纹						西周至春秋

序号	遗址编号	遗址名称	遗物编号	纬度(度)	经度(度)	海拔(米)	质地	器形	部位	陶质	颜色	釉色	纹饰	刻划符号	石器岩性	石器完整程度	石器硬度	石器风化程度	年代
8783	ZDZJLY-44	朱屋北山	ZDZJLY-44:9YⅠ	23.32	113.66	30	陶			泥质粗硬陶	灰		方格纹						西周至春秋
8784	ZDZJLY-44	朱屋北山	ZDZJLY-44:11ZⅡ	23.32	113.66	28	陶			泥质粗硬陶	灰黄	酱釉	夔纹						西周至春秋
8785	ZDZJLY-44	朱屋北山	ZDZJLY-44:13ZⅡ	23.32	113.66	27	陶	罐	口沿	泥质粗硬陶	灰黄	酱釉	弦纹						西周至春秋
8786	ZDZJLY-44	朱屋北山	ZDZJLY-44:14ZⅡ	23.32	113.66	27	陶			泥质细硬陶	灰褐	酱釉	夔纹						西周至春秋
8787	ZDZJLY-46	上坑亚北山	ZDZJLY-46:1F	23.32	113.67	62	石	锛			青灰				不详	基本完整	6	未风化	新石器时代晚期至商代
8788	ZDZJLY-46	上坑亚北山	ZDZJLY-46:2F	23.32	113.67	68	陶	瓮	口沿	泥质粗硬陶	灰褐		素面						西周至春秋
8789	ZDZJLY-46	上坑亚北山	ZDZJLY-46:3F	23.32	113.67	69	陶			泥质粗硬陶	灰黄		方格纹						西周至春秋
8790	ZDZJLY-46	上坑亚北山	ZDZJLY-46:4F	23.32	113.67	74	陶			泥质粗硬陶	灰		方格纹						西周至春秋
8791	ZDZJLY-46	上坑亚北山	ZDZJLY-46:5F	23.32	113.67	71	陶			泥质细硬陶	灰		方格纹						西周至春秋
8792	ZDZJLY-46	上坑亚北山	ZDZJLY-46:6F	23.32	113.67	78	陶			泥质细硬陶	深灰		夔纹						西周至春秋
8793	ZDZJLY-46	上坑亚北山	ZDZJLY-46:7F	23.32	113.67	77	陶			泥质细硬陶	灰褐		方格纹						西周至春秋
8794	ZDZJLY-46	上坑亚北山	ZDZJLY-46:8F	23.32	113.67	75	陶			泥质细硬陶	深灰		夔纹						西周至春秋
8795	ZDZJLY-46	上坑亚北山	ZDZJLY-46:1YⅠ	23.32	113.67	60	陶			泥质细硬陶	灰褐		方格纹						西周至春秋
8796	ZDZJLY-46	上坑亚北山	ZDZJLY-46:2YⅠ	23.32	113.67	70	陶	罐	口沿	泥质细硬陶	灰褐		云雷纹						西周至春秋
8797	ZDZJLY-46	上坑亚北山	ZDZJLY-46:3YⅠ	23.32	113.67	71	原始瓷			灰白胎		青釉	夔纹、弦纹						西周至春秋
8798	ZDZJLY-46	上坑亚北山	ZDZJLY-46:4YⅠ	23.32	113.67	70	石	砺石			青灰								西周至春秋
8799	ZDZJLY-46	上坑亚北山	ZDZJLY-46:5YⅠ	23.32	113.67	70	石	锛			灰黄				凝灰岩	基本完整	6	未风化	新石器时代晚期至商代
8800	ZDZJLY-46	上坑亚北山	ZDZJLY-46:6YⅠ	23.32	113.67	73	陶			泥质细硬陶	深灰		夔纹						西周至春秋
8801	ZDZJLY-46	上坑亚北山	ZDZJLY-46:7YⅠ	23.32	113.67	73	石	双肩石锛			灰黄				凝灰岩	基本完整	6	未风化	新石器时代晚期至商代
8802	ZDZJLY-46	上坑亚北山	ZDZJLY-46:8YⅠ	23.32	113.67	75	陶	豆	圈足	泥质细硬陶	灰		素面						西周至春秋
8803	ZDZJLY-46	上坑亚北山	ZDZJLY-46:①ZⅡ	23.32	113.67	62	陶			泥质细硬陶	红褐		夔纹、方格纹						西周至春秋
8804	ZDZJLY-46	上坑亚北山	ZDZJLY-46:②ZⅡ	23.32	113.67	62	陶			泥质细硬陶	红褐		夔纹						西周至春秋
8805	ZDZJLY-46	上坑亚北山	ZDZJLY-46:③ZⅡ	23.32	113.67	62	陶			泥质细硬陶	红褐		方格纹						西周至春秋
8806	ZDZJLY-46	上坑亚北山	ZDZJLY-46:④ZⅡ	23.32	113.67	62	陶			泥质细硬陶	红褐		方格纹						西周至春秋
8807	ZDZJLY-46	上坑亚北山	ZDZJLY-46:2ZⅡ	23.32	113.67	71	陶			泥质细硬陶	灰黄		方格纹						西周至春秋
8808	ZDZJLY-46	上坑亚北山	ZDZJLY-46:3ZⅡ	23.32	113.67	71	陶			泥质细硬陶	灰褐		夔纹、方格纹						西周至春秋
8809	ZDZJLY-46	上坑亚北山	ZDZJLY-46:4ZⅡ	23.32	113.67	70	陶			泥质细硬陶	深灰		夔纹						西周至春秋
8810	ZDZJLY-46	上坑亚北山	ZDZJLY-46:5ZⅡ	23.32	113.67	73	陶		器盖	泥质细硬陶	灰		重弦纹						西周至春秋
8811	ZDZJLY-46	上坑亚北山	ZDZJLY-46:6ZⅡ	23.32	113.67	61	陶			泥质粗硬陶	灰		方格纹						西周至春秋

序号	遗址编号	遗址名称	遗物编号	纬度（度）	经度（度）	海拔（米）	质地	器形	部位	陶质	颜色	釉色	纹饰	刻划符号	石器岩性	石器完整程度	石器硬度	石器风化程度	年代
8812	ZDZJLY-48	陈岗头	ZDZJLY-48：4YⅠ	23.33	113.67	36	陶			泥质粗硬陶	灰褐		方格纹						西周至春秋
8813	ZDZJLY-48	陈岗头	ZDZJLY-48：6YⅠ	23.33	113.66	31	陶			泥质粗硬陶	灰白		素面						明清
8814	ZDZJLY-48	陈岗头	ZDZJLY-48：1②ZⅡ	23.33	113.67	37	陶	罐	底	泥质细硬陶		青釉	素面						唐末
8815	ZDZJLY-48	陈岗头	ZDZJLY-48：1⑤ZⅡ	23.33	113.67	37	陶	罐	口沿	夹粗砂软陶	灰黄		素面						新石器时代晚期至商代
8816	ZDZJLY-50	木头塘后山	ZDZJLY-50：1F	23.34	113.66	24	陶		口沿	泥质粗硬陶	灰		素面						战国至南越国
8817	ZDZJLY-50	木头塘后山	ZDZJLY-50：3F	23.34	113.66	29	陶			泥质粗硬陶	灰黄		素面						明清
8818	ZDZJLY-50	木头塘后山	ZDZJLY-50：4F	23.34	113.66	30	陶			泥质粗硬陶	灰		素面						战国至南越国
8819	ZDZJLY-50	木头塘后山	ZDZJLY-50：5F	23.34	113.66	31	陶			泥质粗硬陶	灰		米字纹						战国至南越国
8820	ZDZJLY-50	木头塘后山	ZDZJLY-50：7F	23.34	113.66	33	陶			泥质粗硬陶	黑褐		方格对角线纹						战国至南越国
8821	ZDZJLY-50	木头塘后山	ZDZJLY-50：8F	23.34	113.66	34	陶			泥质粗硬陶	灰褐		方格对角线纹						战国至南越国
8822	ZDZJLY-50	木头塘后山	ZDZJLY-50：9F	23.34	113.66	39	陶			泥质粗硬陶	深灰		方格纹						西周至春秋
8823	ZDZJLY-50	木头塘后山	ZDZJLY-50：10F	23.34	113.66	36	陶			泥质粗硬陶	深灰		重菱格纹						西周至春秋
8824	ZDZJLY-50	木头塘后山	ZDZJLY-50：11F	23.34	113.66	36	陶			泥质粗硬陶	灰		素面						战国至南越国
8825	ZDZJLY-50	木头塘后山	ZDZJLY-50：12F	23.34	113.66	33	陶			泥质粗硬陶	深灰		素面						明清
8826	ZDZJLY-50	木头塘后山	ZDZJLY-50：13F	23.34	113.66	37	陶	豆	口沿	泥质细硬陶	深灰		素面						战国至南越国
8827	ZDZJLY-50	木头塘后山	ZDZJLY-50：1J	23.34	113.66	31	陶	豆	圈足	泥质粗硬陶	灰褐		素面	有					西周至春秋
8828	ZDZJLY-50	木头塘后山	ZDZJLY-50：3J	23.34	113.66	29	陶			泥质细硬陶	灰	酱釉	米字纹						战国至南越国
8829	ZDZJLY-50	木头塘后山	ZDZJLY-50：7J	23.34	113.66	33	陶			泥质细硬陶	灰黑		米字纹						战国至南越国
8830	ZDZJLY-50	木头塘后山	ZDZJLY-50：8J	23.34	113.66	37	陶			泥质粗硬陶	黑		米字纹						战国至南越国
8831	ZDZJLY-50	木头塘后山	ZDZJLY-50：9J	23.34	113.66	39	陶			泥质粗硬陶	灰褐		重菱格凸点纹						西周至春秋
8832	ZDZJLY-50	木头塘后山	ZDZJLY-50：6YⅠ	23.34	113.66	59	陶			泥质粗硬陶	深灰		云雷纹						西周至春秋
8833	ZDZJLY-50	木头塘后山	ZDZJLY-50：7YⅠ	23.34	113.66	58	陶			泥质粗硬陶	灰		方格纹、弦纹						西周至春秋
8834	ZDZJLY-50	木头塘后山	ZDZJLY-50：8YⅠ	23.34	113.66	60	陶	器盖		泥质粗硬陶	深灰		素面						西周至春秋
8835	ZDZJLY-50	木头塘后山	ZDZJLY-50：9YⅠ	23.34	113.66	24	陶			泥质粗硬陶	灰褐		米字纹						战国至南越国
8836	ZDZJLY-50	木头塘后山	ZDZJLY-50：10YⅠ	23.34	113.66	28	陶			泥质细硬陶	深灰		米字纹						战国至南越国
8837	ZDZJLY-50	木头塘后山	ZDZJLY-50：11YⅠ	23.34	113.66	28	陶			泥质细硬陶	灰		重菱格凸块纹						西周至春秋
8838	ZDZJLY-50	木头塘后山	ZDZJLY-50：12YⅠ	23.34	113.66	36	陶			泥质粗硬陶	灰		米字纹						战国至南越国
8839	ZDZJLY-50	木头塘后山	ZDZJLY-50：13YⅠ	23.34	113.66	44	陶			泥质粗硬陶	灰		方格纹						战国至南越国
8840	ZDZJLY-50	木头塘后山	ZDZJLY-50：14YⅠ	23.34	113.66	45	陶			泥质细硬陶	灰褐		布纹						明清
8841	ZDZJLY-50	木头塘后山	ZDZJLY-50：15YⅠ	23.34	113.66	37	陶			泥质细软陶	灰白		方格纹						战国至南越国
8842	ZDZJLY-50	木头塘后山	ZDZJLY-50：16YⅠ	23.34	113.66	36	陶			泥质粗硬陶	深灰		方格纹						西周至春秋

续表

序号	遗址编号	遗址名称	遗物编号	纬度(度)	经度(度)	海拔(米)	质地	器形	部位	陶质	颜色	釉色	纹饰	刻划符号	石器岩性	石器完整程度	石器硬度	石器风化程度	年代
8843	ZDZJLY-50	木头塘后山	ZDDZJLY-50:1ZⅡ	23.34	113.66	26	陶			泥质粗硬陶	灰		方格纹						西周至春秋
8844	ZDZJLY-50	木头塘后山	ZDDZJLY-50:2ZⅡ	23.34	113.66	20	陶			泥质粗硬陶	灰褐	酱釉	圆圈纹、篦点纹						西周至春秋
8845	ZDZJLY-50	木头塘后山	ZDDZJLY-50:3ZⅡ	23.34	113.66	20	陶			泥质细硬陶	灰褐								战国至南越国
8846	ZDZJLY-50	木头塘后山	ZDDZJLY-50:4ZⅡ	23.34	113.66	23	陶			泥质细硬陶	灰		方格纹						战国至南越国
8847	ZDZJLY-50	木头塘后山	ZDDZJLY-50:5ZⅡ	23.34	113.66	24	陶			泥质硬陶	灰		重菱格凸块纹						西周至春秋
8848	ZDZJLY-50	木头塘后山	ZDDZJLY-50:8ZⅡ	23.34	113.66	25	陶			泥质硬陶	灰	酱釉	方格对角线纹						战国至南越国
8849	ZDZJLY-50	木头塘后山	ZDDZJLY-50:9ZⅡ	23.34	113.66	24	原始瓷	豆	圈足		灰黄	青釉	素面						西周至春秋
8850	ZDZJLY-50	木头塘后山	ZDDZJLY-50:13ZⅡ	23.34	113.66	28	陶			泥质粗硬陶	灰白		夔纹						西周至春秋
8851	ZDZJLY-50	木头塘后山	ZDDZJLY-50:14ZⅡ	23.34	113.66	36	陶			泥质细硬陶	红褐		素面						战国至南越国
8852	ZDZJLY-50	木头塘后山	ZDDZJLY-50:15ZⅡ	23.34	113.66	36	陶			泥质粗硬陶	深灰		米字纹						战国至南越国
8853	ZDZJLY-50	木头塘后山	ZDDZJLY-50:16ZⅡ	23.34	113.66	37	陶			泥质细硬陶	深灰		方格纹						战国至南越国
8854	ZDZJLY-50	木头塘后山	ZDDZJLY-50:17ZⅡ	23.34	113.66	36	陶	豆	腹部	泥质细硬陶	深灰		素面						西周至春秋
8855	ZDZJLY-50	木头塘后山	ZDDZJLY-50:18ZⅡ	23.34	113.66	34	陶			泥质细硬陶	红褐		素面						明清
8856	ZDZJLY-50	木头塘后山	ZDDZJLY-50:19ZⅡ	23.34	113.66	33	陶			泥质细硬陶	深灰		方格纹						战国至南越国
8857	ZDZJLY-50	木头塘后山	ZDDZJLY-50:20ZⅡ	23.34	113.66	33	陶			泥质细硬陶	青灰		方格纹						战国至南越国
8858	ZDZJLY-50	木头塘后山	ZDDZJLY-50:21ZⅡ	23.34	113.66	38	陶	罐	口沿	泥质粗硬陶	青灰		米字纹						战国至南越国
8859	ZDZJLY-51	岑心路南山	ZDDZJLY-51:5F	23.34	113.65	34	陶			泥质粗硬陶	灰黄	酱釉	方格纹、弦纹						西周至春秋
8860	ZDZJLY-54	九阴山	ZDDZJLY-54:5F	23.34	113.65	24	陶			泥质粗硬陶	灰								明清
8861	ZDZJLY-54	九阴山	ZDDZJLY-54:6F	23.34	113.65	24	陶			泥质细硬陶	红褐		重圈纹						战国至南越国
8862	ZDZJLY-54	九阴山	ZDDZJLY-54:7F	23.34	113.65	20	陶			泥质细硬陶	灰黄		重环纹						明清
8863	ZDZJLY-54	九阴山	ZDDZJLY-54:8F	23.34	113.65	17	陶			泥质粗硬陶	灰白		素面						战国至南越国
8864	ZDZJLY-54	九阴山	ZDDZJLY-54:9F	23.34	113.65	17	陶			泥质硬陶	黑褐		条纹						战国至南越国
8865	ZDZJLY-54	九阴山	ZDDZJLY-54:10F	23.34	113.65	19	陶			泥质粗硬陶	灰褐		方格纹						西周至春秋
8866	ZDZJLY-54	九阴山	ZDDZJLY-54:11F	23.34	113.65	19	陶			泥质粗硬陶	灰褐		条纹						明清
8867	ZDZJLY-54	九阴山	ZDDZJLY-54:5YⅠ	23.33	113.65	30	陶			泥质细硬陶	灰		弦纹、方格纹						战国至南越国
8868	ZDZJLY-54	九阴山	ZDDZJLY-54:6YⅠ	23.34	113.65	22	陶			泥质细硬陶	红褐		重圈纹						明清
8869	ZDZJLY-54	九阴山	ZDDZJLY-54:7YⅠ	23.34	113.65	24	陶	器盖		泥质硬陶	红褐	酱釉	乳钉纹						战国至南越国
8870	ZDZJLY-54	九阴山	ZDDZJLY-54:8YⅠ	23.34	113.65	24	陶			泥质灰硬陶	灰	酱釉	重圈纹						明清
8871	ZDZJLY-54	九阴山	ZDDZJLY-54:9YⅠ	23.34	113.65	23	陶			泥质细硬陶	红褐		条纹						明清
8872	ZDZJLY-54	九阴山	ZDDZJLY-54:10YⅠ	23.34	113.65	22	陶			泥质细硬陶	灰褐		条纹						明清
8873	ZDZJLY-54	九阴山	ZDDZJLY-54:1ZⅡ	23.34	113.65	33	陶			泥质细硬陶	灰褐	酱釉	米字纹						战国至南越国

序号	遗址编号	遗址名称	遗物编号	纬度（度）	经度（度）	海拔（米）	质地	器形	部位	陶质	颜色	釉色	纹饰	刻划符号	石器岩性	石器完整程度	石器硬度	石器风化程度	年代
8874	ZDZJLY-56	益丰堂	ZDZJLY-56:2YⅠ	23.34	113.65	26	陶			泥质细硬陶	灰黄		方格纹						西周至春秋
8875	ZDZJLY-57	禾堂岭	ZDZJLY-57:14L	23.37	113.65	43	瓷	碗	口沿	胎灰白		青灰釉	青花花卉纹						明清
8876	ZDZJLY-60	福田后山	ZDZJLY-60:6L	23.38	113.64	45	陶			泥质粗硬陶	灰黄		方格纹						西周至春秋
8877	ZDZJLY-60	福田后山	ZDZJLY-60:7L	23.38	113.64	42	陶			泥质粗硬陶	灰		重菱格凸点纹						西周至春秋
8878	ZDZJLY-60	福田后山	ZDZJLY-60:8①L	23.38	113.64	44	陶			泥质细硬陶	黄褐		方格纹						战国至南越国
8879	ZDZJLY-60	福田后山	ZDZJLY-60:8②L	23.38	113.64	44	陶			泥质细硬陶	黄褐		方格纹						战国至南越国
8880	ZDZJLY-60	福田后山	ZDZJLY-60:9L	23.38	113.64	43	陶			泥质细硬陶	深灰		方格纹						战国至南越国
8881	ZDZJLY-60	福田后山	ZDZJLY-60:10L	23.38	113.64	44	陶			泥质粗硬陶	黄褐		方格纹						战国至南越国
8882	ZDZJLY-60	福田后山	ZDZJLY-60:11L	23.38	113.64	45	陶			泥质粗硬陶	深灰		方格纹						战国至南越国
8883	ZDZJLY-60	福田后山	ZDZJLY-60:12L	23.38	113.64	46	陶			泥质细硬陶	灰黄		细方格纹						西周至春秋
8884	ZDZJLY-60	福田后山	ZDZJLY-60:13L	23.38	113.64	46	陶			泥质细硬陶	褐	酱釉	重菱格凸块纹						西周至春秋
8885	ZDZJLY-60	福田后山	ZDZJLY-60:14L	23.38	113.64	34	陶	罐	口沿	泥质细硬陶	灰黄		夔纹、篦点纹						西周至春秋
8886	ZDZJLY-61	福田西北岭	ZDZJLY-61:1F	23.38	113.64	44	陶			泥质细硬陶	深灰		重菱格凸块纹、弦纹						西周至春秋
8887	ZDZJLY-61	福田西北岭	ZDZJLY-61:2F	23.38	113.64	44	陶			泥质细硬陶	黄褐		重菱格凸块纹						西周至春秋
8888	ZDZJLY-61	福田西北岭	ZDZJLY-61:3①F	23.38	113.64	43	陶	罐	口沿	泥质细硬陶	灰		夔纹						西周至春秋
8889	ZDZJLY-61	福田西北岭	ZDZJLY-61:3②F	23.38	113.64	43	陶			泥质细硬陶	灰黄		夔纹、方格纹、弦纹						西周至春秋
8890	ZDZJLY-61	福田西北岭	ZDZJLY-61:4F	23.38	113.64	46	陶			泥质细硬陶	灰		方格纹、弦纹						西周至春秋
8891	ZDZJLY-61	福田西北岭	ZDZJLY-61:5F	23.38	113.64	49	陶			泥质细硬陶	灰黄		方格纹						西周至春秋
8892	ZDZJLY-61	福田西北岭	ZDZJLY-61:6F	23.38	113.64	44	陶			泥质细硬陶	深灰		方格纹						西周至春秋
8893	ZDZJLY-61	福田西北岭	ZDZJLY-61:7F	23.38	113.64	39	陶			泥质粗硬陶	灰黄		方格纹						西周至春秋
8894	ZDZJLY-61	福田西北岭	ZDZJLY-61:8F	23.38	113.64	42	陶			泥质细硬陶	黄褐		方格纹						西周至春秋
8895	ZDZJLY-61	福田西北岭	ZDZJLY-61:9F	23.38	113.64	48	陶			泥质细硬陶	黄褐		方格纹						西周至春秋
8896	ZDZJLY-61	福田西北岭	ZDZJLY-61:1J	23.38	113.64	40	陶			泥质细硬陶	青灰		素面						西周至春秋
8897	ZDZJLY-61	福田西北岭	ZDZJLY-61:2J	23.38	113.64	38	陶			泥质细硬陶	深灰		重方格凸块纹						西周至春秋
8898	ZDZJLY-61	福田西北岭	ZDZJLY-61:4YⅠ	23.38	113.64	44	陶			泥质粗硬陶	黄褐		方格凸块纹、重方格凸块纹						西周至春秋
8899	ZDZJLY-61	福田西北岭	ZDZJLY-61:5YⅠ	23.38	113.64	45	陶			泥质细硬陶	黄褐		方格纹凸块纹						西周至春秋
8900	ZDZJLY-61	福田西北岭	ZDZJLY-61:6YⅠ	23.38	113.64	47	陶			泥质细硬陶	灰		夔纹						西周至春秋
8901	ZDZJLY-61	福田西北岭	ZDZJLY-61:7YⅠ	23.38	113.64	49	陶			泥质细硬陶	黄褐		重方格凸块纹						西周至春秋
8902	ZDZJLY-61	福田西北岭	ZDZJLY-61:8YⅠ	23.38	113.64	44	陶			泥质细硬陶	黄褐		素面						西周至春秋
8903	ZDZJLY-61	福田西北岭	ZDZJLY-61:9YⅠ	23.38	113.64	43	陶			泥质粗硬陶	深灰		方格纹、弦纹						西周至春秋
8904	ZDZJLY-61	福田西北岭	ZDZJLY-61:10YⅠ	23.38	113.64	43	陶			泥质粗硬陶	深灰		方格纹、弦纹						西周至春秋

序号	遗址编号	遗址名称	遗物编号	纬度（度）	经度（度）	海拔（米）	质地	器形	部位	陶质	颜色	釉色	纹饰	刻划符号	石器岩性	石器完整程度	石器硬度	石器风化程度	年代
8905	ZDZJLY-61	福田西北岭	ZDZJLY-61:11Y I	23.38	113.64	42	陶			泥质细硬陶	青灰		方格纹						西周至春秋
8906	ZDZJLY-61	福田西北岭	ZDZJLY-61:12Y I	23.38	113.64	42	陶			泥质细硬陶	红褐		方格纹						西周至春秋
8907	ZDZJLY-61	福田西北岭	ZDZJLY-61:13Y I	23.38	113.64	43	陶			泥质粗硬陶	灰白		细方格纹						西周至春秋
8908	ZDZJLY-61	福田西北岭	ZDZJLY-61:14Y I	23.38	113.64	42	陶			泥质细硬陶	红褐		细方格纹						西周至春秋
8909	ZDZJLY-61	福田西北岭	ZDZJLY-61:15Y I	23.38	113.64	43	陶			泥质细硬陶	深灰		方格纹、夔纹						西周至春秋
8910	ZDZJLY-61	福田西北岭	ZDZJLY-61:16Y I	23.38	113.64	43	陶			泥质细硬陶	深灰		菱格凸块纹						西周至春秋
8911	ZDZJLY-61	福田西北岭	ZDZJLY-61:17Y I	23.38	113.64	43	陶			泥质细硬陶	红褐		菱格凸块纹						西周至春秋
8912	ZDZJLY-61	福田西北岭	ZDZJLY-61:18Y I	23.38	113.64	45	陶			泥质粗硬陶	灰褐		菱格凸块纹、弦纹						西周至春秋
8913	ZDZJLY-61	福田西北岭	ZDZJLY-61:①Z II	23.38	113.64	42	陶	瓮	口沿	泥质粗硬陶	灰		方格纹、篦划纹						西周至春秋
8914	ZDZJLY-61	福田西北岭	ZDZJLY-61:②Z II	23.38	113.64	42	陶			泥质细硬陶	灰黄		素面						西周至春秋
8915	ZDZJLY-61	福田西北岭	ZDZJLY-61:2Z II	23.38	113.64	43	陶	豆	腹部	泥质细硬陶	灰黄		素面						西周至春秋
8916	ZDZJLY-61	福田西北岭	ZDZJLY-61:3Z II	23.38	113.64	40	陶			泥质细硬陶	深灰		方格纹						西周至春秋
8917	ZDZJLY-61	福田西北岭	ZDZJLY-61:4Z II	23.38	113.64	42	陶	豆	腹部	泥质粗硬陶	深灰		素面						西周至春秋
8918	ZDZJLY-61	福田西北岭	ZDZJLY-61:5Z II	23.38	113.64	44	陶			泥质细硬陶	灰		重菱格纹、点纹、弦纹						西周至春秋
8919	ZDZJLY-61	福田西北岭	ZDZJLY-61:6Z II	23.38	113.64	41	陶			泥质细硬陶	灰黄		重方格凸块纹						西周至春秋
8920	ZDZJLY-61	福田西北岭	ZDZJLY-61:7Z II	23.38	113.64	39	陶			泥质细硬陶	青灰		方格纹						西周至春秋
8921	ZDZJLY-61	福田西北岭	ZDZJLY-61:8Z II	23.38	113.64	47	陶			泥质细硬陶	深灰		菱格凸块纹						西周至春秋
8922	ZDZJLY-61	福田西北岭	ZDZJLY-61:9Z II	23.38	113.64	44	陶			泥质细硬陶	黄褐		方格纹						西周至春秋
8923	ZDZJLY-62	汤村后山	ZDZJLY-62:1F	23.38	113.64	52	陶			加砂粗软陶	灰白		曲折纹						新石器时代晚期至商代
8924	ZDZJLY-62	汤村后山	ZDZJLY-62:2F	23.38	113.64	50	陶			泥质粗硬陶	红褐		绳纹						新石器时代晚期至商代
8925	ZDZJLY-62	汤村后山	ZDZJLY-62:3F	23.38	113.64	54	陶			泥质细硬陶	灰		绳纹						新石器时代晚期至商代
8926	ZDZJLY-62	汤村后山	ZDZJLY-62:4F	23.38	113.64	57	陶			夹细砂硬陶	深灰		斜长方格纹						新石器时代晚期至商代
8927	ZDZJLY-62	汤村后山	ZDZJLY-62:5F	23.38	113.64	45	陶			泥质细硬陶	灰黄		叶脉纹						新石器时代晚期至商代
8928	ZDZJLY-62	汤村后山	ZDZJLY-62:6F	23.38	113.64	45	陶			泥质细硬陶	灰		叶脉纹						新石器时代晚期至商代
8929	ZDZJLY-62	汤村后山	ZDZJLY-62:7F	23.38	113.64	38	陶			夹细砂硬陶	灰		曲折纹						新石器时代晚期至商代
8930	ZDZJLY-62	汤村后山	ZDZJLY-62:8F	23.38	113.64	32	陶	罐	口沿	泥质粗硬陶	黄褐		夔纹						西周至春秋
8931	ZDZJLY-62	汤村后山	ZDZJLY-62:9F	23.38	113.64	31	陶			泥质细硬陶	灰		方格纹						西周至春秋
8932	ZDZJLY-62	汤村后山	ZDZJLY-62:10F	23.38	113.64	30	陶	罐	口沿	泥质粗硬陶	红褐		夔纹						西周至春秋
8933	ZDZJLY-62	汤村后山	ZDZJLY-62:11F	23.38	113.64	30	陶			泥质细硬陶	灰黄		夔纹、篦点纹						西周至春秋
8934	ZDZJLY-62	汤村后山	ZDZJLY-62:12F	23.38	113.64	28	陶			泥质细硬陶	黄褐		夔纹、弦纹						西周至春秋
8935	ZDZJLY-62	汤村后山	ZDZJLY-62:13F	23.38	113.64	28	陶			泥质细硬陶	黄褐	酱釉	方格纹						西周至春秋

序号	遗址编号	遗址名称	遗物编号	纬度(度)	经度(度)	海拔(米)	质地	器形	部位	陶质	颜色	釉色	纹饰	刻划符号	石器岩性	石器完整程度	石器硬度	石器风化程度	年代
8936	ZDZJLY-62	汤村后山	ZDZJLY-62:14F	23.38	113.64	33	陶			泥质细硬陶	灰		夔纹、弦纹						西周至春秋
8937	ZDZJLY-62	汤村后山	ZDZJLY-62:15F	23.38	113.64	36	陶	罐	口沿	泥质细硬陶	灰黄		方格纹、篦点纹						西周至春秋
8938	ZDZJLY-62	汤村后山	ZDZJLY-62:16F	23.38	113.64	35	陶			泥质粗硬陶	灰黄		夔纹						西周至春秋
8939	ZDZJLY-62	汤村后山	ZDZJLY-62:17F	23.38	113.64	36	陶			泥质粗硬陶	灰褐		方格纹						西周至春秋
8940	ZDZJLY-62	汤村后山	ZDZJLY-62:18F	23.38	113.64	37	陶			泥质粗硬陶	灰褐		素面						明清
8941	ZDZJLY-62	汤村后山	ZDZJLY-62:19F	23.38	113.64	40	陶			泥质细硬陶	深灰		夔纹、重菱格凸块、弦纹						西周至春秋
8942	ZDZJLY-62	汤村后山	ZDZJLY-62:20F	23.38	113.64	38	陶			泥质细硬陶	灰褐		方格纹						西周至春秋
8943	ZDZJLY-62	汤村后山	ZDZJLY-62:21F	23.38	113.64	36	陶			泥质粗硬陶	黄褐		夔纹						西周至春秋
8944	ZDZJLY-62	汤村后山	ZDZJLY-62:22F	23.38	113.64	35	陶	罐		泥质细硬陶	灰褐		篦点纹						西周至春秋
8945	ZDZJLY-62	汤村后山	ZDZJLY-62:23F	23.38	113.64	35	陶		口沿	泥质细硬陶	灰黄		素面						明清
8946	ZDZJLY-62	汤村后山	ZDZJLY-62:24F	23.38	113.64	38	陶	罐	口沿	泥质细硬陶	灰褐		夔纹、方格纹						西周至春秋
8947	ZDZJLY-62	汤村后山	ZDZJLY-62:25F	23.38	113.64	32	陶	魂瓶		泥质硬陶	灰黄	酱釉	堆塑						唐宋
8948	ZDZJLY-62	汤村后山	ZDZJLY-62:26F	23.38	113.64	35	陶			泥质细硬陶	灰		方格纹						西周至春秋
8949	ZDZJLY-62	汤村后山	ZDZJLY-62:27F	23.38	113.64	33	陶	罐	口沿	泥质细硬陶	红褐		弦纹、篦点纹						西周至春秋
8950	ZDZJLY-62	汤村后山	ZDZJLY-62:10J	23.38	113.64	30	陶			泥质细硬陶	灰黄		方格纹、篦点纹、弦纹						西周至春秋
8951	ZDZJLY-62	汤村后山	ZDZJLY-62:11J	23.38	113.64	35	陶	罐	口沿	夹细砂硬陶	红褐		方格纹						西周至春秋
8952	ZDZJLY-62	汤村后山	ZDZJLY-62:12J	23.38	113.64	30	陶	豆	圈足	泥质细硬陶	灰黄		素面						西周至春秋
8953	ZDZJLY-62	汤村后山	ZDZJLY-62:13J	23.38	113.64	32	陶			泥质细硬陶	灰		方格纹						西周至春秋
8954	ZDZJLY-62	汤村后山	ZDZJLY-62:14J	23.38	113.64	30	陶			泥质粗硬陶	灰		方格纹						西周至春秋
8955	ZDZJLY-62	汤村后山	ZDZJLY-62:15J	23.38	113.64	36	陶			泥质粗硬陶	深灰		重菱格凸块纹						西周至春秋
8956	ZDZJLY-62	汤村后山	ZDZJLY-62:16J	23.38	113.64	36	陶	罐	口沿	泥质细硬陶	黄褐		素面	有					西周至春秋
8957	ZDZJLY-62	汤村后山	ZDZJLY-62:17J	23.38	113.64	36	陶	簋	圈足	泥质细硬陶	灰褐		方格纹						西周至春秋
8958	ZDZJLY-62	汤村后山	ZDZJLY-62:18J	23.38	113.64	36	陶			泥质粗硬陶	红褐		素面						西周至春秋
8959	ZDZJLY-62	汤村后山	ZDZJLY-62:19J	23.38	113.64	35	陶			泥质粗硬陶	红褐		重菱格凸块纹						西周至春秋
8960	ZDZJLY-62	汤村后山	ZDZJLY-62:20J	23.38	113.64	34	陶			泥质粗硬陶	青灰		素面						西周至春秋
8961	ZDZJLY-62	汤村后山	ZDZJLY-62:21J	23.38	113.64	38	陶			泥质粗硬陶	红褐		素面						西周至春秋
8962	ZDZJLY-62	汤村后山	ZDZJLY-62:22J	23.38	113.64	37	陶			泥质粗硬陶	红褐		素面						西周至春秋
8963	ZDZJLY-62	汤村后山	ZDZJLY-62:3L	23.38	113.64	49	陶			夹细砂硬陶	灰		曲折纹						新石器时代晚期至商代
8964	ZDZJLY-62	汤村后山	ZDZJLY-62:4L	23.38	113.64	47	陶			夹细砂硬陶	灰褐		长方格纹						新石器时代晚期至商代
8965	ZDZJLY-62	汤村后山	ZDZJLY-62:5L	23.38	113.64	44	陶			夹细砂硬陶	青灰		长方格纹						新石器时代晚期至商代
8966	ZDZJLY-62	汤村后山	ZDZJLY-62:6L	23.38	113.64	42	陶	罐	口沿	夹细砂硬陶	青灰		长方格纹						新石器时代晚期至商代

序号	遗址编号	遗址名称	遗物编号	纬度（度）	经度（度）	海拔（米）	质地	器形	部位	陶质	颜色	釉色	纹饰	刻划符号	石器岩性	石器完整程度	石器硬度	石器风化程度	年代
8967	ZDZJLY-62	汤村后山	ZDZJLY-62:10L	23.38	113.64	33	陶			泥质细硬陶	紫褐		方格纹						战国至南越国
8968	ZDZJLY-62	汤村后山	ZDZJLY-62:11L	23.38	113.64	30	陶			夹细砂硬陶	灰		方格纹						西周至春秋
8969	ZDZJLY-62	汤村后山	ZDZJLY-62:12L	23.38	113.64	30	陶			泥质细硬陶	灰白		方格纹						西周至春秋
8970	ZDZJLY-62	汤村后山	ZDZJLY-62:13L	23.38	113.64	32	陶			泥质粗硬陶	红褐		方格纹						西周至春秋
8971	ZDZJLY-62	汤村后山	ZDZJLY-62:14L	23.38	113.64	29	陶	豆	圈足	泥质细硬陶	红褐		素面						西周至春秋
8972	ZDZJLY-62	汤村后山	ZDZJLY-62:15L	23.38	113.64	30	陶	器耳		泥质细硬陶	红褐		素面	有					明清
8973	ZDZJLY-62	汤村后山	ZDZJLY-62:16L	23.38	113.64	39	陶			泥质细硬陶	黄褐		方格纹						西周至春秋
8974	ZDZJLY-62	汤村后山	ZDZJLY-62:17L	23.38	113.64	37	陶			泥质细硬陶	灰黄		重圈凸点纹、篦点纹						西周至春秋
8975	ZDZJLY-62	汤村后山	ZDZJLY-62:18L	23.38	113.64	34	陶			泥质细硬陶	灰褐		素面						西周至春秋
8976	ZDZJLY-62	汤村后山	ZDZJLY-62:19L	23.38	113.64	35	陶			泥质粗硬陶	灰褐		素面						西周至春秋
8977	ZDZJLY-62	汤村后山	ZDZJLY-62:20L	23.38	113.64	37	陶			泥质细硬陶	灰黄		夔纹						西周至春秋
8978	ZDZJLY-62	汤村后山	ZDZJLY-62:21L	23.38	113.64	37	陶	魂瓶	残片	泥质硬陶	灰黄	酱釉	堆塑						唐宋
8979	ZDZJLY-62	汤村后山	ZDZJLY-62:22L	23.38	113.64	36	陶			泥质细硬陶	灰褐		方格纹						西周至春秋
8980	ZDZJLY-62	汤村后山	ZDZJLY-62:23L	23.38	113.64	37	陶			泥质细硬陶	灰白		素面						明清
8981	ZDZJLY-62	汤村后山	ZDZJLY-62:1YⅠ	23.38	113.64	50	陶			夹细砂硬陶	灰黄		篮纹						新石器时代晚期至商代
8982	ZDZJLY-62	汤村后山	ZDZJLY-62:2YⅠ	23.38	113.64	46	陶			泥质细硬陶	青灰		叶脉纹						新石器时代晚期至商代
8983	ZDZJLY-62	汤村后山	ZDZJLY-62:3YⅠ	23.38	113.64	51	陶			泥质细硬陶	青灰		绳纹						新石器时代晚期至商代
8984	ZDZJLY-62	汤村后山	ZDZJLY-62:4YⅠ	23.38	113.64	46	陶			泥质细硬陶	灰黄		云雷纹						新石器时代晚期至商代
8985	ZDZJLY-62	汤村后山	ZDZJLY-62:5YⅠ	23.38	113.64	49	陶			泥质细硬陶	灰紫		曲折纹						西周至春秋
8986	ZDZJLY-62	汤村后山	ZDZJLY-62:6YⅠ	23.38	113.64	53	陶	瓦当		泥质细硬陶	灰		乳丁、弦纹						唐宋
8987	ZDZJLY-62	汤村后山	ZDZJLY-62:7YⅠ	23.38	113.64	46	陶			夹细砂硬陶	红褐		交错条纹						新石器时代晚期至商代
8988	ZDZJLY-62	汤村后山	ZDZJLY-62:8YⅠ	23.38	113.64	49	陶			泥质细硬陶	黄褐		曲折纹						新石器时代晚期至商代
8989	ZDZJLY-62	汤村后山	ZDZJLY-62:9YⅠ	23.38	113.64	47	陶			泥质细硬陶	青灰		绳纹						新石器时代晚期至商代
8990	ZDZJLY-62	汤村后山	ZDZJLY-62:10YⅠ	23.38	113.64	29	陶			泥质细硬陶	灰		方格纹						西周至春秋
8991	ZDZJLY-62	汤村后山	ZDZJLY-62:11YⅠ	23.38	113.64	29	陶			泥质细硬陶	灰		方格纹						西周至春秋
8992	ZDZJLY-62	汤村后山	ZDZJLY-62:12YⅠ	23.38	113.64	30	陶			泥质细硬陶	红褐		水波纹、弦纹						战国至南越国
8993	ZDZJLY-62	汤村后山	ZDZJLY-62:13YⅠ	23.38	113.64	37	陶			泥质粗硬陶	灰褐		方格纹						西周至春秋
8994	ZDZJLY-62	汤村后山	ZDZJLY-62:14①YⅠ	23.38	113.64	36	陶	罐	口沿	泥质细硬陶	灰褐		方格纹						西周至春秋
8995	ZDZJLY-62	汤村后山	ZDZJLY-62:14②YⅠ	23.38	113.64	36	陶			泥质粗硬陶	灰褐		方格纹						西周至春秋
8996	ZDZJLY-62	汤村后山	ZDZJLY-62:15YⅠ	23.38	113.64	33	陶			泥质细硬陶	灰褐	酱釉	米字纹						战国至南越国
8997	ZDZJLY-62	汤村后山	ZDZJLY-62:17YⅠ	23.38	113.64	34	陶			泥质粗硬陶	红褐		方格纹						西周至春秋

序号	遗址编号	遗址名称	遗物编号	纬度(度)	经度(度)	海拔(米)	质地	器形	部位	陶质	颜色	釉色	纹饰	刻划符号	石器岩性	石器完整程度	石器硬度	石器风化程度	年代
8998	ZDZJLY-62	汤村后山	ZDZJLY-62:18Y I	23.38	113.64	36	陶			泥质细硬陶	深灰		夔纹						西周至春秋
8999	ZDZJLY-62	汤村后山	ZDZJLY-62:19Y I	23.38	113.64	31	陶			泥质粗硬陶	红褐		方格纹						西周至春秋
9000	ZDZJLY-62	汤村后山	ZDZJLY-62:20Y I	23.38	113.64	33	陶			泥质粗硬陶	灰褐		夔纹、篦点纹						西周至春秋
9001	ZDZJLY-62	汤村后山	ZDZJLY-62:21Y I	23.38	113.64	36	陶			泥质粗硬陶	红褐		篦点纹、弦纹						西周至春秋
9002	ZDZJLY-62	汤村后山	ZDZJLY-62:22Y I	23.38	113.64	36	陶			泥质粗硬陶	红褐		素面						西周至春秋
9003	ZDZJLY-62	汤村后山	ZDZJLY-62:23Y I	23.38	113.64	39	陶	罐	圈足	泥质细硬陶	深灰		篦划纹、篦点纹、弦纹						西周至春秋
9004	ZDZJLY-62	汤村后山	ZDZJLY-62:24Y I	23.38	113.64	36	陶			泥质粗硬陶	红褐		素面						战国至南越国
9005	ZDZJLY-62	汤村后山	ZDZJLY-62:25Y I	23.38	113.64	36	陶			泥质细硬陶	灰褐		云雷纹						西周至春秋
9006	ZDZJLY-62	汤村后山	ZDZJLY-62:26Y I	23.38	113.64	38	瓷	碗	饼足	胎灰白		青釉	素面						唐末
9007	ZDZJLY-62	汤村后山	ZDZJLY-62:28Y I	23.38	113.64	36	陶	豆	圈足	泥质粗硬陶	灰黄		素面						新石器时代晚期至商代
9008	ZDZJLY-62	汤村后山	ZDZJLY-62:1Z II	23.38	113.64	39	陶			泥质粗硬陶	灰黄		重菱格凸点纹、弦纹						西周至春秋
9009	ZDZJLY-62	汤村后山	ZDZJLY-62:2Z II	23.38	113.64	54	陶			泥质细硬陶	灰		篮纹						新石器时代晚期至商代
9010	ZDZJLY-62	汤村后山	ZDZJLY-62:3Z II	23.38	113.64	52	陶			泥质细硬陶	青灰		方格纹						新石器时代晚期至商代
9011	ZDZJLY-62	汤村后山	ZDZJLY-62:4Z II	23.38	113.64	54	陶			泥质细硬陶	灰白		曲折纹						新石器时代晚期至商代
9012	ZDZJLY-62	汤村后山	ZDZJLY-62:5Z II	23.38	113.64	44	陶			泥质细硬陶	青灰		绳纹						新石器时代晚期至商代
9013	ZDZJLY-62	汤村后山	ZDZJLY-62:6Z II	23.38	113.64	42	陶			泥质细硬陶	深灰		篦纹						新石器时代晚期至商代
9014	ZDZJLY-62	汤村后山	ZDZJLY-62:7Z II	23.38	113.64	41	陶			夹细砂硬陶	灰		交错绳纹						新石器时代晚期至商代
9015	ZDZJLY-62	汤村后山	ZDZJLY-62:12Z II	23.38	113.64	31	陶			泥质细硬陶	灰		米字纹						战国至南越国
9016	ZDZJLY-62	汤村后山	ZDZJLY-62:13Z II	23.38	113.64	30	陶			加细砂硬陶	深灰		方格纹						西周至春秋
9017	ZDZJLY-62	汤村后山	ZDZJLY-62:14Z II	23.38	113.64	29	陶			泥质粗硬陶	黄褐	酱釉	素面						西周至春秋
9018	ZDZJLY-62	汤村后山	ZDZJLY-62:15Z II	23.38	113.64	31	陶			泥质粗硬陶	灰褐	酱釉	方格纹						西周至春秋
9019	ZDZJLY-62	汤村后山	ZDZJLY-62:16Z II	23.38	113.64	29	陶	罐	底	泥质细硬陶	灰白		素面						明清
9020	ZDZJLY-62	汤村后山	ZDZJLY-62:17Z II	23.38	113.64	31	陶			泥质细硬陶	红褐		菱格凸块纹						西周至春秋
9021	ZDZJLY-62	汤村后山	ZDZJLY-62:18Z II	23.38	113.64	32	陶	魂瓶		泥质粗硬陶	灰黄	酱釉	堆塑纹						唐末
9022	ZDZJLY-62	汤村后山	ZDZJLY-62:19Z II	23.38	113.64	33	陶			泥质粗硬陶	红褐		方格纹						西周至春秋
9023	ZDZJLY-62	汤村后山	ZDZJLY-62:20Z II	23.38	113.64	40	陶			泥质细硬陶	黄褐		夔纹						西周至春秋
9024	ZDZJLY-62	汤村后山	ZDZJLY-62:21Z II	23.38	113.64	37	陶	豆	腹部	泥质细硬陶	青灰		素面						西周至春秋
9025	ZDZJLY-62	汤村后山	ZDZJLY-62:22Z II	23.38	113.64	37	陶	罐	口沿	泥质粗硬陶	青灰		重菱格凸块纹						西周至春秋
9026	ZDZJLY-62	汤村后山	ZDZJLY-62:23Z II	23.38	113.64	37	陶			泥质细硬陶	灰白		方格纹						西周至春秋
9027	ZDZJLY-62	汤村后山	ZDZJLY-62:24Z II	23.38	113.64	37	陶			泥质粗硬陶	灰白		方格纹						西周至春秋
9028	ZDZJLY-62	汤村后山	ZDZJLY-62:25Z II	23.38	113.64	37	陶		底	泥质细硬陶	灰黄		素面						西周至春秋

序号	遗址编号	遗址名称	遗物编号	纬度(度)	经度(度)	海拔(米)	质地	器形	部位	陶质	颜色	釉色	纹饰	刻划符号	石器岩性	石器完整程度	石器硬度	石器风化程度	年代
9029	ZDZJLY-63	石凼岭	ZDZJLY-63:1F	23.38	113.64	34	瓷	魂瓶		灰白胎		青釉	篦点纹						唐末
9030	ZDZJLY-63	石凼岭	ZDZJLY-63:2F	23.38	113.64	41	陶			泥质细硬陶	灰黄	酱釉	素面						唐末
9031	ZDZJLY-63	石凼岭	ZDZJLY-63:3F	23.38	113.64	68	陶			泥质粗硬陶	红褐		方格纹						西周至春秋
9032	ZDZJLY-63	石凼岭	ZDZJLY-63:4F	23.38	113.64	58	陶			泥质细硬陶	灰紫		夔纹、凸块纹、菱格纹、弦纹						西周至春秋
9033	ZDZJLY-63	石凼岭	ZDZJLY-63:5F	23.38	113.64	60	陶			泥质细硬陶	青灰		方格纹						西周至春秋
9034	ZDZJLY-63	石凼岭	ZDZJLY-63:6F	23.38	113.64	60	陶			泥质细硬陶	灰白		素面						明清
9035	ZDZJLY-63	石凼岭	ZDZJLY-63:7F	23.38	113.64	62	陶			泥质粗硬陶	灰褐		素面						西周至春秋
9036	ZDZJLY-63	石凼岭	ZDZJLY-63:8F	23.38	113.64	63	陶			泥质粗硬陶	深灰		方格纹						西周至春秋
9037	ZDZJLY-63	石凼岭	ZDZJLY-63:9F	23.38	113.64	59	陶			泥质粗硬陶	灰黄		方格纹、弦纹						西周至春秋
9038	ZDZJLY-63	石凼岭	ZDZJLY-63:10F	23.38	113.64	48	陶	罐	口沿	泥质细硬陶	灰		方格纹						西周至春秋
9039	ZDZJLY-63	石凼岭	ZDZJLY-63:11F	23.38	113.64	49	陶			泥质粗硬陶	灰		方格纹						西周至春秋
9040	ZDZJLY-63	石凼岭	ZDZJLY-63:12F	23.38	113.64	50	陶			泥质粗硬陶	灰	酱釉	夔纹、弦纹						西周至春秋
9041	ZDZJLY-63	石凼岭	ZDZJLY-63:1J	23.38	113.64	73	陶			泥质粗硬陶	灰黄		方格纹						西周至春秋
9042	ZDZJLY-63	石凼岭	ZDZJLY-63:2J	23.38	113.64	71	陶			泥质细硬陶	灰褐		篦点纹、弦纹						西周至春秋
9043	ZDZJLY-63	石凼岭	ZDZJLY-63:3J	23.38	113.64	71	陶		口沿	泥质粗硬陶	红褐		素面						明清
9044	ZDZJLY-63	石凼岭	ZDZJLY-63:4J	23.38	113.64	67	陶	簋	口沿	泥质细硬陶	红褐		方格凸块纹、夔纹						西周至春秋
9045	ZDZJLY-63	石凼岭	ZDZJLY-63:5J	23.38	113.64	53	陶			泥质粗硬陶	灰		素面						明清
9046	ZDZJLY-63	石凼岭	ZDZJLY-63:6J	23.38	113.64	60	陶			泥质粗硬陶	灰黄		夔纹、弦纹						西周至春秋
9047	ZDZJLY-63	石凼岭	ZDZJLY-63:7J	23.38	113.64	46	陶			泥质粗硬陶	灰白		方格纹						西周至春秋
9048	ZDZJLY-63	石凼岭	ZDZJLY-63:8J	23.38	113.64	49	陶			泥质粗硬陶	红褐		方格纹						西周至春秋
9049	ZDZJLY-63	石凼岭	ZDZJLY-63:9J	23.38	113.64	51	陶	瓮	口沿	泥质细硬陶	灰		方格纹						西周至春秋
9050	ZDZJLY-63	石凼岭	ZDZJLY-63:10J	23.38	113.64	52	陶			泥质粗硬陶	灰黄		夔纹						西周至春秋
9051	ZDZJLY-63	石凼岭	ZDZJLY-63:11J	23.38	113.64	52	陶			泥质粗硬陶	灰黄	酱釉	菱格凸块纹、夔纹						西周至春秋
9052	ZDZJLY-63	石凼岭	ZDZJLY-63:12J	23.38	113.64	53	陶			泥质粗硬陶	灰	酱釉	菱格凸块纹、夔纹、弦纹						西周至春秋
9053	ZDZJLY-63	石凼岭	ZDZJLY-63:1L	23.38	113.64	35	瓷	碗	底	白胎		透明釉	刻划花草						明清
9054	ZDZJLY-63	石凼岭	ZDZJLY-63:2L	23.38	113.64	35	瓷	碟	口沿	灰白胎		青灰釉	素面						明清
9055	ZDZJLY-63	石凼岭	ZDZJLY-63:3L	23.38	113.64	38	瓷	杯	底	灰白胎		青釉	素面						唐末
9056	ZDZJLY-63	石凼岭	ZDZJLY-63:4L	23.38	113.64	65	陶			泥质粗硬陶	灰褐		夔纹、弦纹						西周至春秋
9057	ZDZJLY-63	石凼岭	ZDZJLY-63:5L	23.38	113.64	66	陶			泥质粗硬陶	灰		弦纹						西周至春秋
9058	ZDZJLY-63	石凼岭	ZDZJLY-63:6L	23.38	113.64	69	陶			泥质细硬陶	青灰		方格纹						西周至春秋

序号	遗址编号	遗址名称	遗物编号	纬度（度）	经度（度）	海拔（米）	质地	器形	部位	陶质	颜色	釉色	纹饰	刻划符号	石器岩性	石器完整程度	石器硬度	石器风化程度	年代
9059	ZDZJLY-63	石坳岭	ZDZJLY-63:7L	23.38	113.64	49	陶			泥质粗硬陶	青灰		方格纹						西周至春秋
9060	ZDZJLY-63	石坳岭	ZDZJLY-63:8L	23.38	113.64	48	陶			泥质粗硬陶	深灰		方格纹						西周至春秋
9061	ZDZJLY-63	石坳岭	ZDZJLY-63:9L	23.38	113.64	51	陶			泥质细硬陶	灰		弦纹						西周至春秋
9062	ZDZJLY-63	石坳岭	ZDZJLY-63:1YⅠ	23.38	113.64	42	陶			泥质硬陶	灰		方格纹						西周至春秋
9063	ZDZJLY-63	石坳岭	ZDZJLY-63:2YⅠ	23.38	113.64	66	陶			泥质粗硬陶	灰黑		方格纹						西周至春秋
9064	ZDZJLY-63	石坳岭	ZDZJLY-63:3YⅠ	23.38	113.64	65	陶			泥质粗硬陶	灰		方格纹						西周至春秋
9065	ZDZJLY-63	石坳岭	ZDZJLY-63:4YⅠ	23.38	113.64	63	陶			泥质粗硬陶	灰黄	酱釉	方格纹						西周至春秋
9066	ZDZJLY-63	石坳岭	ZDZJLY-63:5YⅠ	23.38	113.64	69	陶			泥质粗硬陶	灰黄		方格纹						西周至春秋
9067	ZDZJLY-63	石坳岭	ZDZJLY-63:6YⅠ	23.38	113.64	65	陶			泥质粗硬陶	灰褐		方格纹						西周至春秋
9068	ZDZJLY-63	石坳岭	ZDZJLY-63:7YⅠ	23.38	113.64	62	陶			泥质粗硬陶	灰		夔纹						西周至春秋
9069	ZDZJLY-63	石坳岭	ZDZJLY-63:8YⅠ	23.38	113.64	58	陶			泥质粗硬陶	灰黄		方格纹						西周至春秋
9070	ZDZJLY-63	石坳岭	ZDZJLY-63:9YⅠ	23.38	113.64	61	陶			泥质硬陶	灰褐		夔纹						西周至春秋
9071	ZDZJLY-63	石坳岭	ZDZJLY-63:10YⅠ	23.38	113.64	57	陶			泥质细硬陶	灰黄		夔纹、菱格凸块纹、弦纹						西周至春秋
9072	ZDZJLY-63	石坳岭	ZDZJLY-63:11YⅠ	23.38	113.64	55	陶			泥质细硬陶	灰褐		菱格凸块纹						西周至春秋
9073	ZDZJLY-63	石坳岭	ZDZJLY-63:12YⅠ	23.38	113.64	54	陶	罐	口沿	泥质粗硬陶	灰白		方格凸块纹						战国至南越国
9074	ZDZJLY-63	石坳岭	ZDZJLY-63:13YⅠ	23.38	113.64	54	陶			泥质硬陶	灰白		方格纹						西周至春秋
9075	ZDZJLY-63	石坳岭	ZDZJLY-63:14YⅠ	23.38	113.64	53	陶			泥质细硬陶	灰		曲折纹						新石器时代晚期至商代
9076	ZDZJLY-63	石坳岭	ZDZJLY-63:15YⅠ	23.38	113.64	54	陶			泥质硬陶	灰褐		夔纹						西周至春秋
9077	ZDZJLY-63	石坳岭	ZDZJLY-63:16YⅠ	23.38	113.64	55	陶			泥质粗硬陶	灰黄		重菱格凸块纹						西周至春秋
9078	ZDZJLY-63	石坳岭	ZDZJLY-63:17YⅠ	23.38	113.64	55	陶	瓮	口沿	泥质细硬陶	黄褐		方格纹、复线篦划纹（外）、复线篦划纹、水波纹、弦纹（内）						西周至春秋
9079	ZDZJLY-63	石坳岭	ZDZJLY-63:1ZⅡ	23.38	113.64	71	陶			泥质细硬陶	深灰		篦点纹、弦纹						西周至春秋
9080	ZDZJLY-63	石坳岭	ZDZJLY-63:2ZⅡ	23.38	113.64	64	陶			泥质粗硬陶	深灰		网格纹						西周至春秋
9081	ZDZJLY-63	石坳岭	ZDZJLY-63:3ZⅡ	23.38	113.64	65	陶			泥质粗硬陶	深灰		方格纹						西周至春秋
9082	ZDZJLY-63	石坳岭	ZDZJLY-63:4ZⅡ	23.38	113.64	74	陶			泥质硬陶	灰		重菱格凸块纹						西周至春秋
9083	ZDZJLY-63	石坳岭	ZDZJLY-63:5ZⅡ	23.38	113.64	62	陶			泥质粗硬陶	深灰		网格纹						西周至春秋
9084	ZDZJLY-65	上南向	ZDZJLY-65:1F	23.39	113.64	43	陶			泥质硬陶	灰		曲折纹						新石器时代晚期至商代
9085	ZDZJLY-66	双塘月形	ZDZJLY-66:1F	23.39	113.64	48	陶			泥质粗硬陶	青灰		方格纹、弦纹						西周至春秋
9086	ZDZJLY-66	双塘月形	ZDZJLY-66:2F	23.39	113.64	48	陶			泥质粗硬陶	灰褐		方格纹						西周至春秋
9087	ZDZJLY-66	双塘月形	ZDZJLY-66:3F	23.39	113.64	49	陶			泥质细硬陶	灰黑		条纹						唐宋

序号	遗址编号	遗址名称	遗物编号	纬度（度）	经度（度）	海拔（米）	质地	器形	部位	陶质	颜色	釉色	纹饰	刻划符号	石器岩性	石器完整程度	石器硬度	石器风化程度	年代
9088	ZDZJLY-66	双塘月形	ZDZJLY-66:4F	23.39	113.64	53	陶			泥质粗硬陶	灰		细方格纹						西周至春秋
9089	ZDZJLY-66	双塘月形	ZDZJLY-66:5F	23.39	113.64	52	陶			泥质细硬陶	深灰		米字纹						战国至南越国
9090	ZDZJLY-66	双塘月形	ZDZJLY-66:1J	23.39	113.64	36	陶			泥质粗硬陶	灰		方格纹						西周至春秋
9091	ZDZJLY-66	双塘月形	ZDZJLY-66:1L	23.39	113.64	37	陶			泥质粗硬陶	灰黄		方格纹						西周至春秋
9092	ZDZJLY-66	双塘月形	ZDZJLY-66:2L	23.39	113.64	38	陶			泥质粗硬陶	灰		方格纹						西周至春秋
9093	ZDZJLY-66	双塘月形	ZDZJLY-66:10L	23.39	113.64	51	陶			泥质细硬陶	灰黄		方格纹						西周至春秋
9094	ZDZJLY-66	双塘月形	ZDZJLY-66:3YⅠ	23.39	113.64	42	陶	罐	肩部	泥质粗硬陶	灰		方格纹						西周至南越国
9095	ZDZJLY-66	双塘月形	ZDZJLY-66:4YⅠ	23.39	113.64	47	陶			泥质粗硬陶	深灰		夔纹						西周至春秋
9096	ZDZJLY-66	双塘月形	ZDZJLY-66:5YⅠ	23.39	113.64	51	陶	罐	口沿	泥质粗硬陶	灰褐		方格纹						西周至春秋
9097	ZDZJLY-66	双塘月形	ZDZJLY-66:6YⅠ	23.39	113.65	64	陶			夹粗砂硬陶	灰黄		篮纹						新石器时代
9098	ZDZJLY-66	双塘月形	ZDZJLY-66:7YⅠ	23.39	113.64	54	陶			泥质粗硬陶	红褐		方格纹						西周至春秋
9099	ZDZJLY-66	双塘月形	ZDZJLY-66:1ZⅡ	23.39	113.64	37	陶	罐	口沿	泥质粗硬陶	深灰		素面						西周至南越国
9100	ZDZJLY-67	大新屋后山	ZDZJLY-67:1F	23.39	113.65	50	陶			泥质细硬陶	灰		方格纹						西周至春秋
9101	ZDZJLY-67	大新屋后山	ZDZJLY-67:2F	23.39	113.65	74	陶			夹粗砂软陶	红褐		素面						新石器时代晚期至商周代
9102	ZDZJLY-67	大新屋后山	ZDZJLY-67:3F	23.39	113.65	74	陶			泥质软陶	红褐		长方格纹						新石器时代晚期至商周代
9103	ZDZJLY-67	大新屋后山	ZDZJLY-67:4F	23.39	113.65	71	陶			夹砂硬陶	灰黑		绳纹						新石器时代晚期至商周代
9104	ZDZJLY-67	大新屋后山	ZDZJLY-67:5F	23.39	113.65	43	陶			泥质细硬陶	红褐		素面						战国至南越国
9105	ZDZJLY-67	大新屋后山	ZDZJLY-67:1J	23.39	113.65	73	陶			泥质粗硬陶	灰白		绳纹						新石器时代晚期至商周代
9106	ZDZJLY-67	大新屋后山	ZDZJLY-67:2J	23.39	113.65	71	陶	罐	圈足	夹粗砂软陶	灰褐		素面						新石器时代晚期至商周代
9107	ZDZJLY-67	大新屋后山	ZDZJLY-67:3J	23.39	113.65	73	陶			夹砂硬陶	灰白		条纹						新石器时代晚期至商周代
9108	ZDZJLY-67	大新屋后山	ZDZJLY-67:4J	23.39	113.65	69	陶			夹粗砂硬陶	灰黄		方格纹						西周至春秋
9109	ZDZJLY-67	大新屋后山	ZDZJLY-67:5J	23.39	113.65	64	陶			泥质粗硬陶	灰		曲折纹、弦纹						新石器时代晚期至商周代
9110	ZDZJLY-67	大新屋后山	ZDZJLY-67:6J	23.39	113.65	52	陶			泥质细硬陶	青灰		曲折纹						新石器时代晚期至商周代
9111	ZDZJLY-67	大新屋后山	ZDZJLY-67:1YⅠ	23.39	113.65	47	陶	罐	口沿	泥质粗硬陶	灰褐		夔纹、方格纹、弦纹						西周至春秋
9112	ZDZJLY-67	大新屋后山	ZDZJLY-67:2YⅠ	23.39	113.65	73	陶			泥质细硬陶	灰黄		方格纹、弦纹						西周至春秋
9113	ZDZJLY-67	大新屋后山	ZDZJLY-67:3YⅠ	23.39	113.65	47	陶			泥质细硬陶	青灰		曲折纹						新石器时代晚期至商周代
9114	ZDZJLY-67	大新屋后山	ZDZJLY-67:4YⅠ	23.39	113.65	52	陶			夹砂硬陶	灰白		曲折纹						新石器时代晚期至商周代
9115	ZDZJLY-67	大新屋后山	ZDZJLY-67:5YⅠ	23.39	113.65	54	陶			泥质粗硬陶	灰黄		长方格纹						新石器时代晚期至商周代
9116	ZDZJLY-67	大新屋后山	ZDZJLY-67:1ZⅡ	23.39	113.65	45	陶			泥质细硬陶	灰		方格纹						西周至春秋
9117	ZDZJLY-67	大新屋后山	ZDZJLY-67:2ZⅡ	23.39	113.65	71	陶			泥质细硬陶	灰白		方格纹						西周至春秋
9118	ZDZJLY-67	大新屋后山	ZDZJLY-67:3ZⅡ	23.39	113.65	53	陶			泥质细硬陶	灰白		长方格纹						新石器时代晚期至商周代

序号	遗址编号	遗址名称	遗物编号	纬度(度)	经度(度)	海拔(米)	质地	器形	部位	陶质	颜色	釉色	纹饰	刻划符号	石器岩性	石器完整程度	石器硬度	石器风化程度	年代
9119	ZDZJLY-67	大新星后山	ZDZJLY-67:4ZⅡ	23.39	113.65	49	陶			泥质细硬陶	深灰		曲折纹						新石器时代晚期至商代
9120	ZDZJLY-67	大新星后山	ZDZJLY-67:5ZⅡ	23.39	113.65	71	石	双肩石锛							凝灰岩	基本完整	6	未风化	新石器时代晚期至商代
9121	ZDZJLY-68	禾猩沙	ZDZJLY-68:1L	23.39	113.65	103	陶	瓮	口沿	泥质细硬陶	灰褐		方格纹、篦划纹						西周至春秋
9122	ZDZJLY-69	羊角咀	ZDZJLY-69:2L	23.40	113.65	29	陶			泥质细硬陶	灰		方格纹						西周至春秋
9123	ZDZJLY-69	羊角咀	ZDZJLY-69:3L	23.40	113.65	32	陶			泥质细硬陶	深灰		方格纹						西周至春秋
9124	ZDZJLY-69	羊角咀	ZDZJLY-69:4L	23.40	113.65	36	陶			泥质粗硬陶	深灰		方格纹						西周至春秋
9125	ZDZJLY-69	羊角咀	ZDZJLY-69:5L	23.40	113.65	33	陶			泥质细硬陶	灰黄		方格纹						西周至春秋
9126	ZDZJLY-69	羊角咀	ZDZJLY-69:1ZⅡ	23.40	113.65	32	陶			泥质细硬陶	灰		素面						西周至春秋
9127	ZDZJLY-69	羊角咀	ZDZJLY-69:2ZⅡ	23.40	113.65	32	陶	钵	口沿	泥质粗硬陶	灰黑		水波纹						战国至南越国
9128	ZDZJLY-69	羊角咀	ZDZJLY-69:3ZⅡ	23.40	113.65	32	陶			夹细砂硬陶	灰		绳纹、附加堆纹						新石器时代晚期至商代
9129	ZDZJLY-69	羊角咀	ZDZJLY-69:4ZⅡ	23.40	113.65	33	陶			泥质细硬陶	灰黑		米字纹						战国至南越国
9130	ZDZJLY-69	羊角咀	ZDZJLY-69:5ZⅡ	23.40	113.65	29	陶			泥质细硬陶	灰		方格纹						战国至南越国
9131	ZDZJLY-69	羊角咀	ZDZJLY-69:6ZⅡ	23.40	113.65	33	陶			夹细砂硬陶	灰黄		绳纹						新石器时代晚期至商代
9132	ZDZJLY-69	羊角咀	ZDZJLY-69:7ZⅡ	23.40	113.65	30	陶			泥质细硬陶	灰黑		方格纹						西周至春秋
9133	ZDZJLY-72	汾村西1号岗	ZDZJLY-72:1F	23.39	113.62	50	陶	罐	口沿	泥质细硬陶	灰褐		方格纹						战国至南越国
9134	ZDZJLY-73	汾村西2号岗	ZDZJLY-73:1F	23.38	113.62	38	陶			泥质粗硬陶	灰黑		方格纹						战国至南越国
9135	ZDZJLY-73	汾村西2号岗	ZDZJLY-73:2F	23.38	113.62	28	陶			泥质细硬陶	红褐		方格纹、米字纹						战国至南越国
9136	ZDZJLY-73	汾村西2号岗	ZDZJLY-73:3F	23.38	113.62	36	陶	罐	口沿	泥质细硬陶	灰褐		茶纹						战国至南越国
9137	ZDZJLY-73	汾村西2号岗	ZDZJLY-73:4F	23.38	113.62	32	陶			泥质粗硬陶	红褐		方格纹						战国至南越国
9138	ZDZJLY-73	汾村西2号岗	ZDZJLY-73:1YⅠ	23.38	113.62	39	陶	罐	口沿	泥质细硬陶	灰黑		方格纹						明清
9139	ZDZJLY-73	汾村西2号岗	ZDZJLY-73:2YⅠ	23.38	113.62	33	陶			泥质粗硬陶	灰		素面						战国至南越国
9140	ZDZJLY-73	汾村西2号岗	ZDZJLY-73:3YⅠ	23.38	113.62	33	陶			泥质细硬陶	灰黄		方格纹						战国至南越国
9141	ZDZJLY-73	汾村西2号岗	ZDZJLY-73:4YⅠ	23.38	113.62	31	陶			夹细砂硬陶	青灰		三角格纹						战国至南越国
9142	ZDZJLY-74	汾村西3号岗	ZDZJLY-74:1L	23.39	113.62	48	陶			泥质粗硬陶	灰褐		交错绳纹						新石器时代晚期至商代
9143	ZDZJLY-75	头排	ZDZJLY-75:1J	23.40	113.62	47	陶	罐	口沿	泥质粗硬陶	灰褐	酱釉	方格纹、夔纹、弦纹						西周至春秋
9144	ZDZJLY-75	头排	ZDZJLY-75:1L	23.40	113.62	90	陶	罐	口沿	泥质细硬陶			素面						西周至春秋
9145	ZDZJLY-76	漱迳村后山	ZDZJLY-76:1①F	23.40	113.61	55	陶	罐	口沿	夹粗砂硬陶			方格纹、弦纹						西周至春秋
9146	ZDZJLY-76	漱迳村后山	ZDZJLY-76:1②F	23.40	113.61	55	陶	罐	口沿	泥质粗硬陶			素面						新石器时代晚期至商代
9147	ZDZJLY-76	漱迳村后山	ZDZJLY-76:2F	23.40	113.61	59	陶			夹细砂硬陶	灰白		素面						新石器时代晚期至商代
9148	ZDZJLY-76	漱迳村后山	ZDZJLY-76:3F	23.40	113.61	59	陶			泥质细软陶	灰白		曲折纹						新石器时代晚期至商代
9149	ZDZJLY-76	漱迳村后山	ZDZJLY-76:4①F	23.40	113.61	58	陶			泥质粗硬陶	红褐		交错绳纹						新石器时代晚期至商代

序号	遗址编号	遗址名称	遗物编号	纬度(度)	经度(度)	海拔(米)	质地	器形	部位	陶质	颜色	釉色	纹饰	刻划符号	石器岩性	石器完整程度	石器硬度	石器风化程度	年代
9150	ZDZJLY-76	濑迳村后山	ZDZJLY-76:4②F	23.40	113.61	58	陶			泥质细硬陶	红褐		方格纹						西周至春秋
9151	ZDZJLY-76	濑迳村后山	ZDZJLY-76:4③F	23.40	113.61	58	陶	罐	口沿	泥质细硬陶	红褐		素面						新石器时代晚期至商代
9152	ZDZJLY-76	濑迳村后山	ZDZJLY-76:4④F	23.40	113.61	58	陶			泥质粗硬陶	红褐		长方格纹						新石器时代晚期至商代
9153	ZDZJLY-76	濑迳村后山	ZDZJLY-76:5F	23.40	113.61	59	陶			夹细砂软陶	红褐		曲折纹						新石器时代晚期至商代
9154	ZDZJLY-76	濑迳村后山	ZDZJLY-76:6F	23.40	113.61	57	陶	罐	圈足	泥质粗硬陶	灰		交错绳纹						新石器时代晚期至商代
9155	ZDZJLY-76	濑迳村后山	ZDZJLY-76:7F	23.40	113.61	58	陶			泥质粗硬陶	灰白		篮纹						新石器时代晚期至商代
9156	ZDZJLY-76	濑迳村后山	ZDZJLY-76:8F	23.40	113.61	59	陶			泥质粗硬陶	灰白		交错绳纹						新石器时代晚期至商代
9157	ZDZJLY-76	濑迳村后山	ZDZJLY-76:9F	23.40	113.61	60	陶			泥质粗硬陶	灰白		曲折纹						新石器时代晚期至商代
9158	ZDZJLY-76	濑迳村后山	ZDZJLY-76:10F	23.40	113.61	60	陶			泥质粗硬陶	红褐		篮纹						新石器时代晚期至商代
9159	ZDZJLY-76	濑迳村后山	ZDZJLY-76:11①F	23.40	113.61	58	陶			泥质细硬陶	红		方格纹、弦纹						西周至春秋
9160	ZDZJLY-76	濑迳村后山	ZDZJLY-76:11②F	23.40	113.61	58	陶			泥质细硬陶	红		方格纹						西周至春秋
9161	ZDZJLY-76	濑迳村后山	ZDZJLY-76:12F	23.40	113.61	64	陶	瓮		泥质细硬陶	红		方格纹						西周至春秋
9162	ZDZJLY-76	濑迳村后山	ZDZJLY-76:13F	23.40	113.61	64	陶			泥质粗硬陶	灰黄		篮纹						新石器时代晚期至商代
9163	ZDZJLY-76	濑迳村后山	ZDZJLY-76:14①F	23.40	113.61	57	陶	罐	口沿	夹细砂软陶	灰白		素面						新石器时代晚期至商代
9164	ZDZJLY-76	濑迳村后山	ZDZJLY-76:14②F	23.40	113.61	57	陶			泥质粗硬陶	灰白		曲折纹、附加堆纹						新石器时代晚期至商代
9165	ZDZJLY-76	濑迳村后山	ZDZJLY-76:15F	/	/	/	陶			泥质细软陶	灰黄		绳纹						新石器时代晚期至商代
9166	ZDZJLY-76	濑迳村后山	ZDZJLY-76:16F	23.40	113.61	56	陶			夹粗砂软陶	黑		素面						新石器时代晚期至商代
9167	ZDZJLY-76	濑迳村后山	ZDZJLY-76:17F	23.40	113.61	58	陶			泥质细硬陶	黄褐		叶脉纹						新石器时代晚期至商代
9168	ZDZJLY-76	濑迳村后山	ZDZJLY-76:18F	23.40	113.61	57	陶			泥质粗硬陶	红褐		素面						新石器时代晚期至商代
9169	ZDZJLY-76	濑迳村后山	ZDZJLY-76:19F	23.40	113.61	57	陶			泥质粗硬陶	灰白		素面						新石器时代晚期至商代
9170	ZDZJLY-76	濑迳村后山	ZDZJLY-76:20F	23.40	113.61	55	陶			泥质粗硬陶	灰白		绳纹						新石器时代晚期至商代
9171	ZDZJLY-76	濑迳村后山	ZDZJLY-76:21F	23.40	113.61	56	陶			泥质粗硬陶	黄褐		曲折纹						新石器时代晚期至商代
9172	ZDZJLY-76	濑迳村后山	ZDZJLY-76:22F	23.40	113.61	55	陶	罐	口沿	夹粗砂软陶	灰白		绳纹						新石器时代晚期至商代
9173	ZDZJLY-76	濑迳村后山	ZDZJLY-76:23F	23.40	113.61	56	陶			泥质细软陶	黄褐		附加堆纹						新石器时代晚期至商代
9174	ZDZJLY-76	濑迳村后山	ZDZJLY-76:24F	23.40	113.61	51	陶			泥质细硬陶	深灰		斜长方格纹						新石器时代晚期至商代
9175	ZDZJLY-76	濑迳村后山	ZDZJLY-76:25F	23.40	113.61	57	陶			泥质粗硬陶	红褐		素面						明清
9176	ZDZJLY-76	濑迳村后山	ZDZJLY-76:26F	23.40	113.61	53	陶			泥质细硬陶	红褐		曲折纹						新石器时代晚期至商代
9177	ZDZJLY-76	濑迳村后山	ZDZJLY-76:27F	23.40	113.61	56	陶	罐	口沿	泥质细硬陶	黄褐		素面						新石器时代晚期至商代
9178	ZDZJLY-76	濑迳村后山	ZDZJLY-76:28F	23.40	113.61	53	陶			泥质粗硬陶	红褐		素面						新石器时代晚期至商代
9179	ZDZJLY-76	濑迳村后山	ZDZJLY-76:1J	23.40	113.61	62	陶	罐	圈足	泥质细硬陶	灰白		斜长方格纹						新石器时代晚期至商代
9180	ZDZJLY-76	濑迳村后山	ZDZJLY-76:2①J	23.40	113.61	60	陶			泥质细硬陶	灰黄		方格纹、弦纹						西周至春秋

序号	遗址编号	遗址名称	遗物编号	纬度(度)	经度(度)	海拔(米)	质地	器形	部位	陶质	颜色	釉色	纹饰	刻划符号	石器岩性	石器完整程度	石器硬度	石器风化程度	年代
9181	ZDZJLY-76	濠迳村后山	ZDZJLY-76:2②J	23.40	113.61	60	陶			泥质细硬陶	灰黄		方格纹						西周至春秋
9182	ZDZJLY-76	濠迳村后山	ZDZJLY-76:3J	23.40	113.61	58	陶			泥质细硬陶	灰褐		方格纹						西周至春秋
9183	ZDZJLY-76	濠迳村后山	ZDZJLY-76:4J	23.40	113.61	59	陶			夹细砂硬陶	灰黄		篮纹						新石器时代晚期至商代
9184	ZDZJLY-76	濠迳村后山	ZDZJLY-76:5J	23.40	113.61	59	陶			泥质细硬陶	青灰		篮纹						新石器时代晚期至商代
9185	ZDZJLY-76	濠迳村后山	ZDZJLY-76:6①J	23.40	113.61	59	陶			泥质细硬陶	红		云雷纹						西周至春秋
9186	ZDZJLY-76	濠迳村后山	ZDZJLY-76:6②J	23.40	113.61	59	陶			泥质细硬陶	红		云雷纹						西周至春秋
9187	ZDZJLY-76	濠迳村后山	ZDZJLY-76:7J	23.40	113.61	60	陶	罐	口沿	夹粗砂软陶	红褐		素面						新石器时代晚期至商代
9188	ZDZJLY-76	濠迳村后山	ZDZJLY-76:2L	23.40	113.61	59	陶			泥质细硬陶	灰褐		方格纹						西周至春秋
9189	ZDZJLY-76	濠迳村后山	ZDZJLY-76:3L	23.40	113.61	56	陶	贯耳壶	口沿	泥质细硬陶	灰		素面						明清
9190	ZDZJLY-76	濠迳村后山	ZDZJLY-76:4L	23.40	113.61	60	陶			泥质细硬陶	灰黄		素面						西周至春秋
9191	ZDZJLY-76	濠迳村后山	ZDZJLY-76:5①L	23.40	113.61	57	陶			泥质细硬陶	黄褐		方格纹						西周至春秋
9192	ZDZJLY-76	濠迳村后山	ZDZJLY-76:5②L	23.40	113.61	57	陶			泥质细硬陶	黄褐		方格纹						西周至春秋
9193	ZDZJLY-76	濠迳村后山	ZDZJLY-76:5③L	23.40	113.61	57	陶			泥质细硬陶	黄褐		方格纹						西周至春秋
9194	ZDZJLY-76	濠迳村后山	ZDZJLY-76:5④L	23.40	113.61	57	陶			泥质细硬陶	黄褐		方格纹						西周至春秋
9195	ZDZJLY-76	濠迳村后山	ZDZJLY-76:5⑤L	23.40	113.61	57	陶			泥质细硬陶	黄褐		方格纹						西周至春秋
9196	ZDZJLY-76	濠迳村后山	ZDZJLY-76:5⑥L	23.40	113.61	57	陶			泥质细硬陶	黄褐		方格纹						西周至春秋
9197	ZDZJLY-76	濠迳村后山	ZDZJLY-76:5⑦L	23.40	113.61	57	陶			泥质细硬陶	黄褐		方格纹						西周至春秋
9198	ZDZJLY-76	濠迳村后山	ZDZJLY-76:5⑧L	23.40	113.61	57	陶			泥质细硬陶	黄褐		方格纹						西周至春秋
9199	ZDZJLY-76	濠迳村后山	ZDZJLY-76:5⑨L	23.40	113.61	57	陶			泥质细硬陶	黄褐		方格纹						西周至春秋
9200	ZDZJLY-76	濠迳村后山	ZDZJLY-76:6L	23.40	113.61	60	陶			泥质细硬陶	黄褐		长方格纹、附加堆纹						西周至春秋
9201	ZDZJLY-76	濠迳村后山	ZDZJLY-76:7L	23.40	113.61	59	陶			泥质粗硬陶	深灰		方格纹						新石器时代晚期至商代
9202	ZDZJLY-76	濠迳村后山	ZDZJLY-76:8①L	23.40	113.61	60	陶			泥质细硬陶	深灰		方格纹						西周至春秋
9203	ZDZJLY-76	濠迳村后山	ZDZJLY-76:8②L	23.40	113.61	60	陶			泥质细硬陶	深灰		方格纹						西周至春秋
9204	ZDZJLY-76	濠迳村后山	ZDZJLY-76:9L	23.40	113.61	57	陶			泥质细硬陶	红	酱釉	夔纹、方格纹						西周至春秋
9205	ZDZJLY-76	濠迳村后山	ZDZJLY-76:10L	23.40	113.61	60	陶			泥质细硬陶	灰黄	酱釉	方格纹						西周至春秋
9206	ZDZJLY-76	濠迳村后山	ZDZJLY-76:11L	23.40	113.61	58	陶			泥质粗硬陶	深灰		方格纹、篦划纹、弦纹						西周至春秋
9207	ZDZJLY-76	濠迳村后山	ZDZJLY-76:12L	23.40	113.61	59	陶			加粗砂软陶	黄褐		曲折纹						新石器时代晚期至商代
9208	ZDZJLY-76	濠迳村后山	ZDZJLY-76:1YⅠ	23.40	113.61	56	陶			泥质细硬陶	黄褐		绳纹、附加堆纹						新石器时代晚期至商代
9209	ZDZJLY-76	濠迳村后山	ZDZJLY-76:2YⅠ	23.40	113.61	56	陶	瓮	口沿	泥质细硬陶	灰黄		方格纹						西周至春秋
9210	ZDZJLY-76	濠迳村后山	ZDZJLY-76:3YⅠ	23.40	113.61	56	陶			泥质细硬陶	青灰		绳纹						新石器时代晚期至商代
9211	ZDZJLY-76	濠迳村后山	ZDZJLY-76:4YⅠ	23.40	113.61	63	陶	瓮	口沿	泥质细硬陶	青灰		方格纹						西周至春秋

序号	遗址编号	遗址名称	遗物编号	纬度(度)	经度(度)	海拔(米)	质地	器形	部位	陶质	颜色	釉色	纹饰	刻划符号	石器岩性	石器完整程度	石器硬度	石器风化程度	年代
9212	ZDZJLY-76	濠迳村后山	ZDZJLY-76:5Y I	23.40	113.61	60	陶			泥质粗硬陶	深灰	酱釉	方格纹、弦纹						西周至春秋
9213	ZDZJLY-76	濠迳村后山	ZDZJLY-76:6Y I	23.40	113.61	59	陶			泥质粗硬陶	黄褐		交错绳纹						新石器时代晚期至商代
9214	ZDZJLY-76	濠迳村后山	ZDZJLY-76:7Y I	23.40	113.61	61	陶			泥质细硬陶	红褐		篮纹、附加堆纹						新石器时代晚期至商代
9215	ZDZJLY-76	濠迳村后山	ZDZJLY-76:8Y I	23.40	113.61	63	陶			泥质粗硬陶	黄褐		交错绳纹						新石器时代晚期至商代
9216	ZDZJLY-76	濠迳村后山	ZDZJLY-76:9Y I	23.40	113.61	64	陶			泥质细硬陶	青灰		交错绳纹						新石器时代晚期至商代
9217	ZDZJLY-76	濠迳村后山	ZDZJLY-76:10Y I	23.40	113.61	60	陶			泥质细硬陶	红褐		曲折纹						新石器时代晚期至商代
9218	ZDZJLY-76	濠迳村后山	ZDZJLY-76:11Y I	23.40	113.61	59	陶	罐	圈足	泥质细硬陶	灰褐		交错绳纹						新石器时代晚期至商代
9219	ZDZJLY-76	濠迳村后山	ZDZJLY-76:12Y I	23.40	113.61	59	陶			泥质细硬陶	青灰		篮纹						新石器时代晚期至商代
9220	ZDZJLY-76	濠迳村后山	ZDZJLY-76:13Y I	23.40	113.61	60	陶			夹细砂硬陶	红褐		交错绳纹						新石器时代晚期至商代
9221	ZDZJLY-76	濠迳村后山	ZDZJLY-76:14Y I	23.40	113.61	60	陶			泥质粗硬陶	红褐		篮纹						新石器时代晚期至商代
9222	ZDZJLY-76	濠迳村后山	ZDZJLY-76:15Y I	23.40	113.61	61	陶			泥质细硬陶	青灰		棒格纹						新石器时代晚期至商代
9223	ZDZJLY-76	濠迳村后山	ZDZJLY-76:16Y I	23.40	113.61	61	陶			泥质细硬陶	黄褐		叶脉纹						新石器时代晚期至商代
9224	ZDZJLY-76	濠迳村后山	ZDZJLY-76:17Y I	23.40	113.61	60	陶			泥质细硬陶	灰白		篮纹						新石器时代晚期至商代
9225	ZDZJLY-76	濠迳村后山	ZDZJLY-76:18Y I	23.40	113.61	63	陶			泥质粗硬陶	灰		素面						新石器时代晚期至商代
9226	ZDZJLY-76	濠迳村后山	ZDZJLY-76:19Y I	23.40	113.61	61	陶			泥质细硬陶	红		长方格纹						新石器时代晚期至商代
9227	ZDZJLY-76	濠迳村后山	ZDZJLY-76:20①Y I	23.40	113.61	58	陶			泥质细硬陶	灰		交错曲折纹						新石器时代晚期至商代
9228	ZDZJLY-76	濠迳村后山	ZDZJLY-76:20②Y I	23.40	113.61	58	陶			泥质细硬陶	灰		交错绳纹						新石器时代晚期至商代
9229	ZDZJLY-76	濠迳村后山	ZDZJLY-76:21Y I	23.40	113.61	57	陶			泥质粗硬陶	红褐		长方格纹						新石器时代晚期至商代
9230	ZDZJLY-76	濠迳村后山	ZDZJLY-76:22Y I	23.40	113.61	57	陶			泥质细硬陶	黄褐		方格纹						西周至春秋
9231	ZDZJLY-76	濠迳村后山	ZDZJLY-76:2ZII	23.40	113.61	56	陶			泥质粗硬陶	灰		夔纹、弦纹						西周至春秋
9232	ZDZJLY-76	濠迳村后山	ZDZJLY-76:3ZII	23.40	113.61	52	陶	四耳罐	口沿	泥质细硬陶	灰黄	酱釉	素面						明清
9233	ZDZJLY-76	濠迳村后山	ZDZJLY-76:4ZII	23.40	113.61	59	陶	罐	圈足	泥质粗硬陶	灰白		长方格纹						新石器时代晚期至商代
9234	ZDZJLY-76	濠迳村后山	ZDZJLY-76:5①ZII	23.40	113.61	61	陶			泥质细硬陶	灰黄		细方格纹						西周至春秋
9235	ZDZJLY-76	濠迳村后山	ZDZJLY-76:5②ZII	23.40	113.61	61	陶			泥质细硬陶	灰黄		细方格纹						西周至春秋
9236	ZDZJLY-76	濠迳村后山	ZDZJLY-76:5③ZII	23.40	113.61	61	陶			泥质细硬陶	灰		方格纹						西周至春秋
9237	ZDZJLY-76	濠迳村后山	ZDZJLY-76:6ZII	23.40	113.61	59	陶			泥质粗硬陶	红褐		叶脉纹						新石器时代晚期至商代
9238	ZDZJLY-76	濠迳村后山	ZDZJLY-76:7ZII	23.40	113.61	64	陶			夹粗砂软陶	黄褐		素面						西周至春秋
9239	ZDZJLY-76	濠迳村后山	ZDZJLY-76:8①ZII	23.40	113.61	58	陶	罐	口沿	泥质细硬陶	黄褐		方格纹						新石器时代晚期至商代
9240	ZDZJLY-76	濠迳村后山	ZDZJLY-76:8②ZII	23.40	113.61	58	陶	罐	口沿	泥质细硬陶	黄褐		方格纹、弦纹						西周至春秋
9241	ZDZJLY-76	濠迳村后山	ZDZJLY-76:8③ZII	23.40	113.61	58	陶			泥质细硬陶	黄褐		方格纹、弦纹						西周至春秋
9242	ZDZJLY-76	濠迳村后山	ZDZJLY-76:9ZII	23.40	113.61	58	陶			泥质细硬陶	红褐		方格纹、夔纹、弦纹						西周至春秋

序号	遗址编号	遗址名称	遗物编号	纬度(度)	经度(度)	海拔(米)	质地	器形	部位	陶质	颜色	釉色	纹饰	刻划符号	石器岩性	石器完整程度	石器硬度	石器风化程度	年代
9243	ZDZJLY-76	瀠泾村后山	ZDZJLY-76:10ZⅡ	23.40	113.61	64	陶			泥质细硬陶	灰		方格纹、弦纹						西周至春秋
9244	ZDZJLY-76	瀠泾村后山	ZDZJLY-76:11ZⅡ	23.40	113.61	62	陶			泥质细硬陶	红褐		方格纹						西周至春秋
9245	ZDZJLY-76	瀠泾村后山	ZDZJLY-76:12ZⅡ	23.40	113.61	62	陶			泥质细硬陶	红		云雷纹						西周至春秋
9246	ZDZJLY-76	瀠泾村后山	ZDZJLY-76:13ZⅡ	23.40	113.61	59	陶			泥质粗硬陶	红褐		条纹						新石器时代晚期至商代
9247	ZDZJLY-76	瀠泾村后山	ZDZJLY-76:14ZⅡ	23.40	113.61	58	陶			泥质细硬陶	灰		长方格纹、附加堆纹						新石器时代晚期至商代
9248	ZDZJLY-76	瀠泾村后山	ZDZJLY-76:15ZⅡ	23.40	113.61	56	陶			夹细砂陶	灰白		篮纹						新石器时代晚期至商代
9249	ZDZJLY-76	瀠泾村后山	ZDZJLY-76:16ZⅡ	23.40	113.61	55	陶			泥质粗硬陶	灰黄		叶脉纹						新石器时代晚期至商代
9250	ZDZJLY-77	竹园山	ZDZJLY-77:1F	23.40	113.61	55	陶			泥质细硬陶	灰	酱釉	米字纹						战国至南越国
9251	ZDZJLY-77	竹园山	ZDZJLY-77:2F	23.40	113.61	47	陶			泥质细硬陶	灰		方格纹						战国至南越国
9252	ZDZJLY-77	竹园山	ZDZJLY-77:3F	23.40	113.61	46	陶	鼎	足	泥质粗硬陶	灰褐		素面						战国至南越国
9253	ZDZJLY-77	竹园山	ZDZJLY-77:4F	23.40	113.61	47	陶			泥质粗硬陶	灰黄	酱釉	方格纹						战国至南越国
9254	ZDZJLY-77	竹园山	ZDZJLY-77:5①F	23.40	113.61	56	陶			泥质细硬陶	灰褐		方格纹						战国至南越国
9255	ZDZJLY-77	竹园山	ZDZJLY-77:5②F	23.40	113.61	56	陶			泥质粗硬陶	灰黄		素面						战国至南越国
9256	ZDZJLY-77	竹园山	ZDZJLY-77:6F	23.40	113.61	53	陶	盂	口沿	泥质粗硬陶	灰黄	黑釉	方格纹						战国至南越国
9257	ZDZJLY-77	竹园山	ZDZJLY-77:1J	23.40	113.61	48	陶	罐	底	泥质细硬陶	黄褐		弦纹						战国至南越国
9258	ZDZJLY-77	竹园山	ZDZJLY-77:1L	23.40	113.61	50	陶			泥质粗硬陶	灰		方格纹						战国至南越国
9259	ZDZJLY-77	竹园山	ZDZJLY-77:2L	23.40	113.61	52	陶			泥质细硬陶	灰		叶脉纹						战国至南越国
9260	ZDZJLY-77	竹园山	ZDZJLY-77:3L	23.40	113.61	54	陶			泥质细硬陶	灰		方格纹						战国至南越国
9261	ZDZJLY-77	竹园山	ZDZJLY-77:4L	23.40	113.61	53	陶			泥质粗硬陶	灰黄		方格纹						战国至南越国
9262	ZDZJLY-77	竹园山	ZDZJLY-77:5L	23.40	113.61	51	陶			泥质细硬陶	灰黄		方格纹						战国至南越国
9263	ZDZJLY-77	竹园山	ZDZJLY-77:6①L	23.40	113.61	49	陶			泥质细硬陶	灰		方格纹						战国至南越国
9264	ZDZJLY-77	竹园山	ZDZJLY-77:6②L	23.40	113.61	49	陶			泥质细硬陶	灰褐		方格纹						战国至南越国
9265	ZDZJLY-77	竹园山	ZDZJLY-77:6③L	23.40	113.61	49	陶			泥质粗硬陶	深灰		方格纹						战国至南越国
9266	ZDZJLY-77	竹园山	ZDZJLY-77:6④L	23.40	113.61	49	陶			泥质细硬陶	灰黄		方格纹						战国至南越国
9267	ZDZJLY-77	竹园山	ZDZJLY-77:6⑤L	23.40	113.61	49	陶			泥质细硬陶	灰		方格纹						战国至南越国
9268	ZDZJLY-77	竹园山	ZDZJLY-77:6⑥L	23.40	113.61	49	陶			泥质细硬陶	灰黄		方格纹						战国至南越国
9269	ZDZJLY-77	竹园山	ZDZJLY-77:6⑦L	23.40	113.61	49	陶			泥质细硬陶	灰		方格纹						战国至南越国
9270	ZDZJLY-77	竹园山	ZDZJLY-77:6⑧L	23.40	113.61	49	陶			泥质细硬陶	灰		方格纹						战国至南越国
9271	ZDZJLY-77	竹园山	ZDZJLY-77:6⑨L	23.40	113.61	49	陶			泥质细硬陶	青灰		方格纹、叶脉纹						战国至南越国
9272	ZDZJLY-77	竹园山	ZDZJLY-77:6⑩L	23.40	113.61	49	陶			泥质细硬陶	灰		方格纹						战国至南越国
9273	ZDZJLY-77	竹园山	ZDZJLY-77:6⑪L	23.40	113.61	49	陶			泥质细硬陶	青灰		叶脉纹						战国至南越国

序号	遗址编号	遗址名称	遗物编号	纬度(度)	经度(度)	海拔(米)	质地	器形	部位	陶质	颜色	釉色	纹饰	刻划符号	石器岩性	石器完整程度	石器硬度	石器风化程度	年代
9274	ZDZJLY-77	竹园山	ZDZJLY-77:6⑫L	23.40	113.61	49	陶			泥质细硬陶	青灰		叶脉纹						战国至南越国
9275	ZDZJLY-77	竹园山	ZDZJLY-77:6③L	23.40	113.61	49	陶			泥质细硬陶	灰		素面						战国至南越国
9276	ZDZJLY-77	竹园山	ZDZJLY-77:6④L	23.40	113.61	49	陶			泥质细硬陶	灰		方格纹						战国至南越国
9277	ZDZJLY-77	竹园山	ZDZJLY-77:6⑤L	23.40	113.61	49	陶			泥质细硬陶	灰		方格纹						战国至南越国
9278	ZDZJLY-77	竹园山	ZDZJLY-77:6⑥L	23.40	113.61	49	陶			泥质细硬陶	灰褐		叶脉纹						战国至南越国
9279	ZDZJLY-77	竹园山	ZDZJLY-77:6⑦L	23.40	113.61	49	陶			泥质细硬陶	红褐		方格纹						战国至南越国
9280	ZDZJLY-77	竹园山	ZDZJLY-77:6⑧L	23.40	113.61	49	陶			泥质细硬陶	灰		方格纹						战国至南越国
9281	ZDZJLY-77	竹园山	ZDZJLY-77:6⑨L	23.40	113.61	49	陶			泥质细硬陶	灰		方格纹						战国至南越国
9282	ZDZJLY-77	竹园山	ZDZJLY-77:6⑩L	23.40	113.61	49	陶			泥质细硬陶	灰黄		方格纹						战国至南越国
9283	ZDZJLY-77	竹园山	ZDZJLY-77:1Y I	23.40	113.61	53	陶			泥质细硬陶	灰黄		方格纹						战国至南越国
9284	ZDZJLY-77	竹园山	ZDZJLY-77:2Y I	23.40	113.61	43	陶			泥质细硬陶	灰黄		附加堆纹						战国至南越国
9285	ZDZJLY-77	竹园山	ZDZJLY-77:1Z II	23.40	113.61	54	陶			泥质细硬陶	灰黄		附加堆纹						战国至南越国
9286	ZDZJLY-77	竹园山	ZDZJLY-77:2Z II	23.40	113.61	54	陶			泥质细硬陶	灰		方格纹						战国至南越国
9287	ZDZJLY-78	濠迳村山塘	ZDZJLY-78:1F	23.39	113.60	58	陶			泥质细硬陶	红褐		素面						明清
9288	ZDZJLY-78	濠迳村山塘	ZDZJLY-78:2F	23.39	113.60	42	陶			泥质细硬陶	深灰		米字纹						战国至南越国
9289	ZDZJLY-78	濠迳村山塘	ZDZJLY-78:3F	23.39	113.60	43	陶			泥质粗硬陶	黑褐		方格纹						战国至南越国
9290	ZDZJLY-78	濠迳村山塘	ZDZJLY-78:4F	23.39	113.60	40	陶			泥质粗硬陶	红褐		素面						战国至南越国
9291	ZDZJLY-78	濠迳村山塘	ZDZJLY-78:5F	23.39	113.60	39	陶			泥质细硬陶	红褐		方格纹						战国至南越国
9292	ZDZJLY-78	濠迳村山塘	ZDZJLY-78:6F	23.39	113.60	42	陶			泥质细硬陶	灰		方格纹						战国至南越国
9293	ZDZJLY-78	濠迳村山塘	ZDZJLY-78:7F	23.39	113.60	42	陶			泥质粗硬陶	黄褐		素面						战国至南越国
9294	ZDZJLY-78	濠迳村山塘	ZDZJLY-78:8F	23.39	113.60	45	陶			泥质粗硬陶	深灰		米字纹						战国至南越国
9295	ZDZJLY-78	濠迳村山塘	ZDZJLY-78:9F	23.39	113.60	41	陶			泥质粗硬陶	灰褐		三角格纹						战国至南越国
9296	ZDZJLY-78	濠迳村山塘	ZDZJLY-78:10F	23.39	113.60	40	陶			泥质粗硬陶	灰		米字纹						战国至南越国
9297	ZDZJLY-78	濠迳村山塘	ZDZJLY-78:11F	23.39	113.60	42	陶			泥质粗硬陶	灰褐		米字纹						战国至南越国
9298	ZDZJLY-78	濠迳村山塘	ZDZJLY-78:12F	23.39	113.60	41	陶			泥质细硬陶	灰	酱釉	方格对角线纹						战国至南越国
9299	ZDZJLY-78	濠迳村山塘	ZDZJLY-78:13F	23.39	113.60	42	陶			泥质粗硬陶	灰白		方格纹						战国至南越国
9300	ZDZJLY-78	濠迳村山塘	ZDZJLY-78:14①F	23.39	113.60	41	陶			泥质粗硬陶	灰褐		米字纹						战国至南越国
9301	ZDZJLY-78	濠迳村山塘	ZDZJLY-78:14②F	23.39	113.60	41	陶			泥质粗硬陶	灰褐		方格纹						战国至南越国
9302	ZDZJLY-78	濠迳村山塘	ZDZJLY-78:15F	23.39	113.60	39	陶			泥质粗硬陶	灰黄		方格对角线纹						战国至南越国
9303	ZDZJLY-78	濠迳村山塘	ZDZJLY-78:16F	23.39	113.60	36	陶			泥质细硬陶	灰	酱釉	米字纹						战国至南越国
9304	ZDZJLY-78	濠迳村山塘	ZDZJLY-78:1J	23.39	113.61	36	陶			泥质粗硬陶	深灰	酱釉	方格对角线纹						战国至南越国

序号	遗址编号	遗址名称	遗物编号	纬度(度)	经度(度)	海拔(米)	质地	器形	部位	陶质	颜色	釉色	纹饰	刻划符号	石器岩性	石器完整程度	石器硬度	石器风化程度	年代
9305	ZDZJLY-78	濠迳村山塘	ZDZJLY-78:2J	23.39	113.61	39	陶			泥质粗硬陶	深灰	酱釉	方格纹						战国至南越国
9306	ZDZJLY-78	濠迳村山塘	ZDZJLY-78:3J	23.39	113.61	42	陶			泥质细硬陶	深灰		米字纹						战国至南越国
9307	ZDZJLY-78	濠迳村山塘	ZDZJLY-78:4J	23.39	113.60	41	陶			泥质粗硬陶	灰黄		方格纹						战国至南越国
9308	ZDZJLY-78	濠迳村山塘	ZDZJLY-78:17L	23.39	113.60	48	陶			泥质细硬陶	深灰		米字纹						战国至南越国
9309	ZDZJLY-78	濠迳村山塘	ZDZJLY-78:18L	23.39	113.60	47	陶			泥质细硬陶	灰黄		刻槽纹						明清
9310	ZDZJLY-78	濠迳村山塘	ZDZJLY-78:19L	23.39	113.60	43	陶			泥质细硬陶	深灰		米字纹						战国至南越国
9311	ZDZJLY-78	濠迳村山塘	ZDZJLY-78:20L	23.39	113.60	47	陶			泥质细硬陶	灰褐		方格纹						战国至南越国
9312	ZDZJLY-78	濠迳村山塘	ZDZJLY-78:21L	23.39	113.60	44	陶			泥质细硬陶	深灰		米字纹						战国至南越国
9313	ZDZJLY-78	濠迳村山塘	ZDZJLY-78:22L	23.39	113.60	41	陶			泥质细硬陶	灰褐		方格纹						战国至南越国
9314	ZDZJLY-78	濠迳村山塘	ZDZJLY-78:23L	23.39	113.60	43	陶			泥质细硬陶	红褐		方格对角线纹						战国至南越国
9315	ZDZJLY-78	濠迳村山塘	ZDZJLY-78:24L	23.39	113.60	39	陶			泥质细硬陶	灰褐		方格纹						战国至南越国
9316	ZDZJLY-78	濠迳村山塘	ZDZJLY-78:1YⅠ	23.39	113.60	47	陶			泥质细硬陶	灰	酱釉	米字纹						战国至南越国
9317	ZDZJLY-78	濠迳村山塘	ZDZJLY-78:2YⅠ	23.39	113.60	43	陶			泥质粗硬陶	灰褐	酱釉	方格纹						战国至南越国
9318	ZDZJLY-78	濠迳村山塘	ZDZJLY-78:3YⅠ	23.39	113.60	40	陶			泥质细硬陶	深灰	酱釉	米字纹						战国至南越国
9319	ZDZJLY-78	濠迳村山塘	ZDZJLY-78:4YⅠ	23.39	113.60	44	陶			泥质细硬陶	深灰	酱釉	方格纹						战国至南越国
9320	ZDZJLY-78	濠迳村山塘	ZDZJLY-78:5YⅠ	23.39	113.60	44	陶			泥质细硬陶	灰	酱釉	米字纹						战国至南越国
9321	ZDZJLY-78	濠迳村山塘	ZDZJLY-78:6YⅠ	23.39	113.60	43	陶			泥质细硬陶	灰黑		条纹						唐宋
9322	ZDZJLY-78	濠迳村山塘	ZDZJLY-78:7YⅠ	23.39	113.60	44	陶			泥质细硬陶	深灰	酱釉	方格对角线纹						战国至南越国
9323	ZDZJLY-78	濠迳村山塘	ZDZJLY-78:8YⅠ	23.39	113.60	46	陶			泥质细硬陶	深灰		方格纹						战国至南越国
9324	ZDZJLY-78	濠迳村山塘	ZDZJLY-78:9YⅠ	23.39	113.60	44	陶	罐	口沿	泥质细硬陶	灰褐	酱釉	方格纹						战国至南越国
9325	ZDZJLY-78	濠迳村山塘	ZDZJLY-78:10YⅠ	23.39	113.60	43	陶			泥质细硬陶	灰		方格纹						战国至南越国
9326	ZDZJLY-78	濠迳村山塘	ZDZJLY-78:11YⅠ	23.39	113.60	42	陶	罐	底	泥质细硬陶	灰黑		素面						唐宋
9327	ZDZJLY-78	濠迳村山塘	ZDZJLY-78:12YⅠ	23.39	113.60	44	陶			泥质粗硬陶	灰黑		米字纹						战国至南越国
9328	ZDZJLY-78	濠迳村山塘	ZDZJLY-78:13YⅠ	23.39	113.60	44	陶		口沿	泥质细硬陶	灰		方格纹						战国至南越国
9329	ZDZJLY-78	濠迳村山塘	ZDZJLY-78:14YⅠ	23.39	113.60	46	陶	罐	口沿	泥质粗硬陶	深灰		方格纹						战国至南越国
9330	ZDZJLY-78	濠迳村山塘	ZDZJLY-78:15YⅠ	23.39	113.60	47	陶			夹细砂硬陶	灰褐		方格纹						战国至南越国
9331	ZDZJLY-78	濠迳村山塘	ZDZJLY-78:16YⅠ	23.39	113.60	40	陶			夹细砂硬陶	深灰		方格纹						战国至南越国
9332	ZDZJLY-78	濠迳村山塘	ZDZJLY-78:17YⅠ	23.39	113.61	42	陶			泥质细硬陶	深灰		方格对角线纹						战国至南越国
9333	ZDZJLY-78	濠迳村山塘	ZDZJLY-78:18YⅠ	23.39	113.60	43	陶			泥质粗硬陶	灰褐	酱釉	方格纹						战国至南越国
9334	ZDZJLY-78	濠迳村山塘	ZDZJLY-78:19YⅠ	23.39	113.60	41	陶			泥质粗硬陶	灰褐	酱釉	方格纹						战国至南越国
9335	ZDZJLY-78	濠迳村山塘	ZDZJLY-78:20YⅠ	23.39	113.60	48	陶			泥质粗硬陶	红褐		素面						明清

序号	遗址编号	遗址名称	遗物编号	纬度（度）	经度（度）	海拔（米）	质地	器形	部位	陶质	颜色	釉色	纹饰	刻划符号	石器岩性	石器完整程度	石器硬度	石器风化程度	年代
9336	ZDZJLY-78	濠迳村山塘	ZDZJLY-78:21Y I	23.39	113.60	42	陶			泥质粗硬陶	红褐		素面						明清
9337	ZDZJLY-78	濠迳村山塘	ZDZJLY-78:22Y I	23.39	113.60	43	陶			泥质粗硬陶	深灰		三角格纹						战国至南越国
9338	ZDZJLY-78	濠迳村山塘	ZDZJLY-78:23Y I	23.39	113.60	40	陶			泥质粗硬陶	红褐		方格纹						战国至南越国
9339	ZDZJLY-78	濠迳村山塘	ZDZJLY-78:24Y I	23.39	113.60	35	陶			泥质粗硬陶	深灰	酱釉	方格对角线纹						战国至南越国
9340	ZDZJLY-78	濠迳村山塘	ZDZJLY-78:25Y I	23.39	113.60	41	陶			泥质细硬陶	灰		水波纹、弦纹						战国至南越国
9341	ZDZJLY-78	濠迳村山塘	ZDZJLY-78:1Z II	23.39	113.60	56	陶			泥质细硬陶	深灰		方格纹						战国至南越国
9342	ZDZJLY-78	濠迳村山塘	ZDZJLY-78:17Z II	23.39	113.61	45	陶			泥质粗硬陶	深灰		米字纹						战国至南越国
9343	ZDZJLY-78	濠迳村山塘	ZDZJLY-78:18Z II	23.39	113.60	50	陶			泥质粗硬陶	红褐		方格纹						战国至南越国
9344	ZDZJLY-78	濠迳村山塘	ZDZJLY-78:19Z II	23.39	113.60	46	陶			泥质细硬陶	灰褐		米字纹						战国至南越国
9345	ZDZJLY-78	濠迳村山塘	ZDZJLY-78:20Z II	23.39	113.60	47	陶			泥质粗硬陶	红褐		方格纹						战国至南越国
9346	ZDZJLY-78	濠迳村山塘	ZDZJLY-78:21Z II	23.39	113.60	41	陶			泥质细硬陶	深灰		米字纹						战国至南越国
9347	ZDZJLY-78	濠迳村山塘	ZDZJLY-78:22Z II	23.39	113.60	39	陶			泥质粗硬陶	红褐		方格纹						战国至南越国
9348	ZDZJLY-78	濠迳村山塘	ZDZJLY-78:23Z II	23.39	113.60	42	陶			泥质粗硬陶	灰褐		方格纹						战国至南越国
9349	ZDZJLY-83	叶屋后山	ZDZJLY-83:1Z II	23.40	113.60	66	铜	"宽永通宝"铜钱											明清
9350	ZDZJLY-86	濠迳村围岭	ZDZJLY-86:1Y I	23.39	113.61	80	陶			泥质细硬陶	灰褐		绳纹						新石器时代晚期至商代
9351	ZDZJLY-86	濠迳村围岭	ZDZJLY-86:2Y I	23.39	113.61	69	陶			泥质细软陶	红		素面						新石器时代晚期至商代
9352	ZDZJLY-86	濠迳村围岭	ZDZJLY-86:1Z II	23.39	113.61	66	陶			夹细砂硬陶	青灰		交错条纹						新石器时代晚期至商代
9353	ZDZJLY-89	水贝	ZDZJLY-89:1F	23.38	113.62	23	陶			泥质细硬陶	黄褐		夔纹、方格纹						西周至春秋
9354	ZDZJLY-89	水贝	ZDZJLY-89:2F	23.38	113.62	21	陶			泥质细硬陶	红褐		夔纹						西周至春秋
9355	ZDZJLY-89	水贝	ZDZJLY-89:3F	23.38	113.62	30	陶			泥质粗硬陶	红褐		方格纹						西周至春秋
9356	ZDZJLY-89	水贝	ZDZJLY-89:1J	23.38	113.62	11	陶			泥质细硬陶	红褐		方格纹、弦纹						西周至春秋
9357	ZDZJLY-89	水贝	ZDZJLY-89:2J	23.38	113.62	16	陶			泥质细硬陶	红褐		方格纹、弦纹						西周至春秋
9358	ZDZJLY-89	水贝	ZDZJLY-89:3J	23.38	113.62	18	陶			泥质细硬陶	灰褐		夔纹						西周至春秋
9359	ZDZJLY-89	水贝	ZDZJLY-89:1L	23.38	113.62	30	陶			泥质细硬陶	红褐		方格纹						西周至春秋
9360	ZDZJLY-89	水贝	ZDZJLY-89:2L	23.38	113.62	26	陶			泥质细硬陶	深灰		夔纹						西周至春秋
9361	ZDZJLY-89	水贝	ZDZJLY-89:3L	23.38	113.62	26	陶			泥质细硬陶	深灰		素面	有					西周至春秋
9362	ZDZJLY-89	水贝	ZDZJLY-89:4L	23.38	113.62	29	陶			泥质细硬陶	灰黄		夔纹、方格纹						西周至春秋
9363	ZDZJLY-89	水贝	ZDZJLY-89:5L	23.38	113.62	28	陶			泥质细硬陶	黄褐	酱釉	方格纹						西周至春秋
9364	ZDZJLY-89	水贝	ZDZJLY-89:6L	23.38	113.62	23	陶			泥质细硬陶	灰		重菱凸点纹、弦纹						西周至春秋
9365	ZDZJLY-89	水贝	ZDZJLY-89:1Y I	23.38	113.62	18	陶			泥质细硬陶	灰褐		夔纹						西周至春秋

序号	遗址编号	遗址名称	遗物编号	纬度（度）	经度（度）	海拔（米）	质地	器形	部位	陶质	颜色	釉色	纹饰	刻划符号	石器岩性	石器完整程度	石器硬度	石器风化程度	年代
9366	ZDZJLY-89	水贝	ZDZJLY-89:2YⅠ	23.38	113.62	19	陶			泥质细硬陶	灰褐		方格纹						西周至春秋
9367	ZDZJLY-89	水贝	ZDZJLY-89:3YⅠ	23.38	113.62	21	陶			泥质细硬陶	灰褐		夔纹、方格纹						西周至春秋
9368	ZDZJLY-89	水贝	ZDZJLY-89:4YⅠ	23.38	113.62	20	陶			泥质细硬陶	灰褐		方格纹						西周至春秋
9369	ZDZJLY-89	水贝	ZDZJLY-89:5YⅠ	23.38	113.62	18	陶			泥质细硬陶	灰褐		方格纹						西周至春秋
9370	ZDZJLY-89	水贝	ZDZJLY-89:6YⅠ	23.38	113.62	27	陶			泥质细硬陶	灰褐		夔纹						西周至春秋
9371	ZDZJLY-89	水贝	ZDZJLY-89:7YⅠ	23.38	113.62	24	陶			泥质细硬陶	灰褐		方格纹						西周至春秋
9372	ZDZJLY-89	水贝	ZDZJLY-89:8YⅠ	23.38	113.62	28	陶			泥质粗硬陶	灰褐		方格纹						西周至春秋
9373	ZDZJLY-89	水贝	ZDZJLY-89:1①ZⅡ	23.38	113.62	25	陶			泥质细硬陶	黄褐		方格纹						西周至春秋
9374	ZDZJLY-89	水贝	ZDZJLY-89:1②ZⅡ	23.38	113.62	25	陶			泥质细硬陶	黄褐		方格纹						西周至春秋
9375	ZDZJLY-89	水贝	ZDZJLY-89:2ZⅡ	23.38	113.62	33	瓷	碗		胎灰白		青釉	冰裂纹						唐宋
9376	ZDZJLY-89	水贝	ZDZJLY-89:3ZⅡ	23.38	113.62	33	陶			泥质细硬陶	灰黄		方格纹						西周至春秋
9377	ZDZJLY-90	五担田	ZDZJLY-90:1F	23.39	113.59	53	陶			泥质细硬陶	灰		条纹						战国至南越国
9378	ZDZJLY-90	五担田	ZDZJLY-90:2F	23.39	113.59	52	陶			泥质细硬陶	灰		条纹						战国至南越国
9379	ZDZJLY-90	五担田	ZDZJLY-90:1YⅠ	23.39	113.59	35	陶			泥质细硬陶	灰黑		重圈纹						唐宋
9380	ZDZJLY-90	五担田	ZDZJLY-90:2YⅠ	23.39	113.59	38	陶			泥质细硬陶	灰黑		重圈纹						战国至南越国
9381	ZDZJLY-90	五担田	ZDZJLY-90:3YⅠ	23.39	113.59	45	陶			泥质细硬陶	深灰		重圈纹						战国至南越国
9382	ZDZJLY-90	五担田	ZDZJLY-90:4YⅠ	23.39	113.59	45	陶			泥质细硬陶	黑褐		米字纹						战国至南越国
9383	ZDZJLY-90	五担田	ZDZJLY-90:5YⅠ	23.39	113.59	46	陶			泥质细硬陶	灰褐		重圈纹						战国至南越国
9384	ZDZJLY-90	五担田	ZDZJLY-90:6YⅠ	23.39	113.59	48	陶			泥质细硬陶	灰褐		条纹						战国至南越国
9385	ZDZJLY-90	五担田	ZDZJLY-90:7YⅠ	23.39	113.59	47	陶			泥质细硬陶	灰褐		条纹						战国至南越国
9386	ZDZJLY-90	五担田	ZDZJLY-90:8YⅠ	23.39	113.59	47	陶			泥质细硬陶	灰褐		条纹						战国至南越国
9387	ZDZJLY-90	五担田	ZDZJLY-90:9YⅠ	23.39	113.59	47	陶			泥质细硬陶	灰褐		重圈纹						战国至南越国
9388	ZDZJLY-90	五担田	ZDZJLY-90:10YⅠ	23.39	113.59	46	陶			泥质细硬陶	灰褐		条纹						战国至南越国
9389	ZDZJLY-90	五担田	ZDZJLY-90:11YⅠ	23.39	113.59	47	陶			泥质细硬陶	灰褐		条纹						战国至南越国
9390	ZDZJLY-90	五担田	ZDZJLY-90:12YⅠ	23.39	113.59	51	陶			泥质细硬陶	红褐		条纹						战国至南越国
9391	ZDZJLY-90	五担田	ZDZJLY-90:13YⅠ	23.39	113.59	41	陶			泥质细硬陶	红褐		重圈纹						战国至南越国
9392	ZDZJLY-90	五担田	ZDZJLY-90:14YⅠ	23.39	113.59	41	陶	罐	口沿	泥质细硬陶	灰褐		重圈纹						战国至南越国
9393	ZDZJLY-93	林柏舫后山	ZDZJLY-93:1F	23.38	113.62	40	陶			泥质细硬陶	灰黄		方格纹						西周至春秋
9394	ZDZJLY-93	林柏舫后山	ZDZJLY-93:2F	23.38	113.62	42	陶			泥质细硬陶	灰黄		方格纹						西周至春秋
9395	ZDZJLY-93	林柏舫后山	ZDZJLY-93:3F	23.38	113.62	45	陶			泥质细硬陶	红褐		方格纹						西周至春秋
9396	ZDZJLY-93	林柏舫后山	ZDZJLY-93:4F	23.38	113.62	49	陶			泥质细硬陶	灰黄		方格纹						西周至春秋

序号	遗址编号	遗址名称	遗物编号	纬度(度)	经度(度)	海拔(米)	质地	器形	部位	陶质	颜色	釉色	纹饰	刻划符号	石器岩性	石器完整程度	石器硬度	石器风化程度	年代
9397	ZDZJLY-93	林柏舫后山	ZDZJLY-93:5F	23.38	113.62	42	陶			泥质细硬陶	灰		篦点纹、弦纹						西周至春秋
9398	ZDZJLY-93	林柏舫后山	ZDZJLY-93:6F	23.38	113.62	46	陶			泥质细硬陶	灰		方格纹						西周至春秋
9399	ZDZJLY-93	林柏舫后山	ZDZJLY-93:7F	23.38	113.62	37	陶			泥质粗硬陶	灰黄		素面						明清
9400	ZDZJLY-93	林柏舫后山	ZDZJLY-93:8F	23.38	113.62	40	陶			泥质细硬陶	红褐		方格纹						西周至春秋
9401	ZDZJLY-93	林柏舫后山	ZDZJLY-93:9F	23.38	113.62	36	陶			泥质细硬陶	灰		方格纹						西周至春秋
9402	ZDZJLY-93	林柏舫后山	ZDZJLY-93:10①F	23.38	113.62	35	陶			泥质细硬陶	灰褐		方格纹、夔纹						西周至春秋
9403	ZDZJLY-93	林柏舫后山	ZDZJLY-93:10②F	23.38	113.62	35	陶			泥质细硬陶	灰褐								西周至春秋
9404	ZDZJLY-93	林柏舫后山	ZDZJLY-93:11F	23.38	113.62	31	陶			泥质细硬陶	灰黄		方格纹						西周至春秋
9405	ZDZJLY-93	林柏舫后山	ZDZJLY-93:12F	23.38	113.62	34	陶			泥质细硬陶	灰黄		素面						西周至春秋
9406	ZDZJLY-93	林柏舫后山	ZDZJLY-93:13F	23.38	113.62	33	陶			泥质细硬陶	灰		篦点纹、弦纹						西周至春秋
9407	ZDZJLY-93	林柏舫后山	ZDZJLY-93:14F	23.38	113.62	33	原始瓷				灰黄	青釉	藏印圆圈纹、篦点纹、弦纹						西周至春秋
9408	ZDZJLY-93	林柏舫后山	ZDZJLY-93:15F	23.38	113.62	32	陶	罐		泥质细软陶	红		素面						西周至春秋
9409	ZDZJLY-93	林柏舫后山	ZDZJLY-93:16F	23.38	113.62	34	陶		口沿	泥质细硬陶	灰褐		素面						西周至春秋
9410	ZDZJLY-93	林柏舫后山	ZDZJLY-93:17F	23.38	113.62	36	陶			泥质细硬陶	灰	酱釉	方格纹						西周至春秋
9411	ZDZJLY-93	林柏舫后山	ZDZJLY-93:1J	23.38	113.62	50	陶			泥质细硬陶	红褐		方格纹						西周至春秋
9412	ZDZJLY-93	林柏舫后山	ZDZJLY-93:2J	23.38	113.62	49	陶			泥质细硬陶	灰褐		方格纹						西周至春秋
9413	ZDZJLY-93	林柏舫后山	ZDZJLY-93:3J	23.38	113.62	46	陶			泥质细硬陶	灰褐		夔纹						西周至春秋
9414	ZDZJLY-93	林柏舫后山	ZDZJLY-93:4J	23.38	113.62	46	陶			泥质细硬陶	灰黄		夔纹、弦纹						西周至春秋
9415	ZDZJLY-93	林柏舫后山	ZDZJLY-93:5J	23.38	113.62	51	陶			泥质细硬陶	深灰		篦划纹、弦纹						西周至春秋
9416	ZDZJLY-93	林柏舫后山	ZDZJLY-93:6J	23.38	113.62	48	陶	罐	口沿	泥质细硬陶	灰		素面						西周至春秋
9417	ZDZJLY-93	林柏舫后山	ZDZJLY-93:7J	23.38	113.62	49	陶			泥质细硬陶	红褐		重菱格凸点纹						西周至春秋
9418	ZDZJLY-93	林柏舫后山	ZDZJLY-93:8J	23.38	113.62	56	陶			泥质细硬陶	灰		方格纹						西周至春秋
9419	ZDZJLY-93	林柏舫后山	ZDZJLY-93:9J	23.38	113.62	51	陶			泥质细硬陶	灰褐	酱釉	网格纹						西周至春秋
9420	ZDZJLY-93	林柏舫后山	ZDZJLY-93:10J	23.38	113.62	58	陶			泥质细硬陶	灰	酱釉	网格纹						西周至春秋
9421	ZDZJLY-93	林柏舫后山	ZDZJLY-93:11J	23.38	113.62	58	陶			泥质粗硬陶	灰		曲折纹						西周至春秋
9422	ZDZJLY-93	林柏舫后山	ZDZJLY-93:12J	23.38	113.62	52	陶			泥质细硬陶	红褐		素面						西周至春秋
9423	ZDZJLY-93	林柏舫后山	ZDZJLY-93:1L	23.38	113.62	32	陶			泥质细硬陶	灰	酱釉	夔纹、重菱格凸块纹						西周至春秋
9424	ZDZJLY-93	林柏舫后山	ZDZJLY-93:2L	23.38	113.62	38	陶			泥质粗硬陶	红		方格纹						西周至春秋
9425	ZDZJLY-93	林柏舫后山	ZDZJLY-93:3L	23.38	113.62	39	陶			泥质细硬陶	灰		方格纹						西周至春秋
9426	ZDZJLY-93	林柏舫后山	ZDZJLY-93:4L	23.38	113.62	40	陶			泥质细硬陶	深灰		夔纹、弦纹						西周至春秋

序号	遗址编号	遗址名称	遗物编号	纬度(度)	经度(度)	海拔(米)	质地	器形	部位	陶质	颜色	釉色	纹饰	刻划符号	石器岩性	石器完整程度	石器硬度	石器风化程度	年代
9427	ZDZJLY-93	林柏舫后山	ZDZJLY-93:1YI	23.38	113.62	41	陶			泥质细硬陶	深灰		方格纹、弦纹						西周至春秋
9428	ZDZJLY-93	林柏舫后山	ZDZJLY-93:2YI	23.38	113.62	45	陶			泥质细硬陶	灰褐		方格纹						西周至春秋
9429	ZDZJLY-93	林柏舫后山	ZDZJLY-93:3YI	23.38	113.62	45	陶			泥质细硬陶	灰		夔纹						西周至春秋
9430	ZDZJLY-93	林柏舫后山	ZDZJLY-93:4YI	23.38	113.62	52	陶			泥质细硬陶	深灰		夔纹						西周至春秋
9431	ZDZJLY-93	林柏舫后山	ZDZJLY-93:5YI	23.38	113.62	51	陶			泥质细硬陶	灰黄		方格纹						西周至春秋
9432	ZDZJLY-93	林柏舫后山	ZDZJLY-93:6YI	23.38	113.62	58	陶			泥质细硬陶	黄褐		夔纹						西周至春秋
9433	ZDZJLY-93	林柏舫后山	ZDZJLY-93:7YI	23.38	113.62	54	陶			泥质细硬陶	黄褐		方格纹						西周至春秋
9434	ZDZJLY-93	林柏舫后山	ZDZJLY-93:8YI	23.38	113.62	62	陶			泥质细硬陶	黄褐		方格纹						西周至春秋
9435	ZDZJLY-93	林柏舫后山	ZDZJLY-93:9YI	23.38	113.62	63	陶			泥质细硬陶	灰褐		方格纹						西周至春秋
9436	ZDZJLY-93	林柏舫后山	ZDZJLY-93:10YI	23.38	113.62	61	陶			泥质细硬陶	红褐		方格纹						西周至春秋
9437	ZDZJLY-93	林柏舫后山	ZDZJLY-93:11YI	23.38	113.62	59	陶			泥质细硬陶	红褐		方格纹						西周至春秋
9438	ZDZJLY-93	林柏舫后山	ZDZJLY-93:12YI	23.38	113.62	43	陶	罐	口沿	泥质细硬陶	灰		方格纹、弦纹						西周至春秋
9439	ZDZJLY-93	林柏舫后山	ZDZJLY-93:13YI	23.38	113.62	36	陶			泥质细硬陶	灰		方格纹						西周至春秋
9440	ZDZJLY-93	林柏舫后山	ZDZJLY-93:14YI	23.38	113.62	37	陶			泥质细硬陶	灰褐		夔纹						西周至春秋
9441	ZDZJLY-93	林柏舫后山	ZDZJLY-93:15YI	23.38	113.62	39	瓷	碟		胎发红		青灰釉	器外壁有9组三竖条青花纹						明清
9442	ZDZJLY-93	林柏舫后山	ZDZJLY-93:16YI	23.38	113.62	40	陶			泥质细硬陶	灰褐		夔纹						西周至春秋
9443	ZDZJLY-93	林柏舫后山	ZDZJLY-93:①ZII	23.38	113.62	42	陶			泥质细硬陶	灰		重菱凸点纹						西周至春秋
9444	ZDZJLY-93	林柏舫后山	ZDZJLY-93:②ZII	23.38	113.62	42	陶			泥质细硬陶	红褐		方格纹						西周至春秋
9445	ZDZJLY-93	林柏舫后山	ZDZJLY-93:2ZII	23.38	113.62	44	陶			泥质细硬陶	灰褐		方格纹						西周至春秋
9446	ZDZJLY-93	林柏舫后山	ZDZJLY-93:3ZII	23.38	113.62	45	陶			泥质细硬陶	灰褐		方格纹						西周至春秋
9447	ZDZJLY-93	林柏舫后山	ZDZJLY-93:4ZII	23.38	113.62	46	陶			泥质细硬陶	红褐		方格纹						西周至春秋
9448	ZDZJLY-93	林柏舫后山	ZDZJLY-93:5ZII	23.38	113.62	45	陶			泥质细硬陶	灰		方格纹						西周至春秋
9449	ZDZJLY-93	林柏舫后山	ZDZJLY-93:6ZII	23.38	113.62	43	陶			泥质细硬陶	红褐		方格纹						西周至春秋
9450	ZDZJLY-93	林柏舫后山	ZDZJLY-93:7ZII	23.38	113.62	41	陶			泥质细硬陶	灰褐		夔纹、篦点纹						西周至春秋
9451	ZDZJLY-93	林柏舫后山	ZDZJLY-93:8ZII	23.38	113.62	41	陶	罐	口沿	泥质细硬陶	灰褐		素面	口沿内壁有					西周至春秋
9452	ZDZJLY-93	林柏舫后山	ZDZJLY-93:9ZII	23.38	113.62	36	陶			泥质细硬陶	灰		方格纹						西周至春秋
9453	ZDZJLY-93	林柏舫后山	ZDZJLY-93:10ZII	23.38	113.62	38	陶			泥质细硬陶	红褐		方格纹						西周至春秋
9454	ZDZJLY-93	林柏舫后山	ZDZJLY-93:11ZII	23.38	113.62	37	陶	豆	腹部	泥质细硬陶	灰		弦纹						西周至春秋
9455	ZDZJLY-93	林柏舫后山	ZDZJLY-93:12ZII	23.38	113.62	36	陶	豆	圈足	泥质细硬陶	灰		素面						西周至春秋

序号	遗址编号	遗址名称	遗物编号	纬度（度）	经度（度）	海拔（米）	质地	器形	部位	陶质	颜色	釉色	纹饰	刻划符号	石器岩性	石器完整程度	石器硬度	石器风化程度	年代
9456	ZDZJLY-97	下花路围岭	ZDZJLY-97:1F	23.33	113.64	39	瓷			胎灰白		青白釉	素面						唐宋
9457	ZDZJLY-97	下花路围岭	ZDZJLY-97:1J	23.28	113.70	12	瓷	碗	口沿	胎灰白		青白釉	素面						唐宋
9458	ZDZJLY-97	下花路围岭	ZDZJLY-97:2J	23.28	113.70	12	瓷	碗	口沿	胎灰白		青白釉	素面						唐宋
9459	ZDZJLY-97	下花路围岭	ZDZJLY-97:1L	23.33	113.64	33	瓷	碗		胎灰白		青黄釉	内底有刻划交叉线						唐宋
9460	ZDZJLY-97	下花路围岭	ZDZJLY-97:1ZⅡ	23.33	113.64	39	瓷	碟		胎灰白		青釉	素面						唐宋
9461	ZDZJLY-110	蔗寮下	ZDZJLY-110:1①F	23.26	113.63	63	陶			泥质粗硬陶	灰		夔纹						西周至春秋
9462	ZDZJLY-110	蔗寮下	ZDZJLY-110:1②F	23.26	113.63	63	陶			泥质粗硬陶	红褐		重菱格纹						西周至春秋
9463	ZDZJLY-110	蔗寮下	ZDZJLY-110:1YⅠ	23.26	113.63	64	陶			泥质粗硬陶	灰褐	酱色陶衣	夔纹						西周至春秋
9464	ZDZJLY-110	蔗寮下	ZDZJLY-110:2①YⅠ	23.26	113.63	65	陶			泥质粗硬陶	灰褐		夔纹						西周至春秋
9465	ZDZJLY-110	蔗寮下	ZDZJLY-110:2②YⅠ	23.26	113.63	65	陶			泥质粗硬陶	灰褐		夔纹						西周至春秋
9466	ZDZJLY-110	蔗寮下	ZDZJLY-110:3YⅠ	23.26	113.63	60	陶	罐	口沿	泥质粗硬陶	灰褐		夔纹						西周至春秋
9467	ZDZJLY-110	蔗寮下	ZDZJLY-110:4YⅠ	23.26	113.63	59	陶			泥质细硬陶	灰褐		方格纹						西周至春秋
9468	ZDZJLY-110	蔗寮下	ZDZJLY-110:5YⅠ	23.26	113.63	62	陶			泥质粗硬陶	灰褐		方格纹						西周至春秋
9469	ZDZJLY-115	石迳岂	ZDZJLY-115:1①YⅠ	23.23	113.68	44	陶	器盖		泥质细硬陶	灰		弦纹、水波纹						战国至南越国
9470	ZDZJLY-115	石迳岂	ZDZJLY-115:1②YⅠ	24.23	114.68	45	陶	器盖		泥质细硬陶	灰		弦纹						战国至南越国

后　记

本报告是增江流域区域考古调查项目的最终成果，是集体智慧的结晶。先后参与田野调查和资料整理的有广州市文物考古研究院韩维龙、张强禄、张希、曹耀文、蚁东熙、郭怡乐、张百祥、张萍、郑立华、饶晨、刘霞、田茂生、韩贵川、张艳平、曾凡华、李双福、韩继普等；中山大学金志伟、杨锦彪、李唯硕、钟晓琳、冯斯敏、肖晖、林思敏等；武汉大学毕业生尹以江；广州网文三维数字技术有限公司何山等。器物线图由张艳平绘制，拓片由韩继普完成，田野照片由韩贵川、张艳平、田茂生等拍摄，器物照片由郑立华、张艳平拍摄，报告所用其余图纸由曹耀文完成，张艳平、张萍在报告基础材料整理中贡献较多。

报告于 2016 年 10 月开始基础资料整理，2017 年 10 月正式编写，2018 年 12 月完成初稿，2020 年 6 月修改后定稿。主编为韩维龙、金志伟，执行主编为曹耀文。其中第一、二、四、五、六、十三章由曹耀文执笔，第三、十章由张希执笔，第七、八、九、十一、十二章由金志伟、肖晖、林思敏完成。附表由张艳平、韩贵川、田茂生、张萍、曹耀文等制作，曹耀文修订。英文摘要由王斯宇翻译。报告由曹耀文汇总，韩维龙审定。

特别感谢广州市文物局对本次考古调查工作给予的关心和支持。广州市文物考古研究院原院长朱海仁、易西兵，现任院长张强禄、书记黄洪流、副院长朱明敏等对项目开展和报告的最终出版给予了支持和帮助；广东省文物考古研究院运用"考古通"地理信息系统开展的考古项目为本次考古调查提供了丰富的经验参考；广东省文物考古研究院李岩研究员多次赴增城对遗物年代判定、遗存分期等做技术指导；广州市城市规划勘测设计研究院为地图编制和送审提供帮助；文物出版社蔡敏、孙丹为报告编辑出版不辞辛苦，在此一并致谢。

在"考古通"、GIS 地理信息系统等软件的支持下，增江流域区域性考古调查在考古数据收集、管理、分析和展示等方面均取得了丰富的成果，为探索适合岭南珠三角地区的田野调查和聚落考古分析方法，构建起岭南珠三角地区遗址分布预测模型，并为研究先秦时期增江流域的人地关系提供了丰富的材料。囿于水平，报告还有各种不完善之处，尚祈方家指正。

编　者

2023 年 10 月

ABSTRACT

The Zengjiang River is a primary tributary to the Dong River in the Pearl River system. It originates in Qixingling, Xinfeng County in Shaoguan, and flows through Conghua District in Guangzhou, and Longmen County in Huizhou, before entering Zengcheng District in the northeast of Zhengguo Town, where it is finally called "Zengjiang". It runs through Zengcheng District from the north to the south and flows into the Dong River at Sunjiapu, Shitan Town, with a total watershed area of 3,160 square kilometers. Zengcheng District is located in central Guangdong Province, in the northeast corner of the Pearl River Delta. Zengcheng is adjacent to Boluo County, Huizhou City in the east, Longmen County in the north, Conghua and Huangpu Districts of Guangzhou in the west, and faces Dongguan across the Dongjiang River to the south. The topography of the region is high in the north and low in the south, with rolling hills in the north, extensive lower hills and wide river valley plains in the center, and alluvial plains with many rivers in the south.

The Zengjiang River basin is a relatively densely distributed area of early archaeological remains in the eastern part of the Pearl River Delta. Important discoveries, represented by the Jinlansi Site, Moyishan Site, Weiling Site, Fufuling Site, Xigualing Kiln Site and the Laohuling Han tomb, have initially established the chronology of early archaeological culture of the Zengcheng area. However, the salvage excavations carried out in conjunction with capital construction lacked archaeological planning, and the chronological sequence built on the basis of these sites is not complete enough to reflect the archaeological cultural history and evolution in the entire Zengjiang River basin. Settlement archaeological research on the spatial distribution of sites in this region is also less-developed.

From March 2016 to May 2017, the Guangzhou Municipal Institute of Cultural Heritage and Archaeology and the School of Sociology and Anthropology, Sun Yat-sen University, cooperated to conduct a regional archaeological investigation in the Zengcheng area, relying on the software *Kaogu Tong*, with the aim of conducting large-scale regional research, and making innovations in terms of remains discovery, fieldwork methods, settlement archaeology, and archaeological GIS spatial analysis. The main object of the investigation is underground remains, covering the Neolithic Age to the Qing Dynasty, with the actual research process focusing on the remains of the pre-Qin and Han dynasties. This report is the centralized embodiment of the results of this archaeological investigation. (The discoveries have been published in the form of a brief, and this report is the definitive reference.)

This research investigated a total of 1,156 grids, reviewed and newly discovered 555 sites of various periods, including 519 sites of the pre-Qin and Han periods. After a final collation, 9,470 cultural relics were effectively collected, including 9,211 cultural relics of the pre-Qin and Han periods. From the results of the investigation, the ancient cultural relics in the Zengjiang River basin are very rich; they are not only densely distributed, but have shown an enduring chronological sequence that stretches from the late-Neolithic period to the Ming and Qing dynasties. From the collected cultural relics, it appears that a considerable number of sites are rich in cultural connotation and span a large chronological period. By comparing with the archaeological cultures of various periods in the neighboring areas, the archaeological culture of the Zengjiang River basin can be divided into seven successive periods according to the shape of relics: Late Neolithic to Shang Dynasty, Western Zhou to Spring and Autumn, Warring States to Nanyue Kingdom, Han Dynasty (after Nanyue Kingdom), Jin and Southern Dynasties, Tang and Song Dynasties, and Ming and Qing Dynasties.

With the support of *Kaogu Tong*, GIS and other software, the regional archaeological investigation of the Zengjiang River basin has achieved excellent results in the collection, management, analysis and presentation of archaeological data, and provided abundant materials in exploring suitable methods for field research and analysis of settlement archaeology, in constructing a predictive model for site distribution in the Pearl River Delta region of Lingnan, and in studying the man-land relationship in the Zengjiang River basin during the pre-Qin period.

彩版

彩版四　室内整理

彩版五　田野调查

彩版六　田野调查

1. 清理遗迹

2. 清理剖面

3. 清理剖面暴露遗迹

彩版七　清理遗迹

1.增江(正果镇西部,南—北)

2.增江(正果镇段,西南—东北)

彩版八　增江流域航拍
(增江)

1. 增江（增江街北部，北—南）

2. 增江（小楼镇东部，北—南）

彩版九　增江流域航拍
（增江）

1.银场水上游（西—东）

2.银场水中上游（西—东）

彩版一〇　增江流域航拍
（银场水）

1.银场水中游(西—东)

2.二龙河下游(西北—东南)

彩版一一　增江流域航拍
（银场水、二龙河）

1.冷水坑水流域（西南—东北）

2.高埔河中游（东北—西南）

彩版一二　增江流域航拍
（冷水坑水、高埔河）

1.光辉涌下游（东—西）

2.沙陂坑涌中游（西南—东北）

彩版一三　增江流域航拍
（光辉涌、沙陂坑涌）

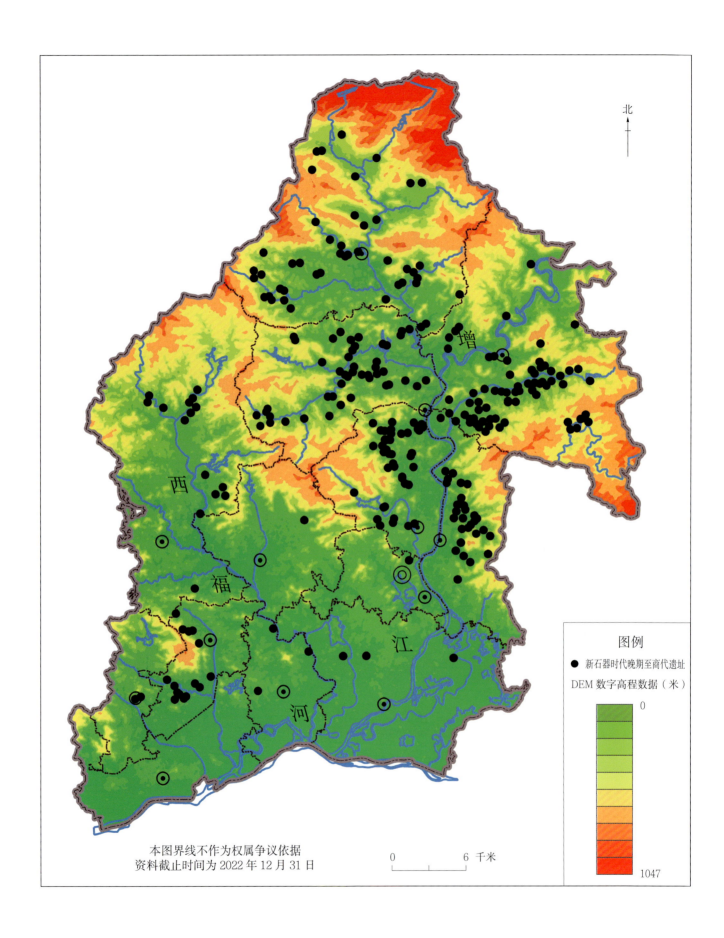

图例

● 新石器时代晚期至商代遗址

DEM 数字高程数据（米）

北

本图界线不作为权属争议依据
资料截止时间为 2022 年 12 月 31 日

0   6 千米

彩版一四　增江流域新石器时代晚期至商代遗址分布图

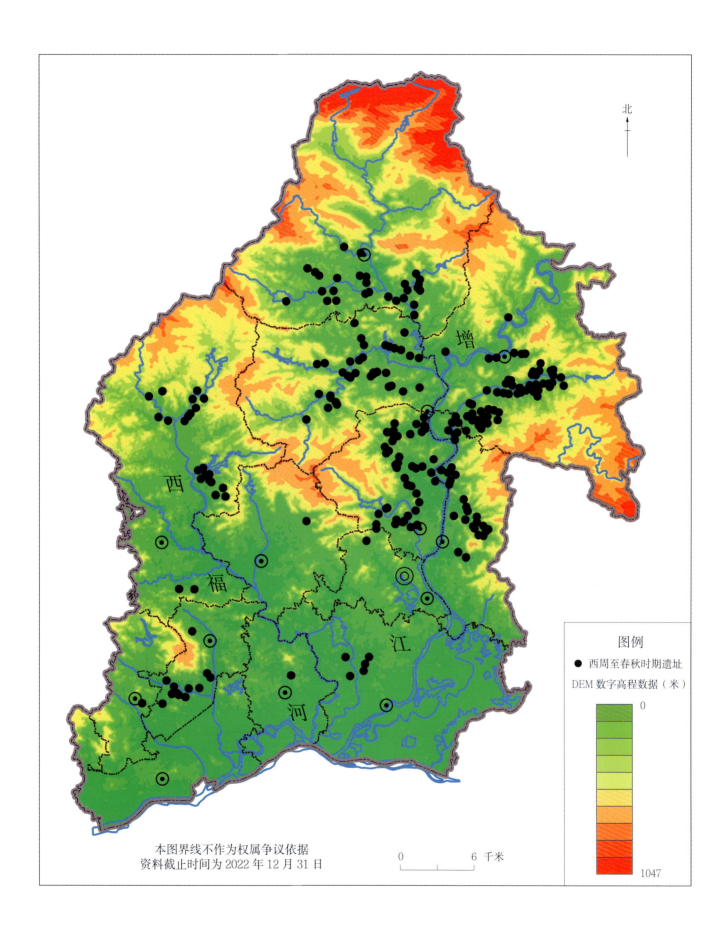

增

西

福

江

河

图例

● 西周至春秋时期遗址

DEM 数字高程数据（米）

0

1047

本图界线不作为权属争议依据
资料截止时间为 2022 年 12 月 31 日

0   6 千米

彩版一五　增江流域西周至春秋时期遗址分布图

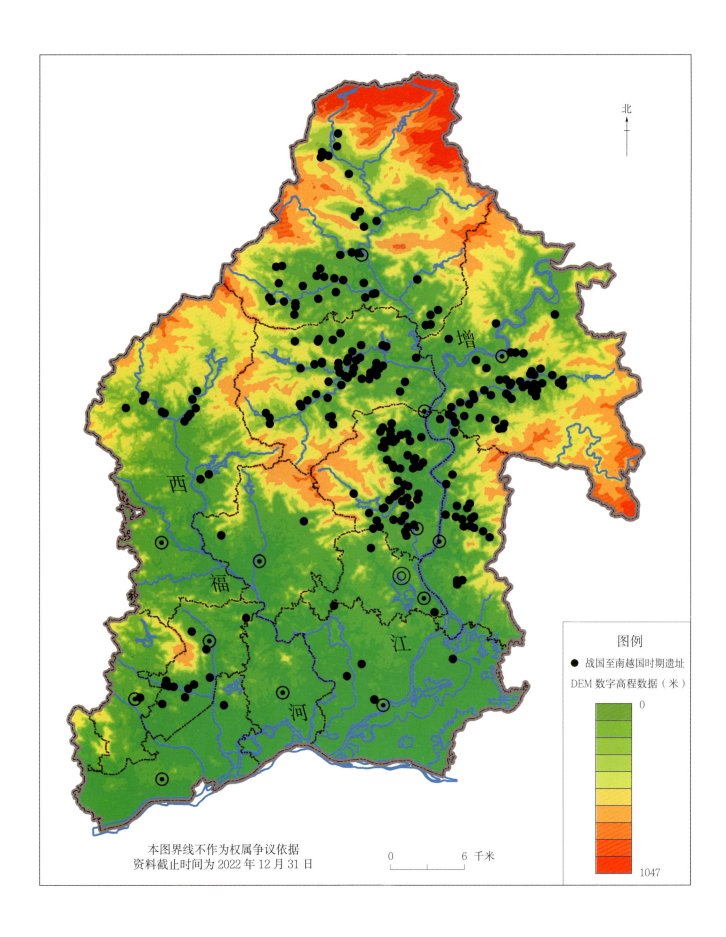

图例

● 战国至南越国时期遗址

DEM 数字高程数据（米）

0

1047

本图界线不作为权属争议依据
资料截止时间为 2022 年 12 月 31 日

0   6 千米

北

西

福

河

江

增

彩版一六　增江流域战国至南越国时期遗址分布图

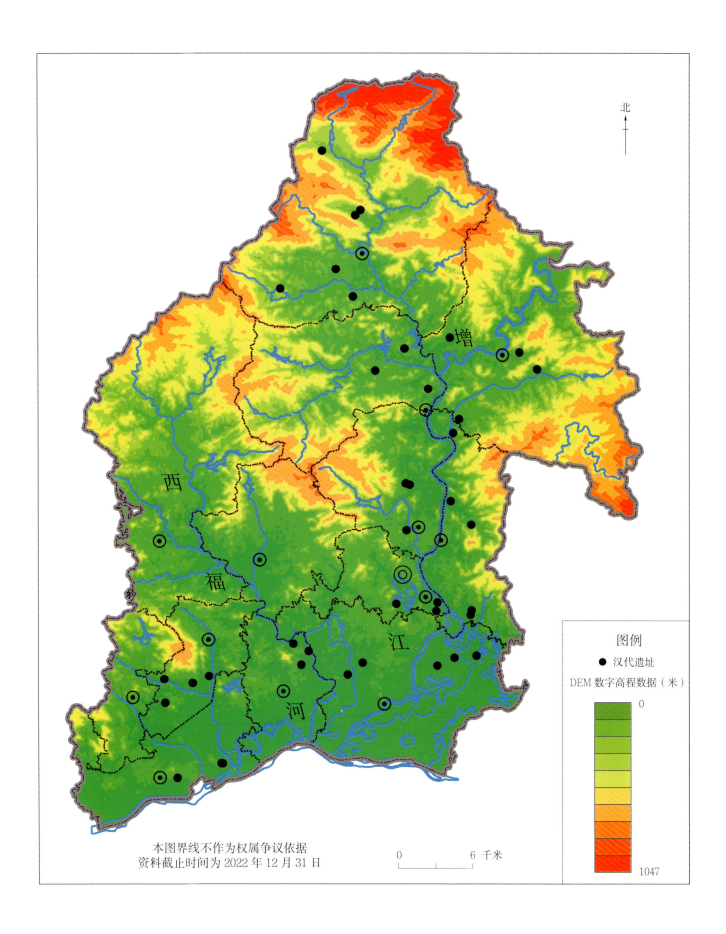

北

图例

● 汉代遗址

DEM 数字高程数据（米）

0

1047

本图界线不作为权属争议依据
资料截止时间为 2022 年 12 月 31 日

0   6 千米

彩版一七　增江流域汉代遗址分布图

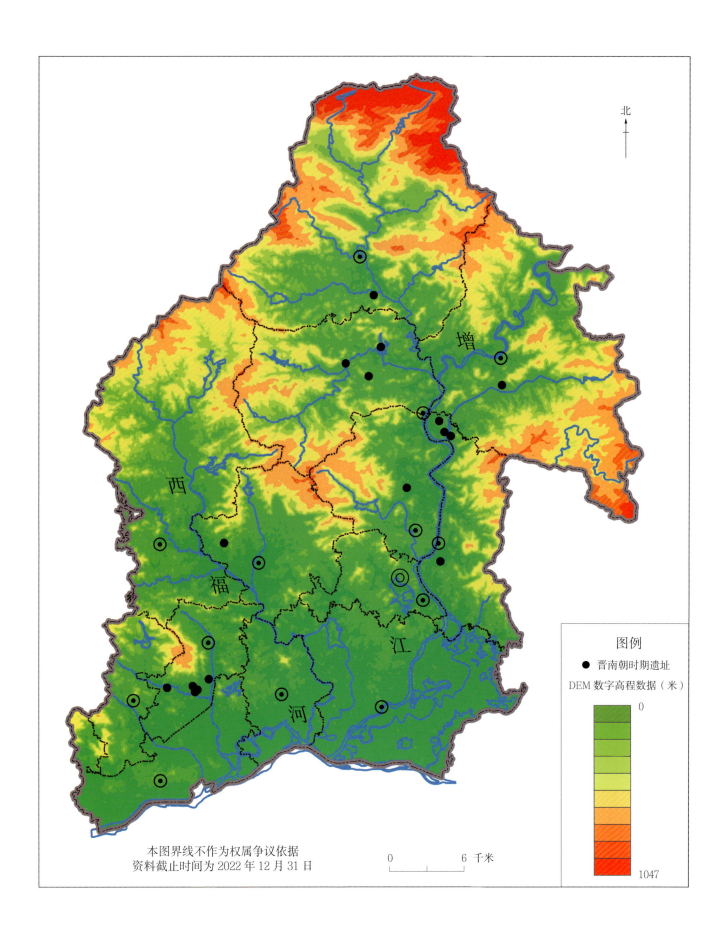

图例

● 晋南朝时期遗址

DEM 数字高程数据（米）

0

1047

0   6 千米

北

彩版一八　增江流域晋南朝时期遗址分布图

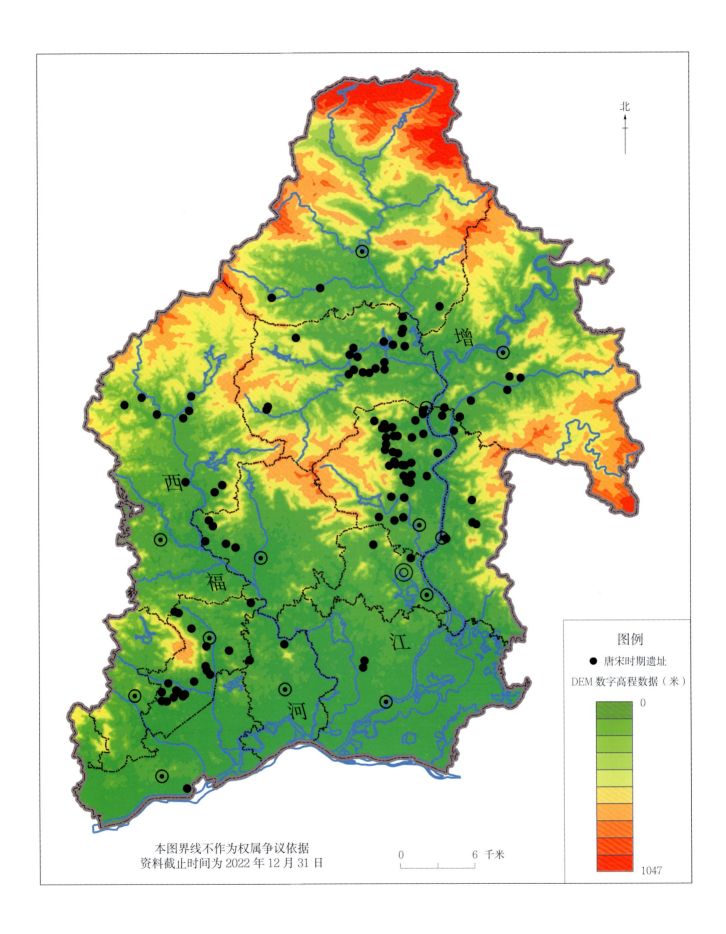

本图界线不作为权属争议依据
资料截止时间为 2022 年 12 月 31 日

彩版一九　增江流域唐宋时期遗址分布图

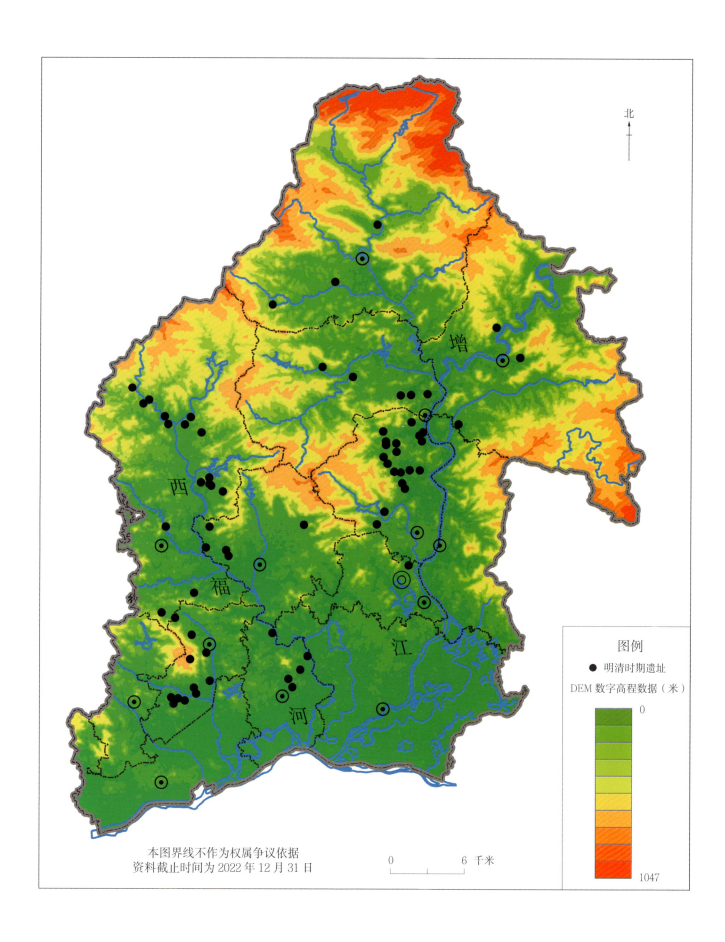

图例

● 明清时期遗址

DEM 数字高程数据（米）

0

1047

北

本图界线不作为权属争议依据
资料截止时间为 2022 年 12 月 31 日

0   6 千米

彩版二〇　增江流域明清时期遗址分布图

北

彩版二一　荔城街遗址分布图

北

彩版二二　增江街遗址分布图

北

彩版二三　小楼镇遗址分布图

北

彩版二四 正果镇遗址分布图

北

彩版二五　派潭镇遗址分布图

北

彩版二六　石滩镇遗址分布图

北

彩版二七　仙村镇遗址分布图

北

彩版二八　新塘镇遗址分布图

北

彩版二九　永宁街遗址分布图

彩版三〇 朱村街遗址分布图

北

北

彩版三一 中新镇遗址分布图

●新石器时代晚期至商代 ■西周至春秋 ▲战国至南越国 ◆汉代 ◆晋南朝 ✚唐宋 ★明清   0   80 米

1.ZJLY-5 棠厦村围岭山遗址（下为北）

●新石器时代晚期至商代 ■西周至春秋 ▲战国至南越国 ◆汉代 ◆晋南朝 ✚唐宋 ★明清   0   80 米

2.ZJLY-9 焦路山遗址、ZJLY-10 狮岭山遗址（左为北）

彩版三二　遗物分布图
（ZJLY-5 棠厦村围岭山遗址、ZJLY-9 焦路山遗址、ZJLY-10 狮岭山遗址）

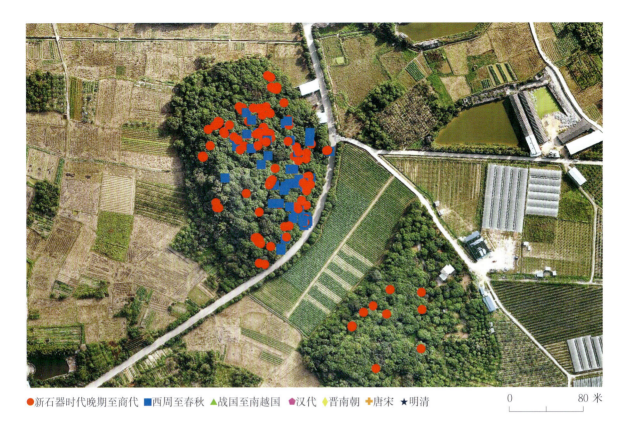

●新石器时代晚期至商代 ■西周至春秋 ▲战国至南越国 ◆汉代 ◆晋南朝 ✚唐宋 ★明清

0   80 米

1.ZJLY-22 护岭山遗址、ZJLY-27 长岗岭遗址（下为北）

●新石器时代晚期至商代 ■西周至春秋 ▲战国至南越国 ◆汉代 ◆晋南朝 ✚唐宋 ★明清

0   80 米

2.ZJLY-26 水边村遗址、ZJLY-28 刘屋光山遗址（上为北）

彩版三三　遗物分布图
（ZJLY-22 护岭山遗址、ZJLY-27 长岗岭遗址、ZJLY-26 水边村遗址、ZJLY-28 刘屋光山遗址）

●新石器时代晚期至商代 ■西周至春秋 ▲战国至南越国 ◆汉代 ◆晋南朝 ✚唐宋 ★明清 　　　　　0　　　　　60米

1.ZJLY-41 龙角山遗址（上为北）

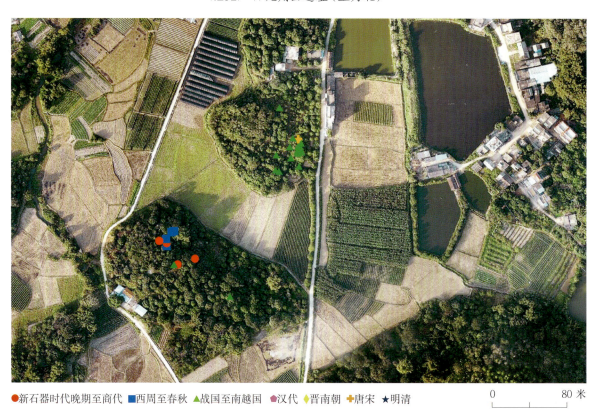

●新石器时代晚期至商代 ■西周至春秋 ▲战国至南越国 ◆汉代 ◆晋南朝 ✚唐宋 ★明清 　　　　　0　　　　　80米

2.ZJLY-42 庙岭遗址、ZJLY-43 狗眠岭遗址（上为北）

彩版三四　遗物分布图
（ZJLY-41 龙角山遗址、ZJLY-42 庙岭遗址、ZJLY-43 狗眠岭遗址）

●新石器时代晚期至商代 ■西周至春秋 ▲战国至南越国 ●汉代 ◆晋南朝 ╋唐宋 ★明清

0 ⊢————————⊣ 60 米

1.ZJLY-44 元岑遗址（下为北）

●新石器时代晚期至商代 ■西周至春秋 ▲战国至南越国 ●汉代 ◆晋南朝 ╋唐宋 ★明清

0 ⊢————————⊣ 100 米

2.ZJLY-51 赤岭遗址（下为北）

彩版三五　遗物分布图
（ZJLY-44 元岑遗址、ZJLY-51 赤岭遗址）

●新石器时代晚期至商代 ■西周至春秋 ▲战国至南越国 ◆汉代 ◆晋南朝 ✚唐宋 ★明清

0   80 米

1.ZJLY-67 腊岭遗址、ZJLY-70 陈树岗遗址（下为北）

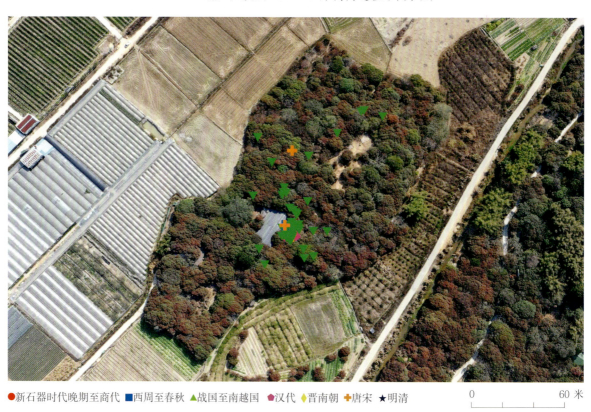

●新石器时代晚期至商代 ■西周至春秋 ▲战国至南越国 ◆汉代 ◆晋南朝 ✚唐宋 ★明清

0   60 米

2.ZJLY-147 虾公山遗址（下为北）

彩版三六 遗物分布图
（ZJLY-67 腊岭遗址、ZJLY-70 陈树岗遗址、ZJLY-147 虾公山遗址）

●新石器时代晚期至商代 ■西周至春秋 ▲战国至南越国 ◆汉代 ◆晋南朝 ✚唐宋 ★明清

0　　　　　　60 米

1.ZJLY-173 腊圃荔枝山遗址（左为北）

●新石器时代晚期至商代 ■西周至春秋 ▲战国至南越国 ◆汉代 ◆晋南朝 ✚唐宋 ★明清

0　　　　　　60 米

2.ZJLY-177 圣堂前遗址（下为北）

彩版三七　遗物分布图
（ZJLY-173 腊圃荔枝山遗址、ZJLY-177 圣堂前遗址）

●新石器时代晚期至商代 ■西周至春秋 ▲战国至南越国 ◆汉代 ◆晋南朝 ✛唐宋 ★明清

0 ⸺⸺ 80 米

1.ZJLY-197竹银山遗址（右为北）

●新石器时代晚期至商代 ■西周至春秋 ▲战国至南越国 ◆汉代 ◆晋南朝 ✛唐宋 ★明清

0 ⸺⸺ 80 米

2.ZJLY-216鸟歌岭遗址（下为北）

彩版三八　遗物分布图

（ZJLY-197竹银山遗址、ZJLY-216鸟歌岭遗址）

●新石器时代晚期至商代 ■西周至春秋 ▲战国至南越国 ◆汉代 ◆晋南朝 ╋唐宋 ★明清

0   60 米

1.ZJLY-395 秃光岭遗址（下为北）

●新石器时代晚期至商代 ■西周至春秋 ▲战国至南越国 ◆汉代 ◆晋南朝 ╋唐宋 ★明清

0   60 米

2.ZJLY-396 珠山遗址（下为北）

彩版三九　遗物分布图
（ZJLY-395 秃光岭遗址、ZJLY-396 珠山遗址）

●新石器时代晚期至商代　■西周至春秋　▲战国至南越国　⬠汉代　◆晋南朝　✚唐宋　★明清　　0　　　　　　120 米

1.ZJLY-502 鸭公山遗址（下为北）

●新石器时代晚期至商代　■西周至春秋　▲战国至南越国　⬠汉代　◆晋南朝　✚唐宋　★明清　　0　　　　　　120 米

2.ZJLY-503 老鼠岭遗址（下为北）

彩版四〇　遗物分布图

（ZJLY-502 鸭公山遗址、ZJLY-503 老鼠岭遗址）

●新石器时代晚期至商代 ■西周至春秋 ▲战国至南越国 ◆汉代 ◆晋南朝 ✦唐宋 ★明清

0   60 米

1.ZJLY-516 木易岭遗址（下为北）

●新石器时代晚期至商代 ■西周至春秋 ▲战国至南越国 ◆汉代 ◆晋南朝 ✦唐宋 ★明清

0   120 米

2.ZJLY-612 塘面山遗址（上为北）

彩版四一　遗物分布图

（ZJLY-516 木易岭遗址、ZJLY-612 塘面山遗址）

●新石器时代晚期至商代　■西周至春秋　▲战国至南越国　■汉代　◆晋南朝　✚唐宋　★明清

0　　　　　　　　80 米

1.ZJLY-738 殡葬山遗址（右为北）

●新石器时代晚期至商代　■西周至春秋　▲战国至南越国　■汉代　◆晋南朝　✚唐宋　★明清

0　　　　　　　　120 米

2.ZJLY-739 甘头山遗址（右为北）

彩版四二　遗物分布图
（ZJLY-738 殡葬山遗址、ZJLY-739 甘头山遗址）

●新石器时代晚期至商代 ■西周至春秋 ▲战国至南越国 ◆汉代 ◆晋南朝 ✚唐宋 ★明清

0　　　　　80 米

1.ZJLY-740 大埔村后龙山遗址（左为北）

●新石器时代晚期至商代 ■西周至春秋 ▲战国至南越国 ◆汉代 ◆晋南朝 ✚唐宋 ★明清

0　　　　　80 米

2.ZJLY-826 西草岭遗址（左为北）

彩版四三　遗物分布图

（ZJLY-740 大埔村后龙山遗址、ZJLY-826 西草岭遗址）

● 新石器时代晚期至商代 ■ 西周至春秋 ▲ 战国至南越国 ● 汉代 ◆ 晋南朝 ✚ 唐宋 ★ 明清

0 ⊢⊣⊢⊣⊢⊣⊢⊣ 80 米

彩版四四 ZJLY-829 王洞岭遗址遗物分布图（上为北）

1.ZJLY-3 较椅山遗址（西—东）

2.ZJLY-6 棠夏背扶山遗址（东—西）

彩版四五　遗址远景
（ZJLY-3 较椅山遗址、ZJLY-6 棠夏背扶山遗址）

1.ZJLY-7 横栋岭遗址（东北—西南）

2.ZJLY-14 钟岭遗址（东南—西北）

彩版四六　遗址远景
（ZJLY-7横栋岭遗址、ZJLY-14钟岭遗址）

1.ZJLY-22 护岭山遗址（西南—东北）

2.ZJLY-27 长岗岭遗址（南—北）

彩版四七　遗址远景
（ZJLY-22 护岭山遗址、ZJLY-27 长岗岭遗址）

1.ZJLY-41 龙角山遗址（东—西）

2.ZJLY-43 狗眠岭遗址（东南—西北）

彩版四八　遗址远景
（ZJLY-41 龙角山遗址、ZJLY-43 狗眠岭遗址）

1.ZJLY-44 元岑遗址（东—西）

2.ZJLY-46 涩冚后龙山遗址（西—东）

彩版四九　遗址远景
（ZJLY-44 元岑遗址、ZJLY-46 涩冚后龙山遗址）

1.ZJLY-60 潭头山遗址（南—北）

2.ZJLY-61 马脚兜遗址（西南—东北）

彩版五〇　遗址远景
（ZJLY-60 潭头山遗址、ZJLY-61 马脚兜遗址）

1.ZJLY-63 杞子岜遗址（东南—西北）

2.ZJLY-68 花岜山遗址（东北—西南）

彩版五一　遗址远景
（ZJLY-63 杞子岜遗址、ZJLY-68 花岜山遗址）

1.ZJLY-91 老虎头遗址（西—东）

2.ZJLY-137 紫金山遗址（东北—西南）

彩版五二　遗址远景
（ZJLY-91 老虎头遗址、ZJLY-137 紫金山遗址）

1.ZJLY-138 姑秧顶遗址（南—北）

2.ZJLY-141 姑婆岭遗址（东南—西北）

彩版五三　遗址远景
（ZJLY-138 姑秧顶遗址、ZJLY-141 姑婆岭遗址）

1.ZJLY-145 蔗排岭遗址（西北—东南）

2.ZJLY-146 九益村围岭山遗址（西—东）

彩版五四　遗址远景
（ZJLY-145 蔗排岭遗址、ZJLY-146 九益村围岭山遗址）

1.ZJLY-165 东亩遗址（南—北）

2.ZJLY-199 大公山遗址（西北—东南）

彩版五五　遗址远景
（ZJLY-165 东亩遗址、ZJLY-199 大公山遗址）

1.ZJLY-214锦绣山遗址(南—北)

2.ZJLY-216鸟歌岭遗址(南—北)

彩版五六　遗址远景
（ZJLY-214锦绣山遗址、ZJLY-216鸟歌岭遗址）

1.ZJLY-253 长田山遗址（东北—西南）

2.ZJLY-280 沙岗后龙山遗址（西南—东北）

彩版五七　遗址远景
（ZJLY-253 长田山遗址、ZJLY-280 沙岗后龙山遗址）

1.ZJLY-306 光头岭遗址（东北—西南）

2.ZJLY-312 自家岭遗址（西南—东北）

彩版五八　遗址远景
（ZJLY-306 光头岭遗址、ZJLY-312 自家岭遗址）

1.ZJLY-313 开岼岭遗址（南—北）

2.ZJLY-387 田蓁遗址（西南—东北）

彩版五九　遗址远景

（ZJLY-313 开岼岭遗址、ZJLY-387 田蓁遗址）

1.ZJLY-388 台山顶遗址（西南—东北）

2.ZJLY-393 倒骑龙遗址（西南—东北）

彩版六〇　遗址远景
（ZJLY-388 台山顶遗址、ZJLY-393 倒骑龙遗址）

1.ZJLY-455 黄份田山遗址（西南—东北）

2.ZJLY-513 氹尾遗址（东南—西北）

彩版六一　遗址远景
（ZJLY-455 黄份田山遗址、ZJLY-513 氹尾遗址）

1.ZJLY-530 上坑山遗址（西北—东南）

2.ZJLY-531 观山遗址（东北—西南）

彩版六二　遗址远景

（ZJLY-530 上坑山遗址、ZJLY-531 观山遗址）

1.ZJLY-534 矮岭背底山遗址（东南—西北）

2.ZJLY-557 落叶山遗址（东北—西南）

彩版六三　遗址远景
（ZJLY-534 矮岭背底山遗址、ZJLY-557 落叶山遗址）

1.ZJLY-560 燕岗顶遗址（西—东）

2.ZJLY-603 竹林后山遗址（东南—西北）

彩版六四　遗址远景
（ZJLY-560 燕岗顶遗址、ZJLY-603 竹林后山遗址）

1.ZJLY-612 塘面山遗址（西南—东北）

2.ZJLY-705 石珑山遗址（东南—西北）

彩版六五　遗址远景
（ZJLY-612 塘面山遗址、ZJLY-705 石珑山遗址）

1.ZJLY-709 乌石埔后山遗址（西南—东北）

2.ZJLY-771 石村山遗址（西南—东北）

彩版六六　遗址远景
（ZJLY-709 乌石埔后山遗址、ZJLY-771 石村山遗址）

1.ZJLY-783 湖岗遗址（东北—西南）

2.ZJLY-894 花果山遗址（西南—东北）

彩版六七　遗址远景
（ZJLY-783 湖岗遗址、ZJLY-894 花果山遗址）

1.ZJLY-9 焦路山遗址壁面暴露宋墓（东—西）

2.ZJLY-67 腊岭遗址壁面暴露墓葬（西北—东南）

彩版六八　暴露遗迹
（ZJLY-9 焦路山遗址、ZJLY-67 腊岭遗址）

1.ZJLY-217 溪具山遗址壁面暴露晋南朝墓（南—北）

2.ZJLY-318 背山遗址壁面暴露唐墓（南—北）

彩版六九　暴露遗迹
（ZJLY-217 溪具山遗址、ZJLY-318 背山遗址）

1.ZJLY-387 田蓉遗址壁面暴露墓葬（西南—东北）

2.ZJLY-565 廖塑岲遗址暴露灰坑（西北—东南）

彩版七○　暴露遗迹
（ZJLY-387 田蓉遗址、ZJLY-565 廖塑岲遗址）

1.ZJLY-300 围岭遗址地表暴露陶罐（北—南）

2.ZJLY-603 竹林后山遗址石虎（东南—西北）

彩版七一　地表遗物
（ZJLY-300 围岭遗址、ZJLY-603 竹林后山遗址）

1.ZJLY-68 花岙山遗址东坡（南—北）

2.ZJLY-78 冰村遗址西南台地（南—北）

彩版七二　地层剖面

（ZJLY-68 花岙山遗址、ZJLY-78 冰村遗址）

1.ZJLY-387 田蔡遗址西南台地（南—北）

2.ZJLY-389 岭排遗址山顶（西南—东北）

彩版七三　地层剖面
（ZJLY-387 田蔡遗址、ZJLY-389 岭排遗址）

1.ZJLY-465 谢屋亭西北岗遗址山顶北侧（北—南）

2.ZJLY-557 落叶山遗址山顶西北侧（西北—东南）

彩版七四　地层剖面
（ZJLY-465 谢屋亭西北岗遗址、ZJLY-557 落叶山遗址）

1.石环
（ZJLY-22：64ZⅠ）

2.石锛
（ZJLY-60：15ZⅠ）

3.长方格纹＋附加堆纹陶片
（ZJLY-137：40YⅡ）

4.石锛（ZJLY-192：3YⅢ）

5.陶圈足杯（ZJLY-199：1ZⅠ）

6.石戈（ZJLY-217：1ZⅠ）

7.陶罐圈足（ZJLY-324：11ZⅠ）

8.绳纹陶片（ZJLY-466：3ZⅠ）

9.夹砂陶片（ZJLY-526：9ZⅠ）

彩版七五　遗物采集现场
（新石器时代晚期至商代）

1. 石器
（ZJLY-584：5T）

2. 梯格纹陶片
（ZJLY-587：4YⅡ）

3. 间断条纹陶片
（ZJLY-587：14ZⅠ）

4. 曲折纹＋附加堆纹陶片
（ZJLY-701：6YⅡ）

5. 石镞
（ZJLY-709：1ZⅠ）

6. 陶器座
（ZJLY-709：11ZⅠ）

7. 陶罐口沿
（ZJLY-807：2T）

8. 曲折纹＋附加堆纹陶片
（ZJLY-847：7ZⅠ）

9. 石锛
（ZJLY-958：1ZⅠ）

彩版七六　遗物采集现场
（新石器时代晚期至商代）

1. 陶器盖
（ZJLY-7：2Y Ⅱ）

2. 菱格凸点纹陶片
（ZJLY-68：25Y Ⅱ）

3. 陶罐口沿
（ZJLY-91：175Z Ⅰ）

4. 砺石
（ZJLY-138：10Y Ⅱ）

5. 勾连云雷纹陶片
（ZJLY-141：29Y Ⅱ）

6. 细方格纹＋弦纹陶片
（ZJLY-142：1Y Ⅱ）

7. 夔纹陶片
（ZJLY-197：29Z Ⅰ）

8. 重圈纹陶片
（ZJLY-197：39Z Ⅰ）

9. 戳印圆圈纹＋篦划纹＋弦纹陶片
（ZJLY-217：12Z Ⅰ）

彩版七七　遗物采集现场
（西周至春秋时期）

1. 曲折纹陶片
（ZJLY-220：25T）

2. 陶豆圈足
（ZJLY-273：4T）

3. 篦点纹＋附加纽＋弦纹陶片
（ZJLY-274：8Z Ⅰ）

4. 铜斧
（ZJLY-318：1Z Ⅰ）

5. 夔纹＋回字纹＋弦纹陶片
（ZJLY-318：9Y Ⅱ）

6. 重菱格纹陶片
（ZJLY-407：3T）

7. 夔纹＋菱格凸块纹＋弦纹陶片
（ZJLY-441：2Z Ⅰ）

8. 复线曲波纹＋弦纹＋方格纹＋
圆圈戳印纹陶片
（ZJLY-449：11Y Ⅱ）

9. 陶豆
（ZJLY-530：3Y Ⅱ）

彩版七八　遗物采集现场
（西周至春秋时期）

1. 陶盉形鼎口沿
（ZJLY-41：2Z Ⅰ）

2. 方格对角线纹陶片
（ZJLY-68：289Z Ⅰ）

3. 水波纹＋弦纹陶片
（ZJLY-86：3Z Ⅰ）

4. 米字纹陶片
（ZJLY-147：12T）

5. 方格纹陶罐口沿
（ZJLY-217：5Y Ⅱ）

6. 方格纹陶罐口沿
（ZJLY-217：13Z Ⅰ）

7. 重回字纹陶片（ZJLY-257：22T）

8. 陶鼎足（ZJLY-266：26Z Ⅰ）

9. 陶瓿口沿（ZJLY-308：4T）

彩版七九　遗物采集现场
（战国至南越国时期）

1. 编织席纹陶片(ZJLY-315：6T)

2. 方格纹陶片(ZJLY-317：1Z Ⅰ)

3. 陶罐底(ZJLY-383：1Z Ⅰ)

4. 米字纹陶罐口沿
(ZJLY-383：5Z Ⅰ)

5. 方格对角线纹陶片
(ZJLY-478：3Z Ⅰ)

6. 方格纹＋方格对角线纹陶片
(ZJLY-534：26Y Ⅱ)

7. 三角格纹陶片
(ZJLY-573：5Y Ⅱ)

8. 陶器盖
(ZJLY-811：1Z Ⅰ)

9. 三角格纹陶罐口沿
(ZJLY-829：10Z Ⅰ)

彩版八〇　遗物采集现场
（战国至南越国时期）

1.方格纹＋戳印纹陶片
（ZJLY-78：29ZⅠ）

2.黄釉素面瓷罐底
（ZJLY-217：16YⅡ）

3.陶罐底
（ZJLY-257：4T）

4.素面陶片（ZJLY-300：9T）

5.网格纹砖（ZJLY-735：3ZⅠ）

6.网格纹砖（ZDZJLY-27：1J）

彩版八一　遗物采集现场
（汉代、晋南朝）

1. 陶魂瓶（ZDZJLY-62：25F）

2. 长方形砖（ZJLY-2：2YⅡ）

3. 素面陶器（ZJLY-72：1YⅡ）

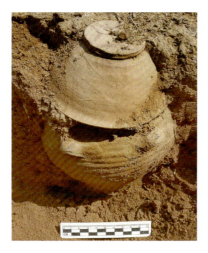

4. 素面带盖陶罐
（ZJLY-217：20①ZⅠ）

5. 青釉带盖陶罐
（ZJLY-252：1ZⅠ）

6. 素面陶罐口沿
（ZJLY-305：1T）

7. 刻划花纹陶碗口沿
（ZJLY-324：23ZⅠ）

8. 青釉四系罐
（ZJLY-512：10YⅢ）

9. 陶罐口沿
（ZJLY-800：3YⅡ）

彩版八二　遗物采集现场
（唐宋时期）

1. 楔形砖（ZJLY-18：1Y Ⅲ）　　2. 青釉瓷碗（ZJLY-36：1Z Ⅰ）

3. 石砚（ZJLY-306：15Z Ⅰ）　　4. 青花瓷碟（ZDZJLY-93：15Y Ⅰ）

彩版八三　遗物采集现场
（明清时期）

1.ZJLY-6 棠夏背扶山遗址

2.ZJLY-7 横栋岭遗址

彩版八四　采集遗物
（ZJLY-6 棠夏背扶山遗址、ZJLY-7 横栋岭遗址）

1.ZJLY-22 护岭山遗址

2.ZJLY-41 龙角山遗址

彩版八五　采集遗物

（ZJLY-22 护岭山遗址、ZJLY-41 龙角山遗址）

1.ZJLY-46 涩冚后龙山遗址

2.ZJLY-51 赤岭遗址

彩版八六　采集遗物

（ZJLY-46 涩冚后龙山遗址、ZJLY-51 赤岭遗址）

1.ZJLY-60 潭头山遗址

2.ZJLY-63 杞子岠遗址

彩版八七　采集遗物
（ZJLY-60 潭头山遗址、ZJLY-63 杞子岠遗址）

1.ZJLY-67 腊岭遗址

2.ZJLY-68 花岽山遗址

彩版八八　采集遗物
（ZJLY-67 腊岭遗址、ZJLY-68 花岽山遗址）

1.ZJLY-78 冰村遗址

2.ZJLY-88 桥头村猫岭遗址

彩版八九　采集遗物

（ZJLY-78 冰村遗址、ZJLY-88 桥头村猫岭遗址）

1.ZJLY-91 老虎头遗址

2.ZJLY-108 新桂村后龙山遗址

彩版九〇　采集遗物
（ZJLY-91 老虎头遗址、ZJLY-108 新桂村后龙山遗址）

1.ZJLY-114 江坳门后山遗址

2.ZJLY-137 紫金山遗址

彩版九一　采集遗物

（ZJLY-114 江坳门后山遗址、ZJLY-137 紫金山遗址）

1.ZJLY-138 姑秧顶遗址

2.ZJLY-141 姑婆岭遗址

彩版九二　采集遗物
（ZJLY-138 姑秧顶遗址、ZJLY-141 姑婆岭遗址）

1.ZJLY-142 蛇头岭遗址

2.ZJLY-144 旱塘圆岭遗址

彩版九三　采集遗物
（ZJLY-142 蛇头岭遗址、ZJLY-144 旱塘圆岭遗址）

1.ZJLY-165 东岙遗址

2.ZJLY-186 后岭山遗址

彩版九四　采集遗物
（ZJLY-165 东岙遗址、ZJLY-186 后岭山遗址）

1.ZJLY-214 锦绣山遗址

2.ZJLY-223 约场村对面山遗址

彩版九五　采集遗物
（ZJLY-214 锦绣山遗址、ZJLY-223 约场村对面山遗址）

1.ZJLY-253 长田山遗址

2.ZJLY-254 鸡头山北遗址

彩版九六　采集遗物

（ZJLY-253 长田山遗址、ZJLY-254 鸡头山北遗址）

1.ZJLY-261 三屋兜嘴遗址

2.ZJLY-274 坑背岭遗址

彩版九七　采集遗物
（ZJLY-261 三屋兜嘴遗址、ZJLY-274 坑背岭遗址）

1.ZJLY-280 沙岗后龙山遗址

2.ZJLY-285 东头窝遗址

彩版九八　采集遗物
（ZJLY-280 沙岗后龙山遗址、ZJLY-285 东头窝遗址）

1.ZJLY-306 光头岭遗址

2.ZJLY-318 庆丰山背山遗址

彩版九九　采集遗物

（ZJLY-306 光头岭遗址、ZJLY-318 庆丰山背山遗址）

1.ZJLY-325 彭屋后背山遗址

2.ZJLY-367 低山遗址

彩版一〇〇　采集遗物
（ZJLY-325 彭屋后背山遗址、ZJLY-367 低山遗址）

1.ZJLY-388 台山顶遗址

2.ZJLY-393 倒骑龙遗址

彩版一〇一　采集遗物
（ZJLY-388 台山顶遗址、ZJLY-393 倒骑龙遗址）

1.ZJLY-417 狮头岭遗址

2.ZJLY-441 骆岙遗址

彩版一〇二　采集遗物

（ZJLY-417 狮头岭遗址、ZJLY-441 骆岙遗址）

1.ZJLY-455 黄份田山遗址

2.ZJLY-465 谢屋亭西北岗遗址

彩版一〇三　采集遗物

（ZJLY-455 黄份田山遗址、ZJLY-465 谢屋亭西北岗遗址）

1.ZJLY-512 高岭山遗址

2.ZJLY-527 岭见遗址

彩版一〇四　采集遗物
（ZJLY-512 高岭山遗址、ZJLY-527 岭见遗址）

1.ZJLY-534 矮岭背底山遗址

2.ZJLY-557 落叶山遗址

彩版一〇五　采集遗物
（ZJLY-534 矮岭背底山遗址、ZJLY-557 落叶山遗址）

1.ZJLY-603 竹林后山遗址

2.ZJLY-612 塘面山遗址

彩版一〇六　采集遗物
（ZJLY-603 竹林后山遗址、ZJLY-612 塘面山遗址）

1.ZJLY-673 谷岾高遗址

2.ZJLY-702 刘王洞遗址

彩版一〇七　采集遗物
（ZJLY-673 谷岾高遗址、ZJLY-702 刘王洞遗址）

1.ZJLY-705 石珑山遗址

2.ZJLY-709 乌石埔后山遗址

彩版一〇八　采集遗物

（ZJLY-705 石珑山遗址、ZJLY-709 乌石埔后山遗址）

1.ZJLY-764 仙人岑遗址

2.ZJLY-765 刘屋后山遗址

彩版一○九　采集遗物

（ZJLY-764 仙人岑遗址、ZJLY-765 刘屋后山遗址）

1.ZJLY-771 石村山遗址

2.ZJLY-783 湖岗遗址

彩版一一〇　采集遗物
（ZJLY-771 石村山遗址、ZJLY-783 湖岗遗址）

1.ZJLY-800 高埔水库遗址

2.ZJLY-826 西草岭遗址

彩版一一一　采集遗物

（ZJLY-800 高埔水库遗址、ZJLY-826 西草岭遗址）

1.ZJLY-829 王洞岭遗址

2.ZJLY-853 西岭山遗址

彩版一一二　采集遗物
（ZJLY-829 王洞岭遗址、ZJLY-853 西岭山遗址）

1.ZJLY-891 水坑田遗址

2.ZJLY-894 花果山遗址

彩版一一三　采集遗物
（ZJLY-891 水坑田遗址、ZJLY-894 花果山遗址）

1.ZJLY—26：2Z Ⅰ（外）　　　　　2.ZJLY—26：2Z Ⅰ（内）

3.ZJLY—22：79Z Ⅰ　　　　　4.ZJLY—63：13Y Ⅲ

5.ZJLY—114：35Y Ⅱ　　　　　6.ZJLY—216：10Y Ⅱ

7.ZJLY—254：45Z Ⅰ　　　　　8.ZJLY—269：2Z Ⅰ

彩版一一四　新石器时代晚期至商代遗物
（陶罐口沿）

1.ZJLY-289：15T

2.ZJLY-307：2T

3.ZJLY-324：4Z Ⅰ

4.ZJLY-324：5Y Ⅱ

5.ZJLY-468：1T

6.ZJLY-468：7T

7.ZJLY-473：5Z Ⅰ

8.ZJLY-477：3Z Ⅰ

彩版一一五　新石器时代晚期至商代遗物
（陶罐口沿）

1.ZJLY-490：2T   2.ZJLY-559：2T

3.ZJLY-584：1T   4.ZJLY-586：1T

5.ZJLY-587：4Z Ⅰ   6.ZJLY-592：6Y Ⅱ

7.ZJLY-673：3Y Ⅱ   8.ZJLY-705：13T

彩版一一六　新石器时代晚期至商代遗物
（陶罐口沿）

1. 陶罐口沿（ZJLY-709：7T）

2. 陶罐口沿（ZJLY-765：17Z Ⅰ）

3. 陶罐口沿（ZJLY-807：2T）

4. 陶罐口沿（ZJLY-821：14T）

5. 陶罐口沿（ZJLY-821：8Z Ⅰ外）

6. 陶罐口沿（ZJLY-821：8Z Ⅰ内）

7. 陶罐底（ZJLY-393：3T）

8. 陶罐底（ZJLY-538：8 ② T）

彩版一一七　新石器时代晚期至商代遗物
（陶罐口沿、陶罐底）

1.ZJLY-19：1G

2.ZJLY-114：30Y Ⅱ

3.ZJLY-297：3Z Ⅰ

4.ZJLY-297：10Z Ⅰ

5.ZJLY-324：11Z Ⅰ

6.ZJLY-378：1T

7.ZJLY-490：6Z Ⅰ

8.ZJLY-588：1Y Ⅲ

彩版一一八　新石器时代晚期至商代遗物
（陶罐圈足）

1. 陶豆圈足（ZJLY-393：019）

2. 陶豆口沿（ZJLY-22：90ZⅠ）

3. 陶豆圈足（ZJLY-538：8①T）

4. 陶豆盘（ZJLY-705：13YⅡ）

5. 陶釜口沿（ZJLY-63：16YⅡ）

6. 陶釜口沿（ZJLY-67M1：4）

7. 陶釜口沿（ZJLY-465：10ZⅠ）

8. 陶纺轮（ZJLY-379：2T）

彩版一一九　新石器时代晚期至商代遗物
（陶豆、陶釜口沿、陶纺轮）

1. 陶器座（ZJLY-63：91ZⅠ）

2. 陶器座（ZJLY-67M1：1）

3. 陶器座（ZJLY-67M1：2）

4. 陶器座（ZJLY-67M1：3）

5. 陶鼎足（ZJLY-89：10ZⅠ）

6. 陶鼎足（ZJLY-114：14ZⅠ）

7. 陶鼎足（ZJLY-379：11T）

8. 陶圈足杯（ZJLY-199：1ZⅠ）

彩版一二〇　新石器时代晚期至商代遗物
（陶器座、陶鼎足、陶圈足杯）

1.ZJLY−22：112Z Ⅰ

2.ZJLY−320：16Y Ⅱ

3.ZJLY−379：1Z Ⅰ

4.ZJLY−379：10T

5.ZJLY−526：17T

6.ZJLY−555：2T

7.ZJLY−829：14T

8.ZJLY−945：1T

彩版一二一　新石器时代晚期至商代遗物
（砺石）

1.ZJLY-6：6G

2.ZJLY-60：15Z Ⅰ

3.ZJLY-61：2Z Ⅰ

4.ZJLY-294：1T

5.ZJLY-480：05

6.ZJLY-502：5Z Ⅰ

7.ZDZJLY-46：1F

8.ZDZJLY-46：5Y Ⅰ

彩版一二二　新石器时代晚期至商代遗物
（石锛）

1. 双肩石锛（ZJLY-50：1Z Ⅰ）

2. 双肩石锛（ZJLY-68：479Y Ⅱ）

3. 双肩石锛（ZJLY-192：3Y Ⅲ）

4. 双肩石锛（ZJLY-535：12Z Ⅰ）

5. 双肩石锛（ZDZJLY-46：7Y Ⅰ）

6. 双肩石锛（ZDZJLY-67：5Z Ⅱ）

7. 石环（ZJLY-22：64Z Ⅰ）

8. 石环（ZJLY-701：12Y Ⅱ）

彩版一二三　新石器时代晚期至商代遗物
（双肩石锛、石环）

1. 石斧（ZJLY-6∶1G）

2. 石斧（ZJLY-455∶017）

3. 双肩石斧（ZJLY-466∶9ZⅠ）

4. 石斧（ZJLY-593∶1T）

5. 石戈（ZJLY-217∶1ZⅠ）

6. 石戈（ZJLY-379∶19T）

7. 石戈（ZJLY-466∶11YⅡ）

8. 石戈（ZJLY-473∶09）

彩版一二四　新石器时代晚期至商代遗物
（石斧、石戈）

1. 石网坠（ZJLY-26：10Z Ⅰ）

2. 石网坠（ZJLY-766：3Z Ⅰ）

3. 石镞（ZJLY-473：010）

4. 石镞（ZJLY-682：1T）

5. 石砍砸器（ZJLY-274：6T）

6. 石凿（ZJLY-455：29T）

7. 石镬（ZJLY-766：18Z Ⅰ）

8. 石杵（ZJLY-525：6Z Ⅰ）

彩版一二五　新石器时代晚期至商代遗物
（石器）

1.ZJLY-10：16Y Ⅱ

2.ZJLY-67：45Z Ⅰ

3.ZJLY-91：165Z Ⅰ

4.ZJLY-91：175Z Ⅰ

5.ZJLY-91：260Z Ⅰ

6.ZJLY-145：15Z Ⅰ

7.ZJLY-182：4Z Ⅰ

8.ZJLY-186：14Z Ⅰ

彩版一二六　西周至春秋时期遗物
（陶罐口沿）

1.ZJLY-285：17 ① Z I

2.ZJLY-285：17 ② Z I

3.ZJLY-285：18Z I

4.ZJLY-307：3T

5.ZJLY-309：1Z I

6.ZJLY-326：1Y II

7.ZJLY-370：14Z I

8.ZJLY-441：16T

彩版一二七　西周至春秋时期遗物
（陶罐口沿）

1.ZJLY-466：8Z Ⅰ

2.ZJLY-515：4T

3.ZJLY-528：2Z Ⅰ

4.ZJLY-531：22T

5.ZJLY-540：1Y Ⅱ

6.ZJLY-705：18Y Ⅱ

7.ZDZJLY-46：2Y Ⅰ

8.ZDZJLY-75：1J

彩版一二八　西周至春秋时期遗物
（陶罐口沿）

1. 陶罐底（ZJLY-114：17ZⅠ）　　　　2. 陶罐底（ZJLY-376：9ZⅠ）

3. 陶罐底（ZJLY-389：2ZⅠ）　　　　4. 陶罐底（ZJLY-395：6T）

5. 原始瓷豆（ZJLY-78：148ZⅠ外）　　6. 原始瓷豆（ZJLY-78：148ZⅠ内）

彩版一二九　西周至春秋时期遗物
（陶罐底、原始瓷豆）

1. 陶豆口沿（ZJLY-465：7ZⅠ）

2. 陶豆口沿（ZJLY-466：11ZⅠ）

3. 陶豆（ZJLY-530：3YⅡ）

4. 陶豆盘（ZJLY-565：6T）

5 陶豆（ZJLY-776：17ZⅠ）

彩版一三〇　西周至春秋时期遗物
（陶豆）

1.ZJLY-91：133Z I

2.ZJLY-268：4Z I

3.ZJLY-273：4T

4.ZJLY-306：3T

5.ZJLY-370：26Z I

彩版一三一　西周至春秋时期遗物
（陶豆圈足）

1.ZJLY-395：012（外）　　2.ZJLY-395：012（内）

3.ZJLY-465：8YⅡ（外）　　4.ZJLY-465：8YⅡ（内）

5.ZJLY-475：9ZⅠ（外）　　6.ZJLY-475：9ZⅠ（内）

7.ZDZJLY-62：14L（外）　　8.ZDZJLY-62：14L（内）

彩版一三二　西周至春秋时期遗物
（陶豆圈足）

1.ZJLY—26：1Z Ⅰ（外）

2.ZJLY—26：1Z Ⅰ（内）

3.ZJLY—138：20Y Ⅱ

4.ZJLY—138：47Y Ⅱ

5.ZJLY—313：1T

6.ZJLY—374：7Z Ⅰ

7.ZJLY—378：011

8.ZDZJLY—76：2Y Ⅰ

彩版一三三　西周至春秋时期遗物
（陶瓷口沿）

1.ZJLY-395：10Z Ⅰ

2.ZJLY-455：1T

3.ZJLY-455：019（外）

4.ZJLY-455：019（内）

5.ZJLY-527：4Z Ⅰ

6.ZJLY-542：1T

7.ZJLY-548：4T

8.ZJLY-612：13Y Ⅱ

彩版一三四　西周至春秋时期遗物
（陶瓮口沿）

1.陶杯（ZJLY-10：22YⅡ）（外）

2.陶杯（ZJLY-10：22YⅡ）（内）

3.陶簋圈足（ZJLY-253：8ZⅠ）

4.陶簋圈足（ZJLY-459：09）

5.陶器耳（ZJLY-455：22T）

6.陶器盖（ZJLY-7：2YⅡ）

7.陶器盖（ZJLY-145：39ZⅠ）

8.陶器盖（ZJLY-531：10T）

彩版一三五　西周至春秋时期遗物
（陶杯、陶簋圈足、陶器耳、陶器盖）

1. 陶钵口沿（ZJLY-558：5T）

2. 陶罐腹部残片（ZJLY-367：10Y Ⅱ）

3. 青铜器残片（ZJLY-417：18Z Ⅰ）

4. 铜斧（ZJLY-318：1Z Ⅰ）

5. 砺石（ZJLY-462：02）

6. 砺石（ZJLY-513：11Z Ⅰ）

7. 砺石（ZJLY-539：2Y Ⅱ）

8. 砺石（ZJLY-543：1T）

彩版一三六　西周至春秋时期遗物
（陶器残片、铜器、砺石）

1.ZJLY-39：23G

2.ZJLY-41：5Z Ⅰ

3.ZJLY-46：13G

4.ZJLY-68：487Y Ⅱ

5.ZJLY-68：644Y Ⅱ

6.ZJLY-138：31Z Ⅰ

7.ZJLY-141：24Z Ⅰ

8.ZJLY-147：6Y Ⅱ

彩版一三七　战国至南越国时期遗物
（陶罐口沿）

1.ZJLY-227：3①YⅡ

2.ZJLY-253：41T

3.ZJLY-253：34①T

4.ZJLY-253：34④T

5.ZJLY-253：38T

6.ZJLY-258：1YⅡ

7.ZJLY-259：1ZⅠ

8.ZJLY-270：2T

彩版一三八　战国至南越国时期遗物
（陶罐口沿）

1.ZJLY-311：8Z I

2.ZJLY-392：2Z I

3.ZJLY-557：4Y II

4.ZJLY-557：21T

5.ZJLY-560：7 ① T

6.ZJLY-764：7Y II

7.ZJLY-829：10Z I

8.ZJLY-894：23T

彩版一三九　战国至南越国时期遗物
（陶罐口沿）

1.ZJLY-9：2Y Ⅱ　　　　　　　　2.ZJLY-67：18Y Ⅱ

3.ZJLY-68：686Y Ⅱ　　　　　　4.ZJLY-71：3Y Ⅱ

5.ZJLY-78：123Z Ⅰ　　　　　　6.ZJLY-137：6Y Ⅱ

7.ZJLY-173：1Y Ⅱ　　　　　　　8.ZJLY-253：33T

彩版一四〇　战国至南越国时期遗物
（陶罐底）

1.ZJLY–253：34 ⑤ T

2.ZJLY–253：42T

3.ZJLY–253：43T

4.ZJLY–257：20T

5.ZJLY–383：1Z Ⅰ

6.ZJLY–383：16Z Ⅰ

7.ZJLY–517：1T

8.ZJLY–783：19Y Ⅱ

彩版一四一　战国至南越国时期遗物
（陶罐底）

1. 陶瓿口沿（ZJLY-216：2YⅡ）

2. 陶瓿口沿（ZJLY-308：4T）

3. 陶瓿（ZJLY-783：3YⅡ）

4. 陶瓿（ZJLY-783：6YⅡ）

5. 陶杯（ZJLY-41：18ZⅠ）

6. 陶杯（ZJLY-137：71YⅡ）

7. 陶钵口沿（ZJLY-530：7T）

8. 陶碗（ZJLY-316：7ZⅠ）

彩版一四二　战国至南越国时期遗物

（陶瓿、陶杯、陶钵、陶碗）

1. 陶三足盒底（ZJLY-137：14Z Ⅰ）

2. 陶盒口沿（ZJLY-246：2T）

3. 陶盒（ZJLY-259：3Y Ⅱ）

4. 陶盒（ZJLY-311：1Z Ⅰ）

5. 陶盒（ZJLY-560：8T）

6. 陶盒（ZJLY-560：16Y Ⅱ）

7. 陶盒底（ZJLY-800：7Y Ⅱ）

8. 陶盒（ZJLY-810：1Y Ⅲ）

彩版一四三　战国至南越国时期遗物
（陶盒）

1. 陶器盖（ZJLY-253：32T）　　　　2. 陶器盖（ZJLY-771：1YⅡ）

3. 陶器盖（ZJLY-771：4YⅡ）　　　　4. 陶器盖（ZJLY-811：1ZⅠ）

5. 陶盏（ZJLY-560：12YⅡ）（侧）　　6. 陶盏（ZJLY-560：12YⅡ）（底）

7. 陶瓮底（ZJLY-78：12ZⅠ）　　　　8. 陶瓮口沿（ZJLY-46：7G）

彩版一四四　战国至南越国时期遗物

（陶器盖、陶盏、陶瓮）

1. 陶盉口沿（ZJLY-46：4G）　　　　2. 陶盉口沿（ZJLY-68：594YⅡ）

3. 陶盉（ZJLY-498：4ZⅠ）　　　　4. 陶盉口沿（ZJLY-764：11YⅡ）

5. 陶盉形鼎口部（ZJLY-41：2G）　　　6. 陶盉形鼎口部（ZJLY-41：2ZⅠ）

7. 陶盉形鼎口沿（ZJLY-41：9G）　　　8. 陶盉形鼎口沿（ZJLY-41：11G）

彩版一四五　战国至南越国时期遗物
（陶盉、陶盉形鼎）

1. 陶三足盘足（ZJLY-560：7⑥T）

2. 陶鼎足（ZJLY-58：3Z Ⅰ）

3. 陶鼎足（ZJLY-137：41Y Ⅱ）

4. 陶鼎足（ZJLY-227：8Z Ⅰ）

5. 陶鼎足（ZJLY-227：3Z Ⅰ）

6. 陶鼎足（ZJLY-266：26Z Ⅰ）

7. 铜矛（ZJLY-308：3Z Ⅰ）

8. 铜矛（ZJLY-308：7Z Ⅰ）

彩版一四六　战国至南越国时期遗物
（陶器足、铜矛）

1. 汉代陶罐口沿（ZJLY-78：118Z Ⅰ）

2. 汉代陶罐口沿（ZJLY-147：3Y Ⅱ）

3. 汉代陶罐口沿（ZJLY-300：4T）

4. 汉代陶罐口沿（ZJLY-540：3Y Ⅱ）

5. 晋南朝网格纹砖（ZDZJLY-27：1J）

6. 晋南朝网格纹砖（ZDZJLY-27：1L）

7. 晋南朝青釉瓷罐底（ZJLY-141：1Z Ⅰ）

8. 晋南朝黄釉瓷罐底（ZJLY-217：16Y Ⅱ）

彩版一四七　汉至晋南朝时期遗物
（陶罐口沿、网格纹砖、青釉瓷罐底）

1. 唐代陶罐（ZJLY-217：20①ZⅠ）

2. 唐代陶罐（ZJLY-512：10YⅢ）

3. 宋代陶罐（ZJLY-252：1ZⅠ）

4. 宋代陶魂瓶（ZDZJLY-62：25F）

5. 宋代白瓷碟（ZJLY-72：4YⅡ）

6. 宋代青釉瓷高圈足碗（ZJLY-251：8T）

7. 明清青釉瓷碗（ZJLY-36：1ZⅠ）

8. 明清青花瓷碟（ZDZJLY-93：15YⅠ）

彩版一四八　唐至明清时期遗物

（陶罐、陶魂瓶、瓷碟、瓷碗）

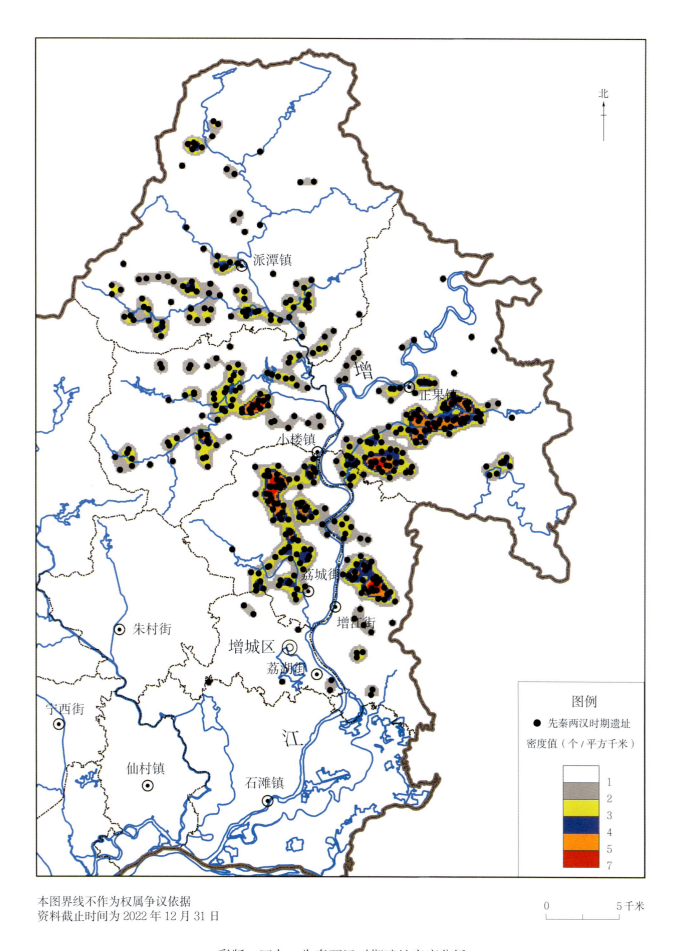

北

派潭镇

增

正果镇

小楼镇

荔城街

增江街

朱村街

增城区

荔湖街

宇西街

江

仙村镇

石滩镇

图例

● 先秦两汉时期遗址

密度值（个 / 平方千米）

1
2
3
4
5
7

本图界线不作为权属争议依据
资料截止时间为 2022 年 12 月 31 日

0   5千米

彩版一四九　先秦两汉时期遗址密度分析

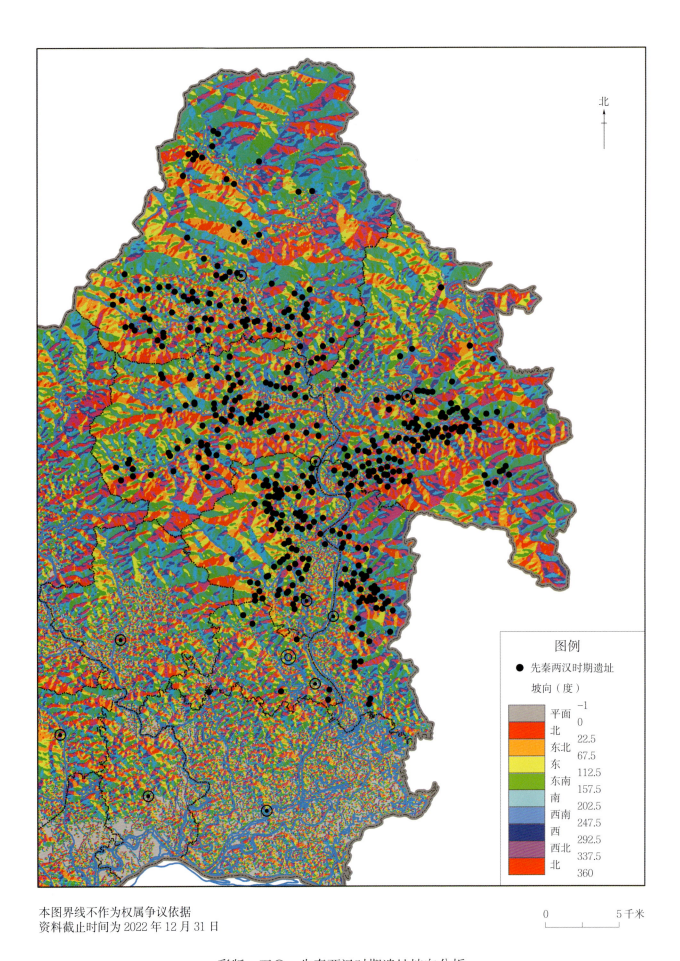

北

图例

● 先秦两汉时期遗址

坡向（度）

平面		-1
北		0
东北		22.5
东		67.5
东南		112.5
南		157.5
西南		202.5
西		247.5
西北		292.5
北		337.5
		360

0　　　　　5千米

彩版一五○　先秦两汉时期遗址坡向分析

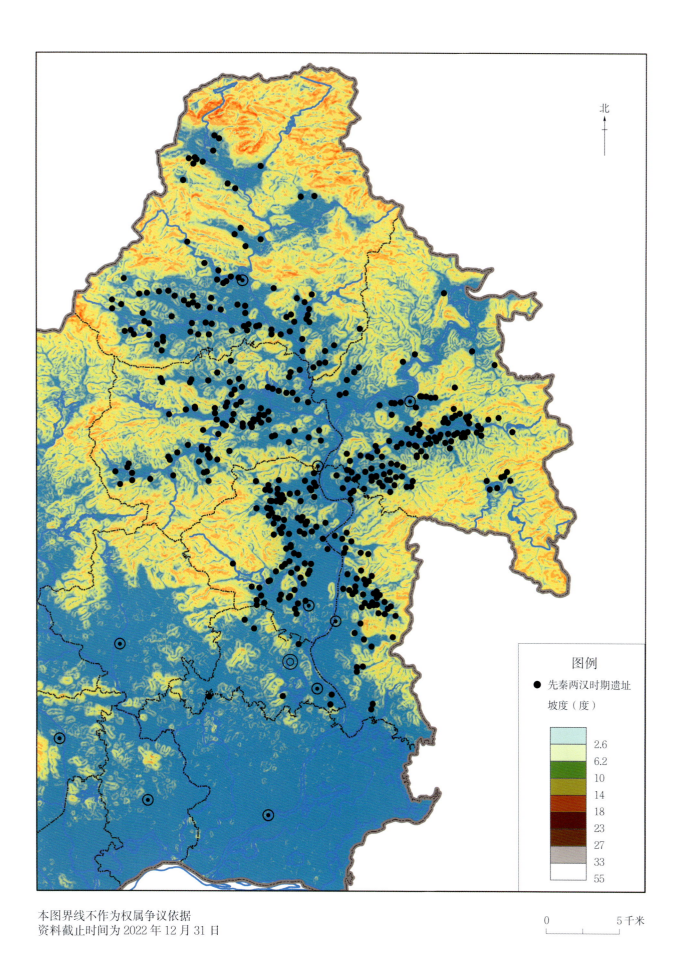

图例

● 先秦两汉时期遗址

坡度（度）

	2.6
	6.2
	10
	14
	18
	23
	27
	33
	55

北

本图界线不作为权属争议依据
资料截止时间为 2022 年 12 月 31 日

0   5 千米

彩版一五一　先秦两汉时期遗址坡度分析

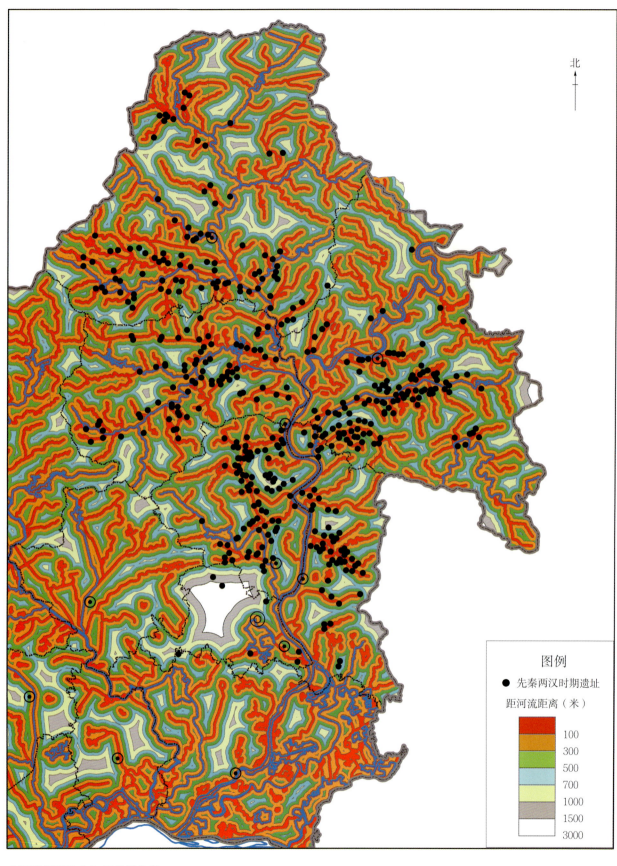

北

0   5千米

彩版一五二   先秦两汉时期遗址河流缓冲区分析

图例

● 先秦两汉时期遗址

距河流距离（米）

	100
	300
	500
	700
	1000
	1500
	3000

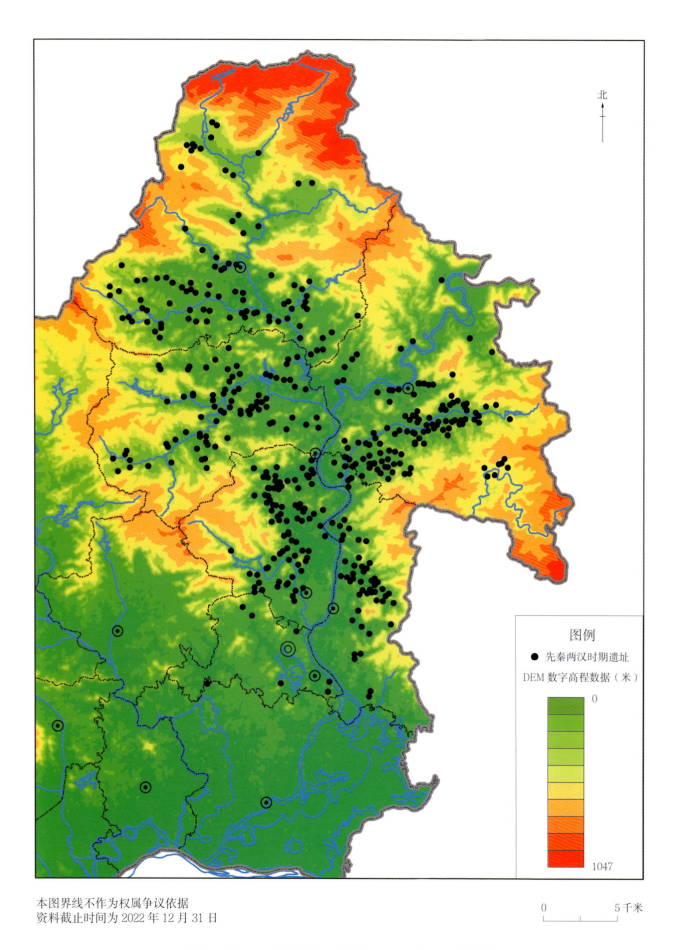

北

图例

● 先秦两汉时期遗址

DEM 数字高程数据（米）

0

1047

本图界线不作为权属争议依据
资料截止时间为 2022 年 12 月 31 日

0   5千米

彩版一五三　先秦两汉时期遗址 DEM 数字高程数据